KB246492

샤머니즘

미르치아 엘리아데

이윤기 옮김

까치

LE CHAMANISME:
et les techniques archaïques de l'extase

by Mircea Eliade
Copyright © 1951, 1968, Editions Payot
            © 1992, Editions Payot & Rivages
Korean translation copyright © 1996 by Kachi Publishing Co., Ltd.
All rights reserved.
This Korean edition was published by arrangement with Editions Payot &
Rivages, Paris through Shin Won Agency Co., Seoul.

이 책의 한국어 판권은 신원 에이전시를 통한 Editions Payot & Rivages와의
독점계약으로 (주)까치글방에 있습니다. 신저작권법에 의하여 한국 내에서
보호를 받는 저작물이므로 무단전재 및 무단복제를 금합니다.

역자 이윤기(李潤基)
소설가, 번역가
1947년 경북 군위 출생
성결교 신학대학 기독교학과 수료
1977년 중앙일보 신춘문예에서 단편소설 "하얀 헬리콥터"가 당선되면서
문단에 나와 같은 해부터 소설 쓰기와 번역에 전념하다.
저서에는 중단편 소설집 「하얀 헬리콥터」, 짧은 소설집 「외길보기 두길보
기」, 그리스 신화 해설서 「뮈토스」(전3권) 등이 있고, 역서에는 「고독의
철학」, 「철의 얼굴을 가진 영웅」, 「메타모르포시스」, 「그리스-로마 신화」,
「장미의 이름」 등 100여 권이 있다.

샤마니즘 : 고대적 접신술

저자 / 미르치아 엘리아데
역자 / 이윤기
발행처 / 까치글방
발행인 / 박후영
주소 / 서울시 용산구 서빙고로 67, 파크타워 103동 1003호
전화 / 02 · 735 · 8998, 736 · 7768
팩시밀리 / 02 · 723 · 4591
홈페이지 / www.kachibooks.co.kr
전자우편 / kachibooks@gmail.com
등록번호 / 1-528
등록일 / 1977. 8. 5
초판 1쇄 발행일 / 1992. 5. 25
    11쇄 발행일 / 2021. 1. 5

값 / 뒤표지에 쓰여 있음

ISBN 89-7291-000-7 93210

샤마니즘

차례

머리말

이 책은, 우리가 아는 한, 처음으로 샤마니즘의 모든 현상을 밝히는 동시에 샤마니즘을 종교사 전체 속에 자리 매김하고자 하는 책이다. 이 말은 이 책이 불완전한 책, 근사치적인 책, 위험을 안은 책임을 암시하는 것이다. 오늘날의 연구자들에게는 갖가지 샤마니즘, 가령 시베리아, 북아메리카, 남아메리카, 인도네시아, 오세아니아 등지의 샤마니즘에 대한 상당량의 자료가 베풀어져 있다. 게다가 여러 가지 의미에서 상당히 중요한 연구업적이 샤마니즘(포괄적인 의미에서의 샤마니즘이라기보다는 개별적인 유형의 샤마니즘)의 민족학적, 사회학적, 심리학적 연구의 실마리가 되어왔다. 그러나 이 지극히 복잡한 종교 현상을 종교사학 전반의 준거틀로 해석해야 하는데도 불구하고 몇몇 주목할 만한 예외——특히 알타이 어의 샤마니즘에 관한 홀름베르크(Holmberg, 하르바〔Harva〕)의 연구업적——를 제외하고는 샤마니즘에 관한 많은 연구에서 이것이 무시되어왔다. 우리는 여기에서 종교사학자로서 샤마니즘을 연구하고 이해하고 소개하고자 한다. 우리에게 심리학, 사회학, 민족학의 관점에서 이루어진 눈부신 연구업적을 깎아 내릴 생각은 추호도 없다. 우리는 이런 관점에서 이루어진 연구업적이 샤마니즘의 다양한 측면을 이해하는 데 반드시 요긴하다고 여긴다. 그러나 우리는 다른 접근방법도 있을 수 있다고 믿는다. 우리가 이 책에서 밝히고자 하는 것도 바로 이러한 방법을 통해서이다.

심리학자로서 샤마니즘에 접근하는 사람들에게는 주로 위기상황에 있는 심리 상태의 드러남 혹은 퇴행적인 심리 상태의 드러남으로 이 샤마니즘을 이해하려는 경향이 있다. 말하자면 샤마니즘을 이상 상태(異常狀態)의 심리적 행동에 견주거나 히스테리 혹은 간질병 같은 정신병의 유형으로 갈래지으려 하는 것이다.

우리가 샤마니즘을 어떤 유형의 것이든 정신병에다 견주는 것을 받아들일 수 없는 까닭은 나중에 설명하기로 한다. [1] 그러나 심리학자들의 지적

중에는 주목을 끄는 대목(그것도 아주 중요한 대목)이 하나 있다. 그것은 다른 종교에서의 소명과 마찬가지로 샤만으로서의 소명 역시 위기, 즉 장차 샤만이 될 사람의 정신적 평형이 일시적으로 무너지는 상태의 순간에 나타난다는 지적이다. 이점에 관한 관찰과 분석은 참으로 중요하다. 이러한 관찰과 분석은 우리가 "성현(聖顯, 히에로파니〔hierophany〕)의 변증법"이라고 부르는 것──즉 성(聖)과 속(俗)의 극단적인 분화와 이에 따르는 현실로부터의 괴리──이 우리들 심성이 비치는 모습을 여실하게 보여주고 있기 때문이다. 우리가 종교심리학 연구를 중요하게 여기는 까닭이 여기에 있는 것이다.

사회학자들은 사회학자들 나름대로 샤만, 사제(priest), 주술사(magician)의 사회적 기능에 관심을 가진다. 사회학자들은 주술적 능력에서 연유한 이들의 특권, 사회라고 하는 구조 안에서 이들이 감당하는 역할, 종교 지도자와 정치 지도자와의 관계 등의 문제를 연구한다. 최초의 샤만에 대한 신화를 사회적으로 분석해 들어가는 사회학자들은 특정 고대사회에서 샤만들이 예사롭지 않은 지위를 누렸다는 사실을 밝혀줄 것으로 보인다. 샤마니즘에 관한 사회학은 연구할 여지가 많다. 이 방면의 연구는 종교사회학 전반에서도 가장 중요한 부분을 이룰 것으로 보인다. 종교사학자들은 이 방면의 연구성과와 결론을 중요시하지 않으면 안 된다. 심리학자들에 의해 밝혀진 심리학적 상황은 물론이고 이렇게 연구된 사회학적 상황은, 이 말이 내포하는 가장 넓은 의미에서 종교사학자들이 다루는 자료의 인간적, 역사적 구체성을 강화해줄 것이기 때문이다.

이러한 구체화 작업은 민족학자들의 연구로 한층 더 분명해진다. 샤만의 문화적 환경에 샤만을 자리 매김하는 작업이 바로 민족학자들의 전문 연구과제이다. 가령 추크치 족(Chukchee)의 생활양식이나 문화에 대한 이해 없이 추크치 족에 관한 연구를 읽는다면 추크치 샤만의 참 성격을 오해할 위험이 있다. 그리고 샤만의 의상이나 샤만이 치는 무고(巫鼓)를 철저하게 연구하고, 세앙스(séance : 巫儀, 굿)를 기록하고 그 가사와 가락을 받아 적는 등의 일을 해야 하는 사람들이 바로 민족학자들이다. 샤마니즘을 구성하는 하나하나의 요소(가령 무고나 굿하는 동안 샤만들이 사용하는 마취제 같은 것)의 "역사"를 규명함으로써 민족학자는──경우에 따라서는 비교학자나 역사학자와 손을 잡고──문제가 되는 모티프의 시간적, 공간적 전파관계를 밝혀내는 데 성공하기도 한다. 민족학자는 가능한 한 샤마니즘 확산의 중심이나 그 전파의 단계론 및 연대론을 분명하게 밝히려고 한다. 요컨대 이러한 민족학자는 그래브너(Graebner)-슈미트(Schmidt)-코퍼스(Koppers) 류의 문화권설(文化圈說, method of cultural cycles)을 받아들이든 받아들이지 않든 이미 한 사람 몫의 "역사가" 노릇을 한다. 어쨌든 우리에게는 순수하게 기록적인, 놀랄 만큼 많은 민족학적 문헌이 있는데다가 지금도 연구자료로 동원할 수 있는 수많은 역사학적 민족학의 자료가 있다. 이로써 우리는 이른바 "비역사적인(ahistorical)" 사람들에게서 거두어들인 "짙은 안개"에 싸여 있던 문화적인 자료에서 선이 뚜렷한 하나의 윤곽을 보게 되기에 이르렀다. 말하자면 우리가 지금까지 "자연민족(Naturvölker)," "원시인들(primitives)," "미개인들(savages)"이라고 부르던 사람들에게서 "역사"를 발견하기에 이른 것이다.

역사학적 민족학이 종교사학에 기여한 바를 여기에서 구구하게 늘어놓는 것은 불필요하다. 그러나 우리는 역사학적 민족학이 종교사학을 대신할 수 있을 것이라고는 믿지 않는다. 종교사학의 사명은 민족학, 심리학, 사회학의 연구결과를 통합하는 일이기 때문이다. 그러나 그렇게 하면서도 종교사학은 스스로를 규정하는 독자적인 방법과 특별히 규정된 관점을 포기하지 않는다. 문화민족학은 가령 샤마니즘과 특정 문화권과의 관계나 이러저러한 샤마니즘 복합체의 전파과정 같은 것에 관한 문제를 해명할 수 있을런지도 모른다. 그러나 문화민족학의 목적이 이러한 종교 현상의 보다 깊은 의미를 드러내는 것이어서는 안 될 뿐만 아니라 그 상징체계를 해명하는 것이어서도 안 되고 종교 현상을 종교사 전체 속에다 자리잡아 주는 것이어서도 안 된다. 요컨대 샤마니즘에 관한 개개의 연구성과를 통합하고 복합적인 종교 현상의 형태론(morphology)인 동시에 역사일 수 있는 포괄적인 견해를 제시하는 것은 종교사학자들의 몫인 것이다.

그러나 이런 유형의 연구에 앞서 연구자는 이런 작업과 "역사"와의 조화가 얼마나 중요한가를 이해하지 않으면 안 된다. 다른 책에서도 누누이 언급했고 「종교 형태론(*Traite d'histoire des religions: Patterns in Comparative Religion*)」을 보완할 책(준비중)에서도 넉넉히 기술하게 되겠지만, 역사적 상황이 종교 현상에서 지극히 중요하다고 하더라도 (개인의 자료는 결국 역사적 자료이므로) 그것이 전부일 수는 없다. 여기에서는 한 가지 예만 들어보기로 하자. 알타이 샤만은 의례적으로 자작나무에 오른다. 이 나무에는 발판 노릇을 할 홈이 여러 개 패어 있다. 여기에서 이 자작나무 자체는 세계수(世界樹, World Tree)를 상징하고 발판 노릇을 하는 홈은 이 샤만이 접신(接神 : ecstacy)상태에서 통과해야 할 여러 단계의 하늘을 상징한다. 샤만은 이 여러 단계의 하늘을 지나 가장 높은 곳에 있는 궁극적인 하늘에 이르러야 한다. 이 의례가 드러내고 있는 우주론적 도식을 보고 이것이 오리엔트의 의례에 그 뿌리를 내리고 있다고 하는 주장은 참으로 그럴 듯하다. 고대 근동의 종교적 관념이 멀리 중앙 아시아와 북아시아까지 침투했고 이것이 중앙 아시아와 시베리아의 샤마니즘에 오늘날의 형태를 부여한 것은 사실이다. 이것이 바로 종교적 이데올로기와 종교적 기술(技術)의 전파에 관하여 "역사"가 우리에게 무엇을 가르치고 있는가를 보여주는 좋은 사례이다. 그러나 앞에서도 썼다시피 종교 현상의 **역사**는 그러한 현상이 존재한다는 사실만으로는 우리에게 보여주고자 하는 **모든** 것을 다 보여줄 수 없다. 오리엔트의 우주론과 종교가, 알타이 인들이 이데올로기나 천계상승(天界上昇) 의례를 **창조**하는 데 결정적인 영향을 끼쳤다고 보기는 어렵다. 그 까닭은 비슷한 이데올로기나 의례가 전세계적으로, 다시 말하면 고대 오리엔트의 영향을 전혀 받지 않는 지역에서도 발견되기 때문이다. 어쩌면 오리엔트의 종교 관념은 천계상승의 의례 형식과 그 우주론적 의미를 **수정**한 것에 지나지 않는지도 모른다. 천계상승의 우주론적 의미는 원초적인 현상인 것으로 보인다. 다시 말하자면 이러한 것은 인간 그 자체로서의 속성이지 역사적인 존재로서의 인간의 속성은 아니라는 것이다. 어떠한 의미로든 역사적 "상황" 혹은 그 밖의 "상황"과는 아무 관계도 없이 세계 도처에서 꿈, 환각, 상승의 이미지가 나타나는 것은 바로 이 때문이다. 상승 혹은 비상의 중심적인 테마에 관한 이 모든 몽상, 신화, 노스탤지어는 심리학만으로는 도저히 설명될 수 없다. 여기에는 항상 설명을 굴절시키는 핵이 있는데, 이 규정할 수도 없고 환원시킬 수도 없는 요소야말로 우주 안에서 인간이 차지하는 진정한 자리, 거듭 강조하거니와 "역사적"인 것만은 아닌 자리를 밝혀줄는지도 모른다.

　이렇듯이 종교사학자는 역사적 - 종교적 사실을 염두에 두고 역사적 원근법——자료의 구체성을 확보할 수 있는 유일한 원근법——으로 자료를 조직화하려고 노력한다. 그러나 종교사학자는 자신의 작업이 끝나고 그 작업의 결과가 표현될 때 그가 관심을 가져온 현상이 인류의 한계상황을 드러내는 현상이라는 사실과 그 상황은 반드시 이해될 수 있어야 하고 이해될 수 있게 해야 한다는 사실을 잊지 말아야 한다. 종교 현상의 심오한 의미를 제대로 파악하는 것이야말로 종교사학자의 임무이다. 물론 심리학자, 사회학자, 민족학자, 심지어는 철학자, 신학자도 그들 나름의 관점과 전망으로 이에 주석을 달 수 있기는 하다. 그러나 종교 현상을——심리 현상이나 사회 현상이나 철학 현상 혹은 신학 현상으로 보는 대신——**종교 현상**으로 바로 보고 가장 명쾌한 주석을 가장 많이 달아야 하는 사람은 역시 종교사학자이다. 바로 이런 의미에서 종교학자는 현상학자와 다르다. 그 까닭은 이렇다. 현상학자는 원칙적으로 비교하는 작업을 거부한다. 현상학자는 이러저러한 종교 현상을 만나면 여기에 "접근"하여 그 의미를 캐는 데에만 골몰한다. 여기에 반하여 종교사학자는 하나의 현상을 이와 유사한 혹은 이와 다른 수많은 현상들과 비교한 후, 이 현상을 그 현상들 가운데에 자리 매김한 연후에야 이 현상에 대한 이해에 도달한다. 이때 종교사학자는 이 수많은 현상들을 시간적으로뿐만 아니라 공간적으로도 분석한다. 같은 이유에서 종교사학자는 종교적인 자료의 유형론이나 형태론에 자신을 가두지 않는다. 종교사학자는 "역사"라는 것이 종교 현상을 말끔히 해석해낼 수 있을 것으로 믿지 않는다. 뿐만 아니라 그는 종교적 자료가 그 모습을 드러내고 그 의미를 드러내는 곳이 바로 역사——가장 넓은 의미에서의 역사——속이라는 것도 잊지 않는다. 다른 말로 하자면 종교사학자는 종교 현상이 "말하고자 하는 바"를 밝혀내기 위해 **역사적** 으로 드러난 종교 현상을 모두 이용한다는 뜻이다. 즉 한편으로는 역사적으로 구체적인 것에 눈을 대고 다른 한편으로는 종교 자료가 역사를 통해서 드러내는 초역사적 내용의 해독을 시도하는 것이다.

우리가 여기에서 이러한 몇 가지 방법론적인 고찰에 매달려 있을 필요는 없다. 이러한 방법론적 고찰에 머물자면 이 머리말이 차지하는 것 이상의 지면이 필요할 것이기 때문이다. 그러나 여기에서 "역사"라는 말이 자주 혼란을 일으킨다는 사실만은 지적해두기로 하자. 이 말이 혼란을 일으키는 까닭은, 이 말이 역사 기술(historiography : 역사 등을 **쓰는** 행위)이라는 뜻으로 쓰이는 동시에 세상에서 "일어난 일"이라는 뜻으로도 쓰이기 때문이다. 이 말의 두번째 의미는 몇 가지 특별한 뜻을 내포하고 있다. 그 하나는 특정한 공간적 혹은 시간적 경계 안에서 일어난 일이라는 의미에서의 역사(특정한 사람들의 역사, 특정한 시대의 역사), 다시 말하면 연속적인 역사, 구조적인 역사라는 뜻이다. 또 하나는 일반적인 의미에서의 역사로 "인간이라는 역사적 존재," "역사적 상황," "역사적 계기," 실존주의자들의 용어를 빌리면 인간은 "상황 속," 다시 말하면 역사 속에 있다고 할 때의 역사를 뜻한다.

종교사가 반드시 종교의 **역사 기술**일 필요는 없다. 그 까닭은 이러저러한 종교사 혹은 주어진 종교 현상(셈 족의 공희제〔共犧祭〕나 헤라클레스 신화 등)을 기술하면서 연대기적인 눈으로 당시에 "있었던" 모든 것을 다 보여줄 수는 없기 때문이다. 물론 자료가 있기만 하다면 보여줄 수는 있다. 그러나 종교사를 기술한다는 명분을 **역사 기술**에서 찾을 필요는 없는 것이다. 이 "역사"라는 말이 지니는 의미의 다양성 때문에 학자들은 종종 그 의미를 오해하곤 한다. 그러나 우리가 이 학문에서 쓰기에 가장 적합한 의미는 이 "역사"라는 말의 철학적인 의미, 일반적인 의미일 것이다. 이 학문에서 역사를 연구한다는 것은 종교적 사실을 있는 그대로, 그러니까 그것이 현현(顯現)하는 특정한 장(場)에서 연구하는 것을 뜻한다. 현현하는 종교적 사실이 반드시 역사에 전면적으로 환원되는 것은 아니지만 종교적 사실이 현현하는 특정한 장은 항상 **역사적**이고 구체적이며 실존적이다. 가장 기초적인 성현(聖顯) —— 가령 돌 혹은 나무에서의 거룩한 것의 드러남(성현) ——에서부터 가장 복합적인 성현(예언자나 교주에 의한 새로운 "신의 모습"에 대한 "영상")에 이르기까지 모든 것은 역사적으로 구체적인 것 안에서 드러나며 모든 것은 어느 정도 역사에 의해 제한을 받는다. 그러나 이러한 성현은 아무리 초라해도 여기에는 "영원한 새 출발," 원초적인 시간으로 영원회귀, 역사를 소거하고 과거와의 끈을 자르고 새 세계를 지으려는 욕망이 깃들어 있는 법이다. 그런데 이 모든 것은 종교적 사상(事象)에 제시되어 있다. 물론 이러한 것은 종교사학자의 발명품은 아니다. 오로지 역사가이기를 고집하는 역사가에게는 종교적 사상 특유의 범역사적 의미를 무시할 권리가 있다. 이점에 대해서는 민족학자, 사회학자, 심리학자도 마찬가지이다. 그러나 종교사학자는 이것을 무시할 수 없다. 그 까닭은 수많은 성현에 익어 있는 종교사학자의 눈은 어떤 사상에 담겨 있는 종교적 의미를 읽을 수 있을 것이기 때문이다. 우리가 떠나온 최초의 관점으로 되돌아가기로 하자. 이 책은 역사 기술의 연대기적 순서를 밟고 있지 않다. 그러나 엄격하게 말한다고 하더라도 이 책은 종교사학의 연구서라고 불릴 만하지 않을까 싶다.

이 연대기적 전망이라는 것만 해도 그렇다. 이 연대기적 전망이라고 하는 것은, 역사가들에게는 흥미가 있을지도 모르지만, 우리가 흔히 생각하고 있는 것만큼 중요하지는 않다. 「종교 형태론」에서 언급했다시피 성의 변증법은 일련의 원형 (archetype : 저자는 「우주와 역사」에서 이 '원형'이라는 말을 융의 '원형'과는 다른 개념으로 썼다고 고백하고 있다. 즉 저자가 말하는 '원형'은 '본이 되는 모델〔paradigm〕'에 가깝다/역주)을 무한히 되풀이하는 경향이 있다. 따라서 어떤 "역사적 순간"에 나타난 히에로파니는 구조적으로 천 년 전이나 혹은 천 년 후의 히에로파니와 같은 의미를 지닌다. 역설적인 현실의 성화(聖化, sacralization)가 무한히 되풀이되는 히에로파니적 과정의 이러한 경향이 바로 우리에게 종교 현상이 무엇인가를 이해하고 그 "역사"를 기술할 수 있게 해준다. 바꾸어 말하면 우리가 종교적 사실을 다른 사실과 구분할 수 있고 또 그 의미를 이해할 수 있는 것은 바로 히에로파니가 되풀이해서 나타난다는 사실 때문인 것이다. 그러나 가령 인간(성이 그 모습을 나타내는 것은 바로 인간의 의식 안에서이다)이 그 성의 한 측면 혹은 일부에만 주목하려고 한다고 하더라도 히에로파니는 그 전체성으로 성을 현현시키는 특성을 지닌다. 가장 기본적인 히에로파니에서도 **모든 것이 다 드러난다.** 돌이나 나무 같은 것에 드러나는 거룩함은 "신"을 통해서 드러나는 거룩함에 못지않게 신비스럽고 고귀한 것이다. 현실의 성화과정도 마찬가지이다. 종교 의식 (意識)의 과정에서 인간이 취하는 **형태**만 다를 뿐이다.

이 말은 성의 현현이 종교의 연대기적 전망이라는 개념과 무관하다는 뜻은 아니다. 종교의 **역사** 는 존재하지만, 이 종교의 역사라는 것 역시 다른 모든 종류의 역사와 마찬가지로 역전될 수 없다는 속성을 지닌다. 일신교가 일신교적 "역사"를 이루어왔고 우리가 잘 알다시피 그 역사 안에서 일신교를 접하게 되어 이를 믿게 된 뒤에는 다신교나 이교(異敎)로 되돌아갈 수 없다고 해서, 일신교적인 종교 의식이 그 존재양식 전체를 통하여 항상 일신교적이었던 것은 아니다. 반면에 자신이 일신교 신자라고 생각하고 일신교를 신봉하면서도 다신교 신자가 되거나 토테미즘의 신자로서 그 종교 행사에 열중하는 것도 가능하다. 성의 변증법은 모든 가역성을 용인한다. 그러므로 어떤 **양식**도 퇴폐나 분해를 피할 수 없고 어떤 "역사"도 최종적일 수 없다. 사회는 (의식적으로든 무의식적으로든) 많은 종교적 믿음을 수용한다. 뿐만 아니라 한 사람이 가장 "고귀한 종교"에서부터 미개하고 정도(正道)를 일탈한 종교에 이르기까지 다양한 종교 체험을 하는 것도 얼마든지 가능하다. 이것은 반대되는 관점에서 보아도 진실이다. 다시 말하면 어떤 문화적 시대에서도 인간의 상황에 알맞는 성을 현현시킬 수가 있는 것이다. 아무리 역사적으로 멀리 떨어져 있어도 일신교 예언자의 경험은 가장 "뒤떨어진" 원시인들에게도 추체험(追體驗)될 수 있는 것이다. 원시인들이 일신교 예언자들의 경험을 추체험하고자 할 때 필요한 것은, 지금의 종교 의례에서는 거의 사라졌지만 세계 도처에서 볼 수 있었던 천신(天神)의 히에로파니를 "현실화"하는 일이다. 이 세상에 완전히 순수하지 않은 종교 양식, 일관된 신비주의를 연출할 수 없는 종교 양식은 거의 없다. 만일 그렇지 못한 종교 양식이 있어서 관찰자의 주의를 끄는 경우가 있다면 그것은 성의 변증법 때문이 아니고 그 변증법을 연출하는 인간의 행동 때문이다. 인간의 행동에 관한 연구는 종교사학자의 몫이 아니라 사회학자, 심리학자, 윤리학자, 철학자가 관심 가져야 할 일이다. 우리 종교사학자들의 몫은 성의 변증법이 어떤 종교적 위치도 자연스럽게 역전시킬 수 있다는 사실을 확인하는 것으로 넉넉하다. 이 역전이라는 것은 아주 중요하다. 그 까닭은 이러한 현상이 다른 사상에서는 일어나지 않기 때문이다. 그리고 바로 이러한 현상 때문에 우리 종교사학자들은 역사적-문화적 민족학이 도달한 결론에 영향을 받지 않아도 되는 것이다. 갖가지 유형의 문화가 근원적으로는 모종의 종교 양식에 관련되어 있다는 것은 말할 필요도 없다. 그러나 이것은 종교 생활의 자발성, 즉 반역사적 성격을 부정하는 말이 아니다. 왜냐하면 역사라고 하는 것이 어느 정도 성의 쇠퇴, 성의 제한, 성의 축소의 역사이기 때문이다. 그러나 성의 현현은 중단되는 법이 없고 새로운 현현이 있을 때마다 성은 그 원래의 경향을 되풀이, 그 자체를 전체적으로 드러내 보이려 하는 속성을 지닌다. 어떤 사회의 종교 의식에서 새로운 성현이 무수히 그 사회의 과거, 즉 그 "역사"의 과정에서 이미 드러난 성현을 반복하는 것은 물론이다. 그러나 이 역사가 이 히에로파니의 자발성을 마비시키지 못한다는 것 또한 사실이다. 성의 현현이라는 것은 어떠한 상황에서도 충분히 가능한 것이다.

이렇게 해놓고 보니 종교사학의 연대기적 논의로 되돌아온 것 같은데, 종교적 입장의 역전성은 고대사회의 신비적 체험에서 더욱 극명하게 드러난다. 앞으로 자주 논의하게 되겠지만, 특별히 전후의 일관성이 있는 신비적 체험은 어떤 문명의 어느 수준에서도, 어떤 종교적 상황, 어느 수준의 종교적 상황에서도 나타날 수 있다. 말하자면 어떤 종교 의식의 위기에 처할 경우 다른 방법으로 도달할 수 없는 정신적 위치에 도달하게 하는 역사적 비약은 언제나 가능하다는 것이다. "역사"——특정 종족의 종교적인 전통——는 종국적으로는 특수한 사람의 접신 체험을 저희 종교의 경전에 종속시키기를 거부한다. 그러나 이들의 체험이 동서양의 위대한 신비주의자들의 체험과 같은 정도의 정밀성과 기품을 지니고 있음은 분명하다.

엄밀한 의미에서 샤마니즘은 고대의 접신술——신비주의인 동시에 주술이자 넓은 의미에서는 "종교"——의 하나이다. 우리는 이것을 다양한 역사적, 문화적 국면에서 소개하고 중앙 아시아와 북아시아에서의 샤마니즘의 발전 소사(小史)를 살펴보려고 했다. 그러나 우리가 가장 중요하게 여긴 것은 샤마니즘적 현상 그 자체를 소개하고 그 이데올로기를 분석하고 그 기술과 상징체계와 신화를 검토하는 일이었다. 우리는 우리의 이러한 작업이 전문가들에게뿐만 아니라 일반 교양인들에게도 흥미롭게 받아들여지리라고 믿는다. 이 책은 원래 일반 교양인들을 대상으로 쓰인 것이다. 가령 중앙 아시아의 무고가 극북지방에 전파된 점을 논구(論究)하기 위해 수집한 자료는 소수의 전문가들에게는 흥미가 있을 수 있겠지만 대부분의 독자들에게는 아주 따분한 자료일 수밖에 없다. 그러나 샤마니즘 일반 혹은 여기에 나타나는 접신술 같은, 광대하고 다양한 정신의 우주에 들어서게 되면 사정은 아주 달라진다. 이 경우 우리는 바로 정신세계 전체를 다루게 되는 것이다. 우리가 감히 바라는 것이 바로 이것이다. 이러한 세계는 우리들 자신의 세계는 아니지만, 일관성이 없는 세계 혹은 흥미가 없는 세계는 결코 아닌 것이다. 우리는 감히 이러한 세계에 관한 지식이 진정한 휴머니스트들에게 필요한 것이라고 믿는데, 그 까닭은 휴머니즘이 위대하고 풍요로운 서구의 정신적 전통과 동일시되지 않은 지가 꽤 오래된 것으로 보이기 때문이다.

이러한 정신을 앞세우고 생각해볼 때, 이 책은 각 장에서 다루고자 했던 여러 가지 주제 중 어느 하나라도 만족스럽게 다루지 못했는지도 모르겠다. 그러나 우리가 여기에서 샤마니즘에 관한 완벽한 연구를 기대했던 것은 아니다. 우리에게는 그 같은 연구에 필요한 자료도 넉넉하지 못했고 그렇게 어려운 일을 할 만한 의지도 없었다. 우리는 단지 비교종교학자와 종교사학자의 입장에서 주제를 다루었을 뿐이다. 요컨대 우리는 샤마니즘의 통합을 실현시키려고 한 이 작업에 불가피한 간극(間隙)과 미비한 데가 있음을 시인하고 용서를 구해두고자 한다. 우리는 알타이 학자도 아니고 아메리카 학자도 아니며 오세아니아 학자도 아니다. 따라서 전문적인 연구가 있어야 하는 부분에서 우리가 놓친 것 또한 없지 않을 것이다.

그러나 여기에 기술된 전체의 모습을 놓고 볼 때 그 개략을 잘못 잡았다고는 생각하지 않는다. 많은 연구는 초기 학자들의 업적을 되풀이하고 있는 데 지나지 않는다. 1923년에 출판된, 시베리아의 샤마니즘만을 다룬 포포프(Popov)의 참고문헌에는 러시아 민족학자들이 다룬 650건의 연구업적이 실려 있다. 북아메리카나 인도네시아의 샤마니즘에 대한 문헌도 이와 마찬가지로 방대할 것으로 보인다. 그러나 이것을 모두 읽고 있을 수는 없는 노릇이다. 거듭 말하거니와 우리에게 민족학자, 알타이 학자, 아메리카 학자가 되고 싶은 생각은 없다. 그러나 우리는 독자들이 보충적인 지식을 얻을 수 있도록 일관되게 주(註)를 달고 그 저자의 업적을 되도록이면 소개하고자 했다. 자료를 증보하는 것 정도는 얼마든지 가능했지만, 만일 우리가 그렇게 했더라면 이 책은 몇 권으로 불어났을 것이다. 우리가 보기에는 그런 작업이 의미 있는 것 같지 않았다. 우리가 관심을 가진 것은 갖가지 샤마니즘에 관한 일련의 전문적인 논문을 나열하는 것이 아니라 전문가가 아닌 일반 독자들을 대상으로 한 일반적인 연구였다. 그리고 우리가 여기에서 언급만 하고 넘어가는 수많은 주제는 다른 저작(「죽음과 이니시에이션(*Death and Initiation*)」, 「죽음의 신화(*Mythologies of Death*)」 등)에서 상세하게 검토될 것이다.

이 책은 과거 5년의 연구기간중 루마니아의 전 수상 라데스코(N. Radesco) 장군, 파리의 국립 과학 연구소(Centre National de la Recherche Scientifique), 뉴욕의 바이킹 기금(Viking Fund), 역시 뉴욕의 볼링겐 재단(Bollingen Foundation)이 베푼 원조와 격려가 없었더라면 완성되지 못했을 것이다. 이 자리를 빌려 감사를 드린다. 그리고 내가 프랑스에 도착한 이래 프랑스의 교수들과 동료들이 베풀어준 도움에 대한 감사의 표시로 이 책을 그들에게 바치고 싶다.

나는 이 연구의 결과는 부분적으로 몇 편의 논문——"Le Problème du chamanisme," *Revue de l'histoire des religions*, CXXXI(1946),

5-52 ; Vergilius Ferm 편, "Shamanism," *Forgotten Religions* (New York, 1949), pp.299-308 ; "Einführende Betrachtungen über den Schamanismus," *Paideuma*, V (1951), 88-97──몇몇 강의, 즉 페타쪼니 (R. Pettazzoni)와 투치 (G. Tucci) 두 분 교수의 초대에 힘입어 1950년 로마 대학과 이탈리아 중동 및 극동 연구소 (Istituto Italiano per il Medio ed Estremo Oriente)에서 한 강의에서 발표된 바 있음을 밝혀 둔다.

미르치아 엘리아데

파리에서, 1946년 3월-1951년 3월

철자에 관한 일러두기

러시아 어 명칭과 술어의 발음 전사(轉寫) 및 러시아 어 음역(音譯) 과정을 거친 시베리아 여러 종족의 명칭과 술어의 전사는, 대체로 슬라브 연구 연합위원회(Joint Committee on Slavic Studies)가 채택하고 미국 학회평의회(American Council of Learned Societies)와 사회과학연구협의회(Social Science Research Council)가 지정한 전사체계를 좇았다. 이 전사체계는 시베리아 종족들의 실제 명칭이나 기존의 철자, 가령 Sandschejew, Shirokogoroff 같은 개인의 이름에는 적용되지 않는다.

시베리아 종족명을 포함한 그밖의 종족명은 머도크(George Peter Murdock)가 「세계 문화 개요(*Outline of World Cultures*)」(Human Relations Area Files Press, New Haven, 1958)에서 쓴 용례를 좇았다.

동양과 기타 비유럽 어권에서 음역된 명칭이나 술어는 인용구를 제외하고는 가능한 한 현대의 영미학자들의 용례를 좇았다.

필요할 경우 저자의 이름이나 외국어의 다양한 음역은 가령 Waldemar G. Bogoras (V.G. Bogoras), tabjan(tabyan)처럼 괄호 안에다 따로 명기했다.

주에 인용된 참고문헌은 권말의 참고문헌 목록에다 명기했다.

제1장 개설/성무방법(成巫方法), 샤마니즘과 무업(巫業)

접근방법

금세기초부터 민족학자들은 어떤 "미개"사회에서든 볼 수 있는 주술력을 지닌 특정한 개인을 가리키면서 "샤만," "주의(呪醫, medicine man)," "요술사(sorcerer)," "주술사(magician)" 등의 용어를 마구잡이로 써왔다. 그들은 여기에서 그치지 않고 이러한 술어의 사용범위를 넓혀 "문명화"한 민족의 종교사 연구에도 그것을 적용시켜왔다. 그래서 가령 인도, 이란, 게르만, 중국, 바빌로니아의 "샤마니즘"이라는 말까지도 그 나라의 종교에서 발견되는 "원시적" 요소에 관련시켜 논의하게 된 것이다. 여러 가지 이유에서 이 같은 술어의 혼란은 무속적 현상을 이해하는 데 방해가 될 뿐이다. 만일 "샤만"이라는 말이 종교사나 종교민족학 분야에서 발견되는 모든 주술사, 요술사, 주의 또는 접신상태의 경험자를 의미하는 말로 쓰인다면 우리는 대단히 복잡하고 애매한 개념에 이를 수밖에 없다. 유념해야 할 것은 이러한 개념이 우리에게 어떤 도움도 주지 못한다는 사실이다. 그 까닭은, 우리가 이미 "원시 주술"이나 "원시적 신비주의" 같은, 있을 것 같지도 않고 정의도 분명하지 않는 개념을 표현하는 데 "주술사"라든지 "요술사" 같은 술어를 사용하고 있기 때문이다.

오해를 피하고 "주술"과 "요술"이라는 말의 역사를 보다 정확하게 조명하기 위해서는 "샤만"과 "샤마니즘"이라는 말을 사용할 때마다 그 용례를 한정시키면 좋을 듯하다. 그 까닭은 이렇다. 샤만은 물론 주술사이기도 하고 주의이기도 하다. 샤만은, 원시적인 샤만이든 근대적인 샤만이든간에, 의사들처럼 병을 치료하기도 하고 주술사들처럼 고행자풍의 이적(異蹟)을 행하기도 하는 것으로 믿어진다. 그러나 샤만은 여기에 머물지 않고 영혼의 안내자(psychopomp) 노릇을 하는가 하면 사제 노릇도 하고

24

신비가 노릇도 하는가 하면 시인 노릇도 한다. 전체적으로 고대사회의 종교 생활은 두루뭉수리한 "혼미주의적" 덩어리로 보이나, 그중에서도 엄밀하고 정확한 의미에서의 샤마니즘은 이미 자체의 독자적인 의미구조를 보이고 있는데다 이를 분명하게 정의해주어야 할 "역사"도 가지고 있는 것이다.

엄격한 의미에서의 샤마니즘은 시베리아와 중앙 아시아에서 특히 두드러졌던 종교 현상이다. 샤만이라는 말은 퉁구스 어 샤만(saman)에서부터 러시아 어를 통하여 유래한 말이다. 그밖의 중앙 및 북아시아 어에서 이에 상당하는 것은 야쿠트 어의 오주나(ojuna : oyuna), 몽고어의 뷔게(bügä), 뵈게(bögä : buge, bü)와 우다간(udagan : 부르야트 어의 우다얀[undayan], 야쿠트 어의 우도얀[udoyan] 등 여무[女巫]를 나타내는 말 참조), 터키 - 타타르 어의 캄(kam : 알타이 어의 캄[kam], 감[gam], 몽고어의 카미[kami] 등 참조)이다. 퉁구스 어의 술어를 팔리 어인 사마나(samaṇa : 사문[沙門])로 설명하려고 하는 사람도 있었다. 그러나 이 어원론적인 문제 (이 문제는 시베리아 종교에 대한 인도의 영향이라는 아주 중요한 문제의 일부를 이룬다)는 이 책의 마지막 장에서 다시 거론하기로 하자. [1] 중앙 및 북아시아를 싸잡는 광대한 지역 전반에서는 사회의 주술적 - 종교적 생활이 샤만을 중심으로 이루어졌다. 이 말은 물론 샤만이 유일한 성사(聖事)의 담당자였다는 뜻도 아니요, 샤만이 그 사회의 종교 생활을 한손에 장악하고 있었다는 뜻도 아니다. 부족의 족장이 곧 부족 의례의 사제였던 것은 말할 필요도 없는데, 많은 부족의 경우 공희사제(供犧司祭, sacrificing priest)가 샤만과 공존하고 있었다. 그러나 그럼에도 불구하고 샤만은 지배적인 위치를 차지하고 있었다. 그 까닭은 탈혼망아(脫魂忘我) 체험이야말로 고귀한 종교적 체험으로 인정되는 지역 안에서는 오로지 샤만만이 접신의 전문가일 수 있었기 때문이다. 이 복잡한 현상의 제1의적 정의 그리고 가장 위험 부담이 작은 정의는 샤마니즘=접신술이라는 정의가 될 것이다.

이러한 샤마니즘 현상은 중앙 아시아나 북아시아의 여러 나라를 다녀온 최초의 여행자들에 의해 기록되고 문서화되었다. 그 뒤로 이와 유사한 주술적-종교적 현상이 북아메리카, 인도네시아, 오세아니아 그리고 그밖의 지역에서도 관찰, 보고되었다. 우리가 곧 다루게 되겠지만, 뒤에서 말한 북아메리카 등지의 종교 현상 역시 모두 무속적이다. 따라서 이들 지역의 종교 현상을 시베리아 샤마니즘과 함께 연구해야 할 이유가 충분히 있는 것이다. 그러나 먼저 우리가 알아두어야 할 것이 하나 있다. 그것은 설사 위에서 말한 지역에서 무속적 복합(複合)이 나타나고 있다고 하더라도 그 해당 민족의 주술적－종교적 생활이 반드시 샤마니즘을 중심으로 결정(結晶)되어 있는 것은 아니라고 하는 사실이다. 이러한 결정 현상이 있을 수 있기는 하나(가령 인도네시아의 어느 지역에서와 같이) 이것이 예사로운 일은 아닌 것이다. 일반적으로 샤마니즘은 주술과 종교의 다른 형태와 공존하고 있는 것이 보통이다.

여기에서 우리는 "샤마니즘"이라는 말을 그 엄밀한 고유의 의미로 사용하는 것이 얼마나 유용한가를 알 수 있다. 왜냐하면 우리가 여기에서 샤마니즘을 미개사회의 주술사, 주의와 구별하는 수고를 아끼지 않는다면, 각 지역에서의 무속적 복합 문화의 정체 검증은 바로 결정적 의미를 획득할 수 있기 때문이다. 주술과 주술사는 많든 적든 세계 어느 곳에서나 찾아볼 수 있다. 그러나 샤마니즘에서 샤만은 특수한 주술적 전문성을 보여 주고 있다. 이 문제는 뒤에 다시 자세하게 다루게 되겠지만, 가령 "불을 다스린다"든지 "주술적으로 하늘을 난다"든지 하는 것이 바로 이런 전문성이다. 바로 이런 능력 때문에 샤만은 주술사의 대접을 받는 것이지만 주술사를 샤만이라고 할 수는 없다. 샤만이 병을 고친다는 사실을 두고도 같은 말을 할 수 있다. 주의는 모두 치료자이다. 그러나 샤만은 샤만 나름의 방법, 샤만만이 아는 방법을 쓴다. 샤만의 접신술만 해도 그렇다. 샤만에게는 종교사학이나 종교민족학 자료에 기록된 갖가지 접신 경험이 그의 접신 경험의 전부는 아니다. 바로 이 때문에 접신 경험자라고 해서 다 샤만은 아닌 것이다. 샤만은 탈혼망아의 전문가이다. 사람들은, 이 경지에 든 샤만의 영혼은 육체를 떠나 하늘로 오르거나 지하세계로 내려가는 것으로 믿는다.

이와 같은 구별은 샤만과 "영신(靈神 : spirit)"과의 관계를 정의하는 데에도 필요하다. 원시세계에서든 현대세계에서든 우리는, 사실은 영신에 "들렸든" 영신을 좌지우지하든 간에 하여튼 "영신"과 관계를 맺고 있다고 주장하는 사람들을 만난다. "영신"이라는 단순한 개념과 관련해서 야기되는 문제와 이 "영신"과 인간 사이에 있을 수 있는 관계에 관한 문제만 연구하고 이를 쓰려고 해도 몇 권의 책이 더 필요할 것이다. 그 까닭은 "영신"이라는 존재가 그만큼 복잡하기 때문이다. "영신"은 죽은 사람의 영혼일 수도 있고 "자연의 정령"일 수도 있고 신화적인 동물 등일 수도 있다. 그러나 샤마니즘에 대한 연구는 이 모든 것을 다 다룰 것을 요구하지는 않는다. 우리에게 필요한 것은 샤만과 이 샤만의 보조영신(補助靈神, helping spirit)과의 관계를 규명하는 것이다. 이런 관점에서 우리는 가령 "영신에 들린 자(빙령자〔憑靈者〕)"는 샤만과 다르다는 것을 쉽게 알 수 있다. 샤만은 인간으로서 사자(死者)들, "악령들" 그리고 "자연의 영신들"과 친교하되 이들의 도구가 되지 않는다는 의미에서 자기의 영들을 다스리는 존재라고 볼 수 있다. 샤만도 때로는 "영신에 들릴" 때가 있다. 그러나 이것은 극히 드문 일로 이를 밝히는 설명이 따로 필요하다.

이상의 몇 가지 예비적 고찰은 이미 샤마니즘을 바로 이해하기 위해 우리가 따르기로 한 방안을 제시하고 있다. 이러한 주술적 - 종교적 현상이 중앙 및 북아시아에서 가장 완벽한 모양으로 나타나고 있다는 사실을 감안하여 우리는 이 지방의 샤만을 전형적인 본보기로서 다루어보고자 한다. 우리는 적어도 지금의 모양으로는 중앙 및 북아시아의 샤마니즘이 어떤 외부적 영향도 받지 않은 원초적인 현상이라기보다는 그 나름의 긴 "역사"를 지닌 현상임을 잘 알고 있고 또 이를 입증하려고 노력할 것이다. 그러나 이 중앙 아시아 및 시베리아 샤마니즘에는 구조적 이점이 있다. 말하자면 세계의 어떤 지역으로부터도 독립해서 존재하는 요소—— 가령 샤만이 "영신"과 특수한 관계를 맺고 있다든지, 주술적 비상을 가능하게 하는 접신 능력을 갖고 있다든지, 하늘로 상승하고 지하로 하강한다든지, 불을 다스리든지 하는 등의——가 여기에서는 이미 그 특유의 이데올로기로 정당화된 특수 기술로 통합된 구조를 보여주고 있다는 것이다.

엄밀한 의미에서 샤마니즘은 중앙 및 북아시아에 한정되어 있는 것은 아니다. 이와 유사한 현상이 얼마든지 있다는 것은 뒤에 지적하게 될 것이다. 그런데 어떤 종류의 무속적 요소는 갖가지 고대의 주술이나 종교 형태 안에 고립되어 나타난다. 이것은 매우 흥미로운 일이다. 왜 흥미로운가 하면 고대의 주술과 종교의 어떤 범위 안에 샤마니즘이 "원시"신앙과 기술의 기층(基層)을 보존하고 있는지, 또 어떤 범위까지 그것이 개혁될 수 있는지를 이로써 알 수 있기 때문이다. 우리는 원시종교(이들 원시종교가 함축하는 주술, 절대자들과 영신들에 대한 신앙, 신화적 개념, 접신술 등과 함께)에서 샤마니즘의 지위를 밝히려고 노력하는 동시에 이와 다소 비슷한 현상, 말하자면 무속적인 의미를 함축하지 않은 것으로 보이는 현상에 대해서도 계속해서 언급하지 않으면 안 된다. 그러나 특정한 종류의 무속적 요소와 유사한 주술적 - 종교적 요소를, 이와는 다른 문화적 총체 안에서 전혀 다른 정신적 적응 과정을 밟으면서 생겨난 것과 비교하고 지적하는 것이야말로 참으로 유익한 일이 아닐까 한다. [2]

샤마니즘이 중앙 및 북아시아의 종교 생활을 지배하고 있는 것은 사실이다. 그러나 샤마니즘이 이 광대한 지역의 **종교**는 아니다. 그것은 몇몇 연구자들이 북극권이나 터키-타타르 인(Turko-Tatars)들의 종교를 편의상, 아니면 잘못 알고 샤마니즘이라고 한 것에 지나지 않는다. 중앙 및 북아시아의 모든 종교는 모든 방향에서 샤마니즘을 넘어 확대, 발전했다. 이것은 모든 종교가 특별한 자격을 갖춘 신자들의 신비적인 체험을 넘어 확대, 발전하는 것과 마찬가지이다. 샤만은 "택함을 받은 사람"이다. 바로 이 때문에 사만은 그 공동체의 다른 구성원이 가까이 살 수 없는 성스러운 영역에 가까이 갈 수 있는 것이다. 샤만들의 이러한 접신 체험은 종교적 이데올로기의 성층(成層), 신화나 의례 구조에 막강한 영향력을 행사할 수 있었는데, 이러한 현상은 지금도 마찬가지이다. 그러나 북극권이나 시베리아 그리고 아시아 여러 민족의 이데올로기나 신화, 의례는 이들 민족 샤만들의 창작이 아니다. 이런 것들은 모두 샤마니즘 이전 시대의 산물이거나 적어도 바로 그 시대의 산물이며 그런 의미에서 이러한 것들은 **일반적인** 종교 체험의 산물이지 특별한 자질을 지닌 인물이나 접신술을 행할 수 있는 특권 계급의 산물은 아닌 것이다. 그러나 곧 언급하게 되겠지만, 무속적(곧 접신적) 체험이 반드시 적절한 것만은 아닌 이데올로기를 통하여 스스로를 드러내려고 하는 경우도 자주 있다.

다음 장에서 다룰 주제를 다치지 않기 위해 여기에서는, 샤만들은 저희가 속해 있는 사회에서 두드러진 존재였다는 것만 밝히고 넘어가기로 하자. 말하자면 근대 유럽 사회의 성직자처럼 종교적 분위기의 표징을 나타내는 특수한 힘을 지니고 있어서 동아리의 사람들과는 다른 사람이었다는 것이다. 샤만들은 종교 체험을 남달리 강렬하게 한다는 의미에서 그 사회의 나머지 구성원들과 구별된다. 다르게 말하자면 샤마니즘을 일반적으로 종교의 범주에 넣기보다는 신비주의의 범주에 넣어 분류하는 편이 옳을지도 모른다는 것이다. 그럼에도 불구하고 우리는 상당수의 종교에서 샤마니즘을 만날 수 있을 것이다. 그 까닭은 샤마니즘이 항상 특정 엘리트의 수준에서 행사하는 접신술로 남아 있는데다 특정 종교의 신비주의를 드러내고 있기 때문이다. 그러고 보니 문득 이 샤마니즘에 견주어질 만한 것이 생각난다. 기독교 교회의 수도사들, 신비주의자들, 성자들이 하는 역할에 견주어지지 않을까 싶은 것이다. 그러나 이러한 비교를 무리한 선까지 밀고 나가서는 안 된다. 기독교(적어도 근대사에서의)에서 일어나는 사태와는 달리, 스스로를 샤만을 좇는 샤만 교도들이라고 고백하는 사람들은 샤만의 접신 체험을 아주 중요하게 여긴다. 이 체험은 개인적으로 그리고 직접적으로 그들과 관련이 있다. 왜냐하면 탈혼망아 체험을 통하여 교도들을 치료하고 사자를 "명계(冥界)"로 인도하고 그들과 천상계 및 지하계에 있는 크고 작은 신들 사이에서 중보자(仲保者, mediator)로 봉사하는 사람이 바로 샤만이기 때문이다. 이 신비스런 꼬마 엘리트는 그 공동체의 종교 생활의 방향잡이 노릇만 하는 것이 아니고 이른바 "영혼"을 수호하는 일까지 감당한다. 샤만은 인간의 영혼에 관한 한 위대한 전문가이다. 샤만만이 영혼이라는 것을 "볼" 수 있다. 그 까닭은 그들만이 영혼의 "모양"과 영혼의 운명을 알고 있기 때문이다.

그러나 영혼이 처한 목전의 운명이 해결되어버릴 경우 질병(=영혼의 상실)이나 죽음이나 불행의 문제 그리고 접신 체험(천상계나 지하계로의 신비스러운 나들이)을 포함한 대공희 의례의 문제가 깡그리 해결되어버리는 경우에도 샤만이 필요 불가결한 존재 노릇을 하는 것은 아니다. 종교 생활의 대부분은 샤만 없이도 진행되는 것이다.

북극권, 시베리아와 중앙 아시아 민족들은 주로 수렵-어업, 목축업-유목에 종사하는 사람들이다. 이들에게 공통되는 전형적인 특징은 이들이 모두 어느 정도 유목에 종사한다는 사실이다. 그리고 종족적, 언어적으로 조금씩 차이가 있는데도 불구하고 이들의 종교에는 한 가지 일치하는 대목이 있다. 추크지 족, 통구스 족(Tungus), 사모예드 족(Samoyed) 혹은 터키-타타르 족 등, 중요한 종족들은 대개 천상계의 대신(大神), 전능한 창조신을 알고 있고 이들을 섬긴다는 것이다. 물론 이런 신들은 사라져가는 신들(deus otiosus)[3]의 길로 들어선 신들이다. 이 대신의 이름은 때로는 "천공" 혹은 "천상계"를 의미한다. 예를 들면 사모예드 족의 눔(Num), 통구스 족의 부가(Buga) 혹은 몽고족(Mongols)의 텡그리(Tengri : 부르야트 족[Buryat]의 텡게리[Tengeri], 볼가 타타르 족[Volga Tatars]의 탱게레[Tängere], 벨티르 족[Beltir]의 팅기르

〔Tingir〕, 야쿠트 족〔Yakut〕의 탕가라〔Tangara〕 등)가 바로 이런 신들이다. 이런 신들은 이름이 구체적으로 "천공"이 아니더라도 그 이름에는 하늘의 특징적인 성격을 표상하는 말, 가령 "높은"이라든지 "우뚝 솟은"이라든지 "찬란한" 같은 말들이 딸려 있다. 예를 들면 이르티쉬의 오스티야크 족(Ostyak)이 섬기는 천신의 이름은 생케(sänke)라는 말에서 유래하는데 이 말은 "찬란하다, 빛난다, 밝다"는 뜻이다. 바로 이 신을 두고 야쿠트 족은 "세계의 추장이신 아버지 주님"이라고 부르고 알타이 타타르 인들은 "흰빛"(Ak Ayas), 코리야크 인(Koryak)들은 "높은 곳에 계시는 분," "높은 곳에 계시는 주님"이라고 부른다. 터키-타타르 인은 북방과 동북방의 인접 민족들 이상으로 천상의 대신을 지극히 섬기는 경향이 있다. 이들은 이 천상의 대신을 "추장," "주인," "주님" 그리고 "아버지"라고 부른다.[4)]

높디높은 하늘에 사는 이 천신에게는 몇몇 "아들"과 "사자(使者)"가 있다. 이들은 천신에게 딸려 있는 한편 천신의 처소보다는 낮은 천공에 자리한다. 이들의 이름이나 숫자는 민족에 따라 조금씩 다르다. 일반적으로는 일곱 혹은 아홉 "아들 신"이나 "딸 신"이 등장하는데, 샤만은 바로 이들과 예사롭지 않은 관계를 맺고 있는 것이다. 이 천신의 아들 신들, 사자들 혹은 종들은 인간세상을 내려다보고 있다가 인간을 도와주는 일을 한다. 이들의 숫자는 민족에 따라 엄청나게 많아지기도 한다. 이러한 경향은 부르야트, 야쿠트 그리고 몽고족의 경우에 특히 두드러진다. 부르야트 족의 경우에는 55위의 선신(善神)과 44위의 악신(惡神)이 있는데 이들은 영원히 대립한다. 그러나 뒤에 다시 다루겠지만[5)] 신들의 수가 이렇게 불어나고 또 이들이 끊임없이 적의를 품고 대립하고 있는 것은 비교적 최근에 와서 이들이 종교를 혁신한 증거라고 믿을 만한 근거가 있다.

터키-타타르 족의 종교에서 여신이 차지하는 비중은 미미하다.[6)] 지신(地神) 역시 마찬가지이다. 야쿠트 족에게는 대지의 여신상도 없고 따라서 대지의 여신에게는 제물도 드리지 않는다.[7)] 터키-타타르 그리고 시베리아 민족에 몇몇 여신들이 있기는 하다. 그러나 이들 여신들은 여성만을 위한 신들이고 이들이 맡아서 참섭(參涉)하는 분야도 출산이나 아기들의 질병을 돌보는 일 정도이다.[8)] 여성의 역할이 샤마니즘 전통에 다소 보존되어 있기는 하나 신화에서 여성의 맡은 역할도 극히 미미하다. 알타이 족에게 천공의 신 혹은 대기(大氣)의 신[9)] 다음가는 유일한 대신은 지하계의 주(主)인 에를릭 칸(Erlik Khan〔=Ärlik Khan〕)이다. 이 신은 샤만들에게 아주 잘 알려져 있다. 극히 중요한 불의 의례, 수렵 의례, 죽음이라는 관념——여기에 대해서는 여러번 언급하게 되겠지만——은 이 중앙 그리고 북아시아 종교 생활의 간단한 윤곽을 짐작할 수 있게 해준다. 형태론적으로 말한다면 이 종교는 일반적으로 인도-유럽 인들의 종교에 가깝다. 이 양자가 다 천공신 혹은 대기의 신을 중요한 신으로 섬기고 있고 여신을 용납하지 않으며(인도-지중해 지역 종교의 두드러진 특징) "아들 신들" 혹은 "사자들"(아쉬빈〔Äśvins〕, 제우스의 아들들인 디오스쿠리〔Dioscuri〕 등)에게 같은 기능을 부여하고 똑같이 불을 숭배한다는 점에서 그렇다. 사회학적, 경제학적 입장에서 보면 선사시대의 인도-유럽과 터키-타타르가 유사하다는 사실은 한층 더 두드러진다. 이 두 사회는 똑같이 가장에게 특권을 부여하는 가부장 사회였으며 수렵과 목축-유목으로 경제를 도모하는 사회였다. 터키-타타르 문화와 인도-유럽 문화에서 말〔馬〕이 지니는 종교적 중요성은 오랜 옛날부터 주목의 대상이 되어왔다. 그리고 그리스 최고의 공희인 올림포스 공희는 터키-타타르 인, 우그르 인(Ugrians), 극북 민족이 지내는 희생제가 지니는 특징을 고스란히 가지고 있는 것으로 입증되었다. 이들의 희생제는 정확하게 말하면 원시 수렵민과 목축민의 전형적인 공희라고 할 수 있다. 이러한 사실은 우리가 여기에서 다루고자 하는 문제와 관련이 있다. 고대의 인도-유럽 어계와 고대 터키-타타르 인(원〔原〕 터키 인〔Proto-Turks〕이라고 하는 편이 더 정확할 것이다)간의 경제적, 사회적, 종교적 유사성을 볼 때,[10] 우리는 역사적으로 다양한 인도-유럽 민족이 아직까지 어느 정도는 터키-타타르 인의 샤마니즘에 견줄 수 있는 무속적 요소를 보존하고 있다고 생각하지 않을 수 없다.

그러나 여기에서 강조해두고 싶은 것은 세계 어디에서든, 역사의 어떤 시점에서든, 완전히 "순수한" 그리고 "원초적인" 종교 현상은 발견될 수 없다는 사실이다. 지금 우리가 다루고 있는 문제에 대한 고민족학적, 선사적 기록은 구석기시대 이전으로는 소급되지 않는다. 그리고 최초의 석기시대에 앞선 수십만 년 동안 인간이 그 이후와 똑같은 정도로 강렬하고 다양한 종교 생활을 영위하지 않았다고 가정할 만한 근거는 아무 것도 없다. 적어도 석기문화 이전의 인류의 주술적-종교적 신앙의 일부가 그 이후의 종교적 관념이나 신화 안에 보존되어 있었다는 것은 거의 분명하다.

그러나 이 석기문화의 이전 시대부터 내려온 정신적 유산은 선사 및 원사(原史)시대 인류간의 무수한 문화접촉의 결과로 끊임없는 변화를 재촉했다는 것 역시 있을 법한 일이다. 그러니까 종교사 어디에서든 "원초적" 현상을 만날 수 있는 것은 아니다. 왜냐하면 역사는 언제 어디에서든 종교 관념, 신화적 창조, 의례, 접신술을 변화시키거나 개조하거나 보태거나 빼거나 하기 때문이다. 모든 종교가 그 기나긴 내적 변화의 과정을 겪은 뒤에 결국 자율적 구조를 전개하고 이어서 독자적인 "형태" 그리고 그 뒤에 올 인류가 수용할 "형태"를 제시한다는 것은 분명하다. 그러나 완전히 "새로운" 종교도 없고 과거를 완전히 폐기하는 종교적 메시지도 없다. 태고부터 있어온 종교 전통의 모든 요소——가장 본질적인 요소!——의 개조, 갱신, 가치 회복 그리고 통합이 있을 뿐이다.

이러한 몇 가지 지적은 당분간 샤마니즘의 역사적 지평을 한정시키는 데 요긴할 것으로 보인다. 뒤에 다시 언급하게 될 것이지만 샤마니즘의 요소 중 몇 가지는 분명히 고대적이다. 그러나 그렇다고 해서 그것이 "순수"하고 "원초적인" 것이라는 말은 아니다. 터키-몽고의 샤마니즘은 고대적 요소로 보이는 형태를 지니고 있지만, 형태는 결정적이라고 해도 좋을 만큼 오리엔트의 영향을 받은 것으로 보인다. 그리고 이러한 결정적인, 근대의 영향을 받지 않은 다른 샤마니즘도 있기는 하지만 그렇다고 해서 이러한 것 역시 "원초적"인 것은 아니다.

샤마니즘이 가장 발달된 통합 단계에 이른 극북, 시베리아와 중앙 아시아의 모든 종교에 대해, 우리는 한편으로는 수렵 의례와 조상 제사의 종교적 정위(定位)가 전혀 다르다는 데 이런 종교들의 특징이 있다고 말할 수 있다. 뒤에 다시 언급하겠지만, 샤만은 이러한 종교적 영역에 다소간은 직접 관여하고 있다. 그러나 독자는 샤만의 본령은 종교적 영역이되 특정한 영역에 훨씬 더 깊이 관여할 것이라는 인상을 받을 것이다. 접신 체험과 주술로 구성되는 샤마니즘은 정도의 차이는 있어도 이러한 종교적 영역에 선행하거나 시대를 같이하는 갖가지 종교 구조에 아주 순조롭게 적응한다. 관련된 민족의 일반적인 종교 생활의 틀 안에서 어떤 무속적 행위의 기술(記述)을 되짚어 생각할 때마다(예를 들어 우리는 지금 천상계의 대신과 이 대신에 관한 신화를 생각하고 있다) 우리는 적잖이 놀라곤 한다. 이때 우리는 두 개의 전혀 다른 종교적 세계가 존재한다는 인상을 받는다. 그러나 이런 인상은 잘못된 것이다. 다른 세계가 존재한다는 인상은 서로 차이가 있는 세계가 존재한다는 인상이겠는데, 이 다름이라는 것은 종교적 세계의 구조에서 오는 것이 아니고 샤만의 행위로 야기되는 종교적 체험의 강도에서 오는 것이기 때문이다. 샤만의 굿거리에는 대개의 경우 접신의 수단이 사용된다. 그리고 종교사는 여기에서 우리에게 이 이상으로 오류와 왜곡에 승복하는 종교적 체험이 없음을 보여준다.

몇 가지 예비적인 고찰을 마무리하면서 당부해둘 것이 있다. 샤마니즘을 연구할 때 우리는 항상 몇몇 특수하고 "사적(私的)"이기까지 한 종교적 요소를 존중해야 하되, 이러한 것에 대한 연구에, 그 공동체의 나머지 구성원의 종교 생활에 대한 연구가 싸잡히는 것은 아니라는 사실을 기억해야 한다. 샤만은 "이탈함(separation)"으로써, 우리가 곧 알게 되겠지만, 비극적인 위대함과 아름다움에 모자라지 않게 깃들여 있는 정신의 위기(spiritual crisis)로써 자신의 새롭고 참된 삶을 시작한다.

무력(巫力)의 내림

중앙 및 동북 아시아에서 샤만을 새로 충원하는 방법 중 가장 주된 방법은 1) 샤만의 직능을 세습적으로 물려받는 방법과 2) 이 천직에 대한 자발적인 응소("피임〔被任〕" 혹은 "피선〔被選〕")이다. 물론 개인에 따라 자유의사로 샤만이 되는 경우(가령 알타이 인의 경우처럼)도 있고 종족의 의사에 따라 샤만이 되는 경우(가령 퉁구스 인 등의 경우처럼)도 있다. 그러나 사람들은 세습무나 신들 혹은 영신들의 소명에 응소한 샤만에 비해 이들 "자성(自成)" 샤만들은 그 무력(巫力)이 떨어지는 것으로 믿었다.[11] 부족에 의해 피선될 경우에 가장 중요한 피선기준은 후보자의 접신 체험이었다. 만일 접신능력이 여의찮으면 죽은 샤만의 자리를 이은 새 샤만은 그 자리에서 밀려나고 만다.[12]

피선되었다고 해서 새 샤만이 바로 샤만으로 인정을 받는 것은 아니다. 말하자면 두 가지 수련과정 곧 1) 접신과정(꿈, 망아황홀 등)과 2) 전승 교육과정(무속적 접신기술, 영신들의 이름과 기능, 부족의 신화와 족보, 샤만의 은어 등)을 거쳐야 샤만으로 인정받게 되는 것이다. 영신들이나 나이 많은 스승 샤만에 의한 이 두 가지 교육은 말하자면 입문의례(initiation)에 해당한다. 때로는 공개적으로 치러지기도 하는 이러한 입문의례는 그 자체가 하나의 자율적 의례로 구성된다. 물론 이런 의례가 없을 수도 있다. 그러나 이런 의례가 없다고 해서 입문과정이 아주 없다는 뜻은 아니다. 입문과정은 입문 당사자의 꿈속에서 지나갈 수도 있고 접신 체험과 함께 지나갈 수도 있기 때문이다. 샤만의 꿈에 대한 자료를 보면 샤만의 꿈이 종교사에서 널리 알려진 구조를 지닌 입문과정을 포함하고 있음을 확연하게 볼 수 있다. 어떤 경우를 보든 그러한 꿈이 무질서한 환상이거나 순전히 사적으로 구성한 것이거나 스스로 극적인 인물을 등장시켰다는 혐의가 걸릴 만한 것으로는 보이지 않는다. 이 경우 샤만이 꾸는 꿈은 입문의 환각과 그 무대 마련(mise en scène)은 모두 전통적인 규범을 따르고 있는데다 놀라울 정도로 정교하고 일관성 있는 이론적 내용을 보이고 있다.

뒤에 다시 논의하게 되겠지만, 우리는 이러한 사실이 샤만의 정신병리 문제에 대해 보다 튼튼한 기초를 마련해주는 것으로 믿는다. 정신병리와는 상관없이 미래의 샤만은 특정한 입문과정의 시련을 거치고 고도의 복잡한 훈련을 받아야 하는 것으로 되어 있다. 후보자인 샤만을 보통의 신경증 환자에서 특정 사회가 용인하는 샤만으로 변모시키는 것은 바로 이 두 가지의 입문의례——접신 체험에 의한 입문과정과 교육에 의한 입문과정——이다. 무력의 바탕에 대해서도 같은 말을 할 수 있다. 중요한 것은, 이러한 권능 습득의 방법론(세습에 의한 습득, 영신에 의한 내림, 자발적인 탐색에 의한 습득)이 아니라 입문과정을 통하여 전달된 그 접신의 기술과 이론적인 바탕인 것이다.

이것은 중요한 것으로 보인다. 그 까닭은 적지않은 학자들이 이 종교 현상의 구조에 관한 결론, 심지어는 역사에 관련된 주요한 결론까지도 특정 샤마니즘이 세습적인 것인가, 혹은 자연발생적인 것인가, 그것이 아니라면 샤만의 삶을 결정하는 "소명"이 정신병리적 특징에서 유래한 것인가(혹은 아닌가) 하는 사실에서 끌어내려고 하기 때문이다. 이 방법론적인 문제에 대해서는 뒤에 다시 논의하기로 하자. 지금으로서는 샤만들의 "피선"에 관한 시베리아와 중앙 아시아의 몇 가지 문헌을 항목별(세습적 전달, 응소, 부족에 의한 피임, 개인적인 결정)로 배열할 것이 아니라 일단은 개관하는 데 그치기로 하자. 그 까닭은 앞에서도 썼다시피 샤마니즘에 관련된 민족의 대부분은 샤만을 충원하는 방법을 한 가지 이상씩 알고 있기 때문이다. [13)]

서부 및 중앙 시베리아에서의 샤만 충원

곤다티 (N.L. Gondatti)에 따르면 보굴 족(Vogul)의 샤마니즘은 세습 적일 뿐만 아니라 여계(女係)로 전승된다고 한다. 그러나 미래의 샤만은 사춘기 때부터 이상성격을 보이기 시작한다. 이 미래의 샤만은 아주 어릴 때부터 신경증 증세를 보이고 때로는 간질병적인 발작을 일으키기도 하는 데, 이 발작의 순간이 바로 이 미래의 샤만이 신들과 만나는 순간이라고 해석된다. [14] 동부 오스티야크 인들의 경우는 상황이 다르다. 두닌-고르 카비치 (A.A.Dunin-Gorkavich)에 따르면, 이들의 경우 샤마니즘은 배 워서 습득하는 것이 다니고 생득하는 하늘의 선물이다. 이르티쉬 지방에 서도 샤마니즘은 생케 (천공신)의 선물로, 미래의 샤만에게는 아주 어릴 때부터 그 징후가 나타난다. 바시유간 인 (Vasyugan) 역시 샤만은 샤만 으로 태어난다고 주장한다. [15] 그러나 카리얄라이넨 (Karjalainen)이 지 적하고 있듯이[16] 세습이든 자연발생적이든 샤마니즘은 신들이나 영신들의 선물이다. 그의 주장에 따르면, 어떤 관점에서 볼 때 겉모양이 세습적인 것으로 보일 뿐이라는 것이다.

일반적으로 샤만이 그 권능을 얻는 양식에는 두 가지가 공존한다. 예를 들면 보챠크 인(Votyak)들의 경우 샤마니즘은 세습적이다. 그러나 이 권능은 절대신으로부터 직접 받았다. 곧 절대신이 꿈과 환상(vision)을 통하여 이 미래의 샤만을 가르친다는 것이다. [17] 랩 인 (Lapp)들의 경우 도 마찬가지이다. 그들의 경우 샤만의 권능은 영신들이 샤만의 집안에 내 린다. 그러나 영신은 이 권능을 받고 싶어하는 사람에게도 내린다. [18]

시베리아의 사모예드 인과 오스티야크 인들에게도 샤마니즘은 세습적이 다. 샤만이 죽으면 그 아들은 나무를 아버지의 손 모양으로 깎아 이 상징 을 통하여 아버지 샤만의 권능을 물려받는다. [19] 그러나 샤만의 아들이라 고 해서 모두 이런 권능을 물려받을 자격이 있는 것은 아니다. 입문자는 역시 영신들의 승락과 인가를 받아야 한다. [20] 유라크-사모예드 족 (Yurak-Samoyed)의 경우, 미래의 샤만은 태어날 때부터 그 징후를 보 인다. 말하자면 셔츠(즉 아기가 태어날 때 머리에 쓰고 있는 모래집의 일 부인 대망막[大網膜])를 뒤집어쓰고 나온 아기는 샤만의 운명을 타고난 아기라고 믿는 것이다(이것을 머리에만 쓰고 나온 아기는 소〔小〕샤만이 된다). 이 샤만 후보자는 자라면서 환상을 보기도 하고 잠자다가 무당의 노래를 부르기도 하고 혼자 방황하는 따위의 일을 좋아하게 된다. 이러한 잠복기가 지나면 이 후보자는 늙은 샤만을 찾아가 가르침을 받는다.[21] 오스티야크 인의 경우에는 샤만인 아버지가 자기 아들들 중에서 후계자를 고른다. 아버지는 후계자를 고르되 장자상속의 관례를 무시하고 오로지 그 능력을 보고 고른다. 그런 연후에야 그 후계자에게 전승의 비법을 가르쳐주는 것이다. 샤만에게 자식이 없을 경우 이 후계자 자리는 친구나 제자에게 넘어간다. 그러나 누가 되든 이 후계자는 청춘을 바쳐 이 샤마니즘의 교의와 기술을 배워야 한다.[22]

시에로체브스키(W. Sieroszewski)의 기록에 따르면[23] 야쿠트 족의 샤만은 세습적으로 대물림하지 않는다. 그러나 애매개트(ämägät : 징후, 보호령〔保護靈〕)는 샤만이 죽은 뒤에도 사라지지 않고 있다가 되도록이면 그 가족의 일원에게 화신(化身)하게 된다. 프리푸조프(N.V. Pripuzov)는 다음과 같이 자세하게 보고하고 있다.[24] 즉 샤만이 될 팔자를 타고난 사람은 갑자기 실성하고 다음에는 의식을 잃었다가 여기에서 깨어나면 숲으로 들어가 초근목피로 연명하면서 물불을 가리지 않고 뛰어들기도 하고 칼로 자기 몸을 난자하기도 한다. 그러면 이 사람의 가족들은 늙은 샤만에게 이 사람을 살려줄 것을 호소하고 이 늙은 샤만은 실성한 젊은이에게 갖가지 영신들의 존재와 이들을 부르거나 부리는 방법을 가르쳐준다. 그러나 이런 것은 입문의례의 시작에 불과하다. 자세한 입문과정에 대해서는 뒤에 다시 언급하기로 하자.[25]

트랜스바이칼 지역의 퉁구스 족 사이에서 샤만이 되고자 하는 사람은 먼저, 꿈에 죽은 샤만의 영신이 나타나 자기 뒤를 이을 것을 명하더라고 선언한다. 대개의 경우 이러한 선언은 부족을 설득할 수 있다. 그 까닭은 대개의 경우 이런 선언을 한 미래의 샤만은 바로 그 뒤에 극심한 정신착란을 일으키기 때문이다.[26] 투루칸스크의 퉁구스 인들의 믿음에 따르면 샤만이 될 팔자를 타고난 사람은 꿈 속에서 카르기(Khargi)라고 하는 사신(邪神)이 샤만 의례를 집전하는 광경을 본다. 그는 이런 식으로 샤만들의 전승비법을 익히는 것이다.[27] 샤만의 입문의례의 핵심을 이루는 이러한 "비법"에 대해서는 나중에 다시 논의하기로 하자. 이러한 입문의례는 이따금씩 병적인 꿈을 꾸거나 망아황홀경에 빠져 있을 동안에 이루어지는 수도 있다.

퉁구스 족의 샤만 충원

만주족과 만주의 퉁구스 족에게는 두 계급의 "대(大)"샤만이 있다. 한 계급은 부족에 딸린 대샤만이고 또 한 계급은 부족에서 독립해 있는 대샤만이다. [28) 부족에 딸려 있는 대샤만의 경우 샤만의 자질은 대개 조부로부터 손자에게 계승된다. 그 까닭은, 아들은 아버지의 세속적 요구를 따르는 데 전심전력하느라고 샤만이 될 수 없기 때문이다. 만주족은 아들이 바로 이를 계승하기도 한다. 그러나 아들이 없을 경우 샤만의 권능, 다시 말하면 샤만이 죽으면서 남기는 여분의 "영신"은 손자에게 내려간다. 세상을 떠나게 된 샤만에게 이 여분의 "영신들"을 물려받을 만한 가족이 없을 경우에는 문제가 생긴다. 이럴 때에는 제3자가 소명을 받게 된다. 부족으로부터 독립해 있는 샤만이 제3자를 규제할 수 있는 것은 아무것도 없다. [29) 즉 이 제3자는 단지 자기의 소명에 따르는 것일 뿐이라는 뜻으로 해석해도 좋을 듯하다.

쉬로코고로프(Shirokogoroff)는 샤만의 소명에 대한 몇 가지 사례를 보고하고 있다. 그의 보고에 따르면, 이 소명에 대한 응소과정에는 항상 히스테리적인 혹은 히스테리 유형의 위기가 뒤따른다. 이러한 과정이 끝나면 일정한 교육기간이 있고 이 기간이 끝나면 그 사회에서 공인된 샤만의 수하에서 입문의례를 치른다. [30) 대개 이런 경우 위기는 사춘기에 시작된다. 그러나 입문자는 최초의 접신 경험을 치르고도 몇 년이 지나야 샤만이 될 수 있다. [31) 샤만으로의 인정은 공동체의 전구성원들로부터, 그것도 고통스러운 수련의 과정을 겪어야 받는다. [32) 이 수련의 과정을 견디지 못하면 샤만 노릇을 할 수 없는 것이다. 부족으로부터 샤만으로 인정받지 못하고 이 직능을 포기하는 입문자도 많이 있다. [33)

샤만이 되기 위한 교육은 중요하다. 그러나 이러한 교육도 최초의 접신 경험을 인정받지 못하면 받을 수 없다. 가령 만주의 퉁구스 족은 아이를 샤만 후보자로 선택하고 샤만으로 양성한다. 그러나 최초의 접신 경험은 이 아이의 장래에 결정적인 영향을 미친다. 만일 아이가 접신을 체험하지 못하면 부족은 이 아이를 후보자의 자리에서 내치고 만다. [34) 때로는 이

어린 샤만 후보자가 하는 행동이 이 성직에 오르느냐 오르지 못하느냐를 결정하는 중요한 요소로 작용하기도 한다. 성직에 오르지 못한 후보자가 산으로 도망쳐, 이레 혹은 그 이상 "제 이빨로 직접 잡은"[35] 동물의 고기를 먹고 살다가 마치 "야인(野人)처럼" 온몸은 피투성이가 되고 옷은 누더기가 되고 머리는 풀어 헤친 아주 지저분한 모습으로 마을에 돌아오는 수도 있다.[36] 그리고 나서 열흘쯤 지나면 이 후보자는 앞뒤가 맞지 않는 말을 마구잡이로 하기 시작한다.[37] 그러면 늙은 샤만은 이 후보자에게 몇 가지 질문을 조심스럽게 던진다. 그러면 이 후보자(정확하게 말하면 이 후보자가 들려 있는 "영신")는 화를 낸다. 그런 다음에야 이 후보자 혹은 "영신"은, 신들에게 제물을 드리고 성무의식과 성직 취임식을 준비할 샤만을 지명한다.[38]

부르야트 인과 알타이 인의 샤만 충원

산드체예프(Sandschejew)가 연구한 알라르스크의 부르야트 인의 경우, 샤마니즘은 부계 혹은 모계로 이어진다. 물론 자연발생적인 샤만도 있다. 세습적이든 자연발생적이든 이러한 소명을 받았다는 징표는 꿈과 발작적인 경련을 통해 나타난다. 이들은, 이러한 꿈을 꾸게 하고 경련을 일으키는 것은 조상영신들, 즉 우트차(utcha)라고 믿는다. 샤만 직은 의무적인 것이다. 따라서 소명을 받으면 누구든 이를 거절할 수 없다. 부족 중에 만일 적당한 후보자가 없으면 조상영신들은 자기네 자손을 괴롭힌다. 조상영신들에게 선택된 아이들은 잠을 자면서도 소리를 지르거나 신경이 과민해지고 꿈을 자주 꾸게 된다. 이들은 이런 식으로 지내다가 열세 살이 되면 이 직분의 후보자 지명을 받는다. 이들은 준비기간에 일련의 접신 체험을 하게 되는데, 꿈 속에 나타난 조상영신들의 손에 이끌려 지하세계로 내려가는 등의 체험이 바로 성무 체험이다. 젊은 샤만 후보자는 샤만이나 부족의 장로들 밑에서 공부를 계속한다. 후보자가 배우는 것은 부족의 계보, 전통, 무속적인 신화와 샤만들만이 쓰는 특수한 어휘이다. 이때 이런 후보자를 가르치는 샤만은 "신 아버지"라고 불린다. 접신 중에 후보자가 샤만의 노래를 부르는 수가 있다.[39] 이것은 드디어 저세상과 관계가 이루어졌다는 징표로 받아들여진다.

남부 시베리아의 부르야트 인들의 경우, 샤마니즘은 세습적이다. 그러나 때로는 신들의 선택을 받아서 혹은 우연히 샤만이 되는 수도 있다. 신들이 한 사람을 샤만의 그릇으로 보고 이 사람을 번개로 치거나 하늘에서 떨어지는 돌을 통하여 그 뜻을 알리는 경우가 신들에게 선택되는 경우이고,[40] 하늘에서 떨어진 돌, 곧 운석이 들어 있는 타라순(tarasun)을 마시고 샤만이 되는 경우가 바로 우연히 샤만이 되는 예이다. 그러나 신들의 선택을 받았다고 하더라도 이런 샤만 역시 늙은 샤만의 훈도와 교육을 받아야 한다.[41] 신들이 샤만을 지명하는 데 쓰이는 번개의 역할은 아주 중요하다. 번개는 샤만의 권능이 천상에서 유래한 것임을 보여준다. 이런 사례는 별로 특이한 것이 아니다. 소요트 인(Soyot)의 경우에도 번개를 맞는 사람은 샤만이 된다.[42] 번개는 사만의 의상에 그려지기도 한다.

세습 샤마니즘의 경우, 조상 샤만들의 영혼은 후손 중에서 젊은 청년을 하나 고른다. 이렇게 되면 이 청년은 얼이 빠지고 몽상에 빠지는 것과 혼자 있는 것을 좋아하게 되며 예언자적 환상을 자주 보고 결국은 발작을 일으켜 의식을 잃는 일이 잦아진다. 부르야트 인들은 이 기간 동안 영신들이 이 청년의 넋을 데려갔다고 믿는다. 이들에 따르면 영신들이 이 청년의 넋을 동쪽으로 데려가면 이 청년은 "백" 샤만이 되고 서쪽으로 데려가면 "흑" 샤만이 된다.[43] 신들의 궁전으로 인도된 이 신출내기 샤만은 조상 샤만들로부터 무업의 비의(祕儀), 신들의 형상과 이름 그리고 영신들의 이름과 이들에 대한 제사법 같은 것들을 배운다. 이 신출내기의 영혼은 성무과정이 끝난 다음에야 육신으로 돌아온다.[44] 여기에 계속해서 이어지는 성무과정에 대해서는 나중에 다시 알아보기로 한다.

알타이 인들에게도 샤만 직분은 대체로 세습적이다. 미래의 샤만 혹은 캄(kam)은 신병을 앓고 명상에 빠지는 일이 자주 있다. 그러나 아버지는 준비기간 동안 미래의 샤만이 해야 할 일을 늦추지 않고 부족의 노래나 전승 같은 것을 가르친다. 한 집안의 젊은이가 발작을 일으키면 알타이 인들은 자기네 조상 중에 샤만이 있었음을 확신한다. 그러나 세습에 의하지 않고 자발적으로 캄이 되는 수도 있다. 그러나 이렇게 해서 성무한 샤만은 세습에 의한 샤만에 비해 영험이 적은 것으로 그들은 믿었다.[45]

카 자 크 키 르 기 츠(Kazak Kirgiz : 키 르 기 츠-카 이 사 크〔Kirgiz-Kaisak〕) 인의 경우, 박사(baqça) 직 (무직〔巫職〕 : 조선시대 후기에 쓰여진 「오주연문장전산고〔五洲衍文長箋散稿〕」에서 이규경〔李圭景〕이 남

무〔男巫〕의 뜻으로 쓴 '박사〔博士〕'라는 호칭을 참고할 것/역주)은 아버지
로부터 아들로 대물림되는 것이 보통이다. 예외적으로 아버지가 두 아들
에게 대물림하는 수도 있다. 그러나 후보자가 늙은 샤만으로부터 직접 선
택되었다는, 아주 오랜 옛날의 기록도 남아 있다. "옛날에는 박사들이,
대개는 고아들인 젊은 카자크 키르기츠 인들을 뽑아 이들을 박사로 길렀
다. 그러나 이 성직에 오르기 위해서는 반드시 신경장애가 있어야 했다.
박실리크(baqçylyk)에 들고자 하는 사람들은 신경상태의 급격한 변화에
능숙하다는 특징을 갖추고 있었다. 즉 흥분상태에서 정상적인 상태로, 우
울증 상태에서 조발증(早發症) 상태로의 급격한 감정 전환이 자유로웠던
것이다."[46]

무력의 세습적 전달과 무력을 얻기 위한 탐색

시베리아와 중앙 아시아의 자료를 잠깐 훑어보았는데도 벌써 두 가지
결론이 나왔다. 즉 1) 세습적인 샤머니즘은 신들과 영신들로부터 직접 무
력을 받은 샤머니즘과 공존했으며 2) 샤만의 소명이 자연발생적이든 세습
적이든 샤만은 병적인 현상을 동반한다는 결론이 그것이다. 그러면 지금
부터 시베리아와 중앙 아시아, 극북 이외 지역의 상황이 어떠한지 살펴보
기로 하자.

주술사나 주의의 경우는 이들의 직능이 세습적으로 전수되느냐 자연발
생적이냐를 따질 필요가 없다. 대체로 보아 상황은 어디에서나 같다. 말하
자면 주술적-종교적 직능에 접근하는 두 가지 방법이 병존하고 있는 것이
다. 몇 가지 예만 들어도 충분할 것이다.

주의의 직능은 남아프리카의 줄루 족(Zulu)과 베추아나 인(Be-
chuana),[47] 남부 수단의 니이마 인(Nyima),[48] 말레이 반도의 네그리
토 인(Negritos)과 자쿤 인(Jakun),[49] 수마트라의 바타크 인(B-
atak) 등[50]과 드야크 인(Dyak),[51] 뉴 헤브리디스 섬의 요술사[52] 그
리고 일부 기아나 인(Guianan)과 아마존의 부족들(시피보 인
〔Shipibo〕, 코베노 인〔Cobeno〕, 마쿠시 인〔Macusi〕 등)[53]의 경우 세
습적이다. "코베노 인은, 상속권을 가진 샤만이 자기 탐구로 칭호를 획득
한 샤만보다 권능이 뛰어난 것으로 본다."[54] 북아메리카 로키 산족(山族)

사이에서는, 샤만의 직능은 상속되지만 전달은 접신 체험 (꿈)을 통하여 이루어진다. 55) 파크 (Willard Z. Park)가 바로 보았듯이56) 샤만 권능의 상속은 자기 아이나 친족 쪽으로 이루어지는 경향이 있다. 이는 샤만 자신이 그 뿌리가 같은 곳에서 권능을 얻고자 하는 데에서 생긴 경향인 듯하다. 마리안 스미드 (Marian Smith)가 지적한 바와 같이 푸알루프 인 (Puyallup)에게는 이런 능력이 자기 가족에게만 있는 것으로 여기는 경향이 있다. 57) 샤만이 생존시에 자식에게 그 권능을 물려주는 사례도 얼마든지 있다. 58) 샤만 권능의 세습이 고원 부족(톰슨 부족〔Thomson〕, 슈스와프 부족〔Shuswap〕, 남부 오카나곤 부족〔Okanagon〕, 클랄람 부족〔Klallam〕, 네즈 페르스 부족〔Nez Perce〕, 클람마드 부족〔Klamath〕, 테니노 부족〔Tenino〕)과 북캘리포니아의 부족들(샤스타 족〔Shasta〕 등) 사이에서는 정례화되어 있다. 뿐만 아니라 이러한 경향은 후파 인 (Hupa), 치마리코 인 (Chimariko), 윈투 인 (Wintu) 그리고 서부 모노 인 (Mono)에게도 엿보인다. 59) "영신들"을 후계자에게 전달하는 것은 많은 북아메리카 부족의 일반적인 방법——자연 체험 (꿈 등)이나 계획적인 탐구를 통해 "영신들"을 획득하는 방법——과는 달리 샤만 상속법의 기초를 고스란히 보존하고 있다고 할 수 있다. 에스키모 인들 사이에서도 샤마니즘이 세습적일 경우가 있다. 어떤 이글룰리크 부족 (Iglulik)의 경우 바다코끼리의 공격에 부상을 당하면 샤만이 된다. 그러나 이런 샤만은 어떤 의미에서는 자기 어머니의 소질을 물려받는 것이라고 할 수 있다. 이 샤만의 어머니는 불덩어리가 자기 몸 속으로 들어간 뒤부터 여무가 되었기 때문이다. 60)

민족명을 여기에서 굳이 인용할 필요도 없는 일이지만, 많은 미개 민족의 경우, 주의의 직능은 세습적으로 전수되지 않는다. 61) 이것은 전세계적으로 주술적 - 종교적 권능이 자연발생적으로도(가령 신병〔神病〕, 접신몽〔接神夢〕, "영통력〔靈通力〕"의 바탕이 되는 것과의 우연한 만남 등을 통하여), 자의적으로도(스스로의 탐구를 통하여) 얻어질 수 있음을 뜻한다. 주술적-종교적 권능의 비세습적인 전수 양상에는 그 형태와 변형이 얼마든지 있는데, 이 문제가 체계적인 무속학의 문제가 아니라 일반 종교 사학의 문제라는 점에 주목할 필요가 있다. 이것이 종교사학의 문제인 까닭은, 이런 종류의 주술적-종교적 능력이 어떻게 획득되는가 하는 유형의 문제에는 비단 자연발생적으로든 자의적으로든간에 주술적 - 종교적 권능을 획득하여 샤만이 되고 주의가 되고 요술사가 될 가능성뿐만 아니라 고대사회에서는 일반화되어 있었던 자신의 안전과 개인적인 이득을 위하여 그런 권능을 얻을 가능성까지 포함되어 있기 때문이다. 주술적-종교적 권능을 획득하는 후자의 방법은 샤만이 그 공동체의 나머지 성원과 종교적으로 혹은 사회적으로 어떤 차이도 없음을 보여준다. 초보적이지만 전통적 기술을 사용함으로써 자신의 주술적-종교적 잠재력을 키워갈 수 있는 사람은——풍작을 보증받기 위해 혹은 흉안(凶眼)으로부터 자신을 지킬 목적 등으로——자신의 사회적-종교적 신분을 변화시키려고 하지도 않고 신성에 대한 자신의 잠재력을 키움으로써 주의가 되려고 하지도 않는다. 이런 사람은 오로지 자신의 활력과 종교적 능력이 커지기를 바랄 뿐이다. 따라서 주술적-종교적 능력에 대해 적당한 그리고 한정시켜 탐구하려는 태도는 신성한 것에 맞서는 인간의 가장 전형적이고 초보적인 범주에 드는 것이다. 까닭은, 우리가 「종교 형태론」에서 지적한 바와 같이 모든 인류에게 그렇듯이 미개인들에게도 신성한 것과 접촉하려는 욕망은 단순한 인간의 상태를 지양하고 다분히 성스러운 것들의 표상(신, 영신, 조상 등)에 대한 도구가 되어야 한다는 공포가 있기 때문이다. [62]

다음 장에서는 주술적-종교적 능력에 대한 자발적인 탐구라든가 신들이나 영신이 베푼 은혜의 문제만을 다루기로 하되, 특수화(전문화)한 성(聖)의 기술자로 변신했다고 스스로 생각하는 인물, 사회적-종교적 수행을 통하여 근본적으로 변화할 팔자를 타고난 듯한 인물에게 신성의 획득 문제가 필수적이었을 때만 다루기로 하자. 이런 종류의 사례에서도 우리는 "신의 선택"조차 저항에 직면할 수 있다는 사실을 알아야 한다.

샤머니즘과 정신병리학

그러면 지금부터는 극북지역이나 시베리아의 샤머니즘과 신경장애, 특히 극북형 히스테리의 여러 가지 유형을 검토해보기로 하자. 크리보샤프킨(Krivoshapkin/1861, 1865), 보고라스(V.G.Bogoraz/1910), 비타셰프스키(N.Y.Vitashevsky/1911) 그리고 차플리카(M.A.Czplicka/1914) 시대부터 시베리아의 샤머니즘은 정신병리학적 현상학으로 연구되어야 한다는 주장이 끊임없이 제기되어왔다. [63] 샤머니즘을 극북형 히스테리로 다루어야 한다는 주장을 지지해온 최근의 연구자 올마르크스(A. Ohlmarks)는 극북의 샤마니즘과 준(準)극북의 샤마니즘에서, 그 지역에 속하는 대표적인 샤만들이 보여주는 신경증상의 정도에는 차이가 있다는 주장까지 하고 있다. 그의 견해에 따르면 원초적으로 샤마니즘은 전적으로 극북적인 현상이다. 그러니까 샤마니즘은 극지방 주민들의 우주적 환경의 영향에 따른 신경증적 불안에서 유래한다는 것이다. 말하자면 극도의 추위, 기나긴 밤, 황량한 고립상태, 비타민 결핍 등의 환경이 극북 주민들의 신경조직에 영향을 미쳐 정신병(극북형 히스테리 : 메리야크〔meryak〕, 메네리크〔menerik〕 현상 등)을 유발시키거나 무속적 탈혼망아 상태를 야기시킨다는 것이다. 샤만과 간질병 환자 사이의 단 한 가지 다른 점은, 샤만과는 달리 간질병 환자는 의도적으로 망아의 경지에 들 수 없다는 점이다. [64] 극북지방에서 무속적 접신은 자연발생적이고도 근본적인 현상이다. 그리고 이 지역에서만 순수한 의미에서의 "위대한 샤만 노릇"이 가능하다. 이 위대한 샤만 노릇이란, 실제로 샤만의 몸은 경직되면서 망아의 경지에 들고 그동안 샤만의 영혼은 그 육체를 떠나 천상계나 지하계로 간 듯한 연상을 불러일으킬 수 있는 상태에서 치러지는 행사를 말한다. [65] 그러나 준극북지방의 경우 샤만은 결코 우주적 억압의 희생자가 아니다. 그들은 진정한 망아의 경지에 의도적으로 들지 못한다. 그러니까 겨우 마취제를 이용해서 반(半)망아상태에 들거나 극적인 연출로 영혼이 여행하는 시늉만 해야 하는 것이다. [66]

정신착란과 샤마니즘을 동일시하는 이 같은 주장이 비단 극북지방의 샤마니즘에 대해서만 적용되어온 것은 아니다. 극북 이외의 지방에서 볼 수 있는, 그 모습이 다른 샤마니즘에 대해서도 그대로 적용되어왔던 것이다. 자그마치 70년 전부터 윌켄(G.A.Wilken)은, 인도네시아의 샤마니즘은 원래 질병이었는데 이러한 질병에 걸린 사람들이 순수한 의미에서의 망아상태를 극적으로 모방하기 시작한 것은 후대의 일이었다는 주장을 폈다. [67] 이러한 주장이 동조하는 연구자들은, 정신적 평형의 파탄과 남아시아나 오세아니아의 샤마니즘의 갖가지 형태 사이에는 분명한 관계가 있다는 주장을 펴는 것도 잊지 않는다. 로에브(Loeb)에 따르면, 니우에 족(Niue) 샤만은 간질병 환자이거나 극도로 신경질적인 사람인 것이 보통인데, 이런 사람은 유전적으로 특별히 신경이 불안한 가문에서만 나온다. [68] 차플리카의 보고에 근거하여 레이야드(J.W.Layard)는 시베리아 샤만과 말레쿨라(Malekula)의 브윌리(bwili) 간에 밀접한 관계가 있다고 믿었다.[69] 멘타와이의 시케레이(sikerei)[70]와 퀠란탄의 보모르(bomor)[71] 역시 신경증 환자이다. 사모아에서는 간질병 환자가 점장이가 된다. 수마트라의 바타크 인과 그밖의 인도네시아 주민들은 잔병치레를 많이 하거나 몸이 약한 사람들 중에서 주술사 직능을 행사할 사람을 뽑는다. 민다나오의 수바눈 족(Subanun)에게 있어 완벽한 주술사는 신경쇠약 증세를 보이거나 괴짜 노릇을 곧잘 한다. 이와 같은 예는 다른 곳에서도 얼마든지 볼 수 있다. 가령 안다만 섬에서 간질병 환자는 위대한 주술사 대접을 받는다. 우간다의 로투코 족(Lotuko) 사이에서는 허약한 자와 신경증 환자가 주술사의 직능에 지원하는 것이 보통이다(그러나 이 직능의 자격을 얻기까지 지원자는 오랜 성무과정을 거쳐야 한다).[72]

우스 신부(Father Housse)에 따르면, 칠레의 아로케니아 인(Araucanian) 사이에서 샤만 직능을 얻으려 하는 지원지는 대개의 경우 병신이거나 병적으로 신경질적이거나 기(氣)가 약하거나 소화불량에 시달리거나 심한 빈혈증에 시달리는 사람인 것이 보통이다. 그들은, 신의 소명은 원래 거스를 수 없는 것이라고 믿는다. 만일 신의 소명에 저항하거나 응소에 성실을 다하지 않으면 신의 벌을 받아 조사(早死)를 면할 수 없다고 믿는 것이다.[73] 지바로 족(Jivaro)의 경우처럼[74] 말수가 적은 사람이 미래의 샤만으로 뽑히는 수도 있고 티에라 델 푸에고의 셀크남 인(Selk'nam)이나 야마나 인(Yamana)의 경우처럼 명상과 고행을 좋아하는 사람이 미래의 샤만으로 뽑히는 수도 있다.[75] 라딘(Paul Radin)은 대부분의 주술사에게서 볼 수 있는 간질병 기질 혹은 히스테리성 정신구조를 밝혀내고 요술사나 사제 계급의 정신병리학적 기원을 설명하면서 이 자료를 근거로 제시하고 있다. 그는 윌켄, 레이야드 혹은 올마르크스와 똑같은 의미에서 "이같이 원래는 심리적 필연성에서 유래한 것이 나중에는 사제직을 지원하는 사람들이나 초자연적인 것과의 접촉을 원하는 사람들에게 적용되는 일정한 구조적인 공식이 되어버린 것"[76]이라는 설명을 덧붙이고 있다. 올마르크스는 극북지방만큼 정신심리학적 병증이 강렬하게 그리고 널리 퍼져 있는 곳은 세계 어느 곳에도 없다고 주장하면서 러시아의 민족학자 젤레닌(D. Zelenin)의 지적을 인용하여 "북부지방에는 이러한 정신이상 상태가 다른 곳에 비해 더 광범위하게 분포되어 있다"고 말한다.[77] 그러나 수많은 미개 민족에 대해서 비슷한 관찰보고가 있어왔지만, 이러

44

한 것들이 종교 현상을 이해하는 데 요긴한 것으로 보이지는 않는다. [78]

종교적인 인간(homo religiosus)의 입장에서 보면——바로 이것이 지금 우리가 하고 있는 연구가 지향하는 관심의 지평이지만——정신적으로 장애가 있는 환자는 훌륭한 신비가가 될 수 없다. 달리 말하면 이런 사람은 희화(戱化)된 신비가에 지나지 않는다. 그 까닭은 그런 사람들의 경험에 종교적 내용물이 있을 턱이 없기 때문이다. 가령 그런 사람들의 경험이 종교적인 경험과 유사하게 보인다고 하더라도 그것은 자가발정(自家發情) 행위처럼 우스꽝스러운 것에 지나지 않는다는 것이다. 왜 우스꽝스러운가 하면, 자가발정 행위는 이른바 성행위와 동일한(사정〔射精〕이라고 하는) 육체적 결과에 도달하지만 상대가 없기 때문에 결국 희화된 성행위에 지나지 않는다는 것이다. 바로 이런 이유에서 신경증 환자를 영신에 들린 사람으로 파악하는 것은(이렇게 그릇된 동일시 경향이 극북지방에서는 자주 있었던 것으로 보인다) 많은 경우 초기의 민족학자들이 이런 현상을 제대로 관찰하지 못했기 때문에 생긴 결과라고 해도 좋을 듯하다. 최근에 나온 나델(Nadel)의 연구결과를 보면 수단의 여러 부족에게 간질병은 아주 흔한 병이다. 그러나 이들 부족은 이 간질병이나 그밖의 신경증에 걸린 환자를 영신에 들린 자로 보지는 않는다. [79] 그러나 우리는 샤마니즘의 이른바 극북 기원설이 반드시 극북 인근 주민들의 신경불안 증세나 일정한 위도 이북 지방 특유의 유행병에서 나온 것이 아니라는 결론을 내리려고 애써야 한다. 지금까지 논의해온 것처럼 동일한 정신병리적 현상은 세계 어디서든 볼 수 있는 것이기 때문이다.

주의라고 하는 천직과 관련해서 거의 대부분의 경우 당사자에게 이러한 병증이 나타나는 것은 조금도 놀라운 일이 못 된다. 병자와 마찬가지로 종교적인 인간도 인간 존재의 기본적인 자료를 제시하는 생사가 걸린 어떤 국면에 내던져진다. 말하자면 주위 세계로부터의 고립, 위험, 적의 앞에 내던져지는 것이다. 그러나 미개 사회의 주의나 주술사 혹은 샤만은 그저 단순한 병자가 아니다. 이런 사람들은 완쾌된 병자, 자신을 치료하는 데 성공한 병자이다. 샤만이나 주의의 소명이 병을 통하여 혹은 간질의 발작을 통하여 계시되는 경우 그 후보자의 성무의례는 치료행위와 다름없다. [80] 유명한 야쿠트 족 샤만인 튀스퓌트(Tüspüt : "하늘에서 떨어진 자"라는 뜻이다)는 스무 살 때 병을 앓았다. 그러던 그가 무가를 부르는 순간부터 자기 몸이 나아지고 있음을 알 수 있었다. 시에로체브스키가 만났을 때 그는 예순이었지만 지칠 줄 모르는 정력을 자랑하고 있었다. "필요하다면 그는 밤새도록 북치고 춤추고 뛸 수도 있었다."뿐만 아니라 그는 여행도 많이 한 사람이었다. 시베리아의 금광에서 일한 적도 있을 정도였다. 그러나 그에게는 무업에 종사할 필요가 있었다. 만일 무업을 놓고 있으면 기분이 좋지 않게 된다는 것이었다. [81]

골디 족(Goldi : 아무르 지역)의 한 샤만은 레오 시테른베리(Leo Sternberg)에게 이런 말을 했다. "노인들은 우리 집안의 먼 조상 중에 위대한 샤만이 세 분이나 있었다고 한다. 그러나 가까운 조상 중에는 샤만이 없다. 양친은 완벽할 정도로 건강하셨다. 나는 올해 마흔 살이다. 결혼을 했지만 슬하에 자식은 없다. 스무 살 때까지 나는 아주 건강했다. 그런데 스무 살을 넘기면서 나는 병에 걸리고 말았다. 몸살과 두통으로 모진 고생을 했다. 샤만이 내 병을 고치려고 했지만 소용이 없었다. 내가 샤만이 된 때는 10년 전이다. 처음에는 나 자신의 병만 치료했지만 3년 전부터는 다른 사람들의 병도 고칠 수 있게 되었다. 샤만 노릇은 대단히 힘이 드는 일이다."[82]

산드체예프는 부르야트 족 샤만을 한 사람 알고 있었는데, 이 샤만은 젊었을 때에는 굉장한 "반(反)샤만주의자"였다고 한다. 그러나 그러다가 그는 병을 앓기 시작했는데 아무리 용한 의사에게 보여도 보람이 없자(좋은 의사를 찾아 이르쿠츠크까지 갔다고 한다) 무업의 길로 들어섰다. 그 때부터 병이 씻은 듯이 나았고 그래서 그때부터 여생을 무업에 종사하게 되었다는 것이다. [83] 시테른베리 역시, 어떤 사람이 샤만의 소명을 받을 때에는 비교적 지독한 신병을 앓게 되는데, 이 시기는 대개 성적(性的)으로 성숙해질 때와 일치한다고 보고하고 있다. 그러나 장차 샤만이 될 사람은 영신들의 도움을 받아 이 병을 고치게 되는데, 뒤에 이 영신들은 그 샤만의 수호영신이나 보호영신이 된다. 때로는 조상들이 샤만이 될 사람에게 별로 할 일이 없는 보호영신을 넘겨주려고 하는 경우도 있다. 이러한 사례를 보면 세습적인 전수가 이루어지고 있음을 알 수 있다. 이때 미래의 샤만이 앓는 신병은 소명을 받았다는 표징이 되는데 대개의 경우 이러한 신병은 일시적이다. [84]

실제로 샤만 노릇을 하면서부터 이 샤만은 병을 고칠 수 있고 영신들을 다스릴 수 있으며 마음의 평정을 누릴 수 있다. 가령 에스키모나 인도네시아의 샤만은 권능과 특권을 누린다. 그러나 이들이 이런 것을 누리는 것은, 간질병의 발작에 시달렸기 때문이 아니라 간질병을 다스릴 수 있었기 때문이다. 겉보기에 메리야크나 메네리크 현상과 시베리아 샤만의 망아 체험은 아주 비슷하게 보인다. 그러나 중요한 것은, 샤만은 그 간질병적인 망아 체험을 자의적으로 할 수 있다는 사실이다. 그리고 보다 중요한 것은, 외견상으로는 간질병 환자나 히스테리 환자와 비슷하지만 샤만에게는 정상적인 신경구조 이상의 무엇인가가 있다는 점이다. 샤만이 속인들 이상의 정신 집중을 성취한 사람이고 엄청난 체력을 요구하는 일도 거뜬하게 견딜 수 있는 사람이며 접신행위를 스스로 통제할 수 있는 능력을 갖추고 있다는 것이 바로 그 증거이다.

카리얄라이넨이 수집한 벨리야프스키(Belyavsky) 등의 증언에 의하면, 보굴 족의 샤만은 날카로운 지성, 완벽하게 유연한 육체 그리고 무한히 샘솟는 듯한 정력을 갖추고 있다. 미래의 무업에 대한 그의 준비행위가 신출내기인 그의 육체를 강화시키고 그의 지적 자질을 완성시킨다.[85] 시에로체브스키와 아는 사이인 어느 야쿠트 족 샤만 미칠(Mytchyll)은 노인이었는데도 불구하고 무업중에는 어떤 젊은이들도 흉내낼 수 없을 정도로 높이 뛰고 강렬하게 몸을 놀렸다고 한다. "그에게는 활기가 넘치고 지성과 활력이 용솟음쳤다. 그는 단도로 자기 몸을 찔렀으며 작대기를 삼켰고 이글거리는 숯을 먹었다."[86] 야쿠트 족에게 있어 샤만은 "늘 진지해야 하고 재치가 있어야 하며 이웃을 설득할 능력이 있어야 한다. 그리고 무엇보다도 건방지지 않아야 하고 뽐내지 않아야 하고 까다롭게 굴지도 않아야 한다. 샤만은 이웃이 그 권능을 의식하지 못하면서도 그 내적인 힘을 저항하지 않고 느낄 수 있게 해야 한다."[87] 샤만에 대한 이러한 인물 묘사를 놓고 우리가, 다른 사람들이 보고한 간질성 환자의 모습을 찾아보기는 쉽지 않다.

만주의 순록(Reindeer) 퉁구스 족의 샤만은 구경꾼들이 둘러선 아주 비좁은 유르트(천막) 안에서 접시 모양 따위의 쇠붙이가 30파운드나 주렁주렁 매달린 의상을 입고 강신무(降神舞)를 추지만 그 많은 구경꾼들의 몸에 닿는 법이 없다.[88] 카자크 키르기츠 족의 박사는 망아상태에 들어 "눈을 감은 채로 사방팔방을 헤매면서 원하는 것이면 무엇이든지 다 찾아낼 수 있다."[89] 자신의 접신상태까지 통제할 수 있는 이 놀라운 능력은 샤만의 신경구조가 얼마나 우수한가를 보여준다. 일반적으로 시베리아와 북아시아 샤만에게 정신분열의 징후가 될 만한 것은 하나도 발견되지 않는다. [90] 샤만의 기억력과 자기통제 능력은 분명히 일반적인 수준을 넘는 것으로 보인다. 카이 도너 (Kai Donner) [91]에 따르면, "사모예드, 오스티야크 등의 부족의 경우 샤만의 대부분이 건강하고 지적으로도 주위 사람들을 능가한다고 볼 수 있다." 부르야트 인의 경우 샤만은 풍부한 구전 영웅문학의 중요한 기능 보유자이다. [92] 야쿠트 인 샤만의 시적 어휘는 1만 2,000단어를 넘는다. 그러나 그 공동체가 상용하는 어휘——공동체의 나머지 성원이 알고 있는 어휘——는 4,000단어에 지나지 않는다. [93] 카자크 키르기츠 족의 박사는 "가수이자 시인이며 주술사이자 점술가이며, 사제이자 의사인데다, 종교와 민간전승의 기능 보유자이자, 수세기 이전의 전설에 대한 전문가인 것으로 보인다."[94]

다른 지역의 샤만에 대해서도 비슷한 말을 할 수 있다. 코흐-그륀베르크(T. Koch-Grünberg)에 따르면 "(베네주엘라의) 타울리팡 족(Taulipang) 샤만은 일반적으로 지성인에 속하며 때로 책략을 쓰기는 하시만 대체로 보아 정신력이 아주 강한 사람이다. 샤만은 자기수련과 직능 행사에서 자신의 정신력과 자기통제 능력을 일반인에게 보여주어야 하기 때문이다."[95] 메트로(Métraux)는 아마존(Amazon) 샤만에 대하여 다음과 같은 지적을 하고 있다. "어떤 육체적, 생리적인 특성이나 이상(異常)도 샤마니즘의 행사를 위한 특수한 자질의 징후로 선택된 것으로는 보이지 않는다."[96]

캘리포니아의 윈투 족의 경우 샤만은 명상적 사고를 완성하고 이를 전수해야 하는 것으로 되어 있다. [97] 드야크 족의 경우 예언자적 샤만의 지적인 노력은 대단한 것이고 샤만의 정신력은 공동체 나머지 구성원들의 정신력을 뛰어넘는 것으로 보인다. [98] 아프리카 샤만에 대해서도 비슷한 관찰결과가 보고되고 있다. [99] 나델이 연구한 수단 족(Sudanese)의 경우, "어떤 샤만도 일상 생활에서는 '비정상적,' 신경증적, 편집적인 경향을 보이지 않는다. 만일 샤만이 이런 종류의 인간이라면 정신 이상자로 분류될 것이고 따라서 사람들로부터 존경을 받을 수 없을 것이다. 요컨대 샤마니즘은 샤만이 초기에 보이는 잠재적 이상성과는 아무 관계도 없는 것이다. 나는 어떤 샤만에게서도 직업적 히스테리가 정신착란을 악화시키는 경우를 본 적이 없다."[100] 이러한 것은 오스트레일리아에서 더욱 분명해진다. 오스트레일리아 원주민들은 주의가 정상인이기를 바라고 실제로도 늘 그러하다. [101]

샤만의 성무과정은 접신 체험만으로 이루어지는 것은 아니다. 뒤에 검토하게 되겠지만 샤만은 신경증 환자가 이겨내기에는 너무나 복잡한, 이론적이고 실제적인 교육과정을 거쳐야 한다. 여전히 간질이나 신경증 증세를 보이고 있는지의 여부와는 별도로 샤만이나 요술사나 주의는 일반적으로 단순한 병자로 인식되어서는 안 된다. 이들의 정신착란 체험은 나름의 이론적 내용을 가지고 있다. 그 까닭은, 만일 이들이 저희들의 병을 치료하고 남들의 병까지 치료할 수 있다면 이들은 다른 것은 물론이고 병의 메커니즘 혹은 병의 **이론**을 알고 있을 것이기 때문이다.

이 같은 사례는 어쨌든 주의가 그 공동체 안에서 예외적인 성격을 지니고 있음을 보여준다. 신들이나 영신들의 대변자로 선택되든, 신체적 결함 때문에 이러한 역할을 떠맡게 되든, 주술적-종교적 소명에 부응하여 무업을 물려받든, 주의가 속(俗)의 사회와 다른 입장에 서 있다는 것은 분명하다. 왜냐하면 주의는 성(聖)과 보다 직접적인 관계를 가지고 그 성의 드러남을 보다 효과적으로, 보다 교묘하게 다루기 때문이다. 허약한 신체, 신경장애, 자연적인 소명 혹은 세습적인 무업의 상속은 아주 다양한 "선택"과 "피선"의 외적인 표징에 지나지 않는다. 이러한 표징이 신체적으로 나타날 때도 있다(선천적인 혹은 후천적인 허약체질 등). 가장 보편적인 유형의 우연(가령 나무에서 떨어지거나 뱀에 물리는 등의 우연)도 이러한 표징으로 꼽힐 수 있다. 다음 장에서 상세하게 다루게 되겠지만, 한 인간이 샤만으로 선택되었다는 사실은 기묘한 우연 혹은 사건(번개, 환영, 몽상 등)을 통하여 그 선택된 샤만에게 고지된다.

이 이례적인 그리고 이상한 체험을 통하여 부여되는 이 독특한 관념의 정체를 밝히는 것은 매우 중요하다. 그 까닭은, 앞에서 정확하게 검토해 보았다시피, 이러한 이상화성(異狀化性, singularization)은 바로 성의 변증법에 의한 것이기 때문이다. 가장 기본적인 거룩한 것의 드러남이란 결국 어떤 대상이 그 주변의 우주적 세계로부터 근본적, 존재론적으로 분리되는 현상이다. 어떤 나무, 어떤 돌, 어떤 장소는 **그것이 거룩함을 드러낸다** 는 바로 그 사실로 인하여 다른 나무, 다른 돌, 다른 장소와는 존재론적으로 구별되고 다른 것들과는 전혀 다른 초자연적인 평면을 점유하는 것이다. 우리는 다른 책[102]에서 이미 거룩한 것의 드러남, 성스러운 힘의 드러남(역현〔力顯〕, kratophany)의 구조와 변증법——요컨대 주술적-종교적 실제의 표징——을 분석한 바 있다. 여기에서 주의해야 할 아주 중요한 것은, 인물과 거룩한 표징의 이상화성과 그 사회의 다른 구성원보다 거룩한 것을 훨씬 강렬하게 체험하는 사람들의 "선택"과 "피선"에 의한 이상화성 사이의 유사성이다. 다른 구성원들보다 거룩한 것을 훨씬 강렬하게 체험하는 사람들은 바로 거룩한 것의 화신이다. 이유는, 이런 사람들은 능동적으로 산다기보다는 이런 사람들을 선택한 종교적인 "형태"(신들, 영신들, 조상영들 등)에 의해 수동적으로 "살아지고" 있기 때문이다. 이러한 몇 가지 예비적인 고찰에 대해 미심쩍은 부분은 미래의 샤만에 대한 훈련이나 성무과정의 갖가지 방법을 연구하면 충분히 이해될 수 있으리라고 본다.

제2장 신병과 접신몽

신병-성무

　앞에서 밝혔듯이 다소간의 병리학적 질병과 접신몽과 접신 체험은 샤만 상태에 이르는 아주 흔한 수단이다. 때로 이러한 이상 체험은 위로부터 "택함을 입었음"을 나타내는 징표를 의미한다. 이러한 체험은 또 샤만 후보자에게 새로운 계기가 있을 것임을 알리는 징표이기도 한다. 그러나 보통의 경우 신병(神病)이나 접신몽이나 접신 체험은 그 자체로 하나의 통과의례를 구성한다. 다시 말해서 신병 등이 "택함을 입기" 이전의 속된 인간을 성스러운 직능자로 바꾸는 것이다.[1] 당연한 일이지만 이 접신 형식의 체험에는 항상 그리고 어디에서든 노사무(老師巫)에 의한 이론적, 실천적 교육이 뒤따른다. 그러나 이 말은 그 경험이 결정적인 요소가 될 수 없다는 뜻은 아니다. 왜냐하면 "택함을 입은" 인간의 종교적 신분을 변화시키는 것은 바로 이 접신 체험이기 때문이다.

　곧 알게 될 것이지만, 샤만 후보자의 천직을 결정하는 모든 접신 체험에는 통과의례의 전통적 도식이 포함되어 있다. 이러한 통과의례의 전통적 도식은 바로 고뇌, 죽음 그리고 부활이다. 이러한 시각에 보면 통과의례의 역할을 하지 않는 "신병-무업"은 없다. 왜냐하면 이것에 의한 고통은 통과의례적 고통에 해당되고 "택함을 받은 자"의 심적 고독은 격리와 성무의례의 고립, 격리와 의례적 독거(獨居)에 상응하며 신병에 걸린 샤만 후보자가 느끼는 죽음에 대한 절박감(고통, 무의식 등)은 바로 모든 통과의례에 나타나는 상징적 죽음을 환기시키기 때문이다. 다음의 예는 이 신병과 통과의례가 얼마만큼 동일한지를 보여줄 것이다. 즉 특정 육체적 고통은 이에 상응하는 통과의례적인 (상징적인) 죽음――예를 들면 샤만 후보자(신병자〔神病者〕)가 체험하는 자기 육체의 해체 과정, "신병-무업"의 고통 때문에, 혹은 의례적인 제의(祭儀) 때문에, 혹은 접신몽 때문에 경험하게 되는 샤만 후보자의 접신 체험——과 맞물려 있는 것이다.

이러한 최초의 접신 체험은 비교적 다양하고 그 내용에 다소 차이가 있기는 하나 대개 다음과 같은 테마를 간직하고 있다. 즉 인체의 내부기관과 장기(臟器)의 재생이 뒤따르는 육신의 해체, 천상계로 상승하여 신들과 영신들과 대화를 나눈다든가, 지하계로 하강하여 영신들 및 이미 세상을 떠난 샤만들과 대화를 나눈다든가 하는, 종교적인 동시에 샤만적(직업적인 비의)인 갖가지 계시를 받는다는 것이다. 이 모든 테마가 성무의례에 속하는 것임은 분명하다. 이러한 테마는 어떤 문서에서는 자세하게 기록되어 있고 또 어떤 문서에서는 한두 가지 사례(육신의 해체, 천상계 상승)만 기록되어 있는 수도 있다. 이러한 성무의례적인 테마가 기록되지 않은 문서도 있을 수 있다. 그러나 그것은 우리가 정보를 제대로 입수하지 못했기 때문일 것이다. 우리의 정보 부족은 초창기 민족학자들의, 요약된 자료에 만족했던 경향에서 기인하는 수가 많다.

성무의례적인 테마가 있건 없건 이러한 테마 자체는 여기에 대응하는 무속적 기술의 특수한 종교적 동향을 드러낸다. "천상적인" 샤만의 성무의례와, 우리가 어떤 단서를 붙여 "명계적(冥界的)"이라고 부를 수 있는 샤만의 성무의례에 차이가 있는 것은 분명하다. 천상계의 절대자가 샤만을 접신적 탈혼망아 상태에 들게 하는 것과, 이미 세상을 떠난 샤만의 영신이나 "사신(邪神)"이 샤만을 그러한 상태로 만드는 것에다 부여하는 중요성은 해당 샤마니즘이 서로 다른 방향을 지향하고 있음을 드러낸다. 이러한 차이는 상반되는 혹은 서로 적대적이기까지 한 종교적 관념의 차이에서 기인하는 것으로 보인다. 그러나 어떤 경우든 이 양자가 기나긴 진화의 단계와 나름의 역사를 지니고 있는 것은 분명하다. 그러나 이러한 진화와 역사에 관해서 지금의 연구 단계에서는 가설적인 그리고 잠정적인 윤곽밖에는 그릴 수가 없다. 지금 단계에서 우리가 이런 유형의 성무의례의 역사에 관심을 가질 필요는 없다. 우리는 이 해설을 복잡하게 만들지 않기 위해서 우선 이 위대한 신화-의례적 테마, 즉 육신의 해체, 천상계로의 상승, 지하계로의 하강의 테마를 하나하나 소개하는 데 그치고자 한다. 그러나 이와 같은 테마의 구분이 현실과는 거의 일치하지 않는다는 사실을 유념해두기로 하자. 곧 소개할 시베리아 샤만에게서 보게 될 것이지만, 이 세 가지의 주요한 성무의례의 테마가 때로는 한 개인의 체험 속에 공존할 수도 있고 어떤 종교에서든 이러한 요소들이 뒤섞인 채로 발견될 수도 있다는 사실을 잊어서는 안 된다. 이와 아울러 접신 체험은 한편으로는 본격적인 성무의례를 구성하는 반면에, 다른 한편으로는 항상 전승적인 복합적 교육체계의 일부를 이루고 있다는 사실도 잊지 말아야 한다.

그러면 샤만의 성무의례에 관한 기술(記述)은 접신형 성무의례로부터 시작하기로 하자. 이렇게 하는 데에는 두 가지 까닭이 있다. 그 까닭 중 하나는, 우리가 보기에 접신형 성무의례가 가장 원시적인 것 같기 때문이고 또 하나는, 앞에서 열거한 신화-의례적 테마를 두루 갖추고 있다는 뜻에서 가장 완전한 형태로 보이기 때문이다. 이 작업에 이어 시베리아와 동북아시아 근접 지역 이외의 지역에서 보이는 같은 유형의 성무의례 사례를 소개하기로 한다.

야쿠트 샤만들의 성무의례적 접신과 환각

앞장에서 우리는 신병의 모습으로 나타나는, 샤만이 소명을 받았다는 징표에 관한 몇 가지 사례를 인용해보았다. 그러나 소명을 받았다는 징표로 신병을 잃는 대신에 행동거지에 점진적인 변화만 일어나는 경우도 있다. 이 경우 샤만 후보자에게는, 갑자기 명상에 빠지는 일이 많아진다든가 고독을 좋아하게 된다든가 잠을 많이 잔다든가 망연자실해 있을 때가 많아진다든가 예언적 접신몽을 자주 꾼다든가 자주 발작을 일으킨다든가 하는 일들이 일어나곤 한다.[2] 이 모든 징조는 모르는 사이에 이 샤만 후보자에게 다가오고 있는 새로운 삶의 서곡에 지나지 않는다. 말하자면 샤만 후보자의 행동거지에서 신비스러운 소명을 받았다는 징표가 나타나기 시작한다는 것이다. 이러한 현상은 모든 종교의 경우에도 마찬가지이므로 길게 논의할 필요가 없다.

그러나 아주 짧은 기간에 일어나는 "신병," 접신몽 그리고 환각의 체험을 통하여 샤만이 되는 수도 있다. 우리는 이러한 병원적(病原的) 접신 체험이 당사자에 의해 실제로 이루어지는지, 아니면 당사자가 상상한 것에 지나지 않는지, 그것도 아니면 후대의 민간전승적인 모티프에 따라 윤색되어 전통적인 샤만의 신화적 틀 속으로 통합되기에 이르렀는지의 여부에 관해서는 관여하지 않기로 한다. 본질적인 것은, 이러한 체험이 샤만의 소명과 주술적-종교적 능력을 정당화하여, 종교적 실천의 급격한 변화에 대한 유일하고도 유효한 하나의 대응책으로 원용되고 있다는 점이다.

가령 야쿠트 샤만의 한 사람인 소프론 자테이에프(Sofron Zateyev)는, 미래 샤만은 원칙적으로 사흘간 식음을 전폐하고 "죽은 채로" 유르트 안에 누워 있어야 한다고 말한다. 그 이전 시대의 미래 샤만은 세 차례에 걸쳐 이런 의례를 치러야 했는데, 이 기간 동안 미래 샤만의 몸은 토막이 났다고 한다. 또 한 사람의 샤만인 표트르 이바노프(Pyotr Ivanov)는 이때 일어나는 일을 보다 상세하게 증언하고 있다. 그의 말에 따르면, 이때 의례 집행자들은 샤만 후보자의 사지를 절단하고 쇠갈고리로 사지의 살을 발라낸다. 그리고 뼈를 말끔하게 정화하고 육신의 살을 모두 뜯어내며 체액을 모두 비워내고 안와(眼窩)에서 눈알을 뽑아낸다. 이러한 해체 작업이 끝나면 집행자들은 뼈를 모두 모아 칠사로 엮는다. 또 한 사람의 샤만인 티모페이 로마노프(Timofei Romanov)에 따르면 이 해체의 의례는 이레 동안이나 계속된다.[3] 이동안 후보자는 죽은 사람처럼 숨도 거의 쉬지 않는 채 외딴곳에 누워 있게 된다.

야쿠트 인 가브릴 알렉세이에프(Gavril Alekseyev)의 말에 따르면, 모든 샤만에게는 그 샤만 몫의 맹금모(猛禽母, Bird-of-Prey-mother)가 있다. 이 맹금모라는 것은 부리가 쇠로 된, 새 비슷한 것인데 발톱은 갈고리처럼 꼬부라져 있고 꼬리는 길다. 이 신비스러운 새는 두 번, 그러니까 샤만이 영적으로 거듭날 때와 샤만이 죽을 때밖에 그 모습을 드러내지 않는다. 샤만이 영적으로 거듭날 때, 이 새는 샤만의 영혼을 수습하여 지하계로 내려가 송진 소나무 가지에다 걸어놓고 이 영혼이 무르익기를 기다린다. 이윽고 영혼이 무르익으면 새는 이것을 다시 이승으로 수습해 온다. 무르익은 영혼을 수습해온 새는 샤만의 육신을 토막내어 이를 질병과 죽음의 악령들에게 나누어준다. 악령들은 제 몫의 살을 맛있게 먹는데, 바로 이 의식을 통하여 거듭난 샤만은 병을 치료할 권능을 얻는다. 즉 자기의 살을 받아먹은 해당 질병의 악령들로부터 그 권능을 나누어 받는 것이다. 질병의 악령들은 샤만을 살을 모두 먹으면 그곳을 떠난다. 그러면 맹금모는 샤만의 뼈를 모두 원상복구하는데, 이 원상복구가 끝나면 샤만은 깊은 잠에 들었던 사람이 깨어나듯이 자리에서 일어난다.

또 다른 야쿠트 인의 보고에 따르면, 악령은 샤만 후보자의 영혼을 수습, 지하계로 데려가 거기에 있는 한 집에다 3년 동안 가두어둔다(그러나 장차 하급 샤만이 될 후보자는 1년 동안만 가두어둔다). 샤만 후보자는 바로 이곳에서 통과의례를 치른다. 악령은 샤만 후보자의 목을 잘라 옆으로 치우고는(후보자는 생시인 것처럼 자신이 해체되는 과정을 눈으로 보고 있어야 한다) 육신을 토막내어 여러 종류의 질병의 악령들에게 나누어준다. 이러한 통과의 시련을 치러야만 샤만 후보자는 다른 사람의 질병을 치료할 수 있게 되는 것이다. 이 통과의례의 집행자들인 악령들은 샤만 후보자의 뼈를 새 살로 싸주고 새 피를 대준다. [4]

크세노폰토프(Ksenofontov)가 수집한 또 하나의 야쿠트 전설[5]에 따르면 샤만은 원래 북방에서 태어난다. 이 북방에는 거대한 전나무가 자라고 있는데 이 전나무 가지에 수많은 둥지가 있다. 상급 샤만은 가장 높은 곳의 둥지, 중급 샤만은 중간에 자리한 둥지, 하급 샤만은 낮은 곳의 둥지에 깃들인다. [6] 독수리 머리에 쇠깃털을 단 맹금모가 이 나무로 날아와 알을 낳아 품는다고 이야기한 사람도 있다. 이 알이 부화되기까지 걸리는 기간은 각각 다르다. 상급 샤만은 3년, 중급 샤만은 2년, 하급 샤만은 1년이 걸린다. 알에서 샤만의 영혼이 부화하면 맹금모는 이 영혼을 외눈박이에다 외팔이에다 통뼈인 마녀무(魔女巫, devil-shamaness)[7]에게 맡겨 가르치게 한다. 마녀무는 이 샤만의 영혼을 쇠로 만든 요람에 넣고 굳은 피를 먹여 기른다. 이 영혼이 어느 정도 자라면 검은 "악마들"은 이 샤만의 턱뼈를 세 토막으로 자른다. 이 한토막 한토막은 각각 앞으로 샤만이 치료할 질병의 악령들의 몫이다. 만일 해체된 샤만의 뼈가 하나라도 없어지면 가족 중 하나가 그 없어진 뼈의 몫으로 죽어야 한다. 바로 이 때문에 친족이 아홉이나 죽어야 하는 경우도 있다. [8]

이와는 또 다른 보고에 따르면, "악령들"은 저희들의 지혜를 모두 배울 때까지 이 샤만 후보자를 붙들어놓는다. 악령들에게 붙들려 있는 동안 샤만 후보자는 병을 않는다. 그동안 샤만 후보자의 영혼은 새가 되기도 하고 다른 짐승이 되기도 하고 심지어 인간이 되기도 한다. 샤만 후보자의 "힘"은 나뭇잎 사이에 감추어진 안전한 둥지에 보존된다. 샤만들이—— 짐승의 모양을 하고—— 서로 싸울 때가 있는데, 이때 이들은 적대자의 영혼을 쳐부수려고 애를 쓴다. [9]

이 모든 사례에서 우리는 입문의례의 중심 테마, 즉 신참자가 경험하는 육신의 해체, 모든 기관들의 복원 그리고 부활이 전제된 의례적인 죽음의 테마를 볼 수 있다. 우리는 여기에서 샤만을 세계수의 가지 속에서 부화된 큰 새로 파악하는 모티프에 주목하고자 한다. 이것은 북아시아의 신화, 특히 무속신화에 널리 분포되어 있는 모티프이다.

샤모예드 샤만의 입무(入巫) 접신몽

레티살로(Lehtisalo)가 만났던 한 유라크-사모예드 인에 따르면 입무의례 그 자체는 무고 치는 법을 배우는 데에서 시작된다. 샤만 후보자가 영신들을 보는 것이 바로 이 순간인 것이다. 샤만 간니카(Ganykka)는 이 유라크-사모예드 인 보고자에게, 자기가 무고를 치고 있는데 여인들이 내려와 자기의 육신을 자르고 손을 자르더라는 말을 한 적이 있었다. 이어서 그는 이레 밤낮을 땅바닥에 널브러진 채 의식을 잃고 있었는데, 이 동안 자기의 영혼은 하늘로 날아올라 천둥영신(thunder spirit)과 함께 미쿨라이 신(the god Mikkulai)을 만났다는 것이다. 10)

포포프는 아밤 사모예드 인(Avam Samoyed) 샤만에 대해 다음과 같이 보고하고 있다. 11) 미래의 샤만은 천연두에 걸려 사흘 동안이나 의식을 잃고 쓰러져 있었다. 죽은 듯이 보이기까지 해서 가족들은 사흘째 되는 날에 이 미래의 샤만을 매장하려고 했을 정도였다. 이 샤만의 입무의례는 이동안에 이루어졌다. 그는 바다 한가운데로 끌려갔던 것으로 기억했다. 바다 한가운데서 그는 자기 신병의 영신(즉 천연두의 영신)이 자기에게 하는 말을 들었다. 천연두의 영신은 이 샤만 후보자에게, "그대는 물의 주님들(Lords of the Water)로부터 무업의 은혜를 받게 될 것이니, 샤만으로서의 그대 이름은 후오타리에(Huottarie : 농병아리)가 될 것"이라고 했다. 이어서 이 신병의 영신은 바닷물에다 파도를 일으켰다. 샤만 후보자는 바다에서 헤엄쳐 나와 산으로 올라갔다. 이 산에서 발가벗은 한 여자를 만난 그는 이 여자의 젖을 빨기 시작했다. 물의 여왕인 듯한 이 여인은 그에게, "너는 내 자식이다. 그래서 내 젖을 빨게 한 것이다. 너는 많은 난관을 지니게 될 터인즉 수고가 크리라" 하고 말했다. 이 물의 여왕의 지아비가 되는 명계의 주는 그에게 길잡이 둘, 즉 담비 한 마리와 생쥐 한 마리를 딸려주면서 명계까지 안내하게 했다. 이윽고 높은 곳에 당도하자 두 길잡이는 그에게 지붕이 찢어진 천막 일곱 개를 보여주었다.

그는 첫번째 천막으로 들어갔다. 여기에서 그는 명계의 주민들과 대역병 (大疫病 : 즉 매독〔梅毒〕) 영신의 부하들을 만났다. 이들은 그의 가슴을 가르고 심장을 꺼내어 항아리 속에다 넣었다. 다른 천막에서 그는 광증의 주(Lord of Madness)와 갖가지 신경증의 주(Lord)들 그리고 사무(邪 巫)들을 만났다. 여기에서 그는 인간을 괴롭히는 갖가지 질병에 대해 많은 것을 배웠다. 12)

샤만 후보자는 여전히 길잡이들의 안내를 받아 무녀들의 땅으로 갔다. 이 무녀들은 샤만 후보자의 목을 튼튼하게 해주고 목소리를 우렁차게 해주었다. 13) 이어서 그는 길잡이들을 따라 아홉 바다의 해변으로 갔다. 아홉 바다 중 한 바다의 한복판에는 섬이 있었고 이 섬 한복판에는 젊은 자작나무 한 그루가 한늘을 찌를 듯이 솟아 있었다. 이 나무는 바로 대지의 주〔나무〕였다. 이 나무 아래에는 아홉 약초가 자라고 있었는데, 이 약초들은 바로 대지에 사는 온갖 초목의 조상이었다. 이 나무는 바다로 둘러싸여 있었다. 바다에는 온갖 종류의 새들이 새끼를 거느리고 헤엄쳐다니고 있었다. 그중에는 몇몇 종류의 오리, 백조, 새매도 있었다. 샤만 후보자는 이 아홉 바다를 두루 찾아다녔다. 그중에는 물이 짠 바다도 있었고, 물이 너무 뜨거워서 해변에 다가갈 수 없는 바다도 있었다. 바다를 두루 찾아다닌 이 샤만 후보자는 문득 고개를 들었다. 그 나무 꼭대기에 앉은 수많은 종족, 14) 말하자면 타브기 사모예드 인(Tavgi Samoyed), 러시아 인(Russians), 돌간 인(Dolgan), 야쿠트 인, 퉁구스 인이 눈에 들어왔다. 이어서 한 목소리가 그의 귀에 들려왔다. 목소리는 그에게 "너는 이 나뭇가지로 만든 무고(정확하게 말하자면 무고의 북통)를 갖게 되어 있다"고 말했다. 15) 이어서 그는 바다의 새들과 함께 날기 시작했다. 그가 날아서 해변을 떠나려 하자 나무의 주가 그를 불러, "방금 내 가지가 하나 떨어졌으니 이로써 북통을 삼아 북을 만들면 이 북이 평생토록 너를 섬기리라" 하고 말했다. 나무에서 떨어진 가지에는 작은 가지가 셋이나 있었다. 나무의 주는 샤만 후보자에게, 이로써 세 개의 무고를 만들어 세 여자에게 이를 지키게 하되 각 무고는 특별한 굿거리가 있을 때마다 나누어서 치도록 명령했다. 즉 하나는 해산하는 여자를 위한 조산(助產) 굿 때, 또 하나는 병든 사람을 치료하는 치병(治病) 굿 때, 나머지 하나는 눈 속에서 길을 잃은 사람을 찾아내는 심인(尋人) 굿 때 치게 한 것이다.

나무의 주는 그 나무 꼭대기에 매달려 있던 다른 사람들에게도 가지를 하나씩 주었다. 이 나무의 주는, 나무의 윗부분을 인간의 상반신으로 환형시키고는 이렇게 덧붙였다. "가지 하나만은 너희 샤만들에게 주지 않을 것인즉, 이는 내가 나머지 인류를 위해 가지고 있어야 할 것임이라. 인류는 이로써 살 집을 짓고 이로써 요긴한 것을 만들 것이다. 나는 온 인류에게 생명을 주는 나무이다." 나무의 주로부터 얻은 가지를 들고 하늘로 날아 오르려던 샤만 후보자는 또 한 목소리를 들었다. 이번에 들려온 목소리는 일곱 가지 약초가 지닌 약효와 무업을 행사하는 법을 일러주고는 앞으로 세 여자와 혼인해야 할 것이라는 말을 덧붙였다(실제로 이 샤만 후보자는 후일, 자기 손으로 천연두를 고쳐준 세 고아 소녀와 차례로 혼인했다).

이윽고 끝없는 바닷가에 이른 그는 나무와 일곱 개의 바위를 보았다. 이 일곱 개의 바위는 차례로 그에게 말을 했다. 첫번째 바위에는 곰의 이빨 같은 이빨과 바구니 모양의 입이 있었다. 이 바위는 그에게 자기는 흙을 누르고 있는 바위라고 말했다. 자신의 무게로 벌판을 눌러 흙이 바람에 날려가지 못하게 한다는 것이다. 두번째 바위는 쇠를 녹이는 데 쓰이는 시우쇠 바위였다. 그는 이레 동안이나 이들 바위와 함께 있으면서 인간을 위한 이들 바위의 쓰임새를 배웠다.

이어서 두 길잡이인 담비와 생쥐는 산으로 둘러싸인 아주 높은 곳으로 그를 데려갔다. 그는 앞에 보이는 커다란 입구를 통하여 밝은 동굴 안으로 들어갔다. 벽이 모두 거울로 되어 있는 동굴의 바닥 한복판에는 불 같은 것이 있었다. 그는 발가벗었으나 순록처럼 온몸이 털로 덮여 있는 두 여자를 보았다.[16] 그는 그 동굴 안에는 불이 없다는 것을 알았다. 불 대신 입구를 통하여 쏟아져 내려온 빛줄기가 동굴 안을 비추고 있었다. 두 여자 중 한 여자가 그에게, 자기는 임신중인데 곧 두 마리의 순록을 낳게 될 것이라고 말했다. 이어서 여자는, 두 마리의 순록 중 한 마리는 돌간 인과 에벤키 인(Evenki)의 희생제물[17]이 되고, 또 한 마리는 타브기 인(Tavgi)의 희생제물이 될 것이라고 말했다. 이 여자는 또 순록을 위한 굿거리에 요긴하게 쓰일 것이라면서 그에게 털을 한 올 건네주었다. 또 한 여자 역시 인간이 하는 만사를 두루 도와주고 인간의 양식을 마련해주는 동물의 상징이 될 두 마리의 순록을 낳게 되어 있었다. 이 동굴에는 북쪽으로 뚫린 것과 남쪽으로 뚫린 것, 이렇게 두 개의 입구가 있었다. 두 여자는 이 두 개의 입구를 통하여 숲의 사람들(돌간 인과 에벤키 인)을 먹여 살릴 순록을 내보내는 것이었다. 두번째 여자 역시 그에게 털을 한 올 건네주었다. 꿈을 통하여 이러한 것을 체험한 뒤로 이 샤만은 접신의 경지에 들 때마다 이 동굴을 마음속으로 그리게 된다.

샤만 후보자는 이윽고 광야로 나와 멀리 떨어진 곳에 있는 산을 보았다. 사흘을 걸어서 산에 당도한 그는 한 동굴로 들어가 벌거벗은 채로 풀무질을 하고 있는 한 사내를 만났다. 불 위에는, "땅덩어리의 반은 되어 보일 만큼 큰" 가마솥이 걸려 있었다. 벌거벗은 사내는 그를 보자마자 커다란 불집게로 그를 붙잡았다. 그 순간 샤만 후보자는 "아이고, 이제 죽었구나" 하고 생각했다. 사내는 그의 목을 베고 몸을 토막냈다. 그리고 벤 것과 토막 낸 것을 가마솥에다 넣었다. 사내는 그의 몸을 3년 동안이나 끓였다. 그 동굴 안에는 세 개의 모루(anvil)가 있었다. 벌거벗은 사내는 샤만 후보자의 머리를 세번째 모루에다 얹고 망치질을 했다. 이 세번째 모루야말로 가장 훌륭한, 말하자면 큰 샤만을 주조해내는 모루였다. 벌거벗은 사내는 샤만 후보자의 머리를 옆에 놓여 있던 세 개의 항아리 중에서 찬물이 들어 있는 항아리에다 넣었다. 그제야 벌거벗은 사내는 후보자에게, 샤만이 누군가를 치료해야 할 경우 무구(巫具)로 쓰이는 항아리의 물이 아주 뜨거우면 그 사람은 이미 죽은 것이나 다름없으므로 그 사람을 위해서는 굿을 할 필요도 없고, 물이 따뜻하면 그 사람은 병들기는 했으나 곧 나을 터인즉 걱정할 필요가 없으며, 물이 차면 그 사람은 건강한 사람이니 굿을 할 필요가 없다는 것을 가르쳐주었다.

이어서 이 대장장이 사내는 강물에 떠 있던 샤만 후보자의 뼈를 낚시질로 건져내고는, 이를 다시 짜맞춘 다음 다시 살을 입혀주었다. 이 토막 난 뼈를 세어보던 대장장이 사내는 뼈 토막이 세 개나 남는다고 말했다. 뼈 토막이 세 개가 남기 때문에 이 샤만은 무복을 세 벌 더 지어야 했다. 대장장이는 또 샤만 후보자의 머리를 단근질하여 그 머리 속에 들어 있는 문자를 읽는 법을 가르쳐주고 눈도 새것으로 갈아 끼워주었다. 그래서 샤만은 샤만의 권능을 행사할 때, 육신의 눈으로 보지 않고 이때 받은 신통안(神通眼)으로 보는 것이다. 대장장이는 또 샤만 후보자의 귀를 뚫어 식물의 말을 알아들을 수 있게 해주었다. 이 샤만 후보자는 그 산꼭대기에 있다가 잠이 깨었다. 잠이 깬 당시 그는 실제로는 가족들에게 둘러싸인 채 자기 유르트 안에 있었다. 이때부터 이 샤만은 아무리 무가를 부르면서 굿을 해도 지칠 줄 모르게 되었다. [18]

우리가 이러한 보고를 여기에다 싣는 것은 그 내용이 놀라울 정도로 신화적으로나 종교적으로 풍부하기 때문이다. 만일 다른 시베리아 샤만의 고백을 채록할 때에도 이 정도의 주의를 기울인다면, 샤만 후보자가 며칠 동안이나 의식을 잃고 있었고 영신들에 의해 몸이 잘렸으며 이윽고 하늘로 끌려갔다는 식의, 빈약한 보편적 공식으로 그 고백을 요약하고 마는 사람은 없을 것이다. 이 입무 당시의 접신상태는 다음과 같은 전형적인 테마, 즉 샤만 후보자가 몇몇 신적인 인격 (물의 여왕, 명계의 주, 동물의 여왕)을 만나고 이어서 길잡이 동물들의 안내를 받아 세계수와 우주의 주가 있는 우주산 (Cosmic Mountain) 정상의 "세계의 중심"에 이르며 여기에 있는 우주수 (宇宙樹)로부터 우주의 주 자신의 뜻에 합당한 무고를 만들 나무를 얻고, 반마적 (半魔的)인 존재로부터 온갖 질병의 성질과 그 치료법을 배우고, 마지막으로 마귀적인 존재의 손에 육신이 잘리고 끓여진 뒤에 전보디 니온 기괸 (器官)을 얻는다는 등의 테마로 구성되어 있나. 이 입무설화 (入巫說話)에 등장하는 하나하나의 요소는 대단히 전형적인 것이고, 종교사에 익히 알려져 있는 상징적 혹은 의례적 체계로 자리잡고 있는 것이기도 하다. 이 하나하나의 요소에 대해서는 뒤에 다시 논의하기로 하자. 이런 요소들 전체는 샤만 후보자가 명계로의 하강과 천상계로의 상승을 통해서 체험하는, 죽음과 신비적인 부활이라는 보편적인 주제의 변형을 정교하게 보여주고 있다.

퉁구스 인, 부르야트 인, 기타 여러 종족들의 성무의례

시베리아 민족들 사이에서도 이와 양식이 똑같은 입문의례가 발견된다. 퉁구스 인 샤만 이반 촐코 (Ivan Cholko)가 진술하는 바에 따르면, 샤만 후보자가 병들어 쓰러지면 악령들 (saargi)이 달려들어 그의 육신을 토막내고는 그 피를 마신다. 이 악령들——죽은 샤만들의 영혼——은 이어서 샤만 후보자의 머리를 가마솥에 넣고는 어떤 쇠붙이와 함께 녹이는데 이 쇠붙이는 나중에 샤만이 입는 무복의 장식품으로 만들어진다.[19) 또 한 사람의 퉁구스 인 샤만은 자기는 근 1년간이나 신병을 앓았다면서 이동안은 무가를 불러야 마음이 편해지더라고 했다. 그런데 조상무 (祖上巫)들이 와서 그에게 성무의례를 베풀었다. 조상무들은 그가 의식을 잃고 땅바

60

닥에 쓰러질 때까지 그를 화살로 찔렀다. 이윽고 그가 쓰러지자 조상무들은 그의 살을 뜯어내고 뼈를 발라내고는 그 수를 세었다. 만일 뼈가 하나라도 부족하면 이 샤만 후보자는 샤만이 될 수 없는 것이다. 이러한 성무의례가 진행될 동안, 그러니까 여름 내내 그는 아무것도 먹지도 마시지도 못한 채로 지내야 했다. [20]

부르야트 인에게는 샤만을 성별 (聖別)하는 아주 복잡한 공개 의식이 있다. 그러나 이들도 성무와 관계가 있는 "신병 - 접신몽"에 대해서는 알고 있다. 크세노폰토프는 미하일 스테파노프 (Mikhail Stepanov)의 체험을 보고하고 있다. 스테파노프는, 후보자가 진짜 샤만이 되려면 오래 신병을 앓아야 한다는 것, 즉 조상무들의 영혼이 몰려와 후보자를 둘러싸고 이 후보자를 고문하고 때리고 칼로 난도질한다는 것을 알고 있다. 이러한 의례가 베풀어질 동안 후보자는 죽은 듯이 누워 있다. 후보자의 얼굴과 손은 파랗고 심장의 박동은 거의 없다. [21] 또 다른 부르야트 인 샤만 불라가트 부차체이에프 (Bulagat Buchacheyev)에 따르면 조상영신들은 후보자의 영혼을 천상계에 있는 "사아이타니 집회 (Assembly of the Saaytani)"로 데리고 올라간다. 샤만의 영혼은 여기에서 수련을 받는다. 여기에서 후보자에게 성무의례를 베푼 조상영신들은 이 후보자에게 무술 (巫術)을 가르치기 위해 이 후보자의 살을 삶는다. 이렇게 고통스러운 통과의례가 계속되는 동안 후보자는 이레 밤낮을 죽은 듯이 누워 있는다. 이동안 그의 친족들 (여자는 제외하고)이 와서 "우리의 샤만은 되살아나서 우리를 도울 것이다"라는 내용의 노래를 부른다. 조상영신들이 그의 살을 난도질하여 삶는 동안 아무도 그의 몸에 손을 대어서는 안 된다. [22]

이 같은 체험은 다른 곳에서도 발견된다. [23] 텔레우트 족 (Teleut)의 한 부인은 모르는 남자가 자기 몸을 잘라 냄비에다 삶는 환상을 본 뒤에 여무 (女巫)가 되었다. [24] 알타이 샤만의 전승에 따르면, 조상영신들은 샤만들의 살을 먹고 피를 빨며 배를 가르는 등의 가학을 곧잘 한다. [25] 카자크 키르기츠의 박사는, "내게는 천상에 기거하는 다섯 영신들이 계시다. 이분들은 40개의 칼로 나를 난도질하시고 40개의 발톱으로 나를 할퀴신다" 등의 말을 하고 있다. [26]

에스키모 인들도 누군가가 샤만 후보자의 몸을 해체하고 내장을 바꾸어 넣는다는 접신 체험을 알고 있다. 에스키모 인들은 동물 (곰, 해마 등)이 샤만 후보자에게 상처를 입히고 샤만 후보자의 몸을 갈가리 찢으며 그 살을 먹는다고 말한다. 이런 동물에게 살을 먹히면 새 살이 돋아 뼈를 감싼다는 것이다.[27] 샤만 후보자에게 입문의 고통을 주는 동물은 후일 이 샤만의 보조영신이 되는 수도 있다.[28] 영신들의 부름에 자발적으로 응소(應召)하는 경우에는 이런 것이 통례로 되어 있다. 만약 샤만 후보자가, 신병을 앓지 않는다면, 그에게 치명적일 수 있는 뜻밖의 사고(바다짐승과 싸운다거나 얼음 아래로 떨어진다거나 하는 등의)를 당하게 된다. 그러나 대부분의 에스키모 샤만들은 자발적으로 접신적인 입문의례를 찾아 나서서 수많은 난관을 이겨내곤 한다. 이때 이들이 겪는 시련은 시베리아나 중앙 아시아 샤만들이 체험하는 해체의 시련과 아주 흡사하다. 이런 경우 후보자는 자기의 해골을 바라보는 등의 삶과 부활의 모티프를 체험하게 되는데, 이 문제에 대해서는 뒤에 다시 논의하기로 하자. 지금은 우선, 조금 전에 우리가 검토해본 것과 유사한 다른 지역, 다른 종족의 입문 체험을 살펴보는 것이 좋을 듯하다.

오스트레일리아 주술사의 입문의례

오래전의, 말하자면 초창기의 연구자들 역시, 오스트레일리아의 주의(呪醫)들이 치르는 입문의례에서도 영신이나 사자(死者)의 영혼이 후보자들을 의례적(儀禮的)으로 죽이거나 장기를 새것으로 바꾸는 등의 일과 비슷한 일이 일어나고 있다는 사실을 보고해왔다. 콜린스 대령(Colonel Collins : 1798년에 이런 입문의례에 대한 인상기를 쓴 바 있다)은, 포트 잭슨(Port Jackson)의 여러 부족들은 어떤 사람이 무덤 위에서 자면 주의가 되는 것으로 믿는다고 보고하고 있다. 무덤 위에서 자면, "죽은 사람의 영신이 와서 자는 사람의 목을 죄고 배를 열고 내장을 꺼내었다가 다시 넣으면 그 상처가 곧 아문다"[29]는 것이다.

최근의 연구결과는 이러한 보고를 충분히 확인하고 보충설명까지 하고 있다. 호위트(Howitt)에 따르면, 오트조발루크(Wotjobaluk) 부족민은 초자연적인 존재인 나가티아(Nagatya)가 주의를 성별한다고 믿는다. 말하자면 나가티아가 주의 후보자의 배를 가르고 수정 덩어리를 넣는데, 바로 이 수정이 주의에게 마력을 부여한다는 것이다.[30] 에우알라이 족(Euahlayi)은 한 사람의 주의를 만드는 데 다음과 같은 방법을 쓴다. 이들은 미리 뽑은 젊은이를 묘지로 데리고 가서 며칠을 묶어둔다. 이들이 젊은이를 두고 그 자리를 떠나면 곧 짐승들이 나타나 이 젊은이를 건드리거나 핥거나 한다. 짐승들이 떠나면 이번에는 막대기를 든 한 사내가 나타난다. 이 사내는 막대기로 젊은이의 머리를 찔러 큰 상처를 내고는 이 상처에다 레몬 크기 정도 되는 마법의 돌을 박아 넣는다. 그러면 영신들이 나타나 주술적이고 입문의례적인 노래를 부르는데, 영신들은 바로 이 노래를 통하여 젊은이에게 의술을 가르치는 것이다. [31]

와버튼 산맥(서부 오스트레일리아)에 사는 원주민들의 입문의례는 다음과 같다. 즉 후보자가 동굴에 들어서면 토템에 자주 등장하는 두 가지 동물(살쾡이와 에뮤)이 이 후보자를 죽인 다음 배를 가르고 내장을 꺼냈다가 마법의 물질과 함께 다시 내장을 넣는다. 이들은 이어서 후보자의 어깨뼈와 정강이뼈도 뽑아내어 말린 다음 같은 물질과 함께 제자리에다 넣는다. 이러한 의례가 진행될 동안 이 입문의례를 주관하는 장로는 줄곧 불을 환하게 켜들고 이 후보자의 접신 체험을 감시한다. [32]

중앙 오스트레일리아의 아란다 족(Aranda, Arunta)은 어떤 사람을 주의로 만드는 세 가지 방법을 알고 있다. 즉 1) 영신들(이룬타리니아〔Iruntarinia〕)에 의한 방법 2) 에룬차(Eruncha : 신화 시대인 알체라〔Alchera, Alcheringa〕 시대 사람들인 에룬차의 악령들)에 의한 방법 3) 다른 주의들에 의한 방법이 그것이다. 첫번째 방법이 이용되는 경우, 주의 후보자는 동굴 입구로 다가가 잠이 든다. 그러면 이룬타리니아가 와서 "이 후보자를 향하여 눈에는 보이지 않는 창을 던진다. 그러면 이 창은 목의 등줄기로 들어가 혀를 관통하고 입으로 나오는데 이때 후보자의 혀에는 구멍이 뚫린다." 이로써 후보자의 혀에는 구멍이 남는데 이 구멍의 크기는 새끼손가락이 드나들 수 있는 정도이다. 이 일이 끝나면 이룬타리니아는 두번째 창으로 후보자의 목을 자르는데 이렇게 되면 후보자는 숨을 거두고 만다. 이룬타리니아는 숨을 거둔 후보자를 동굴 안으로 운반한다. 이 동굴은 아주 깊고 또 동굴 안은 더할 나위 없이 밝은데 이룬타리니아는 바로 이 동굴 안의, 시원한 물이 솟는 샘가에서 산다고 사람들은 믿는다(아란다 족에게 더할 나위 없이 밝고 시원한 물이 솟는 샘이 있는 곳은 곧 낙원이다). 바로 이 동굴 안에서 이룬타리니아는 후보자의 배를 갈라 내장을 꺼내고는 새 내장을 한 벌 바꿔 넣어준다. 그러면 후보자는 되살아나게 된다. 그러나 되살아난 뒤에도 후보자는 한동안 미친 사람처럼 살아간다. 여느 사람의 눈에는 보이지 않고 오직 주의들 눈에만 보이는 이룬타리니아는 이 후보자를 마을로 데려다준다. 근신하는 뜻에서 이 신출내기 주의는 한 해 동안 환자를 받지 않는다. 만일 근신하지 않으면 혀에 뚫린 구멍이 막히고 마는데 구멍이 막히면 이 주의는 주의 노릇을 할 수가 없다. 구멍이 막히는 것과 때를 같이해서 신통력 또한 사라져 버리기 때문이다. 이 한 해 동안 신출내기 주의는 다른 주의들로부터 이 주의라는 직업의 비의를 배운다. 이동안에 주의가 특별히 힘써 배우는 것은 이룬타리니아가 자기의 몸 속에 박아놓은 석영 조각(아트농가라〔atnongara〕)[33)]의 사용법이다. [34)]

　두번째 방법은 첫번째 방법과 비슷하다. 그러나 첫번째 방법에서는 이룬타리니아가 후보자를 동굴 안으로 운반하지만, 두번째 방법에서는 에룬차가 후보자를 지하계로 데려가는 점이 다르다. 세번째 방법의 경우, 후보자는 외딴곳에서 오랫동안 입문의례를 치른다. 이때 후보자는 다소곳이 늙은 두 주의가 주관하는 의례적 수술을 받아야 한다. 이 늙은 주의들은 수정으로 이 후보자의 머리가죽을 벗겨질 때까지 문지른다. 이윽고 머리가죽이 벗겨지면 늙은 주의들은 여기에다 수정을 박아 넣은 다음, 후보자의 오른손 손톱 밑에다 구멍을 뚫고 혀에는 칼자국을 낸다. 마지막으로 이 늙은 주의들은 후보자의 이마에다 에룬칠다(erunchilda)라는 표지를 새긴다. 에룬차가 아란다 족의 악령들이니까 에룬칠다라는 말은 "악령의 눈"이라는 뜻이다. 늙은 주의들은 이 주의의 몸에 검은 선과 이를 둘러싸고 있는 원을 그려 넣는다. 이때 검은 선은 에룬차, 이 검은 선을 둘러싸고 있는 원은 주의의 몸에 들어 있는 수정의 마력을 상징한다. 이 입문의례를 마친 주의는 무수한 금기조항이 들어 있는, 특별히 제정된 제도를 좇아야 한다. [35)]

　스펜서(Spencer)와 질렌(Gillen)은 운마체라 족(Unmatjera)의 유명한 주술사인 일파일루르크나(Ilpailurkna)가 들려주었다는 이야기를 다음과 같이 소개하고 있다.

　　그가 주의가 되려고 할 즈음의 어느날 아주 늙은 주의 한 사람이 찾아와 투창기를 이용해서 그에게 아트농가라 조각[36)] 몇 개를 쏘았다. 이 아트농가라 조각 중에는 그의 가슴에 맞은 것도 있었고, 한쪽 귀를 뚫고 들어가 다른 한쪽 귀로 나온 것도 있었다. 이 아트농가라가 머리를 관통하는 바람에

그는 죽고 말았다. 그러나 노인은 그의 장기, 즉 창자, 간장, 심장, 허파
——사실상 모든 장기——를 꺼내고는 밤새도록 땅바닥에 놓아두었다. 아
침이 되자 노인이 찾아와 그를 내려다 보고는 그의 몸 속, 팔다리에 아트
농가라를 집어 넣고는 나뭇잎으로 그의 얼굴을 덮었다. 그리고는 그를 내
려다보면서 온몸이 퉁퉁 부어 오를 때까지 노래를 불렀다. 몸이 부어오르
자 노인은 그의 몸 속에다 새로운 장기와 몇 개의 아트농가라를 더 넣어주
고는 머리를 쓰다듬어주었다. 그는 그 순간에 되살아났다. 그러자 노인은
그에게 아트농가라가 든 물을 마시게 하고, 아트농가라가 든 고기를 먹게
했다. 죽음에서 되살아난 그는 자기가 어디에 있는지 알 수가 없었다. 그
래서 "츄, 츄, 츄"——"길을 잃은 모양이구나!" 하고 소리쳤다. 그는 주
위를 둘러보다가 노인을 발견했다. 그러나 옆에 서 있던 노인은 그에게,
"길을 잃은 것이 아니다. 나는 오래전에 너를 죽였다" 하고 말했다. 일파
일루르크나는 자기가 누구였는지 하나도 기억해낼 수 없었다. 말하자면 그
전에 있었던 일은 하나도 기억해낼 수 없게 된 것이었다. 얼마후 노인은
그를 옛 마을로 데려가 그의 집을 보여주고는 그 집에 있는 여자를 가리키
며 "너의 딸이다" 하고 말했다. 그는 딸이 있다는 사실까지 잊어버렸던 것
이다. 그가 이렇게 돌아와 이상한 짓을 하고 다니자 마을 사람들은 비로소
그가 주의가 된 것을 알았다. [37]

와라뭉가 족(Warramunga)의 경우 입문의례를 집행하는 것은 푼티디
르(puntidir) 영신들인데, 이 푼티디르 영신들은 아란다 족의 이룬타리
니아에 해당한다. 와라뭉가 족의 한 주의는 스펜서와 질렌에게, 자기는
이틀 동안이나 두 영신에게 쫓겼었는데 이 두 영신이 줄곧 자기네들이
"너의 아버지와 너의 형"이라고 주장하더라는 이야기를 했다. 그 주의의
말에 따르면, 이틀째 되는 날 이 두 영신이 찾아와 그를 죽였다. "그가
죽어 땅바닥에 쓰러져 있는데, 이 두 영신은 그의 배를 가르고 내장을 꺼
낸 다음 새 내장 한 벌과 함께 조그만 뱀 한 마리를 넣었다. 그런데 이
뱀이 그에게 주의의 능력을 베풀었다." [38]
이와 비슷한 사례는 와라뭉가 족의 두번째 입문의례에서도 선보인다.
스펜서와 질렌에 따르면[39] 이 두번째 입문의례는 첫번째 의례보다 신비스
럽다. 후보자는 지쳐서 의식을 잃고 쓰러질 때까지 계속해서 걷거나 서
있어야 한다. 그리고 후보자가 의식을 잃으면 의례의 집행자들은 "여느

의례에서처럼 후보자의 옆구리를 째고 내장을 들어내고는 새 내장으로 바꾸어 넣는다.”이어서 집행자들은 후보자의 머리 안에는 뱀을 한 마리 넣고 코에는 주물 (呪物 : 쿠피티아 [kupitja])을 끼우는데, 바로 이 뱀과 주물이 주의에게 치병의 능력을 베푸는 것이다. 와라뭉가 족은 신화시대인 알체링가 시대에 아주 신령스럽고 주력 (呪力)이 센 뱀이 이러한 주물을 만들었다고 믿는다. [40]

빈빙가 족 (Binbinga)은 문다지 (Mundadji) 영신과 문카닌니 (Munkaninji) 영신 (이 두 영신은 부자간이다)이 주의를 성별한다고 믿는다. 빈빙가 족 주술사 쿠르쿠찌 (Kurkutji)는 자신이 동굴로 들어가 문다지 영신을 만났더니 이 영신이 자기 목줄기를 잡고는 자기를 죽이더라는 이야기를 했는데, 스펜서와 질렌은 이 주술사의 이야기를 듣고는 다음과 같이 쓰고 있다.

　문다지 영신은 칼로 쿠르쿠찌의 배를 찌르고는 한가운데를 갈라 내장을 꺼낸 다음 자기 것과 바꾸었다. 즉 자기의 내장을 쿠르쿠찌의 배에 넣어준 것이다. 그는 내장을 넣으면서 상당수의 성석 (聖石)도 함께 넣어주었다. 이 일이 끝나자 젊은 영신, 즉 문카닌니 영신이 나타나 그를 되살리고는 이제 주의가 되었다면서 병든 사람의 몸에서 저주받은 뼈나 그밖의 물건을 꺼내는 법을 일러주었다. 이어서 문카닌니 영신은 그를 안고 하늘을 날아 그의 마을이 가까운 곳까지 데려다주었다. 마을 사람들은 그가 죽은 줄 알고 곡을 하고 있었다. 그는 꽤 오랫동안 혼수상태에 빠져 있다가는 서서히 깨어났다. 그가 깨어나자, 마을 사람들은 그제야 그가 주의가 된 것을 알았다. 그는 자기가 병든 사람을 치료할 때면 문카닌니 영신이 가까이 있는 것으로 믿는다. 그러나 이 문카닌니 영신은 여느 속인의 눈에는 보이지 않는다. 병든 사람의 몸에서 저주받는 뼈를 뽑아내는 의식은 어둠 속에서 이루어진다. 쿠르쿠찌는 먼저 있는 힘을 다해 병자의 배를 빨아 상당량의 피를 뽑아낸다. 그런 다음에는 병자의 몸을 주무르거나 주먹으로 치거나 두드리거나 입으로 빨아대거나 한다. 이윽고 병자의 몸에서 저주받은 뼈가 나오면 그는 구경꾼들이 눈치채지 못하도록 즉시 그 뼈를 문카닌니 영신이 조용히 앉아 구경하고 있는 구석자리 쪽으로 던진다. 이어서 쿠르쿠찌는 마을 사람들에게, 문카닌니 영신께 가서 자기가 마을 사람에게 뼈를 보여주기를 바라는지 여부를 여쭈어보아야겠느냐고 묻는다. 그리고는 영신이

그러라고 한다면 영신이 앉아 있던 곳으로 가서 그것을 가져오겠다고 말한
다. [41)

마라 족(Mara)의 경우도 기법은 이와 아주 똑같다. 주의가 되려는 사람
은 불을 지피고 지방(脂肪)을 태워 미눙가라(Minnungarra)라고 불리는
두 영신을 끌어들인다. 이 두 영신은 주의 후보자에게 접근하여, 아주 죽
이지는 않을테니 걱정하지 말라고 한다. 그리고는 "먼저 그를 무감각한
상태로 만들고 다음에는 대개 그의 배를 가르고 내장기관을 끄집어낸 뒤,
대신 저희들 중 하나의 내장을 대신 넣어준다. 이윽고 그가 되살아나면
영신들은 그에게 주의가 되었다는 말을 하고 병든 사람의 몸에서 뼈를 뽑
아내거나 저주를 푸는 방법을 가르쳐준 뒤에 하늘로 데리고 올라간다. 이
어서 영신들은 그를 다시 땅으로 데리고 내려와 그의 마을이 가까운 곳에
데려다놓는다. 마을에 들어간 그는 자기가 죽은 줄 알고 곡을 하는 마을
사람들을 만나게 된다.……마라 족의 주의가 지닌 능력 중에는, 여느 사
람들의 눈에는 보이지 않는 밧줄을 타고 한밤중에 하늘로 올라가서 별나
라 사람들과 이야기를 나눌 수 있는 능력도 있다."[42)

오스트레일리아-시베리아-남아메리카 등지 무속의 비교

우리가 조금 전에 살펴본 바와 같이 시베리아 샤만의 성무의례와 오스
트레일리아 주의의 의례는 아주 비슷하다. 시베리아 샤만의 경우나 오스
트레일리아 주의의 경우나, 후보자가 반(半)신적인 존재 혹은 조상영신
으로부터 해체수술을 받는 것이 특히 그렇다. 이 과정에서 의례 집행자는
후보자의 육신을 해체하고 내장이나 뼈를 꺼낸 다음 새것으로 바꾸어 넣
어준다. 이러한 해체작업이 "지옥" 같은 곳에서 이루어지거나 이 작업이
자하계로의 하강과 관련되어 있는 것도 비슷하다. 오스트레일리아 주의의
경우, 영신들로 보이는 집행자가 후보자의 몸에다 아트농가라나 다른 주
물을 삽입하지만, [43) 이러한 의식이 시베리아 샤만의 경우에는 별로 중요
하지 않다. 우리가 앞에서 보았다시피, 시베리아 샤만의 경우에는 샤만
후보자의 살과 뼈를 넣은 가마솥에 쇠붙이를 함께 넣어 녹이는 정도의 사
례가 드물게 보일 뿐이다. 이 두 지역의 의례에는 다른 점도 있다. 시베

리아의 경우, 대부분의 샤만은 영신들과 신들에 의해 "택함을 입는다."
그러나 오스트레일리아의 경우, 주의의 직능은 영신들이나 신적인 존재로
부터 "택함을 입는" 수도 있고 후보자 자신의 자의적인 수탐(捜探)의 산
물일 수도 있다.

우리는 여기에서, 오스트레일리아의 주술사의 입문방법이 우리가 이미
지적한 여러 유형으로 환언될 수 없다는 사실도 부언하지 않으면 안 되겠
다.[44] 입문의례의 중요한 요소가 후보자 육신의 해체와 내부 장기의 대체
라고는 하나, 주의를 성별하는 방법은 이밖에도 얼마든지 있다. 즉 천상
적인 존재로부터의 가르침이 포함되는, 천상계로의 상승이라는 접신 체험
이 바로 이런 종류의 입문의례이다. 입문의례에서 후보자 육신의 해체와
천상계로의 상승이 함께 이루어지는 수도 있다(우리가 앞에서 지적했다시
피 빈빙가 족이나 마라 족의 경우가 바로 그렇다). 입무의례가 지하계로
의 신비적인 하강을 통하여 이루어지는 것이라고 믿는 지역도 있다. 이런
유형은 시베리아 샤만이나 중앙 아시아 샤만의 입문의례에서도 찾아볼 수
있다. 공간적으로 그렇게 멀리 떨어져 있는 지역의 옛날 사람들이 가지는
신비스러운 기법이 이렇듯 유사하다는 사실은 일반 종교사에서 샤마니즘
에 어떤 지위를 부여해야 하는가를 암시한다.

어쨌든 오스트레일리아와 시베리아 사이에 존재하는 이러한 유사성은,
샤만의 입무의례가 얼마나 유서 깊은 것인지 그리고 얼마나 참된 것으로
믿겨왔는지를 보여주는 증거이다. 오스트레일리아 주의의 입문의례에 등
장하는 동굴의 비중은 이러한 의례가 얼마나 유서 깊은 것인가를 증명해
주는 좋은 증거라고 할 수 있다. 구석기시대의 종교에서 동굴이 차지하는
비중은 참으로 중요한 듯하다.[45] 동굴이나 미궁은 다른 지역 고대문화(가
령 말레쿨라의 경우)의 입문의례에서도 중요한 위치를 누려왔다. 말하자
면 동굴이나 미궁은 다른 세계로 통하는 관문, 지하계로 하강하는 관문의
구체적인 상징이다. 칠레의 아로케니아 족의 고대전승에서도 샤만은, 입
구에 동물의 머리가 걸린 동굴에서 입문의례를 치른다.[46]

스미드 해협 에스키모의 샤만 후보자는 한밤중에 동굴이 있는 절벽으로
다가가 어둠을 뚫고 똑바로 그 동굴로 걸어가야 한다. 만일 이 후보자가
샤만이 될 팔자라면 아무리 주위가 어둡고 길이 험해도 이 동굴이 들어갈
수 있다. 그러나 샤만의 팔자를 타고나지 못한 후보자는 절벽 아래로 떨
어지고 만다. 샤만의 팔자는 타고난 사람이 이 동굴 안으로 들어가면 동

굴 입구는 저절로 막혀 한동안 열리지 않는다. 후보자는 동굴 입구가 잠깐 다시 열릴 때까지 기다렸다가 입구가 열리면 잽싸게 빠져 나와야 한다. 이 기회를 놓친 후보자는 입구가 닫혀 영원히 다시 열리지 않는 이 동굴 안에서 죽어야 한다. [47] 북아메리카 샤만의 입문의례의 경우에서도 동굴은 중요한 역할을 한다. 샤만 후보자가 접신몽을 꾸거나 보조영신들을 만나는 것은 바로 이 동굴 안에서이다. [48]

여기에서 지적해두어야 할 것이 있다. 그것은, 영신들이나 의례 집행자들이 후보자의 몸에다 수정을 넣는다는 믿음은 도처에서 발견된다고 하는 사실이다. 예를 들면 말레이 반도의 세망 족(Semang)도 그렇게 믿고 있다. [49] 그러나 이러한 믿음은 남아메리카 샤마니즘의 가장 두드러진 특징을 이루는 것이기도 하다. "코베노 족 샤만은 후보자의 머리에다 수정을 집어 넣는다. 그러면 이 수정은 그의 두뇌와 육안을 먹어버린 뒤 이러한 기능을 대신하면서 후보자의 '무력'이 된다."[50] 다른 지역에서 이 수정은 샤만의 보조영신을 상징한다. [51] 일반적으로 남아메리카 열대지역 샤만의 마력은 스승 샤만이 제자 샤만에게 전해주는 보이지 않는 물질로 구현되기도 한다. 스승 샤만이 입으로 제자 샤만의 입에 이 물질을 전해주는 수도 있다."[52] 눈에는 보이지 않으나 만져서 확인할 수 있는 이 주물과, 샤만의 육신 안으로 들어가는 화살, 가시, 수정은 그 본질상 별차이가 없다. 이러한 것들은 샤만의 힘을 물화시킨 것인데 많은 종족들 사이에서 주물의 추상적인 형태로 믿긴다."[53]

북아메리카 샤마니즘과 오스트레일리아 주술을 한줄로 꿰는 이런 고대적인 특성은 중요하다. 오래지 않아 우리는 이 고대적 특성이 단순하게 서로 한줄 꿰이게 된 것이 아니라는 사실을 인식할 수 있게 될 것이다. [54]

남북 아메리카, 아프리카, 인도네시아의 입문의례적 해체

그런데 남미에서도 영신들의 부름에 대한 자의적인 응소나 자발적인 입문 수탐에는, 오스트레일리아나 시베리아에서처럼 까닭 모르는 신병을 앓는다거나 자기 몸이 해체당한다거나 자기 내부 장기가 새것으로 갈리게 된다거나 하는, 다분히 신비적인 죽음을 상징하는 듯한 의례가 들어 있다.

아로케니아 족의 경우, 샤만 후보자가 영신들에 의해 택함을 받았다는 소식은 갑자기 후보자가 앓게 되는 신병을 통해 전해진다. 젊은 여자가 갑자기 "죽은 듯이" 쓰러져 있다가는 깨어나 자기는 마치 (machi : 여무)가 되겠노라고 선언하는 것이다.[55] 한 어부의 딸은 우스 신부에게 다음과 같은 말을 했다. "암초에서 조개를 줍고 있었는데 갑자기 뭔가에 가슴을 몹시 얻어맞은 것 같았다. 그 순간 나의 내부에서 어떤 목소리가 똑똑하게 '마치가 되어라! 이것은 내 뜻이니라!' 이렇게 말했다. 바로 그 순간 나는 심한 복통을 느끼고 의식을 잃었다. 나에게 인류의 주님이신 응에네첸 (Ngenechen)이 내리신 것이 분명하다."[54]

메트로가 제대로 본 바와 같이 일반적으로 샤만의 상징적인 죽음의 체험은 후보자의 장시간에 걸친 혼수상태와 긴 잠을 통하여 이루어진다.[57] 티에라 델 푸에고의 야마나 족(Yamana) 샤만 후보자는 제2의, 심지어는 제3의 살갗, 즉 "새 살갗"이 나올 때까지 자기 얼굴을 문지른다. 그러나 이 새 살갗은 입문자 자신에게만 보인다.[58] 바카이리 족(Bakairi), 투피-임바 족(Tupi-Imba) 그리고 카리브 족(Carib)의 샤만이 체험하는 (담배즙에 의한) "죽음"과 "부활의" 체험은 정식으로 문서화되어 보고된 바 있다.[59] 아로케니아 샤만의 성별식에서, 이 의례의 집행자와 후보자는 맨발로 불 위를 걷는데도 화상을 입기는커녕 옷자락에도 불이 붙지 않는다. 이들은 코를 쥐어뜯거나 눈알을 파내기도 한다. "의례의 집행자는 속인인 청중들에게, 입문자의 혀와 눈을 뽑아내고 그것을 자신의 것과 교환되는 것으로 보이게 만든다. 집행자는 또 막대기로 입문자를 찌르는데 이 막대기는 입문자의 배로 들어가 등으로 나오지만 여기에는 피 한방울 묻지 않을 뿐만이 아니라, 입문자도 전혀 고통을 느끼지 않는다(Rosales, 『*Historia general del Regno de Chile*』, I, 168). 토바 족(Toba) 샤만의 입문식에서, 집행자는 입문자의 가슴을 막대기로 찌르는데, 이것은 소총의 탄환처럼 정확하게 입문자의 가슴을 관통한다."[60]

북아메리카 샤마니즘에서도 비슷한 사례가 있는 것으로 입증되었다. 마이두 족(Maidu)의 입문의례 집행자는 입문자를 "약"이 가득 든 구덩이에다 밀어 넣고는 여기에 있는 "약의 독"으로 입문자를 "죽인다." 이 의례가 끝나면 입문자는 맨손으로 빨갛게 달아올라 있는 돌을 만지는데도 화상 하나 입지 않는다.[61] 포모 족(Pomo)의 무속적인 "망령제(Ghost Ceremony)" 결사에 입단하는 후보자는 고문과 죽음과 부활을 체험한다. 이 통과의례에서 후보자가 죽은 듯이 누워 있으면 집행자들은 이 후보자를 짚으로 덮는다. 유키 족(Yuki), 후츠놈 족(Huchnom)과 해안 미워크 족(Coast Miwok)에게서도 같은 의례가 발견된다. [62] 해안 포모 족 샤만이 치러야 하는 일련의 입문의례 전과정에는 "절개(cutting)"라는 참으로 의미심장한 이름이 붙어 있다. [63] 쿡수(kuksu) 단체에 가입하려는 강변 파트윈 족(River Patwin)의 샤만 후보자는 바로 쿡수 자신이 손수 창이나 화살로 후보자의 배를 꿰뚫는 것으로 믿는다. 후보자는 이로써 죽었다가 샤만에 의해 부활하는 것이다. [64] 루이제노 족(Luiseno)의 샤만들은 화살로 서로를 찔러 "죽인다." 틀링기트 족(Tlingit)의 경우 샤만 후보자가 탈혼망아에 빠져들면 사람들은 이 후보자가 영신에 들린 것으로 안다. 메노미니 족(Menomini) 샤만 후보자는 입문의례의 집행자가 던진 주물에 맞아죽었다가 소생한다. [65] 북아메리카 대부분의 지역 샤만 후보자 역시 비밀결사(무속적이든 아니든)에 입문할 때마다 죽음과 부활의 의식을 치러야 하는 것은 물론이다. [66]

까닭 모르게 앓게 되는 신병의 형태를 취하든, 무속적인 입문의례를 치르든, 이와 같은 죽음과 부활의 상징체계는 도처에서 발견된다. 누바 산맥에 사는 수단 인 샤만의 겨우 최초의 입문적인 성별의식은 "머리(head)"라고 불린다. 이들의 입문의례에서 집행자들은 "영신이 들어설 수 있도록〔후보자의〕머리를 열어준다"고 한다. [67] 그러나 무속적인 접신몽이나 뜻밖에 일어난 사건이 샤만의 입문의례를 대신하는 경우도 있다. 예를 들면, 나이가 서른 살 가까이 되면 샤만은 일련의 의미심장한 꿈을 꾼다. 한 샤만은 배가 빨간 백마를 꿈꾸는가 하면, 자기 어깨에 발톱을 박는 표범, 자기를 무는 뱀의 꿈꾸기도 했다. 무속적인 접신몽에서 이러한 동물은 아주 중요한 역할을 한다. 이런 꿈을 꾸고 난 뒤 그는 갑자기 심하게 몸을 떨고는 의식을 잃었다가 깨어나서는 예언을 하기 시작한다. 이것이 바로 그가 "영신들로부터 택함을 입었다"는 첫번째 표징이 되는 것이다. 그러나 후보자는 쿠주르(kujur)로 성별되기까지 12년을 더 기다려야 했다. 평소에는 꿈을 꾸지 않다가 어느날 밤 자기 집에 벼락이 떨어지는 꿈을 꾼 샤만도 있다. 이 샤만은 "그 벼락을 맞고는 '이틀 동안이나 죽은 듯이' 의식을 잃고 있었다."[68]

아마줄루 족(Amazulu)의 한 요술사는 자기 친구에게 이런 말을 했다. "나는 강물에 떠내려가는 꿈을 꾸었다. 수많은 꿈을 꾸었다. 나는 만

신창이가 되었다. 꿈의 집이 된 것이다. 나는 아주 많은 꿈을 지속적으로 꾼다. 꿈이 깨고 나면 나는 친구들에게 이런 말을 한다. '오늘 내 몸은 엉망진창이다. 나는 많은 사람들로부터 죽음을 당하는 꿈을 꾸었다. 그러나 나는 어떻게 했는지는 모르겠으나 용케 도망칠 수 있었다. 깨고 나니 이상하게도 내 몸의 일부는 전혀 내 몸으로 느껴지지 않았다. 전혀 딴 몸같이 되고 만 것이다.'"[69]

접신몽, 신병 혹은 입문적인 의례의 중심적인 요소는 항상 동일하다. 여기에는 (후보자의 몸이 해체되든가 깊은 상처를 입든가 해부를 당하든가 하는 식의)방법은 달라도 육신의 잘림을 통한 후보자의 죽음과 상징적인 재생 체험이 들어 있다. 지금부터 여러 가지 예를 들면서 입문의례의 집행자에 의해 후보자가 죽음을 체험하는 경우를 확인해보기로 하자.

여기에서 말레쿨라 주의가 치르는 입문의례의 첫부분을 인용해보기로 하자.[70]

롤-나롱 족(Lol-narong)의 주의인 브윌리(Bwili)에게 어느날 생질이 찾아와서 "외삼촌께서 저에게 무엇을 좀 내려주셨으면 합니다" 하고 말했다. 브윌리는 그에게, "내가 내건 조건에 합당한 일을 했느냐?"하고 물었다. 그러자 그의 생질은 "했습니다" 하고 대답했다. 브윌리는 다시 "여자와 자지 않았느냐?" 하고 물었고 생질은 "자지 않았습니다" 하고 대답했다. 브윌리는 "좋다" 하고 말했다.

이어서 브윌리는 생질에게, "이리 와서 이 나뭇잎 위에 눕거라" 하고 명했다. 젊은이는 나뭇잎 위에 누웠다. 그러자 브윌리는 대나무 칼로 젊은이의 팔 하나를 잘라 두 장의 나뭇잎 위에 놓았다. 그리고는 생질을 보고 웃었다. 생질도 따라 웃었다. 다음에는 나머지 팔 하나를 잘라 먼저 자른 팔 옆에다 놓고는 돌아와 생질을 보고 웃었다. 생질도 따라 웃었다. 이어서 브윌리는 허벅지쯤에서 다리를 하나 잘라 팔 옆에다 놓고 와서는 생질을 보고 웃었다. 생질도 따라 웃었다. 이어서 나머지 다리마저 잘라 먼저 자른 다리 옆에다 놓고 와서 생질을 보고 웃었다. 생질도 따라 웃었다. 마지막으로 브윌리가 생질의 머리를 잘라 들고는 들여다보면서 웃자 잘린 머리 역시 웃었다.

브윌리는 머리를 원래 있던 곳에다 붙여주고 팔다리도 모두 제자리에다 붙여주었다.

이 입문의례의 나머지 부분에서는 입문의례의 집행자와 입문 당사자가 암탉으로 변신하는 대목이 나온다. 이 암탉으로의 변신은 샤만과 요술사의 "비상능력"을 나타내는 아주 일반적이면서도 유명한 상징인데, 이 문제에 대해서는 다음에 다시 언급하기로 하겠다.

키와이 파푸아의 전승에 따르면, 어느날 밤 어떤 사람이 오보로(óboro : 죽은 사람의 영신)의 손에 죽음을 당했다. 이 영신은 죽은 사람의 뼈를 모두 뽑아내고 대신 오보로의 뼈를 심어주었다. 이 사람은 되살아나자 영신과 똑같은 존재가 되었다. 말하자면 샤만이 된 것이다. 오보로가 준 뼈는 영신들을 불러낼 수 있는 힘을 가진 뼈였던 것이다. [71]

보르네오의 드야크 족 마낭(manang : 샤만) 입문의례에서는 세 가지 서로 다른 의례가 베풀어지는데, 이 세 가지의 서로 다른 의례는 드야크 샤마니즘의 세 단계에 대응한다. 첫번째 단계인 베수디(besudi : "느낀다, 접촉한다"는 뜻인 듯하다)는 가장 기본적인 의례인데, 이 의례는 돈을 조금만 내면 누구든지 치를 수가 있다. 이 의례에서 후보자는 병든 사람처럼 베란다 같은 곳에 눕는다. 그러면 다른 마낭이 한밤중에 이 후보자에게 안수를 베푼다. 사람들은 이때 마낭으로부터 받는 가르침을 통하여 후보자가 병자를 촉진(觸診)하여 병의 종류를 알아내고 그 환자를 치료하는 것으로 믿는다. 이동안 나이 든 샤만은 조약돌이나 그밖의 주물의 형태로 이 후보자의 몸 속에 마법의 "권능"을 주입하는 수도 있다.

두번째 의례인 베클리티(bekliti : 절개)는 첫번째 의례에 견주어 훨씬 복잡하고 또 분명한 무속적인 특성을 내비친다. 밤새도록 주문을 왼 늙은 샤만은 휘장이 둘러쳐진 방으로 후보자를 데리고 들어간다. "이 지역 사람들의 주장에 따르면, 바로 여기에서 늙은 샤만은 후보자의 머리를 절개하고 두뇌를 꺼내 잘 씻고는 다시 넣어주는데, 이는 후보자에게 악령의 농간을 간파하고 악령이 심을 병을 다스릴 수 있도록 맑은 정신을 주고자 함이다. 이어서 늙은 샤만은 후보자의 눈에다 금가루를 넣는다. 이는 후보자에게 강하고 날카로운 시력을 베풀고자 함이다. 그래야 병자의 영혼이 어느 곳에서 방황하고 있는지 꿰뚫어볼 수 있기 때문이다. 여기에서 다시 늙은 샤만은 후보자의 손가락에 가시가 군데군데 박힌 갈고리를 심어주는데 이는 그 손가락으로 방황하는 영혼을 붙잡아 거머쥘 수 있게 하기 위함이다. 마지막으로 늙은 샤만은 후보자의 심장을 화살로 꿰뚫는다.

이는 그의 마음을 부드럽게 만들어 병자와 병자가 겪는 고통에 대해 연민을 가질 수 있게 하기 위함이다."[72] 물론 이러한 의례는 모두 상징적이다. 말하자면 후보자의 머리 위에 야자를 올려두었다가 깨뜨려버리는 식으로 이루어지는 것이다. 성무의례를 마무리 짓는 세번째 의례에서 후보자는 의례용 사다리를 타고 접신상태에서 천상계를 여행하게 된다. 이 마지막 의례에 대해서는 다음 장에서 다시 언급하기로 하자.[73]

이 베클리티 역시 후보자의 죽음과 재생을 상징하는 의례적인 것임이 분명하다. 이 의례에서 내부 장기의 교환은 제의적으로 이루어진다. 여기에서는 오스트레일리아나 시베리아의 샤만 후보자가 겪는 접신 체험——접신몽, 신병, 일시적인 정신이상——이 반드시 있는 것은 아니다. 만일 몸의 일부가 새로운 것으로 바뀌는 까닭에 대한 사람들의 주장(이로써 후보자는 이전보다 시력이 나아진다거나 마음을 따스하게 쓰게 된다거나 하는)이 믿을 만한 것이라면, 이들 전승에 접신 체험이 없다는 사실은 이들 의례의 원래 의미가 잊혀지고 말았음을 뜻한다.

에스키모 샤만의 입문의례

암마살리크 에스키모(Ammasalik Eskimo)의 경우 샤만 후보자는 늙은 샤만 앙가코크(angakok : 복수형은 앙가쿠트[angakut])를 찾아가서 입문의례를 치르는 것이 아니다. 늙은 샤만 자신이 아주 나이 어린 아이들 중에서 후보자를 선택하기 때문이다.[74] 늙은 샤만은 여섯 살에서 여덟 살쯤 되는 아이들 중에서 "다음 세대를 위해서 현존하는 최고의 권능을 보존하는 데" 가장 적합한 재능을 가진 아이를 골라 입문의례의 은혜를 베푼다.[75] "특별한 천부적 재능이 있는 아이, 몽상적인 아이, 기질적으로 신경증적이어서 환상을 자주 대하는 아이라야 이런 후보자로 택함을 입는다. 늙은 앙가코크는 샤만 재목을 찾아내면 마을에서 멀리 떨어진 산 속 같은 데에서 극비리에 이 아이를 교육시킨다."[76] 앙가코크는 이 아이에게 한적한 곳——깊은 숲속, 호숫가 같은 곳——에서 독거(獨居)하는 법을 가르친다. 이곳에서 돌 두 개를 문지르며 아주 중대한 사건이 일어나기를 기다리게 하면서 이렇게 말한다. "그러면 호수나 내륙 빙하에 사는 곰이 나타나 네 살을 먹고 너를 형해(形骸)로 만든다. 그러면 너는 죽는다. 그

러나 네 살은 다시 차오를 것이고 너는 다시 살아난다. 네가 입었던 옷도
네 몸으로 돌아온다."[77] 라브라도르 에스키모(Labrador Eskimo)의 경
우, 거대한 백곰의 모습으로 나타나 후보자의 살을 먹는 것은 통게르소아
크(Tongársoak)라고 불리는 큰 영신이다.[78] 서부 그린란드에서는 영신
이 나타나면 후보자는 사흘 동안이나 "죽어 있다."[79]

후보자 아이가 한동안 의식을 잃은 채로 있어야 하는 이 제의적 죽음과
재생의 체험은 물론 접신적인 체험이다. 늙은 샤만의 제자인 아이가 형해
로 되었다가 다시 살을 받는 이러한 사례는 에스키모 입문의례의 특징을
이룬다. 이 문제에 대해서는 다른 신비스런 접신술과 관련시켜 뒤에 다시
논의하기로 한다. 후보자는 여름 내내 이 돌을 문지르고 있어야 한다. 경
우에 따라서는 몸주가 될 보조영신을 맞을 때까지 몇 해 여름 동안 지속
적으로 돌을 문지르고 있어야 하는 수도 있다.[80] 그러나 그동안 계절이
바뀔 때마다 이 후보자는 새로운 스승을 찾는다. 그래야 많은 경험을 쌓
고(후보자들이 찾는 앙가코크들은 모두 각 분야의 전문가들이기 때문이
다) 영신군(靈神軍)을 만날 수 있을 것이기 때문이다.[81] 돌을 문지르고
있는 동안 후보자는 특정 금기를 엄수해야 한다.[82] 한 앙가코크는 한꺼번
에 대여섯 명의 제자들을 가르치는데[83] 제자들은 이때 앙가코크에게 월사
금을 바쳐야 한다.[84]

이굴룰리크 에스키모의 경우 사정은 좀 다르게 나타난다. 샤만이 되고
자 하는 젊은 남자나 여자는 마음 속으로 점찍은 스승에게 예물을 들고
가서 "눈을 뜨고 싶어서 이렇게 찾아뵈었습니다" 하고 말한다. 그날 밤
스승 샤만은 자기의 몸주인 영신들에게 "'온갖 장애물을 제거'하기 위해"
질문을 던진다. 그러면 후보자와 그 가족들은 스승 샤만에게 그동안 지은
죄(금기를 범한 죄 등)를 고백하고 이로써 영신들로부터 사면을 받는다.
이 교육기간은 길지 않은데 후보자가 남자일 경우에 특히 그렇다. 심지어
닷새 만에 끝나는 수도 있다. 그러나 후보자는 혼자서 훈련을 계속해야
한다. 후보자들이 스승으로부터 배우는 시간은 아침, 정오, 저녁 나절 그
리고 한밤이다. 교육기간 동안 후보자들은 소식(小食)을 견뎌야 하고,
후보자의 가족들은 사냥 행사 같은 데 따라 나서지 말아야 한다.[85]

본격적인 입문의례는 수술로 시작되나 여기에 대해 우리가 가지고 있는
자료는 빈약하다. 늙은 앙가코크는 제자의 눈, 두뇌 그리고 내장으로 부
터 "영혼"을 뽑아낸다. 이로써 영신들은 그의 것들 중 어느것이 저희에

게 가장 좋은 것인지 알 수 있게 된다. [86) 이 "영혼 뽑아내기"가 끝나면 미래의 샤만은 자기 육신으로부터 영혼을 이끌어내어 우주공간과 깊은 바다를 통해 기나긴 신비의 여행을 할 수 있게 된다. [87) 이 신비스러운 수술은 위에서 검토한 오스트레일리아 인들의 기법을 연상시킨다. 어느 경우든 내장으로부터 영혼을 뽑아낸다는 것이 내부기관의 "갱신"을 내포한다는 것은 분명하다.

이어서 스승은 제자를 위하여 앙개코크(angákoq)를 취한다. 이것은 카우마네크(qaumaneq)라고 불리기도 한다. 이것은 제자에 대한 "점화(點火)" 혹은 "깨달음의 베풀기"를 뜻한다. 앙개코크는 "샤만이 문득 몸 속에, 머리 속에, 뇌 속에 있는 것으로 느끼는 신비스러운 빛으로 이루어진, 설명할 수 없는 탐조등, 휘황찬란한 불이다. 이 불은 글자 그대로의 의미에서든 비유적인 의미에서든, 샤만으로 하여금 어둠을 꿰뚫어보게 한다. 이로써 샤민은 눈을 감고도 어둠을 뚫어볼 수 있고 사물을 인지할 수 있으며, 다른 사람들의 눈에는 보이지 않는 미래의 사건을 예견할 수 있게 된다. 이로써 샤만은 미래와 타인의 비밀을 투시할 수 있게 되는 것이다. "[88)

후보자는 자기 오두막 안에서 의자에 앉아 오래 기다리며 영신들에게 줄기차게 기도한 뒤에야 이런 신비스러운 빛을 획득할 수 있게 된다. 샤만 후보자가 처음으로 이 빛을 체험하게 되는 순간 "샤만 자신이 들어앉아 있는 집이 갑자기 하늘로 떠오르는 듯한 느낌을 맛본다. 이때부터 그는 앞을 가로막고 있는 산을 투시하여 마치 너른 들판을 보는 것처럼 먼 앞길을 바라볼 수 있게 된다. 그의 시선은 땅 끝까지도 미친다. 이때부터 그의 눈에 보이지 않는 것은 아무것도 없다. 그는 멀리, 아주 멀리 떨어진 것도 볼 수 있을 뿐만 아니라 아주 먼 나라, 이상한 나라에 있든지 사자의 나라에 올라가 있거나 내려가 있든지 간에 이 땅을 떠난 영혼을 모조리 찾아낼 수도 있다. "[89)

여기에서도 우리는 시베리아 샤마니즘의 특징을 이루는 아주 높은 곳 혹은 천계상승의 체험, 심지어는 비상의 체험을 엿볼 수 있다. 시베리아 샤마니즘의 특징을 이룬다고는 하나 이런 체험은 세계 도처에서 발견되는 유형, 일반적인 무속적 기술의 전형적인 유형이라고 볼 수도 있다. 이러한 상승의 기술이나 이 기술의 종교적 함의(含意)에 대해서는 뒤에 다시 검토할 기회가 있다. 여기에서는 이글룰리크 샤만의 무업을 가능하게 하는 내부의 빛 체험이 다양한 고급 신비주의와 아주 가깝게 닿아 있다는 것만 지적하기로 하자. 우선 몇 가지 사례만 들어보기로 하자. 「우파니샤드(Upaniṣads)」는 "내부의 빛(antar jyotih)"을 아트만(ātman : 자아)의 정수(精髓)로 정의한다. [90) 요가 술(術)에서, 특히 불교의 여러 유파에서 색깔이 다른 여러 가지 빛은 특정 명상에서 성공을 의미한다. [91) 이와 유사하게 티벳의 「사자(死者)의 서(書)」도 죽어가는 사람의 영이 죽음의 고통을 당할 때나 죽은 직후에 경험하는 듯한 빛에 대단히 중요한 의미를 부여한다. 인간의 사후운명(해탈이라든가 윤회재생 같은)은 청정한 빛을 선택하는 부동심에 달려 있다. [92) 우리는 기독교의 신비주의와 신학에서 내부의 빛이 떠맡는 엄청난 역할을 잊지 말아야 한다. [93) 이 모든 것은 에스키모 샤만의 체험을 사려 깊게 이해할 수 있는 방향으로 우리를 이끌어준다. 이러한 신비주의적 경험이 어떤 모습으로든 아득한 옛날부터 고대의 인간에게 닿아 있었다고 믿을 만한 근거는 얼마든지 있는 것이다.

자기 형해의 관조

카우마네크는 스승이 제자를 위해 달 영신으로부터 얻어내는 신비적인 능력을 말한다. 이러한 능력을 제자가 사자의 영신들 혹은 카리보우(순록)의 모신 혹은 곰의 영신들의 도움을 받아 직접 얻어내는 수도 있다. [94) 그러나 이렇게 하자면 반드시 제자 자신의 개인적인 체험이 있어야 한다. 이러한 신비적인 존재는 샤만 후보자에게 소명을 받게 되어 있음을 고지하는 징표이다. 즉 준비만 끝나면 계시를 받을 수도 있다는 사실이 이런 존재를 통하여 샤만 후보자에게 고지되는 것이다.

샤만에게 새로운 "신비적인 기관들"과 같은 보조영신을 찾으러 떠나기 전에, 에스키모 샤만 후보자는 혹독한 입문의 시련을 거치지 않으면 안 된다. 이러한 체험을 성공리에 끝마치기 위해 후보자는 **자신을 형해로 관조하는 능력**을 얻게 되는 경지를 향해 길고도 험한 육체적 고난과 정신적인 명상의 단계를 거쳐야 한다. 라스무센(Rasmussen)으로부터 이러한 정신 수련에 대한 질문을 받은 샤만은 모호한 대답밖에는 하지 못했다. 이 유명한 연구자는 샤만들의 대답을 다음과 같이 요약하고 있다. "어떤 샤만도 왜, 어떻게 해서 그런 능력을 얻게 되는지 설명하지 못한다. 그러나 샤만은 초자연적인 것에서 나온 듯한 자기 두뇌의 힘으로, 마치 저절로 그렇게 되는 것처럼, 자기 몸에서 살과 피를 분리시키고 오로지 뼈만 남게 할 수가 있다. 그런 다음 샤만은 자기 뼈마디 뼈마디에 이름을 붙이고 그 이름으로 자기 뼈를 불러야 한다. 그러나 이렇게 하면서도 샤만은 인간의 언어를 써서는 안 된다. 오로지 스승으로부터 배운 특수하고 신성한 샤만의 언어로만 이 뼈마디의 이름을 불러야 한다. 죽으면 썩을 덧없는 살과 피에서 해방된 자신의 적나라한 모습을 봄으로써, 샤만은 샤만의 신성한 언어로써 자신을 성별하고 자신이 죽은 다음에도 태양과 풍상에 가장 오래 견딜 수 있는 육신의 바로 이 부분에 걸고 위대한 무업에 몸 바칠 것을 약속하는 것이다."[95]

입문의례에 해당하는 것이기도 한(보조영신을 접할 수 있느냐 없느냐 하는 것은 바로 이 의례의 성패에 좌우되는 것이므로) 이 중요한 명상중의 수련은 묘하게도 시베리아 샤만의 접신몽을 상기시킨다. 다른 점이 있다면, 시베리아 샤만의 경우 조상무나 신비적인 존재에 의한 수술의 결과로 형해상태가 되지만, 에스키모의 경우 이 수술은 정신적이다. 말하자면 에스키모의 경우는 정신집중이라는 개인적인 노력과 금욕 생활을 통하여 이런 형해상태에 이르게 된다는 것이다. 그러나 이 두 지역 모두 이러한 신비적인 환상상태의 본질적인 요소가, 육탈된 존재가 되고 육탈된 뼈에 차례를 매기고 이름을 붙이는 것이라는 점에서는 다를 바가 없다. 에스키모 샤만은 길고도 고통스러운 준비과정을 거친 다음에야 이러한 환상을 볼 수 있게 된다. 대개의 경우 시베리아 샤만은 신비적인 존재로부터 "택함을 입어" 수동적으로 이러한 해체상태를 목격한다. 그러나 이 모든 사례는 형해상태가 된다는 것 자체가 세속적인 인간 조건의 초월, 이로써 해탈의 경지에 드는 것을 암시하고 있다는 점에서 다를 바가 없다.

여기에서 부언해두고 싶은 것은 이러한 초월이 언제나 신비적인 상태를 결과하는 것은 아니라는 점이다. 샤만의 무복에 대해 검토할 때 다시 지적하게 되겠지만,[96] 수렵민과 유목민의 정신적 지평에서 뼈는 바로 인간과 짐승의 생명의 원천이다. 한 인간이 형해상태에 이르렀다는 것은 이러한 원초적인 삶의 자궁으로 다시 들어가는 것에 해당한다. 즉 갱생, 신비적인 재생의 완성인 것이다. 한편 그 기원으로 보아, 적어도 그 구조로 보아 불교적 혹은 탄트라(밀교)적인 중앙 아시아의 명상체계 안에서, 형해상태로 환원된다는 것은 금욕적이고 형이상학적인 가치를 지닌다. 즉 시간의 덧없음을 미리 내다본다는 것, 실체의 관조를 통하여 생명을 있는 그대로의 모습으로 환원시킨다는 것은, 이로써 모든 행위가 무상한 환상에 지나지 않는다는 깨달음에 이르게 한다는 것이다. [97]

이러한 관조가 기독교의 신비주의에도 생생하게 남아 있다는 사실에 주목할 필요가 있다. 이러한 사실은, 고대인의 최초의 의식적 깨달음으로써 도달한 궁극적인 것이 하나도 변함없이 전해져 내려오고 있음을 다시 한번 입증한다. 중앙 아시아 불승(佛僧)들에 의한 형해상태로의 환원과 관련되는 대목에서 다시 한번 검토하게 되겠지만, 이러한 종교적 체험이 내용상 다른 종교적 체험과 다르다는 것은 분명하다. 그러나 어떤 관점에서 보면 이러한 관조적 체험 자체는 동일하다. 말하자면 속의 경계와 개인적인 존재의 조건을 뛰어넘으려는 의지, 초월적인 전망을 획득하려는 욕망은 도처에서 읽을 수 있는 것이다. 자기 전존재의 영적인 재생을 획득하기 위한 원초적인 생명으로의 재몰입을 통해서든(불교의 신비주의와 에스키모 샤마니즘에서 그랬듯이) 육신이라는 환상에서의 해탈을 통해서든 이들이 성취하고자 하는 것은 마찬가지이다. "진실"이자 "생명"인 정신적 실존의 원천의 발견이기는 마찬가지인 것이다.

종족적 입문의례와 비밀결사

우리는 지금까지 몇 차례 "부활"이 전제된 후보자의 "죽음"이, 그 모습——접신적인 몽상, 신병, 뜻밖의 사건 혹은 본격적인 의례——이야 어떻든 간에 **입문적인 본질을 구성한다**는 것을 확인해왔다. 실제로 한 연령층에서 다른 연령층으로 이행 혹은 어떤 "비밀결사"에의 가입의식은 항상 후보자의 죽음과 재생이라는 편리한 공식으로 요약될 수 있는 일련의 의례를 전제로 하고 있다. 이러한 의례의 최대공약수적인 요소를 여기에 열거해보기로 한다. [98]

1) 숲속(초월적인 곳의 상징)으로의 격리, 죽은 상태와 다름이 없는 유충적(幼蟲的)인 실존의 체험. 마땅히 사자(死者)와 비슷(사자는 좋은 음식을 먹을 수도 없고, 손가락을 쓰지도 않는다는 사실 등에서)해야 한다는 전제 아래 부여되는 샤만 후보자에 대한 금제.

2) 망령의 낯색을 모방하기 위해 샤만 후보자의 얼굴이나 몸에 재 혹은

석회성 물질을 바름. 창백한 색조의 장의용 가면 착용.

3) 사원 혹은 잡신 사당에서의 상징적인 피장(被葬).

4) 지하계로의 상징적인 하강.

5) 최면에 의한 수면. 혼수상태에 빠지게 하는 약물의 복용.

6) 매질을 당하거나, 불 가까이 놓여진 발 때문에 심한 고통을 당하거나, 공중에 매달리거나, 손가락이 절단되거나, 그밖의 잔혹행위를 당하는 등의 견디기 어려운 시련.

이러한 것들은 모두 후보자로 하여금 과거를 잊게 하기 위해서 계획된 의례와 시련이다. 바로 이런 의례와 시련이 있기 때문에 이 과정을 체험하고 마을로 돌아온 후보자는 기억이 깡그리 없어진 것처럼, 걷고 먹고 입는 것조차 처음부터 다시 배워야 할 사람처럼 행동하는 것이다. 실제로 이 과정을 거친 후보자는 말을 새로 배우고 새 이름으로 행세하는 것이 보통이다. 공동체의 구성원들은, 그 후보자는 숲속에 있는 동안에 숙어서 땅에 묻혔거나 괴물이나 신의 먹이가 되었다고 믿는다. 그래서 이 후보자가 돌아오면 공동체 구성원들은 망령이라도 나타난 것으로 생각한다.

형태론적으로 보면, 미래의 샤만이 겪는 입문의 시련은 통과의례라고 하는 큰 절차 그리고 이 비밀결사에 입문하는 의식과 동일하다. 종족적 입문의례와 비밀결사(뉴기니의 경우에서 볼 수 있는 것 같은)[99]에의 입문의례, 혹은 비밀결사에의 가입의례와 무속적 입문의례(특히 북아메리카의 경우)[100]를 구분하기는 쉬운 일이 아니다. 그러나 어떤 경우든 후보자에 의한 능력의 탐색이 있어야 가능하다는 점은 같다.

시베리아와 중앙 아시아의 경우, 한 연령층에서 다른 연령층으로 이행할 때는 통과의례가 없다. 그러나 이러한 것을 지나치게 중요한 현상으로 받아들여 여기에서 시베리아 입문의례의 기원에 대해 결론을 도출하는 것은 옳지 못한 일이다. 왜냐하면 이 두 의식의 큰 갈래(종족적 입문의례와 무속적 입문의례)는 도처——가령 오스트레일리아, 오세아니아, 아메리카——에서 공존하고 있기 때문이다. 실제로 오스트레일리아의 경우 이러한 상황은 비교적 명확하게 드러나고 있다. 오스트레일리아의 경우 모든 남성은 그 종족 공동체의 일원으로서의 자격을 얻기 위해 입문의례를 치르도록 되어 있고, 또 주의를 위해 마련된 별도의 입문의례도 있다. 주의를 위한 입문의례는 후보자에게, 종족적 입문의례에서 후보자에게 부여하는 것과는 전혀 다른 권능을 부여한다. 이러한 사례는 성(聖)을 다루는 고도로 전문화된 단계를 보여주고 있다. 이러한 두 가지 유형의 입문의례에서 드러나는 가장 큰 차이는, 종족적 입문의례에서와는 달리 주의의 입문의례에서는 주의를 지망하는 후보자의 내적, 접신적 체험이 근본적으로 중요한 고려의 대상이 된다는 점에 있다. 주의는 되고 싶은 사람이면 누구나 다 될 수 있는 것이 아니다. 결국 소명을 받아야 가능한 것이다. 그리고 이 소명을 받았다는 사실은 후보자에게 예사롭지 않은 접신 체험 능력으로 확인된다. 뒤에 재론하게 되겠지만 샤마니즘의 이러한 측면이야말로 샤마니즘을 특징 짓는 것이며 종족적 입문의례나 비밀 결사 입문의례의 유형과 샤마니즘의 입문의례의 구별을 가능하게 하는 것이기도 하다.

마지막으로 불, 요리(料理) 혹은 해체에 의한 재생의 신화가 샤마니즘이라는 정신적 지평 밖에서도 인간에게 붙어다녔다는 사실을 지적하고자 한다. 메데아(Medea)는 자기 손으로 짐짓 삶은 숫양이 회춘하는 모습을 펠리아스(Pelias)의 딸들에게 보여줌으로써 아버지의 회춘을 바라는 딸들이 저의 아버지 펠리아스를 삶아 죽이게 하는 데 성공한다.[101] 탄탈로스(Tantalos)가 자기 아들 펠로프스(Pelops) 죽여 신들의 잔칫상에다 올렸을 때, 신들은 그를 솥에다 삶음으로써 펠로프스를 재생시킨다.[102] 그러나 재생된 펠로프스에게는 한쪽 어깨가 없다. 데메테르(Demeter)가 한쪽 어깻살을 먹어버렸기 때문이다.[103] 해체와 요리에 의한 회춘의 신화는 시베리아, 중앙 아시아와 유럽의 민담에도 전승되고 있다. 예수 그리스도나 성자들이 대장장이로 등장하는 이야기도 바로 이러한 전승에 속한다.[104]

제3장 무력의 획득

우리는, 여느 사람이 미래 샤만으로 선택되는 가장 흔한 양식 중 하나가 신적인 혹은 반신적인 존재와의 만남을 통하여 이루어지는 양식임을 지적했다. 이러한 신적, 반신적인 존재는 꿈이나 신병 혹은 그밖의 상황을 통하여 미래 샤만에게 나타나 "택함을 입었음"을 고지하고 새로운 삶의 규범을 좇을 것을 강권하는 것이다. 그러나 조상무의 영혼이 미래 샤만에게 이런 소식을 전하는 사례도 얼마든지 있다. 그래서 샤만의 선택을 조상 숭배와 관련시켜 추정하는 사람도 있어왔다. 그러나 시테른베리가 제대로 지적하고 있다시피,[1] 미래 샤만에게 이러한 것을 고지하려면 조상무들 역시 아득한 옛날에 신적인 존재로부터 "택함"을 입지 않으면 안 되었다. 부르야트 전승에 따르면[2] 옛날의 샤만들은 천상계의 영신들로부터 직접 우트차(utcha : 샤만의 신권)를 받았다. 미래 샤만이 조상들로부터 이러한 권능을 받는 것은 우리 시대에 들어와서부터이다. 이런 믿음은 극북 및 중앙 아시아에서 볼 수 있는, 샤만의 쇠퇴에 관련된 일반적인 사고방식의 일부가 되어 있다. 이러한 견해에 따르면 "최초의 샤만"은 실제로 말을 탄 채로 구름 사이를 날면서 오늘날의 샤만들로서는 흉내도 내지 못할 기적을 행사했다.[3]

샤만의 기원에 관한 시베리아 신화

어떤 전설은, 오늘날의 샤만이 쇠퇴의 길을 걷는 것은 "최초의 샤만"이 교만했기 때문이라고 설명한다. 말하자면 이 "최초의 샤만"이 신과 겨루고자 했기 때문이라는 것이다. 부르야트 인들의 전승은 이러한 사태를 다음과 같이 설명하고 있다. "최초의 샤만" 카라-기르갠 (Khara-Gyrgän)

이 자신은 전지전능하다고 말하자 신은 이를 시험하고자 했다. 신은 소녀의 영혼을 병에다 넣고 이를 봉했다. 이것으로도 부족했던지 신은 이 소녀의 영혼이 빠져 나가지 못하게 손가락으로 이 병의 아가리를 막고 있었다. 샤만은 자기 무고를 타고 하늘로 날아올라가 소녀의 영혼을 발견하고는 이를 풀어주기 위해 스스로 거미로 변신하여 신의 얼굴을 물었다. 신이 기겁을 하고 병의 주둥이에서 손가락을 떼는 순간에 소녀의 영혼은 병 속에서 도망칠 수 있었다. 이에 진노한 신은 카라-기르갠의 권능 중 일부를 빼앗아버렸다. 그러니까 이 일이 있고 난 뒤부터 샤만의 마력은 현저하게 줄어들게 되었다는 것이다. [4]

야쿠트 인의 전승에 따르면, "최초의 샤만"은 엄청난 능력을 지니고 있었다. 그런데 이 "최초의 샤만"은 자기 능력을 과신하고 오만해진 나머지 야쿠트의 절대신을 인정하기를 거부했다. 이 "최초의 샤만"의 몸은 뒤엉킨 수많은 뱀으로 되어 있었다. 신은 불을 보내 이 샤만의 몸을 태웠다. 그러자 그 불길 안에서 두꺼비가 한 마리 나왔다. 바로 이 두꺼비에서 나온 것이 "악마"인데, 바로 이 악마가 야쿠트 인들에게 뛰어난 여무(무〔巫〕)와 남무(격〔覡〕)을 보내준다는 것이다. [5] 투르칸스크의 퉁구스 인들에게는 다른 전설이 있다. "최초의 샤만"은 악마의 도움을 받아 자신의 능력으로 자기 자신을 창조했다. "최초의 샤만"은 자기 천막에 난 구멍으로 날아 나갔다가 수많은 백조와 함께 되돌아왔다. [6]

우리는 여기에서 이란의 영향에서 유래한 듯한 이원론적 개념을 접하게 된다. 이런 종류의 전설은 오히려 지하계와 "악마"만 상대한다고 믿어지는 "흑 샤만"의 기원을 설명하는 것으로 보아도 무방하다. 그러나 샤만의 기원과 관련된 신화의 대부분은 신들 혹은 신들의 대리자로서의 독수리 그리고 태양의 새를 등장시키고 있다.

부르야트 인들의 이야기를 한토막 소개하기로 한다. 태초에는, 신들(텡그리〔tengri〕)은 서쪽에만 있었고 악령들은 동쪽에만 있었다. 신들은 인간들을 창조했는데, 인간들은 악령들이 온 땅에 질병과 죽음을 퍼뜨릴 때까지는 행복하게 잘살았다. 그러나 그런 시대가 끝나고 악령의 행패가 극심해지자 신들은 인간에게 샤만을 보내어 이 질병과 죽음에 맞서 싸우게 하고자 했다. 그래서 신들은 독수리를 보냈다. 그러나 인간은 독수리의 언어를 알아듣지 못했다. 뿐만 아니라 인간은 새에 지나지 않는 독수리를 믿으려고 하지 않았다. 그러자 독수리는 신들에게로 되돌아가 자기에게 인간의 말을 할 수 있는 능력을 주든가, 인간에게 부르야트 샤만을 보내주든가 해줄 것을 요구했다. 신들은 이 독수리를 다시 인간의 땅으로 내려 보내면서 지상에서 처음 만나는 인간에게 은혜를 베풀어 그를 샤만으로 세우라고 명했다. 지상으로 돌아온 독수리는 나무 밑에서 자고 있는 여자를 발견했다. 독수리는 이 여자와 교접했다. 얼마 후 이 여자는 아들을 낳았는데, 바로 이 아들이 "최초의 샤만"이 되었다. 독수리와 교접한 뒤 이 여자는 영신들을 만나 스스로 무녀가 되었다고 하는 전승도 있다. [7]

다른 전설에서 독수리의 출현을 샤만이 소명을 받았다는 징표로 해석하는 것은 바로 이 때문이다. 한 부르야트 인 소녀는 발톱으로 양을 채어 가지고 날아가는 독수리를 보고 자기가 소명을 받은 것으로 알았기 때문에 무녀가 되지 않을 수 없었다고 한다. 이 무녀의 경우 성무과정은 7년 동안이나 계속되었다. 이 무녀는 죽어서 사얀(sayan : "영신," "우상")이 되어 지금도 악령들로부터 아이들을 지켜주는 것으로 믿어진다. [8]

투르칸스크의 야쿠트 인들도 이와 비슷하게 독수리가 "최초의 샤만"을 창조했다고 믿는다. 그러나 독수리 역시 지상적인 존재, 즉 아이(Ai : "창조자") 혹은 아이 토욘(Ai Toyon : "빛의 창조자")이라는 이름으로 불린다. 아이 토욘의 자식들은 세계수의 가지에 앉아 있는 조령신(bird -spirit)으로 표현된다. 가지 꼭대기에 앉아 있는 쌍두의 독수리인 토욘 쾨퇴르(Toyon Kötör : "새들의 주"라는 뜻이다)는 아이 토욘 자신을 나타내는 듯하다. [9] 시베리아의 여러 종족과 마찬가지로 야쿠트 족 역시 독수리와 성수(聖樹), 특히 자작나무와의 특별한 관계를 설정하고 있다. 아이 토욘은 샤만을 창조하면서 천상에 있는 자기 삶터에다 가지가 여덟인 자작나무를 한 그루 심고는 창조자의 자식들이 깃들일 둥지도 바로 이 나뭇가지 위에 두었다. 아이 토욘은 이 자작나무를 심는 것과 때를 같이해서 땅 위에도 세 그루의 나무를 더 심었다. 샤만에게는 자기 삶을 의지하는 나무가 있는데, 샤만은 바로 이 나무들에 대한 기억을 통해서 그런 나무를 상정하는 것이다. [10] 이러한 사실은 입문의례적인 꿈을 통해서 샤만이 꼭대기에 세계의 주가 있는 우주수(宇宙樹)로 갔다는 사실을 상기하게 한다. 절대자는 독수리의 형상으로 나타나기도 하고 미래 샤만의 영혼인 우주수의 가지에 깃들인 것으로 나타나기도 한다. [11] 이러한 신화적 심상(心象)은 고대 오리엔트적 조형(組型) 그대로인 것으로 보인다.

야쿠트 인의 경우 독수리는 대장장이와도 관계가 있다. 이로써 미루어보건대 대장장이의 기원과 샤만의 기원은 같은 것 같다. [12] 예니세이 오스티야크 족(Yenisei Ostyak), 텔레우트 족, 오로콘 족(Orochon) 그리고 그밖의 시베리아 여러 종족에 따르면, "최초의 샤만"은 독수리로부터 태어났거나 적어도 독수리로부터 무업을 배운 것으로 되어 있다. [13]

우리는 여기에서, 샤만의 성무의례에서 독수리가 맡은 역할과[14] 주술적으로 샤만을 독수리로 변형시키는 샤만의 의상이 지니는 조형(鳥形) 문양적 요소를 상기해볼 필요가 있다. [15] 이러한 일련의 사실들은 천상계의 신적인 존재와 세계의 중심(세계수)으로의 주술적 비행이라는 관념을 싸고도는 복합적인 상징체계를 제시하고 있다. 이 상징체계에 대해서는 앞으로도 몇 차례 언급하게 된다. 그러나 여기에서 강조해두어야 할 것은 샤만이 택함을 얻는 과정에서 조상영신들이 맡는 역할은 사실상 우리가 생각하는 것만큼 중요하지 않다는 점이다. 조상들은 독수리의 모습으로 나타나는 절대자에 의해 직접 창조된 신화적인 "최초의 샤만"의 자손들에 지나지 않는다. 샤만의 소명이 조상영신들에 의해 정해진다는 사실은 신화시대 이래의 초자연적인 소식이 조상영신들에 의해 전해진다는 것에 지나지 않는 것이다.

골디 인, 야쿠트 인의 선무(選巫)

골디 인은 여느 사람들 중에서 샤만을 선택하는 수호영신(아야미〔ayami〕)과 아야미의 명을 받고 아야미에 의해 샤만에게 파견된 보조영신(시벤〔syvén〕)을 뚜렷이 구별해서 생각한다. [16] 시테른베리에 따르면, 골디 인들은 샤만과 샤만의 아야미의 관계를 복합적인 성적 정조(情調)로 설명한다. 여기에 한 골디 인 샤만의 보고를 소개하기로 한다. [17]

하루는 병상에 누워 있는데 한 영신이 내게 다가왔다. 이 영신은 아주 아름다운 여자의 모습을 하고 있었다. 여영신의 몸은 날씬했고 키는 반 아르신(71센티미터)밖에 되지 않았다. 이 여영신의 얼굴모양이나 차림새는 우리 골디 인 여자의 얼굴이나 차림새와 똑같았다. 여영신의 짧고 검은 머리채는 어깨 위로 흘러 내려와 있었다. 나는 다른 샤만들로부터 자기네들 역시 영신을 보았다는 말을 들은 적이 있었다. 그들은, 저희가 본 여영신의 얼굴 중 반쪽은 검었고 나머지 반쪽은 붉더라고 했다. 내게 나타난 여영신은 말했다. "나는 샤만들인 그대 조상들의 '아야미(ayami)'이다. 내가 그대 조상들을 샤만으로 세운 것이다. 이제 나는 그대를 가르치고자 한다. 늙은 샤만들은 모두 이 세상을 떠나 이제 여기에는 병자를 고칠 샤만이 없다. 그러니 그대가 샤만이 되어야 한다."

여영신은 덧붙여서 이렇게 말했다. "나는 그대를 사랑한다. 마침 내게는 서방이 없는 참이니 그대를 내 서방으로 삼겠다. 그러니까 나는 그대의 아내가 되는 것이다. 나는 그대에게 보좌영신들(assistant spirits)을 보내주겠다. 그대는 이 보좌영신들의 시중을 받아 병든 사람을 고쳐야 한다. 내가 그대에게 병을 고치는 방법을 가르치고 내가 그대를 도우리라. 우리가 먹을 것은 다른 사람들이 대어줄 것이다."

나는 몹시 당황했던 나머지 여영신의 말에 토를 달고자 했다. 그랬더니 그 여영신이 말했다. "만일 그대가 내 말에 복종하지 않으면 복종하지 않는 만큼 손해를 보게 된다. 내 말을 따르지 않으면 내 그대를 죽이리라."

이때부터 여영신은 나를 찾아왔다. 나는 내 아내와 그러듯이 이 여영신과 동침한다. 그러나 우리에게 자식은 없다. 여영신은 산 위에 있는 오두막에서 혼자 살지만 자주 거처를 옮긴다. 때로는 노파 모습을 하고 오기도 하고 때로는 이리 모습을 하고 오기도 한다. 이리 모습을 하고 올 때에는 보기가 끔찍하다. 날개 달린 호랑이 모습을 하고 올 때도 있다. 날개 달린 호랑이 모습을 하고 오면 나는 호랑이 잔등에 오른다. 그러면 영신은 나를 등에 태우고 다니면서 수많은 나라를 구경시켜준다. 나는 늙은 남자들과 늙은 여자들만 사는 산도 보았고 온통 젊은 남녀들만 사는 마을도 보았다. 이들은 우리 골디 인들 같아 보였다. 말도 골디 말을 했다. 이들은 호랑이로 둔갑하기도 했다. [18]

이제 내 아야미는 전같이 자주 오지는 않는다. 전에 나를 가르칠 때에는 매일 밤 나를 찾아왔던 것이다. 내 아야미는 나에게 세 보좌영신을 보내준 바 있다. "쟈르가(jarga : 표범)"와 "돈토(doonto : 곰)"와 "암바(amba : 호랑이)"가 바로 이 영신들이다. 이들은 꿈을 통하여 내게 왔는데 요즘은 무업중에 내가 부르면 언제든지 나타나곤 한다. 만일 이들 중 하나가 내 말을 듣지 않으면 아야미가 이들로 하여금 내게 복종하게 한다. 그러나 이 보좌영신들은, 아야미의 말에 복종하지 않는 영신도 있다고 했다. 내가 무업을 행할 때면 "아야미"와 이 보좌영신들이 내게 깃들인다. 크든 작든, 이들은 연기나 안개처럼 나를 뚫고 들어와 내게 깃들인다. 아야미는, 내

안에 있을 때면 언제나 내 입을 빌려 말한다. 아야미는 무엇이든 할 수 있다. 나는 "숙두(sukdu : 제물)"를 먹거나 돼지 피(이것은 샤만만이 마실 수 있는데 속인은 여기에 범접치 못한다)를 마시지만 실제로 이런 것을 먹고 마시는 것은 내가 아니다. 내 아야미 혼자서 먹고 마시는 것이다. [19]

이 샤만의 진술에서 성적(性的)인 요소가 중요한 몫을 하고 있다는 것은 의심할 여지가 없다. 그러나 지적해두고 싶은 것은, 아야미가 단순히 이 샤만과 성적 관계를 갖는 것만으로 "서방"인 이 샤만에게 신권을 행사하게 하지는 않는다는 사실이다. 다시 말하면 이 아야미는 몇 년간에 걸쳐 지속적으로 비의를 가르친다. 즉 접신적인 여행을 통하여 이 "서방"에게 종교적인 직능을 가르쳐 무업을 단계적으로 준비하게 하는 것이다. 앞으로 논의하게 되겠지만, 누구나 다 여영신과 성적 관계를 맺는 것은 아니다. 말하자면 그런 성적 관계와 상관없이 주술적-종교적 무력을 얻을 수도 있는 것이다.

그러나 시테른베리는 샤마니즘의 기본적인 요소가 성적 정조라고 말한다. 즉 성적 정조의 교환이 있은 다음에 영신에 의한 무력의 세습적인 전달이 있게 된다는 것이다. [20] 그는 자신의 해석을 뒷받침할 많은 자료를 방증으로 제시하고 있다. 가령 쉬로코고로프가 관찰한 한 무녀가 입문 시련중에 성적인 느낌을 체험했다는 사실, 골디 인 샤만이 아야미에게 먹을 것을 바치는 행위로 추는 제의적인 춤(골디 인 샤만은 자기의 아야미가 바로 이때 자기에게 깃들인다고 믿는다)을 시테른베리가 성적인 의미로 해석한다는 사실, 트로시찬스키(V.F. Troshchansky)가 연구한 야쿠트 설화에, 천상계의 젊은 영신들(태양, 달, 별들의 자식들)이 지상으로 내려와 여느 여자와 혼인하는 이야기가 자주 등장하는 사례가 바로 자기의 해석을 뒷받침하는 증거라는 것이다. 그러나 이러한 사례 중 어느 것도 결정적인 것으로는 보이지 않는다. 쉬로코고로프가 관찰한 무녀의 경우와 골디 인 샤만의 경우, 성적인 감정은 단순히 탈선적인 것, 아니면 부차적인 것임에 분명하다. 왜냐하면 다른 기록에는 이런 종류의 성적인 망아 사례가 별로 보이지 않기 때문이다. 야쿠트 인의 설화만 해도 그렇다. 이 설화는 그저 일반적인 야쿠트 인들의 믿음을 반영한 것이지, 지금 우리가 여기에서 다루고 있는 문제, 즉 많은 천상계 영신들에 "들린" 화제의 주인공들 중에서 왜 소수만이 샤만의 소명을 받게 되는가 하는 문제에 대한 해답은 될 수 없다. 그러므로 영신과의 성적 관계가 샤만의 소명에서 본질적이고 결정적 요소를 구성한다고 볼 수는 없는 것이다. 그러나 시테른베리는 야쿠트 인, 부르야트 인, 텔레우트 인에 관한 미출판 자료를 소개하고 있는데, 이 보고자료는 흥미로운 것이니만큼 간단하게나마 검토해볼 필요가 있다.

시테른베리에게 자료를 제공해준 야쿠트 인 슬리에프초바(N.M. Sliepzova)에 따르면, 선남선녀의 모습을 한 아바씨(abassy : 영신들)는 젊은 이성의 육체로 들어가 이 육체를 잠재우고 성적 관계를 맺는다. 일단 아바씨에 들린 청년은 더 이상 다른 여자에게 접근하려고 하지 않는다. 이런 청년들 중에는 평생을 독신으로 사는 사람도 적지 않다. 만일 이 아바씨가 기혼 남자에게 깃들면 이 기혼 남자는 성기능을 잃어 아내와 동침할 수가 없게 된다. 슬리에프초바는, 이러한 일은 야쿠트 인들에게 흔히 있는 일이며 샤만들에게는 반드시 일어나는 일이라는 결론을 내리고 있다.

그러나 샤만들에게 이런 일이 있게 되는 경우와 관련될 때에는 여기에 다른 종류의 영신들이 등장한다. 슬리에프초바는 "천상계와 지하계의 주인이자 안주인인 '아바씨'는 샤만의 꿈에 나타나기는 하지만 샤만과 성적 관계를 맺지는 않는다. 샤만과 성적 관계를 맺는 것은 아바씨의 아들 딸들인 것이다" 하고 말한다. [21] 이 중요한 말 한마디는 샤마니즘의 기원이 성적인 것과 관계가 있다는 시테른베리의 가설을 보기 좋게 뒤집어놓는다. 그 까닭은, 슬리에프초바가 말했듯이, 샤만의 소명을 받았다는 것은 천상계와 지하계 영신들의 나타남을 통해서 드러나는 것이지 아바씨가 야기시킨 성적인 감정을 통해서 드러나는 것이 아니기 때문이다. 아바씨와의 성적 관계는 오히려 영신들에 관한 접신적 환상을 통하여 샤만이 성별된 뒤에 생기는 것이다.

그리고 슬리에프초바가 말하고 있듯이, 야쿠트 인들에게는 선남선녀들과 영신들의 성적 관계가 일반적인 일이다. 뿐만 아니라 이런 일은 다른 많은 종족의 경우에도 마찬가지이다. 그러므로 이러한 일이 샤마니즘같이 매우 복잡한 종교적인 현상을 일으키는 원초적인 체험을 구성한다고 보기는 어려운 것이다. 실제로 야쿠트 샤마니즘에서 아바씨가 맡고 있는 역할은 부차적이다. 슬리에프초바의 보고에 따르면, 만일에 샤만이 꿈에 아바씨를 만나고 이 아바씨와 성적인 관계를 맺으면 그 샤만은 이를 아주 기분 좋게 여기고 바로 그날 자신이 환자의 치병 굿에 불려 나가게 될 것이며 그 환자의 병을 고치게 될 것임을 믿어 의심하지 않는다. 그러나 꿈에 피투성이가 되어 환자의 영혼을 빨아먹는 아바씨를 보면 샤만은 그 환자가 살지 못할 것으로 확신한다. 그래서 그 다음날 환자 쪽에서 사람이 와서 불러도 온갖 핑계를 댈 뿐 따라 나서지 않는다. 그리고 이런 꿈을 꾸지 못한 채 부름을 받을 경우, 샤만은 정신을 집중시킬 수 없어 무엇을 어떻게 해야 좋을지 알지 못해 허둥댄다. [22]

부르야트 인, 텔레우트 인의 선무

부르야트 인의 샤마니즘에 대해 시테른베리는, 자기의 제자이자 부르야트 인이며 일찍이 무속의식에 참가한 적이 있는 미하일로프(A.N. Mikhailof)가 제공한 자료에 근거해서 기술하고 있다. [23] 미하일로프에 따르면, 샤만의 무업은 조상무로부터 샤만으로 택함을 입었다는 소식을 들으면서부터 시작된다. 조상무는 이러한 소식을 전한 다음 이 샤만의 영혼을 수습, 하늘로 데리고 올라가 무업을 가르친다. 샤만과 조상무는 하늘로 올라가는 길에 세계의 중심의 신들을 잠깐 방문한다. 이들이 방문하는 신들 중 가장 중요한 신은 바로 춤과 풍요와 부의 신인 테카 샤라 마츠칼라(Tekha Shara Matzkala)이다. 이 신은 새벽의 신인 솔보니 신(Solboni)의 딸 아홉 자매와 함께 산다. 이러한 신들은 샤만들만이 모시는 특이한 신들이고 오직 샤만들만이 이들에게 제물을 드린다. 젊은 샤만 후보자의 영혼은 테카의 아홉 아내와 성적인 관계를 갖는다. 샤만으로서의 교육과정이 끝나면 샤만 후보자의 영혼은 하늘에서 미래의 천상계 아내를 만난다. 샤만 후보자의 영혼은 이 천상계 아내와도 성적 관계를 가져야 한다. 2, 3년간에 걸쳐 이러한 접신적인 체험을 두루 마치면 정식 성무의례가 베풀어진다. 이 성무의례에는 샤만의 천계로의 상승의례도 들어 있다. 천계로의 상승의례가 끝나면 사흘간에 걸쳐 다소 음란한 잔치가 베풀어진다. 이 의례가 있기 전에 샤만 후보자는 이웃 마을을 두루 다니면서 성혼예물의 성격을 지닌 선물을 받는다. 미하일로프의 설명에 따르면, 성무의례에 쓰이는 나무는 신혼인 이 샤만의 집 앞에 세워지는 나무와 그 모양이 비슷한데, 이 나무는 천상계에 속하는 샤만의 신처(神妻)를 상징한다. 이 나무(천막 안에 세워지는)와 샤만의 나무(마당에 세워지는)를 연결하는 끈은 결혼으로 인한 샤만과 신처의 유대를 상징한다. 역시 미하일로프의 설명에 따르면, 부르야트 샤만의 성무의례는 샤만과 천상계에 속하는 신처와의 결혼을 나타낸다. 이 성무의례를 치르는 동안 사람들은 여느 결혼식에서 그러듯이 춤을 추고 마시고 노래를 부른다고 시테른베리는 지적한다. [24]

이것은 사실인지도 모른다. 그러나 이것이 부르야트 인들의 샤마니즘을 설명하는 것은 아니다. 우리는 부르야트 인들의 경우 선무과정에서 예외 없이 아주 복잡한 접신 체험이 뒤따른다는 사실을 알고 있다. 이렇게 접신을 체험하는 동안 샤만 후보자는 심한 고통을 당하고 육신이 토막토막 잘려 죽었다가는 다시 살아나는 것으로 믿어진다. **샤만이 성별되는 것은 바로 이 입문적인 죽음과 재생을 통해서인 것이다.** 영신들이나 늙은 스승 샤만으로부터 받는 교육은 이 첫번째 성별에 대한 보충에 지나지 않는다. 본격적인 입문의례——이 문제에 대해서는 다음 장에서 다시 검토하게 되겠지만——에는 샤만 후보자의 천상계 여행과 당당한 지상계 귀환이 포함되어 있다. 샤만 후보자가 당당하게 지상계로 귀환할 때 베풀어지는 잔치가 결혼식 잔치를 방불케 하는 것은 어쩌면 자연스러운 일인지도 모른다. 그 까닭은, 이들에게는 집단적인 잔치가 가능한 삶의 양식이 너무나 부족하기 때문이다. 그러나 천상계 신부의 역할은 오히려 부차적인 것으로 보인다. 천상계 신부라는 것은 샤만의 보호령과 영감의 원천에 지나지 않는다. 이러한 역할이 다른 사실에 비추어 해석되어야 하는 까닭을 검토해보기로 하자.

텔레우트 인의 샤마니즘에 관한 아노킨(A.V. Anokhin)의 자료를 이용하여 시테른베리는, 모든 텔레우트 샤만에게는 제7천(天)에 사는 천상계 신처가 있다고 기술하고 있다. [25] 샤만은 접신상태에서 바이 윌갠(Bai Ülgän)으로 여행하다 신처를 만나는데, 이 신처는 샤만에게 다른 곳으로 가지 말고 함께 살자고 말한다. 이 신처는 샤만을 위해 성대한 잔치까지 벌이고 이렇게 말한다. "/내 사랑하는 젊으신 캄(kam)이여! /더불어 푸른 밥상 앞에 앉아……/사랑하는 내 서방님, 젊으신 캄이여,/휘장의 그늘 뒤에 함께 숨어요/서로서로 사랑을 나누어요, 우리 함께 즐겨요, /내 서방님, 젊으신 캄이여! "[26] 신처는 샤만에게 천상계로 가는 길이 막혀버렸다고 말한다. 그러나 샤만은 신처의 말을 믿지 않고 천계상승의 여행을 계속할 것을 고집한다. "타프티(tapti : 샤만의 나무에 새겨진 나선형 홈)'로 올라가 보름달을 찬미합시다"/[27] (이러한 노래의 가사는 샤만이 천상계 여행에서 달과 태양을 만나는 대목에서 끝난다). 샤만은 천상계 여행을 끝내고 지상으로 돌아올 때까지 아무 음식에도 손을 대지 않는다. 샤만은 신처에게 이렇게 호소한다. "내 사랑이여, 내 아내여, 지상에 있는 내 아내는/ 그대의 손에 물을 부을 자격도 없답니다."[28] 샤만은 천상계의 신처뿐만 아니라 여영신들로부터도 도움을 받는다. 제14천에는 월갠의 딸 아홉 자매가 있다. 샤만에게 마력(빨갛게 단 석탄 덩어리를 삼킨다든가 하는)을 베푸는 것은 바로 이 아홉 자매이다. 이들은 사람이 죽으면 지상으로 내려와 죽은 사람의 영혼을 수습해서 천상계로 올라간다.

이 텔레우트 족에 대한 자세한 보고자료는 참으로 흥미롭다. 샤만의 천상계 신처가 샤만에게 음식을 함께 먹자고 꾀는 대목은, 저승의 여영신들이 저희 영역에 이른 지상의 인간에게 음식을 제공하고 꾀는 유명한 신화의 주제를 상기시킨다. 지상의 인간이 만일 이 음식을 먹으면 지상에서 있었던 일을 깡그리 잊고 이들 여영신의 수중으로 들어가고 만다. 이렇게 지상의 인간을 꾀는 것은 저승의 반여신들이나 요정들도 마찬가지이다. 천상계를 여행할 동안에 샤만이 신처와 나누는 대화는 길고 복잡한 극적 시나리오를 구성하나 이 문제에 대해서는 뒤에 다시 논의하기로 하자. 그러나 지적해두어야 할 것은 이러한 극적 시나리오 자체가 본질적인 것은 못 된다는 사실이다. 뒤에 다시 언급하게 되겠지만, 샤만의 천계상승 여행에서 가장 본질적인 것은 월갠과 나누게 되는 마지막 대화이다. 따라서 신처와 나누는 대화는 지루할 수밖에 없는 굿거리 도중에 청중의 흥미를 끌기에 적당한 극적인 요소에 지나지 않는 것으로 보아야 한다. 그러나 그럼에도 불구하고 여기에는 입문의 모든 요소가 고스란히 들어 있다. 샤만에게, 제14천에서 음식을 장만해주고 동침해주는 천상계의 신처가 있다는 사실은 샤만이 반신적인 존재로서 어느 정도 신처와 관련을 맺는다는 사실을 확증해준다. 다시 말하면 샤만은 죽음과 재생을 경험한 영웅이기 때문에 천상계에서 두번째 아내를 희롱할 수 있는 것이다.

시테른베리는 또, "최초의 샤만"인 뵈-칸(Bö-Khân)에 관한 우리안카이(Uriankhai) 전설도 인용하고 있다.[29] 뵈-칸은 천상계의 처녀를 사랑했다. 요정의 신분인 이 천상계의 처녀는 뵈-칸이 기혼자라는 사실을 알고는 땅으로 하여금 뵈-칸과 그 아내를 삼키게 했다. 그런 다음에 이 천상계의 처녀는 아들을 낳아 자작나무 아래에 버려 자작나무의 수액을 빨아먹으며 자라게 했다. 바로 이 아이가 샤만이라고 하는 족속(뵈-하-내큰〔Bö-Khâ-näkn〕)의 시조가 되는 것이다.

　요정인 아내가 인간인 지아비를 떠나보낸 뒤에 자식을 낳아 보낸다는 모티프는 세계에 널리 전파되어 있다. 지아비가 요정 아내를 찾아 나서는 에피소드는 입문적 시나리오(천상계로의 상승, 지하계로의 하강 등)를 반영하기도 한다. [30] 요정이 인간 세상에 있는 지아비의 아내를 질투한다는 것도 민담에서는 자주 볼 수 있는 테마이다. 정령, 요정, 반여신들은 저희 땅에 온 인간 세상 지아비의 아내를 질투하여 이들 사이에서 난 자식을 빼돌리거나 죽이곤 한다. [31] 그런데도 불구하고 이런 정령이나 요정이나 반여신은, 인간 조건을 초월하여 신적인 영원불멸은 아니라고 하더라도 적어도 내세의 삶이라고 하는 특권을 획득한 영웅의 어머니, 아내 혹은 스승으로 그려진다. 영웅의 모험에서 정령, 요정 혹은 반신적인 여성이 맡는 본질적인 역할을 보여주는 신화나 전설은 얼마든지 있다. 영웅의 모험에서 영웅이 어려움에 처했을 때(입문적인 시련일 경우가 많다) 영웅을 가르치고 영웅을 도와주며 불사(不死)나 영생의 상징(기적의 약초, 마법의 사과 혹은 젊어지게 하는 샘 등)을 손에 넣는 방법을 일러주는 것은 바로 이들이다. "여성의 신화"는, 영웅이 불사를 얻고 입문의 시련에서 무사히 돌아오도록 도와주는 것은 늘 여성이라는 것을 보여주는 데 아주 중요한 부분을 할애하고 있는 것이다.

　이 대목이 이러한 신화적 모티프를 논의할 자리는 아니다. 그러나 이러한 신화적 모티프가 후기 "여가장제(matriarchy)" 신화의 흔적을 내비치고 있는 것은 분명하다. 이 "여가장제" 신화에서 여자(＝어머니)의 전지전능에 대한 "남성의"(영웅의) 반응은 일목요연하다. 변형된 신화의 경우, 영웅의 모험에서 요정이 맡는 역할이 거의 무시되는 수도 있기는 하다. 그래서 길가메쉬 전설(Gilgamesh legend)의 고대판본에서는 영웅으로부터 직접 불사의 은혜를 요구받던 요정 시두리(Siduri)가 고전 텍스트에서는 별로 주의를 끌지 못하게 되는 수도 있는 것이다. 때로 영웅은 반신적인 여성이 지복의 은총과 불사의 은혜까지 함께 하자고 꾀는데도 불구하고 이를 거절하고 지상의 아내와 동아리가 있는 곳으로 도망치려고 하기도 한다(율리시즈와 요정 칼립소의 경우처럼). 그러한 반신적인 여성의 사랑은 영웅에게 도움이 되기보다는 장애가 되는 것이다.

샤만을 수호하는 여영신들

샤만과 이 샤만의 "천상계 신처"의 관계를 설정해두어야 할 곳은 바로 이러한 신화적 지평 안이다. 정확하게 말해서 샤만을 성별하는 것은 이들 천상계의 신처가 아니다. 천상계 신처의 역할은 샤만의 교육과정에서 그리고 접신적인 체험과정에서 샤만을 돕는 데 지나지 않는다. 샤만의 신비스런 체험에 등장하는 "천상계 신처"와 샤만 사이에 성적인 감정이 개입하는 것은 자연스러운 일이다. 접신적인 체험에는 그런 탈선이 있기 마련이고 신비적인 사랑과 육체적인 사랑 사이의 밀접한 관계는 이 변화의 메커니즘에서는 오해받기 쉬울 정도로 익히 알려진 이야기이다. 그러므로 무속의 제의에서 나타나는 에로틱한 요소는 샤만과 "천상계 신처"와의 단순한 관계를 넘어선 것이라는 점을 간과해서는 안 된다. 톰스크 지역의 쿠만딘 족(Kumandin)의 경우, 말의 희생제에서는 세 청년들의 연희(演戲)에 나무탈과 남근이 등장한다. 이들은 "종마처럼" 남근을 다리 사이에 끼우고 구경꾼들을 건드린다. 이때 청년들이 부르는 노래는 아주 에로틱하다.[32] 텔레우트 족의 경우, 나무를 오르던 샤만이 세번째 타프티에 이르면 여자들과 처녀들과 아이들은 그 자리를 떠난다. 그러면 샤만은 쿠만딘 족의 경우처럼 아주 음탕한 노래를 부른다. 샤만이 이런 노래를 부른 것은 남성들을 성적으로 강화시키기 위해서이다.[33] 이러한 제의는 어디서든 볼 수 있고[34] 그 의미 또한 너무나도 분명하다. 그 까닭은, 이러한 제의가 말의 공희제의 일부를 이루고 있는데 이 공희제가 지니는 우주론적 기능(세계와 생명의 갱신)의 의미는 너무나 익히 알려져 있는 것이기 때문이다.[35]

"천상계 신처"의 역할로 되돌아가기로 하자. 우리가 조금 전에 언급했던 최종적인 신화에서 정확하게 그랬듯이, 아야미 역시 샤만을 돕는 동시에 샤만의 장애물이 된다는 것은 주목할 만하다. 샤만을 돕는 동시에 샤만의 장애물이 된다는 것은, 이 아야미가 샤만을 보호하면서도 샤만을 꾀어 제7천에 머물게 함으로써 샤만의 천계상승을 저지하기 때문이다. 이 아야미는 또 천상계의 진수성찬으로 샤만을 꾀는데 만일 이 꾐에 빠지면 샤만은 지상에 남겨둔 아내와 동아리가 있는 사회로 되돌아갈 수 없다.

결론을 내려보자. 천상계의 아내(혹은 남편)의 형태로 나타나기도 하는 수호령(아야미)은 시베리아 샤마니즘에서 중요한 역할을 한다. 그러나 이 역할이 결정적인 것은 아니다. 우리가 지금까지 보아왔듯이, 결정적인 요소는 제의적 죽음과 재생(신병, 해체, 천상계 상승, 지하계 하강 등)의 입문적 드라마이다. 샤만이 아야미와 나누는 것으로 믿어지는 성적인 관계는 샤만이 수행하는 무업에서는 그리 중요한 것이 못 된다. 그 까닭은 첫째, 꿈 속에서 성적으로 영신들에게 사로잡힌다는 것은 샤만들만 하는 경험이 아니기 때문이고 둘째, 특정 무의에 등장하는 성적인 요소는 샤만과 아야미와의 관계를 뛰어넘어 공동체의 성적인 능력을 고무하기 위한 너무나도 유명한 제의의 일부를 이루는 것이기 때문이다.

이미 보았듯이, 시베리아 샤만에 대한 아야미의 보호행위는 신화에서 영웅을 가르치거나 영웅에게 입문의례를 베푸는 요정이나 반여신들의 역할을 연상케 한다. 여기에서 보호행위는 분명히 "여가장제"와 관련된 사고체계를 반영한다. 동물의 대모신——시베리아와 극북의 샤만들에게는 가장 친근한 존재인——은 이보다 더 분명한 고대 여가장제의 이미지를 반영한다. 어느 순간에 이 동물의 대모신이 천상에 있는 절대자의 기능을 대신할 것이라고 믿을 만한 근거는 충분하다.[36) 그러나 이러한 논의는 우리가 다루는 주제를 벗어난 것이므로 여기에서 그치기로 하자. 우리가 검토하고자 하는 것은, 동물의 대모신이 인간에게——특히 샤만에게——동물을 사냥하고 동물의 고기를 먹을 권리를 베풀었듯이, "여성" 수호령은 샤만에게 접신상태의 천상계 여행에서 없어서는 안 될 보조영신들을 보내준다는 점이다.

사자령(死者靈)의 역할

우리가 지금까지 보아온 바에 따르면, 미래 샤만이 샤만으로 택함을 입었다는 소식은 반신적인 존재, 조상의 영 혹은 동물의 영과의 우연한 만남——꿈 속에서, 접신중에 혹은 신병중에——을 통해 전해지거나 우발적인 사건(벼락, 치명적인 사고 등)을 통해 전해졌다. 대개의 경우 이러한 만남은 미래 샤만과 이 샤만의 무업을 결정하는 "영신들" 사이에 "친교"의 문을 연다. 이 친교의 문제는 뒤에 다시 한번 우리의 주목을 받게 되는 바, 여기서는 미래 샤만의 성무에서 사자령의 역할을 살펴보기로 하자. 우리가 보아왔듯이 젊은 샤만은 흔히 조상들의 영에 들리고, 그래서 조상의 영을 통하여 입문의례를 치른다. 젊은 샤만에게 저항이란 소용이 없다. 이런 식으로 조상의 영이 샤만을 미리 선택하는 현상은 극북 및 북 아시아에서 흔히 볼 수 있다. [37]

이 최초의 "영에 들림(빙령〔憑靈〕)"을 통하여 그리고 이어지는 입문의 례에서의 성별을 통하여 샤만은 다른 영신들을 무한히 받아들일 수 있는 영신들의 그릇이 된다. 그러나 이때 우리가 말하는 영신은 사자령 혹은 늙은 샤만을 보살피던 다른 영신들이다. 유명한 야쿠트 샤만 뷔스퓌트 (Tüspüt)는 시에로체브스키에게 이런 말을 했다. "어느날 멀리 북쪽에 있는 산 속을 헤매던 나는 먹을 것을 끓이려고 나뭇더미 옆에서 걸음을 멈추었다. 나는 나뭇더미에다 불을 붙였다. 그런데 그 나뭇더미 밑에는 퉁구스 샤만이 묻혀 있었다. 그래서 나는 그 영신에 들리고 말았다." [38]뷔 스퓌트가 굿중에 퉁구스 어를 내뱉는 것은 바로 이 때문이다. 그러나 그 는 다른 영신들——러시아, 몽고 등의 영신들——도 받아들였기 때문에 그 영신들의 나라말도 할 수 있는 것이다. [39]

미래 샤만을 선택해서 세우는 사자령의 역할은 시베리아 이외의 지역에 서도 중요하다. 에스키모 인, 오스트레일리아 인 그리고 그밖의 종족들의 경우에도 주의가 되고자 하는 사람은 무덤 옆에 눕는다. 이러한 풍습은 역사를 주도한 적이 있는 민족(가령 켈트 인〔Celts〕)에게도 남아 있다. 남아메리카의 경우 사자령에 의한 입문의례는 이것이 유일한 입문방법은 아니지만 상당히 보편적이다. "아로에타와라아레(aroettawaraare) 계 급에 속하든 바리(bari) 계급에 속하든, 보로로 족(Bororo) 샤만은 죽 은 사람의 영이나 영신에 의해 택함을 입는다. 아로에타와라아레 계급에 속하는 사람일 경우 샤만으로 택함을 입었다는 계시는 이렇게 전해진다. 미래의 샤만은 숲속을 걷다 말고 느닷없이 손에 닿을 듯한 거리에 앉아 있는 새를 본다. 그러나 미래 샤만이 보는 순간 새는 사라져버린다. 그런 가 하면 앵무새의 무리가 미래 샤만을 향해 날아 내려왔다가는 기적처럼 사라져버린다. 그러면 미래 샤만은 떨면서 남이 알아듣지도 못할 말을 지 껄이면서 집으로 돌아온다. 미래 샤만의 몸에서는 썩는 냄새, [40] 아나토 (분홍빛 나무) 냄새가 난다. 문득 한줄기 바람이 불면 그는 비틀거리다가 죽은 사람처럼 폭삭 꼬꾸라진다. 바로 이 순간 그는 영신에 들리는데 영신은 그의 입을 빌려 말을 한다. 이때부터 그는 샤만인 것이다."[41]

아피나예 족(Apinaye)의 경우, 샤만을 성무시키는 것은 친족의 영혼이다. 이 친족의 영혼이 샤만과 영신들과의 관계를 주선하는 것이다. 그러니까 샤만에게 무속의 지식과 기술을 가르치는 것은 친족이 아니라 영신들인 것이다. 샤만이, 화성 같은 행성의 모습을 본다든가 하는, 자연발생적인 접신 체험을 통하여 성무하는 경우도 있다.[42] 캄파 족(Campa)과 아마후아카 족(Amahuaca)의 경우, 샤만 후보자는 살아 있는 샤만 혹은 죽은 샤만으로부터 훈련을 받는다.[43] "우카얄리의 코니보 족(Conibo)의 샤만 후보자는 영신으로부터 의학적인 지식을 얻는다. 이 영신과 인연을 맺기 위해 샤만 후보자는 담배 달인 물을 마시고 완전히 밀폐된 방에서 엄청나게 많은 양의 담배를 피운다."[44] 카시나와 족(Cashinawa)의 샤만 후보자는 숲속에서 훈련을 받는다. 이 샤만 후보자를 가르치는 영은 샤만 후보자에게 주술에 필요한 주물을 주고 이 주물을 그의 몸에도 주입시킨다. 야루로 족(Yaruro) 샤만은 신들로부터 교육을 받는다. 그러나 무업에 필요한 기술은 다른 샤만들로부터 배운다. 그러나 이들은 꿈 속에서 영신을 만나야 비로소 무업을 시작할 수 있다고 믿는다.[45] "아파포쿠바 구아라니 족(Apapocuva Guarani)의 경우, 샤만이 되려는 후보자는 먼저 무가를 배워야 한다. 샤만 후보자는 꿈 속에서 죽은 친족들로부터 이 무가를 배운다."[46] 그러나 샤만으로 택함을 입었다는 계시가 어떤 식으로 전해지든, 샤만의 무업은 그 종족의 전통적인 규범을 따른다. 메트로는, "바꾸어 말하면 무업은 경험이 풍부한 사람들로부터의 배움을 통해서만 얻을 수 있는 경험과 기술"이라는 결론을 내리고 있다.[47] 이 결론은 다른 모든 샤마니즘에도 그대로 적용된다.

위에서 보았다시피, 샤만이 행사할 무업의 전개단계에서 죽은 샤만의 영이 중요한 몫을 하고 있다면 그 몫이라는 것은 샤만 후보자에게 다음 계시를 받을 준비를 시키는 것이다. 죽은 샤만의 영은 샤만 후보자로 하여금 영신들과 인연을 맺게 하거나 후보자를 천상계 여행에 동반하거나 한다(시베리아, 알타이, 오스트레일리아 등지에서). 샤만 후보자는, 이 첫번째 접신 체험을 마치면 늙은 샤만으로부터 무업을 배우게 된다.[48] 셀크남 족(Selk'nam) 샤만의 경우, 자연발생적으로 샤만이 되는 젊은이는 기이한 행동을 통하여 자신이 샤만의 소명을 받았음을 드러낸다. 말하자면 잠자면서 노래를 부르는 등의 기행을 하는 것이다.[49] 그러나 자의적으로 이런 상태에 이르는 수도 있다. 어떤 경우든지 샤만 후보자에게 필요한 것은 영신을 보는 일이다. [50]

꿈 속에서 혹은 깨어 있는 상태에서 "영신을 본다"는 것은, 그것이 자연발생적이었든 자의적이었든, 샤만 후보자가 샤만의 소명을 받았다는 결정적인 징표로 해석된다. 그 까닭은, 어떤 의미에서 죽은 사람의 영을 접촉한다는 것은 **본인이 죽은 상태**가 됨으로써만 가능하기 때문이다. 남아메리카의 샤마니즘[51]에서, 죽은 사람의 영을 만나 그로부터 배움을 얻으려면(죽은 사람은 모르는 것이 없으므로) 샤만 후보자가 그런 식으로 죽어야 하는 것은 이 때문이다. [52]

앞에서 지적했듯이, 남아메리카의 선무 그리고 성무 의례는 제의적 죽음과 재생의 일반 양식을 고스란히 갖추고 있다. 그러나 죽음은 다른 상태, 즉 극도의 피로, 고문, 단식, 구타 등의 상태를 통하여 암시되는 데 그치는 수도 있다. 지바로 족의 젊은 샤만 후보자는 샤만이 되기로 결심하면 스승이 될 만한 사람을 찾아가 적당한 월사금을 치르고 규율이 엄격한 체제 속으로 들어간다. 샤만 후보자는 며칠 동안 음식은 입에 대지도 않고 마취성 음료, 특히 담배즙(이것은 남아메리카 샤만의 입문의례에서 아주 중요한 몫을 하는 것으로 유명하다)만 마신다. 그러면 영신 파수카(Pasuka)는 전사(戰士)의 모습을 하고 샤만 후보자에게 나타난다. 이 단계가 되면 스승은 의식을 잃고 쓰러질 때까지 이 샤만 후보자를 매질한다. 정신을 차린 샤만 후보자는 심한 고통을 느낀다. 그러나 샤만 후보자는 그 고통을 자기에게 영신이 내린 증거로 받아들인다. 실제로 샤만 후보자의 의식을 잃게 하는 고문, 약물 주입 그리고 매질은 제의적 죽음을 체험하게 하는 한 방편인 것이다. [53]

이상의 기술로 우리는 다음과 같은 말을 할 수 있다. 샤만 후보자의 입문의례나 소명의 고지단계에서 하는 역할이 무엇이건, 사자령은 임재(샤만 후보자가 이 사자령에 들리든 들리지 않든)를 통해서 소명 자체를 창조하지는 않는다. 그러니까 사자령이 하는 일은, (천상계와 지하계로의 접신적인 여행을 통하여) 샤만 후보자를 도와 신적인 존재 혹은 반신적인 존재와 접촉하게 하거나 샤만 후보자에게 사자들의 존재양식을 가르쳐주는 일에 그친다는 것이다. 이러한 것은 마르셀 모스(Marcel Mauss)에 의해 적절하게 해명된 바 있다. 그는 초자연적인 계시를 통하여 오스트레일리아 요술사들이 얻는 주력과 관련시켜 이 문제를 해명한 것이다. [54] 그러나 이 경우에도 사자령의 역할은 자주 "순수한 영신"이 수행하는 역할과 겹친다는 문제가 제기된다. 실제로 직접적인 계시를 내리는 주체가 사자령일 경우에도, 순수한 영신은 샤만 후보자를 죽인 다음에 재생[55]시키거나 천상계로의 접신 여행을 시키거나 하는 입문의례, 다시 말하면 독특한 무속적 테마를 감당한다. 이 무속 특유의 테마에서 조상영신은 후보자의 영혼을 인도하는 일을 맡는데, 이러한 과정에서는 이 과정의 구조상 후보자가 "이 조상영신에 들리는 상태"는 발생하지 않는다. 샤만 후보자가 무력을 얻는 과정에서 사자령이 맡는 가장 중요한 역할의 하나는, 후보자로 하여금 "빙령"상태에 이르게 하는 것이기보다는 후보자를 도와 "사자"가 되게 하는, 요컨대 후보자를 도와 "영신"이 되게 하는 것인 듯하다.

"영신을 본다"는 것

이러한 사실은 갖가지 샤만의 입문의례에서 "영신의 환상"이 얼마나 중요한가를 설명해준다. 꿈 속에서든 깨어 있는 상태에서든 영신을 "본다"는 것은 본 사람이 "영적인 상태"에 들었음을 뜻한다. 말하자면 세속적인 인간 조건을 초월했음을 뜻하는 것이다. 멘타웨이 족(Mentaweians)의 경우, 자연발생적으로 나타난 것이든 후보자가 자의적으로 그런 상태를 야기시켰든, (영신의) "모습" 자체가 샤만의 무력(케레이〔kerei〕)과 동일시되는 것은 바로 이 때문이다.[56] 안다만 족(Andaman)의 주술사는 이러한 "환상"을 접하기 위해 밀림으로 들어가 은거한다. 이러한 환상을 꿈속에서 본 주술사의 주력은 영험이 덜한 것으로 대접받는다.[57] 수마트라의 메낭카바우 족(Menangkabau)의 경우, 두쿤(dukun)은 산꼭대기에서 샤만 수업을 완성한다. 두쿤은 여기에서 남의 눈에 띄지 않는 기술과 밤중에 사자령을 보는 기술을 익힌다.[58] 밤중에 사자령을 본다는 것은 스스로 영신이 **되는** 것, 사자가 **되는** 것을 뜻한다.

오스트레일리아 야랄데 족(Yaralde)　(로우어 머레이〔Lower Murray〕)의 샤만은 영신들과 사자령들이 나타날 때 느껴지는 입문적인 공포를 생생하게 기술하고 있다. "특정 영신의 모습을 보려고 누워 있을 때 두려워하면 안 된다. 영신의 모습이 무시무시한 것이기는 하나 두려워하면 안 된다. 이런 영신의 모습은 필설로 나타낼 수가 없다. 그런데도 이 영신은 내 마음에, 내 미위(miwi : 정신력) 안에 있다. 누구든 수련을 쌓으면 나처럼 이러한 경험을 할 수 있다.

"그러나 이러한 영신들 중에는 악령들도 있다. 뱀꼴을 한 악령도 있고 사람의 머리를 가진 말 같은 괴물도 있다. 타오르는 불꽃모양을 한 악마의 영신도 있다. 여기에 누워 있으면 내 집이 불타는 것이 보인다. 핏물이 용솟음 치고 번개가 번뜩이면서 비가 내리고 벼락이 떨어지고 땅이 요동하고 산이 흔들리고 물에는 험한 물결이 일고 가만히 서 있던 나무가 흔들린다. 그러나 두려워하면 안 된다. 자리에서 일어나면 이러한 광경은 사라지고 만다. 그러나 누워 있으면, 두려워하지 않으면 이런 광경이 보인다. 할 수만 있으면 이런 광경이 비치는 거미집(혹은 거미줄)을 걷어버릴 수도 있다. 죽은 사람이 걸어오고 그들의 뼈가 서로 부딪치는 소리가 들린다. 두려워하지 않고 이것을 볼 수 있으면 앞으로 무엇이든지 볼 수 있다. 이러한 사자들은 두번 다시는 나타나지 않는다. 우리의 미위가 그만큼 강해지기 때문이다. 이것을 본 사람은 막강한 힘을 얻게 된다. 사자들을 보았기 때문이다."[59] 실제로 주의는 무덤 근처에서 사자령을 볼 수도 있고 쉽게 붙잡을 수도 있다. 일단 붙잡히면 이러한 사자령은 그 주의의 보조영신이 된다. 주의는 병자를 치료할 때 이 보조영신을 멀리 보내어 자기가 치료하고 있는 사람의 길 잃은 영혼을 불러오게 한다.[60]

역시 멘타웨이 족의 경우, "영신들에게 납치당함으로써 영신을 보는 사람, 즉 선견자가 되는 사람도 있다. 시타키가가일라우(Sitakigagailau) 이야기에 따르면, 한 젊은이는 천계영신의 손에 이끌려 하늘로 올라가 천계영신의 것과 똑같이 아름다운 육신을 얻었다. 다시 지상으로 내려왔을 때 그는 선견자가 되어 있었다. 그를 하늘로 데려갔던 천계영신들은 그를 섬기며 그의 치료를 도왔다. ……그러나 선남선녀가 병에 걸려 혹은 꿈 속에서 혹은 짧은 기간의 정신병을 통해서 소명을 받고 선견자가 되는 경우도 많다. 이때의 병이나 꿈은 바로 천계영신이나 밀림영신이 보낸 것이다. ……꿈을 꾸는 당사자는 천상계로 상승하는 상상을 하거나 원숭이 같은 것을 잡으러 밀림으로 들어가는 상상을 하는 것이 보통이다. 꿈을 꾸게 되든 병에 걸리게 되든 당사자는 대개 짧은 기간 동안 정신을 잃는 것이 보통이다."[61]

이렇게 되면 스승 선견자는 젊은 선견자에게 입문의례를 베푼다. 두 사람은 마법의 풀 같은 것을 모으러 밀림 속으로 들어간다. 이때 스승 선견자는 이런 노래를 부른다. "호부(護符)의 영신들이여, 모습을 보이소서. 영신을 뵐 수 있도록 이 아이의 육신의 눈을 맑게 하소서." 스승 선견자의 집으로 돌아올 때에도 스승 선견자는 또 영신들을 부른다. "눈을 맑게 하소서, 하계에 계신 우리 아버지 어머니를 뵐 수 있게 눈을 맑게 하소서." 이렇게 기원하고 나서 "스승 선견자는 제자의 눈을 약초로 문지른다. 두 사람은 사흘 밤낮을 마주 앉아서 노래를 부르거나 방울을 울리거나 한다. 제자의 눈이 맑아지지 않으면 스승이나 제자나 잠을 잘 수 없다. 약속된 사흘이 지나면 두 사람은 다시 약초를 모으러 밀림으로 들어간다.……이레째 되는 날에 만일 제자가 밀림의 영신들을 보게 되면 이 의례는 끝난다. 그러나 그렇지 못하면 이레 동안의 의례가 고스란히 되풀이된다."[62]

이 길고 지루한 의식이 겨냥하는 목적은 선견자 후보지의 주술직인 입문의례와 접신 체험("선견자로 택함을 입는" 체험)을 영구적인 상태로 바꾸어놓는 데 있다. 영구적인 상태라는 것은 "영신을 볼 수 있는 상태," 다시 말하면 영신들과 "영"성(靈性)을 공유할 수 있는 상태를 말한다.

보조영신

보조영신(helping spirtits)이라는 존재는, 샤만의 입문의례 때 혹은 샤만을 접신 체험에 내몰 때 제각기 나름의 몫을 하는, 범주가 서로 다른 "영신들"과 비교해서 검토하면 그 정체가 분명하게 드러난다. 우리는 앞에서 샤만과 샤만의 "영신들" 사이에 어떤 "친교관계"가 이루어진다는 이야기를 했다. 실제로 이때 샤만과 친교관계를 맺는 영신들이 민족학 문헌에서는 "친교영신(familiar spirit)," "보조영신," "보좌영신," "보호영신(guardian spirit)"으로 알려져 있다. 그러나 우리는 신중하게 이 친교영신이라는 것과 수호영신(수호령, tutelary spirit)이라고 하는, 다른 범주에 드는 영신인 동시에 더 막강한 이 영신을 구분하지 않으면 안 되겠다. 뿐만 아니라 이 수호영신이라는 것과 샤만이 굿판에서 불러내는 신적 혹은 반신적인 존재 사이의 성격도 명확하게 구분해야 한다. 샤만은 신들, 영신들과 직접적, 구체적인 체험을 함께 하는 사람이다. 샤만은 이들을 대면하고 이들과 이야기를 나누며 이들에게 빌기도 하고 이들에게 호소하기도 하는 사람이다——그러나 샤만이 이들을 "부리는" 것은 아니다. 적어도 한정된 수 이상의 신들이나 영신들을 부리는 사람은 아닌 것이다. 샤만의 굿판에 불려나온 신이나 영신은 그런 의미에서 샤만의 "친교영신"이나 "보조영신"일 수는 없다. 큰 신들이 굿판에 불려 나오는 일이 있기는 하다. 가령 알타이 인들 사이에서 이런 사례를 볼 수 있다. 알타이 인 샤만은 접신 여행을 떠나기 전에 자지크(야이크[Yaik]) 칸(Jajyk Kan : 바다의 주), 카이라 칸(Kaira Kan), 바이 월갠과 그의 딸들 그리고 그밖의 신화적인 존재들에게 임재할 것을 빈다. [63] 샤만이 이들을 부르면 신들, 반신들 그리고 영신들이 임재한다. 이들이 임재하는 것은 희생제 때 사제가 부르면 베다 신들(Vedic divinities)이 내려와 임석하는 것과 마찬가지이다. 샤만에게도 샤만만이 모시는 신들이 있다. 여느 사람들은 이 신들의 존재를 알지 못한다. 그러니까 이런 신들에게 제물을 드리는 것은 샤만들뿐이다. 그러나 이 신들 모두가 샤만의 뜻대로 되는 것은 아니다. 바로 이점에서 이 신들은 친교영신들과 다르다. 그러니까 샤만을 돕는 신적 혹은 반신적 존재를 모두 이런 친교영신이나 보조영신이나 수호영신으로 분류해서는 안 되는 것이다.

그러나 이런 신들은 샤마니즘에서 중요한 역할을 수행한다. 샤만의 굿을 검토할 때 이들이 수행하는 기능에 대해서 다시 논의하기로 하자. 그런데 우리가 여기에서 주목해야 하는 것은 대부분의 친교영신들과 보조영신들이 동물의 모습을 하고 있다는 점이다. 그래서 시베리아 인이나 알타이 인의 경우, 이러한 영신들은 곰, 이리, 수사슴, 토끼, 온갖 새들(특히 거위, 독수리, 올빼미, 까마귀 등), 거대한 벌레의 모습으로 나타날 수 있다. 여기에서 이러한 것들을 일일이 나열할 필요는 없겠지만 심지어는 유령, 나무의 영신들, 땅의 영신들, 난로의 영신들의 모습으로 나타날 수도 있다. [64] 이들의 모양, 이름 그리고 숫자는 지역마다 다르다. 카리얄라이넨에 따르면, 바시유간 족(Vasyugan) 샤만의 보조영신은, 경우에 따라 다르지만, 대개는 일곱이다. 샤만은 이러한 친교영신들뿐만 아니라 "머리의 영신"의 보호도 받는다. 이 머리의 영신은 접신 여행중에 샤만을 보호한다. 이밖에도 샤만에게는 천상계에 올라갈 때나 지하계로 내려갈 때 동행이 되어주는 "곰 모습의 영신," 천상계에 올라갈 때 타고 가는 회색말 영신 등의 친교영신들이 있다. 바시유간 족 샤만에게는 영신들이 이

렇게 많지만 지역에 따라서는 영신이 하나뿐인 경우——가령 북부 오스
티야크 족의 샤만에게는 곰 영신 하나뿐이고 트레뮤간 족(Tremyugan)
등의 종족 샤만에게는 신들의 회답을 받아오는 “사신(messenger)” 하나
뿐이다——이러한 영신은 천상계 영신들(새들 등)의 “사신들”임을 암시
한다. [65] 샤만이 여러 방향에 있는 이들을 부르면 이들은 하나씩 차례로
나타나 샤만의 목소리를 빌려 말을 한다. [66]

　동물의 모습을 한 친교영신과 엄격한 의미에서 무속적인 수호영신의 차
이가 야쿠트 인의 경우에는 분명하다. 각 샤만에게는 그 샤만만의 이에
-킬라(ié-kyla : 동물의 모신)가 있다. 이에-킬라는 동물 보호영신의 신
화적 상징인데 샤만들은 자기에게 이러한 영신이 있다는 것을 비밀로 한
다. 무력이 신통치 않은 샤만의 이에-킬라는 개이다. 무력이 이보다 나
은 샤만의 이에-킬라는 황소, 망아지, 독수리, 엘크 사슴 혹은 갈색 곰
이다. 이에-킬라가 이리나 개인 샤만은 별로 인기가 없다. 애매개트
(ämägät : 수호영신)는 이와는 전혀 다른 존재이다. 대개의 경우 수호영
신은 세상을 떠난 샤만의 영혼, 아니면 천상계에 있는 하급영신이다. 야
쿠트 족의 샤만 튀스퓌트는 시에로체브스키에게 이런 말을 했다. “샤만은
자기의 애매개트를 통해서만 보고 듣는다. 나는 3노스렉(nosleg)의 거리
에 있는 것도 보고 소리도 듣지만, 이보다 훨씬 먼 데 있는 것도 보고 그
소리도 듣는 샤만도 있다.”[67]

　일단 천상의 계시를 받은 에스키모 샤만은 혼자 힘으로 보조영신을 불
러야 한다는 사실은 앞에서 지적한 바 있다. 대개의 경우 이때 인간의 모
습을 하고 나타나는 보조영신은 사실은 동물이다. 이들은 샤만에게 재능
이 있는 것으로 인정되면 스스로 샤만을 찾아온다. 여우, 올빼미, 곰,
개, 상어 그리고 산에 사는 모든 종류의 영신들은 대개 힘도 좋고 영험도
있는 영신들이다. [68] 알래스카 에스키모의 경우 거느리는 보호영신이 많으
면 많을수록 그 샤만은 영험 있는 샤만으로 통한다. 북부 그린란드의 경
우 한 앙가코크는 자그마치 열 다섯이나 되는 보호영신들을 거느린다. [69]

　라스무센은 하늘의 계시를 받는 샤만으로부터 채록한 기록을 소개하고
있다. 그는 샤만의 입을 통해 직접 이를 채록했다고 한다. 샤만 아우아
(Aua)는 자기 몸과 머리 속에 천상의 빛이 있다는 느낌을 받았다. 이 빛
은 그의 전존재를 통해 쏟아져 나갔다. 이 빛은 여느 인간의 눈에는 보이
지 않았지만 땅과 하늘과 바다의 영신들에게는 분명하게 보였다. 땅과 하

늘과 바다의 영신들은 그에게 다가와 보조영신이 되겠노라고 했다. 그는 라스무센에게 이렇게 말했다. "맨 먼저 나의 보조영신이 된 것은 나와 같은 이름을 가진 꼬마 아우아였다. 이 영신이 내게 들어오자 길과 내 집 지붕이 뒤집어지는 것 같았다. 나는 모든 것을 볼 수 있을 것 같다는 느낌을 받았다. 나는 집을 꿰뚫어볼 수도 있었고 대지를 꿰뚫어볼 수도 있었으며 하늘 끝까지도 볼 수 있었다. 내게 이러한 빛을 안긴 것은 꼬마 아우아였다. 내가 노래할 때면 아우아는 내 머리 위에 떠 있다. 아우아는 통로 구석에 자리를 잡았다. 여느 사람의 눈에는 아우아의 모습이 보이지 않는다. 그러나 아우아는 내가 부르면 언제든지 달려올 채비를 하고 있다."70) 두번째로 온 영신은 상어였다. 상어 영신이 온 것은 그가 카약을 타고 바다에 나가 있을 때였다. 상어 영신은 그에게 헤엄쳐와 그의 이름을 불렀다. 샤만 아우아는 다음과 같은 단조로운 노래를 불러 이 두 보조영신을 부른다.

> 기쁘고도 기쁘다,
> 기쁘고도 기쁘다 !
> 해변의 꼬마 영신이 보인다,
> 꼬마 아우아여,
> 나 역시 아우아,
> 해변의 영신도 아우아,
> 기쁘고도 기쁘다 !

그는 계속해서 이 노래를 부르다가 그만 울음을 터뜨리고 만다. 그러면 그는 한없는 기쁨을 느낀다.71) 위에서 살펴보았듯이, 천상계의 빛과 함께 하는 접신적인 체험은 보조영신의 출현과 관계가 있다. 그러나 이 같은 접신에는 신비적인 공포의 요소도 없지 않다. 라스무센은 "샤만이 보조영신의 임재"를 체험할 때는 "말로 표현할 수 없는 공포"를 느낀다는 점을 강조하고 있다.72) 그는 이 공포를 통과의례의 치명적인 위험성과 관련짓고 있다.

모든 범주의 샤만들에게는 그들 나름의 수호영신과 보조영신이 있다. 그러나 보조영신은 샤만이 속하는 범주에 따라 성격상, 그 기능상 조금씩 다르다. 자쿤 족의 샤만인 포양(poyang)에게는 꿈을 통하여 내려오거나 다른 샤만으로부터 물려받는 친교영신이 있다. [73] 열대 남아메리카 샤만들은 성무의례의 막바지에 수호영신을 맞는다. 이 수호영신은 "영신의 모습 그대로 혹은 샤만의 자루 안에 떨어지는 수정의 형태로……" 샤만에게 "들어온다." "바라마 카리브 인(Barama Carib)의 경우 샤만과 친교하는 각 급의 영신들은 종류가 각각 다른 조약돌로 표현된다. 이들의 샤만인 피아이(piai)는 이 조약돌을 딸랑이 안에 집어 넣고 필요할 때는 이 딸랑이를 흔들어 영신들을 불러낸다."[74] 다른 지역도 그렇지만 남아메리카에서도 보조영신의 모습은 다양하다. 말하자면 조상무들의 영혼일 수도 있고 식물이나 동물의 영신들일 수도 있는 것이다. 보로로 족에게는 두 종류의 샤만이 있다. 이들은, 샤만이 무력을 얻는 영신들의 종류에 따라 샤만을 두 종류로 분류한다. 말하자면 자연의 마령(魔靈)이나 죽은 샤만의 영신에 들린 샤만, 조상영신에 들린 샤만, 하는 식으로 분류하는 것이다. [75] 그러나 보조영신과 수호영신이라는 두 가지 영신의 범주를 구분하기가 쉽지는 않지만, 이 경우 우리들의 관심을 끄는 것은 수호영신 쪽이기보다는 보조영신 쪽이다.

주술사 혹은 요술사와 이들의 영신과의 관계는 수혜자와 시혜자의 관계에서부터 주인과 종의 관계에 이르기까지 폭 넓다. 그러나 이들은 늘 가깝게 지낸다. [76] 영신들도 드물게는 기도를 들어주거나 제물을 받거나 하지만 이들이 이런 것들을 거절하면 주술사 역시 고통을 받게 된다. [77] 다른 지역처럼 오스트레일리아와 북아메리카에서도 친교영신이나 수호영신들이 동물의 모습으로 나타나기는 마찬가지이다. 이런 친교영신이나 수호영신은 어떤 의미에서 서아프리카의 "밀림의 영"과 중앙 아메리카와 멕시코의 나구알(nagual)에 견주어지기도 한다. [78]

동물의 모습으로 나타나는 이들 보조영신은 샤만의 굿판 예비 행사, 그러니까 천상계와 지하계로의 접신적인 여행의 준비단계에서 중요한 역할을 한다. 이들이 굿판에 나타나면 샤만은 동물의 울음소리를 흉내내거나 동물의 짓거리를 흉내낸다. 뱀을 보조영신으로 삼고 있는 퉁구스 샤만은 굿 도중에 파충류 흉내를 낸다. 회오리바람을 시벤(syvén)으로 삼고 있는 샤만은 회오리바람 부는 시늉을 한다. [79] 추크치와 에스키모 샤만은 굿 중에 이리로 표변하고[80] 랩 족 샤만은 이리, 곰, 순록, 물고기 흉내를 내며[81] 세망 족의 샤만인 할라(hala)는 호랑이 시늉을 할 줄 안다. [82] 사카이 족(Sakai)의 할라크(halak), [83] 켈란탄 족(Kelantan)의 보모르

(bomor)[84]도 마찬가지이다.

외견상 샤만이 동물의 동작이나 소리를 흉내내는 것도 "영신에 들린" 상태로 볼 수 있다. 그러나 이런 상태는 정확하게 말하면 **샤만이 보조영신을 차지한** 상태이다. 동물로 **변한 것**은 바로 샤만 **자신**이다. 샤만은 동물의 가면을 씀으로써 이와 비슷한 상태가 되기도 한다. 여기에서 샤만의 **새로운 정체**(正體)에 관해 조금 언급할 필요가 있을 듯하다. 말하자면 샤만은 이 대목에서 동물영신이 되어 "말을 하거나" 노래를 하기도 하고 짐승이나 새처럼 공중을 날기도 하는 것이다. 샤만이 내뱉는 수수께끼의 언어에 대해서는 바로 뒤에서 따로 언급하겠지만, 이때 샤만이 하는 "동물의 말"은 "영신의 말"의 한 변형에 지나지 않는다.

그러나 다음과 같은 점에 주의를 기울일 필요가 있다. 영신이 동물의 모습으로 나타나고 샤만이 수수께끼 같은 언어로 이들과 대화를 나누고 샤만이 그런 동물영신들을(가면, 몸짓, 춤 등을 통하여) 인격화시킨다는 사실이 무엇을 의미하느냐 하는 것이다. 이런 것들은, 샤만이 인간 조건을 뛰어넘을 수 있음을 보여주는 것, 요컨대 "죽을" 수도 있음을 보여주는 것이다. 아득한 옛날부터 인간은 모든 동물을, 죽은 사람의 영혼을 저승으로 데려가는 영혼의 안내자로 믿어왔고 동물의 모습은 죽은 사람이 환생하면서 새로 얻은 모습이라고 생각해왔다. "조상"이 되었든 "입문의례의 집행자"가 되었든, 동물은 저승과의 실제적, 직접적 관계를 상징한다. 세계 전역의 수많은 신화나 전설에서 영웅은 동물의 인도를 받아 저승으로 들어간다.[85] 등에 태워서 데려가거나 턱으로 물어서 데려가거나 "삼켜서 죽인 다음에 토해내어 되살려서 데려가거나," 어쨌든 입문자를 숲속(지하계)으로 데려가는 것도 동물이다.[86] 우리는 인간과 동물 사이의 이 신비스러운 연대관계를 살펴보아야 한다. 이러한 인간과 동물의 연대관계는 고대 수렵민들 종교의 중요한 특징을 이룬다. 바로 이런 인연이 있기 때문에 인간은 동물로 변신할 수도 있고 동물의 언어를 해득할 수도 있으며 그 예지력과 초자연력을 나누어 가질 수도 있는 것이다. 그러니까 샤만은 언제 어느때든 동물의 존재양식에 동참하고 어떤 의미에서는 인간계와 동물계가 분화되지 않았던 저 아득한 옛날 신화시대에 존재했을 상황을 재현하고 있는 것이다.[87]

부르야트 샤만의 수호영물(tutelary animal)은 후빌간(khubilgan)이라고 불린다. 이 말은 "메타모르포시스(metamorphosis : 후빌후〔khubilkhu)라는 동사는 "변신하다, " "다른 모습을 취하다"는 뜻)"로 해석될 수 있다. [88)] 바꾸어 말하면 이 수호영물은 샤만을 수호영물인 저 자신의 모습으로 변신시킬 수 있는 존재일 뿐만 아니라 어떤 의미에서는 샤만의 "복사판"이며 샤만의 제2의 자아이다. [89)] 그리고 이 제2의 자아는 샤만의 "영혼" 중 하나, "동물의 모습을 한 영혼, "[90)] 더 정확하게 말하면 "생령(生靈, life soul)"이다. [91)] 샤만들은 동물의 모습을 하고 서로 대결하는데, 만일 이 제2의 자아가 싸움에 패하여 목숨을 잃으면 그 샤만 역시 곧 죽고 만다. [92)]

샤만은 수호영신이나 보조영신 없이는 무의를 할 수가 없는데, 이것은 샤만이 저승으로 접신 여행을 한다는 것이 사실임을 입증하는 증거라고 할 수 있다. [93)] 이로써 우리는 동물영신들도 조상영신들과 똑같은 역할을 한다고 할 수 있다. 말하자면 동물영신들 역시 조상영신들과 마찬가지로 샤만을 저승(천상계, 지하계)으로 인도하고 그 세상의 신비를 드러내며 그 비의를 가르친다고 볼 수 있는 것이다. 입문의례에서 그리고 주인공(영웅)이 저승으로 여행하는 신화나 전설에서, 동물영신이 맡는 역할은 (샤만의) 입문적인 "빙령"에서 사자령이 맡는 역할과 같다. 그러나 천상계로 올라갈 수도 있고 지하계로 내려갈 수도 있는 자신의 진정한 능력을 과시하기 위해 사자(혹은 동물영신이나 신 등)가 되는 사람이 샤만 자신인 것은 명백하다. 이렇게 보면 이런 일련의 사실에 대한 일반적인 해석은 가능할 것으로 보인다. 어떤 의미에서 이런 사실은 (새로운 무의가 베풀어질 때마다 다시 시작되는) 샤만의 죽음과 재생의 주기적인 반복을 표상한다고 볼 수 있다. 접신이라는 것은 제의적 죽음의, 하나밖에 없는 구체적인 체험이다. 다른 말로 하자면 세속적인 인간 조건을 초극하는 체험인 것이다. 앞으로 알게 되겠지만 샤만은 마취제와 무고로부터 영신들에 의한 "신들림"에 이르기까지 온갖 수단을 이용해서 "죽음"에 이를 수 있다.

"비밀의 언어" —— "동물의 언어"

미래의 샤만은 성무과정에서 무의 때 사용할 비밀의 언어 (신어[神語], 공수/역주)를 습득해야 한다. 샤만은 바로 이 비밀의 언어를 통하여 영신들이나 동물영신들과 소통한다. 샤만은 스승으로부터 이 비밀의 언어를 배우기도 하고 스스로의 노력을 통하여 "영신들"로부터 직접 전수받기도 한다. 가령 에스키모 샤만의 경우에는 이 두 가지 방법이 공존한다. [94)]샤만에게 특수한 비밀의 언어가 있다는 사실은 랩 인[95)], 오스티야크 인, 추크치 인, 야쿠트 인 그리고 퉁구스 인에게서도 확인되었다. [96)] 퉁구스 인 샤만은 접신중에 모든 종류의 언어를 이해하는 것으로 믿어진다. [97)] 에스키모의 경우, 샤만이 쓰는 비밀의 언어는 고도로 발달한 언어인데, 이 언어는 앙가쿠트와 영신들간의 대화소통 수단으로 사용된다. [98)] 샤만에게는 그 나름의 독특한 무가가 있다. 이들은 이러한 무가를 통하여 영신들에게 기도한다. [99)] 이 비밀의 언어가 직접 문제 되지 않는 지역에도 이러한 언어의 흔적은 아직도 남아 있다. 알타이 인의 경우에도 샤만이 무의중에 반복하는 언어에 이런 흔적이 남아 있는 것이다. [100)]

　북아시아나 극북지방에도 이런 현상이 없는 것은 아니다. 이러한 현상은 세계 도처에서 발견되는 것이다. 세망 피그미 족(Semang Pygmy)의 할라(hala)는 체노이(Cenoi : 천상계의 영신들)의 언어로 체노이와 대화한다. 그러나 할라는 무의가 베풀어지는 천상계 영신들의 집을 나서는 순간부터 이러한 언어를 잊어버린 척한다. [101)] 멘타웨이 족(수마트라)의 경우, 입문의례의 집행자는 의례 당사자의 귀에다 대나무 막대기를 꽂고 여기에다가 입김을 불어넣는다. 이로써 의례 당사자는 영신들의 목소리를 들을 수 있게 된다. [102)] 바타크 족 샤만은 무의중에 "영신들의 언어"를 쓴다. [103)] 두순 족(Dusun : 북보르네오)의 무가는 비밀의 언어로 되어 있다. [104)] 카리브 인의 전승에 따르면, 최초의 피아이(샤만)는 강물 속에서 노랫소리가 들리자 이 물 속으로 뛰어들어 여영신들이 부르는 이 무가를 모두 외고 무구를 받은 연후에야 강물에서 나왔다. "[105)]

　실제로 이러한 비밀의 언어는 "동물의 언어"이거나 그 기원이 동물이 내는 소리에 있는 것이 대부분이다. 남아메리카의 경우 샤만 후보자는 입문의례 기간에 짐승의 소리를 흉내내는 방법을 익혀야 한다. [106)] 이것은 북아메리카에서도 마찬가지이다. 포모 족과 메노미니 족 샤만은 새들의 노래를 흉내낸다. [107)] 야쿠트 인, 유카기르 인(Yukagir), 추크치 인, 골디 인, 에스키모 인 등의 샤만 무의에서는 짐승의 울음소리, 새 우는 소리가 들리는 것이 보통이다. [108)] 카스타네(Castagné)는, 키르기즈 - 타타르 인(Kirgiz-Tatar)의 박사는 천막 안을 뛰어다니며 소리를 지른다고 쓴 바가 있다. 말하자면 "개처럼 짖으면서 구경꾼들의 냄새를 맡기도 하고 황소처럼 울기도 하고 외마디 소리를 지르기도 하고 양처럼 울기도 하고 돼지처럼 꿀꿀거리기도 하고 새처럼 울기도 하는 등, 아주 정확하게 짐승의 울음소리, 새 우는 소리와 나는 소리 등을 모방하여 구경꾼들을 사로잡는다는 것이다."[109] "영신들의 내림(강신(降神))"은 대개 이런 식으로 이루어진다. 기아나의 인디언들의 경우, "도저히 말로는 표현할 수 없는 무시무시한 고함소리와 절규가 굿판의 침묵을 깨뜨리는데, 이런 소리는 벽과 지붕을 울려 온 집안을 흔들어놓는다. 이러한 소리는 이따금씩 그 크기가 줄어드는 일이 있을 뿐, 대개 여섯 시간 동안 끊어지는 일 없이 계속해서 들려온다."[110]

이러한 절규가 들리는 것은 바로 영신이 내렸음을 뜻한다. 샤만은 동물의 흉내를 냄으로써 영신이 내린 것을 보여주기도 한다.[111] 무의중에 샤만이 쓰는 언어의 상당수는 새나 다른 짐승의 울음소리에 그 기원을 두고 있다.[112] 레티살로가 지적하고 있듯이,[113] 샤만은 무고와 "가성(假聲)"을 이용해서 접신상태에 이른다. 뿐만 아니라 샤만은 어디에서건 주술적인 가사를 노래한다. "주술"과 "노래"——특히 새의 울음소리 같은 노래——는 같은 언어로 표현되는 경우가 많다. 주문이라는 뜻을 지닌 독일어 갈드르(galdr)는 "노래하다"라는 뜻을 가진 갈란(galan)이라는 동사에서 유래한 말이다. 이때의 노래는 특히 새들의 지저귐을 뜻한다.[114]

전세계적으로 동물, 특히 새들의 언어를 배운다는 것은 자연의 비밀을 배운다는 것과 같다. 자연의 비밀을 알게 되니까 예언도 할 수 있는 것이다.[115] 샤만은 뱀이나 이와 비슷한 주력을 가진 것으로 믿어지는 동물을 잡아먹음으로써 새들의 언어를 배운다.[116] 사람들이, 이런 동물이 미래의 비밀을 샤만 앞에 드러낼 수 있다고 믿는 것은, 바로 이러한 동물에 사자령이 깃들여 있고 따라서 신들이 이러한 사자령을 통하여 드러난다고 믿기 때문이다. 이런 동물들의 소리를 흉내냄으로써 이들의 언어를 배운다는 것은 저승과 천상계와 대화를 나눌 수 있는 능력을 얻는 것이나 마찬가지이다. 샤만의 의상이나 주술적인 비상을 검토할 때 샤만과 동물, 특히 새와의 동일시 문제를 다시 거론하기로 하자. 새들은 영혼의 안내자이다. 스스로 새가 되었다는 것 혹은 새와 함께 한다는 것은 살아 있으면서도 천상계와 저승으로 접신적인 여행을 할 능력을 얻었음을 뜻한다.

무의중에 이러한 비밀의 언어를 흉내낸다는 것, 동물이 내는 소리를 흉내낸다는 것은 샤만이 세 우주권, 즉 지하계와 지상계와 천상계를 자유자재로 왕래할 수 있다는 또 하나의 징표이다. 즉 이로써 샤만은 사자들이나 신들만이 드나들 수 있는 이 길을 자유자재로 왕래할 수 있게 되었다는 뜻이다. 무의중에 동물을 체현(體現)하는 것 역시 신들림 현상의 일종이기는 하나 샤만이 그 동물로 주술적으로 변신하는 것에 비하면 급이 낮은 신들림 현상이라고 할 수 있다. 샤만은 다른 방법을 통해서 이와 유사하게 변신할 수 있다. 가령 무복을 입거나 얼굴에 가면을 씀으로써 이와 유사하게 변신할 수 있는 것이다.

그러나 이것이 전부는 아니다. 수많은 전승에서 동물과의 친교, 동물의 언어 해득은 낙원 지향적 증후를 보인다. 태초의, 즉 신화시대의 인간은 동물과 평화롭게 공존하며 동물의 언어를 이해했다. 그러나 인간은 성서에서 말하는 "타락의 시대"에 견주어질 수 있는 원초적인 파국의 시대를 맞으면서 오늘날과 같은 상태, 말하자면 세월이 지나면 죽어야 하고 성적인 갈등에 시달려야 하고 살기 위해서는 일을 해야 하고 동물에게 적의를 품어야 하는 상태에 이르렀다. 접신상태에 들 준비를 하면서 그리고 접신의 경지에서, 샤만은 현재의 인간 조건을 파기하고 한동안이나마 태초의 상태로 되돌아간다. 동물과의 친교, 동물의 언어 해득, 동물로의 변신은 샤만이 저 아득한 시대에 인간이 상실한 "낙원적" 상황을 재현했다는 징표인 것이다. [117]

북아메리카에서의 무력의 수탐(搜探)

우리는 이미 북아메리카 여러 민족이 주력을 획득하는 갖가지 양식에 대해 여러 차례 언급해왔다. 북아메리카의 경우, 이러한 무력은 원래 신적인 존재, 조상 샤만들의 영혼 혹은 신화적인 동물 혹은 특정 사상(事象)이나 우주권 안에 있었다. 샤만은 운명의 힘에 이끌려 혹은 자의적인 노력을 통하여 이러한 무력을 얻는다. 운명의 힘에 이끌려서든 자의적으로 노력을 기울여서든, 미래의 샤만은 이러한 무력을 얻는 과정에서 통과제의적 성격을 지닌 특정한 시련을 겪어야 한다. [118]

브리티시 컬럼비아 내륙에 있는 살리쉬 족(Salish)의 지족(支族)인 슈스와프 인의 경우, 통과제의적인 시련은 다음과 같다.

샤만은 동물을 통하여 통과제의를 치르는데, 이 동물은 뒤에 샤만 자신의 수호영신이 된다. 통과제의는 전사(戰士)의 경우나 샤만의 경우나 같다. 이 통과제의에서 전사나 샤만이 겨냥하는 것은 원하는 사물로부터 초자연적인 도움을 받는 것이다. 사춘기에 이른 청년은 여성을 경험하기 전에 산으로 들어가 많은 시련을 이겨내야 한다. 입문자는 산 속에다 땀집(sweat-house)을 짓고 밤에는 여기에서 기거해야 한다. 아침이 되면 마을로 돌아와도 된다. 그러나 밤에는 이 땀집을 손수 청결하게 하고 밤새도록 여기에서 노래를 부르며 춤을 추어야 한다. 입문자는 자신이 마음에 두었던 동물이 꿈 속에 나타나 수호영신이 되어 도와주겠다고 할 때까지 이런 생활을 계속해야 한다. 이런 생활은 몇 년이 걸리는 수도 있다. 이런 꿈을 꾸게 되는 순간 입문자는 기절한다. "입문자는 기절하는 순간부터 술에 취한 것과 비슷한 상태가 되어 밤인지 낮인지 자기가 무슨 짓을 하고 있는지 알지 못한다."[119] 이때 동물들은 입문자에게 정말 자기에게 도움을 바라는지를 묻고, 바란다는 대답을 들으면 자기의 도움이 필요할 때 부를 노래를 가르쳐준다. 바로 이 때문에 샤만에게는 그 샤만만이 아는 노래가 하나씩 있다. 다른 사람은 이 노래를 부를 수가 없다. 즉 샤만이 자기의 수호영신인 요술사를 부를 때 이외에 이 노래가 불려서는 안 되는 것이다. ……이 수호영신은 벼락의 모습으로 이 입문자를 찾아올 때도 있다.[120] 만일 이 동물이 입문자를 성무시키게 되면 수호영신인 이 동물은 입문자에게 비밀의 언어를 가르쳐준다.

니콜라 계곡의 한 샤만은 기도하다가 "코요테의 언어"로 말하라는 계시를 받은 적이 있다.……

수호영신이 생긴 샤만의 몸은 총탄이나 화살에도 견딘다. 총탄이나 화살이 샤만의 몸을 관통하는 수가 있더라도 상처에는 피가 흐르지 않는다. 피는 밖으로 흘러 나오지 않고 대신 위장으로 흘러 들어간다. 샤만은 위장으로 흘러 들어온 피만 뱉어버리면 아무렇지도 않은 듯이 일어난다.……

샤만은 하나 이상의 수호영신을 맞을 수도 있다. 그래서 영험 있는 샤만에게는 하나 이상의 수호영신이 있다.……[121]

이 사례에 등장하는 샤만은 스스로의 노력으로 무력을 얻었다. 북아메리카의 다른 지역에서도 샤만 후보자는 산 속에 있는 동굴이나 은신처로 들어가 오랜 명상과 정신 집중을 통하여 자기에게 무력을 베풀어줄 환상의 순간을 기다린다. 이 경우 샤만 후보자는 자기가 원하는 "무력"의 종류를 어느 한 범주에 한정시켜야 한다. [122] 이것은 샤만 후보자에게 아주 중요하다. 그 까닭은, 이러한 사실이 샤만이 획득하는 것은 무력일 뿐만 아니라 일반적인 주술적-종교적 능력을 행사하는 기술일 수도 있음을 드러내 보이고 있기 때문이다.

파크(Park)가 수집해서 출판한 파비오초 족(Paviotso) 샤만의 이야기를 들어보자. 이 샤만은 나이 쉰 살이 되어 "의사"가 되기로 결심했다. 그는 동굴로 들어가 "내 백성이 병을 앓고 있습니다, 이들을 구해주고 싶습니다."하고 기도했다. 그는 잠을 자려고 노력했다. 그러나 이상한 소리가 계속해서 들리는 바람에 잘 수가 없었다. 그의 귀에는 계속해서 짐승들(곰, 퓨마, 사슴 등)의 울음소리가 들려왔던 것이다. 마침내 어렵게 잠이 든 그는 꿈 속에서 무속적인 치병 굿을 보았다. "샤만들은 산기슭에 있었다. 나는 그들의 말소리와 그들이 부르는 무가소리를 들을 수 있었다. 이어서 나는 병자의 신음소리를 들었다. 의사가 노래를 부르면서 그를 치료하고 있었다."결국 그 병자는 죽었고 샤만 후보자는 유가족의 통곡을 들었다. 그런데 바위가 갈라졌다. "그 갈라진 바위틈에서 한 사람이 나타났다. 그는 키가 크고 몸이 여윈 사람이었다. 그는 손에 독수리의 꼬리깃을 들고 있었다."그 사람은 샤만 후보자에게 비슷한 꼬리깃을 구하라고 하면서 병자를 치료하는 방법을 가르쳐주었다. 샤만 후보자는 아침이 되자 잠에서 깨어났다. 그러나 그의 옆에는 아무도 없었다. [123]

샤만 후보자는, 만일 현몽한 대로 따르지 않으면 혹은 전통적인 양식에 따르지 않으면 샤만이 되는 데 실패하게 된다. [124] 경우에 따라 죽은 샤만의 영이 이 샤만 후보자가 꾸는 최초의 꿈에 나타나는 수도 있다. 그러나 잇달아 샤만 후보자가 꾸는 꿈에는 그에게 "무력"을 부여한, 보다 영력(靈力)이 센 영신들이 나타난다. 만일 샤만 후보자가 꿈 속에서 부여받은 "무력"을 행사하지 않으면 그는 신병에 걸리고 만다. [125] 우리는 이러한 현상이 다른 지역에서도 보편적인 현상임을 지적한 바 있다.

파비오초 족, 쇼쇼네 족(Shoshone), 시드 이터스 족(Seed Eaters), 이들보다 북방에 위치한 릴루에트 족(Lillooet)과 톰슨 인디언 등도 샤만의 무력은 죽은 사람의 영에서 비롯된다고 믿는다. [126] 북캘리포니아 전역에도, 무력이 이런 식으로 샤만에게 전달된다는 믿음은 널리 퍼져 있다. 유로크 족(Yurok) 샤만은 꿈 속에서 죽은 사람을 봄으로써 무력을 얻는다. 대개의 경우 이 죽은 사람은 샤만이지만, 반드시 샤만인 것은 아니다. 싱키욘 족(Sinkyone)은 꿈 속에 나타난 죽은 친족을 통해서 그 샤만 후보자가 무력을 얻는다고 믿는다. 윈투 족 샤만 후보자도 이런 꿈을 꾼 후에, 특히 죽은 자식의 꿈을 꾼 후에 샤만이 된다. 샤스타 족은 샤만이 무력을 받으면 그 증거로 세상을 떠난 샤만의 어머니나 아버지나 조상이 그 샤만의 꿈에 나타나는 것으로 믿는다. [127)]

그러나 북아메리카에는 샤만에게 "무력을 주는 색다른 존재" 그리고 죽은 사람의 영과 수호영물과는 좀 다른 샤만의 스승이 있다. 우리가 알기로 대분지에는 "꼬마 녹색인(little green man)"이 있다. 활과 화살을 가지고 다니는 이 "꼬마 녹색인"의 키는 두 자밖에 되지 않는다. 산 속에 사는 "꼬마 녹색인"은 아픔을 호소하는 사람들에게 자신의 화살을 쏘아 보내고 있다. 이 "꼬마 녹색인"은 주의들, 즉 초자연력만으로 주술사가 된 사람들의 수호영신이다. [128)] 입문자의 수호영신으로 노릇하고 또 입문자에게 영력을 베푸는 존재로서의 난쟁이 모티프는 로키 산맥 서쪽, 대평원 민족(톰슨 인디언, 슈스와프 인디언 등)과 북캘리포니아(샤스타 인디언, 아츄게위〔Atsugewi〕 인디언, 북마이두 인디언, 유키 인디언)에 널리 분포되어 있다. [129)] 샤만의 무력이 절대자나 신적인 존재로부터 직접 샤만에게 내리는 수도 있다. 가령 남캘리포니아(카휠라 사막)의 카휠라 족(Cahuilla)은 샤만이 무카트(Mukat), 즉 창조자로부터 무력을 받는다고 믿는다. 이러한 무력은 수호영신들(올빼미, 여우, 코요테, 곰 등)을 통해서 샤만에게 전해지는데, 이때 이러한 영신들은 샤만에게 내리는 신들의 사자(使者)들이다. [130)] 모하베 족(Mohave)과 유마 족(Yuma)은, 이러한 무력은 세상이 창조될 당시에 신화적인 존재들이 샤만에게 내린 것이라고 믿는다. [131)] 이 경우 무력의 전달 자체는 입문의례적인 각본에 따른 꿈을 통해서 이루어진다. 이런 꿈 속에서 유마 족 샤만은 이 세상이 시작되는 광경을 보고 그 신화적인 시간을 체험한다. [132)] 마리코파 족(Maricopa)의 경우 입문적인 꿈은 전승적인 도식을 따른다. 즉 영신이 샤만 후보자의 영혼을 인도하여 이산 저산으로 데리고 다니면서 무가와 치료법을 가르쳐주는 것이다. [133)] 왈라파이 족(Walapai)의 경우 샤만은 꿈 속에서 반드시 수호영신의 인도 아래 여행을 하게 되어 있다. [134)]

위에서 두어 차례 보았다시피 샤만에 대한 의례 집행자의 훈습(訓習)은 주로 꿈 속에서 이루어진다. 바로 이 꿈을 통해서 입문자는 순수하고 신성한 삶터로 들어가 신들, 영신들 그리고 조상영신들과 직접적인 관계를

112

다시 맺는 것이고 바로 이 꿈을 통해서 입문자는 역사적인 시간을 폐기하고 신화적인 시간을 다시 세우는 것이며——이로써 입문자인 미래의 샤만은 세계가 시작되던 때를 목격하고 우주가 개벽할 때는 물론이고 원초적인 신화가 계시될 때를 살게 되는 것이다. 입문자가 어릴 때부터 무의식적으로 이러한 입문적인 접신몽을 꾸는 수도 있다. 가령 로키 산맥 서쪽의 대평원 부족들의 경우가 그러하다. [135] 이들이 꾸는 꿈은 엄격한 정형적 양식을 보이지는 않지만 상당히 일반적이다. 말하자면 샤만 후보자는 꿈 속에서 영신들과 조상들을 만나고 그들의 음성(노래와 가르침)을 듣기도 하는 것이다. 샤만 후보자가 입문적인 규칙(제도, 금기 같은 것들)에 따를 것을 통고받고 병자를 치료하는 데 필요한 사항을 배우는 것도 꿈을 통해서이다. [136] 북동 아메리카의 마이두 족 샤만 후보자 역시 영신들의 현몽을 통해서 샤만이 된다. 샤마니즘 자체는 세습적이지만 후보자는 꿈 속에서 영신들을 만나야 비로소 샤만의 자격을 얻는다. 그러나 어떤 의미에서는 이러한 양식 자체가 한 세대에서 다음 세대로 전해진다. 영신들은 동물의 모양으로 나타나기도(이 경우 샤만은 해당 동물의 고기를 먹을 수 없다) 하지만 일정한 모양을 갖지 않고 바위 사이나 호수 같은 곳에 사는 수도 있다. [137]

샤만의 무력이 동물영신이나 자연 현상에서 나온다는 믿음은 북아메리카에 널리 분포되어 있다. [138] 브리티시 컬럼비아 내륙의 살리쉬 족의 경우, 친족의 수호영신을 물려받는 샤만은 얼마되지 않는다. 모든 동물은 물론이고 상당수에 이르는 물건들, 예를 들면 죽음과 관련이 있는 것들(무덤, 뼈, 이빨 등)과 자연 현상(푸른 하늘, 동쪽이나 서쪽 같은 방위 개념)까지도 영신이 될 수 있다. 그러나 다른 사례에서도 그렇지만 여기에서도 이러한 사물에는 샤마니즘의 영역을 넘어서는 어떤 주술적 - 종교적 체험이 개입한다. 그 까닭은, 영신은 샤만에게만 딸린 것이 아니기 때문이다. 전사들에게도 수호영신이 있다. 이들은 전투장비나 자기네들의 적인 야수에 이 수호영신을 모시고 있다. 사냥꾼들도 강이나 산이나 자기네들이 사냥하는 동물로부터 수호영신을 받아들인다. [139]

파비오초 족 샤만의 경우, 이들은 "밤의 영신"으로부터 무력을 받는다. 이런 영신은 "도처에 있다. 이런 영신들에게는 이름이 없다. 이들을 부르기에 마땅한 말이 없는 것이다." 독수리나 올빼미는 밤의 영신으로부터 소식을 가져와 전해주는 사신에 지나지 않는다. "물 아기(water-baby)"

나 다른 동물이 사신이 되는 수도 있다. "치병의 무력을 내려줄 때면 밤의 영신은 샤만에게 물 아기, 독수리, 올빼미, 사슴, 순록, 곰 혹은 다른 새나 짐승에게 도움을 청하라고 말한다."[140] 파비오초 족의 경우, 코요테는 설화 속에서는 중요한 몫을 하는 동물이지만 샤만에게 무력을 내리는 동물로 대접받는 일은 없다.[141] 샤만에게 무력을 내리는 영신은 여느 사람의 눈에는 보이지 않는다. 오로지 샤만에게 보이는 것이다.[142]

무력은 "고통"을 통하여 내리기도 한다. 그리고 이 "고통"은 병의 원인이 되는 수도 있다. "고통"은 살아 있는 생명체로 보이기도 하고 때로는 특정한 인격을 가진 것으로 나타나기도 한다. 물론 인간의 모습으로 나타나는 것은 아니나 파비오초 족은 이를 구체적인 사물로 생각한다.[143] 가령 후파 족의 경우 "고통"에는 나름의 특색이 있다. 그래서 생살 덩어리 같은 고통이 있는가 하면 게 같은 고통도 있고, 조그만 사슴 같은 고통이 있는가 하면 화살촉 같은 고통도 있다.[144] 북캘리포니아의 여러 부족은 대개 고통을 이런 형태로 믿는다.[145] 그러나 북아메리카의 다른 지역에서는 이런 식으로 믿는 예가 드물거나 별로 알려져 있지 않다.[146]

아초마위 족(Achomawi)의 다마고미(damagomi)는 수호영신인 동시에 "고통"이다. 무녀인 딕시(Dixie) 노파는 자기가 소명을 받은 경위를 이렇게 이야기하고 있다. 이 노파가 소명을 받은 것은 결혼한 뒤의 일이었다. "어느날 최초의 다마고미가 나를 찾아왔다. 이 다마고미는 아직도 내게 있다. 이 다마고미는 작고 검다. 하지만 나 이외의 사람 눈에는 보이지 않는다. 이 다마고미는, 처음으로 나를 찾아왔을 때 여간 시끄럽게 굴지 않았다. 그때는 밤이었다. 이 다마고미는 나에게 산으로 가서 다마고미를 만나야 한다고 말했다. 그래서 나는 밖으로 나갔다. 무서웠다. 무서워서 걸음을 제대로 옮겨놓을 수가 없었다. 그러나 결국 나는 다마고미들을 만나 붙잡을 수 있었다."[147] 이 다마고미들은 다른 샤만의 것으로, 원래는 사람들에게 독을 퍼뜨리라는 밀명을 받고 혹은 다른 샤만의 심부름으로 온 것이었다. 딕시 노파는 자기 다마고미들 중 하나를 보내어 이들을 잡아오게 했다. 이런 식으로 딕시 노파는 50개나 되는 다마고미를 가질 수 있었다. 젊은 샤만에게는 서너 개의 다마고미가 있을 뿐이다.[148] 샤만들은 치료과정에서 병자로부터 빨아들인 피를 이 다마고미에게 먹인다.[149] 젬 드 앙귈로(Jaime de Angulo)[150]에 따르면 이 다마고미는 실재하는(뼈와 살이 있는) 것인 동시에 환상적인 것이다. 누군가를 해치고

114

자 할 때 샤만은 이 다마고미를 보내면서 이렇게 말한다. "가서 아무개를 찾아라. 찾아서 그 안에 들어가거라. 들어가서 그 자를 병들게 해야 한다. 그러나 바로 죽여서는 안 된다. 한 달쯤 앓다가 죽게 해야 한다."151)

살리쉬 족의 경우에서 보았듯이, 어떤 동물, 어떤 우주적 사상도 무력의 원천 혹은 수호영신이 될 수 있다. 가령 톰슨 인디언의 경우 물은 샤만, 전사, 사냥꾼, 어부의 수호영신으로 불린다. 태양이나 번개 혹은 번개새, 산꼭대기, 곰, 이리, 독수리, 까마귀는 샤만과 전사의 수호영신이다. 이밖의 영신들은 샤만과 사냥꾼 혹은 샤만과 어부에게 두루 속한다. 샤만의 수호영신 노릇만 하는 것도 있다. 밤, 안개, 푸른 하늘, 동쪽, 서쪽, 여자, 성숙한 처녀, 남자의 손발, 남녀의 성기, 박쥐, 영들이 사는 땅, 유령, 무덤, 죽은 사람의 뼈, 머리카락, 이빨 등은 샤만의 수호영신 노릇만 한다.152) 그러나 샤만 "무력의 원천"들을 꼽자면 한이 없다.153)

조금 전에 지적했듯이, 어떤 영신, 동물 혹은 물질적인 존재도 샤만이나 일반인의 수호영신이나 무력의 원천이 될 수 있다. 이러한 사실은 무력의 특수성은 그 원천(이것은 모든 주술적-종교적 힘과 동일한 경우가 많다)의 특수성에서 기인하는 것도 아니고 무력이 특정 동물의 수호영신으로 화신했다는 사실에서 유래하는 것도 아니다. 인디언은 의지력과 집중력을 기울일 준비만 되어 있으면 누구든 수호영신을 맞을 수 있다.154) 그래서 부족적인 입문의례도 이 수호영신의 출현과 함께 끝나는 것이다. 이런 관점에서 보아 무력의 수탐은 곧 일반적인 주술적-종교적 권능에 대한 탐색의 한부분이 되는 것이다. 앞장에서 알게 되었다시피, 샤만이 공동체의 다른 성원과 다른 것은 이러한 성(聖)을 탐색하기 때문이 아니라(이러한 성의 탐색은 정상적이고 보편적인 인간 행위의 하나이다) 접신체험을 할 수 있는 능력을 지녔기 때문이다. 바로 이 때문에 샤만은 특정한 직위에 오르게 되는 것이다.

따라서 우리는 여기에서, 수호영신과 신화적인 보조영물은 오로지 샤마니즘에만 있는 것은 아니라는 결론을 내릴 수 있다. 이러한 수호영신과 보조영신은 어디에서든 볼 수 있는 것이고 개인은 특정 시련을 겪을 마음의 준비만 되어 있으면 누구든 이런 수호영신이나 보조영신에 접근할 수 있다. 이것은, 세계 어느 곳에서든 고대의 인간은 주술적-종교적인 성의 근원을 알아볼 수 있었고 성의 변증법을 통하여 이 우주의 어떤 것으로든 거룩한 것을 드러낼[성현] 수 있었음을 뜻한다.155) 샤만이 공동체의 다른 구성원들과 다른 것은 샤만에게 무력이 있고 수호영신이 있기 때문이 아니라 샤만만이 접신 체험을 할 수 있기 때문인 것이다. 그러나 우리가 앞에서 이미 검토했고 앞으로도 검토하게 될 것이지만, 이런 접신 체험을 일으키는 것은 수호영신이나 보조영신이 아니다. 이런 수호영신이나 보조영신은 신적인 존재의 사자이거나 다른 영신들을 임석시키는 체험 현장의 보조자에 지나지 않는 것이다.

그런데 우리는 이런 "무력"이 영혼(역사의 새벽이던 시대, 신화시대의 무력을 물려받은 조상 샤만들의)에 의해, 신적인 존재나 반신적인 인격에 의해, 때로는 절대자에 의해 드러나고 있음을 알고 있다. 우리는, 여기에서도 수호영신이나 보조영신은 샤만의 체험에 없어서는 안 될 도구에 지나지 않는다는 인상을 받는다. 다시 말하면 샤만이 입문의례를 종결지을 때 받아서 앞으로 샤만이 들어서게 될 주술적-종교적 세계의 길잡이로 삼을 새로운 도구 같다는 인상을 받게 된다는 말이다. 다음 장에서는 "신화적인 도구"로서의 수호영신과 보조영신의 역할이 보다 분명하게 드러날 것이다.

다른 지역에서도 마찬가지지만, 북아메리카에서도 샤만은 자기에게 점지된 운명에 따라 혹은 자의적으로 이 수호영신과 보조영신을 맞아들인다. 북아메리카 샤마니즘에서의 입문과 시베리아 샤마니즘에서의 입문의 차이점을 두고, 전자의 경우는 샤만이 항상 **자의적인 노력**을 통하여 이러한 영신들을 맞아들이는 반면에 아시아의 경우는 영신들로부터 어느 정도 **강요**를 받고 샤만이라는 천직을 맡게 된다는 지적이 있어왔다.[156) 보고라스(Bogoras)는 루드 베네딕트(Ruth Benedict)의 보고서[157)를 참고하면서 북아메리카 샤만의 무력 획득을 다음과 같이 요약하고 있다. 즉 영신들과 접촉하기 위해 혹은 수호영신을 얻기 위해 입문자는 독거로 물러앉아 자기 고문이나 다름없는 혹독한 규칙으로 자신을 채찍질한다. 영신들이 동물의 모습으로 나타나면 입문자는 이 동물 모습을 한 영신들에게 자기 육신을 먹으라고 내맡긴다.[158) 그러나 동물영신들에게 자기 육신을 먹이로 제공하는 행위처럼 자기 육신의 해체를 통해서만 성취되는 이러한 행위는[159) 샤만 후보자의 육신을 해체하는 접신적 의례와 평행하는 도식에 지나지 않는다. 우리가 이미 앞 장에서 분석한 바와 같이 이런 의례는 (죽음과 재생이라는) 입무의례 양식을 포함하고 있다. 더구나 이러한 의례는 다른 지역(가령 오스트레일리아[160)나 티벳[161))에서도 찾아볼 수 있는데 이는 악령에 의한 입문자의 접신적인 해체의 대용물이거나 이와 유사한 양식으로 받아들여진다. 이런 양식이 없거나 드문 곳에서는 육신이 해체되는 자연발생적인 접신 체험이나 내부 장기의 재생이 자기 육신을 동물영신들(아시니보인 족〔Assiniboin〕의 경우처럼) 혹은 악령들(티벳의 경우처럼)에게 제공하는 것으로 나타난다.

북아메리카의 샤마니즘에서는 이런 식의 무력 "수탐"이 지배적인 특징을 보이기는 하나, 이것이 무력을 얻게 되는 단 하나의 방법이라고는 할 수 없다. 우리는 이미 운명이 점지된 바에 따라 무력을 얻는 예를[162] 몇 차례 보아왔다. 그러나 실제로 이러한 사례는 우리가 예로 든 것 이외에도 얼마든지 더 있다. 우리는 여기에서 무력이 세습적으로 후대에 전해진다는 점을 상기할 필요가 있다. 이 세습적인 내림에서 최후의 결단은 영신들이나 조상들의 영에게 맡겨진다. 우리는 여기에서, 파크가 말한 대로, 미래 샤만이 계시적인 접신몽을 꾸고도 이 의미를 제대로 이해하지 못하거나 경건하게 이 접신몽을 따르지 않을 경우 치명적인 신병을 앓게 된다는 사실에도 유념해야 한다. 이 경우에는 늙은 샤만이 개입하여 입문자의 접신몽을 해몽하고 신병에 걸린 입문자에게 영신들이 꿈을 통하여 계시한 바에 따를 것을 명한다. "대개의 경우 입문자는 샤만이 되는 것을 꺼린다. 그래서 다른 샤만들로부터 영신들의 계시를 따르지 않을 경우에는 목숨을 잃을 것이라는 말을 들은 연후에야 자기에게 내린 무력의 존재를 인정하고 영신들의 계시에 따른다."[163] 시베리아나 중앙 아시아 등지의 샤만들이 대개 이런 과정을 거친다. 앞에서도 말했듯이 "신들로부터 택함을 입은 것"에 대해 거부감을 느끼는 것은 인간이 지닌, 신성한 것에 대한 애증 때문인 것으로 풀이된다.

흔한 일은 아니지만 자의적으로 무력을 얻는 사례는 아시아에서도 발견된다. 북아메리카, 특히 남캘리포니아의 경우, 무력의 획득은 입문의례와 밀접한 관계가 있다. 카와이수 족(Kawaiisu), 루이제노 족, 유아네노 족(Juaneno), 가브리엘리노 족(Gabrielino)의 경우에는 디에구에노 족(Diegueno), 코코파 족(Cocopa), 아쿠왈라 족(Akwaala)의 경우와 마찬가지로 입문자는 흰독말풀에 중독된 상태에서 수호영물의 환상이 보이기를 기다린다.[164] 이러한 의식은 샤만의 접신 체험을 기다리는 의식이라기보다는 비밀결사에 입문하는 통과제의로 보인다. 보고라스의 말에 따르면, 입문자의 자기 고문은 샤만으로서의 입문의식이라기보다는 비밀결사에 가입하고자 하는 사람이 치르는 통과제의의 가혹한 시련에 속한다고 할 수 있다. 그러나 북아메리카의 경우 이 두 가지 종교 양식을 정확하게 구분하는 것은 쉽지 않다.

제 4 장 성무의례

퉁구스 인과 만주인의 성무의례

　북아시아는 물론 세계의 다른 지역에서도 접신을 통하여 택함을 입은 샤만 후보자가 일정한 교육 기간을 거치기는 마찬가지이다. 이 기간 동안에 늙은 샤만은 입문자인 샤만 후보자에게 정식으로 입문의례를 치르게 한다. 이 기간 동안에 미래의 샤만은 무술을 습득하고 자기가 속한 종족의 종교적, 신화적 전승을 배우는 것으로 보인다. 이 예비 단계가 통상 새 샤만의 성무의례로 불리는 일련의 의례를 완결시키는 예가 자주 있기는 하나 항상 그런 것은 아니다. [1] 그러나 퉁구스 인과 만주인에 관하여 쉬로코고로프가 적절하게 지적한 것처럼, 이러한 것을 성무의례라고 정식으로 부르기는 어렵다. 그 까닭은, 샤만 후보자는 스승 샤만과 공동체로부터 정식으로 인정받기 오래전에 실제로 이미 "입문"한 상태에 있기 때문이다. [2] 더구나 시베리아나 중앙 아시아 대부분의 지역의 경우가 실제로 그러하다. 공적인 의식이 있는 곳(가령 부르야트 인의 경우)에서도 이 공적인 의식은 진짜 접신적인 비의적(祕儀的) 입문의례를 확인하고 정당화시키는 행사에 지나지 않는다. 우리가 이미 검토해왔다시피, 접신적, 비의적 입문의례는 스승 샤만으로부터 도제 수련을 마친 샤만 후보자에게 베풀어지는 영신의 역사(役事 : 신병, 접신몽 등)인 것이다. [3]

　그러나 스승 샤만에 의해 정식으로 인정을 받는 공식적인 행사가 있는 것도 사실이다. 트랜스바이칼 퉁구스 족의 경우 샤만은 어린아이 때 선발되어 샤만으로 길러진다. 이 어린아이는 일정한 예비 단계를 거치면 최초의 시험을 치러야 한다. 즉 해몽을 하거나 점복의 능력을 보여주거나 해야 하는 것이다. 이러한 시험은 샤만 후보자가 접신중에 자기 옷을 만들 모핏거리로 영신들이 보내줄 동물이 무엇인가를 예언하는 대목에서 절정을 이룬다. 뒤에 실제로 동물이 잡히고 그 모피로 옷이 만들어지면 새로운 집회가 열린다. 이때 잡힌 순록은 이미 세상을 떠난 샤만에게 제물로 바쳐지고 샤만 후보자는 그 모피로 만든 옷을 입고 "큰 굿판"을 벌인다. [4]

만주지방의 퉁구스 족의 경우, 이 절차는 조금 다르다. 아이가 택함을 받아 샤만 교육을 받는 것까지는 같으나, 무업의 행사 여부가 샤만 후보자의 접신능력에 따라 좌우되는 것이 다른 것이다. [5] 위에서 말한 수습기간이 끝나면 정식 "성무"의례가 베풀어진다.

이 성무의례 때가 되면 후보자의 집 앞에는 투뢰 (turö : 큰 가지는 모두 잘라내고 꼭대기 가지만 남겨둔 나무)가 세워진다.

이 두 개의 투뢰는 90센티미터에서 1미터 가량 되는 몇 개의 가로장으로 연결된다. 이때 가로장의 수는 홀수, 즉 5개, 7개 혹은 9개가 되어야 한다. 다음에는 남방으로 좀 떨어진 곳에 세번째 투뢰가 세워진다. 이 투뢰와 동방에 있는 투뢰는 베끈이나 가는 가죽끈으로 연결된다──시짐 (S'iǰim ; "밧줄")이라고 불리는 이 베끈이나 가죽끈에는 약 30센티미터 간격마다 댕기나 갖가지 새의 깃이 꽂혀 있다. 이 끈은 중국산 붉은 비단으로 만드는 수도 있고, 빨갛게 채색한 동물의 힘줄로 만드는 수도 있다. 이것이 바로 영신들이 오가는 "길"이다. 이 시짐에는, 한 투뢰에서 다른 투뢰로 자유자재로 움직일 수 있는 나무고리가 걸린다. "대감(大監)"이 파견한 영신은 이 고리〔줄두(ǰuldu)〕위에 좌정한다. 각 투뢰 근처에는 신인동형적 (神人同型的)인 조상이 놓인다. 아나칸 (an'akan)이라고 불리는 이 조상은 비교적 커서 길이가 30센티미터쯤 된다.

샤만 후보자는 두 개의 투뢰 사이에 앉아 무고를 울린다. 늙은 샤만은 남방 투뢰에 자리한 영신들을 하나씩 불러내어 고리와 함께 샤만 후보자에게 보낸다. 스승 샤만은 다음에는 이 고리를 하나씩 되돌려받는데, 이럴 때마다 영신들은 하나씩 샤만 후보자를 떠난다. 만일 이렇게 하지 않으면 영신들은 샤만 후보자에게 들어가서는 나갈 생각을 하지 않는다……

영신들이 들어갈 때마다 이 모임의 장로들은 이 후보자를 시험한다……. 후보자는 영신들의 내력 ("살아온 역사〔biography〕")뿐만 아니라, 이 영신들이 원래는 누구였는지, 어디에 살았는지 (어느 "강"에 살았는지), 무슨 역사 (役事)를 했는지, 어느 샤만의 몸주 노릇을 했는지, 그 샤만은 언제 죽었는지……, 이 모든 것을 소상하게 대답하여 참관자들에게 정말 영신이 자기 몸에 든 것을 보여주어야 한다……. 이러한 절차가 모두 끝나면 샤만

> 후보자는 가로장으로 올라가 한동안 여기에 있어야 한다. 샤만의 무복은
> 그 가로장에 걸려 있다.……[6]

이러한 의식은 사흘, 닷새, 이레 혹은 아흐레 동안 계속된다. 만일 샤만 후보자가 시험에 통과하고 의식을 훌륭하게 치러내면 장로들은 종족의 영신들에게 제물을 드린다.

여기에서는, 퉁구스의 샤마니즘이 샤마니즘을 인도하는 영신들에 의해 주도되고 있는 듯이 보이나, 미래 샤만을 성별하는 의식에서 "영신들"이 맡는 역할의 문제는 잠시 젖혀두기로 하자, 여기에서는 두 가지 문제, 즉 1) "길"이라고 불리는 밧줄 2) 나무로 오르는 의식에 대해서만 집중적으로 검토해보기로 한다. 이 두 가지가 맡는 역할이 중요하다는 것은 벌써 의심할 나위가 없어 보인다. 밧줄은 하늘과 땅을 연결하는 "길"을 상징하고(오늘날의 퉁구스 의식에서 이 "길"은 영신들과의 교통을 가능케 하는 구실을 하고 있기는 하다) 나무에 오르는 것은 샤만의 천계상승을 의미한다. 그럴 가능성이 있기도 하지만, 만일 퉁구스 인들이 이러한 의식을 부르야트 인들로부터 받아들인 것이라면, 퉁구스 인들은 이 의식을 자기네 이데올로기에 맞게 받아들였음이 분명하다. 이렇게 되는 과정에서 부르야트 인들에게 통용되던 원래의 의미는 변질되었을 가능성이 있다. 이런 의미의 변질은 다른 이데올로기(가령 라마 교)의 영향 아래 최근에 일어났을 가능성이 짙다. 그러나 이러한 입문의식은 비록 다른 민족으로부터 차용했다고 하더라도, 그 기본 관념은 퉁구스 샤마니즘의 관념과 어느 정도까지는 일치한다. 왜냐하면 우리가 지금까지 보아왔고 앞으로도 넉넉하게 보게 될 것이지만, 퉁구스 인들은 다른 북아시아와 극북지방 사람들과 마찬가지로 샤만이 하늘에서 내려온다고 믿기 때문이다.

만주족의 경우, 공개적인 입문의식에는 샤만 후보자가 불붙은 석탄 위를 걷는 절차가 정식으로 들어 있다. 샤만 후보자는 자기가 영신들을 부리고 있다고 주장하는데, 만일 이 말이 사실이라면 그는 불붙은 석탄 위를 걷고도 상처를 입지 않을 수 있다. 오늘날 이런 절차를 그대로 밟는 일은 아주 드물다. 사람들은, 이런 절차가 줄어드는 까닭은 샤만의 무력이 쇠퇴했기 때문이라고 하는데,[7] 이러한 주장은 샤마니즘이 쇠퇴했다고 보는 북아시아 인들의 일반적인 견해와 맥을 함께 한다.

만주인들에게는 이와는 다른 입문의 시험이 있다. 그것은, 겨울철에 얼

음 위에다 구멍을 아홉 개 뚫어놓고 샤만 후보자로 하여금 첫번째 구멍으로 들어가 두번째 구멍으로 나오고 세번째 구멍으로 들어가 네번째 구멍으로 나오고……이런 일을, 샤만 후보자가 아홉번째 구멍으로 나올 때까지 계속하게 하는 시험이다. 만주인들은 중국의 영향을 받아 이렇게 혹독하기 짝이 없는 시험이 생기게 되었다고 주장한다. [8] 실제로 이 시험은 티벳의 요가적-탄트라적 시험과 비슷하다. 티벳에서는, 입문자는 눈이 쌓인 겨울 밤에 알몸으로, 젖은 옷을 여러 벌 체온으로 말려야 한다. 이로써 입문자는 자기에게, 자신의 몸 안에서 일으킬 수 있는 "체열 (體熱)"이 있음을 증명한다. 주목해야 할 것은 에스키모 역시 혹독한 추위를 견디는 사람을, 샤만으로 택함을 받은 사람으로 인정한다는 사실이다. 실제로 자기 마음대로 몸에서 열이 나게 하는 것은 원시사회의 주술사나 주의에게는 반드시 필요한 묘기의 하나였다. 이 문제는 나중에 다시 다루기로 하자. [9]

야쿠트 인, 사모예드 인, 오스티야크 인의 성무의례

 야쿠트 인, 사모예드 인, 오스티야크 인의 입문의례에 관한 한 우리에게는 엉성하고 시대 착오적인 자료밖에 없다. 이 자료들이 피상적이고 부정확한 데에는 이유가 있다. 19세기의 현장 연구자나 민족학자들이 이 샤마니즘을 악마적인 현상으로 보았기 때문이다. 이들에게 입문의례를 치르는 미래 샤만은 "악마"에게 몸을 맡기는 자였다. 여기에, 프리푸조프가 기록한 야쿠트 인의 입문의례를 예로 들어보기로 하자. 그는 이 의례를 다음과 같이 묘사하고 있다. 샤만 후보자가 영신들로부터 "택함"을 받으면, [10] 늙은 샤만은 이 제자를 산이나 광야로 데리고 나가, 무복을 입혀준 다음 손에는 무고와 북채를 들려준다. 그런 다음에는 이 샤만 후보자의 오른쪽에는 숫총각 아홉, 왼쪽에는 숫처녀 아홉을 붙여준다. 이런 절차가 끝나면 늙은 샤만은 무복을 입고 제자의 뒤로 돌아가 제자에게 특정 기도문을 연송 (連頌)하게 한다. 늙은 샤만은 제자가 신을 부정하게 하고 제자가 애착을 느끼고 있는 모든 것을 버리게 하고 여생을 "악마"에게 헌신할 것을 약속하게 한다. 늙은 샤만은 제자에게, 이렇게 하면 모든 소원이 성취될 것이라고 말한다. 그리고는 다시 제자에게 악마가 사는 곳, 장차 제자가 치료할 역병이 있는 곳, 그리고 악마들을 달래는 방법을 가르친다. 마지막으로 샤만 후보자는 희생제물을 잡은 다음 피는 자기 무복에 뿌리고 고기는 자리를 함께 한 동아리들끼리 나누어 먹는다. [11)]

크세노폰토프가 야쿠트 샤만으로부터 모아 들인 자료에 따르면, 스승 샤만은 제자 샤만을 데리고 긴 접신 여행길에 오른다. 이 둘은 먼저 산을 오름으로써 이 여행을 시작한다. 이 산에서 스승 샤만은 제자 샤만에게 갈림길을 가르쳐준다. 이 갈림길에서는 산의 꼭대기로 오르는 길이 갈려 나가는데, 인간을 괴롭히는 역병이 사는 곳이 바로 이곳이다. 이 여행이 끝나면 스승 샤만은 제자를 데리고 집으로 돌아온다. 두 사람은 집에서 무복을 입고 둘이서 내림굿을 한다. 스승은 제자에게 몸의 각 부분을 병들게 하는 역병을 진단하는 방법과 치료하는 방법을 가르쳐준다. 몸의 각 부분의 명칭을 입에 올릴 때마다 스승 샤만은 제자의 입에다 침을 뱉는데, 제자는 이 침을 삼켜야 한다. 그래야 "지옥의 악마들이 지나다니는 길"을 알 수 있게 되는 것이다. 마지막으로 스승은 제자를 천상계 영신들이 있는 천상계로 데리고 올라간다. 제자 샤만의 몸은 이로써 "성별된 육체"가 되어 무업에 종사할 수 있게 된다. [12)]

트레티야코프(P.I. Tretyakov)에 따르면, 투르칸스크 지역의 사모예드 인과 오스티야크 인은 새 샤만을 이렇게 성무시킨다. 샤만 후보자의 얼굴을 서쪽으로 돌리게 한 다음, 스승 샤만은 어둠의 영신에게 제자를 도와 그를 인도해줄 것을 빈다. 이어서 스승 샤만이 어둠의 영신을 찬송하면 샤만 후보자도 스승을 따라 이 영신을 찬송한다. 마지막으로 어둠의 영신이 샤만 후보자를 시험한다. 샤만 후보자에게 아내와 자식과 재산 같은 것을 내놓으라고 하는 것이다. [13)]

퉁구스 인이나 부르야트 인의 경우와 마찬가지로, 골디 인의 입문의례도 공개적으로 치러진다. 이 자리에는 샤만 후보자의 가족을 비롯, 구경꾼들이 참석한다. 사람들은 노래를 부르고 춤을 추고는(이 자리에는 적어도 아홉 명의 춤꾼들이 있어야 한다) 제물로 아홉 마리의 돼지를 잡는다. 샤만은 이 돼지 피를 마시고 접신상태에 들어 오랜 시간 동안 굿을 한다. 이 행사는 며칠 동안이나 계속되다가[14)] 결국은 공개적인 잔치가 된다.

이러한 행사는 그 부족 공동체의 관심사가 되고 따라서 그 경비를 샤만 후보자의 집안에서 전담하지 않는 것은 명백하다. 이런 의미에서 입문의례는 샤머니즘의 사회학에서 중요한 몫을 하게 되는 것이다.

부르야트 인의 성무의례

　성무의례 가운데서도 가장 복잡한 것이 부르야트 인의 성무의례이다. 특별히 칸갈로프(Khangalov)와, 포즈네예프(A.M. Pozdneyev)가 출판하고 파르타넨(J. Partanen)이 번역한 "입문서" 덕분에 가장 유명해진 것이 또한 이 부르야트 인의 성무의례이다. [15] 여기에서도 진짜 입문의례가 베풀어진 다음에야 새 샤만은 공식적으로 성별된 샤만으로 대접받는다. 처음으로 접신을 체험(접신몽, 환상, 영신들과의 대화 등)한 뒤로, 입문자는 독거하면서 자신을 샤만으로 세울 준비를 한다. 이동안에 입문자는 늙은 스승 샤만, 특히 "신 아버지"라고 불리는, 장차 자기 입문의례의 집행자가 될 샤만으로부터 많은 가르침을 받는다. 또한 그는 굿을 하기도 하고 신들이나 영신들을 부르기도 하고 무업의 비의를 배우기도 한다. 부르야트 인의 경우도 샤만 후보자는 공개 행사에서 자기의 무력을 선보인 다음, 비의의 계시를 통해서라기보다는 스승으로부터 직접 성별을 받는다.

　성별의 날짜가 정해지면 재계의식(齋戒儀式, purification ceremony)이 치러진다. 이 재계의식은 이론상으로는 세 번에서 아홉 번 치러져야 하지만, 실제로는 두 번만 치러진다. "신 아버지"와, 이 "신 아들"로 불리는 젊은이 아홉이 세 개의 우물에서 물을 긷고는, 우물의 영신들에게 타라순(tarasun)을 제주로 바친다. 이들은 돌아오는 길에 어린 자작나무를 뽑아 집안으로 가지고 들어온다. 집으로 돌아온 이들은 물을 끓이되, 이 물을 정화하기 위해 야생 백리향과 노간주나무와 소나무 껍질 그리고 숫염소의 귀에서 잘라낸 털 몇 올을 솥에다 넣고 끓인다. 이어서 이들은 이 숫염소를 잡아 피 몇 방울을 솥에다 떨어뜨리고는, 고기는 여자들에게 내주어 요리하게 한다. "신 아버지"는 양의 견갑골로 점을 친 다음, 후보자의 조상 샤만들을 불러 술과 타라순을 바친다. 이 헌주가 끝나면, "신 아버지"는 자작나무 잔가지로 만든 빗자루를 솥에다 담그고 후보자의 맨등에다 손을 올린다. "신 아들들"이 이런 의례적인 동작을 반복하고 있을 동안 "신 아버지"는 샤만 후보자에게 이런 말을 한다. "가난한 사람이 너의 도움을 바라거든 도움을 베풀되 사례는 적게 청하고, 주는 것을 받는

데 만족하여라. 늘 가난한 사람들을 생각하고 가난한 사람들을 돕되, 이들을 악령으로부터 지켜주시도록, 이들을 보호해주시도록 신께 빌어라. 부자가 너를 부르는 일이 있으면 이들을 도와주되 너무 많은 사례를 요구하지 않도록 하여라. 만일 부자와 가난한 사람이 동시에 너를 부르거든, 가난한 사람을 먼저 찾아본 연후에 부자를 찾아보도록 하여라."16) 샤만 후보자는 이 말에 따를 것을 서약하고 스승이 선창하는 기도문을 되받아 읊는다. 재계에 이어 수호영신들에 대한 신주(神酒) 타라순의 헌작(獻爵)이 있으면 이 준비 제의는 끝난다. 물에 의한 이러한 재계는 매월 초승달이 뜰 때마다 한 번씩 해야 한다. 형편이 여의치 않을 경우에도 적어도 일 년에 한 번씩 의무적으로 치러야 한다. 이에 덧붙여 샤만은 부정을 탔다고 여겨질 때마다 같은 방법으로 자신을 재계해야 한다. 그 부정의 정도가 심한 때는 재계하되 피로써 재계해야 한다.

이 입문의식을 치른 뒤에는 최초의 성별의식, 즉 캐래개-쿨캐(khärägä-khulkhä)가 있다. 이 성별의식에 드는 경비는 공동체가 분담한다. 이 준비 과정에서 샤만과 이 샤만의 보조자들("신 아들들")은 제물을 걷는다. 즉 말을 타고 마을 마을을 다니면서 제물을 걷는 것이다. 이들이 제물로 걷는 것은 머릿수건이나 댕기일 경우가 보통이나 돈을 제물로 걷는 경우도 드물지만 있기는 하다. 나무잔, "마장용(馬杖用) 방울," 비단, 술 등 기타 필요한 물건을 걷는다. 발라간스크 지역의 경우, 샤만 후보자와 "신 아버지" 그리고 이 신 아버지의 아홉 "신 아들들"은 천막으로 들어가 아흐레 동안 금식한다. 이 금식기간 동안 이들은 차와 밀가루 죽밖에 입에 대지 않는다. 천막 주위로는 말총을 꼬아 만든 금줄이 세 겹으로 내걸린다. 이 금줄에는 동물의 생가죽이 꿰어져 있다.

성별의식 전날 밤에 샤만과 아홉 "신 아들들"은 실하고 곧은 자작나무를 여러 그루 벤다. 이 자작나무는 마을 주민들의 조상이 많이 묻혀 있는 곳에서 베어야 한다. 나무를 벤 다음에는 양고기와 타라순을 제물로 바쳐 이 숲의 영신을 달랜다. 성별의식이 베풀어지는 날 아침에는 세울 자리를 정하여 이 자작나무를 제자리에 세운다. 먼저 가장 실한 자작나무 하나를, 뿌리는 노상(爐床)에, 꼭대기는 천정의 연기구멍 위로 솟게 천막 안에다 세운다. 이 자작나무는 우데시-부르칸(udeši-burkhan)이라고 불리는데, 이것은 "출입문의 수호자"(혹은 "수문신〔守門神〕")라는 뜻이다. 이렇게 불리는 까닭은, 바로 이 신이 샤만을 위하여 천상계로 들어가는

문을 열어주기 때문이다. 이 나무는 이 천막의 주인이 샤만이라는 표지로
서 영구히 여기에 남는다.

나머지 자작나무는 이 천막에서 멀리 떨어진 곳, 그러니까 입문의식이
베풀어진 곳에 세워진다. 이 자작나무를 세우고 치장하는 데에는 다음과
같은 특별한 법식이 있다. 1) 첫번째 자작나무 아래에는 타라순을 비롯한
제물이 놓이고 가지에는 댕기가 걸린다(해당 샤만이 "흑 샤만"일 경우에
는 빨간 댕기와 노란 댕기, "백 샤만"일 경우에는 흰 댕기와 푸른 댕기가
걸린다. 샤만이 선신과 악신을 구분하지 않고 모든 종류의 영신들을 두루
섬기는 경우에는 네 가지 색깔의 댕기가 모두 걸린다). 2) 두번째 자작나
무에는 방울과, 제물로 쓴 동물의 가죽이 걸린다. 3) 세번째 자작나무는
샤만 후보자가 오를 수 있도록 땅에다 단단히 심겨야 한다. 대개 뿌리째
로 심어지는 이 세 그루의 나무는 "기둥"(새르개〔särgä〕)이라고 불린다.
자작나무 세우기는 계속된다. 4) 아홉 그루의 자작나무를 세 그루씩 백마
의 말총으로 만든 밧줄로 묶어서 세운다. 이 밧줄에는 갖가지 색깔의 댕
기가 특별한 순서——백, 청, 홍, 황(천상계에 있는 각각의 단계를 상징
하는 듯하다)의 순서로 걸린다. 이 자작나무 위에는 희생제물이 된 아홉
마리 짐승의 가죽과 갖가지 음식이 올려진다. 5) 아홉 개의 기둥이 세워
지고 여기에 희생제물이 될 짐승이 각각 한 마리씩 묶인다. 6) 큰 자작나
무가 한 그루 더 세워지는데, 여기에는 나중에, 짚으로 싼 희생제물의 뼈
가 매달린다. [17] 가장 중요한 자작나무——샤만의 천막 안에 세워진 자작
나무——는 밖에 세워진 자작나무와 두 가지 색깔의 댕기, 즉 흰색과 푸
른색 댕기로 연결된다. 이 댕기는 장차 샤만이 영신들의 땅인 천상계로
오르는 길인 "무지개"를 상징한다.

이러한 준비과정이 모두 끝나면 샤만 후보자와 "신 아버지의 신 아들
들"은 모두 소복(素服)하고 무구를 성별하는데, 이때는 마장(馬杖 : Horse-
stick)의 주(主)와 그 신처(神妻)에게 양을 잡아 바치고 타라순을 헌작한
다. 경우에 따라 마장에다 제물이 된 양의 피를 바르는 일도 있는데, 이
렇게 하면 이 "마장"은 생명을 얻어 말로 화신한다.

이 무구에 대한 성별의식이 끝나면, 의식은 수호신들(서쪽에 있는 칸들
〔Khans〕과 이들의 아홉 아들들), "신 아버지"의 조상들, 새 샤만의 지
방영신(local spirit)들과 수호영신들, 이미 세상을 떠난 이름 있는 샤만
들의 혼령, 부르칸(burkhan)과 기타 잡신들에게 타라순을 헌작하는 기

나긴 순서로 이어진다. [18] 이 순서에서 이어 "신 아버지"는 다시 한번 타라순 헌작에서 빠진 신들과 영신들에게 기도하고 샤만 후보자는 이 기도문을 따라 읊는다. 어떤 전승에 따르면, 샤만 후보자는 손에 칼을 들고, 말하자면 이로써 무장을 하고 천막 안에 세워진 자작나무에 올라 그 꼭대기에 이르러 연기구멍으로 고개를 내밀고는 소리를 질러 신들에게 도움을 호소한다. 이동안 천막 안에 있는 사람들과 모든 물건은 깨끗이 정화된다. 이 절차가 끝나면 네 "신 아들들"은 무가를 부르면서 천막 안에 앉아 있는 샤만 후보자를 들어, 밖에 있는 펠트 깔개 위로 옮겨 놓는다.

"신 아버지"를 필두로, 샤만 후보자, 아홉 "신 아들들," 친척들 그리고 구경꾼들은 자작나무가 나란히 세워진 곳으로 나온다. 이렇게 나오던 이들은, 자작나무들의 열이 가까운 한 지점에서 걸음을 멈추고 숫염소 한 마리를 제물로 잡고는 다른 샤만들이 무고를 울리는 가운데 샤만 후보자의 웃옷을 벗긴 다음 숫양의 피를 머리와 눈과 귀에다 바른다. 이동안 아홉 "신 아들들"은 물에 적신 빗자루로 샤만 후보자들의 맨등을 때리고 내림굿을 베푼다.

이어서 아홉 마리 이상의 짐승이 제물로 희생되는데, 이 짐승의 고기가 준비될 동안에 의례적인 천계상승 의식이 베풀어진다. 이 의식에서 먼저 "신 아버지"는 자작나무 위로 올라가 꼭대기에다 아홉 개의 금을 긋는다. 그리고는 이 나무에서 내려와 "신 아들들"이 자작나무 밑에 깔아놓은 융단에 좌정한다. "신 아버지"에 이어 샤만 후보자가 자작나무에 오르고 이어서 다른 샤만들이 이 후보자를 따라 오른다. 이들은 나무에 오르는 대로 접신상태에 든다. 발라간스크 지역 부르야트 인의 경우, 샤만 후보자가 펠트 융단 위에 앉으면 다른 사람들이 이 샤만 후보자를 융단째 든 채로 자작나무를 아홉 바퀴 도는데, 이 절차가 끝나면 샤만은 자작나무들에 차례로 올라 그 꼭대기에다 아홉 개씩의 금을 긋는다. 이 샤만 후보자는 자작나무에 오를 때마다 그 꼭대기에서 굿을 하게 되는데, 이동안 "신 아버지"는 아래에서 자작나무를 돌면서 굿을 한다. 포타닌 (Potanin)의 보고에 따르면, 이 의례를 위해 마을 사람들이 심는 자작나무는 아홉 그루이다. 사람들이 이 아홉 그루의 자작나무를 나란히 거의 간격이 없이 심고 깔고 앉은 융단째로 샤만 후보자를 자작나무 아래로 들고 나오면, 샤만 후보자는 융단에서 내려와 자작나무로 올라가서 의례를 베푼다. 샤만 후보자가 아홉 그루의 자작나무 꼭대기에서 베푸는 의례는 똑같다. 이때의 자작나무 아홉 그루는 아홉 하늘을 상징한다. 이런 의례가 끝날 즈음이 되면 고기가 준비된다. 이어서, 준비된 고기로 지내는 신들에 대한 제사(불 속으로, 공중으로 고기 토막을 던지는)가 끝나면 잔치가 베풀어진다. 제사가 끝나면 새 샤만과 "신 아들들"은 천막 속으로 들어가나, 나머지 사람들은 오랫동안 잔치를 즐긴다. 이들은, 제물이 된 짐승의 고기는 먹고 뼈는 짚으로 싸서 자작나무에다 걸어놓는다.

옛날에는 입문의례를 여러 차례 치렀던 것으로 전해진다. 칸갈로프와 산드체예프[19]는 아홉 차례나 치렀다고 하는가 하면 페트리(B.E. Petri)는 다섯 차례 치렀다고 주장한다. [20] 포즈네예프가 출판한 자료에 따르면, 두 번째와 세번째 입문의례는 첫번째 입문의례를 치른 지 각각 3년 그리고 6년 뒤에 베풀어진다. [21] 비슷한 의례는 시보 족(Sibo : 퉁구스의 일족), 알타이 계의 타타르 인, 심지어는 야쿠트 인과 골디 인에게도 있는 것으로 보고되고 있다. [22]

그러나 이런 양식의 입문의례를 알지 못하고 있는 곳에서도, 우리는 유사한 관념에 그 뿌리를 두고 있는 듯한 천계상승의 무속적 의례를 찾아볼 수 있다. 중앙 아시아 샤마니즘과 북아시아 샤마니즘이 근본적으로 일치하는 점에 관해서는 무의의 기술을 논할 때 자세히 검토하기로 하자. 이러한 무속의 제의에서, 가령 자작나무가 우주수 혹은 세계의 축, 따라서 세계의 중심을 점유하고 있는 것을 상징한다는 것은 분명하다. 그래서 샤만은 이 나무에 오름으로써 중심으로의 접신 여행을 체험하는 것이다. 우리는 입문적인 접신몽과 관련해서 이같이 중요한 신화적 모티프를 접한 바 있다. 이 모티프가 지닌 문제는 알타이 샤만의 굿과 무고의 상징성을 언급하는 대목에서 선명하게 풀릴 것이라고 믿는다.

뿐만 아니라, 우리는 유형이 다른 무속의 입문의례에서도 나무나 기둥에 오르는 절차가 대단히 중요한 몫을 하고 있다는 사실을 알게 될텐데, 이러한 절차는 천계상승이라는 신화적-제의적 테마("주술적인 비행" 및 "화살의 사슬"의 신화, 끈의 신화, 다리〔橋〕의 신화 등을 포함하는 테마)의 변형으로 보아야 할 듯하다. 이와 똑같은 상승의 상징체계는 자작나무를 연결하고 여러 가지 색깔의 댕기(무지개의 색층, 서로 다른 천상계 지역들)가 걸린 끈(다리)에서 찾아볼 수 있다. 시베리아 지역과 알타이 지역에서 두드러지게 나타나고 있기는 하지만 이러한 신화적 테마와 제의는 중앙 아시아와 동북 아시아 지역에서도 나타나고 있으므로 이 지역 문화만의 특징은 아니다. 부르야트 샤만의 입문의례같이 복잡한 의례가 어느 한 종족의 독창적인 것이냐 하는 데에는 의문의 여지가 있다. 왜냐하면 하르바가 이미 약 25년 전에 지적했듯이, 부르야트 인의 입문의례에는 이상하게도 미트라 교(Mithra)의 비의를 연상시키는 요소가 있기 때문이다. 부르야트의 입문의례에서 샤만 후보자는 염소의 피로써 재계를 받는데, 이 염소가 바로 이 샤만 후보자의 머리 위에서 도살되는 수도 있다. 지역에 따라 샤만 후보자가 희생된 짐승의 피를 마셔야 하는 경우도 있다. [23] 이러한 의식은 미트라 교의 비의에서 가장 중요한 자리를 차지하는 의식인 타우로볼리온(taurobolion)을 연상시킨다. [24] 타우로볼리온 의식에서는 가로장이 일곱 개인 사다리(클리막스〔klimax〕)가 등장한다. 이 사다리의 일곱 가로장은 각각 다른 금속으로 만들어져 있다. 셀수스(Celsus)에 따르면 첫번째 가로장은 납(토성의 "하늘"에 해당한다), 두번째 가로장은 주석(금성), 세번째 가로장은 청동(목성), 네번째 가로장은 철(수성), 다섯번째 가로장은 "주화용(鑄貨用)" 합금(화성), 여섯번째 가로장은 은(달), 일곱번째 가로장은 금(태양)으로 만들어진다. [25] 셀수스의 지적에 따르면, 여덟번째 가로장은 붙박이 별(항성)을 상징한다. 입문자는 이 제의적 사다리를 오름으로써 "일곱 하늘"을 지나 최고천에 이르는 것이다. [26] 여기에서, 중앙 아시아 신화에 왜곡된 형태이기는 하나 이란적인 요소가 남아 있다는 사실을 감안하고[27] 1세기부터 10세기에 이르기까지 한쪽으로는 중국과 중앙 아시아 사이에서, 다른 한쪽으로는 이란과 근동 사이에서 문화의 중재자 역할을 맡아온 소그드 인(Sogdian)의 중요한 역할을 상기할 때, [28] 이 핀란드 학자의 가설은 설득력이 있어 보인다.

그러나 여기에서는 부르야트의 제의가 이란의 영향을 받았을 것이라는 몇 가지 실례를 제시하는 것에 그치기로 하자. 시베리아 샤마니즘에 대한 남아시아와 서아시아의 공헌을 검토하는 대목에서 부르야트 인의 제의에 대한 이란의 영향의 중요성이 드러날 것이다.

아로케니아 무당의 입문의례

이 부르야트 샤만의 입문의례와 유사한 모든 현상을 검토하는 것은 우리가 의도하던 바가 아니다. 따라서 우리는 이러한 현상 중에서 가장 두드러지는 것들, 특히 기본적 의례로 나무에 올라가거나 그밖의 천계상승의 상징적 수단을 이용하는 따위의 사례에 한정시켜 언급하고자 한다. 먼저 남아메리카의 마치(machi), 다시 말해서 아로케니아 무당인 마치의 성별의식에서부터 이야기를 시작하기로 하자.[29] 이 입문의례에서 가장 중요한 것은 입문자가 나무 혹은 껍질을 벗긴 나무둥치인 레웨(rewe)에 제의적으로 오르는 대목이다. 이 레웨는 무업을 나타내는 특별한 상징이기도 하다. 그래서 마치는 누구나 자기 집 앞에다 자기가 무당이라는 표지로 이 레웨를 세워둔다.

이 의례에서, 공동체 구성원들은 먼저 3미터 길이의 나무를, 껍질을 벗기고 사다리 노릇을 할 수 있도록 홈을 여러 개 판 다음, 미래 무당의 집 앞에다 단단히 세운다. 이 나무를 세울 때에는 "올라가기 쉽도록 약간 비스듬하게 세운다." 때로는 "굵고 긴 가지를 이 레웨 주위에다 둥그렇세 세워 길이 약 15미터, 폭 약 4미터의 우리〔牢〕모양을 만들기도 한다."[30] 이 신성한 사다리가 만들어져 세워지면, 무당 입문자는 겉옷을 벗고 속옷 차림으로 양가죽과 담요로 만든 침대에 눕는다. 입문자가 누우면 늙은 무당이 카넬로 잎으로 이 입문자의 몸을 문질러 주술이 이 무당 입문자에게 들어갈 일종의 통로를 만든다. 그동안 이 의례에 참가한 여자들은 노래를 합창하면서 종을 울린다. 제의적인 마사지는 몇 차례 계속된다. 그러다 "늙은 여자가 이 무녀 입문자에게 달려들어 젖과 배와 머리를 엄청난 입심으로 피가 나올 때까지 빨아댄다."[31] 이 처음 단계의 준비가 끝나면 입문자는 일어나 옷을 입고는 의자에 앉는다. 노래와 춤은 하루 종일 계속된다.

다음 날에 이 제의는 절정에 이른다. 수많은 사람들이 모여든다. 늙은 마치들은 둥그렇게 원을 그리고 서서, 차례로 북을 치면서 춤을 춘다. 이 절차가 끝나면, 이 늙은 마치들과 입문자는 사다리가 있는 곳으로 다가가 차례로 이 사다리에 오른다. (모에스바하〔Moesbach〕에게 자료를 제공해 준 사람의 보고에 따르면 이때 입문자가 맨 먼저 오른다.) 이 의례는 제물인 양이 도살될 때까지 계속된다.

우리는 지금까지, 메트로가 인용한 로블레스 로드리게스(Robles Rodriguez)의 기록을 간추려보았다. 우스 신부는 이런 자료에다 더욱 자세한 내용을 덧붙이고 있다. 즉 공동체의 무리는 무당의 집안에서 제공한 양이 도살되는 제단을 둘러싸고 원을 그린다. 그러면 늙은 마치는 "인류의 주님이시자 아버지시여, 아버지께서 창조하신 이 짐승의 피를 아버지께 뿌립니다. 저희에게 은혜를 베푸소서!" 하는 식으로 기도를 드린다. 짐승 중 한 마리가 도살되면 그 심장은 카넬로 가지에 걸린다. 이어서 음악이 시작되고 무리는 레웨를 둘러싼다. 이윽고 시작되는 잔치와 춤판은 밤새도록 계속된다.

새벽이 되어 입문자가 다시 나타나면, 북을 들고 나온 마치는 다시 춤을 추기 시작한다. 마치 중 몇 명은 접신상태에 든다. 그중 하나는 눈가리개를 하고 백수정 칼을 꺼내 손으로 더듬어 입문자의 손가락과 입술에 상처를 내고는 자기 손가락과 입술에도 비슷한 상처를 낸 다음, 여기에서 흐른 피를 입문자의 상처에서 나온 피와 섞는다. 이 절차에 이어 몇 가지 절차가 더 이어지면, 젊은 입문자는 "춤을 추고 북을 두드리면서 레웨에 오른다. 늙은 여자들은 그 뒤를 따른다. 그리고는 레웨에 나 있는 홈을 딛고 자리를 잡는다. 두 후원자가 발판 위에 선 입문자의 양쪽에 자리를 잡는다. 이렇게 자리 잡은 이들은 입문자의 몸에서, (조금 전에 입문자가 걸고 입었던) 푸른 잎으로 만든 목걸이와 피에 젖은 양모피를 벗겨 관목 가지에다 내건다. 이 목걸이와 양모피는 성별된 것으로, 어느 누구도 여기에 손을 댈 수 없다. 이 성별된 것을 파기할 수 있는 것은 오직 세월뿐이다. 이 절차가 끝나면 무당의 무리는 레웨에서 내려온다. 입문자는 맨 뒤에서 천천히 뒷걸음질로 내려온다. 이 입문자의 발이 땅에 닿는 순간 무리는 함성을 지르면서 이 성별된 무당을 반긴다. 이 순간은 완전히 승리와 도취의 도가니요, 글자 그대로 난장판이 된다. 그 까닭은 여기에 모여 있던 모든 사람들이 이 새로 탄생한 무당에게 다가가 그 몸에 손을 대고 싶어하고 입을 맞추고 싶어하기 때문이다."[32] 다시 잔치 마당이 어울려지고 이 제의에 참가했던 사람들 모두가 이 잔치에 참가한다. 이 입문의례 과정에서 입었던 상처는 일 주일 안에 낫는다.

모에스바하가 수집한 자료에 따르면, 새 마치는 아버지 신("파드레 디오스 레이 안치아노[Padre dios rey anciano]" 등)에게 기도를 드리는 것으로 보인다. 그러니까 새 무당은 아버지 신에게 (환자의 몸 안에 들어 있는 질병의 정체를 꿰뚫어보는 데 필요한) 제2의 눈을 줄 것과 무고 치는 기술을 가르쳐줄 것을 비는 것이다. 새 무당은 여기에 덧붙여 "말," "황소," "칼"——특정한 영적인 힘의 상징——을 내려줄 것을 빈 다음,

마지막으로 "줄무늬 돌 혹은 채색된 돌"을 내려줄 것을 빈다. (이 돌은, 환자의 몸에 넣음으로써 그 환자를 정화할 수 있는 주술적인 돌이다. 환자의 몸에 넣었다가 꺼냈을 때, 만약 이 돌에 피가 묻어 있으면 그것은 환자가 죽음에 직면해 있다는 표지이다. 무당은 또 이 돌로 환자의 몸을 문지르기도 한다.) 늙은 마치는 새 마치가 흑(黑)주술을 쓰지 못하게 하겠다고 구경꾼들에게 약속한다. 로블레스 로드리게스의 자료에는 아버지 신에 관한 언급이 없는 대신 빌레오(vileo)라는 말이 나온다. 이 말은 하늘의 마치, 즉 천상계의 큰 무당이라는 뜻이다. (빌레오는 "천계의 한가운데"에 산다.)

입문적 상승의례가 있는 곳에서는 어디서나, 무당이 치병 굿을 할 경우에 반드시 이러한 의식이 되풀이해서 치러진다. [33]

그러면 이 입문의례의 주요한 테마를 정리해보자. 여기에서 주요한 테마를 이루는 것은, 천상계로의 여행을 상징하는, 접신상태에서의 나무-사다리 오르기, 마치에게 치병의 무력(투시력 등)과 치병에 필요한 주물(줄무늬가 있는 돌 등의 주물)을 내린다고 믿어지는 절대자 혹은 천상의 큰 샤만에 대한 발판에서의 기도이다. 치병 무력이 신적인 혹은 적어도 천상적인 근원에서 유래한다고 하는 믿음은 많은 고대민족 사이에서 찾아볼 수 있다. 가령 세망 피그미 족의 경우, 샤만인 할라는 체노이(절대자인 타 페든[Ta Pedn]과 인류 사이의 중재자) 혹은 이러한 천상의 영신들이 산다고 믿어지는 수정석의 도움을 빌려 혹은 신으로부터 바로 도움을 얻어 병자를 치료한다. [34] "줄무늬가 있는 돌 혹은 채색된 돌" 역시 원래는 천상의 주물이다. 이미 남아메리카 등지의 사례[35]를 여러 차례 소개한 바 있으므로 이 문제에 대한 논의는 뒤로 미루기로 하자. [36]

나무 오르기 의식

나무를 오르는 의식은 북아메리카의 성무의례에서도 보인다. 포모 족의 경우, 비밀결사의 입문의식은 나흘 동안이나 계속되는데, 그중 하루는 송두리째, 지름이 약 15센티미터, 길이가 6미터에서 9미터쯤 되는 나무 장대에 오르는 의식에 쓰인다. [37] 이 대목에서 시베리아의 미래 샤만이 성별식을 앞두고 나무에 오르던 일을 상기해주기 바란다. 앞으로 보게 되겠지만[38] 베다 시대에 제물을 바치던 사제도 천상계나 신들이 이르기 위해 제의적인 장대에 올랐다. 나무나 덩굴이나 밧줄을 이용해서 위로 오르는 행위는 세계적으로 널리 퍼져 있는 신화적 모티프이다. 이러한 모티프에 대한 예증은 뒤로 미루기로 하자. [39]

결정적인 사례 한 가지만 소개하기로 한다. 제3위계 (位階) 혹은 최고 샤만 위계에 이르기 위한, 사라와크 (Sarawak)의 샤만인 마낭[40]의 의식에도 나무 오르기 의식이 있다. 이 의식이 있기 전에 먼저 노대 (露臺)에는 커다란 항아리가 놓이고 이 항아리 양옆으로는 각각 하나씩의 사다리가 항아리에 비스듬히 기댄 모양으로 세워진다. 준비가 끝나면 두 의례 집행자는 항아리를 마주보고 선 채로 입문자를 불러 밤새도록 한 다리로 올라갔다가는 다른 사다리로 내려오게 한다. 이러한 입문의례를 처음 본 사람 중 하나인 페르함 (Archdeacon J. Perham)은 1885년의 기록에서, 이러한 제의에 관한 설명은 한마디도 들을 수 없었다고 고백하고 있다. [41] 그러나 그 의미는 너무나 분명해 보인다. 이것은 상징적인 천계에로의 상승과 지상에로의 하강을 의미하는 것 이외의 다른 의미일 수 없다. 비슷한 제의는 말레쿨라에서도 볼 수 있다. 마키 족 (Maki)이 치르는 고도의 입문의례는 "사다리"라고 불린다. [42] 이 의례의 핵심을 이루는 것은 높은 곳에 있는 발판으로 오르는 행위이다. [43] 그러나 이것뿐인 것은 아니다. 특정 유형의 비의에 관해서는 언급하지 않는다고 하더라도, 샤만이나 주술사는 새처럼 날 수도 있고 나뭇가지에 앉아 있을 수도 있다. 헝가리의 샤만 탈토스 (táltos)는, "새가 앉기에도 너무 가늘어 보이는 버드나무 가지에 뛰어올라 앉아 있을 수도 있다. "[44] 이란의 성자 쿠트브 우드-딘 하이다르 (Qutb ud-din Haydar)는 자주 나무 꼭대기에 앉아 있곤 했다. [45] 쿠페르티노의 성 요셉 (St. Joseph)은 나무로 날아 들어가 반시간 가까이 가지에 앉아 있다가 나오곤 했는데, "그럴 때마다 가지는 새가 앉은 것처럼 흔들거렸다"고 한다. [46]

오스트레일리아 주의의 체험도 이에 못지않게 흥미롭다. 이들은 자기네들에게 주술적인 밧줄이 있다고 주장한다. 이 밧줄을 타고 나무 꼭대기로 올라갈 수 있다는 것이다. "주의는 나무 아래에 반듯하게 드러누운 채로 줄을 올리고 이 줄을 타고는 나무 꼭대기에 있는 둥지로 올라갔다가 다른 나무로 옮겨가기도 한다. 그러나 해질녘이면 땅으로 내려온다. "[47] 번트 (R.M. Berndt)와 엘킨 (A.P. Elkin)이 수집한 자료에 따르면, "왕가이

본(Wongaibon)의 현자는 나무 아래에 반듯하게 드러누워 수직으로 줄을 올리고는, 머리는 뒤로 젖힌 채, 몸은 꼿꼿이 편 채, 다리는 벌린 채, 팔은 양옆구리에 붙인 채 나무 위로 올라갔다. 12미터 가량 되는 나무 꼭대기에 오른 그는 아래에 있는 사람들에게 손을 흔들었다. 그리고는 같은 자세로 내려왔다. 그는 여전히 반듯하게 누워 있었는데 줄은 다시 그의 몸 속으로 들어갔다."[48] 이 주술적인 줄은 인디언의 "밧줄 묘기"를 연상시킨다. 이 무속의 구조에 대해서는 뒤에 자세히 논하기로 하자.[49]

카리브 샤만의 천상계 여행

천계를 겨냥한 입문자의 접신적인 여행이 핵심을 이루고 있다는 것은 마찬가지이지만, 이런 접신 경지에 드는 수단이 네덜란드령 기아나의 카리브 샤만들의 입문의례에서는 좀 다르다.[50] 입문자는 영신들을 볼 수 있어야 하고 이 영신들과 직접적이고 지속적인 관계를 이룰 수 있어야 비로소 푸자이(pujai)가 될 수 있다.[51] 이들의 경우 빙령의 여부는 별로 문제가 되지 않는다. 중요한 것은 영신들과의 교통과 회화가 뒤따르는 접신적인 환상 쪽인 것이다. 그런데 이러한 접신 체험은 천상계 여행을 통해서만 가능하다. 그러나 입문자는 전통적인 이데올로기를 숙지하고 망아황홀 상태에 들기 위한 육체적, 정신적인 준비가 되어 있지 않으면 이러한 여행길에 나설 수가 없다. 앞으로 알게 되겠지만 입문자가 도제로서 받는 훈련은 지극히 엄격하다.

대개의 경우 입문의식은 한꺼번에 여섯 명의 입문자가 함께 치른다. 이들은 입문자들을 수련시키기 위해 지어진, 야자잎으로 지붕을 덮은 집에서 외부와 완전히 고립된 채로 지낸다. 이들은 이렇게 지내면서도 일정량의 육체적인 노동을 해야 한다. 이들은 의례 집행자의 담배밭에서 일을 하면서 삼나무로 악어 모양의 의자를 만들어 도제 수련용 오두막 앞에다 놓는다. 밤이면 이들은 바로 이 의자에 앉아서 스승의 가르침에 귀를 기울이면서 환상을 보는 순간을 기다리는 것이다. 이들은 또 자기 몫의 방울과 길이 1.8미터 가량 되는 "주장(呪杖, magical staff)"을 만들기도 한다. 이 오두막에서는 여섯 명의 처녀들이 늙은 여선생의 감독 아래 이들의 시중을 들게 되어 있다. 이 처녀들은 입문자들이 엄청나게 많은 양

134

을 마셔야 하는 담배즙을 만들기도 하고 매일 밤 각각 한 사람씩의 입문 자를 맡아 붉은 액체로 온몸을 문질러주어야 한다. 이로써 이 처녀들은 입문자들의 몸을 단정하게 가꾼다. 이 처녀들이 몸을 가꾸어주어야 입문 자들은 영신들이 있는 곳으로 들어갈 수 있다.

24일 밤낮으로 계속되는 이 의례는 4부로 나누어져 있다. 각 부는 사흘 낮밤에 걸친 공부와 사흘 낮밤에 걸친 휴식으로 짜여져 있다. 입문자들은 주로 밤중에 오두막에서 입문의례의 집행자들로부터 무업을 배운다. 입문 자들은 둥그렇게 둘러서서 춤을 추면서 노래를 부른다. 이 춤과 노래가 끝나면 입문자들은 악어 모양의 의자에 앉아 스승의 강의를 듣는다. 스 승은 선한 영신들과 악한 영신들, 특히 입문의례에서 아주 중요한 몫을 하는 "할아버지 독수리" 이야기를 입문자들에게 들려준다. 벌거벗은 인디 언 모습을 한 이 "할아버지 독수리"는, 나선형의 사다리를 타고 천상계로 오르는 샤만을 돕는다. 이 영신은 바로 창조자이자 절대자인 "인디언 할 아버지"의 대변자이다. [52] 이 수련기간 동안 입문자들이 추는 춤은 대개의 경우, 바로 이 기간 동안 스승이 말한 동물의 동작을 모방하는 동작인 것 이 보통이다. 입문자들은 낮에는 자기 오두막 안의 흔들침대에서 지낸다. 휴식기간이면 긴 의자에 누워 고추즙으로 눈을 문지르고 스승의 가르침을 생각하면서 영신들의 모습을 보려고 애를 쓴다. [53]

이 수련기간 동안 금식은 거의 필수적이다. 입문자들은 금식하면서도 끊임없이 담배를 피우고 담배잎을 씹으며 담배즙을 마신다. 밤새도록 춘 춤으로 인한 피로와 금식으로 인한 허기와 끊임없이 먹고 피우고 마신 담 배의 독성에 만신창이가 된 상태가 바로 접신 여행을 떠날 준비가 끝난 상태이다. 제2부의 첫날밤에 입문자들은 표범이나 박쥐로 변신하는 법을 배운다. [54] (담배즙까지도 금지되는) 절대 금식이 끝나는 닷새째 되는 날 밤에 스승은 몇 개의 밧줄을 각각 그 높이가 다르게 공중에다 맨다. 그러 면 입문자들은 차례로 이 밧줄 위에서 춤을 추거나 이 밧줄을 잡고 매달 려 있거나 한다. [55] 바로 이때 입문자들은 최초의 접신을 체험한다. 이 접 신상태에서 입문자들은 자비로운 영신(투카자나[tukajana])인 한 인디 언을 만난다. 이 인디언은, "오라, 입문자들이여. 너희들은 할아버지 독 수리의 사다리를 타고 천계에 오르게 되리라. 천계는 그리 멀지 않다"는 말을 한다. 입문자는 "일종의 나선형 계단을 올라 천계의 제1층에 이른 다. 여기에서 그는 백인들이 사는 인디언 마을과 도시를 지난다. 이어서 입문자는 아름다운 여인인 물의 영신(아마나〔Amana〕)을 만나는데, 이 영신은 입문자에게 자기 속으로 뛰어들라고 말한다. 입문자가 물 속으로 뛰어들면 물의 영신은 입문자에게 부적과 주문을 가르쳐준다. 이윽고 안내자와 함께 건너 둑에 이른 입문자는 '삶과 죽음'의 갈림길이 이른다. 여기에서 미래의 샤만은 '밤이 없는 땅'과 '새벽이 없는 땅' 가운데 하나를 선택하게 된다. 여기까지 입문자를 인도하던 안내자는 인간이 죽으면 그 영혼이 어떻게 되는지 가르쳐준다. 바로 이 순간에 입문자는 심한 고통을 느끼며 지상으로 돌아온다. 스승이 입문자의 살갖에다 마라크(maraque)를 붙인 것이다. 이 마라크는 올 사이에다 독개미를 집어 넣은 일종의 깔개이다."[56]

제4부의 이틀째 되는 날 밤에 스승은 "입문자들을 차례로 발판 위에 올라가게 한다. 이 발판은 오두막의 천장에서 늘어진 여러 개의 서로 꼬인 밧줄에 매달려 있다. 이 꼬인 밧줄이 풀리게 되면 발판은 돌게 되는데, 이 속도는 시간이 지남에 따라 점점 빨라진다."[57] 그러면 입문자는 이런 노래를 부른다. "푸자이의 발판이 나를 천계로 인도하나이다. 나는 오래지 않아 투카자나의 마을을 보게 됩니다." 이어서 입문자는 천계의 각 권역을 두루 돌면서 환상으로 영신들을 본다.[58] 이 과정에서는 중독되면 중독자를 고열에 시달리게 하는 타키니(takini)라는 식물도 쓰인다. 이 식물에 중독되면 입문자는 사지를 몹시 떤다. 이런 상태는 악령이 입문자의 몸 속으로 들어가 그 몸을 갈가리 찢기 때문에 일어나는 상태인 것으로 믿어진다. (여기에서도 우리는 악마에 의한 육신의 해체라고 하는 잘 알려진 입문적 모티프를 볼 수 있다.) 결국 이런 과정을 거치면서 입문자는 자신이 천계로 들어가 천상적인 환상을 즐긴다는 느낌을 받는 것이다.[59]

카리브 족의 민담에는 샤만이 대단한 능력을 과시하던 시절의 기억이 고스란히 남아 있다. 이 민담이 전하는 바에 따르면 그 시대의 샤만은 육안으로 영신들을 볼 수도 있었고 죽은 사람을 살려낼 수도 있었다. 한때는 푸자이가 천계로 올라가 신을 위협한 일도 있었다는 이야기도 전해진다. 푸자이로부터 위협을 받자 신은 칼을 빼어 들고 이 거만한 인간을 쫓아버렸는데, 바로 이때부터 샤만은 접신의 경지에 들지 않고는 천계로 올라갈 수 없게 되었다는 것이다.[60] 여기에서 우리는 이러한 전설과, 샤만에 대한 북아시아의 믿음이 유사하다는 사실을 강조해두고자 한다. 북아시아에서도, 원래는 엄청나던 샤만의 능력이 후세에 와서 퇴조를 보이다 최근에 와서 이러한 퇴조는 더욱 가속되고 있다는 믿음이 지배적이다. 우리는 이러한 전설과 믿음을 통하여, 샤만과 신과의 교통이 보다 직접적이고 구체적이었던 원초의 신화시대를 마치 선조세공(線條細工)된 무늬를 보듯이 확연하게 읽어낼 수 있다. 최초의 샤만으로부터 거만한 도전과 반역을 경험한 신은 이들이 정신적 실재에 접근하는 것을 엄금했다. 그래서 샤만은 더 이상 육안으로는 영신들을 볼 수도 없고 접신상태에 들지 않고는 천계로 오를 수도 없는 것이다. 앞으로 접하게 될 것이지만, 이런 신화적 모티프는 세계 도처에 얼마든지 널려 있다.

메트로[61]는 서인도 카리브 족의 입문의례에 대한 초기 여행자들의 견문을 인용하고 있다. 가령 라보르데(Laborde)는, 이 의례의 집행자인 스승 "역시 그(입문자)의 몸을 고무로 문지르고 몸에 깃털을 잔뜩 붙여, 날아서 제메엔(zemeen : 영신들)에게 갈 수 있게 해준다"고 보고하고 있다. 이것은 그리 놀라운 일이 아니다. 왜냐하면 새의 모습을 연상시키는 의상과 주술적 비행의 상징은 시베리아, 북아메리카, 인도네시아 샤마니즘의 구성요소 중 하나에 지나지 않기 때문이다.

카리브 족 입문의례의 몇 가지 요소는 남아메리카의 다른 지역에서도 보인다. 담배에 의한 중독은 남아메리카 샤마니즘의 특징이고, 오두막에서의 제의적인 은거와 입문자에게 부과되는 혹독한 시련은 푸에고 인 (셀크남 족과 야마나 족) 입문의례의 본질적인 실상의 한 단면을 이루는 요소이며, 스승으로부터 가르침을 받고 영신들을 "보게 되는 일" 역시 남아메리카 샤마니즘의 중요한 구성요소이다. 그러나 접신상태에서의 천계 여행을 준비하는 기술에 관한 한, 카리브 족의 푸자이는 독특하다. 반드시 지적해두어야 할 것은, 여기에는 전형적인 입문의례의 완전한 시나리오가 있다는 것이다. 즉 상승, 여영신과의 만남, 잠수, (가장 중요한, 인류의 사후운명에 관한) 비밀의 드러남, 저승계로의 여행이라는 시나리오가 완성되어 있다는 것이다. 그러나 푸자이는 이상한 방법을 터득해야 이런 체험을 할 수 있다고 하더라도 이러한 입문적 도식을 갖춘 접신 체험을 하기 위해 온갖 노력을 다 기울인다. 우리는 카리브 족의 샤만이 영적인 조건에 대한 구체적인 경험을 얻기 위해서는 어떤 수단을 쓰는 것도 마다하지 않는다는 인상을 받는다. 그런데 이런 영적 조건은 그 성격상 인간적 상황을 통해서 "체험"될 수 있는 방법으로는 절대로 "체험"될 수 없는 것이다. 이러한 지적에 유념하기 바란다. 이 문제는 다른 무속적인 기술과 관련될 때 다시 자세히 검토해보기로 하자.

무지개를 통한 상승

오스트레일리아의 포레스트 강 유역에 사는 종족의 주의 입문의례에도 후보자의 상징적인 죽음과 재생, 천계로의 상승 의식이 있다. 이들의 입문의례는 다음과 같다. 의례의 집행자인 스승은 형해의 모습으로 전신(轉身)하고는 조그만 자루를 하나 준비한다. 그리고는 자신의 주력으로 갓난아이 정도로 덩치가 줄어든 입문자를 이 자루에다 넣는다. 이런 준비가 끝나면 스승은 무지개 뱀에 걸터앉아, 밧줄을 잡아당기듯이, 두 손으로 무지개 뱀을 잡아당기며 위로 오르기 시작한다. 천계 근방에 이르면 스승은 자루를 공중으로 집어 던짐으로써 이 입문자를 "죽어버린다." 이윽고 천계에 이르게 되면 스승은 입문자의 몸에다 조그만 무지개 뱀인 브리무레스(brimures : 조그만 물뱀)와 수정(이 수정석의 이름은 신화에 등장하는 무지개 뱀의 이름과 같다)을 집어 넣는다. 이 절차가 끝나면 입문자는 올라갈 때와 마찬가지 방법으로 무지개 뱀을 타고 지상으로 내려온다. 스승은 이번에는 배꼽을 통하여 입문자의 몸에다 주물을 삽입하고는 주석(呪石)으로 문질러 이 입문자를 깨운다. 그러면 바로 이 순간에 입문자의 덩치는 평소의 덩치로 되돌아온다. 다음날에도 이 무지개 뱀을 통한 천계 상승의식은 같은 순서로 되풀이된다. [62)]

이와 같은 오스트레일리아 입문의례는 이미 우리에게 낯익다. 말하자면 입문자의 죽음과 재생, 몸 속으로의 주물 삽입의 얼개를 갖추고 있는 것이다. 입문의례의 집행자가 자신은 형해의 모습으로 전신하고 입문자는 갓난아이 크기로 줄여놓는 대목이 흥미롭다. 이 두 가지 절차는 속(俗)의 시간의 폐기와 신화적인 시간, 즉 오스트레일리아적인 "꿈의 시간"의 회복을 상징한다. 이들의 천계상승에는 무지개가 이용된다. 이 무지개는 거대한 뱀의 이미지를 지닌다. 그런데 스승은 밧줄을 타듯이 이 무지개를 타고 천계로 오르는 것이다. 오스트레일리아 주의의 천계상승에 대해서는 이미 앞에서 언급한 바 있다. 우리는 이런 사례 이상으로 분명한 사례를 대하게 될 것이다.

무지개를, 많은 민족들은 하늘과 땅을 잇는 다리, 특히 인간세계에서 신들의 세계로 통하는 다리로 파악하는 것으로 알려져 있다. [63) 많은 사람들이, 폭풍이 가라앉고 무지개가 나타나는 것을 신들의 유화(宥和)의 상징으로 보는 것은 이 때문이다. [64) 신화적인 영웅이 천계에 오를 때 이용하는 것도 늘 무지개이다. [65) 그래서 가령 폴리네시아에 사는 마오리 족(Maori)의 영웅 타우하키(Tawhaki)와 그 가족, 하와이의 영웅 아우켈레누이아이쿠(Aukelenuiaiku)는 정기적으로 무지개를 통하거나 연(鳶)을 이용하여 죽은 자의 영혼을 데려다주거나 신처를 만나기 위해 천상계에 오르는 것이다. [66) 무지개가 이러한 신화적 역할을 하는 사례는 인도네시아, 멜라네시아 그리고 일본에서 발견된다. [67)

간접적이기는 하지만, 이러한 신화는 하늘과 땅의 교통이 가능했던 시절의 소식을 우리에게 전해주고 있다. 그런데 이러한 교통은 어떤 사건 혹은 제의적인 실수 때문에 단절되어버린 것이다. 그러나 영웅이나 주의는 이러한 시대를 재현시킬 수 있다. 인간의 "타락"으로 인하여 이러한 낙원시대가 끝나고 말았다는 신화는 앞으로도 몇 차례 우리의 연구에 등장할 것이다. 그 까닭은 이 신화가 여러 갈래로 무속신앙의 관념과 관계를 맺고 있기 때문이다. 다른 지역의 여러 샤만이나 주술사와 마찬가지로 오스트레일리아의 주의도, 일찍이 인간에게는 접근이 금지된 바 있는, 하늘과 땅을 연결하는 바로 이 "다리"를——일시적으로, 자기만 건널 수 있게——재현시킨다. [68)

무지개를 신들의 길이자 하늘과 땅을 잇는 다리로 보는 신화는 일본의 전승에서도 발견된다. [69) 이러한 종교 관념은 메소포타미아에서도 있었던 것이 분명하다. [70) 뿐만 아니라 무지개의 일곱 색깔은 천계에 있는 일곱 하늘과 동일시되어왔다. 이러한 믿음은 메소포타미아에는 물론이고 유대교에도 남아 있다. 바미안의 벽화를 보면, 불타(佛陀)는 띠가 일곱인 무지개에 앉아 있는 모습으로 그려져 있다. [71) 이것은 그가 우주를 초월했음을 뜻한다. 그러니까 불타의 탄생신화에 나오는, 불타가 북방을 향하여 7보를 내디뎌 우주의 꼭대기에 있는 세계의 중심에 닿음으로써 일곱 하늘을 초월한다는 이야기와 같은 것이다.

절대자의 보좌(寶座)도 무지개에 둘러싸여 있는데, [72) 이러한 상징체계는 르네상스의 기독교 미술에도 잔존하고 있다. [73) 바빌로니아의 지구라트는 일곱 색깔로 그려지기도 하는데, 이는 천상에 있는 일곱 권역을 상징한다. 이러한 권역을 두루 오를 수 있는 자만이 우주세계의 정상에 이를 수 있었던 것이다.[74] 이와 유사한 상징체계는 인도에서 볼 수 있다.[75] 그러나 역시 중요한 것은 오스트레일리아 신화에 나타난 상징체계이다. 카밀라로이 족(Kamilaroi), 위라쥬리 족(Wiradjuri), 에우알라이 족의 절대자는 천계에 있는 수정 보좌에 앉아 있고 쿨린 족(Kulin)의 절대자인 분질(Bundjil)은 구름 위에 있다.[76] 그러니까 신화 속의 영웅이나 주의는 여러 가지 수단, 특히 무지개를 이용하여 바로 이 천상적 존재를 만나기 위해 상승하는 것이다.

독자들은, 부르야트 인의 성무의례에 등장하는 댕기가 "무지개"라고 불린다는 사실을 기억하고 있을 것이다. 일반적으로 이러한 댕기는 샤만의 천계 여행을 상징한다.[77] 무고에 하늘로 오르는 다리 모양의 무지개가 그려지는 것도 같은 이유에서이다.[78] 실제로 무지개라는 뜻의 터키 말은 다리라는 뜻으로 쓰인다.[79] 유라크-사모예드 인의 무고는 "활"이라고 불린다. 샤만의 무력이 화살처럼 하늘에 사무친다는 뜻이다. 뿐만 아니나. 터키 인과 위구르 인(Uigur)이 무고를 샤만이 하늘로 오를 때 지나는 "천상의 다리"(무지개)라고 믿는다고 보는 데에는 이유가 있다.[80] 이러한 관념은 무고와 다리의 복합적인 상징체계의 일부를 이룬다. 이 둘은 천상계 상승이라는, 같은 접신 체험의 서로 다른 양식을 보여주고 있을 뿐이다. 샤만은 바로 이 무고의 음악적인 주술의 힘을 빌려야 최고천에 이를 수 있는 것이다.

오스트레일리아의 입문의례

비록 입문자를 상징적으로 죽이고 부활시키는 의례에 중점을 두고 있기는 하나, 몇몇 오스트레일리아 종족의 입문의례 역시 천계상승 의례를 다루고 있다는 사실에는 유념할 필요가 있다.[81] 그러나 천계상승이 아주 중심적인 의례로 다루어지는 입문의례 양식도 있다. 위라쥬리 족의 경우, 의례의 집행자인 스승 주의는 입문자의 몸 속에다 수정을 넣고 그 수정이 잠겨 있던 곳의 물을 마시게 한다. 이 절차가 끝나면 입문자는 영신들을 볼 수 있게 된다. 입문자가 영신들을 볼 수 있게 되면 스승 주의는 이 입문자를 숲속으로 데리고 간다. 그러면 숲속에 있던 사자(死者)들이 차례로 이 입문자에게 주석을 준다. 여기에서 입문자는 장차 자기의 토템이

140

될 뱀을 만나는데, 이 뱀은 입문자를 대지의 뱃속으로 안내한다. 이 대지의 뱃속에는 많은 뱀들이 있다. 이 뱀들은 입문자의 몸에다 저희 몸을 문질러 주력을 주입한다. 이 상징적인 지하계 하강이 끝나면 스승 주의는 이 입문자를 절대신인 바이아메(Baiame) 앞으로 인도할 준비를 한다. 절대신 바이아메에게 가기 위해서 이들은 줄을 타고 천계로 올라가 바이아메의 새인 옴부(Wombu)를 만난다. 한 입문자는 이렇게 말하고 있다. "우리는 구름 위로 올라갔다. 그 위는 하늘이었다. 우리는 큰 주의들이 지나다니는 곳을 통하여 하늘로 올라갔다. 이 문은 잠깐 열렸다가는 눈 깜짝할 사이에 닫혔다."이 문에 닿으면 어떤 주의나 입문자도 그 주력을 잃고 지상으로 되돌아오는 순간에 목숨을 잃게 된다. [82]

우리는 여기에서 거의 완벽한 입문의례 양식과 만나게 된다. 즉 입문자가 지하계로 하강했다가 이어서 천상계로 상승하고 여기에 절대자로부터 주력을 받는 양식이다. [83] 천상계를 향한 접근은 어렵고도 위험한 일이다. 천계의 문은 눈 깜짝할 사이에 열렸다가는 닫혀버리기 때문이다. (이것은 우리가 이미 도처에서 보아온 입문의례의 중요한 모티프이다.)

호위트가 수집한 자료에 따르면 이와 비슷한 의례가 또 있다. 이 입문의례에서 입문자는 눈을 가린 채 줄을 잡고 바위에 오른다. 바로 이 바위 위에서 입문자는 주술의 문을 발견하는데, 이 문은 잠깐 열렸다가는 무서운 속도로 닫혀버린다. 입문자와 의례의 집행자는 틈을 보아 재빨리 이 문으로 들어선다. 문은 들어서면 의례의 집행자는 입문자의 눈가리개를 풀어준다. 이때가 되어서야 입문자는 자신이 더할 나위 없이 환한 방에 들어와 있다는 것을 알게 된다. 수정으로 된 사방 벽에서 빛줄기가 쏟아져 나오는 것이다. 그는 여기에서 몇 개의 수정 결정을 받고 그 사용법을 배운다. 그런 다음에는 들어올 때와 마찬가지로 줄을 타고는 공중을 가로질러 마을에 있는 나무 꼭대기에 이른다. [84]

이러한 입문의례와 신화는 주의에게 어떠한 능력이 있는가를 보여준다. 즉 주의는 줄을 타고[85] 혹은 목도리를 타고[86] 혹은 날아서[87] 혹은 나선형 계단을 이용해서 천계에 이를 수 있는 것이다. 몇몇 신화에 따르면 최초의 인류는 나무를 타고 올라가 천계에 이르렀다. 바로 이 때문에 마라 족의 조상들은 특정 나무를 타고 천계로 올라갔다가는 바로 그 나무를 통하여 내려오곤 했다. [88] 위라쥬리 족의 경우, 절대자인 바이아메에 의해 창조된 최초의 인간은 산길을 통하여 그리고 바이아메에 이르는 계단을 통하여 천계로 올라갈 수 있었다. 그래서 우룬제리 족(Wurundjeri)과 오트조발루크 족 주의들은 오늘날까지도 이러한 상징적인 천계상승 의례를 되풀이하고 있는 것이다. [89)] 유인 족(Yuin) 주의는 치병의 능력을 베푸는 절대자 다라물룬(Daramulun)의 거처를 오르내린다. [90)]

에우알라이 족의 신화는 주의가 어떻게 바이아메에게 이르는가를 설명해준다. 주의는 동북쪽으로 며칠을 걸어 큰 산 우비-우비의 기슭에 이른다. 이 우비-우비 산의 꼭대기는 구름에 가려 있다. 주의는 이 산에 나 있는 나선형 계단을 따라 올라가 나흘 뒤에는 정상에 이른다. 바로 여기에서 주의는 바이아메의 사자영신(Spirit Messenger)을 만난다. 그러면 이 사자영신은 시종영신(Spirit Servant)을 부르는데, 바로 이 시종영신이 하늘로 통하는 구멍으로 주의를 데리고 들어간다. [91)]

이런 식으로, 주의는 마음만 먹으면 언제든지 최초의(신화시대의) 인류처럼 하늘로 올라갔다가 땅으로 되돌아오는 행위를 되풀이힐 수 있다. 천계상승 능력(혹은 주술적인 비행)은 주의에게는 필수적인 것이기 때문에 입문의례에도 반드시 이 상승의 의례가 들어 있다. 오스트레일리아 주의의 입문의례에서 중요한 몫을 하는 수정은 원래 천계의 것이거나 적어도 간접적으로나마 하늘과 관련이 있다. 바이아메 역시 투명한 수정의 보좌에 앉아 있다. [92)] 에우알라이 족의 경우, 자기의 보좌에서 뜯어낸 것임이 분명한 수정조각을 땅으로 던지는 것은 바이아메(=보이에르브〔Boyerb〕) 자신이다. [93)] 바이아메의 보좌는 곧 하늘의 둥근 천장이고 이 보좌에서 뜯어낸 수정은 "응고된 빛"이다. [94)] 주의는 다른 큰 주의들과 같은 존재로 바이아메를 상상하지만, "눈으로 빛을 쏘는 점"에서 여느 큰 주의들과 다르다고 생각한다. [95)] 바꾸어 말하면 주의들은 빛이 지니는 초자연적 존재의 조건과 풍성무비(豐盛無比)한 존재의 조건의 관계를 감지하고 있는 것이다. 바이아메는 "강력한 성수"로 젊은 주의들을 성별하는데, 이 "강력한 성수"란 수정을 녹인 것으로 보인다. [96)] 이러한 것들은 "응고된 빛", 즉 "수정"을 지니면 샤만이 된다는 메시지를 전하고 있는 듯하다. 그러니까 수정을 몸에다 심는 절차가 입문자의 삶의 양식을 천상계에 인연이 닿는 신비스러운 것으로 바꾸는 것이다. 이런 수정 중 하나를 삼키는 자는 능히 하늘을 날 수도 있다. [97)]

이와 같은 신앙 체계는 말레이 반도의 네그리토스 족(Negritos)에게서도 볼 수 있다. [98)] 이 종족의 샤만인 할라는 병을 고치는 과정에서 하늘의 영신 (체노이)에게 받은 수정 혹은 물 속에서 주운, 주술적으로 "응고된" 수정 혹은 절대자가 땅으로 던진 것에서 떼어낸 수정 조각을 사용한다. [99] 이런 치병에 쓰이는 수정이 지상에서 일어나는 일을 모두 되비칠 수 있는 것은 바로 이 때문인 것이다. [100] 사라와크 (보르네오)의 해양 드야크 족 샤만에게도 "빛의 돌"이 있다. 이 돌에는 환자의 영혼에서 일어나고 있는 일이 다 비친다. 따라서 이 돌을 바라보고 있으면 환자의 영혼이 어느 곳을 방황하는지 알 수 있을 것이다. [101] 에하티사트 누트카 족(Ehatisaht Nootka : 뱅쿠버 섬)의 젊은 추장은 어느날 저절로 움직이면서 저희들끼리 부딪치고 있는 수정을 발견했다. 추장은 옷을 벗어부치고 이 수정 중 네 개를 주었다. [102] 쿠와키우틀 족(Kwakiutl) 샤만도 수정으로부터 주력을 얻는다. [103]

우리는 이로써 ——무지개 뱀과 밀접한 관계를 가진——수정이 천계 상승 능력을 베푼다는 사실을 알게 되었다. 이런 돌이 샤만에게 하늘을 나는 능력을 베푸는 것으로 믿는 지역은 또 있다. 가령 보아스(Boas)가 채록한 아메리카의 신화를 보면, [104] 빛나는 산을 오르던 젊은이가 갑자기 온몸이 수정 투성이가 되면서 하늘을 날기 시작하는 대목이 나온다. 천계의 둥근 천장이 단단한 돌로 되어 있다는 관념은 운석(隕石)과 뇌석(雷石)의 효험에 대한 이들의 믿음을 잘 설명해준다. 하늘에서 떨어지는 이러한 돌에는 주술적-종교적인 힘이 있는데, 이 힘은 주의나 샤만에 의해 이용될 수 있는 것은 물론 전수, 전파될 수도 있다. 그러니까 이런 돌은 이 지상에다 천상적인 거룩한 중심을 이루어낼 수 있는 것이다. [105]

천상적인 상징체계와 관련해서, 우리는 신화적인 모험의 과정에서 영웅이 오르는 수정산 혹은 수정궁 모티프에 대해 언급하지 않을 수 없다. 이러한 모티프는 유럽의 민담에 잘 보존되어 있다. 실제로 루시퍼 (Lucifer : 사탄의 왕)나 타락한 천사의 이마에 박혀 있는 돌(어떤 전승에 따르면 이 돌은 천사가 천계에서 추락할 때 박히게 되었다), 뱀의 머리나 턱에 박혀 있다는 다이아몬드 등은 이러한 상징체계에서 후대에 만들어진 것에 지나지 않는다. 물론 여기에, 우리가 지금까지 여러 차례 검토해왔고 재평가해온 것 이상의 극도로 복잡한 신앙체계가 있는 것은 사실이다. 그러나 그 기본 얼개를 분석하는 것은 그리 어렵지 않을 듯하다. 이러한 체계에는 항상 하늘에서 떨어진 수정이나 주석이 등장하는데, 이러한 것들은 하늘에서 떨어진 뒤에도 계속해서 천상적인 성성 (聖性), 말하자면 투시력, 지혜, 점복의 능력, 하늘을 나는 권능 같은 것을 베푸는 것이다.

　오스트레일리아의 주술과 종교에서도 수정은 오세아니아나 남북 아메리카의 경우에 견주어 뒤지지 않을 만큼 중요한 몫을 한다. 이 수정이 그 기원을 하늘에다 두고 있다는 사실이 이들의 신앙에서 입증되지는 않는다. 그리고 그 기원이 잊혀지는 것은 종교사에서는 흔히 있는 일이다. 중요한 것은, 오스트레일리아 등지의 주의들이 어떻게든 자신의 능력을, 자기 몸 속에 든 것으로 믿는 수정에다 관련시키고 있다는 사실이다. 그러니까 주의들은, 자기의 몸 안에 있는, 필경은 천계의 물건일 터인 신성한 이 물질을 자기 자신과 동일시함으로써——가장 구체적인 의미에서——주의야말로 여느 사람과 다르다는 느낌을 갖는 것이다.

싱승의례의 변형

　무속적 이데올로기의 틀이 되고 있는 종교 사상과 우주관을 이해하기 위해서는 상승신화와 상승의례를 깡그리 검토해보아야 한다. 다음 장에서 우리는 가장 중요하다고 여겨지는 상승신화와 상승의례를 검토하게 된다. 그러나 이 문제를 여기에서 모두 검토하는 것은 무리일 것이므로 전반적인 검토는 다음 작업으로 미루기로 한다. 우선은, 이 문제를 완저히 파헤치기보다는 성무의례에서의 천계상승 형태론이 지니는 새로운 국면을 추가하는 것으로 만족하고자 한다.

　니아스 인 (Niassans : 수마트라)의 경우, 예언자-사제가 되어야 할 팔자를 타고난 사람은 어느날 갑자기 종적을 감춘다. 영신들이 이 사람을 데려가버리는 것이다(아마 천계로 끌려갔을 것이다). 이 사람은 사흘이나 나흘 뒤에 나타난다. 만일 나타나지 않으면 마을 사람들이 이 젊은이를 찾으려고 나선다. 이 젊은이는 나무 위에서 영신들과 이야기를 나누는 모습으로 마을 사람들 눈에 뜨인다. 이 젊은이는 실성한 사람같이 보인다. 마을 사람들은 이 젊은이의 정신을 되돌리려면 제물을 바쳐야 한다. 이 제사 때 젊은이는 숲, 강, 산으로 제의적 행진을 하게 된다. [106] 멘타웨이 족의 경우, 샤만 후보자는 천계 영신들에 이끌려 하늘로 올라가 천계 영신들과 똑같은 아름다운 몸을 얻는다. 대개의 경우 이 샤만 후보자

144

는 신병을 앓게 되는데, 이 신병중에 자신이 하늘로 올라가는 상상을 한다. [107] 이러한 증세가 나타나면 스승 샤만이 입문의례를 베풀어준다. 샤만에 따라서 다르나, 바로 이 입문의례중에, 아니면 입문의례 직후에 샤만 후보자는 의식을 잃고 독수리가 끄는 배를 타고 천계로 올라가는 수도 있다. 천계로 올라간 샤만 후보자의 영혼은 천계의 영신들과 대화를 나누는데, 미래 샤만은 바로 이때 치병의 능력을 베풀어줄 것을 천계 영신들에게 요구하는 것이다. [108]

곧 알게 되겠지만, 제의적 상승은 미래의 샤만에게 하늘을 나는 능력을 베푼다. 실제로 세계 전역에서, 샤만과 요술사는 하늘을 날 수 있어서 아주 먼 거리도 눈 깜짝할 사이에 오가고 마음 먹는 데 따라 다른 사람들의 눈에 띄지 않을 수 있는 능력의 소유자들이라고 믿어진다. 하늘을 날 수 있다고 스스로 생각하는 모든 주술사들이 다 접신상태를 체험했는지 혹은 도제기간에 제의적 상승을 체험했는지를 꼬집어 말하기는 어렵다. 다시 말하면 이들이 입문의례의 산물로 주술적인 비행능력을 얻었는지, 아니면 소명을 확인하는 순간에 온 접신 체험을 통하여 비행 능력을 얻었는지를 꼬집어 말하기는 어렵다는 것이다. 우리가 추측하건대 적어도 일부 샤만은 입문의례중에 혹은 입무의례 직후에 그런 주술적인 능력을 얻는 듯하다. 샤만이나 요술사에게 비행능력이 있다고 주장하는 자료들도 이들이 어떤 식으로 이런 능력을 얻는가 하는 문제에 대해서는 확실한 증언을 하지 못하고 있다. 그러나 이러한 자료가 침묵하고 있다고 믿는 우리의 믿음은 우리가 확보한 자료의 빈곤에서 기인한 것이기 쉽다.

그러나 그럼에도 불구하고 많은 경우 무업이나 입문의례가 천계상승과 관련을 맺고 있는 것은 분명하다. 많은 사례를 열거할 것도 없다. 바수토 족(Basuto)의 대예언자는 접신을 체험한 뒤에 예언자가 되었는데, 그는 이 접신상태에서, 머리 위에서 지붕이 열리고 하늘로 끌려 올라가 수많은 영신들을 만나는 환상을 체험한다. [109] 아프리카에서도 이런 사례를 얼마든지 찾아볼 수 있다. [110] 누바 족(Nuba)의 경우, 샤만 후보자는 "영신이 위에서 내 머리를 잡는다"는 인상 혹은 "내 머리에 들어간다"는 인상을 받는다. [111] 이러한 영신들의 대부분은 천계의 영신들이다. [112] 우리는 여기에서, 샤만 후보자는 탈혼망아 상태에서의 천계상승과 함께 "영신들에게 지피는(빙령)" 상태를 경험하는 것이라고 추측할 수 있다.

남아메리카에서도 천계 혹은 높은 산으로의 입문여행은 아주 중요한 몫을 한다. [113] 가령 아로케니아 인의 경우, 무업의 길로 들어설 팔자를 타고나 신병에 걸린 마치는 극히 위험한 접신의 경지에 빠지는데, 바로 이 동안에 마치는 천계로 올라가 신을 만난다. 이 천계 방문중에 초자연적인 존재는 이 마치에게 치병에 필요한 능력을 베푼다. [114] 마나시 족 (Manasi)의 무속의례에는 신의 하강과 상승 의례가 들어 있다. 신은 상승할 때 이 샤만을 데리고 올라가는 것이다. "샤만이 상승할 때면 사당의 벽이 심하게 요동한다. 그리고 몇 분 뒤면 신은 샤만을 떨어뜨린다. 샤만은 사당 안으로, 머리부터 떨어진다."[115]

마지막으로 북아메리카의 입문적 상승의 사례를 하나 더 들어보기로 하자. 위네바고(Winnebago) 인디언의 주의는 자신이 죽음을 당했다고 생각하면서 접신 여행을 한다. 그는 그런 상태에서 우여곡절 끝에 천계로 올라가고 여기에서 절대자를 만나 이야기를 나눈다. 이때 천계의 영신들은 이 주의를 시험한다. 이 시험에서 주의는 불사(不死)의 곰을 죽인 나음, 다시 숨결을 불어 넣음으로써 이 곰을 소생시킨 뒤, 지상으로 돌아와 거듭난다. [116]

고스트-댄스 교(Ghost-Dance Religion : 망령무교[亡靈舞敎])의 교조는 모든 신비주의의 예언자들처럼 접신을 체험함으로써 그 길로 들어선다. 이 교조는 탈혼망아 상태에서 산으로 올라가서는 소복을 한 아름다운 여자를 만난다. 이 여자는 교조에게, 산꼭대기에 생명의 주가 있다는 사실을 가르쳐준다. 교조는 이 안내자의 말을 옳게 여기고는 옷을 벗고 물속에 뛰어들어 제의적인 나체상태로 생명의 주 앞에 나선다. 그러면 생명의 주는 교조에게, 그 땅에 백인이 발을 들여놓게 해서는 안 된다, 술에 취하면 안 된다, 전쟁을 피하고 일부다처제를 폐지하라는 등의 강령을 내리고 사람들에게 가르쳐주라고 하면서 기도문을 내린다. [117]

고스트-댄스 교의 가장 유명한 예언자 오보카(Wovoka)는 열여덟 살 때 계시를 받았다. 그는 대낮에 집에서 잠을 자다가 하늘로 끌려 올라간다는 느낌을 받았다. 그는 하늘에서 신과, 지복(至福)과 불로(不老) 상태에서 행복하게 사는 사자들을 만났다. 신은, 그가 사람들에게 정직할 것, 부지런할 것, 자비로울 것 등을 가르치도록 명을 내렸다. [118] 또 한 사람의 예언자인 푸제트 해협의 존 슬로쿰(John Slocum)은, "죽은 상태에서" 자기 영혼이 몸을 떠나는 것을 보았다. "'바로 그 순간에 나는 빛——눈부신 빛——을 보았다.……나는 내 몸을 보았다——나 자신의 몸을 보았다──내 몸에는 영혼이 없었다. 죽은 것이었다. 내 영혼은 몸을 떠나 신의 재판소로 올라갔다.……나는 내 영혼에서, 저 선한 나라의 빛이 쏟아져 나오는 것을 보았다.……"[119]

이 두 예언자가 한 최초의 접신 체험은 모든 고스트-댄스 교 신봉자들에게 하나의 본이 된다. 그래서 이들 역시 오래 춤을 추고 노래를 부른 끝에 탈혼망아 상태에 들어 저승세계를 찾아가고 여기에서 사자들, 천사들, 때로는 신의 모습까지도 보게 되는 것이다. 그러니까 교조와 예언자들에게 내렸던 계시의 모습이 후일 신봉자들에게 회심(悔心)과 접신의 본을 제공하는 것이다.

천계상승은 오지브와 족(Ojibwa)의 비밀결사인 미데위윈(Midē'-wiwin)의 특징적인 의례를 구성하는 것이기도 하다. 이 비밀결사는 대단히 무속적이다. 그 특징적인 보기로, 한 소녀의 체험을 들어보자. 이 소녀는 위에서 자기를 부르는 소리를 듣고 그 목소리를 따라서 아주 비좁은 길을 올라가 마침내 천계에 이르렀다. 이 소녀는 여기에서 천계의 신을 만났다. 천계의 신은 소녀에게, 인류에게 전할 소식을 일러주었다. [120] 비밀결사 미데위윈이 궁극적으로 겨냥하는 것은 하늘과 땅이 서로 통하는 길을 창세 때와 똑같은 상태로 되돌리는 일이다. [121] 이 비밀결사의 구성원들이 정기적으로 천계로 접신 여행을 하는 까닭도 여기에 있다. 이렇게 함으로써 이들은 지금은 타락한 상태인 우주와 인간의 관계를 폐기하고 인간이 쉽게 하늘에 이를 수 있었던 원초적인 상태를 다시 세우는 것이다.

엄격하게 말하자면, 여기에는 샤마니즘이 개재해 있는 것 같지 않다. 왜냐하면 고스트-댄스 교와 미데위윈은 구성원이 특정 시련을 통과하거나 접신의 소질을 보이기만 하면 입문이 가능한 비밀결사이기 때문이다. 그러나 그럼에도 불구하고 이 북아메리카의 종교 운동은 무속적인 특징을 보여준다. 말하자면 접신술, 천계로의 주술적인 여행, 지하계로의 하강, 신이나 반신적인 존재 그리고 사자령과의 대화 등의 무속적인 특징을 보여주고 있는 것이다.

조금 전에 검토했다시피, 성무의례에서 천계상승 의례가 차지하는 몫은 아주 중요하다. 나무 혹은 장대 오르기 의식, 상승 비행 혹은 주술적인 비행의 신화, 공중 부양(空中浮揚)과 비행과 천상계로의 신비적인 여행이 따르는 접신 체험 등, 이 모든 것은 샤만의 소명의식 혹은 성별 의식에서 결정적인 몫을 하고 있는 것이다. 때로 이러한 종교 행사와 종교 사상의 복잡한 양태는 하늘과 땅의 교통이 훨씬 쉬웠던 고대의 신화시대와 밀접한 관계를 맺고 있다. 이러한 관점에서 보아 무속 체험은 원초적인 신화 시대의 복원 체험에 해당한다. 이때 샤만은 개인적으로, 아득한 옛날의 인류가 향유하던 그 행복한 상황으로 되돌아가는 행운을 누리게 되는 것이다. 많은 신화(다음 장에서 이중의 많은 신화에 대한 언급과 검토가 있겠지만)는 그러한 때, 은혜가 넘치는 저 비롯되던 때 (illud tempus)의 파라다이스 상태를 그리고 있는 것이고 샤만이 접신중에 돌아가는 곳이 바로 그 시절의 세계인 것이다.

제 5 장 무복과 무고의 심벌리즘

서언

샤만의 무복은 그 자체로서 종교적인 히에로파니(거룩한 것의 드러남, 곧 성현)와 코스모그래피(cosmography : 우주형상지〔宇宙形狀誌〕)를 이룬다. 무복은 거룩한 것의 임재를 드러낼 뿐만 아니라 우주적 상징과 형이상학적 도정을 계시하기도 한다. 주의 깊게 연구하면 이 무복은, 무속 신화나 그 기술은 물론이고 무속 체계의 정체까지 드러나게 한다. [1)]

알타이 인 샤만은 겨울에는 속옷 위에다 무복을 입지만 여름에는 알몸에 무복만 걸친다. 퉁구스 인 샤만은 여름이고 겨울이고 늘 알몸에다 무복만 걸친다. 극북지방에 사는 다른 종족의 샤만도 이와 같다. [2)] 그러나 동북 시베리아와 대부분의 에스키모 샤만에게는 엄격하게 말해서 무복이라는 것이 따로 없다. [3)] 샤만은 대개의 경우 알몸으로 지낸다. (에스키모의 경우) 샤만은 옷 대신에 허리띠 하나만 맨다. 이러한 풍습을 두고, 극북지방의 집안이 따뜻하기 때문이라고 설명하는 사람들도 있기는 하나, 이 준(準)나체 상태는 다분히 종교적 의미를 지니는 것으로 보인다. 제의적으로 나체상태가 될 때도 있고 접신 체험을 위해 특별한 의상을 입는 경우도 있지만, 여기에서 중요한 것은, 샤만은 속(俗)의 의상, 즉 평상복을 입고 있을 때에는 접신 체험을 하지 않는다는 점이다. 특별한 의상이 따로 없을 경우에도 샤만은 모자를 쓰거나 허리띠를 매거나 무고를 들거나 주물을 휴대하거나 하는데, 이러한 것들이 바로 샤만의 신성한 의상의 일부가 되어 정식 무복 노릇을 하게 되는 것이다. 가령 라들로프(Radlov)는[4)] 흑 타타르 인(Black Tatars), 쇼르 인(Shor), 텔레우트 인 샤만에게는 무복이 없다고 쓰고 있다. 그러나 라들로프는 무복이 따로 없는 샤만(예를 들어 레베드 타타르 인〔Lebed Tatars〕[5)]의 경우처럼)도

머리에 천을 동여매는 수가 있는데 샤만은 이것을 쓰고서야 비로소 무의를 베풀 수 있다고 쓰고 있다.

무복은 샤만이 차지하고 있는 공간이 주위의 속계(俗界)와는 다른 종교적인 소우주가 되었음을 나타낸다. 한편으로 이 무복은 거의 완벽한 상징 체계를 구성하고 다른 한편으로 무복에 의한 성별이 그 공간을 갖가지 영력과 "영신들"로 채우고 있음을 나타낸다. 이러한, 무복을 입는다——혹은 무복을 대신하는 것을 몸에 지닌다——는 단순한 몸짓을 통해서 샤만은 속계를 넘어 영계와 접촉할 준비를 갖추는 것이다. 대개의 경우 이 준비 과정 자체가 영계와의 구체적인 접촉일 때가 많다. 그 까닭은, 샤만은 복잡한 예비 과정을 거친 뒤에, 그러니까 탈혼망아에 들기 직전에 무복을 입기 때문이다.

샤만 후보자는 꿈 속에서 앞으로 자기가 입어야 할 무복이 있는 곳을 정확하게 볼 수 있어야 하고 이 무복을 찾으러 가야 한다. [6] 그린 꿈을 꾼 다음에 샤만 후보자는 세상을 떠난 샤만의 친척들에게 말 한 필을 주고 그 무복을 사게 된다(가령 비라르첸 족〔Birartchen〕의 경우처럼). 그러나 이 무복은 부족 공동체를 떠날 수 없다. [7] 어떤 의미에서 무복에 관한 문제는 공동체 구성원 모두의 관심사이다. 그 까닭은, 이 무복은 전구성원의 기부금으로 구입하거나 만들어지는 것이기 때문이다. 그러나 이보다 더 중요한 까닭은 이 무복에 "영신들"이 깃들여 있다는 데 있다. 이 때문에 무복을 아무나 입게 할 수는 없는 것이다. 왜냐하면 무복의 임자를 잘못 선택할 경우에는 전공동체가 피해를 입을 수도 있기 때문이다. [8]

공동체 구성원들은 이 무복에서, "영신들"이 깃들인 다른 주물을 볼 때와 마찬가지로 공포와 외경을 느낀다. [9] 그래서 이 무복이 낡으면 숲속의 나무에다 걸어둔다. 이로써 이 무복에 깃든 "영신들"이 무복을 떠나 다른 새 무복에 깃들일 수 있게 하는 것이다. [10]

정주(定住) 퉁구스 인의 경우, 샤만이 세상을 떠나면 무복은 그 집에 보관된다. 이렇게 보관된 옷에 깃들인 "영신들"은 이 무복을 흔들거나 이 무복을 다른 곳으로 옮김으로써 저희들이 거기에 깃들여 있다는 징표를 보인다. 대부분의 다른 시베리아 인들처럼 유목 퉁구스 인들은 샤만이 세상을 떠나면 샤만의 옷을 그 무덤 가까이에 갖다놓는다. [11] 많은 지역의 경우, 어떤 샤만이 무복을 입고 치병 굿을 했는데도 그 병자가 낫지 않으면 그 무복은 부정을 탄 것으로 여겨진다. 치병 굿에서 영험을 보이지 못

150

한 무고 역시 마찬가지이다. [12]

시베리아의 무복

(근 1세기 전에 남긴) 샤쉬코프(S. Shashkov)의 기록에 따르면, 시베리아 샤만은 누구나 다음과 같은 것을 지녀야 한다. 즉 1) 원반모양의 쇠붙이와 신화에 나오는 동물모양이 달린 카프탄(caftan : 모피로 안감을 넣은 망토/역자) 2) 가면(타디베이 사모예드 인〔Tadibei Samoyed〕의 경우는 머릿수건인데, 샤만은 이것으로 눈을 가리고 심안〔心眼〕만으로 영신들의 나라로 들어간다) 3) 쇠 혹은 구리로 만들어진 가슴 가리개 4) 모자가 그것이다. 샤쉬코프는 이 모자야말로 샤만의 소유물 중 가장 중요한 것으로 보고 있다. 야쿠트 인의 경우, 카프탄의 뒤쪽 중앙에는 "태양"을 나타내는, 구멍 뚫린 원반이 하나 매달려 있다. 시에로체브스키[13]에 따르면, 이 원반은 "태양의 구멍"(오이본큉개태〔oïbonküngätä〕)이라고 불린다. 그러나 실제로는 중앙에 구멍이 뚫린 대지로 보인다. 샤만은 이 구멍을 통하여 지하계로 들어가는 것이다. [14] 이 카프탄의 뒤쪽 중앙에는 샤만의 무력과 저항력을 상징하는 쇠사슬과 함께 초생달 모양이 붙어 있다. [15] 샤만들에 따르면 이 쇠원반은 악령들의 공격을 막아주는 방패막이 구실을 한다. 카프탄의 모피에 꿰매진 술(tuft)은 깃털을 의미한다. [16]

시에로체브스키의 기술에 따르면, [17] 야쿠트 샤만의, 제대로 만들어진 무복에는 자그마치 14 내지 23킬로그램의 쇠붙이 장식이 매달린다. 샤만의 춤이 지옥의 무도로 보이는 것은 바로 이 장식에서 나는 절렁거리는 소리 때문이다. 이런 금속 장식품에는 "영혼"이 있다. 그래서 녹슬지 않는 것이다. "샤만의 어깨에는 팔뼈(타비탈라〔tabytala〕)를 상징하는 막대기들이 나란히 매달려 있다. 가슴 양쪽에는 갈비뼈(오이고스 티미르〔oïgos timir〕)를 나타내는 조그만 나뭇잎들이 여러 장 꿰매져 있다. 그리고 이 위에는 여성의 젖가슴, 간, 심장 등의 내부 장기를 상징하는 크고 둥근 원반이 매달린다. 여기에 신성한 짐승이나 새의 모양이 덧붙여지기도 한다. 마지막으로 덧붙여지게 되는 것이 조그만 금속제 애매개트('광기의 영신')이다. 이 애매개트의 모양은 인형을 태운 조그만 배 같다."[18]

북방 퉁구스 인과 트랜스바이칼 퉁구스 인의 경우에는 두 가지 무복이 두드러지게 눈에 뜨인다. 즉 오리 모양의 의상과 순록 모양의 의상이 바로 그것이다. [19] 샤만이 짚고 다니는 지팡이의 한쪽 끝은 말머리 모양으로 깎여 있다. 샤만은 카프탄 위로 너비 약 30센티미터, 길이 약 1미터 되는 댕기를 늘어뜨리는데, 이 댕기는 쿨린(kulin : "구렁이")이라고 불린다. [20] 말이나 구렁이는 바로 샤만을 지하계로 데려가는 데 쓰이는 동물이다. 쉬로코고로프에 따르면[21] 퉁구스의 쇠붙이 장식물――"달," "해," "별" 등을 상징하는――은 야쿠트 인들로부터 차용한 것이다. 그리고 "구렁이"는 부르야트 인과 터키 인, "말"은 부르야트 인으로부터 차용한 것이다. (북아시아와 시베리아 샤마니즘에 대한 남방문화의 영향이라는 문제와 관련된 것이므로 이런 사소한 것들도 유념해둘 필요가 있다.)

부르야트의 무복

18세기 후반에 쓴 글에서 팔라스(P.S. Pallas)는 부르야트 인 여무(女巫)의 모습을 이렇게 그리고 있다. 팔라스에 따르면, 부르야트 인 여무는 끝에 말머리가 새겨져 있고 방울로 테를 두른 지팡이 두 개를 가지고 다닌다. 어깨에는 검은색과 흰색 가죽으로 만든 서른 마리의 "뱀"이 땅에 닿을 듯이 늘어져 있다. 여무의 모자에는 쇠로 만든 세 개의 투구 뿔이 솟아 있는데, 그 모양은 사슴의 뿔과 비슷하다. [22] 그러나 아가피토프(N. N. Agapitov)와 칸갈로프(M.N. Khangalov)[23]는 부르야트 샤만〔男巫〕의 모습을 소상하게 전하고 있다. 이들의 설명에 따르면 부르야트 샤만에게는 다음과 같은 것이 있어야 한다. 1) 모피(오르고이〔orgoï〕)가 있어야 한다. "백" 샤만(선한 영신들을 몸주로 섬기는 샤만)에게는 흰 모피, "흑" 샤만(악령을 몸주로 모시는 샤만)에게는 검은 모피가 있어야 한다. 이 모피에는 말, 새 등의 동물 모양을 본뜬 수많은 쇠붙이 장식이 꿰매져 있다. 2) 살쾡이 모양의 모자도 있어야 한다. (입문의식을 치른 지 며칠 뒤에 있게 되는) 다섯번째의 재계의식이 끝나면 샤만은 쇠로 된 두 개의 투구 뿔을 받아 모자에 꽂는다. [24] 꼬부라진 두 개의 투구 뿔은 두 개의 뿔을 상징한다. 3) 나무나 쇠로 된 "마장"도 있어야 한다. 나무로 된 마장은 첫번째 통과의례를 치른 날 밤에 준비되는데, 이 마장을 준비한 사람들은 이 마장을 잘라낸 자작나무가 죽지 않도록 특별한 주의를 기울인다. 쇠로 된 마장은 다섯번째 통과의례를 치른 다음에야 받게 되는데, 이 마장의 한쪽 끝에는 말머리가 새겨져 있고 그 주위에는 수많은 방울이 달려 있다.

파르타넨이 몽고어에서 번역한, 부르야트 샤만의 "입문서" 내용을 여기에 소개하기로 한다.

　　머리 위로 솟는 둥근 부분에 수많은 쇠테가 감긴 쇠모자에는 두 개의 뿔을 만들어 세운다. 이 뿔 뒤에는 고리가 아홉 개인 쇠사슬이 있다. 아래쪽으로 맨 끝에는 창날 같은 쇠붙이가 매달리는데, 이 쇠붙이는 등뼈(니구라순〔nigurasun〕: 퉁구스 어로는 니키마〔nikima〕, 니카마〔nikama〕로, 척추골이라는 뜻이다)라고 불린다. 이 모자의 양쪽, 그러니까 관자놀이와 만나는 부분에는 하나의 쇠고리와 길이가 1베르쇼크(＝4.445센티미터)인 세 개의 쇠막대기가 매달려 있다. 주조과정에서 서로 꼬이게 만들어진 이 장식물은 쿠올부가스(qolbugas : 짝으로 혹은 쌍으로 결합하다. 띠, 매듭, 유대라는 뜻)라고 불린다. 사냥 동물과 가축의 색깔과 같은, 색색의 비단, 무명, 모직, 벨벳을 꼬아서 만든 뱀 모양의 타래를 모자 양옆과 뒤에 늘어뜨린다. 그리고는 쾨뤼네(körüne), 다람쥐, 노란 족제비 털 색깔의 무명 천조각도 여기에 늘어뜨린다. 이것(머리 장식)은 마이콰브치(maiqabči : "덮개")라고 불린다.

　　폭 30센티미터 정도의 무명 천조각을 옷깃에 붙인다. 이 천조각에는 갖가지 뱀 모양과 사냥 동물의 그림이 그려진다. 이것이 바로 달라브치(dalabči : "날개") 혹은 지베르(žiber : "지느러미" 혹은 "날개")이다. ……25)

　　길이가 2.4미터 정도 되는 두 개의 목발 모양의 장대의 (거칠게 다듬어진) 위쪽은 말머리 모양으로 깎인다. 말의 목에 해당되는 부분에 세 개의 쿠올부가스가 달린 쇠고리가 꿰인다. 이것을 사람들은 말갈기라고 부른다. 장대 아래쪽에도 비슷한 쿠올부가스 고리가 달린다. 이것은 말꼬리이다. 이 나무의 앞면에도 쿠올부가스 고리 하나와, (조그맣게 축소하여) 쇠로 만든 등자, 창, 칼, 도끼, 철퇴, 배, 노, 작살 같은 것들이 박힌다. 이 아래로는 또 세 개의 쿠올부가스 고리가 붙는다. 이 네 개의 쿠올부가스 고리는 말의 다리라고 불린다. 이 두 개의 장대는 소르비(sorbi)라고 한다.

　　수콰이(suqai)라고 불리는 채찍도 만들어진다. 여느 채찍 위에다 사향

―들쥐 가죽으로 여덟 겹 싸고 세 개의 쿠올부가스가 달린 쇠고리를 끼운 뒤, (축소 모형으로 만든) 철퇴, 칼, 창, 뾰족뾰족한 돌기가 있는 몽둥이를 달고 무명과 비단 끈으로 묶은 채찍이다. 사람들은 이것을 "살아 있는 것"을 다스리는 채찍이라고 부른다. 샤만인 뵈게(böge)는 굿을 할 때마다 (하나의) 소르비와 이 채찍을 손에 든다. 천막 안에서 굿을 할 때는 이 두 가지 중 하나만을 쓰기도 한다. 26)

이 자세한 묘사의 일부는 뒤에 다시 나온다. 지금 여기에서는 부르야트 샤만이 "말〔馬〕"을 중요하게 여긴다는 사실에만 주목하기로 하자. 말을 중요하게 여기는 것은 중앙 그리고 북아시아 샤마니즘의 특징이다. 이들이 말을 중요하게 여기는 것은 말이 샤만의 여행을 가능하게 하는 수단이기 때문인데, 이러한 풍습은 다른 곳에서도 얼마든지 찾아볼 수 있다. 27) 올혼스크 부르야트 인(Olkhonsk Buryat)에게는 앞에서 예로 든 무구 이외에도 주물(무고, 마장, 모피, 방울 등)을 넣는 상자가 있다. 이 상자에는 해와 달 그림이 장식으로 그려져 있는 것이 보통이다. 야로슬라플의 대주교 닐(Nil)은 부르야트 샤만에게는 무구가 두 가지 더 있다고 지적한 바 있다. 즉 가죽이나 나무나 쇠로 만들고 그 위에다 수염을 잔뜩 그려 넣은 무시무시한 가면인 아바갈데이(abagaldei)와 열두 가지 동물 모양이 그려진 금속제 거울인 톨리(toli)가 그것이다. 샤만들은 이 톨리를 가슴이나 등에 매달고 다니거나 카프탄에 붙여 가지고 다니기도 한다. 그러나 아가피토프와 칸갈로프에 따르면28) 이 두 가지 무구는 쓰이지 않은 지가 오래 된다. 29) 이런 무구들이 다른 지역에 어떤 형태로 나타나고 있는지, 그 복잡한 종교학적 의미가 과연 무엇인지는 뒤에 다시 거론하기로 하자.

알타이의 무복

알타이 샤만에 대한 포타닌의 글을 읽어보면, 다른 시베리아 샤만의 경우에 비해 알타이 샤만의 무복은 형태가 완벽에 가깝게 또 훨씬 좋은 상태로 보존되었다는 인상을 받게 된다. 알타이 샤만의 카프탄은 염소가죽이나 순록가죽으로 만들어진다. 카프탄 자락에 달려 있는 수많은 댕기나 수건은 뱀을 상징한다. 실제로 이들 뱀 가운데 일부는, 두 눈을 뜨고 아가리를 벌리고 있는 뱀의 머리모양을 제대로 갖추고 있기도 하다. 이런 뱀 중 큰 뱀은 꼬리가 여럿이다. 그러니까 몸은 셋인데 머리는 하나뿐인 뱀도 있는 것이다. 경제적으로 넉넉한 샤만은 무복에다 이런 뱀 모양을 1,070개나 매달고 다닌다고 한다.[30] 무복에는 쇠붙이 장식도 많이 달려 있다. 영신들을 겁주기 위한 모형 활과 화살도 달려 있다.[31] 이 샤만들이 걸치는 치마 뒤에는 동물의 가죽과 함께 두 개의 구리원반이 붙어 있다. 옷깃에는 올빼미의 검은 깃과 갈색 깃으로 만든 가장자리 장식이 있다. 한 샤만의 옷깃에는 일곱 개의 인형이 매달려 있는데, 이 인형의 머리도 갈색 올빼미의 깃으로 되어 있다. 이 샤만은, 일곱 개의 인형은 천상에 있는 일곱 동정녀, 일곱 개의 방울은 영신들을 부르는 일곱 동정녀의 목소리라고 설명한다.[32] 이 동정녀의 수가 아홉이 되는 지역도 있다. 이런 곳에서는 이 아홉 동정녀가 바이 월갠의 딸 아홉 자매라고 믿어진다.[33]

   샤만의 옷에는 이밖에도 많은 것들이 매달려 있다. 물론 이런 것들에는 나름의 종교적 의미가 있다. 가령 알타이 샤만의 무복에는 에를릭 칸의 왕국에 산다는 두 마리의 꼬마괴물 모양이 있다. 하나는 주트파(jutpa) 또 하나는 아르바(arba)이다. 주트파는 검은색 혹은 갈색 천으로 만들고 아르바는 초록색 천으로 만든다. 다리가 네 개이고 꼬리가 있고 입을 벌리고 있는 것은 둘다 마찬가지이다.[34] 시베리아 극북지방으로 가면 무복에 갈매기나 고니 같은 물새들의 모양이 새겨져 있는 것을 볼 수 있다. 이러한 새들은 해저에 있는 샤만의 저승세계로의 여행을 상징한다. 이런 상징물에 대해서는 뒤에 에스키모의 신앙 문제를 다룰 때 다시 검토하기로 하자. 수많은 신화적인 동물(곰, 개, 그리고 목에 고리가 있는 독수리, 상징적인——예니세이 인들에 따르면[35]——샤만의 시중을 드는 위엄 있는 새)과 무복을 성별하는 데 쓰인다는 인간의 성기 그림[36]에 대해서도 그때 다시 거론하기로 하자.[37]

샤만의 거울과 모자

   북만주의 서로 다른 여러 퉁구스 민족군(퉁구스, 킹간(Khingan), 비라르첸 등)의 샤만의 경우, 구리거울은 아주 중요한 역할을 한다.[38] 그것은 그 기원을 중국-만주에 두고 있는 것이 분명하나[39] 그 주술적 의미는 민족에 따라 서로 다르다. 거울은 샤만으로 하여금 "세상을 보게 하는 데"(다시 말해서 세상에 정신을 집중시키는 데) 도움을 준다는 말도 있고 "영신들의 거처" 노릇을 한다는 말도 있고 인류의 욕구를 투사시키기 위한 것이라는 말도 있다. 디오제기(V. Diószegi)의 말에 따르면, 거울을 뜻하는 만주-퉁구스 어 파나프투(pañaptu)는 파나(paña), 즉 "영혼, 영신," 더 정확하게 말하면 "영혼-그림자"에서 파생한 말이다. 그러니까 거울은 "영혼-그림자"의 그릇(프투[-ptu])이라는 것이다. 이 거울을 들여다봄으로써 샤만은 죽은 사람들의 영혼을 볼 수가 있다.[40] 몽고 샤만들 중에는 거울 속에서 "샤만의 백마"를 보는 샤만도 있다.[41] 준마는 아주 괄목할 만한 무속적 동물이다. 준마의 질주와 그 눈부신 속도는 "비행," 즉 접신 이미지의 전통적인 표현인 것이다.[42]

다음은 모자의 경우인데, 어떤 종족(가령 유라크-사모에드 족)은 이 모자를 가장 중요한 무복의 일부로 본다. "이런 샤만에 따르면, 샤만의 무력 중 대부분은 바로 이 모자에 깃들여 있다."[43] "러시아 인들의 요청에 못 이겨 굿을 보여줄 때 샤만이 모자를 쓰지 않고 굿을 하는 까닭이 바로 여기에 있다."[44] "바로 이 문제에 관해서 내가 질문을 던지자 그들은 모자를 쓰지 않으면 진짜 무력을 발휘할 수 없기 때문에 모자를 쓰지 않고 벌이는 굿은 구경꾼을 즐겁게 하기 위한 엉터리 의식이 될 수밖에 없다고 대답했다."[45]

서부 시베리아의 샤만들은 모자 대신 머리에다 폭이 넓은 천을 감는다. 그리고는 여기에다 도마뱀이나 그밖의 수호영물과 함께 수많은 댕기를 늘어뜨린다. 케트 동부의 샤만들이 쓰는 모자는 "쇠로 만든 순록의 뿔을 세운 왕관과 비슷하다. 때로는 살과 모양이 그대로 남은 곰의 머리로 모자를 만들기도 한다."[46] 가장 전형적인 모자는 순록의 뿔 모양이 달린 모자이다.[47] 그러나 동부 퉁구스 샤만들은 자기네들의 모자에 달린 쇠붙이 뿔은 순록의 뿔이 아니라 수사슴의 뿔을 본뜬 것이라고 주장한다.[48] 북부(사모예드 인)와 남부(알타이 인)에서는 샤만의 모자에 (고니, 독수리, 올빼미 등의) 깃털을 꽂기도 한다. 예를 들면 알타이 인들은 금빛 독수리나 갈색 올빼미의 깃털을,[49] 소요트 인, 카라가스 인(Karagas) 등은 여느 올빼미 깃털을 꽂는다.[50] 텔레우트 샤만 중에는 날개와 때로는 머리까지 고스란히 장식물로 삼으면서 갈색 오리의 몸 자체를 모자로 삼는 사람

들도 있다. [51)]

새〔鳥〕 모양의 심벌리즘(Symbolism)

이런 장식물을 통하여 무복이 샤만에게 새로운, 동물 모양의 주술적인 모습을 부여한다는 것은 분명하다. 동물 모양 중에서 가장 전형적인 세 가지 모양은 새 모양, 순록(수사슴) 모양, 곰 모양인데, 이중에서 가장 특별한 것이 새 모양이다. 순록과 곰 모양을 하는 뜻에 관해서는 뒤에 자세히 검토하기로 하고 여기에서는 새 모양을 닮은 무복에 대해서만 생각해보기로 하자. [52)] 무복 이야기가 나오면 새의 깃털 이야기는 거의 빠지지 않고 등장한다. 더 자세하게 말하면, 샤만들은 의상 자체의 구조를 되도록 새모양과 비슷하게 꾸미려고 한다는 것이다. 이런 식으로 알타이, 미누신스크 타타르(Minusinsk Tatars), 텔레우트, 소요트, 카라가스 샤만은 저희 무복을 되도록이면 올빼미와 비슷하게 꾸민다. [53)] 소요트 샤만의 무복은 아예 완전히 새 모양을 그대로 본뜬 것으로 보인다. [54)] 가장 자주 모방의 대상이 되는 새는 독수리이다. [55)] 골디 인의 경우에도 샤만의 무복 중에서 가장 많은 것이 새 모양을 흉내낸 무복이다. [56)] 이보다 북쪽 지역에 사는 시베리아 인들, 즉 돌간 인, 야쿠트 인, 퉁구스 인도 마찬가지이다. 유카기르 인 샤만의 무복에도 새의 깃털이 등장한다. [57)] 퉁구스 샤만의 구두는 새의 발과 아주 흡사하다. [58)] 가장 복잡한 새 모양의 무복을 만들어 입는 사람들은 바로 야쿠트 샤만들이다. 이들의 무복은 쇠로 만든 새의 형해꼴을 하고 있다. [59)] 쉬로코고로프의 설명에 따르면, 새 모양의 의상이 가장 집중적으로 분포되어 있는 곳은 오늘날 야쿠트 인들의 집단 거주지역이다.

심지어는 의상에 새 모양이라고 뚜렷하게 말할 수 있는 흔적이 남아 있지 않은 지역——가령, 중국-불교 문화의 세례를 받아온 만주지역——에서도[60)] 샤만의 모자만은 깃털로, 새 모양을 흉내내어 만든다. [61)] 몽고의 샤만이 입는 무복의 어깨에는 실제로 "날개"가 달려 있다. 그래서 샤만은 이 무복을 입는 순간부터 자신이 새가 된 것으로 느낀다. [62)] 옛날에, 이 새 모양을 흉내낸 의상은 알타이 인의 거주지역 전체에 퍼져 있었던 것으로 보인다. [63)] 오늘날, 올빼미 깃털은 카자크-키르기츠 인 박사의 지팡이

에 꽂히는 정도에 그친다. [64)]

퉁구스 인 자료 제공자의 말을 인용하면서, 시로코고로프는 새 모양의 의상은 샤만이 다른 세계로 날아가는 데 없어서는 안 될 무구라는 말을 덧붙인다. "그들의 말에 따르면, 의상이 가벼우면 가기가 훨씬 수월하다."[65)] 전설에 나오는 무녀가 주술적인 날개를 얻으면 그 즉시 하늘로 날아오르는 것도 같은 이유에서이다. [66)] 올마르크스[67)]는, 이러한 종교 복합의 진원지는 극북지방이라고 믿는다. 그러니까 샤만을 도와 공중 여행을 가능케 하는 "보조영신" 신앙과 직접적인 관계를 맺고 있을 수밖에 없다는 것이다. 그러나 우리가 지금까지 수차례 보아왔고 앞으로 보게 될 것이지만, 이러한 공중 비행의 심벌리즘은 샤만, 요술사, 때로는 인격화하는 신화적인 존재와 관련해서 세계 도처에서 발견된다.

여기에서 독수리와 샤만 사이의 신화적인 관계도 반드시 한번 따져볼 필요가 있다. 우리는 여기에서 최초의 샤만의 아버지인 독수리가 샤만의 성무의례에서 중요한 역할을 맡고, 세계수와 샤만의 접신 여행을 포함하는 신화적 복합에서 중심 상징의 노릇을 한다는 것을 기억해야 한다. 이와 더불어 모습이 상당히 달라지기는 해도 바로 이 독수리가 어떤 의미에서는 절대자를 상징한다는 사실도 잊지 말아야 한다. 이 모든 신화적 요소는 샤만의 의상이 지니는 종교적 의미를 상당한 수준까지 정확하게 밝혀주고 있는 듯하다. 말하자면 샤만은 이 의상을 입음으로써 통과의례와 접신 체험이 계속되는 동안에 계시되고 수립된 신화적인 상태로 되돌아가는 것이다.

형해(形骸)의 심벌리즘

샤만의 의상에 뼈 모양을 흉내낸 갖가지 철제품 장식이 달리고 따라서 부분적으로나마 형해의 외관을 닮게 된다는 사실로 미루어 보아 여기에 어떤 상징체계가 있으리라고 짐작하기는 어렵지 않다. [68)] 많은 학자들, 그 중에서도 홀름베르크(하르바)는[69)] 샤만의 의상이 보여주는 형해가 새의 형해일 것이라고 생각했다. 그러나 일찍이 1902년에 트로시찬스키는 적어도 야쿠트 샤만의 경우, 이들의 의상에 나타난 쇠붙이 "뼈"는 인간의 형해를 모방한 것으로 보아야 한다는 견해를 피력했다. 한 예니세이 인은 카이 도너에게, 그 뼈는 샤만 자신의 형해라는 말을 했다. [70] 하르바 자신은[71] 그것이 인간의 형해일 것이라는 주장으로 돌아섰다. 그러나 이동안 (1910) 페카르스키 (E.K. Pekarsky)는 또 하나의 가설을 내세웠다. 즉 인간과 새의 형해를 합한 것이라는 가설이었다. 만주인의 경우 이 "뼈"는 쇠와 강철로 만들어지는데, 샤만들은 (적어도 우리 시대에는) 이것이 날개를 상징한다고 주장한다. [72] 그러나 많은 경우, 이것이 인간의 형해를 본뜬 것으로 보여왔다는 것은 의심할 나위가 없다. 핀다이센 (Findeisen)은[73] 인간의 경골 (脛骨)을 정교하게 본뜬 철제품[74]를 모조한다.

　그러나 기본적으로 이 두 가설은 동일한 근본적인 사상으로 귀착된다. 즉 인간의 형해가 되었든 새의 형해가 되었든 이러한 형해의 모방을 시도함으로써 이 부족은 이 무복을 입는 자의 입장이 특수하다는 것을 분명하게 천명한다. 다시 말해서 이 무복의 임자는 죽음을 체험하고 다시 이승으로 온 사람임을 천명하는 것이다. 야쿠트 인, 부르야트 인, 그밖의 시베리아 인들의 경우에서 보았다시피, 사람들은 샤만을 조상영신들에 의해 죽음을 당한 자라고 믿는다. 즉 조상영신들이 이 샤만의 몸을 "요리하고" 그 뼈의 수를 센 다음, 제자리에 되돌려 철사로 다시 조립하고 그 위에 새 살을 덧입혔다고 믿는다. [75] 수렵민족에게, 뼈는 사람의 것이든 짐승의 것이든 생명의 귀의처이다. 이들은 바로 귀의처인 근원에서 그 종 (種)이 다시 형성되는 것으로 믿는다. 수렵민족이 사냥한 짐승의 고기는 먹되, 그 뼈는 상하지 않게 하고 조심스럽게 주워 모아 관습에 따라 대 위에 안치하거나 나무 위에 두거나 바다에 던지는 것은 바로 이 때문이다. [76] 이러한 관점에서 보아 동물의 매장은 정확하게 인간의 유해를 처리하는 방식을 그대로 따르는 것이라고 할 수 있다. [77] 왜냐하면 옛날 사람들에게는, 영혼은 사람이든 짐승이든 궁극적으로 뼈 안에 깃들이고 개체는 바로 그 뼈로부터 부활한다는 믿음이 있었을 것이기 때문이다.

　이렇게 보면, 무복에 나타나 있는 형해는 통과제의의 드라마, 다시 말해서 죽음과 부활의 드라마를 간추리고 재현시킨 것이라고 볼 수 있다. 그것이 인간의 형해냐, 새의 형해냐 하는 것은 따라서 그렇게 중요하지 않다. 인간의 형해든 새의 형해든 여기에서 중요한 것은 생명이라는 실체, 신화적인 조상에 의해 보존된 지극히 근본적인 것일 터이기 때문이다. 인간의 형해는 어떤 의미에서는 샤만의 원형 (archetype)을 나타낸다. 형해는 바로 이 원형에서 조상 샤만이 차례로 태어났다는 하나의 가

족 관계를 드러내 보이기 때문이다(가족의 혈통은 "뼈"로 표현된다. "아무개의 뼈에서 태어났다"는 말은 곧 "아무개의 자손"이라는 뜻이다). [78] 새의 형해라는 것도 같은 관념의 변형일 따름이다. 이 하나의 관념에는 두 개의 얼굴이 있을 뿐이다. 하나는, 최초의 샤만은 독수리와 여성의 교합에서 비롯되었다는 것이고, 다른 하나는 샤만이 새가 되어 날고자 한다는 것이다. 샤만은, 새처럼 날아서 보다 높은 곳으로 다가간다는 의미에서, 실제로 **새가 된다**. 이와 비슷한 설명은 형해——혹은 가면——가 샤만을 다른 동물(수사슴 등)로 변형시키는 경우에도 적용된다. [79] 그 까닭은, 신화적인 조상 동물은 종(種)이라는 생명의 무진장한 모체이고 바로 이 모체가 이러한 동물의 뼈에서 발견되기 때문이다. 여기에서 토테미즘을 들먹거리는 것은 온당하지 않을 듯하다. 토테미즘이기보다는 인간과 인간의 먹이가 되는 동물과의 신비스러운 관계, 최근에 프리드리히(Friedrich)와 모일리(Meuli)가 연구한 바 있는 수렵사회의 바탕이 되는 관계의 문제인 것이다.

뼈에서의 재생

사냥한 짐승 혹은 집에서 기른 짐승이 뼈에서 재생한다는 믿음은 시베리아가 아닌 곳에서도 발견된다. [80] 프레이저(Frazer)는 이미 아메리카에서 발견한 이런 사례를 보고한 바 있다. 프로베니우스(Frobenius)의 보고에 따르면, 이런 신화-제의적 모티프는 남아메리카 내륙에 사는 종족인 아란다 족, 아프리카의 부시맨 족(Bushman) 그리고 함 족(Hamites) 사이에 지금까지도 잔존하고 있다. [81] 프리드리히는 여기에다 아프리카 자료를 덧붙이고[82] 이것을 종합하여 이러한 일련의 현상을 전원적 정신성(田園的 精神性, pastoral spirituality)이라는 그럴 듯한 용어로 개념화했다. 이 같은 신화-제의적 복합은 이런 종족보다 훨씬 발달한 문화 민족 사이에서도 종교 전승의 형태로든 이야기 형태로든 잔존해 있다. [83] (남베사라비아와 북도브루자에 분포해 있는) 가가우지 족(Gagauzi) 전설은 이 이야기를, 아담이 그의 아들들에게 아내들을 만들어주기 위해 갖가지 동물의 뼈를 모아놓고, 그것들에 생명을 불어넣어 달라고 하느님께 기도했다는 꼴로 전하고 있다. [84] 아르메니아에는 이런 이야기가 전한다. 즉

160

한 사냥꾼이 숲의 영신들의 결혼식을 구경했다. 그는 이 자리에 어울렸지만 먹는 것을 사양하고 가만히 소갈비 하나를 감추어두었다. 뒤에 이 소의 뼈를 모조리 수습하여 여기에 다시 생명을 불어 넣을 때, 영신들은 없어진 갈비뼈 하나를 벌충하느라고 호두나무 가지를 갈비 대신 끼워 넣어야 했다. [85)

여기에서 「에다 산문(*Prose Edda*)」에 나오는 사건 한 토막을 소개하기로 한다. 토르(Thor)의 숫염소 중 한 마리가 겪은 사건이다. 토르는 수레에 숫염소를 싣고 여행을 하다가 한 농가에서 묵게 되었다. "밤이 되자 토르는 숫염소 두 마리를 끌어내어 잡고는 가죽을 벗긴 뒤에 가마솥에 넣고 삶았다. 요리가 끝나자 토르와 식구들은 식사를 하기 위해 자리를 잡고 앉았다. 토르는 그 농가의 주인인 농부 내외와 아이들을 초대했다. ……토르는 숫염소 가죽을 불에서 좀 떨어진 곳에다 펴두고 농부네 식구들에게 고기는 먹되 뼈는 가죽 위에다 던지라고 말했다. 이때 농부의 아들인 트잘피(Thjālfi)는 숫염소의 다리를 뜯고 있었다. 그는 다리뼈 속의 골수를 발라 먹으려고 칼로 이 뼈를 부수었다.

"토르는 거기에서 묵었다. 그리고는 다음날 새벽에 일어나 옷을 입고는 묄니르(Mjöllnir)라는 망치로 숫염소 가죽을 성별했다. 그러자 숫염소들이 일어나 걷기 시작했다. 그러나 그중 한 마리는 뒷다리를 절었다."[86)

이 에피소드는 수렵민족이나 유목민족의 고대적 관념이 고대 게르만 족에게도 잔존하고 있었음을 실증한다. 그러므로 이러한 관념이 반드시 "무속"의 특징적인 정신성일 필요는 없는 것이다. 그러나 여기에서 이런 에피소드를 인용하는 것은 샤마니즘의 이론과 실제의 일반적인 견해를 밝히는 선까지 인도-아리안 샤마니즘의 흔적을 검토해보기 위함이다.

뼈로부터의 부활과 관련해서 저 유명한 에제키엘(Ezekiel)의 환상을 인용해보기로 하자. 이 에제키엘의 환상은 앞에서 예시한 이야기의 무대와는 종교적 지평이 전혀 다른 지역의 전승이다. "주께서 손으로 나를 잡으시자 주의 기운이 나를 밖으로 이끌어내셨다. 그래서 들 한가운데로 이끌려 나가보니 거기에는 뼈가 가득히 널려 있는 것이었다.……그분이 나에게 말씀하셨다. 너 사람아, 이 뼈가 살아날 것 같으냐? 내가, 주님이시여, 당신께서 아시옵니다 하고 아뢰니, 그분이 또 나에게 말씀하셨다. 이 뼈에게 내 말을 전하여라. 마른 뼈야, 이 주의 말씀을 들어라. 뼈에게 내 주가 말한다. 내가 너희 속에 숨을 불어 넣어 너희를 살리리라. 너희에게 힘줄을 이어놓고 살을 붙이고 가죽을 씌우고 숨을 불어 넣어 너희를 살리면,……그제야 너희는 내가 주임을 알게 되리라. 나는 분부하신 대로 말씀을 전하였다. 내가 말씀을 전하는 동안 뼈가 움직이며 서로 붙는 소리가 났다. 내가 바라보고 있는 가운데 뼈에게 힘줄이 이어졌고 살이 붙었으며 가죽이 씌워졌다.……"[87]

프리드리히 역시, 쟁기매기즈 사원의 폐허에서 그륀베델(Grünwedel)이 발견한 그림을 소개하고 있다. 이 그림에는 불승(佛僧)의 축복을 받고 자기 뼈에서 부활하는 한 사내가 그려져 있다.[88] 이 쟁기매기즈 사원이 있는 곳은, 인도 불교도에 미친 이란의 영향을 받았다고 할 만한 곳도 못 되고, 티벳과 이란 전통의 유사성이 혼재한다고 할 만한 곳도 못 되며, 이런 문제에 대한 검토의 대상이 되었던 적도 없는 곳이다. 그러나 모디(J.J. Modi)[89]가 몇 년 전에 지적했듯이, 티벳과 이란의 시체 노장(露葬) 풍습은 놀라울 정도로 비슷하다. 이 두 지역은 모두 사자(死者)의 시체를 개나 독수리로 하여금 먹게 한다. 티벳 인들에게는 사자의 시신을 되도록이면 빠른 기간 안에 뼈만 남기는 것은 중요한 일이다. 이란 인들은 사자의 뼈를 아스토단(astodan), 즉 "뼈를 두는 곳"에다 둔다. 뼈로 하여금 여기에서 부활을 기다리게 하는 것이다.[90] 이런 풍습은 전원적 정신성에서 기인한 유습(遺習)인 것으로 보인다.

인도의 주술적인 민담을 보면, 이 시대 사람들은, 성인(聖人)이나 요가의 행자는 뼈나 재로부터 사자를 부활시킬 수 있는 것으로 믿었음을 알 수 있다. 가령 고라크나드(Gorakhnāth)가 이러한 이적을 베풀었다.[91] 여기에서 주목할 만한 것은 이 유명한 주술사가 요가-탄트라의 분파, 즉 칸파타 요가 파(Kānphaṭā Yogis)의 창시자로 간주되고 있다는 점이다. 이 두 요가 유파에는 이와는 종류가 다른 무속적 유습이 남아 있는데, 이 문제에 대해서는 뒤에 다시 논의하기로 하자. 여기에서 형해가 육신으로 화하는 환상을 겨냥한 불교의 관법(觀法) 몇 가지를 소개할 필요가 있을 듯하다.[92] 라마 교와 탄트라 교에서 인간의 형해와 뼈가 맡는 중요한 역할,[93] 티벳과 몽고의 형해의 춤,[94] 티벳-인도적 접신술과 라마 교에서 브라마란드라(brāhmarandhra=수투라 프론탈리스[sutura frontalis])가 맡는 역할[95] 등이 바로 이러한 관법과 관계가 있는 것이다. 이러한 의례와 관념은 우리에게, 지금은 극히 다양한 체계와 결합하고 있지만 뼈에서 생명의 으뜸 원리를 찾아내는 고대전승이 아시아 정신의 지평에서 완전히 사라진 것은 아님을 보여주고 있다.

그러나 뼈는 무속 신화와 무속 제의에서 다른 역할을 맡고 있기도 하다. 가령 병자의 영혼을 찾아나선 바시유간-오스티야크 인 샤만은 상자 모양의 배를 타고 견갑골로 된 노를 저어 저승으로 간다. [96] 또 이와 관련해서 주로 칼미크 인(Kalmyk), 키르기츠 인, 몽고인 샤만이 암양이나 숫양의 겹간골로 점을 친다는 사실을 상기할 필요가 있다. 코리야크 인 샤만은 바다표범의 견갑골로 점을 친다. [97] 점복술 자체는 샤마니즘의 기초를 이루는 영신의 실재성을 현실로 되돌리고 이런 영신과 접촉을 촉진하는 데 적합한 기술이다. 여기에서도 동물의 뼈는 끊임없이 재생하는 생명의 신비를 상징한다. 그러니까 여기에는 생명의 과거와 미래가 다 들어 있는 것이다.

지금까지 여러 지역의 종교 관례와 종교 관념을 장황하게 소개했지만, 우리는 우리가 다루던 주제(무복에 나타난 형해의 심벌리즘)에서 벗어나 옆길로 들어섰다고는 생각하지 않는다. 이러한 관례와 관념의 거의 대부분은 유사한 혹은 등질화한 문화의 레벨에 속해 있다. 그래서 우리는 이런 것들을 열거함으로써 수렵민이나 목축민의 광막한 문화 영역에 하나의 기준점을 제시해보려고 한 것이다. 그러나 이러한 흔적들이 모두 똑같은 "무속적" 구조를 보이는 것은 아니라는 점을 분명히 해두기로 하자. 그리고 여기에 티벳, 몽고, 북아시아, 심지어는 극북지역의 관례까지 유사하게 보인다는 문제에 대해서는 남아시아, 특히 인도가 이들 지역에 미친 영향을 고려해야 한다는 말을 덧붙일 필요가 있다. 이 문제는 뒤에 다시 다루기로 한다.

샤만의 가면

야로슬라플의 대주교 닐은, 부르야트 샤만의 무구 가운데 무시무시한 가면이 있다고 지적한 바 있다. [98] 근대에 들어와 부르야트 샤만에게서도 이러한 가면은 점점 사라져가고 있다. 실제로 시베리아나 북아시아에서도 이러한 가면이 쓰이는 일은 점차 줄어들고 있는 실정이다. 쉬로코고로프는 퉁구스 샤만이 "말라(mala)의 영신이 자기에게 와 있음"을 나타내 보이려고 즉석에서 가면을 만드는, 하나뿐인 사례를 들고 있다. [99] 추크치 인, 코리야크 인, 캄차달 인(Kamchadal), 유카기르 인, 야쿠트 인의 샤마니즘에서 가면은 별로 쓰이지 않는다. 오히려 이러한 가면은 (추크치 인의 경우처럼) 가끔씩 어린아이들을 겁주는 데 쓰이거나 (유카기르 인의 경우처럼) 장례식 때 사자령들의 눈을 피하는 데 쓰일 뿐이다. 에스키모 가운데에서도 가면을 쓰는 샤만은 아메리카 인디언 문화의 영향을 강하게 받은 알래스카의 에스키모 샤만들뿐이다. [100]

아시아에서도 몇몇 사례가 보고되고 있기는 하나 대부분의 사례는 남아 시아에 국한되어 있다. 흑 타타르 샤만은 가끔, 자작나무 껍질로 만들고 여기에다 다람쥐 꼬리로 수염과 눈썹을 만들어 붙인 가면을 쓴다. [101] 톰스크의 타타르 인도 마찬가지이다. [102] 알타이 지역과 골디 인의 경우, 샤만은 사자의 영혼을 유령의 나라로 인도할 때, 영신들의 눈에 띄지 않으려고 얼굴에다 우지(牛脂)를 바른다. [103] 이 같은 풍습은 여러 곳에서 발견된다. 곰 희생제 때에도 같은 목적으로 얼굴에 우지를 바르기도 한다. [104] 이와 관련해서 얼굴에 기름을 바르는 풍습은 특히 "미개인"들 사이에 널리 퍼져 있는 풍습이라는 사실에 유념해둘 필요가 있다. 그 의미는 우리가 생각하는 것처럼 그렇게 단순한 것은 아니다. 문제는 이들이 영신들의 눈을 속이기 위해 혹은 영신들로부터 자신을 지키기 위해 이런 짓을 하는 것만은 아니라는 사실이다. 우리가 문제삼아야 하는 것은 영신들의 세계에 들기 위한 주술적인 준비에 따르는 기본적인 기술로서의 기름 바르기인 것이다. 이렇게 따져 들어가다 보면 우리는, 세계의 많은 곳에서 가면은 조상들을 상징한다는 사실을 알게 된다. 그러니까 이 가면을 쓴 사람은 조상의 화신으로 믿어진다는 것이다. [105] 얼굴에다 기름을 바르는 행위는 가장가면을 쓰는, 다시 말해서 사자의 영혼으로 화신하는 가장 간단한 행위인 것이다. 이 가면을 쓰는 행위를 남성들만의 비밀결사와 조상 제사와 관련시키는 곳도 있다. 역사-문화적 연구결과에 따르면, 가면, 조상 제사, 통과의례를 치른 비밀결사로 이루어진 복합적인 현상은 여가장제(matriarchy) 문화에 속한다. 그러니까 남성만의 비밀결사는 여성우위 문화에 대한 반동이라는 해석이다. [106]

샤만이 가면을 쓰는 사례가 드물다는 사실에 놀랄 필요는 없다. 하르바는 샤만의 의상 자체가 가면이고 이 의상이 원래 가면에서 유래했다고 지적한 바 있는데, 이 지적은 참으로 적절해 보인다. [107] 시베리아 샤마니즘이 오리엔트에서 유래한 것임——따라서 최근에 정립된 것임——을 밝히려는 시도가 있었던 적이 있었다. 그러나 이 과정에서, 가면이 남아시아에서는 자주 쓰이는데 북아시아로 올라갈수록 그 사용 빈도가 줄었다가 극북지역에 이르러서는 아주 없어져버린다는 사실이 드러났다.[108] 시베리아 샤마니즘의 "기원"을 논의하는 것이 우리의 의도는 아니다. 그러나 여기에서, 북아시아와 극북지방 샤마니즘에서 의상과 가면은 따로따로 중요시되어왔다는 사실은 지적해두어야 할 듯하다. 가면이 샤만의 정신통일에 큰 도움을 준다고 믿는 지역도 있다.[109] 우리는 다른 사례에서 샤만의 눈이나 얼굴을 가리는 수건이 비슷한 역할을 맡고 있음을 본 적이 있다. 역할에 대한 적절한 언급이 없어도 가면과 그 성격이 같은 무구가 쓰이는 경우는 얼마든지 있다. 가령 골디 인과 소요트 인의 경우, 샤만은 모피나 수건 같은 것으로 머리를 모두 가리기도 한다.[110]

이러한 이유에서 그리고 접신술이나 제의에서 부여되는 갖가지 가치를 따져볼 때, 가면은 샤만의 의상과 같은 역할을 하고 이 두 가지 무구의 역할은 상호 전환이 가능하다는 결론을 내릴 수 있다. 그 까닭은, 어디에서 사용되든 (정확하게 말하자면 무속이 아닌 곳에서 쓰여지든) 가면은 신화적 인간(조상, 신화적인 동물, 신)을 표상하는 것이기 때문이다.[111] 이러한 의미에서 의상은 모두 사람들 앞에서 샤만을 조금 전과는 전혀 다른 초자연적인 존재로 바꾸어놓는다. 이렇게 바뀐 존재가 드러내려고 하는 것이 바로, (형해를 통해) 되살아난 사자의 위광이고 (새를 통한) 비행능력이고 (여장, 여성적 속성을 통한) "천상적인 배우자"의 지아비라는 지위인 것이다.

무고

샤만의 무의에서 가장 중요한 역할을 하는 무구가 바로 무고이다.[112] 무고의 상징체계는 복잡하고 그 주술적 기능은 다양하다. 샤만의 무의에서 무고는 없어서는 안 될 무구이다. 이 무구는, 샤만을 "세계의 중심"으로 데리고 가기도 하고 하늘을 날아가게 하기도 하고 영신들을 불러 "잡아"두게 하기도 하고 샤만으로 하여금 정신통일을 가능케 하고 샤만의 의도에 따라 영적인 세계와 접촉을 가능케 하기도 한다.

독자들은, 샤만 후보자의 입문적인 접신몽에는 "세계의 중심"으로의 주술적인 여행, 우주수와 우주의 주에게로의 주술적인 여행 체험이 포함되어 있었던 것을 기억할 것이다. 샤만의 무고를 만들 북통의 재료가 되는 것은 바로 우주의 주가 이 우주수에서 떨어뜨려준 나뭇가지이다. [113) 이 상징체계의 의미는 이 상징체계가 싸안고 있는 종교 복합으로 충분히 설명될 수 있을 듯하다. 그러니까 이 상징체계는 세계수, 즉 "세계의 중심"을 관통하는 축(軸)에 의한 하늘과 땅의 교통을 뜻하고 있는 것이다. 샤만은 자기 무고의 북통이 우주수 가지로 만들어졌다는 사실에 의지해서, 이 북을 침으로써 자신을 그 나무 옆으로 투사시키는 것이다. 우주수에 자신을 투사시킨다는 것은 곧 "세계의 중심"에 자신을 투사시키는 것이다. 따라서 샤만은 이로써 천계로 오를 수 있는 것이다.

그렇다면 무고는 홈이 패인 나무(샤만은 상징적으로 천계에 오를 때 바로 이 나무에 패인 홈을 발판으로 이용한다)와 한가지라고 볼 수 있다. 자작나무를 오름으로써 혹은 이렇게 만들어진 무고를 울림으로써, 샤만은 세계수에 도달하고 비로소 이 세계수를 오를 수 있는 것이다. 시베리아 샤만에게는 그 샤만에게만 딸리는 나무가 있다. 이러한 나무는 우주수를 나타내는 나무다. 샤만 중에는 "거꾸로 선 나무"[114)를 섬기는 샤만도 있다. 거꾸로 선 나무, 즉 그 뿌리를 허공에 내리고 있는 나무는 잘 알려져 있다시피 세계수를 나타내는 가장 오래된 상징의 하나이다. 이미 앞에서 소개한 샤만과 의례용 자작나무의 관련성과 함께 이러한 일련의 사실은, 우주수와 무고와 천상계 상승이 밀접한 관계가 있음을 보여주고 있다.

샤만은 북통을 만드는 데 쓰일 나무를 고를 때에도 자기 마음대로 하지 않는다. 즉 "영신들"이나 초인간적 의지에 의지해서 고르는 것이다. 오스티야크-사모예드 샤만은 도끼를 들고 눈을 가린 채 숲속으로 들어가, 마음대로 나무 한 그루를 고른다. 샤만의 동료들은 바로 이 나무를 베어, 다음날 샤만의 북통을 만드는 것이다. [115) 시베리아를 사이에 두고 이들과는 반대편에 위치해 있는 알타이 인들의 경우, 영신들이 샤만에게 그런 나무가 자라는 숲과 그 나무의 위치를 정확하게 가르쳐준다. 그러면 샤만은 자기를 보조해주는 사람들을 보내어 그 나무를 베어오게 하고 이로써 북을 만들게 한다. [116) 지역에 따라 샤만 자신이 잘린 나무의 토막을 직접 가지고 내려오는 곳도 있다. 나무가 선택되면 나무 둥치에 피와 화주(火酒)를 칠함으로써 제물을 드리는 종족도 있다. 이런 풍습을 따르는 종족은 일단 나무에다 제물을 드리고 나무로 북통을 만든 다음, 여기에다 주정 (酒精)을 붓게 되면 "이 북에 생명을 부여한다."[117] 야쿠트 인의 경우, 벼락을 맞은 나무가 가장 좋은 나무로 꼽힌다.[118] 이런 제의적인 풍습과 준비 과정은 자연적인 나무가 초인간적인 계시에 의해 다른 존재로 변형되었음을 보여준다. 즉 이때부터 이 나무는 세속적인 나무이기를 그만두고 실제의 세계수가 되었음을 보여주는 것이다.

"북에다 생명을 부여하는" 의식은 참으로 흥미로운 의식이라고 하지 않을 수 없다. 알타이 인의 경우, 샤만이 이 무고에다 맥주를 뿌리면 이 무고의 북통은 "생명을 부여받아" 샤만을 통하여 자기의 내력을 말한다. 즉 어떻게 해서 그 숲에 살게 되었고, 어떻게 잘리고, 어떻게 마을까지 운반되어왔다는 등의 내력을 말하게 되는 것이다. 이 과정이 끝나면 샤만은 역시 맥주를 뿌려 북가죽에도 "생명을 부여한다." 그러면 이 북가죽도 자기의 과거를 말한다. 말하자면 자기는 어떤 동물의 가죽이고 그 동물의 부모는 누구이며 어린 시절은 어떠했다는 식으로, 사냥꾼의 화살에 쓰러질 때까지의 과거를 송두리째 고백하는 것이다. 이 북통과 북가죽의 이야기는 샤만에게 충성을 다하겠다는 말로 끝난다. 알타이 부족의 하나인 투발라레스 족(Tubalares)의 경우, 샤만은 북가죽의 재료가 된 동물의 목소리와 몸짓을 흉내내기도 한다.

포타포프(L.P. Potapov)와 부드루스(G. Buddruss)가 지적하고 있듯이[119] 샤만이 "생명을 부여하는" 동물은 샤만 자신의 제2의 자아이며 샤만이 의지하는 가장 강력한 보조영신이다. 이 보조영신은 샤만의 안으로 들어가는 순간, 동물의 모습을 한 신화적인 조상(祖上)으로 변한다. 이것만 보아도 "생명을 부여하는" 의식에서 샤만이 북가죽의 재료가 된 동물의 한살이를 이야기하는 까닭은 분명해진다. 바로 이 제의 때 샤만은 규범적인 표본이자 그 종족의 기원인 원초적인 동물에 관한 노래를 부르는 것이다. 신화시대에는 그 종족의 구성원 모두가 동물로 돌아갈 수 있었다. 이 말은 구성원 모두가 조상이 처해 있던 상태로 돌아갈 수 있었다는 뜻이다. 그러나 우리 시대에 신화적인 조상들과 그같이 친밀한 관계를 유지하는 특권을 누리는 사람은 오직 샤만들뿐인 것이다.

무의중에 샤만은, 아득한 옛날에는 구성원 모두에게 가능했던 그런 상황을 다시 수립한다. 물론 오늘날 이 일을 할 수 있는 사람은 오직 샤만뿐이다. 샤만에 의한 원초적인 인간 조건이 뜻하는 깊은 의미는 뒤에 다른 사례를 검토하면 한층 더 명확해질 것이다. 여기에서는 무고의 북통과

가죽이 샤만으로 하여금 "세계의 중심"으로의 접신 여행을 가능케 하는 주술적-종교적 도구가 된다는 것만 지적해두기로 하자. 많은 종족의 전승에서 동물 모습의 신화적 조상은 꼭대기가 자그마치 하늘에 닿는 우주수의 뿌리와 아주 가까운 곳에 있는 지하계에 살고 있다.[120) 여기에서 서로 다른데도 사실은 서로 밀접한 관계가 있는 종교 관념이 등장한다. 그중 하나는, 샤만은 무고를 울림으로써 이 우주가 있는 곳으로 날아간다고 하는 점(우리는 곧 이 무고가 상승의 상징을 드러내고 있음을 알 수 있게 된다[121))이고 다른 하나는, 자신이 "다시 생명을 부여한" 북가죽과의 신비스러운 관계를 통해서 샤만은 동물의 모습을 한 조상에게 다가간다는 것, 다시 말하면 이로써 자신과 조상들 사이의 시간을 초월하고 신화가 전하는 원초적인 상황을 재현시킨다고 하는 점이다. 이 두 가지 점에는 모두 샤만에게 시간과 공간의 초월을 경험하게 한다는 공통점이 있다. 조상 모습의 동물로 전신하는, 접신상태에서 천계상승을 경험하든시 간에 이 두 가지 경험은 서로 다른 그러나 하나의 동질한 경험——속(俗)의 상태의 초월, 신화시대에 사라진 "낙원적" 실존의 회복——을 나타내고 있는 것이다.

이 무고는 타원형인 것이 보통이다. 이 무고를 만들 때 쓰이는 것은 순록, 엘크, 말의 가죽이다. 동시베리아의 오스티야크 인이나 사모예드 인의 무고의 표면에는 무늬가 없다.[122) 게오르기(J.G. Georgi)에 따르면,[123) 퉁구스 인 샤만의 무고에는 새, 뱀 그리고 그밖의 동물 모양이 그려져 있다. 쉬로코고로프는, 트랜스바이칼 퉁구스 인의 무고에 대지의 상징(샤만은 바로 이 무고를 타고 바다를 건너는데, 이때의 대지는 곧 그 바다의 해변을 가리킨다), 신인동형인 수많은 군상(좌우 북가죽에), 그리고 수많은 동물그림이 그려진 것을 본 적이 있다고 쓰고 있다. 북가죽의 중앙에는 이런 동물 모양 대신 여덟 개의 이중선이 그려지는데, 이 선은 바다에서 대지를 떠받치고 있는 여덟 개의 다리를 상징한다.[124) 야쿠트 인의 무고에는 붉은색과 검은색의 여러 가지 그림이 그려져 있는데, 이 그림은 인간과 동물을 나타낸다.[125) 예니세이 오스티야크 샤만의 무고에도 다양한 그림이 그려진다.[126)

"무고의 뒤에는 나무와 쇠로 된 수직 손잡이가 있다. 샤만은 바로 이 손잡이를 왼손으로 잡는다. 수평으로 늘어진 줄과 나무로 된 쐐기에는 짤랑거리는 금속, 딸랑이, 방울 그리고 영신들과 동물 등을 나타내는 수많은 쇠붙이 모양이 매달린다. 활, 화살, 칼 같은 무기의 모형이 여기에 걸리는 것도 자주 볼 수 있다."[127] 이러한 주물은 각기 그 나름대로 상징하는 바가 있어서, 샤만이 접신 여행을 준비하거나 실제로 여행에 나설 때 그리고 샤만이 그밖의 신비스러운 체험을 할 때마다, 각기 그 나름의 역할을 수행한다.

무고의 북가죽에 그려진 그림 장식은 타타르 인이나 랩 인들의 무고에서만 볼 수 있는 특징이다. 랩 인은 북가죽의 양면에도 모두 그림을 그린다. 여기에 그려지는 그림은 다양하지만 대개의 경우 가장 중요한 상징, 가령 세계수나 태양이나 달이나 무지개 같은 것은 거의 빠지지 않는다. 요컨대 이 무고에 그려진 그림은 하나의 소우주를 이룬다. 하늘과 땅, 땅과 지하계 사이에는 경계선도 그려져 있다. 세계수(희생제의 때 샤만이 오르는 자작나무), 말, 희생제에 쓰이는 동물, 샤만의 보조영신, 천상계 여행 때 샤만이 찾아가는 태양과 달, 저승세계로 내려가는 샤만의 목적지인 에를릭 칸(저승의 주의 아홉 아들과 아홉 딸이 여기에 포함된다)의 지하계——어떤 의미에서는 샤만의 방황과 모험의 전과정을 요약하는 모든 요소가 이 무고의 북가죽에 그려지는 것이다. 그러나 우리에게는 이러한 기호와 형상을 일일이 소개하고 그 상징적 의미를 설명할 지면이 없다. [128] 여기에서는, 무고에는 세 권역——하늘, 땅, 지하계——을 거느린 소우주가 그려지는데, 샤만은 이 그림의 상징을 통하여 각 권역을 넘나들며 이로써 천상계와 지하계와의 교통을 가능케 한다는 점만을 지적해 두기로 하자. 이렇게 말할 수 있는 까닭은, 우리가 앞에서 보았다시피, 희생제의에 쓰이는 자작나무(=세계수)의 이미지는 하나뿐인 것이 아니기 때문이다. 우리는 앞에서 무지개가 의미하는 바도 검토해보았다. 샤만은 바로 이 무지개에 오름으로써 보다 높은 소우주의 권역으로 올라가는 것이다. [129] 다리도 이런 상징 중의 하나라고 볼 수 있다. 샤만은 바로 이 다리를 이용해서 소우주의 한 권역과 다른 권역을 넘나드는 것이다. [130]

무고에 그려지는 화상(畵像)에서 지배적인 것은 역시 접신 여행의 심벌리즘이다. 샤만은 바로 이 접신 여행을 통하여 한 소우주 권역과 다른 권역을 넘나들기도 하고 "세계의 중심"에 이르기도 한다. 무의가 시작될 때 샤만이 무고를 두드리는 것은 영신들을 불러 이들을 무고 안에 "가두기 위함"인데, 바로 이 타고(打鼓)는 바로 접신 여행의 준비 단계에 해당한다. 무고가 "샤만의 말[馬]"(야쿠트 인, 부르야트 인의 경우)이라고 불리

는 것은 바로 이 때문이다. 알타이 인의 무고에는 말의 모양이 그려져 있
다. 알타이 인들은, 샤만이 무고를 두드리는 것은 곧 샤만이 자기 말을
타고 하늘로 오르는 것이라고 믿는다. [131) 부르야트 인 샤만은 말을 상징
하는 말의 가죽으로 무고를 만든다. [132) 맨헨-헬펜 (O. Mänchen-Helfen)
에 따르면, 소요트 족은 샤만의 무고를 말이라고 생각하고 실제로도 카무
-아트 (Khamu-at)라고 부르는데 이 말은 "무마 (巫馬)"라는 뜻이다. [133)
몽고족 중에는 무고를 "검은 수사슴"이라고 부르는 종족이 있다. [134) 새끼
사슴의 가죽을 북가죽으로 쓰는 종족은 이렇게 해서 만들어진 무고를 "샤
만의 새끼 사슴"이라고 부른다 (카라가스 인, 소요트 인). 야쿠트의 전설
에 따르면, 샤만은 이 무고를 타고 일곱 하늘을 두루 지난다. 카라가스
인 샤만과 소요트 인 샤만은 "나는 야생 새끼 사슴과 함께 여행한다"고
노래한다. 알타이 인들은 무고를 치는 북채를 "채찍"이라고 부른다. [135)
헝가리의 샤만인 탈토스 (táltos)의 특징은 내닫는 속도가 엄청나게 빠르
다는 것이다. [136) 탈토스는 "다리 사이에다 갈대를 끼우고 내닫는데, 그
속도는 말을 타고 달리는 사람보다 빠르다"고 한다. [137) 샤만의 "비행",
"기승 (騎乘)"과 "속도"와 관련이 있는 이러한 믿음과 이미지와 상징은 샤
만의 접신에 대한 비유적인 표현이다. 즉 초인간적인 수단을 통한 신비스
러운 여행, 여느 사람에게는 불가능한 세계로의 여행에 대한 비유적인 표
현인 것이다.

툰트라 지대에 사는 유라크 인들이 쓰는 무고의 이름만 보아도 이런 무
고가 접신 여행과 밀접한 관계를 맺고 있음을 알 수 있다. 이들은 무고를
활 또는 **노래하는** 활 이라고 부르는 것이다. 레티살로와 하르바에 따르
면, [138) 무고는 원래 악령을 몰아내는 데 쓰이는 무구였다. 그러니까 활
대신 쓰였던 것이다. 실제로 무고가 악령을 몰아내는 데 쓰이는 것은 사
실이다. [139) 그러나 이럴 경우 그 원래의 기능은 없어지고 "소음 주술
(magic of noise)"을 일으켜 이로써 악령을 몰아내는 사례만 남아 있다.
종교사에서 어떤 기능이 다른 기능으로 변한 사례는 흔히 볼 수 있는 현
상이다. 그러나 무고의 원래 기능이 악령을 몰아내는 것이었다고는 믿어
지지 않는다. 무고는, 샤만으로 하여금 접신 체험을 가능케 한다는 이유
에서, "소음 주술"을 지어내는 다른 무구와는 다르다. 이러한 접신 체험
이 무의가 시작되면서부터 무고소리가 지어내는 어떤 마력, 즉 "영신들의
음성"에 갈음될 수 있을 정도로 중요시되는 마력에 의해 준비되건 오랜

시간에 걸친 타고에 의한 극도의 정신집중을 통해서 가능하게 되건, 지금 우리가 관심을 갖는 것은 이 문제가 아니다. 그러나 한 가지 점만은 분명하다. 즉 무고가 맡는 결정적인 기능은 **음악적 주술** 이지, 축귀를 노린 **소음 주술**은 아니라는 것이다. [140]

이렇게 볼 수 있는 근거는 다음과 같다. 레베드 타타르 인과 일부 알타이 인의 경우, 샤만은 무고 대신에 활을 사용한다. 그런데 이들이 쓰는 활은 주술적인 악기로서의 활이지, 축귀용 무기로서의 활이 아닌 것이다. 이 활에는 화살이 없다. 그러니까 이들은 외줄 현악기로서 활을 쓰고 있는 것이다. 키르기츠의 박사는 무고를 두드리는 대신, 현악기의 일종인 코부츠(kobuz)를 연주함으로써 망아상태에 든다. [141] 시베리아 샤만의 경우와 마찬가지로, 이들은 코부츠의 가락에 맞춰 춤을 춤으로써 망아상태에 빠지는 것이다. 뒤에 자세하게 검토하게 되겠지만, 이 춤은 샤만으로 하여금 천상계로의 접신 여행을 가능케 한다. 주술적인 음악은 무고와 무복의 심벌리즘이나 샤만 고유의 춤과 함께 샤만의 접신 여행의 출발과 그 성공을 보장하는 많은 방법 중 하나라고 보아도 크게 틀리지는 않는다. 부르야트 인들이 "말"이라고 부르는, 한쪽 끝이 말 모양인 지팡이가 상징하는 바도 이와 같다. [142]

우그르 인 샤만의 무고에는 장식이 없다. 그러나 랩 인 샤만의 무고에는 장식이 있고, 타타르 인 샤만의 무고 장식은 이보다 훨씬 자유분방하다. 랩 인의 무고에 관한 맨커(Manker)의 대저(大著)에는 랩 인들이 그리는 많은 상징 그림들이 복사, 분석되어 있다. [143] 신화적인 상징 그림을 읽어내고 이 수수께끼 같은 형상의 의미를 밝혀내는 일은 쉬운 일이 아니다. 대체로 보아 랩 인의 무고에는 경계선으로 구분된 우주의 세 권역이 그려진다. 하늘에는 태양과 달을 비롯한 신들과 여신들(스칸디나비아 신화의 영향을 받은 듯하다), [144] 새들(고니와 뻐꾸기 등), 무고, 희생 제물이 되는 동물이 그려지고, 중간 권역(대지를 말한다)에는 우주수, 신화에 등장하는 인물들, 배, 샤만, 수렵의 신, 말을 탄 사람 등이 그려지고, 맨 아래쪽 권역에는 저승신들, 샤만과 사자들, 뱀과 새들이 그려진다.

랩 족 샤만은 점을 칠 때에도 무고를 이용한다. [145] 터키 계의 민족에게는 이런 풍속이 없다. [146] 퉁구스 인 샤만도 점을 치기는 하는데 그 방법은 한정되어 있다. 샤만은 북채를 공중으로 던졌다가 떨어진 위치를 보고

점을 치는 것이다. [147]

　북아시아 무고의 기원과 전파과정에 대한 문제는 극히 복잡하다. 따라서 이를 해명하기는 여간 어려운 일이 아니다. 몇 가지 점에서 북아시아의 무고가 남아시아에서 전파되었을 가능성을 지적할 수 있기는 하다. 가령 라마 교에서 쓰이는 북이 시베리아의 무고뿐만 아니라 추크치와 에스키모 무고의 형태에 영향을 끼쳤다는 것은 분명해 보인다. [148] 이러한 사실은 현재의 중앙 아시아와 시베리아 샤마니즘의 형성사를 밝히는 데 중요한 자료가 될 듯하다. 이 문제에 대해서는 아시아적 샤마니즘의 발달 과정을 다룰 때 다시 거론하기로 하자.

세계의 의례 의상과 주술에 이용되는 북

　세계 전역의 요술사, 주의와 사제들이 쓰는 의상과 북, 그밖의 제구를 일목요연하게 비교해 보일 수는 없는 노릇이다. [149] 이러한 작업은 민족학의 소관일 터이므로, 종교사학은 여기에 부차적인 관심을 보이는 것으로 만족할 수밖에 없다. 그러나 시베리아 샤만의 무복에서 나타난 것과 똑같은 상징성이 도처에서 발견되고 있다는 것만은 여기에서 지적해두어야 할 것 같다. 가면 (단순한 것에서부터 엄청나게 정교한 것에 이르기까지)과 동물의 모피, 특히 새의 깃털 같은 제구는 세계 도처에서 발견되는데, 새의 깃털이 지니는 상승의 상징성은 여기에서 다시 강조할 필요조차 없을 듯하다. 이러한 제구에는 주장 (呪杖), 방울, 여러 종류의 북도 있다.

　호프만 (H. Hoffmann)은, 본 교 사제 (Bon Priest)의 의상과 북, 시베리아 샤만의 의상과 북 사이의 유사성을 연구한 바 있다. [150] 티벳의 신탁-사제의 의상에 독수리의 깃, 넓은 비단 리본이 달린 모자, 그리고 방패와 창이 있는 것은 주목할 만하다. [151] 골로베우 (V. Goloubew)는 일찍이 동손 (Dongson)에서 발굴된 청동북과 몽고 샤만의 무고를 비교한 바 있다. [152] 최근에 발표된 퀴리치 웨일즈 (H.G. Quaritch Wales)의, 동손의 무고가 지니는 무속적 구조에 관한 연구가 주목을 끈다. 동손에서 발굴된 북의 진동판에는 제의 장면이 그려져 있는데, 웨일즈는 제의 장면에 나타나 있는, 깃털모자를 쓰고 행진하고 있는 사람들을, 깃털로 온몸을 꾸미고 새의 시늉을 하는 드야크 인 샤만과 비교하고 있다. [153] 인도네시아 샤만의 타고에 대해서는 갖가지 해석이 있지만, 대개의 경우 해석에서 일치하는 대목은 이 타고가 샤만의 천계 여행 혹은 샤만의 접신적 상승의 준비 단계라고 하는 점이다.[154] 두순 족(보르네오) 요술사는 병자를 치료할 때 신성한 장식물이나 깃털 같은 것을 몸에다 붙이고[155] 멘타웨이 족(수마트라) 샤만은 깃털과 방울이 달린 무복을 입으며,[156] 아프리카의 요술사나 신유사(神癒師)는 뼈와 이빨 같은 것이 고스란히 달린 들짐승의 가죽을 걸친다.[157] 열대 남아메리카에서는 무복이 비교적 드물기는 하나 이 지역의 샤만들은 무복 대신에 몇 개의 장식을 몸에다 붙인다. 이를테면 "손잡이가 있는 표주박에다 박씨나 돌을 넣은" 딸랑이 혹은 마라카(maraca)가 그것이다. 이 무구는 아주 신성한 것으로 여겨진다. 투피남바 족(Tupinamba)은 영신들에게 음식을 바칠 때면 반드시 이 딸랑이를 들고 바친다.[158] 야루로 족 샤만은 "샤만이 망아상태중에 만나는 고도로 양식화 된 신들"을 부를 때마다 이 딸랑이를 울린다.[159]

북아메리카의 샤만에게도 상당히 상징적인 의례용 의상이 있다. 이러한 의상에는 독수리나 다른 새들의 깃, 일종의 딸랑이나 무고, 수정이나 돌과 같은 주물이 든 조그만 주머니 같은 것들이 달려 있다. 샤만으로부터 깃털을 뽑힌 독수리는 영물로 여겨진다. 그래서 깃털을 뽑힌 다음에도 이들의 손에서 놓여나는 것이 보통이다.[160] 주물이 든 주머니는 샤만 곁을 떠나는 법이 없다. 샤만은 잘 때에도 이 주머니를 베개 밑에다 넣거나 침대 속에다 감춘다.[161] 틀링기트 족이나 하이다 족(Haida) 샤만은 의례용 의상이라고 제대로 불릴 만한(겉옷, 어깨에 걸치는 담요, 모자 등이 제대로 갖추어진) 무복을 입는데, 샤만은 보호영신들의 계시에 따라 이 무복을 손수 짓는다.[162] 아파치 족(Apache) 샤만의 무복에는 독수리의 깃뿐만 아니라 마름모 꼴의 결정, 주술적인 고삐(바로 이 고삐가 샤만을 불사신으로 만들고 미래에 일어날 사건을 예견할 수 있게 한다) 그리고 의례용 모자가 딸려 있다.[163] 그밖의 지역, 이를테면 산포일 족(Sanpoil)이나 네스펠렘 족(Nespelem)의 경우, 의례용 의상에 내리는 주력은 팔에 돌려 감는 붉은 천에 모이고 있다.[164] 독수리의 깃은 북아메리카의 모든 종족들 사이에서 보편적인 의례용 장식으로 쓰인다.[165] 북아메리카 샤만들은 이 깃을 지팡이에다 꽂기도 한다. (예를 들면 마이두 족의 경우처럼) 성무의례 때마다 이와 같이 깃을 꽂은 지팡이를 다른 샤만들의 무덤 위에다 세우기도 한다.[166] 이 지팡이는 죽은 샤만들의 영혼이 날아간 방향을 가리킨다.

다른 지역 샤만들과 마찬가지로 북아메리카의 샤만들[167]도 무고나 딸랑이를 이용한다. 무고가 없는 지방(특히 세일론,[168] 남아시아, 중국 등지)에서는 징이나 뿔고등 나팔을 쓰기도 한다. 종류야 어떻든 "영신 세계"와 통하는 길을 여는 무구가 있어야 한다는 것은 어디에서나 마찬가지이다. 여기에서 "영신"이라는 말은 아주 넓은 의미로 쓰인다. 말하자면 신, 악령뿐만이 아니고 조상의 혼령, 사자의 영혼, 신화적인 동물도 여기에 포함된다. 이 초감각적 세계와의 접촉은 필연적으로 예비적인 정신집중을 의미하는데, 샤만이나 주술사는 바로 이 의례용 의상을 "입음"으로써 이러한 정신집중을 촉진시키고 의례 음악으로 접신의 순간을 앞당기게 되는 것이다.

신성한 의상이 지니는 똑같은 상징성은 고등 종교에서사도 그대로 잔존하고 있다. 말하자면 숭국의 이리의 모피나 곰의 모피,[169] 아일랜드 예언자가 꽂는 새의 깃[170] 등의 형태로 남아 있는 것이다. 고대 오리엔트의 사제들이나 군주들의 의상에서도 대우주적 상징성을 읽을 수 있다. 이러한 일련의 사실은 종교사학에서는 잘 알려진 하나의 "법칙," 즉 **인간은 나타내 보이는 대로 된다** 는 법칙으로 귀착된다. 가면을 쓴 사람은 그 가면으로 표상되는 신화적인 조상이 **되는** 것이다. 그러나 의상에 혹은 몸에 직접 그려지는 갖가지 기호나 상징을 통해서도 같은 효과——한 존재에서 **다른 존재** 로의 완벽한 전신——를 얻을 수 있는 것으로 보인다. 가령 머리에다 새의 깃을 꽂음으로써 혹은 몸에다 고도로 양식화된 깃털 그림을 그림으로써 주술적인 비행능력을 얻게 되는 것으로 보이는 것이다. 그러나 무고 등, 주술적인 음악에 쓰이는 악기가 무의 때만 쓰이는 것은 아니다. 많은 샤만들이 제 흥에 겨워 무고를 치거나 무가를 부르는 일도 있다. 그러나 이러한 행위가 의미하는 바는 무의 때나 마찬가지이다. 즉 샤만은 무의 때가 아니더라도, 무고를 두드리고 무가를 부름으로써 천상계로 오르거나 지하계로 내려가 사자들을 만나는 것이다. 필경은 주술적-종교적 악기에 이르기까지 발전해가는 이러한 "자율성"은 마침내 하나의 음악을 빚어내기에 이른다. 이 음악은 "속"의 음악이 아닌 것은 물론이고, 순수하게 종교적인 여느 음악보다 자유롭고 생생하다. 이 같은 현상은 천상계로의 상승과 지하계로의 하강의 접신 여행을 그 내용으로 하는 무가에서도 찾아볼 수 있다. 세월이 어느 정도 흐르면 이런 종류의 영적인 모험은 각 민족의 전승으로 자리 잡혔다가 새로운 주제와 새로운 등장인물과 함께 민간의 구비문학을 살찌우는 것이다. [171)

제 6 장 중앙 아시아와 북아시아의 샤마니즘 (1)
—— 천상계 상승과 지하계 하강

샤만의 기능

중앙 아시아와 북아시아 인들의 종교 생활에서 샤만이 맡는 역할은 중요하다. 그러나 중요하다고는 하나 한계가 있는 것은 분명하다.[1] 샤만은 공희자가 아니다. "특정한 날에 물의 신들, 숲의 신들, 가족의 신들에게 바쳐지는 공희제를 관리, 감독하는 것은 샤만의 일이 아닌 것이다."[2] 라들로프가 일찍이 지적하고 있듯이, 알타이 인의 경우 샤만은 불임이나 난산 같은 특별한 이상사태가 발생하지 않는 한 탄생의례, 결혼식, 장례식 같은 의례와는 어떤 관계도 갖지 않는다.[3] 북쪽 지역으로 올라가면 샤만이 장례식에 초빙되는 일이 있기는 하다. 이때 샤만이 초빙되는 것은 샤만으로 하여금 이미 숨을 거둔 사자의 혼령이 다시 지상으로 되돌아오는 것을 막게 하기 위함이다. 이런 지역의 샤만은 결혼식장에 불려 나와 악령들로부터 신랑과 신부를 지켜주기도 한다.[4] 그러나 이런 경우에도 샤만이 수행하는 역할은 주술적인 방호(防護) 역할에 한정된다.

그러나 인간의 영혼, 육체를 자주 떠나거나 악마나 요술사의 먹이가 되기 쉬운 불안정한 영혼의 경험과 관련이 있는 의례에서 샤만이 빠지는 일은 없다. 아시아와 북아메리카, 심지어는 다른 지역(가령 인도네시아)에서까지 샤만은 환자를 진찰하고 육체에서 도망친 영혼을 찾아 나서며 마침내 그 영혼을 잡아 그 몸으로 되돌아오게 함으로써 환자에게 새로운 생명을 부여한다. 사자의 영혼을 저승세계인 지하계로 안내하는 것도 항상 샤만이다. 그 까닭은 샤만이 훌륭한 영혼의 안내자이기도 하기 때문이다.

샤만이 치료사일 수도 있고 영혼의 안내자일 수도 있는 것은 샤만이 바로 접신술을 체득하고 있기 때문이다. 말하자면 샤만은 자기의 영혼이, 육신을 떠나 아주 먼 곳을 방황하게 할 수도 있고 지하계로 내려가게 할 수도 있으며 하늘로 오르게 할 수도 있는 것이다. 자신의 접신 체험을 통해서 샤만은 이 땅이 아닌 다른 세계로 가는 길을 알고 있다. 샤만은 천상계로 올라갈 수도 있고 지하계로 내려갈 수도 있다. 이 두 세계를 드나들 수 있는 것은 샤만이 일찍이 이 두 세계에 있어본 적이 있기 때문이다. 이 금단의 지역에서 길을 잃을 가능성도 무시할 수 없다. 그러나 성무의례를 통하여 성별된 몸인데다 수호영신들의 보호까지 받기 때문에 샤만은 위험에 도전하고 이 신비스러운 땅에 발을 들여놓을 수 있는 유일한 인간일 수 있는 것이다.

곧 알게 되겠지만, 선사시대 알타이 인의 공희제 때, 샤만이 신에게 바쳐진 말의 영혼을 인도할 수 있는 것도 바로 그에게 이런 능력이 있기 때문이다. 이 경우, 말의 희생시키는 사람은 샤만 자신이다. 그러나 이 말의 영혼을 수습하여 바이 윌갠의 보좌를 바라고 천상계 여행에 나서는 것이 샤만 자신의 소임이기 때문에 이렇게 하는 것일 뿐, 샤만이 공희사제직을 맡아야 하기 때문에 이러는 것은 아니다. 이와는 달리 알타이의 타타르 인의 경우에는 샤만이 공희사제직을 대신하고 있다. 그 까닭은, 원(原)터키 인(흉노 족, 투쿠에 족〔Tukue〕), 카취나 인(Katshina), 벨티르 인 샤만의 경우, 천상계의 절대신에게 말을 바칠 때에는 어떤 역할도 맡지 않는 대신에 다른 공희제에서는 적극적인 역할을 맡아야 하기 때문이다. [5]

우그르 인의 경우에도 상황은 비슷하다. 보굴 인과 이르티쉬의 오스티야크 인의 경우, 샤만은 병자를 치료하기 전에 먼저 희생제물을 바친다. 그러나 이런 유의 공희제는 최근에 이루어진 개혁판 공희제인 것으로 보인다. 이 개혁판 공희제의 본래 목적은, 그것도 가장 중요한 목적은 길을 잃은 병자의 영혼을 찾아내는 일이다. [6] 같은 지역의 여러 민족들의 경우, 샤만은 속죄 공희제에 참가하는데, 이르티쉬 지역의 경우에는 샤만이 제물을 직접 바치기까지 한다. 그러나 이런 사례를 보고 어떤 결론을 내릴 수는 없다. 왜냐하면 신들에게 제물을 바치는 일은 누구나 할 수 있는 일이기 때문이다. [7] 우그르 인 샤만은 공희제에 참석하는 경우에도 손수 제물을 죽이지는 않는다. 샤만은 제물을 죽이는 대신에 이 제의의 "영적인" 부분에만 관여한다. 그러니까 분향이나 기도 같은 것만 맡아 하는 것이다. [8] 트레뮤간 인의 공희제에서 샤만은 "기도하는 자"라고 불린다. 그러나 "기도하는 자"라고 해서 반드시 공희제에 참가해야 하는 것은 아니다.[9] 바시유간 인의 경우 샤만은 병자의 병력을 알아본 연후에 지시를 내려 제물을 잡게 한다. 이 경우 이 제물은 반드시 병자가 있는 집의 주인이 잡아야 한다. 우그르 인의 집단 공희제에서도 샤만은 기도하거나, 희생제물의 영혼을 각기 그 제물이 속하는 신들에게 안내하는 역할만 맡는다.[10] 결론을 내리자면 이렇다. 샤만은 공희제에 참가해도 "영적인" 역할만 맡아서 한다.[11] 즉 샤만이 관심을 갖는 것은 희생제물의 영혼이 치러야 하는 신비스러운 여행을 돕는 일뿐인 것이다. 그 이유는 간단하다. 샤만은 명계에 이르는 길을 알고 있고 그에게는 사람의 영혼이든 희생된 제물의 영혼이든, 이런 영혼을 다스리고 길을 안내할 능력이 있기 때문이다.

북쪽으로 올라갈수록 샤만의 종교적 역할은 남쪽에 견주어볼때 그 비중이 커지고 훨씬 복잡해지는 듯하다. 극북 아시아의 경우, 사냥감이 드물어지면 사람들이 샤만의 개입을 요청하는 일이 자주 있다.[12] 에스키모 인들,[13] 북아메리카의 몇몇 종족[14] 사이에서 이런 일을 볼 수 있다. 그러나 이 사냥제를 무속적이라고 보기는 어렵다. 이러한 상황에서 샤만이 어떤 역할을 수행한다면 이것은 샤만에게 접신능력이 있기 때문이다. 샤만은 일기의 변화를 예측하기도 하고 사물을 투시하기도 하며 멀리 있는 곳을 보기도 하는(바로 이런 능력으로 샤만은 사냥감을 찾아낸다) 것은 물론, 동물들과 주술적-종교적인 성격에 속하는 밀접한 관계를 유지하기도 하는 것이다.

점복술과 투시술은 샤만이 지닌 신비스러운 기술의 일부를 이룬다. 샤만은 바로 이 기술을 이용하여 툰드라나 눈 속에서 길을 잃은 사람이나 동물을 찾아내기도 하고 사람들이 잃어버린 물건을 찾아주기도 하는 것이다. 그러나 이런 사소한 일은 샤만의 직분이라기보다는 무녀나 샤만과는 계층이 다른 요술사들의 직분에 속한다. 샤만이 더러 그런 일을 하기도 하나 도움을 청하러 온 고객의 적을 위해(危害)하는 일 역시 샤만 고유의 직분에 속하지 않는다. 그러나 북아시아의 샤마니즘은 극도로 복잡하고 역사 또한 길기 때문에 잡다한 주술적 기술이 이 현상에 흡수되어 있다. 이러한 현상은 특히 샤만이 오랜 세월 동안 특권을 누려왔기 때문인 것으로 보인다.

“흑” 샤만과 “백” 샤만, 그 “이원적” 신화의 문제

　일부 종족들의 경우 가장 주목할 만한 전문화 현상은 “흑” 샤만과 “백” 샤만을 구분하는 현상이다. 그러나 이 양자를 구분하는 것이 반드시 쉬운 일만은 아니다. 차플리카[15]는, 야쿠트 인들에게는 신들에게 제물을 바치는 아지 오주나(ajy ojuna : ai oyuna)와, “악령”들과 관계를 맺고 있는 아바씨 오주나(abassy ojuna : oyuna)가 있다고 쓰고 있다. 그러나 하르바가 지적하고 있듯이[16] 아지 오주나가 꼭 샤만인 것만은 아니고 공희 사제일 수도 있다. 프리푸조프에 따르면, 야쿠트 샤만은 높은 곳(천상계)에 있는 영신들을 불러낼 수도 있고 낮은 곳에 있는 영신들을 불러낼 수도 있다.[17] 투루칸스크의 퉁구스 인의 경우, 샤만은 “흑” 샤만, “백” 샤만으로 구분되지 않는다. 그러나 이들은 천상계의 신들에게는 제물을 드리지 않는다. 그 까닭은, 무속적인 제의는 늘 밤에 있는데 천상계 신들에 대한 공희제의는 낮에 베풀어야 하기 때문이다.[18]

　부르야트 인의 경우 이 구분은 분명하다. 부르야트 인들은 신들과 교통하는 샤만을 “백” 샤만(사가니 뵈〔sagani bö〕), 영신들과 교통하는 샤만을 “흑” 샤만(카라인 뵈〔karain bö〕)이라고 부른다.[19] “백” 샤만과 “흑” 샤만은 의상부터가 달라서, 전자는 흰 무복을, 후자는 푸른 무복을 입는다. 부르야트의 신화 자체가 주목할 만한 이원론을 설명하고 있는데, 이 신화에 따르면 수많은 반신(半神)들의 계급은 대체로 검은 칸과 흰 칸으로 나뉜다. 이 양자는 상대를 적대시한다.[20] 검은 칸을 섬기는 것은 “흑” 샤만들이다. “흑” 샤만들은 검은 칸들과의 중재 역할을 수행하고 있기 때문에 인간에게 유익한 존재인데도 불구하고 인간은 이들이 좋아하지 않는다.[21] 그러나 이와 같은 상황은 근본적인 것은 아니다. 신화에 따르면 최초의 샤만은 모두 “백” 샤만이었고 “흑” 샤만은 뒤에 나타난 것이다.[22] 우리는 독수리를 보내어 지상에서 처음으로 만나는 인간에게 무력을 준 존재가 신들이었다는 사실을 알고 있다.[23] 샤만에 대한 이 같은 이분법은 2차적인, 그러니까 후대에 생겨난 현상인 듯하다. 다시 말하면 이란 문화의 영향을 받았기 때문이거나, 뒤에 “마력(魔力)”으로 바뀌게 되는 지하의 혹은 “지옥”의 성성(聖性)의 히에로파니를 적극적으로 평가하지 않았

기 때문에 생긴 현상인 듯하다는 것이다. [24]

우리는 지상과 지하의 신들이나 권력가들 중 상당수가 반드시 "악마"나 "악령"은 아니라는 사실을 잊지 말아야 한다. 이러한 신들은 대체로 수많은 신들의 사당에서 오랫동안 변질의 과정을 거쳐오면서 그 지위가 떨어진 결과, 토착적 혹은 국지적 히에로파니를 나타내게 된 것으로 보인다. 많은 경우, 천상계 신들과 명계-지하계 신들에 대한 이분법은, 후자를 폄하(貶下)하기 위한 방편으로 이용되기도 한다. 조금 전에 우리는 부르야트의 검은 칸, 흰 칸이 서로 명료하게 대비되고 있음을 알게 되었다. 야쿠트 인들도 신들을 크게 두 부류(비스[bis])로 나눈다. 즉 "위"에 있는 탕가라(tangara : "천상계")와 "아래"에 있는 "지하계" 신들로 나누는 것이다. [25] 그러나 이 양자가 반드시 대립적인 관계에 있는 것은 아니다. [26] 이러한 이분법의 문제는 갖가지 종교 양식과 종교적 힘 사이에 있어서 분류와 특수화의 문제에 속한다고 할 수 있다.

"위에 있는" 신들과 영신들은 자비롭기는 하나 불행히도 인간사에 대해서는 지극히 소극적이어서 인간 실존의 드라마에는 큰 도움을 베풀지 못한다. 이 신들과 영신들은 "천상의 윗부분에 산다. 그러나 인간사에는 관여하지 않는다. 이들에 비하면 '아랫 비스'에 속하는 신들이나 영신들이 훨씬 더 인간사와 밀접한 관계를 맺고 있다. '아랫 비스'에 속하는 신들이나 영신들은 대지에 훨씬 가깝게 이웃해 있으면서 인간과는 혈연이나 종족관계를 통하여 강한 유대를 맺고 있다."[27] 천상계 신들과 영신들의 우두머리는 아르트 토욘 아가(Art Toyon Aga), 즉 "세상의 우두머리인 아버지 주"이다. 이 아르트 토욘 아가는 "제9천에 사는 신으로, 힘은 막강하지만 여간해서는 그 힘을 행사하려고 하지 않는다. 그는 자신을 상징하는 천체인 태양처럼 빛난다. 말을 할 때면 천둥을 빌려서 그 소리로 말을 한다. 그러나 인간사에는 관여하지 않는다. 우리가 일상생활에서의 어려운 일을 그에게 고하고 도와줄 것을 빌어봐야 소용없다. 극히 중대한 일을 당했을 때라면, 그의 평화를 깨뜨리고 뜻을 물어볼 수 있기는 하다. 그러나 이런 경우에도 그는 인간사에 끼어드는 일을 몹시 꺼린다."[28]

아르트 토욘 아가 이외에도, 제9천에는 "위에 있는" 다른 큰 신 일곱과 수많은 하급신들이 살고 있다. 그러나 이 신들이 거처하는 천상의 구조가 그대로 천상계의 구조를 보여주는 것은 아니다. 가령 제4천에는, "하얀 창조주"인 위륀(위륑) 아이(토욘)[Ürün(Urüng) Ai(Toyon)]와 나란히, "다정한 창조의 어머니," "다정한 탄생의 여신," "대지의 여신"(안 알라이 초토운[An Alaï Chotoun])이 살고 있는 식이다. 수렵의 신인 바이 바이아나이(Bai Baianai)는 천상계의 동쪽 부분에 그리고 들판과 숲에 산다. 그러나 이 수렵의 신에게 바쳐지는 제물은 검은 들소이다. 이 것은 이 신의 내력이 대지와 닿아 있음을 의미한다. [29]

"아랫 비스"에 속하는 신들은 모두 여덟이다. 이들 중 우두머리는 "전 능한, 무한의 주"인 울루-투이에 울루-토욘(Ulū-tūyer Ulū-Toyon)인 데, 이 신 아래에는 무수한 "악령들"이 있다. 그러나 울루-투이에 울루 -토욘은 인간에게 악의를 가진 신이 아니다. "이 신은 이 땅과 아주 가깝 게 있다. 그래서 이 신은 이 땅에서 일어나는 일이라면 무엇에든지 관심 을 기울인다.……울루-토욘은 능동적인 존재의 화신이다. 그래서 고통스 러워하기도 하고 욕심을 부리기도 하고 싸우기도 한다.……이 신은 제3천 의 서쪽에 있다. 따라서 이 신은 서쪽에서 찾아야 한다. 그러나 이 신이 발을 옮겨놓으면 온 땅이 요동한다. 이 신의 얼굴을 보려는 인간은 이 신 에 대한 공포를 감당하지 못한다. 그래서 이 신을 본 사람은 하나도 없 다. 그러나 이 신은 눈물에 젖은 인간의 땅으로 내려오는, 천상계의 유일 한, 막강한 신이다.……인간에게 불을 준 신, 샤만을 창조하여 인간에게 불행과 맞서 싸울 것을 가르친 이도 바로 이 신이다.……이 신은 새들의 창조자, 숲속에 사는 짐승들의 창조자 그리고 숲의 창조자이기도 하 다."[30] 울루-토욘은 아르트 토욘 아가의 명령을 따르지 않는다. 아르트 토욘 아가는 이 울루-토욘을 동급의 신으로 대접한다. [31]

이러한 "아래에 있는" 신들 가운데 상당수가 흰 동물 혹은 흰 얼룩배기 밤색 동물을 제물로 흠향(歆饗)한다는 것은 의미심장하다. 울루-토욘에 게만 고개를 숙이는, 역시 막강한 신인 카테이르-카하탄 부라이-토욘 (Kahtyr-Kaghtan Bouraï-Toyon)은 제물로 얼굴이 흰 회색 말을 흠 향한다. "흰 망아지의 여신"이 흠향하는 제물은 흰 망아지이고, 그밖의 "아래에 있는" 신들이나 영신들은 무릎 혹은 목이 흰 얼룩배기 갈색 암말 과 회색 얼룩 암말 등을 제물로 흠향한다. [32] "아래에 있는" 영신들 중에 는 유명한 샤만이 더러 있다. 이런 샤만들 중 가장 유명한 샤만은 바로 야쿠트 인의 이른바 "샤만의 왕자"이다. 천상계 서쪽에 사는 이 "샤만의 왕자"는 울루-토욘의 일가에 속한다. "원래 이 왕자는 남(Nam)의 울루 스(ulus)의 샤만이자, 보티우그네의 노슬렉(nosleg)의 샤만이며 챠키 족

(Tchaky)의 샤만이었다.……이 샤만의 왕자에게는, 흰 반점이 있고 눈과 코 사이가 흰, 강철색 사냥개가 제물로 바쳐진다."[33]

이상의 몇 가지 사례만 보아도 "천상계"의 신들과 "지상계"의 신들, 인간이 상상하는 "선한" 종교적 권능과 "악한" 종교적 권능을 명확하게 구분하기가 얼마나 어려운가를 알 수 있다. 이런 사례를 보면서 한가지 분명하게 떠오르는 것은, 천상계의 절대신은 사라지는 신이고 야쿠트의 사당에서 그 지위를 박탈당한 것은 아니라고 하더라도 그 위치와 계급은 적어도 한 차례 이상 바뀌어왔다는 점이다. 이 복잡하고 다소 막연한 "이원론"을 통하여 우리는 야쿠트 샤만이 "위에 있는" 신들과 "아래에 있는" 신들을 동시에 섬길 수 있는 까닭을 발견하게 된다. 다시 말해서 "아랫비스"에 속하는 신들이라고 해서 반드시 "악신"과 "악령"인 것은 아니기 때문에, 야쿠트 샤만은 이 두 종류의 신들을 동시에 섬기는 것이다. 샤만과 다른 종류의 사제 ("공희사제")의 다른 점은 참여하는 제의의 성격에 따라서 결정되는 것이 아니라, 접신적이냐 아니냐에 따라 결정된다. 샤만을 특징 짓고 (사제와 신도를 포함하는) 종교적 공동체 안에서 샤만이 각별한 지위를 누리는 것은 샤만이 이런 저런 신들에게 희생제물을 드리기 때문이 아니고 "위에 있는" 신들과 "아래에 있는 " 신들과 특별한 관계를 맺고 있기 때문이다. 이러한 관계——뒤에 자세하게 검토하게 되겠지만——는 공희사제들이나 일반 신도들이 수립한 관계보다 훨씬 "친밀하고" 또 "돈독하다." 그 까닭은, 그 관계가 어떤 신들과의 관계이든, 샤만이 하는 종교 체험은 항상 접신적인 구조를 이루고 있기 때문이다.

부르야트 인의 경우만큼 기능의 분화가 분명하게 되어 있는 것은 아니나, 알타이 샤만에게서도 이러한 이분 현상을 볼 수 있다. 아노킨[34]은 "백" 샤만(아크 캄〔ak kam〕)과 "흑" 샤만(카라 캄〔kara kam〕)에 대하여 언급하고 있다. 라들로프나 포타포프는 이러한 차이점에 관하여 지적한 적이 없다. 이 두 사람의 연구자료에 따르면, 같은 샤만이 천상계로 올라갈 수도 있고 지하계로 내려갈 수도 있다. 그러나 이 진술은 모순 되는 것이 아니다. 아노킨[35]은 천상계 상승과 지하계 하강을 두루 할 수 있는 "흑백" 샤만이 있다고 기술하고 있다. 이 러시아의 민족학자는 "백" 샤만 여섯, "흑" 샤만 셋, "흑백" 샤만 다섯을 만났다고 쓰고 있다. 라들로프와 포타포프는 마지막, 그러니까 "흑백"의 범주에 드는 샤만들만 만났던 모양이다.

"백" 샤만은 무복을 엄정하게 차려 입지 않는다. 카프탄(마냑
[manyak])도 반드시 걸쳐야 하는 것은 아니다. 그러나 이들에게는 흰
양가죽으로 만든 모자와 그밖의 표장(標章)이 있다. [36] 여무는 천계로 올
라가지 않기 때문에 모두 "흑" 샤만 계열에 속한다. 지금까지의 기술을
요약하면 다음과 같다. 알타이 인들은 세 부류의 샤만이 있는 것으로 믿
는 듯하다. 세 부류 중 첫번째 부류는 천상계 신들과 이들의 권능에 관심
을 가지고 있는 샤만들, 두번째 부류는 지하계 신들과의 (접신적) 의례에
전문적인 샤만들, 세번째 부류는 천상계 신들, 지하계 신들과 두루 신비
적인 관계를 수립하고 있는 샤만들이다. 이 세번째 부류에 속하는 샤만들
은 그 수가 많은 듯하다.

말의 공희와 (알타이) 샤만의 천계상승

실제로 샤만들이 벌이는 무의 (굿)를 여기에다 소개하면 위에서 말한 것
들이 분명해질 것이다. 굿에는 그 목적에 따라 말의 공희 굿, 천상계 상
승굿, 병의 원인과 그 치료법을 알아내는 치병 굿, 사자의 혼을 지하계로
인도하는 굿, 집을 정화하는 굿 등 여러 가지가 있다. 여기에서는 샤만의
망아상태에 대한 고찰은 뒤로 미루고 굿 자체만을 소개한 뒤, 이러한 접
신 여행이 의미하는 종교적, 신화적 개념만을 간략하게 언급하는 데 그치
고자 한다. 결정적인 문제——샤만의 접신에 관한 신화적, 신학적 근거
의 문제——는 뒤에 다시 언급하기로 하자. 여기에서 반드시 밝혀두어야
할 것은, 그 기본 구조는 항상 같으나 굿 현상 자체는 종족에 따라 천차
만별이라는 점이다. 그러나 사소한 차이와, 이러한 차이를 지어내는 원인
을 여기에서 밝힐 필요는 없을 듯하다. 우리가 여기에서 의도하는 바는
가장 중요한 굿의 유형 하나를 가능한 한 그대로 완벽하게 소개하려는 것
이다. 먼저 라들로프의 알타이 굿에 대한 고전적인 기술을 소개하기로 한
다. 이 기술은, 라들로프 자신의 관찰은 물론, 19세기초에 알타이 지역
에 파견되어 있던 기독교 선교사들의 보고서와, 뒤에 베르비츠키(V.L.
Verbitsky)가 편집한 무가와 주문을 토대로 하고 있다. [37] 집집마다, 형
편이 닿을 때마다 치르게 되는 이 말 공희 굿은 이틀이나 사흘 동안 계속
된다.

첫날밤은 이 굿을 준비하는 데 쓰인다. 샤만인 캄은 미리 잡아둔 초장(草場) 안의 한 터에다 새 천막을 치고 이 천막 안에 아랫가지를 모두 쳐내고 그 둥치에다 발판(타프티)이 될 아홉 개의 홈을 판 어린 자작나무 한 그루를 세운다. 이렇게 세우면 깃발이 내걸린 이 자작나무의 꼭대기 잎은 천막 위로 불쑥 솟아 오른다. 천막 주위에는 짤막한 자작나무 말뚝이 여러 개 박히고 천막 입구에는 말총 타래를 매단 자작나무 말뚝이 세워진다.[38] 준비가 여기에 이르면 샤만은 색깔이 연한 말 한 마리를 고른다. 샤만은 그 말이 신들이 좋아할 만한 말인지 싫어할 만한 말인지 꼼꼼하게 점검해보고 신들이 좋아할 만한 말이면 옆에서 기다리고 있는 사람에게 맡긴다. 이 사람은 옆에서 기다리고 있다가 말머리를 잡기 때문에 바스-투트-칸-키시 (baš-tut-kan-kiši)라고 불린다. 이 말은 "말머리를 잡는 사람"이라는 뜻이다. 샤만은 이 말의 등 위에서 자작나무 가지를 흔들어 말의 혼이 육신을 벗어나 바이 윌갠에게 날아갈 준비를 하게 한다. 샤만은 "말머리를 잡는 사람"의 머리 위에다 대고도 자작나무 가지를 흔든다. 그래야 이 사람의 혼 역시 말의 혼을 따라 천상계 여행을 떠날 수 있을 것이기 때문이다. 이렇게 육신을 떠난 "말머리 잡는 사람"의 혼은 샤만의 혼을 대신한다.

샤만은 다시 천막 안으로 들어가 자작나무 가지를 불 속에다 던지고 여기에서 나는 연기를 무고에다 쐰다. 그런 다음에는 영신들을 부르기 시작한다. 샤만은 영신들을 불러 무고 속으로 들어가게 하는 것이다. 이름이 불릴 때마다 영신들은 "캄아! 나 여기 왔다" 하고 대답한다. 영신들이 이렇게 대답할 때마다 샤만은 떨어지는 영신들을 받는 듯이 무고를 흔든다. 보조영신들(모두 천상계의 영신들이다)이 모두 모이면 샤만은 천막 밖으로 나온다. 천막 입구에서 몇 걸음 떨어진 곳에 거위 모양을 한 허수아비가 있다. 샤만은 이 허수아비 위에 올라타고는 하늘을 날고 있는 것처럼 재빨리 두 팔을 내저으면서 노래를 부른다.

흰 하늘 아래로,
흰 구름을 넘어서,
푸른 하늘 아래로,
푸른 구름을 넘어서,
새야, 하늘로 솟아오르거라 !

샤만이 이런 주문을 외면, 거위가 "웅가이각각, 웅가이각, 카이가이각각, 카이가이각" 하고 응답한다. 물론 이 소리는 거위의 울음소리를 본뜬 샤만(캄) 자신의 소리 시늉이다. 거위를 탄 채로 캄은 말(푸라〔pûra〕)——이 대목에서는 도망친 것으로 여겨지는——의 혼을 뒤쫓으며 군마(軍馬)처럼 운다.

주위에 있는 사람들의 손을 빌려 샤만은 말의 혼을 자작나무 말뚝으로 만들어진 울타리 안으로 몰아 넣고 힘겹게 그 말에다 고삐를 거는 시늉을 한다. 샤만은 힝힝거리기도 하고 뒷발질을 하기도 한다. 그러다가는 올가미를 던져 말의 목을 조르는 시늉을 해 보인다. 이따금씩 샤만은 들고 있던 무고를 떨어뜨림으로써 말의 혼이 자기 손을 빠져 나갔음을 암시하기도 한다. 이윽고 말의 혼이 사로잡히면 샤만은 이 말의 혼에다 노간주나무 연기를 쐬고 거위를 풀어준다. 그런 다음 샤만은 이 말을 축복한 뒤에 옆에 있던 사람들의 도움을 받아 이 말을 잔인하게 죽인다. 즉 땅바닥이나 제물 드리는 사람에게 피 한 방울 튀지 않도록 등뼈를 으스러뜨려 죽이는 것이다. 샤만과 시중드는 사람들은 이 말의 가죽을 벗겨내고 뼈를 발라내어 긴 장대에다 건다.[39] 이렇게 해서 조상들과 천막의 보호영신들에게 드릴 제물이 준비되면, 말고기는 조리하여 두루 음복(飮福)한다. 이때 샤만은 제일 좋은 고기를 받는다.

이 제의의 두번째 판이자 가장 중요한 굿판은 다음날 밤에 벌어지게 된다. 샤만이 바이 윌갠이 있는 천상계로 접신 여행을 나서면서 무력을 보여주는 때가 바로 이때이다. 천막 안에는 모닥불이 피워진다. 샤만은 무고의 신들에게 말고기를 바친다. 무고의 신들은 샤만 자신의 가족에게 내림되는 세습 무력을 의인화한 신들이다. 샤만은 말고기를 바치고 노래하게 된다.

> 오, 카이라 칸이시여, 받으소서,
> 여섯 개의 장식이 달린 북의 주인이시여!
> 저에게 내리시어 울리소서!
> 제가 "콕!" 하거든 저에게 오시고!
> 제가 "매!" 하거든 받으소서!……

샤만은 그 굿판을 꾸미게 한 시주(施主)인 천막 주인의 신성한 힘을 상징하는 불의 신에게도 같은 공수(신어)를 붙인다. 이어서 샤만은 잔을 들어 입술에 대고는 요란한 소리를 내어 눈에는 보이지 않는 영신들이 부지런히 술을 마시는 시늉을 하고는 말고기 토막을 잘라 거기에 모여 있는 사람들(영신들을 상징하는)에게 나누어 준다. 그러면 사람들은 입맛을 다시며 이 고기를 먹는다.[40] 샤만은 그 굿판의 시주가 바이 윌갠에게 드리는 제물로, 밧줄에다 걸어두었던 아홉 벌의 의복에 연기를 쐬면서 이런 노래를 부른다.

> 말로써도 못 실어 나를 선물 봇짐을,
> 어이 하리오, 어이 하리오, 어이 하리오!
> 사람도 못 겨 나를 선물 봇짐을,
> 어이 하리오, 어이 하리오, 어이 하리오!
> 세 겹 소메기 달린 이 옷,
> 세 번 고개를 돌려 이 옷을 보소서!
> 준마(駿馬)도 능히 덮을 이 담요,
> 어이 하리오, 어이 하리오, 어이 하리오!
> 윌갠이시여, 좋이 받으소서!
> 아니 받으시고 어이 하리오, 어이 하리오, 어이 하리오!

칸(샤만)은 무복을 걸치고 나서 의자에 앉아 북에다 연기를 쐬고 크고 작은 영신들을 차례로 부르기 시작한다. 이름이 불린 영신들은 "캄아, 나 여기 있다!" 하고 대답한다. 캄은 이런 식으로 바다의 주인 야이크 칸 (Yaik Kan), 카이라 칸(Kaira Kan), 파이신 칸(Paisyn Kan), 바이 윌갠 일가(오른편에는 딸 아홉 자매, 왼편에는 딸 일곱 자매를 거느린 어머니 신 타시간(Tasygan)), 그리고 마지막으로는 아바칸(Abakan)과 알타이의 신들과 영웅들(모르도 칸(Mordo Kan), 알타이 칸, 옥투 칸 (Oktu Kan) 등)을 불러낸다. 오랫동안 주문을 외어 이들을 불러낸 캄은 천상의 새들인 매르퀴트(Märküt)에게 말을 건다.

> 천상의 새들인 다섯 매르퀴트,
> 견고무비(堅固無比)한 적동(赤銅) 발톱,
> 적동 발톱이 초생달 같구나.

초생달 부리는 얼음 부리.
그 큰 날개를 펴고 장히 나니,
그 긴 꼬리는 부채 같아서,
왼쪽 날개는 달을 가리고,
오른쪽 날개는 해를 가리는구나.
아홉 독수리의 어머니인 매르퀴트여,
길을 잃지 말고 야이크로 날아
에딜(Edil)을 두려워 말고 내게로 오시라,
노래하면서 내게로 오시라!
오시라, 내 오른편으로 오시어,
내 오른쪽 어깨에 앉으시라!

"까작, 깍, 깍! 캄아, 나 여기 왔다!" 샤만은 새 우는 소리 시늉을 함으로써 새가 왔음을 알리고는 그 거대한 새의 무게 때문에 그러는 것처럼 일부러 오른쪽 어깨를 축 늘어뜨린다.

캄은 계속해서 영신들을 부른다. 이 영신들이 와서 깃들이기 때문에 무고는 시간이 갈수록 무거워진다. 이같이 많은 막강한 보호자들이 모여들면 샤만은 몇 번이고 천막 안에 세워진 자작나무 둘레를 돌고는[41] 문 앞에 무릎을 꿇고 문의 수호자 영신에게 길을 인도해줄 것을 빈다. 영신으로부터 호의적인 응답을 받으면 캄은 천막 중앙으로 들어가 북을 두드리고 온몸을 격렬하게 흔들면서 다른 사람은 알아들을 수 없는 공수를 중얼거린다. 이런 상태가 지나면 캄은 그 천막 주인인 시주를 비롯, 그 자리에 있는 모든 사람들을 무고로써 정화한다. 이 길고 복잡한 의례가 끝나면 캄은 이상한 광희상태(狂喜狀態)에 빠진다. 이 광희상태는 캄의 천계 상승 준비가 끝났다는 신호와 같다. 이 광희상태 직후에 캄은 자작나무의 첫번째 홈(타프티)에 올라서서 미친 듯이 무고를 울리면서 "콕! 콕!" 하고 외친다. 바로 이때 캄은 천계로 오르는 시늉을 한다. "망아황홀 상태"(?!)에서 캄은 입으로 천둥소리를 내면서 자작나무와 모닥불을 돈 다음, 서둘러 말가죽이 덮여 있는 의자로 돌아간다. 이때 캄은 제물이 된 말, 푸라의 혼이 된다. 샤만은 의자 위에 올라서서 이렇게 소리 지른다.

한 계단을 올랐다.

　　아이하이, 아이하이 !
　　한 천계에 올랐다,
　　샤가르바타 !
　　타프티 꼭대기에 올랐다,
　　샤가르바타 !
　　보름달에 올랐다,
　　샤가르바타 ! [42)]

　　캄의 흥분은 시시각각으로 고조된다. 이렇게 흥분한 캄은 계속해서 북을 울리면서 "말머리를 잡는 사람"에게 서두를 것을 명한다. 까닭은, "말머리를 잡는 사람"의 혼은 제물로 희생된 말의 혼이 그 육신을 떠나는 순간에 역시 그 육신을 떠나기 때문이다. "말머리를 잡는 사람"은 가는 길이 험하다고 불평하고 캄은 이렇게 불평하는 그를 달랜다. 달래다가는 두 번째 타프티에 오름으로써 상징적으로 제2천에 들어 다음과 같이 외친다.

　　제2의 대지를 뚫고,
　　제2천에 이르렀다,
　　오호라, 천계가 풍지박산이로다.

　　캄은 이어서, 천둥과 번개 치는 시늉을 하고 나서는, 이렇게 선언한다.

　　샤가르바타 ! 샤가르바타 !
　　드디어 두 계단을 올랐구나.……

　　제3천에서 푸라의 혼은 극도로 지치게 된다. 그러면 샤만은 이 말의 혼을 도와주기 위해 거위를 부른다. 거위는 샤만 앞에 당도하여 "까각 ! 까각 ! 캄아, 나 여기 왔다 ! " 하고 외친다. 샤만은 이 거위를 타고 천계여행을 계속한다. 샤만은 계속해서 천계상승 과정을 공수로 엮어내면서 거위 우는 소리를 낸다. 거위는 이 여행길이 힘겹다고 불평을 계속한다. 제3천에서는 잠시 쉬게 된다. 쉬면서 샤만은 자신과 말의 혼이 지쳤다고 말한다. 그는 여기에서, 앞으로 날씨가 어떠할 것이고 앞으로 그 공동체의 동아리를 괴롭히게 될 전염병과 재액이 무엇무엇이며 공동체가 바쳐야 하는 제물이 무엇인가를 이야기한다. "말머리를 잡는 사람"이 충분히 쉬고 난 뒤에 이 여행은 계속된다. 샤만은 자작나무에 패인 홈을 딛고 한 계단씩 차례로 오름으로써 천계의 권역을 차례로 오른다. 이 굿이 지닌 연희(演戲)를 다채롭게 하기 위해 갖가지 에피소드가 등장하기도 하는데, 이런 에피소드 중에는, 캄이 굿을 하다가 검은 새인 카라쿠스(Karakuš)에게 담배를 주니 카라쿠스는 비둘기를 쫓는다는 식의, 엉뚱한 것도 있다. 이어서 샤만은 푸라에게 물을 먹이는데, 이때 샤만은 말이 물을 들이키는 소리를 낸다. 제6천에 이르면 샤만은 아주 우스꽝스러운 토끼 사냥 이야기를 한다.[43] 제5천에 이르러 샤만은 전능한 야유트시(Yayutši : "최고의 창조신")와 오래 대화를 나눈다. 이때 야유트시는 샤만에게 미래사의 일을 일러준다. 샤만 중에는 이 야유트시의 예언을 큰 소리로 복창하는 샤만도 있고 입 속에 넣고 우물거리는 샤만도 있다. 샤만은 제6천에서는 달에게 절을 하고 제7천에서는 해에게 절을 한다. 능력에 따라 제9천을 지나 제12천 혹은 그 이상의 천계에까지 이르는 샤만도 있다. 대개의 경우, 자기의 능력에 맞는 최고 천계에 이르면 샤만은 걸음을 멈추고 바이 월갠에게 다음과 같이 겸손하게 아뢴다.

> 세 개의 사다리를 올라야 이를 수 있는 곳에 계시는,
> 세 신족(神族)의 주인,
> 바이 월갠 천왕이시여,
> 푸른 사면(斜面)이 보이고,
> 푸른 하늘이 보이나이다!
> 푸른 구름은 멀리 물러나는데,
> 푸른 하늘은 아득한데,
> 흰 하늘은 아득한데,
> 물 마실 데가 없나이다!
> 세 번 칭송을 받아 마땅하신 아버지 월갠이시여,
> 말발굽을 쓰시는 아버지 앞에서는,
> 도끼날 같은 초생달도 하릴없나이다!
> 소란을 지어내는,
> 뭇 인류를 창조하신 월갠이시여,
> 뭇 가축을 지어주신 월갠이시여,

불행에서 저희를 건지소서!

사악한 것과 맞서게 하소서!

쾨르뫼스〔Körmös : 악령〕를 멀리하시어,

저희가 그 수중에 들지 않게 하소서!

별이 빛나는 하늘을,

수도 없이 돌게 하신 분이시여,

저희 죄를 벌하지 마소서!

　바이 월갠이 제물을 흠향하면, 샤만은 이 바이 월갠으로부터 날씨와 다가오는 가을의 추수에 관한 예언을 듣는다. 샤만은 신들이 좋아하는 제물이 무엇인지, 그것도 이때 알게 된다. 이때가 바로 "접신상태"의 절정인데, 이 절정의 순간이 지나면 샤만은 기진하여 쓰러진다. 그러면 "말머리를 잡는 사람"이 다가와 샤만의 무고와 북채를 잡는다. 샤만은 기절한 듯이 꼼짝도 하지 않는다. 이렇게 한동안 누워 있던 샤만은 이윽고 긴 잠에서 깨어난 듯이 눈을 비비면서 일어나 주위에 모여 있는 사람들에게 긴 여행이나 다녀온 사람처럼 인사를 건넨다.

　이 제의는 이로써 끝나지만, 시주가 부자일 때는 며칠이나 계속되는 수도 있다. 돈이 많은 시주는 이때 신에게 바치는 제물과 잔치에 많은 재물을 쓰는데, 이런 굿과 잔치에는 엄청나게 많은 술이 소비된다. [44]

바이 월갠과 알타이 샤만

　여기에서, 지금까지 분석해온 의례를 다시 한번 고찰해볼 필요가 있다. 이 의례는 분명히, 서로 다른 두 부분으로 나누어져 있으나 이 두 부분은 서로 불가분의 관계를 맺고 있다. 즉 1) 천상적인 존재에 대해 희생제물을 바치는 부분과 2) 샤만의 상징적인 천계상승 [45], 제물이 된 동물과 함께 바이 월갠 앞에 출두하는 대목이 그것이다. 19세기까지 발견되던 유형과 같은, 알타이 인의 말 공희제는 극북 아시아 인들이 천상의 절대자를 위해 지내던 공희제와 유사하다. 이러한 공희의례는 고대의 종교 유산이 남아 있는 곳이면 어디서든 볼 수 있는데, 이런 의례일 경우 샤만이나 공희사제가 반드시 의례에 참석해야 하는 것은 아니다. 앞에서 지적했듯이

190

터키 인들 역시 천상계의 신들에게, 같은 말의 공희제를 지내지만 공희제의 집행을 샤만에게 의뢰하지는 않는다. 터키-타타르 인들뿐만 아니라 상당수의 인도-유럽 인들도 말의 공희제를 지낸다. [46] 이들이 공희제를 지내는 대상은 항상 천상의 신 아니면 폭풍의 신이다. 따라서 알타이 인의 공희제에서 샤만이 어떤 역할을 맡는 것은 최근에 생긴 것이고, 그래서 샤만이 이러한 공희제에서 절대자에게 제물을 드리는 등의 갖가지 역할을 맡게 되었다고 추론하는 것이 합리적이다.

다음으로는 바이 월갠에 대해 고찰해볼 필요가 있다. 바이 월갠은 그 속성으로 보면 천계의 신이다. 그러나 반드시 천계의 절대신인 것도 아니고, 항상 천계의 절대신인 것도 아님이 분명하다. 이렇게 보아야 할 근거는 얼마든지 있다. 바이 월갠은 천계의 절대신이라기보다는 일종의 "대기의 신"과 풍요의 신으로서의 성격을 보여주고 있다. 그 까닭은, 바이 월갠은 많은 아내와 자식을 거느리면서 가축의 다산과 윤택한 수확을 통틀어 다스리고 있기 때문이다. 알타이 인의 천상의 절대신은 텡게레 카이라 칸(Tengere Kaira Kan : "자비로운 천제〔天帝〕")[47]인 것으로 보인다. 그 구조로 보아 이 텡게레 카이라 칸은 사모예드 인의 눔과 터키 계 몽고 인의 텡그리, "하늘"에 가깝다. [48] 우주론이나 세계의 종말론에 관한 신화에서 중요한 역할을 맡는 신은 바로 이 텡게레 카이라 칸이다. 이러한 신화에는 바이 월갠이 등장하지 않는다. 그런데 주목할 만한 것은, 바이 월갠이나 에를릭 칸에게는 엄청나게 많은 제물이 바쳐지는데 텡게레 카이라 칸에게는 전혀 제물이 바쳐지지 않는다는 점이다. [49] 그러나 이러한 제사에서 텡게레 카이라 칸이 홀대받는 것은 그다지 이상한 일이 아니다. 이러한 일은 대부분의 천계신들이 겪는 운명인 것이다. [50] 태초에, 말의 공희제는 텡게레 카이라 칸에게 바쳐졌던 것으로 보인다. 그 까닭은, 우리가 앞에서 지적했듯이, 알타이 인의 공희제에서는 머리와 긴 뼈로 이루어진 제물을 중요시하는데 바로 이 머리와 긴 뼈야말로 극북과 북아시아 천상계 신들의 특징을 이루는 것이기 때문이다. [51] 이와 관련해서, 대상이 처음에는 바루나(Varuna)와 때로는 디아우스(Dyaus)였다가, 뒤에는 프라자파티(Prajāpati), 심지어는 인드라(Indra)로까지 바뀌었던 인도 베다 시대의 말 공희제(아스바메다〔aśvamedha〕)를 상기할 필요가 있다. [52] 공희제의 대상이 대기의 신(농경사회의 종교에서는 풍요의 신)에서 천계신으로 바뀌는 이러한 현상은 종교사에서 그리 보기 드문 현상이

아니다. [53]

　대부분의 대기의 신들과 풍요의 신들이 그러하듯이 바이 윌갠 역시 순수하게 천상적인 신들에 견주어 인간과 사이가 가깝고 인간사에 능동적이다. 그래서 바이 윌갠은 인간의 운명에 관심을 갖고 인간의 일상적인 삶을 돕는다. 바이 윌갠의 "임재"는 구체적이고, 인간과 바이 윌갠의 "대화"는 보다 "인간적"이고 "극적"이다. 바이 윌갠이 이전의 천계신들을 축출한 것과 마찬가지로, 샤만은 말의 공희제에서 다른 공희사제를 축출하고 스스로 공희사제가 되는데, 이것은 샤만이 보다 구체적이고 보다 형태론적으로 풍부한 종교 체험을 가지고 있기 때문이라고 보아도 좋다. 이로써 공희제는 신과 샤만의 극적인 만남과 이 양자 사이의 구체적인 대화(샤만은 신의 음성을 흉내내는 경지에 이르기도 한다)를 가능케 하는 일종의 "영적인 의지가지(psychophoria)"가 되는 것이다.

　갖가시 종교적인 체험 중에서도, 특히 "집신직인" 체힘 형태를 특징적으로 취하는 샤만이 알타이 인의 말 공희제에서 중요한 역할을 맡게 된 이유를 이해하는 것은 어려운 일이 아니다. 샤만의 접신술은 샤만으로 하여금 육신을 이탈하게 함으로써 천계로의 접신 여행을 가능케 한다. 바로 이런 능력이 있기 때문에 샤만은 쉽사리 천계 여행을 되풀이할 수 있고 그래서 제물이 된 짐승의 영혼을 **바로 그리고 구체적으로** 바이 윌갠 앞으로 데려갈 수 있는 것이다. 샤만이 이러한 역할을 맡게 된 것, 다시 말해서 공희사제가 샤만으로 교체된 현상이 일어난 것은 최근의 일로 보이는데, 샤만의 "망아황홀" 상태가 이전에 비해 훨씬 약화된 것에서도 그 증거를 읽을 수 있다. 라들로프가 보고하고 있는 공희의례에서 샤만이 드는 "접신상태"는 분명히 하나의 흉내에 지나지 않는다. 이러한 의례에서 샤만은 천계상승(전통적인 규범인 새의 비상, 기마 등을 모방한 형태의)의 양식을 열심히 흉내내고 있기는 하나 사람들이 관심을 가지는 것은 샤만의 접신이 아니라 그 의례가 보여주는 극적인 재미이다. 그렇다고 해서 알타이 샤만이 망아상태에 들 수 없다는 의미는 아니다. 말의 공희제에서만 흉내에 그칠 뿐, 다른 무의에서는 얼마든지 망아상태에 들 수 있는 것이다.

지하계로의 하강(알타이 샤만의 경우)

알타이 샤만의 경우, 천계상승과 짝을 이루는 의례가 지하계 하강이다. 이 지하계 하강의례는 아주 어렵다. 지하계 하강은 "백" 샤만에게도 가능하고 "흑" 샤만에게도 가능하나, 대개 지하계로 하강하는 것은, 더구나 전문적으로 하강하는 것은 "흑" 샤만 쪽이다. 라들로프는 지하계 하강의례에는 참석한 적이 없다. 아노킨은 다섯 차례에 걸친 지하계 하강의례의 자료를 수집한 바 있다. 아노킨이 만난 한 샤만(맘퓌이〔Mampüi〕)은 자신을 위해 이 지하계 하강 굿 양식을 재현해주었다. 아노킨에게 자료를 제공해주고 하강 굿까지 재현해준 맘퓌이는 "흑" 샤만과 "백" 샤만을 겸하는 샤만이었다. 맘퓌이가 에를릭 칸에게 바치는 주문 가운데 바이 윌갠의 이름을 언급한 것은 바로 이 때문이다. 아노킨은 의례에 관한 설명 없이 의례 자체의 과정에 관한 자료만 남기고 있다. [54]

이 자료에 따르면, 샤만은 연속되는 일곱 개의 "계단" 혹은 푸닥(pudak : "장애물"이라는 뜻이다)이라는 이름의 지하계 권역으로 수직하강하는 것으로 보인다. 하강할 때에는 샤만의 조상들과 보조영신들이 샤만을 배행한다. "푸닥"을 모두 지나면 샤만의 눈앞에 지하계의 신이 나타난다. 이때 샤만이 부르는 무가에는 구구절절이 **검다** 는 말이 나타난다. 첫번째 "푸닥"을 지나고 두번째 "푸닥"에 이르면 샤만의 귀에는 쉿소리가 들린다. 그리고 다섯번째 "푸닥"에서는 파도소리와 바람소리가 들린다. 이윽고 지하계의 아홉 개의 강 하구에 있는 일곱번째 "푸닥"을 지나면 에를릭 칸의 궁전이 나타난다. 돌과 검은 흙으로 지어진 이 궁전은 경비가 삼엄하다. 샤만은 에를릭 칸에게 긴 기도를 바치고 (이 기도에는 "천상계에 있는" 바이 윌갠의 이름도 나온다) 난 뒤에 다시 이승의 천막으로 돌아와 이 지하계 하강의례를 구경하는 사람들에게 이 여행의 결과를 일러준다.

포타닌은, 젊은 시절에 몇 차례 이런 지하계 하강의례에 참가한 바 있고 심지어는 샤만의 도창(導唱)에 따라 반복구를 노래한 적도 있는, 그리스 정교회 사제 치발코프(Chivalkov)가 제공해준 자료를 토대로 지하계 하강의례에 관한 훌륭한 자료를 남기고 있다. (주문과 기도문의 내용이 없는 것이 흠이다.)[55] 포타닌이 기술한 의례와 아노킨이 수집한 무가 가사 사이에는 상당한 차이가 있다. 이러한 차이는 해당 샤만이 속한 부족이 다르다는 점에서 기인한 것으로 보인다. 게다가 아노킨이 의례 자체에 관한 설명이 없이 주문과 기도문의 내용만을 전했기 때문에 이러한 차이는 불가피했던 듯하다. 그러나 가장 주목할 만한 차이는 역시 하강의 방향이다. 즉 아노킨이 수집한 자료에 따르면 샤만은 수직으로 하강하는데, 그에 비해 포타닌의 자료에 따르면 샤만의 하강은 한 차례의 수평이동과 두 차례의 수직이동(하강한 다음의 상승 단계)으로 이루어진다.

"흑" 샤만은 자기 천막에서 이 여행을 시작한다. "흑" 샤만은 먼저 서쪽으로 행로를 잡고 인근 지역을 지나 알타이 산맥을 넘은 다음, 중국의 붉은 사막을 건넌다. 물론 이러한 행로는 샤만이 읊는 무가의 내용으로 알 수 있다. 이어서 샤만은 말을 타고 까치는 날아서도 건널 수 없는 누런 내초원을 건닌다. 샤만은 자기를 둘러싸고 있는 굿판의 구경꾼들에게 "노래의 힘을 빌려 초원을 건넌다！"고 외친 다음 무가를 부른다. 그러면 구경꾼들은 샤만의 노래를 반복해서 합창한다. 잠시 후에는 또 하나의 대초원, 까마귀가 날아서도 건널 수 없는 시퍼런 대초원이 나타난다. 샤만은 다시 노래의 마력에 호소하고 구경꾼들은 샤만의 노래를 반복해서 합창한다. 이윽고 샤만은 꼭대기가 하늘을 찌르는 철산(鐵山) 테미르 타익사에 이른다. 이 산을 오르는 것은 여간 위험하지 않다. 샤만은 이 대목에서 거친 숨을 몰아쉬는 등, 힘겹게 산을 오르는 시늉을 하다가 산을 다 오르는 대목에서 기진하고 만다.

이 산은 힘이 딸려서 꼭대기에 이르지 못하고 죽은 다른 샤만들의 백골과 이들이 타고 온 말의 백골로 덮여 있다. 이 산꼭대기에 이른 샤만은 다시 말을 타고 다른 세계의 문인 구멍에 이른다. 이 구멍은 예르 메시(yer mesi), "대지의 아가리" 혹은 예르 투니기(yer tunigi), "대지의 굴뚝"이라고 불린다. 이 구멍 안으로 들어간 샤만의 눈앞에는 먼저 들이 나타나고 이어서 바다가 나타난다. 바다 위에는 머리카락만큼이나 가는 다리가 놓여 있다. 샤만은 이 위에 발을 올려놓고 다리를 건너기 시작한다. 샤만은 다리 위에서 비틀거리기도 하고 금방이라도 떨어질 듯이 기우뚱 거리기도 하는데, 이것은 다리가 얼마나 위험한 것인가를 잘 보여준다. 샤만의 눈에는 그 바다의 바닥에 가라앉아 있는, 그 다리를 지나가다가 바다에 빠져 죽은 샤만들의 백골이 보인다. 이 바다에는 많은 샤만들이 빠져 죽는다. 그 까닭은, 죄를 지은 샤만은 그 다리를 지나가지 못하게 되어 있기 때문이다. 샤만은 죄인들이 고문을 당하는 곳을 지나간다. 샤만에게는 이곳 구경을 할 시간적인 여유가 있다. 샤만은, 생전에 문밖에서 남의 말을 엿들었다가 여기에서는 귀를 못질당한 채로 기둥에 매달려 있는 자, 남을 중상모략했다가 혀를 못질당한 채로 매달려 있는 자, 맛있는 음식에 둘러싸여 있으나 그 음식을 먹을 수 없는, 생전에 식탐(食貪)하던 자들이 고통을 당하고 있는 것을 본다.

이 다리를 다 건넌 샤만은 계속해서 말을 몰아 에를릭 칸이 거처하는 곳에 당도한다. 샤만들은 개들과 문지기가 지키고 있는데도 불구하고 문 안으로 들어갈 수 있다. 샤만이 이렇게 들어설 수 있는 것은 뇌물(샤만은 저승세계로 떠나기 전에 이때를 대비해서 맥주, 삶은 쇠고기, 족제비 가죽 같은)로 이 문지기를 꾀었기 때문이다. 문지기가 뇌물을 받은 연후에 에를릭 칸의 천막 안으로 들게 한 것이다. 이때부터 아주 극적인 장면이 전개된다. 샤만은 의례가 베풀어지는 천막의 문 앞으로 다가가, 에를릭 칸에게 다가가는 시늉을 한다. 샤만은 사자들의 왕에게 절하고 무고로 이마를 가리키면서 "메르구! 메르구!" 하고 외침으로써 에를릭 칸의 주의를 끌려고 한다. 바로 이 대목에서 무의중의 샤만은 고함을 지른다. 이 순간, 에를릭 칸은 샤만이 거기에 와 있음을 알고는 화를 낸다. 샤만은 천막의 문이 있는 쪽으로 도망친다. 에를릭 칸의 화가 풀리지 않으면 이 의례는 세 차례나 되풀이된다. 이윽고 화가 풀리면 에를릭 칸은 샤만을 향하여 이런 말을 한다.

> 날개 달린 것도 여기까지는 날아오지 못하고,
> 기어오는 것도 여기까지는 기어오지 못한다.
> 너, 냄새를 풍기는 검은 버러지야,
> 대체 어디에서 왔더냐?

샤만은 에를릭 칸에게 자기 이름과 조상들의 이름을 아뢴 뒤에 술을 권한다. 이 대목에서 샤만은 무고에다 술을 따라 저승세계의 왕에게 권하는 시늉을 한다. 에를릭 칸이 이 술을 받아 마시면 샤만은 마시는 동작을, 심지어는 트림하는 것까지도 그대로 흉내낸다. 에를릭 칸이 이 술을 다 마시면 샤만은 그에게 (미리 잡아 놓은) 황소와, 줄로 엮은 의복과 모피를 바친다. 에를릭 칸에게 이런 것을 바치는 대목에서 샤만은 의례 현장에 있는 이런 물건들을 일일이 손으로 쓰다듬는다. 그러나 이 의복과 모피는 여전히 원소유자의 것일 뿐, 샤만의 것이 되지는 않는다.

  에를릭 칸은 샤만이 권하는 술을 마시고 만취하게 되는데, 이렇게 되면 샤만은 열심히 다해서 에를릭 칸의 취한 모습을 흉내낸다. 만취한 신 에를릭 칸은 인심이 좋아진 나머지 샤만을 축복한 뒤에 가축을 넉넉히 불어나게 해주겠다는 등의 약속을 한다. 그러면 샤만은 의기양양하게 이승으로 돌아오게 된다. 샤만은, 돌아올 때에는 말 대신 거위를 타고 온다. 이 대목에 이르면 샤만은 의례가 베풀어지는 천막 안에서, 거위를 타고 하늘을 나는 것처럼 발뒤꿈치를 들고 걸으면서, "나잉각! 나잉각!" 하고 새우는 소리를 낸다. 이로써 굿이 끝나면 샤만은 자리에 앉는다. 그러면 옆에 있던 사람이 샤만의 손에서 무고를 빼앗아 들고는 세 번을 두드린다. 이 소리를 들은 샤만은 금방 잠에서 깨어난 사람처럼 손으로 눈을 비빈다. 이때 주위에 있던 사람들이 "여행은 어떠했소?" 하고 물으면 샤만은, "일은 잘되었소. 나는 저승에서 환대를 받았소!" 하고 대답한다.

  이런 지하계 여행 굿은, 특히 병자의 영혼을 찾아서 이승으로 다시 데려올 때 주로 베풀어진다. 이런 유형의 여행을 다룬 시베리아 민담은 이 밖에도 얼마든지 있다. 샤만은 병자의 영혼을 찾아서 이승으로 데리고 나올 때에도 지하계 여행을 하지만 이와는 반대로, 사자의 혼을 에를릭 칸이 지배하는 나라로 데려갈 때에도 지하계 여행을 한다.

  이 두 가지 유형의 접신 여행——천상계로의 여행과 지하계로의 여행——을 비교하고 이 여행이 뜻하는 우주론적 도식을 지적하는 일은 뒤로 미루기로 하고 여기에서는 포타닌이 기술하고 있는 하강의례를 자세히 검토해보기로 하자. 포타닌의 기술을 자세히 분석해보면, 여기에는 명계하강 의례의 특징적인 상징이 등장하고 있음을 알 수 있다. 즉 사자의 나라의 문을 지키는 개와 문지기가 바로 그것이다. 이 개와 문지기는 아주 유명한 명계신화의 모티프이다. 우리는 앞으로도 이 모티프와 만나게 된다. 그러나 머리카락 너비만큼이나 비좁은 다리는 명계신화의 특징적인 모티프로는 보기 어렵다. 다리는 피안으로 건너가는 길을 상징하지만, 이 피안이 반드시 지하계를 의미하는 것은 아니다. 죄인은 이 다리를 건널 수가 없다. 죄인은 이 다리에 들어서면 피안으로 가는 것이 아니라 심연으로 빠져든다. 두 우주적 권역을 잇는 이 지극히 비좁은 다리는 한 삶의 양태에서 다른 삶의 양태로의——즉 입문의례를 치르지 않은 상태에서 입문의례를 치른 상태로, "삶"에서 "죽음"으로의——이행을 뜻한다. [56]

포타닌이 수집한 이야기 자료에서는 몇 가지 모순이 엿보인다. 샤만은 말을 타고 남쪽으로 출발, 산에 올랐다가 내려가서는 구멍을 통하여 지하계로 들어가고 지하계에서는 거위를 타고 바로 이 구멍을 통하여 돌아온다. 그런데 이 마지막 대목이 미심쩍다. 이 대목이 미심쩍은 것은, 지하계로 통하는 구멍으로 날아 나오는 상황을 상상하기 어려워서가 아니라[57] 거위를 타고 나왔다는 것 때문이다. 왜냐하면 거위를 타고 날아가는 행위는 샤만의 지하계 하강이 아닌 샤만의 천상계 상승을 암시하기 때문이다. 이 상승의 테마와 하강의 테마 사이에는 약간의 혼란이 있었던 것으로 보인다.

샤만이 처음에는 말을 타고 남쪽을 향하여 출발했다가 산을 오른 다음에 지하계 입구 쪽으로 내려간다는 대목도 그렇다. 이 여정에는 인도 여행의 희미한 기억이 묻어 있는 듯하다. 명계의 풍물을, 투르케스탄이나 티벳의 동굴 사원에서 발견되는 이미지와 동일시하려는 시도도 있었다. [58] 중앙 아시아의 신화와 민담에 남아시아와 심지어는 인도로부터의 영향을 받은 흔적이 남아 있는 것은 분명하다. 그러나 이러한 영향의 흔적은 신화적 지리를 구성하는 것이지, (산악학〔山岳學〕, 여정, 사원, 동굴 등의) 현실의 지리에 대한 애매한 기억을 구성하는 것은 아니다. 에를릭 칸의 지하계는 인도-이란 계의 지하계인 듯하다. 그러나 여기에서 논하기에는 부적당할 것 같아 이 문제 역시 뒤로 미루기로 한다.

영혼의 안내자로서의 샤만(알타이, 골디, 유라크 인의 경우)

북아시아 인들은 저승을 이승의 반대인 것으로 인식한다. 저승에서도 이승에서 일어나는 것과 똑같은 일들이 일어난다. 일어나되, 단지 반대로 일어날 뿐이다. 이승이 낮이면 저승은 밤이다(사자들을 위한 잔치가, 사자들이 일어나 하루 일과를 시작하는 시간인 해진 뒤에 벌어지는 것도 이 때문이다). 이승의 여름은 저승의 겨울이다. 이승에 사냥감이나 물고기가 귀해졌다는 것은 저승에서 흔해졌음을 의미한다는 식이다. 벨티르 족은 사자의 왼손에다 말고삐와 술병을 들려준다. 사자의 왼손에다 들려주는 까닭은 사자가 가는 나라인 저승에서의 왼손은 곧 이승에서의 오른손에 해당하기 때문이다. 저승에서는 강도 하류에서 수원 쪽으로 거슬러 흐른다. 이승의 관점에서 보면 분명히 역전되어 있는 것도 사자들에게는 정상이다. 바로 이 때문에 사자들이 쓰라고 무덤 앞에다 물건을 놓을 때에는 거꾸로 놓거나 깨뜨려 놓는 것이다. 물건을 거꾸로 놓거나 깨뜨려 놓는 것은 이승에서 그런 상태가 되어 있어야 저승에서는 온전하기 때문이다.[59] 물론 그 반대도 마찬가지이다.

이러한 역전의 이미지는 저승에는 몇 개의 단계(저승세계로 하강하는 샤만이 거쳐야 하는 푸닥, 즉 "장애")가 있다는 관념에서도 발견된다. 시베리아의 타타르 인은, 지하세계에는 일곱 개 혹은 아홉 개의 권역이 있는 것으로 믿고 사모예드 인은 해저에 여섯 권역이 있다고 믿는다. 그러나 퉁구스 인이나 야쿠트 인은 저승세계에 권역이 있는 것으로 믿지 않으므로, 타타르 인늘의 믿음은 다른 문화권의 소산인 것으로 보인다.[60]

중앙 아시아와 북아시아 인들이 베푸는 장례식 패턴의 지리적 분포는 남방의 기원을 둔 종교 관념의 영향을 끊임없이 받아들인 것이어서 복잡하기가 그지 없다. 이들 문화권의 경우, 사자는 죽는 순간에 북쪽으로 가기도 하고 서쪽으로 가기도 한다.[61] 그런가 하면 선하게 살다 죽은 사람은 천계로 올라가고, 악하게 살다 죽은 사람은 지하계로 내려가기도 한다(가령 알타이 타타르 인의 경우처럼[62]). 그러나 사후의 행선지를 도덕적으로 미리 판단하는 이러한 풍습은 최근에 생긴 것인 듯하다.[63] 야쿠트 인은, 선한 자든 악한 자든 죽으면 천계로 올라가고 여기에서 사자의 혼(쿳[kut])은 새 모양이 된다고 믿는다.[64] 이렇게 해서 사자의 혼은 앞으로 우리가 자주 대하게 될 신화적 이미지인 세계수 가지에 보금자리를 트는 "영혼-새"가 되는 듯하다. 그러나 야쿠트 인은 사자의 영혼인 악령(아바씨) 역시 지하계에 사는 것으로 믿는다. 이것으로 미루어 보아, 우리는 이중의 종교적 전통이 혼재하는 땅으로 들어서고 있음이 분명하다.[65]

이와 다른 종교 관념에 따르면 화장되는 호사를 누리는 특별한 사람들의 영혼은 화장할 때의 연기와 함께 천계로 올라가 이 땅에서 사는 사람들과 똑같은 삶을 영위한다. 부르야트 인들은 샤만이야말로 이런 호사를 누리는 사람들이라고 믿는다. 이러한 믿음은 추크치 인이나 코리야크 인들에게서도 찾아볼 수 있다.[66] 불이 사후에 천상에서 삶을 누릴 수 있게 한다는 믿음은, 벼락에 맞아 죽은 사람은 천상으로 올라간다는 믿음을 통해서도 확인된다. 어떤 종류의 불이건 "불"은 인간을 "영신"으로 전신시킨다. 샤만이 "불을 제압하는 자"로 대접받는 까닭, 샤만이 불붙은 석탄을 집고도 뜨거운 줄을 모르는 것은 다 이 때문이다. 어떤 의미에서 "불을 제압하는 것"과 불에 타는 것은 입문의례적으로 보아 동일한 가치를 지닌다. 영웅이나 장렬하게 죽은 사람이 천상계로 올라간다고 하는 믿음도 사실은 이와 유사한 관념을 그 바탕으로 하고 있다. [67] 그러니까 이때의 죽음은 일종의 입문의례인 것이다. 이와는 반대로, 질병으로 죽은 사람은 지하계밖에 갈 수 없다. 그 까닭은 질병을 퍼뜨린 것이 사자의 악령들이기 때문이다. 누군가가 병이 들면 알타이 인과 텔레우트 인은 "그가 쾨르뫼스(사자)에게 먹히고 있다"고 말한다. 그러다가 이윽고 그 사람이 죽으면, "쾨르뫼스에게 먹혔다"고 한다. [68]

바로 이런 이유에서 골디 인들은 사자를 매장하고 돌아올 때에는 그 사자에게 아내와 자식들을 데려가지 말라고 비는 것이다. 황 위구르 인(Yellow Uigur)들은 사자에게, "자식들도 데려가지 말고 가축도 데려가지 말고 쓰던 물건도 가져가지 말아라" 하고 말한다. 텔레우트 인들은 만일 사자의 미망인이나 자식이나 친구가 사자를 매장한 직후에 죽으면 바로 그 사자가 그들의 영혼을 데려갔다고 믿는다. [69] 살아 있는 사람들의 사자에 대한 감정에는 애증이 공존한다. 다시 말하면 살아 있는 사람들은 한편으로는 사자를 존경하여 잔치에 초대하는 등의 환대를 통하여 사자를 그 가족의 수호영신으로 삼는가 하면, 다른 한편으로는 사자를 지극히 두려운 존재로 여겨 가족들에게 다시 나타나지 못하도록 온갖 예방 조치를 다투어 강구하기도 하는 것이다. 실제로 이러한 애증병존의 감정은 서로 상반되는 동시에 연속되는 두 가지 행위로 집약된다. 즉 살아 있는 사람들은, 죽은 직후에는 사자를 두려워하고 오래 되면 존경하여 보호자로 여기는 것이다. 사자에 대한 살아 있는 사람들의 두려움은 사자가 자신이 처한 새로운 삶의 양태를 받아들이지 않을 것이라는 믿음, 다시 말해서 사자가 이 새로운 "삶"을 거부하고 가족의 품안으로 되돌아오고 싶어한다는 믿음에 그 바탕을 두고 있다. 사자가 속하던 사회의 정신적 평형을 깨뜨리는 것은 바로 사자의 이러한 경향이다. 사자의 세계에 미처 들어가지 못한, 이승을 등진 지 얼마 되지 않는 사자는 가족이나 친구들, 심지어는 이승에서 기르던 가축을 그곳으로 데려가고 싶어한다. 다시 말하면 문득 훼방을 당한 자기의 실존을 원상태로 계속하고 싶어한다. 자기 피붙이들 사이에서 "삶"을 누리고 싶어하는 것이다. 따라서 살아 있는 사람들이 두려워하는 것은 사자가 부릴지도 모르는 심술이기보다는, 새로운 상황을 부정하는 사자의 태도, "자기가 속해 있던 세계"를 포기하지 않으려는 사자의 태도인 것이다.

바로 이런 이유에서 사자를 그가 속해 있던 공동체 속으로 되돌아오지 못하게 하는 갖가지 조처가 취해지는 것이다. 장례식을 치르고 사자를 매장하고 돌아오는 사람들이 사자가 길을 제대로 찾아오지 못하게 엉뚱한 길을 이용한다든지, 무덤에서 서둘러 돌아오되 집에 돌아오는 즉시 재계의례를 베푼다든지, 사자의 수송수단(썰매, 수레 등, 사자의 나라에서도 요긴하게 쓰일 만한 모든 물건)을 무덤가에서 태워버린다든지, 마을로 돌아오는 길을 여러 날 지키거나 길에다 불을 밝혀두거나 하는 것은 바로 이 때문이다.[70] 그러나 이 모든 수단도 사흘 혹은 이레 동안 사자의 혼이 그 옛집을 배회하는 것끼지 방해하지는 못한다.[71] 이러한 믿음과 관련된 또 다른 관념도 있다. 즉 사자는 세상을 떠난 지 사흘, 이레 혹은 40일 이후에 바로 사자 자신의 죽음을 기려서 살아 있는 사람들이 치러주는 장송의례를 흠향하지 않으면 저승길로 들어서지 못한다는 믿음이 그것이다.[72] 이런 장송의례를 치를 경우, 사람들은 먹을 것과 마실 것을 불 속에 던짐으로써 제사를 지내고 그 묘지를 참배한다. 묘지에 이르러서는 사자가 생전에 사랑하던 말을 잡아 그 고기를 묘지 옆에서 나누어 먹고 머리는 그 묘지 곁에 세워진 장대에다 걸어둔다(아바칸 타타르 인[Abakan Tatars], 벨티르 인, 사가이 인[Sagai], 가르긴츠 인[Karginz] 등의 경우[73]). 이 의례 끝에는 사자의 집에 대한 "재계의례"가 샤만에 의해 베풀어진다. 이 재계의례에서 가장 중요한 것은 샤만이 사자의 혼을 찾아내는 광경을 극적으로 연출한 다음, 이 혼을 마지막으로 집에서 내모는 절차이다(텔레우트 인의 경우[74]). 알타이 샤만 중에는 이 사자의 영혼을 지하계까지 안내하는 샤만도 있다. 이 경우 샤만은 지하계 주민들의 눈에 띄지 않기 위하여 얼굴에다 검댕을 바른다.[75] 투르칸스크의 퉁구스 인의 경우에는 사자의 혼이 장례식이 끝나고도 오래 옛집 주위를 배회할 때만 샤만이 나서서 이 길 잃은 영혼을 천도(薦度)한다.[76]

알타이와 시베리아의 장송의례에서 샤만이 맡는 역할은 이들의 갖가지 풍습을 기술하는 과정에서 어느 정도 밝혀진 것으로 보인다. 샤만은 사자가 이승의 삶에 대한 미련을 끊지 못할 경우에는 어김없이 등장한다. 이 경우 영혼의 안내자로서의 권능을 행사할 수 있는 것은 오직 샤만뿐이다. 그 까닭은 첫째, 샤만은 저승길을 여러 차례 왕래하여 지하계로 통하는 길을 아주 잘 알고 있기 때문이고, 둘째, 오로지 샤만만이 그 눈에 보이지 않는 혼을 잡아채어 새로운 사자들의 땅으로 안내할 수 있기 때문이다. 영혼의 안내자와 사자가 함께 하는 저승길 여행이, 사자가 죽은 직후에 시작되는 것이 아니고 장송의례나 "재계의례"가 끝난 뒤에 시작된다는 사실은 사자의 혼이 사흘, 이레 혹은 40일 동안 묘지에 살고 있음을 암시하고 있다. 그러니까 살아 있는 사람들은 그만한 기간이 지나야 사자의 영혼이 저승길로 떠난다고 믿고 있음을 암시하고 있는 것이다.[77] 그러나 장송의례가 끝난 뒤에 샤만이 사자의 영혼을 저승의 나라로 안내하는 것은 알타이 인, 골디 인, 유라크 인에 한한다. 퉁구스 인을 비롯한 많은 민족의 경우에는 사자가 묘지에 살고 있는 것으로 믿어지는 기간이 지났다고 해서 바로 샤만을 불러 사자의 영혼을 저승으로 천도하는 것이 아니라, 사자의 영혼이 이승의 삶터를 배회할 때만 샤만을 불러 이 사자의 영혼을 천도한다. 만일 어떠한 형태로든 무속을 실천하는 민족(가령 롤로 족[Lolo]의 경우)이 모두 샤만으로 하여금 사자의 영혼을 하나도 예외 없이 영원한 안식처로 안내하게 한다면, 우리는 다음과 같은 결론을 내릴 수 있다. 즉 이러한 무속이 북아시아 전역에 퍼져 있기는 하지만, (가령 퉁구스의 무속같이) 이런 모양으로 변형된 것은 최근의 일이라는 것이다.

라들로프는 죽은 지 40일째 되는 한 여자의 영혼을 천도하는 굿을 자세히 기록한 바 있다. 라들로프에 따르면, 이 무의는 밤에 베풀어진다. 샤만은 천막을 빙글빙글 돌면서 무고를 치는 것으로 이 굿을 시작한다. 한동안 천막을 돌면서 무고를 치던 그는 천막 안으로 들어가 불 가까이 다가가서는 사자의 영혼을 부른다. 그러는 도중에 샤만의 목소리는 갑자기 변한다. 아주 높은 가성을 내는 것이다. 샤만이 이런 소리를 내는 것은 바로 이때부터 바로 그 죽은 여자가 말을 하기 때문이다. 그러니까 샤만의 가성은 그 여자의 목소리인 것이다. 여자는 저승으로 가는 길도 모르고 피붙이들을 떠나기도 두렵다는 등의 불평을 늘어놓는다. 그러나 이렇게 불평하는 것도 잠깐, 결국은 저승길을 안내하겠다는 샤만의 제안을 받아들인다. 이 둘은 저승을 향하여 길을 떠난다. 저승에 도착하지만, 이 저승에 사는 사자들은 새로 온 사람을 받아들이기를 거절한다. 빌어봐야 소용이 없어서 샤만은 술을 바친다. 이때부터 굿은 격렬해지다 못해 사자들이 샤만의 음성을 빌려 서로 싸우고 함께 노래하는 대목에 이르면 굿판의 분위기는 기괴해진다. 그러다가 마침내 사자들은 새로 온 사람을 받아들이는 데 동의한다. 이 의례의 후반부는 샤만의 귀환여행 이야기로 꾸며진다. 샤만은 계속해서 춤을 추고 소리를 지르다가는 그대로 혼절, 바닥에 쓰러진다.[78]

골디 인에게도 두 가지 장송의례가 있다. 그 하나는, 사자가 죽은 지 이레 혹은 그 이상의 기간(두 달)이 지난 다음에 베풀어지는 님간(nim-gan)이라는 의례이고, 또 하나는 앞의 의례가 있고 나서 베풀어지는 카자타우리(kazatauri)라는 큰 의례이다. 이 카자타우리의 끝 무렵에 사자의 영혼은 지하계로 천도된다. 님간 의례 때 샤만은 무고를 들고 사자의 집안으로 들어가 영혼을 찾아내서는 붙잡아 방석의 일종인 판야(fanya) 안에다 가둔다.[79] 사자의 친척과 친구들이 모두 참석한 이 의례는 더 계속된다. 샤만은 이들에게 술을 권한다. 카자타우리노 이런 식으로 시작된다. 카자타우리 의례가 시작되면 샤만은 무복을 차려 입은 뒤에 무고를 들고는 천막 주위를 돌면서 사자의 영혼을 찾는다. 사자의 영혼을 찾으면서도 샤만은 계속해서 춤을 추고 저승길이 험하다는 사설을 늘어놓는다. 이윽고 영혼을 사로잡으면 샤만은 이 영혼을 천막 안으로 끌어들여 판야 속으로 들어가게 한다. 의례는 밤늦게까지 계속되고 샤만은 남은 음식을 모두 불 속에다 던져 넣는다. 이윽고 여자들이 천막 안으로 침대를 들고 들어오면 샤만은 판야를 침대 위에 넣은 다음 담요로 감싸고 사자의 영혼을 향하여 잘 자라고 말한다. 그런 다음에야 샤만도 그 천막 안에 누워 잠을 청한다.

다음날 샤만은 다시 무복을 차려 입고는 무고를 두드려 사자의 잠을 깨운다. 이어서 또 한 차례의 의례가 베풀어진다. 다시 밤이 오면(이 의례는 며칠씩이나 계속되니까) 샤만은 판야를 침대 위에 올리고 담요로 덮는다. 그러다 마지막 날 아침이 되면 샤만은 무가를 부르면서 사자에게, 먹기는 많이 먹되 취하면 저승길 여행이 몹시 힘들 것이니 술은 조금만 마시라고 충고한다. 해질녘이 되면 길 떠날 채비를 한다. 샤만은 무가를 부르고 춤을 추면서 검댕을 얼굴에 칠한다. 그리고는 보조영신들을 불러, 자신과 사자를 저승길까지 잘 안내해달라고 빈다. 그런 다음에는 천막에서 나와 미리 준비된, 홈이 패인 자작나무에 오른다. 이 자작나무에 오르면 저승으로 통하는 길이 보인다. (이 자작나무에 오름으로써 샤만은 세계의 정상에 우뚝 선 세계수에 오르는 것이다.) 자작나무에 오른 샤만의 눈에는 저승으로 통하는 길뿐만 아니라 엄청나게 많이 쌓인 눈, 지천으로 널린 사냥감과 물고기도 보인다.

다시 천막 안으로 돌아온 샤만은 무서운 권능을 지닌 두 보호영신, 즉 얼굴은 사람이되 온몸이 깃털로 덮인 외다리 괴물 부트추(butchu)와 목이 긴 새인 쿠리(koori)[80]를 부른다. 이 두 보호영신의 도움이 없이는 샤만은 지하계에서 돌아올 수 없다. 샤만은 바로 이 쿠리의 등에 올라 저승길 여행 중에서도 가장 어려운 귀환여행을 마무리해야 한다.

기진할 때까지 굿판을 이끈 샤만은 시베리아 썰매 모양의 목판 위에, 서쪽을 보고 앉는다. 샤만 옆에는 사자의 영혼이 든 판야와 한 소쿠리 음식이 놓인다. 샤만은 보호영신들에게, 썰매에다 개를 붙들어 매주고 여행할 동안 샤만과 사자의 영혼을 안내할 "하인"을 붙여달라고 말한다. 이 준비가 끝나면 곧 샤만은 영혼과 함께 사자의 나라로 "떠난다."

샤만은 노래를 부르거나 "하인"과 이야기를 나누거나 하는데 이러한 노래와 이야기 덕분에 샤만은 이 사자의 나라 여행길을 무사히 찾을 수 있다. 이 여행길은, 처음에는 쉽지만, 사자의 나라에 가까워짐에 따라 점점 어려워진다. 샤만 일행은 큰 강 앞에 이른다. 이 강은 선한 샤만만이 일행, 썰매와 함께 무사히 건널 수 있는 강이다. 여기에서 더 가면 인간의 삶터가 가까이 있다는 흔적, 즉 발자국, 잿더미, 나무 부스러기 같은 것들이 나타난다. 사자의 마을이 멀지 않다는 증거이다. 이런 흔적이 보이고 나서 오래지 않아 샤만의 귀에는 멀지 않는 곳에서 개 짖는 소리가 들리고 눈에는 천막에서 솟는 연기가 보인다. 이어서 샤만은 가까이 다가오는 순록을 만나게 된다. 샤만과 사자는 드디어 지하계에 도달한 것이다. 일행이 도착하면 순식간에 사자들이 몰려와 샤만에게 샤만 자신의 이름과 새로 온 사람의 이름을 묻는다. 샤만은 자기의 본명을 가르쳐주지 않으려고 애를 쓰는 한편, 사자들 틈에서 자기가 데려온 사자의 가까운 친척들의 영신을 찾는다. 바로 이들에게 사자의 영혼을 맡기기 위해서이다. 일단 가까운 친척들의 영신들에게 사자의 영혼을 맡기면 샤만은 서둘러 이승으로 돌아와 이승 사람들에게 사자의 나라에서 보았던 것, 자기가 인도했던 그 사자의 안부에 대해 이야기해준다. 뿐만 아니라 천막으로 몰려와 있는 사람들에게 저승세계에 있는 친척들의 안부까지 전해준다. 심지어는 저승세계 친척들이 전한 선물을 건네주기도 한다. 이윽고 의례가 막바지에 이르면 샤만은 판야를 불길 속에 던져 넣는다. 이로써 사자에 대한 살아 있는 자들의 무거운 의무가 끝나는 것이다. [81]

이와 비슷한 의례는, 골디 인들과는 아주 멀리 떨어져 있는, 중앙 시베리아의 삼림 유라크 인들 사이에서도 볼 수 있다. 이들의 경우, 샤만은 사자의 영혼을 찾아내어 지하계에 데려다준다. 이 의례는 이틀에 걸쳐 두 단계로 치러진다. 첫날에 치러지는 첫번째 단계에서 샤만은 사자들의 나라에 이르고, 이튿날 치러지는 두번째 단계에서 샤만은 사자들의 나라에서 홀로 이승으로 돌아온다. 이때 샤만이 부르는 무가가 바로 이러한 모험여행을 가능케 한다. 샤만은 나무토막이 무수히 떠 있는 강을 만나지만, 샤만 자신의 새-영혼인 요라(yorra)가 이런 장애물(사자들의 영혼이 쓰던 썰매의 잔해로 보인다)을 걷어내주는 덕분에 무사히 이 강을 건널 수 있게 된다. 샤만이 건너야 하는 두번째 강에는 무고의 잔해가 무수히 떠 있고 세번째 강에는 세상을 떠난 샤만들의 경추골이 떠 있어 샤만의 앞길을 막는다. 그러나 요라가 길을 열어주는 덕분에 샤만은 무사히 이 강을 건너 큰 강에 이를 수 있다. 이 강 건너편이 바로 사자들의 나라이다. 이 사자들의 나라에서 사자들은 이승에서 누리던 생전의 삶과 똑같은 삶을 누리고 있다. 이승에서 부자였던 사람들은 여전히 부자로 살고 있고 가난했던 사람들은 여전히 가난하게 살고 있다. 그러나 이들 모두는 회춘하여 이승으로 환생하기를 기다린다. 샤만은 사자의 영혼을 그 친척들에게 넘긴다. 샤만이 사자의 영혼을 인도해서 들어가면, 사자의 아버지는 "오! 여기 내 아들이 왔구나!" 하고 말한다. 샤만은 이렇게 사자의 영혼을 넘겨주면 다른 길을 통해서 이승으로 돌아온다. 이 길 역시 험하기 짝이 없다. 샤만은 이 길을 지나오면서 겪는 일들을 하루 종일 사설로 풀어낸다. 샤만은 이 길을 지나오면서 차례로 곤들매기, 순록, 토끼 같은 동물들을 만난다. 샤만은 사냥이나 고기잡이가 수월해질 수 있도록 이 동물을 모두 이승으로 몰아온다. [82]

이런 무속적인 명계하강 테마 중 일부는 시베리아 인들의 구비문학에 스며들어 있다. 부르야트 인들의 영웅 무-몬토(Mu-monto)의 모험담도 이런 유의 구비문학에 속한다. 무-몬토는 자기 아버지를 대신해서 지하계에 내려간다. 이렇게 지하계를 다녀온 무-몬토는 지하계에서 죄인들이 겪는 고초를 낱낱이 전한다. [83] 카스트렝(A. Castrén)이 샤얀 대초원에 사는 타타르 인들에게서 채집한 쿠바이코(Kubaiko) 이야기도 이런 유의 이야기에 속한다. 용감한 처녀 쿠바이코는 괴물에게 잘린 자기 오라비의 머리를 되찾아오기 위해 지하계로 내려간다. 험하디 험한 모험 끝에 수많은 죄인들이 고초를 당하고 있는 광경을 목격하면서 쿠바이코는 마침내 지하계의 왕인 이를레 칸(Irle Kan) 앞에 선다. 지하계의 왕은 쿠바이코에게, 만일 자기가 부과하는 시험을 견뎌내면 오라비의 머리를 찾아 가지고 가도 좋다고 말한다. 그 시험이란 겨우 뿔만 보일 정도로 땅에 깊이 묻힌, 뿔이 일곱 개인 숫양을 파내는 일이다. 쿠바이코는 이 일을 수행하고 오라비의 머리를 찾아 이승으로 돌아와, 지하계의 왕이 준 마법의 물로 오라비를 소생시킨다. [84]

타타르 인들에게도 주제가 이와 똑같은 구비문학의 유산이 있다. 이들의 구비문학 유산은 주인공이 많은 시련 가운데에서도 유독 명계로 내려가야 하는 영웅담으로 이루어져 있다. [85] 이러한 영웅담의 명계하강은 그 구조상 항상 무속적인 것——즉 아무 일도 없이 사자와 어울리는 무력이 나타난다든지, 지하계에서 병자의 영혼을 찾아낸다든지, 역시 지하계로 사자의 영혼을 찾아낸다든지 또는 지하계로 사자의 영혼을 안내한다든지 하는 구조——으로 되어 있지는 않다. 타타르 인들의 영웅은, 우리가 쿠바이코의 경우에서 보았듯이 거의 예외 없이, 주인공이 영웅임을 확증하는 입문의례의 도식을 구성하고 있다. 즉 시련에의 도전, 주인공의 용기와 뛰어난 힘이 부각되는 도식으로 이루어져 있다. 그러나 쿠바이코의 전설에서도 몇 가지 요소는 상당히 무속적이다. 이 전설에서 쿠바이코는 오라비의 머리, 즉 오라비의 “영혼”을 찾으러 지하계로 내려간다. [86] 이것은 샤만이 병자의 영혼을 찾으러 지하계로 내려가는 것과 같다. 또 쿠바이코는 지하계에서 겪는 고통을 진술하는데, 남아시아나 고대 근동의 영향을 받은 것이기는 하나 그 내용에는 저승세계의 풍토기적 진술이 담겨 있다. 이러한 진술은, 세계 어느 곳에서건, 샤만이 맨 처음으로 살아 있는 사람들에게 들려주었던 이야기이다. 뒤에 자세히 검토하게 되겠지만, 사후에 인간이 겪는 운명을 그 내용으로 하는 가장 유명한 지하계 여행담의 대부분은 샤만의 접신술을 채용하고 있다는 의미에서 그 구조상 상당히 “무속적”이다. 이러한 것에 대한 이해는 서사문학의 “기원”을 이해하는 데 아주 중요하다. 초기의 서사시 테마를 결정 (結晶)시키는 데 무속적 체험이 얼마나 큰 공헌을 했는지는, 문화에 대한 샤마니즘의 기여도를 평가할 때 자세히 검토하기로 하자. [87]

제 7 장 중앙 아시아와 북아시아의 샤마니즘 (2)
── 주술적 치료, 영혼의 안내자로서의 샤만

중앙 아시아와 북아시아 샤만의 주요한 기능은 역시 주술적인 치료 기능이다. 이 지역 사람들은 질병의 원인에는 여러 가지가 있다고 믿는다. 그러나 가장 널리 퍼져 있는 것은 "영혼의 유괴"가 질병의 원인이라는 믿음이다. [1] 이들이 믿기로, 영혼이 길을 잃거나 도둑 맞을 때, 그 영혼의 임자는 질병에 걸린다. 그러니까 이 질병을 치료하려면 우선 그 영혼을 찾아내고 이를 붙잡아 병자의 몸 속에 되돌려놓아야 한다. 아시아의 일부 지역 사람들은 어떤 사람의 몸 속에 주물이 들어가거나 그 사람의 영혼이 악령에 들릴 때, 그 사람에게는 질병이 생긴다고 믿는다. 따라서 이 병을 고치려면 그 주물을 뽑아내거나 악령을 쫓아내어야 한다. 병의 원인이 두 가지 ── 악령에 들려 악화된 영혼이 유괴까지 당할 경우 ── 일 때도 있다. 이럴 경우 샤만은 이 영혼을 찾아내는 일과 악령을 쫓는 이중의 치료법을 써야 한다.

영혼의 수가 워낙 많기 때문에 이러한 작업은 복잡하기 짝이 없다. 많은 "미개 민족", 특히 인도네시아 인들이 그렇듯이, 북아시아 사람들도 한 사람에게는 자그마치 세 개 혹은 일곱 개의 영혼이 있다고 믿는다. [2] 이들의 믿음이 따르면, 사람이 죽을 경우 이 영혼 중 하나는 무덤에 남고 하나는 저승으로 가며 나머지 하나는 천상으로 올라간다. 그러나 이러한 사고방식 ── 가령 추크치 인이나 유카기르 인에게 있는 것으로 확인된[3] ── 은 사후에 세 영혼이 처하는 운명에 관한 많은 사고방식 중의 하나에 지나지 않는다. 다른 많은 민족은 여러 개의 영혼 중 적어도 하나는 죽는 순간에 사라지거나 악령의 먹이가 된다는 식의 믿음을 가지고 있다. [4] 이런 믿음을 가지고 있는 사람들에 따르면, 죽는 순간에 악령에게 먹혀야 하는 영혼 혹은 사자의 나라로 내려가야 하는 영혼이 생전에 이리 저리 날아다니면서 병을 일으킨다.

이런 종류의 질병을 치료할 수 있는 사람은 샤만뿐이다. 왜냐하면 오직 샤만만이 이런 영혼을 "볼 수 있고" 이런 영혼을 쫓는 방법을 알고 있기 때문이다. 그러니까 샤만만이 환자의 영혼이 몸을 떠났음을 알아보고, 접 신상태에서 이를 붙잡아 환자의 몸 속으로 되돌려줄 수 있기 때문인 것이 다. 이러한 치료과정에서 희생제물을 바쳐야 할 경우도 있다. 희생제물이 필요한 지의 여부와 어떤 형식의 희생제가 필요한지를 결정할 수 있는 사 람도 샤만뿐이다. 환자의 육체적 건강을 되돌려놓기 위해서는 정신의 불 균형을 정상으로 되돌려놓지 않으면 안 된다. 그 까닭은, 질병이라는 것 은 통상 성(聖)의 영역에 속하기도 하는 저승의 권능을 무시하거나 소홀 하게 여기는 데에서 생기기 때문이다. 이승에서든 저승에서든 영혼과 영 혼의 방황에 관한 모든 사항은 오로지 샤만만이 다룰 수 있는, 샤만 고유 의 영역이다. 샤만은 성무의례 전후의 경험을 통하여 인간의 영혼이 연출 하는 드라마, 그 불안정성, 그 취약성은 물론 영혼을 위협하는 힘, 영혼 이 유괴되는 곳에 대해서까지 자세히 알고 있다. 샤만에 의한 치료에서 접신술이 동원된다면, 그것은 바로 질병이 영혼의 부패 혹은 영혼의 소외 로 간주되기 때문이다.

여기서부터는 지금까지 채집되고 출판된 많은 치병 굿 자료를 소개하려 고 한다. 일반적으로 이러한 기술은 단조로울 수밖에 없다. 그러나 그 단 조로움을 조금이라도 덜기 위해서 우리는 지리적, 문화적 관계를 고려에 넣지 않고 되도록이면 자유롭게 많은 자료를 정리해보고자 한다.

초혼(招魂)과 탐혼(探魂) : 타타르, 부르야트, 카자크-키르기즈 인의 경우

"그대의 땅으로 오라!……그대의 천막, 환한 불 곁으로!……그대의 아버지 곁으로……그대의 어머니 곁으로 오라!……"[5] 텔레우트 샤만은 이런 말로 병든 아이의 영혼을 부른다. 어떤 부족의 경우, 이러한 초혼은 샤만에 의한 치병 굿의 한 단계에 지나지 않는다. 샤만이 병자의 영혼을 찾아다니다가 끝내는 이 영혼을 데려오기 위해 사자의 나라에까지 내려가 는 것은 영혼이 제 육체로 되돌아오기를 거절하거나 되돌아올 수 없을 때

뿐이다. 가령 부르야트 인에게는 영혼을 불러들이는 주문과 영혼을 찾아 내는 샤만이 있다.

알라르스크 지역에 거주하는 부르야트 인의 경우 치병 굿을 하는 샤만 은 병자 옆에 깔린 융단에 앉는다. 병자 옆에는 여러 가지 물건이 놓이는 데, 이중에는 화살도 있다. 이 화살촉과, 천막 바깥 그러니까 마당에 세 워진 자작나무는 붉은 비단실로 연결된다. 병자의 영혼은 바로 이 실을 타고 자기 육체로 되돌아가는 것으로 믿어진다. 따라서 천막의 출입구는 열려 있다. 나무 옆에는 한 사람이 말꼬삐를 잡고 서 있다. 부르야트 인 들은 영혼이 들어갈 때 이를 가장 먼저 알아보는 동물이 말이라고 믿는 다. 즉 말이 몸을 부르르 떨면 영혼이 들어가고 있는 것으로 믿는 것이 다. 천막 안에 놓인 탁자 위에는 과자, 타라순 주, 과실주, 담배 같은 것 들이 놓여 있다. 병자가 나이 많은 사람이면 이 병자의 치병 굿에는 나이 많은 사람들이 초내된다. 병자가 어른이면 어른들, 병자가 아이이면 아이 들이 초대된다. 샤만은 다음과 같은 말로 영혼을 부름으로써 이 치병 굿 을 시작한다. "그대 아버지는 아무개, 그대 어머니는 아무개, 그대 이름 은 아무개이다. 그런데 지금 어디에서 방황하고 있느냐, 어디로 갔느냐? ……천막 안에 있는 사람들은 슬픔에 잠겨 있다.……" 샤만의 말이 끝나 면 천막 안에 있던 사람들은 울음을 터뜨린다. 샤만은 가족들의 슬픔과 못쓰게 된 집안 꼴을 자세히 설명한다. "졸지에 그대를 잃게 된 그대 아 내와 자식들은 울고불고, '아버지여, 어디에 있습니까?' 하고 그대를 찾 으나 하릴없구나. 그 아내, 그 자식들 소리 귀담아 듣고 그들을 불쌍히 여겨 돌아오소.……그대가 기르던 수많은 말들도 힝힝거리며 그대를 부르 고 있구나. '주인님, 어디에 있습니까? 저희들에게로 돌아오소서!' 하 고."6)

대개의 경우 이것은 의례의 첫부분에 지나지 않는다. 샤만은 이렇게 불 러보아도 보람이 없으면 이번에는 다른 방향에다 대고 불러본다. 포타닌 에 따르면 부르야트 샤만은 본격적인 치병 굿에 앞서 예비 굿을 먼저 한 다. 바로 이 예비 단계에서 병자의 영혼이 길을 잃었는지 아니면 유괴당 하여 에를릭의 감옥에 갇혀 있는지를 밝혀낸다. 그런 다음, 병자의 영혼 이 길을 잃었을 경우에는 그 영혼을 찾기 시작한다. 병자의 영혼이 마을 가까운 곳에서 길을 잃었으면 이 영혼을 육체에 되돌려놓기가 그리 어렵 지 않다. 마을 가까이 없을 경우, 샤만은 숲, 대초원, 심지어는 바다 밑까지 뒤진다. 그래도 샤만의 눈에 띄지 않으면 이 영혼은 에를릭의 감옥에 있는 것이 분명하다. 에를릭의 감옥에 있는 영혼을 찾아오려면 값비싼 희생제물을 바쳐야 한다. 에를릭은 이따금씩 자기가 감금하고 있는 영혼을 풀어주는 대신에 다른 영혼을 요구한다. 그러니까 대신 희생될 영혼을 찾아야 하는 것이다. 샤만은 병자의 동의를 얻어 누구를 희생시킬 것인가를 결정한다. 대상이 결정되면, 이 희생제물의 대상이 잠을 자고 있을 동안, 샤만은 독수리의 모습을 빌려 이 희생제물을 덮쳐 그 영혼을 훔쳐낸다. 그리고는 이 영혼을 가지고 사자의 나라로 내려가 에를릭에게 바친다. 그러면 에를릭은 병자의 영혼을 돌려주는 데 동의한다. 이렇게 해서 희생된 사람은 곧 목숨을 잃고 병자는 소생한다. 그러나 병자의 죽음은 얼마간 유예된 것에 지나지 않는다. 따라서 소생했다고 하더라도 이 병자 역시 사흘, 이레 혹은 아흐레 뒤에는 죽고 만다. [7]

아바칸 타타르 인의 경우, 이러한 치병 굿은 5시간 혹은 6시간 동안이나 계속된다. 이 치병 굿에서 가장 중요한 부분은 샤만에 의한 머나먼 나라로의 접신 여행이다. 그러나 이 여행은 대체로 보아 상징적이다. 오랜 시간 병자의 건강을 위해 굿을 하고 기도한 뒤에 아바칸 타타르의 샤만인 캄은 천막을 떠난다. 이렇게 천막을 떠났다가 돌아온 샤만은 담뱃대에 불을 당기고는 치료법을 알아내기 위해 산을 넘고 바다를 건너 머나먼 중국까지 다녀왔다는 이야기를 한다. [8] 우리는 여기에서 이러한 무의가 혼종적(混種的)인 것임을 알 수 있다. 즉 이 무의에서는 길 잃은 영혼을 찾으려는 샤만의 노력이 치료법을 알아내기 위한 가짜 접신 여행으로 변질되어 있는 것이다. 이러한 변질은 극동북 시베리아 지역이나 추크치 족 사이에서도 볼 수 있다. 이 지역의 경우, 샤만은 한 시간 못 미치게 망아상태에 빠지는데, 이 지역 사람들은 이 망아상태를 영신들에게 조언을 얻기 위해 샤만이 접신 여행을 한 시간이라고 믿는다. [9] 의례적인 수면을 통하여 샤만이 영신들을 만나고 이 만남을 통하여 질병의 치료법을 알아내는 사례는 우그르 인들 사이에서 발견된다. [10] 그러나 추크치 인들은 이러한 무의를 무속적인 기술의 타락으로 받아들인다. 곧 알게 되겠지만, 추크치 족 "늙은 샤만들"은 영혼을 찾기 위해서라면 진짜 접신 여행을 하지 않으면 안 되는 것이다.

샤만에 의한 치병 굿이 단순한 축귀의례로 변질된 혼종적인 무의를 베푸는 사람은 카자크-키르기즈의 샤만인 박사이다. 박사의 무의는 알라 신과 회교 성자들을 부르는 것으로 시작된다. 무의가 진행됨에 따라서 박사는 이슬람 신화에 나오는 정령들인 지니(jinni)의 이름을 불러서 빌고, 악령을 불러서는 협박한다. 이동안 박사는 계속해서 노래를 부른다. 어느 정도 시간이 흐르면 박사는 영신에 들린다. 즉 박사는 망아상태에 드는 것이다. 바로 이 망아상태에서 박사는 "맨발로, 빨갛게 단 쇠 위를 걷기도 하고" 몇 차례에 걸쳐 불붙은 등잔 심지를 입 안에 넣기도 한다. 심지어는 빨갛게 단 쇠붙이에다 혀를 대기도 하고 "면도칼같이 예리한 칼로 자기 얼굴을 긋기도 한다. 그러나 혀나 얼굴에는 아무 상처도 나지 않는다." 이런 무의가 끝나면 샤만은 다시 알라 신에게 이렇게 빈다. "신이시여, 복을 주소서! 저희 눈물을 보소서! 신의 도움을 이렇듯 구하나이다!……"[11] 절대신을 부르는 것과 무속적인 치료행위는 서로 모순되는 의례 절차가 아니다. 뒤에 알게 되겠지만, 이런 의례 절차는 극동북 시베리아 인들 사이에서도 볼 수 있다. 그러나 카자크 키르기츠 인의 치병의례의 경우, 가장 중요한 것은 병자에게 씌워진 악령을 쫓아내는 일이다. 바로 이 일을 하기 위해 박사는 샤만적 상태가 되는 것이다. 여기에서 샤만적 상태라는 것은 불에 닿고 칼에 베여도 어떤 상처도 입지 않는 상태, 더 자세하게 말해서 질병의 마귀를 쫓아버릴 수 있는 "영신"의 상태를 말한다.

우그르 인과 랩 인의 치병 굿

치병 굿에 불려간 트레뮤간 인 샤만은 무고를 치고 현악기를 뜯는다. 이로써 접신상태에 드는 것이다. 샤만의 영혼은 육신을 버리고 병자의 영혼을 찾아 지하세계로 내려간다. 이렇게 지하세계로 내려간 샤만의 영혼은 사자들에게, 겉옷 같은 것을 선물로 줄 테니까 병자의 영혼을 돌려달라고 사정한다. 우격다짐으로 영혼을 내놓으라고 해야 할 때도 있다. 지하세계 여행을 끝낸 샤만은 긴 잠에서 깨어나 병자의 영혼을 쥐고 있던 오른손을 펴고는 병자의 오른쪽 귀를 통하여 그 영혼을 병자의 육신에다 넣어준다.[12]

이르티쉬 지역의 오스티야크 샤만의 치병술은 이와 상당히 다르다. 병자의 집에 초빙된 샤만은 먼저 향을 사른 다음, 천상계에 있는 절대신인 생케(sãnke)에게 옷을 한 점 바치고는, [13] 하루종일 금식한 다음, 밤이 되면 목욕재계하고 세 개 혹은 일곱 개의 버섯을 먹고는 잠이 든다. 얼마 뒤 문득 잠을 깬 샤만은 온몸을 심하게 떨면서 영신들이 "사자(使者)"를 통하여 자신에게 드러낸 바를 이야기한다. 즉 어느 영신에게 제물을 바쳐야 할지, 누구를 보내면 제물이 될 동물을 잡게 되고 누구를 보내면 실패하게 될 것인지를 일러주는 것이다. 이 말이 끝나면 샤만은 다시 잠이 든다. 공동체 구성원들은 다음날, 샤만이 지적한 동물을 제물로 바친다. [14]

버섯 중독에 의한 접신은 시베리아 전역에 익히 알려져 있다. 이와 유사한 현상으로는, 지구상의 다른 지역에서 볼 수 있는, 마취제와 담배를 이용한 접신인데, 독물이 지닌 신비스러운 힘의 문제에 관해서는 뒤에 다시 논하기로 하자. 그러나 우리가 방금 논한 의례에는 기묘한 부분이 있다. 즉 한 점의 옷가지가 바쳐지는 대상은 절대신이지만 교통의 대상이나 제물의 임자, 즉 제물이 바쳐지는 대상은 영신들이라는 점과, 샤만의 접신상태 자체를 야기시키는 것은 버섯 중독인데, 여무도 이 방법을 이용하면 이와 비슷한 탈혼망아 상태에 이를 수 있기는 하되, 여무의 경우가 남무와 다른 것은 천상계의 신 생케와 직접 말을 주고 받는 것이라는 점이다. 이러한 모순은 접신술의 바탕이 되는 이데올로기에 혼란이 있음을 보여주고 있다. 일찍이 카리얄라이넨이 지적했듯이, [15] 이런 모양을 한 우그르 인의 샤마니즘 꼴은 비교적 새로운 것으로서, 어디에선가 파생된 것으로 보인다.

오스티야크-바시유간 인의 경우, 샤만의 접신술은 상당히 복잡하다. 병자의 영혼이 어느 사자의 손에 이끌려 유괴되었을 경우, 샤만은 자기 보조영신 중의 하나를 보내어 이를 찾아내게 한다. 영신은 사자로 변장하고는 이 병자의 영혼을 찾아 지하계로 내려간다. 보조영신은 병자의 영혼을 유괴한 사자를 보는 순간 자기 가슴에서 곰 모양을 한 영신을 꺼낸다. 그러면 병자의 영혼을 유괴한 사자는 겁을 집어먹고 병자의 영혼을 삼켰을 때에는 토해내고 손에 들고 있을 때에는 놓아버린다. 보조영신은 이 영혼을 수습하여 지상에 있는 샤만에게로 가지고 온다. 지하계에서 이런 일이 계속되는 동안 샤만은 계속해서 현악기를 울리면서 자신의 사자인 보조영신의 모험을 노래로 엮어낸다. 병자의 영혼을 유괴해간 자가 악령일 때에는 샤만이 직접 영혼을 찾아오기 위해 모험 여행에 나서야 한다.

이 경우는 전자에 견주어 훨씬 어렵다. [16]

바시유간 인들에게는 또 한 가지의 무의가 있다. 이 무의에서 샤만은 집의 가장 어두운 구석자리에 앉아 현악기를 뜯기 시작한다. 샤만은 왼손에 숟가락 비슷한 것을 들고 있는데, 그는 점을 칠 때 이것을 이용한다. 샤만은 현악기를 뜯으면서 보조영신들을 부른다. 샤만의 보조영신들은 모두 일곱이다. 샤만에게는 막강한 사자인, "석장(錫杖)을 든 여장부"가 있다. 샤만은 바로 이 사자를 하늘로 보내어 자신의 보조영신을 불러오게 하는 것이다. 보조영신들이 하나씩 현신하면, 샤만은 이들의 여행을 다음과 같이 노래로 엮어낸다. "마이-중크-칸(May-junk-kān)의 천계에서 마이-중크-칸이 그 딸을 내게 주었구나. 마이-중크-칸의 딸이 대지의 여섯번째 켜에서 올라오는구나. 대지의 첫번째 켜에서 두번째 켜의 물 위로 '대지의 털북숭이 짐승'(곰을 지칭함)이 올라오는 소리가 들리는구나." (이 순간 샤만은 숟가락을 움직이기 시작한다.) 이와 같은 방법으로 샤만은 지하계의 두번째 켜와 세번째 켜에서부터 여섯번째 켜에 이르기까지 각각 영신들이 나타나고 있음을 고한다. 이 영신들이 현신할 때마다 숟가락이 흔들린다. 이 영신들이 모두 현신하면 이번에는 천상의 각기 다른 권역에서 영신들이 내려온다. 샤만은 각기 다른 방향을 향하여 이들을 불러 내린다. 즉 "순록 사모예드의 천계에서, 북방 민족의 천계에서, 사모예드 영신의 왕자 부부들이 사는 성읍(城邑)에서……." 불러 내리는 것이다. 이어서 이들 영신들과 샤만 자신의 대화가 시작된다(영신들 역시 샤만의 입을 빌려 말한다). 이러한 무의는 밤새도록 계속된다.

다음날 밤에 샤만은 보조영신들을 대동하고 접신 여행을 떠난다. 굿판에 모인 사람들은 샤만으로부터 이 원정의 위험과 어려움에 관한 이야기를 듣는다. 이 여행은 샤만이 희생된 말의 영혼을 하늘로 인도하는 여행과 아주 똑같다. [17] 이 경우 샤만은 보조영신들에게 "들린" 것이 아니다. 카리얄라이넨이 지적한 바와 같이, [18] 보조영신들이 샤만의 귀에 대고 속삭이는 것이다. 이것은 "새들"이 켈트 족의 음유 시인들에게 영감을 주는 것과 아주 흡사하다. 북부 오스티야크 인들은 "영신들의 숨결이 주술사에게 와닿았다"고 말한다. 보굴 인들은 영신들의 숨결이 주술사를 "건드렸다"고 말한다. [19]

우그르 인의 경우 샤만의 접신은 탈혼망아라기보다는 "영감을 받은 상태"에 가깝다. 이때 샤만은 영신들의 모습을 보고 영신들이 내는 소리를 들는다. 다시 말해서 접신상태에서 먼 곳을 여행하기 때문에 샤만은 "탈혼망아" 상태에 있다고 할 수는 있지만, 이때 샤만이 의식을 잃고 있는 것은 아니다. 샤만은 환상을 보고 있는데 이러한 상태는 곧 영감을 받는 상태이다. 그러나 바탕이 되는 체험은 접신적이다. 다른 지역의 경우, 이러한 상태에 이르는 수단은 주술적-종교적인 음악이다. 버섯에 의한 중독도 영신들과의 접촉을 가능하게 하는 수단이 되는 것은 분명하다. 그러나 이러한 방법으로 가능한 접촉은 수동적이고 피상적이다. 앞에서도 지적했지만, 이러한 샤만의 기술은 후대에 생겨난 것이고 따라서 어디에선가 파생된 것인 듯하다. 중독상태가 된다는 것은 "자기를 내버림"으로써 "접신의 경지"에 들기 위한 기계적이고 진부한 방법이다. 말하자면 이러한 방법은 옛날의, 이와는 유사하나 다른 영역에 속하던 규범을 모방하고 있는 것이다.

예니세이 오스티야크 인의 경우 치병무의에는 두 번의 접신 여행이 필요하다. 첫번째 여행은 재빨리 병자의 영혼을 탐색하기 위한 여행이다. 샤만이 탈혼망아 상태에서 대지의 깊은 곳에 있는 저승으로 내려가는 것은 바로 두번째 여행을 할 때이다. 이 치병무의는, 다른 무의가 으레 그렇듯이, 영신들을 불러 이들을 차례로 무고 안으로 인도하는 것으로 시작된다. 이러한 과정이 진행될 동안 샤만은 계속해서 노래를 부르면서 춤을 춘다. 이윽고 영신들이 현신하면 샤만은 펄쩍펄쩍 뛰기 시작한다. 이것은 샤만이 이 땅을 떠나 구름이 있는 곳으로 날아오르고 있음을 의미한다. 그러다 어느 순간이 되면 샤만은 다음과 같이 외친다. "나는 공중으로 날아올랐다. 내 눈에 100바스트(약 100킬로미터/역주) 떨어진 예니세이 강이 보인다!" 날아올라가는 길에 샤만은 다른 영신들을 만나는데, 이때 샤만은 이런 영신들을 만날 때마다 굿판에 모인 사람들에게 자기가 본 바를 일일이 사설로 들려준다. 이윽고 샤만은 자신을 공중으로 데리고 올라가는 보조영신에게 외친다. "오, 귀여운 나의 파리여, 더 높이, 더 높이 날아올라라. 더 멀리 보고 싶구나!……" 이로부터 잠시 후면 샤만은 영신들에게 둘러싸인 채 천막으로 내려온다. 이때는 샤만이 병자의 영혼을 찾지 못했거나 아주 먼 사자의 나라에 있는 영혼을 잠시 보았을 뿐인 상태이다. 다시 병자의 영혼이 있는 곳에 이르기 위해 샤만은 다시 춤을 춘다. 이 춤은 샤만이 망아상태에 도달할 때까지 계속된다. 여전히 영신들에게 둘러싸인 채 샤만은 자기의 육신을 떠나 저승에 이른다. 그리고는

저승에서 병자의 영혼을 수습하여 지상으로 돌아오는 것이다. [20]

랩 인의 샤마니즘에 관해서는 한 가지 사실만 분명하게 지적하고 넘어가기로 하자. 그것은 무엇이냐 하면, 진정한 의미에서의 랩 인 샤마니즘은 18세기에 소멸되고 지금 랩 인의 종교 전통에는 스칸디나비아의 신화나 기독교 문화에 영향을 받은 흔적이 남아 있다는 것이다. 그러므로 랩 인의 샤마니즘을 이해하려면 그것을 유럽 종교사의 틀 안에서 연구하지 않으면 안 된다는 것이다. 민간전승에서도 확인된 바 있지만 17세기 저자들의 연구에 따르면, 극북민족의 경우와 마찬가지로 랩 인의 경우도 샤만은 알몸으로 굿을 한다. 랩 인 샤만은 바로 이런 상태에서 몸이 경직되는 탈혼망아 상태에 든다. 샤만은 바로 온몸이 경직된 채 탈혼망아 상태에 들어 사자를 인도하여 저승으로 가거나 병자의 영혼을 수습해오는 것으로 믿어진다. [21] 알타이 인과 마찬가지로, 랩 인 샤만도 접신상태에서 산을 오름으로써 저승의 나라로 내려간다. [22] 우리가 잘 알고 있다시피, 산은 우주의 축이고 이 우주의 축은 바로 "세계의 중심"에 있다. 우리 시대의 랩 인 주술사들은 아직도, 하늘을 날아오르는 등의 이적을 행하던 위대한 조상들을 잘 기억하고 있다. [23] 이들의 치병 굿에는 무가와 영신들을 부르는 주문이 등장한다. 무고——앞에서 검토한 알타이 무고의 그림과 비슷한 그림이 그려져 있는——는 샤만의 탈혼망아 상태를 조성하는 데 중요한 몫을 한다. [24] 스칸디나비아의 세이드르(seidhr)를, 랩 인의 샤마니즘에서 차용한 것으로 설명하려는 사람들이 있었다. [25] 그러나 앞으로 분명해지겠지만, 고대 게르만 민족의 종교에는 많은 무속적 요소가 있다. 그러므로 구태여 랩 인의 주술을 들먹일 필요는 없을 듯하다. [26]

오스티야크 인, 유라크 인, 사모예드 인의 무의

트레티야코프가 치병 굿 도중에 채집한 오스티야크와 유라크-사모예드 샤만의 무가에서는, 병자를 위한 접신 여행의 줄거리가 아주 상세하게 다루어진다. 그러나 이런 무가는 치료 그 자체와는 직접적인 관계없이 노래되고 있는 듯하다. 이러한 무가에서 샤만은 자신이 하는 고공(高空)의 경험을 뽐내고 있는데, 우리는 여기에서 병자의 영혼을 탐색하는 작업——이러한 접신 여행을 하는 근본적인 이유——이 뒤로 밀려나거나 심지어는 잊혀져버리고 있다는 인상을 받는다. 그 까닭은 무가의 주제가 샤만 자신의 접신 경험으로 옮겨지기 때문이다. 이때 샤만이 이루어내는 모험 이야기에는 본이 되는 모델, 특히 샤만의 입문적인 지하계 하강 여행과 천상계 상승 여행의 모델이 되풀이되고 있음을 알아내기는 어렵지 않다.

샤만은, 하늘에서 자신을 위해 특별히 내려준 밧줄 덕분에 하늘로 오를 수 있었다느니, 자기 앞을 가로막고 있던 별들이 어깨 너머로 밀려가더라느니 하는 등의 이야기를 한다. 일단 하늘에 오른 샤만은 이번에는 배를 타고는, 바람보다 빠른 속도로 대지로 내려온다. 여기에서 그는 날개 달린 악령의 도움을 얻어 지하계로 내려간다. 이 지하계는 몹시 춥다. 그래서 샤만은 어둠의 영신인 아마(Ama)나 자기 어머니 영신에게 겉옷을 달라고 말한다. (샤만은 실제로 무의중에 이런 말을 한다. 그러면 이 굿판에 있는 사람 중 한 사람이 자기 겉옷을 샤만의 어깨에다 걸쳐준다.) 이윽고 지상으로 돌아온 샤만은 굿판에 모인 사람들의 미래를 예언한 다음 병자에게는, 병을 일으킨 악령을 자기가 쫓아냈다고 말한다. [27]

이 경우, 문제가 되는 것은 구체적인 지하계 하강이나 천상계 상승을 이루어낸 샤만의 접신 자체가 아니다. 문제는 신화적인 기억이 풍부하게 담긴 샤만의 사설이다. 다시 말하면 질병의 치료 자체보다, 오래전부터 존재해왔던 경험을 그 전제로 안고 있는 듯한 사설이 문제인 것이다. 타즈 강 지역에 사는 오스티야크와 유라크 샤만은 활짝 핀 장미꽃 안을 날아다녔다는 말을 한다. 이들은 아득히 높은 하늘로 날아올라 7바스트(약 7.5킬로미터/역주) 떨어진 곳에 있는 툰드라를 보았다고 말한다. 때로는 아주 먼 곳에 있는, 아득히 오랜 옛날에 자기네 스승들이 무고를 만들던 곳을 내려다보기도 한다. (실제로 이로써 이들은 "세계의 중심"을 보는 것이다.) 이윽고 수많은 모험 끝에 천상에 이른 샤만은 쇠로 된 집으로 들어가 자줏빛 구름에 묻혀 잠이 든다. 샤만은 강을 이용하여 지상으로 돌아온다. 바로 이 순간에 샤만이 부르는 무가는 천신을 비롯한 신들에게 바치는 찬가와 함께 끝난다. [28]

샤만들 중에는 환각중에 접신 여행을 하는 샤만도 있다. 샤만은, 순록 모습을 하고 저승으로 들어가는 보조영신들을 보고는 이들의 모험을 사설로 엮어낸다. [29] 사모예드 샤만이 벌이는 무의의 경우, 보조영신은 다른 시베리아 부족 이상의 "종교적"인 역할을 수행한다. 샤만은 치병 굿을 시작하기 전에 자기의 보조영신과 접촉하여 병의 원인을 알아낸다. 이 질병이 만일 절대신 눔(Num)이 보낸 것이면 샤만은 치병 굿을 거절한다. 이 경우 샤만의 보조영신은 천계로 올라가 절대신 눔에게 도움을 구한다. [30] 이 말이, 사모예드 샤만은 모두 "선한" 샤만이라는 뜻은 아니다. 사모예드 샤만에게는 "백" 샤만, "흑" 샤만의 구별이 없다. 그러나 이들 중 일부는 흑 주술을 부려 사람들에게 해를 끼치기도 한다. [31]

우리가 접할 수 있는 자료에 따르면, 사모예드 샤만의 치병 굿에서는 샤만의 보조영신이 샤만의 이름으로 사설을 엮어내고 치병의 이적을 베푼다는 인상을 받는다. 때로는 영신들과의 대화에서도 샤만은 "신들의 뜻"을 풀어낸다. 카스트렝이 참가했던 톰스크의 사모예드 인 치병무의를 보아도 알 수 있다. 이 무의에서 구경꾼들은 샤만을 둘러싸고 앉는다. 그러나 앉기는 하되, 샤만이 노려보고 있는 문 주위의 자리는 피한다. 샤만은 왼손에 작대기를 하나 들고 있다. 이 작대기 끝에는 이상한 상징적 기호와 그림이 새겨져 있다. 그리고 샤만은 오른손에 화살 두 개를, 촉이 위로 향하게 들고 있다. 이 두 개의 화살촉에는 각각 하나씩의 방울이 달려 있다. 무의는 샤만이 나지막한 소리로 무가를 부르는 것으로 시작된다. 무가가 계속됨에 따라 샤만은 방울이 달린 이 두 개의 화살을 들어 율동적으로 막대기를 친다. 샤만은 이로써 영신들을 부르는 것이다. 영신들이 도착하면 샤만은 일어서서 춤을 추기 시작한다. 이때 샤만이 추는 춤사위는 어렵고도 독특하다. 샤만은 여전히 무가를 부르고 계속해서 춤을 춘다. 바로 이 무가 속에 샤만이 영신들과 나누는 대화의 내용이 들어 있다. 재미있고 극적인 대화가 끝나면 무가는 격렬해진다. 무가가 절정에 이르면 구경꾼들은 그 무가에 따라 합창을 시작한다. 샤만은 자기의 질문에 대한 영신들의 대답을 모두 들으면 무가를 그치고 그 자리에 모인 사람들에게 신들이 자기에게 맡긴 뜻을 알린다. [32]

물론 망아상태에 들어 병자의 영혼을 찾아 접신 여행을 하는 큰 샤만도 있다. 레티살로가 지적한 유라크-사모예드 인 샤만 간네카(Ganjkka, Ganykka)가 바로 이런 샤만이다. [33] 그러나 이런 대가들의 경우, 영신들이 그들의 뜻을 알리는 데 "환각"을 이용하는 수가 많다. 그러니까 이런 대가들은 꿈을 통하여 신들이나 영신들의 뜻을 알거나[34] 버섯에 중독된 상태에서 그 치료법을 배우는 것이다. [35] 어쨌든 진짜 무속적인 탈혼망아는 비교적 드물다는 것은 명백하다. 그러니까 대부분의 무의는 보조영신에 의한 접신 여행이나 유명한 신화적인 원형을 그대로 간직한 모험담

에서 성립한 것임이 명백하다는 것이다. [36)]

사모예드 인 샤만도 특정의 상징적 문양이 새겨진 막대기를 이용해서 점을 친다. 샤만은 이 막대기를 공중으로 던져 올리고 그 막대기가 땅에 떨어지는 모양을 보고 미래를 읽는 것이다. 이들은 무속적인 곡예를 펼쳐 보이기도 한다. 이들은 사람들에게 자신의 몸을 묶게 하고는 스스로 영신들을 부른 다음(이때 이들의 천막에서는 영신들이 내는 짐승의 울음소리가 들린다), 순식간에 이 속박에서 풀려나는 기술을 구경꾼들에게 보여준다. 때로는 칼로 자신을 찌르기도 하고 자기 머리를 몹시 때리기도 한다. [37)] 시베리아의 그밖의 지역과 심지어는 아시아 이외 지역의 샤만에게서도 우리는 이런 곡예의 기술이 있음을 자주 목격한다. 이러한 샤만의 행동은 회교 탁발승의 행동과 공통되는 점이 많다. 그러나 샤만은 자기 자신의 능력을 과시하기 위해, 혹은 어떤 특권을 누리기 위해 이런 것을 보여주는 것이 아니다. 이들이 보이는 이러한 "이적"은 샤만이 벌이는 굿과 같은 뿌리를 지닌다. 즉 속(俗)의 조건을 파기함으로써 가능해지는 새로운 상태를 실현시키자는 것이다. 샤만은 "기적"을 가능케 함으로써 자기 체험의 진실성을 증명하는 것이다.

야쿠트 인과 돌간 인의 샤마니즘

야쿠트 인과 돌간 인의 경우 샤만에 의한 굿은 흔히 네 단계로 이루어진다. 즉 1) 보조영신들을 불러내는 단계 2) 대개의 경우 병자의 영혼을 유괴하거나 병자의 몸 속으로 들어감으로써 병의 원인이 되는 악령을 찾아내는 단계 3) 위협하거나 시끄러운 소리를 지어냄으로써 이 악령을 쫓아내는 단계 4) 샤만의 천계상승 단계가 그것이다. [38)] 이 가운데에서 가장 어려운 것은 질병의 원인을 알아내는 일이다. 다시 말하면 병자를 괴롭히는 영신이 어떤 영신인지, 이 영신의 내력이 어떻게 되는지, 이 영신의 위상이 어떠한지, 그 힘이 어느 정도 되는지를 알아내는 일인 것이다. 그래서 치병 굿은 두 부분으로 나뉜다. 첫번째 부분에서 샤만은 자기의 보호영신들을 불러 병의 원인이 무엇인지를 묻고 두번째 부분에서 샤만은 원수인 영신과 싸우거나 위외르(üör : 망령)와 싸운다. 여기에 이어 의무적인 천상계 여행이 시작된다. [39)]

악령과의 싸움은 위험하기 짝이 없어서 대부분의 샤만들은 여기에서 녹초가 되기 마련이다. 샤만 튀스퓌트는 시에로체브스키에게 이런 말을 하고 있다. "우리는 영신들의 권능 앞에 쓰러져야 할 팔자를 타고난 사람들이다. 영신들은 우리를 미워한다. 그 까닭은 우리가 이런 영신들로부터 인간을 지키기 때문이다.……"40) 실제로 병자의 몸에서 악령을 떼어놓기 위해서 샤만이 그 악령을 자기 몸 속으로 불러들여야 할 때도 있다. 바로 이 때문에 샤만은 병자 이상으로 악령과 싸움을 벌이면서 고통을 당하기도 하는 것이다. 41)

여기에서 시에로체브스키가 야쿠트 인들의 치병 굿을 보고 쓴, 고전적인 보고서를 소개하기로 한다. 이 치병 굿은 한밤중에 천막 안에서 베풀어진다. 마을 사람들은 모두 이 굿판에 와 있다. "집 주인은 가죽 끈으로 올가미를 두 개 장만한다. 그러면 샤만은 이 가죽끈 올가미에 두 팔을 넣고, 다른 사람들은 샤만이 악마에 끌려가지 않도록 이 올가미의 끝을 꼭 붙들고 있어야 한다."42)샤만은 화로에서 타고 있는 불길을 바라본다. 샤만은 간헐적으로 하품을 하거나 딸꾹질을 하다가 이따금씩 신경질적으로 경련한다. 잠시 후 샤만은 무복으로 갈아입고는 담배를 피우기 시작한다. 그의 얼굴이 창백해지는 순간, 머리가 수그러지면서 두 눈이 반쯤 감긴다. 백마의 가죽이 천막 한가운데에 깔린다. 샤만은 찬물을 들이키고 동서남북 사방을 향하여 무릎을 꿇고는 좌우로 물을 뿜는다. 천막 안에는 침묵이 감돈다. 샤만을 보조하는 사람은 불 속에다 말털을 던져 그을리고는 그것을 재로 완전히 덮는다. 천막 안은 칠흑의 어둠에 잠긴다. 샤만은 백마 가죽 위에 남쪽을 향하고 앉아 꿈을 꾼다. 그 자리에 와 있던 사람들은 숨을 죽인다.

"갑자기 일련의 괴성이 들린다. 글자 그대로 쇠를 긁는 듯한 소리이다. 그러나 그 자리의 대중은 그 소리가 어디에서 들려왔는지 알지 못한다. 그 소리가 들리는 것도 잠깐, 천막 안은 다시 침묵에 잠긴다. 그러나 또 한 차례 괴성이 들린다. 한 번은 샤만의 위에서, 한 번은 샤만의 아래에서, 그리고 또 한 번은 샤만의 뒤에서, 마지막 한 번은 샤만의 앞에서 기이한 소리가 나는 것이다. 신경질적인 하품소리나 딸꾹질 소리와 비슷하다. 슬픔에 젖은 푸른도요새 울음소리와 매의 울음소리가 하나로 어울려 들리다가 누른도요새의 울음소리에 뚝 끊어지는 듯한 그런 소리이다. 이 소리를 내는 것은 바로 샤만 자신이다. 샤만은 목소리의 음색을 바꾸어가면서 이런 소리를 내는 것이다.”

문득 이 소리마저 끊어진다. 다시 천막 안은 침묵에 잠긴다. 단지 모기소리 같은, 아주 희미한 소리만 들릴 뿐이다. 샤만은 무고를 두드리기 시작한다. 무가도 흥얼거리기 시작한다. 무가소리와 무고소리는 점점 높아진다. 이어서 샤만이 외친다. “독수리의 울음소리가 들리는구나. 푸른도요새의 슬픈 울음소리와 누른도요새의 귀청을 찢는 듯한 울음소리가 비둘기의 구구거리는 울음소리에 섞여서 들리는구나.” 무가소리와 무고소리는 점점 커지다가 절정에 이르러 뚝 끊긴다. 모기가 날아다니는 소리와 비슷한 소리만 들릴 뿐 천막 안은 다시 정적에 휩싸인다. 새의 울음소리와 정적의 갈마듦은 몇 차례 더 계속된다. 마침내 샤만은 무고의 박자를 바꾸어 찬가를 부르기 시작한다.

> 대지의 힘센 황소, 대초원의 말이 있는데,
> 힘센 황소가 포효했다 !
> 대초원의 말이 부르르 떨었다 !
> 나는 그대들 위에 서 있다, 나는 인간이다 !
> 나는 모든 능력을 고루 갖춘 인간이다 !
> 나는 영원의 주님께서 창조하신 인간이다 !
> 그러니 오라, 대초원의 말이여, 와서 나를 가르치시라 !
> 그러니 우주의 황소여, 와서 내 물음에 응답하시라 !
> 권능의 주님이시여, 명하소서 ! ……
> 어머니 여신이시여, 저의 허물을 알게 하시고 길을 일러주소서.
> 제가 가야 할 길을 일러주소서 ! 저 넓은 길을 앞서 날으소서.
> 제가 갈 길을 예비하소서 !
> 오, 남방, 숲에 덮인 아홉 구비 산에 사시는 태양의 영신이시여, 질투를 아시는 빛의 어머니시여, 이렇게 간구합니다. 세 개의 그림자를 드높이소서, 까마득히 드높이소서 ! 서방의 산에 사시는, 무서운 권능을 지니신 조상님들이시여, 저와 함께 하소서 ! ……

음악은 걷잡을 수 없이 격렬해지다가 마침내 절정에 이른다. 그제야 샤만은 애매개트와 친교영신들을 불러 도움을 청한다. 그러나 이들은 바로 현신하지는 않는다. 샤만은 다시 이들에게 애원하지만 이들은 이 일에 끼어 들지 않으려 한다. 그러나 이들이 갑자기 그리고 난폭한 걸음으로 그 자리에 나타나는 수도 있다. 그러면 샤만은 그만 놀라서 그 자리에 나자빠진다. 이럴 경우 그 자리에 와 있던 대중은 샤만의 머리 위에서 쇠붙이를 두드리면서 이렇게 속삭인다. "강한 쇳소리가 들리니——변덕스럽던 구름이 소용돌이 치고 짙은 안개가 일고 있소!"

애매개트가 현신하면서부터 샤만은 뛰기 시작한다. 이때부터 그의 몸놀림은 빠르고 격렬해진다. 한동안 이렇게 날뛰던 샤만은 다시 천막 바닥 중앙에 자리를 잡고 앉는다. 화로에 다시 불이 지펴지면 샤만은 조금 전과 같이 다시 무고를 두드리면서 춤을 추기 시작한다. 샤만은 공중을 펄쩍펄쩍 뛰어오르는데, 때로는 그 높이가 12미터에 이를 때도 있다. [43) 샤만은 이렇게 뛰면서 미친 듯이 고함을 지른다. 이 과정이 지나면 또 한 차례의 휴식이 있다. 이 휴식 끝에 샤만은 낮고도 진지한 목소리로 엄숙하게 찬가를 부르기 시작한다. 여기에 이어 샤만은 한 차례 가볍게 춤을 춘다. 춤을 추면서 그가 부르는 노래는 냉소적 혹은 악마적인 분위기를 풍긴다. 그러나 노래의 분위기는 샤만 자신이 모방하는 객체가 누구인가에 따라 달라진다. 마침내 샤만은 병자에게 다가가 그 병의 원인이 되는 영신을 불러 병자의 몸에서 떠날 것을 명하거나, 또는 "그 악령의 멱살을 잡아 천막 한가운데로 끌어내고는 저주하면서 두 손과 숨결로써 이 악령을 쫓아낸다."[44)

이제 샤만이 희생제물이 된 동물의 영혼을 인도하기 위하여 천상으로 접신 여행을 할 차례이다. 천막 밖에는 가지를 잘라낸 세 그루의 나무가 세워진다. 세 그루의 나무 중 맨 가운데에 있는 나무는 자작나무이다. 이 자작나무 꼭대기에 죽은 물총새가 한 마리 내걸린다. 이 자작나무 동쪽에는 기둥이 하나 세워지고 이 기둥에는 말의 해골이 내걸린다. 이 세 그루의 나무는 한 줌의 말총으로 꼰 끈으로 연결된다. 세 그루의 나무와 천막 사이에는 탁자가 하나 놓이고 이 탁자 위에는 브랜디 항아리가 놓인다. 샤만은 새가 하늘을 나는 시늉을 해 보인다. 샤만은 이로써 조금씩 조금씩 하늘로 날아오르는 것이다. 하늘 길에는 아홉 군데의 휴게소가 있다. 샤만은 이 휴게소에 닿을 때마다 그 휴게소를 관장하고 있는 영신에게 제물을 바쳐야 한다. 이 접신 여행을 마치고 돌아오면서 샤만은 자기 몸의 어느 부분(다리, 허벅지 등)을 불(불붙은 석탄)로써 "재계"받게 해줄 것을 요구한다. [45)

물론 야쿠트 인의 무의에는 여러 가지의 변형이 있다. 여기에 소개하는 것은 시에로체브스키가 보고한 샤만의 천상계 여행 무의이다. "이어서, 미리 준비된 한 다발의 전나무 가지가 나란히 놓이고 흰 말총(샤만은 백마가 아니면 이용하지 않는다)으로 만든 고리가 이 전나무 가지에 장식된다. 이어서 의례를 준비하는 사람들은 세 개의 기둥을 한 줄로 세우고 이 기둥 위에 새의 형상을 세운다. 첫번째 기둥 위에 세우는 것은 머리가 둘인 외크쇠쿄우(öksökjou), 두번째 기둥 위에 세우는 것은 그라나 노우르(grana nour : 코우고스〔kougos〕) 혹은 까마귀, 세번째 기둥 위에 세우는 것은 뻐꾸기(쾨괴〔kögö〕)이다. 희생제물이 될 동물은 이 세번째 기둥에 묶인다. 이 동물과 기둥 꼭대기를 연결하는 줄은 하늘에 오르는 길을 상징한다. '바로 이 길을 통하여 새들이 날고 동물이 하늘로 오르는 것이다.'"[46]

아홉 군데의 휴게소(올로〔oloh〕)에 이를 때마다 샤만은 앉아서 한동안 쉬게 된다. 그는 잠깐 쉬고는 이 접신 여행을 계속한다. 그는 춤 동작과 새의 비상을 흉내 낸 동작으로, 여행을 계속하고 있음을 보여준다. "샤만의 춤은 늘, 영신들과 함께 하는 천계 여행을 그린다. 속죄에 필요한, 다시 말해서 제물이 된 동물과 함께 여행할 경우, 춤은 의무적이다. 전설에 따르면 얼마 전까지만 하더라도 정말 하늘로 날아오르는 샤만이 있었다고 한다. 이들의 주장에 따르면 굿판에 와 있던 대중들은 구름 사이를 나는 동물과 그 뒤를 따르는 무고를 보았다는 것이다. 샤만은 온몸을 쇠로 감싸고 여행하는 자들의 행렬을 가로 막았다." "샤만은, '무고는 우리의 말〔馬〕'이라고 말한다."[47]

제물이 된 동물의 가죽과 뿔과 발굽은 죽은 나무에 내걸린다. 시에로체브스키는 한적한 곳에서 그런 제물의 잔해를 보았다고 한다. 경우에 따라 이런 나무 가까이에 있는 다른 나무에 "코트차이(kotchaï)가 있는 수도 있다. 코트차이는 말라죽은 나무에 꽂힌 긴 나무 화살을 말한다. 이 코트차이는, 앞의 의례에서 소개한, 한 줌의 말총을 꼰 끈과 같은 역할을 한다. 바로 이러한 것들이 희생제물이 가야 할 하늘, 곧 천상계의 한 부분이 되는 것이다."[48] 역시 시에로체브스키의 보고에 따르면, 샤만은 이따금씩 손수 희생제물의 심장을 도려내어 하늘 높이 쳐들기도 한다. 그런 다음 샤만은 이 피를 자기의 얼굴과 무복, 애매개트 상(像) 그리고 영신들을 새긴 조그만 목상에다 칠하는 것이다.[49]

다른 지역의 경우에는 꼭대기에 새〔鳥〕 모양이 놓인 기둥 옆에 아홉 그루의 나무가 세워진다. 이들 나무와 기둥은 끈으로 엇비슷하게 연결되는데, 이 엇비슷한 끈은 천상계 상승을 상징한다. 50) 돌간 인들도 나무를 세울 때에는 아홉 그루를 세우고 나무 꼭대기에는 나무로 만든 새 모양을 올린다. 그 의미 역시 마찬가지이다. 즉 샤만과 희생제물이 천상계로 오를 길을 상징하는 것이다. 그 까닭은, 돌간 인은 치병 굿을 할 때 하늘의 수를 모두 아홉 개, 즉 9천으로 상정하고 있기 때문이다. 돌간 인들의 믿음에 따르면, 각각의 하늘 앞에는 샤만의 여행을 감시하고 하늘로 오르는 악령들을 막는 수호영신들이 있다. 51)

길고 활기찬 이 야쿠트 샤만의 무의에도 명료하지 못한 점이 하나 있다. 병자의 영혼을 데려간 것이 악령이라면, 왜 야쿠트 샤만은 천계상승 여행을 해야 하느냐 하는 점이다. 이점에 대해 바실리예프(V.N. Vasilyev)는 이렇게 설명한다. 즉 샤만은 악령에 의해 더럽혀진 영혼을 정화하기 위해 그 병자의 영혼을 천상으로 데려간다는 것이다. 52) 그러나 트로시찬스키는, 자기가 알고 있는 샤만 중에 지하계로 여행하는 샤만은 하나도 없다고 주장한다. 즉 하나의 예외도 없이 샤만은 모두 천상으로 여행함으로써 병자를 치료한다는 것이다. 53) 이러한 주장은 샤만의 치병술이 얼마나 다양하고, 우리가 가진 정보가 얼마나 불확실한가를 입증한다. 이러한 주장이 나오는 것은 다분히 천상계 여행에 견주어 훨씬 은밀해야 하는 샤만의 지하계 여행이 유럽 인에게는 접근 불가능한 영역이었기 때문인 것으로 보인다. 그러나 야쿠트 샤만들에게, 적어도 이들의 일부에게는 지하계 여행이 보편적이었다는 것은 의심할 여지가 없다. 이러한 사실은 이들의 무복에 그려진 "대지의 문"의 상징만 보아도 알 수 있다. 이 "대지의 문"의 정확한 이름은 "영신들의 구멍"(아바씨-오이보노〔abassy-oibono〕)이다. 샤만들은 접신 여행을 할 때마다 (갈매기, 농병아리 같은) 물새를 대동한다. 그런데 이러한 물새들의 이미지는 바로 잠수, 즉 지하계 하강을 상징한다. 54) 야쿠트 샤만의 전문 술어를 보면, 이 신비로운 여행의 목적지에 대한 용어가 두 가지 있다. 즉 샤만은 알라라 키라르(allara kyrar : "아랫세계에 있는 영신들"에게) 그리고 위새 키라르(üsä kyrar : "윗세계에 있는 영신들"에게)로 간다는 것이다. 55) 바실리예프의 지적에 따르면, 야쿠트 인과 돌간 인의 경우, 악령의 손에 유괴된 병자의 영혼을 찾는 샤만의 행동은 잠수행위와 비슷하다. 퉁구스 인, 추크치 인 그리고 랩 인은 샤만의 탈혼망아 상태를 "잠수한 상태"라고 부른다. [56] 에스키모 샤만에게서도 이와 같은 행위와 접신술을 찾아볼 수 있다. 많은 에스키모 종족, 특히 해안에 사는 종족은 저승을 바다 밑에다 상정하고 있다. [57]

치병 굿 도중에 야쿠트 샤만이 하는 천상계 여행의 필요성을 이해하기 위해서는 두 가지 점을 고려에 넣지 않으면 안 된다. 1) 그들이 지닌 종교적, 신화적 개념이 지극히 복잡해서, 심지어는 종교적 개념과 신화적 개념 사이에서는 엄청난 혼란까지 일어나고 있다는 점과 2) 시베리아와 중앙 아시아의 경우 천계상승은 샤만의 대단한 특권으로 통하고 있다는 점이다. 앞에서 보았다시피 이러한 특권의식 때문에 알타이 샤만은 (에를릭 칸의 수중에서 병자의 영혼을 되돌려 받기 위한) 지하계로의 접신 여행중에 천계상승 기술의 특징적인 점을 차용하고 있는 것이다.

따라서 야쿠트 샤만의 경우, 그 상황을 다음과 같이 생각할 수 있다. 즉 천상에 있는 존재에게 동물이 제물로 바쳐지고 희생된 동물의 영혼이 지향하는 방향이 눈에 보이는 상징(화살, 나무로 만든 새, 아래에서 위로 쳐진 끈 등)으로 나타난다는 사실로 보아, 결국 샤만이 천상계로 날아올라가 그 동물의 영혼을 안내하는 상황을 가정할 수 있다는 것이다. 그리고 치병 굿 때 샤만이 희생된 동물의 영혼을 대동하고 천계로 상승하기 때문에 천계상승의 주목적은 병자의 영혼을 "정화"하는 데 있는 것으로 믿어지는 것이다. 어쨌든 드러난 현상으로 보아 샤만에 의한 치병의례는 혼종적이다. 우리는 이러한 의례가 서로 다른 두 가지 치병 기술의 영향 아래 생겨났다는 인상을 받는다. 이 두 가지 기술이란, 1) 병자의 길 잃은 영혼의 탐색 혹은 악령의 추방 기술 2) 천계상승 기술을 말한다.

그러나 다른 점도 고려에 넣지 않으면 안 된다. (지하계 하강에 국한되는) "명계하강"을 전문으로 하는 샤만을 제외하면, 시베리아 샤만은 대체로 천상계 상승과 지하계 하강을 두루 할 수 있다. 우리는 이러한 두 가지 기술이 샤만의 입문의례에서 유래한 것임을 알고 있다. 무슨 말인가 하면, 샤만이 샤만 후보자 시절에 하강(=제의적인 고통과 죽음)과 상승(=재생)을 입문의례적인 꿈을 통해서 체험했다는 뜻이다. 이러한 문맥에서 우리는, 야쿠트 샤만은 악령과 싸우거나 지하계로 내려가 병자의 영혼을 되찾아온 뒤에는, 천계상승을 되풀이함으로써 자기 자신의 영적인 평형을 되찾을 필요를 느낀다는 사실을 이해할 수 있게 된다.

우리는 여기에서 다시 한번 야쿠트 샤만의 능력과 샤만이 누리는 특권이 샤만 자신의 접신능력에서 나온다는 점을 지적해두어야겠다. 샤만은 절대자에게 바쳐지는 희생제에서 공희사제의 대역이 되는 것이다. 그러나 알타이 샤만의 사례에서 다루었다시피, 공희사제가 샤만으로 대체되면서 이 의례의 구조 자체에 변화가 오게 되었다. 즉 제물이 일종의 정신적 위안물, 다시 말해서 접신 체험에 그 바탕을 둔 극적인 제의로 변질된 것이다. 샤만이 병자의 영혼을 앗아간 악령을 찾아내고 이 악령과 싸울 수 있는 것은 전적으로 그의 신비스러운 능력 때문이다. 샤만은 이 악령을 쫓아내는 일에 자신의 능력을 국한시키지 않고 악령을 자기 육신 속에 가두고 이러한 악령에 "들리고" 이들에게 고통을 주다가 쫓아내버린다. 샤만이 이런 일을 할 수 있는 것은 그가 악령의 성질을 공유하고 있기 때문이다. 이 말은 샤만 역시 자유로이 자기의 영혼을 육신으로부터 떠나게 할 수 있고 자신을 먼 곳까지 임의로 이동시킬 수 있으며 지하계로 내려갈 수도 있고 천상계를 주름 잡을 수도 있다는 뜻이다. 그러나 어떤 의미에서는 (샤만 자신의 접신 체험에 의해 조성된) 이 "영적인" 기동성과 자유가 샤만 자신을 외부의 영향에 취약하도록 만들기도 한다. 그래서 때로는 악령과 싸우다가도 그 악령의 힘을 제압하지 못하고 오히려 악령에 "들려"비리기도 하는 것이다.

퉁구스 인과 오로치 인의 무의

퉁구스 인의 종교 생활에서 샤마니즘은 아주 중요한 위치를 차지한다.[58] 여기에서 유념해야 할 것은, 어원이야 어떻게 되었든 "샤만"이라는 말 자체는 퉁구스 말(šaman)에서 왔다는 점이다.[59] 쉬로코고로프가 지적했고 우리도 앞으로 여러 차례 되풀이해서 설명하게 되겠지만, 퉁구스 샤마니즘은, 적어도 현재 상태의 퉁구스 샤마니즘은 중국-라마 교적인 사상과 기술의 영향을 강하게 받았을 가능성이 높다. 뿐만 아니라 앞에서 여러 차례 지적했다시피, 중앙 아시아와 시베리아 샤마니즘에는 남방의 영향을 받은 흔적이 많은 것으로 확인되는 형편이다. 남방문화의 복합이 어떻게 북아시아와 동북 아시아에 침투했는가에 대해서는 뒤에 논의하기로 하자.[60] 어쨌든 오늘날의 퉁구스 샤마니즘은 대단히 복잡한 생김새를 보여주고 있다. 실제로 몇 가지 종류의 서로 다른 종교 문화를 받아들여 이를 결합시킨 나머지 잡종적인 생김새를 드러내고 있는 정도이다. 우리는 여기에서도 북아시아 도처의 보편적인 현상인 샤마니즘의 "퇴조" 현상을 확인할 수 있다. 퉁구스 인들은, 힘도 있고 용기도 있던 "옛날의 샤만"에게 견주어 오늘날의 샤만들은 겁이 너무 많다고 통탄한다. 아닌게아니라 오늘날의 샤만 중에는 지하계로의 위험한 여행에 나설 용기가 없는 샤만이 많은 것이 사실이다.

퉁구스 샤만은 많은 행사, 다양한 제의에 부름을 받고 나가 그 힘을 발휘한다. 치병 굿──병자의 영혼을 찾아 나서는 굿이건, 악령을 쫓는 굿이건──에서 필수적인 샤만은 영혼의 안내자이기도 하다. 샤만은 제물이 된 동물의 영혼을 천상이나 지하로 안내하기도 한다. 공동체의 정신적인 평형이 무너질 때에도 샤만이 나서서 이를 안정시킨다. 질병, 재앙, 기근이 공동체를 위협할 때에 나서서 그 원인을 진단하고 대책을 강구하는 것도 바로 샤만이다. 퉁구스 인들에게는 공동체의 이웃보다 영신들을 훨씬 중요하게 여기는 경향이 있다. 이들은 저승의 영신들만 중요하게 여기는 것이 아니라, 모든 재앙의 원인을 제공하는 주범인 이 땅의 영신들도 중요하게 여긴다. 퉁구스 샤만이──보통의 전통적인 무의를 치러야 할 때(누군가가 병들었을 때, 세상을 떠났을 때, 신들에게 제물을 바칠 때)는 물론──영신의 정체를 알고 이 영신을 제압할 필요를 느낄 때마다 다른 많은 무의, 특히 예비적인 "소(小) 무의"를 치르는 것은 이 때문이다.

퉁구스 인 샤만은 갖가지 공회제에도 참석한다. 샤만의 영신들에게 지내는 연례 공회제는 공동체의 큰 종교 행사이다.[61] 물론 수렵의례나 어로의례에도 샤만은 빠질 수 없는 존재이다.[62]

지하세계로의 하강 여행이 포함되는 무의는 다음과 같을 때 베풀어진다. 1) 저승에 있는 조상들이나 사자들에게 제물을 드려야 할 때 2) 병자의 길 잃은 영혼을 찾아 이승으로 되돌려놓아야 할 때 3) 이승을 떠나기 싫어하는 사자의 영혼을 저승으로 안내하고 그 땅에 안주하게 해야 할 때이다.[63] 무의를 베풀어야 할 경우가 이렇게 많은데도 불구하고 실제로 무의가 베풀어지는 예는 그다지 많지 않다. 그 까닭은 이러한 무의가 대단히 위험하고 이 같은 위험을 무릅쓰고 무의를 주관할 만큼 용기 있는 샤만이 많지 않기 때문이다.[64] 이러한 무의를 전문 용어로는 외르기스키

(örgiski)라고 하는데, 이 말은 "외르기(örgi)의 방향"(지하 혹은 "서쪽" 지역의)이라는 뜻이다. 이러한 무의는 예비적인 "소무의"가 있은 다음에야 베풀어진다. 가령 일련의 갈등, 질병 혹은 재앙이 공동체를 위협할 경우, 이 원인을 알아내야 하는 샤만은 영신을 불러, 저승의 영신들이나 사자들, 천상계 영신들이 왜 그 공동체를 어지럽히는지 그 까닭을 알아낸다. 물론 이들을 달래려면 어떤 제물을 바쳐야 할 것인가도 알아낸다. 그러면 공동체 구성원들은 샤만의 지하계 하강의례가 포함되는 이 공희제를 지낼 것을 결의한다.

외르기스키 전날, 샤만은 접신 여행중에 쓸 물건을 모두 모은다. 가령 샤만이 바다(바이칼 호)를 건널 때 써야 하는 뗏목, 바위를 깨뜨릴 때 쓸 창 같은 것, 좌초에 대비해서 뗏목을 버티고 저승의 울창한 숲을 헤쳐 길을 만들 두 마리의 곰과 두 마리 멧돼지 모양의 작은 상(像), 뗏목에 앞서 헤엄쳐갈 네 미리의 조그민 물고기, 세물의 운반을 도울 샤만의 보조영신 모양의 "우상", 재계의례에 쓰일 갖가지 물건 등을 모으는 것이다. 무의 당일 밤이 되면 샤만은 무복을 차려입고는 무고를 치고 노래를 하면서 제물을 흠향할 "불," "어머니 대지" 그리고 "조상들"을 부른다. 이어서 소향(燒香)차례가 있고 소향차례는 점복차례로 이어진다. 점복차례 때, 샤만은 눈을 감고 북채를 공중으로 던진다. 만일 한쪽은 볼록하고 한쪽은 납작한 북채가 바닥에 떨어졌을 때, 볼록한 부분이 위쪽을 향하면 이는 길조로 해석된다.

의례의 다음 순서는 제물을 잡는 것으로 시작된다. 대개의 경우 제물로는 순록이 쓰인다. 의례의 집행자들은 앞에서 말한 제구에다 피를 바른다. 고기를 요리하는 것은 나중의 일이다. 집행자들은 위그완(wig-wan : 천막집) 안으로 장대를 가지고 들어와, 한쪽 끝이 연기구멍 위로 솟도록 세운다. 그런 다음에는 이 장대 끝에다 긴 끈을 매고 이 끈의 다른 한쪽 끝을 밖의 대 위에 놓은 제구에다 연결한다. 이 끈이 바로 영신들이 오르내릴 "길"인 것이다. [65] 이 일이 모두 끝나면 대중은 위그완 안에 모인다. 샤만은 무고를 두드리면서 노래하고 춤을 춘다. 그는 시간이 감에 따라 점점 더 높이 공중으로 뛰어오른다. [66] 보조 집행자들은 대중들과 함께 샤만이 부르는 노래의 후렴을 따라 합창한다. 샤만은 한동안 이렇게 노래를 부르면서 춤을 추다가 잠시 쉬면서 화주 한 잔을 마시고 담배를 몇 모금 피운 다음 다시 춤을 춘다. 샤만은 홍분하기 시작하여, 급기야는 바닥에 쓰러져 접신의 경지에 들기에 이른다. 샤만이 이런 상태로 정신을 차리지 못하면 보조 집행자들은 그에게 세 차례 피를 뿌린다. 그러면 샤만은 다시 일어나 아주 높은 목소리로, 두세 사람의 질문자가 노래로 한 질문에 응답한다. 이때쯤 샤만의 몸에는 영신이 들어와 있다. 따라서 질문자들의 질문에 응답하는 것은 샤만이 아니라 이 영신들이다. 샤만은 지하계의 저승에 가 있기 때문에 대답할 수가 없는 것이다. 이윽고 샤만이 깨어나면 대중은 환성을 지르며 사자의 나라에서 돌아온 샤만을 반긴다.

의례의 제2부는 약 두 시간 가량 계속된다. 두세 시간의 휴식이 끝나면 새벽이 되는데, 이때 마지막 순서가 시작된다. 이 마지막 순서는 첫번째 순서와 비슷하다. 이때 샤만은 영신들에게 감사를 드린다. [67)]

만주의 통구스 인의 경우 공희제는 샤만의 도움 없이 치러질 수도 있다. 그러나 지하세계로 내려가 병자의 영혼을 이승으로 데리고 올라올 수 있는 것은 오직 샤만뿐이다. 이 의례 역시 세 부분으로 나뉜다. 예비적인 "소무의"에서 병자의 영혼이 지하세계에 감금되어 있다는 사실이 확인되면 샤만은 영신들(세벤〔séven〕)에게 제물을 드린다. 그러면 이 영신들이 샤만의 명계하강을 도와준다. 샤만은 희생제물의 피를 마시고 살을 먹음으로써 그 제물의 영혼을 자기 몸 속으로 흡수하고는 접신상태에 든다. 이 첫번째 절차가 끝나면 그 다음 절차가 시작된다. 즉 샤만의 신비적인 여행이 시작되는 것이다. 샤만은 서북쪽에 있는 산에 올라갔다가 내려오면서 저승에 든다. 샤만이 이 저승땅에 가까워지면 위험은 시시각각으로 커진다. 샤만은 여기에서 많은 영신들과 다른 샤만들을 만난다. 이곳의 영신들과 샤만들은 이 샤만에게 활을 쏘아대지만, 샤만은 무고로써 이들의 화살을 막아낸다. 샤만은 이 위험한 여행길에서 당하는 일들을 모두 사설로 풀어낸다. 이로써 굿판의 대중들도 샤만과 함께 이 여행에 참가하게 되는 것이다. 샤만은 좁은 굴을 지나고 세 줄기 강을 건너가 저승땅의 영신들을 만나게 된다. 이윽고 샤만이 어둠의 세계에 이르면 굿판의 대중은 부싯돌로 불꽃을 일으킨다. 이 불꽃은 바로 "번개"인데, 샤만은 이 번갯불에 힘입어 앞길을 분간할 수 있게 되는 것이다. 샤만은 이 어둠의 세계에서 병자의 영혼을 찾아내고는, 영신들과의 기나긴 싸움 혹은 어려운 협상 끝에 이 영혼을 데리고 무수한 시련을 겪으면서 지상으로 나와 병자의 육신에 영혼을 되돌려놓는다. 이러한 절차가 있은 다음날 혹은 며칠

뒤에는 이 의례의 마지막 부분인, 샤만의 영신들에 대한 사은의례가 베풀어진다. [68)

만주의 순록 퉁구스 인은 아직까지도 샤만이 "대지를 상대로 무의를 베풀던" 아득한 옛날 일을 기억하고 있다. 그러나 이제는 이런 무의를 베풀 만큼 용감한 샤만은 남아 있지 않다. 만코바의 유목 퉁구스 인의 경우, 의례는 앞에서 말한 의례와 전혀 다르다. 유목 퉁구스 인들은 의례를 베풀 때면 한밤중에 숫염소를 잡는다. 그러나 고기는 먹지 않는다. 일단 저승세계에 들면, 샤만은 땅바닥에 쓰러져 약 반시간 동안은 꼼짝도 하지 않는다. 샤만이 이러고 있을 동안 대중은 불 위를 세 차례 뛰어넘는다. [69) 만주인의 경우에도 샤만이 "사자의 나라로 하강하는" 의례는 비교적 드물다. 쉬로코고로프는 오래 이들과 함께 살았는데도 명계하강 무의는 단 세 차례밖에 목격하지 못했다고 한다. 샤만은 모든 영신들을 불러(중국인, 만주인, 퉁구스 인의 경우) 무의를 베푸는 끼닭을 설명하고(쉬로고고로프가 분석한 무의의 경우, 여덟 살박이 아이가 병에 걸려 무의를 베풀게 되었다) 그들의 도움을 청한다. 그런 다음에 샤만은 무고를 두드리기 시작한다. 특정 영신을 몸 속으로 맞아들이면 샤만은 바닥에 쓰러진다. 이 무의를 보조하는 사람들이 샤만에게 질문을 던진다. 샤만은 이들의 질문에 대답하는데, 이때 샤만은 저승세계에 있는 상태에서 대답을 하게 된다. 가령 샤만이 이리의 영신에 들려 있으면, 그가 하는 행동도 이리의 행동과 똑같다. 이때 대중은 샤만이 하는 말을 알아들을 수가 없다. 그러나 그럼에도 불구하고 샤만에게 질문을 던진 사람들은 가령 다음과 같은 사실을 알아낸다. 무의가 시작되기 전에는 아이가 병든 원인이 이 아이에게 씌워진 죽은 사람의 영혼 때문인 것으로 보였는데, 사실은 다른 영신의 장난 때문이고 이 영신은 아이의 병을 낫게 해주는 대신에 조그만 사당(마오[m'ao])을 지어줄 것과 정기적으로 제물을 바칠 것을 요구한다는 것이다. [70)

이와 유사한 "사자의 나라"로의 하강 사례는 만주인들의 시 "니샨 샤만(Nišan šaman)"에도 기록되어 있다. 쉬로코고로프는 이 시를 만주 샤마니즘이 가지고 있는 유일한 기록이라고 여긴다. 이 시의 내용은 다음과 같다. 명 나라 시대에 부자의 아들인 한 젊은이가 산으로 사냥을 나갔다가 사고로 목숨을 잃는다. 무녀인 니샨이 이 젊은이의 영혼을 데려오기로 결심하고는 "사자의 나라"로 내려간다. 무녀는 저승에서 수많은 영신들을 만난다. 이 영신들 중에는 일찍이 세상을 떠난 무녀의 남편도 있다. 이 무녀는 신고만난(辛苦萬難) 끝에 이 젊은이의 영혼을 이승으로 데리고 나오는 데 성공하고 그래서 이 젊은이는 다시 살아난다는 것이다. 만주의 샤만이라면 누구나 알고 있는 이 시는 아깝게도 무의의 제의적인 측면에 관해서는 자세하게 설명하고 있지 않다.[71] 결국 이 시는 "문학적" 자료의 성격을 넘지 못하는데, 이점에서는 오랜 옛날에 채록되어 기록된 형태로 유포된 타타르의 유사한 시와 다르다. 그러나 그 중요성을 무시할 수는 없다. 그 까닭은 샤만에 의한 지하계 하강이 "오르페우스의 명계하강" 테마와 얼마나 유사한가를 보여주기 때문이다.[72]

질병의 치료라는 목적은 같아도 전혀 다른 방향으로 접신 여행을 하는 예도 있다. 즉 지하계로 하강하는 것이 아니라 천상계로 상승하는 접신 여행이 그것이다. 이 경우 샤만은 27그루(세로 9그루×가로 3그루)의 어린 나무와 상징적인 사다리를 세운다. 샤만은 바로 이 상징적인 사다리를 타고 천계상승을 시작한다. 제구 중에는 수많은 새 모양의 상이 등장하는데, 이 새 모양의 상은 상승의 상징으로 익히 알려져 있다. 샤만이 천상계로 상승하는 이유는 얼마든지 있을 수 있다. 그러나 쉬로코고로프가 목격한 천계상승 의례는 병든 아이를 고치기 위한 의례였다. 이 의례의 첫 부분은 지하계 하강 의례의 준비 과정과 비슷하다. "소무의" 절차를 마친 샤만은 병든 아이의 영혼을 돌려달라는 샤만의 기도를 받을 신 다야찬(Dayachan)이 제물을 흠향하고 싶어하는 순간을 알아낸다. 이 의례를 준비하는 사람들은 관례에 따라 희생제물——이 경우에는 양이 희생제물이 된다——을 잡고는, 심장은 도려내고 그 피는 특별히 준비한 그릇에 받는데, 이때 이 제물의 피가 한방울이라도 땅에 떨어져서는 안 된다. 사람들은 양의 가죽은 벗겨서 높은 곳에다 걸어둔다. 이 의례의 다음 부분에서 샤만은 접신상태에 들게 된다. 샤만은 접신상태에 들기 위해 노래를 부르고 무고를 두드리면서 춤을 춘다. 이때 샤만은 길길이 뛰게 되는데, 이따끔씩은 병든 아이 가까이에서 뛰기도 한다. 한동안 이렇게 뛰다가 샤만은 무고를 보조자에게 넘겨준 다음, 화주를 마시고 담배를 피우면서 잠시 쉬다가 다시 춤을 춘다. 이렇게 춤을 추다가 샤만은 마침내 기진하여 땅바닥에 쓰러진다. 샤만이 쓰러진다는 것은 곧 샤만이 자기 육신을 떠나 하늘을 날고 있다는 뜻이다. 샤만의 보조자는 부싯돌을 쳐서 불꽃을 일으킨다. 이런 무의는 밤에 베풀어지는 수도 있고 낮에 베풀어지는 수도 있다. 샤만이 입는 무복은 별로 공들여 만든 것이 아니다. 쉬로코고로프는, 천상계 상승에 관한 이러한 유형의 무의는 퉁구스 인들이 부르야트 인들로부터 차용한 것이라고 믿는다. [73)

이 무의가 혼종적이라는 것은 명백하다. 나무, 사다리, 새 모양의 상은 분명히 천계상승의 상징이다. 그러나 샤만이 겨냥하는 접신 여행의 목적지는 반대 편──부싯돌의 불꽃으로 앞길을 밝혀주어야 되는 "어둠"──이다. 뿐만 아니다. 샤만이 희생제물을 절대자인 부가(Buga)에게 가져가지 않고 천계의 영신들에게 가져가는 것도 그렇다. 이러한 유형의 무의는 트랜스바이칼이나 만주의 순록 퉁구스 인들 사이에서도 볼 수 있다. 그러나 북만주의 퉁구스 인들은 이러한 무의를 알지 못한다. [74) 이러한 사실은 이 무의 전통의 시초가 부르야트 인일 것이라는 가설을 뒷받침한다.

통구스 인들은 이 같은 두 가지 중요한 유형의 무의뿐만 아니라 지하계나 천상계와는 이무 특정한 관계도 없는 이 땅의 영신들에 관한 몇 가지 유형의 무의도 알고 있다. 이러한 무의의 목적은 이 땅의 영신들을 다독거리고 악령을 몰아내고 인간에게 적의를 가질 수 있는 영신들에게 미리 제물을 바치기 위함이다. 물론 무의 중 상당수의 무의가 질병과 관계가 있다. 퉁구스 인들은 이런 영신들 중 일부가 질병을 일으킨다고 믿기 때문이다. 질병을 일으키는 영신이 어떤 영신인가를 알아내기 위해 샤만은 자기의 친교영신으로 화신한 뒤 잠을 자는 척하거나(샤만에 의한 탈혼망아의 조잡한 모방) 질병을 일으키는 영신을 불러 한 몸이 되려고 한다. [75) 그러나 영혼의 수가 워낙 많고[76) 하나같이 떠돌고 있기 때문에 샤만은 애를 먹는다. 샤만은 어떤 영혼이 육신을 떠난 영혼인지 그것부터 알아야 그 영혼을 찾아 나설 수 있다. 샤만은, 육신을 떠난 영혼이 어떤 영혼인지 알아냈을 경우, 상투적인 어구나 노래로써 영혼을 불러들여, 율동적인 몸짓으로 이 영혼을 육신 안으로 되돌려놓으려 한다. 그러나 영신들이 이미 그 병자의 육신에 들어가 있을 수도 있다. 그러면 샤만은 먼저 자기 친교영신들의 도움을 얻어 이러한 영신들을 병자의 육신에서 몰아낸다. [77)

통구스 인들의 샤마니즘에서 접신은 아주 중요한 몫을 한다. 샤만들이 접신상태에 들기 위해 가장 많이 쓰는 방법이 춤을 추고 노래를 부르는 방법이다. [78) 퉁구스 인들이 보여주는 무의 현상은 다른 시베리아 민족들의 무의를 짐작케 해준다. 이들의 무의에서 대중은 영신들의 목소리를 들을 수 있다. 일단 영신에 들리면 샤만의 몸은 아주 가벼워진다. 그래서 샤만은 자그마치 65파운드나 나가는 무복을 입고도 공중으로 뛰어오를 수 있다. 심지어는 샤만이 병자의 몸을 타고 눌러도 병자는 샤만의 무게를 전혀 느끼지 못한다.[79] 탈혼망아 상태에 든 샤만은 자기 몸에 충만해 있는 굉장한 열기를 느낀다. 그래서 샤만은 불붙은 석탄이나 빨갛게 달아오른 쇠붙이를 만지고도 뜨거운 줄을 모르는 일 등이 일어난다(심지어는 칼 같은 것으로 자기 몸을 찌르는데도 피 한방울 나지 않는 일도 있다).[80] 뒤에 더 상세하게 검토하게 되겠지만, 이 모든 요소가 바로 고대의 주술적인 유산인데, 이러한 유산은 세계 각지에서 지금까지도 남아 있다. 현재의 퉁구스 샤마니즘의 형태를 이루는 이러한 주술적인 유산은 남방의 영향을 받고 생겨난 것으로 보인다. 자세한 것은 뒤에 다시 거론하기로 하고 우선 여기에서는 퉁구스 샤마니즘에서 볼 수 있는 두 가지의 주술적인 신앙만을 언급하고 넘어가기로 하자. 두 가지 주술적인 신앙이란, 한 가지는 "고대형"이라고 할 수 있는 기층적인 신앙이고, 또 한 가지는 남방으로부터 중국-불교의 영향을 받으면서 생겨난 신앙이다. 이러한 신앙의 중요성에 관해서는 중앙 아시아와 북아시아 샤마니즘의 역사를 개관할 때 다시 검토하게 될 것이다.

오로치 족과 우데 족(Ude, Udekhe) 사이에서도 비슷한 샤마니즘을 볼 수 있다. 로파틴(I.A. Lopatin)은 울카 지역(툼닌 강 연안)의 오로치 족이 벌이는 치병 굿에 관해 꽤 길고 자세한 기록을 남기고 있다.[81] 이 치병 굿이 시작되면 샤만은 먼저 자기의 보호영신들에게 기도를 드린다. 보호영신에게 기도를 드리는 까닭은, 샤만 자신은 허약한 존재이지만 보호영신은 전능하고 따라서 이들의 앞길을 막을 자가 없기 때문이다. 샤만은 불 주위를 돌면서 아홉 차례 춤을 춘 다음 자기의 보호영신에게 노래로 자기 뜻을 알린다. "오소서, 바라건대 오소서. 오시어, 가련한 이 백성을 불쌍히 여기소서.……" 샤만은 보호영신에게 제물로 선혈을 바칠 것을 약속한다. 샤만의 환상 속에서 보호영신은 거대한 번개 새의 모습으로 나타난다. 샤만의 노래는 계속된다. "그 거대한 쇠날개를 펴소서!……당신께서 하늘을 나시면 그 쇠깃이 절렁거립니다.…… 당신의 원수는 당신의 전능한 발톱에 찍힐 것입니다!……" 이러한 샤만의 주문은 약 반시간 정도 계속된다. 이 주문이 끝날 즈음 샤만은 기진맥진한다.

그러다 문득 샤만은 조금 전과는 전혀 다른 목소리로 외친다. "내가 왔다. 너의 가련한 백성을 도우러 내가 왔다. 내가 그 아이를 보리라." 샤만은 거의 탈혼망아 상태에 이르러 있다. 샤만은 두 팔을 벌린 채 춤을 추고 한 손에 북채를 들고 북을 두드리면서 다시 외친다. "나는 난다. 나는 난다. 내가 너를 따라잡으리라. 내가 너를 잡으리라. 이제 네가 도망칠 곳은 없다." 로파틴은 뒤에, 샤만의 춤은 영신의 세계를 향한 샤만의 비행을 나타내는데 샤만은 바로 이 영신의 세계에서, 병든 아이의 영혼을 훔쳐간 악령을 제압하게 된다는 설명을 듣는다. 이어서 샤만의 입에서는 몇 가지 목소리가 뒤엉킨 채 튀어나온다. 물론 도무지 알아들을 수 없는 소리이다. 그러다가 마침내 샤만은 또 소리를 지른다. "잡았다, 잡았다!" 이 순간 샤만은 정말 무엇인가를 움켜 잡은 듯이 두 손을 모아 쥐고는 병자가 누워 있는 침상 곁으로 다가가 육신에다 영혼을 넣어주는 시늉을 한다. 다음날 이 샤만이 로파틴에게 설명한 바에 따르면, 이날 샤만은 참새 모양을 하고 있는 병든 아이의 영혼을 잡아온 것으로 되어 있다.

　이 무의에서 재미있는 것은, 샤만의 접신은 탈혼망아 상태에서 나타난 것이 아니라 주술적인 비행을 상징하는 춤을 추고 있을 동안에 이루어졌고 이 상태가 춤이 끝날 때까지 계속되었다는 점이다. 보호영신은 번개새 혹은 독수리로 나타나는 것으로 보이는데, 이런 새는 북아시아의 신화나 종교에서 아주 중요한 역할을 하는 것으로 알려져 있다. 그래서 병든 아이의 영혼을 훔쳐간 것은 악령이지만 우리의 예상과는 달리 이 악령은 지하계에서가 아니라 천상계에서 보호영신에게 제압당하는 것이다.

유카기르 인의 샤마니즘

　유카기르 인은 샤만을 지칭하는 데 두 가지 명칭을 쓰고 있다. 즉 알마(a'lma : "한다"는 동사에서 온 말이다)라는 명칭과 이르케예(i'rkeye : 문자 그대로 "떠는 사람"이라는 뜻)가 그것이다. [82] 알마는 병자를 돌보고 제사를 주관하고 신들에게 사냥이 잘되기를 기원하고 초자연적인 세계, 그림자 왕국과 원만한 관계를 유지할 수 있게 한다. 고대에는 이들의 지위가 훨씬 높았다는 것은 의심할 여지가 없다. 그 까닭은 유카기르 인들이 스스로를 샤만의 자손들이라고 믿는 것만 보아도 알 수 있다. 18세기까지만 하더라도 세상을 떠난 샤만의 해골은 일반인에게 경배의 대상이었다. 유카기르 인들은 샤만의 해골을 목상 위에 안치하여 상자에 보관했다. 이들은 무슨 일을 하려고 할 때마다 반드시 이 해골로 점을 쳐보고 나서야 일을 시작하고는 했다. 점은 극북지방에서 흔히 볼 수 있는 방법으로 친다. 즉 점복가가 어떤 사안을 놓고 이 해골을 들어보았을 때, 무거우면 "가(可)," 가벼우면 "불가"인 것이다. 조상 샤만이 맡긴 뜻은 한 자도 틀림없이 지켜져야 했다. 샤만의 친척들은, 세상을 떠난 샤만의 뼈는 나누어 가졌고 살은 말려서 보관했다. 이들은 또 조상 샤만들을 잊지 않으려고 "목상"을 만들어 세우기도 했다. [83]

유카기르 인들의 믿음에 따르면, 사람이 죽으면 이 사람에게 깃들여 있던 세 개의 영혼은 서로 흩어진다. 즉 하나는 시신에 남아 있고, 또 하나는 그림자 왕국으로 내려가고 나머지 하나는 천상으로 올라가는 것이다. [84] 나머지 하나, 즉 저승 왕국으로 내려가는 영혼은 저승의 절대신 폰 (Pon) 앞에 서게 되는데, 이 신의 이름인 "폰"이라는 말은 "그 무엇 (Something)"이라는 뜻이다. [85] 그런데 이들 중 가장 중요한 영혼은 그림자가 되는 영혼인 듯하다. 그림자가 되는 영혼은 그림자 왕국으로 가는 길에 저승의 문을 지키는 문지기인 노파를 만났다가 강가에 이른다. 그림자가 되는 영혼은 배로 이 강을 건넌다. (이 그림자 왕국에서는 이승에서 죽은 사람들도 친척들과 더불어, 그림자 짐승을 사냥하는 등, 이승에서와 똑같은 삶을 살고 있다.) 샤만이 병자의 영혼을 찾으러 가는 곳은 바로 이 그림자 왕국이다.

샤만이 이 그림자 왕국으로 내려가는 것은 특별한 볼일이 있어서이다. 즉 이 그림자 왕국에서 사자의 영혼을 "훔쳐내" 여성의 자궁 속에 되돌려 놓음으로써 이 사람을 지상에 다시 태어나게 하기 위해서인 것이다. 이렇게 하면 사자는 다시 지상으로 돌아와 새로운 생명으로 태어난다. 그러나 산 자들이 사자들에 대한 의무를 다하지 않으면 사자들은 특정한 영혼을 그림자 왕국에서 지상으로 보내는 것을 거절한다. 이렇게 되면 여성은 아기를 밸 수 없다. 이렇게 되면 샤만은 그림자 왕국으로 내려가서 사자들과 담판을 벌인다. 샤만은 사자들을 설득해보지만, 설득에 실패할 경우, 샤만은 특정 사자의 영혼을 훔쳐내 여성의 자궁에 넣어준다. 그러나 이렇게 해서 태어난 아기는 오래 살지 못한다. 서둘러 그림자 왕국으로 되돌아가버리기 때문이다. [86]

요헬슨(Jochelson)의 기술에는 몇 군데, 샤만을 "선한 샤만"과 "악한 샤만"으로 나누는 옛날 식의 분류방법이 눈에 띈다. 뿐만 아니라 지금은 거의 없어진 "여무"에 관한 언급도 눈에 띤다. 유카기르 인의 경우, "가족 무속(family shamanism)" 혹은 "집안 무속(domestic shamanism)"이라고 불리는 행사에 여성은 참가하지 않는다. 이러한 무의 풍속은 코리야크 인이나 추크치 인에게서는 지금도 볼 수 있는데, 이러한 무의에 참가하는 그 집안의 가장들은 그 집안에서 대를 물리는 무고를 들고 간다.[87) 그러나 옛날에는 이 유카기르 인들에게도 그 집안을 상징하는 무고가 있었다.[88) 이것은 유카기르 인들이 옛날에 정기적으로 가족 단위의 무의를 치른 흔적이라고 할 수 있다.

요헬슨이 기록한 많은 무의——이 기록들이 모두 흥미있는 것은 아니지만[89)——가운데에서 치병을 목적으로 치러진 중요한 사례만 여기에서 거론해보자. 이러한 무의를 보면, 샤만은 땅바닥에 앉아 오랫동안 무고를 두드린 다음 동물의 소리를 흉내내어 자기의 수호영신을 부른다. "시조이시여, 조상이시여, 가까이 오소서. 소녀 영신들이여, 오시어 제 옆에 서시고 저를 도와주소서.……" 샤만은 다시 무고를 두드리다가, 거드는 사람들의 부축을 받고는 문 앞으로 나아가 심호흡을 한다. 자기가 불러낸 조상영신들과 다른 영신들의 영혼을 삼키기 위함이다. 그러면 조상영신들은 샤만의 음성을 빌려 이렇게 일러준다. "병자의 영혼은 그림자 왕국에 이르는 길을 따라간 듯하다." 이렇게 되면 병자의 가족들은 "힘을 내시오, 힘을 아끼지 마시오!" 등의 말로 샤만을 응원한다. 샤만은 무고를 떨어뜨리고는 엎드리면서 순록의 모피에 얼굴을 댄다. 그리고는 한동안 꼼짝도 하지 않는다. 이것은 샤만의 영혼이 육신을 떠나 명계로 여행하고 있다는 뜻이다. 즉 "호수를 건너듯이 무고를 건너"[90) 그림자 왕국으로 내려간 것이다. 상당한 시간이 흐르기까지 샤만은 꼼짝도 하지 않고 엎드려 있는다. 그 자리에 와 있는 사람들은 가만히 샤만이 깨어나기를 기다린다. 이윽고 샤만은 이 명계 여행에서 돌아왔다는 표시로 몸을 뒤척인다. 그러면 두 소녀가 샤만의 다리를 주무른다. 이로써 지상으로 온전하게 돌아온 샤만은 병자의 영혼을 육신에 되돌려놓는다. 샤만은 병자의 영혼을 육신에 되돌려놓은 뒤에 문 앞으로 나아가 보조영신들을 전송한다.[91)

이 무의가 끝난 다음 샤만은 요헬슨에게 접신 여행의 경위를 설명했다. 즉 자기는 보조영신들의 도움에 힘입어 그림자 왕국을 다녀왔다는 말을 했다. 샤만의 설명은 이러했다. 샤만은 조그만 집 앞에 이르렀다. 이 집 앞에는 개가 한 마리 있었는데, 이 개는 샤만을 보자 짖기 시작했다. 개가 짖자, 그림자 왕국으로 통하는 길을 지키고 있던 노파가 다가와 아주 오는 사람이냐 아니면 잠시 다니러 온 사람이냐고 물었다. 샤만은 대답하지 않았다. 그는 노파의 말에 대답하는 대신 보조영신들에게 말했다. "노파의 말에 대답하지 마시오. 발길을 멈추지 말고 계속해서 가시오." 이윽고 이들은 강가에 이르렀다. 강에는 배가 한 척 있었다. 배를 타고 건너편 언덕에 이르자 천막과 사람들이 있었다. 샤만은 여기에서, 세상을 떠난, 병자의 가족들을 만났다. 이들의 안내를 받아 천막 안으로 들어간 샤만은 이 천막 안에 있는 병자의 영혼을 보았다. 샤만이 이 병자의 영혼을 데리고 나오려 하자 가족들이 거절했다. 샤만은 우격다짐으로 이 병자의 영혼을 빼앗아 나왔다. 병자의 영혼을 무사히 지상으로 데리고 나오기 위해 샤만은 이 병자의 영혼을 삼키고는 이 영혼이 빠져 나오지 못하게 자기 귀를 막아버렸다.

유카기르 샤만은 명계로 내려가 병자의 영혼을 훔쳐오는 무의를 통해서만 병자를 고치는 것은 아니다. 유카기르 샤만은 세상을 떠난 샤만들의 영혼을 부르지 않고 치병무의를 치르는 수도 있다. 즉 자기의 보조영신들을 부르고 이들의 목소리를 흉내내어 직접 빛의 창조자나 그밖의 천상계 능력자들에게 호소하는 것이다.[92] 이로써 우리는 유카기르 샤만이 보일 수 있는 접신능력이 다양하다는 사실을 알 수 있다. 유카기르 샤만은 신과 인간을 중재하는 역할을 맡을 수도 있다. 바로 이 때문에 샤만은 사냥에서도 가장 중요한 몫을 하는 것이다. 갖가지 수단을 동원하여, 짐승의 나라를 다스리는 신들과 접촉하는 것도 바로 샤만이다. 그래서 기근이 들면, 즉 짐승이 잡히지 않으면, 샤만은 치병무의와 비슷한 무의를 치른다. 이런 샤냥무의 때면, 샤만은 빛의 창조자에게 직접 호소하거나 병자의 영혼을 데려오기 위해 명계로 내려가는 것 대신에, 대지의 임자(owner)에게 날아간다. 이 신 앞에 이른 샤만은 이런 말을 한다. "당신의 자식들이, 앞으로 일용할 양식 주시기를 간청하라고 저를 보냈습니다." 그러면 대지의 임자는 샤만에게 순록의 "영혼"을 보낸다. 샤만은 신이 시키는 대로 강가에 있는 어떤 곳에서 기다린다. 그러면 순록이 한 마리 지나가는데, 샤만은 활을 쏘아 이 순록을 잡는다. 이렇게 되면, 순록이 잘 잡히지 않는 일은 일어나지 않는다.[93]

샤만은 이런 제의만 주재하는 것이 아니고 점술가 노릇을 하기도 한다. 샤만은 신의 뜻을 전하는 뼈(oracular bone)를 이용해서 혹은 무의를 통해서 점을 친다. [94) 샤만에게 이러한 능력이 있는 것은 바로 샤만이 영신들과 관계를 가질 수 있기 때문이다. 유카기르 인들이 영신을 중요하게 여기는 것은 야쿠트 인이나 퉁구스 인들로부터 영향을 받은 것으로 보인다. 이점에 관하여 주목할 만한 사실이 두 가지 있다. 즉 유카기르 인들 자신이 선조 전래의 무속이 쇠퇴해가고 있음을 의식하고 있다는 사실과, 지금의 유카기르 무속의 실천방법에서 야쿠트 인과 퉁구스 인으로부터 영향을 받은 흔적을 찾아내기가 어렵지 않다는 사실이다. [95)

코리야크 인의 종교와 무속

코리야크 인은 절대자를 "위에 계시는 분"이라고 부른다. 이들은 이 신에게 개를 제물로 잡아 바친다. 그러나 대개의 신들이 그렇듯이 이 절대자에게도 인간의 일에 소극적인 경향이 있다. 인간은 악령인 칼라우 (Kalau)의 공격 앞에 노출될 때가 많지만, 이 절대자가 나서서 인간을 도와주는 일은 아주 드물다. 야쿠트 인이나 부르야트 인의 경우, 악령이 중요한 몫을 한다. 그러나 코리야크 인들의 종교는 절대자와 선한 영신들에게 중요한 위치를 부여한다. [96) 그런데도 불구하고 악령 칼라우는 인간이 "위에 계시는 분"에게 드리는 제물을 끊임없이 가로채려 하고, 많은 경우에 성공을 거두기도 한다. 그래서 치병무의 도중에 샤만이 절대자에게 개를 잡아 제물로 드리면 칼라우가 이를 가로채는 일이 종종 있는데, 이렇게 되면 그 병자는 죽고 만다. 그러나 칼라우가 실패하면 제물을 바친 정성은 하늘에 이르고 따라서 병자는 병석에서 일어난다. [97) 칼라우는 악한 요술사이자 죽음이며 어떤 의미에서는 최초의 사자(死者)이기도 하다. 어떤 경우든 사람의 육신, 특히 그 간을 먹음으로써 인간을 죽음에 이르게 하는 존재가 바로 칼라우이다. [98) 주술사가, 잠들어 있는 동안에 사람의 간과 내장을 먹어 그 사람을 죽인다는 모티프는 오스트레일리아 등지에서 흔히 발견된다.

코리야크 인의 종교에서 무속은 상당히 중요한 몫을 한다. 그렇기는 하나 이들에게서 "무속의 쇠퇴" 징후를 찾아보기는 어렵지 않다. 중요한 것은, 코리야크 인의 믿음에서 무속이 쇠퇴하고 있다는 것은 인간의 본모습이 쇠퇴하고 있음을 드러내고 있다는 점이다. 이것은 오래전에 시작된 인

236

간 정신의 비극이다. 신화적인 영웅인 큰 까마귀의 시대에 인간은 하늘에
도 쉽게 오를 수 있었고 명계에도 어렵지 않게 내려갈 수 있었다. 그러나
오늘날 이런 일을 할 수 있는 사람은 샤만뿐이다.[99] 신화시대에는 누구든
대지의 창조자가 지상을 내려다보는 구멍을 통하여[100] 혹은 하늘로 쏜 화
살의 길을 따라 하늘로 올라갈 수 있었다.[101] 그러나 앞에서 각 종족의
종교 전통의 분석을 통하여 알아보았듯이 하늘과 명계와의 교통은 끊어지
고 말았다(코리야크 인들은 이것을 어떤 사건의 결과로는 보지 않는다).
그 시대 이래로 이 교통을 재개할 수 있는 것은 샤만들뿐이었다.

그러나 우리 시대에 들어와서는 샤만조차도 이 교통을 재개하는 신비스
러운 능력을 잃고 말았다. 얼마 전만 하더라도 능력 있는 샤만은, 죽은
지 얼마 되지 않는 사자의 영혼은 길목에서 잡아채어 그 육체에 되돌릴
수 있었다. 다시 말하면 그 사자를 살릴 수도 있었다. 요헬슨은 "옛 샤
만"들이 보인 이러한 이적과 관련된 사례를 들었다고 주장한다. 그러나
이런 "옛 샤만"들은 이미 세상을 떠난 지 오래이다.[102] 아닌게아니라 무
업은 쇠퇴일로를 걷고 있다. 요헬슨은, 샤만 중에서 나이가 어린 샤만은
두 사람밖에 보지 못했다고 쓰고 있다. 그의 기술에 따르면, 이들은 가난
한 생활과 지극히 보잘것없는 대접에 만족하고 있었다고 한다. 그가 본
무의도 보잘것없는 것이었다. 요헬슨이 구경한 무의는 요란한 소리와 사
방에서 들려오는, 샤만의 보조영신들이 지르는 이상한 소리가 들리는가
싶은 순간에 끝났다. 다시 촛불이 켜졌을 때 샤만은 지친 채로 바닥에 누
워 있었다. 정신을 차린 샤만은 머뭇거리며, 영신들이 마을에서 "질병"을
몰아내주기로 약속했다고 말한 것으로 요헬슨은 전한다.[103] 여느 때처럼
영신들을 부르는 무가와 무고소리로 시작된 한 무의에서 요헬슨은 샤만으
로부터 칼을 빌려달라는 요구를 받았다. 샤만의 말로는, 영신들이 그 칼
로 자기 자신을 찌르라고 했다는 것이었다. 요헬슨이 칼을 빌려주었지만
그 샤만은 자기 몸을 찌르지 않았다. 샤만 중에, 환자의 배를 가른 뒤 병
인(病因)을 찾아내고는 병인이 되는 부위의 살을 한 점 먹음으로써 그 병
을 고치는 샤만이 있는 것은 사실이다. 이 경우 배에 난 상처는 즉시 말
끔히 아무는 것으로 전해진다.[104]

코리야크 인들은 샤만을 에녜냘란(eñeñalan)이라고 부른다. 이 말은
"영신들에게 들린 자"라는 뜻이다.[105] 여느 사람을 샤만으로 만드는 것은
바로 영신들이다. 그러니까 어떤 사람도 자기 마음대로 에녜냘란이 될 수

는 없는 것이다. 영신들은 새나 짐승의 모습으로 나타난다. 유카기르와 그밖의 지역 샤만들에게서 보았듯이, "옛 샤만들"이 무사히 지하계를 다녀오려면 이들의 도움을 받아야 하는 것으로 보인다. 즉 칼라우를 비롯한 다른 명계 신들의 호의가 있어야 이런 여행이 가능한 것으로 보인다는 것이다. 사람이 죽으면 그 영혼은 하늘로, 다시 말하면 절대자에게로 올라가고 그 사람의 그림자와 사체는 명계로 내려간다. 명계의 입구는 개가 지키고 있다. 명계에는 이승에 있는 것과 똑같은 마을이 있고 한 가족은 한 집에 산다. 명계로 통하는 문장은 화장단(火葬壇) 바로 밑에 있는데, 이 문은 사자가 들어가면 바로 닫혀버린다. [106]

　샤만들이 더 이상 특별한 의상을 입지 않는 것으로 미루어보아, 코리야크의 무속도 퇴조의 길로 들어선 것이 분명해 보인다. [107] 코리야크의 샤만에게는 무고도 없다. 요헬슨과 보고라스, 이들의 뒤를 잇는 그밖의 작가들이 보았던 대로 코리야크 인에게는 기족의 무고가 있을 뿐이다. 이 무고는 "가족 무속"이라고 불리는 행사 때에만 쓰인다. 각 가족이 집안의 특별한 행사, 가령 정기적 혹은 부정기적인 제사와 의례마다 일종의 무속적인 행사를 치르는 것은 사실이다. 바로 이러한 무속행사가 지역 사회의 종교적인 행사가 되는 것이다. 요헬슨과 보고라스에 따르면, [108] 이러한 "가족 무속"은 전문화한 무속에 선행한다. 그러나 앞으로 우리가 열거하게 될 많은 사례는 이러한 견해를 지지하지 않는다. 종교사에서는 흔한 일이지만 시베리아의 샤마니즘은, 특수한 재능을 보이는 개인의 접신 체험을 흉내내려는 것은 바로 속인이라는 사실(그 역은 성립되지 않는다)을 분명히 확인시켜주고 있다.

추크치 인의 샤마니즘

　추크치 인에게도 "가족 무속"이 있다. 가장이 주도한다는 의미에서 "가족 무속"이라고 할 수 있는 이 의례가 시작되면 온 가족이, 심지어는 아이들까지 무고를 두드려본다. 가령 "가을의 도살" 때 베풀어지는 의례가 바로 "가족 무속"이라고 볼 수 있다. "가을의 도살"이란 그해의 사냥이 순조롭도록 비는 뜻에서 몇 마리의 가축을 도살하는 의례를 말한다. 이 의례가 시작되면 집집이 모두 무고를 두드리면서——각 가정에는 그 집

238

안의 무고가 있다——"영신들"을 부르는 등, 샤만 흉내를 낸다. [109] 보고라스 개인의 견해에 따르면, 이것은 바로 샤만이 베푸는 무의의 흉내에 지나지 않는다. 이 의례와 샤만의 무의에 다른 점이 있다면, 이 의례는 대낮에 천막 밖에서 벌어지는데, 샤만의 무의는 한밤중에, 캄캄한 침실에서 베풀어진다는 것 정도이다. 가족들은 차례로 샤만처럼 "영신에 들린" 시늉을 한다. 즉 몸부림을 치거나 공중으로 펄쩍펄쩍 뛰어오르거나 이상한 소리를 내거나 하는 것이다. 이들이 내는 이상한 소리는 이들이 흉내내고자 하는 "영신들"의 목소리이자 언어이다. 때로 이들은 샤만의 치병굿 흉내를 내면서 앞일을 예언하기도 한다. 그러나 이러한 예언에 귀를 기울이는 사람은 하나도 없다. [110] 이러한 몸짓은 많은 속인들이 일시적인 종교적 광기를 빌려 샤만의 경지에 이르려는 몸짓으로 보인다. 이들이 흉내내는 모델은 진짜 샤만의 망아황홀의 경지이다. 그러나 이들이 내는 흉내는 외적인 것, 그러니까 "영신의 소리," "샤만이 내는 공수," 가짜 예언에 지나지 않는다. 따라서 적어도 지금의 꼴을 놓고 말한다면, "가족무속"은 직업적인 샤만에 의한 접신 기술의 부분적인 흉내에 불과하다고 할 수 있다.

그런데 앞에서 말한 종교의례가 끝나고 밤이 되면 진짜 샤만의 무의가 베풀어진다. 물론 이 무의를 주관하는 것은 직업적인 샤만이다. "가족무의"는 혼종적인 무속 현상이라고 볼 수 있는데 그 까닭은 다음과 같다. 첫째는 상당히 많은 추크치 인들이 스스로를 샤만이라고 생각하고 있고[111] 실제로 각 가정에는 그 가정의 무고가 있으며 많은 사람들이 겨울철에는 밤마다 이 무고를 치며 노래를 부르거나 실제와 비슷한 무속적인 접신상태에 들기 때문이고, 둘째는 정기적인 잔치로 인한 종교적 긴장이 고조되어 일종의 종교적인 감염상태를 유발하기 때문이다. 그러나 거듭 말하거니와, 중요한 것은 어떤 경우든 사람들은 선험적인 모델——진짜 샤만의 접신 기술——을 흉내내려고 한다는 점이다.

아시아 인 대부분에게 그렇듯이, 추크치 인이 샤만의 소명을 받았다는 징후 역시 정신적인 파탄의 위기를 통해 나타난다. 이 정신적인 위기는 입문적인 질병(신병)으로 나타날 수도 있고, 초자연적인 힘(이를테면 절대절명의 순간에 나타나 미래 샤만을 구해주는 이리 혹은 해마)을 통하여 나타나는 수도 있다. 어쨌든 이러한 "징후"(신병, 초자연적인 힘에 의한 도움 등)는 샤만 노릇을 시작하면서 해소된다. 추크치 인들은 미래 샤만

이 신병을 앓으면 샤만이 되기 위한 과정을 준비하는 단계로 보고 치병
무의를 시작하면 "영감을 얻은 단계"(입무과정이 끝난 단계)로 본다. [112)
보고라스가 만난 대부분의 샤만들은 자기네들에게는 스승이 없다고 대답
했다. [113) 그러나 스승이 없다고 해서 초자연적인 스승이 없다는 뜻은 아
니다. "샤만적인 동물"과의 만남 자체는 초심자가 치러야 하는 일종의 수
련과정이기 때문이다. 어느 샤만은 보고라스에게, 자기는 어릴 때 이런
소리를 들었다고 말했다. [114) "광야로 나가거라. 광야로 나가면 조그만 북
이 하나 있을 것이다. 그 북을 두드려보고 그 소리를 시험해보아라!" 그
는 그 소리가 시키는 대로 했다. 그러자 온 세상이 훤히 보였고 하늘에
올라갈 수 있었으며 구름 위에다 천막을 세울 수도 있게 되었다. [115) 이러
한 기적이 가능한 것은, 금세기초 민족지(民族誌) 학자들이 조사한 지금
의 추크치 인 무속의 일반적인 경향이 어떠하든, 원래 추크치 인 샤만은
하늘을 날아 북극성의 아가리를 지나고 천공의 권역을 차례로 주름잡을
수 있었기 때문이다. [116)

　그러나 다른 시베리아 인들의 무속과 관련시켜 앞에서 살펴보았듯이,
추크치 인 역시 자기네들의 샤만이 퇴조의 길을 걷고 있다는 것을 알고
있다. 가령 추크치 인 샤만은, 퉁구스 인들에게서 빌려온 풍습이기는 하
겠으나, 접신에 들기 위한 자극제로 담배를 이용하기도 한다. [117) 추크치
인들의 민화에는 병자의 영혼을 찾기 위해 망아상태에 들어 접신 여행을
했던 옛 샤만의 이야기가 자주 등장하지만, 오늘날의 추크치 인 샤만은
가짜 망아상태에 드는 것으로 만족한다. [118) 이런 것과 관련해서 우리는,
접신술은 사양길을 걷고 있고, 무의는 영신을 부르는 데 그렇지 않으면
탁발잡승 무리의 구걸에나 쓰이는 지경으로 타락했다는 인상을 받는다.

　그러나 무속의 용어를 보면 아직도 망아 경지가 얼마나 귀한 것인가를
알 수 있다. 그들의 무속 용어는 무고를 "쪽배," 샤만이 망아상태에 드는
것을 "잠수한다"라고 말한다. [119) 이것은 샤만이 베푸는 무의가 바다 밑에
있는 나라로의 여행임(가령 에스키모의 경우처럼)을 증언하고 있다. 물
론 샤만은 마음만 먹으면 하늘로 높이 날아오를 수도 있다. 그러나 추크
치 인의 민화에서도 그렇듯이, 길 잃은 영혼을 찾아다니는 샤만의 여행에
는 지하계 하강 여행도 포함되어 있다. 오늘날 추크치 인의 치병무의는
다음과 같이 베풀어진다. 먼저 샤만은 웃옷을 벗고 허리 위로는 알몸이
된 채, 담배를 피우면서 무고를 두드리고 무가를 부른다. 이 무가의 가락

은 단조롭고 노랫말도 없다. 샤만들에게는 제각기 즐겨 부르는 무가가 따로 있으나 때로는 즉흥적으로 부르기도 한다. 이렇게 무가를 부르는 샤만의 귀에 문득 사방에서 떠들어대는 "영신들"의 목소리가 들린다. 이 영신들은 땅에서 솟아오른 것 같기도 하고 아주 먼 곳에서 온 것 같기도 하다. 그러다 한 켈레트(ké'let : 영신)가 샤만의 몸 속으로 들어가 샤만은 머리를 마구 흔든다. 샤만은 비명을 지르면서 가성(영신의 목소리)으로 지껄인다. [120] 이때가 되면 (샤만이 있는) 캄캄한 천막에서는 이상한 현상이 일어난다. 물건이 공중으로 떠오르고 천막이 흔들리며 돌과 나뭇조각이 비처럼 쏟아져 내리기도 한다. [121] 이때부터 샤만의 음성을 빌려 영신은 그 자리에 온 사람들과 이야기를 나눈다. [122]

그러나 무의에 초심리학적인 현상이 많아지면서 샤만이 본격적인 망아상태에 드는 예는 점점 줄어들고 말았다. 이런 무의에서 샤만은 땅바닥에 쓰러져 의식을 잃기도 하는데, 이때 그 자리에 와 있던 사람들은 샤만의 영혼이 영신들의 도움을 얻으러 육신을 떠나갔다고 믿는다. 그러나 이러한 접신상태는 병자가 아주 재물이 많은 사람이어서 복채를 후하게 줄 때가 아니면 구경하기 어렵다. 보고라스가 관찰한 바에 따르면 이럴 경우에도 샤만은 자극제(혹은 흥분제)를 쓴다. 자극제를 복용하고 무고를 두드리던 샤만은 별안간 무고소리를 뚝 끊고는 땅바닥에 쓰러져 꼼짝도 하지 않는다. 그러면 샤만의 아내가 샤만의 얼굴을 옷으로 덮고는, 다시 불을 켠 뒤 무고를 두드리기 시작한다. 샤만은 이로부터 약 한 시간 뒤에 깨어나 병자에게, "이렇게 저렇게 하라"고 시킨다. [123] 병자의 영혼을 찾아 나서는 진짜 여행은 망아상태에서 이루어지지만, 오늘날 이 망아상태는 가짜 망아상태, 혹은 수면상태로 전락하고 말았다. 수면상태가 망아상태와 비슷하게 여겨지는 것은, 추크치 인들이 꿈꾸는 동안을 영혼과 접촉하는 시간으로 여기기 때문이다. 그래서 샤만은 하룻밤 푹 자고 난 뒤에 병자의 영혼을 잡아 왔다면서 주먹을 꼭 쥐고는 이것을 병자의 몸 속에 넣어주는 것이다. [124]

이런 몇 가지 사례만 보고도 우리는 추크치 인의 무속이 오늘날 이미 쇠퇴했다는 것을 알 수 있다. 전승되는 민담이나 전통적인 치병술(영혼을 찾아 떠나는 천상계 상승 여행과 지하계 하강 여행)에는 고전적인 무속의 뼈대가 그대로 남아 있지만, 무속적 체험 자체는 일종의 강신술적 "물화(物化)" 상태 혹은 탁발잡승 무리의 각설이 꼴로 전락하고 만 것이다. 추크치 인 샤만은 이와는 다른 치병술, 즉 "병인을 빨아내는 방법"도 알고 있다. 이 방법으로 병자를 치료한 샤만은 병의 원인이 된 물건——곤충, 자갈, 뼈 같은 것——들을 사람들에게 보여준다. [125] 이들은 경우에 따라 "수술"을 하기도 하는데, 이런 방법은 오늘날의 샤만들도 쓰고 있다. 샤만은 주술적인 방법으로 적당하게 "달군" 의례용 칼로 병자의 배를 가르고는 내장을 들여다본 다음 병인이 된 물질을 꺼낸다. [126] 보고라스는 이런 수술을 구경한 적도 있다고 보고한다. 그의 보고에 따르면, 무녀인 어머니가 열네 살 먹은 아들을 발가벗긴 채로 땅바닥에 눕히고는 배를 갈랐다. 상처에서 쏟아지는 피와 열린 배의 근육이 보고라스의 눈에도 보였다. 어머니인 무녀는 근육 사이로 손을 찔러 넣었다. 이 수술이 진행되는 동안 샤만은 불구덩이에 들어앉은 사람처럼 계속해서 물을 마셨다. 잠시 후 무녀는 칼로 절개한 배를 봉합하는데, 보고라스의 눈에는 그 상처의 흔적이 보이지 않았다. [127] 그는 또 다른 샤민으로부터, 오랫동안 무고를 두드려 자기 몸과 칼을 덥힌 뒤에는 그 칼로 자기 배를 열어도 전혀 고통을 느끼지 않는다는 말을 들은 적도 있다. [128] 북아시아에서는 흔히 볼 수 있는 이러한 묘기는 "불을 지배"하는 묘기와 관계가 있다. 자기 배를 가를 수 있는 샤만은 능히 불붙은 숯을 삼킬 수도 있고 빨갛게 달아오른 쇠붙이를 만질 수도 있기 때문이다. 샤만들은 이런 묘기의 대부분을 벌건 대낮에 선보인다. 보고라스가 목격한 묘기에는 다음과 같은 것도 있다. 한 무녀가 조약돌 하나를 들고 문질렀다. 그러자 수많은 조약돌이 이 무녀의 손가락 사이에서 쏟아져 내려 무녀의 무고에 쌓였다. 이 묘기가 거의 끝나갈 무렵 이렇게 해서 쏟아져 내린 조약돌은 꽤 큰 무더기를 이루었다. 그런데도 이 무녀가 문지르던 조약돌은 그녀의 손 안에 고스란히 그대로 있었다. [129] 이러한 묘기의 상당수는, 계절마다 베풀어지는 종교 제의에서 강력한 경쟁자를 만날 때, 샤만들이 흔히 벌이는 주술적인 묘기 경쟁에 등장하는 것이 보통이다. 추크치 인들의 민담에는 이런 묘기 이야기가 숱하게 등장한다. [130] "옛 샤만들"은 상당히 놀라운 주술적 능력의 소유자들이었던 것으로 보인다. [131]

　추크치 샤만에게는 또 한 가지 재미있는 측면이 있다. 이들에게는 "여성으로 성전환한" 특수한 부류가 있다. "부드러운 사내" 혹은 "여자와 비슷한 사내"인 이들은 켈레트의 명을 받고는 옷 입는 것이나 행동거지를 여성같이 하다가 결국은 다른 남성과 결혼까지 한다. 켈레트의 명이라고 해서 샤만이 전폭적으로 따르는 것은 아니다. 어떤 샤만은 옷차림은 여성의 옷차림을 해도 아내와 동거를 계속하면서 자식을 낳기도 한다. 추크치 인들이라고 해서 남색의 풍습을 몰랐을 리가 없을 터인데도 샤만 중에는 켈레트의 명을 따르지도 거역하지도 못해 자결하는 사람도 있다.[132) 샤만이 제의적으로 성전환하는 사례는 캄차달 인, 아시아 에스키모 인, 코리야크 인에게서도 볼 수 있기는 하나, 이러한 사례는 보고라스가 수집한 이들의 기록에만 나온다.[133) 드물기는 하나, 이러한 현상은 북동아시아 이외의 지역에서도 발견된다. 가령 여자 복장으로의 변장이나 제의적인 성전환 사례는 인도네시아(해양 드야크 인의 마낭 발리[manang bali]), 남아메리카(파타고니아 인[Patagonians]과 아로케니아 인), 북아메리카(아라파호 인디언[Arapaho], 샤이안 인디언[Cheyenne], 우테 인디언[Ute] 등)에서도 발견된다. 여성으로의 제의적, 상징적 전환 풍습은, 고대의 모계사회 전통에서 나온 유습이라는 풀이도 가능하다. 그러나 앞으로 검토하게 되겠지만, 고대의 샤마니즘에서도 여무가 남무보다 우월했던 것 같지는 않다. 어쨌든, "여성과 비슷한 남성"이라는 특수한 부류——추크치의 무속에서 이들의 지위는 보잘것없다——가 있는 것은 북아시아 지역에 널리 퍼져 있는 현상 중 하나인 "샤만의 사양(斜陽)"과 관련이 있지 않을까 싶다.

제 8 장   샤마니즘과 우주론

세 우주역(宇宙域)과 세계의 기둥

샤만이 지니는 최고의 기술은, 하나의 우주역에서 다른 우주역으로——이 세계에서 천상계로 혹은 이 세계에서 지하계로——넘어가는 기술이다. 샤만은 하나의 평면을 돌파하는 비법을 알고 있나. 이 우주역과 우주역 사이의 교통은 우주의 구조가 교통에 적합하게 되어 있기 때문에 가능하다. 뒤에 예를 들겠지만, 일반적으로 사람들은, 우주는 하나의 중심축에 꿰인 세 켜——천상, 지상, 지하——로 이루어져 있다고 믿었다. 이 세 우주역이 하나의 중심축에 꿰여 있는데, 이 우주역과 우주역 간에 서로 교통이 가능하다는 관념을 설명하는 상징체계는 아주 복잡한데다 모순 또한 없지 않다. 이 상징체계가 복잡하고 모순투성이인 까닭은, 이 체계가 "역사적" 산물인데다, 오랜 세월을 거치면서 보다 근대적인 우주론적 상징체계에 오염되어왔고 새로운 체계에 따라 수정되어왔기 때문이다. 그러나 새로운 체계의 영향을 받아 그 모습이 상당히 바뀌기는 했어도 여기에서 본질적인 도식을 추출하는 것은 가능하다. 즉 우주에는 세 개의 우주역이 있는데, 이 세 우주역은 중앙축에 연결되어 있기 때문에 상호 건너다닐 수 있다는 도식이 그것이다. 이 중심축은 물론 "입구" 혹은 "구멍"을 관통하고 있다. 신들이 지상으로 내려오고 사자들이 지하계로 내려갈 때 지나는 관문이 바로 이 구멍이다. 접신상태에 든 샤만의 영혼이 천상계 여행 때 날아 들어가는 통로, 지하계 여행 때 내려가는 통로도 바로 이 구멍인 것이다.

이 우주의 경역(境域) 분포상태의 실례를 인용하기 전에 여기에 대한 나의 기본적인 소견을 먼저 설명하고 싶다. "중심"의 상징체계는 반드시 우주관을 의미하는 것인 아니다. 옛날에는 거룩한 공간, 다시 말해서 성

(聖)이 현현하는 곳, 현세적인 곳이 아니라 다른 곳에서 기인한, 즉 대개의 경우 천상에서 기인한 리얼리티(혹은 힘, 형상 등)의 발현 현장에는 반드시 "중심" 혹은 평면 돌파를 가능하게 하는 장소가 있었다. 이 "중심"의 사상은 일종의 초인간적인 존재에 의한, 신성한 공간 체험에서 유래한다. 즉 바로 이 지점을 통해서 무엇인가가 위에서(혹은 아래에서) 그 모습을 드러낸 것인데, 이 신성한 존재의 나타남이 뒤에 평면 돌파를 의미하는 것으로 바뀌게 된다. [1]

다른 많은 민족이 그렇듯이 터키-타타르 인 역시 하늘을 하나의 천막으로 상상한다. 즉 은하수는 "재봉선(裁縫線)," 별은 천막의 천장에 난 채광 "구멍"인 것이다. [2] 야쿠트 족에 따르면 별들은 "세상의 창"인데, 이런 창은 각 천상 권역이(권역은 모두 아홉 개인 것이 보통이나 때로는 12개, 다섯 개 혹은 일곱 개인 경우도 있다) 사이의 통풍을 위해 뚫려 있다. [3] 이따금씩 신들은 이 천막을 열고 지상을 바라보면서 유성의 수를 센다. [4] 하늘은 뚜껑으로 인식되기도 한다. 경우에 따라 이 뚜껑은 아주 세상을 딱 맞게 덮고 있는 것은 아니어서 그 틈으로 강풍이 불어 들어오기도 한다. 영웅들 혹은 특권을 부여받은 인간들은 바로 이 틈을 통해서 지상을 빠져 나가 하늘로 올라간다. [5]

하늘 한가운데에서는 북극성이 흡사 지주(支柱)처럼 천공이라는 천막을 붙들고 서 있다. 사모예드 인은 이 별을 "하늘의 거멀쇠," 추크치 인과 코리야크 인은 "거멀쇠 별"이라고 부른다. 이와 같은 상징과 표현법은 랩 인, 핀 인(Finn) 그리고 에스토니아 인(Estonian)들에게서도 찾아볼 수 있다. 터키-알타이 인(Turko-Altaian)은 북극성을 기둥으로 여긴다. 말하자면 몽고인, 칼미크 인(Kalmyk), 부르야트 인은 이것을 "금기둥," 키르기츠 인, 바쉬키르 인(Bashkir), 시베리아 타타르 인은 이것을 "쇠기둥," 텔레우트 인은 이것을 "태양의 기둥"이라고 여기는 것이다. [6] 북극성과 보이지 않는 고리로 연결된 별들에게도 보조적인 신화 이미지가 부여되어 있다. 부르야트 인은 이 별들을 말떼, 북극성("세계의 기둥")을 이 말떼를 묶어두는 말뚝으로 본다. [7]

당연한 일이지만, 이러한 우주관은 인류가 사는 소우주의 모습을 그대로 보여주고 있다. 이러한 상징체계를 보면, 세계의 축이, 구체적으로 집을 떠받치는 기둥 혹은 "세계의 기둥"이라고 불리는 독립된 말뚝으로 나타나 있는 것이다. 가령 에스키모의 경우, 하늘의 기둥은, 그들의 주거

한가운데에 있는 기둥과 동일시된다.[8] 알타이 계 타타르 인, 부르야트 인, 소요트 인은 천막의 지주를 하늘의 기둥과 동일시한다. 소요트 인은 천막 위로 솟아오르도록 기둥을 세우고 그 꼭대기를 푸른 천, 흰 천, 노란 천으로 장식하는데, 이들에게 이 세 가지 색깔은 각각 세 천상계의 색깔을 나타낸다. 이들은 이 기둥을 신성시하여 거의 신과 같은 존재로 여긴다. 이 기둥 아래에는 제물의 상석(床石) 노릇을 하는 조그만 돌 제단이 있다.[9]

북극 및 북아메리카 미개 민족[10]의 주거지에는 거의 예외 없이 중앙에 기둥이 서 있다. 사모예드 인과 아이누 인(Ainu), 북부 및 중부 캘리포니아 지역의 민족들(마이두 족, 동부 포모 족, 파트윈 족) 그리고 알곤킨 족의 주거지에는 이런 기둥이 있는 것이다. 모듬살이의 구성원들은 바로 이 기둥 아래에서 제물을 드리고 기도를 올린다. 그 까닭은 이 기둥이 천상의 절대적인 존재기 있는 곳으로 통하는 길을 열기 때문이다.[11] 이와 같은 소우주적 상징체계는 중앙 아시아의 유목민들 사이에서도 볼 수 있다. 그러나 주거 형태가 바뀌었기 때문에(중앙에 기둥이 있는 원추형 지붕의 오두막에서 천막으로) 기둥의 신화-종교적 기능은, 연기가 빠져 나가도록 만들어 놓은 천장의 구멍으로 바뀌어 있다. 오스티야크 인의 경우 이 구멍은 "천상의 집"에 있는 같은 모양의 구멍에 해당된다. 추크치 인은 이 구멍을, 북극성에 의해 천상의 궁륭형 천장에 나 있는 구멍과 동일시한다. 오스티야크 인 역시 "천상의 집에 있는 황금 굴뚝," 혹은 "천신(天神)의 일곱 굴뚝"이라는 표현을 쓴다.[12] 알타이 인도 샤만이 바로 이 "굴뚝"을 통해서 한 우주 권역에서 다른 우주 권역으로 드나든다고 믿는다.[13] 추크치 인은 북극성을 "천상의 구멍"으로 믿을 뿐 아니라 천상, 지상, 지하의 삼계(三界) 역시 이와 유사한 "구멍"으로 연결되어 있으며, 바로 이 구멍을 통해서 샤만과 신화적 영웅들이 천상과 교통하는 것이라고 믿는다.[14] 알타이 인——추크치 인이 그렇듯이——에게, 천상으로 가는 길은 북극성을 지나게 되어 있다.[15] 부르야트 인의 우데시 부르칸(udeši-burkhan)은 사람이 문을 열듯이 샤만에게 그 길을 열어준다.[16]

이러한 상징체계가 극북지방이나 북아시아 지역에 한정되어 있는 것은 물론 아니다. 집 중앙에 있는 신성한 기둥은, 샴 족 계열의 갈라 인(Galla) 및 하디아(Hadia) 유목민들, 함 족 계열의 난디 인(Nandi), 그리고 아샘 지역의 카시 인(Khasi)에게서도 찾아볼 수 있다.[17] 이들에게 공통된 것은 바로 이 기둥 아래에 희생제물을 차린다는 것이다. 천상의 신들에게 우유를 바침으로써 희생제를 갈음하기도 한다. (위에서 예시한 아프리카의 여러 종족의 우유 봉헌제가 좋은 예이다). 물론 산 제물을 죽여 피로써 제사를 지내는 종족도 있다(케냐의 갈라 인이 그렇다). [18] 이 세계의 기둥이 집과는 무관한 장소를 상징하는 경우도 있다. 고대 게르만 인(772년 샤를마뉴가 파괴한 우상인 이르민술[Irminsūl]이 좋은 예이다), 랩 인, 우그르 인의 무속에서 이런 예를 찾아볼 수 있다. 오스티야크 인은 이 제의적인 기둥을 "마을 한복판에 있는 권능의 기둥"이라고 부른다. 창갈라의 오스티야크 인은 이 기둥을 "쇠기둥 인간"이라고 이름하고 기도할 때는 이 기둥을 "사나이" 혹은 "아버지"라고 부르면서 산 제물을 바친다. [19]

세계의 기둥이라는 상징체계는 이집트, 인도, [20] 그리스, 메소포타미아 등, 보다 진보한 문화권에서도 찾아볼 수 있다. 가령 비빌로니아 인의 경우 하늘과 땅의 연결 고리——우주의 산 혹은 모사(模寫)한 지구라트, 사원, 왕도(王都), 궁전으로 상징하고 있는 연결 고리——가 때로는 천상의 원주(圓柱)로 상상되고는 했다. 곧 소개할 것이지만 비슷한 관념은 다른 이미지, 말하자면 나무, 다리, 계단 같은 것으로 표현되기도 한다. 그러니까 이 복합체가, 우리가 "중심"의 상징이라고 불러온 하나의 상징체계를 구성하는 것이다. 이 중심의 상징은, 대부분의 "원시" 문화에서도 산견(散見)되는 것으로 보아, 아주 오랜 옛날부터 있어왔던 것인 듯하다.

이러한 관점에서 다음과 같은 점을 강조해두고 싶다. 즉 세 권역을 서로 교통한다는 우주론적 관념에서 본다면 샤만 고유의 체험이 신비 체험으로 평가될 수 있는 것은 분명하지만, 이 우주론적 관념이 시베리아나 중앙 아시아 샤마니즘은 물론이고 다른 어떤 샤마니즘의 이데올로기에만 배타적으로 존재하는 것은 아니라고 하는 점이다. 이러한 관념은, 천상계와의 직접적인 교통을 가능하게 한다는 신앙과 관련되는데, 이러한 신앙은 세계 어느곳에서든 쉽게 찾아볼 수 있다. 이 교통은 대우주적 차원에서는 축(나무, 산 , 기둥 등)을 통해서 표현되고 소우주적 차원에서는 집 중앙의 기둥이나 천막 천장에 뚫려 있는 구멍을 통해서 표현된다. 말하자면 **인간의 모든 주거는 "세계의 중심"을 향해 열려**[21] 있으며 제단이나 천막이나 집은 모든 차원에서의 돌파구, 따라서 천상으로의 상승을 가능케 하는 매개물임을 뜻하는 것이다.

고대문화에서 하늘과 땅의 통로는 일반적으로 천상의 신들에게 공물을 바치는 데 사용되는 통로이지, 인간의 승천을 위한 통로는 아니다. 인간을 승천시킬 수 있는 것은 오로지 샤만뿐이다. 오로지 샤만만이 "중앙의 구멍"을 통하여 인간을 승천시킬 방법을 알고 있고 오로지 샤만만이 우주적-신학적 관념을 **구체적 신비 체험** 으로 변용시킬 수 있는 것이다. 이것은 대단히 중요하다. 이러한 사실은 가령 평범한 북아시아 인의 종교 생활과, 북아시아 샤만의 종교 체험의 차이를 설명해준다. 샤만의 종교 체험은 **개인적 및 접신적 체험** 이다. 바꾸어 말하면, 한 모듬살이의 다른 구성원에게는 이러한 체험이 우주론적 상징성에 지나지 않지만 샤만들(혹은 영웅들)에게는 이것이 대단히 신비스러운 여정(旅程)인 것이다. 모듬살이의 여느 구성원들에게, "세계의 중심"은 기도와 제물을 천상의 신들에게로 보내는 마당이지만 샤만들에게는 바로 이 마당이 글자 그대로 천상계를 향하여 이륙하는 마당이다. 바로 이런 까닭에, 세 우주 권역간의 현실적 교통은 샤만에게만 가능한 것이다.

독자들은 기억할 것이다. 앞에서 우리는, 인간이 쉽사리 천상으로 올라가 신들과 가까이 사귀던 저 낙원시대의 신화를 인용한 바 있다. 주거의 우주론적 상징체계와 샤만의 비상 체험은 바로 이러한 고대신화가 있었음을 확인시켜준다. 그러니까 이야기는 이렇게 된다. 태초에 인간과 신들 사이에 존재하던 **용이한 교통체계** 가 무너진 뒤, 특권을 가진 어떤 존재(바로 샤만)가, 여느 인간을 위하여 천상계와의 관계를 정상화한 것이다. 바로 이러한 샤만에게는 "중앙의 구멍"이 옛날과 마찬가지로 천상계로 비상하는 통로이지만 여느 사람들에게는 신들에게 제물을 보내는 통로로밖에는 이용되지 않는다. 그러니까 샤만은 바로 샤만 자신이 지닌 접신 체험의 능력으로 인하여 그 특권적인 지위를 누리게 되는 것이다.

우리는 지금까지, 샤마니즘이 내포하고 있는 이데올로기의 세계적 특징을 밝히기 위해 바로 이점을 여러 차례에 걸쳐 강조하지 않을 수 없었다. 우리가 보기에 이점이 특히 중요할 것 같아서였다. 샤만은 그가 속한 종족의 우주관이나 신화나 신학을 창조한 것이 아니었다. 샤만은 오로지 이러한 것을 내면화하고 "체험"하고 스스로의 접신 여행을 위한 여정에 이것을 이용해온 데 지나지 않는 것이다.

우주산

하늘과 땅을 연결하는 "세계의 중심"의 또 하나의 신화적 이미지가 바로 우주산(Cosmic Mountain)이다. 알타이 타타르 인은 바이 월갠이 천상의 한가운데에 있는 황금산 꼭대기에 앉아 있다고 믿는다.[22] 아바칸 타타르 인은 이 산을 "철(鐵)의 산"이라고 부른다. 몽고인, 부르야트 인, 칼미크 인은 이 산을 숨부르(Sumbur), 수무르(Sumur) 혹은 수메르(Sumer)라고 부르는데, 이러한 명칭은 인도의 영향을 받은 것임이 분명하다(인도 인들은 이 산을 메루 산[Mount Meru]이라고 한다). 몽고인과 칼미크 인은 이 산이 3층 혹은 4층, 시베리아 타타르 인은 7층으로 이루어져 있다고 믿는다. 야쿠트 인의 샤만이 접신 여행중에 오르는 산도 7층으로 되어 있다. 이 산의 꼭대기는 북극성, 즉 "하늘의 배꼽"에 닿아 있다. 부르야트 인은 북극성이 이 산의 꼭대기에 붙어 있다고 믿는다.[23]

세계의 중심으로서의 우주산 관념을 반드시 오리엔트적 발상이라고 볼 수만은 없다. 우리가 앞에서 보아왔듯이, "중심"의 상징체계는 고(古) 오리엔트 문명의 발생에 앞서고 있는 듯하기 때문이다. 그러나 중앙 및 북 아시아의 여러 민족들(이들이 "세계의 중심" 및 우주축의 이미지를 알고 있었음은 의심할 여지가 없다)의 고대전승은, 그 원류가 메소포타미아(이란을 통해 전파된)에 있든 인도(라마 교를 통해 전파된)에 있든, 끊임없이 오리엔트의 종교적 관념의 영향을 받으면서 변용되어왔다. 인도의 우주론에 따르면 메루 산은 "세계의 중심"에 솟아 있고 북극성은 그 위에서 빛난다.[24] 인도의 신화가, 신들이 이 우주산(=세계의 축)을 잡고 원초의 대양(大洋)을 휘젓자 여기에서 우주가 탄생했다고 주장하듯이 칼미크의 신화도 신들이 수메르 산을 작대기 삼아 대양을 저어 해를 만들고 달을 만들고 별을 만들었다고 주장한다.[25] 중앙 아시아의 또 다른 신화에도 인도적 요소가 혼입된 흔적이 엿보인다. 가령 몽고의 신 오치르바니(Ochirvani=인도의 Indra)가 독수리인 가리데(Garide=인도의 Garuda)의 모습을 하고, 원초의 바다에 사는 뱀인 로순(Losun)을 잡아 수메루 산에 세 바퀴 동여감고 마침내 머리통을 부숴버렸다는 이야기가 그것이다.[26]

이란의 하라베레자이티(Haraberezaiti=Elbruz), 고대 게르만의 히밍뵈르그(Himingbjörg)가 좋은 예가 되겠지만, 오리엔트와 유럽의 신화를 여기에서 일일이 열거할 필요는 없을 듯하다. 메소포타미아 인은 이 산이야말로 지역과 지역을 연결하는 "대지의 산"이라고 믿는다. [27] 바빌로니아의 사원이나 신성한 탑의 이름을 들어보면 이러한 이름 역시 우주산과 관계가 있음을 알 수 있다. 바빌로니아 인들은 사원이나 신성한 탑을 "집의 산," "온 대지의 산 중의 산," "폭풍의 산," "천상과 지상을 잇는 고리" 등의 이름으로 부른다. [28] 엄밀하게 말하자면 지구라트는 우주의 산, 우주의 상징이었다. 지구라트의 일곱 개 층은 일곱 개의 현세적 천국(보르시파에 있는 지구라트의 경우) 혹은 세상의 일곱 색깔(우르에 있는 지구라트의 경우)를 표상하는 것이었다. [29] 그래서 보로부두르의 사원, 즉 진실의 우주상(imago mundi)은 산의 모양으로 지어져 있는 것이다. [30] 인위적으로 쌓은 산 모양은 인도는 물론이고 몽고 및 동남 아시아에서도 어렵지 않게 찾아볼 수 있다. [31] "중심"의 상징체계(산, 기둥, 나무, 거인)가 인도에서 가장 오래된 정신성의 상징인데도 불구하고 이 상징의 원류는 메소포타미아에서 인도 및 인도양 주변국가로 확산된 것으로 보인다. [32]

팔레스티나 타보르 산(Mount Tabor)은 타부르(ṭabbūr), 즉 "배꼽"인 옴팔로스를 뜻하는 듯하다. 팔레스티나 중앙에 있는 게리짐 산(Mount Gerizim)도 "땅의 배꼽"이라는 이름으로 불리는 것으로 보아 "중심"의 권능이 부여된 산임이 분명하다. [33] 페트루스 코메스토르(Petrus Comestor)가 채록한 전승에 따르면, 하지(夏至) 때 야곱의 샘(게리짐 산 가까이에 있는) 근처에 서면 그림자가 생기지 않는다. 코메스토르는, "혹자는 그곳을 일컬어 우리가 사는 땅의 배꼽이라고 한다(Sunt qui dicunt locum illum esse umbilicum terrae nostrae habitabilis)"고 덧붙인다. [34] 고지에 위치한(결국 우주산 꼭대기에 가까이 있는) 팔레스티나 땅은 노아의 홍수 때도 잠기지 않았다. 유대 교 경전은 "이스라엘 땅은 노아의 홍수 때도 물에 잠기지 않았다"고 쓰고 있다. [35] 초기 기독교인들에게, 골고다는 "세계의 중심"에 있는 언덕이었다. 그들에게 골고다는 우주산의 꼭대기인 동시에 아담이 창조되고 아담이 묻힌 곳이기도 했다. 그래서 구세주의 피는 십자가 바로 밑에 묻혀 있던 아담의 해골에 정확하게 떨어졌고, 그래서 아담의 원죄가 사함을 얻은 것이다. [36]

우리는 다른 저서에서 이미, 이 "중심"의 상징체계가 고대("미개") 문화와 동양의 위대한 문명사에 얼마나 자주 등장하고 또 얼마나 중요한 역할을 하는가 하는 문제를 다룬 바 있다. [37] 간단하게 요약하면 이렇다. 많은 사람들은 궁전이나 왕도[38] 심지어는 여염집까지도 우주산의 꼭대기에 있는 "세계의 중심"에 있는 것으로 믿었다. 우리가 앞에서 살펴보았듯이 이 상징체계는 참으로 의미심장하다. 궁전이나 왕도나 여염집이 있는 "세계의 중심"은 우주적 평면의 돌파구, 바꾸어 말하면 천상과의 교통이 가능한 장소에 있기 때문에 의미심장한 것이다.

장차 샤만이 될 자가 이 무병(巫病)중에 오르는 산, 후일 샤만이 되어 접신 여행중에 오르게 되는 산이 바로 이 우주산이다. 우주산 오르기는 "세계의 중심"으로의 여행을 상징한다. 앞에서 보아왔듯이, 이 "중심"은 갖가지 상징적인 모습으로 드러난다. 가령 이것은 인간의 주거 구조에서도 상징적인 모습을 드러낸다. 그러나 실제로 이 우주산에 오르는 것은 샤만이나 영웅들뿐이다. 무의(巫儀)중의 샤만은 외관상으로는 제의적인 나무를 오르는 데 불과하지만 그의 영혼은 세계수를 올라 하늘의 가장 높은 곳에 있는 우주의 꼭대기에 이른다. 그 까닭은, 세계수의 상징체계는 중심의 산을 보완하는 것이기 때문이다. 이 두 상징체계가 일치하는 때가 있기는 하나 여느 때는 상호 보완적인 역할을 하는 것이 보통이다. 그러나 이 두 상징이 우주축(세계의 기둥)의 신화적 계통에서 발전한 것이기는 마찬가지이다.

세계수

여기에서 세계수에 관한 방대한 고문서를 개관하는 것은 적절하지 못할 듯하다. [39] 여기에서는 세계수의 문제를 다루되, 중앙 아시아와 북아시아에서 가장 빈번하게 발견되는 테마를 소개하고 샤만적 원리와 그 체험에서 이 상징체계가 맡는 역할을 밝히는 것으로 문제를 국한시키고자 한다. 샤만에게 우주는 필요 불가결이다. 샤만은 바로 이 우주수로 자기의 무고를 만든다. [40] 뿐만 아니라 샤만은 의례 때 자작나무를 오름으로써 우주수의 맨꼭대기로 오르는 행위를 대신한다. 샤만의 천막 안팎에는 바로 이 우주수를 상징하는 나무가 세워져 있다. 샤만은 자기 무고에도 이 우주수의 모양을 그린다. [41] 우주론적으로 말하자면, 세계수는 지구의 중심, 말하자면 이 세상의 "움빌리쿠스(umbilicus : 배꼽)"에 솟아 있고 나무의 꼭대기는 바이 윌갠의 궁전에 닿아 있다. [42] 아바칸 타타르 인의 전설에 따르면 철의 산꼭대기에는 일곱 개의 가지가 돋은 흰 자작나무가 자라고 있다. 몽고인은 우주산을, 중앙에 나무가 한 그루 서 있는 사면(四面) 피라밋으로 상상한다. 몽고인들은 신들이, 세계의 기둥에 그렇게 하듯이, 바로 이 나무에 말을 맨다고 믿는다. [43]

나무는 우주의 세 권역을 연결한다. [44] 바시유간 오스티야크 인은 이 나무의 가지는 하늘에 닿아 있고 뿌리는 저승에 닿아 있다고 믿는다. 시베리아 타타르 인에 따르면, 천상의 나무(Celestial Tree)와 아주 똑같은 나무 한 그루가 하계의 저승에서 자라고 있다. 뿌리가 아홉 가닥인 전나무(혹은 아홉 그루의 전나무)가 사자(死者)의 왕인 이를레 칸의 궁전 앞에서 자라고 있는데, 사자의 왕과 그 아들들은 바로 이 나무의 둥치에다 말을 맨다. 골디 인은 우주수는 모두 세 그루라고 믿는다. 즉 한 그루는 천상에 있고(인간의 영혼은 새처럼 이 나무의 가지에 앉아, 지상에서 다시 아기로 태어날 때를 기다린다) 한 그루는 지상에 있으며 나머지 한 그루는 하계에 있다. [45] 몽고인은 잠부(Zambu)라는 나무가 있는데, 이 나무의 뿌리는 수메르 산 바닥을 꿰뚫고 있고 수관(樹冠)은 수메르 산 정상을 뒤덮고 있는 것으로 믿는다. 몽고인의 신들(Tengeri)은 이 나무의 열매를 먹고 살고 우주산의 골짜기에 숨어 사는 악마들(asuras)은 그런 신들의 모습을 선망의 눈초리로 바라본다. 칼미크 인과 부르야트 인에게도 이와 아주 비슷한 신화가 있다. [46]

이 세계수의 상징체계에는 몇 가지 종교 관념이 녹아 있다. 세계수는 끊임없이 재생을 반복하는 우주[47]를, 우주적 생명의 무한한 원천을, 거룩한 것을 갈무리하는 신성한 저장고(천상의 거룩한 모든 것을 수용하는 "중심"에 있으므로)를 상징하는가 하면, 천상의 천국 혹은 현세의 천국을 상징하기도 한다. [48] 세계수가 현세의 천국을 상징하는 문제에 관해서는 뒤에 자세히 다루게 되겠지만, 이 상징체계는 중앙 아시아와 시베리아 샤마니즘에서는 필요 불가결한 역할을 맡는다. 그러나 많은 고대전승에서 세계의 신성성, 풍요성, 영속성을 나타내는 이 우주수가 한편으로는 창조, 다산, 입문, 최종적으로는 절대적 실재 및 불멸성의 관념과 관련되어 있다는 데 유의할 필요가 있다. 그러니까 세계수는 생명의 나무인 동시에 영원불멸의 나무인 것이다. 무수한 유사 신화 및 보완적 상징(여성, 원

천, 우유, 동물, 과실 등)으로 분식되어 있어도 결국 우주수 자체는 생명
의 저장소, 운명의 지배자로 나타나고 있는 것이다.

달의 상징체계 및 입문의례의 상징체계에서 구상화되어 수많은 "미개"
종족 사이에서 발견되는 것으로 보아 이 같은 관념은 대단히 오래된 것인
듯하다. [49] 그러나 이러한 관념 자체가 수정과 변용을 거치면서 발전해왔
기 때문에 우주수의 상징체계는 무궁무진하다. 동남 아시아가 중앙 아시
아와 북아시아 민족의 우주론(현재 그 모습을 우리에게 보여주고 있는)에
영향을 미쳐왔다는 것은 의심할 여지가 없다. 특히 영혼의 저장소 혹은
"운명의 서(書)"로서의 우주수 관념은 보다 진보된 문명권으로부터 이입
된 것으로 보인다. 결국 세계수는 스스로 **살아 있는** 나무, **생명을 주는** 나무
인 것이다. 야쿠트 인은 "세상의 황금 배꼽"에 가지가 여덟 개인 나무가
자라고 있다고 믿는다. 이 나무가 자라고 있는 "세상의 황금 배꼽"은 원
초적인 낙원이다. 이 낙원은, 최초의 남성이 태어나, 나무 둥치에서 윗몸
만 내민 여성의 젖을 먹고 자라는 그런 땅이다. [50] 하르바가 지적하고 있
듯이[51], 북시베리아의 열악한 기후대에서 사는 야쿠트 인이 이런 신화를
발명했으리라고는 믿어지지 않는다. 이와 같은 신화는, 인도나 이란은 물
론 고대 동방의 문화권에서 두루 발견된다. 인도 신화의 경우 최초의 남
성인 야마(Yama)가 기적의 나무 곁에서 신들과 함께 술을 마시는 것으
로 되어 있고[52] 이란 신화의 경우는 이마(Yima)가 우주산에서 인간과
짐승들에게 불사의 권능을 나누어주는 것으로 되어 있다. [53]

골디 인, 돌간 인, 퉁구스 인은 사람으로 태어나기 전에 인간의 영혼은
어린 아기의 영혼인 상태로 새처럼 우주수의 가지에 앉아 있다가, 샤만의
눈에 들어 이 세상에 태어난다고 믿는다. [54] 신참 샤만이 입무과정에서 꾸
는 꿈 이야기에서 살펴보았듯이, [55] 이 신화적 모티프는 중앙 및 북아시아
에서만 볼 수 있는 것이 아니다. 이러한 모티프는 아프리카나 인도네시아
에서도 찾아볼 수 있다. [56] 우주론적 도식, 즉 나무-새(=독수리) 혹은,
꼭대기에는 새가 앉아 있고 뿌리에는 뱀이 또아리를 틀고 있는 나무(중앙
아시아 인과 고대 게르만 인들의 전형적인 상징이기는 하지만)는 오리엔
트에 그 기원을 두고 있는 듯하다. [57] 그러나 이와 같은 상징체계는 유사
(有史) 이전의 기념비나 유물에서도 찾아볼 수 있다. [58]

나무는 나무이되 조금 다른 테마를 다루고 있는 상징——역시 다른 문
화권에서 이입된 것임에 분명한——이 바로 나무-운명의 서라는 상징이

다. 오스만리 터키 인(Osmanli Turks)은 생명의 나무에는 100만 장의 잎이 달려 있다고 믿는다. 이 잎에는 한 사람의 운명이 기록되고 있고 한 사람이 죽을 때마다 나뭇잎이 한 장씩 떨어진다. [59] 오스티야크 인은 여신이 7층으로 된 천상의 산에 앉아서, 가지가 일곱 개인 나무에서 사람이 태어날 때마다 그 운명을 기록한다고 믿는다. [60] 바타크 인에게도 같은 신앙체계를 찾아볼 수 있다. [61] 그러나 터키 인이나 바타크 인의 신화에는 비교적 후대에 기록된 상징체계가 수용되어 있다. 따라서 이러한 신화는 오리엔트에서 이입된 것임이 분명하다. [62] 오스티야크 인 역시 신들이 "운명의 서"를 보고 태어날 아기의 미래를 정하는 것으로 믿는다. 시베리아 타타르 인의 전설에 따르면, 일곱 신들이 새로 태어난 아기의 운명을 "생명의 서"에다 적는다. [63] 그러나 이러한 상징체계는 메소포타미아에서 온 것임이 분명하다. 메소포타미아적 관념인 일곱 행성이 박힌 하늘은 곧 "운명의 서"를 뜻한다. 우리가 이런 문맥에서 우수수 이미지를 언급하고 있는 것은, 샤만이 바로 최후의 천상에 있는 이 우주수의 꼭대기에 이르러 동아리의 "미래"와 특정 "영혼"의 "운명"을 알고자 하기 때문이다.

신비의 수, 7과 9

일곱 개의 가지가 있는 우주수가 일곱 행성이 박힌 하늘과 동일시되는 믿음은 메소포타미아에 그 기원을 두고 있는 것이 확실하다. 그러나 되풀이해서 말하거니와, 그렇다고 해서 우주수＝세계의 축이라는 아이디어가 오리엔트의 영향으로 터키-타타르 인 및 다른 시베리아 민족들에게 바로 전달되었다는 뜻은 아니다. 세계의 축을 통한 천계상승은 보편적이고, 아주 오래된 관념으로, 천상의 일곱 권역(＝일곱 행성이 박힌 하늘)을 가로지르는 관념보다도 더 유서가 깊다. 천상의 일곱 권역을 가로지른다는 아이디어는, 메소포타미아에서 일곱 행성이 박힌 하늘이 상정된 뒤에야 중앙 아시아 전역에 전파된 것에 지나지 않는다. 3이라는 수——세 우주권역을 상징하는[64]——의 종교적 가치는 7이라는 수의 가치에 선행하는 것으로 알려져 있다. 9천(天)(아홉 신들, 우주수의 아홉 가지 등)이라는 말도 들리는데, 이 9라는 신비로운 수는 3×3이라는 수식으로 설명될 듯하다. 따라서 이것은 메소포타미아에 그 기원을 두고 있는 7이라는 수의

상징체계보다 훨씬 유서가 깊은 것으로 보인다.[65]

알타이 샤만은 일곱 혹은 아홉 개의 천계(天階)를 상징하는 일곱 개 혹은 아홉 개의 눈금(tapty)이 새겨진 나무나 기둥을 오른다. 아노킨이 지적하고 있듯이[66] 샤만이 극복해야 하는 "장애물," 즉 푸닥(pudak)은 실제로 샤만이 들어가야 하는 아홉 천계(天界)를 의미한다. 야쿠트 인이 혈제(血祭)를 지낼 때면, 샤만은 천막 밖에다 아홉 개의 눈금이 새겨진 기둥을 세우고 천상의 신인 아이 토욘(Ai Toyon)에게 제물을 드리기 위해 이 기둥을 오른다. 앞에서 소개했듯이, 시보 인(퉁구스 인과 관계있는)의 입무의례에는 발판을 새긴 나무가 등장한다. 샤만은 자기 천막 안에도 아홉 개의 눈금을 새긴 작은 나무를 한 그루 세운다.[67] 이 작은 나무 역시 샤만이 천계로 접신 여행을 할 수 있음을 보여준다.

우리는 오스티야크 인의 우주의 기둥에도 일곱 개의 눈금이 새겨지는 것을 알고 있다.[68] 보굴 인은, 일곱 개의 가로장이 있는 사다리를 올라야 천상에 이르는 것으로 믿는다. 7천(天)이라는 개념은 동남 시베리아에서는 보편적이다. 그러나 이 지역이라고 해서 반드시 7천의 개념만 있는 것은 아니다. 9천이 있는가 하면 16천, 17천, 심지어는 33천도 있다. 분포지역도 7천 개념의 분포지역 못지않게 광범위하다. 곧 알게 되겠지만 천계의 수 사이의 상관관계를 주장하는 사람이 있기는 하나 아무래도 그런 주장에는 무리가 있어 보인다.

알타이 인에게도 7천이 있는가 하면 12천도 있고 16천, 17천도 있다.[69] 텔레우트 인 샤만은 나무에다 16개의 눈금을 새김으로써 천계가 16개임을 암시한다.[70] 최고천(最高天)에는 "자비로운 천왕"인 텡게레 카이라 칸(Tengere Kaira Kan)이 있고, 그 아래의 3천에는 텡게레 카이라 칸이 일종의 발산물로 생산한 주요한 세 신이 있다. 바이 윌갠은 제16천에 있는 황금 산정의 황금 옥좌에 앉아 있다. "아주 강한 신"인 키수간 텡게레(Kysugan Tengere)는 제9천에 있다(제15천에서 제10천까지에 어떤 신이 있는지는 자세하게 알려져 있지 않다). "전지(全知)한 신"인 메르겐 텡게레(Mergen Tengere)는 제7천에 있는데, 태양이 있는 곳도 바로 이 제7천이다. 그 아래의 천계에는 다른 신들 그리고 수많은 반신(半神)들이 살고 있다.[71]

아노킨은 같은 알타이의 타타르 인에게서 전혀 다른 전승을 발견했다.[72] 즉 절대신인 바이 윌갠이 최고천인 제17천에 살 뿐, 텡게레 카이라

칸은 아예 빠져버린 것이다(앞에서 언급한 바 있거니와 이 신은 현대의
종교에서는 그 모습을 감추고 있다). 바이 윌갠의 아들 7형제와 딸 9자매
역시 천계에 사는 것은 분명하나 어느 천계에 사는지를 밝혀줄 만한 자료
는 전해지고 있지 않다. [73]

천상신의 아들들(혹은 종들) 7형제 혹은 9형제 모티프가 중앙 아시아와
북아시아 전승에서는 자주 나타난다. 이러한 전승은 우그르 인이나 터키
-타타르 인에게서도 찾아볼 수 있다. 보굴 인의 전승에는 신의 아들 7형
제가 등장하고 바시유간 오스티야크 인의 전승에는 제7천에 사는 일곱 신
이 등장한다. 이 일곱 신들 중 최고신은 눔 토렘(Num-Tôrem)이다. 다
른 신들은 "하늘의 수호신들"(Tôrem-Karevel) 혹은 "하늘의 통역"이라
고 불린다. [74] 야쿠트 인의 전승에는 일곱 절대신이 등장한다. [75] 그러나
몽고 신화에는 "신의 아들 9형제" 혹은 "신의 종들"이 등장한다. 이들은
수호신들(sulde-tengri)인 동시에 군신(軍神)들이다. 부르야트 인들은
심지어는 이 절대신의 아들 9형제의 이름까지 일일이 거명한다. 그러나
이 이름은 지역에 따라 서로 다르다. 이 9라는 수는 볼가와 체레미스에
분포하는 추바쉬 인(Chuvash)의 의례에도 등장한다. [76]

일곱 신 혹은 아홉 신, 일곱 천계 혹은 아홉 천계 이미지가 있는가 하
면, 중앙 아시아에는 이보다 더 많은 동아리 신들이 등장하기도 한다. 수
메루 산에 살고 있는 것으로 믿어지는 33신(Tengri)이 바로 이들이다.
이 33이라는 수는 인도에 그 기원을 두고 있는 것 같다. [77] 베르비츠키는
알타이 인에게서 33천의 개념을 찾아낸 바 있고, 카타노프(N. V.
Katanov)는 소요트 인에게서 똑같은 개념을 찾아낸 바 있다. [78] 그러나
이 33이라는 숫자 개념은 자주 발견되는 것으로 보아 후대에 인도로부터
유입된 것으로 보인다. 부르야트 인에 이르면 이 신들의 숫자는 세 갑절
로 불어나 99명이 된다. 말하자면 99명의 신들이 지역에 따라 흩어져 있
다. 그러니까 55선신(善神)은 남서지역에 살고 44악신은 북동지역에 있
는 것이다. 이 두 무리의 신들은 아주 오랜 옛날부터 심하게 싸워온 처지
이다. [79] 몽고인도 옛날에는 99텡그리를 믿어왔다. [80] 그러나 부르야트 인
과 몽고인들에게는 이들 신에 관한 자세한 전승이 남아 있지 않다. 이들
이 입에 올리는 신들의 이름은 모호하고 그래서 부자연스럽기까지 하다.

그러나 천상의 절대신에 대한 믿음이 중앙 아시아와 극북지방 고유의
믿음이고 또 상당히 그 유서가 깊은 신앙체계라는 데 유의해야 한다. [81]

7이라는 숫자가 오리엔트적이기는 하나 신자(神子)에 대한 신앙은 고대의 오리엔트의 신앙이 아니다. 따라서 후일에 다른 문화권으로부터 유입된 것으로 보아야 한다. 7이라는 수의 상징이 전파되는 데는 샤만의 이데올로기가 중요한 역할을 한 것으로 보인다. 가스(A. Gahs)는, 달의 조상으로 보는 신화적-문화적 복합은, 토박이인 무혈 공희제(無血供犧祭 : 천상의 절대신에게 머리와 뼈를 바치는 제사)를 밀어내고 그 자리를 차지한 남방 기원의 주기적인 "무속적" 혈제(血祭)가 그렇듯이, 일곱 개의 상처가 있는 우상 및 일곱 개의 가지가 있는 수(樹)-인(人)과도 관계가 있다고 고찰하고 있다. [82] 그러나 이 수-인은 어쩌면 유라크-사모예드 인의 우상인지도 모른다. 유라크-사모예드 인은 땅의 영신[地靈]에게는 아들 7형제가 있다고 믿는데, 이들의 우상(sjaadai)은 일곱 면(面) 혹은 일곱 개의 상처 혹은 일곱 군데 갈라진 데가 있는데, 바로 이 우상은 성수(聖樹)와 관계가 있다. [83] 우리는 앞에서 샤만이 천상에 있는 일곱 천녀(天女)의 목소리를 상징하는 일곱 개의 방울을 다는 예를 보았다. [84] 에니세이 오스티야크 인의 신참 샤만은 동아리에서 떨어져 은거하면서 날다람쥐를 잡아먹는데, 이때 그는 날다람쥐를 여덟 토막으로 잘라 일곱 토막은 먹고 여덟번째 토막은 내버린다. 이렇게 이레 동안 은거한 뒤 신참 샤만은 마을로 돌아와 샤만이 되었음을 상징하는 징표를 받는다. [85] 이 신비스러운 숫자인 7은 샤만의 무술(巫術)과 접신에서 아주 중요한 역할을 맡고 있음이 분명하다. 유라크-사모예드의 신참 샤만은 이레 밤낮을 혼절한 상태에서 지내는데 이때 영신들이 와서 그의 몸을 해체하고 성무를 마무리짓는다. [86] 오스티야크 인과 랩 인 샤만은 일곱 개의 얼룩무늬가 있는 버섯을 먹고 탈혼망아 상태에 이른다. [87] 랩의 사무(師巫)는 제자에게 일곱 개의 얼룩무늬가 있는 버섯을 주기도 한다. [88] 유라크-사모예드 샤만은 일곱 개의 손가락이 있는 장갑을 끼는가 하면[89] 우그르 샤만에게는 일곱 명의 보호영신이 있는[90] 등, 이 7이라는 숫자에 중요성을 부여했을 것이다. [91] 그렇다면 중앙 아시아와 북아시아에서도 같은 현상이 일어났을 것임이 분명하다.

이 연구에서 우리가 주목해야 하는 것은, 샤만이 이 모든 천계에 관한 직접적인 지식, 이 모든 천계에 사는 신들과 반신(半神)들에 관한 직접적인 지식을 가지고 있다는 점이다. 샤만이 이 천계를 제1천, 제2천 차례로 들어갈 수 있는 것은 바로 이 천계에 사는 신들의 도움을 받기 때문이다.

샤만은 바이 월갠을 만나기 전에 먼저 수많은 천계의 신들과 반신들을 만나 그들의 도움을 얻고 그들의 보호를 받는다. 샤만은 지하계에서도 비슷한 체험적 지식을 사용한다. 알타이 인은 지하계의 입구가 땅의 "연기구멍"에 있다고 믿는다. 물론 이 연기구멍은 땅의 "중심"에 있다. (이 "중심"은, 중앙 아시아의 신화에 따르면 천공의 중심에 대응하는 것으로 늘 북방에 위치한다. [92] "북방"은 인도에서 시베리아에 이르기까지, 아시아 전역에서 "중심"과 동일시되고 있기 때문이다.) 많은 사람들은 일종의 상하대칭 개념으로 지하계를 상상한다. 그러니까 지하계에도 천상계와 같은 수의 계(階)가 있는 것으로 상상하는 것이다. 천상계가 3천으로 되어 있다고 믿는 카라가스 인이나 소요트 인에게는 지하계 역시 3계로 되어 있고, 천상계가 7천 혹은 9천이라고 믿는 중앙 아시아와 북아시아 인에게는 지하계 역시 7계 혹은 9계로 되어 있다. [93] 우리는 앞에서 알타이 샤만이 지하계의 "상애물"인 푸닥(pudak) 일곱 개를 차례로 지니는 것을 본 바 있다. 이 지하계에서 이러한 경험적 지식을 활용하는 사람은 오직 샤만뿐이다. 7천 혹은 9천을 넘나들듯이 지하계를 넘나들고도 살아서 돌아올 수 있는 것은 오직 샤만뿐인 것이다.

오세아니아 지역의 샤마니즘과 우주론

중앙 아시아 및 북아시아와, 인도네시아 및 오세아니아 샤마니즘의 복잡한 현상을 비교할 것이 아니라 우선 동남 아시아 지역의 자료에 눈을 대어보기로 하자. 우리는 동남 아시아 자료에 눈을 댐으로써 다음의 두 가지 점, 즉 1)이 지역에 분포하는, 세 우주 권역과 우주축이라는 고대 상징체계의 존재 2)토착 종교의 기저에 흐르는 인도의 영향(7이라는 수의 우주론적, 종교적 역할에서 감지할 수 있는)을 논증하고자 한다. 사실 중앙 아시아 및 북아시아와, 인도네시아 및 오세아니아라는 두 문화 블록은, 고도의 문화적 세례를 받고 토착 문화전승이 수정되어왔다는 측면에서 공통된 특징을 보이고 있는 것 같다. 그러나 우리의 의도는 인도네시아 및 오세아니아 지역의 전승을 역사-문화적으로 분석하는 데 있지 않다. 그것은 이 책의 성격에도 벗어나는 일이다. [94] 우리의 작업은, 여기에서 샤마니즘이 어떤 이데올로기를 통하여 발달해왔는지, 샤마니즘이 어떤 접신술을 발전시켜왔는지를 가늠하는 하나의 이정표를 세우는 데 국한하고자 한다.

말레이 반도에서 사는 가장 오래된 종족의 하나인 세망 피그미 인에게도 세계축의 상징체계가 있다. "세계의 중심"에 서 있다는 거대한 바위, 바투 리븐(Batu Ribn)이 그것이다. 바로 이 바투 리븐의 아래에 지하계가 있다고 그들은 믿는다. 옛날에는 이 바투 리븐에서 천상을 향하여 한 그루 나무가 서 있었다고 한다. [95] 에반스(Evans)가 수집한 자료에 따르면, 돌기둥인 바투 헤렘(Batu Herem)이 하늘을 떠받친다. 바투 헤렘의 꼭대기는 천계의 궁륭을 뚫고 타페른(Tapern) 위로 솟아 있다. 이 타페른 하늘은 리고이(Ligoi) 천계에 있는데, 이곳이 바로 치노이(Chinoi)가 유유자적하는 곳이다. [96] 지하계와 땅의 중심과 하늘의 "문"은 동일한 축에 위치한다. 옛날에는 바로 이 축을 이용하여 하나의 우주 권역에서 다른 우주 권역으로 이동할 수 있었다. 이것은 유사 이전에 이미 그 윤곽을 보이던, 상당한 근거가 있는 논리이다. 그러나 그런 논리가 있었든 없었든 세망 피그미 인이 지닌 우주론적 도시의 진실성을 믿는 데 주저할 필요는 없다. [97]

세망의 치료술사와 이들이 지닌 주술적 기술에 대한 동아리의 신앙을 조사해보면 이들의 무속이 말레이의 영향을 받고 있음을 알 수 있다(가령 치료술사가 지닌, 호랑이로 둔갑하는 능력이 그렇다). 말레이의 무속은, 이승에서의 영혼의 운명에 관한 피그미의 믿음(곧 소개될 테지만)에도 그 영향을 미친 듯하다. 피그미 족의 경우, 죽음을 맞는 사자의 영혼은 발꿈치를 통하여 육체를 빠져나가 동쪽 바다로 떠난다. 사자의 영혼은, 죽은 지 이레 동안은 육신이 살던 마을로 찾아올 수 있다. 이 이레가 끝나면 이승에서 선하게 산 사자의 영혼은 맘페스(Mampes)의 인도를 받아 불가사의한 섬 벨레트(Belet)에 이른다. 이 섬에 이르자면 바다에 지그재그로 놓인 다리를 지나야 하는데 이 다리는 발란 바참(Balan Bacham)이라고 불린다. 바참이란, 다리 저쪽 끝에서 자라고 있는 고사리의 일종이다. 발란 바참을 지나면 사자의 영혼은 치노이 여자, 즉 치노이 사가(Chinoi-Sagar)를 만난다. 치노이 사가는 머리에다 바참 고사리를 꽂고 있는데, 사자의 영혼도 벨레트 섬에 발을 들여놓자면 머리에다 이 바참 고사리를 꽂아야 한다. 다리의 수호자인 맘페스는, 네그리토(피그미 흑인〔黑人〕)는 네그리토이되 체구가 거대한 네그리토이다. 사자를 위한 제물을 흠향하는 것도 바로 이 맘페스이다. 이 섬으로 들어온 사자의 영혼은 마피크 나무(필경은 섬 중앙에 서 있을 터인) 밑으로 간다. 여기에는 사자들이 모두 모여 있다. 그러나 신래(新來) 사자는 그 나무에 핀 꽃을 머리에 꽂을 수도 없고 그 나무에 열린 과실을 따먹을 자격도 없다. 선래(先來) 사자들이 이 신래 사자의 뼈를 모두 부러뜨리고 눈알을 뽑아 안구에다 거꾸로 박아줌으로써 내면을 들여다보게 한 후에야, 이 신참자에게는 꽃을 따서 머리에 꽂고 과실을 따서 먹을 자격이 생긴다. 이런 과정이 모두 끝나면 그제서야 신래 사자는 진짜 영신(kemoit)이 되어 나무의 과실을 먹을 수가 있다. [98] 물론 이 나무는 불가사의한 나무, 생명의 원천이 되는 나무이다. 이 나무의 뿌리에는 젖으로 가득찬 유방이 있고 이 유방에는 수많은 아기의 영신이 매달려 있다. [99] 이 아기들은 아직은 세상으로 나가지 못한 아기들이다. 에반스가 채록한 신화에는 그런 설명이 나오지 않으나 이 아기는 사자의 모습이 변한 것인 듯하다. 말하자면 지상에서의 또 한 차례 삶을 준비하고 있는 사자들의 다른 모습인 것이다.

바로 여기에서 우리는, 가지에 아기들의 영혼이 앉아 있는 생명 나무라는 관념과 만난다. 이 관념은 타 페든(Ta Pedn) 신과, 세계축 상징체계를 그 중심 상징으로 삼는 것으로 보아 토박이와는 상당히 다른 종교 복합체로 보이는데도 불구하고 신화 자체는 아주 유서깊은 것인 듯하다. 그 까닭은, 이 신화에서 한편으로는 인간과 식물의 신화적 연대성이, 다른 한편으로는 모권사회 이데올로기의 흔적이 보이기 때문이다. 인간과 식물의 신화적 연대성과 모권사회의 이데올로기는 고대의 종교 복합(천계의 절대신, 세 우주 권역의 상징체계, 천상과 지상의 교통이 쉽고도 직접적이던 태고의 신화, 즉 "실락원"의 신화)과는 인연이 없다. 게다가 사자가 이레 안에는 본래 살던 마을로 돌아올 수 있다는 것은, 후대의 인도 및 말레이로부터 영향을 받은 관념인 것으로 보인다.

사카이 인의 무속에 이르면 이러한 영향의 흔적은 훨씬 더 두드러진다. 사카이 인은, 사자의 영혼은 뒤통수를 빠져나감으로써 육신을 떠나 서쪽으로 떠나는 것으로 믿는다. 사자의 영혼은, 말레이 인들이 들어간 것과 똑같은 문을 통하여 하늘로 들어가려고 하지만 이것이 뜻대로 되지 않자 끓는 물이 들어 있는 가마솥 위로 걸린 다리, 즉 멘텍(Menteg)을 건너기 시작한다.(이것이 바로 말레이에 그 기원을 두고 있는 관념이다. [100]) 가마솥 위로 걸린 다리는 껍질을 벗겨버린 나무둥치로 되어 있다. 사악한 자의 영혼은 이 다리 위에서 미끄러져 가마솥에 빠진다. 그러면 예낭 (Yenang)이 이 영혼을 잡아 태워서 먼지로 만들어 버린 다음 그 무게를 단다. 만일 먼지가 된 영혼의 무게가 가벼우면 예낭은 이 먼지를 하늘로 날려보낸다. 그러나 여전히 무거울 경우에는 계속해서 태워, 불로써 이 영혼을 정화시킨다.[101]

셀랑간의 쿠알라 랑가트 지역에 사는 베시시 인 (Besisi)은, 베브랑 인 (Bebrang)과 마찬가지로, 사자들은 과실의 섬으로 간다고 믿는다. 이 섬은 세망 인의 마피크 나무에 견주어진다. 이 섬에서는, 사람이 늙으면 어린 아기가 되어 다시 자라기 시작한다.[102] 베시시 인의 신앙체계에 따르면 우주는 여섯 천상계와, 지상과, 여섯 지하계로 이루어져 있다.[103] 이것은 3자(三者) 구성의 개념과 인도-말레이 우주관과의 복합물임을 말해주고 있다.

자쿤 인[104]은, 사자의 무덤에다 다섯 자 높이의 기둥을 세운다. 이 기둥에는 14개의 칼자국이 나 있는데, 일곱 개는 한쪽에서 기둥에 오르는 데 필요한 칼자국, 일곱 개는 다른 한쪽에서 기둥에서 내려오는 데 필요한 칼자국이다. 이 기둥은 "영혼의 사다리"라고 불린다.[105] 이 사다리 상징체계에 대해서는 뒤에 다시 논하기로 하고[106] 지금은 기둥에 칼자국이 나 있다는 사실에만 주목하기로 하자. 자쿤 인이 알고 그랬건 모르고 그랬건 칼자국은 사자의 영혼이 지나야 하는 천계(天階)를 상징하고 있다. 이러한 사실은 오리엔트에 그 기원을 두고 있는 이런 관념이 자쿤 인 같은 "미개한" 종족에게까지 침투되어 있음을 보여주는 좋은 증거라고 할 수 있다.

북보르네오의 두순 인[107]은 사자의 영혼이 산을 오르고 내를 건넌다고 믿는다.[108] 장송(葬送)의 신화에서 산은 상승의 상징체계로 설명된다. 이러한 상징체계에는 사자들은 천상에 산다는 믿음이 내포되어 있다. 샤만이나 영웅이 입문의례적 상승에서 그렇듯이, 사자도 "산을 오른다." 이러한 무속 신앙을 만나기는 어렵지 않다. 이 시점에서 우리가 유념해야 하는 것은 우리가 지금까지 검토해온 여러 민족의 무속에서 샤마니즘이 장송신앙(산, 낙원 같은 섬, 생명의 나무) 및 우주론적 개념(세계축, 우주수, 세 우주 권역, 7천 등)에 아주 가까이 닿아 있다고 하는 점이다. 치료술사 혹은 영혼의 인도자로서의 역할을 감당하기 위하여 샤만은 지옥의 지지 (地誌 : 하늘이건, 바다건, 땅 밑이건)라고 하는 전통적인 테마를 전개한다. 이러한 테마는 외적 영향을 받고 왜곡되거나 수정되는 수는 있어도 결국 고대적 우주론이라는 그 바탕 자리를 떠나지는 않는다.

남보르네오의 응가주 드야크 인(Ngadju Dyak)의 우주관은 특이하다. 이들 역시 천상계가 있고 지상계가 있다는 것을 알고 있다. 그러나 이들은 이승을, 천상계와도 다르고 지상계와도 다른 세계라고 생각하는 것이 아니라 두 세계를 합한 것이라고 생각한다. 말하자면 이 두 세계를 반영하는 동시에 두 세계를 상징하는 세계가 바로 이승이라는 것이다.[109] 그러나 이러한 관념은 그들만의 것이 아니라, 이승의 모든 물상(物象)은 천상 및 저승에 존재하는 물상의 전형적인 모델에 지나지 않는다고 하는 고대관념의 일부를 이룬다. 그러니까 세 우주 권역이라는 개념은 세계는 단일한 것이라는 관념과 모순되지 않는다고 할 수 있다. 삼계(三界)의 유사성, 삼계를 교통하게 하는 수단을 나타내는 수많은 상징체계는 이 삼계가 단일한 것이고 바로 하나의 우주 안에 이것이 통합되어 있음을 보여준다. 따라서 우주가 세 권역으로 나누어져 있다는 것——바로 위와 같은 이유에서 우리가 강조해온 모티프——은 세계가 오묘하게도 단일한 통합체라는 사실을 배제하지도 않고, 외견상의 "이원성"을 배제하지도 않는다.

응가주 드야크 인의 신화체계는 대단히 복잡해 보이지만 그 요체는 일견 명료하다. 이 신화체계의 요체는 "우주론적 이원론"이다. 세계수는 이 이원론에 선행한다. 그 까닭은 바로 세계수로 인하여 우주가 드러나고[110] 바로 이 세계수가 두 절대적 신성(神性)을 상징하고 있기 때문이다.[111] 세계의 창조는 양극(兩極)의 근원을 나타내는 두 신성, 즉 여성(우주론적으로는 하위 영역에 있어서 나무나 뱀으로 표상된다)과 남성(우주론적으로는 상위 영역에 있어서 새로 표상된다)간의 싸움의 결과이다. 바로 이 숙적(宿敵)간의 싸움에서 세계수(=원초적인 전체성)는 붕괴한다.[112] 그러나 이 붕괴는 한순간의 일에 지나지 않는다. 인류의 창조적인 활동의 모델[본]인 세계수는 재생의 여지가 있기 때문에 붕괴하는 것이다. 우리는 이 신화에서 천상과 지상과의 신혼(神婚)이라는 고대의 우주론적 도식 (서로 상대를 보완하는 듯한 상징체계인, 새-뱀간의 신혼으로 표현되는 도식)과 달의 영향권 아래에 있던 고대 신화의 "이원론적" 구조(상반하는 것의 대립, 파괴와 창조의 갈마듦, 영원회귀)를 이해하려고 한다. 어쨌든 인도의 우주론이, 신들에 대한 분류학적 명명법에 한정되기는 하지만, 후대에 많은 종족의 토착적인 무속 소재 위에 상당한 영향을 끼친 것은 의심할 여지가 없다.

여기에서 특기해야 할 것은 드야크 인의 마을, 심지어는 집집에서도 세계수를 찾아볼 수 있다고 하는 점이다. [113] 더욱 놀라운 것은 이 나무의 가지가 일곱 개라는 점이다. 이 나무가 세계축을 상징하고 따라서 하늘에 이르는 길을 상징한다는 사실은, 인도네시아의 "사자의 배"에서도 비슷한 세계수가 발견된다고 하는 사실로도 설명된다. 인도네시아 인은 이 "사자의 배"가 죽은 사람을 명천(冥天)으로 실어간다고 믿는다. [114] 가지가 여섯 개(하늘로 솟은 나무 꼭대기를 합하면 일곱 개가 된다)이고 양쪽에 해와 달이 걸려 있는 이 나무는, 창과 비슷한 모양으로 그려진다. 이렇게 창 모양으로 그려지는 나무는, 샤만이 병자로부터 도망친 영혼을 찾으러 갈 때 타고 천상으로 오르는 "샤만의 사다리"[115]와 거의 같다. 말하자면 동일한 상징적 장식이 되어 있는 것이다. "사자의 배"에 그려지는 나무-창-사다리는, 저승에 있는 불가사의한 나무(사자의 영혼은 바로 이 나무 밑에 이르러 데바타 상기앙[Devata Sangiang] 신을 만나러 간다)를 모사한 것에 다름 아니다. 인도네시아(가령 사카이 인, 쿠부 인[Kubu], 드야크 인)의 샤만도 나무를 섬긴다. 이들은 바로 이것을 사다리로 삼아 병자의 영혼을 찾으러 영혼의 세계로 올라가는 것이다. [116] 인도네시아 샤마니즘의 접신술을 검토하면 나무-창이 맡는 역할을 이해할 수 있을 것이다. 여기에서는, 치병무의에 쓰이는 두순 드야크 인 샤만의 나무는 가지가 일곱 개라는 사실만 지적하고 넘어가기로 하자. [117]

대부분의 종교 관념을 인도로부터 받아들인 바타크 인은 우주가 세 권역으로 나누어져 있다고 믿는다. 즉 신들이 사는 7층으로 된 천상계, 인간이 사는 지상계, 악마와 사자의 보금자리인 지하계가 바로 이들이 믿는 3계(界)이다. [118] 우리는 여기에서도, 하늘과 땅이 가까울 때는 신들과 인간 사이에 교통이 잦았으나 인간이 교만해지고부터는 천상계로 통하는 길이 막히고 알았다는 실락원의 신화를 만난다. 우주의 창조자이자 다른 신들의 창조자인 바타크 인의 절대신 물라 쟈디 나 볼론(Mula djadi na bolon : "자신의 내부에 자신의 시작을 지닌 자")은 아주 머나먼 하늘에 산다. 그러니까 이 절대신은——많은 "미개인"의 절대신이 그렇듯이——데우스 오티오수스(deus otiosus : 물러앉은 신)가 된 듯하다. 말하자면 이제는 제물을 바치는 둥 마는 둥해도 괜찮은 신이 된 듯하다. 그러니까 지하계에 사는 우주사(宇宙蛇)가 언제 세상을 파괴할지 모르는 판국

인 것이다. [119)]

　수마트라의 메낭카바우 인은, 힌두 교나 이슬람 교의 영향을 강하게 받았으나 지금은 애니미즘 (精靈崇拜)에 그 바탕을 둔 혼합 종교를 믿는다. [120)] 이들의 신앙체계에 따르면 우주는 7계 (階)로 이루어져 있다. 사람이 죽으면 영혼은 무시무시한 지옥 불 위에 걸린 면도칼날을 지나야 한다. 이승에서 죄를 지은 자의 영혼은 지옥 불길로 떨어지고 선한 자는 거대한 나무가 있는 하늘로 오른다. 이렇게 하늘로 오른 영혼은 최후로 부활할 때까지 남는다. [121)] 이 신앙체계가 고대적 테마(다리, 영혼의 그릇 및 안식처로서의 생명의 나무)와 외적인 영향(지옥 불, 최후의 부활이라는 관념)의 혼합물임을 읽기는 어렵지 않다.

　니아스 인은 우주수가 만물을 생성시켰다고 믿는다. 하늘로 오르려면 사자의 영혼은 먼저 다리를 건너야 한다. 이 다리 아래에는 지하계의 심연이 있다. 천상계의 입구에는 창과 방패를 든 수문장이 있다. 수문장 옆에는 고양이가 한 마리 있다. 이 고양이는 이승에서 죄를 짓고 온 사자의 영혼을 지옥의 강으로 던져버린다. [122)]

　인도네시아의 예만 들자고 해도 한이 없다. 이러한 신화적 모티프(장송의 다리, 천상계로의 상승 등)와 이와 관련된 샤만의 기술은 뒤에 다시 다루기로 하고 여기에서는 오세아니아 지역에도, 인도와 아시아로부터 영향을 받고 상당히 다양하게 변형되어 있기는 하나 태고의 우주론적, 종교적 복합체가 존재한다는 사실을 확인한 것으로 만족하기로 하자.

제 9 장   남북 아메리카의 샤마니즘

에스키모의 샤마니즘

북아시아와 북아메리카의 역사적 관계가 실제로 어떠했든 간에 에스키모와 현재의 아시아, 심지어는 유럽의 극북(極北) 민족(추크치 인, 야쿠트 인, 사모예드 인, 랩 인) 사이에 문화적 관련이 있다는 것은 의심할 여지가 없다. [1] 이 문화적 관련 가운데 가장 중요한 연결 고리의 하나가 샤마니즘이다. 에스키모 인의 종교적, 사회적 삶 속에서 샤만은, 아시아 근린 민족의 샤만과 마찬가지로 지도적 역할을 해낸다. 우리는 앞에서, 에스키모 샤만의 입문의례가 보편적인 신비생활에의 입문 도식(소명, 독거로의 은둔, 도제로서의 수행, 자신의 수족이 되는 영신과의 친교, 죽음과 부활이라는 상징적 의례의 체험, 신어〔神語〕의 체득)을 보여주고 있다는 사실을 알게 되었다. 곧 자세히 소개하게 되겠지만 에스키모 샤만 앙가코크는 접신상태에서 신비로운 천상계 비행과 심해로의 잠수를 경험한다. 이 두 가지 경험은 곧 북아시아 샤만의 특징적인 경험이다. 우리는 이러한 사실을 토대로 에스키모 샤만과 천상계의 신격(神格) 혹은 우주의 주(主)인 신(바로 이 신이 후일 샤만으로 대치되었다) 사이에 밀접한 관계가 있다는 것을 알 수 있다. [2] 그러나 에스키모 샤마니즘과 동북 아시아의 샤마니즘 사이에는 별 차이가 없다. 차이가 있다면, 동북 아시아의 샤만과 달리 에스키모 샤만에게는 의례용 의상과 무고가 없다는 정도에 지나지 않는다.

에스키모 샤만이 하는 중요한 일은 병을 고치는 일, 심해로 내려가 해표모신(海豹母神)에게 사냥감을 넉넉하게 풀어주고 날씨가 좋게 해달라고(실라〔Sila〕와의 접촉을 통하여) 기도하는 일 그리고 불임 여성을 도와주는 일이다. [3] 에스키모 인은, 사람이 병에 걸리는 것은 터부(금기)를 깨뜨렸거나 신성한 것을 훼손했거나 사자(死者)가 나타나 병자의 영혼을 훔쳐가버렸기 때문인 것으로 믿는다. 터부를 깨뜨렸거나 신성한 것을 훼손해서 병자가 생겼다면 샤만이 나서서 집단 고해를 통하여 이를 정화시키고[4] 사자가 나타나 병자의 영혼을 훔쳐가버린 사태가 발생하면 샤만은 천상계나 심해로 접신 여행을 떠나 환자의 영혼을 데리고 와서 그 육신에 되돌려놓는다.[5] 에스키모의 샤만인 앙카코크는 접신 여행중에 바다 깊은 곳에 타카나캅살룩(Takánakapsâluk : 해표모신)을 만날 수도 있고 천상계에 사는 실라를 만날 수도 있다. 그뿐만 아니라 샤만은 주술적 비상의 전문가이기도 하다. 에스키모 샤만 중에는 날아서 달에 다녀온 샤만도 있고, 날아서 지구를 한 바퀴 돈 샤만도 있다.[6] 에스키모 인의 전승에 따르면 샤만은, 새가 날개를 펴듯이 두 팔을 펴고 하늘을 난다. 앙가코크는 미래를 안다. 그래서 예언도 할 수 있고 날씨의 변화도 읽을 수 있으며 주술적 곡예에도 능하다.

그러나 에스키모 인들은 옛날 앙가코크의 권능은 오늘날 앙가코크의 권능과는 비교도 되지 않을 정도로 대단했다고 믿는다.[7] 한 에스키모 앙가코크는 라스무센에게 이런 말을 했다. "나 역시 샤만이지만요, 내 할아버지인 티트콰차크(Titqatsaq)에 견주면 나는 아무것도 아닙니다. 할아버지 대(代)의 샤만들은 바다 밑에 사는 해표모신에게 내려갈 수도 있었고 달로 날아갈 수도 있었고 이 공간에서 다른 공간으로 넘어갈 수도 있었답니다……."[8] 이 샤만의 말에서도 샤만의 권능이 쇠퇴일로를 걷고 있다는 사고방식을 읽을 수 있는 것은 주목할 만한 일이다. 우리는 이미 다른 문화권에서도 이러한 현상이 있다는 것을 보아온 바 있다.

에스키모 샤만은 하늘에 있는 실라 신에게 날씨를 좋게 해주십사고 기도하기도 하고[9] 복잡한 의식을 통하여 폭풍을 멈추게 하기도 한다. 폭풍을 멈추게 하는 무의의 경우, 샤만은 자기의 보호영신에게 도움을 청하기도 하고 사자의 혼을 부르기도 한다. 때로는 다른 샤만과 의식적(儀式的)인 싸움을 벌이기도 한다. 이 경우 상대방 샤만은 몇 차례나 "죽지만", 죽을 때마다 "부활한다."[10] 샤만이 겨냥하는 것이 무엇이건, 무의는 한밤중에 온 마을 사람이 지켜보는 데서 거행된다. 구경꾼들은 이따금씩 고성으로 노래를 부르거나 외마디 소리를 지름으로써 샤만을 성원한다. 샤만은 영신들을 초혼하기 위해 신어로 오랫동안 노래를 부른다. 그러다 일단 망아상태에 들면 그는 도저히 그의 소리로는 믿어지지 않을 만큼 높은 기

성 (嘯聲)을 토해낸다. [11] 망아상태에서 그가 부르는 즉흥적인 노래는 샤
만의 신비 체험을 상징한다.

> 내 몸은 모두 눈이다.
> 보라! 보되 두려워 말아라!
> 내 눈에는 사방팔방이 보인다!

이러한 노래는[12] 샤만이 망아상태에 빠지기 전에 경험하는 내적인 빛의
신비 체험과 관계가 있다.

그러나 집단 전체의 문제 (폭풍, 사냥감 기근, 불순한 날씨)나 병자 문
제 (이것은 여러 의미에서 그 사회의 균형을 깨뜨린다)를 떠나서 샤만이
"순수한 재미거리"로 천계나 지하례로의 접신 여행을 하는 수도 있다. 이
경우 샤만은, 천계로 상승할 때는 늘 그러듯이, 자기 몸을 꽁꽁 묶게 하
고는 영혼만으로 천계를 날아오른다. 샤만은 천계에서 사자들과 오래 이
야기를 나누고 지상으로 돌아와서는 천계에서 사자들이 사는 삶에 대한
이야기를 마을 사람들에게 들려준다. [13] 에스키모 샤만이 순수한 접신 체
험 그 자체를 필요로 한다는 증거일 수 있는 이러한 사례는 샤만이 고독
과 명상 그리고 보호영신들과의 대화를 좋아하며 늘 고요한 분위기를 필
요로 한다는 것을 보여준다.

에스키모 인은 사자들이 가는 곳을 세 곳으로 상정한다. [14] 즉 천상계,
땅거죽 바로 밑에 있는 지하계, 그리고 아주 깊은 곳에 있는 지하계〔冥
界〕가 그것이다. 천상계에서는 사자들이 명계에서와 마찬가지로 기쁨과
번영을 누리며 행복하게 산다. 지상의 삶과 크게 다른 점은 계절이 지상
과는 정반대라는 점이다. 지상이 겨울이라면 천계와 명계는 여름인 것이
다. 그러나 땅거죽 바로 밑에 있는 지하계 (이곳에는 금기를 범한 죄인,
이승에서 사냥솜씨가 형편없던 사람들이 와 있다)는 절망과 기근이 지배
하는 세계이다. [15] 샤만은 이 세 세계를 두루 잘 알고 있다. 그래서 어느
사자가 혼자 가기 싫어서 다른 사람의 영혼을 유괴해가는 일이 생겨도 샤
만은 어디로 가야 유괴당한 영혼을 찾아올 수 있는지 잘 알고 있다.

샤만의 타계 (他界) 여행이 사망 직전에 나타나는 현상과 비슷한 경직증
적 (硬直症的)인 망아상태에서 이루어지는 수도 없지 않다. 어느 알래스
카 샤만은, 자기는 죽은 상태에서 이틀 동안이나 사자의 길을 다녀왔다고
주장했다. 그의 주장에 따르면 먼저 간 사자들이 얼마나 많았던지 길이

잘 다져져 있었다. 그는 그 길을 걸으면서 끊임없이 곡소리, 절규하는 소리를 들었는데, 그 소리는 사자를 위한, 산 사람들의 곡소리이자 절규하는 소리였다. 이윽고 그는 자기가 살던 마을과 아주 똑같은 커다란 마을에 이르렀다. 마을에 이르자 두 망령이 나타나 그를 한 집으로 안내했다. 집 안에는 모닥불이 지펴져 있었고 불 위에는 고깃덩어리가 익고 있었다. 그러나 이 고깃덩어리에는 눈이 있었고 이 눈은 샤만의 일거수 일투족을 감시하고 있었다. 그를 집 안으로 안내한 망령은 그 고기에 손을 대지 말라고 했다(사자의 나라에서 음식을 먹는 사람은 두 번 다시 지상으로 돌아오지 못한다는 이유 때문이다). 그 마을에서 한동안 쉰 앙가코크는 다시 여로에 올라 은하수에 이르러 꽤 오랫동안 은하수를 두루 돌아다니다가 마침내 자기 무덤 있는 곳으로 내려왔다. 일단 자기 육신으로 영혼을 되돌린 앙가코크는 되살아나, 무덤을 떠나 마을로 와서는 그동안 자기가 겪은 일을 마을 사람들에게 이야기했다.[16]

여기에서 우리는, 내용으로 보면 이른바 샤마니즘의 영역을 뛰어넘는 접신 체험을 문제삼아야 한다. 이러한 접신 체험이 샤만의 세계에서는 다반사가 되어 있다는 것은 널리 알려져 있다. 그러나 샤만이 아닌데도 특별한 능력을 부여받은 사람이 이런 것을 경험할 수 있다는 데 문제가 있다. 폴리네시아 인(Polynesian), 터키-타타르 인, 북아메리카 옛이야기의 영웅들이 이루어내는 명계하강이나 천계상승 역시 금단의 땅으로의 접신적인 여행에 속한다. 각 민족의 장송 신화에서 이런 종류의 접신 여행 이야기를 읽기는 어렵지 않다.

이야기를 에스키모 샤만에게로 되돌리자. 우주의 어떤 권역으로든 어떤 유형의 여행이든, 이들의 "영혼 여행"을 가능케 하는 것은 바로 이들이 가진 접신의 능력이다. 이들은 반드시 몸을 꽁꽁 묶게 한 다음 "영혼"만으로 여행을 나선다. 몸을 묶어두지 않고 따라서 육신과 함께 떠났다가는 영영 되돌아올 수 없게 되기 때문이다. 육신이 완전히 묶인 다음에야 혹은 구경꾼들을 휘장 저쪽으로 격리시킨 다음에야, 이들은 친교영신들을 부르고 이 친교영신들의 도움을 얻어 이 땅을 떠나서 달로 날아가기도 하고 지하계 혹은 심해의 세계로 들어가기도 한다. 바핀랜드 에스키모 샤만은 보호영신(이 경우에는 곰)의 도움을 받아 달에 이른다. 달에 이른 샤만은 어느 집의, 해마(海馬) 턱뼈로 만들어진 문 앞에 선다. 이 문은, 무단 침입자는 갈가리 찢어놓겠다고 샤만을 위협한다(이것이, 우리가 나중에 다루게 되겠지만 "난관"이라는 아주 유명한 모티프이다). 어찌어찌해서 이 집으로 들어간 샤만은 이 집에서 주인인 월인(月人)과 그의 아내 되는 태양을 만난다. 그밖의 수많은 모험 끝에 샤만의 영혼은 땅으로, 땅에 있는 육신으로 돌아온다. 접신상태에 들어 있을 동안 처음 상태로 보존되어 있던 샤만의 육신은 영혼이 돌아온 것과 때를 같이해서 되살아난다. 이윽고 자신의 육신을 묶은 모든 밧줄을 풀고 나온 샤만은 구경꾼들에게 자기가 여행중에 경험한 모든 이야기를 들려준다. [17]

명백한 동기 없이도 구경꾼들에게 보여주는 이러한 유사 접신 여행이 어느 정도까지는 입문 여행의 일종이라고 할 수 있다. 특히 도처에 널린 많은 위험을 감수해야 하고 또 한순간만 열렸다 닫히는 "좁은 문"을 지나야 한다는 점에서 그렇다. 에스키모 샤만이 이런 종류의 접신 여행을 필요로 하는 것은 바로 이러한 접신의 경지에 들어야만 자기 본연의 모습을 만날 수 있기 때문이다. 말하자면 이러한 신비 체험이, 자기의 진정한 인격을 형성시키는 데 필요하기 때문인 것이다.

그러나 샤만이 이러한 "영혼 여행"을 통해서만 입문의례적 시련을 만나는 것은 아니다. 에스키모 인은 정기적으로 악령에 시달린다. 이들은, 악령에 시달리면 샤만을 부른다. 이 경우 샤만이 베푸는 무의에서는 샤만의 친교영신들과 악령들(인간이 금기를 범하는 데 화가 나서 일어선 자연계의 영신들 혹은 사자들의 영혼들이 바로 악령들이다)간의 싸움이 벌어진다. 이런 무의에서는, 샤만이 잠깐 자리를 떴다가는 손이 피투성이가 된 채 돌아오는 일도 있다. [18]

샤만은 망아상태에 들기 직전에 물 속으로 뛰어드는 듯한 몸짓을 한다. 지하계 하강을 시늉할 때도 샤만은 물 속으로 뛰어들었다가 바다 표면으로 떠오르는 듯한 몸짓을 보여준다. 탈비쩌(Thalbitzer)가 들은 이야기에 따르면 "샤만은 세 차례 떠오른 뒤에야 제대로 들어간다." [19] 샤만을 일컬을 때 자주 쓰이는 말도 "바다의 바닥으로 내려가는 자" [20] 이다. 앞에서 보아왔듯이, 샤만의 해저 잠수 행위는 시베리아 샤만의 의상에도 상징적으로 나타나 있다(시베리아 샤만의 의상에는 오리발, 잠수하는 새의 그림 따위가 그려져 있다). 샤만이 해저로 내려가는 까닭은 명백하다. 해저가 바로 동물의 대여신을 신화적으로 표상하는 "해표모신"이 사는 곳이자 모든 생명의 근원이자 원형이기 때문이다. 그러니까 에스키모는 바로 이 신의 선의에 힘입어 이 세상을 살고 있다고 믿는 것이다. 그래서 샤만은 정기적으로 해저로 내려가 "해표모신"과의 정신적 접촉을 새롭게 하지 않으면 안 되는 것이다. 말하자면 에스키모 사회의 종교 생활과 샤만의 신비 체험에서 이 "해표모신"은 그만큼 중요한 존재인 것이다. 그러나 그렇다고 해서 실라 신(천상계의 절대신으로, 큰 바람과 큰 눈을 보내는 날씨의 지배자)에 대한 신앙에 소홀한 것도 아니다. 바로 이런 이유 때문에 특정 에스키모 샤만을 해저 잠수의 전문가 혹은 천계상승의 전문가 하는 식으로 따로 일컬을 수가 없다. 그러니까 샤만은 이 두 가지 기능에서 같은 정도의 전문가가 되어야 하는 것이다.

샤만은 주로 개인의 요구에 따라 "해표모신"인 타카나캅살룩에게로 내려가고는 한다. 말하자면 어느 개인의 병을 고치기 위해 혹은 제대로 안 되는 사냥을 수월하게 하기 위해 샤만에게 부탁했을 때이다. 어느 개인이 사냥을 위해 부탁했을 때만 샤만은 보수를 받을 수 있다. 그러나 사냥감이 도통 눈에 띄지 않이 마을 전체가 사냥 기근일 경우도 있다. 이럴 때 샤만은 마을 전체의 이름 아래 무의를 베풀고 접신 여행을 한다. 이 경우 온 마을 사람들이 그 무의에 참가한다. 참가자들은 허리띠는 물론이고 끈이라는 끈은 모두 풀고는 조용히 자리한 채로 눈을 감는다. 샤만은 한동안 조용히 심호흡을 한 뒤 자기의 보호영신들을 부른다. 보호영신들이 내리면 샤만은 이렇게 중얼거린다. "내 길이 내 앞에 예비되었다. 이제 내 앞으로 길이 열린다!" 그러면 참가자들이 이구동성으로 외친다. "그리되어지이다!" 이윽고 땅이 열리면 샤만은 보이지 않는 세력과 한동안 싸우다가 이렇게 외친다. "이제 길이 열렸다." 그러면 참가자들은 다시 이구동성으로 외친다. "길이 열려지이다! 길이 있을지어다!" 이어서 처음에는 침대 밑에서, 다음에는 먼 곳에서, 이윽고 아주 먼 데서 다음과 같은 소리가 들려온다. "할랄라히히히, 할랄라히히히." 이것은 샤만이 드디어 장도에 올랐다는 증거이다. 이 소리는 점점 멀어졌다가는 이윽고 들리지 않게 된다.

샤만이 접신 여행을 하고 있을 동안 참가자들은 눈을 감은 채 노래를 부른다. 그러면 샤만의 옷——무의가 시작되기 전에 샤만이 벗어놓은——이 공중으로 떠올라서는 집 안을 혹은 참가자들의 머리 위를 날아다니는 수도 있다.

이럴 때면 오래전에 이세상을 떠난 사람들의 숨소리와 한숨소리도 들려온다. 이 숨소리, 한숨소리의 주인은 바로 오래전에 세상을 떠난 샤만들이다. 그들이 접신 여행중인 샤만을 도와 주려고 모두 일어선 것이다. 이들의 숨소리, 한숨소리는 먼 바다 밑에서 들려오는 것 같기도 하고 어찌 들으면 해표의 숨소리 같기도 하다.

해저에 이른 샤만은 앞길을 막고 끊임없이 움직이는 세 개의 거대한 바위를 만난다. 샤만은 그 사이를 빠져나가야 한다. 물론 바위 사이에 끼어 으스러지는 위험을 감수하지 않으면 안 된다. (이것은 다른 세계의 침입자의 접근을 막기 위한 "좁은 문"의 한 유형이다. 그러나 "입문자," 즉 "영신"과 같은 자격을 가진 자는 이 문을 통과할 수 있다.) 이 장애물을 무사히 지나면 샤만은 좁은 길을 따라가 이윽고 만(灣) 같은 데에 이른다. 만의 언덕 위에는 타카나캅살룩의 집이 있다. 돌로 만들어진 이 집의 문은 아주 작다. 샤만의 귀에는 해표가 포효하는 소리가 들린다. 그러나 모습은 보이지 않는다. 이 문에는 이빨을 드러내고 으르렁거리는 개가 한 마리 있다. 이 개는, 겁을 내는 자에게는 아주 위험한 짐승이다. 그러나 샤만은 무사히 그 문을 지난다. 개는 샤만이 막강한 주술사라는 것을 잘 안다. (샤만의 앞에는 언제나 이런 장애물이 있다. 그러나 용한 샤만은, 마치 관(管) 속으로 미끄러져 들어가는 것처럼 바로 해표모신의 천막이나 눈(雪)집으로 들어가 타카나캅살룩을 만날 수 있다.)

만약에 여신이 인간에게 화가 나 있으면 집 앞에는 거대한 벽이 생긴다. 그러면 샤만은 어깨로 이 벽을 무너뜨려야 한다. 혹자는, 타카나캅살룩의 집에는 지붕이 없다고 한다. 지붕이 없기 때문에 불 곁에 앉아서도 지상의 인간이 노는 모습을 잘 볼 수 있다는 것이다. 불 옆의 큰 웅덩이에는 온갖 바다 짐승들이 모여 있어서 여신의 집은 이들이 숨쉬는 소리, 포효하는 소리로 늘 시끄럽다. 여신은 머리카락을 얼굴 위로 늘어뜨리고 있다. 여신의 몸은 더럽기 짝이 없는데, 이것은 인간이 지은 죄악이 때가 되어 여신의 몸에 달라붙기 때문이다. 여신은 인간이 지은 죄악 때문에 거의 골병이 들어 있는 지경이다. 샤만은 여신에게 다가가 여신의 어깨를 보듬고는 머리카락을 씻겨주어야 한다(여신에게는 머리를 빗을 손가락이 없기 때문이다). 그러나 머리카락을 빗겨주기 전에 샤만은 하나의 장애물을 더 견뎌야 한다. 그것은 타카나캅살룩의 아버지이다. 타카나캅살룩의 아버지는, 아직 명계에 이르지 못한 망령들을 위하여 샤만을 붙잡으려고 한다. 샤만은 붙잡히지 않으려면 "나는 고기와 피로 되어 있는 인간이다!" 하고 외쳐야 한다.

타카나캅살룩의 머리카락을 빗겨주면서 샤만은, 인간은 해표를 잡지 못해서 야단이라고 하소연한다. 그러면 여신은 영신의 언어로 이런 말을 한다. "계집들이 저지르는 부정과, 익은 고기를 먹지 말라는 금기를 깨뜨려서 그렇다." 이렇게 되면 샤만은 있는 힘을 다해 여신이 화를 풀게 한다. 화가 풀리면 여신은 웅덩이를 열고 바다 짐승을 풀어준다. 무의가 이 대목에 이르면 참가자들의 귀에 바다의 바닥에서 바다 짐승들이 움직이는 소리, 샤만의 가쁜 숨소리가 들린다. 바야흐르 샤만이 바다에서 밖으로 나오는 대목인 것이다. 이때부터 한동안 정적이 계속된다. 마침내 샤만이 이렇게 외친다. "할 말이 있다." 그러면 참가자들이 한 목소리로 대답한다. "들려주소서, 들려주소서." 샤만은 영신들의 언어로 무리에게 죄를 고해할 것을 요구한다. 참가자들은 한 사람씩 죄지은 사실, 금기를 범한 사실을 고백하고 참회한다. [21)]

이 해저로의 접신 여행에는 일련의 장애불이 등장하는데 이 장애불은 입문의례의 시련과 아주 흡사하다. 쉽게 지날 수 없는 관문, 머리카락 같이 가는 다리, 명계의 개〔犬〕, 화가 나 있는 신을 회유하는 등의 모티프는 입문의례에는 물론이고 타계로의 신비 여행의 줄거리를 이루는 모티프이다. 입문의례에 등장하든 타계로의 신비 여행에 등장하든, 이러한 모티프는 존재론적인 차원의 돌파를 의미한다. 바로 이러한 시련을 극복하기 때문에 그 행위 주체는 인간 조건을 초월한, 말하자면 "영신"(혹은 존재론적 질서의 변화를 감지하는, 영신의 세계에 상당히 접근한)과 동일시되는 존재가 되는 것이다. 그러니까 샤만은 "영신"이기 때문에 그런 시련을 극복할 수가 있는 것이다.

샤만이 아니더라도 에스키모 인은 킬라네크(qilaneq)라는 방법을 통하여 영신들과 교통할 수 있다. 영신들과 교신하려는 에스키모 인은 병자를 앉히고 허리띠를 병자의 머리에다 묶고 한쪽 끝을 들어올린다. 그런 다음에 영신들을 부른다. 이때 병자의 머리가 무거워지면 이것은 영신들이 내려왔다는 증거이다. 이렇게 되면 이 치병무의를 집전하는 에스키모는 영신들에게 질문을 던진다. 머리가 계속해서 무거워지면 질문에 대한 답은 긍정적이다. 반대로 병자의 머리가 가볍게 여겨지면 질문에 대한 답은 부정적이다. 이 손쉬운 치병무의는 여자들이 많이 쓴다. 샤만도 자기 발을 이용해서 이 방법을 쓰기도 한다. [22)]

이런 무의는 영신에 대한 전면적인 믿음, 사자의 영이 실재하고 그 사자의 영과 교통할 수도 있다는 믿음이 있기 때문에 가능하다. 다시 말해서 일종의 기본적인 교령술(交靈術)이 에스키모 인의 신비 체험을 구성하고 있기 때문에 가능한 것이다. 에스키모 인들은, 자기네들이 금기를 깨뜨림으로써 화를 돋우어놓았을 때를 제외하면 사자의 영을 두려워하지 않는다. 에스키모 인들은 사자의 영과 교통하는 것을 자연스럽게 여긴다. 그들은 사자의 영뿐만 아니고 무수한 자연영신들도 각기 나름의 방법으로 자기네들을 도와준다고 믿는다. 모든 에스키모 인은 한 영신 혹은 한 사자로부터 도움을 받거나 보호를 받을 수 있다. 그러나 그렇다고 해서 모두가 샤만의 권능을 얻게 되는 것은 아니다. 다른 문화권에서도 그렇지만 에스키모 인의 경우도, 신비스러운 소명의 기회를 통하여 혹은 자발적으로 스승을 찾아 모시면서 배우고 입문의 시련을 이겨내고 다른 인간에게는 불가능한 접신 여행을 너끈히 해내는 자만이 샤만일 수 있는 것이다.

북아메리카의 샤마니즘

북아메리카의 많은 원주민 부족의 경우, 샤마니즘이 종교 생활을 지배해왔다고 할 수 있거나, 이 말이 지나치다면 샤마니즘이 종교 생활의 가장 중요한 측면이 되어왔다고 할 수 있다. 그러나 샤만이 종교적 경험을 독점해온 지역은 찾아보기 어렵다. 북아메리카 원주민에게는 샤만 말고도 성사(聖事) 전문 기술자들이 있었다. 이들이 바로 사제와 요술사(흑[黑] 주술사)들이다. 뿐만 아니라 앞에서 보았다시피[23) 자기 자신을 위해 주술 -종교적인 "권능"을 얻으려고 하는 사람들도 있었다(이들은 수호"영신"이나 보호"영신"으로부터 그런 권능을 인정받는다). 그러나 샤만은, 주술 -종교적 체험이 남달리 강렬하다는 의미에서 유사 업종에 종사하는 동료들이나 속인들과는 구분된다. 인디언이면 누구나 수호"영신"이나 모종의 "권능"을 획득하여 환각을 체험하거나 자기 내부의 성성(聖性)을 확대할 수 있다. 그러나 자기 영신들과의 관계를 통하여 초자연적인 세계 속으로 깊이 침잠할 수 있는 것은 오직 샤만뿐이다. 다른 말로 하자면 마음먹는 대로 접신 여행을 가능케 하는 접신술을 획득하는 데 성공하는 것은 샤만뿐인 것이다.

샤만과 다른 성사 전문가(사제와 흑 주술사)의 차이를 밝히는 확연한 개념 구분은 아직 확립되어 있지 않다. 존 스원턴(John Swanton)은 다음과 같은 구분 방법을 제안하고 있다. 즉 부족 전체 혹은 국가 혹은 한 사회를 위해서 기능하는 성사 전문가가 바로 사제이고, 완전히 개인적 능력에 의존하여 그 직능을 발휘하는 것이 샤만이라는 것이다. [24] 그러나 파크는, 많은 부족의 경우 샤만이 사제의 기능을 맡고 있다(가령 북아메리카 북서 해안에 거주하는 원주민의 경우처럼)는 점을 지적한다. [25] 클라크 위슬러(Clark Wissler)는 의례를 아는 것과 실천하는 것의 전통적인 구분을 즐겨 사용한다. 그는 이로써 사제직과, 초자연적 힘을 직접 경험하는 샤만의 직능의 특질을 구별해낸다. [26] 일반적으로 이러한 구분법을 따른 만하다. 그러나 뒤에 되풀이해서 지적하게 되겠지만 우리가 잊지 말아야 할 것이 있다. 그것은 샤만 역시 신조와 전통을 필요로 하고, 샤만 역시 도제로서 늙은 스승을 시봉(侍奉)하거나 "영신들"로부터 입문의 시련을 받음으로써 자기 부족 샤만의 전통을 지각해간다고 하는 점이다.

그런데 파크는 샤만이 차례차례 직접적인 개인적 경험으로 체득하는, 초자연적 힘으로서 북아메리카의 샤마니즘을 규정하려고 한다. [27] 그는 다음과 같이 쓰고 있다. "일반적으로 이 힘은 그 사회 전체의 이익에 부합하는 방향으로 쓰여야 한다. 따라서 요술의 행사는 병 고치기 주술 및 부족 전체를 위한 사냥의 성공을 비는 주술인 샤마니즘 안에서 대단히 중요한 위치를 차지한다. 그렇다면 초자연적인 힘을 얻으려고 하는 모든 종교 행위, 그 힘의 행사(목적이야 선하든 악하든) 및 그 행위와 실천과 관견되는 모든 관념과 신앙을 싸잡아 샤마니즘이라고 부를 수 있는 것이다." 이 정의는 유용해 보이고 서로 조금씩 다른 많은 현상을 싸잡을 수 있는 것으로 보인다. 우리는 여기에서 사제의 능력에 견주어지는 샤만의 **접신 능력**, 요술사나 혹 주술사의 반사회적 기능에 견주어지는 샤만의 **사회통합적 기능**을 강조하지 않을 수 없다(하기야 많은 경우 북아메리카의 샤만은 다른 지역 샤만과 마찬가지로 요술사나 혹 주술사의 특징을 겸비하고 있기는 하다).

샤만의 주요 기능은 병자를 낫게 하는 것이다. 그러나 샤만은 가령 부족 공동수렵,[28] 비밀결사(미데위윈 타입)나 비교파(祕敎派 : 고스트-댄스교 타입) 같은 주술-종교적 의례에서도 중요한 역할을 맡는다. 많은 유사 동업자들과 마찬가지로 북아메리카의 샤만도 자기에게는(비가 오게 한다든지 그치게 한다든지 하는 등의) 일기를 좌지우지할 수 있는 능력이 있고 미래의 사건을 예언할 수 있으며 도둑을 찾아낼 수 있다는 등의 주장을 한다. 샤만은 또 요술사의 유혹으로부터 사람들을 보호하기도 한다. 옛날 파비오초 족 샤만은 죄를 지은 요술사를 고발하여, 이 요술사를 죽이고 그 집에는 불을 지르게 한 적도 있다. [29] 몇몇 부족의 경우, 부족민들은 옛날 샤만의 주력은 지금과는 비교도 될 수 없을 만큼 대단했고 또 볼 만했다고 주장한다. 파비오초 부족은 지금도 빨갛게 타오르는 석탄을 입 안에 넣던 샤만, 빨갛게 달아오른 쇠를 만지고도 화상 한 군데 입지 않던 샤만 이야기를 하고는 한다. [30] 그러나 오늘날의 샤만은, 무가(巫歌)나 주장을 통해서는 자기네들에게도 초자연적인 힘이 있다고 주장하면서도 하는 일은 병 고치기에 머문다. 한 아파치 족 샤만은 앨버트 리건 (Albert B. Reagan)에게 이런 말을 한 적이 있는 모양이다. "백인 형제여. 당신은 믿지 않겠지만 내 능력은 무한하오. 나는 죽지 않소. 당신이 나를 총으로 쏘아도 총탄은 내 살을 뚫고 늘어가지 못하거나 들어가도 내게 상처를 입히지는 못하오. …… 당신이 칼끝을 위로 하고 내 목을 찌르면 칼끝은 내 정수리로 나올 거요. …… 나는 전능하오. 내가 누구를 죽이고 싶으면 손을 내밀어 그 자의 몸에 대기만 하면 그것으로 충분하오. 그러면 그 자는 죽을 것이오. 내가 지닌 힘은 신의 힘과 다름이 없소."[31]

자기가 전능하다고 믿는 이런 자아도취 의식은 입문의례적인 죽음, 그리고 부활과 관계가 있을 듯하다. 어쨌든 북아메리카 샤만이 이러한 주술-치료적인 힘을 더러 행사하는 모양이지만 그렇다고 해서 이런 힘의 행사가 접신 능력 및 주술 능력을 약화시키는 것은 아니다. 비밀결사나 현대의 비교파는 원래 샤만의 특징적인 능력이던 접신 행위를 그대로 물려받은 것이라고 믿을 만한 근거는 얼마든지 있다. 가령 우리가 앞에서 다루어온, 근대의 신비주의적 종교 운동의 교조나 예언자가 해 보인 접신적 천계 여행은 샤마니즘의 핵심 영역이었음을 잊어서는 안 된다. 샤만의 이데올로기는 북아메리카의 신화[32] 나 민간전승의 일부 영역, 특히 사후의 삶이나 명계 여행과 관련있는 영역에 깊숙이 침투해 있는 것이다.

북아메리카의 무의

병상으로 불려가면 북아메리카의 샤만은 우선 병의 원인을 찾는 데 온 정신을 집중시킨다. 크게 나누면 병의 원인에는 두 가지가 있다. 즉 병의 원인이 되는, 말하자면 병원체가 들어갔을 경우와, "영혼의 상실"로 인한 경우가 그것이다. 33) 두 경우의 치료법은 본질적으로 사뭇 다르다. 병원체가 들어갔을 경우의 치료 행위는 그 병원체를 몸 밖으로 몰아내는 데 집중된다. 그러나 "영혼의 상실"일 경우 샤만은 필요 불가결이다. 사라진 영혼을 찾아 병든 육신에 되돌려놓을 수 있는 것은 샤만뿐이기 때문이다. 샤만 이외의 주의 (呪醫)나 치병술사가 있는 부족이면 그들을 불러 병을 치료하게 한다. 그러나 "영혼이 행방불명" 된 경우에는 반드시 샤만에게 치료를 맡긴다. 유해한 주물 (呪物)이 체내로 들어가서 생긴 병일 경우 샤만은 그 원인을 진단하는데, 접신 능력을 통해서 진단하는 것이지 결코 우리가 아는 과학적인 방법으로 진단하는 것이 아니다. 샤만은 자신을 위해 그 병의 원인을 밝혀줄 수 있는 많은 보호영신들에게 명령을 내린다. 따라서 이러한 치병무의에는 반드시 보호영신들이 불려나오는 것이다.

환자의 영혼이 육신에서 날아 나가는 데도 많은 원인이 있다. 말하자면 꿈에 놀라서 달아나는 경우도 있고, 혼자 사는 저승으로 가기가 싫어 마을을 돌아다니던 사자가 데려가버리는 경우도 있고, 환자의 영혼이 스스로 육체를 떠나 방황하는 경우도 있다. 파비오초 부족의 한 자료 제공자는 파크에게 다음과 같이 말했다. "누가 갑자기 죽을 경우에도 샤만을 불러야 합니다. 그 사람의 영혼이 멀리 못 갔다면 샤만은 그 영혼을 찾아 되돌려 세울 수도 있으니까요. 샤만이 탈혼망아 상태에 들면 그 사람의 영혼은 되돌아옵니다. 만일에 영혼이 타계로 아주 멀리 가버린 다음이라면 샤만도 어쩔 수가 없어요. 샤만과 영혼과의 거리가 너무 멀기 때문이지요."34) 그들은, 사람이 잠들면 그 사람의 영혼은 육체를 떠난다고 믿는다. 따라서 잠든 사람을 너무 급하게 깨우면 그 사람은 죽고 만다. 샤만이 탈혼망아 상태에 들어 있을 때는 절대로 그를 놀라게 하면 안 된다.

사람의 몸 속에서 해로운 주물을 꺼내는 일은 요술사의 몫이다. 주물에는 조약돌, 작은 짐승, 곤충 같은 것이 있다. 주술사들은 결코 이런 주물의 이름을 **구체적으로** 밝히는 법이 없이 자신의 염력 (念力)으로 사람들의 머리 속에다 이 주물을 만들어놓는다. 35) 영신들이 이런 주물을 넣는 수도 있다. 심지어는 영신이 병자의 몸에 들어가서 살기도 한다. 36) 병의 원인이 주물 때문이라는 것을 알게 되는 즉시 샤만은 이 주물을 뽑아낸다.

무의는 한밤중에, 대개는 병자의 집에서 치러진다. 이 치병무의의 제의적 성격은 명백하다. 샤만과 병자는 꽤 많은 금기를 반듯하게 지켜야 한다(임신했거나 월경중인 여자 그리고 일반적으로 부정을 탄 것으로 판단되는 것은 모두 피한다. 고기나 소금이 든 음식도 입에 대지 않는다. 샤만은 구토제 등으로써 자기 내부에 있는 것을 모조리 씻어내기도 한다). 때로는 병자의 가족까지 금식하고 금욕하기도 한다. 샤만은 아침 저녁으로 목욕 재계하고 명상하거나 기도한다, 이 무의는 공개 행사이기 때문에 종교적 긴장감은 부족 전체로 확산된다. 이들에게는 다른 종교적 행사가 별로 없기 때문에 샤만에 의한 이 치병무의는 대단히 중요한 종교의례가 된다. 병자 가족에 의한 샤만 초빙과 이 무의의 복채 결정은 그 자체가 또 하나의 종교적 의미를 지닌다.[37) 복채를 지나치게 많이 요구하거나 전혀 요구하지 않거나 하면 샤만 자신이 신병을 앓는다. 치병의례의 복채를 결정하는 것은 샤만 자신이 아니고 샤만이 지니고 있는 "힘"인 것이다.[38) 누보수 치료를 받을 수 있는 것은 샤만 자신의 가족들뿐이다.

북아메리카의 민족문학에는 무의에 관한 기술이 상당히 풍부하다.[39) 대체로 보아 각 부족간의 무의는 비슷비슷해 보인다. 따라서 제대로 보존된 부족의 예를 들어 한두 무의를 자세하게 소개할 필요가 있을 듯하다.

파비오초 족 샤만의 치병무의[40)

일단 치병무의를 승낙하면 파비오초 샤만은 병의 원인을 조사하기 위해 병들기 전의 상태를 여러 각도로 묻는다. 그런 다음 샤만은 가족들에게 작대기를 하나 마련하여 병자의 머리 옆에 세워두게 한다. 이 작대기는 서너 자 길이의 버드나무 막대여야 한다. 샤만은 이 작대기 끝에다 독수리의 깃을 꽂게 한다. 첫날밤 내내 이 깃털은 병자 곁에 있어야 하고 작대기는 부정한 것이 닿지 못하게 엄중하게 감시해야 한다. (개나 이리〔狼〕가 이 작대기에 닿으면 샤만이 병에 걸린다.) 북아메리카 샤만의 치병무의에서 이 독수리 깃털이 맡는 중요한 역할에 주목할 필요가 있다. 이 주술적인 비행의 상징성은 샤만의 접신 체험과 관계가 있는 것을 보인다.

샤만은 밤 9시쯤 자기 "통역자"와 함께 병자의 집에 도착한다. "말하는 자"라고 불리는 "통역자"는 샤만이 중얼거리는 신어를 되받아 큰 소리로 통역하는 일을 맡는다. (통역자도 보수를 받는데, 샤만이 받는 보수의 반액을 받는 것이 보통이다.) 통역자는 무의가 시작되기 전에 기도를 하기도 하고 병자에게 직접 샤만의 도착을 알리기도 한다. 이 통역자는 또 무의 도중에 샤만과 병자 사이에 끼어들어 샤만에게 병자를 고쳐줄 것을 제의적으로 애원하기도 한다. 경우에 따라 샤만은 무희를 부르기도 한다. 이 무희는 아름답고 정숙한 여자여야 한다. 무희는 샤만과 함께 춤을 추기도 하고 샤만이 병원체를 적출(摘出)할 때면 혼자서 춤을 추기도 한다. 그러나 파비오초 인디언의 경우, 치병무의에 무희가 등장하는 것은 최근에 새로 생긴 풍습으로 보인다. 41)

샤만은 가슴을 드러낸 채 맨발로 환자에게 접근하여 부드러운 목소리로 노래를 부르기 시작한다. 벽에 나란히 붙어 앉은 청중은 통역자와 함께 그 노래를 한 구절씩 따라 부른다. 이 노래는 샤만이 치병무의중에 즉흥적으로 부르는 것이어서 일단 무의가 끝나면 샤만 자신도 기억하지 못한다. 물론 이렇게 노래를 부르는 것은 이로써 보호영신을 불러오기 위함이다. 그러나 이런 노래를 부르면서 샤만은 접신상태에 든다. 샤만 중에는, 치병무의중에 정신을 집중시키면 "힘의 영신"이 영감을 통하여 노래를 부르게 한다고 주장하는 샤만이 있는가 하면, 독수리의 깃이 달린 막대기의 도움으로 노래가 저절로 나온다고 주장하는 샤만도 있다. 42)

한동안 노래를 부르던 샤만은 일어서서 모닥불 주위를 돌기 시작한다. 무희가 와 있을 경우에는 무희가 샤만을 뒤따른다. 이윽고 자기 자리로 돌아온 샤만은 파이프에 불을 당긴 다음 몇 모금 빨고는 청중에게 돌린다. 청중은 샤만의 뜻에 따라 그 파이프를 한두 모금씩 차례로 빤다. 이런 절차가 진행될 동안에도 노래는 계속된다. 이 단계는 병의 성격을 진단하는 단계로 이어진다. 환자가 의식이 없으면, "영혼의 상실"이 병의 원인이기가 쉽다. 이런 경우 샤만은 망아상태(yaika)에 들어야 한다. 병의 원인이 다른 데 있어도 샤만은 탈혼망아 상태에 들어 병을 진단하거나 "힘의 영신"에게 치료법을 물어야 한다. 그러나 이 마지막 단계의 진단법은 샤만이 아주 용할 경우에만 쓸 수 있는 방법이다.

샤만의 영혼이 접신 여행에서 무사히 환자의 영혼을 찾아서 돌아오면 샤만은 청중들에게 여행중에 있었던 일을 이야기로 들려준다. 접신 여행의 목적이 병인을 찾는 데 있었을 경우, 샤만이 접신 여행중에 보았던 환상은 병인과 직접적인 관계가 있다. 가령 샤만이 돌개바람을 보았다면 병자는 돌개바람 때문에 병이 든 것임이 분명하다는 식이다. 샤만이 꽃밭을

거니는 병자의 환상을 본다면 치료는 간단할 터이나 그 꽃밭의 꽃이 죽어 있었다면 병자는 죽음을 면할 수 없다는 식이다. 샤만은 접신 여행에서 돌아와 의식을 되찾을 때까지 계속해서 노래를 부른다. 의식을 되찾으면 샤만은 접신 여행중에 알아낸 치료법으로 병자를 치료한다. 만약 육신에 들어간 이물질 때문에 병들었다는 사실을 알아냈다면 샤만은 접신 여행중에 혹은 망아상태에서 알아낸 바로 그 부위에서 이물질을 빨아냄으로써 병을 고친다. 샤만이 병자 몸의 특정 부위에서 직접 빨아내는 것이 보통이다. 그러나 때에 따라서는 속이 빈 뼈 토막, 버드나무 빨대로 빨아낼 때도 있다. 이러한 치병무의가 계속될 동안 통역자와 청중은 계속해서 노래를 불러야 한다. 이들의 노래는 샤만이 거칠게 방울을 울릴 때까지 계속된다. 샤만은 병자의 몸에서 피를 빨아내어 조그만 구덩이에다 뱉을 때마다 파이프를 빨고는 한다. 번갈아가면서 피를 빨아내고 파이프를 빠는 그의 행위는, 마침내 병자의 몸에서 (자갈, 도마뱀, 곤충, 벌레 같은) 주물이 나올 때까지 계속된다. 일단 주물이 병자의 몸을 빠져나오면 샤만은 이것을 청중에게 보여주고는 조그만 구덩이에다 넣고 먼지로 덮어버린다. 노래와 의례적인 파이프 빨기는 자정에 가까울 때까지 계속된다. 자정이 되면 약 반시간 정도의 휴식 시간이 있다. 샤만은 주인에게 일러 청중을 위한 음식을 내어오게 하지만 샤만 자신은 음식을 입에 대지 않는다. 음식을 받은 청중은 음식 부스러기를 떨어뜨리지 않도록 주의한다. 남는 음식은 모두 흙을 파고 묻어야 한다.

의례는 날이 새기 직전에 끝난다. 결정적으로 병인을 진단하기 직전에 샤만은 청중을 모두 불러 모닥불가에서 5분 내지 15분간 함께 춤을 춘다. 물론 이때 샤만은 노래를 부르면서 춤을 이끈다. 이렇게 춤을 추고 난 다음에야 샤만은 병자의 가족에게, 음식은 이러저러한 것을 먹이고 병자의 몸에는 이러저러한 그림을 그려주라는 식의 지시를 내린다. [43]

파비오초 인디언 샤만은 이런 방법으로 병자의 몸에서 탄환이나 화살촉 같은 것을 꺼내기도 한다. [44] 무의를 통하여 미래의 일을 알아내거나 날씨를 바꾸는 수도 더러 있기는 하나 이러한 무의는 치병무의만큼 자주 있는 것은 아니다. 그러나 샤만은 노래를 부르거나 독수리의 깃털을 흔드는 것만으로도 비를 내리게 하거나 구름을 멈추게 하거나 강의 얼음을 녹게 할 수 있는 것으로 알려져 있다. [45] 앞에서도 몇 차례 언급한 바 있지만 샤만의 주력은 옛날에 비해 많이 떨어졌지만, 샤만들은 무의를 통하여 이 주력을 보여주는 것을 좋아한다. 파비오초 샤만 중에는 예언 능력을 지닌 샤만도 있고 해몽에 아주 용한 샤만도 있다. 그러나 전시(戰時)에는 샤만도 샤만 노릇을 할 수 없다. 군사 지도자인 추장에게 종속되어야 하기 때문이다.[46]

아초마위 족 샤만의 무위

잼 드 앙귈로(Jaime de Angulo)는 아초마위 족 샤만의 치병무의에 관해 풍부한 자료를 남기고 있다.[47] 곧 알게 되겠지만 이들의 무의는, 어떤 의미에서는 신비스러울 것도 없고 무서울 것도 없다. 무의에 들어가면 샤만은 명상에 빠지거나 낮은 목소리로 신어(sotto voce)를 중얼거린다. 그의 중얼거림은 병의 원인을 놓고 다마고미(damagomi : 샤만의 보호영신인 "힘의 영신")와 나누는 대화이다. 따라서 실제로 병의 원인을 진단하는 것은 바로 이 다마고미이다.[48] 넓게 보아 병의 원인에는 여섯 가지가 있다. 즉 1) 눈에 보이는 사고로 인한 외상(外傷) 2) 금기를 범한 벌을 받는 경우 3) 괴물의 허깨비를 보고 공포에 사로잡혀 있는 경우 4) "나쁜 피"로 인한 경우 5) 다른 샤만으로부터 저주를 받은 경우 6) 영혼의 상실로 인한 경우가 바로 그것이다.

치병무의는 병자의 집에서 한밤중에 시작된다. 샤만은, 머리를 동쪽으로 두고 누운 병자 옆에 무릎을 꿇고 앉는다.

샤만은 눈을 반쯤 감은 채 끊임없이 노래를 부르면서 몸을 흔든다. 이 노래는 처음에는 그저 홍얼거리는 정도로 들린다. 마음의 고통을 이기지 못해 노래를 홍얼거리는 것 같다. 그러다 얼마 후면 노랫소리가 높아지고 분명한 곡조를 갖춘다. 그러나 여전히 홍얼거림이기는 마찬가지이다. 청중은 입을 다물고 샤만의 홍얼거림에 숨죽이면서 주의를 기울인다. 아직 샤만은 다마고미를 맞고 있지 않다. 다마고미는 아직 아주 먼 산에 있는지도 모르고 가까운 밤바람에 섞여 있는지도 모른다. 샤만은 그러니까 이 다마고미를 부르고 맞아들여 손아귀에 넣기 위해 노래를 부르고 있는 것이다.……아초마위 족의 노래가 대개 그렇듯이, 이 노래 역시 한두 마디, 두세 마디, 많아봐야 네 마디로 되어 있다. 이 노래는 10번, 20번, 30번 되풀이

된다. 말하자면 끝마디가 끝나면 쉬지 않고 바로 첫마디로 이어지는 것이다. 청중도 이 노래를 합창한다. 노래의 길이를 가늠하기 위해 박수를 치는 수도 있다. 그러나 박수와 이 노래의 박자와는 아무 상관도 없다. 박자가 달라지기도 하지만 박자에 강약이 없기는 마찬가지이다. 노래의 첫부분에서 청중이 치는 박수소리는 서로 다른 것이 보통이다. 그러나 노래가 몇 차례 되풀이되면 박수소리가 거의 일치한다. 샤만은 처음부터 끝까지 노래를 되풀이하는 것이 아니고 몇 마디만 선창한다. 처음에는 샤만 혼자서 부르는 노래에 몇 사람의 목소리가 끼어들다가 끝내는 합창이 되는 것이다. 일단 합창이 시작되면 샤만은 더 이상 노래를 부르지 않는다. 다마고미를 부르는 일을 청중에게 맡겨버리는 것이다. 일반적으로 소리는 클수록, 합창은 잘 되면 잘 될수록 좋다. 그 까닭은, 다마고미가 멀리 있을 경우, 그렇게 큰소리로 불러야 다마고미의 귀에 들릴 것이기 때문이다. 하지만 다마고미를 부른다고 해서 물리적으로 큰소리가 무조건 좋은 것은 아니다. 정서적인 정감이 실려 있어야 좋은 소리이다. (이것은 나[드 앙귈로]의 해석이 아니다. 나는 많은 인디언으로부터 들은 말을 여기에 그대로 쓰고 있을 뿐이다.) 그동안 샤만은 깊은 명상의 세계에 든다. 그는 눈을 감고 귀를 기울인다. 이윽고 그는 자기의 다마고미가 밤바람을 가르며 숲속에서, 땅 속에서, 씸지어는 자기 뱃속에서까지 다가오는 것을 느낀다.…… 갑자기 샤만은 손뼉을 친다. 그러면 청중은 어느 부분을 부르고 있었든 간에 노래를 멈춘다. 무서운 침묵이 흐른다(빠른, 그러나 어쩐지 사람을 최면하는 듯한 노래에 뒤이어 관목 숲을 혹은 별밤의 모닥불 가를 찾아드는 이 정적은 그렇게 인상적일 수가 없다). 그제서야 샤만은 다마고미에게 말을 건다. 그의 소리는 높다. 그래서 흡사 귀머거리에게 말을 거는 것 같다. 그는 끝이 갈라지는 빠른 소리, 그러나 단조로운 소리로 말한다. 여느 때 쓰는 말이라서 청중도 샤만의 말을 알아듣는다. 문장은 짧다. 샤만이 말을 할 때마다 "통역자"는 한마디 한마디를 정확하게 되풀이한다.…… 샤만이 흥분함에 따라 그의 말은 혼란스러워지기 시작한다. 그 샤만을 자주 따라 다니던 통역자는 샤만이 어떤 종류의 혼란에 빠져드는지 잘 안다.…… 샤만은 접신상태로 빠져들면서 다마고미와 말을 주고받는다. 이윽고 샤만은 다마고미와 하나가 되어 자기의 모습이 다마고미에게 투영되는 것을 본다. 이때부터 샤만은 다마고미의 언어를 정확하게 되풀이한다.……[49]

샤만이 샤만 자신의 "힘의 영신"과 나누는 대화는 놀라울 정도로 단조롭다. 샤만이 다마고미에게, 왜 그리 더디 왔느냐고 불평하면, 다마고미는 시냇가에서 잠이 들었다는 둥 더디 오게 된 것을 변명한다. 그러면 샤만은 기왕에 온 다마고미는 젖혀놓고 다른 다마고미를 부른다. "그러던 샤만이 돌연 일체의 동작을 멈추고 눈을 뜬다. 깊은 명상의 세계에서 돌아온 전혀 다른 사람 같아 보인다. 망연자실한 표정. 샤만은 파이프를 달라고 한다. 통역자가 파이프에다 담배를 채우고 불을 붙여 샤만에게 건네준다. 청중도 그제서야 긴장을 풀고 담뱃대에 불을 붙인다. 이야기를 주고받는 사람, 농담하는 사람도 있고 모닥불을 일구는 사람도 있다. 샤만도 처음에는 농담에 끼어들지만, 반시간, 한 시간, 두 시간…… 이렇게 시간이 감에 따라 말수를 줄인다. 그러다 아주 침울한 표정이 된다. 이런 상태는 몇 시간 계속되기도 하고 한 시간 정도만 계속되기도 한다. 이런 상태가 계속될 동안 샤만은 기가 꺾인 나머지 치료를 포기하는 수도 있다. 즉 샤만 자신의 다마고미가 아무것도 찾아내지 못했거나 겁을 믹고 물러선 것이다. 병인이 되는 '독(毒)'이 워낙 힘이 센 다마고미라서 치병 무의에 동원된 다마고미의 힘으로는 어쩔 수 없게 된 경우이다.…… 이런 경우 샤만의 다마고미가 아무리 공격해봐야 상대 다마고미는 끄떡도 하지 않는다."[50]

일단 병의 원인을 발견하면 샤만은 치료를 시작한다. 영혼의 상실로 인한 병일 경우는 다르지만 병인이 다른 데 있을 경우, 샤만은 우선 그 "병인"을 제거하거나 피를 빨아냄으로써 치료를 시작한다. 병인을 적출할 때 샤만은 자기 이빨로 "희고 검은 실 같은 것, 또는 깎은 손톱 같은 것"을 병자의 몸에서 끄집어낸다.[51] 한 아초마위 족 인디언은 드 앙귈로에게 이런 말을 했다. "나는 이런 게 병자의 몸에서 나왔다고는 믿지 않아요. 치병 굿을 시작하기 전부터 샤만의 입에는 이런 게 들어 있으니까요. 하지만 샤만은 바로 이것에다 병을 묻혀냅니다. 그러니까 이런 것으로써 독을 잡아내는 것이죠. 이런 게 없다면 샤만이 어떻게 독을 잡을 수 있겠어요?"[52]

어떤 샤만은 직접 피를 빨아내기도 한다. 샤만은 자기가 어떻게 병을 고치는가에 대해 이렇게 설명한다. "내가 빨아내는 것은 검은 피다. 검은 피는 나쁜 피다. 피를 빨아내면 나는 먼저 그 피를 내 손바닥에 뱉어 그 안에 병이 들어 있는지 없는지 본다. 병이 들어 있으면 내 다마고미가 병과 싸우는 소리가 들린다. 내 다마고미들은 내게 마실 것을 요구한다. 다마고미들은 나를 위해서 큰 수고를 한 것이다. 나를 도와준 것이다. 그들은 지쳐 있다. 몹시 목이 마른 상태다. 그래서 마실 것을 원한다. 그들은 피를 마시고 싶어한다.……"53) 샤만이 피를 주지 않으면 다마고미들은 길길이 날뛰면서 항변한다. "그래서 나는 피를 마신다. 나는 피를 삼킨다. 다마고미에게 피를 마시게 해주는 것이다. 그러면 다마고미들은 조용해진다. 피가 다마고미들을 진정시키는 것이다. 피가 다마고미들의 갈증을 달래주는 것이다.……"54)

드 앙귈로의 보고에 따르면 "나쁜 피"는 병자의 몸에서 빨아낸 것이 아니다. "일종의 히스테리로 인해 샤만의 위장에서 터져나온 내출혈"인 것이다.55) 실제로 무의가 끝나면 샤만은 완전히 지쳐버린다. 그래서 두세 그릇의 물을 마시고는 "긴긴 잠에 빠지는 것이다."56)

그렇다고 하나, 피를 빠는 행위 자체가 치병무의의 탈을 쓴 사기행가은 아니다. 우리는 여기에서 시베리아의 샤만이 희생제물의 피를 마시고는 자기의 보호영신들이 그 피를 마셨다고 주장하는 사례를 상기할 필요가 있다. 뜨거운 피에 신성한 가치를 부여하는 데 바탕을 두고 있는 이 지극히 복잡한 의례에서 뜨거운 피 자체의 의미는 부차적이다. 이러한 의미는 수많은 주술-종교적 문화 복합에 속하는 의례와 융합할 때만 "샤만적"이라고 할 수 있는 것이다.

병자가 다른 샤만의 저주를 받아 병이 들었을 경우, 이를 치료하는 샤만은 오랫동안 병자의 살갗을 빨다가 이빨로 주물을 꺼내어 청중에게 보여준다. 병자를 저주한 자가 청중에 섞여 있을 경우도 있다. 이 경우 샤만은 "주물"을 그에게 돌려주면서, "너의 다마고미가 여기 있으니 가져가거라. 나는 가지고 있고 싶지 않다!"고 말한다.57) 병자가 영혼의 상실로 인하여 앓고 있을 경우, 다마고미가 제공한 정보에 따라 움직이는 샤만은 그 영혼을 찾아 길을 떠나, 광야나 바위 사이에서 방황하는 영혼을 찾아내고는 한다.58)

명계 하강

아초마위 샤만의 무의는 평온하다는 뜻에서 다른 종족 샤만의 무의와 다르다. 그러나 반드시 그런 것은 아니다. 아초마위 샤만이 망아상태에 드는 데 다소 약한 면모를 보이는데 견주어 다른 종족 샤만은 망아상태에 들 때마다 격렬한 접신적인 행위를 보여주고는 한다. 브리티시 컬럼비아 오지에 사는 슈스와프 족 샤만은 (골풀로 만든, 가로 세로가 각각 2미터, 1미터나 되는) 의례용 모자를 쓰는 순간부터 "미친 사람처럼 날뛴다." 이 모자를 쓰는 순간부터 그는 성무의례 때 자기의 수호영신으로부터 배운 노래를 미친 듯이 해댄다. 그가 온몸이 땀에 젖기까지 춤을 추어야 영신이 내려 그에게 말을 건다. 영신이 내리면 샤만은 병자 옆에 누워 아픈 곳을 빤다. 이윽고 병의 원인이 되는 가죽띠나 깃털 같은 것을 빨아내면 그는 이것을 바람에 날려버린다. [59]

길을 잃은 영혼 혹은 다른 영신들에게 붙들려간 영혼을 찾아다니는 대목에 이르면 대단히 극적인 장면이 펼쳐진다. 브리티시 컬럼비아의 톰슨 인디언의 경우 샤만은 가면을 쓰고 저승으로 간다. 그는 조상들이 사자의 나라로 갈 때 지나간 길을 통해 그 나라로 들어간다. 거기에서 병자의 영혼을 찾지 못할 경우 샤만은 기독교로 개종한 인디언이 묻힌 무덤을 찾아낸다. 그러나 사자의 나라에 가든 개종한 인디언의 무덤을 찾아내든, 샤만은 병자의 영혼을 악령으로부터 빼앗기 위해서는 처절한 싸움을 벌이지 않으면 안 된다. 이렇게 싸워 병자의 영혼을 구해가지고 이승으로 돌아온 샤만은 청중에게 피묻은 몽둥이를 보여준다. 워싱턴 주의 트와나 인디언 (Twana Indian) 샤만의 명계하강은 퍽 현실감이 있다. 땅거죽이 열리면 샤만이 명계의 강을 건너는 시늉을 하거나 악령들과의 처절한 싸움을 몸짓으로 보여주는 식이다. [60] 누트카 인디언 (Noootka Indian)은 물의 영신들이 "영혼을 도둑질한다"고 믿는다. 그래서 샤만은 이 영혼을 찾아 접신중에 바다에 뛰어들었다가는 몸이 흠씬 젖은 채로 돌아와 정신을 차린다. "도둑맞은 영혼을 독수리 깃털에 싸가지고 돌아온 그는 코와 관자놀이로 피를 흘리기도 한다. [61]

병자의 영혼을 되찾아오기 위한 샤만의 명계 여행에는 사자들이 사는 지하계 여정이 포함되는 것이 보통이다. 따라서 이러한 여정은 장송 신화와 아귀가 맞는 것이 보통이다. 한 유마 족 여인은 장례식 도중에 살아난다. 죽은 지 몇 시간 뒤에 정신을 차린 여인은 사람들에게 자기가 겪은 일을 이야기하는데 그 이야기는 대개 이런 식이다. 잠깐 정신을 잃었다가 정신을 차리고 보니 자기는 말잔등에 타고 있었다. 자기 앞에는, 오래전에 세상을 떠난 자기의 친척 남자가 앉아 있었다. 주위에는 말을 타고 있는 사자들이 많았다. 남쪽으로 말을 달린 이들은 이윽고 유마 족만이 사는 마을에 이르렀다. 여인은 생전에 알던 많은 사람들을 알아볼 수 있었다. 모두가 달려와 여인을 반갑게 맞아주었다. 그러나 오래지 않아 여인은 검은 연기를 보았다. 마을 전체가 불에 타고 있는 것 같았다. 여인은 도망치기 시작했지만 나무토막 같은 데 걸려 바닥에 쓰러지고 말았다. 그 순간에 정신을 차린 이 여인은 샤만이 자기를 내려다보며 자기를 치료하고 있다는 것을 알았다. [62] 드물기는 하나 북아메리카의 샤만은 사람들로부터, 사자의 손에 의해 저승으로 끌려간 수호영신을 찾아달라는 부탁을 받기도 한다. [63]

그러나 명계의 지리에 관한 샤만의 지식이나 접신상태에서의 투시 능력이 쓰이는 것은 원칙적으로 병자의 영혼을 찾을 때에 국한된다. 영혼의 상실과 관계되는 자료, 북아메리카 샤만이 이 영혼을 찾으러 다니는 사례에 관한 자료는 여기에 일일이 다 열거하기 어렵다. [64] 여기에서는 이런 종류의 믿음이, 비교적 가까운 과거에 시베리아로부터 유입된 것이라는 가설이 있기는 하나, 북아메리카, 특히 서부지역에 일반화되어 있고 심지어는 남아메리카 지역에서도 찾아볼 수 있다는 사실만 지적하고 넘어가기로 하자. [65] 뒤에 다시 거론하게 되겠지만, 병의 원인을 영혼의 상실로 보는 견해는, 유해한 병인을 그 원인으로 보는 견해보다 일천(日淺)하기는 하나 그래도 상당히 오래된 것으로 보인다. 따라서 이와 관련된 무속이 아메리카 대륙에 있다고 해서 반드시 시베리아 샤마니즘의 영향을 받았다고 설명하기는 어렵다.

다른 곳도 마찬가지지만 여기에서도 샤만적 이데올로기(혹은 더 엄밀하게 말한다면, 샤만에 의해 동화되고 발전한 전통적 이데올로기의 일부)는 샤만이 등장하지 않는 신화나 전설에도 나타나고 있다. 이러한 샤만적 원리가 바로 이른바 "북아메리카의 오르페우스 신화"라는 것이다. 이 신화는 대부분의 종족, 특히 서부 및 동부의 여러 종족에게서 찾아볼 수 있다. [66] 가령 텔룸니 요쿠트 판(版)이라고 할 수 있는, "북아메리카의 오르페우스 신화"를 소개해보기로 하자. 한 사내가 아내를 잃었다. 사내는 아내의 뒤를 따라가보기로 작정하고 아내의 무덤을 지켰다. 장사 지낸 지 이틀째 되는 날 밤에 아내는 몽유병 환자처럼 죽음에서 깨어나, 서쪽(혹은 북서쪽)에 있는 사자의 나라를 향해서 길을 떠난다. 지아비는 아내를 따라가다가 이윽고 강가에 이른다. 강 위로는 끊임없이 흔들리고 움직이는 다리가 놓여 있다. 아내가 지아비를 돌아다보면서 이런 말을 한다. "대체 어쩌자고 여기까지 따라온 것이오? 당신은 산 사람이 아니오? 당신은 이 다리를 건널 수 없어요. 이 다리를 건너다 떨어지면 당신은 큰 물고기가 되고 맙니다." 이 다리 위에는 새가 한 마리 다리를 지키고 있다. 이 새는 큰 울음소리로 다리를 건너는 사람들을 놀라게 하는데, 이 새의 울음소리에 놀라서 다리에서 떨어지면 밑은 심연이다. 그러나 지아비에게는 부적이 있다. 마법의 밧줄이다. 그는 이 부적 덕분에 다리를 건너는 데 성공한다. 강 건너쪽에서 사내는 자기 아내가 사자들 무리와 함께 원무(圓舞 : 고스트 댄스의 고전적인 형태)를 추고 있는 것을 발견한다. 사내는 아내에게로 다가간다. 그러나 사자들은 지아비의 몸에서 이상한 냄새가 난다고 불평한다. 이때 저승의 왕 티피크니츠(Tipiknits)가 보낸 사신(使臣)이 당도, 왕이 사내를 식사에 초대했다고 말을 전한다. 사신의 아내가 직접 음식을 만들어 대접하는데 아무리 먹어도 음식은 조금도 줄지 않는다. 저승의 왕은 그에게 저승으로 온 까닭을 묻는다. 사연을 듣고 난 저승의 왕은 하룻밤 내내 잠을 자지 않으면 아내를 데리고 가도 좋다고 말한다. 원무는 다시 시작된다. 그러나 사내는, 춤을 추면 지칠테고 지치면 잠이 올테니까 춤은 추지 않고 구경만 한다. 저승의 왕은 그에게 목욕할 것을 명한다. 사내가 목욕을 마치자 저승의 왕은 사내의 아내를 불러, 아내가 틀림없느냐고 묻는다. 사내가 틀림없다고 하자 저승의 왕은 동침을 허락한다. 둘은 잠자리에 들어 밤새 이야기를 나눈다. 그런데 새벽녘에 사내는 그만 잠이 들고 만다. 깨어보니 품안에 들어 있는 것은 썩은 나무토막이다. 저승의 왕은 이번에도 사신을 보내어 사내를 아침식사에 초대한다. 그는 사내에게 기회를 한 번 더 주기로 하고는 하룻밤 내내 잠을 자지 않으면 아내를 데려갈 수 있게 해주겠다고 약속한다. 사내는 이번에는 낮에 잠을 잔다. 낮에 잠을 자두면 밤에 졸립지 않을 것이기 때문이다. 그날 밤에도 전날 밤과 같은 일이 벌어진다. 부부는 밤새 웃으면서 이야기를 나누었다. 그러나 사내는 결국 견디지 못하고 또 새벽녘에 잠이 들었다가 깨어난다. 여전히 품안에 든 것은 썩은 나무토막이다. 저승의 왕은 사내를 불러 씨앗(이 씨앗만 있으면 저승 앞의 강을 건널 수 있다)을 주면서 명계를 떠나라고 한다. 이승으로 돌아온 사내는 친척들에게 이 이야기를 하면서 절대로 이야기를 다른 사람들에게 해서는 안 된다고 말한다. 저승에서 돌아온 지 엿새 안에 이 이야기를 하면 자기 역시 죽어서 저승으로 가야 한다는 말을 하면서 신신당부한다. 그러나 이웃 사람들은 사내가 사라졌다가 다시 나타났다는 걸 알고 있다. 사내는 이웃 사람들에게 모든 것을 고백하고 아내에게로 돌아갈 결심을 한다. 그래서 마을 사람들을 모아 잔치를 베풀고는 자기가 저승에서 본 것, 들은 것을 모두 이야기한다. 그리고는 다음날 뱀에 물려 이 세상을 떠난다.

채집되어 있는 이러한 신화의 판본들은 놀라울 정도로 서로 비슷하다. 다리, 주인공(영웅)의 저승의 강 도강(渡江)을 가능케 해주는 밧줄, 힘을 빌려주는 친절한 사람들(노인 혹은 노파, 저승의 왕), 다리를 지키는 동물 등——명계하강의 고전적 모티프는 오늘날 우리가 읽을 수 있는 거의 모든 이야기에 고루, 그 모습을 조금씩 바꾸어가면서 등장한다. 명계에 내려가는 주인공은 시련을 이겨내야 하는데, 어떤 이야기(가령 가브리엘리노 등)에서는 주인공이 금욕의 시련을 이겨내야 한다. 말하자면 시흘 동안 아내와 함께 있되 살을 섞지 말아야 한다는 식이다. [67]) 알리바무 족(Alibamu) 이야기에 등장하는 형제는 죽은 누이를 찾아 명계로 내려간다. 서쪽으로 간 이 형제는 드디어 지평선에 이른다. 이 지평선 너머에 있는 하늘로 들어가 한 노인과 노파의 도움으로 네 가지 시련을 이겨내는 데 성공한다. 하늘나라 꼭대기에서 이들은 자기 발 밑("세계의 중심" 모티프)에서, 자기네들이 살던 집과 똑같은 집이 있는 것을 발견한다. 여기에서 형제는 사자의 춤을 본다. 형제의 누이도 나와서 춤을 춘다. 형제는 주물로 누이를 건드려 잠을 재운 다음 표주박에 넣어 이승으로 돌아온다. 그러나 이승으로 돌아오자마자 이 형제는 표주박 속에서 누이의 울음소리를 듣고는 표주박을 연다. 그러자 누이의 영혼은 표주박을 나와 도망쳐버린다. [68])

곧 언급하게 되겠지만 폴리네시아에서 우리는 이와 비슷한 신화를 찾아볼 수 있다. 하지만 북아메리카의 신화가 명계하강의 입문적 시련의 기억을 더 잘 보존하고 있다. 알리바무 족의 신화에 나오는 네 가지 시련, 금욕의 시련, 특히 "잠을 자지 말아야 하는" 시련은 그 성격으로 보아 입문적 시련이 분명하다. [69] 이러한 신화에서 "무속적" 요소라고 짚어낼 수 있는 것은 바로 사랑하는 여성의 영혼을 되찾아오기 위한 명계하강이다. 이것을 무속적이라고 할 수 있는 까닭은 샤만에 대한 일반의 믿음 때문이다. 사람들은 샤만이 병자의 길잃은 영혼을 육신으로 되돌릴 수 있을 뿐만 아니라 죽은 자를 살릴 수도 있다고 믿는다. [70] 샤만은 명계를 다녀와서는 사람들에게 명계에서 본 것을 이야기한다. 그러니까 샤만은 "영혼" 만으로 사자의 나라로 내려간 사람, 접신중에 저승 또는 낙원을 다녀와서 온 세상의 환상적 문학 세계를 풍부하게 살찌운 장본인에 다름 아닌 것이다. 그러한 신화를 샤만적 체험의 산물이라고 하는 것이 지나치다고 하더라도 샤만이 이러한 체험을 변용시키고 해석하는 것만은 분명하다. 알리바무 족 신화에서 주인공이 누이의 영혼을 수습해서 오는 방법과 과정은, 샤만이 저세상에서 병자의 영혼을 수습해오는 방법 및 과정과 똑같다.

결사의 동아리 의식과 샤머니즘

샤머니즘과, 갖가지 북아메리카의 비밀결사 및 신비주의 운동과의 관계는 지극히 복잡해서 아직 그 관계 규명이 쉽지 않다.[11] 그러나 비밀결사의 이데올로기와 그 기법이 무속적 전통과 그 맥락을 함께 한다는 의미에서, 신비주의적인 비밀결사가 무속적 구조로 되어 있다고 할 수는 있다. 비밀결사(미데위윈 타입)와 접신 운동(고스트 댄스 교 타입)에서 몇 가지 사례를 들어보기로 하자. 여기에서 나온 사례는 무속적 전통의 주요한 요소, 말하자면 입문자의 죽음과 부활에 관련된 입문의례, 명계 및 천상계로의 접신 여행, 입문자 체내로의 주물 삽입, 비의(祕儀) 계시, 무속적 치병술의 습득 등을 고스란히 보여주고 있다. 전통적 샤머니즘과 비밀결사의 가장 중요한 차이는, 비밀결사의 경우, 어떤 의미에서든 접신적 성벽(性癖)이 있는 자, 규정된 입회비를 낼 생각이 있는 자, 동아리가 요구하는 수련 및 입문 시련을 감수할 각오가 되어 있는 자면 누구든 받아들인다는 데 있다. 비밀결사 및 접신 운동과 샤머니즘 사이에는 일종의 대립 혹은 적대감이라고까지 할 수 있는 요소가 엿보인다. 접신 운동과 마찬가지로, 동아리 결사는 요술 및 흑 주술과 동일시된다는 측면에서 샤머니즘과는 대립된다. 샤만 집단의 배타주의적 태도 역시 이런 대립의 또 하나의 원인일 수 있다. 그러나 비밀결사나 접신 운동은 개종을 통하여 거듭났다는 정신이 강하다. 결국 이런 정신 때문에 이들은 샤만의 특권의식을 부정하는 경향이 있는 것이다. 이러한 비밀결사나 신비주의 종교 집단은 그들이 속한 부족 사회 전체의, 심지어는 북아메리카 인디언 전체의 정신적 부활을 선언하고 있다는 뜻에서 일종의 종교 개혁을 겨냥한다고 볼 수 있다(고스트 댄스 교가 좋은 예이다). 따라서 이들은 스스로, 종교 전통면에서 보면 가장 보수적이면서 동시에 부족의 정신성에 대해서는 가장 융통성이 없는, 샤만과 정반대 되는 입장에 있음을 강하게 의식한다.

그러나 실제로 양상은 우리가 생각한 것 이상으로 복잡하다. 까닭은 이렇다. 만일에 지금까지 우리가 기술해온 것이 옳다면 북아메리카에서 "성별(聖別)된 자"와 "속중(俗衆)"의 차이는 질적인 것에 있다기보다는 양적인 것에 있는 것이 되기 때문이다. 다시 말해서 그 차이는 성별된 자가 지니는 성(聖)의 양에 따라서 달라지는 것이 되기 때문이다.

우리는 앞에서, 개개의 인디언은 모두 종교적인 권능을 추구하고 있으며 개개의 인디언은 모두 샤만이 자기의 영신들을 부리는 것과 같은 기술로써 자기의 수호영신을 부리고 있다고 지적한 바 있다. 72) 속중과 샤만의 차이는 이 양자가 부리는 주술-종교적 권능의 양에 있다. 다시 말해서 샤만은 속중보다 많은 영신과 수호영신을 부리고, 속중보다 더 강력한 주술-종교적 "권능"을 행사한다. 73) 이런 의미에서 우리는 개인의 인디언이, 의식적으로 샤만이 되기를 바라지는 않는다고 하더라도, 적어도 "샤만화(化)"하고 있다고는 말할 수 있다.

만일에 속중과 샤만의 차이가 명백하게 규정되지 않는다면 샤만 동아리와 비밀결사 및 신비주의 종교 집단의 차이는 모호해질 수밖에 없다. 그 까닭은, 비밀결사 및 신비주의 종교 집단이 "샤만적인" 기술을 쓰고 "샤만적인" 이데올로기를 과시하는가 하면, 샤만 자신도 신비주의적 비밀결사의 가장 중요한 활동에 참가하고 그 대리(代理)로 활동하는 경향까지 엿보이고 있기 때문이다. 이 양자의 관계는 오지브와 족의 미데위원(이 결사는 "명의결사(名醫結社 : Grand Medicine Society)"라는 이름으로 잘못 불려왔다)에 잘 나타나 있다. 오지브와 족에게는 샤만 말고도 샤만 노릇하는 자들이 두 부류 있다. 즉 와베노(Wâbĕnō´ : "새벽의 인간," "동방의 사람"이라는 뜻)와 예스사키드(jĕs´sakkīd´)이다. 예언자이자 천리안인 예스사키드는 "기술사(技術師)," "감추어진 진리를 드러내는 자"라고도 불린다. "불 다루는 자"라고 불리는 와베노는 불붙은 숯을 만지는 데도 화상을 입지 않는다. 예스사키드는 병자를 고칠 수 있다. 사람들은 신들과 영신들이 이 예스사키드의 입을 빌려 뜻을 전한다고 믿는다. 이 예스사키드는 굉장한 기술사여서 어떤 밧줄이나 사슬에 묶여 있어도 간단하게 풀고 나올 수 있다. 74) 이들은 미데위원 결사에 가입할 수도 있고 가입하지 않을 수도 있다. 그러나 대개의 경우, 와베노는 주술적 치료와 주문(呪文)에 통달하면 이 결사에 가입하고 예스사키드는 부족 안에서 자기의 특권을 강화하고 싶을 때 이 결사에 가입한다. 물론 미데위원 결사 내에서 이들의 수는 많지 않다. 왜냐하면 이 "명의"결사는 마음의 문제에 관심을 가진 자, 입회비를 낼 수 있는 자만 입회시키기 때문이다. 호프만이 자료를 수집할 당시 메노미니 족 인디언 수는 1,500명, 이들 가운데 미데위원 결사의 수는 100명이었는데, 이 결사 중 와베노는 둘, 예스사키드는 다섯밖에 되지 않았다. 75) 그러나 샤만 중에 이 결사에 가입하지 않은 샤만은 거의 없었다.

중요한 것은 "명의"결사 자체가 샤만적 구조로 되어 있다는 점이다. 실제로 호프만은 이 결사의 회원을 미데 (midē), 즉 샤만이라고 부르고 있다. 물론 이들을 샤만과 치료술사를 겸하는 자, 예언자, 선견자, 심지어는 사제라고 부르는 사람들도 있다. 이 모든 호칭은 그런 대로 의미가 있다. 이 미데가 치병무의를 전문으로 하는 샤만 노릇, 선견자 노릇, 심지어는 사제 노릇까지 하기 때문이다. 미데의 역사적 기원은 확실하지 않다. 그러나 이들의 신화론적 전통은 시베리아의 "최초의 샤만" 신화와 그리 멀리 떨어져 있지 않다. 이 신화에 따르면, 대영신이라 할 수 있는 제마니도 (Dzhe Manido)의 사신이자, 대영신과 인간의 중재자인 미나보조 (Mī′nabō′zho)가 병고에 시달리는 나약한 인간을 보다 못해 수달 (水獺)에게 하늘의 비밀을 가르치고 그 몸에다 미기스 (migis : 미데의 상징)를 투입하여 불사의 권능을 내려, 인간을 성무시키게 하고 성무한 인간을 성별하게 했다. 76) 바로 이러한 신화가 있기 때문에 미데의 입문의례에서는 수달피 주머니가 아주 중요한 몫을 한다. 이 수달피 주머니 속에는 미기스, 즉 주술-종교적 힘이 있는 것으로 믿어지는 조개껍질이 들어 있다. 77)

이 결사의 입회 후보자가 치르는 입문의례는 샤만의 입문의례를 고스란히 따르고 있다. 이 의례에는 천기 고지 (天機告知, 특히 미나보조 신화와, 수달이 하늘로부터 얻는 불사의 은혜를 상징하는), 입회 후보자의 상징적인 죽음 및 부활, 입회 후보자의 몸에 다량의 미기스 투입 (이 미기스는, 오스트레일리아 등지에서 샤만이 제자의 몸에 삽입하는 "주석 [呪石]"과 놀라우리만치 비슷하다) 과정이 고스란히 들어 있다. 입문의례에는 네 단계가 있다. 그러나 나중의 세 단계는 첫 단계 의식의 되풀이에 지나지 않는다. 결사의 동아리는 먼저 미데위간 (midēwigan), 즉 "명의관 (名醫

館)"을 세운다. 명의관은 동아리의 비밀이 새어나가지 못하도록 기둥과 기둥 사이를 잎이 무성한 가지로 단단히 막은, 가로 25미터, 세로 8미터 되는 집이다. 일단 이 명의관이 지어지면 여기에서 약 30미터 되는 곳에다 입회 후보자를 위한 위기웜(wigiwam), 즉 증기욕탕(蒸氣浴湯)을 판다. 준비가 되면 이 결사의 우두머리가 입회자를 교육시킬 스승 샤만을 지명한다. 이 스승 샤만은 입회자에게 무고의 기원과 성질을 설명하고 실제로 이 무고를 가지고 대신(大神) 마니도우(Manidou)를 부르고, 악령을 쫓는 무술(巫術)을 가르친다. 그뿐만 아니라 주문 외는 법, 약초 알아보는 법, 치료법, 심지어는 결사의 비의까지 가르친다. 본격적인 입문의례가 시작되기 5,6일 전부터 입회자는 날마다 증기욕탕에서 목욕 재계하고 미데로부터 주술을 거는 실무 교육을 받는다. 이때 미데들은 모두 미데위간에 모여 조그만 나무인형을 만들고, 약간 떨어져서 자신들의 주머니를 움직여본다. 입회자는 증기욕탕에서 스승 샤만과 마지막 밤을 함께 보낸다. 다음날, 또 한 번 목욕 재계한 입회자는, 날씨가 좋으면 입문의례를 치르게 된다. 모든 미데는 "명의관"으로 모인다. 꽤 오랜 시간 동안 말없이 담배를 피운 뒤 이들은 오랜 옛날부터 구전돼오는, 동아리의 비밀을 밝히는 제의적인 노래를 부른다. 그러나 초심자는 노래의 가사를 알아들을 수 없다. 그러나 어떤 순간이 되면 미데들은 모두 일어나 입회자에게 다가가, 몸에다 미기스를 댐으로써 이 입회자를 제의적으로 "죽인다".[78] 미데들이 미기스를 몸에 대면 입회자는 부들부들 떨다가 무릎을 꿇고 미데들이 미기스를 입에다 대면 입회자는 땅바닥에 쓰러져 꼼짝도 하지 못한다. 스승 샤만이 이 입회자의 몸에 수달피 주머니를 대면 입회자는 "부활"한다. 이때부터 입회자는 동아리로부터 무가를 배우는데 이 무가 배우기가 끝나면 동아리의 좌장(座長)은 입회자에게 수달피 주머니를 내린다. 입회자는 자기 미기스를 이 수달피 주머니에 넣는다. 조개껍질〔미기스〕의 주력을 확인하기 위해 입회자는 자기의 수달피 주머니로 동아리를 차례로 한 사람씩 건드린다. 그러면 주머니에 닿은 자들은 차례로 땅바닥에 쓰러진다. 입회자는, 이번에는 다시 이 주머니로 건드려 동아리를 한 사람씩 되살려낸다. 이로써 입회자의 수달피 주머니도 사람을 죽이고 살리는 주력이 있다는 것이 증명된다. 의례의 끝부분인 잔치에서 미데는 입회자에게 미데위원의 전승을 들려주고 입회자가 무고를 두드리며 노래를 부르면 첫 의례는 끝난다.

두번째 입문의례는 적어도 일 년 뒤에 치러진다. 이때가 되면 입회자의 주력은 수많은 미기스로 인해 상당한 수준에 이르게 된다. 체내에 투입된 미기스가 그의 몸, 특히 관절과 심장을 강화했기 때문이다. 세번째 입문 의례에서, 이미 미데가 되어 있는 입문자는 예스사키드의 능력을 얻는다. 이로써 그는 샤만의 “기술(技術)”은 무엇이든 할 수 있는 단계에 이른다. 즉 공식적인 명의가 된 것이다. 네번째 의례에서도 이 명의의 몸에는 더 많은 미기스가 투입된다. [79]

이 사례는 고유의 샤마니즘 자체와 북아메리카의 비밀결사가 얼마나 밀접한 관계를 맺고 있는가를 보여주고 있다. 이 양자는 같은 고대적 주술 -종교적 전통을 공유하고 있는 것이다. 그러나 비밀결사 전체가 태고적 전통과의 관계를 회복하고 요술사를 배제하려 하고 있다는 점에서 비밀결사, 특히 미데위원 내부에는 일종의 계획된 “기원으로의 회귀”라는 분위기가 감돌고 있다는 것도 지적해두어야겠다. 이 경우 이들을 이끌어주는 정령이나 보조영신의 역할은 비교적 축소되고, 반대로 대영신이나 천계여행에 중요한 가치가 부여된다. 바로 이 대목에서 아득한 옛날에는 이 땅에 존재하던 천지간의 교통을 재건하려는 노력이 엿보이는 것이다. 그러나 그 같은 “종교 개혁”의 성격을 띠고 있음에도 불구하고 미데위원은 주술-종교적 입문의례(죽음과 부활의 상징적 의례, [80] “주석”을 몸 속에 투입하는 의례 등) 중에서도 가장 오래된 입문의례적 기술을 사용하고 있다. 앞에서 보았다시피 미데는 주의(呪醫)이고, 그 입문의례를 통하여 이 주의는 주술적 치료 행위(병인을 몰아내는 축귀 기도, 주술적 조제방법, 흡인을 통한 치료 등)을 습득하는 것이다.

위네바고 족의 “주술의례”의 경우, 사정은 사뭇 다르다. 위네바고 족 입문의례의 전모는 라딘의 저서에 상세하게 보고되어 있다. [81] 위네바고 족에게도 일종의 비밀결사가 있다. 이 비밀결사에의 입회 역시 지극히 복잡한 입문의례를 거치게 되어 있다. 이 입문의례에서 가장 중요한 절차는 수달피 주머니에 들어 있는 주술적인 조개껍질과의 접촉을 통한 상징적인 죽음과 부활의 의례이다. [82] 그러나 오지브와 족과 메노미니 족의 미데위원 입문의례와 비슷한 것은 여기까지뿐이다. 입회자의 몸에 조개껍질을 박는 의식이 편입된 것은 비교적 최근(17세기말 즈음)의 일인 것으로 보인다. 이러한 의례는 샤만적 요소가 많던 초기 위네바고 족 입문의례로 돌아온 것인 듯하다. [83] 위네바고 족의 주의의례는 파우니 족(Pawnee)의

"주의의례"와 상당히 유사하다. 이 두 부족은 거리상으로는 상당히 멀리 떨어져 있어서 서로 직접적인 대차관계(貸借關係)를 맺은 적이 없는 듯하다. 그러므로 이들은 멕시코 기원의 문화 복합에 속하는 고대 의례의 흔적을 간직하고 있다고 결론지어도 좋을 듯하다. [84] 그렇다면 오지브와 족 미데위원은 이러한 고대 의례가 발전한 한 모습일 가능성이 크다.

어쨌든, 여기에서 강조해두어야 할 것은, 위네바고 족 주의의례의 목적이 입회자를 끝없이 환생시키는 데 있다고 하는 점이다. 창조주가 신화적 조화신(造化神)인 토끼를 세상으로 내려보낸다. 이 조화신은 인간이 때가 되면 죽는다는 데 큰 충격을 받는다. 그래서 그는 이런 불행을 막기 위해 입문관(入門館)을 짓고 스스로 아기로 화(化)하고는, "여기에서 〔내가〕한 바를 되풀이하는 자가 있으면, 바로 이와 같이 해야 할 것이다"[85] 하고 선언한다. 그러나 창조주는, 자기는 인간에게 재생을 허락하되, 다르게, 즉 원하면 얼마든지 환생할 수 있게[86] 했다고 설명한다. 기본적으로 주의의례는, 사후에 사자가 걸어야 하는 정도(正道)의 전수, 사후에 천상에 있는 창조주와 저승의 수호녀에게 할 말을 전수하는 것으로 구성되어 있다. 물론 천지 개벽의 우주론과 주의의례의 기원에 관한 비의도 전수된다. 어떤 경우든 의례에는 신화적 기원으로의 복귀, 시간의 소거(消去), 천지창조라는 기적적인 순간에의 회귀 염원이 깃들여 있기 때문이다.

대단히 괄목할 만한 샤만적 요소는, 19세기 초반에 국지적으로 존재하다 19세기말에 북아메리카 인디언 부족 전체를 석권하게 되는, 이른바 고스트 댄스 교로 알려진 신비주의 운동에도 남아 있다. [87] 이 종교의 "예언자들" 출현에는 기독교가 그 영향을 미친 것으로 보인다. [88] 고스트 댄스 교의 예언자나 지도자는, 구세주에의 긴장과 절박한 "세계의 종말론"을 퍼뜨렸는데, 이것은 당시의 인디언이 가지고 있던 극히 초보적인, 따라서 미숙한 그리스도 경험과 쉽게 어울릴 수 있었다. 그러나 당시에 유행하던 이 중요한 신비주의 운동의 실제 골격은 사실은 토착적인 것이었다. 이 종교의 예언자들은 가장 순수한 고대적 양식으로서의 환상을 보았던 것이다. 말하자면 이 종교의 예언자들은 "죽어서" 천상으로 올라가 천녀로부터 "생명의 신"에게 다가가는 법을 배웠고, [89] 탈혼망아의 경지에서 저승을 여행하면서 굉장히 중요한 계시를 받았고, 의식을 되찾은 뒤에는 접신여행중에 본 것과 들은 것을 사람들에게 이야기했던 것이다. [90] 자발적인 탈혼망아 경지에 들어 있을 동안 이들은 칼에 찔려도, 뜨거운 불에 데어도 아픈 줄을 모르는 등[91] 고대적 양식의 접신을 체험한 것이다.

고스트 댄스 교는 우주 부활의 도래를 예언했다. 예언에 따르면, 우주 부활 때가 되면 생사를 불문하고 모든 인디언은 "부활한 세계"에서 살게 되는데, 이들은 마법의 깃털이 지닌 주력의 도움을 받고 하늘을 날아 이 낙원에 이른다.[92] 예언자들 중에는 인디언의 고대 종교, 특히 주의(呪醫)에 반발한 예언자──가령 쉐이커(Shaker) 운동의 창시자인 존 슬러컴(John Slocum) 같은──도 있다. 그러나 그럼에도 불구하고 많은 샤만들이 슬로컴의 운동에 가세했다. 그것은 샤만들이 바로 이 운동에서 천계상승과 신비적인 빛의 체험이라는 고대적인 전승을 발견했고, 자기네들이나 마찬가지로 쉐이커 역시 죽은 자를 소생시킬 수 있다는 것을 알았기 때문이다.[93] 이 종파의 주요 의례는 지그시 하늘을 응시하는 행위와 계속해서 팔을 떠는 행위로 이루어져 있다. 그러나 이러한 의례는 이들에게만 있는 것이 아니다. 모습이 다르기는 하나 이러한 의례는 고대 및 현대의 근동에 있는, 샤만화한 일군의 종교 집단에서도 찾아볼 수 있다. 이 종파의 예언자들은 요술과 주술에 의한 치료 행위를 비난하면서도, 요술사와 주의를 개종시키기 위해서는 이와 비슷한 기술(奇術)을 구사하는 것도 마다하지 않는다. 예언자 샤와노(Shawano)가 좋은 예라고 할 수 있다. 샤와노는 서른 살 안팎의 나이에 천계로 불려 올라가 생명의 주(主)로부터 새로운 계시를 받았는데 이 생명의 주는 그에게 미래와 과거를 알게 하는 힘을 주었다. 샤와노는 샤마니즘을 비난하면서도 자신은 어떤 병이든 고칠 수 있고 전쟁 마당에서도 죽음에 저항하는 능력을 가졌다고 주장했다.[94] 그뿐만 아니라, 그는 자기야말로 알곤킨 족 최초의 "위대한 조화신(Great Demiurge)"인 마나보쪼(Manabozho)의 화신인 만큼 미데 위원을 개혁하고 싶다고 주장하기도 했다.[95]

고스트 댄스 교가 그토록 놀라운 성과를 거둔 것은 이 종파의 신비적 기술이 단순한 데 힘입은 바 크다. 인류의 구세주 강림을 준비하는 과정에서 이 종파의 구성원들은 5,6일씩이나 계속해서 춤을 추다가 탈혼망아 지경에 이르는데 이들은 바로 이때 사자를 만나고 이들과 대화를 나눈다. 춤은 모닥불을 사이에 둔 원무이기가 보통인데 이때 노래는 부르되 북은 치지 않는다. 이 제의의 주도자는 춤을 추면서 독수리의 깃털을 건네줌으로써 사제에게 견신례를 베푼다. 이 제의에서 사제가 그 깃털로 건드리기만 해도 신도는 그 자리에서 기절하고 만다. 그 신도는 기절한 상태에서 영혼으로 사자를 만나고 그들과 이야기를 나눈다.[96] 이들의 제의를 보면 샤마니즘의 기본적인 요소는 빠짐없이 다 들어 있다. 가령, 춤을 추던 신도들이 치병술을 얻는다든지,[97] 신도들이 별이나 신화적인 상징물이나 망아중에 보았던 환상 같은 것들이 그려진 제복(祭服)인 "망령의 윗도리"를 입는다든지,[98] 독수리 깃털로 몸을 장식한다든지,[99] 증기욕을 한다든지[100] 하는 것이 그렇다. 이들의 춤 역시, 그 자체가 샤만적이라고는 할 수 없다고 하더라도 샤만의 접신 준비에 해당하는 과정에서 결정적인 역할을 맡는 것만은 틀림없다.

물론 고스트 댄스 교는 모든 면에서 엄밀한 의미에서의 샤마니즘의 틀을 뛰어넘은 것이라고 할 수 있다. 가령 입문의례가 없고 밀의(密儀) 전수가 없다는 점에서 보면 샤마니즘과 다르다. 그러나 우리가 지금 여기에서 문제로 삼는 것은 "이 세계의 종말"이라는 절박한 상황 주변에 구체화되어온 대중의 종교 체험이다. 그러한 종교 체험에 도달한 사람에게, 체험——사자와의 교통——자체는 현세를 폐기하는 체험(일시적인 것이라고 하더라도)과 "혼돈상태"가 회복되는 체험을 의미한다. 이때의 혼돈상태란, 현재라는 시간의 우주적 순환이 종결되고 새로운 낙원적 순환이 영광스럽게 회복되는 순간의 혼돈을 의미한다. 시간의 "시작"과 "끝"에 관한 신화적 환상은 같은 것일 수 있다. 적어도 어떤 의미에서는 종말론과 우주론은 결국 하나이기 때문이고 천계와 대신(大神)과 사자와의 교통이 어떤 사람에게나 가능해지면 고스트 댄스 교의 에스카톤(eschaton : 이 세계의 종말)이 신화적인 아득한 때(illud tempus)를 현실화할 것이기 때문이다. 이 같은 신비주의 운동은, 샤만적 이데올로기와 기술(技術)의 필수적인 요소를 수용하면서도 다른 한편으로는 모든 인디언이 샤만의 특권적 상태를 획득하게 되는 때, 즉 아득한 옛날에는 존재하던, 하늘과의 "교통이 자유롭던" 때가 오기를 믿는다는 뜻에서 전통적 샤마니즘과는 다르다.

남아메리카의 샤마니즘 : 다양한 의례

남아메리카의 여러 부족들 사이에서도 샤마니즘은 상당히 중요한 몫을 하고 있는 듯하다. [101) 어떤 지역에서는 탁월한 치병술사이기도 하고, 또 어떤 지역에서는 갓죽은 사람의 영혼을 저승의 새집으로 인도하는 안내자이기도 한 샤만은 인간과 신과 영신들의 중재자 노릇을 하는가 하면 (가령 볼리비아 동부의 모요 족〔Mojo)이나 마나시 족, 대 안틸레스 열도의 타이노 족(Taino) 등[102)), 의례적 금기가 지켜지는지를 감시하는 일도 한다. 그뿐만 아니다. 샤만은 악령으로부터 부족을 지키는 일, 좋은 사냥터나 고기잡이 터를 가르쳐주는 일, 사냥감을 늘이는 일, [103) 날씨를 좌지우지하는 일, [104) 출산을 돕는 일, [105) 미래의 일을 알아내어 이를 고지하는 일[106) 등을 맡아 해내기도 한다. 따라서 남아메리카 사회에서의 샤만은 상당한 특권과 권위를 누린다고 볼 수 있다. 남아메리카에서는 샤만만이 부유하게 살 수 있다. 남아메리카 인들은 샤만이 기적 (성격상 극히 샤만적이라고 할 수 있는 주술적인 비행, 불타는 숯덩어리 삼키기 등[107))을 행사한다고 믿는다. 구아라니 족(Guarani)은 샤민을 숭배히는 나머지 샤만의 뼈를 예배의 대상으로 삼을 정도이다. 특히 용한 주술사의 유해는 작은 집에 보관되는데, 사람들은 중요한 일이 있을 때마다 이 집 앞에 와서 상의하기도 하고 여기에 제물을 놓고 제사를 드리기도 한다. [108)

당연한 일이지만 남아메리카의 샤만은, 다른 모든 지역의 샤만들이 그렇듯이, 요술사의 역할도 함께 맡는다. 가령 남아메리카의 샤만은 짐승으로 둔갑하여 적의 피를 빨아먹을 수도 있다. 이리 인간(werewolf)에 대한 신앙은 남아메리카에 널리 분포하는 믿음의 하나이다. [109) 그러나 남아메리카의 샤만의 주술-종교적 입장을 강화시키고 이로써 사회적 특권을 누리게 해주는 것은 샤만이 쌓는 주술사로서의 공적보다는 그의 접신 능력이다. 그 까닭은 바로 이 접신 능력을 통하여 치병술사라고 하는, 다른 사람은 도저히 누릴 수 없는 특권을 누리고 천계로 날아가 직접 신을 대면하며 이로써 인간의 기도를 신에게 전할 수 있기 때문이다. (대체로 샤만이 천계로 올라가 신을 만나지만 신이 의례용 오두막으로 내려오는 수도 있기는 하다. 마나시 족의 경우가 그렇다. 미나시 족은, 신이 땅으로 내려와 샤만과 이야기를 나누다가 샤만을 데리고 하늘로 올라갔다가는 잠시 후에 떨어뜨린다고 믿는다. [110))

샤만이 누리는 성직자적 기능의 좋은 예로, 아로케니아 인이 정기적으로 벌이는 집단의례에서 샤만이 맡은 역할을 들 수 있다. 응길라툰(ngillatun)이라는 이 의례는 신과 부족의 관계를 강화하기 위한 제사라고 할 수 있다.[111] 이 의례에서는 마치(machi : 여무)가 주요한 역할을 맡는다. 의례에서 마치는, 망아상태에 들어 육신은 그 자리에 두고 영혼만으로 "하늘 아버지(Sky Father)"에게 날아가 부족사회의 소망을 전한다. 이 의례는 공개리에 열린다. 옛날의 경우 이 의례는 다음과 같은 모습으로 전개되었다. 마치는 먼저 관목(레웨라고 하는 나무) 위에 올린 높은 단 위로 올라가 오랫동안 하늘을 응시하면서 환상을 본다. 참례자 중에서 두 사람이 나와 샤만적 성격이 뚜렷한 역할로서 이 마치를 돕는다. 즉 이 두 사람은 "흰 수건으로 머리를 묶고 얼굴은 검게 칠하고 목마를 타고 나오는데, 손에는 목검과 지팡이를 들고 있다." 이렇게 나온 두 사람은 마치가 탈혼망아 상태에 들자마자 "목마를 흔들어대는 동시에 들고 있던 방울을 미친 듯이 울린다."[112] (여기에서 부르야트 샤만의 "말"과 목마 위에서 춤추는 무리아 족[Muria]을 상기할 필요가 있다.[113]) 마치가 탈혼망아 상태에 들어 있을 동안 목마를 탄 두 사람은 악마와 싸우고 악령들을 쫓는다.[114] 제정신이 들면 마치는 천계 여행을 설명하고 하늘 아버지가 동아리의 소원을 모두 들어주기로 약속했다고 말한다. 마치의 말이 끝나면 무리는 함성을 지르면서 기뻐한다. 무리의 소동이 어느 정도 가라앉으면 마치는 천계 여행중에 있었던 일——가량 악마와 싸운 이야기, 악마를 물리친 이야기 같은——을 무리에게 들려준다.

　이 아로케니아 인들의 의례와, 샤만이 바이 윌갠의 처소까지 여행한 다음에 알타이 인이 말을 제물로 지내는 의례는 놀라울 만큼 비슷하다. 우선 천계의 신에게 부족의 소망을 전하기 위해 정기적으로 치르는 부족사회 단위의 의례라는 점, 여기에서 샤만이 가장 중요한 역할을 맡는다는 점, 샤만이 접신 능력을 통하여 이 의례의 주인공이 된다는 점, 바로 이 접신 능력으로 천계로 가서 신과 직접 대화한다는 점이 비슷하다. 샤만의 종교적 기능——인간과 신의 중재자로서의——이 아로케니아 인과 알타이 인의 경우처럼 확실히 드러나는 예는 그리 흔치 않다.

　식물로 만든 사다리를 오른다는 점(가령 아로케니아 인의 경우처럼[115]), 의례용 오두막의 천장에서 제대(祭臺) 위로 몇 가닥의 꼬인 밧줄이 내려온다는 점(가령 네덜란드령 기니아의 카리브 족의 경우처럼[116]), 천계에서의 신의 역할, 목마, 미친 듯이 질주하는 시늉을 한다는 점은 남아메리카와 알타이 샤머니즘의 유사성을 지적하고 있다. 그러나 여기에서 간과해서는 안 될 것은, 알타이나 시베리아의 샤만과 마찬가지로 남아메리카의 샤만도 영혼의 안내자 노릇을 하고 있다는 점이다. 바카이리 족은, 죽은 사람에게 저승길이 너무 험해서 혼자서는 갈 수 없다고 믿는다. 따라서 이미 몇 차례 다녀보아서 길을 잘 아는 사람이 필요하다. 그런데 샤만은 눈깜짝할 사이에 저승까지 갈 수가 있다. 바카리이 족은, 샤만에게는 하늘이나 지붕 꼭대기나 마찬가지라고 믿는다. [117] 마나키카 족(Manacica) 샤만은 죽은 사람의 영혼을 하늘로 인도하는데, 장례식이 끝날 때쯤이면 여행이 모두 끝난다. 저승으로 오르는 길은 멀고도 험하다. 저승으로 가는 샤만과 사자는 처녀림을 지나고 산을 넘고 바다와 강과 늪지를 건너 아주 큰 강가에 이른다. 그들은 여기에서 신이 지키는 다리를 건너야 한다. [118] 샤만의 도움을 받지 않고는 사자는 이 여행을 마칠 수가 없다.

샤만의 치병

   다른 지역에서도 그렇지만 남아메리카 샤만이 지니는 기본적이고 엄밀하게 말해서 개인적인 기능 중에는 치병술이 있다. [119] 이 치병술은 그 성격상 반드시 주술적이라고는 할 수 없다. 남아메리카의 샤만 역시 동식물이 지닌 약효와 마사지 방법 같은 것을 알고 있다. 그러나 샤만은 대부분의 병은 정신에 그 원인이 있다고 믿기 때문에——가령 영혼이 육신을 떠나버렸거나, 다른 영신이나 요술사에 의해 환자의 몸 속에 주입된 주물에 의해 병이 생겼다고 믿기 때문에——결국은 샤만적인 치료법이 동원되어야 하는 것이다.

   영혼이 육체를 떠났기 때문에 혹은 영혼이 길을 잃고 떠돌거나 혹은 영신이나 악령에게 유괴되었기 때문에 병이 든다는 사고방식이 아마존이나 안데스 지역에는 널리 퍼져 있지만[120] 남아메리카의 열대지방 사람들 사이에는 별로 퍼져 있지 않다. 그러나 이 지역에 사는 몇몇 종족은 그렇게 믿고 있다. [121] 심지어는 티에라 델 푸에고의 야간 족(Yahgan)에게서도 이런 사고방식을 찾아볼 수 있다. [122] 이러한 사고방식은 병자의 몸 속으로 주물이 들어갔다[123]는, 꽤 널리 분포되어 있는 사고방식과 병존하는 것이 보통이다.

   영신이나 사자가 데려간 병자의 영혼을 찾아오려면 샤만이 자기 육신을 떠나 지하계로 내려가거나 유괴한 자가 사는 곳으로 가야 하는 것으로 사람들은 믿는다. 아피나예 족의 경우, 샤만이 사자의 나라로 가면 사자들은 샤만을 무서워해서 도망쳐버린다. 그러면 샤만은 병자의 영혼을 찾아와 그 육신에다 되돌려놓는다. 타울리팡 족의 신화에는 달이 한 아이의 영혼을 훔쳐가 항아리 밑에다 감추는 이야기가 나온다. 샤만은 달이 있는 곳으로 날아올라가 많은 간난신고 끝에 항아리를 찾아 아이의 영혼을 구출한다. [124) 아로케니아 마치의 무가에도 더러 영혼이 재난을 당하는 대목이 나온다. 악령이 병자의 영혼으로 하여금 험한 다리 위를 걷게 하거나 귀신이 병자의 영혼을 위협한다는 대목이 그것이다. [125) 경우에 따라 마치는 병자의 영혼을 찾으러 가는 대신 영혼을 향해 제발 돌아와달라고, 돌아와서 친척들의 은혜에 보답하라고 애원하는 수도 있다. [126) 이런 예는 다른 곳에서도(가령 베다 시대의 인도에서도) 찾아볼 수 있다. 병자를 치료하기 위한 샤만의 접신 여행이, 그 목적이 무엇인지 모호할 정도로 이상한 천계비행의 모습으로 변형되어버린 경우도 있다. 그래서 "타울리팡 족은, 치료의 결과는 샤만의 영혼과 요술사의 영혼 사이에서 벌어지는 싸움의 결과에 달려 있다고 믿는다. 샤만은 영신의 나라에 이르기 위해 열대의 덩굴 식물인 리아나 즙을 마시는데, 이 리아나라는 식물은 사다리 모양과 흡사하다."[127) 사다리의 상징체계는 탈혼망아 상태에서의 상승수단을 나타낸다. 그러나 병자의 영혼을 유괴하는 요술사나 영신이 꼭 천상계에 사는 것은 아니다. 많은 경우 타울리팡 족 샤만은 깊은 상징적 의미를 잃어가고 있는 종교적으로 상당히 혼란스러운 무의를 보여주고 있다.

병의 원인이 악마나 유령에 의한 영혼의 유괴에 있지 않다고 하더라도 샤만의 접신 여행은 치병무의에서 빠질 수가 없다. 샤만의 접신에 의한 탈혼망아는 치병무의의 일부를 이룬다. 샤만이 병의 원인을 어떻게 진단하든 간에 샤만이 정확한 병의 원인을 알아내고 최선의 치료법을 강구하는 것은 항상 그의 접신중에만 이루어진다. 샤만의 탈혼망아가 자기의 친교영신에 "들리는(빙의〔憑依 : 빙령〕되는)" 것으로 끝나버리는 수도 있다 (가령 타울리팡 족과 예쿠아나 족〔Yecuana〕의 경우처럼[128)). 그러나 앞에서 보았듯이 샤만에게 "들림"이란 그가 가진 "신비기관(mystical organs)"의 빙의상태에 들어감을 뜻한다. 이 신비기관이야말로 어떤 의미에서는 샤만의 완전한 정신적 퍼스낼리티를 구성하기 때문이다. 많은 경우, "빙의"는 샤만이 자기 보호영신의 **신통력**(보호영신이 갖가지 방법으로 그 모습을 보여주는)을 제대로 알고 이를 자기 마음대로 부릴 수 있는 행위를 말한다. 샤만이 보호영신을 불러내는 이러한 빙의상태는 샤만의 탈혼망아 상태에서 끝나는 것이 아니라 샤만과 보호영신 사이의 대화가 완결되는 상태에서 끝난다. 실제로 이러한 빙의의 과정은 복잡하다. 샤만은 어떤 동물로든 화할 수 있다. 따라서 문제가 되는 것은 무의 도중에 샤만이 내지르는 소리가 어느 정도까지 샤만이 접촉하는 친교영신의 소리에 가까운가,[129] 어느 정도까지가 샤만의 동물로의 변화 단계를 상징하고 있는가(바꾸어 말하면 샤만이 어느 정도까지 신화적 퍼스낼리티를 드러내고 있는가) 하는 것이다.

　샤만의 치료 형태가 남아메리카에서는 어느 종족의 경우이든 동일하다. 말하자면 치료무의는 거의 예외 없이 담배연기 훈증(燻蒸), 무가, 치료 부위의 마사지, 보호영신의 도움에 의한 병인 확인(샤만이 탈혼망아 상태에 빠지는 것은 바로 이 대목에서이다. 샤만이 탈혼망아 상태에 빠지면 치병무의의 참례자들은 샤만에게 질문을 던지지만 병에 관한 직접적인 것은 묻지 않는다.), 그리고 마지막으로 병의 원인을 흡착해내는 과정으로 이어지는 것이다.[130] 가령 아로케니아 인의 경우 마치는 먼저 "아버지 하느님"(이러한 호칭이 기독교의 영향을 전혀 받지 않았다고는 할 수 없지만, 그래도 양성구유자〔兩性具有者〕에다 "하늘에 계시는 **할머니이신** 아버지 하느님"[131]이라고 불리는 등, 고대적 구조는 그대로 가지고 있다)에게 말을 건다. 이어서 마치는 태양의 아내 혹은 "애인"인 안치말렌(Anchimalen)과 이미 세상을 떠난 마치의 영혼에게 말한다. "세상을 떠난 마치의 영혼은 하늘에서 이 세상의 마치를 내려다보고 있는 것으로 믿어진다."[132] 마치는 바로 이 조상 마치에게, 자기를 대신해서 신에게 호소해 줄 것을 비는 것이다.

　여기에서 우리가 주목해야 할 것은 마치의 기술에서 볼 수 있는, 천계 상승과 말을 이용한 공중 비행의 모티프가 지닌 중요성이다. 신과 죽은 마치의 협력과 보호를 얻는 순간, 마치가 "나는 나를 도와 주는 이들 즉 보이지 않는 마치들과 함께 말을 타려고 한다"고 선언하는 것에 주목해야 한다.[133] 탈혼망아 상태에서 마치의 영혼은 육신을 떠나 하늘을 난다.[134] 접신상태에 이르기 위해 마치는 기본적인 수단을 쓴다. 가령 춤을 춘다든지, 팔을 흔든다든지, 방울로 소리를 낸다든지 하는 것이다. 춤을 추면서 마치는 천상에 있는 마치에게, 접신하고 있을 동안 자기를 도와달라고 부탁한다. "바닥에 쓰러져 의식을 잃기 직전에 여무는 팔을 들고 흔들기 시작한다. 그러면 한 사람이 여무에게 다가가 쓰러지지 않도록 부축해준다. 또 한 인디언은 여무를 소생시킬 목적으로 서둘러 란칸(lañkañ)이라는 춤을 춘다."[135] 여무는 신성한 사다리의 꼭대기(rewe)에서 몸을 흔듦으로서 탈혼망아 상태에 들어간다.

의식이 계속될 동안 담배가 자주 이용된다. 마치는 담배를 한 모금 빨고는 하늘을 향해, 즉 신을 향해 담배연기를 뿜으면서, "신께 이 연기를 바치나이다" 하고 말한다. 그러나 메트로는, "담배가 접신상태에 이르는 데 도움을 준다는 말은 들은 적이 없다"는 말을 보태고 있다.[136]

18세기의 유럽 여행자들에 따르면, 샤만에 의한 치병무의에는 양의 희생제도 곁들여진다고 한다. 즉 샤만이 양의 배를 가르고 뛰고 있는 심장을 꺼낸다는 것이다. 오늘날에는 희생제물이 되는 짐승에게 상처를 입히는 것만으로 만족한다고 한다. 그러나 18세기 전후의 많은 여행자들은 입을 모아, 마치가 눈가림으로 관중들로 하여금, 자기가 병자의 배를 가르고 병자의 내장과 간을 꺼내는 것을 믿게 한다고 주장한다.[137] 우스 신부에 따르면 마치는, "병자의 배를 가르고 거기에 손을 넣어 무엇인가를 감촉하고는 그것을 꺼내는 시늉을 한다." 그런 다음에 사람들에게 병의 원인이 된 조약돌, 벌레, 곤충 같은 것을 보여준다는 것이다. 이때 마치가 병자의 몸에다 낸 "상처"는 저절로 아무는 것으로 믿어진다. 그러나 치료할 때마다 병자의 몸을 여는 것은 아니고 어느때는 영신이 지시하는 병자 몸의 특정 부위를(때로는 피가 배어나올 만큼) 흡착하는 선에서 치료를 끝낸다.[138] 따라서 이런 것은 익히 알려져 있는 입문의례의 기술이 이상한 형태로 응용된 것이라고 보는 편이 타당할 것이다. 그러니까 신참자에게 새 장기(臟器)를 주어 그를 "거듭나게" 하기 위해 주술적으로 몸을 절개한다는 것이다. 아로케니아 인의 치병무의에서는 신참자의 내장 교환과 흡착에 의한 병원(病源)의 적출이 혼동되고 있는 듯한데, 이러한 혼동은 입문의례의 도식(내장의 재생을 통한 죽음과 부활)이 소멸되어가고 있기 때문인 것 같다.

그러나 18세기에는 이 주술적 치료에 반드시 경직증적 탈혼망아 상태가 뒤따랐다. 말하자면 샤만(여무가 아닌 까닭은, 당시의 샤마니즘이 여성의 것이었다기보다는 남성 혹은 성도착자의 것이었기 때문이다)은 쓰러져 "죽은 듯한" 상태가 되는 것이다.[139] 바로 이러한 탈혼망아 상태에서 병자에게 고통을 주는 요술사가 누구인지를 알아내는 것이다. 오늘날에도 마치는 같은 식으로 탈혼망아 상태에 들어 병의 원인을 같은 방법으로 알아낸다. 그러나 마치의 탈혼망아가 병자의 몸이 "절개"된 직후에 오는 것이 아니다. 이런 식의 주술적 절개 과정이 생략되고 흡착을 통한 병원의 적출로 끝나는 경우도 있다. 그러니까 마치는 일단 탈혼망아 상태에 들었다가 영신들의 지시를 받고 그 부분을 흡착하는 것이다.

그러나 흡착에 의한 병원의 적출에도 주술-종교적 수술의 흉터가 남는 것은 마찬가지이다. 그 까닭은, 많은 경우 이 "주물"은 성격상 초자연적인 것이고 바로 이러한 주물은 요술사나 악령이나 사자에 의해 눈에 보이지 않게 병자의 몸으로 들어갔기 때문이다. 그러니까 이 "주물"은 이 세상의 것이 아닌 "병화(病禍)"의 지각 가능한 양태에 지나지 않는 것이다. 아로케니아 인의 경우에서 보았듯이, 샤만은 친교영신들뿐만이 아니고 기왕에 세상을 떠난 샤만, 심지어는 신의 도움까지 받아가면서 이 일을 한다. 마치의 주술적 도식은 신의 지시를 받은 것이다. [140] 흡착을 통하여 예쿠쉬 (yekush : 주술적으로 병자의 몸 속으로 들어간 "병화")를 적출하는 야마나 족 샤만은 치병무의에서 기도를 하기도 한다. [141] 그 역시 자기의 보호영신인 예파첼 (yefatchel)을 부리는데, 이 예파첼에 "들려" 있을 동안은 의식을 잃는다. [142] 그러나 이러한 무의식 상태에 드는 것 자체가 지극히 샤만적이다. 왜 샤만적이냐 하면 오세아니아, 북아메리카, 시베리아 샤만이나 마찬가지로 그 역시 이런 상태에서는 맨발로 불 위를 걸을 수 있고[143] 불붙은 숯덩어리를 삼킬 수도 있기 때문이다.

요약하면 이렇다. 남아메리카 샤마니즘은 아직도 지극히 오래된, 즉 고대적인 특징을 그대로 간직하고 있다. 말하자면 신참자에게 경험하게 하는 제의적인 죽음과 부활의 입문의례, 신참자의 몸에 주물 투입, 모듬살이의 소원을 신에게 직소(直訴)하기 위한 천계상승, 흡착 혹은 병자의 영혼 찾기를 통한 샤만적 치병, 샤만의 영혼의 인도자로서의 접신 여행, 신 혹은 동물 특히 새에 의해 계시된 "무가" 등 전통을 그대로 간직하고 있는 것이다. 여기에서, 같은 문화 복합이 엿보이는 다른 문화권의 전통을 일일이 다 열거하고 비교할 필요는 없을 것이다. 단지 (신참자의 몸에 주물을 투입하고 입문의례 때 천상계를 날고 흡착을 통하여 병을 고치는) 오스트레일리아의 주의와 남아메리카 샤만의 유사성을 지적함으로써, 남아메리카 샤만의 기술과 신앙에 고대적 특징이 고스란히 남아 있다는 것만 지적하고자 한다. 오스트레일리아 인이나 마찬가지로 고대의 남아메리카 사람들 역시 인간이 살 수 있는 이 지구의 최북단에 살았다느니, 남극을 매개 지점으로 오스트레일리아와 남아메리카 사이에 직접적인 문화적 교섭이 있었다느니 하는 것은 우리가 주장할 거리가 못 된다. 남극을 매개 지점으로 한 교섭이 있었다는 주장은 멘데스 꼬레아(Mendes Correa), 코퍼스(W. Koppers), 뽈 리베(Paul Rivet)에게서 나온 것인데, [144] 다른 학자들——양쪽의 주장을 다 지지하는 리베를 포함해서——은 말레이 - 폴리네시아 지역을 통해 남아메리카로의 이민(移民)이 있었다는 주장을 선호하는 것 같다. [145]

남북 아메리카 샤마니즘의 고대성

남북 아메리카 샤마니즘의 "기원" 규명 문제는 요원하다. 세월이 흐르면 태고적에 이 지역에 살던 사람들의 신앙 및 종교 생활에 관한 많은 주술-종교적 자료가 덧붙어 해결의 실마리가 보일지도 모른다. 만일에 푸에고 인(Fuegian)을 아메리카로 건너온 최초의 이주민 무리의 일부로 볼 경우, 그들의 종교에 일종의 고대적 이데올로기의 흔적이 남아 있다고 추정하는 것은 타당하다. 실제로 그들의 종교에서 볼 수 있는 천신(天神)에 대한 신앙, 소명 혹은 자발적 의지에 의한 샤만의 입문, 죽은 샤만의 영(靈)과 친교영신과의 관계("빙의"의 대상이 되기까지 하는 관계), 주물 및 영혼의 방황을 병의 원인으로 보는 사고방식, 불과 관련된 샤만의 초능력 등의 요소가 우리들의 관심을 끈다. 그러나 이러한 특징의 대부분은 샤마니즘이 부족의 종교 생활을 지배하고 있는 지역(북아메리카, 에스키모, 시베리아)에서만 보이는 것이 아니고 그것이 주술-종교적 생활을 구성하는 한 현상에 지나지 않는 지역(오스트레일리아, 오세아니아, 동남 아시아)에서도 보인다. 따라서 최초로 남북 아메리카 대륙으로 건너온 이민들의 "고향"이 어디였던 간에, 바로 이 이민들과 함께 특정 형태의 샤마니즘이 남북 아메리카 대륙에 전파되었다고 볼 수 있다.

물론 북아시아와의 오랜 접촉을 통해서 북아메리카가 오랫동안 북아시아의 영향을 받았을 가능성도 있다. 그러나 그것은 최초의 이민이 북아메리카로 건너오고 나서 한참 뒤의 일이다. [146] 타일러(E. B. Tylor), 탈비

쩌, 할로우웰(A. I. Hallowell) 같은 학자들의 뒤를 이어 로버트 로위 (Robert Lowie)[147]는 랩 인과, 특히 북서부의 아메리카 인디언 부족들의 유사성을 지적하고 있다. 그의 주장에 따르면, 특히 랩 인의 북에 그려진 그림은, 에스키모나 동부 알곤킨 족의 그림문자와 놀라울 만큼 흡사하다. [148] 로위는 동물(특히 새)로부터 영감을 받는 랩 샤만의 무가와, 같은 기원을 지니는 북아메리카 샤만의 무가가 비슷하다는 데도 주의를 기울이고 있다. [149] 그러나 우리는 남아메리카에서도 그런 현상을 볼 수 있다는 데 주목해야 한다. 우리는 후대에 유라시아로부터 영향을 받았을 가능성이 크다는 견해를 따르지 않는다. 로위는 또, 북아메리카와 시베리아는 영혼의 방황이라고 하는 사고방식(북아시아에서는 보편적이고, 폭스 족[Fox] 및 메노미니 족 같은 북아메리카 여러 부족에서도 볼 수 있는), 불을 이용한 샤만의 무술(巫術), 추크치, 크레 족(Cree), 솔토 족 (Saulteaux), 샤이안 족(Cheyenne)에게서 볼 수 있는 의례용 오두막의 진동[150] 및 복화술(腹話術), 북아메리카와 북유럽에 공통되는 입문의례의 증기욕이 서로 유사하다고 지적했다. 그러나 이러한 유사성은 시베리아와 서부 아메리카 문화에만 있는 것이 아니다. 아메리카 문화와 스칸디나비아 문화 사이에서도 우리는 이런 유사점을 찾아볼 수 있다.

그러나 이 모든 문화 요소(영혼의 수탐, 무가[巫家]의 진동, 복화술, 증기욕, 불을 다루는 무술)를 남아메리카에서만 볼 수 있는 것도 아니다. 이 가운데 몇 가지 중요한 요소(가령 불을 이용한 무술, 증기욕, 의례용 오두막의 진동, 영혼의 수탐)는 다른 지역(아프리카, 오스트레일리아, 오세아니아, 아시아)에서도 볼 수 있다. 따라서 우리는 이러한 요소가 일반적 주술, 특히 샤마니즘의 최고(最古) 형태와 관련된 것이라는 데 주목해야 한다. 특히 중요한 것은 남아메리카 샤마니즘에서 볼 수 있는 "불"과 "열기"의 역할이다. 이러한 "불"과 신비스러운 "열기"는 접신상태에 이르는 것과 관계가 있다. 이러한 관계는 대부분의 최고(最古) 주술 및 보편적인 종교 현상에서도 찾아볼 수 있다. 불의 다스림, 열기의 정복, 요컨대 극단적인 저온과, 불타는 숯덩이 같은 극단의 고온에도 견딜 수 있게 하는 "신비스러운 열기"는 일종의 주술적-신비적 가치를 지닌다. 샤만은 여기에다 여느 사람이 갖추기 힘든 자질(천계상승, 주술적 비상[飛翔] 등)까지 갖춤으로서 이미 인간의 상태를 뛰어넘어 이미 "정령"의 상태에 들었음을 보여준다. [151]

이 몇 가지 사실만 보아도, 아메리카 샤마니즘의 기원을 가까운 시대에서 찾으려는 학설이 얼마나 수상한 것인가를 알 수 있을 것이다. 우리는 알래스카에서 본 샤만적 문화 복합의 윤곽을 거기에서 머나먼 티에라 델 푸에고에서도 볼 수 있다. 북아시아에서, 심지어는 아시아-오세아니아 지역에서 유입된 문화는, 그때 이미 남북 아메리카 대륙에 광범위하게 퍼져 있던(바꾸어 말하면 완전히 동화되어 있던) 샤만적 이데올로기와 기술을 강화시키고 세부에 이르기까지 그 양식을 변화시켜갔다는 견해가 개연성이 높지 않을는지.

제 10 장　동남 아시아와 오세아니아의 샤마니즘

세망 족, 사카이 족과 자쿤 족의 샤만적 신앙과 기술

　일반적으로 네그리토 족은 말레이 반도에서 가장 오래 산 종족으로 알려져 있다. 세망 족의 절대신 카리(Kari), 카레이(Karei) 혹은 타 페든 (Ta Pedn)은 천계신(天界神)의 특징을 누루 갖추고 있다(실제로 카리라는 말을 "천둥", "폭풍"을 뜻한다). 그러나 엄격하게 말해서 이 신은 의례 혹은 숭배의 대상은 아니다. 세망 족은 천둥이 칠 때만 이 신에게 산제물을 바치고 기도한다.[1] 세망 족의 주의는 할라(hala) 또는 할라크 (halak)라고 불린다. 이 말은 사카이 족 사이에서도 사용된다.[2] 마을 사람 중 하나가 병이 들면 할라와 그 제자는 나뭇잎으로 만든 오두막에 은거하면서 노래를 부름으로써 "신의 조카"인 세노이(cenoi)를 부른다.[3] 이렇게 할라가 한동안 노래를 부르면 세노이 자신의 목소리가 그 오두막에서 들리기 시작한다. 이렇게 되면 할라와 그 제자는 다른 사람은 알아들을 수 없는 내용의 노래를 부르고 신어(神語)를 지껄인다. 그러나 이들의 고백에 따르면, 이 노래와 신어는 이들의 오두막을 떠나는 순간 깡그리 잊어버린다.[4] 그러니까 이것은 이들의 노래나 신어가 아니라 세노이가 이들의 입을 빌려 말을 하고 노래를 한 데 지나지 않는 것이다. 이 놀라운 영신들이 내려오면 그 증거로 오두막이 흔들린다.[5] 병자가 병이 난 까닭과 치료법을 할라에게 일러주는 것은 바로 이 영신들이다. 할라가 탈혼망아 상태에 이르는 것은 바로 이즈음이다.[6]

　실제로 이 접신 기술은, 우리가 상상하는 것처럼 단순하지 않다. 세노이가 구체적으로 존재한다는 사실은 천계신은 아니라고 하더라도 하늘과 할라 사이의 교통을 통하여 입증되는 셈이다. 한 세망 피그미 족 샤만은, "만일에 타 페든께서 일러주시지 않는다면 할라가 무슨 수로, 무슨 약을 써야 할 것인지, 언제 써야 할 것인지, 무슨 주문을 외어야 할 것인지를 알 것이오? 타 페든께서 일러주지 않는다면 할라가 무슨 수로 병을 고칠 것이오?"[7] 병은 타 페든 자신이 인간을 벌하기 위해서 보낸 것이기 때문에 타 페든이 나서야 병을 고칠 수 있다는 이야기이다.[8] 천계신과 할라와의 직접적인 관계는 이 신과 다른 네그리토 족의 관계보다 밀접하다. 이는, 켈란탄의 멘리 족(Menri) 할라가 자기에게는 신통력이 있기 때문에 폭풍이 휘몰아쳐도 산 제물을 바치지 않는다고 주장하는 사실로 입증된다.[9] 멘리 족 할라는 무의중에 공중으로 펄쩍펄쩍 뛰어오르면서 노래를 부르고 카레이 신을 향해 거울과 목걸이를 던진다.[10] 이 제의적 도약은 천상계 상승을 상징하고 있음을 알 수 있다.

그러나 피그미 샤만과 천계와의 관계에 관한, 보다 확실한 자료가 있다. 무의중에 파항 네그리토 족(Pahang Negritos) 할라는 야자 잎으로 만든 실, 혹은 다른 자료에 따르면 아주 가느다란 끈을 손에 쥔다. 이 실이나 끈은 하늘의 제7계에 사는 천계신 본수(Bonsu)에게 닿아 있다. (본수는 형제가 되는 텡〔Teng〕과 함께 살고 있다. 제7계 이외의 천계에는 아무도 살지 않는다.) 무의가 계속될 동안 할라는 이 실 혹은 끈에 의해 천상계의 신과 연결되어 있는 셈이다. 할라는, 이 실 혹은 끈은 신이 내려준 것이며 무의가 끝나면 신이 거두어가는 것으로 믿는다.[11] 이어지는 치병무의에서는 석영 결정(체부쉬〔chebuch〕라고 불린다)이 중요한 몫을 한다. 이 석영 결정과, 천공(天空) 및 천계신들과의 관계는 이미 앞에서 살펴본 바 있다.[12] 이 석영 결정은 세노이에게서 직접 얻거나 미리 준비하는 수도 있다. 할라는 이 주석(呪石) 안에 세노이가 산다고 믿는다. 주석 안에 사는 세노이는 할라의 명을 따른다. 치병무의를 집전하는 할라는 이 석영 결정을 주시함으로써 병인을 알아낸다. 말하자면 이 석영 결정 속에 있는 세노이가 할라에게 병인과 그 치료법을 일러주는 것이다. 그러나 할라는 이 석영 결정에서, 그 동아리로 접근해오는 호랑이를 보기도 한다.[13] 할라는 호랑이로 둔갑할 수도 있다.[14] 켈란탄 족의 보모르(bomor)나 말레이의 남무와 여무가 호랑이로 둔갑하는 것과 마찬가지이다.[15] 이러한 관념은 말레이의 영향을 받은 것으로 보인다. 그러나 우리가 여기에서 간과하지 말아야 할 것은, 신화적인 호랑이 조상은 동남 아시아 전체에서 입문사제로 믿어지고 있다는 점이다. 입문자를 밀림 속으로 데리고 들어가 입문의례를 시키는(즉 영적인 "죽음"과 "재생"을 경험하게 하는) 존재가 바로 호랑이인 것이다. 바꾸어 말하면 호랑이는 고대의 종교 복합에서 중요한 역할을 하고 있는 것이다. [16]

우리가 아는 한, 네그리토 전설은 고대의 입무(入巫) 시나리오를 그대로 간직하고 있다. 이 전설에 따르면 타페른(Tapern, 즉 타 페든)의 궁전에 이르는 길에는 거대한 뱀인 마트 치노이(Mat Chinoi)가 살고 있다. 이 뱀은 타페른을 위하여 융단 짜는 일을 한다. 뱀이 만드는 것은 갖가지 장식이 든 아름다운 융단인데, 뱀은 이것을 자기 집 들보에다 걸어두고 있다. 뱀은 바로 이 들보에 걸린 융단 밑에서 지낸다. 뱀의 뱃속에는 더할 나위 없이 아름다운 20명 혹은 30명의 암(雌) 치노이와 아주 많은 머리 장신구, 빗 그리고 그밖의 귀물(貴物)이 들어 있다. 할라크 기말(Halak Gihmal : "무무(武巫)"라는 뜻)이라고 하는 치노이는 뱀의 등에 살면서 이 귀물을 지킨다. 한 숫컷 치노이가 이 뱀의 뱃속에 들어가려 하면 할라크 기말이 이 치노이에게 두 가지 시험을 부과하는데, 시험은 구조나 의미로 보아 분명히 입문의례적이다. 뱀은 일곱 개의 융단이 걸린 들보 아래 누워 있는데, 이 융단은 끊임없이 움직인다. 즉 끊임없이 열리고 닫히는 것이다. 치노이 입문자는, 융단에 닿지 않도록 재빨리 융단 사이로 들어가야 한다. 실수하면 융단에 걸려 뱀의 등 위로 떨어지고 만다. 두번째 시험으로 후보자는 아주 빠른 속도로 열리고 닫히는 담배상자 속으로 들어가야 한다. 후보자가 이 두 가지 시험을 무사히 이겨내면 뱀의 몸 속으로 들어가, 암 치노이 하나를 골라 자기의 아내로 삼을 수 있다. [17]

우리는 여기에서도 오스트레일리아, 북아메리카 그리고 아시아에서도 보았던 모티프 즉 순식간에 열리고 순식간에 닫히는 주술적인 문이라는 입문적인 모티프를 만난다. 우리가 다른 지역의 입문 모티프에서 보았듯이 뱀 같은 괴물을 통과하는 일은 입문의례와 같은 의미를 지닌다.

팔라완의 바타크 족과 말레이의 다른 피그미 족의 경우, 샤만인 발리안(balian)은 춤을 통하여 탈혼망아에 빠진다. 춤을 통하여 탈혼망아에 빠진다는 것 자체가 이미 이러한 의례가 인도-말레이 영향권에 있음을 짐작케 한다. 이들의 장례 신앙은 우리의 짐작이 어림짐작이 아님을 확인시켜 준다. 이들의 믿음에 따르면, 사자의 영혼은, 죽은 뒤로도 나흘 동안은 가족들과 함께 머문다. 나흘 뒤에는 이 영혼이 평원을 지나는데 평원 한가운데에는 한 그루의 나무가 있다. 영혼은 이 나무를 올라 이윽고 땅과 하늘이 닿는 지점에 이른다. 거기에는 거인의 영 (靈)이 기다리고 있다. 이 거인의 영은 사자가 생전에 한 일에 따라 하늘로 들여놓을 것인지, 불에다 던질 것인지를 결정한다. 사자의 나라는 7계 (七階)로 되어 있다. 말하자면 천계가 바로 사자의 나라인 것이다. 사자의 영은 이 7계를 차례로 지난다. 이윽고 마지막 천계인 제7계에 이르면 사자의 영은 반딧불로 변한다. [18] 우리가 앞에서 보았듯이 [19] 7이라는 숫자와 불에 의한 형벌은 이러한 믿음이 인도에서 기원한 것임을 말해주고 있다.

말레이 반도의 원주민인, 서로 다른 두 선주민 사카이 족과 자쿤 족은 민족학자들에게 많은 문제를 던져준다. [20] 종교사학자들의 견해에 따르면 무속적인 기술은 기본적으로 같지만 이들의 샤머니즘은 세망 피그미 족의 샤머니즘보다 동아리의 삶에서 훨씬 중요한 몫을 하는 것으로 밝혀졌다. 이들의 입문의례에서도 샤만들은 나뭇잎으로 오두막을 만든다. 오두막이 만들어지면 할라 (사카이 족 샤만)와 포양 (poyang : 자쿤 족의 샤만, 말레이 어 파왕〔pawang〕의 변형)은 조수들과 함께 이 오두막으로 들어간다. 여기에서 이들은 무가를 통하여 보호영신들을 부른다. 이 보호영신 관념은 그대로 계승되어 후대의 샤만은 꿈을 통하여 이 영신과 접신하게 된다. 따라서 꿈을 통하여 보호영신을 접신하는 무속은 말레이 기원 무속이라고 볼 수 있다. 말레이에서는, 보호영신은 스스로 강신 (降神)하는 것이 아니고 샤만이 부를 때만 내려오는 것이 보통이다. 오두막 안에는 몇 개의 계단이 있는 피라미드가 있다. [21] 이 피라미드의 계단은 천계상승을 상징한다. 무의가 진행될 동안 샤만은 수많은 댕기 [22]가 달린 모자 비슷한 것을 쓴다. 이 사례 역시 말레이의 영향권에 있음을 보여주는 귀중한 자료라고 할 수 있다.

사카이 족 샤만이 죽으면 마을 사람들은 그 시신을 묻지 않고 죽은 자리, 그러니까 그 샤만의 집에 그대로 둔다. [23] 켄타 세망 족 (Kenta Semang)의 샤만인 푸테우 (puteu)는 시신을 묻되 머리가 무덤 위로 드러나게 묻는다. 이들은, 여느 사람이 죽으면 그 영혼은 서쪽으로 가지만 샤만의 영혼은 동쪽으로 간다고 믿는다. [24] 샤만에 대한 이러한 특별 대접은 샤만을 특권층이라고 믿는다는 증거이다. 특권층이기 때문에 죽은 뒤에도 여느 사람과는 다른 삶을 누릴 것이라고 이들은 믿는다. 자쿤 족 샤만인 포양은 죽은 뒤에도 노대 (露臺) 위에 놓인다. 죽은 뒤에도 포양의 영혼은 "하늘로 올라가기 때문이다. 그러나 여느 사람의 시체는 땅에 묻한다. 여느 사람의 영혼은 지하계로 내려가기 때문이다."[25]

안다만 제도와 니코바르 제도의 샤마니즘

   래드클리프-브라운(Radcliffe-Brown)이 제공한 자료에 따르면, 안다
만 제도의 주의(오코-유무〔oko-jumu〕: 문자 그대로 해석하면 "꿈꾸는
자," 혹은 "꿈 속에서 말하는 자")는 영신들과의 접촉을 통하여 주력을
획득한다. 주의는 밀림 속에서 혹은 꿈 속에서 영신들을 직접 만난다. 그
러나 가장 보편적인 영신과의 만남은 죽음을 통해서 이루어진다. 그래서
어떤 사람이 죽었다가 다시 살아나면 오코-유무 대접을 받는데 래드클리
프-브라운은, 중병에 들어 12시간이나 의식을 잃고 있다가(마을 사람들
은 그가 죽었다고 했다) 다시 살아난 사람을 만난 적이 있다고 주장한다.
래드클리프-브라운은, 세 번이나 죽음과 재생을 반복한 사람이 있는 이야
기를 들은 바도 있다고 증언한다. 이러한 전승은 입문 후보자의 죽음과
재생이라는 입문의례의 도식을 그대로 보여주고 있다. 그러나 그의 기록
에는 입문의례의 이론이나 기법에 관한 상세한 기술은 빠져 있다. 오코
-유무에 대한 객관적 연구가 각광을 받기 시작한 금세기 초반에 이미 마
지막 오코-유무는 이 세상에 남아 있지 않게 되었기 때문이다. [26]
   오코-유무는 주술적인 치료와 기상에 대한 주술적인 예언력(사람들은
오코-유무가 폭풍도 예견할 수 있는 것으로 믿었다)으로 그 능력을 인정
받고 동아리로부터 존경을 받았다. 그러나 오코-유무의 치료법은 대단한
것이 아니고 여느 사람도 알고 있는 처방법이고 치료법이었다. 그러나 오
코-유무는 병의 원인이 되는 악귀를 몰아낼 수 있다는 데서 여느 사람과
는 달랐다. 그들은 꿈 속에서 계시를 받고 병자를 고치기도 했다. 꿈 속
에서 영신들이 그에게 갖가지(광물성 혹은 식물성의) 주술적인 물질의 효
능을 일러주었던 것이다. 오코-유무는 수정 결정을 사용하지 않았다.
   니코바르 제도의 주의는 병자의 몸 속으로 들어가 병을 일으킨 주물
(숯, 자갈 혹은 도마뱀 등)을 "추출"함으로써 병자를 낫게 할 수도 있었
고, 악령에게 납치되어간 영혼을 되찾아옴으로써 병자를 낫게 할 수도 있
었다. 카르 니코바르에는 주의 후보자를 입문시키는 아주 흥미로운 의례
가 있다. 사람들은 일반적으로 선병질적(腺病質的)인 아이는 샤만의 팔

310

자를 타고난 아이라고 믿는다. 죽은 지 얼마 안 되는 친척이나 그 아이의 영혼은 밤에 그 집에다 그 아이가 샤만의 팔자임을 알리는 증거물(나뭇잎, 다리가 묶인 암탉 등)을 남긴다. 그런 아이가 샤만이 되기를 거부하면 아이는 죽고 만다. 아이가 이런 소명을 받으면 사람들은 이 아이의 샤만 수습기를 공시하는 공공적인 의례를 치르게 된다. 의례 때가 되면 아이의 친척과 친구들은 그 집 앞에 모인다. 집 안에서 샤만은 그 아이를 땅바닥에 눕힌 다음, 그 몸은 나뭇잎이나 가지로 덮고 머리는 닭의 날개 깃으로 덮는다. (식물을 이용한 이러한 매장은 상징적인 토장[土葬], 깃털은 주술적인 비상의 능력을 상징하는 것으로 해석된다.) 수습생이 이윽고 이런 것을 털고 일어나면 마을 사람들은 그에게 목걸이와 보석 같은 것을 준다. 수습생은 수습이 계속될 동안 목걸이는 목에 걸고 다른 물건은 몸에 지니고 있다가 수습이 끝나면 원래의 소유자에게 되돌려준다.

이윽고 사람들은 왕좌를 하나 마련하고는 이 입문자를 여기에 실어 마을을 돈다. 사람들은 그에게 왕홀(王笏)과, 악령과 맞서 싸우는 데 필요한 창을 준다. 며칠 뒤 스승 샤만은 이 입문자를 섬 한가운데 있는 깊은 밀림으로 데려간다. 입문자의 친구들은 일정한 거리까지는 이 입문자를 동행한다. 그러나 "영신의 땅"에 들어서기 전에 친구들은 돌아가야 한다. 친구들이 돌아가지 않으면 영신들이 놀라 달아나버리기 때문이다. 바로 여기에서 스승 샤만은 입문자에게 춤과, 영신들을 보는 능력을 가르친다. 밀림(말하자면 사자의 땅)에서 한동안 머문 뒤 스승 샤만과 입문자는 마을로 돌아온다. 입문자는 수습기간이 끝날 동안 매일 밤 적어도 한 시간씩 자기 집 앞에서 춤을 추어야 한다. 수습이 끝나면 스승은 입문자에게 지팡이를 하나 준다. 이 입문자를 샤만으로 성별하는 다른 의례가 있었던 것은 분명하나, 이 이상의 자료는 수집된 것이 없다. [27]

지극히 흥미로운 이 입무의례는 카르 니코바르에서만 발견된다. 니코바르 제도 다른 곳에서는 전혀 채집된 적이 없는 것이다. 이 의례의 어떤 요소(가령 잎으로 묻는다든지, "영신의 땅"으로 데려간다든지 하는 것)는 상당히 고대적이다. 그러나 다른 요소(가령 왕좌를 마련한다든지, 창이나 왕홀을 준다든지 하는 것)는 인도의 영향을 받은 것임에 분명하다. 이로써 우리는 여기에서, 복잡한 주술적 기술과 고도로 발달한 선진 문명과의 문화적 접촉 결과로 생겨난, 샤만적 종교전승의 전형적인 혼종(混種)을 만나게 된다.

말레이의 샤마니즘

우리가 말레이 샤마니즘이라고 부르는 것의 특징은 샤만이 호랑이의 영〔虎狼靈神〕을 부르는 점, 그리고 루파(lupa) 상태에 든다는 점이다. 루파 상태라는 것은 샤만이 이르는 무의식 상태를 말한다. 바로 이 상태에서 영신들이 샤만에게 내리고 샤만은 이 영신들에게 "들리게" 된다. 샤만은 바로 이런 상태에서 참관자들의 질문에 대답한다. 무의가 병자를 고치기 위한 것이건, 전염병에 대한 공동체의 집단방어 의례(켈란탄의 벨리안 춤처럼)이건 간에 말레이 무의에서는 샤만이 항상 호랑이의 영을 불러낸다. 호랑이의 영을 불러내는 까닭은, 이 지역에서는 호랑이에게 신화적인 조상 혹은 입문의례에서의 스승 샤만의 지위를 부여하고 있기 때문이다.

원(原) 말레이 인인 베누아 족(Benua)은, 자기네 종족의 샤만인 포양이 죽은 지 이레 만에 호랑이가 된다고 믿는다. 만일에 포양의 아들이 아비의 무력(巫力)을 물려받고 싶으면 혼자서 향을 피우면서 시신을 지켜보고 있어야 한다. 아들이 이렇게 시체를 지켜보고 있으면 죽은 포양은 이레째 되는 날 호랑이 모습으로 나타나 아들에게 달려든다. 이때 아들은 조금도 겁먹은 기색을 보이지 않고 계속해서 향만 피워야 한다. 그러면 호랑이는 사라지고 대신 아름다운 영녀(靈女)가 나타난다. 영녀가 나타나면 포양의 아들, 즉 샤만 입문자는 정신을 잃게 되는데, 샤만의 성무의례는 바로 이 입문자가 정신을 잃고 있을 때, 다시 말해서 탈혼망아 상태에 있을 때 치러진다. 성무의례 과정이 끝나면 영녀는 바로 이 샤만의 친교영신이 된다. 만일 포양의 아들이 이러한 시련을 이겨내지 못하면 죽은 샤만의 영은 영원히 호랑이의 몸 속에 머물게 된다. 그러면 그의 샤만적 "에너지"는 그대로 사라져버리고 그 부락은 그런 무력을 영영 되찾을 수 없게 된다.[28] 우리는 여기에서 전형적인 입문의례의 시나리오라고 할 수 있는, 숲에서의 독거, 시체 지키기, 공포라는 시련의 극복, 입문 사제(신화적 조상)가 보여주는 무서운 환상, 아름다운 영녀에 의한 보호라고 하는 일련의 모티프를 고스란히 만날 수 있다.

말레이의 전통적인 무의는 둥근 오두막 혹은 주술이 자주 베풀어지는 집회소에서 열린다. 무의는 병자를 치료하기 위해서, 사라진 물건과 도둑

맞은 물건을 찾기 위해서, 혹은 미래가 궁금할 때 열리는 것이 보통이다. 무의가 계속될 동안 샤만은 이불 같은 것을 둘러쓰고 있는 경우가 대부분이다. 말레이 샤만의 무의 준비과정에서 분향, 춤, 음악 그리고 북치기는 빠질 수 없다. 이윽고 영신이 내리면 영신이 내렸다는 증거로 촛불이 춤을 춘다. 말레이 사람들은 영신은 이 땅에 내리는 즉시 촛불 속으로 들어간다고 믿는다. 그래서 샤만은 오랫동안 촛불을 노려본다. 촛불 속에서 병자가 병이 난 까닭을 알아내려는 것이다. 치병무의에서 샤만은 병이 난 부위를 흡착하는 것이 보통이다. 그러나 포양이 탈혼망아 상태에 들면 악귀를 몰아낼 수도 있다. 이런 사태에서 포양은 참관자들의 질문에 일일이 대답하는 것으로 알려져 있다. [29]

포양이 호랑이의 영을 부르는 까닭은 이로써 신화적 조상, 최초의 대(大) 샤만의 화신을 부르기 위함이다. 스키트(Skeat)가 관찰한 파왕(pawang)은 스스로 호랑이가 되었다. 즉 포효하면서 네 발로 내닫고 호랑이가 자기 새끼를 핥듯이 실제로 병자의 몸을 핥은 것이다. [30] 켈란탄족의 샤만인 벨리안 보모르(belian bomor)의 주술적인 춤에도, 그 무의의 목적이 무엇이었건 간에 호랑이를 부르는 의식이 들어 있다. [31] 춤은 "망각" 혹은 "탈혼망아" 상태인 루파 상태에서 절정에 이른다(이 "루파"라는 말은, "상실" 혹은 "소실"이라는 뜻을 지닌 산스크리트 어 "로파〔lopa〕"에서 나온 말이다). 바로 이 상태에서 샤만은 자기의 인격을 깡그리 잃어버리고 영신으로 화신한다. [32] 이어서 탈혼망아 상태에 든 샤만과 참관자 사이의 대화가 시작된다. 만일 이 춤이 치병무의에서 벌어진 춤이면, 샤만은 탈혼망아 상태에서 영신들에게 병의 원인과 그 치료법을 묻는다. [33]

엄격하게 말해서, 이러한 주술적인 춤과 치료를 반드시 무속적 현상으로 볼 수는 없다. 호랑이의 영을 부른다든지, 탈혼망아 상태에 들어가 영신에 들린다든지 하는 것이 반드시 보모르나 파왕에게만 가능한 것도 아니다. 많은 사람들 역시 호랑이를 보거나 호랑이의 영을 부르거나 호랑이의 형체를 빌릴 수 있는 것이다. 루파 상태만 하더라도, 가령 말레이의 어떤 지역에서는(가령 베시시 족의 경우) 누구나 이를 수 있다. 영신을 부르는 과정에서 탈혼망아 상태에 들기만 하면 누구든지 자기에게 던져지는 질문에 대답할 수 있는 것이다. [34] 수마트라의 바타크 족의 유사 샤마니즘의 특징은 영매(靈媒) 현상이다. 그러나 우리가 이 책에서 보아왔듯이, "빙의"와 샤마니즘을 혼동하면 안 된다.

수마트라의 샤만과 사제

인도로부터 깊이 영향을 받은 수마트라의 바타크 족의 종교[35]는 영혼(tondi)이라는 개념에서 다른 종교보다 두드러진다. 이들은 영혼이 천문(泉門 : 유아의 두개골 사이에 있는 未化骨部/역주)을 통하여 육신을 드나드는 것으로 믿는다. 이들에게 죽음이라는 것은 영신(begu)에 의해 영혼이 납치당하는 것을 뜻한다. 젊은 총각이 죽는다는 것은 처녀 베구가 서방으로 삼으려고 총각의 영혼을 데려간 것이고, 젊은 처녀가 죽는다는 것은 총각 베구가 아내를 삼으려고 처녀의 영혼을 데려간 것이다. 사자와 영신은 영매를 통하여 서로 대화할 수 있디.

사실상 그 구조와 종교적 역할은 다르지만 샤만("말씀"이라는 뜻의 sibaso)과 사제(datu)가 추구하는 바는 같다. 악령이 데려가지 못하게 영혼을 지킴으로써 동아리가 평화롭게 살게 하는 것이 이들의 소임이다. 북부 바타크 족의 경우 시바소 노릇을 하는 것은 항상 여성이다. 말하자면 세습무인 것이다. 스승 샤만에 의한 교육은 없다. 영신들에 의해 "선택"된 입문자는 영신들로부터 직접 입문의례를 받아 여느 사람 눈에는 보이지 않는 것을 "보게" 되고 예언할 수 있게 되고 영신들에 "들릴" 수 있게,[36] 말하자면 영신과 동일하게 되는 것이다. 시바소(샤만)의 무의는 통상 밤에 베풀어진다. 샤만은 북을 치고 춤을 춤으로써 영신들을 부른다. 각 영신들에게는 각기 좋아하는 가락과 색깔이 있다. 그래서 여러 영신을 한꺼번에 부르기 위해서 샤만은 여러 색깔로 된 무복을 입는다. 영신이 내리면 샤만은 신어를 뇌까리기 시작한다. "영신들의 언어"인 이 신어를 샤만이 통역하지 않는 한, 여느 사람들은 이해할 수 없다. 영신과 샤만이 주고받는 대화는 주로 병의 원인과 치료법에 관한 것이다. 샤만이 애원하면 영신(베구)은 병자가 제물을 바치면 자기가 병을 고쳐주겠다고 약속한다.[37]

바타크 족의 사제인 다투 자리는 항상 남성이 맡는다. 다투는 추장 다음가는 특권을 누릴 만한 지위에 앉는다. 다투 역시 병 고치는 일을 하고 신어를 통해서 영신을 부른다. 다투는 질병과 저주로부터 동아리를 지킨다. 다투가 벌이는 치병무의 역시 병자의 영혼 찾기로 이루어진다. 다투는 병자의 몸 속에 들어와 있는 베구를 물리칠 수도 있다. 이 다투는 "백(白) 주술사인데도 불구하고 타인을 독살시킬 수도 있다. 시바소와는 달리 이 다투는 항상 그 스승을 통해 입문의례를 치른다. 즉 스승으로부터, 나무껍질 "책"에 기록된 비술(祕術)을 전수받는 것이다. 다투의 스승은 인도어로는 구루(guru)라고 불린다. 구루는 자기 조상의 초상을 새기고 주물을 박은 지팡이를 아주 소중하게 여긴다. 구루는 바로 이 지팡이의 도움을 받아 마을을 지키기도 하고 비가 오게 하기도 한다. 그러나 이러한 주술적 지팡이를 만드는 방법은 아주 복잡하다. 이 지팡이를 만드는 과정에서 아기가 희생되는 경우도 있다. 아기의 혼을 정령으로 만들기 위해 끓는 납으로 아기를 죽이기도 하는 것이다.[38] 이렇게 죽인 아기의 정령이라야 구루의 말을 곧이곧대로 듣는다는 것이다.

이 모든 주술은 인도로부터 영향을 받은 것임이 분명하다. 여기에서 다투는 사제-주술사의 역할을 그대로 하고 있고 시바소는 접신이 가능한 자, 즉 "영신을 거느린 자"의 역할을 맡고 있다고 볼 수 있다. 다투는 신비적인 접신 체험을 하지 않는다. 단지 주술사와 "의례 전문가" 노릇을 하고 있을 뿐이다. 그는 축귀 전문가이기도 하다. 다투 역시 병자의 영혼을 찾아오기는 한다. 그러나 이때 그가 하는 여행은 접신 여행이 아니다. 영신의 세계와 그와의 관계는 적대관계 혹은 우열관계이다. 즉 그와 영신의 관계는 주종관계(主從關係)인 것이다. 그러나 시바소는 접신 전문가이다. 그는 영신들과 가깝게 친교한다. 그는 바로 이런 영신들에게 "들려" 천리안이 되기도 하고 예언자가 되기도 한다. 시바소는 "선택된 자"이다. 신으로부터 선택받든, 반신(半神)으로부터 선택받든, 일단 선택받으면 그로서는 어쩔 수 없이 그 선택을 받아들여야 한다.

수마트라 메낭카바우 족의 두쿤(dukun)은 치병술사인 동시에 영매이기도 하다. 세습적인 이 직무는 남자에게 내림하기도 하고 여자에게 내림하기도 한다. 후보자는 입문의례를 치르고 나서야, 다시 말해서 자기 몸을 자유자재로 감출 수 있게 되고 한밤중에도 영신을 볼 수 있게 되어야 비로소 두쿤이 된다. 두쿤은 담요를 뒤집어 쓰고 무의를 베푼다. 담요를 뒤집어쓰고 나서 한 4, 50분이 지나면 두쿤은 떨기 시작한다. 이것은 두쿤의 영혼이 육신을 떠나 "영신의 마을"로 가고 있는 증거이다. 이때 담요 속에서는 이상한 목소리도 들리기 시작한다. 두쿤이 영신들에게, 어디로 가면 길을 잃고 헤매는 병자의 영혼을 찾을 수 있겠느냐고 묻는 소리이다. 이것은 연출에 의한 가짜 탈혼망아 상태로 볼 수 있다. 두쿤에게는, 바타크의 샤만처럼 많은 사람 앞에서 무의를 베풀 만한 용기가 없다.[39] 이러한 두쿤은 니아스 섬에서도 볼 수 있다. 니아스 섬에는 갖가지 등급의 사제 및 치병술사와 함께 두쿤이 산재한다. 니아스 섬 두쿤은, 치병무의 때면 아주 특별한 옷을 입는다. 머리장식을 유별나게 하고 두쿤은 어깨 너머로 천조각을 던진다. 이곳 사람들 역시 사람이 병에 걸리는 것은 신들이나 악령들이나 영신들이 병자의 영혼을 훔쳐갔기 때문이라고 믿는다. 따라서 치병무의는 곧 병자의 영혼 찾기 의식으로 이루어진다. 일반적으로 이곳에는 "바다뱀"(바다는 저승의 상징이다)이 사람의 영혼을 납치한다는 믿음이 흔하다. 이렇게 해서 병자의 영혼을 돌려받기 위해서는 주의가 세 신——즉 닌와(Ninwa) 신, 팔라히(Falahi) 신, 우피(Upi) 신——에게 호소해야 한다. 주의는 이 신을 부르느라고 끊임없이 휘파람을 분다. 이 휘파람 소리는 신과의 교통로가 열리기까지 계속된다. 교통로가 열리는 순간 주의는 탈혼망아 상태에 든다. 니아스 섬 두쿤은 흡착법을 쓰기도 한다. 두쿤은 병의 원인이 되는 주물의 흡착에 성공하면 참관자들에게 빨간 조약돌, 하얀 조약돌을 보여주기도 한다.[40]

멘타웨이 제도의 샤만은 마사지, 정화의식, 약초 처방 등의 방법으로 병을 고친다. 그러나 이들이 벌이는 무의는 인도네시아 형(型)이다. 말하자면 샤만이 오랫동안 춤을 추다가 의식을 잃으면 독수리가 끄는 배가 와서 샤만의 영혼을 데려가는 것이다. 이렇게 해서 영신의 나라로 간 샤만은 영신들에게 병의 원인을 상의하고(그러면 영신은 병자의 영혼이 육신을 떠났기 때문에 병이 났는지 혹은 어떤 요술사로부터 저주를 받고 병이 났는지 가르쳐준다) 처방을 받는 것이다. 멘타웨이 제도의 샤만은 영신에 "들리는[빙의] 법이 없을 뿐만 아니라 병자의 몸에서 악귀를 쫓는다는 것은 전혀 모르고 있다.[41] 그는 샤만이라기보다는 천계 여행을 통해서 치료법을 찾아내는 약제사에 가깝다. 탈혼망아에도 극적인 데가 없다. 그가 천상계 영신들과 나누는 이야기는 참관자들에게도 들리지 않는다. 따라서 망령이나 이 망령을 다스리는 영신들의 "권세"와는 어떤 관계도 없어 보인다.

(남부 수마트라의) 쿠부 족 샤만의 치병술도 이들의 기술과 흡사하다. 쿠부 샤만은 미친 듯이 춤을 춤으로써 탈혼망아 상태에 이르러 영신에게

붙잡혀간 병자의 영혼, 혹은 새처럼 나뭇가지에 앉아 있는 병자의 영혼을 찾아낸다. [42]

보르네오와 셀레베스의 샤마니즘

원 말레이 족이고 따라서 이 섬의 원주민을 대표하는 북보르네오의 두 순 족의 경우, 여사제가 지역사회의 지도적 역할을 수행한다. 이들의 입문의례는 3개월간이나 계속된다. 이 의례 기간 동안 이들은 신어를 사용한다. 옷도 특수한 것을 입고 얼굴은 파란 천으로 가리고 다니며 머리에는 수탉의 깃과 조개로 장식한 원추형 모자를 쓴다. 이들의 무의는 주로 춤과 노래로 이루어진다. 남자는 반주만 할 뿐 무의에 직접 참가하지 않는다. 그러나 여사제의 고유 기술이 점술(占術)이기는 해도 이는 샤마니즘에 속하기보다는 하급 주술에 가깝다. 여사제는 대나무 막대기를 손가락에 올리고 균형을 잡은 다음, 아무개가 물건을 훔쳐간 장본인이면 이 대나무가 이렇게 저렇게 움직여지이다 하는 식의 주문을 읊는다. [43]

오지(奧地) 드야크 족에게는 두 가지 종류의 주술적 치병술사가 있다. 그중 하나가 다야 베루리(daya beruri)이다. 남성이 대부분인 다야 베루리는 치병을 전담한다. 또 하나는 바리치(barich)이다. 통상 여성인 바리치는 쌀 수확과 관련된 의례를 전담한다. 이들의 경우도 병은 악령이 병자의 몸 속으로 들어가거나 영혼이 육신을 떠나기 때문에 생긴다. 이 두 종류의 샤만에게는 접신 능력이 있어서 아무리 멀리 떨어져 있어도 인간의 영혼, 곡물의 영혼을 볼 수가 있다. 이들은 육신을 떠난 이와 같은 (머리카락 모양을 한) 영혼을 붙잡아 병자의 몸 속에 (또는 곡물 속에) 넣어준다. 악령으로 인해 병이 난 경우 의례는 그 악령을 쫓는 수준으로 상당히 축소되어 진행된다. [44]

해양 드야크 족의 샤만은 마낭(manang)이라고 불린다. 이들 역시 추장 다음의 대단히 높은 사회적 지위를 누린다. 마낭 직은 세습직인 것이 보통이다. 이들 중 두드러지는 두 종류의 샤만이 있다. 꿈에 계시를 받아 하나 이상의 영신들로부터 보호를 받는 샤만과, 자원해서 된 샤만이 그것인데 후자의 경우는 친교영신을 거느리지 못한다. 어느 경우든, 마낭은 스승 마낭으로부터 입문의례를 받지 못하면 마낭으로 행세할 수 없다. [45]

마낭은 남성일 수도 있고 여성일 수도 있으며, 심지어는 성불구 남성일 수도 있다. 성불구 남성이 벌이는 의례의 의미에 대해서는 뒤에 다시 논의하기로 하자.

마낭에게는 여러 가지 주물이 든 상자가 있다. 이 주물 중 가장 중요한 것은 석영 결정 (bata ilau : "빛의 돌"이라는 뜻)인데 마낭은 바로 이 석영 결정의 힘을 빌려 병자의 영혼을 찾아낸다. 드야크 족은 병의 원인을 영혼이 육신을 떠나기 때문이라고 믿기 때문에 무의 역시 그 영혼을 찾아내어 육신에 되돌리는 쪽으로 초점이 맞추어진다. 무의는 밤에 베풀어진다. 무의가 시작되면 병자의 가족은 돌로 병자의 몸을 문지르고 참관자들은 단조로운 노래를 부르고 무의의 집전자인 마낭은 지쳐 쓰러질 때까지 춤을 춘다. 이렇게 쓰러져 있을 동안 마낭의 영혼은 병자의 영혼을 찾아낸다. 병이 위중하면 병자의 영혼은 마낭의 손에 붙잡혔다가도 여러 차례 빠져 나가고는 한다. 그러나 마낭이 바닥에 쓰러져버리면 참관자들은 마낭에게 담요를 씌우고는 그의 접신 여행이 끝나기를 기다린다. 접신상태에 드는 즉시 마낭은 병자의 영혼을 찾아 지하계로 내려간다. 마침내 병자의 영혼을 찾아낸 마낭은 그 영혼을 손에 든 채 벌떡 일어나 두개골을 통하여 그 영혼을 병자의 육신에다 넣는다. 이 무의를 벨리안 (belian)이라고 부른다. 페르함 (Perham)은 그 기술상의 난이도가 각기 다른 14가지 무의를 분류한 바 있다. 이 무의는 닭을 제물로 바치는 것과 때를 같이해서 끝난다. [46)]

현재의 형태로 보아 해양 드야크 족의 벨리안은 지극히 복잡해서 혼종적인 주술-종교적 현상 같아 보인다. 마낭의 입문의례 (주석에 의한 마사지, 천계상승 의례 등)와 치병무의의 몇 가지 기본적인 요소 (석영 결정의 중요성, 돌에 의한 마사지)는 이 의례가 상당히 유서 깊은 무속적 기술을 계승하고 있음을 보여준다. 그러나 (담요로 샤만을 덮어버리는 것으로 드러나는) 의사 (疑似) 탈혼망아는 최근 인도-말레이로부터 영향을 받은 것으로 보인다. 옛날에는, 입문의례가 끝난 뒤에도 마낭들은 여성의 의상을 계속해서 입었다. 심지어는 평생 동안 입는 마낭도 있었지만 오늘날에는 그런 의상을 찾아보기가 극히 어렵다. [47)] 그러나 특수한 마낭에 속하는, 일부 해양족의 마낭 발리 (manang bali : 산지〔山地〕 드야크 족에게는 이런 마낭이 없다)는 여성의 옷을 입고 여성이 하는 일에 종사한다. 이들은 마을 사람들의 놀림을 받으면서 "지아비"를 섬기기까지 한다. 이러한 변장 및 이에 수반하는 변화는 꿈 속에서 세 차례에 걸친 초자연적인 존재의 명을 받든 뒤에야 수용하는 것이 보통이다. 초자연적인 존재의 현몽을 거절하면 살아남지 못한다.[48] 이 같은 요소를 종합하면, 일찍이 해양 드야크 족의 샤마니즘에서 우위를 차지하고 있던, 여성에 의한 주술과 여가장제(女家長制) 신화의 흔적이 잡힐 듯하다. 해양 드야크 족의 경우 마낭은 모든 영신을 이니(Ini : "위대한 어머니")라는 이름으로 부른다.[49] 그러나 이 마낭 발리가 이 섬의 오지에는 전혀 알려져 있지 않다는 사실은 이 모든 문화 복합(변장, 성불능, 여가장제)이 아주 오랫 옛날 일이기는 하나 외부로부터 전래해온 것임을 보여준다.

남부 보르네오의 응가주 드야크 족의 경우, 인간과 신들(특히 상기앙〔Sangiang〕)의 중매자는 발리안(balian)과 바시르(basir)이다. 발리안은 여사제-여무이고 바시르는 성불능 사제-샤만이다("바시르"라는 말은 "생식 능력이 없는, 따라서 성불능"이라는 뜻이다). 바시르는 실제로는 양성구유(兩性具有), 즉 어지자지로서, 입는 옷이나 하는 짓이 여성과 똑같다.[50] 발리안이나 바시르는 상기앙에 의해 "택함을 입는다." 이 상기앙의 부름을 받지 못하면 아무리 접신 기술이 있고 춤추고 북을 쳐도 이들은 상기앙의 종이 될 수 없다. 응가주 드야크 족의 경우 이것은 훨씬 엄격하게 지켜진다. 말하자면 신의 부름을 받지 못하면 접신은 불가능한 것이다. 바시르가 양성인(兩性人)이거나 성불능인 것은, 이 사제-샤만이 두 우주 권역——하늘과 땅——의 중재자라는 데서 기인한다. 바로 이런 상태이기 때문에 바시르는 여성적 요소(땅)와 남성적 요소(하늘)를 통합할 수가 있는 것이다.[51] 우리는 여기에서 중요한 제의적 양성을 만난다. 이 양성이라는 것은 신이 지니는 이면성의 통합 기능, 상반적인 것의 통합(coincidentia oppositorum)을 나타내는 유명한 고대 양식이다.[52] 바시르의 양성구유성과 함께 발리안의 매음(賣淫)은 "중재"의 신성한 가치관, 양극단을 파기할 필요성을 그 기틀로 삼는다.

신들(상기앙)은 발리안과 바시르로 화신하고 이들을 통하여 직접 발언한다. 그러나 이 화신 현상은 "빙의"가 아니다. 발리안이나 바시르는 조상이나 사자의 혼령에 들리지는 않는다. 이들은 신들을 위한 발언의 도구에 지나지 않는다. 사자는 자신을 드러내고 싶으면 다른 계층의 요술사, 즉 투캉 타우르(tukang tawur)를 이용한다. 발리안과 바시르는 상기앙이 내렸을 때 혹은 하늘로 날아가 "신들의 마을"을 방문하는, 즉 신비주의적 여행을 체험했을 때만 접신술을 체득한다.

　여기에서 몇 가지 점에 주의를 기울일 필요가 있다. 즉 천상계의 신들에 의해 일반적으로 결정된 종교적 직분, 성적인 행동 양식(성불능, 매음)의 신성한 성격, (춤, 음악 등에 의한) 접신술의 미미한 역할, 상기앙의 명에 의한 혹은 천상계로의 신비 여행에 의한 탈혼망아, 조상영신, 혹은 "빙의"와의 무관함이 그것이다. 이런 것만 보고도 우리는 이러한 현상이 종교적으로 얼마나 오래된 전통과 맥락을 같이하고 있는가를 알 수 있다. 우리는 이로써, 응가주 드야크 족의 우주론과 종교가 아시아 영향을 받은 것임에 분명하지만, 발리안과 바시르는 샤마니즘의 가장 오래된 토착 형태를 보여주고 있음을 알 수 있다.

　응가주 드야크 족의 바시르와 아주 흡사한 것으로, 바레에 토라자 족(Bare'e Toradja, 셀레베스 섬 거주)의 타두(tadu) 즉 바자사(bajasa)가 있다. 비지시는 여성 아니면 여장남성인 섯이 보통이다("바자사"라는 말은 원래 "속이는 자"라는 뜻이다). 바자사에게는 천상계와.지하계로 접신 여행하는 기술이 있다. 바자사는 영혼만으로 천상계와 지하계를 다녀올 수도 있고 육신과 영혼으로 다녀올 수도 있다. 이들이 치르는 중요한 의례를 몸판릴랑카(mompanrilangka)라고 하는데, 여성을 위한 이 입문의례는 연 사흘간이나 계속된다. 병자의 영혼을 찾는 일도 바자사의 몫이다. 우라케(wurake) 영신(대기의 영신 계급에 속한다)의 도움을 얻어 바자사는 무지개를 따라 절대신인 푸에 디 송게(Puë di Songe)의 집으로 들어가서 병자의 영혼을 데리고 나온다. 바자사는 곡물의 영혼이 떠나 벼가 마르면 "쌀의 영혼"을 찾아 데려오기도 한다. 그러나 이들의 접신력이 천상계와 지상계 여행에만 쓰이는 것은 아니다. 대규모 장례식, 즉 몸페마테(mompemate)가 있게 되면 바자사는 사자들의 영을 저승으로 인도하기도 한다. 53)

　다운즈(R. E. Downs)에 따르면, "이들의 연도(連禱)의 내용은, 사자가 잠을 깨어 옷을 입고 저승을 헤매다가 디낭(dinang) 나무에 이르고 그 나무에 올라 땅에 이르고 (토라자 동쪽에 있는) 모리(Mori)를 통하여 세상으로 나오고 이윽고 사원 혹은 의례용 오두막으로 되돌아오는 과정을 그리고 있다. 여기에 이르면 사자는 친척들의 환영과 환대를 받는다. 의례에 참여한 사람들은 노래와 춤으로 사자를 반긴다.…… 다음날 앙가(angga : 즉 영혼)는 샤만의 인도로 영원한 안식처로 간다."54)

이런 자료는 셀레베스의 바자사가 이 엄청난 영혼의 드라마의 전문가임을 보여주고 있다. 영혼을 정화시키는 장본인이자 치병술사이자 영혼의 인도자인 바자사는 영혼의 존재 자체가 위기를 맞을 때만 그 기능을 발휘한다. 주목할 만한 것은 이들과 가장 밀접한 관계를 맺고 있는 것이 천상계와 천상계의 영신들이라는 점이다. 오스트레일리아 샤만에게서 흔히 볼 수 있는, 이들의 주술적 비행 및 무지개를 이용한 천계상승의 상징체계는 고대적인 것이다. 그뿐만 아니다. 토라자 족 역시 하늘과 땅이 덩굴로 이어지던 시대의 신화를 알고 있다. 그러니까 이들 역시 인간과 신들의 쉽사리 교통하던 낙원시대를 기억하고 있는 것이다. [55]

"사자의 배"와 샤만의 배

"사자의 배"는 말레이지아에서나 인도네시아에서나, 엄격하게 샤만적인 문맥에서 그리고 장송 풍습과 만가(輓歌)에서 아주 중요한 역할을 한다. "사자에 배"에 대한 신앙은 물론, 한편으로는 사자를 카누에 태우거나 바다로 던지는 풍습, 다른 한편으로는 이와 유사한 장송 신화체계와 관계가 있다. 사자를 배에 실어 띄워 보내는 풍습은 조상들의 이주에 관한 희미한 회상으로 설명될 수 있다. [56] 배는 사자의 영혼을, 조상들이 배를 띄웠던 원초적인 고향으로 되돌릴 것이기 때문이다. 그러나 (어쩌면 폴리네시아 인을 제외하면) 자손들이 지니고 있을 법한 이러한 회상은 이미 그 역사적인 의미를 잃고 있다. "원초적인 고향"은 신화의 나라가 되고 그 고향과 지금 사는 곳을 갈라놓고 있는 바다는 죽음의 바다와 동일시되기 때문이다. 어쨌든 이러한 현상은 고대적 정신성의 지평에서는 흔히 있는 일이다. 바로 정신성의 지평에서 "역사"는 끊임없이 신화적인 사건으로 변모하는 것이다.

장례에 관한 유사한 신앙과 풍습은 고대 게르만 인[57]과 일본인[58]에게서도 발견된다. 그러나 오세아니아 지역의 경우가 그렇듯이 게르만과 일본의 경우에도 바다나 해저의 저승("수평적" 문화 복합) 이외에도 수직적 문화 복합(사자의 왕국으로서의 산, [59] 심지어는 하늘에 이르기까지)이 존재한다. (산이 천계적 상징체계로 "채워져 있다"는 것을 기억할 필요가 있다.) 보통 특별한 인간들(추장, 사제와 샤만, 입문의례를 치른 자들

등)만이 사후에 천계로 올라간다. [60] 여느 인간은 "수평적"으로 이동하거나 지하계에 있는 저승으로 내려간다. 우리는 여기에서 저승과 그 저승의 방향 문제가 상당히 복잡하다는 것을 지적하지 않을 수 없다. 이러한 문제는 "원초적 고향" 관념이라든지 매장의 형태만으로는 설명될 수 없다. 마지막 분석에서 우리는, 형이하학적 풍습이나 실천으로부터 완전히 독립되어 있지는 않더라도 정신적 구조에 관한 한 자율적인 신화체계와 종교 관념을 다루어야 한다.

사자를 카누에 실어 바다로 띄워 보내는 관습 이외에도 인도네시아와, 멜라네시아 일부 지역에는 의례용 배의 이용에 관련된 세 가지의 중요한 주술-종교적 관습의 카테고리가 있다. 즉 1) 악령이나 질병을 실어다 내버리는 데 배를 이용하는 경우 2) 인도네시아 샤만이 병자의 영혼을 찾으러 가면서 "배를 타고 하늘을 나는" 경우 3) "영혼의 배"에다 사자의 영혼을 싣고 저승으로 가는 경우가 그것이다. 1)과 2)의 외례 카테고리의 경우, 샤만은 중요한 역할(배타적인, 유일한 역할이라고 할 수 없다면)을 맡는다. 샤만에 의한 지하계 여행 유형이기는 하나 3)의 경우는 기능상 샤만의 영역을 벗어난 것이다. 곧 다시 고찰하게 되겠지만 이 "사자의 배"는 조종에 의해 간다기보다는 부름을 받고 가는 쪽에 가깝다. 더구나 이 부름은 이 직업적인 곡부(哭婦)가 연출하는 장례식 통곡 속에서 이루어지는 것이기 때문에 샤만은 여기에 개입되어 있지 않다.

매년 혹은 전염병이 돌 때마다 역병을 퍼뜨리는 악령은 다음과 같은 방법으로 쫓겨난다. 즉 악령을 잡아 상자 안에 혹은 바로 배 안에 가두고는 그 배를 바다로 띄워버리는 방법, 혹은 역병을 상징하는 수많은 목상을 깎아 배에다 싣고는 배를 파도에 맡겨버리는 방법이 그것이다. 말레이지아와[61] 인도네시아[62]에 널리 퍼져 있는 이러한 의례는 종종 샤만이나 요술사에 의해 베풀어진다. 전염병이 창궐할 동안 질병의 역신을 지역사회에서 추방하는 것은 지역사회의 힘과 건강이 활기를 되찾는 정월 초하루에 "죄악"을 몰아내는 고전적이고 보편적인 의례를 모방한 것인 듯하다. [63]

그뿐만 아니라 인도네시아 샤만은 주술적 치료 과정에서 배를 이용하기도 한다. 인도네시아 전역에서는, 사람이 병에 걸리는 것은 그 영혼이 육신을 떠나버렸기 때문이라는 관념이 지배적이다. 많은 경우, 이때 병자의 영혼은 악령이나 영신의 손에 잡혀갔다고 사람들은 믿는다. 그래서 샤만은 배를 이용해서 영혼을 찾아내는 것이다. 두순 족의 발리안이 바로 이런 식으로 영혼을 찾아낸다. 두순 족의 발리안은, 병자의 영혼이 하늘에 사는 영신에게 잡혀갔다고 생각되면, 뱃머리에 나무새를 한 마리 깎아 세운 모형 배를 만든다. 바로 이 배를 타고 발리안은 하늘로 접신 여행을 떠나, 병자의 영혼을 만날 때까지 좌우를 두리번거린다. 이러한 기술은 북부, 남부, 동부 보르네오의 두순 족에 두루 알려져 있다. 마아니안 족(Maanyan) 샤만에게도 1,2미터 길이의 배가 한 척 있다. 샤만은 이 배를 집에다 두고 있다가 도움을 받으러 사호르(Sahor) 신에게 갈 때면 이것을 이용한다.[64]

배를 타고 하늘을 여행한다는 발상은, 인도네시아 식으로 응용된 샤만의 천계상승 기술이다. 지하계로 사자를 인도할 때나, 악령이나 영신에게 붙잡혀간 병자의 영혼을 구할 때, 말하자면 저승(사자의 나라, 영신의 나라)으로의 접신 여행에서 배가 중요한 역할을 맡는다는 사실에서, 사람들은 심지어는 탈혼망아 상태의 샤만이 천계를 오르는 데도 배가 이용된다고 생각하기에 이른 것이다. 이 두 가지 샤만적 상징체계——저승으로의 수평 여행, 천계로의 수직 상승——가 융합하거나 공존하고 있는 것은, 샤만의 배 안에 우주수가 있다는 사실로 분명해진다. 천지를 연결하는 창이나 사다리 모양의 이 나무는 배의 맨 중앙에 우쭉 서 있다.[65] 이것 역시 "중심"의 상징체계인데, 샤만은 바로 이 중심을 통하여 천계에 도달하는 것이다.

인도네시아에서는 샤만이 사자를 저승으로 인도하는데, 바로 이 접신 여행에서 샤만은 종종 배를 이용한다.[66] 곧 소개하게 되겠지만 보르네오 드야크 족의 곡부 역시, 사자의 항해를 내용으로 하는 의례적인 노래를 부름으로써 샤만과 비슷한 역할을 수행한다. 멜라네시아에는 시체 옆에서 잠을 자는 풍습이 있다. 잠을 자는 사람은 꿈 속에서 사자의 영혼을 저승으로 인도하고는, 깨어나서 여행중에 있었던 일을 사람들에게 이야기하는 것이다.[67] 이러한 풍습은 샤만 혹은 직업적인 곡부가 사자와 의례적으로 동행하는 풍습(인도네시아) 그리고 무덤 앞에서 조문(弔文)을 읽는 풍습(폴리네시아)에 견주어볼 수 있다. 장소는 달라도 이러한 장례와 풍습의 목적은 동일하다. 즉 사자를 저승까지 인도하자는 것이다. 그러나 엄격하게 말하면 영혼을 인도할 수 있는 것은 샤만뿐이다. 샤만만이 실제로 사자를 호위하고 인도할 수 있는 것이다.

드야크 족의 저승 편력

해양 드야크 족의 장례는, 샤만에 의해 집전되는 것은 아니지만, 샤마니즘과 관계가 있다. 꿈에 나타난 신의 현몽에 따라 일을 맡게 된 직업적인 곡부는 저승에서의 사자의 편력을 장황하게(때로는 12시간씩이나) 읊어댄다. 이 의례는 사자의 사망 직후에 벌어진다. 곡부는 시신 바로 옆에 앉아 지극히 단조로운 소리로 반주도 없이 곡을 한다. 곡부가 곡을 하는 것은 사자로 하여금 저승에서 길을 잃지 않게 하기 위함이다. 실제로 이 곡부는 영혼의 인도자 역할을 하는 셈이다. 그렇다고 해서 직접 사자의 영혼을 호위하는 것은 아니지만 의례서(儀禮書)에는 영혼의 여정이 상세하게 기록되어 있다. 먼저 곡부는, 저승으로 달려가 사자의 영혼이 온다는 소식을 사자들에게 전할 심부름꾼을 찾는다. 곡부는 새, 들짐승, 물고기에게 하소연해보지만 어찌 할 도리가 없다. 이들에게는 살아 있는 것과 죽은 것의 경계를 넘을 용기가 없는 것이다. 결국 바람의 영(靈)이 그 소식을 사자의 나라에 전하기로 하고 나선다. 바람의 영은 끝없는 평원을 가로질러간다. 주위가 너무 어두워 바람의 영은 아주 높은 나무 위로 올라가 길을 살핀다. 저승으로 가는 길은 사방으로 나 있다. 사자의 나라로 가는 길은 자그마치 77×7개나 된다. 나무 꼭대기에서 바람의 영은 가장 좋은 길을 골라낸다. 그리고는 인간의 모습을 벗고 폭풍처럼 저승으로 내닫는다. 난데없는 폭풍에 놀란 사자들은 어찌해서 그렇게 달려왔느냐고 묻는다. 그러면 바람의 영은, 아무개가 죽었으니 어서 가서 그 영혼을 수습해와야 하지 않겠느냐고 말한다. 사자의 영들은 반가워하면서 배에 올라 힘차게 노를 저어 달린다. 어찌나 배가 힘있게 달리는지 앞길의 물고기라는 물고기는 모두 치여서 죽고 만다. 그들은 죽은 사람의 집 앞에서 배를 세우고 우루루 달려 나와 사자의 영혼을 끌어낸다. 사자의 영혼은 울면서 발버둥친다. 그러나 사자의 영혼은 저승의 강변에 이르는 순간, 이승의 일을 깡그리 잊고는 마음의 평화를 되찾는다.

여기에서 곡부의 노래는 끝난다. 곡부의 역할을 끝난 것이다. 두 차례에 걸친 접신 여행의 여로를 노래함으로써 곡부는 사자를 새 삶터로 데려다준 셈이다. 파나(pana) 의례 때가 되면 곡부는 같은 여행 경로를 다시 한번 노래한다. 이 파나 의례 때가 되면 곡부는 음식으로 이루어진 제물을 저승으로 가져가게 한다. 이렇게 하는 것은, 사자가 자기의 새로운 상태를 자각하는 것은 바로 이 파나 의례 직후뿐이기 때문이다. 이때가 되면 곡부는 사자들의 영혼을 가웨이 안투(Gawei antu)라고 불리는 큰 장례식에 초대한다. 이 잔치는 사자가 죽은 지 1년에서 4년 사이에 열린다. 이 잔치에는 많은 손님이 모인다. 손님들은 사자 역시 그 자리에 와 있다고 믿는다. 곡부는, 사자들의 영혼이 희희낙락하면서 저승을 떠나 배를 타고 서둘러 잔치 자리로 오는 과정을 노래로 엮어 부른다. [68]

이러한 장례식 모두가 그 성격상 샤만적인 것은 아니다. 적어도 파나 의례나 가웨이 안투 의례의 경우, 사자와 그의 저승 여행을 묘사하는 곡부 사이에 직접적, 신비적 관계는 없다. 이것은 저승계 하강의 도식이 담긴 의례문학에 지나지 않는다. 이런 문학이 샤만적이냐 아니냐 하는 것은 문제가 되지 않는다. 그러나 우리가 유념해야 하는 것은, 어떤 지역의 샤만이건 샤만은 모두 사자의 영혼을 지하계로 인도한다는 점이다. 앞에서 보았듯이 인도네시아 전지역에서 "사자의 배"——우리가 요약해서 읽은 곡부의 노래에서는 이 말이 자주 나온다——는 접신 여행에 쓰이는 가장 샤만적인 수단이 되고 있다. 곡부도 그렇다. 곡부는 주술-종교적 기능을 수행하는 것은 아니지만 그렇다고 해서 "속(俗)의 세계에 속한 자"라고 볼 수도 없다 그 까닭은 이 곡부 역시 신에 의해 선택된 자, 꿈 속에서 계시를 받은 자이기 때문이다. 어쨌든 곡부는 "영감을 받아" 환상을 통해서 저승의 길을 보고 그 길을 숙지하게 된 "예언녀"인 것이다. 형태론적으로 보면, 드야크 족의 곡부는 인도-유럽 세계의 예언녀나 여류시인이나 마찬가지이다. 어떤 종류의 전통문학은 이같이 신에 의해 선택된 여성(이들의 꿈이나 환상은 다름 아닌 신비적인 계시인 것이다)의 "환상"이나 "영감"에서 파생된다.

멜라네시아의 샤마니즘

여기에서 멜라네시아의 주의가 선보이는 종교 행위의 이데올로기 기반이 되는 다양한 신앙체계나 신화체계를 일일이 다 살펴볼 수는 없다. 우리는 단지, 일반적으로 말해서 멜라네시아에는 세 유형의 문화가 있는데,

이 문화가 멜라네시아로 이주한(혹은 그저 통과한) 것으로 보이는 세 인종 그룹 중 하나에 의해 보급되었다는 점만을 지적하는 데 그치고자 한다. 세 인종 그룹은 토착 파푸아 인(Papuan), 농업과 거석 문화 및 다른 유형의 문화를 거느리고 폴리네시아로 옮겨온 피부가 흰 정복자들, 그리고 마지막으로 이 섬으로 온 피부가 검은 멜라네시아 인을 말한다. [69] 피부가 흰 이주자들은 이 섬에다 많은 신화를 퍼뜨렸다. 이들 신화의 주인공들은 대개가 쿠아트(Qat)나 암바트(Ambat) 같은 문화 영웅들로, 하늘과는 직접적인 관계가 있다. 이 관계는, 하늘의 요정과 결혼하여 날개옷을 훔쳐 감추어버리고는 나무나 덩굴이나 "화살을 이어 만든 사슬"을 이용해서 하늘로 올라감으로써 이룬 관계일 수도 있고 아니면 영웅 자신이 하늘나라 출신이므로 당연한 관계일 수도 있다. [70] 쿠아트의 신화는, 폴리네시아의 타가라오(Tagarao)와 마우이(Maui) 신화에 대응한다. 이들과 하늘 및 천계의 신들과의 관계는 익히 알려져 있다. "천계 여행"이라고 하는 신화적 테마는 파푸아 토착민에 의해 피부가 흰 신래자(新來者)들에게 적용되었을 가능성이 있다. 그러나 세계 전역에서 두루 볼 수 있는 신화의 "기원"을, 이주민의 도래라고 하는 역사적 사실로 설명하는 것은 무익하다. [71] 되풀이하거니와, "창조" 신화와는 달라서, 역사적 사실이라는 것은 신화의 카테고리에 드는 순간 그 생명을 다하고 만다.

어쨌든 멜라네시아에는 고대적임이 분명한 주술적 치료 기술과, 엄밀한 의미에서의 샤마니즘 전통 및 입문의례가 없다. 샤만적 입문의례가 사라진 것은, 입문의례에 바탕을 둔 비밀결사의 역할이 지나쳤기 때문일까? 그럴 가능성이 있다. [72] 그러나 멜라네시아 주의의 본질적인 기능이 치병술에 한정되었기 때문일 수도 있다. 샤만이 행사할 수 있는 특정 능력(가령 주술적인 비행 같은 것)은 혹 주술사들의 고유 영역에 배타적으로 남아 있을 뿐이다. (실제로, 일반적으로 "샤마니즘"이라고 불리는 요소가, 오세아니에서만큼 많은 주술-종교적 그룹으로 세분되어 있는 곳은 없다. 특히 멜라네시아에서는 이런 세분화가 더욱 심해서 비슷한 종류의 직업 종사자들이 사제, 주의, 요술사, 점술사, "신들린 자〔빙의자〕" 등으로 분류된다.) 여기에서 우리가 중요하게 여기는 것은, 이러저러한 식으로 샤만적 이데올로기의 일부가 되는 수많은 모티프가 겨우 신화나 장송 신앙에만 남아 있다고 하는 점이다. 우리는 앞에서, [73] "화살로 만든 사슬," 덩굴 같은 것을 통해 하늘과 교통한 문화 영웅 모티프를 언급한 바 있다.

이 문제는 뒤에 다시 논의하기로 하자. [74] 우리는 사자가 사자의 나라에 이르면, 그 사자의 나라를 지키는 수호자에 의해 귀에 구멍이 뚫려야 한다는 신앙에도 유의해야 한다. [75] 오늘날에도 이런 종류의 수술은 샤만의 특징적인 입문의례 중 하나에 속한다.

뉴기니아 동쪽에 있는 섬 중의 하나인 도부(Dobu) 섬에서는, 요술사는 "불에 타오르고" 있는 것으로 믿어진다. 이들의 주술은 열, 불과 관계가 있다. 그러니까 고대 샤마니즘에 속하던 이러한 관념이 발전된 이데올로기와 기술에 그대로 잔존하고 있는 것이다. [76] 바로 이런 이유에서 요술사는 자기 몸을 "건조하게" 그리고 "불타는" 상태로 보존해야 한다. 그래서 요술사는 소금물을 마시고 양념이 강한 음식을 먹음으로써 이런 상태를 유지하려고 한다. [77] 도부 섬의 남녀 요술사는 하늘을 날 수 있다. 그래서 밤이면 그들이 남긴, 불꽃으로 된 비행흔(飛行痕)이 보인다. [78] 그러나 특히 잘 나는 것은 여성 요술사 쪽이다. 그 까닭은 도부 섬의 경우 주술과 성(性)과의 관계는 다음과 같기 때문이다. 즉 여성은 진짜 주술사들이어서 영혼을 자유자재로 다룰 수 있다. 그래서 육신이 잠들어 있을 때도 영혼으로 원수의 영혼을 공격할 수 있다(원수의 육신에서 영혼을 분리시켜 죽여버릴 수도 있다). 그러나 남성 요술사는 주물을 통해서만 주술을 부릴 수가 있다. [79] 주술사-의례 집행자 및 접신술사의 구조적 차이가 여기에서는 성에 그 기반을 두고 있는 것이다.

멜라네시아의 일부 지역에서도 그렇지만 도부 섬에서는, 질병의 원인이 되는 것은 주술이나 사자의 영이다. 주술이나 사자의 영이 병자의 영혼을 치기 때문에 병이 생긴다. 영혼이 육신을 빠져나가 병이 생기는 것뿐만 아니라, 조금만 손상을 당해도 그 사람의 육신은 병들고 마는 것이다. 병자가 생기면 주의는 석영이나 물을 바라봄으로써 병의 원인을 알아낸다. 주의는 병자의 병리학적 증상을 관찰하고는, 영혼이 육신을 떠났기 때문에 병이 났다는 결론을 내린다. 병자는 정신착란 상태에서 바다에 뜬 배 이야기를 하는 등 헛소리를 한다. 주의의 주장에 따르면 이것이 바로 영혼이 육신을 떠난 증거라는 것이다. 주의는 수정구(水晶球)를 통해서 병을 일으킨 장본인(생사는 불문하고)의 모습을 본다. 주의는, 병을 일으킨 장본인이 만일에 아직 산 사람이라면 그 적의를 삭일 만큼의 돈을 지불하고, 죽은 사람이라면 제물을 바치게 한다. [80] 도부 섬의 경우, 점은 누구나 칠 수 있다. 그러나 점을 칠 수 있다고 해서 주술을 부릴 수 있다는 것은 아니다. [81] 화산성 (火山性) 수정구만 해도 누구나 지닐 수 있다. 사람들은 이 수정구가, 사람이 보지 않을 동안, 스스로 날 수 있는 힘을 가졌다고 믿는다. 요술사들은 바로 이 힘을 이용해서 "영신"을 보는 것이다. [82] 이 수성에 관한 비의의 가르침은 남아서 전해지고 있지 않다. [83] 이 도부 섬에서 남성 샤만이 쇠퇴하고 있는 것은 바로 이 때문이다. 다른 지역에서는 아직도 이런 유형의 비의 전교서 (全敎書)가 스승에게서 제자로 전해지고 있는 것이다. [84]

멜라네시아 전지역에서, 병의 치료는 그 병을 일으킨 장본인에 대한 기도와 제물 바치기로 시작된다. 그렇게 해야 그 장본인이 "병을 걷어갈 것"이기 때문이다. 이때 기도하거나 제물을 바치는 것은 주로 병자의 가족들이다. 그러나 가족이 실패하면 마네 키수(mane kisu), 즉 "의사"가 불려온다. 의사는 자기만의 주술적인 방법으로 그 병을 일으킨 장본인이 누군가를 일아내고 그 장본인에게 병을 걷어가주기를 빈다. 이 첫번째 "의사"가 실패하면 그 다음 의사가 불려온다. 의사는 주술적인 치료법 이외에도 병자의 몸을 마사지하는 등 자기 나름의 치료법을 쓰기도 한다. 솔로몬 제도의 이사벨 섬이나 플로리다 섬의 경우, "의사"는 실에다 무거운 물건을 하나 매달고 최근에 죽은 사람의 이름을 하나씩 주워섬긴다. 그러다 병을 일으킨 장본인의 이름에 이르면 그 물건이 흔들리기 시작한다. 마네 키수는, 그 다음에는 무슨 재물을 드리면 되겠느냐——말하자면 물고기가 좋겠느냐, 돼지가 좋겠느냐, 사람이 좋겠느냐——고 묻는다. 그러면 그 장본인은 자기가 좋아하는 재물의 이름이 나왔을 때 또 실끝에 매달린 물건이 흔들리게 한다. [85] 솔로몬 제도의 산타 크루즈 섬의 경우, 영신은 주술적인 화살을 쏨으로써 사람을 병들게 한다. 치병술사는 마사지를 통해서 이 화살을 뽑아냄으로써 병을 고친다. [86] 뱅크 제도에서도 병은 주로 마사지나 흡착으로 치료한다. 이런 치료와 병행해서 샤만은 병자에게 나뭇조각이나 뼈조각이나 나뭇잎을 보여주고 주석을 담그었던 물을 마시게 한다. [87] 마네 키수는 다른 경우에도 같은 방법으로 점을 친다. 가령 마네 키수는 뱃사람이 고기잡이를 나갈 때도 같은 방법으로 점을 쳐준다. 마네 키수는 틴달로(tindalo : 영신)에게, 고기잡이가 잘 되겠느냐고 묻는다. 그러면 틴달로는 배를 흔들어 마네 키수의 물음에 대답한다. [88] 모타 라바 섬이나 뱅크 제도의 몇몇 섬에서도 점술사는, 영신이 홰를 틀고 앉아 있다고 믿어지는 작대기를 이용해서 도둑을 잡는다. 점술

사가 도둑이 누구냐고 물으면 작대기는 도둑을 가리키는 것이다. [89]

이러한 점술사가 치병술사와는 다르기는 하지만, 여느 사람으로서 영신이나 죽은 사람의 영에 들려 이런 일을 하는 사람들이 있다. 영신이나 죽은 사람의 영에 들리면 당사자는 목소리가 바뀌면서 앞일을 줄줄 꿰뚫어 예언한다. 이러한 신들림은 그 사람이 들리고자 해서 들리는 것이 아니다. 마을 사람들과 한자리에 앉아 이런저런 이야기를 하던 사람이 갑자기 재채기를 해대면서 몸을 흔든다. "돌연 그의 눈이 번쩍거리기 시작하고 사지가 뒤틀리면서 몸이 경련한다. 입술가로는 게거품이 번진다. 이때 그의 목소리가 아닌, 전혀 다른 목소리가 그의 목에서 튀어나온다. 그는 마을 사람들과 나누던 이야기의 가부를 자신 있게 말한다. 이 사람이 망령을 부르는 어떤 수단을 쓴 것은 아니다. 그저 와서 그에게 씌인 것이다. 망령이 스스로 찾아옴으로써 망령의 마나(mana)가 그를 압도한 것이다. 이 망령이 올 때처럼 예고도 없이 물러나면, 그 사람은 지쳐서 쓰러지고 만다. 탈진하고 마는 것이다. "[90]

멜라네시아의 다른 지역, 가령 뉴기니아의 경우 주민은 자발적으로 친척의 영에 들릴 수 있다. 이런 빙의는 어떤 상태에서든 가능하다. 병자가 생길 경우 혹은 잃어버린 물건을 찾아야 할 경우, 가족의 일원은 이런 것을 잘 알 만한, 이미 세상을 떠난 친척의 초상을 무릎 위나 어깨 위에 올리고 그 영에 들린다. [91] 그러나 인도네시아와 폴리네시아에서는 아주 흔한 이러한 자발적 강신(降神) 현상은, 엄격한 의미에서 샤마니즘과는 표면적으로 비슷한 데 지나지 않는다. 그러나 이 강신 현상이 샤만적 기술과 이데올로기가 전개한 정신적 풍토를 시사하기 때문에 여기에서 잠깐 언급해본 것이다.

폴리네시아의 샤마니즘

폴리네시아의 경우, 성(聖)의 영역에 종사하는 전문가에는 몇 가지 계급이 있고 이들이 각각의 신이나 영신과 직접적 관계를 맺고 있기 때문에 사정은 한층 더 복잡하다. 넓게 잡아서, 폴리네시아의 종교 관계자는 세 범주로 나눌 수 있다. 즉 신성 추장(神聖酋長 : ariki)과 예언자(taula)와 사제(tohunga)가 그것이다. 그러나 여기에 정도의 차이는 있으나 비숫한 기술(신이나 영신과의 접촉, 영신에 감응하거나 영신에 들리거나 하는 것)을 구사하는 치병술사, 요술사, 초혼술사(招魂術師) 그리고 자발적으로 "영신에 들린 자"가 있다. 이들의 종교 이데올로기나 기술은 아시아의 관념으로부터 영향을 받은 듯하다. 그러나 폴리네시아와 남아시아의 문화적 관계의 문제는 아직도 해결되지 않은 채로 남아 있다. 그러나 이 문제는 여기에서는 거론하지 않기로 한다. [92]

우리가 주목해야 하는 것은, 샤만의 기술이나 이데올로기의 본질적인 면——"중심"에 위치한 축에 연접한 세 우주 권역간의 교통이나 천계상승이나 주술적 비행 능력——이 폴리네시아의 신화에서 풍부하게 발견되고 있고 이러한 믿음이 요술사에 관한 속신(俗信)에 생생하게 살아남아 있다는 점이다. 뒤에 따로 신화적인 상승의 테마를 다루게 될 터이기 때문에 여기에서는 몇 가지 예만 들어보기로 하자. 폴리네시아 전지역, 심지어는 그밖의 지역에까지 알려져 있는 영웅 마우이(Maui)는 천계상승과 지하계 하강으로 유명하다. [93] 마우이는 비둘기의 모습을 빌려 하늘을 난다. 지하계로 내려가고 싶으면 그는 자기 집 한가운데에 있는 기둥뿌리를 뽑는다. 그러면 기둥이 뽑힌 자리로부터 하계의 바람이 불어 나온다. [94] 덩굴, 나무, 연(鳶)을 이용해서 천계로 상승하는 이야기가 담긴 신화와 전설은 얼마든지 있고 이러한 유희에 의례적인 의미가 있다. 폴리네시아에도 천계상승의 가능성에 대한 믿음이 있고 이에 상응하는 욕구가 있다. [95] 결국, 다른 지역의 요술사나 예언자가 그렇듯이, 폴리네시아의 요술사나 예언자도 하늘을 날아 눈깜짝할 사이에 방대한 지역을 건너 지나갈 수 있는 것으로 믿어지는 것이다. [96]

이와는 조금 다른 신화의 범주를 잠깐 다루어보기로 하자. 이러한 신화는, 기본적으로 샤만적인 테마를 다루고 있기는 하지만 엄격한 의미에서는 샤만적 이데올로기에 속하는 것은 아니다. 지하계로 내려가 사랑하는 애인의 영혼을 수습해오는 영웅의 이야기가 바로 이러한 신화에 속한다. 마오리 족의 영웅 후투(Hutu)는, 자기 때문에 자살한 파레(Pare) 공주를 찾아 지하계로 내려간다. 후투는 저승 나라를 다스리는 밤의 대여왕을 만나 도움을 받는다. 밤의 대여왕은 후투에게 저승으로 가는 길을 가르쳐주고 저승에 가면 절대로 저승 음식에 손을 대지 말라면서 먹을 것을 한 광주리 건네준다. 후투는 저승에서 파레 공주를 찾아 무사히 지상으로 데려온다. 공주의 영혼을 지상으로 데려온 후투가 이 영혼을 죽은 육신에 되돌려놓자 공주가 살아난다. 마르퀘사스 제도에는 영웅 케나(Kena)의 애인 이야기가 전해진다. 케나의 애인은, 케나로부터 꾸중을 듣고는 모욕감을 참지 못해 자결하고 만다. 케나는 저승으로 내려가 애인의 영혼을 찾아 바구니에 담아가지고 지상으로 돌아온다. 망가이아 섬의 전설에 따르면 쿠라(Kura)는 실수로 목숨을 잃고 저승으로 가나, 지아비의 손에 이끌려 다시 이승으로 돌아온다. 하와이 전설에는, 뉴질랜드 마오리 족의 후투와 파레가 히쿠(Hiku)와 카웰루(Kawelu)로 바뀌어 있을 뿐 내용에는 별 차이가 없다. 카웰루는 애인인 히쿠로부터 버림을 받고는 슬픔을 이기지 못해 세상을 떠난다. 히쿠는 덩굴을 이용해서 지하계로 내려가 쿠웰루의 영혼을 찾아내고 이를 야자 열매에 넣어가지고 지상으로 돌아온다. 이렇게 수습해온 영혼을 죽어버린 육신에 되돌리는 과정은 다음과 같다. 히쿠는 이 영혼을 카웰루의 엄지 발가락에 밀어넣고는 처음에는 발, 다음에는 장딴지 순서로 쓰다듬어 마침내 이 영혼이 심장에까지 이르게 한다. 저승으로 내려가기 전에 히쿠는 자기 몸에다 냄새가 고약한 기름을 바름으로써 시체 냄새가 나게 한다. 케나는 이런 준비를 하지 않았기 때문에 저승의 대여왕에게 발각되고 만다.[97]

폴리네시아의 지하계 하강 신화는, 샤마니즘보다는 오히려 오르페우스 신화에 가깝다는 인상을 준다. 우리는 북아메리카 민담에도 이와 똑같은 신화가 있다는 사실을 지적한 바 있다.[98] 그러나 여기에서 주목해야 할 것은 히쿠가 카웰루의 영혼을 육신으로 되돌리는 과정이 샤만적인 과정과 일치한다는 점이다. 지하계에서 사자의 영혼을 찾아내어 수습하는 것은 샤만이 병자의 영혼(병자의 영혼이 지하계에 가 있건, 다른 곳을 방황하고 있건 간에)을 찾아오는 것을 상기시킨다. "살아 있는 인간의 냄새"는 오르페우스 신화류에 관련되든 샤만의 지하에 하강과 관련되든, 세계 도처에서 발견되는 모티프이다.

그럼에도 불구하고 폴리네시아의 샤만적 현상의 대부분은 그 형태상 특별하다. 많은 경우 사제나 예언자가 신들이나 영신들에 들리는데, 여기에서는 주인공인 영웅 자신이 바로 신들이나 영신들에게, 그것도 자발적으로 들리는 것이다. 신에 들리거나 신의 영감을 받는 것은 타울라(taula), 즉 예언자의 전문 분야이나 이따금씩은 사제도 능력을 행사한다. 타히티나 사모아에서는 한 집의 가장도 이런 능력을 갖는다. 그러니까 한 가정의 수호신이 종종 살아 있는 가장의 입을 통하여 발언하는 것이다. [99] 타울라 아투아(taula atua)는 자기의 죽은 형제들과 교통할 능력이 있다고 주장한다. 그에게는 죽은 형제들의 모습이 똑똑히 보인다고 한다. 그러나 그들이 나타나면 타울라 아투아는 의식을 잃고 만다. [100] 그 경우, 병의 원인과 치료를 일러주거나, 병자의 회복이 불가능하면 이를 일러주는 것도 바로 형제들의 영신들이다. 오늘날의 샤만은 "영신들"에 들리지만, 샤만에게는 오로지 "신들에게만 들리던" 때의 기억이 남아 있다. [101] 주로 종교의 의례적 전통을 대표하기는 하지만 사제(토훙가〔tohunga〕)도 접신상태를 체험한다. 사제는 주술과 요술도 배워야 한다. 포르난더(A. Fornander)에 따르면 하와이에는 10개의 "사제 대학(college of priests)"이 있다. 세 개는 요술, 두 개는 초혼술, 한 개는 점술, 또 한 개는 의술과 수술, 그리고 나머지 한 개는 사원 건축을 전문으로 한다. [102] 포르난더가 "대학"이라고 부른 것은 각기 다른 종교 전문가 양성기관이다. 그의 관찰에 따르면, 다른 지역에서는 샤만의 전유물이나 다름없는 주술과 의술 교육을 여기에서는 사제가 받고 있는 것이다.

실제로 주술적 치료는 타울라가 하기도 하고 토훙가가 하기도 한다. 일단 치병무의의 초빙을 받으면 마오리의 사제는 우선 악령이 저승에서 이승으로 온 길을 먼저 알아낸다. 이 길을 알아내기 위해서 사제는 자기 머리를 물에 담근다. 악령은 식물의 줄기를 타고 이승으로 오는 것이 보통이다. 그래서 토훙가는 식물의 줄기를 거두어 이것을 병자의 머리에 댄다. 그리고는 악령이 병자를 떠나 그 식물의 줄기를 타고 저승으로 가라는 주문을 왼다. [103] 망가레바 섬에서도 사제가 주로 병자를 치료한다. 병자가 병에 드는 것은 주로 병자 자신이 비리가 족(Viriga)의 신에 들리기 때문이다. 비리가 족의 신에 들려 병자가 생기면 가족은 바로 사제에게 이 사실을 알린다. 그러면 사제는 나무로 조그만 카누를 만들어 가지고 병자의 집으로 들어가, 병자에게 씌인 신 혹은 영신에게 병자에게서 나와 카누를 타고 돌아가달라고 비는 것이다. [104]

앞에서 지적했듯이 신이나 영신에의 빙의는, 폴리네시아 접신 종교의 특징이다. 일단 신이나 영신에 들리면, 예언자나 사제나 영매는 신의 화신으로 간주되면서 신에 준하는 대접을 받는다. 신의 영감을 받은 자는 신이나 영신이 깃들이는 "배〔船〕"나 마찬가지이다. "배"라는 뜻을 지닌 마오리 말 "와카(waka)"는, 카누가 그 주인을 싣듯이, 영감을 받은 자는 신(神)을 싣고 다닌다는 믿음을 반영한다. [105] 신이나 영신에 들린 사람이 여느 사람과 다르기는 다른 지역에서도 마찬가지이다. 신이니 영신에 들린 사람은 처음에는 정신을 집중시켜야 하기 때문에 조용하다. 그러나 이 기간이 지나면 광란상태가 온다. 광란상태에 이르면 영매는 가성으로 미친 듯이 떠들어댄다. 이러한 가성조차도 경련으로 이따금씩 끊길 정도이다. 그의 발언은 신이 맡긴 뜻이다. 따라서 바로 행동으로 옮겨져야한다. 영매는 어떤 신이 어떤 제물을 바라는지 안다. 그뿐만이 아니다. 전쟁은 어떻게 해야 하는지, 먼 길을 떠날 때는 어떻게 해야 하는지, 위험한 일을 해야 할 때는 어떤 점에 주의를 기울어야 할지도 알고 있다. 그래서 사람들은 이런 일이 있을 때마다 영매와 상의한다. 병의 원인과 치료법을 알아내야 할 때도, 절도범을 찾을 때도 사람들은 영매와 상의한다.

초기 여행자들과 민족학자들이 수집한, 폴리네시아의 신에 의한 영감 및 신들림의 현상을 일일이 여기에 소개할 필요는 없을 것이다. 마리너 (W. Mariner), 엘리스(Ellis), 스튜워트(C. S. Stewart) 등의 저서에 고전적인 자료가 나온다. [106] 주목할 만한 것은, 개인적인 목적의 영매의 의식은 주로 야간에 베풀어지지만, [107] 신의 뜻을 알기 위해 벌건 대낮에 벌어지는 대규모 공공 의식에 비해 열광도가 낮다는 점이다. 예언자가 자발적으로 그리고 단시간에 "신들리는" 사람과 다른 점은, 예언자는 항상 같은 신, 같은 영신으로부터 "영감"을 받고 자기 마음대로 그 신이나 영신으로 화신할 수 있다는 점이다. 새 예언자는, 자기에게 씌인 영신-신에 의해 공개적으로 그 능력을 보증받을 때에 성직자 대접을 받을 수 있다. 즉 공개리에 질문을 받고 그 질문에 대답할 수도, 신의 뜻을 전할 수도 있다는 능력을 인정받아야 하는 것이다. [108] 예언자는, 접신 체험의 정통성을 인정받지 못하면 타울라 혹은 아카라타(akarata)로 대접받을 수 없다. 만일에 예언자가 위대한 신의 대리자(혹은 화신)라는 것이 인정되면 그의 집안과 그 자신은 타푸(tapu)가 되어, 추장에 버금가는, 때로는 추장 이상의 특권을 누릴 수 있다. 위대한 신의 화신이 되었다는 증거로 예언자는 자기에게 초자연적인 주력이 있음을 보여주어야 한다. 가령 마르쿼사스의 예언자는 한 달간 단식할 수 있고 물 속에서도 잠을 잘 수 있으며 아주 멀리서 일어나는 일도 알아낼 수 있는 정도의 주력을 갖추고 있는 것으로 믿어진다. [109]

주술-종교적 초능력을 지닌 이런 부류 이외에도 요술사 혹은 초혼술사

(tahu, kahu 등)도 있다. 친교영신에 들리는 것이 전문인 이들은 죽은 친구 혹은 친척의 육신으로부터 영혼을 수습하여 자기네들의 친교영신으로 삼는다. [110] 예언자, 사제와 마찬가지로 이들 역시 치료술사이다. 이들은 혹 주술 계열의 일을 하기도 하지만, 주문을 받으면 도둑을 찾아주는 일도 한다(가령 소시에테 제도에서처럼). (하와이에서는, 카푸는 손가락으로 사람의 영혼을 터트려 죽이기도 한다. [111] 푸카푸카에서는 탕가타 오투[tangata wotu]가 잠을 자면서도 마을을 어슬렁거리는 혼령을 볼 수 있는데, 그는 이러한 혼령이 병을 일으킬까봐 보는 족족 죽여버린다. [112]) 요술사와, 신으로부터 영감을 받은 자의 기본적인 차이는, 요술사는 신이나 영신에 들린 경험이 없이, 자기 대신에 주술을 부려주는 영신의 하수인 노릇이나 한다는 점이다. 마르퀘사스의 경우 1) 의례를 집전하는 사제 2) 신으로부터 영감을 받은 사제 3) 영신에 들린 자 4) 요술사 등은 각각 확연하게 구분되다. "신들린 자"는 특정한 영신과 정규적인 관계를 맺고 있다. 그러나 영신이 이들에게 주술을 전수해주는 것은 아니다. 그런 식으로 주술을 전수받는 것은 바로 요술사이다. 요술사는 영신에 의해 선택됨으로써 혹은 수련을 통하여 주술을 익힌다. 이들은 또 가까운 친척을 죽여, 그 혼령을 종으로 부리기도 한다. [113]

또 한 가지 언급해둘 것은, 무력이 특정 가계에 유전적으로 선해지는 사례이다. 유명한 예로 피지 섬의 한 가계 사람들은 불붙은 숯 혹은 빨갛게 단 쇠붙이 위를 걷는 능력을 물려받는다. [114] 수많은 학자들이 이 초능력의 객관성을 확인하기 위해 예의 관찰하고 이것을 "기적"이라는 말로 표현하고 있으니까, 이들에게 이런 능력이 있다는 것 자체는 의심할 나위가 없다. 더욱 놀라운 것은 피지 섬 샤만은 부족 전체에게, 심지어는 국외자에게까지도 불에 견디는 능력을 줄 수 있다는 점이다. 같은 현상은 세계 도처에서(가령 남부 인도에서도) 보고되고 있다. [115] 시베리아 샤만은 불붙은 석탄을 삼키는 것으로 유명하고, "열"과 "불"이 원시사회에서 가장 오래된 주술적 상징물이며 유사한 현상이 아시아의 고도로 발달된 주술체계나 요가나 탄트라 교 같은 명상 기술에서도 발견되고 있다는 점을 상기하면, 우리는 피지 섬의 어떤 가계가 지닌, "불을 지배하는 기술"은 진정한 샤머니즘에 속한다는 결론을 내릴 수 있다. 그러나 이러한 능력은 피지 섬에만 국한되어 있는 것은 아니다. 이만큼 격렬하지는 않고 이만큼 규모가 크지는 않아도 많은 폴리네시아 예언자나, 신의 영감을 받은 사람은 이와 비슷한 기술을 습득하고 있다.

지금까지 관찰한 여러 가지 사실에서 우리는 다음과 같은 결론을 도출할 수 있다. 즉 엄밀한 의미에서의 샤만적 기술은 폴리네시아에서는 어느 정도 고립된 형태(피지 섬의 "불 다루는 의식", 요술사와 예언자의 주술적 비행 등)로 나타나고 있는데, 지금은 절반은 잊혀진 채 단순한 유희(연 날리기 등) 형태로 의식에 남아 있다는 것이다. 병에 대한 관념도 엄격한 의미에서의 샤마니즘적 관념(영혼의 육체 이탈)은 아니다. 폴리네시아 인은 신이나 영신이 깃들이거나, 신이나 영신에 들리기 때문에 병이 난다고 믿는다. 그래서 치병무의는 주로 주물을 적출하는 의식이나, 이러한 영신을 쫓아내는 의식으로 이루어진다. 사람의 몸 속에 주물이 들어갔다는 믿음, 의식을 통하여 이 주물을 적출할 수 있다는 믿음은 상당히 오래 된 종교 복합의 일부이다. 그러나 폴리네시아에서는, 오스트레일리아 등지에서와 달리 치병무의가 주의만이 할 수 있는 일은 아니다. 신이나 영신에 들려 병이 나는 사람이 많기 때문에 웬만한 치병술사라면 모두 이 일을 할 수 있는 것이다. 앞에서 보았다시피 폴리네시아에서는 사제, 신의 영감을 받은 자, 주의, 요술사 모두가 주술적 치료를 할 수 있다. 의사(疑似) 영매에 의한 빙의의 과정은 간단하고 더구나 자주 있는 일이기 때문에 "성사(聖事) 전문가"의 범주와 기능은, 어떤 의미에서는 끝나버린 것이나 마찬가지이다. 이 집단적인 영매의 직분 앞에서 성직자의 전통적, 의례 중심 제도는 변혁을 맞는 것이다. 오직 요술사만이 빙의에 저항해왔다. 따라서 고대적, 샤만적 이데올로기의 잔존은 십중팔구 그들의 비의 전승을 통해서 추적되어야 하는 것이다. [116)]

제 11 장   인도-유럽 어족들의 샤마니즘 이데올로기와 기술

서론

다른 민족에게나 마찬가지로 인도-유럽 어족들에게도 주술사들과 접신 상태에 빠지는 사람들이 있다. 다른 지역에서도 그렇듯이 이 주술사들과 접신 전문가들은 그 사회의 주술-종교적 삶 안에서 일정한 기능을 맡고 있다. 그뿐만 아니라 주술사와 접신 전문가는 각기 그 신화적 틀을 지니고 있기도 하다. 그래서 가령 바루나(Varuna)는 "위대한 주술사" 대접을 받아왔고 오딘(Odin)은 (어느 누구보다도!) 각별한 형태의 접신 전문가로 치부되어왔다. 브레멘(Adam von Bremen)은 "오딘, 그이는 격정이시다(Wodan, id est furor)"라고 썼는데, 이 비문체(碑文體)의 간결한 정의에는 일종의 샤만적 격정이 개입되어 있음을 느낄 수 있다.

하지만 알타이나 시베리아의 샤마니즘과 같은 의미에서 인도-유럽 어족들의 샤마니즘을 말하는 것이 과연 가능할 것인가? 이 질문에 대한 해답은 "샤마니즘"이라는 말의 정의를 어떻게 내리는가에 따라 달라진다. 접신 현상이나 주술적 기술을 다 샤마니즘이라고 한다면, 인도-유럽 어족들에게서도 많은 "샤만적" 양상을 발견할 수 있다는 것은 말할 것도 없다. 이것은 다른 민족 그룹 혹은 문화 그룹의 경우도 마찬가지이다. 인도-유럽 어족들 전체에서 발견되는 주술-접신 기술과 이데올로기에 관한 방대한 기록을 논술하자면, 이것을 아무리 간략하게 다루어도 또 한 권의 책이 될 것이다. 다행히도, 그러한 관심은 우리의 틀을 저만치 빗나가 있기 때문에 우리가 이 문제에 달려들 필요는 없을 듯하다. 여기에서 우리가 해야 할 작업은, 샤마니즘이라는 말이 지닌 엄밀한 의미에서의 샤만적인 것, 따라서 본질적인 양상(가령 병자의 영혼을 육신에 되돌리기, 사자를 목적지까지 데려다주기 위한 천상계 상승 및 명계하강, 소명 및 접신 여행에 관련된 "영신"의 현현〔顯現〕, "불 다스리기" 등)을 드러내고 있는 듯한 이데올로기와 기술의 흔적을 여러 인도-유럽 어족이 어느 정도까지 보존하고 있는가를 탐구하는 선에 한정시켜야 할 것 같기 때문이다.

그 같은 흔적은 인도-유럽 어계의 거의 모든 민족에게 남아 있는데, 우리는 지금 그것을 열거해보고자 한다. 어쩌면 우리는 이러한 흔적을 다 밝혀낼 수는 없을 것이다. 그 까닭은, 그 방대한 자료를 다 훑어보았다고 자신할 수 없기 때문이다. 그러나 다음과 같은 두 가지 점은 지적해두어야겠다. 첫째로 지적해두고 싶은 것은, 우리가 여기에서 다른 민족, 다른 종교에 관해서 기왕에 기술했던 바를 되풀이하게 되겠지만, 인도-유럽 어족들의 종교에 어느 정도의 샤만적 요소가 있다고 하더라도 이것이 반드시 그들의 종교가 샤마니즘의 지배를 받았다든지, 샤만적인 구조로 되어 있다는 뜻은 아니라고 하는 점이다. 두번째로 지적해두고 싶은 것은, 세심하게 주의를 기울여 가령 샤마니즘을 주술이나 "원시적" 접신 기술과 구별하려고 한다고 해서, 그것이 "고등" 종교의 여기저기에서 발견되는 샤만적 요소의 흔적이나, 그것을 지니고 있는 종교 전체에 대한 부정적 가치 판단을 의미하지는 않는다고 하는 점이다. 오늘날의 민족지〔民族誌〕 문헌이 샤마니즘을 어쩐지 이상한 현상으로 다루고 "빙의"와 혼동하고 그 변질된 측면만을 뽑아서 강조하고 있는 점을 감안하면 이점은 확실하게 짚고 넘어가야 할 듯하다. 되풀이해서 샤마니즘을 소개하면서 우리는 샤마니즘이 상당히 일그러진 형태로 발견된다는 점을 강조해왔지만, 이것은 샤만적 현상 전체에 해당되는 진술은 아니다.

"미개" 종교를 연구 대상으로 하는 대신, 문화 변용이나 개혁이나 창조 행위가 풍부한 역사를 지닌 민족의 종교를 다루려고 할 때 학자가 반드시 직면하게 되는 한 가지 혼란의 가능성에 주의를 기울일 필요가 있다. 이런 연구에 종사하는 학자는, "역사"가 고대의 주술-종교적 도식에 대해 무엇을 해왔는지 그리고 그 정신적 내용이 어느 정도까지 변용되고 어느 정도까지 재평가되어왔는가를 인식하지 못한 채, 그저 그 역사가 지닌 "미개"한 의미만을 읽으려고 하기 쉽다. 이런 종류의 혼동이 얼마나 위험한가를 지적하기 위해 한 가지 예를 들어보겠다. 많은 샤만의 입문의례가 "꿈"(바로 이 꿈 속에서 샤만 후보자는 고통을 당하거나 악령이나 유령에 의해 몸을 난자당한 자신의 모습을 보게 된다)과 아주 밀접한 관계를 맺고 있다는 것은 잘 알려진 사실이다. 이와 비슷한 줄거리는 기독교의 성

인전(聖人傳), 특히 성 안토니우스가 당한 유혹과 시련의 전설에도 들어
있다. 이런 종류의 전설에 따르면 악령이 성인들의 육체에 고통을 가하고
상처를 입히고 수족을 절단하고 마지막으로 공중으로 끌고 올라간다. 그
런데 이러한 유혹과 시련은 "입문의례"와 동등한 가치를 지닌다. 그 까닭
은 성인들이 바로 이런 유혹과 시련을 통하여 인간의 경지를 넘어서기 때
문이다. 바꾸어 말하면 바로 이런 것을 통하여 성인은 속중(俗衆)과 구별
되기 때문인 것이다. 그러나 전통적인 입문의례와, 시련과 유혹이라는
"입문의례적 도식"은 유형적으로는 아주 비슷한 것 같지만 자세히 보면
그 정신적 내용은 매우 다르다. 불행한 일이지만, 악령이 기독교 성인에
게 가하는 고통과, 악령이 샤만에게 가하는 고통을 구별하는 것은 쉬워
도, 악령이 샤만에게 가하는 고통과, 악령이 기독교 이외의 종교의 성인
에게 가하는 고통을 구별하기는 쉽지 않다. 여기에서 우리가 유념해야 할
것은, 고대적 도식은 그 정신적 내용을 끊임없이 바꿀 수 있는 가능성이
있다고 하는 점이다. 우리는 지금까지 샤만의 천계상승의 예를 여러 차례
소개해왔고 앞으로도 소개할 것이다. 우리는 그 천계상승이 조금도 "이
상"할 것이 없는 접신 체험을 상징한다는 것도 보아왔다. "이상"하기는커
녕, 모든 미개 민족에 의해 놀라울 정도의 일관성을 보이면서 기록되고
있는 이 대단히 오래된 주술-종교적 도식은 "고상"하고 "순수"할 뿐더러
"아름답다"고까지 할 수 있다. 따라서 샤만에 의한 천계상승에 의미를 부
여하는 차원에서는, 가령 모하메드(Mohammed)의 천계상승이 샤만적
내용을 보이고 있다고 해도 이는 모하메드를 폄하(貶下)하는 뜻으로 하는
말이 아니다. 그러나 유형론적으로 유사한데도 불구하고, 모하메드의 접
신적인 천계상승을, 알타이나 부르야트 샤만의 천계상승이 동일시할 수는
없다. 예언자가 하는 접신 체험의 내용, 의미 및 정신적 방향성은 천계상
승의 일반적인 유형으로 환원시킬 수는 없는, 종교적 가치라는 측면에서
일종의 변화를 전제로 하는 것이기 때문이다.[1]

　이 장(章)의 초반에서 우리는 몇 가지 서론적 관점의 시비를 가려놓을
필요가 있다. 그 까닭은 이 장에서는 지금까지 다루어온 민족이나 문화보
다도 훨씬 복잡한 민족과 문화를 다루게 되기 때문이다. 우리는, 인도-유
럽 어족들의 종교 선사(先史)나 원시사(原始史)에 관하여 아는 것이 별
로 없다. 바꾸어 말하자면, 이 민족들의 정신적 수준을 지금까지 우리가
논증해온 많은 민족들의 정신적 수준과 추정, 비교할 수 있는 시대에 관

한 지식이 별로 없다는 것이다. 우리가 자유롭게 이용할 수 있는 이 시대의 종교 자료는 이미 교묘하게 짜맞추어지고 체계화되고 화석화(化石化)한 것이었다. 이런 방대한 자료로부터 샤만적 구조를 지닌 신화, 의례 및 접신 기술의 존재를 밝히는 것, 이것이 우리가 할 일이다. 곧 재론하게 되겠지만 이 같은 신화, 의례 및 접신 기술은, 모든 인도-유럽 민족들의 전승에 다소간 "순수한" 형태로 남아 있다고 할 수 있다. 그러나 우리는, 인도-유럽 어족들이 주술-종교적 삶에서 샤마니즘이 지배적인 역할을 맡았을 것이라고는 보지 않는다. 놀라운 것은, 형래론적으로 보아도, 그 개요로 보아도, 인도-유럽 어족들의 종교는 터키-타타르 종교와 아주 흡사하다는 점이다. 구체적으로 말해서, 천계신에게 절대적인 권한을 부여하고 있는 점, 여신을 별로 중요하게 여기지 않는 점, 불의 의례를 중요시하는 점 등이 그렇다.

이들 두 민족군의 종교간의 차이, 즉 한쪽에서는 샤마니즘이 우세하나 다른 한쪽에서는 그것을 별로 중요하게 여기지 않는 차이는 극히 중대한 다음 두 가지 사실로 설명이 가능하다. 첫째, 듀메질(Georges Dumézil)의 연구로 밝혀졌듯이 인도-유럽 민족들은 굉장한 혁신을 거듭해 왔다는 점이다. 듀메질의 지적에 따르면, 이들은 개개의 사회 조직이나 주술-종교적 삶에 대응시켜 신을 셋으로 분립시키고 각 신들에게 그 신화에 대응하는 역할을 맡겨왔다는 것이다. 전체적인 주술-종교적 삶에 대한 체계적인 재편성(이러한 재편성 작업은 원〔原〕 인도-유럽 어족이 분리되기 이전에 이미 기본적으로 완결되어 있었다)에는 샤만적 이데올로기와 샤만적 체험이 포함되어 있었다. 그러나 이러한 통합은 일종의 특수화, 다시 말하면 샤만의 힘이 제한되는 결과를 초래했다. 즉 샤만의 권력이 다른 주술-종교적 힘과 공존해야 했던 것이다. 따라서 샤만은 접신 기술을 행사하는 유일한 존재는 더 이상 아니었고 부족의 정신성의 전체적 수준을 지배하는 특권도 더 이상 행사할 수 없게 되었다. 주술-종교적 신앙을 조직화한다고 하는 작업(인도-유럽 어계 민족들의 통일체 시대에 이미 이루어져 있었던 작업)에 의해 "한 귀퉁이로 쫓겨난" 샤만적 전통을 우리는 이런 문맥에서 이해해야 한다. 듀메질의 설명에 따르면, 샤만적 전통은 주로 무서운 군주의 신화적인 모습에 집약적으로 나타난다. 그 군주의 원형은 주술의 대가이자 위대한 "묶는 자(Binder)"인 바루나인 듯하다. 그렇다고 해서 샤만적 요소가 무서운 군주의 주위에만 집중적으로 나타났다는 뜻은 아니고 인도-유럽 어계 종교에서 이 샤만적 요소가 모두 주술적, 정신적 이데올로기나 기술을 고갈시켰다는 뜻도 물론 아니다. 이와는 반대로, 어떤 “샤만적” 구조와도 관계가 없는 주술 및 접신술은 존재한다. 가령 전사(戰士)의 주술, 대모신(大母神) 및 농신(農神)과 관계있는 주술 및 접신술이 그것인데, 이러한 것들은 샤만적인 것이 아니다.

샤마니즘에 중요성을 부여하는 태도에서도 인도-유럽 어족들과 터키-타타르 인은 다르다. 우리가 보기에, 이러한 차이가 생기는 것은 오리엔트의 농업 문명과 지중해의 도시 문명의 차이 때문인 것 같다. 이 영향은 근동 쪽으로 이동해오는 인도-유럽 어계 민족들에게 직접적, 간접적으로 영향을 미쳤다. 이들은 발칸에서 에게 해로 이주해온 그리스 인들의 종교적 유산에 의해 변모를 거듭하게 되는데, 이러한 변모는 농업형 문화와 도시형 문화와의 접촉으로 인한 동화와 재평가라는 지극히 복잡한 현상을 일으키는 것이다.

고대 게르만 인의 접신 기술

고대 게르만 인의 종교와 신화 중에는 북아시아 샤마니즘의 개념과 기술에 견주어지는 요소가 발견된다. 그중 가장 놀라운 예를 하나 들어보자. 무서운 군주이자 위대한 주술사인[2] 오딘의 모습과 그 신화에는 놀랍게도 “샤만적” 특색이 엿보인다. 가령 오딘은 룬(rune) 문자의 비밀을 알아내기 위해 아흐레 밤낮을 나무에 매달려 있게 된다.[3] 몇몇 게르만 학자는 바로 이 신화에서 입문의례의 원형을 찾아보려고 한다. 심지어 회플러(Otto Höfler)[4] 같은 학자는 이것을, 시베리아 샤만의 입문의례적인 나무 오르기에 견주기까지 한다. 오딘이 자기자신을 매단 나무는 우주수, 즉 익드라실(Yggdrasil)이다. 이 “익드라실”이라는 말은, “익(Ygg : 오딘)이 타는 말[馬]”이라는 뜻이다. 북유럽의 전승에서는 교수대를 “목매달린 자의 말(hanged man's horse)”이라고 한다.[5] 게르만 족의 입문의례에는 후보자를 상징적으로 “목매다는” 의례가 있다. 이러한 관습에 관한 기록은 다른 데도 얼마든지 있다.[6] 그러나 오딘 역시 자기 말을 익드라실에다 맨다. 이 신화 테마가 북아시아와 중앙 아시아에서 기원했다는 것은 익히 알려진 사실이다.[7]

오딘의 말인 슬라이프니르(Sleipnir)는 발굽이 여덟 개이다. 주인인 오딘 및 다른 신들(가령 헤르모드르[Hermódhr] 같은)을 명계로 태우고 가는 것이 바로 슬라이프니르이다. 발굽이 여덟 개인 말은 샤만의 말이며 널리 알려져 있는 모티프이다. 이런 말에 관한 전승은 시베리아 인은 물론이고 다른 종족(가령 무리아 인[Muria])에도 있다. 늘 샤만의 접신 여행과 함께 등장한다.[8] 회플러가 지적한 대로,[9] 슬라이프니르는 남성 사회의 비의에서 중요한 역할을 하는 다각목마(多脚木馬)의 신화적 원형이다.[10] 그러나 이것은 샤마니즘의 영역 너머에 존재하는 주술-종교적 현상이다.

스노리(Snorri)는 오딘의 변신자재(變身自在) 능력에 관해 다음과 같이 쓰고 있다. "오딘은 잠자는 듯이, 죽은 듯이 누워 있다. 그러다가는 갑자기 새나 들짐승이나 물고기나 용으로 둔갑, 눈깜짝할 사이에 먼 곳으로 간다."[11] 다른 동물로의 둔갑을 통한 오딘의 접신 여행은 샤만의 동물로의 변신에 견주어볼 수 있다. 샤만들은 종종 소나 독수리로 변신한 채 서로 싸우고는 한다. 북유럽의 전승에도 주술사들이 물개로 변신해서 싸우는 이야기가 등장한다. 오딘이 접신중에 그렇듯이, 싸울 때 주술사들의 육신에는 영혼이 없다.[12] 물론 이러한 신앙은 엄밀한 의미에서는 샤마니즘이라고 할 수 없는 전승에서도 발견된다. 그러나 이러한 전승은 반드시 시베리아 샤마니즘과 비교해볼 필요가 있다. 더구나 스칸디나비아의 신앙 체계에는 영신이 동물의 모습으로 나타나는데, 이때 이 동물은 샤만의 눈에만 보인다는 전승이 있다.[13] 이러한 전승은 분명히 샤만적인 관념을 상기시킨다. 우리는 여기에서 오딘의 두 까마귀인 후긴(Huginn : "생각")과 무닌(Muninn : "기억")에 관한 의문을 제기해볼 필요가 있다. 이 두 마리의 까마귀는 위대한 주술사가 세계의 네 구석으로 보낸(샤만적이 아니고 무엇인가!) 새 모양의 두 보호영신, 고도로 신화화한 형태를 상징하는 것이 아니겠느냐 것이다.[14]

오딘은 초혼술의 대가이기도 하다. 오딘은 자기의 말 슬라이프니르를 타고 헬(Hel : 북유럽 신화에서 사후의 세계를 의미함/역자 주)로 들어가 오래전에 죽은 예언녀를 무덤에서 깨어내어 자기의 질문에 대답하게 한다.[15] 뒤에는 다른 주술사들도 이런 종류의 초혼술을 선보이게 된다.[16] 이것은 엄밀한 의미에서는 샤마니즘이 아니나 그래도 샤마니즘과 극히 가까운 지평에 있다고는 할 수 있다. 미미르(Mimir) 신의 미이라가 된 머리를 이용해서 점을 치는 전승[17]도 여기에서 언급해두어야겠다. 이러한 점술은 조상 샤만의 해골로 점을 치는 유카기르 인 샤만의 점술을 연상시킨다.[18]

예언자의 무덤 위에 앉으면 예언자가 되고 "시인"(즉 영감을 받은 자)의 무덤 위에서 자면 시인이 된다.[19] 켈트 족에게도 이 같은 관습이 있다. 필리(fili, 즉 시인)는 쇠고기를 날로 먹고 그 피를 마시고는 가죽을 몸에 두르고 잠을 잔다. 그러면 꿈 속에서 "보이지 않는 친구들"이 나타나 그가 안고 있는 문제의 해답을 시원하게 가르쳐준다.[20] 혹은 자기 친척이나 조상의 무덤 위에서 잔 뒤로 예언자가 되는 경우도 있다.[21] 유형론적으로는, 이러한 관습은 죽은 자 옆에서 혹은 묘지에서 밤을 보내는, 샤만 후보자나 주술사의 입문의례 및 영신으로부터 영감을 받는 의례와 아주 흡사하다. 모양은 조금 달라도 그 기층의 관념은 똑같다. 즉 죽은 자는 미래를 안고 있어서 이승 사람이 알지 못하는 것은 꿰뚫어 아는 등의 능력이 있다는 것이다. 꿈도 비슷한 역할을 한다. 기슬라 사가(Gisla Saga)[22]의 시인은 사후에 귀인(貴人)이 맞을 운명을 예언할 수 있는데, 그는 꿈을 통하여 이러한 것을 알게 된다.

여기에서 저세상으로의 접신 여행, 특히 명계하강에 관한 켈트 인이나 게르만 인의 신화와 전설을 문제삼자는 것은 아니다. 단지 사후의 삶에 대한 켈트 인의 사고방식이나 게르만 인의 사고방식 중 어느것도 모순을 피할 수는 없다는 사실을 지적하고 싶을 따름이다. 이들의 전승에도 사후의 운명에 관한 이야기가 있다는 사실과, 그 내용의 일부가 사후의 운명에 대한 다른 민족의 믿음과 일치한다는 것이다. 그러나 그림니스말(Grimnismál)에 따르면, 엄밀한 의미에서의 명계인 헬(Hel)은 익드라실의 뿌리 바로 아래에, 다시 말해서 "세계의 중심"에 위치한다. 지하계에도 9계(界)가 있다는 이야기도 있다. 한 거인은, "지하의 9계"를 두루 다닌 후에 지혜를 얻었다는 이야기도 있다.[23] 이런 전승은, 중앙 아시아에서 볼 수 있는 7계 혹은 9계로 된 명계(이것은 7계 혹은 9계로 이루어져 있는 천상계에 대응한다)라는 우주론적 도식이다. 그러나 중요한 것은 그 거인의 말(명계를 다녀온 뒤로 "지혜"를 얻게 되었다는, 다시 말해서, 천리안(千里眼)이 되었다는)이다. 바로 이 거인의 말을 통해서 우리는 그의 하강을 일종의 입문의례로 볼 수 있게 되는 것이다.

길파긴닝(Gylfaginning : 에다 (Edda) 산문)[24]에서 스노리(Snorri)는

헤르모드르(Hermódhr)가 오딘의 말인 슬라이프니르를 타고 발더 (Balder)의 영혼을 수습해가지고 오기 위해 헬로 내려갔다는 이야기를 쓰고 있다.[25] 이런 종류의 명계하강은 명백하게 샤만적이다. 비(非)유럽판(版) 오르페우스 신화가 그렇듯이, 발더 이야기의 경우에도 명계하강에서는 기대했던 성과가 나오지 못한다. 그러나 이런 것이 가능하다는 증거를「노르웨이 연대기(*Chronicon Norvegiae*)」에서 찾아볼 수 있다. 이 연대기에 따르면 한 샤만이 급사한 한 여인의 영혼을 수습하려고 하다가 배에 큰 상처를 입고는 죽고 만다. 두번째 샤만이 뛰어들어 이 여인을 살려낸다. 그러자 이 여인은 두번째 샤만에게 다음과 같은 이야기를 한다. 즉 자기는 해마의 모습을 하고 호수를 건너오는 첫번째 샤만의 영혼을 보았는데, 보고 있으려니까 누군가가 흉기로 그를 때리더라는 것이다. 그런데 샤만의 시체에는 그 상처가 남아 있더라고 한다.[26]

오딘은 자기의 말 슬라이프니르를 타고, 미래를 투시할 수 있는 무녀 볼바(volva)를 살리러 지하계에 갔다가 발더가 처한 운명을 알게 된다. 이러한 지하계 하강의 또 한 가지 예는 삭소 그라마티쿠스(Saxo Grammaticus)[27]에서도 찾아볼 수 있다. 여기에 등장하는 영웅은 하딩구스 (Hadingus)이다.[28] 하딩구스가 저녁을 먹고 있는데 문득 한 여자가 나타나 따라오라고 한다. 이들은 명계로 내려간다. 어둡고 음습한 곳을 지나자 잘 닦은 길이 나온다. 이 길로는 성장을 한 사람들이 지나가고 있다. 이윽고 이들은 태양이 비치는 곳에 이른다. 꽃들이 피어 있는 이 지역에는 강이 흐르고 있다. 둘은 다리를 건넌다. 강을 건너자, 두 무리의 군사가 싸움을 벌이고 있는 벌판에 이른다. 여자는 그 싸움이 영원히 계속될 것이라고 한다. 전쟁터에서 싸우다 죽은 병사들이라서 그렇게 싸움을 계속하고 있다는 것이다.[29] 마침내 이들은 울타리 앞에 이른다. 여자는 이 울타리를 넘으려고 한다. 여자는 가지고 온 수탉을 죽여 울타리 너머로 던진다. 곧 이 수탉은 되살아난다. 두 사람은 울타리 너머에서 수탉이 우는 소리를 듣는다. 불행히도 삭소의 기록은 여기에서 끝나 있다.[30] 그러나 우리는 기록을 보지 않아도 넉넉하게 알 수 있다. 하딩구스는 정체 모를 여자의 안내로 명계로 내려간다. 그 여자는 우리가 잘 알고 있는 신화적 모티프이다. 사자의 길, 강, 다리, 입문의례적인 장애물(울타리)도 마찬가지이다. 울타리 너머에 이르자마자 되살아나는 수탉은, 일부 특권층(말하자면 "입문의례를 치른 사람")은 죽은 뒤에도 "되살아날 수 있

다"는 신앙을 반영하고 있는 것 같다. [31]

게르만 족의 신화와 민간전승에는 또 다른 지하계 하강 이야기가 있다. 여기에도 ("불의 강"을 건너는 등의) "입문의례적 시련"이 나온다. 그러나 이런 것을 꼭 샤만적인 명계하강으로 볼 필요는 없다. 「노르웨이 연대기」를 통해서 알게 되었거니와, 북유럽의 주술사들도 명계하강 모티프를 알고 있었다. 이 북유럽 주술사들의 또 다른 체험의 사례를 고려해보면 우리는 이들의 주술-종교가 시베리아 샤마니즘과 비슷한 것이라는 결론을 내릴 수 있다.

여기에서 "야수 전사(wild beast warrior)"를 잠깐 생각해보기로 하자. "야수 전사"는 베르세르키르(berserkir)라고도 하는데, 이 베르세르키르에게는 주술적인 의미에서의 동물적인 분노가 있어서 때로 야수로 변신하기도 한다. [32] 다른 인도-유럽 어계 민족에서도 찾아볼 수 있고 인도-유럽 어계가 아닌 민족에게서도 찾아볼 수 있는[33] 이런 종류의 전투적인 접신 기술은 엄밀한 의미에서의 샤마니즘과는 피상적인 관계가 있을 뿐이다. 전투적인 혹은 영웅적인 유형의 입문의례는 샤만적 입문의례와는 본질적으로 구조를 달리한다. 주술적으로 야수로 변신하는 것은 샤마니즘의 영역 너머에 존재하는 이데올로기로, 그 기원은 원(原) 시베리아 인의 수렵의례에서 찾아볼 수 있다. 곧 신비스러운 동물의 행동을 모빙하는 데서 어떤 접신 기술이 발생했는지 알아보기로 하자. [34]

스노리에 따르면, 오딘은 세이드르(seidhr)라는 주술을 알았고 또 부릴 수도 있다고 한다. 이 주술을 쓰면 미래를 알 수도 있고 사람을 죽일 수도 있고 불행하게 만들거나 병들게 만들 수도 있다. 그러나 이 요술은 "비열한 것"이어서 여느 사람은 "창피해서" 쓸 수 없다고 스노리는 덧붙인다. 따라서 세이드르는 기드쥬르(gydhjur : "여사제" 혹은 "여신")의 몫이다. 로카센나(Lokasenna)에 따르면 오딘은 세이드르를 썼다고 비난받는다. 세이드르는 쓰는 것을 "남성답지 못한 짓"이다. [35] 자료에 따르면 남주술사(男呪術師 : seidhmenn)와 여주술사(seidhkonur)에 관한 기술이 있는데, 이 기술에 따르면 오딘은 여신 프레이자(Freyja)로부터 세이드르를 배운 것으로 되어 있다. [36] 따라서 이런 종류의 주술은 여성이나 쓰는 것, 따라서 "남성에게는 어울리지 않는 것"이었다.

어쨌든 텍스트에 나오는 세이드르의 무의(巫儀)는 항상 세이드코나 (seidhkona), 즉 스파코나(spákona : "천리안," 여사제)에 의해 집전되

344

는 것으로 되어 있다. 이 무의에 관한 가장 훌륭한 기술은 에이릭스 사가 라우타(Eiriks Saga Rautha)에 의한 것이다. 스파코나에게는 대단히 공들여 만든 의례복이 있다. 보석이 박힌 푸른 망토, 흰 고양이 가죽 장식이 있는 검은 양가죽 모자가 딸린 의례복이다. 스파코나는 의례 때면 지팡이까지 들고 높은 단 위에 마련된 닭의 깃털로 만든 방석에 앉는 다. [37] 세이드코나(혹은 볼바, 스파코나)는 이 농가 저 농가를 다니면서 농부들의 운명을 점쳐주거나 날씨를 일러주거나 그해의 작황을 예언하기 도 한다. 세이드코나는 15명의 선남과 15명의 선녀로 이루어진 합창대를 데리고 여행한다. 세이드코나가 접신을 준비할 때면 음악은 아주 중요한 역할을 한다. 탈혼망아 상태에 빠지면 세이드코나의 영혼은 육신을 떠나 천계를 여행한다. 위에서 예로 든 에피소드에서 알 수 있듯이 세이드코나 는 동물로 둔갑하는 것으로 되어 있다. [38]

세이드르와 고전적인 샤만의 무의는 의례용 의상이 중요시된다는 점, 합창대가 있다는 점, 음악이 중요한 몫을 한다는 점, 접신이 이루어진다 는 점 등에서 밀접한 관계가 있다. [39] 그러나 세이드르를 엄밀한 의미에서 의 샤마니즘이라고 할 필요는 없다. "신비적인 천계비행"은, 세계 어느곳 의 주술에서든 마찬가지지만 특히 유럽 요술에서는 중심 사상을 이루고 있기 때문이다. 앞에서 소개했지만, 북유럽 주술의 샤만적인 테마(병자 의 영혼을 수습하기 위한 혹은 사자를 호위하기 위한 지하계 하강)가 세 이드르 무의에서는 별로 중요하지 않다. 세이드르 무의는 점술을 중요시 하는 것으로 보아 샤마니즘에 속한다기보다는 "소(小) 주술"에 속한다고 보아야 할 것이다.

고대 그리스

여기에서, 고대 그리스 문화에서 산견(散見)되는 갖가지 접신 전승의 연구를 시도하지는 않겠다. [40] 단지, 엄격한 의미에서 샤마니즘과 그 모습 이 가까운 자료들만 다루기로 한다. 고전 작가들은 주신제(酒神祭) 여무 인 박카이(Bakchai)가 제의 때면 인사불성이 된다고 썼다. [41] 그러나 우 리는 디오니소스 주신제를 여기에서 다루지는 않겠다. 그뿐만 아니라 이 주신제의 엔토우시아스모스(enthousiasmos : "열광"), 갖가지 신탁술

(神託術), 42) 초혼술 및 하데스(Hades) 개념도 다루지 않겠다. 물론 이러한 모티프와 기술에 샤마니즘의 요소가 있는 것은 사실이다. 그러나 이런 우연의 일치는 세계 어느곳에서나 보편적으로 존재하는 고대의 접신술이라는 주술적 개념이 고대 그리스에도 있었다는 사실로 설명될 수 있다. 그 전승에 원초적인 "샤마니즘"의 희미한 흔적을 느끼게 하는 요소가 있기는 하지만, 켄타우로스(Centaurs), 43) 인류 최초의 치병술사 및 의사의 전설과 신화도 여기에서는 다루지 않겠다. 무수히 해석되고 재구성되고 재평가되어온 이런 전승은 이미 대단히 복잡한 신화와 신학의 구성요소가 되어 있기 때문이다. 이러한 전승은 에게 해 및 동방의 정신 세계와 접촉하고 오염되고 통합되어왔음을 전제로 연구되어야 하는데 이것을 다루려면 지금보다 분량이 훨씬 많은 책이 쓰여야 할 터이기 때문이다.

여기에서는 디오니소스와 관계없는 샤마니즘과 관련된 치병술사, 점술가, 접신 전문가만 다루기로 하자. 디오니소스의 신비주의적 경향은 샤마니즘과 그 구조가 전혀 다른 것으로 보인다. 박쿠스적 열광은 샤만적 접신과 비슷해 보이지 않는다. 오히려 그리스 전설에 등장하는 인물 가운데 샤마니즘과 한번 견주어볼 수 있는 인물은 아폴론과 관계된 인물인 듯하다. 이러한 인물은 대개, 북쪽 휘페르보레오스 인(Hyperboreos : 北方에 산다는 신화상의 민족/역자 주)이 사는 나라, 즉 아폴론 신앙이 기원한 곳에서 그리스로 들어온 것으로 보인다. 44) 아바리스(Abaris)도 그런 사람이다. 아바리스는, "아폴론과 그 기원이 같고 하는 일이 같다는 표지로 손에 황금 화살을 들고 많은 고장을 두루 다니며 희생제를 통하여 병자를 고치기도 하고 역병을 물리치기도 하고 지진이나 재해를 사전에 예고해주기도 한다."45) 뒤에 성립된 전설에 따르면 아바리스는 무사에우스(Musaeus)처럼 화살을 타고 하늘을 날기도 한다. 46) 스키타이 신화와 종교47)에 자주 등장하는 화살은 "주술적 비행"을 상징한다. 48) 이와 관련해서 시베리아의 무의의 화살이 자주 등장하던 예를 상기해주기 바란다. 49)

프로코네수스의 아리스테아스(Aristeas of Proconnesus)도 아폴론과 관계가 있다. 아리스테아스가 접신하면 신은 그의 영혼을 "사로잡는다." 아리스테아스는 아주 멀리 떨어진 두 곳에 동시에 모습을 나타낼 수도 있다. 50) 그는 까마귀 모습을 하고51) 아폴론을 따라다니기도 하는데, 이 까마귀는 샤만적인 변모를 연상시킨다. 클라조메나에의 헤르모티모스(Herrmotimos of Clazomenae)는 "몇 년 동안"이나 자기 육신으로부터 영혼을 분리시킬 수 있다. 바로 이 기나긴 접신 기간 동안 헤르모티모스는 아주 먼 곳을 여행하고 "예언적 교훈과 미래에 관한 풍부한 지식을 습득한 뒤에 돌아온다. 그런데 헤르모티모스의 원수가 그의 영혼이 떠나 있을 동안 집에다 불을 지른다. 그래서 그는 이승으로 돌아오지 못한다."[52] 이 헤르모니모스의 접신은 샤만에 의한 탈혼의 특징을 고스란히 보여주고 있다.

크레타의 에피메니데스(Epimenides of Crete) 전설도 여기에 인용할 필요가 있다. 에피메니데스는 이다(Ida) 산에 있는 제우스의 동굴에서 오랫동안 "잠을 잤다." 그는 바로 여기에서 금식하면서 장시간의 접신을 체험하고는 "영감의 지혜," 즉 접신 기술의 달인이 되어 하산했다. "이때부터 그는 많은 나라를 떠돌면서 여기에서 습득한 치병술로 사람들을 치료하고 접신상태의 투시력을 이용하여 미래를 예언하기도 하고 과거의 의미를 사람들에게 가르쳤는가 하면, 정죄(淨罪) 사제로서, 과거의 죄과 때문에 악령으로부터 고통받는 사람들을 구해주었다."[53] 동굴로의 은거(=하데스의 나라, 즉 명계로의 하강)는 고전적인 입문의례의 시련이다. 그러나 이것을 꼭 "샤만적"이라고 할 필요는 없다. 에피메니데스가 샤만이 되는 것은 그가 가진 접신 능력, 주술적 치료 능력, 점술 능력 그리고 예언 능력을 통해서이다.

오르페우스를 논하기 전에 트라키아 인(Thracian)과, 헤로도토스(Herodotos)의 말마따나 "모든 트라키아 인 중에서도 가장 용감하고 정의로운 자"인 게타에 인(Getae)에게 잠깐 눈을 돌려보기로 하자.[54] 많은 학자들은 잘목시스(Zalmoxis)에게서 "샤만"을 보는 모양이나[55] 우리는 이런 해석을 인정할 수 없다. 4년 만에 한번씩 있는, 잘목시스를 향한 "사자(使者) 파견"[56] 그리고 잘목시스가 "지하계의 방"에 3년간 머물다가 다시 나타나 게타에 인의 영원불멸성을 증거하는 것[57]은 "샤만적"이 아니다. 게타에 인에게 샤마니즘이 있었음을 가리키는 문서는 한 가지뿐이다. 뮈시아의 카프노바타이(Kapnobatai)를 다룬 스트라본(Strabon)의 문서가 그것이다.[58] 이 카프노바타이라는 말이 아리스토파네스(Aristophanes)의 "아에로바테스(aerobates)"의 유추를 통하여[59] "구름 속을 걷는 자"[60]로 번역되고 있으나, 이 말은 "연기 속을 걷는 자"라고 번역되어야 마땅하다.[61] 이 연기는 대마(大麻)의 연기로 보이는데, 그 까닭은 트라키아 인[62]과 스키타이 인이 바로 이 대마의 연기를 이용해서 접신상태에 들기 때문이다. 카프노바타이는, 접신상태에 들기 위해 대마의 연기를 이용하는 게타에의 무희나 요술사를 뜻하는 말인 듯하다.

트라키아의 종교는 다른 "샤만적" 요소가 있는 것은 사실이나 이를 구체적으로 적시하기는 쉬운 일이 아니다. 여기에서, 계단을 이용하여 천계로 상승한다는 사고방식과, 이러한 의례가 있었음을 보여주는 한 예를 들어보기로 하겠다. 폴뤼아에노스(Polyaenus)에 따르면,[63] 케브레노이 족(Kebrenoi)과 쉬카이보아이 족(Sykaiboai : 트라키아의 부족)의 사제-왕인 코싱가스(Kosingas)는, 사다리를 타고 헤라 여신에게 올라가 비행(非行)을 일일이 고해바치겠다고 신하들을 위협한다. 앞에서 여러 차례 보았다시피 계단을 이용한 상징적인 천계상승은 전형적으로 "샤만적"이다. 뒤에 다시 거론하게 되겠지만, 계단의 상징체계는 고대의 근동 및 지중해 지역의 다른 종교에서도 찾아볼 수 있다.

오르페우스의 경우, 그와 관련된 신화에는 샤만적 이데올로기와 섭신 기술에 견주어질 만한 몇 가지 요소가 있다. 그중 가장 의미심장한 것은 물론 그가 하데스의 나라인 명계로 하강하는 대목과 아내 에우뤼디케(Eurydice)의 영혼을 되찾아오는 대목이다. 그의 궁극적인 실패를 언급하지 않는 신화의 판본은 딱 하나뿐이다.[64] 저승의 왕 하데스로부터 누구를 구출한다는 이야기는 알케스티스(Alcestis)의 전설에도 나온다. 그러나 오르페우스는 "대 샤만"의 특징을 유감없이 보여준다. 그에게는 병을 고치는 기술이 있고 "마력"이 있고 점술의 능력이 있다. 그는 또 음악과 동물을 사랑한다. "문화 영웅"으로서의 그의 성격[65]은 최고의 샤만적 전승으로서의 성격과 모순되지 않는다. 질병으로부터 인간을 보호하고 인간을 개화시키라고 신이 보낸 사자가 바로 "최초의 샤만"이 아니던가? 오르페우스 신화의 마지막 부분 역시 지극히 "샤만적"이다. 광란하는 박쿠스 예찬자들 손에 잘려 헤브로스 강에 던져진 오르페우스의 머리는 노래하면서 레스보스 섬으로 떠내려갔다. 바로 이 머리는, 미미르의 머리가 그랬듯이 뒤에는 신이 맡긴 뜻(神託)을 전하는 노릇까지 한다.[66] 유카기르 인의 해골도 점술에서는 중요한 역할을 한다.[67]

오르페우스의 신화에서 샤마니즘을 암시하지 않는 것은 거의 없다.[68] 굳이 있다면, 오르페우스의 무덤에서 발견되어 오랫동안 오르페우스와 동일시된 황금판(黃金板) 정도일 것이다. 그러나 이 황금판 역시 오르페우스-피타고라스적(的)이라고 할 수 있다.[69] 어쨌든 이 황금판은 사자(死

者)에게 저승으로 가는 길을 일러주는 설명문 노릇을 한다.[70] 요컨대 요약된 "사자의 서(書)"라고 할 수 있는 이것은 티벳과 모소(Moso)에서 이용된 유사한 경전에 견줄 수 있다.[71] "사자의 서"의 경우 장례식 때 사자의 머리맡에서 이것을 음송하면, 영혼의 안내자인 샤만이 이 사자를 저승으로 안내한다. 이런 비교가 지나치다면, 오르페우스-피타고라스 학파의 황금판이 샤만 형(型) 영혼 안내자의 대체물로 분포하는 지역을 떠올려보면 어떨는지.

여기에서 영혼의 안내자 헤르메스(Hermes Psychopompos)를 잠깐 언급해야 겠다. 이 신의 모습은, 지하계로 영혼을 인도하는 "샤만"이라고 하기에는 너무 복잡하다.[72] 주술적 비행을 상징하는 헤르메스의 "날개"는, 사자에게 날개를 달아주어 하늘을 날게 하는 그리스의 요술사를 상기시킨다.[73] 그러나 이것은 태양제(太陽祭) 및 상승-숭배와 관계가 있는, 새로운 오리엔트적 해석에 의해 복잡해지고 결국은 본래 뜻이 오염되어 버린 영-새(靈-鳥, soul-bird)의 고대적 상징체계에 지나지 않는다.[74]

이와 마찬가지로, 명계하강 사례에서 보이는[75] 가장 유명한 것(가령 헤라클레스의 입문의례적 시련)에서 피타고라스(Pythagoras)[76] 및 조로아스터(Zoroaster)[77]의 전설적인 명계하강에 이르기까지, 그리스 전승에 기록되어 있는 명계하강은 샤만적 구조로 되어 있지 않다. 이런 명계하강보다는 차라리 플라톤에 의해 기록된, 아르메니오스(Armenios)의 아들인 팜필리아 인(Pamphylian) 에르(Er)의 접신 체험을 인용해보는 편이 나을 듯하다.[78] 전쟁터에서 "죽음을 당한" 에르는 죽은 지 열이틀 만에 되살아난다. 그의 영혼은, 이미 화장대(火葬臺) 위에 올라 있는 육신으로 되돌아와 타계(他界)에서 보았던 것을 사람들에게 이야기해준다. 이 이야기에는 오리엔트적 관념과 신앙으로부터 영향을 받은 흔적이 있다.[79] 사실인지도 모르지만 샤만의 경직증적(硬直症的) 탈혼과 비슷한, 에르의 경직증적 탈혼상태와 명계로의 접신 여행은 「아르타이 비라프의 서(Book of Artay Virāf)」와 수많은 "샤만적" 체험을 상기시킨다. 중요한 것은 에르가 하늘의 색깔과 중심의 축 그리고 별들에 의해 선포되는 인간의 운명을 보고 읽는다는 점이다.[80] 천계에 의한 인간 운명에 대한 이러한 접신적 환상은 오리엔트 기원인 생명의 나무 혹은 나뭇잎이나 종이에 인간의 운명이 기록되어 있다는 "천계의 서"의 신화에 비교될 수 있다. 천계로 올라간 군주나 예언자에게 신이 내리는 그들의 운명이 기록되어

있는 "천계의 서"의 상징체계는 아득한 옛날부터 오리엔트에 광범위하게 분포하는 상징체계이다. [81]

  여기에서 신화나 고대의 상징체계가 어떻게 해석되어야 하는지 살펴보자. 에르의 신화에서 우주의 축은 "필연의 추(錘)"가 되고 천체에 의한 인간의 운명은 "천계의 서"의 위치를 차지하고 있다. 그러나 여기에서 우리가 주목해야 할 것은 "인간의 위치"는 변하지 않는다는 점이다. 팜퓔리아 인 에르가 우주나 생명을 지배하는 법칙에 관한 계시를 받는 것은 늘 접신 체험을 통해서인데, 더 정확하게 말하면, 샤만과 같은 상태일 때, 즉 문명의 싹이라고 할 수 있는 신비상태에서이다. 그러니까 그가 운명과 사후세계 실존의 신비를 이해하는 것은 접신적인 환상을 통해서인 것이다. 샤만적인 접신과 플라톤의 명상간의(역사와 문화에 의해 그 골이 더욱 깊어진) 차이는 궁극적 실제의 의식을 얻는 차원에서는 아무것도 변화시키지 못한다. 인간은 오로지 접신상태에서만 세세 속에서의 자기 위치와 운명을 깨달을 수 있는 것이다. 어쩌면 샤만의 접신이나, 소박한 신비주의자에서, 팜퓔리아의 에르, 그리고 이 세상에서 인간의 운명을 알고 있던 고대 세계의 수많은 환상가에게서 "실존적 의식 획득"의 원형을 찾아낼 수 있을지도 모르겠다. [82]

스키타이 인, 코카서스 인, 이란 인

  헤로도토스[83]는 스키타이의 장제(葬制)에 관해 좋은 기록을 남겨주었다. 장례식에 앞서 정화 의식(淨化儀式)이 베풀어진다. 이 정화 의식에서는 달군 돌 위에다 대마를 던지고 모두 그 연기를 쐰다. "스키타이 인들은 이 훈증욕(燻蒸浴)을 즐기면서 환성을 지른다."[84] 모일리(Karl Meuli)[85]는 장례식에 앞서 베풀어지는 정화 의식에 샤만적 성격이 있음을 명확하게 지적했다. 말하자면 사자에 대한 의례, 대마 사용, 훈증욕, 독특한 종교적 분위기를 지어내는 "환성"(환성을 지르는 목적은 접신에 이르기 위함이다)이 그렇다는 것이다. 이와 관련해서 모일리[86]는 라들로프가 기술한,[87] 샤만이 죽은 지 40일이 된 여자의 영혼을 지하계로 인도했다는 알타이 무의를 인용하고 있다. 영혼의 안내자로서의 샤만은 헤로도토스의 기록에는 나오지 않는다. 그는 단지 장례식 전에 베풀어지는 정화 의식만 언급하고 있을 뿐이다. 그러나 터키-타타르 인의 경우, 그러한 정화 의식은 샤만이 사자를 새 유택(幽宅), 즉 명계로 안내하는 것과 일치한다.

모일리는 사후세계에 대한 스키타이 인 신앙의 "샤만적" 구조에 관해서도 주의를 기울이고 있다. 즉 첫번째로는 헤로도토스에 의해 기록된 전설에 따르면[88] 몇몇 스키타이 인을 "자웅동체(雌雄同體)"로 만들어버린 신비스러운 "'여성'병"에 (이 스위스 학자는 이 여성병을 시베리아와 북아메리카 샤만의 "여성화 경향"[89]에다 견주고 있다), 두번째로는 아리마스페이아(Arimaspeia : 스키타이에 살고 있던 외눈박이 인종)와 서사시의 "샤만적 기원"에 주의를 기울이고 있는 것이다. 이러한 학설에 대한 토론은 우리 이상으로 이 문제에 관심이 있는 분들에게 맡기기로 한다. 그러나 한 가지 점만은 명백하다. 즉 스키타이 인들은 샤마니즘과, 대마 연기에 의한 접신적인 도취를 알고 있었다는 점이다. 곧 다루게 되겠지만 접신의 목적으로 대마 연기를 사용하는 관습은 이란 인(Iranian)들에게서도 볼 수 있다. 중앙 아시아 및 북아시아에서도 신비주의적인 도취를 목적으로 사용되는 대마는 이란 이름으로 불려진다.

코카서스 인(Caucasian), 특히 오세트 족(Osset)이 상당한 정도의 스키타이의 신화적 및 종교적 전통을 그대로 간직하고 있다는 것은 잘 알려진 사실이다.[90] 그런데 일부 코카서스 인들이 지니고 있는 내세 관념은 이란 인의 내세 관념과 비슷하다. 특히 사자가 머리카락 굵기의 다리를 건넌다는 믿음, 꼭대기는 하늘에 닿아 있고 뿌리에는 기적의 샘이 있다는 우주수 신화 등이 존재한다는 측면에서 그렇다.[91] 게다가 산악 그루지야(Gruziya) 인의 믿음에서 점술사, 선견자, 초혼술사-영혼의 안내자는 대단히 중요한 위치를 차지한다. 이런 종류의 요술사들 가운데 가장 중요한 위치를 차지하는 성사(聖事) 종사자가 바로 메술레테(messulethe)이다. 메술레테가 되는 것은 대개 여인네들 아니면 처녀들이다. 이들의 임무는 사자들을 타계로 인도하는 일이다. 그러나 이들은 사자로 변신할 수도 있다. 이들이 사자로 변신하면 사자는 바로 이들의 입을 빌려서 말을 한다. 영혼의 안내자이자 초혼술사이기도 한 메술레테는 탈혼망아 상태에 빠짐으로써 임무를 수행한다.[92] 이들이 수행하는 임무의 특수성은 이상하게도 알타이 샤마니즘을 상기시킨다. 이 같은 상황이 "유럽의 이란 인," 즉 사르마토-스키타이 인(Sarmato-Scythian)들의 신앙과 기술을 어느

정도 반영하고 있는가를 여기에서 잘라서 말하기는 불가능하다. [93]

우리는 코카서스 인과 이란 인의 타계 관념이 놀라울 정도로 비슷하다는 점을 지적했다. 구체적인 예를 하나 들자면, 친바트(Činvat) 다리가 이란의 장송 신화에서는 아주 중요한 몫을 한다. [94] 이 나리를 건너는 순간에 사자의 운명이 결정된다. 그러나 건너는 일 자체는 그 구조상 입문 의례적 시련에 대응될 만큼 대단히 어렵다. 친바트 다리는 "여러 측면을 지닌 대들보"[95]이다. 이 대들보 길은 건너는 사람에 따라 달라진다. 말하자면 의로운 사자에게 이 다리의 폭은 창 길이의 아홉 배나 되지만 의롭지 못한 사람에게는 좁기가 면도날 같다. [96] 친바트 다리는 "중심"에 있다. "세계의 한가운데"에는 "높이가 백 길에 이르는" 카카드-이-다이티크(Kakâd-i-Dâitîk), 즉 "재판의 봉우리"가 있다. [97] 친바트 다리는 카카드-이-다이티크에서 엘브루즈(Elbruz)로 이어져 있다. 그러니까 이 다리는 "세계의 중심"에서 땅과 하늘을 잇고 있는 것이디. 이 친바트 다리 밑에는 지옥의 심연이 있다. [98] 전승은 이 지옥의 심연을 에브루즈의 "연장(延長)"이라고 기록하고 있다. [99]

우리는 여기에서 다시 중앙 축(기둥, 나무, 다리 등)에 꿰인 세 우주 권역이라는 "고전적인" 우주론적 도식을 만난다. 샤만은 이 세 권역을 자유로이 드나들 수 있다. 사자는 명계로 가자면 반드시 다리를 지나야 한다. 우리는 이미 몇 차례나 이 장례 모티프를 만난 바 있다. 물론 앞으로 다시 만나게 된다. 이란 전승의(적어도 짜라투스트라〔Zarathustra : 조로아스터〕에 의한 개혁 이래로 보존되어온 형태상의) 중요한 측면은, 사자는 이 다리를 건널 때, 사자의 영혼을 다리 밑의 지옥으로 떨어뜨리려는 악령과 싸움을 벌어야 한다는 것이다. 이 싸움이 벌어지면 (사자의 가족들이 바로 이 싸움에 대비해서 부른) 사자의 수호영신이 악령을 저지한다. "지하계 및 천상계에 사는 자들의 지휘자"인 아리스타트(Aristât)와 선한 바유(Vayu)가 바로 그런 수호영신들이다. [100] 다리 위에서 바유는 신심(信心)이 있는 사자의 영혼을 보호한다. 다른 사자들의 영혼 역시, 그들이 다리를 건너는 것을 도와준다. [101] 선한 바유가 하는 것으로 믿어지는 영혼의 안내자 기능은 "샤만적" 이데올로기를 반영한다.

가타(Gāthās)는 이 친바트 다리를 건넌 사례를 세 차례 언급하고 있다. [102] 니버그(H. S. Nyberg)의 번역에 따르면, [103] 처음 두 대목에서는 짜라투스트라 자신이 영혼의 안내자로 되어 있다. 접신상태에서 짜라투스트라와 손을 잡은 사자의 영혼은 쉽게 이 다리를 건널 수 있다. 신심이 없는 사자의 영혼, 짜라투스트라의 원수 되는 사자의 영혼은 "영원히……악의 집에서…… 거하게 된다."[104] 다리는 사자들이 지나야 하는 길만은 아니고 우리가 여러번 보아서 알고 있다시피, 접신상태에 든 자가 지나는 길이기도 하다. 접신중에 아르타이 비라프가 신비의 여행 길에 지난 다리가 바로 이 친바트 다리이다. 니버그의 해석에 따르면, 짜라투스트라도 종교적 체험 중 "샤만"과 아주 흡사한 접신 체험을 한 것으로 보인다. 이 스웨덴 학자는 가타에 나오는 말 마가(maga)가 바로, 짜라투스트라와 그 제자들이 폐쇄된 성소(聖所)에서 제의적인 노래를 부르다 접신을 체험한 증거라고 해석한다.[105] 이 성소(마가)에서는 하늘과 땅의 교통이 가능하다.[106] 다시 말해서 우주적 차원에 이르는 변증법[107]을 통해서 이 성소는 "중심"이 되는 것이다. 니버그는 이 교통이 바로 접신적이라는 점을 강조하면서, 이러한 체험을 정통 샤마니즘에서 "노래하는 자"가 하는 신비한 체험에다 비교하고 있다. 이 해석은 많은 이란 학자들로부터 공격을 받았다.[108] 그러나 우리는 여기에서 짜라투스트라의 종교 체험에는 "샤만적" 구조가 존재하지 않는다는 점에 주목할 필요가 있다. 짜라투스트라의 종교에 감추어져 있는 접신적 요소 및 신화적 요소와, 샤마니즘 원리나 기술의 유사성은 사실상 넓은 의미의 종교 복합에 통합되어 있기 때문이다. 성소 개념, 노래의 중요성, 하늘과 땅의 신비스럽고 상징적인 교통, 입문의례와 장송 신화의 다리……이 모든 요소는 아시아 샤마니즘의 일부가 되어 있기는 하지만, 사실은 샤마니즘에 선행하고 그것을 뛰어넘은 요소인 것으로 보인다.

어쨌든 이란 인들은 대마 연기를 통하여 샤만적인 접신상태에 이르는 것을 알고 있었다. 가타에는 방하(Bangha : "대마")라는 말이 등장하지 않는다. 그러나 프라바시-야스트(Fravaši-yašt)에는 포우루-방하(Pouru-bangha), 즉 "많은 대마를 가진 자"라는 말이 나온다.[109] 야스트(Yăst)에 따르면 아후라 마즈다(Ahura-Mazda)도 "대마 없이는 탈혼상태에 이를 수 없었다"고 한다.[110] 비데브다트(Vidēvdat)에서는 대마가 사갈시(蛇蝎視)된다.[111] 이것은 아마도 이란 인들이 취했던 것과 같은 방법으로 스키타이 인들 사이에서 흔히 볼 수 있던 샤만적 도취상태에 대한 적의의 한 표현이었던 것으로 보인다. 분명한 것은 아라타이 비라프가 포도주와 "비쉬타스프(Vishtâsp)의 마취제"를 먹고 환상을 보면서 이레 밤낮을 내리 잤다는 점이다. [112] 「아르타이 비라프의 서」에, "비라프의 영혼은 육신을 떠나 차크트-이-다이티크(Chakât-i-Dâîtîk)의 친바트 다리까지 갔다가 이레째 되는 날 돌아와 다시 육신에 깃들였다"[113]는 기술이 나오는 것으로 보아 비라프의 잠은 샤만적인 탈혼이었음이 분명하다. 난테(Alighieri Dante)와 마찬가지로 비라프도 마즈다의 천국과 명계를 두루 다니면서 의로운 자들의 영혼은 상을 받고 신심이 없는 자들은 고통을 당하는 것을 보았다. 바로 이러한 관점에서 그의 타계 여행은 샤만적인 명계하강에 견줄 수 있다. 물론 이 명계 여행기에는 죄인들이 벌을 받고 있더라는 대목이 나온다. 중앙 아시아 샤만의 지옥 이미지는 오리엔트, 특히 이란의 영향을 받은 것인 듯하다. 그러나 그렇다고 해서 샤만의 명계하강까지 외부의 영향을 받고 생긴 것은 아닌 듯하다. 오리엔트가 공헌한 것은 명계에 죄인들이 받는 벌에 관한 시나리오를 다채롭게 한 데 지나지 않는 것이다. 오리엔트의 영향을 받고 한층 더 풍부해진 것은 명계로의 접신 여행 **이야기**일 뿐, **접신** 자체는 그런 외부의 영향에 선행하는 것이다. (사실 우리는 고대 동방의 영향을 전혀 받지 않은 고대 문명에도 접신 기술이 있다는 사실을 여러 차례 확인한 바 있다.)

짜라투스트라 자신이 "샤만적" 접신 체험을 했느냐 하지 않았느냐는 문제를 구태여 여기에서 규명할 필요는 없다. 그러나 고대 이란 인들이 내마 중독을 통한 기본적인 접신 기술을 알고 있었다는 사실은 의심할 나위가 없다. 이란 인들이 이와 관련된, 가령 주술적인 비행(스키타이 인들에게도 있지 않았던가?) 혹은 천상계 상승 같은 샤마니즘의 요소를 알고 있었다고 믿을 만한 근거는 얼마든지 있다. 아르타이 비라프는 "첫번째 발걸음"을 내디딤으로써 별들의 세계에 이르고, "두번째 발걸음"을 내디딤으로써 달의 세계에 이르며, "세번째 발걸음"을 내디딤으로써 "밝디 밝은 빛"이라고 불리는 빛의 세계에 이르고, "네번째 발걸음"을 내디딤으로써 가로드만(Garôdmân)의 빛에 이른다. [114] 이 상승이 어떤 우주론을 암시하고 있듯, "발걸음"(곧 소개할 석가의 탄생 신화에도 등장하는)은 샤만의 나무에 새겨지는 "계단 혹은 눈금과 정확하게 일치한다. 이 상징 복합은 제의적인 천계상승과 밀접한 관계가 있다. 앞에서 여러 차례 보아왔듯이 이 천계상승은 샤마니즘의 구성요소이다.

대마에 의한 중독의 중요성은 중앙 아시아에 대마의 이란 식 이름이 광범위하게 퍼져 있는 것으로도 확인할 수 있다. 대마를 뜻하는 이란 말 방하 (bangha)는 많은 우그르 어에서, 도취 (중독) 혹은 샤만의 버섯 아가리쿠스 무스카리우스 (Agaricus muscarius : 이 버섯을 샤만은 무의 전 혹은 무의중에 중독을 목적으로 사용한다)라는 뜻으로 쓰인다. [115] 가령 보굴 어의 "버섯 (아가리쿠스 무스카리우스)"을 뜻하는 팡크 (pânkh), 모르드빈 어의 팡가 (panga), 팡고 (pango), 체레미스 어의 퐁고 (pongo)와 비교해보기 바란다. 북보굴 어에서 팡크라는 말은 "도취, 명정 (酩酊)"이라는 뜻으로 쓰인다. 신들을 찬송하는 노래에도, 버섯 중독에 의한 접신상태를 언급한 대목이 있다. [116] 이러한 사실은 접신상태에 이르기 위한 중독의 주술적-종교적 가치가 이란에서 기원했음을 말해주고 있다. 뒤에 다시 언급하게 되겠지만 이란이 중앙 아시아에 영향을 미쳤다는 증거는 방하가, 이란 인이 획득하는 지극히 고귀한 종교적 지위를 의미한다는 데서도 찾아볼 수 있다. 따라서 우그르의 경우에도, 샤만적 중독 기술은 이란으로부터 그 영향을 받은 것이라고 할 수 있다. 하지만 이러한 사실이, 근원적인 샤만적 체험과 관련해서 우리에게 말하고 있는 것은 무엇일까? 중독은 "순수한" 탈혼망아 상태의, 영락 (零落)한 대체 수단이다. 우리는 몇몇 시베리아 민족들을 관찰하면서 이런 것을 확인한 바 있다. 중독 수단 (알콜, 담배 등)을 사용하는 것은, 최근에 생긴 일이다. 따라서 이것은 샤만적 기술의 영락을 의미한다. 중독 수단을 통해서 도달하는 접신상태는, 다른 방법으로 그런 상태에 이를 수 없는 샤만이 편법으로 도달하는 **가짜** 접신상태이다. 신비주의 기술의 영락 혹은 신비주의 기술의 속화가 아닌가! 우리는, 고대와 현대의 인도뿐만 아니고 온 동방을 통틀어, 신비주의적 접신상태 및 유사한 결정적인 체험을 실현하기 위한 무수한 "어려운 방법," "쉬운 방법"이 뒤섞여 있음을 목격한 바 있다.

이슬람화한 이란의 신비주의 전승의 경우, 어떤 것이 이란 고유의 유산이고 어떤 것이 이슬람 교 혹은 동방의 영향 아래 변질한 것인지를 구별하는 것은 쉬운 일이 아니다. 그러나 페르시아의 성인전 (聖人傳)에서 발견되는 수많은 전설과 기사 (奇事)가 주술, 특히 샤마니즘이라는 보편적인 바탕 위에 서 있다는 것은 의심할 여지가 없다. 가장 순수한 샤마니즘 전통에서 상승, 주술적 비상, 기문둔갑 (奇門遁甲), 치병술 같은 기적의 흔적을 찾아보기 위해서는 유아르 (C. Huart)의 「춤추는 탁발 성자 (*Saints des derviches tourneurs*)」를 읽어볼 필요가 있다. [117] 다음으로는 이슬람 신비주의자들 사이에서 이용되고 있는 하시시 (hashish : 인도

대마 암꽃으로 만든 마취제/역자 주)와 그밖의 마취제의 역할을 추적해볼
필요도 있다. 그러나 순수한 신비주의자들은 그런 대용품을 쓰지 않는
다. [118]

이슬람 교가 중앙 아시아의 터키 족 사이에 전파됨에 따라 모슬렘의 신
비주의자들은 특정 종류의 샤마니즘 요소를 함께 퍼뜨렸다. [119] 쾨프륄뤼
자데 (Köprülüzadé) 교수는, "아메드 예세비 (Ahmed Yesevî)와 몇몇
탁발승들은 새로 둔갑할 수도 있었으니 하늘을 날 수도 있었다"는 전설을
인용하고 있다. [120] 베크타치 성자들 (Bektashite saints)에 관해서도 같
은 전설이 전해진다. [121] 13세기에 바라크 바바 (Barak Baba) ——"두
개의 뿔이 달린 모자"를 의례의 상징물로 삼는 종파의 창시자——가 타
조를 타고 대중 앞에 나타났는데, 전설에 따르면, "이 타조는 타는 사람
의 뜻에 따라 조금 날기도 했다"고 한다. [122] 박식한 터키학 학자들의 주
장에 따르면, 이러한 전설은 터키-몽고 샤마니즘의 영향 아래 생겨났을
가능성이 크다. 그러나 성인이나 샤만이 새로 둔갑할 수 있는 것은, 터키
-몽고에서만 발견되는 모티프가 아니고 극북지방, 아메리카 대륙, 인도
그리고 오세아니아에서 두루 발견되는 모티프이다. 바라크 바바의 전설에
등장하는 타조는 이 전승이 남방에서 기원했음을 말해주는 것이 아닐까
싶다.

고대 인도 : 상승의례

터키-몽고의 종교, 특히 그 샤마니즘에서 자작나무가 지니는 의례적 중
요성에 대해서 생각해보기로 하자. 일곱 개 혹은 아홉 개의 눈금이 새겨
진 자작나무 혹은 기둥은 "세계의 중심"에 서 있는 것으로 믿어지는 우주
수를 상징한다. 이 자작나무나 기둥을 오름으로써 샤만은 최고천 (最高
天)에 올라 바이 윌갠을 만난다.

바라문 교 의례 (婆羅門敎儀禮, Brāhmanic ritual)에서도 우리는 같은
상징을 만난다. 이 상징 역시 신들의 나라로의 의례적인 상승과 관계가
있다. 우리가 알기로, 제물이 놓일 자리는 "오직 한 군데, 마지막 한 군
데…… 결국 하늘밖에 없다."[123] "저승을 건너는 배가 바로 제물이
다."[124] "모든 제물은 하늘을 향하는 배이다."[125] 의례에서 가장 중요한

대목은 두로하나(dūrohaṇa), [126) 즉 "어려운 상승"인 세계수 오르기 의식이다.

실제로 희생제의 기둥인 유파(yūpa)는 우주수와 동일시되는 나무로 만들어진다. 이 나무는 공희제주(供犧祭主) 자신이 벌목수(伐木手)를 데리고 숲으로 들어가 몸소 고른다. [127) 이 나무가 벌목되고 있을 동안 공희제주는 나무를 향하여, "하늘을 쳐다보지 말라! 대기를 다치지 말라!" 하고 외친다. [128) 이때 희생제의 기둥은 일종의 우주의 기둥이 된다. 그래서 공희제주는 "숲의 주(主)인 바나스파티(Vanaspati)시여, 이 땅에서 가장 높은 곳에 오르소서" 하고 외친다고 「리그 베다」는 기록하고 있다. [129) 「사타파타 브라흐마나(Śatapatha Brāhmana)」에도, "당신의 정수리로 하늘을 받치고 당신의 배로 대기를 채우며 당신의 발로 대지를 밟으소서" 라는 기록이 나온다. [130)

이 우주의 기둥을 이용하여 공희제주는 혼자서 혹은 신처(神妻)와 함께 하늘로 오른다. 우주의 기둥에 사다리를 대면서 공희제주는 신처에게 말한다. "아내여, 와서 하늘로 오릅시다!" 그러면 신처는, "오르시지요!" 하고 대답한다. 이들은 이 의례적인 대사를 세 차례 주고받는다. [131) 기둥 꼭대기까지 올라간 공희제주는 기둥 꼭대기에 손을 대고(새가 날개를 펴듯이!) 두 팔을 벌리고 소리친다. "우리는 하늘에, 신들에게 이르렀다. 우리는 이로써 불사(不死)를 얻었노라!" [132) "진실로 공희제주는 이를 천계에 오르는 사다리나 다리로 삼았거니." [133)

공희제의 기둥은 우주의 축(axi mundi)이다. 고대 민족이 연기 구멍이나 집 중앙의 기둥을 통해 제물을 천계로 보냈듯이, 베다 시대 사람들은 유파를 통하여 "제물을 하늘로 보냈다." [134) 제물을 보내면서 공희제주는 "숲의 주여!" 혹은 나무여, 우리의 제물을 신들께로 보내소서!" [135) 등의 기도를 한다.

지금까지 우리는 샤만이 지닌 조형(鳥型) 의상의 상징체계와 시베리아 샤만의 주술적인 비행에 관련된 많은 사례를 검토해왔다. 이런 관념은 고대 인도 문화에도 있다. 판차빔사 브라흐마나(Pañcaviṃśa Brāhmaṇa)는 "공희제주가 새가 되어 천계로 날아간다"는 사실을 확인시켜준다. [136) 수많은 경전은 공희제주가 희생제 기둥 꼭대기, [137) "빛 속에 자리한 수(雄)기러기" [138) 공희제주를 하늘로 데려다주는 새 모양의 말[139) 등등[140) 에 이르려면 그에게 날개가 있어야 한다는 점을 지적하고 있다. 앞으로 검토하게 되겠지만 성자, 요가행자 그리고 주술사와 관련된 주술적 비행의 전승은 고대와 중세의 인도에는 얼마든지 있다.

바라문 경전에는 "나무를 오르는" 사례가 자주 나오는데, 이 나무 오르기는 영적인 상승 이미지를 나타낸다. [141] 그 의미가 일목요연한 것은 아니지만, 같은 상징은 민간전승에서 풍부하게 보존되어 있다. [142]

샤만 형(型)의 상승은 석가의 탄생 설화에서도 찾아볼 수 있다. 「중아함경(中阿含經 : Majjhima-nikáya)」[143]에 따르면, "석가는 태어나는 순간…… 두 발로 서서, 북쪽을 향하여 일곱 걸음을 옮겨 놓는다. 흰 일산(日傘)을 머리 위로 거느린 채 그는 사방을 보고는 황소 우는 소리 같은 목소리로 말한다. '나는 세계에서 가장 귀한 자, 나는 세계에서 가장 선한 자, 나는 세계에서 가장 연장자이다. 나는 마지막으로 태어나는 것이니 금후로 나를 대신할 새로운 존재는 없다.'" 이 일곱 걸음은 석가를 이 세계의 정점으로 데려다 놓는다. 최고천에 오르기 위해 의례용 사작나무에 새겨진 일곱 개 혹은 아홉 개의 눈금을 타고 오르는 알타이 샤만처럼, 석가도 천상계 7천에 대응하는 일곱 개의 우주 전단계를 상징적으로 뛰어넘는다. 말할 필요도 없이, 여기에서는 고대의 샤만적인(그리고 베다 시대의) 상징적 천계상승의 우주론적 도식이 인도 지복천년의 형이상학적인 사색(思索)의 빛나는 모습으로 나타나고 있는 것이다. 이제 석가의 일곱 걸음이 지향하는 것은 더 이상 베다 시대의 "신들의 세계"나 "영생"이 아니다. 석가의 **일곱 걸음**으로 지향하는 세계는 인간 조건을 초월한 곳에 존재한다. 실제로 "나는 세계에서 가장 귀한 자(aggo'ham asmi lokassa)"라는 표현은 그의 초공간성을 의미하고, "나는 세계에서 가장 연장자(jeṭṭho'ham asmi lokssa)"라는 표현은 그의 초시간성을 의미한다. 그 까닭은, 우주의 정상에 도달함으로써 석가는 "세계의 중심"을 획득하기 때문이다. 모든 창조행위가 이 "중심"(＝정상)에서 이루어지기 때문에 석가는 **세계가 시작되던 시대와 동시대인이 되는** 것이다. [144]

「중아함경」이 언급하고 있는 7천(天) 개념의 기원은 바라문 교까지 거슬러 올라가는데, 모르기는 하나 이 개념은 알타이와 시베리아의 우주론적 개념에 영향을 끼친 바빌로니아 우주론에서 온 것인 듯하다. 그러나 심오하게 "내면화"한 형태이기는 하지만 불교 역시 9천이라는 우주론적 도식을 알고 있었다. 불교의 9천 개념에 의하면, 처음의 4천은 즈하나스(禪定 : jhānas), 다음의 4천은 사타바사스(sattāvāsas : 有情居) 그리고 마지막 1천은 니르바나(Nirvāṇa : 涅槃)를 상징한다. [145] 이들 천계에는 각기 불교의 여러 신들이 투영되어 있는데, 이러한 신들은 각기 요가적 명상의 단계를 상징하고 있기도 하다. 우리는 이미, 알타이 인들에게도 갖가지 신들과 반신(半神)들이 사는 7천 혹은 9천이 있고 샤만이 천계상 승을 통해 만나서 이승 일을 하소연하는 대상도 바로 이들이라는 것을 알 고 있다. 알타이 샤만이 최고천인 9천에 오르면 여기에는 바이 월갠이 있 다. 물론 불교에서 중요한 것은 상징적인 천계상승이 아니라 명상을 통해 도달하는 정신의 단계 그리고 마지막으로 해탈(解脫)에 이르는 "걸음걸 이"이다. (불교의 승려들은 생전에 수행한 요가의 단계에 따라 사후에 거 기에 걸맞는 천계에 든다. 그러나 석가 자신은 최고천인 열반에 드는 것 으로 보인다. [146])

고대 인도 : 주술적 비상

바라문 교의 공희제주는 제의적으로 사다리를 오름으로써 천계에 오르 고, 석가는 상징적으로 7천을 가로지름으로써 우주를 초월하며, 불교의 요가 행자는 명상을 통하여 그 성격이 완벽한 영적인 상승을 체현한다. 이러한 행동은 모두, 유형론적으로는 동일 구조를 가지고 있다. 즉 각기 자신이 존재하는 차원에 머물러 있으면서도 나름의 방법으로 속계(俗界) 를 넘어 신들 혹은 존재 혹은 절대의 세계를 획득하는 것이다. 우리는 위 에서, 이러한 행동이 어느 정도까지 천계상승이라는 샤만적 문화전승의 부류에 들어갈 수 있는가를 검토해보았다. 위에서 보았다시피, 이러한 행 동이 샤만적 체험과 다른 점은, 샤만적 체험에는 접신과 탈혼상태가 있다 는 점이다. 그러나 고대의 인도 인 역시, 천계상승과 주술적 비상을 가능 케 하는 접신의 경지를 알고 있다. 「리그 베다」에 나오는 장발(長髮 : ke- sin)의 "접신한 이"(muni, 牟尼)는 다음과 같이 선언한다. "접신의 성 덕(聖德)에 힘입어 우리는 바람 위에 올랐다! 보라, 중생들이여, 접신 의 경지에 들어있는 우리의 모습을! …… 우리 접신한 자들은 바람의 말, 태풍신 바유의 친구, 신성으로 드높여진 무니를……." [147] 여기에서 알타 이 샤만이 자기의 무고를 "말[馬]"이라고 부른다는 점, 부르야트 인의 이 야기에서 말머리 모양을 새긴 지팡이(이 지팡이 역시 "말"이라고 불린다)

가 중요한 역할을 한다는 사실을 상기할 필요가 있다. 무고에 의한 접신상태, 말머리가 새겨진 지팡이(일종의 목마)를 타고 도달하는 접신상태는, 환상의 말을 타고 천계를 달리는 상태와 동일시된다. 앞으로 검토하게 되겠지만 비(非)아리아 계 인도 인의 경우에도, 주술사는 아직까지도 접신무를 출 때는 목마나 말머리가 새겨진 지팡이를 이용한다. [148]

「리그 베다」의 같은 찬가에 "무니는 신들(의 힘)을 보증한다."[149]는 말이 나온다. 이 말은 접신이 되지 않은 상태에서도 계속해서 고도의 정신적 가치를 지니는 일종의 신비주의적 빙의상태를 말하는 듯하다. [150] 무니는 "동서의 양대양(兩大洋)에 살며 아프사라라사스(Apsarasas : 천녀〔天女〕)와 간다라바스(Gandharvas : 乾闥婆)…… 그리고 야수의 길을 간다."[151]「아타르바 베다(*Atharva Veda*)」는 고행 정신의 불가사의한 힘, 즉 타파스(tapas)를 터득한 제자들을 칭송하여 "이들은 한순간에 동해에서 북해로 간다"고 쓰고 있다. [152] 이 거인적(巨人的)인 체험(그 근원이 바로 샤만의 접신이다[153])은 불교에도 남아 요가 행자의 기술에서는 아주 중요한 것으로 여겨지고 있다. [154]

인도의 민간신앙과 신비주의 기술에서 상승과 주술적 비상은 대단히 중요한 역할을 한다. 공중으로 솟아 올라 새처럼 날고 눈깜짝할 사이에 아주 먼 거리를 기고 그리고는 사라지는 이 기술은, 불교와 힌두 교가 아라한(阿羅漢)이나 주술사나 왕에게 부여하는 주술적인 권능이기도 하다. 하늘을 나는 왕이나 주술사의 전설은 얼마든지 있다. [155] 기적의 호수인 아나바타프타(Anavatapta : 청량지〔淸凉池〕)에는 하늘을 나는 초자연적인 힘을 지닌 사람만이 이를 수 있다. 석가나 고승(高僧)은 일순간에 청량지를 다녀왔다. 이것은, 리시스(rishis : 타인〔他人〕들)가 하늘을 날아 북방에 있는 신비한 신의 나라인 스베탓비파(Śvetadvīpa : 백주〔白洲〕)에 다녀왔다는 힌두 교 설화와 동일하다. [156] 그 나라가 "더럽혀지지 않은 땅," "극락"의 의미를 지닌 신비의 나라, 비법의 전수자들만이 가까이 갈 수 있는 "내적인 공간"과 관계가 있는 것임은 두말 할 나위도 없다. 청량지나 백주 혹은 불교에서 말하는 "극락"에는, 요가를 통해서도, 금욕주의를 통해서도 혹은 명상을 통해서도 도달할 수 있다. 말하자면 극락은 나름의 다양한 존재 양식을 지니고 있는 것이다. 그러나 우리가 강조하고 싶은 것은 그러한 초인간적 체험과, 샤마니즘에 자주 등장하는 상승 및 비상의 고대적 상징체계가 **표현의 일치**(identity in expression)를 보고 있다는 점이다.

불교 경전에서는 가마나(gamana : 승천지행〔昇天之行〕)의 주술적 능력이 네 가지 있다고 전하는데, 그중에 으뜸가는 능력이 새처럼 나는 능력이다. [157] 파탄잘리(Patañjali)는 요가 행자가 해낼 수 있는 시디스(siddhis : 성취) 중 하나로 공중을 나는 힘(laghiman)을 꼽고 있다. [158] 「마하바라타(*Mahābhārata*)」에서 현자인 나라다(Nārada)는 항상 이 "요가의 힘"으로 하늘로 오르거나 메루 산 꼭대기("세계의 중심")에 이르거나 한다. 바로 여기에서 나라다는 멀리 떨어진 우유의 바다나 백주를 내려다보는 것이다. [159] "바로 이런 요가적인 몸을 가지고 있기 때문에 요가 행자는 자기가 마음 먹는 곳이면 어디든 간다."[160] 그러나 「마하바라타」에 기록되어 있는 또 다른 전승은 이미 진정한 신비주의적 상승——항상 "구체적"일 수는 없는——과 환상일 뿐인 주술적 비상을 구별한다. "우리도 하늘로 날아올라가거나 갖가지 모습으로 둔갑할 수 있다. 그러나 마야야(māyayā : 환상) 속에서 그렇게 한다."[161]

우리는 지금, 요가나 그밖의 인도 명상 기술이 태고의 정신적 유산에 속하는 접신 체험과 주술적 효과를 어떤 방향으로 가꾸어가는가를 검토하고 있다. 그러나 주술적 비행이라는 비의(祕儀)는 인도의 연금술에서도 엿보인다. [162] 이러한 주술적 비행 능력이 불교의 아라트(arhat, 阿羅漢)들에게는 보편적이다. [163] 심지어는 아라한트(arahant)라는 명사가 실론어(Singhalese) 라하트베(rahatve : "모습을 감추다", "일순간에 이동하다"라는 뜻)라는 동사의 어원이 되었을 정도이다. [164] 다키니(ḍākini, 茶枳尼 : 탄트라 교의 요정 주술사[165])가 몽고에서는 "공중을 나는 여자," 티벳에서는 "천상으로 오르는 여자"라고 불린다. [166] 주술적 비행이나, 사다리 및 밧줄을 이용한 천계상승 모티프는 티벳에서도 심심치 않게 볼 수 있다. 티벳의 이러한 모티프를 반드시 인도로부터 차용한 것이라고 볼 필요는 없다. 왜냐하면, 인도의 영향을 전혀 받지 않은 본포(Bon-po) 전승이나, 여기에서 유래한 많은 전승에서도 이런 모티프가 검증되고 있기 때문이다. [167] 그뿐만 아니라 같은 모티프는 중국의 주술적 비행이나 민간 전승에서도 상당히 중요하게 인식된다. 이러한 모티프는 고대 세계 도처에서 발견되고 있기도 하다. [168]

처음의 의도와는 달리 지나치게 성급하게 다루어온 이러한 전승과 신앙을 반드시 "샤만적"이라고 할 필요는 없다. 설명의 편의를 위해 추출하기는 했지만, 이런 전승과 신앙은 그 전체성 안에서 나름의 특수한 의미를 지닌다. 그러나 우리의 관심은 어디까지나, 이런 전승과 신앙이 주술-종교적 사상(事象)과 과연 구조적으로 같은 가치를 지니는지 여부를 규명하는 데 있다. 주술사처럼 접신에 빠지는 사람은, 그 초자연적인 체험이 강렬하고 주력이 뛰어난다는 점을 제외하면, 대체로 인도 종교에서는 특별한 사람인 것 같지 않다. 그 까닭은 천계상승은, 앞에서 보았겠지만 바라문 교의 공희제 상징체계에서도 볼 수 있기 때문이다.

실제로 무니의 상승과 바라문 교 의례의 상승은 그 경험적 성격에서 구별된다. 무니의 상승은 시베리아 샤만의, 접신적인 것임이 분명한 무의의 "탈혼망아"에 견주어볼 수 있다. 그러나 중요한 것은 이 **접신 체험**이 바라문 교 공희제의 일반적 이론에 어긋나지 않는다는 점이다. 이것은 샤만의 탈혼망아가 시베리아나 알타이 종교의 우주론적-신학적 체계 속에 교묘하게 흡수되어 있는 형국과 비슷하다. 앞에서 예로 든 두 가지 상승은 그 체험의 강도에서 서로 다르다. 즉 심리적으로 차이가 있는 것이다. 그러나 그 강도가 어떻든, 이 접신 체험은 세계적으로 분포한 상징체계를 통하여 전파되었기 때문에, 이 접신 체험이 기왕에 존재하던 주술-종교적 체계로 함몰되어간 범위는 확인이 가능하다. 앞에서 보았듯이 (가령 샤만의 탈혼망아, 신비주의적 접신, 주술적 기술을 통하여), 주술적인 비상 능력을 획득하는 방법은 여러 가지이다. 따라서 파탄잘리 요가 행자처럼 엄격한 심리학적 훈련이나, 불교에서 볼 수 있는 엄격한 금욕주의나, 심지어는 연금술적 수련을 통해서도 획득이 가능하다. 기법상의 이 다양성은 체험의 다양성에 대응하고 이데올로기의 차이 (가령 정령에 의한 빙의, "주술적" 그리고 "신비주의적" 상승 등)에도 대응한다. 그러나 이 기법이나 신화체계에는 비행의 능력을 부여받는다고 하는 공통된 특색이 있다. 이 "주술적 힘"은, 개인적인 체험을 바탕으로 한 요소가 아니라, 다양한 샤마니즘 이데올로기으로부터 포괄적인 신학적-우주론적 총체 안에서 자리매김된 것이라는 데 주의할 필요가 있다.

고행 (tapas)과 가입의례 (dikṣā)

의례와 접신 사이의 마찬가지 연속적인 관계는, 범(汎)인도적 이데올로기에서 중요한 역할을 하는 다른 개념과의 관련 속에서도 찾아볼 수 있다. 그 개념이 바로 타파스(tapas : 고행)라는 개념이다. 이 말의 본래 뜻은 "맹렬한 열기"이나, 일반적으로는 고행의 노력을 나타내는 뜻으로 쓰이게 되었다. 타파스에 관해서는 「리그 베다」에 자세히 기록되어 있거니와, [169] 이 타파스의 힘은 우주적인 의미에서든 정신적인 의미에서든 창조적이다. 수행자는 바로 이 타파스를 통하여 천리안이 되기도 하고 신으로 화신하기도 한다. 프라자파티(Prajāpati : 조물주, 창조신)는 고행을 통하여 자신을 극도로 "과열"시킴으로써 세계를 창조한다. [170] 즉 프라자파티는 일종의 주술적인 발한(發汗)을 통하여 실제로 세계를 창조한다. "내적인 열기" 혹은 "신비스러운 열기"는 창조적이다. 이 열기는, 가령 그것이 직접 우주론으로 나타나지 않는 경우에도(프라자파티의 신화 참조) 소우주의 차원에서 무엇인가를 "창조하는" 일종의 주력(呪力)으로 작용한다. 예를 들면 이 열기는 고행자나 요가 행자의 수많은 환상이나 기적(주술적 비행, 물리적인 법칙의 부정, 기문둔갑 등)을 지어내는 것이다. 그런데 이 "내적 열기"는 "원시시대" 주술 및 샤만 기술의 필요 불가결한 부분을 구성한다. [171] 세계 어디에서든 이 "내적 열기"를 획득한 인간은 "불을 다스리고" "물리적 법칙을 파기"함으로써 자신에게 이러한 권능이 있음을 드러낸다. 말하자면 정식으로 "열기에 휩싸인" 주술사만이 "기적"을 연출하고 우주에서의 새로운 존재 양식을 창조할 수 있고 어떤 의미에서는 천지 창조를 되풀이할 수 있는 것이다. 이런 관점에서 보아 프라자파티는 "주술사"의 원본이라고 할 수 있다.

이런 열기는 불 가까이에서 명상함으로써(인도에서 이 고행법은 상당히 높이 평가된다) 혹은 숨을 다스림으로써(수식관법〔數息觀法〕을 통하여) 획득할 수 있는 것으로 알려져 있다. [172] 호흡법 기술과 수식관법이, 요가라고 하는 일반적 명칭을 두루 싸잡는 고행 실천과 주술적, 신비적, 형이상학적 이론과의 복합체 안에서 극히 중요한 위치를 차지하고 있음은 두말할 나위도 없다. [173] 고행의 노력이라는 의미에서 타파스는 모든 형태의 요가에서 필수적인 부분을 차지한다. 그러나 우리가 이것을 중요하게 여기는 것은 바로 여기에서 "샤만적"인 의미를 읽을 수 있기 때문이다. 엄밀한 의미에서의 "신비적인 열기"가 히말라야와 티벳 요가에서 극히 중요한 까닭은 뒤에 검토하기로 하자. [174] 그러나 여기에서 지적해야 할 것은, 고전적인 요가 전통에서는 "역(逆)의 의미에서의 천지 창조"로서의 프라나야마(prāṇāyāma : 호흡 조절)에 부여된 힘을 이용한다는 점이다. "역의 의미에서의 천지 창조"란, 요가 행자가 새로운 세계(새로운 "환상"이나 "기적"의 세계)를 창조하는 차원까지 이를 발전시켜갈 수 있다는 의미에서가 아니고, 바로 이 힘을 통하여 요가 행자가 이 세상으로부터 해탈하거나 어느 정도까지 이 세상을 파괴할 수도 있다는 의미에서이다. 그 까닭은, 요가 행자의 해탈이라는 것은 우주와의 인연을 완전히 끊어버리는 것에 해당하기 때문이다. 지반-무크타(jivan-mukta : 즉신〔卽身〕 해탈)에 이른 사람에게 우주는 더 이상 존재하지 않는다. 만일에 그가 자신의 해탈과정을 우주론적 차원에 투사한다면, 그는 프라크르티(prakṛti : 자성〔自性〕) 속의 우주 형태를 재흡수할 수 있는 것이다(바꾸어 말하면, 창조 이전에 존재하던 미분화 상태로 되돌아가는 것이다). 이 모든 현상은 "샤만" 이데올로기라는 차원을 아득히 넘어서서 존재한다. 그러나 인도의 정신 문화에는 물리적 법칙을 징지시키고 세세의 구조 그 자체에 직접 관여하는 고대적 주술이 형이상학적인 수단으로 이용되고 있다.

그러나 타파스는 "접신상태에 빠지기 쉬운 사람"만이 할 수 있는 고행은 아니다. 타파스는 속인의 종교 체험의 일부이기도 하다. 그 까닭은, 소마(soma)의 공희를 위해서는 디크샤(dikṣā) 의례, 즉 타파스를 포함하는 성별의례가 공희자와 그의 아내에게 반드시 강요되기 때문이다. [175] 디크샤에는 밤의 금욕, 정적 속에서의 명상, 단식 그리고 타파스("열기")가 있다. 성별의례 기간은 1년에 하루 내지 이틀이다. 이 소마 공희가 베다 및 바라문 교 시대의 인도에서는 가장 중요한 행사의 하나였는데, 이는 접신을 목적으로 하는 금욕 정신이 전인도 인의 종교 생활에서 필수적인 부분을 구성하고 있었음을 보여준다. 의례와 접신의 연속성(이것은 이미 속인에 의한 상승의례와, 접신의 신비주의적 비상의례와 관련시켜 언급한 바 있다)은 타파스에서도 찾아볼 수 있다. 인도의 종교 생활이 그 총체 혹은 종교 생활이 맡는 모든 상징체계에서, 특수한 능력을 부여받은 몇 사람에 의한 일련의 접신 체험의 창조——이것은 어느 정도 "타락"한 결과 속계에서도 수용하기 쉽게 되어 있다——인지 아닌지, 반대로 그들의 접신 체험이, 선행하는 모종의 우주론적-신학적 도식을 내면화시키는 노력의 결과에 지나지 않는지는 아직 확실하지 않다. 중요한 문제이기는 하나, 이것은 인도 종교사의 범위를 넘어서는 것이고 이 연구의 주제와도 동떨어지는 것이어서 여기에서는 다루지 않기로 한다. [176]

인도의 "샤만적" 상징체계와 그 기술

병자로부터 빠져나간 영혼을 불러들이거나 찾아다니거나 하는 샤만의 치병술에 관해서는 「리그 베다」도 몇 가지 예를 제시하고 있다. 기도를 담당하는 사제는 죽어가는 사람에게, "비록 그대의 영혼은 아득한 하늘로 갔거나…… 이 땅의 끝까지 가버렸지만 우리가 그대의 (영혼을) 수습하여 여기에서 (오래오래) 살게 할 것이다"하고 말한다. [177] 역시 「리그 베다」는 바라문의 병자의 영혼을 향하여 이렇게 말한다고 기록하고 있다. "바라건대 (그대의) 영혼이…… 다시 돌아와 신심 있게 덕행을 쌓고 힘을 행사하고 더불어 살고 오래 태양을 보게 되기를. 우리의 조상이, 여러 신들이 (그대의) 영혼을 되돌려 주시기를. 그리하여 바라건대 우리가 (그대를 위해) 그대의 총체적인 생명 기능을 되찾을 수 있기를."[178] 「아타르바 베다」의 주술-의술과 관련된 대목을 보면, 죽어가는 사람을 살리기 위해 주술사는 바람으로부터는 숨결을 부르고 태양으로부터는 눈을 요구하여, 이윽고 그 영혼을 육신에 되돌리고는 죽음의 여신 니르티(Nirṛti)의 굴레로부터, 죽어가는 사람을 해방시킨다. [179]

물론 이것은 샤만적인 치병의 흔적밖에는 보여주지 못한다. 인도의 의술이 후세에 전승의 주술적 관념을 차용하기는 하지만, 이러한 관념은 엄밀한 의미에서의 샤만적 이데올로기에 속하지 않는다. [180] 「아타르바 베다」의 주술가처럼, [181] 우주의 여러 권역에 흩어져 있는 갖가지 "기관"을 부르는 의식에는 필연적으로 다른 개념(인간과 소우주와 관련된)이 묻어 있다. 이러한 의식은 아주 오래된 것 같지만(어쩌면 인도-유럽 어족 시절부터 있어왔던 것 같지만) 역시 "샤만적"인 것은 아니다. 그럼에도 불구하고 「리그 베다」(최후기〔最後期〕의)에는 육신을 빠져 나간 병자의 영혼을 부르는 기록이 있고 마찬가지의 샤만적 이데올로기와 기술이 인도의 비(非)아리아 계 민족을 지배하고 있기 때문에, 하층으로부터 영향을 받았다고 보아야 하는지 여부가 문제가 된다. 알타이와 시베리아의 샤만과 똑같이, 벵갈 지방의 오라온 족(Oraon) 주술사도 병자의 영혼을 찾아 산과 강, 심지어는 사자의 나라에까지 간다. [182]

그뿐만이 아니다. 고대 인도 인에게는 영혼의 불안정성에 관한 교리가 보급되어 있었는데, 이러한 현상은 샤마니즘의 지배를 받는 문화라면 어떤 문화든 지니고 있는 현상이다. 사람이 꿈을 꿀 때 그 영혼이 육신을 떠나 방황한다는 믿음 때문이었는지, 「사타파타 부라마나(Śatapatha Brāhmaṇa)」는 자는 사람을 갑자기 깨우지 말라고 충고하고 있다. [183) 갑자기 깨우면 영혼이 돌아오는 도중에 길을 잃는다는 것이다. 하품을 해도 영혼이 위험해진다고 믿어지기도 했다. [184) 수반두(Subandhu) 전설은, 영혼이 어떻게 길을 잃고 어떻게 육신으로 되돌아오는지를 설명하고 있다. [185)

주술사는 자기 육신을 마음대로 떠날 수 있다는 관념——그 접신 원리를 여러 차례 검토해온 바 있는 엄밀한 의미에서의 샤만적 관념——과 관련하여, 우리는 기술에 관한 경전과 민간전승에서 또 하나의 주력, 즉 파라푸라카야프라베사(parapurakāyapraveśa), 즉 "타인의 육신으로 들어기는" 주력을 만난다. [186) 그러나 이 주술적 기술에는 이미 인도적(印度的)인 의미의 연출이 가미된 흔적이 보인다. 이러한 주술은 요가의 시디스(siddhis : "성취한 자")에서도 찾아볼 수 있다. 파탄잘리도 다른 주력과 더불어 이 주력을 인용하고 있다. [187)

여기에서, 샤마니즘과 관계가 있어 보이는 요가의 기술을 모두 소개할 생각은 없다. 우리가 "기괴한 요가(baroque Yoga)"라고 불러온 아주 넓은 의미의 총합체에는 아리아 인과 토착민의 주술적-신비적 전통에 속하는 요소가 폭넓게 들어 있기 때문에 그 안에서 샤마니즘의 요소를 찾아낼 수 있기는 하다. 그러나 그 요소가 엄밀한 뜻에서의 샤마니즘에 속하는가, 아니면 그것과는 다른 주술적 전승에 속하는가를 확인할 필요가 있다. 하지만 여기에서 그런 소모적인 비교연구는 불가능하다. [188) 여기에서는 파탄잘리의 옛 기록도 샤마니즘에 자주 나타나는 모종의 "힘"——공중을 나는 힘, 모습을 감추는 힘, 키가 아주 커지거나 아주 작아지는 힘, 그밖의 이에 준하는 힘——을 존중하고 있다는 점만 지적하고 넘어가기로 하자. 「요가 수트라(Yoga-sūtra)」[189)에는 사마디(samādhi : 삼매〔三昧〕)와 마찬가지로 요가 행자에게 "초자연적인 힘"을 주는 아우사디(auṣadhi : 약초)에 관한 언급이 있다. 이것은 접신 체험을 얻을 목적으로 요가 행자들간에 마취제가 사용되고 있다는 증거이다. 그러나 한편으로 이 "힘"이 고전적-불교적 요가에서는 부수적인 역할밖에는 하지 못한다. 많은 경전은 요가 행자들이 이런 힘의 주술적 효과에 혹한 나머지 참 목적

──결정적인 해탈──을 잃을 수도 있다고 경고하고 있다. 마취제 사용 혹은 물리적 수단에 의해 달성되는 접신은 참 삼매경 (三昧境)의 접신과 비교도 되지 못한다. 그러나 이미 우리가 보았듯이, 샤마니즘 그 자체에서 마취제 사용은 이미 쇠퇴의 징후를 보이는 것으로 참 접신 수단을 쓰는 대신 탈혼상태를 불러일으키기 위해 마취제를 사용하는 쪽으로 기울고 있다. 여기에서 지적하고 싶은 것은, 기괴한 요가에서 그렇듯이, 샤마니즘 자체에도 묘한 이물질이 끼어들고 있다는 점이다. 고전적인 요가와 샤마니즘을 구별하는 구조적 차이를 다시 한번 강조할 필요가 있다. 샤마니즘은 의식을 집중시키는 기술(가령 에스키모 샤만의 입문의례에서처럼)을 알고 있지만, 그 궁극적인 목적은 접신상태를 획득하는 것과 우주 권역에서 접신 여행이다. 그러나 요가의 궁극적인 목적은, 접신은 접신이되, 극단적인 정신 집중과 우주로부터의 "도망"이다. 물론 고전적 요가의 선사적 기원도, 독특한 접신 체험을 겨냥하는 샤만적 요가의 중간 형태가 존재할 가능성을 배제하지는 않는다. [190]

　인도의 신앙체계에도, 죽음 및 사자의 운명과 관련된 "샤만적" 요소가 있는 것은 틀림없다. [191] 다른 아시아 민족에게 그렇듯이 인도 인의 신앙 체계에도 영혼을 복수(複數)로 상정한 흔적이 있다. [192] 그러나 대체로 고대의 인도 인들은, 사후에 영혼은 야마(Yama : 저승왕) [193]와 피타라스 (pitaras : 조상)가 있는 하늘로 올라간다고 믿는다. 사자들은 눈이 네 개인, 야마의 번견(番犬)들로부터 방해를 받지 않고 천계로 계속해서 올라가 조상들과 야마 신 앞으로 나아가야 한다. [194] 「리그 베다」는, 사자들이 건너는 다리에 관해서는 정확하게 언급하고 있지 않다. [195] 그러나 강 [196]이나 배 [197] 이야기가 나오는 것을 보면 사자는 천상계로 간다기보다는 지하계로 간다는 인상을 준다. 어쨌든, 의식을 집전하는 사제가 사자에게 야마 나라의 길을 가르쳐주는 고대적(古代的)인 의례의 흔적은 찾아볼 수 있다. [198] 그리고 사자는 죽은 즉시 이 땅을 떠나지 않는 것으로 알려져 있다. 사자의 영혼은, 그러니까 상당한 기간 동안, 때로는 근 1년간이나 자기가 살던 집을 배회하는 것으로 믿어진다. 이러한 믿음은 사자를 위한 공희제에서 사제가 사자의 혼을 부르는 현상에 대한 설명이 된다. [199]

　그러나 베다 및 바라문 교에는, 영혼을 저승으로 인도하는 신이라는 관념이 없는 것이 분명하다. [200] 루드라-시바 (Rudra-Śiva)가 그런 역할을 하는 것 같지만, 이 루드라-시바라는 개념은 후대에, 전(前) 아리아 계 선주민(先住民)의 영향을 받고 생긴 것인 듯하다. 어쨌든 베다 시대의 인도에는, 알타이와 북시베리아에서 볼 수 있는, 사자를 저승으로 인도하는 인도자를 연상시키는 개념은 없었다. 그러니까 사자는 어뗘어뗘한 길을 가면 저승에 이를 것이라는 인도네시아와 폴리네시아의 만가(晩歌) 혹은 티벳의 「사자의 서」 같은 것의 지시에 따라 저승으로 가는 것이다. 고대의 경전을 보면 예외도 많고 서로 모순되는 대목도 있기는 하지만 베다 시대 인도의 사자는 지하계로 간 것이 아니고 천상계로 간 듯하다. 그러므로 천상계로 가는 길은 지하계로 가는 길보다 덜 위험하다. 베다 시대와 바라문 시대에 사자의 영혼을 인도하는 신이 없었던 것은 이 때문이었던 것으로 보인다. 그러니까 그런 신이 필요하지 않았던 것이다.

고대 인도 문화에서는 "지하계 하강"도 찾아볼 수 없다. 「리그-베다」에 지하에 있는 나라라는 개념이 나오기는 하나[201] 타계로의 접신 여행 기록은 거의 없다. 나치케타스(Naciketas)의 아버지가 아들을 "죽음의 신"에게 주어버리자, 아들은 야마의 집으로 간다.[202] 그러나 이 타계 여행에서 우리는 "샤만적" 체험이라는 인상을 받을 수가 없다. 여기에는 접신이 없기 때문이다. 타계로 접신 여행을 하는 사례가 하나 있기는 하다. 바루나의 아들 브리구(Bhṛgu : 기악〔棄惡〕)의 타계 여행이 그것이다.[203] 신은 브리구를 인사불성으로 만든 뒤에 그 영혼만 보내어 우주 권역과 지하계를 두루 돌아보게 한다. 브리구는, 심지어 특정 의례상의 범죄를 저지른 사람들이 벌받는 광경까지 목도한다. 브리구가 인사불성이 되고 우주로 접신 여행을 하고 범죄자를 처벌하는 광경을 목격하는 것, 이 모든 것에 대한 바루나의 설명을 듣는 사례는 「아르타이 비라프의 서」를 연상시킨다. 물론 「아르타이 비라프의 서」에서처럼, 사후세계의 실상을 깡그리 펼쳐 보이는 타계 편력과, 몇몇 사례만 드러나는 접신 여행과는 차이가 있다. 그러나 우리는 이 두 가지 사례에서 공히, 입문적 타계 여행을 바탕으로 하는 하나의 도식을 도출할 수 있다. 바로 이 도식이 의례로 편입되고 재해석되어온 것이다.

여기에서 역시 주목해야 할 것은 바루나, 야마, 니르티처럼 복잡하기 짝이 없는 형태 안에 잔존하는 "샤만적" 모티프이다. 이들 신들은 모두 "속박하는" 신들이다.[204] 많은 찬가에는 "바루나의 오랏줄"이라는 말이 있다. 야마의 속박(yamasya paḍbiśa)[205]은 "죽음의 차꼬(mṛtyupāśah)"

368

로 불린다. [206) 니르티 여신은 자기가 죽일 사람을 사슬로 묶는다. [207) 그래서 사람들은 신들에게, "니르티의 속박"에서 풀려나게 해달라고 기도하는 것이다. [208) 그 까닭은 병은 "오랏줄," 죽음은 궁극적인 "속박"이기 때문이다. 우리는 이미 이 "속박"이라는 주술의 배경을 이루는 지극히 복잡한 상징체계를 검토한 바 있다. [209) 이러한 주술의 어떤 측면은 샤만적이라고 해도 무방하다. 만일에 "차꼬"나 "오랏줄"이, 죽음의 신들이 지닌 가장 특징적인 속성이라는 말이 옳다면, 그리고 이러한 가설이 인도나 이란뿐만이 아니라 다른 지역(중국이나 오세아니아)에도 통용된다면, 샤만 역시 같은 목적(육신을 떠나 방황하는 영혼을 속박하기 위한 것)으로 "차꼬"나 "오랏줄"을 가지고 있다고 할 수 있다. 죽음의 신이나 저승의 사자는 밧줄로 영혼을 묶는다. 한 가지 예를 들자면, 퉁구스 샤만은 방황하는 병자의 혼을 육신으로 끌고 올 때 올가미를 사용한다. [210) 그러나 "속박"의 상징체계는 엄밀한 의미에서의 샤마니즘을 초월하는 영역에 속한다. 우리가 이러한 상징성과 샤만의 주술 사이의 유사점을 찾아보려고 하는 것은 단지 "오랏줄"이나 "차꼬"의 요술을 규명해보기 위한 것에 지나지 않는다.

마지막으로, 시바 산 정상을 향한 아르쥬나(Arjuna)의 접신적인 등반과, 이와 관련된 광명의 현현을 다루어보자. [211) 이 사례가 "샤만적"은 아니라고 하더라도, 아르쥬나의 신비스러운 상승은 샤만적 상승의 범주에 들기 때문이다. 아르쥬나가 광명에 휩싸이는 대목은 에스키모 샤만의 카우마네크(문득 샤만의 몸을 진동시키는 "섬광" 혹은 "광명")를 연상시킨다. [212) 오랜 기간에 걸친 정신 집중이나 명상 뒤에 돌연히 나타나는 "내적인 빛"은, 많은 종교전승에서는 익히 알려진 것으로, 인도에서는 「우파니샤드(Upaniṣad)」나 탄트라 교에 이르기까지 풍부하게 기록되어 있다. [213) 우리가 이에 관한 몇 가지 사례를 다루고 있는 것은 이러한 것들이 샤만적 체험을 담고 있는 것 같기 때문이다. 여러 차례 언급했듯이, 대체로 샤마니즘이라고 해서 반드시 괴상하고 음산한 신비주의만은 아니라는 것은 이런 사례로도 명백해진다. [214)

이번에는, 인도의 주술에서 주술적인 북이 맡는 역할을 잠깐 검토해보자. [215) 인도 설화에는 이 북의 기원이 대단히 신성하다고, 말하자면 신적(神的)이라고 기록되어 있다. 전승에는, 나가(nāga : 뱀의 영혼)가 카니시카(Kaniska) 왕에게 기우제에는 간타(ghaṇṭa : 북)가 있어야 한다고 가르친 대목이 나온다.[216] 여기에는 비(非)아리아 인의 하층적 영향이 개입하지 않았을까 싶다. 토착 인도 인의 주술(구조적으로는, 반드시 샤만적인 것은 아니지만 샤마니즘의 경계에 있는 것으로 보이는 주술)에서 북이 대단히 중요한 위치를 점유하는 것으로 보아서 더욱 그렇다.[217] 우리가 비아리아 계의 북이나 해골 숭배[218](라마 교나, 탄트라적 경향이 있는 인도의 종교들에서는 중요하다)의 연구에 관심을 가지는 것도 사실은 이 때문이다. 그러나 다음 기회에 자세한 예를 몇 가지 들기는 하겠지만 이것을 전체적으로 검토하겠다는 의도는 가지고 있지 않다.

인도 선주민의 샤마니즘

엘윈(Verrier Elwin)의 연구에 힘입어 우리는, 민족학적으로 참으로 흥미있는 오리사의 토착민 사오라 인(Savara 혹은 Saora)의 샤마니즘을 상세하게 접할 수 있다. 여기에서 소개하고 싶은 것은 사오라 인 남녀 샤만의 자술(自述)인데, 이 자술의 기록은 앞에서 우리가 검토한 시베리아 샤만의 "입문의례적 신혼(神婚)"[219]과 놀라울 정도로 비슷하다. 그러나 다음 두 가지 점에서는 서로 다르다. 첫째, 사오라 인에게는 남무도 있고 여무도 있는데(여무의 수가 많은 것이 보통이다), 남녀 쌍방이 타계의 존재와 혼인한다는 점, 두번째, 시베리아 샤만의 "천상계의 아내"는 하늘(때로는 숲)에 살고 있지만 사오라 인의 정신적인 배우자는 모두 지하계, 그림자의 왕국〔명계〕에 살고 있다는 점이다.

하티바디(Hatibadi)의 샤만 킨타라(Kintara)는 엘윈에게 다음과 같은 이야기를 들려주었다고 한다. "내 나이 열두 살 때, 장마이(Jang-mai)라고 하는 나의 수호영신 처녀가 꿈 속에 나를 찾아와 이러더군요. '나는 네가 마음에 든다. 나는 너를 사랑한다. 내가 너를 이렇듯 사랑하니 너는 나와 혼인해야 한다.' 하지만 나는 거절했어요. 그랬더니 그해 내내 이 수호영신 처녀는 나를 찾아와서 나를 차지하려고 했지요. 그래도 나는 거절했어요. 그러자 어느 날에는 이 처녀가 몹시 화를 내면서 나를 물게 하려고 개〔호랑이〕를 보냈어요. 나는 겁이 났던 나머지 혼인하겠다고 했어요. 그런데 이와 비슷한 시기에 다른 수호영신 처녀가 꿈에 나타나서, 첫번째 처녀 대신 자기와 혼인하자는 거예요. 내가 첫번째 영신 처녀에게 이 이야기를 했더니 처녀는 이러더군요. '내가 먼저 당신을 사랑했으니 당신은 내 지아비나 마찬가지다.' 그래서 나는 두번째 영신 처녀에게 혼인할 수 없다고 했어요. 그런데 첫번째 영신 처녀가 질투가 났던지 몹시 화를 내면서 나를 미치광이로 만들어 숲속으로 내몰고는 내 머리 속에 담긴 기억을 깡그리 지웠어요. 이 처녀는 근 한 해 동안이나 나를 이렇게 끌고 다니더군요." 결국 이 소년의 부모는 이웃 마을의 샤만을 찾아가 이 사실을 알리고 도움을 구했다. 그러자 샤만은 그 영신 처녀를 접신하고는 자기 입으로 그 영신 처녀의 말을 했다. 킨타라의 이야기는 이렇게 계속된다. "영신 처녀가 내 입을 빌려서 이렇게 말하더군요." '걱정 말아라. 내가 그와 혼인할 터이다.…… 그가 간난신고를 만날 때마다 내가 도우리라.' 우리 아버지는 이 말에 마음을 놓고 결혼식 준비를 했지요. 그런데 나는 5년 뒤에 마을 처녀와 진짜 결혼을 했어요. 이 결혼식이 있은 다음에 수호영신인 장마이는 나의 입을 빌려 신부인 다수니 (Dasuni)에게 이렇게 말했어요. '너는 지금부터 내 서방과 같이 살게 된다. 네가 내 서방을 위해 물을 긷고 나락을 찧고 밥을 지어야 한다. 너는 일을 도맡아 하지만 나는 그럴 수가 없다. 나는 지하계에 살아야 하기 때문이다. 내가 할 수 있는 것은 간난신고가 왔을 때 너희를 돕는 일뿐이다. 어쩌겠느냐? 네가 나를 섬기겠느냐? 나에게 대적하겠느냐?' 그러자 내 아내 다수니가 대답했죠. '내가 왜 당신에게 대적해요? 당신은 좋은 신처(神妻)인 것 같으니까 당신이 원하는 것이면 뭐든 드리겠어요.' 그러니까 장마이는 좋아하면서 이렇게 말하더군요. '아주 잘 되었구나. 너와 나는 자매간처럼 사이좋게 살게 될 것이다.' 그리고 그녀는 내게, '보라! 네가 나를 섬기는 만큼 이 여자를 섬겨라. 그녀를 때려서는 안 된다. 학대해서도 안 된다'라고 말하고는 사라져버렸어요." 킨타라는 육처(肉妻)로부터는 아들 하나, 딸 셋을 보고 신처로부터는 아들 하나, 딸 둘을 보았다. 신처에게서 본 아들딸은 지하계에서 살았다. 킨타라의 다음 이야기를 들어보자. "……아들이 태어나자 신처는 아들을 내게 데리고 와서 이름을 가르쳐준 뒤 아기를 내 무릎에 앉히고 아기 먹을 것을 준비해 달라고 하더군요. 내가 그러겠다고 했더니 신처는 아기를 다시 지하세계로 데리고 갑디다. 나는 아기를 위해 염소 한 마리를 잡아서 제사를 지내주고 항아리도 하나 바쳤어요."[220]

　똑같은 이야기──영신의 방문, 결혼 신청, 거절, 거절에 따른 보복으로 당하게 되는 정신적 위기, 결혼을 승낙하자 문제가 해결되는 순서로 이어지는——는 여무로 "선택받은" 다른 처녀로부터 들을 수 있다.

　　처녀는 꿈 속에서 무녀가 되어야 한다는 계시를 받는다. 처녀가 계시를 받거나 초자연적인 존재의 방문을 받는 것은 꿈 속인 경우가 보통이다. 지하세계에서 온 이 초자연적인 존재는 처녀에게 결혼을 신청한다. 꿈 속에서 이루어지는 이 일의 결과는 대단히 접신적이고 초자연적이다. 결혼을 신청한 "신랑"은 잘 생기고 옷도 잘 입은데다 재산도 많다. 그는 사오라인에게는 생소한 관습을 따르는 힌두 인이다. 전승에 따르면, 이 신랑은 한밤중에 처녀를 찾아온다. 신랑이 처녀의 방에 들면 온 집안의 산 것들은 마력에 걸려 죽은 듯이 잠든다. 신랑은 처녀에게 장차 무녀가 되어야 한다고 말한다. 그러나 처녀는, 처음에는 거절한다. 무녀라는 것은 여자에게는 난처한 직업이고 또 대단히 위험하기 때문이다. 그러나 거절한 처녀는 악몽 때문에 모진 고통을 받는다. 영신인 이 구혼자는 처녀를 지하세계로 데려가거나, 아주 높은 곳으로 데리고 올라가 떨어뜨리겠다고 위협하기도 한다. 처녀는 병들고 만다. 이렇게 병든 처녀는 맑은 정신을 잃고 벌판을 쏘다니기도 하고 숲속을 헤매기도 한다. 그러면 가족이 처녀를 도우려 한다. 대부분의 경우 처녀는 무녀가 되느냐 마느냐의 갈림길에서 이런 시련을 당하는 것이 보통이다. 그래서 부모에게 말하지 않더라도 부모는 처녀가 무슨 일을 당하고 있는지 짐작하는 것이 보통이다. 그러나 통상 처녀는 부모에게, 무녀의 소명을 받고 거절했더니 그 꼴이 되었다는 식의 이야기를 한다. 처녀는 이런 말을 하는 즉시 죄의식에서 풀려나고 마음이 가벼워진다. 이번에는 가족이 나서서 처녀와 수호영신과의 혼인을 주선한다.……

　　결혼하면, 무녀의 수호영신인 신부(神夫)는 정기적으로 아내를 찾아와 새벽까지 있다가 간다. 며칠간이고 아내를 숲속으로 데리고 다니기도 하고, 숲속에서 종려술을 먹이기도 한다. 세월이 지나면 아기가 태어난다. 아버지 되는 수호영신은 매일 밤 이 아기를 데리고 와서 어미인 무녀의 젖을 먹게 한다. 그러나 무녀와 수호영신의 관계는 성적(性的)인 관계가 아니다. 중요한 것은 남편인 수호영신이 꿈 속에서 이 젊은 아내에게 영감을 주고 자세한 것을 지도하며 아내가 성사(聖事)를 볼 때는 늘 옆에서 이래라 저래라라고 한다는 점이다. [221]

한 무녀는 꿈 속에서, "힌두 옷으로 잘 차려 입은" 수호영신의 방문을 받았다고 했다. 무녀가 거절하자, "수호영신은 나를 돌개바람 속으로 데리고 들어갔다. 돌개바람은 순식간에 나를 아주 높은 나무 위에다 올려놓았다. 수호영신은 나를 아주 연약한 나뭇가지 위에 앉혔다. 그리고는 노래를 부르면서 나뭇가지를 흔들기 시작했다. 나는 그 나뭇가지에서 떨어지면 어쩌나 하는 마음에서 서둘러 그의 결혼 신청을 받아들였다."[222] 독자들은 이 이야기에서 몇 가지 전형적인 입문의례적 모티프를 읽었을 것이다. 돌개바람, 나무 그리고 흔드는 것이 바로 그것이다.

또 한 여자는 결혼도 하고 아기도 낳은 뒤인데 수호영신의 방문을 받고는 신병에 걸리고 말았다. "나는 무녀를 불렀다. 그러자 라수노(Rasuno : 수호영신)가 무녀의 입을 빌려 말했다. '나는 이 여자와 혼인할 것이다. 만일에 거절하면 이 여자는 미쳐버릴 것이다.'" 여자와 남편은 수호영신에게 재물을 바쳐 제사를 지내고는 이 제안을 물리치려고 했지만 소용없었다. 결국 여자는 수호영신의 제안을 받아들이고는 꿈 속에서 무술(巫術)을 배웠다. 이 무녀는 지하세계에다 두 아이를 낳기도 했다.[223]

무의에서 사오라 인 샤만은 수호영신이나 신을 접신하고 자기 입으로 수호영신이나 신을 대신해서 장광설을 늘어놓는다. 접신한 샤만에게 병의 원인과 치료법(제사 혹은 제물인 경우가 보통이다)을 일러주는 것은 바로 샤만이 빙의한 수호영신이나 신이다. 빙의에 의한 "샤마니즘"은 인도의 다른 지역 사람들도 알고 있었다.[224]

사오라 샤만의 "신혼(神婚)"은 토착 인도 특유의 현상인 듯하다. 어쨌든 그 기원이 콜레리아 족(Kolarian : 벵갈 산악지대의 원시 아리아 족)에게 있지 않은 것만은 분명하다. 이것은 라만(Rudolf Rahmann)의 "북부와 중부 인도의 샤마니즘 및 관련 현상(Shamanistic and Related Phenomena in Northern and Middle India)"이라는, 방대한 자료를 기초로 하여 이끌어낸 연구 결과의 하나이기도 하다.[225] 여기에서, 이 중요한 시론(試論)의 결론 몇 가지를 소개하기로 한다.

1. 사오라, 본도(Bondo), 비로르(Birhor), 바이가(Baiga) 부족의 경우, 미래 샤만은 반드시 "초자연적인" 힘에 의해 선택된다. 바이가, 콘드(Khond), 본도 부족의 경우, 샤만 자체는 세습무이나, 세습무가 샤만 노릇을 하기 위해서는 "초자연적인" 소명이 필요하다. 주앙(Juang), 비로르, 오라온, 무리아 부족의 경우, "선택"받았다는 증거는 통상 샤마니즘의 특징이라고 할 수 있는 심리적인 흔적으로 나타난다.[226]

2. 미래 샤만에 대한 조직적인 교육은 많은 부족(산탈[Santal], 문다[Munda], 사오라, 바이가, 오라온, 비일[Bhil] 등)의 경우 강제적으로 시행된다. [227) 산탈, 문다, 바이가, 오라온, 비일 부족의 경우 입문의례가 있는 것이 분명하고, 코르쿠(Korku), 말러(Maler) 족의 경우는 있는 것으로 보인다. [228)

3. 산탈, 사오라, 코르와(Korwa), 비로르, 부이야(Bhuiya), 바이가, 오라온, 콘드, 말러 부족의 샤만에게는 그 샤만의 개인 전용 수호영신이 있다. [229) "이들 부족에 관한 보고서는 불완전하고 모호하다. 따라서 지금까지 실제로 입수한 자료에 제시되어 있는 것보다는 훨씬 많은 특징이 있을 것이라고 추정하는 것이 안전하다. 그러나 이미 제시되어 있는 자료로부터 몇 가지 요소(샤만을 위한 학교, 샤만에 대한 조직적인 교육, 입문의례, 개인의 수호영신, 영신이나 신에 의한 소명)는 북부 및 중부 인도의 주술과 샤마니즘에서도 찾아볼 수 있다고 단정할 수는 있디. "[230)

4. 샤만이 쓰는 무구 중에서 가장 중요한 역할을 맡고 있는 것이 키[箕]이다. "이 키는 고대 문다 인의 문화의 산물이다. "[231) 시베리아 샤만이 북을 두드림으로써 탈혼망아 상태에 이르듯이 북부 및 중부 인도의 주술사들은 "키에다 쌀알을 넣고 흔듦으로써 같은 상태에 이르려고 한다. "[232) 이러한 진술을 통해, 중앙 및 북부 인도의 샤마니즘에는 북이 없다는 것을 알 수 있다. "키가 거의 같은 역할을 하는 것이다. "[233)

5. 몇몇 부족의 경우 샤만적인 제의에서 사다리가 큰 몫을 한다. 바이가 족의 샤만인 바루아(barua)는 "조그만 신당(神堂)을 꾸미고 신당 앞에다 두 개의 막대기를 세운다. 신당 가까이에는 나무 사다리, 그네, 쇠징을 박은 밧줄, 끝이 예리한 쇠사슬, 수많은 못끝이 솟아 있는 나무판, 날카로운 못이 박힌 구두 같은 것들이 놓인다. 탈혼망아에 빠지면 샤만은 가로장을 잡지도 않고 사다리를 오르는가 하면, 위에 열거한 기구로 자기 자신을 매질하기도 한다. 사람들이 궁금한 것을 물으면 샤만은 사다리 위해서 혹은 못끝이 솟은 판자 위에서 대답한다. "[234) 샤만의 그네는, 모하기르의 곤드 족(Gond)에게서도 볼 수 있다. [235) 크루크(William Crooke)는, 두사드 족(Dusadh)과 지앙가르 족(Djangar : 인도의 옛 노스웨스턴 지방 동쪽에 살던 부족들)은 목검(木劍)의 날로 사다리를 만든다고 보고하고 있다. "샤만은 맨발로 그 날을 밟으면서 사다리를 올라야 한다. 사다리 꼭대기에 오르면, 그 위에 묶여 있던 수탉의 목을 벤

374

다."236) 사오라 인의 경우는 이렇다. "무의가 벌어지고 있는 집의 지붕을 뚫고 대나무 장대가 세워진다. 이 장대의 끝은 안방 바닥에 놓인다. 엘윈은 이것을 '천상의 사다리'라고 부른다.……무녀는 그 앞에다 이불을 깔고 사다리의 한 가지에 수탉이 홰를 틀게 한다."237)

6. 라만은 우주수라고 제대로 해석하면서 다음과 같이 보고하고 있다. "흙무더기가 만들어지고 이 위에 나륵(羅勒)이라는 신성한 식물이 심어진다. 산탈 족 샤만인 오자(ojha)와 문다 족 샤만인 마랑 데오라(marang deora)는 이 식물을 자기 집 안에 둔다.……이 같은 세계산(世界山) 혹은 무목(巫木)의 상징체계는 오라온 족의 뱀 샤만[蛇巫] 교육에 쓰이는, 쇠로 된 뱀과 삼지창(三枝槍)이 꽂힌 진흙무더기, 산탈 족 샤만의 예비 성별식(입문의례 전에 거행되는 의식)에서 사용되는 원통꼴의 돌, 문다 족의 회전의자, 오라온 족의 샤만 소카(sokha)가 밤중에 시바 신(Śiva)의 화신을 보는 데 쓰이는 돌에서도 찾아볼 수 있다."238)

7. 많은 부족의 경우239) 샤만은 죽은 지 사흘에서 열흘째 되는 날 사자의 영혼을 집으로 불러온다.240) 그러나 전형적인 알타이 및 시베리아 무의에서 볼 수 있는, 사자의 영혼을 사자의 나라로 데리고 가는 의례는 보이지 않는다.241)

요컨대 라만은, "샤마니즘은 본질적으로 수호영신(이 수호영신은, 자신이 샤만을 영매로 선택할 경우, 샤만의 몸 속으로 들어가 고도의 지식과 힘으로 샤만을 가르칠 경우, 혹은 다른 영신들을 다스릴 때 자신을 드러낸다)과의 특수한 관계로 이루어져 있다"242)고 생각한다. 이 정의는 북부 및 중부 인도의 샤마니즘의 특징에는 타당하지만, 샤마니즘의 다른 형태(가령 중앙 아시아와 북아시아)에는 적합하지 않을 듯하다. 저자도 주의를 환기시키고 있지만, "상승"의 요소(사다리, 장대, 무목, 세계축[axis mundi] 등)를 해석하기 위해서는 보다 정확한 샤마니즘의 정의가 필요하다. 역사적 관점에서 이 저자는 다음과 같은 결론을 내린다. "샤마니즘적 현상은 색티즘(saktism : 여음[女淫] 숭배)이 도래하기 이전의 인도에서 생긴 듯하다. 따라서 문다 인이 그 영향을 받지 않았을 것이라고 단정하면 안 된다."243)

제 12 장 티벳, 중국 및 극동 샤마니즘의 상징체계와 기술

불교, 탄트라 교, 라마 교

성도(成道)하고 나서 처음으로 고향 카필라바스투〔迦毘羅衞城〕로 돌아온 석가는 몇 가지 "기적적인 권능"을 행사해 보인다. 친인척들에게 자신의 정신적인 능력을 보여주고 이들을 불교로 회심(回心)하도록 만들기 위해, 그는 하늘로 치솟아 자기 육신을 토막낸 뒤 머리와 사지를 땅바닥으로 떨어뜨리고는, 눈이 휘둥그래진 친인척 앞에서 이것을 다시 모아 온전한 육신이 되게 했다. 아스바고사(Aśvaghoṣa : 馬鳴尊子)[1]의 기록에도 남아 있는 이 기적은 인도 주술 전통의 한 부분에 지나지 않는다. 당시에 이 주술 전통은 이미 바라문 행문파(行門派 : fakirism)의 이적(異跡)이라는 모습으로 정착해 있었다. 바라문 행자의 저 유명한 밧줄 마술은, 밧줄이 하늘로 솟아오르다 그 끝이 시야에서 사라져버린 듯한 환상을 불러일으킨다. 스승이 젊은 제자를 바로 이 밧줄을 타고 오르게 하는데, 이 제자 역시 시야에서 사라져버린다. 이때 스승이 공중으로 칼을 던지면 제자의 사지는 하나씩 차례로 땅에 떨어진다.[2]

인도에서 역사가 유구한 이 밧줄은 두 가지의 무속의례, 즉 "악령"에 의한 미래 샤만의 입문의례적 육신 해체와 샤만적 천계상승에 견주어진다. 독자들은 시베리아 샤만의 "입문의례인 꿈"을 기억할 것이다. 시베리아 샤만 후보자는, 조상영신 혹은 악령에 의해 자기의 육신이 해체되는 것을 목격한다. 이어서 그는 뼈가 철사로 조립되고 살이 다시 그 뼈에 붙는 것을 본다. 샤만 후보자는 이로써 다시 살아난다. 이제 이 샤만 후보자는 "새 육신"을 얻은 것이다. 바로 이러한 새 육신을 얻었기 때문에 샤만은 칼로 자기 살을 찔러도 아픈 줄을 모르고 빨갛게 단 숯덩어리를 집어도 뜨거운 줄을 모르는 것이다. 그런데 인도의 바라문 행문파 행자가 같은 이적을 행하고 있다는 것은 주목할 만한 일이다. 밧줄 마술에서 인도의 바라문 행자는 자기 제자에게, 시베리아 샤만이 꿈 속에서 겪는 "입문의례적 육신 해체"를 체험하게 하고 있는 것이다. 그뿐만 아니다. 이 밧줄 마술은 인도 바라문 행자들의 장기(長技)가 되고 있지만 이런 마술은 여기에서 멀리 떨어진 중국, 자바, 고대 멕시코, 심지어는 중세의 유럽에도 있었다. 모로코의 여행가 이븐 바투타(Ibn Baṭūṭah)[3]는 14세기에 이미 중국에서, 멜튼(E. Melton)[4]은 17세기에 바타비아에서, 사하군(Sahagún)[5]은 멕시코에서 이와 아주 똑같은 묘기를 구경했다고 증언하고 있다. 유럽의 경우 13세기 이후의 많은 텍스트가 이와 똑같은 마술을 언급하고 있다. 이런 텍스트에 따르면, 기적을 연출하는 것은 주로 요술사나 주술사들인데, 이들은 샤만이나 요가 행자처럼 몸을 사라지게 하는 능력도 지니고 있다는 것이다. [6]

바라문 행자의 밧줄 마술은 샤만에 의한 천계상승의 한 변형에 지나지 않는다. 샤만의 천계상승은 상징적이다. 그 까닭은, 샤만의 육체가 사라지는 것이 아니어서 이 천상계 여행은 "영적"으로 이루어지기 때문이다. 그러나 사다리의 상징체계와 마찬가지로, 이 밧줄 마술 역시 천상계와 지상계 사이의 교통을 의미한다. 신들의 지상계 강림과 인간의 천상계 상승은 모두 이 밧줄이나 사다리(포도 덩굴, 다리, 화살 등도 마찬가지이다)를 통하여 이루어지는 것이다. 이것은 상당히 그 역사가 길고 세계에 광범위하게 퍼져 있는 문화전승이다. 이러한 전승은 인도에서도 볼 수 있고 티벳에서도 볼 수 있다. 부처는, "인간의 길을 걷는다"는 의미를 지닌 계단을 이용하여 트라야스트림샤(Trayastriṃśa : 忉利天)에서 내려온다. 이 계단 위에 서면 위로는 브라말로카스(Brahmalokas : 梵界)가, 아래로는 지옥의 심연이 보인다. [7] 그 까닭은 바로 이 계단이 세계의 중심에 위치하는 세계축이기 때문이다. 바르후트(Bhārhut)나 산치(Sanchi)의 부조(浮彫)에도 묘사되고 있고 티벳의 불교화(佛敎畫)에도 자주 등장하는 이 초자연적인 계단은 인간이 천상에 오를 때 지나는 길이기도 하다. [8]

티벳의 경우 밧줄이 지니는 의례적, 신화적 기능은 상당히 많은 전승, 특히 불교 이전의 전승에 남아 있다. 초대 티벳 왕 냐치 첸포(Gña-k'ti-bstan-po)는 무탁(dmu-t'ag)이라는 밧줄을 타고 내려온 것으로 전해진다. [9] 이 신화적인 밧줄 그림은 왕릉에도 그려져 있는데, 이것은 왕이 사후에 다시 밧줄을 타고 천상으로 올라갔음을 뜻한다. 왕에게, 지상계와 천상계는 단절된 것이 아니다. 티벳 인의 신앙에 따르면, 고대의 통치자는 죽는 것이 아니고 천상으로 올라간 데 지나지 않는다.[10] 이러한 승천 개념은 일종의 "실락원"의 기억을 일깨우는 개념이다.

　지금도 본 교 전승에서는 무(dMu : "신들의 계단"이라는 뜻을 지닌 단어이기도 하다)라고 하는 씨족이 대단히 중요한 대접을 받는다. 신들은 천상계에 살고 사자는 사다리나 밧줄을 타고 천상의 신들에게로 간다. 오랜 옛날에는 승려 계급만이 사다리나 밧줄을 지유자재로 구사했기 때문에, 이들만이 사자를 천상으로 데리고 가는 권능을 독점했다. 그런데 이 승려가 바로 "무"인 것이다.[11] 이 밧줄(당시에는 천상계와 지상계가 하나로 통해 있었기 때문에 사자는 이 밧줄을 타고 "무"의 신들이 있는 천계로 오를 수 있었다)을 어떤 본 교 승려들은 점을 치는 데 이용한다.[12] 신들의 나라로 가는 영혼이 지나는 다리를 표상하는 이 상징성은 나-키 족(Na-khi : 모소 족)에게도 남이 있는데, 나-키 족은 자기네 의상에다 이 같은 상징성을 부여하고 있다.[13] 이러한 현상은 모두 천계상승과 영혼의 인도라고 하는 샤마니즘적 복합에서는 필수 불가결한 요소이다.

　본 교의 신화나 의례 그리고 라마 교나 인도-티벳의 탄트라 교에 남아 있는 샤마니즘적인 모티프를 몇 페이지에 걸쳐 새삼스럽게 소개할 필요는 없을 것이다.[14] 본 교의 승려는 샤만과 별로 다르지 않다. 이들에게도 "백(白)" 본 교 승려, "흑(黑)" 본 교 승려가 따로 있다. 게다가 흑백을 불문하고 의례 때는 북을 친다. 승려들 중에는, "신들렸다"고 주장하는 승려가 있을 뿐만 아니라 신들린 승려의 대부분이 축귀의례(逐鬼儀禮)를 베풀기도 한다.[15] 어떤 부류의 승려들은 아예 "천상의 밧줄을 가진 자들"이라는 이름으로 불리기도 한다.[16] 불교도들이 전형적인 본 교 승려들이라고 생각하는 파오(pawo)나 니엔-조모(nyen-jomo)는 남녀를 불문하고 영매들이다. 이들은, 시킴(Sikkim)과 부탄(Bhutan)에서는 본 교 사원에 속해 있지도 않다. "이들은, 불교의 전형을 좇아 발전한 이른바 '백 본 승려' 이전에 존재하던, 초기의 조직되지 못한 본 교 승려의 잔당들인 것으로 보인다."[17] 이들은 사자의 영에 들릴 수 있었던 것으로 보인다. 사자의 영에 들리면 이들은 탈혼망아 상태에 이르게 되는데 바로 이 때 수호신들과 교통을 시작하는 것이다.[18] 본 교 영매들의 주요 기능은, "장차 저세상으로 갈 사자들의 영혼의 입 노릇을 하는 것이다."[19]

　본 교 샤만들은 천상으로 오르는 데 필요한 매개물로 북을 이용하는 것으로 믿어진다. 밀-라 레-빠(Mi-la ras-pa)와 주력을 겨루면서 나-로 본-충(Na-ro bon-č'un)이 하늘을 날았다는 전설이 그 좋은 예다. [20] "이와 비슷한 전승이 바로 센 라프 미 보(gShen rab mi bo : 본 교 大祖師)에 관한 전설이다. 센 라프 미 보 조사는 커다란 바퀴를 타고 하늘을 날았는데, 이때 조사 자신은 바퀴의 중앙에, 여덟 제자들은 각각 여덟 개의 바퀴살 위에 앉았다." [21] 이 매개물은 샤만의 북에서 기원한 것으로 보인다. 말하자면 북이 불교의 상징인 바퀴로 바뀌었을 법하다는 것이다. 본 교 승려는 병자의 영혼을 찾아 육신에 되돌림 [22] (샤만적 기술의 특징)으로써 병자를 고치기도 한다. 티벳의 축귀술사(逐鬼術師)가 치병무의를 할 때도 이와 비슷한 의례를 베푼다. 축귀술사가 먼저 병자의 영혼부터 찾는 것이다. [23] 병자의 영혼을 육신으로 되돌리는, 지극히 복잡한 무의에는 갖가지 물건(오색 실, 화살 등)이나 주물(呪物)이 등장한다. [24] 네베스키-보즈코비치(Nebesky-Wojkowitz)는 최근에 티벳 라마 교의 또 다른 샤만적 요소를 규명해낸 바 있다. [25] 국가 대사(大事)에 관한 신탁(神託)을 받으려는 예언자가 탈혼상태에 이르는 것(의례적 점술에서는 필수적인)은 의사(疑似) 샤마니즘의 특성을 갖추고 있다. [26]

라마 교는 본 교 샤마니즘의 전승을 고스란히 보존하고 있다. 심지어는 티벳 불교의 유명한 대선사들도 순수한 샤마니즘의 전통에 속하는 치병무의와 이적을 행한 것으로 되어 있다. 라마 교의 발전에 영향을 끼친 일부 요소는 인도 기원의 탄트라 교에서 비롯된 것일 가능성이 있다. 티벳 전설에 따르면 파드마삼바바(Padmasaṃbhava)의 제자인 바이로카나(Vairocana)가 동아리와 함께 체-퐁-사(Tshe-spong-bza) 여왕의 몸에서, 검은 바늘 꼴로 들어 있는 병령(病靈)을 뽑아내었다. [27] 자, 이것은 인도의 전승일까? 아니면 티벳의 전승일까? 파드마삼바바에게는 하늘을 나는 재주도 있다. 이것은 보살이나 아라한이 지닌 능력이다. 파드마삼바바에게도 이런 능력이 있다는 것은 그 역시 공중을 날 수 있고 천계로 상승할 수 있으며 보살이 될 수도 있다는 뜻이다. 그러나 이것뿐만이 아니다. 그에 관한 전설에는 상당히 순수한 샤마니즘 현상이 들어 있다. 그는 자기 집 지붕으로 올라가, "일곱 개의 뼈로 된 장신구" [28]만 걸치고 신비스러운 춤을 춘다. "일곱 개의 뼈로 된 장신구"는 우리에게 저 시베리아 샤만의 의상을 상기시키지 않는가!

탄트라 교 [29]와 라마 교 [30] 의례에서 두개골과 여성이 맡는 역할에 관해서는 꽤 널리 알려져 있다. 이른바 해골 춤은 치얌(acham)이라는 드라마의 줄거리에서 중요한 몫을 한다. 치얌에 해골 춤이 등장하는 것은 관객으로 하여금, 바르도 상태(bardo : 中有, 죽음과 환생 사이의 중간적 상태)에 있는 수호신령의 무서운 이미지에 길들게 하기 위해서이다. 이러한 관점에서 보아, 치얌은 일종의 입문의례로 볼 수 있다. 그 까닭은 이 드라마 자체가 사후의 체험을 제시하고 있기 때문이다. 해골 모습을 한 티벳의 의상이나 가면이 중앙 아시아 및 북아시아 샤만의 의상과 얼마나 비슷한가를 관찰하고 우리가 받는 인상은 자못 충격적이다. 몇 가지의 경우, 이러한 현상은 라마 교의 영향과 관계가 있는 것으로 보인다. 이러한 라마 교 영향은, 시베리아 샤만의 의상이나, 장신구나 북의 모양에서도 검증된다. 그러나 그렇다고 해서 북아시아 샤만의 의상이 지닌 상징체계에서 드러나는 해골의 역할이 모두 라마 교의 영향에서 유래했다고 성급하게 결론을 내릴 일은 아니다. 영향을 빈은 것이 확실하나면 이러한 영향은, 동물의 뼈를 신성시하고 그래서 인간의 뼈도 신성시하는 대단히 그 유서가 깊은 관념체계가 있었다는 가설을 강화시키는 데 지나지 않는다.[31] 해골 자체가 지닌 이미지의 역할(이 이미지는, 몽고 불교의 명상 기술에서도 극히 중요한 몫을 한다)을 검토하자면, 에스키모 샤만의 입문의례에 해골을 명상하는 과정이 들어있었나는 사실을 잊지 말아야 한다. 즉 에스키모의 샤만 앙가코크는 사고(思考)의 힘으로 자신의 몸을, 살과 피는 모두 빠져나가고 뼈만 앙상하게 남은 상태로 만드는 것이다.[32] 현재의 자료만으로 본다면, 이런 유형의 명상 기술은 고대의 전(前) 불교적 정신성이라는 범주에 속한다고 믿을 수밖에 없다. 수렵민족의 이데올로기 (해골의 신성시)에 그 뿌리를 두고 있는 이러한 정신성의 목적은, 신비적인 여행——접신을 위하여 자신의 육체에서 영혼을 "분리"시키는 데 있지 않을까 싶다.

티벳에는, 츄(chöd, gchod)라고 하는 탄트라 의례가 있다. 이 츄는 그 구조로 보아 분명히 샤만적이다. 츄 의례는 악령들에게 육신을 내맡겨 살을 파먹게 하는 의례이다. 이 의례는 "악령"과 조상영신들에 의한 미래 샤만의 입문의례적 육신 해체 의식을 상기시킨다. 블라이히쉬타이너(R. Bleichsteiner)는 이 의례를 다음과 같이 묘사하고 있다. "인간의 해골로 만든 북의 소리와 역시 인간의 대퇴골로 만든 피리의 소리에 따라 춤이 시작된다. 이로써 의례 당사자의 육신을 먹을 영신들에 대한 초혼(招魂)

이 시작되는 것이다. 명상의 힘이 여신을 부르면 여신은 맨 칼을 휘두르며 나타난다. 여신은 제물이 된 의례 당사자의 머리 위로 뛰어올라 그 머리를 자르고 몸을 난자한다. 그러면 악령과 야수들이 달려와, 경련이 가시지 않은 제물의 살점을 먹고 피를 마신다. 이때 의례를 집전하는 사람이 하는 말은, 부처가 전생(前生)에 주린 짐승과 주린 아귀에게 자기 살을 먹게 했다는 이야기가 기록된 「쟈타카스(Jātakas : 本生譚)」와 관계있다.” 블라이히쉬타이너는 다음과 같이 결론짓고 있다. “그러나 불교적 색깔을 하고 있는데도 불구하고 이것은 최고(最古)의 원시시대를 연상시키는, 지극히 기분 나쁜 의식이다.”[33]

주목해야 할 것은 비슷한 입문의례가 북아메리카 인디언 부족에게서도 발견된다는 점이다. 츄의 경우에서 우리는 샤만적 입문의례의 도식이 주술적 의미로 재평가되고 있음을 알 수 있다. “기분 나쁜” 측면이 바로 이를 확인시켜준다. 이것은, 이런 범주에 드는 모든 경험이 그렇듯이, “무시무시한” 죽음과 부활의 경험에 속한다. 인도-티벳 탄트라 교에는 “악령의 손에 죽음을 당한다”는, 철저하게 정신화한 입문의례의 도식이 있다. 그 목적이 입문자로 하여금 육신의 살을 벗게 하고 해골을 직시하게 하는 탄트라적 명상 기술의 예는 얼마든지 들 수 있다. 요가 행자는, 육신을 주검으로 인식하고, 양손에 각각 칼과 해골을 들고 머리가 하나인 성난 여신으로 정신을 상상하라는 주문을 받는다. “여신이 주검에서 머리를 자르고 그 주검을 잘게 발라…… 신들에게 바칠 제물로 그 살을 두개골에 채우는 것을 명상하라”는 식이다. 요가 행자가 자신을, “우주 공간을 가득 채울 만큼 큰 불길을 내뿜는, 하얗게 빛나는, 엄청나게 큰 해골”로 보는 훈련도 있다. 마지막인 세번째 단계의 명상에서 요가 행자는, 분노한 다키니(Ḍākinī : 茶枳尼)로 화하여 자신의 육신에서 가죽을 벗기는 광경을 상상한다. 이 문헌의 다음 내용은 이렇다. “제3의 텅빈 우주를 덮을 수 있도록…… 〔그대의 가죽을〕 펼쳐라.……펼치고 그 위에다 그대의 뼈와 살을 쌓아라. 그리고 악령이 와서 포식할 동안, 성난 다키니가 그 가죽을 잡고 쳐들고 그 안에 든 모든 것, 흐물거리는 뼈와 살의 무더기를 쏟아, 마음이 만들어낸 야수로 하여금 그것을 먹게 하는 광경을 상상하라.”[34]

탄트라 교 같은, 복잡한 철학적 도식과 결합했을 때 샤만적 도식이 어떤 변화를 일으키는 것은 이 정도의 예로도 설명이 충분할 듯하다. 여기에서 중요한 것은 바로 접신을 목적으로 하는 고도로 발달된 명상 기술에도 샤만적 상징과 방법이 잔존하고 있다고 하는 점이다. 우리의 견해로는, 이 모든 샤마니즘 체험의 진정성과 입문의 정신적 가치를 충분히 보여주고 있다고 생각한다.

마지막으로 요가와 인도-티벳의 탄트라 교에 담겨져 있는 샤만적 요소를 간략하게 지적하고자 한다. 이미 베다 경전에도 기록되어 있는 "신열(神熱 : mystical heat)"이, 요가-탄트라 교 명상 기술에서는 상당히 중요한 자리를 차지한다. 행자들은 숨을 멈춤으로써〔止息〕,[35] 특히 성적(性的)인 에너지를 "변질시킴으로써"[36] 이러한 "열"이 나게 한다. 극히 모호해 보이는 이 요가-탄트라적 의례 행위는 프라나야마(prāṇāyāma : 호흡억제)와 갖가지 "시각화(視覺化)" 기술에 그 바탕을 두고 있다. 실제로 인도-티벳의 입문 시험 중에는 후보자가 수련을 통하여 얻은 능력을 선보이는 단계가 있나. 이 시험에서 후보자는 눈보라가 휘몰아치는 겨울 밤에 알몸으로 여러 장의 젖은 수건을 말려야 한다.[37] 만주 샤만의 입문의례[38]에도 이런 시험 단계가 있는 것이 특징인데, 이는 라마 교의 영향에서 온 것인 듯하다. 그러나 이 "신열"이라는 개념은 인도-티벳의 주술이 만들어 낸 개념은 아니다. 우리는 앞에서 이미, 닷새 밤낮을 빙해(氷海)에 있었지만 몸에 젖은 데가 한 군데도 없어 앙가코크(샤만)의 칭호를 얻었다는 라브라도르 에스키모 청년 이야기에서 이것을 다룬 적이 있다. 후보자가 자신의 몸에서 발산시키는 열기는 "불의 다스림"과 직접적인 관계가 있다. 우리는 여기에서 "불을 다스리는" 샤만의 기술이 얼마나 유서 깊은 기술인가를 확인할 수 있다.

티벳의 이른바 「사자의 서(書)」 역시 구조는 샤만적이다.[39] 엄격하게 말하자면, 이 전례서(典禮書)를 읽는 승려가 영혼의 안내자는 아니다. 그러나 전례서를 읽음으로써 사후에 사자가 따라가야 하는 길을 일러주는 승려는, 사자를 저승으로 상징적으로 인도하는 알타이 샤만 혹은 골디 샤만에 비교해볼 수 있다. 이 「바르도 퇴돌(Bardo thödol : 「사자의 서」)」은 영혼의 안내자로서의 샤만의 주문(呪文)과 오르페우스의 주검에서 나온 황금판(사자에게 저승으로 가는 길을 일러줄 뿐인)의 중간 단계에 위치한다. 이 「바르도 퇴돌」은 많은 부분에서 인도네시아 및 폴리네시아의 만가(輓歌)와 비슷하다. 툰후앙(敦煌)에서 출토되어 최근에 랄루(Marcelle Lalou)에 의해 번역된 "사자의 길을 밝히는 글(Exposition of the Road to Dead)"이라는 이름의 티벳 문서[40]에는 사자가 가서는 안 되는 방향에 관한 기술이 들어 있다. 그중 사자가 절대로 피하지 않으면 안 되는 곳이 지하 8천(千) 요자나(yojana : 由旬, 1유순=약 11-15km)에 있는 "대지옥"이다. 이 대지옥의 중심은 불타는 쇠로 되어 있다. "쇠의 집에는, 모든 지옥이 그렇듯이, 무수한 악령(rākṣasa : 羅刹)이 사자를 태우고 굽고 자르는 등의 고통을 가하고 있다.……"[41] 지옥(pretaloka : 餓鬼 세계), 이 세계(Jambudvīpa : 閻浮提) 그리고 메루 산은 같은 축 위에 위치하는데, 사자는 바로 이 메루 산을 향해서 가야 한다. 메루 산 꼭대기에서는 인드라(Indra)와 32대신(大臣)이 "윤회의 대상인 사자들"을 선별한다.[42] 불교 신앙의 토대에서, 우리는 여기에 세계의 축이라고 하는 고전적 도식, 세 우주 권역의 교통, 영혼을 분류하는 수호신이 등장하고 있음을 쉽게 알 수 있다. 사자의 영혼을 사자의 사자(似姿) 제웅(인형)에 깃들이게 하는 장송의례가 샤만적 요소로 구성되어 있는 것은 분명하다.[43] 제웅 혹은 "위패(位牌)"는 간청하는 듯이 무릎을 꿇고 두 팔을 벌린 모양으로 만들어진다.[44] 이런 제웅이나 위패가 만들어지면 다음과 같은 말로 초혼한다. "제웅이 위패에 붙었으니 사자는 부디 내리소서. 이미 이 땅을 떠나 그 모습이 변한 사자여, 이미 6계 중 어느 세계에서 환생하였든, 우주를 방황하느라고 딴 데 있든, 사자의 영혼은 부디 이 상징 위로 내리시라.……"[45] 만일에 사자의 뼈를 한 조각이라도 수습할 수 있으면 이 뼈를 위패 위에 올린다.[46] 사자의 영혼에 대한 주문은 이렇게 계속된다. "타계의 환상에 사로잡힌 사자는 들으시라! 우리 인간 세상에서도 가장 좋은 데인 이곳으로 오시라! 이 우산은 그대의 처소, 그대의 피난처, 그대의 성소(聖所)가 되고, 이 위패는 그대 몸의 상징, 이 뼈는 그대 말의 상징, 이 보석은 그대 마음의 상징일 터이니.…… 바라건대 이러한 상징물에 그대가 거하기를!"[47] 사자는 6계 중 어느 한 세계에 환생한다는 믿음이 있기 때문에, 샤만은 "사자가 명계로부터 악령의 세계[羅刹界]로, 동물계[畜生界]로, 인간 세계로, 거인 세계로, 이어서 신들의 세계로 갈 수 있도록 연꽃잎 주위로 그의 위패를 차례로 옮겨가면서 사자의 영혼을 이 6계로부터" 해방시키려고 한다.[48] 이 의례의 목적은 사자의 영혼이 6계 중 어느 한 세계에서 환생하는 것을 막고 아발로키테사바라(Avalokiteśvara : 관세음[観世音])의 세계에 이르게 하기 위함이다.[49] 그러나 사자의 영혼을 제웅이나 위패에 깃들이게 한다든지, 명계나 비인간계로 인도한다든지 하는 기술은 순수하게 샤만적이다.

티벳의 경우 라마 교에는 상당한 정도의 샤만적 관념이나 기술이 남아 있다. 가령 라마 승은, 시베리아 샤만들이 그러듯이, 주술적인 방법으로 겨루기를 곧잘 한다.[50] 라마 승은 샤만처럼 날씨를 마음대로 다스릴 수 있고[51] 공중을 날 수 있으며[52] 접신무도 춘다.[53] 티벳 탄트라 교에는 "다키니의 말"이라고 불리는 신비스러운 언어가 있다. 이 언어는 인도의 탄트라 교파가 사용하는 "황혼의 언어"(한 단어가 서너 가지의 다른 뜻을 지닌다)와 아주 흡사하다.[54] 이러한 언어는 북아시아 및 말레이와 인도네시아 샤만들이 쓰는 "신어(神語)" 혹은 "비밀 언어"와 비슷하다. 접신술이 어떤 과정에서 언어적 창조에 이르는지를 연구하고 그 메커니즘을 상세하게 규명하는 것은 대단히 바람직할 듯하다. 그 까닭은 이러한 "비밀 언어"가 동물의 소리를 닮아 있을 뿐만 아니라(접신 예비 단계의 쾌감 및, 접신 그 자체로 설명되는) 다양한 자연발생적인 창조 행위를 반영하고 있기 때문이다.

우리는 꽤 빠른 속도로 티벳의 자료를 검토하면서, 이로써 본 교가 지닌 신화와 샤마니즘간의 구조상의 유사점을 규명하고 불교나 라마 교에 샤마니즘적 테마와 기술이 잔존하고 있음을 확인했다. 그러나 "잔존"이라는 말은 우리가 확인한 진상을 정확하게 나타내지 못한다. 이 말 대신에 오히려 고대적 샤마니즘 모티프의 재평가, 그리고 그 내용물이 급격한 변혁을 겪은 이러한 모티프의 고행의 신학체계로의 통합이라는 말이 더 적절할 듯하다. "영혼"이라는 개념——샤만적 이데올로기에서는 기본적인——이 불교측으로부터 비판을 받고 완전히 그 의미가 바뀌어버렸다고 보면 이러한 변혁은 오히려 정상이다. 불교의 위대한 형이상학적 문화의 영향을 받고 라마 교가 어느 선까지 퇴조했든, 이 "영혼"을 실재론적 개념으로 되돌릴 수 없다. 이 한 가지 인식만으로도 라마 교가 지닌 갖가지 접신 기술과 샤만의 접신 기술을 구별하는 데는 충분하다.

그러나 곧 고찰하게 되겠지만, 라마 교의 이데올로기와 종교의 의례는 중앙 아시아와 북아시아에 깊이 침투하여 시베리아 샤마니즘 현상에 그 흔적을 남기게 되었다는 사실도 짚어두기로 하자.

롤로 족의 샤마니즘적 종교의례

타이 인, 중국인과 마찬가지로, [55] 롤로 족도 태고에는 인간이 하늘땅을 마음대로 왕래했지만 인간의 "죄악"으로 인하여 이 길이 막혀버렸다고 믿는다. [56] 이들의 믿음에 따르면, 길이 막혀버리기는 했지만 죽으면 사람은 하늘에 이르는 길을 되찾거나 적어도 장송의례를 보면 되찾는 듯하다. 장송의례에서 사제-샤만인 피모(pimo)는 사자의 머리맡에서, 하늘에서 사자를 기다리고 있을 갖가지 지복 세계(至福世界) 이야기가 담긴 기도문을 읽는다. [57] 그 지복 세계에 이르려면 사자는 다리를 건너야 한다. 북소리, 피리소리가 은은히 들려오는 가운데 기도자들은 이 기도문을 읽음으로써 사자를 안내한다. 의례가 어느 단계에 이르면 사제-샤만은 그 집의 들보 세 개를 벗겨내어 하늘이 보이게 한다. 이로써 사제-샤만은 "하늘로 통하는 다리를 여는 것"이다. [58] 남부 윈난(雲南) 지방에 사는 롤로 족의 경우, 장송의례는 조금 다르다. 사제-샤만은 "길의 의례서(儀禮書)"라는 것을 외면서 관을 따른다. 이 의례서에는 사자가 집에서부터 무덤에 이르기까지 지나야 할 곳의 이름과, 롤로 족의 고향인 탈리앙 산에 이르기까지 사자가 지나야 할 수많은 도시 이름, 넘어야 할 수많은 산 이름, 건너야 할 수많은 강 이름이 나온다. 바로 이 탈리앙 산에 이르러야 사자는 "생각의 나무"와 "말의 나무"를 지나 이윽고 저승으로 들어간다. [59] 사자의 여행에서 사자가 지나야 하는 지역이라는 측면에서 본 이 두 종교의 차이점은 차치하고 샤만이 맡는 영혼의 안내자 역할에 주목할 필요가 있다. 이 의례는 티벳의 「사자의 서」 및 인도네시아와 폴리네시아의 장례 만가에 비교된다.

이들은 영혼이 육신을 떠나기 때문에 병이 생긴다고 믿는다. 이 병을 고치려면 당연히 이 영혼을 육신에 되돌려야 한다. 그래서 샤만은 긴 기원문을 읽는다. 이 기원문에서 샤만은 어느 먼 골짜기, 강, 숲, 벌판에 있을 혹은 길을 잃고 방황하고 있을 영혼에게 돌아오기를 간청한다. [60] 영혼을 부르는 이런 의식은 버마의 카렌 족(Karen)의 의례에서도 볼 수 있다. 카렌 족 샤만은, 벼가 "병"들어 있을 때도 같은 의례를 베풀어 벼의 영혼에게 돌아올 것을 간청한다. [61] 곧 검토하게 되겠지만 중국인도 똑같은 의례를 베푼다.

롤로 샤마니즘은 중국 주술의 영향을 받은 것으로 보인다. 롤로 샤만의 칼과 북 그리고 "영신"은 모두 중국 이름을 지니고 있다. [62] 점술도 중국식이다. [63] 중요한 것으로 보이는 롤로 족 무의에 등장하는 "칼 사다리"는 중국에서도 발견된다. 이 의례는 전염병이 창궐할 때 베풀어진다. 샤만은 36개의 칼로 이중 사다리를 만들고는 맨발로 한쪽 사다리에 올랐다가는 반대편 사다리로 내려온다. 구경꾼들이 여러 개의 보습을 빨갛게 달구어 놓으면 샤만은 그 위를 걸어야 한다. 리타르 신부(Father Lietard)는 중국인들이 롤로 샤만에게만 이런 의례를 맡기는 것을 보고는 이 의례가 롤로 족 특유의 샤마니즘이라고 설명한다. [64] 의례가 진행될 동안 샤만이 외는 주문은 롤로 어이지만, 영신들의 이름은 중국어로 되어 있는 것으로 보아, 이것은 중국 주술의 영향 아래 변형된 고대의 샤만 의례인 것으로 보인다.

우리에게 이 의례는 대단히 중요한 의미를 지닌다. 이 의례에 등장하는 샤만의 사다리를 이용한 상징적 천계상승은 나무, 기둥, 밧줄 등을 이용한 천계상승의 변형이다. 이 의례는 전염병이 퍼질 때 베풀어진다고 했는데, 전염병이 퍼지고 있다는 것은 동아리 전체가 위기에 직면했다는 뜻이다. 의례가 어떤 의미를 지니든, 그 원초적인 의미는 천상계로 올라가 신에게 전염병을 거두어달라고 빌기 위한 샤만의 천계상승이다. 게다가 사다리를 이용한 천계상승은 아시아의 다른 지역에서도 얼마든지 찾아볼 수 있다. 이 문제는 뒤에 또 다루기로 하고 여기에서는 버마 고지에 사는 칭파우 족(Chingpaw) 샤만이 입문의례중에 칼로 된 계단을 오른다는 사실[65] 만 지적하고 넘어가기로 하자. 같은 입문의례는 중국의 의례에서도 찾아볼 수 있다. 우리가 보기에 이런 의례는 이들(롤로 족, 중국인, 칭파우 족 등)뿐만 아니라 우리에게도 공통되는 선사적 유산이 아닐까 싶다. 이런 말을 하는 까닭은, 샤만적 상승의 상징체계는 너무 많은 지역에서 발견되고 너무 먼 지역에서 같은 형태로 발견되어서 그 역사적 "기원"을 밝힐 도리가 없기 때문이다. 중앙 아시아 타입의 샤마니즘 흔적은 인도지나의 백(白) 메오 족(Meo) 샤마니즘에도 발견된다. 이 의례에서 샤만은 말을 타고 명계를 여행하는 시늉을 한다. 사람들은 샤만이 이 여행을 통하여 병자의 길잃은 영혼을 찾아오는 것으로 믿는다. 이런 무의에서 실패는 거의 없다. 무의에서 샤만은 이따금씩 펄쩍펄쩍 뛰기도 하는데, 사람

들은 그럴 때마다 그가 천상으로 오른다고 믿는다. [66]

모소 족의 샤마니즘

티벳의 「사자의 서」와 그 개념이 아주 유사한 문서가, 서력 기원 (西歷
紀元) 즈음부터 중국 남서부, 특히 윈난 지방에 분포해 있는, 티벳-버마
계인 모소 족, 곧 나-키 족에게도 있다. [67] 이 방면의 지식이 가장 많은
근년의 권위자인 록 (Rock)에 따르면 나-키 족의 종교는 순수한 본 샤마
니즘 (Bon shamanism)이다. [68] 그러나 그런데도 이들은, 중국의 천신인
티엔 (T'ien)과 구조적으로 아주 가까운 천상계의 절대신인 메 (Më)를 섬
긴다. [69] 하늘에 대한 정기적인 공희제는 나-키 족의 가장 오래된 의례이
기도 하다. 이들이 티벳 북동부의 고원에서 유목생활을 할 때부터 이 정
기적인 공희제를 지냈을 것이라고 보아도 별무리가 없다. [70] 이 의례에서,
하늘에 대한 기도에는 반드시 땅과 노간주나무에 대한 기도가 뒤따른다.
이 노간주나무는, "세계의 중심"에 솟아서 우주를 떠받치는 우주수이
다. [71] 우리가 보기에 나-키 족은 중앙 아시아 유목민의 신앙체계를 지니
고 있다. 즉 하늘에 대한 의례, 세 우주 권역이라는 개념, 우주의 중심에
서서 수많은 가지로 세계를 받치고 있는 세계수를 신앙하고 있는 것이다.
사람이 죽으면 영혼은 하늘로 올라가야 한다. 그러나 이렇게 하려면 악
령을 잘 다루어야 한다. 악령은 그 영혼을 지옥으로 끌어내리려고 하기
때문이다. 이 악령의 숫자, 권능 그리고 중요성이 이 모소 족 종교의 외
모를 형성시켰는데 이 외모는 본 샤마니즘에 아주 가깝다. 실제로 나-키
샤마니즘의 창시자인 톰-파 실-로 (Dto-mba Shi-lo)는 신화나 의례를
통하여 악령의 정복자로 그 모습을 드러낸다. 톰-파 실-로는, 많은 영웅
이나 성자들이 그렇듯이, 자기 어머니의 옆구리를 통해 세상에 나와서는
(석가처럼) 즉시 하늘로 올라가 악령들을 몹시 놀라게 했다. 그래서 하늘
의 신들이 그에게 악령을 몰아내는 힘과, "사자의 영혼을 신들의 나라로
안내하는" 권능을 주었다. [72] 그는 영혼의 안내자인 동시에 구세주이다.
중앙 아시아의 다른 전승에서도 그렇듯이, 신들은 늘 시조 샤만을 보내어
악령으로부터 인간을 돌보게 한다. 티벳 어원에서 기원, 티벳 어의 스톤
-파 (ston-pa : 스승, 혹은 특정 교리를 창시하거나 공표한 자)에 해당하

는 이들의 말 톰-파(dto-mba)는, 티벳의 영향 아래서 여러 차례에 걸쳐 혁신되어왔음을 보여준다. 말하자면 나-키 족 "샤마니즘"은 종족의 종교 조직의 순서로 보아 뒤에 나타난 현상이다. 악령의 수가 늘어가자 이를 제압할 샤마니즘이 필요했던 것이다. 그런데 이러한 악령 개념이 중국의 종교 관념의 영향 아래서 발전했다고 믿을 만한 근거는 얼마든지 있다.

혼합물이 들어 있기는 하지만 톰-파 실-로의 신화적인 전기(傳記)는 샤만적 입문의례의 전형적인 도식을 보여주고 있다. 톰- 파 실-로가 태어나자 이 아기의 비범한 지력(智力)에 놀란 360악령은 이 아이를 잡아 "천 개의 길이 교차하는 곳"(말하자면 "세계의 중심")으로 데리고 가서는 가마솥에 넣고 사흘 밤낮 동안 끓인다. 그렇게 끓인 다음에 악령이 두껑을 열자 아이는 털끝 하나 다치지 않은 채로 나타난다. [73] 이 일화는 악령이 미래 샤만을 가마솥에 넣고 사흘 동안이나 끓이더라는, 시베리아 샤만의 "입문적인 꿈"을 상기시킨다. 그러나 톰-파 실-로는 처음부터 악령의 정복자인, 축귀의 전문가이기 때문에 입문의례에서는 악령의 역할이 위장되어 있다. 그러니까 이 이야기에서는 악령에 의한 살인 기도가 입문 시련이 되어 있는 것이다.

톰-파 실-로는 "죽은 사람의 영혼의 갈 길을 연다." 모소 족의 장송의례는 정확하게 지마(Zhi-mä : 길에 대한 소원)라고 불린다. 이 장송의례 중 주검 옆에서 읊는 수많은 기도문은 티벳의 「사자의 서」에 해당된다. [74] 장례식 당일, 의례를 집전하는 사제는 두루마리 혹은 천을 펼치는데, 여기에는 사자가 신들의 나라에 이르기 위해 지나가야 할 명계의 그림이 무수히 그려져 있다. [75] 그러니까 샤만(톰-파)을 따라 사자가 치러야 할 복잡하고 위험한 여행의 지도와 같은 것이다. 명계에는 아홉 개의 구역이 있다. 이 구역에 이르려면 먼저 다리를 건너야 한다. [76] 명계하강은 악령이 이 다리를 지키고 있기 때문에 지극히 위험하다. 톰-파의 역할은 정확하게 "길을 여는 것"이다. 톰-파는 끊임없이 시조 샤만[77]인 톰-파 실-로의 이름을 부르면서 사자와 함께 한 구역 한 구역을 지나 마침내 아홉번째 구역에 이른다. 악령 사이를 지나 무사히 명계로 내려가면 사자는 일곱 개의 황금산을 올라 드디어 꼭대기에 "불사약(不死藥)"이 있는 한 나무 아래로 간다. 이로써 사자는 신들의 나라에 이른다. [78]

시조 샤만 톰-파 실-로의 대리자로서 톰-파는 "길을 열어주면서" 사자로 하여금 무사히 명계의 아홉 구역을 지나게 한다. 명계에서는 잘못하면

388

악령의 밥이 되고 만다. 그래서 톰파는 의례서를 읽음으로써 상징적으로 사자를 명계로 안내한다. 비록 의례서 독송을 통한 상징적 안내이기는 하지만 톰-파는 항상 "영적으로는" 사자와 동행한다. 그는 이런 말로 사자에게 위험을 경고한다. "오, 사자여, 다리를 건너 길을 가다보면 이 다리와 길을 막고 있는 레-초우(Lä-ch'ou)를 만나게 될 것이다. 그러면 그대의 영혼은 신들의 나라에 들 수 없다."79) 이러면서 톰-파는 이 악령들에게서 도망치는 방법을 가르쳐준다. 이런 방법을 가르쳐줄 때마다 사자의 유족은 이 악령들에게 제물을 바쳐야 한다. 악령이 길을 막는 것은 사자가 생전에 지은 죄 때문이라서 유족은 제물로써 이 죄를 사해주어야 하는 것이다.

이 몇 가지 자료만으로도 우리는 나-키 종교에서 샤만이 맡는 역할을 짐작할 수 있다. 샤만은 악령으로부터 인간을 지키라고 신들이 보낸 존재이다. 샤만에 의한 보호는 생전보다 사후에 더 필요하다. 그 까닭은 인간이라는 것은 모두 죄인이기 때문이다. 악령이 저승에서 인간을 잡아먹는 행위를 정당화시키는 것이 바로 인간은 모두 죄인이라는 사실이다. 그러나 신들은 인간의 탄원에 마음이 움직여져, 시조 샤만을 보내어 사자를 영원한 안식처까지 안내하게 한다. 티벳의 경우, 하늘과 땅과 저승의 교통은 수직축, 즉 세계축 위에서 이루어진다. 다리를 건너고 아홉 구역을 지나는 미궁 같은 사후의 저승 하강은 입문의례적 도식을 그대로 간직하고 있다. 먼저 저승으로 내려가지 않고는 누구도 천상계에 이를 수 없는 것이다. 샤만은 영혼의 안내자와, 사후 입문의례의 집행자 노릇을 겸한다. 모소 종교에서 샤마니즘이 차지하는 자리는, 다른 중앙 아시아의 종교도 거쳤을 법한 아주 오래된 단계를 보여주고 있다. 그리고 "시조 샤만"에 관한 시베리아 신화는 톰-파 실-로의 신화적인 전기와 무관하지 않아 보인다.

중국 샤마니즘의 상징체계와 기술

중국에는, 사람이 죽으면 유족이 지붕 위에 올라가 사자의 영혼을 향하여 새 옷을 보여주면서 육신으로 되돌아오라고 간청하는 관습이 있다. 이 의례는 옛 문헌에도 등장하고80) 우리 시대까지도 존속하고 있다. 81) "초사

(楚辭)”는 이러한 의례를 다룬 것으로, 여기에는 “초혼”이라는 제목의 장시(長詩)가 여러 편 실려 있다. [82] 병도 영혼이 육신에서 도망치기 때문에 생긴다고 믿는다. 그래서 병자가 생기면 요술사가 접신상태에서 병자의 영혼을 잡아다 병자의 육신에 되돌린다. [83]

고대 중국에는 남녀 요술사, 영매, 축귀술사, 우사(雨師), 주술사 등 몇 가지 범주의 종교 관계 종사자들이 고루 있었다. 그중 한 유형의 주술사가 특히 우리의 주의를 끈다. 이 주술사는 다름 아닌, 자신의 영혼을 “외면화, 실제화시키는” 다른 말로 하면 “영혼인 상태에서 여행하는” 기술을 지닌 접신사(接神師)이다. 중국의 옛 전설이나 민간전승에는 “주술적 비상”사례가 무궁무진하다. 앞으로 다루게 되겠지만 중국인들은 고대에 이미 “비상”을, 접신을 위한 거푸집(鑄型) 정도로 이해하고 있었다. 어쨌든 선사 중국의 조형(鳥形) 의상의 상징체계(이 문제는 잠시 뒤에 다루게 된다)는 문제로 삼지 않는다고 하더라도, 최초로 비상의 능력을 획득한 사람이 순 황제(Emperor Shun : 舜帝, 중국의 연대기에 따르면 기원전 2258-2208년)라고 전하고 있는 전승은 주목할 만하다. 이 전승에 따르면 황제 야오(Yao : 堯)의 딸인 뉘잉(Nü Ying : 女英)과 오 후앙(O Huang : 娥皇)이 순에게 “새처럼 하늘을 나는” 기술을 가르쳐주었다고 한다. [84] (이로써 우리는 어느 시대까지는 주력(呪力)은 여성에게만 있었던 것으로 짐작할 수 있다. 이와 관련된 상세한 자료는 고대 중국이 모권사회였던 증거로 볼 수 있다. [85]) 우리는, 완벽한 군주는 반드시 “주력”의 소유자였던 점에도 주목할 필요가 있다. “접신 능력”은 정치적 덕행과 마찬가지로 국조(國祖)에게는 필수 불가결한 요소였다. 그 까닭은, 이 주술적인 권능이 곧 세계에 대한 권위와 지배를 정당화시키는 가치였기 때문이다. 그라네(Marcel Granet)의 기술에 따르면, 순 황제의 계승자인 위(Yü : 禹帝)의 걸음걸이는 “접신한 티아오센(t'iao-shen : 跳神)이 추는 춤과 조금도 다를 바가 없었다.…… 접신상태에서 추는 춤은 인간과 자연을 지배하는 힘을 획득하는 순서의 일부이다. 도교(道敎) 문헌이나 유교(儒敎) 문헌이 이 지배력을 타오(道)라고 부르는 것은 널리 알려진 사실이다.”[86]

우리가 알기로 많은 황제들, 현자들, 연금술사들 그리고 요술사들이 “승천했다.”[87] 후앙 티(Huang Ti : 黃帝)는 합해서 70명이나 되는 비(妃)와 측근과 함께 수염난 용을 타고 하늘로 올라갔다고 한다. [88] 그러나 그의 경우는 이미 신의 반열(班列)에 든 뒤의 비상이었기 때문에 중국의 전승이 전해주는 다른 사례와 같은 의미의 "주술적 비상"은 아니다.[89] 비상에 관한 집념은, 비차(飛車) 같은 탈것에 관한 수많은 전설을 낳기에 이른다.[90] 이 같은 경우에서 우리는 저 유명한 상징체계의 퇴화 현상을 만난다. 상징체계의 퇴화 현상은, 넓은 의미로 말하자면, 현실적인 구체적 차원에서 내적 현실에 준하는 "결과"를 추출해야 하는 것과 같은 현상이다.

어쨌든, 주술적 비행의 기원이 샤마니즘이라는 암시는 중국 문헌에 얼마든지 나온다. "천계비상"이 중국에서는, "새의 깃으로 그는 모습을 바꾸고 불사신처럼 날아올라갔다"는 식으로 표현된다. "우사(羽士)" 혹은 "우객(羽客)"이라는 표현은 도교의 사제, 즉 도사(道士)를 지칭하는 말이다.[91] 우리는 이 깃털이 "샤만적 비상"에서 가장 많이 등장하는 상징이라고 알고 있다. 선사시대 중국의 그림에도 자주 등장하는데, 이는 이 상징이나 여기서 선행했던 이데올로기가 유포된 지 얼마나 오래되었는가를 말해준다.[92] 도교의 전설에는 승천 같은 이적(異跡)이 무궁무진하게 등장한다. 바로 이들이 선사 중국의 샤마니즘적 기술과 이데올로기에 주도면밀하게 손질을 가하고 이를 체계화시켜, 뒤에서 소개하게 되는 축귀술사, 영매, "빙의자"보다 더 편리한 샤마니즘의 계승자로 자기네들을 개량해낸 듯하다. 다른 지역에서도 그런 예를 찾아볼 수 있지만 중국에서도 축귀술사나 영매는 샤만적 전통의 아류를 대표한다. 그 까닭은, "영신들"을 잘 다루어내지 못하는 사람은 바로 이런 영신에 들려버리기 때문이다. 이 경우 접신이라는 주술적 기술은 영매의 오토마티즘(automatism : 자동 현상)으로 전락하고 만다.

이와 관련된 놀라운 사실은, "주술적 비상"이나 샤만의 춤을 언급하고 있는 중국의 전승에, "빙의"에 대한 기술이 전무하다는 점이다. 뒤에 예를 들겠지만, 샤만적 기술은 신들이나 영신에 대한 "빙의"로 나타난다. 그러나 황제들, 도가의 불사신들, 연금술사들, 심지어는 "요술사"의 전설에는, 승천했다든지 다른 기적을 연출했다는 소리는 있어도 "빙의"에 대해서는 한 마디도 없다. 이것은, 중국의 정신이 지니는 "고전적" 전통(자발적 자기 극복이나, 우주 리듬과의 완전한 합일) 때문에 그런 결과가 나왔다고 하는 편이 타당할 것이다. 어쨌든 중국의 도사와 연금술사에게는 하늘을 날아오르는 권능이 있었다. 「후아이 난 체(Huai-nan Tse : 淮南

子)」로도 유명한 리우 안(Liu An : 劉安, 기원전 2세기)은 벌건 대낮에 승천했고 리 샤오 쿤(Li Shao-kun : 李少君, 기원전 140-87년)은 9천 (天) 너머까지 날아갈 수 있다고 공언했다. [93] 한 무녀는, "우리는 천상으로 솟아 혜성을 쓸어버린다"는 내용의 무가를 부른다. [94] 취 위안(Ch'ü Yüan : 屈原)이라는 시인은 장시에서 "하늘의 문"으로의 승천, 환상적인 마상(馬上) 여행, 무지개를 이용한 천계상승(모두 샤만적인 민간전승에서 자주 다루는 모티프)을 노래한다. [95] 중국의 옛 이야기는 주술사의 장거(壯擧)를 내용으로 하는 경우가 많은데, 이것은 바라문 행문파에 관한 전설과도 흡사하다. 이런 이야기에 등장하는 주술사들은 달까지 날아가기도 하고 벽을 예사로 지나다니기도 하고 식물에서 싹을 틔워 자라나게 할 수도 있다. [96]

이러한 신화나 민간 신앙의 전통은 모두 "영적인 여행"을 뜻하는 접신의 이데올로기 및 기술을 그 출발점으로 한다. 아득한 옛날부터 틸혼상태를 만드는 가장 고전적인 수단은 춤이었다. 다른 지역에서와 마찬가지로 중국에서도 샤만의 "주술적인 비상"이나 "영혼"의 하강을 가능하게 하는 것은 접신이었다. 그러나 영혼의 하강이 반드시 "빙의"를 의미하는 것은 아니다. 말하자면 영혼이 샤만에게 영감을 줄 수도 있었던 것이다. 중국인에게, 접신 체험을 기술하는 상투적 문구에 지나지 않는 주술적인 비상과, 전우주를 누비는 환상 여행은 다음의 문헌에 자세하게 기록되어 있다. 「쿠오 위(Kuo Yü : 國語)」는, 어느날 차오 왕(King Chao : 昭王, 기원전 515-488년)이 신하에게 이런 말을 했다고 전한다. "진(陳) 나라 시대의 기록을 보면, 충리(Chung-li : 鐘離)가 도무지 사람이 닿을 수 없는 하늘과 땅 너머로 사신을 보냈다고 하는데, 어떻게 그런 것이 가능한가? …… 말해보아라, 사람이 하늘에 오르는 것이 과연 가능한 일인가?" 그러자 신하는 이 전승의 참뜻은 영적인 데 있다고 설명하면서 다음과 같이 대답한다. "의롭고 정신 집중에 능한 사람은 능히 높은 곳에 오를 수도 있고 아래로 하강할 수도 있으며 마땅히 해야 할 일과 하지 말아야 할 일을 구별할 줄도 압니다. …… 이런 상태에 들면 총명한 셴(shen : 神)이 내려와 이들에게 깃들이게 되는데, 이 셴이 남자에게 깃들이면 이 남자는 히(hih : 覡, 즉 남무)가 되고 여자에게 깃들이면 이 여자는 우(wu : 巫, 즉 여무)가 된다고 합니다. 이들은 공리(公吏)로서 공희제에서 신들이 앉을 자리, 그러니까 위패 놓을 자리를 정하고 희생제물과 제구(祭具)를 관장하며 철에 맞추어 예복 마련하는 일을 합니다."[97]

　이것은 접신——"주술적 비상,""승천,""신비 여행" 등으로 표현되는 체험——이 셴에 들린 **결과**가 아니라 그 셴에 들리는 **원인**임을 뜻한다. 그러니까 총명한 셴이 "내려와 깃들이는" 것은 그 대상이 이미 "능히 높은 곳에 오를 수도 있고 아래로 하강할 수도 있기"(즉 천상계로 상승할 수도 있고 지하계로 하강할 수도 있기) 때문인 것이다. 이 같은 현상은 뒤에 다루게 될 "빙의" 현상과는 상당히 다른 것으로 보인다. 물론 "셴의 강림"은 최종적으로는 다수의 "빙의" 현상과 혼동되기 쉬운, 유사 체험의 원인이 되기는 한다. 접신의 내용을, 그것을 표현한 용어로 식별하기는 쉬운 일이 아니다. 마스페로(H. Maspero)에 따르면, 접신(도교의 용어로는 "퀘이주〔kuei-ju : 鬼入〕," 즉 "영신에 들리기")은, "요술사의 빙의"에 의한 도교적 체험을 통해서만 설명이 가능하다. 실제로 탈혼상태에 빠진 한 여요술사는 셴의 이름을 부르면서, "이 육신은 요술사의 것이지만 정신은 신의 것"이라는 말을 했다고 한다. 이 신을 화신시키기 위해 여요술사는 향수로 재계(齋戒)하고 예복을 차려입은 뒤 제물을 마련했다. 그리고는 이 요술사는, "손에는 꽃을 들고 북과 피리의 음악과 노랫소리에 맞추어, 그 자리에 지쳐 쓰러질 때까지 춤을 춤으로써 (신을 찾아) 여행하는 시늉을 했다. 바로 이 순간이, 신이 나타나 여요술사의 입을 통하여 응답하는 순간인 것이다."[98]

　도교는 요가나 불교보다 훨씬 많은 고대의 접신 기술을 흡수하고 있다. 특히 주술적 요소로 변질된 후기 도교의 경우가 그러하다.[99] 그러나 상승의 상징체계가 중요하게 받아들여지고 일반적으로 말해서 그 구조가 견실하고 건강한데도 불구하고 도교는, 여요술사가 보여준 특징이라고 할 수 있는 접신-빙의와는 구별된다. 중국 "샤마니즘"(드 그로트〔de Groot〕)에 따르면, "우이즘"〔wu-ism : 巫俗〕은 유교와 국가 종교가 우위를 차지하게 되기 전 시대의 종교 생활을 지배했던 것으로 보인다. 상고시대의 수 세기 동안 "우〔巫〕"는 중국의 정통 사제였다.[100] 우가 바로 우리가 샤만이라고 하는 것과 같았던 것은 아니다. 그러나 "우"는 영(靈)과 합일하고 이 합일을 통하여 신과 인간을 중재했으며 영의 도움을 얻어 병자를 고치는 치료술사이기도 했다.[101] 숫자로는 여무가 압도적이었다.[102] "우"가 화신시키는 "셴"과 "퀘이〔귀〕"는 사자의 영혼이었다.[103] 엄밀한 뜻에서의 "빙의"가 시작되는 것은 "우"가 귀신과 합일할 때였다.

후한(後漢)의 사상가 왕충(Wang Ch'ung, 王充)은 이렇게 쓰고 있다. "사자는 흔히 탈혼상태의 산 사람의 입을 빌려 말을 하지만, 일단 무(巫)가 검은 현(弦)을 타면서 사자를 부르면 사자는, 이번에는 무의 입을 빌려 말을 한다. 하지만 이들이 무슨 말을 하건 그건 모두 거짓말이다."104) 이것은 영매 현상을 혐오하는 작가의 판단임이 분명하다. 그러나 여무의 마술은 여기에서 그치는 것이 아니다. 여무는 사람들의 눈에 자기 모습이 보이지 않게 할 수도 있고 칼로 자기 몸을 찌르거나 혀를 자를 수도 있으며 칼을 삼킬 수도 있고 불을 뿜을 수도 있으며 번개처럼 빛나는 구름을 타고 하늘을 날 수도 있다. 여무는 선무(旋舞)를 추는가 하면, 신어(神語)를 말하기도 한다. 그뿐만 아니라 자기 주위에 있는 사물을 공중으로 뜨게 해서는 서로 부딪치게 할 수도 있다.105) 다분히 바라문 행문파가 보이는 이적 같은 이런 현상은 중국의 주술계(呪術界) 및 영매계(靈媒界)에서는 아직끼지도 일반적으로 볼 수 있는 현상이기도 하다. 영신을 보거나 예언을 하고 싶다고 해서 반드시 "무"가 되어야 하는 것은 아니다. 셴[신] 들리기만 하면 이 정도의 일은 얼마든지 해낼 수 있다.106) 다른 지역에서와 마찬가지로 신통력과 "빙의"는 종종 상궤(常軌)를 벗어난 자발적인 샤마니즘으로 귀착한다.

중국의 여요술사, 무 그리고 "빙의"의 사례를 있는 대로 들 필요는 없을 것이다. 그러지 않아도 대체로 만주, 퉁구스, 시베리아 샤마니즘과 가까운 이러한 현상이 실제로 이들 샤마니즘과 얼마나 닿아 있는가를 검토하는 것은 가능하다.107) 여기에서 강조하고 싶은 것은, 세월이 지나면서 중국의 접신술사가 초기의 요술사나 "빙의자"로 오인되는 사례가 늘어간다는 점이다. 어느 시기에 그리고 이때부터 아주 오랫동안 무는, 흔히 우쉬(wu-shih : 巫師)라고 불려지던 축귀술사와 아주 비슷했다.108) 오늘날 이 우쉬는 사이 쿵(sai kung : 師公)이라는 이름으로 불려지는데, 대개는 세습무인 것이 보통이다. 이 세계에 여성 상위 현상은 이제 사라진 것으로 보인다. 아버지로부터 예비적인 지식을 전수받으면 사이 쿵 견습무는 "학교"에 들어가 공부한 뒤, 유형으로 보아 분명히 샤만적인 입문의례를 치른 다음에 "종교의 장(長)"이라는 칭호를 받는다. 이 입무의례는 공개리에 치러진다. 이 의례에서 견습무는 토 투이(to t'ui : 刀梯), 즉 "칼 사다리"를 올라야 한다. 견습무는 맨발로 칼 위를 걸어 단 위로 올라가야 한다. 이 칼 사다리는 12개의 칼로 만들어진다. 경우에 따라 내려오는 사

394

다리도 같은 모양으로 만들어진다. 이와 비슷한 입문의례는 버마의 카렌 족에게도 있었다. 카렌 족의 경우 사제 계급을 "위(Wee)"라고 부르는데, 이 말은 중국의 "우"라는 말의 변형인 듯하다.[109] (중국의 영향이 이곳에서 고대의 토착 주술 전통을 오염시켰을 가능성이 크다. 그러나 이 카렌 족이 중국으로부터 입문의례의 사다리를 빌려왔다고 볼 필요는 없다. 왜냐하면 비슷한 샤만적 상승의례는 인도네시아 등지에서도 볼 수 있기 때문이다.)

사이 쿵의 주술-종교적 역할은 도교 의례의 범주에 속한다. 사이 쿵은 스스로를 "도교의 박사," 즉 타오 쉬(tao shih : 도사)라고 부른다.[110] 이 도사는, 축귀술사로 명성이 자자하다는 뜻에서 "우"와는 다르다.[111] 도사의 예복에는 우주론적 상징이 잔뜩 붙어 있다. 가령 중앙에 타이 산(泰山)을 거느린 우주의 태양 같은 것도 그중의 하나이다.[112] 사이 쿵은 통상 영매를 거느리는데 이 영매는 "인사불성 상태"에서 칼로 자기 몸을 찔러 보이는 등의, 바라문 행문파풍(風)의 주력을 과시한다.[113] 여기에서 우리는 인도네시아와 폴리네시아의 경우에서 목격한 것과 같은 현상을 만난다. 빙의 이후의 자발적인 샤마니즘 시늉이 그것이다. 피지 섬의 샤만처럼 사이 쿵도 불 위를 걸어 보인다. "불의 길 걷기〔火道遊步〕"라고 불리는 이 의례는 사원 앞에서 베풀어진다. 사이 쿵은 먼저 불타는 석탄 위를 걸은 다음 제자나 관중에게도 걷게 한다. 이와 비슷한 의례가 "칼의 다리"를 걷는 의례이다. 의례 전의 정신적 준비상태가 완벽하면, 의례 당사자는 칼 위를 걸어도, 불 위를 걸어도 상처를 입지 않는 것으로 믿어진다.[114] 여기에서도 우리는 영매로서의 신통력, 강신술 혹은 신탁 기술(神託技術)의 등의 사례와 마찬가지로 토착성이 강한 자연발생적 의사(擬似) 샤마니즘을 볼 수 있다. 영매로서의 신통력, 강신술, 신탁 기술을 일일이 구별하기는 쉽지 않다. 그러나 가장 중요한 특징이 있다면 당사자가 이것을 "너무 쉽게" 해낸다는 것이다.[115]

이로써 중국의 샤마니즘 관념의 역사나 의례의 흔적을 훑어보았다고는 하지 않겠다. 우리는 아직 그런 역사가 가능한지 여부도 확신하지 못한 수준이다. 우리는, 중국의 지식인들이 과거 2,000년간에 걸쳐 고대전승에 대해 실천해온("蒸溜〔증류〕" 작업이라는 말이 지나치다면) 정치화(情熾化) 및 해석 작업의 광범위한 과정을 알고 있다. 우리의 목적은 중국 역사를 통하여, 샤만적 기술이 존재했느냐 여부를 확인하는 정도에 지나지 않는다. 그러나 우리는 이러한 기술이 동일한 이데올로기나 문화 기층에 속한다고는 보지 않는다. 가령 우리는 군주, 연금술사, 도교도(道敎徒)의 접신과, 여요술사 혹은 사이 쿵의 도제(徒弟)들의 접신-빙의 사이에 어떤 차이가 있는지를 검토해보았다. 이 같은 내용상의 차이와 정신적 지향의 차이는 다른 샤만적 상징체계나 기술에서도 찾아볼 수 있다. 우리는, 샤마니즘의 도식은 결국 동일하지만, 경험만은 각기 다른 차원에서 경험된다는 느낌을 받는다. 결국 이런 것은 샤마니즘의 범위를 벗어난 차원에서도 광범위하게 분포하는 현상이며 어떤 종교적 상징이나 관념에서도 검증되는 현상인 것이다.

대체로 보아, 중국은 샤마니즘의 중요한 요소(승천, 초혼과 영혼의 수탐(搜探), "영신"과의 합일, 불의 다스림, 바라문 행문파적 묘기 등)를 모두 골고루 보여주고 있다. 그런데 명계하강은 별로 일반적이지 못하다. 병자의 영혼이나 사자의 영혼을 찾기 위한 명세하상은 특히 그렇다. 물론 이런 모티프를 중국의 민간전승에서 찾아볼 수 있기는 하다. 초(楚 : Chu) 나라 목공(穆公 : King Mu)의 이야기를 예로 들어보자. 목공은 땅 끝까지 갔다가 이윽고 쿤룬 산(崑崙山)에 이르고 여기에서 물고기와 거북이 즉석에서 만드는 다리를 건너 마침내 서쪽의 어머니 여왕(西王母=죽음)이 있는 곳에 이르렀다. 그러자 서왕모는 그에게 장수(長壽)를 보증하는 노래를 가르쳐주고 호부(護符)를 준다. [116] 학자 후 티(Hu Ti : 胡迪)의 이야기도 있다. 그는 죽음의 산을 통하여 저승으로 내려갔다가 강을 만났다. 강 위에는 황금 다리가 있었는데, 생전에 의롭게 살았던 사람의 영혼은 그 다리를 건너고 있었고 죄인이었던 사람의 영혼은 악령의 공격을 받으면서 그 다리 밑을 헤엄쳐 건너고 있었다. [117] 마침내 우리는 여기에서도 오르페우스 신화의 변형을 만난다. 불교의 성인 물리안(Mu-lian : 目連)은 신비스러운 천리안의 권능을 얻어, 생전에 적선(積善)한 적이 별로 없는 자기 어머니가 지옥에서 기아에 시달리고 있는 것을 본다. 그는 지옥으로 내려가 어머니를 구한다. 어머니를 업고 극락으로 데려간 것이다. [118] 에버허트(Eberhard)가 채집한 다른 두 이야기[119] 역시 오르페우스 모티프로 되어 있다. 첫번째 이야기는 죽은 아내를 찾으러 타계로 내려간 어느 사내의 이야기이다. 사내는 우물가에서 아내를 발견하지만 아내는 그에게, 자기는 망령이 되었으니 제발 그냥 두고 가달라고 말한다. 그러나 이 사내는 한동안 그 망령의 나라에 더 머문다. 결국 둘은 함께 망령의 나라를 벗어난다. 그러나 이승에 도착하는 순간 아내는 어느 집 안으로 자취를 감추어버린다. 바로 그 순간에 그 집 안주인은 딸을 낳는다. 이 딸이 자라서 처녀가 되었을 때야 사내는 그 처녀가 자기 아내의 화신이었음을 알고 이 처녀와 재혼한다. 두번째 이야기에서는 한 아버지가, 죽은 아들을 데려오기 위해 지옥으로 내려간다. 그러나 아들은 아버지를 알아보지 못한다. 아버지는 그래서 아들을 데려오는 데 실패하고 만다.[120] 그러나 이런 이야기는 아시아의 주술적 민간전승에 속하는 이야기이다. 몇몇 이야기에서는 불교의 영향을 강하게 받은 흔적이 엿보인다. 따라서 이런 이야기에서 지하계로의 하강이라는 일정한 의례의 존재를 추단(推斷)하는 것은 위험하다. (가령 목련의 이야기에는 샤마니즘적인 영혼의 포착에 관해서는 언급되어 있지 않다.) 만일에 중앙 아시아와 북아시아에서 보이는 것과 같은 형태로 존재할 경우, 샤만적인 지하계 하강의례는, "지옥"에 전혀 다른 종교적 가치를 부여하는 조상 숭배가 뿌리를 내리면 퇴색할 수밖에 없다고 보는 것이 타당하다.

엄격한 의미에서는 샤마니즘의 문제를 넘어서는 것이기는 하지만, 여기에서 또 하나 강조하고 싶은 것이 있다. 샤만과 동물과의 관계 및 중국의 샤마니즘을 정교하게 짜내는 데 동물 신화가 한 공헌이 바로 그것이다. 우 황제의 "발걸음"은 주술사의 춤과 다르지 않다. 게다가 우 황제는 곰과 모습이 비슷하게 옷을 입었고 어떤 의미에서는 그 자신이 곰 영신의 화신이었다.[121] 「초울리(Chou li : 周禮)」에 기록되어 있는 샤만 역시 곰 가죽 옷을 입는다. 게다가 민족학에서는 꽤 유명한 의례이고 북아시아와 북아메리카에도 있는 것으로 기록된 "웅제(熊祭 : bear ceremonialism)"의 사례를 모으는 것도 어려운 일이 아니다.[122] 고대 중국에서는 샤만의 춤과, 대단히 복합적인 우주론적, 입문의례적 상징으로 가득찬 동물 사이에 어떤 관계가 있었다는 사실도 실증되어왔다. 전문가는 인간과 동물을 관계짓는 신화와 의례에서 중국 샤마니즘의 흔적을 보는 것을 거부해왔지만[123], 이 관계는 우주론적이며 (동물은 통상 밤, 달, 대지 등을 나타낸다) 입문의례적이다 (동물＝신화적인 조상＝입문의례 당사자).[124]

중국의 샤마니즘에 관하여 우리가 알게 된 지식으로 이런 사실을 어떻게 해석해야 할까? 만사를 지나치게 단순화시키고 하나의 단순한 도식으로 설명하려고 들지 않도록 주의할 필요가 있다. "웅제"가 사냥의 주술 및 신화와 관계가 있다는 것은 의심할 나위가 없다. 우리가 알기로, 샤만은 짐승을 많이 잡게 하고 사냥꾼에게 행운이 오게 하는 의례에서 아주 결정적인 역할을 한다(즉 날씨를 예언하기도 하고 날씨를 아주 바꾸어버리기도 하고 짐승의 태모〔太母〕에게로 신비스러운 여행을 하기도 하는 것이다). 그러나 잊어버리지 말아야 할 것은, 샤만(실제로는 일반적인 의미에서의 "미개인")과 동물과의 관계는 그 성격이 영적인데다 고도로 신비스러운 것이어서, 속화(俗化)한 현대인의 심성으로는 이를 상상하기 어렵다는 점이다. 미개인에게, 동물의 가죽을 몸에 두른다는 것은 이로써 그 동물이 되고 그 동물로의 변신을 실감하게 해주는 행위이다. 우리는, 오늘날에도 샤만은 스스로 동물로 변신할 수 있다고 믿는 것으로 알고 있다. 샤만이 동물의 가죽으로 된 옷을 입는다는 사실을 여기에서 새삼스럽게 강조해봐야 득 될 것은 없다. 중요한 것은, 동물로 가장하면서 샤만이 무엇을 느끼느냐 하는 것이다. 우리에게는, 이 주술적 변신이 "자기 자신에게서 빠져나간 상태"를 만들어준다고 믿을 만한 근거가 얼마든지 있다. "자기 자신에서 빠져나간 상태"라는 말은 접신 체험에서 자주 들어보던 말이 아닌가.

동물의 몸짓을 흉내낸다든지, 그 가죽을 몸에 걸친다든지 하는 것은 인간을 넘어선 어떤 존재양식을 획득하자는 몸짓이지, "동물의 삶"으로 후퇴하자는 몸짓이 아니다. 샤만이 자신과 동일시하는 동물은 이미 신화에 그 뿌리를 대고 있다. [125] 아니 실제로 신화적인 동물이며 조상 혹은 조물주인 것이다. 신화적인 동물이 됨으로써 인간은 그 자신 이상으로 위대하고 강력한 존재가 된다. 존재의 중심인 동시에 새로운 우주의 모습인 신화적 존재에 대한 자기 투사(自己投射)를 통해 샤만은 한동안 자기의 힘을 실감하는 상태, 우주적 생명과의 교통이 가능한 상태에서 행복감을 체험한다고 보아도 무리가 없을 듯하다. 고대 중국인의 뇌리를 지배하던 "샤만적" 체험의 깊은 의미를 이해하기 위해서는 도교의 신비주의적 기술에서 특정 동물이 맡는 전형적인 역할을 떠올려보는 것만으로 충분하다. 도교에서는, 인간의 한계나 분수를 잊고 동물이 하는 짓(걸음걸이, 호흡, 소리지르기 등)을 그대로 흉내낼 수 있는 사람은 새로운 삶을 살 수 있다. 다시 말하자면 야성(野性), 자유, 우주적 리듬과의 "공명"을 획득하여 지복과 영생 불사를 누릴 수 있게 되는 것이다.

이런 각도에서 생각해보면 "웅제"와 놀라울 정도로 비슷한 고대 중국의 의례는 그 신비스러운 가치의 세계를 열고 우리들에게, 동물의 안무(按

舞)를 흉내냄으로써[126] 그리고 상승을 암시하는 춤을 통해서도(이 양자의 경우 공히 "자기 자신에서 빠져나간 상태"가 된다) 접신 체험이 가능하다는 것을 암시한다. 신 혹은 영신의 "강림"을 통해서 이런 신비스러운 체험이 가능하다는 표현은 용어상의 문제에 지나지 않을 경우도 있다.

몽고, 한국, 일본

중국의 북서부인 시닝(Sining : 西寧)의 몽구르 인(Monguor) 종교의 특징은 라마 교가 어느 정도 혼재해 있는 샤마니즘이라는 것이다. 이 몽구르 인을 중국인들은 투젠(T'u-jen : 土人)이라고 부른다. 즉 "토박이"라는 뜻이다.[127] 몽고인의 경우, 일찍이 17세기에 라마 교가 샤마니즘을 일소하려고 한 적이 있다.[128] 그러나 몽고인은 옛 종교 그 본래의 특질을 조금도 상하지 않게 하면서도 역으로 라마 교의 영향을 자기네 것으로 동화시킬 수 있었다.[129] 최근에 이르기까지 남무와 여무는 이 민족의 종교 생활에서 중요한 역할을 맡고 있다.[130]

한(漢) 나라 시대에 이미 샤마니즘이 있는 것으로 기록된 바 있는[131] 한국의 경우, 격(覡 : 남무)은 무(巫 : 여무)의 옷으로 여장한다. 격의 수는 무의 수보다 훨씬 적다.[132] 한국 샤마니즘의 "기원"을 밝히는 것은 쉽지 않다. 한국 샤마니즘에는 남방적인 요소가 있다. 그러나 한 나라 시대의 샤만 모자에 수사슴 뿔이 있는 것을 보면, 고대 터키의 특징인 수사슴 의례와 관계가 있는 것 같다.[133] 그뿐만 아니라 수사슴 의례는 수렵 및 유목 문화의 전형적인 의례이다. 이런 문화권에서 여무는 별로 중요하게 여겨지지 않는다. 현대 한국 샤마니즘에서 여무가 우세한 것은, 전통적 샤마니즘이 쇠퇴의 징후를 보이는 증거이거나 남방으로부터 영향을 받은 증거일 것이다.

일본 샤마니즘의 역사도, 나카야마 타로(中山太郎)와 호리 이치로(堀一郎)의 저작에 힘입은 현대의 샤만적인 의례에 관한 풍부한 자료가 우리 수중에 있기는 하지만, 별로 알려져 있지 않다. 일본 샤마니즘의 다양한 측면에 관한 지식을 얻으려면 고대 일본사에 대한 오카 마사오(岡正雄)의 대저(大著)가 출판될 때까지 기다려야 할 듯하다.[134] 오늘날에 수집되는 자료에 따르면 일본 샤마니즘은 엄밀한 의미에서 북아시아나 시베리아 형

의 샤마니즘과는 거리가 멀다. 일본 샤마니즘의 핵심은 혼령에의 빙의로 이루어져 있다. 더구나 샤만 직을 맡고 있는 것은 모두 여성이다. 에더 (Matthias Eder)에 따르면, 일본 여무의 주요 기능은 다음과 같다. "1) 일본의 여무는 저승으로부터 사자의 혼을 불러온다. 이 의례가 시니구치 (死に口), 즉 '사자의 입'이다. 여무가 멀리 있는, 산 사람의 혼을 불러오면 이 의례는 이키구치 (生き口), 즉 '산 자의 입'이다. 2) 여무는 고객의 성공과 실패를 예언한다. 이때의 의례는 카미구치 (神口), 즉 '신의 입'이다. 3) 여무는 병자를 고치기도 하고 악령을 쫓아내기도 하는가 하면 종교 재계도 베풀어준다. 4) 여무는 자기가 모시는 신에게, 특정 병자에게 무슨 약을 써야 할지 묻기도 한다. 5) 여무는 고객이 잃어버린 물건에 관한 정보를 제공하기도 한다. 여무가 자주 주문을 받는 것은 사자의 영혼을 부르는 일, 멀리 있는 사람의 영혼을 부르는 일, 그리고 길흉화복을 점치는 일이다. 대개의 경우, 타계에서 여무에 의해 불려 나오는 영혼은 고객의 부모이거나 친척이거나 애인 혹은 친구의 영혼인 것이 보통이다. "135)

  많은 일본 여무들은 배냇장님이다. 이 시대에 들어와서 여무의 "접신"은 인위적이고 위장된 것일 때가 많다. 136) 사자의 혼이 자기 입을 통해서 말을 하고 있을 동안 여무는 진주 목걸이나 활을 만지작거린다. 137) 미래 여무의 교육은 지도자의 손에 맡겨진다. 여무는 대개 세 살부터 일곱 살 때까지 교육을 받는다. 이 교육은 여무 후보자와 신이 혼인함으로써 완결된다. 138) 입문의례 때 여무 후보자에게 극도의 육체적 시련을 주는 지방도 있다. 이런 시련을 당하면 여무는 의식을 잃고 쓰러진다. 여무가 의식을 되찾는 것은 "탄생"과 동일시된다. 이렇게 의식을 되찾음으로써 거듭난 여무는 신부 옷으로 차려 입는다. 여무와 수호신과의 신혼 (神婚)은 고대의 유습인 것으로 보인다. 「코지키 (古事記)」, 「니혼기 (日本書記)」 같은 고전에 이미 기술되어 있는 "미코가미 (무녀, 靈女神)"는 영녀 (곧 여무)가 스스로 신으로 받들어 모시는 신들인데, 뒤에는 이 영녀와 신의 신혼에서 태어난 자식을 지칭하는 말로 쓰였다. 영녀는 "신모 (Divine Mother)" 혹은 "성모 (Holy Mother)"라고 불린다. 「엥기시키 (延喜式)」에 기록되어 있는, 신사 (神社)에서 숭배를 받는 신들의 명부에는 이들 미코가미의 이름도 줄줄이 기록되어 있다. 신사에서 공식적으로 신들을 섬기는 이들 이외에도, 개인적인 것으로는 이치야쓰마 (一夜妻)라는 것이 있다. 이 이치야쓰마의 배우자는, 어느날 밤에 이 여자를 찾아온 "마레비토(방황하는 신)"이다. 이 이치야쓰마는, 자신이 맡은 특별한 직분을 알리기 위해 자기 집 지붕에다 흰 깃털 화살을 놓아둔다. 신이 신사로 와서 섬기라고 할 경우, 여자는 메시비쯔(飯櫃 : 밥을 따뜻하게 보존하는 기구로, 밥을 먹을 때는 여기에서 주발로 옮겨 담는다)와 냄비(신부가 시집갈 때 가지고 가는 도구)를 가지고 간다. 현재까지도 무녀와 성직자의 교접은 무녀의 입문의례의 일부가 되어 있다. 신이 여기에 함께 자리하기 때문이다. [139)]

신과의 혼인은 사오라 족 여무의 의상을 상기시킨다. 다른 것이 있다면, 사오라 족 여무의 경우와는 달리, 일본의 여무는 강렬한 개인적 접신을 체험하지 않는다는 점이다. 일본의 경우, 수호신과의 결혼은 개인의 팔자와 관계가 있다기보다는 제도의 결과인 것으로 보인다. 게다가 여기에는 여성 특유의 주술적 구조와 어울리지 않는 요소가 있다. 가령 활과 말이 그것이다. [140)] 이런 것으로 미루어, 일본의 샤마니즘은 상당히 복잡한 혼효(混淆)의 단계를 거친 후기 단계에 이른 것으로 보인다. 한편 "미코가미"나 여기에 부수되는 의례는(지역 국가의 여성 지배자, 가정의 여가장, 모권제적 결혼, 방문혼(訪問婚), 부족간의 족외혼 등의 요소를 지닌) 모권사회의 특징에 비교된다. [141)]

에더는 아귀노에르(Charles Haguenauer)가 한 연구(*Origines de la civilisation japonaise ; Introduction à l'étude de la préhistoire du Japon* (Vol. I, Paris, 1956))의 중요성을 모르고 있었던 것 같다. 제1권에서는 저자도 일본 샤마니즘의 기원을 논하는 대신 많은 사례 자료를 열거하는데, 그에 결론에 따르면 이 사례는 알타이 샤마니즘 사례와 유사하다.

가령, 고대 일본에서의 여성 요술사 역할이나 기능에 관해서 우리가 알고 있는 것──궁정정사(宮廷正史)의 편자(編著)가 이를 묵살하고 여요술사의 적수이자 야마토 조정의 의례 집행자인 "미코"만을 다루려고 했는데도 불구하고──으로부터 우리는 여성 요술사가 한국의 무당(巫堂)이나 …… 알타이의 무녀와 같다는 것을 인정하지 않을 수 없었다. 이들 여요술사의 기본적인 기능은 신성한 기둥이나, 다른 물건으로 혼을 내리는(오로스 : 降ろす) 일, 영혼과 산 자의 매개가 되기 위해 혼을 부르거나 원래 있던 자리로 되돌리는 것이었다. 이들의 종교적 의례에 신성한 기둥이 쓰이고 있다는 사실은, 기둥이라는 일본어〔はしら〕가, 신성한 존재를 세는 데 사용되는 특수한 말이라는 사실만으로도 추정이 가능하다(*Journal asiatique,* Paris, 1934, p. 122 참조). 그리고 일본의 여요술사가 쓰는 무구(巫具)는 대륙의 동료들이 쓰는 도구와 같다. 가령 북…… 방울…… 거울…… 카타나(Katā.na : 刀, 알타이 기원을 지닌 단어) 등의 무구가 지닌, 악마에 대항하는 힘은 일본의 민간전승에서도 다양하게 그려져 있는 것이다.[142]

알타이 샤마니즘——배타적으로 남성을 위한 제도——이 어떤 단계에서, 어떻게 여성적인 종교 문화의 구성요소가 되는지 알기 위해서는 아귀노에르의 다음 저서를 기다려야 할 모양이다. 칼도 북도 원래 여성의 주술에 사용되는 도구가 아니기 때문이다. 이런 도구가 여무에 의해 사용되었다는 사실은, 이런 것이 이미 남성 요술사나 샤만의 장식품의 일부였음을 시사한다.[143]

제 13 장 상사 신화(相似神話), 상징 그리고 의례

다양한 샤만의 이데올로기는 몇 가지 신화적 테마와 주술-종교적 상징체계에 귀착한다. 이러한 신화 테마와 주술-종교적 상징체계를 여기에서 일일이 열거할 생각도 없고 철저하게 연구할 준비도 지금으로서는 되어 있지 않다. 그러나 이런 신화 테마와 상징이 어떻게 해서 샤마니즘과 합류하게 되었고 샤마니즘 안에서 어떻게 새평가되고 있는가를 검토해보는 것은 흥미있는 일일 것이다.

개와 말

개의 신화는 크레취마르(Freda Kretschmar)의 연구서에 잘 다루어져 있다. [1] 샤마니즘 자체는 이 방면에서 별로 변한 것이 없다. 사자(死者)나 영웅이 입문의례에서 개를 만나는 것처럼 샤만 역시 지하계 하강에서 장송의례적인 개를 만난다. 가혹한 입문의례를 치르게 하는 비밀결사(이들의 접신과 난폭한 의례는 "샤만적"이라고 할 수 있다)가 특히 이 개와 이리의 신화와 주술을 발전시키고 재해석하는 것으로 알려져 있다. 일부 식인(食人) 비밀결사와 낭광증(狼狂症 : 자신을 이리라고 생각하게 되는 정신병)은 개 혹은 이리로의 주술적 변신과 관계가 있다. 샤만 역시 이리로 변신할 수 있다고 믿는다. 그러나 샤만이 생각하는 변신은 낭광증 환자가 생각하는 변신과는 다르다. 샤만은 이리뿐만 아니라 많은 다른 동물로도 변신할 수 있다고 믿는다.

샤만적 신화와 의례에서 말이 맡는 역할은 사뭇 다르다. 장송 동물이자 영혼의 안내자[2]인 "말"은 여러 가지 맥락에서 샤만이 접신의 수단으로 이용하는 동물이다. 즉 샤만은 말을 통하여 "자기 자신에게서 나옴"으로써 신비스러운 접신 여행에 나서는 것이다. 이 신비스러운 여행이 반드시 지하계로의 여행은 아니라는 점에 주의하자. “말”은 샤만으로 하여금 하늘을 날게 하고 이로써 천상에 이르게 한다. 말에 관련된 신화를 검토하면, 말이 명계에 관련된 짐승이 아니라 장례에 관련된 짐승이라는 사실을 알 수 있다. 그러니까 말에게는 죽음과 관련된 신화적 이미지가 있기 때문에 접신의 이데올로기와 기술에 동화된 것이다. 말은 사자를 저승으로 데려간다. 그러니까 말은 “속계(俗界)를 돌파”함으로써 이승에서 저승으로 통하는 문을 여는 것이다. 말이 남성결사(Männerbünde)의 입문의례에서 중요한 역할을 하는 것은 바로 이 때문이다.[3]

부르야트 샤만은 접신 춤을 출 때 “말,” 정확하게 말하면 말머리가 새겨진 지팡이(馬頭杖)를 이용한다. 아로케니아의 샤만인 마치의 무의와 관련해서 이미 이와 비슷한 춤을 소개한 바 있다.[4] 그러나 마두장을 타고 접신 춤을 추는 관습은 세계 도처에서 찾아볼 수 있기는 히지만 여기에서는 몇 가지 사례에만 국한시켜 검토해보기로 하자. 바타크 족의 경우, 조상에게 말을 제물로 바치는 의례에서 네 명의 샤만이 말 모양으로 깎은 막대기를 타고 춤을 춘다.[5] 자바와 발리 섬에서도 말은 이런 식으로 접신무에 관련된다.[6] 가로 족(Garo)의 추수제에서도 “말”이 등장한다. 이들은 바나나 줄기로는 말의 몸통을 만들고 대나무로는 머리와 발굽을 만든다. 말머리는 막대기에 꽂는다. 이렇게 꽂으면 높이는 사람의 가슴 높이와 비슷해진다. 사람들이 발을 재게 놀리면서 미친 듯이 몸을 흔들고 춤을 추면 의례를 집전하는 사제는 이들을 마주보고 “말”을 꾀는 듯한 몸짓으로 춤을 춘다.[7]

엘윈은 바스타의 무리아 족의 비슷한 의례를 다음과 같이 보고하고 있다. 세무르가온에 있는 신전에는 곤드 족의 대신(大神) 링고 펜(Lingo Pen)의 “목마”가 여러 개 있다. 이 대신을 위한 축제 때가 되면 영매들은 이 목마를 끌어내어, 접신과 복점(卜占)에 이용한다. “메타완드에서 나는 몇 시간 동안이나, 영매가 부족신의 목마를 어깨에 둘러매고 기괴한 행동을 하는 것을 보았고, 반도팔에서는 역시 영매가 어깨에다 마상(馬像)을 둘러매고 ‘측대보(側對步), 반회전(半回轉), 도약, 뒷발 들기’ 등의 마술(馬術)을 흉내내면서 2마일이나 가는 걸 보았다. 우리는 마르카 판둠(Marka Pandum : 망고를 먹는 의식)에 참가하러 자동차를 천천히 몰아 밀림으로 들어가고 있었는데 마침 이 영매가 내 자동차 앞을 달리고 있어서 자세히 볼 수 있었다. 그들은 나에게 이런 말을 했다. '신께서 저 영매를 타고 있어요. 그래서 일단 시작하면 영매는 며칠 동안이고 춤을 멈출 수가 없답니다.' 말라코트에서 열린 결혼식에서 나는 목마를 탄 영매를 보았고 남부 두르와에서도 목마를 타고 춤을 추는 사내를 보았다. 이런 의례에서는 진행이 제대로 되어야 영매는 목마를 탄 채로 탈혼상태에 들게 되고 비로소 초자연적인 재난의 원인을 알 수 있게 된다. "[8]

곤드 파르단의 라루 카즈 족(Laru Kaj) 의례에서도 "신의 말"이 접신 춤을 춘다. [9] 인도의 여러 토착민 부족들은 사자를 말에 태워 보낸다. 가령 비일 족이나 코르쿠 족은 나무 위패에다 말 탄 사람 모습을 새겨 무덤에 넣어준다. [10] 무리아 족의 경우, 만가(輓歌)에는 사자가 말을 타고 저승에 이르렀다는 가사가 들어 있다. 이 만가에는 황금 그네와 금강석 옥좌가 있는 궁전 이야기도 나온다. 그런데 사자를 이곳으로 데려가는 것은 다리가 여덟 개인 말이다. [11] 우리가 알기로 팔각마(八脚馬)는 샤만적인 동물의 전형이다. 부르야트 전설에 따르면, 한 여자가 조상 샤만의 영혼과 재혼했는데, 오래지 않아 마굿간의 암말 한 마리가 다리가 여덟 개인 망아지를 낳았다. 실부(實夫)가 이를 괴이하게 여겨 다리 네 개를 잘라버리자, 여자는 "아이고! 내가 무녀가 되어 타고 다닐 말이었는데!" 이러고는 공중으로 사라졌다. 이렇게 날아가 다른 마을에 정착한 이 여자는 후일 부르야트 족의 수호영신이 되었다. [12]

독일과 일본의 "남성결사"에 관련된 의례와 신화에도 팔각마나 머리 없는 말 이야기가 등장한다. [13] 이 모든 문화 복합에서 다리가 여러 개인 말과 허깨비 말은 장송의례적, 접신적 의미를 지닌 상징 역할을 한다. 모리스(로빈훗 전설에 나오는 인물/역주)의 "목마" 역시 접신적——샤만적이 아니라면——인 춤과 관계가 있다. [14]

그러나 "말"은, 정식 무의에 기록되지 않는 경우에도, 불에 탄 백마의 털이나 샤만이 깔개로 삼는 백마 가죽 등을 통하여 상징적으로 존재한다. 말의 털을 태우는 것은 샤만을 저승으로 태우고 갈 주술적인 짐승을 부르는 행위에 해당한다. 부르야트 전설에는 죽은 샤만을 영원한 안식처로 태우고 가는 말 이야기가 나온다. 야쿠트 신화에 따르면, "악마"가 무고를 뒤집어놓고는 그 위에 걸터앉아 막대기로 세 번 쑤신다. 그러면 이 무고는 다리가 셋 달린 암말로 변해 악마를 태우고 동방으로 간다. [15]

이 몇 가지 사례만으로도 우리는 샤만이 어떤 식으로 자기네 무의에 말의 신화와 의례를 이용했는가를 알 수 있다. 영혼의 안내역이자 장송 동물인 말은 사람을 탈혼상태에 쉽게 이르게 하는 동시에, 접신적인 비상을 통하여 사자의 영혼을 금단의 땅으로 태우고 간다. 이 상징적 "기마 행위"는 육체를 떠난 샤만의 "신비스러운 죽음"을 상징하는 것이다.

샤만과 대장장이

대장장이의 재주는 그 중요성으로 보아 샤만의 소명 다음의 위치를 차지한다. [16] 야쿠트 속담에, "무당과 대장장이는 한통속"이라는 말이 있다. 훌륭한 여자를 보고 "무당이나 대장장이의 마누라감"이라고 하기도 한다. 대장장이는 병을 고치는 능력과 미래를 예지하는 능력을 부여받기까지 한다. [17] 돌간 인은, 샤만이 대장장이의 영혼은 "삼킬" 수 없다고 믿는다. 대장장이는 항상 불 속에다 영혼을 간수하고 있기 때문이다. 그러나 대장장이는 샤만의 영혼을 붙잡아 태워버릴 수 있다. 돌간 인은 대장장이가 끊임없이 악령들로부터 위협을 받는다고 믿는다. 그래서 대장장이들은 간헐적으로 일을 벌려, 불을 피우고 끊임없이 뚝딱거림으로써 자신을 적대하는 악령을 쫓는다. [18]

야쿠트 신화에 따르면, 대장장이는 저승에 있는 대장장이 신인 "악신(惡神)" 크다이 마크신(K'daai Maqsin)으로부터 재주를 물려받는다. 이 크다이 마크신은 쇠집에 사는데, 이 집은 불로 용접한 쇠울타리에 둘러싸여 있다. 크다이 마크신은 대장장이의 도사로서 유명하다. 영웅들의 부러진 사지나 잘린 사지를 고쳐주는 것도 바로 이 크다이 마크신이다. 크다이 마크신은 저승으로 온 샤만의 영혼을 저승의 샤만으로 입문시킨다. 쇠 다루듯이 샤만의 영혼을 다룰 수도 있는 것이다. [19]

부르야트 인의 신앙에 따르면, 아득한 옛날 천상의 대장장이인 보쉰토이(Boshintoi)의 아들 9형제가 대장질 기술을 가르치기 위해 지상으로 내려왔다. 이들이 처음 가르친 것은 유명한 대장장이 가문의 조상이었다. [20] 다른 전설에 따르면, "백(白)" 탱그리(Tängri : 천신)가 인간에게 쇠 다루는 기술을 가르치게 하기 위해 몸소 보쉰토이와 그 아들 9형제를 보냈다. [21] 보쉰토이의 아들들은 이 세상 처녀와 혼인해서, 대장장이 가문의 조상들을 낳았다. 이 가문에 속하지 않으면 어느 누구도 대장장이가 될 수 없다. [22] 부르야트 인에게도 "흑 대장장이"라는 것이 있다. 이들은 특정한 의식 때면 얼굴에 검댕을 바르고 나타난다. 사람들은 이들을 겁낸다. [23] 대장장이의 수호신이나 영신들도, 일을 하고 있을 동안에는 대장장이를 돌보아주지 않는다. 대장장이들은, 그러니까 일을 하고 있을 동안에는 스스로를 악령으로부터 보호해야 하는 것이다. 부르야트 대장장이들에게는 이들만의 특별한 의식이 있다. 제물인 말을 잡아 배를 가르고는 심장을 꺼내는 의식이 그것이다(이 의식은 확실히 "샤만적"이다). 이렇게 하면 말의 영혼이 천상의 대장장이 신 보쉰토이에게로 간다. 이 의식에서는 아홉 명의 젊은이들이 보쉰토이의 아들 역할을 한다. 이들 중 하나는 천상의 대장장이 신을 접신하고 접신한 상태에서, 한 옛날 인간을 돕기 위해 자기가 아들 9형제를 보냈노라는 등의 말을 한다. 산드체예프는, 옛날 보쉰토이 역을 하던 사람은 쇳물을 손에다 부었다는 이야기를 들었다고 한다. [24] 그러나 산드체예프가 본 것은 바로 그 사람이 빨갛게 단 쇠에다 발을 대는 광경이었다. [25] 이로써 우리는 이 의식이 샤만적이라는 것을 알 수 있다. 샤만 역시 이 대장장이와 마찬가지로 "불을 다스리는" 재주를 과시한다. 그러나 주력은 대장장이 쪽이 훨씬 강하다.

포포프는 대장장이의 병을 고치는 샤만의 무의에 관해 기술한 바 있다. 병의 원인은 바로 그 대장장이의 "영신" 때문이었다. 샤만은 검은 황소 한 마리를 크다이 마크신에게 제물로 바친 뒤에, 대장장이의 작업 도구에 피를 뿌렸다. 그리고는 장정 일곱을 뽑아 큰 불을 피우게 하고 황소머리를 그 안에 던져 넣게 했다. 그동안 샤만은 주문을 외면서 크다이 마크신을 향한 접신 여행 준비를 했다. 일곱 장정은 불 속으로 던져 넣었던 황소머리를 꺼내어 모루 위에다 놓고 망치질을 했다. 이러한 절차는 샤만의 "머리"에 대한 상징적인 대장질이 아닐는지? 미래 샤만의 입문적인 꿈에서도 "악령"들은 이 미래 샤만의 머리를 대장질하지 않던가? 샤만은 크다이 마크신이 있는 지하계로 내려가 영신과 합일하는 데 성공한다. 그러면 이 영신은 샤만의 입을 빌려, 병 자체와 치료법에 관한, 병자 가족들의 질문에 대답한다. [26]

"불을 다스리는 힘" 그리고 특히 쇠를 주무르는, 말하자면 금속에 대한 주력(呪力)이 있는 것으로 믿어지기 때문에 대장장이는 어디에서건 요술사가 받는 것과 비슷한 평가를 받는다. [27] 그러나 바로 이것 때문에 대장장이들은 두 가지 서로 모순되는 대접을 받는다. 존경을 받는 동시에 멸시를 당하기도 하는 것이다. 특히 아프리카에서는 이 두 가지 모순되는 현상이 두드러져 보인다. [28] 많은 부족의 경우, 대장장이는 천민으로 멸시당하고 죽여도 괜찮은 존재로 여겨진다. [29] 그러나 어떤 곳을 가면, 대장장이는 존경을 받을 뿐만 아니라 주의 (呪醫), 심지어는 정치적 우두머리에 견주어지는 대접을 받기도 한다. [30] 이 모순되는 상황은 금속과 대장질이 야기시키는 두 가지 서로 모순되는 반응, 그리고 아프리카 사회에서도 그 사회의 수준에 따라 다르다는 사실——아프리카 일부 사회는 이 대장질을 뒤늦게, 그것도 복잡한 역사적 사정 아래에서 접하게 되었다——로 설명이 가능하다. 여기에서 우리의 흥미를 끄는 것은, 아프리카에서도 대장장이들은 나름의 입문의례가 있는 비밀결사를 결성한다는 사실이다. [31] 경우에 따라 다르기는 하지만, 우리는 이 대장장이와 샤만과 주의가 공생관계 (共生關係)에 있다는 느낌을 받기도 한다. [32] "남성결사"라고 하는 입문의례가 있는 사회에 대장장이 결사 같은 것도 있었다는 사실은 고대 게르만 문헌에도 기록되어 있고[33] 일본의 문헌에도 기록되어 있다. [34] 중국의 신화적 전승을 보면 대장장이, 주술사, 그리고 국조 (國祖)도 같은 관계가 있는 것으로 되어 있다. [35] 이번에는 극도로 복잡하기는 하지만, 퀴클롭스 인 (Cyclopes : 대장장이 노릇을 하는 외눈박이 거인족/역주), 다크튈리 인 (Dactyli), 쿠레테 인 (Curetes), 텔신 인 (Telchines) 그리고 대장질 사이에서도 그 관계를 읽을 수 있다. 대장질의 마성적 (魔性的), 아수라적 (阿修羅的) 성격은 인도의 선주민 (비로르 족, 문다 족, 오라온 족)의 신화에서도 자주 읽을 수 있다. [36] 이런 신화에서는 대장장이의 오만함, 그가 절대신과 겨루다 패배하고 결국은 절대신의 용광로에서 불타고 만다는 점이 강조된다. [37]

 "대장질의 비의 (祕儀)"는 입문의례 때 스승 샤만으로부터 입문 샤만에게로 전수되는 직업상의 비의를 연상시킨다. 이 양자에게는 주술적인 기술이 있는데 이 기술은 비전 (祕傳)으로만 준수된다. 샤만의 경우와 마찬가지로 대장장이 역시 대물림을 하는 이유가 여기에 있다. 샤마니즘과 대장질 사이의 역사적인 관계까지 검토하는 일은 우리의 주제를 너무 벗어나는 것 같아 이 정도에서 그치고 여기에서는 대장장이적 (的) 주술이, "불을 다스리는 권능" 때문에, 샤만적 이적 (異蹟)의 일종으로 보이게 되었다는 점만 지적하기로 한다. 이것은 중요하다. 대장장이 신화에서는 샤만이나 요술사 신화에서 차용한 듯한 많은 테마 및 모티프를 만날 수 있다. 이러한 현상은, 어디에서 기원했든 간에, 유럽의 민간전승에서도 찾아볼 수 있다. 즉 대장장이는 종종 악마적인 존재와 동일시되는데, 잘 알려져 있다시피 악마적인 존재는 입으로 불을 뿜는 것으로 유명하다. 바로 이러한 이미지에서 우리는 불을 다스리는 권능이 부정적으로 재평가되고 있음을 알게 된다.

"주술적인 열기"

유럽 인들의 신앙체계에 등장하는 악마처럼 샤만 역시 "불을 다스리는 권능"을 갖추고 있다. 그뿐만이 아니다. 샤만은 무의중에 불의 정령을 접신하고 입, 코, 심지어는 온몸으로 불을 뿜기도 한다.[38] 이런 종류의 이적은, 우리가 여러 차례 사례를 접한 "불 다스리기"에 관련된 샤민적 이적의 범주에 넣어야 할 것 같다. 이 경우의 주력은, 샤만이 "영신상태"에 이르렀음을 보여준다.

그러나 우리가 앞에서 보았다시피, "주술적인 열기〔神熱〕"는 샤만만이 배타적으로 경험하는 것이 아니다. 일반적으로 이 "신열"은 주술에 속한다. 많은 "미개" 민족은 "타는 상태"를 주술-종교적 권능이라고 생각하고 이런 권능을 "열기," "연소," "뜨거움" 등의 단어로 표현한다. 도부 족이 "열기"라고 말할 때, 여기에는 항상 요술사와 관련된 개념이 따라다닌다.[39] 로셀 섬의 경우도 마찬가지이다. 여기에서는 "열기"가 주술사의 속성으로 이해된다.[40] 솔로몬 제도에서는, 마나(mana)에 빙의된 사람을 사카(saka)라고 부르는데, 이 말은 "불타고 있다"는 뜻이다.[41] 그밖의 지역(가령 수마트라와 말레이 군도)에서도 "열기"는 악령과 관계가 있는 것을 지칭한다. 반면에 지복, 평화, 평정 같은 개념은 차가움을 의미하는 말로 표현한다.[42] 주술사나 요술사가 소금을 탄 물 혹은 향료가 든 물을 마시고 냄새가 많이 나는 식물을 먹는 까닭이 여기에 있다. 이들은 이로써 자기의 "내적인 열기"를 높이고자 하는 것이다.[43] 비슷한 이유 때문에 그러겠지만, 오스트레일리아의 남녀 요술사들은 "불타는" 것 근처에도 가지 않는다. "내적인 불"로 이미 너무 뜨거워져 있기 때문이다.[44]

이 같은 관념은 보다 복잡한 종교에도 남아 있다. 오늘날의 힌두 인들은 권능이 큰 신에게, "아주 뜨거우신 (prakhar)," "불타시는 (jājval)"

혹은 "불을 가지신(jvalit)" 등의 형용사를 붙인다. [45] 인도의 회교도들은 신과 교통하는 사람은 "불탄다"고 믿는다. [46] 이적을 행하는 사람을 이들은 사이브 조쉬(saib-josh)라 하는데, 이 조쉬라는 말은 "끓는다"는 뜻이다. [47] 범위를 넓게 보면, 주술-종교적 "권능"과 관계가 있는 사람이나 행위는 모두 "불에 타고 있는" 것으로 믿어지고 있는 것이다. [48]

이와 비슷한 것으로, 북아메리카 비의 집단의 입문의례 증기욕(蒸氣浴)을 들 수 있다. 일반적으로, 북아메리카 인디언 부족의 경우, 수련기간 동안 샤만이 하게 되어 있는 증기욕은 주술적인 기능을 발휘한다. 증기욕의 주술적 기능은 스키타이 인들도 알고 있었다. 우리는 앞에서 스키타이 인의 대마(大麻) 중독 및 증기욕을 소개한 바 있다. 고대 인도의 우주개벽 이야기와 신화 전승에 등장하는 타파스(tapas)도 같은 맥락이라고 할 수 있다. 즉 "내적인 열기"와 "발한(發汗)"은 "창조적"이라는 것이다. 인도-유럽 민족의 영웅 신화도, 영웅에게 광포(furor), 분노(wut), 격노(ferg)라는 요소가 있다고 하는 점에서 여기에 인용될 만하다. 아일랜드의 영웅 쿠쿨레엔(Cuchulain)은 (듀메질에 따르면, 군사적인 유형의 입문의례에 해당하는) 첫번째 위업을 마치고 귀환하는데, 어찌나 "열기에 휩싸여(흥분해)" 있었던지 사람들은 찬물 네 통을 가져오게 한다. "그가 첫번째 물통에 들어가자 이 물이 어찌나 뜨거워졌던지, 나무통과 구리 받침대가 호두 깨지듯이 터져버렸다. 두번째 통에 들어가자 물에서 주먹만한 거품이 일었다. 세번째 통에 들어갔을 때도 물이 어찌나 뜨거워졌던지, 손을 넣고 견디는 사람도 있었고 견디지 못하는 사람도 있었다. 이로써 이 소년의 격노가 좀 가라앉았을 때야 사람들은 그에게 옷을 주었다." [49] 나르트의 영웅 바트라즈(Batradz)도 이와 같은 ("군사적"인 유형의) "신비스러운 열기"를 체험한다. [50]

지적하고 싶은 것은 이 모든 신화와 신앙체계를, "불의 다스림"과 관련된 거의 모든 입문의례에서 볼 수 있다는 점이다. [51] 히말라야나 탄트라교의 요가 행자처럼, 만주 혹은 에스키모의 미래 샤만은 극한(極寒)을 이김으로써 혹은 알몸으로 젖은 수건을 말림으로써 자신의 주술적인 힘을 보여주어야 한다. 그런데 다른 한편으로, 미래 주술사에게 부과되는 시련의 전과정은 이와는 반대로 불을 다스리는 능력을 보여줌으로써 완성된다. 이것은 "신비스러운 열기"를 통하여 차가움(寒氣)을 인내하는 상태가, 불의 뜨거움을 느끼지 못하는 정도의 초인간적 상태임을 보여준다.

샤만은 "열기"를 경험해야 샤만적 접신상태에 이를 수 있다. 앞에서 거론한 바 있거니와, 무의가 진행되는 도중의 어떤 순간에 샤만이 신통력을 보여주는 것은 샤만이 접신을 통하여 획득한 "제2의 상태"가 진정한 것임을 보여줄 필요를 느끼기 때문이다. 이 경우 샤만은 칼로 자기 몸을 찌르거나 빨갛게 단 쇠를 만지거나 불붙은 숯덩이를 만지거나 한다. 이렇게 하는 것은, 다른 방법으로는 그 "제2의 상태"를 표현할 길이 없기 때문이다. 그러니까 샤만은 자신이 획득한 새로운 초인간적 상태를 시험하지 않으면 안 되는 것이다.

마취성 물질을 사용하는 것도 "주술적인 열기"를 획득하기 위한 행위라고 보는 데는 그만한 이유가 있다. 특정 약초, 특정 식물의 "연소"과정에서 나는 연기는 "열기"를 높이는 효과를 낸다. 마취성 물질에 중독된 사람은 "뜨거워진다." 중독상태가 곧 "연소상태"인 것이다. 많은 사람들은 접신 및 탈혼상태에 이르기 위한 "내적 열기"를 얻기 위해 갖가지 방법을 사용한다. 마취성 물질에 의한 중독의 상징적 가치도 고려해볼 만하다. 중독은 "죽음"과 같은 가치를 지닌다. 그래서 중독된 사람의 영혼은 자기의 육신을 떠난다. 다시 말해서 귀신이나 영신의 상태를 획득하는 것이다. 신비적인 접신은 일시적인 죽음 혹은 육신을 이탈하는 상태와 동일시된다. 따라서 같은 상태를 성취시키는 모든 종류의 중독도 접신술에서는 같은 지위를 부여받는다. 그러나 이 문제는 조금 더 주의깊게 검토해보면, 마취성 물질을 사용하는 행위는 접신술이 쇠퇴하고 있음을 보여주는 증거, 혹은 접신술이 "비교적 정도가 낮은" 사람 혹은 사회의 동아리에게로 확산되어가고 있는 증거라는 인상을 받게 된다. [52] 어쨌든 우리는, 마취성 물질(가령 담배)을 사용하는 행위가, 동북 아시아의 샤마니즘에서는 후대에 생긴 관습일 것으로 본다.

"주술적인 비상"

시베리아, 에스키모 그리고 북아메리카의 샤만은 하늘을 난다. [53] 세계의 모든 지역에서 요술사와 주의는 주력이 있는 것으로 믿어진다. [54] 말레쿨라의 요술사(bwili)는 동물로 둔갑할 수 있다. 그러나 이 요술사는 즐겨 암탉이나 매로 둔갑한다. 날 수 있는 동물로 둔갑해야 영신들과 같은 상태가 되기 때문이다. [55] 마린드 족(Marind) 요술사는 "밀림에다 야자나무 잎으로 지어놓은 일종의 오두막으로 가서 왜가리 깃으로 팔을 위장한다. 그리고는 오두막 속에 앉은 채로 바로 이 오두막에다 불을 지른다. …… 그러면 연기와 불길이 그를 공중으로 들어 올린다. 이렇게 되면 그는 새처럼 마음먹은 곳으로 날아갈 수 있게 된다."[56]

이런 사례는 시베리아 샤만이 입는 의상이 지닌 조형(鳥型)의 상징체계를 연상시킨다. 사자의 영혼을 저승으로 인도하는 드야크 족 샤만 역시 자기의 몸을 새 모양으로 꾸민다. [57] 우리는 베다 시대의 제의집전 사제가 사다리에 올라서서 두 팔을 벌리고는, "하늘에 올라왔다" 하고 외치는 사례를 소개한 바 있다. 같은 의례를 말레쿨라에서도 볼 수 있다. 말레쿨라에서 공희제가 절정에 이르면 공희 사제는 두 팔을 벌리고 매 시늉을 하면서 별을 찬양하는 노래를 부른다. [58] 많은 전승에 따르면, 신화시대에는 누구든 하늘을 날 수 있었다. 그러니까 새의 날개를 달든 구름을 타든 인간은 모두 공중을 날아 하늘에 이를 수 있었다. [59] 여기에서, 이 책에서 이미 논한 깃털, 날개 등을 이용한 비상의 상징체계를 되풀이해서 소개할 필요는 없을 것이다. 여기에서는, 풍부한 유럽의 전승에 따르면 보편적으로 마녀나 마법사에게도 하늘을 나는 능력이 있는 것으로 믿어진다는 점만 짚고 넘어가기로 하자. [60] 앞에서 보았다시피 요가 행자, 바라문 행문파 행자, 연금술사에게도 같은 주술적 능력이 부여되어 있다. [61] 그러나 이러한 능력은 순수하게 정신적인 성격을 띤다는 점을 분명하게 해두어야겠다. 그러니까 하늘을 난다는 것은 아는 것이 많은 상태, 즉 비의나 형이상학적 진리를 이해하는 상태인 것이다. 「리그-베다」에는, "하늘을 나는 모든 것 중에서 마음[manas]이 가장 빠르다"는 말이 있다. [62] 판차빔사 브라흐마나(Pañcaviṃśa Brāhmaṇa)은 여기에다 이렇게 덧붙인다. "안다는 것은 날개를 갖는 것이다."[63]

주술적인 비상의 상징체계를 더 이상 분석하면 주제를 벗어날 것 같아서 삼가하기로 한다. 우리는 이 주술적인 비상을 현재의 구조로 형성시킨 것은 두 가지 중요한 신화 모티프였다고 생각한다. 하나는 영혼을 새의 모양으로 그려낸 신화 이미지, 또 하나는 새를 영혼의 안내자로 보는 관념이다. 네겔레인(Negelein), 프레이저, 프로베니우스는 이 두 가지 새의 신화 모티프에 관한 자료를 방대하게 수집했다. [64] 이 자료에서 우리의 관심을 끄는 것은, 샤만이나 요술사는 **이 땅에 있으면서도 마음만 먹으면**

언제든지 육체 이탈, 즉 "죽음"(인류를 새로 변하게 할 수 있는 유일한 존재)을 실현시킬 수 있다고 하는 점이다. 샤만이나 요술사는, 속인(俗人)은 죽어서나 누릴 수 있는 상태, 즉 "영혼"인 상태, "육체를 갖지 않은 존재"의 상태를 누릴 수 있다. 주술적 비상은 영혼의 자율성과 접신, 이 두 가지를 표현한다. 이러한 사실은 주술적인 비상의 신화가 어떻게 그렇게 서로 다른 문화 복합(요술, 꿈의 신화, 천계 숭배와 제왕〔帝王〕 신격화, 접신술, 장송의례의 상징체계 등) 속으로 흘러들어갈 수 있었느냐는 질문에 대한 대답일 수 있다. 주술적 비상은 상승의 상징체계와도 관계가 있다. [65] 이 영혼 신화는 인간의 정신적 자율성과 자유의 형이상학을 그 씨눈으로 간직하고 있다. 우리는 이곳을, 임의적인 육체 방기(放棄), 지혜의 전능성, 인간 영혼의 불멸성에 관한 유서 깊은 원시적 사변(思辨)의 출발점으로 삼지 않으면 안 된다. "행동에 대한 상상력"을 분석하면, 인간의 심리에서 비상에 대한 향수가 얼마나 뿌리깊은가를 알 수 있다. [66] 여기에서 가장 중요한 점은, 샤만과 요술사 특유의 주술적 비상의 신화와 의례는 인간 조건에 대한 그들의 초월성을 확인하고 명시한다고 하는 점이다. 새의 모양을 하고 혹은 사람의 모양 그대로 하늘로 비상함으로써 샤만은 공교롭게도 인류가 퇴보하고 말았다고 선언하는 듯하다. 우리가 보았다시피, 많은 신화는 모든 인류가 산이나 나무나 사다리를 오름으로써, 자신의 힘으로 하늘을 비상함으로써 혹은 새를 타고 오름으로써 천상계로 오를 수 있었던 아득한 시절 이야기를 하고 있지 않은가. 인간성이 쇠퇴함에 따라 그 뒤로 대부분의 인류는 천상으로 날아올라갈 수 없게 되고 말았다. 앞에서 말한 태초의 상태로 되돌릴 수 있는 것은 죽음뿐이다(그렇지만 죽는다고 다 천상계로 가는 것도 아니다!). 죽음을 통해서만 인간은 천계에 오르고 새처럼 날 수 있는 것이다.

이 비상의 상징체계와 새-영혼 신화를 전체적으로 분석하는 대신 독자들에게 상기시키고 싶은 것이 있다. 새-영혼의 관념, 사자를 새와 동일시하는 관념은 고대 근동지방의 종교에 기록되어 전해지고 있다는 점이다. 이집트의 「사자의 서」에는 사자가 하늘을 나는 매로 그려져 있고[67] 메소포타미아 사람들은 사람이 죽으면 새가 된다고 믿었다. 이런 신화는 아주 오랜 옛날부터 믿어져왔던 듯싶다. 유럽이나 아시아의 선사시대 유물에서는 우주수 가지에 앉은 두 마리 새 그림을 자주 볼 수 있다. [68] 우주론적 가치를 지니는 이런 그림의 새는 조상-영혼을 상징하는 듯하다. 중앙 아시아, 시베리아, 인도네시아에서 세계수 가지에 앉은 새는 인간의 영혼을 상징하기 때문이다. "새"로 둔갑할 수 있기 때문에, 다시 말하자면 "영혼"인 상태를 누릴 수 있기 때문에 샤만은 세계수로 날아가 "새-영혼"을 데려올 수 있는 것이다. 막대기 위에 올라앉은 새는 샤만 권(圈)에서 자주 볼 수 있는 상징이다. 가령 야쿠트 샤만의 무덤 위에도 이런 상징 그림을 볼 수 있다. 헝가리 샤만인 탈토스의 "집 앞에는 막대기 혹은 기둥이 하나 서 있다. 이 위에는 새가 앉아 있다. 샤만이 어디 갈 일이 있을 때마다 대신 보내는 새다."[69] 기둥 위에 앉은 새는 라스코의 부조(浮彫)(새머리 인간)에서도 발견되었다. 키르히너(Horst Kirchner)는 이것을 접신한 샤만으로 보고 있다.[70] 그럴지도 모르지만, "기둥 위에 앉은 새" 모티프가 아주 오래된 것임은 분명하다.

이 몇몇 사례에서 분명하게 드러나는 것은, "주술적 비상"의 상징체계 및 신화체계가 사마니즘 자체의 영역을 넘어서 있는, 샤마니즘에 선행하는 것이라는 점이다. 이 상징 및 신화체계는 보편적인 주술의 이데올로기에 속하는 것으로서, 많은 주술-종교적 복합에서는 대단히 중요한 역할을 한다. 그러나 이 상징 및 신화체계는 샤마니즘에 통합되어버렸다고 보아도 좋다. 왜냐하면 이러한 상징과 신화가 바로, 자신이 접신한 "영신"처럼 우주의 세 권역을 자유자재로 넘나들고 "생사"간을 자유자재로 넘나드는 샤만의 초인간적 상태와 자유를 강조하고 있기 때문이다. 군주의 "주술적 비상" 역시 동일한 자율성과 죽음을 극복한 상태를 나타내 보인다.

이와 관련해서, 기독교 및 회교 전승에서 발견되는 성자와 주술사의 공중 부양(空中浮揚)을 떠올려볼 필요가 있다.[71] 로마 카톨릭의 성인전(聖人傳)에는 많은 "공중 부양"과 "비상"의 사례가 기록되어 있다. 이런 사례를 편찬한 르로이(Olivier Leroy)의 저서[72]가 이를 입증하고 있다. 그 중 가장 유명한 사례가 쿠페르티노의 성 요셉(St. Joseph of Cupertino : 1603-63)의 공중 부양 사례이다. 한 목격자는 그의 공중 부양을 다음과 같이 기록하고 있다. "……그는 공중으로 솟아올랐다. 교회 안에서 그는 새처럼 날아 제단 위로 올라가 성궤(聖櫃)를 안았다.……"[73] "때때로 그는 성 프란치스코 제단이나 그로텔로의 성 마리아 제단으로 날아 올라가기도 했다.……"[74] 한번은 올리브 나무에 올라간 적도 있었다. "그는 약 반시간 가량 나뭇가지 위에, 무릎을 꿇고 앉아 있었다. 나뭇가지가 흔들리는 것이, 마치 새가 앉아 있는 것 같았다."[75] 그는 접신상태에서

공중으로 2미터쯤 뜬 채로 약 30미터쯤 떨어져 있는 편도나무로 날아올라
간 적도 있다.[76] 성인이나 신심(信心)이 있는 사람들의 공중 부양 혹은
비상의 사례 중에 특히 우리의 흥미를 끄는 사례가 아라비아의 카르멜 파
에 속하는 십자가 예수 수녀회 소속인 마리아 수녀(Sister Mary)의 체
험이다. 마리아 수녀는 베들레헴의 카르멜 수녀원 뜰에 있는 나무 꼭대기
로 날아올라갔다. "그러나 몇 개의 나뭇가지를 이용해서 공중으로 떠오른
것이지 그냥 공중으로 떠오른 것은 아니다."[77]

다리와 "난관"

사자와 마찬가지로 샤만도 지하계 여행 과정에서 다리를 건너야 한다.
죽음과 마찬가지로 접신 역시 하나의 "변이(變異)"를 의미한다. 신화에서
는 이것을 "험로난관(險路難關)"이라는 말로 표현한다. 이미 이와 관련
된, 사례를 여러 가지 다루었고 또 다른 책에서 이 주제를 다룰 예정이기
때문에 여기에서는 몇 가지 의견을 제시하는 데 그치고자 한다. 세계 전
역에 분포되어 있는 이 장례용 다리의 상징체계는 샤만의 이데올로기나
신화의 경계 너머에 위치한다.[78] 이 상징체계는, 한편으로는 하늘과 땅을
잇는 수단으로서의 다리, 인간과 신들의 교통을 가능하게 하는 수단으로
서의 다리(혹은 나무, 덩굴 등), 다른 한편으로는 "좁은 문" 혹은 "역설
적인 통로"라고 하는 입문의례적 상징체계와 관련이 있다. 이 입문의례적
상징체계에 관해서 몇 가지 예를 들면서 설명해보자. 우리는 여기에서,
다음과 같은 구성요소를 지닌 신화적 복합을 만나게 된다. 1) 옛날 옛날
한 옛날(in illo tempore), 인간이 낙원에 살 당시에는 하늘과 땅이 다리
로 이어져 있어서[79] 사람들은 아무런 장애물을 만나지 않고도(죽음이라는
것도 없었기 때문에) 하늘과 땅을 왕래할 수 있었다. 2) 그런데 하늘과
땅을 잇는 **간단한** 교통 수단이 끊기고 말았기 때문에 사람들은 "영(靈)이
된 상태," 즉 죽은 상태나 접신한 상태가 아니면 이 다리를 건너지 못하
게 되고 말았다. 3) 이 다리를 건너기는 어렵다. 다시 말하면, 여기에는
장애물이 많아서 영이라고 해서 다 건너는 것도 아니다. 여기에는 영을
먹으려는 악령이나 괴물이 많은데다, 죄인이 지나가면 다리가 면도날만큼
이나 좁아져버리기 때문에 오로지 "의로운" 영이나 **접신한** 영만이 이 다

리를 건널 수 있다(접신한 자는 의례적인 죽음과 부활을 통하여 이 길을 다녀보았기 때문에 길을 잘 안다). 4) 그러나 특별한 사람은 생전에도 이 다리를 건널 수 있다. 그러니까 샤만은 접신상태에서, 영웅은 "힘"으로 혹은 "지혜 혹은 입문의례"를 통하여 "역설적으로" 이 다리를 지날 수 있는 것이다(이 "역설"의 문제는 잠시 후에 다루기로 한다).

여기에서 중요한 것은, 많은 의례는 상징적으로 "다리"라든가 "사다리" 같은 것을 "건설"하려고 한다는 점 혹은 이런 것들을 의례 그 자체의 힘으로 완성하려고 한다는 점이다. 이런 것은 가령, 바라문 공희제의 상징체계에 관한 문서에도 기록되어 있다.[80] 우리는 앞에서, 샤만의 무의를 위해 세워지는 의례용 자작나무가 띠로 연결되고 이 띠가 "다리"라고 불려지며 이것이 샤만의 천계상승을 상징한다는 것을 알게 되었다. 일본의 어떤 입문의례에서는 입문자가 일곱 개의 화살 위에다 일곱 개의 발판이 달린 다리를 만든다.[81] 이 의례는 입문기간 동안 샤만이 칼 사다리를 오르는 의례, 그러니까 입문적 천계상승 의례에 견주어볼 수 있다. 이 "위험한 길"을 지나는 의례는, 옛날 옛날 한 옛날에는 원칙적으로 허용되던 하늘과 땅의 "교통"이, 이것을 회복시키려는 인간의 노력으로 재개되었다는 의미를 지닌다. 어떤 관점에서 보면 이 모든 입문의례는 타계로 "갈 수 있는 수단"(길)을 재건하고 "타락" 이후 인간에게는 치명타가 되어왔던, 세 우주 권역 사이의 심연을 철폐하는 의례이다.

이 다리의 상징체계가 지닌 생명력은 기독교나 회교의 묵시록은 물론, 중세 유럽의 입문의례 전승에서도 아주 중요한 역할을 맡는 것으로 알려져 있다. 성 바울(St. Paul)은 환상을 통해서 본, 이세상과 천당을 잇는, "머리카락만큼이나 가느다란" 다리를 묘사하고 있다.[82] 같은 이미지는 아라비아의 저술가나 신비주의자들에게도 알려져 있었다. 즉 그들에게도 이 다리가 대지와 별의 세계와 낙원을 잇는, "머리카락만큼이나 가느다란" 다리인 것이다.[83] 기독교 전승에서 그렇듯이, 죄인은 이 다리를 건널 수 없다. 지옥으로 떨어지기 때문이다. 아라비아 용어를 빌리면, 다리 혹은 "길"은 성격상 "접근이 어렵다."[84] 중세 신화에도 "물 밑의 다리" 혹은 영웅(가령 랜슬롯[Lancelot] : 아더 왕의 원탁 기사 중 으뜸가는 용사/역주)이 맨발, 맨손으로 지나야 하는 "칼-다리"가 등장한다. 이 다리는 "낫의 날보다 날카로워서 이것을 지나려면 엄청난 고통과 고뇌를 겪는다." 이러한 칼-다리 건너기가 입문의례를 의미한다는 것은 다른 사례에서도 볼 수 있다. 다리를 건너기 전에 랜슬롯은 다리 건너, 즉 피안에 사자(獅子) 두 마리가 있는 것을 본다. 그러나 랜슬롯이 건너고 보니 그것은 사자가 아니라 도마뱀이었다. 그러니까 입문 시련을 이겨내면 "위험"은 사라져버리는 것이다. [85] 핀 족의 전승에 따르면 배이내뫼이넨(Väinämöinen)과, 탈혼상태에서 타계(Tuonela)로 여행하는 샤만은 큰 칼과 작은 칼로 만들어진 다리를 건너야 한다. [86]

"좁은 길" 혹은 "위험한 길"은 장송 신화체계와 입문 신화체계 (이 양자는 어찌나 긴밀하게 관련되어 있는지 하나로 보일 때도 있다)에서 자주 볼 수 있는 모티프이다. 뉴질랜드에서는, 사자는 두 악령 사이의 아주 좁은 공간을 지나야 한다. 악령은 사자를 붙잡으려고 한다. 사자가 만일에 "가벼우면" 무사히 지나갈 수 있다. 그러나 "무거우면" 길에서 떨어져 악령의 밥이 된다. [87] "가벼움" 혹은 "빠름"——괴물의 입, 아래위턱 사이를 재빨리 지나가는 이야기가 실린 신화에서처럼——은 항상 "지성," "지혜," "초월성" 그리고 필경은 입문에 해당하는 상징적인 용어이다. 「카타 우파니샤드(Kaṭha Upaniṣad)」에는 이런 말이 있다. "시인(詩人)이 절규하기를, 지나기 어려운 면도날 같은 길(험로)이란 이런 것이다! "[88] 이 도식은 형이상학적인 지식의 입문적 성격을 반영한다. "생명에 이르는 문은 좁고 그 길이 험해 그리로 찾아드는 사람이 적다. "[89]

실제로 "좁은 길"과 "위험한 다리"의 상징체계는 우리가 "역설적인 통로"라고 부른 상징체계와 이어져 있다. 그 까닭은, 이 양자가 모두 통과 불가능성, 즉 빠져나올 수 없는 상황임을 나타내고 있기 때문이다. 독자들은 샤만 후보자 혹은 특정 신화의 영웅이 이따금씩 절망적인 것임이 분명한 상황에 처하는 것을 기억할 것이다. 그들은 "밤과 낮이 만나는 곳"으로 가야 하거나 벽에서 문을 찾아내야 하거나 눈깜박할 사이에 열렸다 닫히는 문을 통하여 천계로 올라가야 하거나 끊임없이 부딪치는 두 개의 연자매 혹은 두 개의 바위 사이를 지나가야 하거나 괴물의 입을 지나야 하는 등의 상황에 처한다. [90] 쿠마라스와미(Coomaraswamy)가 제대로 보고 있듯이, 이러한 신화 이미지는, 궁극적 실재를 획득하기 위해서 대립하는 것을 초월하고 인간 조건에서 전형적인 양극성을 철폐할 필요성을 표현하고 있다. "이세상에서 저세상으로 넘어가려는 자, 저세상에서 이세상으로 넘어 오려는 자는 누구든지, 차원을 초월해 있는, 시간이 없는 '간극(間隙)'을 넘어야 한다. 이 간극은 서로 관련되어 있지만 사실은 서로 반대되는 성질을 가진 힘을 분리시킨다. 이 간극은 지나되, '순식간에' 지나야 한다."[91] 신화에서 "역설적인" 통로는, 그것을 지나는 데 성공하는 사람이 인간 조건을 초월하는 사례를 무수히 우리들에게 보여준다. 그러니까 이런 통로를 지나는 것은 샤만이거나 영웅이거나 "영(靈)"인 것이다. 그러니까 이 "역설적인" 통로의 통과는 사람이 "영"이 되어 있을 때만 가능한 것이다.

이 몇 가지 사례는 샤만적 기술과 이데올로기에서 신화, 의례, "통과"의 상징이 지닌 기능을 짐작하게 한다. 샤만은 접신상태에서, 죽은 사람에게만 가능한, 두 세계를 잇는 "위험한" 다리를 건넘으로써 자신은 인간이 아니라 "영"인 동시에 옛날 옛날 한 옛날에 이세상과 하늘 사이에 존재하던 "교통 수단"의 복구를 시도하고 있음을 보여준다. 오늘날 샤만이 접신상태에서만 할 수 있는 이러한 일이 옛날 옛날 한 옛날에는 모든 인간이 구체적으로 할 수 있던 일이었다. 그러니끼 그 당시의 사림은 누구든 접신 같은 것은 하지 않고도 하늘을 오르내릴 수 있었던 것이다. 그런데 지금은 극소수의 사람들(샤만)만이 접신을 통하여 모든 인류의 이 원초적인 조건을 일시적으로나마 재현하는 것이다. 그런 뜻에서, "미개인"의 신비 체험은 원시반본(原始返本)이자, 실락원이라는 신비시대로의 되돌아감에 다름 아니다. 접신한 샤만의 경우, 다리 혹은 나무, 덩굴, 밧줄 등(옛날 옛날 한 옛날에 하늘과 땅을 잇던 것들)은 여기에서 다시 한번 한순간이나마 현실성과 힘을 되찾는 것이다.

사다리 —— 사자의 길 —— 상승

우리는 사다리를 이용한 샤만적 상승의 사례를 무수히 보아왔다.[92] 같은 수단은, 신들의 지상계 하강 혹은 사자 영혼의 천상계 상승에도 이용된다. 인도 군도(群島) 사람들은 태양신에게, 가로장이 일곱 개인 사다리를 타고 지상계로 강림하시라고 빈다. 두순 족의 경우, 치병무의에 불려온 주술사는 방 한가운데 사다리를 세운다. 사다리 꼭대기는 지붕에 닿는데, 바로 이 사다리를 타고 그가 빙의할 영신들이 내려온다.[93] 말레이의 몇몇 부족의 경우, 사람들은 무덤에다 장대를 세우고는 이 장대를 "영혼의 사다리"라고 부른다. 그것이 사자로 하여금 무덤에서 천상으로 오르라고 세운 것임은 두말 할 나위도 없다. [94) 네팔의 부족인 망가르 족은 장대에다 아홉 개의 홈집을 내거나 혹은 홈을 파고는 이것을 상징적인 계단으로 삼는다. 이들은 이 장대를 무덤에다 세우고는, 사자의 영혼이 이 장대를 타고 천상으로 오른다고 믿는다. [95)

이집트의 장례 문서에는 아스켄 페트(asken pet)라는 표현이 있다. 아스켄은 계단을 뜻한다. 이것은 라(Rā) 신이 하늘을 오르라고 이집트 인들에게 준 진짜 사다리를 뜻한다. [96) 「사자의 서」에는 "내가 신들이 있는 하늘로 사다리를 세운다."[97) 신들이 "인간을 위하여 사다리를 만들었다. 그는 이 사다리를 타고 천상으로 오른다"[98)고 기록되어 있다. 고대와 중세 왕조의 무덤에서는 사다리 또는 계단 모양의 부적이 수없이 출토되었다. [99) 라인 강 경계지역의 무덤에서도 비슷한 것이 출토되었다. [100)

가로장이 일곱 개인 사다리(klimax)는 미트라 교 비의에도 기록되어 있다. 앞에서 보았다시피[101) 임금이자 예언자인 코싱가스는 사다리를 타고 헤라 여신에게 가겠다고 신하들을 위협한다. 의례적으로 사다리를 오름으로써 천상으로 오르는 것은 오르페우스 교 입문의례의 일부가 되어 있는 듯하다. [102) 어쨌든, 계단을 이용한 승천의 상징체계는 그리스 인들에게도 알려져 있었다. [103)

부세트(W. Bousset)는 오래전에 미트라 교의 사다리와, 이와 유사한 동방의 개념을 비교하고 이 양자의 우주론적 상징체계가 동일하다고 설파한 바 있다. [104) 그러나 천계상승의 모든 의미가 담겨져 있는 "세계의 중심" 상징체계를 여기에서 검토해보는 것도 유익하리라고 믿는다. 야곱은 꿈 속에서 꼭대기가 하늘에 닿아 있는 사다리를 보았다. 그 사다리를 타고 "하느님의 천사들이 오르락내리락 하고 있었다."[105) 야곱이 베고 자던 돌은 베델(bethel : 신성한 돌)로서 "세계의 중심"에 위치해 있다. 그 까닭은, 바로 그 돌이 있는 자리에서 모든 우주 권역이 서로 만나기 때문이다. [106) 회교 전승에 따르면, 모하메드는 예루살렘의 사원(명백한 "중심")에서 하늘로 솟은 사다리를 본다. 사다리 좌우에는 천사들이 서 있다. 이 사다리를 타고 의로운 사람은 신에게로 오른다. [107) 기독교 전승에도 이 신비스러운 사다리는 무궁무진하게 기록되어 있다. 성 페르페튜아(St. Perpetua)의 순교와 성 올라프(St. Olaf)의 전설은 그 많은 사례 중의 두 가지 사례에 지나지 않는다. [108) 성 요한 클리마쿠스(St. John Cl-imacus)는 사다리의 상징체계를 이용하여 영적 상승의 차원을 설명했다.

회교 신비주의에도 놀라우리만치 비슷한 상징체계가 있다. 신이 있는 곳에 이르려면 영혼은 반드시 일곱 개의 계단 즉 회개, 금욕, 자제, 빈곤, 인내, 신심, 자족의 계단을 올라야 한다. [109] “계단,” “사다리” 그리고 상승의 상징체계는 기독교 신비주의자들이 끊임없이 이용하는 것이기도 하다. 사투르누스의 하늘에서 단테는 까마득히 솟은 황금 사다리를 보는데, 최고천(最高天)에 닿아 있는 이 사다리 가로장에는 축복받은 자들의 영혼이 서 있다. [110] 일곱 개의 가로장이 있는 사다리는 연금술 전승에서도 찾아볼 수 있다. 어떤 고사본(古寫本)에는 일곱 가로장 사다리에 의한 연금술 입문의례가 자세히 기록되어 있다. 이 고사본에 따르면, 눈을 가린 입문자들이 이 사다리를 오른다. 일곱번째 가로장에서 이 사람은 눈가리개를 푼다. 그러면 눈앞에는 닫힌 문이 보인다. [111]

사다리를 이용한 천계상승은 아프리카, [112] 오세아니아, [113] 북아메리카[114]에도 알려져 있었다. 그러나 계단은 상승과 관련된 다양한 상징적 표현에 지나지 않는다. 천상계에는 불길이나 연기를 타고 오를 수도 있고 [115] 나무를 타고 오를 수도 있고[116] 산을 이용해서 오를 수도 있고[117] 밧줄[118] 혹은 덩굴, [119] 무지개, [120] 심지어는 햇빛을 타고 오를 수도 있다. 마지막으로 “화살 사슬”을 이용한 천계상승 테마와 관련된 신화와 전설을 잠깐 검토해보자. 영웅은 창궁(蒼穹)에다 첫 화살을 꽂고 제2의 화살을 그 첫 화살에 꽂고 하는 식으로, 하늘과 땅 사이에다 화살의 사슬을 만들고 이를 이용하여 하늘에 오른다. 이 모티프는 멜라네시아와 남북 아메리카에서도 볼 수 있다. 그러나 아프리카와 아시아에는 알려져 있지 않다. [121] 오세아니아 원주민들은 활이라는 것을 몰랐기 때문에 신화에서 화살이 맡는 역할은 긴 끈이 달린 창이 맡게 된다. 이 창을 창궁에다 꽂고 영웅은 그 끈에 매달려 하늘로 오르는 것이다. [122]

이러한 신화 모티프와 그 의례적 의미를 충분히 검토하자면 따로 한 권의 책이 필요할 터여서 여기에서는 신화의 영웅과 샤만(요술사, 주의 등), 사자 중에서도 선택받은 자들이 이용했던 갖가지 승천 수단만 간략하게 언급하고자 한다. 이 책은 갖가지 종교에서 말하는, 사후의 여정이라는 지극히 복잡하기 짝이 없는 문제를 연구하는 장(場)이 아니다. [123] 우리는 단지, 최고대(最古代) 민족으로 헤아려지고 사후에 사자가 승천한다고 믿는 몇몇 민족의 경우만 검토해보고자 한다. 그러나 대부분의 “미개” 민족은 적어도 두 가지 사후의 길(추장, 샤만, 입문의례를 치른

420

특권층이 가는 승천의 길과, 여느 사람을 위한 평행 혹은 지하계 하강의 길)이 있다고 믿는다. 오스트레일리아 원주민 부족의 상당수——나리니에리 족(Narrinyeri), 디에리 족(Dieri), 부안디크 족(Buandik), 쿠르나이 족(Kurnai), 쿨린 족——가 사자는 승천한다고 믿는다. [124] 쿨린 족의 경우, 사자는 석양의 햇빛을 타고 승천한다. [125] 그러나 중앙 오스트레일리아의 경우, 사자는 생전에 자주 다니던 곳을 배회한다. 다른 곳에서는 사자의 영혼이 서쪽에 있는 어떤 나라로 간다고 믿는다. [126]

뉴질랜드 마오리 족의 경우, 영혼의 승천 길은 멀고 험하다. 그 까닭은, 하늘은 10천이나 있는데다 신들이 사는 곳은 마지막 하늘인 제10천이기 때문이다. 그래서 사제는 영혼을 이곳으로 인도하기 위해 몇 가지 방법을 쓴다. 노래를 부름으로써 주술적으로 영혼을 인도하기도 하고 특별한 의례를 통하여 먼저 영혼을 그 육신에서 분리시키고 나서 이 영혼을 천계로 보낸다. 사자가 추장인 경우 사제와 그 보조자들은 장대 끝에다 깃털을 잔뜩 붙인 다음 노래를 부르면서 하늘을 향해 이 장대를 쳐든다. [127] 주목할 만한 것은 여기에서는 특권층만 천계에 오른다는 점이다. 여느 사람은 바다 건너 쪽으로 가거나 지하계로 내려간다.

앞에서 간략하게 훑어본 각종 신화를 개관하면, 놀랍게도 이들에게 두드러진 공통점이 있다는 것을 알 수 있다. 그 공통점이란, 물리적 수단(무지개, 다리, 계단, 사다리, 덩굴, 밧줄, "화살의 사슬," 산 등)을 통해서도 하늘과 땅의 교통이 가능하다(혹은 옛날 옛날 한 옛날에는 가능했다)는 믿음이다. 하늘과 땅을 연결하는 상징적 이미지는 세계수 혹은 세계축 상징의 변형에 지나지 않는다. 우리는 앞 장을 통하여, 우주수의 신화와 상징체계가 "세계의 중심" 그리고 땅과 하늘과 지하계가 서로 만나는 지점에 대한 관념을 함축하고 있음을 알게 되었다. 아울러 샤만적 이데올로기와 기술에서 가장 중요한 몫을 하는 "중심"의 상징체계가 사실은 샤마니즘 이상으로 넓게 펴져 있고 또 시대적으로도 훨씬 앞선다는 것도 알게 되었다. "세계의 중심"의 상징체계는, 하늘과 땅, 신들과 인간과의 교통이 가능했을 뿐만 아니라 전인류에게 도달 가능한 범위 안에 있던 태초의 신화와 뗄래야 뗄 수 없는 관계를 맺고 있다. 우리가 검토한 신화는 모두 이 원초적인 옛날 옛날 한 옛날을 언급하고 있었다. 그러나 그중에는, 이 교통이 끊긴 다음에도 영웅이나 군주나 요술사가 이룩하는 천계 상승을 다룬 신화도 있었다. 즉 이러한 신화는, 특권층이나 선택된 사람들은 원시반본(原始返本)이 가능하고, 인간 "타락" 이전의 하늘과 땅의 교통이 끊기기 전의 낙원적인 순간으로 되돌아갈 수 있음을 뜻한다.

샤만이 속하는 곳은 바로 이런 특권층 혹은 선택된 계층이라는 범주이다. 나무나 사다리 같은 것을 타고 천계로 올라갈 수 있는 것은 이들뿐만이 아니다. 다른 특권층(군주, 영웅 혹은 입문의례를 치른 자)도 샤만의 경쟁 상대가 될 수 있다. 샤만은 특별한 기술을 지니고 있기 때문에 이 특권층과는 다르다. 그 기술이 바로 접신술이다. 앞에서 말했다시피 샤만의 접신은 "타락" 이전의 인간 조건으로 돌아감을 뜻한다. 다른 말로 하자면 샤만은, 여느 사람은 죽어야 도달할 수 있는(베다 시대 인도의 공희제와 비교해보면 알 일이지만, 의례를 통한 천계상승은 상징적이다. 그러나 샤만의 천계상승은 구체적이다.) 원초적 "상황"을 재구성한다. 비록 샤만의 상승 이데올로기가 일관된 것이고 이러한 상승 이데올로기가 우리가 검토해온 신화적 관념의 전체 구성 부분("세계의 중심," 교통의 파탄, 인류의 타락 등)을 형성하고 있기는 하지만, 여기에는 상당수의 비정상적인 샤만적 의례가 존재하는 것도 사실이다. [128] 특히 탈혼상태를 획득하는 데 쓰이는 근본적이고 물리적인 수단(마취제, 인사불성이 될 때까지 추는 춤, "빙의" 등)에 유의하지 않으면 안 된다. 이런 비정상적인 일련의 수단에 대한 "역사적인 설명"(외부 문화의 영향에 따른 질적인 저하, 혼효 등)은 별도로 하더라도 이것이 다른 차원에서 해석될 수 있느냐 없느냐는 의문이 제기된다. 가령 다음과 같은 질문이 제기된다. 샤만적 탈혼에 이르는 비정상적인 수단이, 샤만이 **구체적으로**(샤만의 성격상 "구체적인" 차원에서 "현실화"하는) 이 상징체계와 신화를 체험하려고 한다는 사실에서 유래한 것이 아니겠느냐, 요컨대 어떤 대가를 치르더라도, 어떤 수단을 쓰더라도 구체적인 상승, 신비스러운 동시에 진정한 의미에서의 상승 여행을 성취시켰으면 좋겠다는 희망이 그런 수단을 쓰게 하는 것이 아니겠느냐는 질문, 이런 유형의 행동이 "영혼"의 상태가 아닌 한, 인류의 현재 상태에서는 도달할 수 없는 어떤 차원을 "살아보려는," 다시 말해서 "체험해보려는" 강렬한 욕구의 필연적인 결과가 아니겠느냐는 질문이 그것이다. 그러나 이 문제는 미해결 상태로 남겨두는 것이 좋을 듯하다. 아무래도 종교사학의 영역을 넘어 철학과 신학의 영역으로 들어가는 듯한 문제 같아 보이기 때문이다.

제 14 장   결론

북아시아 샤마니즘의 형성

우리가 지금까지 접해온 "샤만"이라는 말은 러시아 어를 통해서 들어온 퉁구스 어 šaman에서 유래한다. 팔리 어 samaṇa(산스크리트 어 śramaṇa)가 중국어 sha-men(沙門 : 팔리 어를 음사〔音寫〕한 것)을 통해 전파되었으리라는 가설은 19세기 대부분의 동양학 학자들로부터 인정을 받은 바 있다. 그러나 이 가설에 의문을 제기하는 학자(일찍이 1842년에는 쇼트〔W. Schott〕, 1846년에는 반자로프〔Dordji Banzarov〕)도 있었다. 그러다 1914년에는 네메트(J. Németh)[1]로부터, 1917년에는 라우퍼(B. Laufer)[2]로부터 정면공격을 받기에 이른다. 이들 학자들은 모종의 음성학상의 대응관계를 통하여, 퉁구스 어는 터키-몽고 어 어군(語群)에 속한다고 생각한다. 즉 고대 터키 어의 어두(語頭)인 k'는 타타르 어의 k, 추바쉬 어의 j, 야쿠트 어의 x(독일어의 ach의 경우와 같은 無聲帶氣音), 몽고어의 ts, č, 만주-퉁구스 어의 s, ś 혹은 š로 변화하고 있기 때문에, 퉁구스 어의 šaman은 터키-몽고 어의 kam(qam)이고 음성학적으로는 같은 것이라고 주장한다. 이 kam이 엄밀한 의미에서, 대부분의 터키 어에서는 "shaman"이라는 말에 해당한다는 것이다.

그러나 람스테드(G. J. Ramstedt)[3]는 네메트의 음성학상의 법칙이 유효하지 않다고 생각한다. 그러니까 토카라 어(ṣamāne : 佛僧)나 소그드 어(šmn=šaman)에서도 같은 말이 발견되기 때문에, 이 말의 인도 기원설이 되살아난 것이다. [4] 이 문제의 언어학적인 면에 대한 의견을 말하기는 조금 망설여지지만, 이 인도 말이 중앙 아시아에서 극동 아시아로 이동해온 경로를 설명하는 일은 곤란하다는 것을 감안하고, 시베리아 여러 민족들에 미친 인도 영향에 관한 문제는 전체적으로 그리고 역사적 자료와 함께 민족지적(民族誌的) 자료의 이용을 통하여 검토되어야 한다는 말을 덧붙이고 싶다.

바로 이러한 일을 쉬로코고로프가 했다. 퉁구스 인에 대한 일련의 연구[5]에서 그가 도달한 결과와 대체적인 결론을 여기에 요약해보기로 하자. 쉬로코고로프에 따르면, šaman이라는 말은 퉁구스 어에는 외래어인 듯하다. 그러나 중요한 것은, 샤마니즘 현상 자체가 남방적 요소, 특히 불교(라마 교)의 요소를 보여주고 있다고 하는 점이다. 그런데 불교는 동북 아시아로 깊숙히 침투해 있었다. 말하자면 4세기에는 한반도, 6세기에는 위구르, 13세기에는 몽고, 15세기에는 아무르 강 인근 지역(아무르 강 하구에는 불교 사원이 있다)으로 전파되었다. 대다수의 퉁구스 인 영신들의 이름은 몽고어와 만주어에서 차용한 것이었고, 이 몽고어와 만주어는 이것을 일찍이 라마 교에서 받아들였다.[6] 퉁구스 샤만의 의상, 북 그리고 무신도(巫神圖)에서 쉬로코고로프는 새로운 것으로부터 영향을 받은 증거를 지적해낸다.[7] 그뿐만 아니라, 만주족에게는 11세기 중엽에 샤마니즘이 나타나기는 했지만, 명 나라 시대(14-17세기)까지는 민간에 별로 보급되지 않고 있었다. 남부 퉁구스 인은 거꾸로, 자기네 샤마니즘은 만주인과 다호르 인(Dahor)들로부터 차용한 것이라고 말한다. 이윽고 북방 퉁구스 인은 남방의 인접 부족인 야쿠트 인으로부터 영향을 받는다. 북아시아의 이들 나라에 샤마니즘이 출현한 것은 불교의 전파와 때를 같이한다고 믿는 쉬로코고로프는, 샤마니즘이 만주에서는 12세기부터 17세기까지 번성했고 몽고에서는 14세기 이전, 키르기츠 인과 위그르 인 사이에서는 7세기 즈음부터 11세기에 걸쳐 융성을 누리게 되는데, 이 시점은 이들 민족이 불교를 공인하기 직전[8]이라는 점을 지적한다. 이 러시아 민족지가(民族誌家)는 남방 기원설에 관련된 몇 가지 민족지적(民族誌的) 요소도 지적하고 있다. 샤만적 이데올로기와 샤만적 무구(巫具)에 등장하는 뱀(어떤 경우에는 구렁이)이 퉁구스 족, 만주족, 다호르 족의 신앙체계는 아예 등장도 하지 않을 뿐만 아니라, 이들 민족은 아예 파충류라는 것을 모르고 있었다는 것이다.[9] 이 러시아 학자는, 무고 전파의 중심지는 바이칼 호 인근 지역이라고 생각한다. 이 북은 라마 교의 종교 음악에서 아주 중요한 몫을 한다. 그리고 구리 거울〔銅鏡〕만 해도 그렇다.[10] 이 구리 거울 자체는 라마 교에서 나온 것이지만, 샤마니즘에서는 의상이나 북이 없어도 이것만 있으면 무의를 치를 수 있을 정도로 극히

424

중요시되는 무구이다. 샤만의 머리 장식품도 라마 교에서 차용한 것이라고 쉬로코고로프는 주장한다.

요컨대 쉬로코고로프는 퉁구스 샤마니즘을 "비교적 근세에 서에서 동으로, 남에서 북으로 전파된 듯한 현상"으로 보고 있다. 그러니까 "샤마니즘은 직접 불교로부터 차용한 많은 요소를 지니고 있는 것이다."[11] "샤마니즘은 퉁구스 족과 다른 샤만 교도들의 사회구조와 애니미즘적 철학 특성의 심리 속에 깊이 뿌리박고 있다. 그러니 지금 상태의 샤마니즘은 불교가 북아시아 민족군 안으로 침투한 결과의 하나라는 것도 사실인 것이다."[12] 위대한 저작인 「퉁구스 인의 정신심리학적 복합(*Psychomental Complex of the Tungus*)」에서, 쉬로코고로프는 "불교의 자극을 받은 샤마니즘"이라는 하나의 도식적 표현에 도달한다.[13] 이 자극 현상은 지금도 몽고에서 찾아볼 수 있다. 즉 라마 승들은 정신의 평형을 잃은 사람들에게 샤만이 되라고 권하기도 하고 그 자신이 샤만이 되기도 하고 샤만의 "영신"을 이용하기도 한다.[14] 따라서 퉁구스 인의 문화 복합에 불교와 라마 교로부터 차용한 요소가 보이더라도 놀랄 필요는 없다.[15] 샤마니즘과 라마 교의 공존 현상은 다른 아시아 민족에게서도 찾아볼 수 있다. 가령 투바 족(Tuvas)의 경우 많은 유르트(천막), 심지어는 라마 교 승려의 유르트에서까지 불상 옆에 다른 상, 즉 샤만을 악령으로부터 지켜주는 영신상(éréni)이 안치된다.[16]

우리는 쉬로코고로프의 "불교의 자극을 받은 샤마니즘"이라는 말에 전적으로 동의한다. 남방의 영향은 실제로 퉁구스 샤마니즘을 변화시키고 살찌웠다. 그러나 퉁구스 샤마니즘 자체가 불교의 산물은 아니다. 시로코고로프 자신이 통찰하고 있듯이, 불교 전파 이전의 퉁구스 인의 종교는 부가(Buga), 즉 천공신(天空神) 숭배가 지배적이었다. 이런 풍토에서 이 종교를 거들어 나름의 역할을 맡아 하던 것이 사자의례(死者儀禮)였다. 당시에는, 현재와 같은 의미에서의 "샤만"은 없었다고 하더라도, 부가 신에게 제물을 바치거나 사자의례를 베푸는 일을 전문으로 하는 사제가 있었다. 쉬로코고로프가 관찰하고 있듯이, 오늘날 모든 퉁구스 족의 경우에 샤만은 천상의 신을 위한 공희제에는 참석하지 않는다. 사자에 대한 의례일 경우에도, 앞에서 보았다시피 예외적인 경우, 가령 사자가 이 세상 떠나기를 거부하고 있어서 무의를 통하여 사자를 지하계로 데려다주어야 할 경우가 아니면 샤만은 나서지 않는다.[17] 만일에 퉁구스 샤만이 부가 신에 대한 공희제에서 아무 역할도 맡지 않는 것이 사실이라면, 샤만의 무의에 천상계에 속하는 것으로 보이는 요소가 있으리라는 것도 사실이다. 승천의 상징체계는 퉁구스 인의 기록에 풍부하게 남아서 전해진다. 이 상싱체계는, **지금의 모습으로는**, 부르야트 인이나 야쿠트 인으로부터 차용한 것인 듯하다. 퉁구스 인이 남쪽의 인접 부족과 접촉하기 전에는 그런 것을 가지고 있지 않았음을 증명할 방법은 없다. 극북 시베리아에서의 천상계 신의 종교적 중요성과, 상승의 신화와 의례의 보편성은 우리에게 정반대되는 생각을 하지 않을 수 없게 한다. 따라서 퉁구스 인의 샤마니즘 형성에 관한 올바른 결론은 다음과 같다. 라마 교의 영향은 주로 "영신"의 중요성을 부각시키고 이 영신들을 통제, 체현하는 데 사용되는 기술에서 나타난다. 따라서 지금의 모습으로는 퉁구스 샤마니즘이 라마 교로부터 영향을 깊게 받았다고 할 수 있다. 그러나 아시아와 시베리아의 샤마니즘이, 전제직으로 이러한 중국-불교의 영향의 소산이라고 하는 주장도 옳다고 할 수 있을까?

이 질문에 답하기 전에 최근의 연구 결과를 몇 가지 상기해보기로 하자. 샤마니즘의 특징적인 요소는 샤만에 의한 "영신"의 체현이 아니라, 샤만의 천계상승 혹은 지하계 하강에 의해 야기되는 접신이라는 것을 이미 알고 있다. 영신을 체현한다는 것이나 영신에 "빙의"된다는 것은 세계 전역에 광범위하게 전파되어 있는 현상이기는 하지만, 이것이 반드시, 엄밀한 의미에서의 샤마니즘에 속하는 것은 아니다. 이런 관점에서 보아 오늘날 퉁구스 인들에게 남아 있는 샤마니즘은 고전적인 형태의 샤마니즘이라고 할 수 없다. 그 까닭은, 샤만이 "영신"을 체현하는 일은 중요시되는 반면에, 천계상승에서 맡는 역할은 과소평가되고 있기 때문이다. 우리는 쉬로코고로프를 통하여, "영신"을 지배하고 영신을 체현하는 데 필요한 이론과 기술——즉 남방(라마 교)의 기여 덕분에——이 퉁구스 샤마니즘에 현재와 같은 모습을 부여했다는 사실을 알게 되었다. 따라서 이 퉁구스 샤마니즘의 현재의 형태를 고대 북아시아 샤마니즘의 혼효물(混淆物)로 보는 것이 옳을 것이다. 그뿐만 아니라, 앞에서 보았다시피 신화는 현대 샤마니즘의 쇠퇴를 풍부하게 전하고 있는데, 이러한 신화는 중앙 아시아의 타타르 인에게서도, 최북동(最北東) 시베리아 민족들에게서도 찾아볼 수 있다.

퉁구스 샤마니즘에 결정적으로 작용했던 불교(라마 교)의 영향은 부르야트와 몽고에도 미쳤다. 우리는 여러 차례 부르야트 인, 몽고인 및 타타르 인의 신화, 우주론, 종교 이데올로기 위로 쏟아져 내린 인도 영향의 세례를 검토한 바 있다. 인도의 영향이 중앙 아시아로 미치는 과정에서, 그것을 실어다준, 말하자면 수레 역할을 한 것은 주로 불교였다. 그러나 여기에서 주의할 필요가 있는 것은, 인도가 중앙 아시아와 북아사이에 영향을 끼치기는 했지만 이 영향이 중앙 아시아나 북아시아가 경험한 유일한 남방으로부터의 영향은 아니었다고 하는 점이다. 아득한 선사시대부터 남방 문화 그리고는 그 뒤로는 고대의 근동 문화가 중앙 아시아나 시베리아의 온갖 종류의 문화에 영향을 미쳤다. 극지 (極地) 주변의 석기시대는 유럽과 근동의 선사 문화에 의존하고 있다. [18] 북부 러시아와 북아시아의 선사 및 원사시대 (原史時代) 문명은 오리엔트 문명의 영향을 강하게 입었다. [19] 민족학적으로 말하자면, 모든 유목 문화는 농경 및 도시 문명이 이룩한 문화적 발견에 종속되어 있는 것으로 알려져 있다. 간접적이기는 하지만 이 농경 문명과 도시 문명의 방사 (放射)는 북방 및 동북방으로, 아주 멀리 떨어진 곳까지 이른다. 이 선사시대에 시작된 문명의 방사 현상은 현대에도 계속되고 있다. 중앙 아시아와 시베리아의 신화와 우주론 형성에 미친 인도-이란과 메소포타미아의 영향의 중요성에 대해서는 이미 앞에서 충분히 검토한 바 있다. 이란 어로 된 술어 (述語)는 우그르 인, 타타르 인, 심지어는 몽고인들에게까지 기록되어 있다. [20] 중국과, 헬레니즘의 세례를 받은 동방세계 사이에 문화적 접촉이 있었고 상호 영향을 주고받았다는 것은 이미 두루 알려진 사실이다. 그런데 시베리아는 역으로 이 문화 교류에서 이득을 보았다. 시베리아의 여러 민족이 쓰고 있는 수사 (數詞)는 간접적이기는 하지만 고대 로마와 중국으로부터 차용한 것이다. [21] 중국 문화의 영향은 오비 강과 예니세이 강까지 두루 침투하여 있다. [22]

　우리가 중앙 아시아와 북아시아 여러 민족의 종교와 신화에 끼친 남방의 영향을 다루어야 하는 것은 바로 역사적-민족학적 측면에서이다. 샤마니즘 자체에 관해서도 우리는 이미 이러한 영향, 특히 주술적 기술에 끼친 영향을 검토한 바 있다. 샤만의 의상과 북[23] 역시 남방 문화의 영향을 받은 것이다. 그러나 샤마니즘은 그 구조로 보아, 이러한 남방 문화의 영향 아래서 창조된 것이라고는 볼 수 없다. 우리가 모아 이 책에서 해석한 무수한 문헌은 모두 하나같이 샤마니즘의 이론과 특징적 기술이 고대문화에 속하고 있음을 보여주었는데, 고(古) 오리엔트로부터 받은 영향의 흔적은 읽을 수 없다. 여기에서는, 중앙 아시아 샤머니즘은 시베리아 수렵민의 선사시대 문화에서 본질적으로 가장 중요한 한 부분이며[24] 반면에 샤만적 이데올로기와 기술은 오스트레일리아, 말레이 군도, 남아메리카, 북아메리카 그리고 그밖의 지역의 미개 민족에게서도 찾아볼 수 있다는 데 주목하기로 하자.

최근의 연구 결과, 구석기시대 수렵민의 종교에도 "샤만적" 요소가 있었던 것으로 밝혀졌다. 키르히너는 라스코의 유명한 부조(浮彫)를, 샤만의 접신을 나타낸 것이라고 해석했다.[25] 그는 또 선사 유적에서 출토된 희한한 물건인 "지휘봉(Kommandostäbe)"을, 지휘봉이 아닌, 북채로 해석했다.[26] 이 해석이 받아들여진다면, 선사시대의 요술사들도 시베리아 샤만들이 쓰던 것과 비슷한 북을 썼다는 결론이 나온다. 이와 관련해서, 기원전 500년의 것으로 주산되는 뼈로 만들어진 북채가, 바렌츠 해(海)의 올레니 섬 유적에서 출토되었다는 데 주목할 필요가 있다.[27] 결국 나르(Karl J. Narr)는 그의 중요한 연구인 "구석기시대 유럽의 웅제와 샤머니즘(Bärenzeremoniell und Schamanismus in der Älteren Steinzeit Europas)"[28]에서, 샤머니즘의 "기원"과 연대론의 문제를 검토하고 있다. 그는 선사시대 북아시아 수렵민의 종교 신앙에 미친 풍요 개념("비너스 소상〔小像〕")의 영향을 규명하고 있다. 그러나 이러한 영향이 구석기 문화의 전승을 분열시킨 것은 아니었다.[29] 그가 내린 결론은 다음과 같다. 즉 유럽의 구석기시대 유적(기원전 5만-3만년)에서 발견된 동굴의 해골과 뼈는 공희제 제물의 것으로 해석될 수 있다. 그즈음에 이 의례와 관련해서, 동물이 그 뼈로부터 주기적으로 재생한다는 주술-종교적 관념이 정형화하는데, 바로 이러한 표상세계(表象世界, Vorstellungswelt)가 아시아와 북아메리카 웅제의 기초가 아닐까. 그 뒤인 기원전 2만 5천 년경, 유럽에는 새, 수호영신 그리고 접신의 소상적(塑像的) 표상을 지닌 가장 오래된 형태의 (라스코에서 출토된 것과 같은) 샤머니즘이 존재했을 것이다.[30]

나르가 제창한 연대론의 타당성을 판단하는 일은 전문가들에게 맡기기로 하자.[31] 여기에서 분명해지는 것은 "샤만적" 의례와 상징이 대단히 오래전부터 있어왔다는 것이다. 남은 문제는, 선사 유적 발굴을 통해 각광 받게 된 이러한 유물이 과연 그대로 샤머니즘의 모습을 나타내는 것인지,

아니면 오늘날 우리가, 옛날 종교 복합의 상징물(라스코 유물 이전의 것으로 그림, 의례 대상물 등의 "소상적" 표상을 획득하지 못한)로 접할 수 있는 옛날의 유물에 지나지 않는 것인가를 규명하는 일이다.

중앙 아시아와 북아시아의 샤만적 복합의 형성과정을 규명하면서 우리가 유념해야 할 것이 있는데, 그것은 문제를 구성하는 근본적인 두 가지 요소이다. 즉 하나는 근원적 현상으로서의 접신 체험이고, 또 하나는 접신 체험이 결합되는 역사적-종교적 환경과, 그것이 타당한 것임을 증명할 이데올로기이다. 우리가 접신 체험을 "근원적 현상"이라고 한 것은 이 현상을(문화의 형태로 생산된) 특정한 역사적 순간의 산물로는 도저히 볼 수 없기 때문이다. 이것은 인간 조건의 근본적인 현상이다. 그래서 고대인들이 모두 이것을 알고 있었던 것이다. 다른 유형의 문화와 종교와 만나면서 변모하고 수정되어온 것은 접신 체험에 대한 해석과 평가이다. 그렇다면 샤마니즘이 자율적이고 특수한 복합체로 결정(結晶)될 당시의 중앙 아시아와 북아시아의 역사적-종교적 상황은 어떠했을까? 우리가 가진 자료에 따르면, 이 지역에는 어디에나 그리고 아득한 옛날부터 천상적 구조를 지닌 절대적인 존재가 있었다. 이 절대신은, 형태론적으로 다른 고대 종교에 등장하는 절대신과 그대로 일치한다.[32) 모든 의례와 신화의 모태가 되는 상승의 상징체계는 천상계의 절대신과 관련되어야 한다. 우리가 알기로는 "높은 것"은 거룩하다. 그래서 많은 고대인들은 이런 절대신들을, "높은 데 계시는 분," "하늘의 신" 혹은 간단하게 줄여서 "하늘"이라고 했다. 상승과 "높은 데"의 상징체계는 천상계의 절대신이 "은퇴"한 뒤에도 존속한다. 잘 알겠지만, 절대신도 극진히 모셔지던 상태에서 자기 자리를 잃고, 보다 "역동적"이고 "친밀감"이 더한 신들(폭풍의 신, 풍요의 신, 조화신, 사자의 혼령, 대〔大〕여신 등)에게 그 종교적 자리를 내어준다. "여가장제(女家長制)"라고 불리게 된 주술-종교적 복합은 천상계 신이 "은퇴하는 신"으로 변모한다는 것을 강조해서 역설한다. 종교의 흐름에서, 천상계 절대신이 영락(零落) 혹은 전면 퇴각하는 사례는, 하늘과 땅의 교통이 용이해서 누구든 쉽게 오르내리던 저 태초의 낙원시대와 관련된 신화에 더러 나온다. 이 용이하던 교통체계가 어떤 사건(의례상의 실수 등)으로 무너지면, 절대신은 최고천으로 은퇴해버린다. 되풀이해서 말하거니와, 천상계의 절대신에 대한 신앙이 무너져도, 옛날의 의미를 그대로 담고 있는 상승의 상징체계는 무너지지 않는다. 앞에서 보았다시피 이 상징체계는, 모든 역사적-종교적 문맥과 그리고 세계의 여러 지역에 두루 퍼져 있다. 그런데 이 상승의 상징체계가 샤만적 이데올로기와 기술에서는 아주 중요한 몫을 한다.

우리는 앞 장에서, 어떤 의미에서 이 샤만의 접신이, 모든 인간이 구체적으로 천계와 교통할 수 있던 옛날 옛날 한 옛날의 재현일 수 있는가를 검토해보았다. 샤만(혹은 주의, 주술사 등)의 천계상승은, 상당히 변형되고 쇠퇴했어도, 천계의 절대신에 대한 믿음과, 하늘과 땅의 구체적인 교통에 대한 믿음이 중심이 되어 있는 고대 종교 이데올로기의 잔존물임이 분명하다. 그러나 우리가 보았다시피, 샤만은 접신——바로 이 능력을 통하여, 다른 인간에게는 접근이 불가능한 원초적인 상태를 다시 살아낼 수 있다——을 체험하기 때문에 특별한 존재로 인식되고 그 자신도 그렇게 믿는다. 게다가 신화는 절대신과 샤만의 사이를 한층 더 가깝게 그려낸다. 특히, 절대신 혹은 질내신의 대리자(조화신 혹은 태양신)가 사자와 악령으로부터 인류를 지켜주기 위해 시조(始祖) 샤만을 보냈다고 할 때 더욱 그러하다.

중앙 아시아 및 북아시아 종교의 역사적 변화——일반적으로 말하면, 조상 숭배가 강화되고 절대신의 자리를 차지한 신 혹은 반신(半神)의 역할이 강화되는——가 이번에는 샤만의 접신 체험의 의미를 변화시켰다. 지하계로의 하강[33], 악령과의 싸움, 영신과의 관계 개선을 통한 영신의 "체현" 및 영신에의 "빙의," 그 전에 없던 이러한 새 현상은 종교 복합의 일반적 변화에 발맞춘 개혁이었다. 게다가 남방의 영향도 있었다. 아득한 옛날에 불어오기 시작한 남방의 바람은 우주론이나 신화나 접신 기술을 변화시켰다. 뒤의 일이기는 하지만 바로 이런 남방의 영향 가운데 우리는, 불교와 라마 교의 기여에, 이란의 영향 그리고 이에 선행하는 메소포타미아의 영향이 첨가되었다는 것을 기억해야만 한다.

샤만의 의례적 죽음과 부활로 이루어지는 입문적 도식 역시 이런 개혁이였기가 쉽다. 그러나 이것은 너무나 오래된 옛날의 일이다. 어쨌든, 이 입문의 도식은 고대의 근동에서 온 것이 아니다. 입문적 죽음과 부활의 상징체계 및 의례는 오스트레일리아와 남아메리카 종교에서도 찾아볼 수 있기 때문이다. 그러나 조상 숭배의 유입과 더불어 시작된 개혁은 이 입문 도식의 구조에 특히 선명한 영향의 흔적을 남겼다. 달의 신화가 유포되고 사자 숭배가 시작되고 주술 이론이 발전함에 따라, 죽음이라는 신비스러운 개념은 엄청난 종교적 변화를 겪어야 했다.

따라서 우리는 아시아적 샤마니즘을, 그 원초적 바탕 이데올로기——인간으로 하여금 천상계 상승으로 직접적인 관계를 가능하게 해주었던 천상계의 절대신에 대한 신앙——가 불교의 침투를 정점으로 하는 일련의 기나긴 외래 문화의 유입으로 끊임없이 변형되어온 고대의 접신술로 이해해야 한다. 외래 문화와 함께 들어온 신비스러운 죽음이라는 개념은 조상신 및 "영신"과의 관계, "빙의"[34] 에서 단절되었던 이 관계를 더욱 밀접하게 만들었다. 앞에서 보았듯이, 탈혼의 현상 구조도 그 대부분이 접신의 성격이 혼란스러워짐에 따라 많은 개량과 개악(改惡)의 과정을 겪었다. 그러나 이러한 개량과 개악이 참 샤만의 접신 가능성을 배제할 정도까지 이르지는 않았기 때문에, 우리는 동서양의 위대한 신비주의에 필적하는 명상의 방법을 통해 준비되고 이루어지는, "영적인" 상승 형식의 진짜 샤만의 신비 체험의 사례들을 여기저기에서 만나게 되는 것이다.

에필로그*

신비주의의 역사에서 연속성을 지닌 해결책은 있을 수 없다. 우리는 여러 차례 샤만의 체험에서, 기독교의 신비체험 중 가장 유서 깊은 체험일 듯한 "낙원에의 향수"를 만나고는 했다. [1] 기독교의 신비주의 신학에서는 물론이고 인도의 신비주의와 형이상학에서도 가장 중요한 몫을 하는 "내적인 빛"이 에스키모 샤마니즘에 담겨 있는 것도 우리는 보았다. 여기에다, 오스트레일리아 주의의 몸 속에 들어 있는 주석(呪石)이 "응고된 빛"의 상징이라는 말을 덧붙여도 좋을 것이다. [2]

그러나 신비주의의 역사 속에 한 자리를 차지하고 있지 않아도 샤마니즘은 중요하다. 샤만은 공동체의 정신적인 본래 모습을 지키는 데 아주 중요한 역할을 해왔다. 샤만은 뭐니뭐니 해도 악령에 대항하는 투사들이다. 샤만은 악령이나 병마만 상대하는 것이 아니라 흑 주술사도 상대한다. 투사로서의 샤만 중 가장 빼어난 샤만은, 나키 샤마니즘의 신화적인 개조(開祖)이자, 지칠 줄 모르는 악령의 살육자인 톰-파 실-로이다. [3] 아시아 샤마니즘에 대단히 전투적인 요소(창, 흉갑, 활, 칼 등)가 자주 등장하는 것은 샤만이 얼마나 인류의 적인 악령과 싸우도록 요구당하고 있는가를 말해준다. 샤만은 죽음, 질병, 기근, 재난, "암흑"의 세계와 맞서서 생명, 건강, 풍요, "광명"의 세계를 지키는 존재이다.

샤만의 의로운 호전성은 때로 공격적인 광증이 되기도 한다. 한 시베리아 전승에 따르면 샤만들은 짐승의 모습을 빌려 끊임없이 싸운다고 한다. [4] 그러나 그런 정도의 공격성이 아무 샤만에게나 있는 것은 아니다. 시베리아 샤만이나 헝가리의 탈토스 중에서도 별난 샤만이나 그렇다. 이른바 "악의 권세"와 벌이는 샤만의 싸움은 기본적이고도 보편적이다. 이

---

*이 에필로그는 영역본에만 추가된 것이다.

러한 샤마니즘이 고대 사회에서 맡은 역할이 무엇이었을 것인가를 상상하기는 쉽지 않다. 인간은 악마나 "사악한 권세"에 둘러싸인 채 미지의 세계에 고립되어 살고 있었다. 그러나 샤만이 있다는 것은 더 이상 그런 세계에 고립되어 있는 것이 아니라는 확인이었다. 그 시절에는 인간이 바친 제물을 흠향하고 기도를 들어주는 신들이나 초자연적 존재도 있었지만, "성사(聖事)의 전문가," 영신들을 "볼" 수 있는 사람, 악령과 질병과 죽음과 싸우려고 천계로 올라도 가고 지하계로 내려도 가는 사람이 있어야 했다. 그것이 샤만이다. 한 지역사회 안에서 정신의 본래 모습을 지키는 샤만의 귀중한 역할은 여기에 있다. 사람들은 자기네 **동아리 중 누군가가,** 보이지 않는 세계에서 온 자가 야기시킨 절망적인 상황에서 동아리를 지켜줄 것이라고 믿었다. 사람들에게, 자기들 중에 남에게는 보이지 않는 것을 **볼** 수 있고 초자연의 세계의 정보를 바로 중계해줄 만한 사람이 있다는 것은 지극히 마음 놓이고 푸근한 일이 아닐 수 없었을 터였다.

　샤만이 **죽음에 관한 앎**을 쌓아갈 수 있었던 것도, 초자연적인 세계를 가로지르면서 초인간적인 존재(신들, 악령, 사자의 영혼 등)를 **볼** 수 있었던 것도 바로 이러한 능력 덕분이었다. 죽음의 신화의 테마도 그렇지만, 이러한 "장송 지리지(葬送地理誌)"에 등장하는 인물의 대부분은 샤만의 접신 체험을 통하여 이러한 능력을 터득한 사람들이다. 저승으로의 접신 여행이 계속될 동안 샤만이 보았던 풍물이나 만났던 자들에 관한 모든 정보는 샤만의 탈혼중에, 아니면 탈혼에서 깨어난 뒤에, 바로 이 샤만의 입에서 흘러 나온다. 이렇게 해서 미지의 세계이자 공포의 대상인 이 죽음의 세계는 특정한 정형에 따라 구성된다. 결국 이것은 하나의 구조로 짜여지고 세월이 지나면 많은 사람들에게 친숙한 것으로 받아들여지게 된다. 이렇게 되면, 죽음의 세계의 초자연적인 존재는 여느 사람들의 눈에도 **보이게** 된다. 조금씩 조금씩 이 초자연적 존재는 사람들에게 형상을 드러내 보이고 성격을 드러내 보이고 심지어는 지나온 여정까지 드러내 보인다. 이렇게 되면 조금씩 죽음의 세계는 여느 사람들에게도 알 만한 일이 되고, 급기야 죽음이라는 것도 정신적인 존재 양식을 향한 통과의례 정도로 평가되기에 이른다. 그러니까 샤만이 들려주는 접신 여행 이야기는, 사자의 세계에 풍부한 형상과 인물을 부여하는 동시에 바로 이것을 "정신화시키는 데" 기여하게 되는 것이다.

　우리는 이미 앞에서 샤만의 접신 체험 이야기와, 구비문학의 서사적 주제가 비슷하다는 것을 알게 되었다.[5] 저세상에서 펼쳐지는 샤만의 모험과, 접신상태에서 지하계를 하강하고 천상계를 상승할 동안 받은 온갖 시련은 민간전승의 주인공이나 서사문학의 주인공들의 모험과 시련을 연상시킨다. 등장인물, 이미지, 상투적인 표현이 그렇듯이 많은 서사문학의 "주제" 혹은 모티프는 접신의 체험에서 기원한다. 같은 의미에서, 이러한 서사문학은 초인간적인 세계로의 모험 여행을 펼치는 샤만의 이야기에서 차용한 것일 터이다.

같은 맥락에서, 접신 직전의 도취상태가 서정시의 보편적인 원천이 되었을 것이다. 탈혼을 준비하면서 샤만은 북을 두드리고 보호영신들을 부르고, "신어(神語)"로 절규하고 동물의 울음소리, 특히 새의 울음소리를 흉내냄으로써 "동물의 언어"를 입에 올린다. 샤만이 "제2의 상태"를 획득하기 위해 보여주는 이러한 행위는 언어를 통한 서정시의 창조적 율동을 자극한다. 시적 창조 행위는 여전히 완벽한 정신의 자유를 간직하고 있는 상태이다. 시는 언어를 재창조하고 언어를 천연(遷延)시킨다. 모든 시적 언어는 신어인 상태, 자신만의 우주, 완전히 닫힌 우주가 창조될 때 시작된다. "미개인"의 접신 혹은 종교적 영감이 사상(事象)의 본질을 드러내듯이, 순수한 시적 행위는 내적인 경험으로부터 언어를 재창조하는 것처럼 보인다. 신비주의의 "신어"와 전통적인 풍유(諷喩) 언어가 결정(結晶)되는 것은, 바로 접신 직전의 "영감"이 있어서 비로소 가능해진, 그러한 언어적 창조를 통해서일 것이다.

무의의 극적인 구조에 관해서도 한마디 해야겠다. 우리는 병자에게 좋은 영향을 미치는, 고도로 정교하게 꾸며진 "상연(上演)" 행위만 무의라고 하는 것이 아니다.[6] 진정한 샤만적 무의에서는 일상적인 경험의 세계에서는 볼 수 없는 **장관**이 펼쳐진다. 불을 이용한 묘기, 밧줄 묘기 혹은 망고 묘기 유형의 "기적", 주술적 이적(異蹟)의 잔치는 이승과는 전혀 다른 세계를 펼쳐 보인다. 이 세계는 신들과 주술사들의 전설적인 세계, **무엇이든 가능할 것 같아 보이는** 세계, 죽은 자가 살아나고 산 자가 죽어서 거듭나는 세계, 누구든 마음먹는 대로 사라질 수도 있고 다시 나타날 수도 있는 세계, "자연의 법칙"이 철폐되고 특정한 초인간적인 "자유"가 현현(顯現)하여 눈부시게 **존재하게** 되는 세계이다.

현대인인 우리가 그러한 **장관**이 펼쳐지는 "미개" 사회의 반향(反響)을 상상하기는 쉽지 않다. 전통 종교의 형태를 재확인하고 재강화할 뿐만 아니라, 상상력을 자극하고 상상력에 불을 지르는 샤만의 "기적"은 꿈과 현실 사이의 장벽을 헐고 신들, 사자들, 영신들이 사는 세계를 열어준다.

문화적 창조가 샤만의 체험을 통하여 가능해지고 자극되어진다는 지적은 이로써 충분할 것이다. 여기에서 더 나가면 이 책의 한계를 벗어나게 될 듯하다. 서사시나 서정시의 접신적 "원천"에 관하여, 극적인 장관의 선사(先史)에 관하여, 그리고 고대의 샤만에 의해 발견되고 촉진되고 기록되어온 가공 세계의 문제에 관하여 일일이 검토하자면 이런 정도의 책으로는 불가능하지 않을는지.

주

머리말

1) 이 책, pp. 41 이하 참조.

제 1 장 개설/성무방법, 샤마니즘과 무업

1) 이 책 pp. 422 이하 참조.

2) 바로 이런 의미에서 그리고 이런 의미에서만, 우리는 고도로 발달한 신비주의에서 발견되는 "무속적" 요소를 가치 있는 것으로 보아야 하는 것이다. 고대 인도나 이란의 무속적 상징이나 의례의 재발견은 샤마니즘을 하나의 명확하게 한정된 종교 현상으로 보이게 한다는 점에서 비로소 그 의미를 지닌다. 그리고 그것과는 별개로, 어떠한 종교에 관해서든 그것이 어떻게 발달해왔든 거기에서 드러나는 "원시적 요소"에 대해서 우리는 언제든지 말할 수 있다. 근대와 고대 오리엔트의 다른 모든 종교와 마찬가지로 인도나 이란의 종교에서는 반드시 무속적이라고만은 할 수 없는 "원시적 요소"가 드러나고 있기 때문이다. 우리는 오리엔트 세계에서 발견되는 모든 접신술을 "원시적"이라고는 할 수 있을지언정 "무속적"이라고는 할 수 없다.

3) 이 현상은 종교사에서 특히 중요하다. 그러나 이러한 현상이 결코 중앙 아시아나 북아시아에 한정된 것은 아니다. 이러한 현상은 전세계에서 발견되지만 아직 전체적으로 해명된 것은 아니다. Eliade, *Patterns in Comparative Religion*, pp. 46 이하 참조. 간접적이기는 하나 우리는 이 책이 이 문제에 약간의 빛을 던져줄 것이라고 자부하고 있다.

4) Eliade, 같은 책, pp. 60 이하 ; J.-P. Roux, "Tängri. Essai sur le cieldieu des peuples altaïques" 참조.

5) 이 책, 제6장, "'흑' 샤만과 '백' 샤만, 그 '이원적' 신화의 문제' 참조.

6) Eveline Lot-Falck, "Àpropos d'Ätügän" 참조.

7) Uno Harva (formerly Holmberg), *Die religiösen Vorstellungen der altaischen Völker, p.* 247.

8) Gustav Ränk, "Lapp Female Deities of the Madder-Akka Group", 특히 pp. 48 이하 참조.

9) 중앙 아시아에서도 천공신이 대기의 신이나 폭풍의 신으로 이행하는 사례는 잘 알려져 있다. Eliade, 앞의 책, pp. 91 이하 참조.

10) 터키 인의 선사와 최고대사에 대해서는 René Grousset의 믿을 만한 총합서 (總合書)인 *L'Empire des steppes* 참조. 그리고 W. Koppers, "Urtürkentum und Urindogermanentum im Lichte der völkerkundlichen Universalgeschichte" ; W. Barthold, *Histoire des Turcs d'Asie Centrale* ; Karl Jettmar, "Zur Herkunft

436

der türkischen Völkerschaften"; "The Altai before the Turks"; "Urgeschichte Innerasiens," pp. 153 이하 참조.

11) 알타이 인에 대해서는 G.N. Potanin, *Ocherki severo-zapadnoi Mongolii*, IV, 57; V.M. Mikhailowski, "Shamanism in Siberia and European Russia," p. 90 참조.

12) 이 책, p. 36 참조.

13) 무속적인 능력의 전수에 대해서는 Georg Nioradze, *Der Shamanismus bei den sibirischen Völkern*, pp. 54-58; Leo Sternberg, "Divine Election in Primitive Religion," 여러 곳; "Die Auserwählung im sibirischen Schamanismus," 여러 곳; Harva, 앞의 책, pp. 452 이하; Åke Ohlmarks, *Studien zum Problem des Schamanismus*, pp. 25 이하; Ursula Knoll-Greiling, "Berufung und Berufungserlebnis bei den Schamanen" 참조.

14) K.F. Karjalainen, *Die Religion der Jugra-Völker*, III, 248.

15) 같은 책, pp. 248-49.

16) 같은 책, pp. 250 이하.

17) Mikhailowski, 앞의 글, p. 153.

18) 같은 글, pp. 147-48; T.I. Itkonen, *Heidnische Religion und späterer Aberglaube bei den finnischen Lappen*, pp. 116, 117, 주 1.

19) P.I. Tretyakov, *Turukhansky krai, evo priroda i zhiteli, p.* 211; Mikhailowski, 같은 글, p. 86.

20) A.M. Castrén, *Nordische Reisen und Forschungen*, IV, 191; Mikhailowski, 같은 글, p. 142.

21) T. Lehtisalo, *Entwurf einer Mythologie der Jurak-Samojeden*, p. 146.

22) Mikhailowski, 앞의 글(p. 86)에 의해 인용된 Belyavsky.

23) W. Sieroszewski, "Du chamanisme d'aprés les croyances des Yakoutes," p. 312.

24) Mikhailowski, 앞의 글(pp. 85 이하)에 의한 인용.

25) 이 책, 제4장, '야쿠트 인, 사모예드 인, 오스티야크 인의 성무의례' 참조.

26) Mikhailowski, 앞의 글, p. 85.

27) Tretyakov, 앞의 책, p. 211; Mikhailowski, 같은 글, p. 85.

28) S.M. Shirokogoroff, *Psychomental Complex of the Tungus*, p. 344.

29) 같은 책, p. 346.

30) 같은 책, pp. 346 이하.

31) 같은 책, p. 349.

32) 같은 책, pp. 350-51. 이 성무의례에 대해서는 이 책, 제4장 참조.

33) 같은 책, p. 350.

34) 같은 책, p. 350.

35) 이것은 야수로의 변신을 나타낸다. 말하자면 조상으로의 재통합인 것이다.

36) 뒤에 상세히 설명하게 되겠지만, 이 같은 것들은 모두 성무의례와 관계가 있다.

37) 바로 이 침묵의 기간에 성무의례는 영신에 의해 완료된다. 이 문제에 대해 퉁구스나 부르야트의 샤만은 가장 가치 있고 자세한 자료를 제공해준다. 이 책, p. 88 참조.

38) Shirokogoroff, 앞의 책, p. 351. 의식 그 자체의 전통에 대해서는 p. 119 참조.

39) Garma Sandschejew, "Weltanschauung und Schamanismus der Alaren-Burjaten," pp. 977-78.

40) 하늘에서 떨어진 "운석"에 대해서는 Eliade, 앞의 책, pp. 53 이하 참조.

41) Mikhailowski, 앞의 글, p. 86.

42) Potanin, 앞의 책, IV, p. 289.

43) 이러한 두 가지 유형의 차이에 대해서는 이 책, 제6장 '"백" 샤만과 "흑" 샤만, 그 "이원적" 신화의 문제' 참조.

44) Mikhailowski, 앞의 글, p. 87 ; W. Schmidt, *Der Ursprung der Gottesidee*, X, 395 이하.

45) Potanin, 앞의 책, IV, 56-57 ; Mikhailowski, 같은 글, p. 90 ; W. Radlov, *Aus Sibirien*, Ⅱ, 16 ; A.V. Anokhin, *Materialy po shamanstvu u altaitsev*, pp. 29 이하 ; H. von Lankenau, "Die Schamanen und das Schamanenwesen," pp. 278 이하 ; Schmidt, 같은 책, IX, 245-48(Altaic Tatars), 687-88(Abakan Tatars) 참조.

46) J. Castagné, "Magie et exorcisme chez les Kazak-Kirghizes et autres peuples turcs orientaux," p. 60.

47) Max Bartels, *Die Medizin der Naturvölker*, p. 25.

48) S.F. Nadel, "A Study of Shamanism in the Nuba Mountains," p. 27.

49) Ivor H.N. Evans, *Studies in Religion, Folk-lore, & Custom in British North Borneo and the Malay Peninsula*, pp. 159, 264.

50) E.M. Loeb, *Sumatra*, pp. 81(the northern Batak), 125(Menangkabau), 155(Nias).

51) H. Ling Roth, *The Natives of Sarawak and British North Borneo, I*, 260 ; 응가주 드야크 족(Ngadju Dyak)에 대해서는 H. Schärer, *Die Gottesidee der Ngadju Dajak in süd-Borneo*, p. 58 참조.

52) J.L. Maddox, *The Medicine Man:a Sociological Study of the Character and Evolution of Shamanism*, p. 26.

53) Alfred Métraux, "Le Shamanisme chez les Indiens de l'Amérique du Sud tropicale," pp. 200 이하.

54) 같은 글, p. 201.

55) Willard Z. Park, *Shamanism in Western North America*, p. 22.

56) 같은 책, p. 29.

57) 이 대목은, Marcelle Bouteiller, "Du 'chaman' au 'panseur de secret'" (p. 243)에 다음과 같이 인용되어 있다. "우리가 알고 있는 한 소녀는 세상을 떠난 이웃집 여자로부터 비법을 전수받아 화상을 치료하는 법을 알고 있었다. 그 이웃집

여자는 아주 나이 많은 친척으로부터 비법을 전수받았으나 자식이 없어서 이 소녀
에게 그것을 전한 것이었다. ”

58) Park, 앞의 책, p. 30.

59) 같은 책, p. 121. Bouteiller, “Don chamanistique et adaptation à la vie chez
les Indiens de l'Amérique du Nord” 참조.

60) Knud Rasmussen, *Intellectual Culture of the Iglulik Eskimos*, p. 120 이하.
디오메데 제도 에스키모 샤만은 때때로 그 권능을 직접 아들 중 하나에게 전한다.
E.M. Weyer, jr., *The Eskimos*, p. 429 참조.

61) Hutton Webster, *Magic*, pp. 185 이하 참조.

62) 이 신성한 것에 대한 모순적인 태도에 대해서는 Eliade, 앞의 책, pp. 459 이하
참조.

63) Ohlmarks, 앞의 책, pp. 20 이하 ; Nioradze, 앞의 책, pp. 50 이하 ; M.A.
Czaplicka, *Aboriginal Siberia*, pp. 179 이하(Chukchee) ; V.G. Bogoraz(Wal-
demar G. Bogoras), “K psikhologii shamanstva u narodov severo-vostochnoi
Azii,” pp. 5 이 하 ; W.I. Jochelson, *The Koryak*, pp. 416-17 ; *The Yukaghir
and the Yukaghirized Tungus,* pp. 33-38 참조.

64) Ohlmarks, 같은 책, p. 11 ; Eliade, “Le Problème du chamanisme,” pp. 9 이
하 ; Harva, 앞의 책, pp. 452 이 하 ; D.F. Aberle, “'Arctic Hysteria' and
Latah in Mongolia” 참조. 극북지방 종교의 특징으로서의 접신에 대해서는 R. T.
Christiansen, “Ecstasy and Arctic Religion”

65) 이러한 여행에 대해서는 이 책 마지막 장 참조.

66) Ohlmarks, 앞의 책, pp. 100 이하, 122 이하 등.

67) G.A. Wilken, *Het Shamanisme bij de Volken van den Indischen Archipel,* 여
러 곳.

68) Loeb, “The Shaman of Niue,” p. 395.

69) J.W. Layard, “Shamanism: an Analysis Based on Comparison with the
Flying Tricksters of Malekula,” p. 544. Loeb, “Shaman and Seer,” p. 61에서
도 같은 관찰이 엿보인다.

70) Loeb, 같은 글, p. 67.

71) Jeanne Cuisinier, *Danses Magiques de Kelantan,* pp. 5 이하.

72) 이러한 예는 얼마든지 더 들 수 있다. Webster, 앞의 책, pp. 157 이하 ; T.K.
Oesterreich의 방대한 분석, *Possession,* pp. 132 이하, 236 이하 참조.

73) *Une Épopée indienne. Les Araucans du Chili*, p. 98.

74) Métraux, 앞의 글(p. 201)에 인용되어 있는 R. Karsten의 기술.

75) M. Gusinde, *Die Feuerland Indianern I : Die Selk'nam*, pp. 779 이하 ; *II :
Die Yamana,* pp. 1394 이하.

76) Paul Radin, *Primitive Religion*, p. 132.

77) Ohlmarks, 앞의 책, p. 15.

78) 올마르크스까지도 샤마니즘을 아주 복잡한 현상으로 보고 그것을 단순한 정신병으

로 치부해서는 안 된다는 것을 인정하고 있다(같은 책, pp. 24, 35). 메트로는 남미 샤만에 관하여 기질적, 정신적 혹은 종교적인 개인은 "샤마니즘이 자신에게 초자연과 밀접하게 접촉할 수 있는 힘을 부여함과 동시에 이 강력한 힘을 자유자재로 전개하는 것을 가능하게 하는 일종의 생활로 자기를 끌어들인다고 느낀다. 샤마니즘의 환경으로는 불안한 환경, 차분하지 못한 환경 혹은 사려 깊은 환경이 어울린다"고 썼는데, 이것은 문제의 주안점을 제대로 파악한 기술로 보인다(앞의 글, p. 200). 나델에게, 샤마니즘에 의한 정신 신경증의 안정과 불안 여부는 미해결인 채로 남아 있다(앞의 글, p. 36). 이 책 p. 47에 소개된, 수단 샤만의 정신적인 건강 상태에 관한 그의 결론을 참조할 필요가 있다.

79) Nadel, 같은 글, p. 36 ; 이 책, p. 47 참조.

80) Cuisinier, 앞의 책, p. 5 ; J.W. Layard, "Malekula : Flying Tricksters, Ghosts, Gods and Epileptics," Paul Radin, 앞의 책 (pp. 65-66)에 의한 인용 ; Nadel, 같은 글, p. 36 ; Harva, 앞의 책, p. 457.

81) Sieroszewski, 앞의 글, p. 310.

82) Sternberg, 앞의 글, pp. 476 이하. 골디 인 샤만의 자서전의 중요한 나머지 부분은 이 책, p. 84에 나와 있다.

83) Sandschejew, 앞의 글, p. 977.

84) Sternberg, 앞의 글, p. 474.

85) Karjalainen, 앞의 책, Ⅲ, 247-48.

86) W. Sieroszewski, "Du chamanisme d'après les croyances des Yakoutes," p. 317.

87) 같은 글, p. 318.

88) N.K. Chadwick, *Poetry and Prophecy* (p. 17)에 인용된 E.J. Lindgren, "The Reindeer Tungus of Manchuria,"

89) Castagené, 앞의 글, p. 99.

90) H.M. and N.K. Chadwick, The Growth of Literature, Ⅲ, 214 ; N.K. Chadwick, 앞의 책, pp. 17 이하 참조. 랩 인의 샤만은 완전한 건강체여야 한다 (Itkonen, 앞의 책, p. 116).

91) Kai Donner, *La Sibérie*, p. 223.

92) Sandschejew, 앞의 글, p. 983.

93) H.M. and N.K. Chadwick, 앞의 책, Ⅲ, p. 199.

94) Castagné, 앞의 글, p. 60.

95) Métraux, 앞의 글 (p. 201)에서 인용.

96) 같은 책, p. 202.

97) Cora A. du Bois, *Wintu Ethnography, p.* 118.

98) Chadwick, 앞의 책, pp. 28 이하 ; H.M. and N.K. Chadwick, 앞의 책, Ⅲ, 476 이하.

99) Chadwick, 같은 책, p. 30.

100) Nadel, 앞의 글, p. 36. 따라서 "샤마니즘은…… 전체적으로 정신적인 이상성을

포함한다"라든가 "샤머니즘은 한쪽으로 치우친 정신병적 소질이므로 문화적인 메커니즘만으로는 설명되지 않는다"고 할 수는 없는 것이다(같은 글).

101) A.P. Elkin, *Aboriginal Men of High Degree*, pp. 22-25.

102) Eliade, 앞의 책 참조.

제 2 장   신병과 접신몽

1) Eliade, *Myths, Dreams and Mysteries*, pp. 79 이하 참조.

2) M.A. Czaplicka, *Aboriginal Siberia*, pp. 179, 185 등에 나오는 추크치 족과 부르야트 족의 사례와 이 책, 제1장 참조.

3) 이러한 신비적인 숫자는 중앙 아시아의 종교와 신화에서 중요한 역할을 맡고 있다 (제8장, '신비의 수 7 및 9' 참조). 즉 전통적인 이론적 준거틀이 바로 여기에 있다. 바로 이 준거틀 안에서 샤만의 접신 체험의 유효성이 확인되는 것이다.

4) G.V. Ksenofontov, *Legendy i rasskazy o shamanakh u yakutov, buryat i tungusov* (2nd edn.), p. 44 이하. (the German tr. in Adolf Friedrich and Georg Buddruss, *Schamanengeschichten aus Sibirien*, pp. 136 이하 참조) ; T. Lehtisalo, "Der Tod und die Wiedergeburt des künftigen Schamanen," pp. 13 이하.

5) Ksenofontov, 같은 책, pp. 60 이하(또한 Adlf Friedrich and Georg Buddruss, 같은 책, pp. 156 이하 참조).

6) 다른 야쿠트의 전설 (Ksenofontov, 같은 책, p. 63 ; Adolf Friedrich and Georg Buddruss, 같은 책, p. 159)은 샤만의 영혼이 쿠무오 산의 전나무에서 생겨난 것으로 기록하고 있다. 또 다른 신앙체계에는 이지크-마스 나무(Tree Yjyk-Mas) 이야기가 등장한다. 이 나무의 꼭대기는 제9천에 이른다. 이 나무에는 가지가 없다. 그러나 샤만의 영혼은 그 마디 속에 있다(같은 곳). 이것은 "세계의 중심"에서 자라는 우주수의 한 예이다. 이 우주수는 세 우주권——지하계, 지상계 천상계——를 하나로 잇고 있다. 이 상징은 북아시아 및 중앙 아시아의 신화에서 중요한 역할을 맡고 있다. 제8장, pp. 250 이하 참조.

7) 이것은 시베리아와 중앙 아시아 신화에 자주 나타나는 악마적인 인물이다. 부르야트 족의 외눈박이 악마 아나카이(Anakhai ; U. Harva, *Die religiösen Vorstellungen der altaischen Völker*, p. 378), 추바쉬 족(Chuvash)의 아르사리(Arsari : 외눈, 외팔, 외다리 등 ; 같은 책, p. 39), 티벳의 여신 랄 칭 마(Ral gcing ma : 외다리, 납작한 외젖, 외이빨, 외눈 등), 리 비인 하 라(Li byin ha ra ; René de Nebesky-Wojkowitz, *Oracles and Demons of Tibet*, p. 122) 등 참조.

8) Ksenofontov, 앞의 책, pp. 60-61 (*Schamanengeschichten*, pp. 156-57) 참조.

9) Letisalo, "Der Tod und die Wiedergeburt," pp. 29-30.

10) Lehtisalo, *Entwurf einer Mythologie der Jurak-Samojeden*, p. 146 ; 같은 글, p. 3.

11) A. A. Popov, *Tavytsy. Materialy po etnografii avamskikh i vedeyevskikh tavgytsev*, pp. 84 이하. 그리고 Lehtisalo, 같은 글, pp. 3 이하 ; E. Emsheimer,

"Schamanentrommel und Trommelbaum," pp. 173 이하 참조.

12) 즉 그는 이것을 배워 인류를 치료했다는 뜻이다.

13) 노래를 가르친 듯하다.

14) 이들은 만국의 조상들로서 세계수의 가지에 자리하고 있다. 이 같은 신화는 뒤에서도 다루게 될 것이다(이책, 제8장, '세계수' 참조).

15) 무고＝세계수의 상징체계와 이것이 무속적 기술에 미치는 결과에 대해서는 제5장, '무고' 참조.

16) 이것은 인격화된 동물의 모신, 극북과 시베리아 종교에서 중요한 자리를 차지하는 신화적인 존재이다.

17) 즉 병자에 의해 해방될 것이라는 뜻이다.

18) 레티살로는, 대장장이의 역할이 사모예드 족 전설에서는 2차적인 것으로 본다. 그리고 특히 여기에 인용된 것 같은 주위 상황은 외국의 영향을 받고 있음을 시사한다(앞의 글, p. 13). 그리고 야금술과 샤마니즘의 관계가 부르야트 신앙체계와 신화에서 중요하다는 것은 사실이다. 이 책, 제13장, '샤만과 대장장이' 참조.

19) Ksenofontov, 앞의 책, p. 102(Adolf Friedrich and Georg Buddruss, 앞의 책, p. 211).

20) 같은 책, p. 103(같은 책, pp. 212-13).

21) 같은 책, p. 101(같은 책, p. 208).

22) 같은 책, p. 101 (같은 책, pp. 209-10).

23) H. Findeisen, *Schamanentum*, pp. 36 이하 참조.

24) V.I. Propp, *Le radici storiche dei racconti di fate,* p. 154에 인용된 N.P. Dyrenkova의 기술. 바이가 족(Bhaiga)과 곤드 족(Gond)의 경우, 최초의 샤만은 아들들, 형제들 그리고 제자들에게 자신의 육체를 가마에 넣고 12년 동안 삶을 것을 가르친다. Rudolf Rahmann, "Shamanistic and Related Phenomena in Northern and Middle India," pp. 726-27 참조.

25) A.V. Anokhin, *Materialy po shamanstvu u altaitsev,* p. 131 ; Lehtisalo, 앞의 글, p. 18.

26) W. Radlov, *Proben der Volksliteratur der türkischen Stämme Süd-Sibiriens und der tsungarishen Steppe,* IV, 60 ; *Aus Sibirien,* II, 65 ; Lehtisalo, 같은 글, p. 18.

27) Lethisalo, 같은 글, pp. 20 이하.

28) 같은 글, pp. 21-22.

29) A.W. Howitt, *The Native Tribes of South-East Australia,* p. 405에 인용됨. M. Mauss, "L'Origine des pouvoirs magiques dans les sociétés australiennes" 참조.

30) Howitt, "On Australian Medicine Men," p. 48 ; 같은 책, p. 404.

31) K. Langloh Parker, *The Euahlayi Tribe,* pp. 25-26.

32) A.P. Elkin, *The Australian Aborigines,* p. 223.

33) 이 돌에 대해서는 제2장의 '주 36' 참조.

34) B. Spencer and F.J. Gillen, *The Native Tribes of Central Australia*, pp. 522 이하 ; *The Aruta : a Study of a Stone Age People*, II, 391 이하.

35) Spencer and Gillen, 같은 책, pp. 526 이하 ; *The Arunta : Study of a Stone Age People*, II, *pp.* 394 이하.

36) "이러한 아트농가라 돌은 조그만 수정 결정체 구조로 되어 있는데, 사람들은 주의 라면 누구든지 마음만 먹으면 몸 속에서 이 돌을 만들어낼 수 있으며 이 돌은 주의 의 몸을 통하여 다른 사람들에게 나누어진다고 믿는다. 주의는 이 돌을 소유함으로 써 주술의 권능을 행사하게 된다"(Spencer and Gillen, *The Northern Tribes of Central Australia,* p. 480, 주 1).

37) 같은 책, pp. 480-81.

38) 같은 책, p. 484.

39) 같은 책, p. 485.

40) 같은 책, p. 486.

41) 같은 책, pp. 487-88.

42) 같은 책, p. 488. 오스트레일리아 주의 입문의례의 다른 측면에 대해서는 이 책, 제4장, '오스트레일리아의 입문의례' 참조.

43) 오스트레일리아 주의와 수정과의 관계의 중요성에 대해서는 이 책, 제4장, p. 141 이하 참조. 이러한 수정은 절대적인 존재로부터 하늘에서 던져진 것 혹은 천상에 있는 이러한 신들의 옥좌에서 떨어진 것으로 믿어진다. 따라서 천계의 주술적-종교 적 권능은 이 수정과 함께 주의에게 부여되는 것이다.

44) 이 책 제4장, '오스트레일리아의 입문의례' 참조.

45) 최근의 자료인 Gertrude R. Levy, *The Gate of Horn : a Study of the Religious Conceptions of the Stone Age, and Their Influence upon European Thought*, 특히 pp. 46 이하, 50 이하, 151 이하 ; Johannes Maringer, *Vorgeschichtliche Religion*, pp. 148 이하 참조.

46) A, Métraux, "Le Shamanisme araucan," p. 313. 오스트레일리아에도 색채 동 굴이 있기는 하나 이러한 동굴은 다른 의례에 사용된다. 지금 우리의 지식 상태로 는 남아프리카의 색채 동굴이 무속적 입문의례에 사용되었다고 단정하기 어렵다. Levy, 같은 책, pp. 38-39.

47) A.L. Kroeber, "The Eskimo of Smith Sound," p. 307. 입문 허가를 받은 사람 에게만 잠깐 동안 열렸다가 곧 닫혀버리는 무의 모티프는 무속 전설과 기타 전설에 자주 등장한다. 이 책, 제13장, '다리와 난관' 참조.

48) Willard Z. Park, *Shamanism in Western North America*, pp. 27 이하.

49) P. Schebesta, *Les Pygmées*, p. 154, Ivor H.N. Evans, "Schebesta on the Sacerdo -Therapy of the Semang," p. 119 ; 세망 족의 주의인 할라는 체노이 (Cenoi, Chenoi, Chinoi, Cinoi)로부터 직접 받은 수정 결정의 도움을 받아 병자를 치료한 다. 체노이는 천상계의 영신이다. 때로 이 체노이는 수정 결정 안에서 살기도 한 다. 이때의 체노이는 할라의 명령을 따른다. 바로 이 체노이의 도움을 받아 할라는 결정체를 통하여 환자가 앓는 병의 정체를 알아내고 그 치료법을 발견해낸다. 이러

한 결정체 (체노이)의 천상적 기원에 주목하기 바란다. 이러한 결정체는 주의가 행사하는 권능의 원천이다. 이 책, 제4장, p. 141 이하 참조.

50) Métraux, "Le Shamanisme chex les Indiens de l'Amérique du Sud tropicale," p. 216.

51) 같은 글, p. 210.

52) 같은 글, p. 214.

53) 같은 글, p. 215 ; H. Webster, *Magic*, pp. 20 이하.

54) 오스트레일리아와 남아메리카의 문화적 관련성의 문제에 관해서는 W. Koppers, "Die Frage der eventueller alter Kulturbeziehungen zwischen südlichsten Südamerika und Südostaustralien." Paul Rivet, "Les Mélano-Polynésiens et les Australiens en Amérique," pp. 51-54(linguistic similarities between Patagonians and Australians, p. 52), 이 책, 제4장, '오스트레일리아의 입문의 례' 참조.

55) Métraux, "Le Shamanisme araucan," p. 315.

56) 같은 글, p. 316에 인용되어 있음.

57) Métraux, "Le Shamanisme chez les Indiens de l'Amérique du Sud tropicale," p. 339.

58) M. Gusinde, "Une École d'hommes-médecine chez les Yamanas de la Terre de Feu," p. 2162 : "원래 있던 살갗은 벗겨져 나가고 투명한 새 살갗의 섬세한 켜가 나타나야 한다. 만일 살갗을 문지르기 시작한 그 주일에 새 켜가 나타나게 되면——적어도 경험이 풍부한 이카무슈(yékamush=주의)의 상상력과 환상에 따르면——입문자는 후보자 능력을 의심받지 않는다. 이 순간부터 후보자는 곱절의 노력을 기울여 제3의 보다 곱고 섬세한 살갗이 나타나기까지 자기 뺨을 문질러야 한다. 이때가 되면 살갗은 지극히 민감해지기 때문에 조금만 건드려도 심한 통증을 느끼게 된다. 후보자의 입문 단계가 여기에 이르면 로이마-이카무슈(Loima -Yékamush)에 의한 교육과정은 모두 끝나게 된다."

59) Ida Lublinski, "Der Medizinmann bei den Naturvölkern Südamerikas," pp. 248 이하.

60) Métraux, "Le Shamanisme araucan," pp. 313-14. 와라우 족(Warrau) 샤만의 성무의례를 치를 때, 집행지는 이 샤만의 "죽음"을 큰소리로 고지한다 (Métraux, "Le Shamanisme chez les Indiens de l'Amérique du Sud tropicale," p. 339).

61) E.W. Gifford, "Southern Maidu Religious Ceremonies," p. 244.

62) E.M. Loeb, *Tribal Initiations and Secret Societies*, p. 267.

63) 같은 책, p. 268.

64) 같은 책, p. 269.

65) Constance Goddard DuBois, *The Religion of the Luiseño Indians*, p. 81 ; John R. Swanton, "Social Conditions, Beliefs, and Linguistic Relationship of the Tlingit Indians," p. 466 ; Loeb, 같은 책, pp. 270-78. 이 책, 제9장, '결사의

444

동아리 의식과 샤마니즘' 참조.

66) Loeb, 같은 책, pp. 266.

67) S. F. Nadel, "A Study of Shamanism in the Nuba Mountains," p. 28.

68) 같은 책, pp. 28-29.

69) Paul Radin, *Primitive Religion*, pp. 123-24에 인용된 Rev. Canon〔Henry〕 Callaway, *The Religious System of the Amazulu*, pp. 259 이하의 기술.

70) Radin, 같은 책, pp. 65-66에 인용된 J.W. Layard, "Malekula : Flying Tricksters, Ghosts, Gods and Epileptics"의 기술.

71) G. Landtman, *The Kiwai Papuans of British New Guinea*, p. 325.

72) *JRAS Straits Branch*(No. 19, 1887)에 Archdeacon J. Perham에 의해 출판된 관찰기에 인용되고 있는 H. Ling Roth, *The Natives of Sarawak and British North Borneo*, 'I', 280-81, 그리고 L. Nyuak, "Religious Rites and Customs of the Iban or Dyaks of Sarawak," pp. 173 이하 ; E.H. Gomes, *Seventeen Years among the Sea Dyaks of Borneo*, pp. 178 이하 ; 그리고 노도라 곤드 족(Nodora Gond) 원시 샤만의 육신절단 신화에 대해서는 Verrier Elwin, *Myths of Middle India*, p. 450 참조.

73) 이 책, pp. 132 이하 참조.

74) W. Thalbitzer, "The Heathen Priests of East Greenland(Angakut)," pp. 452 이하.

75) 같은 글, p. 454.

76) Thalbitzer, "Les Magiciens esquimaux, leur conceptions du monde, de l'âme et de la vie," p. 77. E.M. Weyer, Jr., *The Eskimos : Their Environment and Folkways*, p. 428 참조.

77) Thalbitzer, 같은 글, p. 78 ; 앞의 글, p. 454.

78) Weyer, 앞의 책, p. 429.

79) 같은 곳.

80) Thalbitzer, "The Heathen Priests of East Greenland (Angakut)" p. 454 ; Weyer, 같은 곳.

81) Thalbitzer, "Les Magiciens esquimaux, leur conceptions du monde, de l'âme et de la vie", p. 78.

82) Thalbitzer, "The Heathen Priests of East Greenland(Angakut)" p. 454. 세계 어느 곳에서 베풀어지는 입문의례건 어떤 범주에 드는 입문의례건, 입문의례에는 몇 가지의 금기가 있기 마련이다. 이러한 금기 사례의 방대한 형태론은 열거할 필요조차 없다. 우리의 연구와는 직접적인 관계가 없기 때문이다. H. Webster, *Taboo : a Sociological Study*, 특히 pp. 273-76 참조.

83) Thalbitzer, "Les Magiciens esquimaux, leur conceptions du monde, de l'âme et de la vie," p. 79.

84) Thalbitzer, "The Heathen Priests of East Greenland(Angakut)", p. 454 ; Weyer, 앞의 책, pp. 433-34. 입문자의 교육에 관한 사항은, V. Stefánsson,

"The Mackenzie Eskimo," pp. 367 이하 ; F. Boas, "The Central Eskimo," pp. 591 이하 ; J.W. Bilby, *Among Unknown Eskimos*, pp. 196 이하 (Baffinland) 참조. Knud Rasmussen(*Across Arctic America*, pp. 82 이하)은 샤만 잉그쥬가르주크(Ingjugarjuk) 이야기를 싣고 있는데, 이 샤만은 입무의례차 은거할 때마다 "때때로 얼마간은 죽은 상태의" 자신을 느꼈다고 한다. 뒤에 이 샤만은 (납 대신 돌멩이를 넣은) 탄환을 쏘아 자기 신매 (神妹)를 성무시켰다. 세번째 입문의례에서 집행자가 입문자를 닷새 동안이나 얼음물에다 집어 넣고 있었는데도 입문자의 옷은 전혀 젖지 않았다고 한다.

85) Rasmussen, *Intellectual Culture of the Iglulik Eskimos*, pp. 111 이하.

86) 같은 책, p. 112.

87) 같은 책, p. 113.

88) 같은 책, p. 112.

89) 같은 책, p. 113.

90) Eliade, "Significations de la 'lumière intérieure'", p. 196 이하 참조.

91) Eliade, *Yoga : Immortality and Freedom*, pp. 195 이하 참조.

92) W.Y. Evans-Wentz, ed., *The Tibetan Book of the Dead*, pp. 102 이하.

93) Eliade, 앞의 글, pp. 222 이하 참조.

94) Rasmussen, *Intellectual Culture of the Iglulik Eskimos*, p. 113.

95) 같은 책, p. 114.

96) 이 책, 제5장 참조.

97) 이 책, p. 378 참조.

98) Heinrich Schurtz, *Altersklassen und Männerbünde* ; Webster, *Primitive Secret Societies : a Study in Early Politics and Religion* (2nd edn.) ; A. van Gennep, *The Rites of Passage* ; Loeb, 앞의 책 ; Eliade, *Birth and Rebirth* 참조. 이 문제에 관해서는 곧 출판할 예정인 *Death and Initiation*에서 다루기로 한다.

99) Loeb, 같은 책, p. 254 참조.

100) 같은 책, pp. 269 이하.

101) Apollodorus, *Bibliotheke* I, IX, 27.

102) Pindar, *Olymp*. I, 26(40) 이하.

103) 이 모티프에 관해서는, 이 책 제5장, '뼈에서의 재생' 참조.

104) Oskar Dähnhardt, *Natursagen*, II 154 ; J. Bolte and G. Polívka, *Anmerkungen zu den Kinder- und Hausmärchen der Brüder Grimm*, III, 198, 주. 3 ; Stith Thompson, *Motif-Index of Folk-Literature*, II, 294 ; C.M. Edsman, *Ignis divinus : le feu comme moyen de rajeunissement et d'immortalité*, pp. 30 이하, 151 이하 참조. Edsman은 C. Marstrander의 자료가 풍부한 논문 "Deux contes irlandais"를 이용하고 있는데, 이 논문은 Bolte와 Polivka 그리고 Thompson의 업적을 무시하고 있다.

제 3 장   무력의 획득

1) Leo Sternberg, "Divine Election in Primitive Religion," pp. 474 이하.

2) 같은 글, p. 475.

3) 다른 연구서로는 K. Rasmussen, *Intellectual Culture of the Iglulik Eskimos*, p. 131 ; Mehmed Fuad Köprülüzadé, *Influence du chamanisme turco-mongol sur les ordres mystiques musulmans*, p. 17 참조.

4) V.M. Mikhailowski, "Shamanism in Siberia and European Russia", (p. 63)에 인용된다. S. Shashkov, *Shamanstvo v Sibirii*, p. 81. 그밖의 변형에 관해서는, U. Harva, *Die religiösen Vorstellungen der altaischen Völker*, pp. 543-44. 샤만-주술사와 절대자 사이에서 벌어지는 투쟁의 테마는 안다만 섬 사람과 세망 족 사이에서도 찾아볼 수 있다. R. Pettazzoni, *L'onniscienza di Dio*, pp. 441 이하, 458 이하 참조.

5) N.V. Pripuzov, Mikhailowski, p. 64에 인용되어 있음.

6) P. I. Tretyakov, *Turukhansky krai, evo priroda i zhiteli*, pp. 210-11 ; Mikhailowski, 같은 글. (천막에 뚫린 구멍을 통한 비행과 백조 등에 관한) 이 전설에 대해 자세한 것은 뒤에 다시 기술하기로 한다.

7) N.N. Agapitov and M.N. Khangalov, "Materialy dlya izuchenia shamanstva v Sibirii" pp. 41-42 ; Mikhailowski, 같은 글 ; Harva, 앞의 책, pp. 465-66. 다른 변형은 J. Curtin, *A Journey in Southern Siberia* (p. 105) 안에서 발견될 것이다. 비슷한 신화는 남아프리카의 폰도 족(Pondo)에 관한 기록에 나온다. W.J. Perry, *The Primordial Ocean*, pp. 143-44 참조.

8) Garma Sandschejew, "Weltanschauung und Schamanismus der Alaren-Burjaten," p. 605.

9) Leo Sternberg, "Der Adlerkult bei den Völkern Sibiriens," p. 130. 케트 족 혹은 예니세이 오스티야크 인에 관한 비슷한 관념에 대해서는 B.D. Shimkin, "A Sketch of the Ket, or Yenisei 'Ostyak,'" pp. 160 이하 참조.

10) Leo Sternberg, 같은 글, p. 134. 몽고와 시베리아 신앙체계 안에서의 우주수, 영혼 그리고 탄생의 관계에 대해서는 U. Pestalozza, "Il manicheismo pressŏ i Turchi occidentali ed orientali," pp. 487 이하 참조.

11) E. Emsheimer, "Schamanentrommel und Trommelbaum," p. 174 참조.

12) Sternberg, "Der Adlerkult bei den Völkern Sibiriens", p. 141.

13) 같은 글, pp. 143-44. 야쿠트 신앙체계에서의 독수리에 관해서는 W. Sieroszewski, "Du chamanisme d'après les croyances de Yakoutes," pp. 218-19 참조. 시베리아 모든 민족의 종교와 신화에서의 독수리의 중요성에 관해서는, Harva, 앞의 책, pp. 465 이하 ; H. Findeisen, "Der Adler als Kulturbringer im nordasiatischen Raum und in der amerikanischen Arktis" 참조. 독수리의 상징체계에 대해서는 F. Altheim and Hans-Wilhelm Haussig, *Die Hunnen in*

Osteuropa, pp. 54 이하 참조. 독수리에게 날고기를 먹이는 민족이 있기는 하다 (D. Zelenin, *Kult ongonov v Sibiri*, pp. 182 이하 참조). 그러나 이 풍습은 후세에 돌발적으로 생겨난 것인 듯하다. 퉁구스 인들에게 독수리 "의례"는 별로 중요하지 않다 (S.M. Shirokogoroff, *Psychomental Complex of the Tungus*, p. 298 참조). 시테른베리는 (같은 글, p. 131) 핀 족 (Finn)의 신화전승에 나오는 "최초의 샤만" 배이내뫼이 (Väinämöinen) 역시 독수리의 후예였다고 지적하고 있다. *Kalevala*, Rune I, vv. 270 이하 참조 (이 모티프의 분석에 관해서는 Kaarle Krohn, *Kalevalastudien. V: Väinämöinen*, pp. 15 이하 참조). 핀 족의 절대자인 우코 (Ukko)는 아이재 (Aïjä : 랩 어로는 아이죠 [Aijo], 아이제 [Aije])라고도 불린다. 시테른베리는 이 이름을 아지 (Ajy : 아이 [Ai])에 관련시키고 있다. 야쿠트 족의 아지가 그렇듯이 핀 족의 아이재 역시 샤만의 조상이다. 야쿠트 족은 "백" 샤만을 아지 오주나 (Ajy Ojuna : Ai Oyuna)라고 부르는데, 시테른베리에 의하면 이 이름은 핀 족의 아이재 우코 (Aïjä Ukko)와 아주 흡사하다. 여기에서 게르만 신화에 나오는 우주수 (Yggdrasil)와 독수리 모티프를 상기할 필요가 있다. 오딘 (Odin)은 때로 "독수리"라고도 불린다. 가령 E. Mogk, *Germanische Mythologie*, pp. 342, 343 참조.

14) 이 책, p. 52 참조.

15) 이 책, 제5장, '새 모양의 심벌리즘' 참조.

16) Sternberg, "Divine Election in Primitive Religion", p. 475.

17) 이 고백의 첫머리는 제1장 (p. 45)에 인용되어 있다.

18) 이러한 접신 여행의 디테일은 매우 중요하다. 북아시아와 동남 아시아에서는 입문 의례에 나서는 젊은 지원자의 스승 영신이 곰이나 호랑이의 모습으로 나타난다. 때때로 지원자는 이런 동물영신의 등에 타고 밀림 (저승의 상징)으로 들어가기도 한다. 호랑이로 변신하는 사람은 입문의례를 무사히 치른 사람 혹은 "죽은 사람"이다 (신화에서 의례를 치른 사람은 죽은 사람이나 마찬가지인 경우가 많다).

19) Sternberg, "Divine Election in Primitive Religion", pp. 476 이하. 사바라 (S-avara : Saora)의 남무와 여무의 자서전에 따르면, 지하계 영신과의 혼인은 시테른베리가 수집한 자료와 놀라울 정도로 비슷하다. 제11장, '인도의 샤마니즘' 참조.

20) 같은 글, p. 480.

21) 같은 글, p. 482.

22) 같은 글, p. 483.

23) 같은 글, p. 485.

24) 같은 글, p. 487.

25) 같은 곳.

26) 같은 곳.

27) 같은 글, p. 488.

28) 같은 곳.

29) 같은 곳.

30) 마오리 족의 영웅 타우하키 (Tawhaki)의 아내는 하늘에서 날아 내려온 요정이었

으나, 둘 사이에서 첫아기가 태어날 때까지는 타우하키와 이 땅에 머문다. 그러나 첫아기가 태어나자 이 요정은 지붕으로 올라갔다가는 사라져버린다. 타우하키는 포도덩굴을 타고 하늘로 올라갔다가는 무사히 땅으로 다시 내려오는 데 성공한다(Sir George Grey, *Polynesian Mythology*, pp. 42 이하). 이와는 다소 다른 변형판 신화에 따르면, 이 영웅은 야자나무를 통하여 혹은 거미줄 같은 밧줄 연을 이용해서 하늘에 오른다. 하와이 제도 사람들은 이 영웅이 무지개를 타고 하늘에 올라갔다고 믿고, 타히티 사람들은 이 영웅이 높은 산으로 올라가는 길에 아내를 만났다고 믿는다. H.M. and N.K. Chadwick, *The Growth of Literature*, III, 273 참조.

31) Stith Thompson, *Motif-Index of Folk-Literature*, III, 44 이하(F 320 f.) 참조.

32) D. Zelenin, "Ein erotischer Ritus in den Opferungen der altaischen Tuerken," pp. 88-89.

33) 같은 글, p. 91.

34) 코카서스, 고대 중국, 아메리카 등 ; 같은 글, pp. 94 이하 참조.

35) 아쉬바메다(aśvamedha) 그리고 이와 유사한 의례의 성적인 요소에 대해서는 P. É. Dumont, *L'Aśvamedha,* pp. 276 이하 ; W. Koppers, "Pferdeopfer und Pferdekult der Indogermanen," pp. 344 이하 401 이하 참조. 이와 관련해서 전혀 다른 종교적 평면에서 치러지는 무속적 풍요의례에 주목할 필요가 있다. 야쿠트 인들은 풍요와 생식의 여신인 아이시트(Aisyt)를 섬기는데, 이 여신은 동쪽 하늘에 있는, 여름에 태양이 솟는 지점에 살고 있다. 야쿠트 인들은 봄과 여름에 이 여신에게 제사를 지낸다. 이 제사의 제관은 "여름 샤만"(사잉기〔saingy〕) 혹은 "백샤만"이라고 불린다. 아이시트 여신은 아기, 특히 사내아기를 낳고 싶어하는 여자들로부터 섬김을 받는 여신이다. 샤만은 북을 치고 노래를 부르면서 선두에 서고 그 뒤로는 아홉 명의 동남동녀(童男童女)가 서로 손에 손을 잡고 합창하면서 따른다. "이렇게 해서 샤만은 이들 동남동녀를 거느리고 하늘로 오른다. 그러나 하늘의 문에는 아이시트 여신의 하인들이 손에 은채찍을 들고 기다린다. 이들은 여기에서 기다리다가 부패한 자, 사악한 자, 위험한 자들을 돌려 세운다. 너무 일찍 순수성을 잃은 자도 하늘에 들어갈 수 없다."(Sieroszewski, 앞의 글, pp. 336-37). 그러나 아이시트 여신은 복합적인 여신이다. G. Ränk, "Lapp Female Deities of the Madder-Akka Group," p. 56 이하 참조.

36) A. Gahs, "Kopf-, Schädel- und Langknochenopfer bei Rentier-völkern," pp. 241(사모예드 등), 249(아이누), 255(에스키모) 참조. U. Holmberg(later Harva), "Über die Jagdriten der nördlichen Völker Asiens und Europas,"; E. Lot-Falck, *Les Rites de chasse chez les peuples sibériens*, Ivar Paulson, *Schutzgeister und Gottheiten des Wildes(der Jagdtiere und Fische) in Nordeurasien* ; B. Bonnerjea, "Hunting Superstitions of the American Aborigines"; Otto Zerries, *Wild-und Buschgeister in Südamerika* 등 참조. 동물의 모신은 코카서스에서도 발견된다. A. Dirr, *"Der kaukasische Wild-und Jagdgott,"* p. 146 참조. 아프리카 지역은 H.Baumann, "Afrikanische Wild-und Buschgeis-

ter" 에 조사, 보고되어 있다.

37) 같은 현상이 세계 전역에서 발견되는 것은 물론이다. 가령 수마트라의 바타크 인의 경우, 영신들로부터 "택함을 입고도" 샤만이 되기를 거부하는 사람은 죽음을 면치 못한다. 바타크 인에게 있어 스스로 선택해서 샤만이 되는 사람은 없다. (E.M. Loeb, *Sumatra*, p. 81.)

38) Sieroszewski, 앞의 글, p. 314.

39) 이와 같은 믿음은 퉁구스 인과 골디 인에게서도 볼 수 있다. Harva, 앞의 책, p. 463 참조. 하이다의 샤만은 틀링기트 영신에게 들리면 여느 때는 전혀 알지 못하는 틀링기트 말을 한다. (H. Webster, *Magic*, p. 213에 인용된 J.R. Swanton.)

40) 제의적으로 보면, 그는 이미 "사자"이다.

41) A. Métraux "Le Shamanisme chez les Indiens de l'Amérique du Sud tropicale," p. 203(이 책, pp. 101 이하 참조).

42) 같은 곳.

43) 같은 곳.

44) 같은 글, p. 204.

45) 같은 글, pp. 204-05.

46) 같은 글, p. 205.

47) 같은 곳.

48) 같은 글, pp. 206 이하 참조 ; M. Gusinde, "Der Medizinmann bei den süd-amerikanischen Indianern," p. 293 ; *Die Feuerland Indianern. I : Die Selk'nam*, pp. 782-86 등 참조.

49) Gusinde, *Die Selk'nam*, p. 779.

50) 같은 책, pp. 781-82.

51) Ida Lublinski, "Der Medizinmann bei den Naturvölkern Süd-amerikas," p. 249 ; 제2장, pp. 68 이하 참조.

52) 같은 글, p. 250. 점술이라는 무력을 사자와의 교섭의 산물로 설명하는 신앙은 전 세계적으로 보편적이다.

53) M.W. Stirling, "Jivaro Shamanism" ; Webster, 앞의 책, p. 213.

54) Marcel Mauss, "L'Origine des pouvoirs magiques dans les sociétés australiennes," pp. 144 이하 참조.

55) 앞 장 참조.

56) Loeb, "Shaman and Seer," p. 66.

57) A.R. Brown, *The Andaman Islanders*, p. 177 ; 그밖의 사례(해양 드야크 인 등)는 같은 글, p. 64 참조.

58) Loeb, 앞의 책, p. 125.

59) A.P. Elkin, *Aboriginal Men of High Degree*. pp. 70-71.

60) 같은 책, p. 117.

61) Loeb, 앞의 글, pp. 67 이하.

62) 같은 곳.

63) W. Radlov, *Aus Sibirien*, II, 30 이하.

64) 다른 저서로는 G. Nioradze, *Der Schamanismus bei den sibirischen Völkern* pp. 26 이하 ; Harva, 앞의 책, p. 334 이하 ; Å Ohlmarks, *Studien zum Problem des Schamanismus*, p. 170 이하 참조. 올마르크스는 샤만의 무의에 나타나는 보좌영신과 그 기능에 대해 자세하기는 하지만 다소 지루하게 기술하고 있다. W. Schmidt, *Der Ursprung der Gottesidee,* XII, 669-80, 705-06, 709 참조.

65) K.F. Karjalainen, *Die Religion der Jugra-Völker*, III, 282-83.

66) 같은 책, p. 311. 영신들은 대개의 경우 샤만의 무고에 의해 불려 나온다(같은 책, p. 318). 샤만은 자기의 보조영신들을 동업자들에게 넘겨줄 수도 있고(같은 책, p. 282), 심지어는 팔 수도 있다(가령 야쿠트 인과 오스티야크 인의 경우처럼, Mikhailowski, 앞의 글, pp. 137-38 참조).

67) Sieroszewski, 앞의 글, pp. 312-13 ; M.A. Czaplicka, *Aboriginal Siberia*, pp. 182, 213 등 참조.

68) Rasmussen, 앞의 책, p. 113 ; Weyer, *The Eskimos,* pp. 425-28 참조.

69) Webster, 앞의 책, p. 231, 주 36. 영신들은 모두 샤만을 통해서 괴상한 소리를 지어낸다든가, 알아듣기 힘든 소리를 냄으로써 자신을 드러낸다. 이 문제에 관해서는 Thalbitzer, "The Heathen Priests of East Greenland(Angakut)", p. 460 참조. 랩 족의 보조영신에 대해서는 Mikhailowski, 앞의 글, p. 149 ; Itkonen, *Heidnische Religion und späterer Aberglaube bei den finnischen Lappen,* p. 152 참조.

70) Rasmussen, 앞의 책, p. 119.

71) 같은 책, p. 119-20.

72) 같은 책, p. 121.

73) Ivor H.N. Evans, *Studies in Religion, Folk-lore, & Custom in British North Borneo and the Malay Peninsula*, p. 264.

74) Métraux, 앞의 글, pp. 210-11. 오스트레일리아 지역에서의 수정 결정의 천상적 의미에 관해서는 위에서 검토한 바 있다. 오늘날의 남아메리카 샤마니즘에서 이 의미는 물론 어느 정도 불분명하다. 그러나 샤만이 지니는 무력의 기원에 어떤 시사를 던져준다.

75) 같은 글, p. 211.

76) Webster, 앞의 책, p. 215 ; 같은 책, pp. 39-44, 388-91. 중세 유럽 주술사들의 보조영신에 대해서는 Margaret Alice Murray, *The God of the Witches*, pp. 80 이하 ; G.L. Kittredge, *Witchcraft in Old and New England*, p. 613, s.v. "familiars" ; S. Thompson, *Motif-Index*, III, 60(F 403), 215(G 225) 참조.

77) 이 같은 사례는 Webster, 같은 책, p. 232, 주 41 참조.

78) 같은 책, p. 215 참조. 북아메리카의 수호영신에 대해서는 Frazer, *Totemism and Exogamy*, III, 370-456 ; Ruth Benedict, *The concept of the Guardian Spirit in North America* 참조. 이 책, pp. 108 이하, pp. 279 이하 참조.

79) Harva, 앞의 책, p. 462.

80) Waldemar G. Bogoras(V.G. Bogoraz), *The Chukchee*, p. 437 ; Rasmussen, *Intellectual Culture of the Copper Eskimos*, p. 35.

81) Lehtisalo, *Entwurf einer Mythologie der Jurak-Samojeden*, pp. 114, 159 ; Itkonen, 앞의 책, pp. 116, 120 이하.

82) Ivor H.N. Evans, "Schebesta on the Sacerdo-Therapy of the Semang," p. 120.

83) Evans, 앞의 책, p. 210. 사람이 죽으면 14일째 되는 날, 영혼은 호랑이로 변한다 (같은 책, p. 211).

84) J. Cuisinier, *Danses magiques de Kelantan*, pp. 38 이하. 이런 믿음은 세계 도처에 퍼져 있다. 고대 그리고 근대 유럽의 상황에 대해서는 Kittredge, 앞의 책, pp. 174-84 ; S. Thompson, 앞의 책, III, 212-13 ; Lily Weisser-Aall, "Hexe" ; Arne Runeberg, *Witches, Demons and Fertility Magic*, pp. 212-13. 다소 산만하기는 하나 충실한 자료집인 Motague Summers, *The Werewolf* 참조.

85) 하늘, 지하계, 해저세계, 울창한 숲, 산, 황야, 밀림 등.

86) C. Hentze, *Die Sakralbronzen und ihre Bedeutung in den frühchinesischen Kulturen*, pp. 46 이하, 67 이하, 71 이하 등 참조.

87) 이 책 p. 108 참조.

88) Holmberg, *Finno-Ugric [and] Siberian [Mythology]*, pp. 406, 506 참조.

89) 에벤키 족의 수호영물, 샤만 그리고 "동물 모신"의 관계에 대해서는 A.F. Anisimov, "Predstavlenia evenkov o dushe i problema proiskhozhdenia animisma," pp. 110 이 하 ; "Shamanskiye dukhi po vossreniam evenkov i totemicheskiye istoki ideologii shamanstva," pp. 196 이 하 ; A. Friedrich, "Das Bewusstsein eines Naturvolkes von Haushalt und Ursprung des Lebens," pp. 48 이하 ; Friedrich and G. Buddruss, *Schamanengeschichten aus Sibirien*, pp. 44 이하 참조.

90) Harva, 앞의 책, p. 478.

91) V. Diószegi, "K voprosu o borbe shamanov v obraze zhivotnykh," pp. 312 이하.

92) 무속 신앙과 민담에 아주 빈번하게 나타나는 이 테마에 관해서는 Friedrich and G. Buddruss, 앞의 책, pp. 160 이하, 164 이하 ; W. Schmidt, 앞의 책, XII, 634 ; Diószegi, "A viaskodó táltosbika és a samán állataluků életlelke," 여러 곳 ; "K voprosu o borbe," 여러 곳 참조. 이 마지막 논문에서 저자는 샤만과 싸우는 동물은 원래 순록이었다는 말로 자신을 정당화하려 하고 있다. 이러한 논의는, 기원전 1000년으로 감정된, 키르기즈 사이말리 타시 동굴의, 샤만들이 순록으로 변장하고 서로 싸우고 있는 벽화로 입증되고 있는 것으로 보인다. 특히 p. 308, 주1, 그림 1 참조. 헝가리의 탈토스(táltos)에 대해서는 같은 책, p. 306과 주 19에 나와 있는 참고문헌 참조.

93) Dominik Schröder에게, 저승세계에 사는 수호영신은 샤만이 저승에서도 사는 존재임을 확증한다 ("Zur Struktur des Schamanismus," pp. 863 이하 참조).

94) Rasmussen, *Intellectual Culture of the Iglulik Eskimos*, p. 114 참조.

95) Eliel Lagercrantz, "Die Geheimsprachen der Lappen" 참조.

96) Lehtisalo, "Beobachtungen über die Jodler," pp. 12 이하.

97) 같은 책, p. 13.

98) Thalbitzer, 앞의 글, pp. 448, 454 이하 ; "Les Magiciens esquimaux," p. 75 ; Weyer, 앞의 책, pp. 435-36.

99) Rasmussen, *Intellectual Culture of the Iglulik Eskimos,* pp. 111, 122. "비밀의 언어" 참조, 같은 책, pp. 125, 131, etc.

100) Lehtisalo, 앞의 글, p. 22.

101) Schebesta, *Les Pygmées*, p. 153 ; Evans, 앞의 글, pp. 118 이하 ; 앞의 책 pp. 156 이하, 160 등

102) Loeb, 앞의 글, p. 71.

103) Loeb, 앞의 책, p. 81.

104) Evans, 앞의 책, p. 4. H.L. Roth, *The Natives of Sarawak*, I, 270 참조.

105) Métraux, 앞의 글, p. 210.

106) 같은 책, pp. 206, 210 등 ; Ida Lublinski, 앞의 글, pp. 246 이하.

107) Loeb, *Tribal Initiations and Secret Societies,* p. 278.

108) Lehtisalo, 앞의 글, pp. 23 이하.

109) Castagñe, "Magie et exorcisme chez les Kazak-Kirghizes et autres peuples turcs orientaux," p. 93.

110) Métraux, 앞의 글 (p. 326)에 인용된 Everard F. Im Thurn, *Among the Indians of Guiana*, p. 336.

111) 이 책, p. 100 참조.

112) Lehtisalo, 앞의 글, p. 25.

113) 같은 글, p. 26.

114) Jan de Vries, *Altgermanische Religionsgeschichte* (2nd edn.), I, 304 이하 ; Lehtisalo, 같은 글, pp. 27 이하 ; carmen은 무가, incantare는 마법을 건다는 뜻, 루마니아 어 descântare(글자 그대로 해석하면 마법을 잃는다는 뜻)는 축귀 한다는 뜻, descântec는 주문, 축귀.

115) Antti Aarne, *Der tiersprachenkundige Mann und seine neugierige Frau* ; N. M. Penzer, ed., and C.H. Tawney, tr., *Somadeva's Kathā-saritsāgara* (*or Ocean of Streams of Story*), I, 48 ; II, 107 주 ; Thompson, 앞의 책, I, 314 이하 (B 215) 참조.

116) Philostratus, *Life of Apollonius of Tyana* 1. 20 등. L. Thorndike, *A History of Magic and Experimental Science*, I, 261 ; Penzer and C.H. Tawney, tr., 같은 책, II, 108, 주 1.

117) Eliade, *Myths, Dreams and Mysteries*, pp. 59 이하 참조.

118) Josef Haekel, "Schutzgeistsuche und Jugendweihe im westlichen Nordamerika."

119) 이것은 정통적인 접신 체험으로 유명한 표징이다. 에스키모 샤만의 도제가 자신의 보조영신이 출현할 때 보여주는 "말로 표현할 길 없는 공포" 참조(이 책, pp. 101 이하).

120) 우리는 부르야트 인의 경우, 벼락에 맞아 죽은 사람은 샤만에 해당하는 대접을 받고 이렇게 죽은 사람과 가장 가까운 친족이 샤만의 권리를 갖는다는 사실을 알았다(이 책, pp. 37 이하를 볼 것). 죽은 사람의 친족이 샤만의 권리를 갖는 것은 이 사람이 하늘에 있는 신으로부터 "택함을 입은 것"으로 믿어지기 때문이다 (Mikhailowski, 앞의 글, p. 86). 다른 부족의 경우, 소요트 인이나 캄차달 인은 샤만이 될 팔자를 타고 난 사람은 폭우가 내리고 번개가 칠 때 샤만이 된다고 믿는다(같은 글, p. 68). 에스키모 샤만은 "불덩어리"에 맞는 순간에 무력을 얻는다 (Rasmussen, *Intellectual Culture of the Iglulik Eskimos*, p. 122 이하).

121) F. Boas, "The Shushwap"(offprint), pp. 93 이하. 땀집의 무속적 가치에 대해서는 뒤에 다시 논의하기로 한다.

122) Willard Z. Park, *Shamanism in Western North America,* p. 27. Marcelle Bouteiller, "Don chamanistique et adaptation à la vie chez les Indiens de l' Amérique du Nord," passim ; *Chamanisme et guérison magique*, pp. 57 이하 참조.

123) Park, 같은 책, pp. 27-28.

124) 같은 책, p. 29.

125) 같은 책, p. 30.

126) 같은 책, p. 79 ; J. Teit, *The Lillooet Indians*, pp. 287 이하 ; "The Thompson Indians of British Columbia," p. 353. 릴루에트 족의 샤만 입문자는 때로는 몇 년간씩이나 무덤 위에서 자기도 한다(Teit, 같은 책, p. 287).

127) Park, 같은 책, p. 80. 똑같은 전승은 아츄게위 족, 북마이두 족, 크로우 족 (Crow), 아라파호 족, 그로스 벤트레 족(Gros Ventre)에게서도 보인다. 이들 종족의 경우는 물론이고 다른 지역에도 무덤 옆에서 잠을 잠으로써 무력을 얻으려고 하는 경향이 있다. (틀링기트의 경우처럼) 아주 인상적인 방법을 쓰는 종족도 있다. 즉 입문자는 죽은 샤만의 시신과 함께 밤을 보내는 것이다. Frazer, 앞의 책, III, 439 참조.

128) Park, 같은 책, p. 77.

129) 같은 책, pp. 77 이하에 나오는 부족의 목록 참조. 같은 책, p. 111, 청년기의 미래 샤만에게 나타나는 "꼬마 녹색인" 참조.

130) 같은 책, p. 82.

131) 같은 책, p. 83.

132) A.L. Kroeber, *Handbook of the Indians of California*, pp. 754 이하, 775 ; C.D. Forde, *Ethnography of the Yuma Indians*, pp. 201 이하. 샤만의 비밀 결사인 미데위원 가입의례에도 이 세상의 시원인 신화적인 시대로의 귀환 모티프가 있다. 이 시대가 바로 대영신이 최초의 "대주의"에게 비의를 계시한 시대인 것이다. 우리는 앞으로 이러한 입문의례에, 세계가 창조될 당시 하늘과 땅 사이에

있었던 것과 똑같은 교류를 나타내는 입문적 제의가 들어 있음을 알 수 있게 된
다.

133) L. Spier, *Yuman Tribes of the Gila River,* p. 247 ; Park, 앞의 책, p. 115.

134) Park, 같은 책, p. 116.

135) 같은 책, p. 110 참조.

136) 파비오초 족, 같은 책, p. 23 ; 남캘리포니아의 모든 부족, 같은 책, p. 82 ; 소리
를 듣는 꿈, 같은 책, p. 23 등. 남부 오카나곤 족의 경우, 미래 샤만은 수호영신
의 모습을 볼 수 없다. 그는 단지 노랫소리와 가르침만 듣는 것이다(같은 책, p.
118).

137) R. Dixon, *The Northern Maidu*, pp. 274 이하.

138) Park, 앞의 책, pp. 76 이하의 부족 목록과 문헌 목록 참조.

139) F. Boas, "The Salish Tribes of the Interior of British Columbia," pp. 222
이하.

140) Park, 앞의 책, p. 17에 인용된 파비오초 족 자료 제공자. "밤의 영신"과 절대자
에 대한 후기 신화적 양식인 듯하다. 이들이 바로 부분적으로 사라지는 신들인데,
이 신들은 "사자(使者)"를 통하여 인간을 돕는다.

141) 같은 책, p. 19.

142) 같은 곳.

143) Kroeber, 앞의 책, pp. 63 이하, III, 852 ; Dixon, *The Shasta*, pp. 472 이하.

144) Park, 앞의 책, p. 81.

145) 같은 책, p. 80.

146) 같은 책, p. 81.

147) Jaime de Angulo, "La Psychologie religieuse des Achumawi. IV:Le
Chamanisme," p. 565.

148) 같은 곳.

149) 같은 글, p. 563.

150) 같은 글, p. 580.

151) 같은 곳.

152) Teit, 앞의 글, pp. 354 이하.

153) Park, 앞의 책, pp. 18, 76 이하 참조.

154) H.Haeberlin and E. Gunther, "Ethnographische Notizen über die Indianer-
stämme des Puget-Sundes," pp. 56 이하. 샤만에게만 있는 영신에 관해서는 같
은 책, pp. 65, 69 이하 참조.

155) Eliade, 앞의 책, pp. 2 이하.

156) Waldemar G. Bogoras, "The Shamanistic Call and the Period of Initiation
in Northern Asia and Northern Ameica," 특히 p. 443.

157) Ruth Benedict, "The Vision in Plains Culture" 참조.

158) Bogoras, 앞의 글, p. 442.

159) 가령 아시니보인 족의 경우처럼(같은 곳).

160) 오스트레일리아의 룽가 족(Lunga)이나 쟈라 족(Djara)의 경우, 주의 후보자는 괴물 뱀이 사는 것으로 믿어지는 못으로 들어간다. 이들은 이 뱀을 죽이는데, 바로 이 통과제의적 죽음을 경험하고 나면 이 후보자는 주력을 얻게 된다. A.P. Elkin, "The Rainbow-Serpent Myth in North-West Australia," p. 350; *The Australian Aborigines*, p. 223 참조.

161) 탄트라 파 본 교 의례의 chöd(gchod).

162) 가령 무녀 딕시 노파의 경우. 이 책, p. 113 참조.

163) Park, 앞의 책, p. 26.

164) Kroeber, 앞의 책, pp. 604 이하, 712 이하 ; Park, 같은 책, p. 84.

제 4 장   성무의례

1) 시베리아와 중앙 아시아 샤만의 입문수련 내용에 대해서는 W. Schmidt, *Der Ursprung der Gottesidee*, XⅡ, 653-68 참조.

2) Shirokogoroff, *Psychomental Complex of the Tungus*, p. 350.

3) 가령 E.J. Lindgren, "The Reindeer Tungus of Manchuria," pp. 221 이하, N. K. Chadwick, *Poetry and Prophecy*, p. 53 참조.

4) Shirokogoroff, 앞의 책, p. 351.

5) 이 책, p. 37 이하 참조.

6) Shirokogoroff, 앞의 책, p. 352.

7) 같은 책, p. 353.

8) 같은 책, p. 352.

9) 이 책, p. 74, 주 80 ;제13장, '샤만과 대장장이' 참조.

10) 이 책, pp. 87 이하.

11) N.V. Pripuzov, *Svedenia dlya izuchenia shamanstva u yalutov*, pp. 64-65 ; Mikhailowski, "Shamanism in Siberia and European Russia," pp. 85-86; U. Harva, *Die religiösen Vorstellungen der altaischen Völker*, pp. 485-86; V.L. Priklonsky, in W. Schmidt, 앞의 책, XI, 179, 286-88. 여기에 등장하는 것은 "흑 샤만"의 성무의례인 것으로 보인다. 흑 샤만은 지옥의 영신들과 신들만 섬기는데, 이러한 예는 시베리아의 다른 여러 부족들의 경우에도 찾아볼 수 있다. U. Harva, 같은 책, pp. 482 이하 참조.

12) G.V. Ksenofontov in A. Friedrich and G. Buddruss, *Schamanengeschichten aus Sibirien*, pp. 169 이하 ; H.Findeisen, *Schamanentum*, pp. 68 이하.

13) Tretyakov, *Turukhansky krai, evo priroda i zhiteli*, pp. 210-11 ; Mikhailowsky, 앞의 글, p. 86 참조.

14) Harva, 앞의 책 (pp. 486-87)에 인용되고 있는 I.A. Lopatin.

15) N.N. Agapitov and M.N. Khangalov, "Materialy dlya izuchenia shamanstva v Sibirii. Shamanstvo u buryat Irkutskoi gubernii," pp. 46-52, L. Stieda 가 번역하여 정리한 "Das Schamanenthum unter den Burjäten," pp. 250 이하(성

456

무의례, pp. 287-88) ; Mikhailowski, 앞의 글, pp. 87-90 : Harva, 같은 책, pp. 487-96 ; W. Schmidt, 앞의 책, X, 399-422. 이르쿠츠크의 교육자이자 그 자신이 바로 부르야트 인인 칸갈로프는 아가토프에게 무속의례와 신앙에 관한, 내용이 풍부한 자료를 직접 제공했다. Jorma Partanen, *A Description of Buriat Shamanism* 참조. 이 "입문서"는 포즈네예프가 1879년에 부르야트 마을에서 발견하여 직접 출판한 것이다. A.M. Pozdneyev, *Mongolskaya khrestomatia* (Mongolian Chrestomathy), pp. 293-311 참조. 이 자료는 현대 부르야트 어의 흔적을 그대로 지닌 몽고어로 쓰여져 있다. 저자는 반쯤은 라마 교를 믿는 부르야트 인인 것으로 보인다(Partanen, 같은 책, p. 3). 자료는 이 의례의 외면만을 보고하고 있는 점이 아쉽다. 칸갈로프의 상세한 보고서에도 못 미치는 수준인 것이다.

16) 하르바(같은 책, p. 493)는 이 재계가 입문의식에 수반되는 것이라고 기술하고 있다. 우리가 곧 알게 되겠지만, 이 같은 의례는 자작나무를 오르는 의례 직후에 베풀어진다. 어쨌든 입문의례의 시나리오 자체는 때에 따라, 부족에 따라 주목할 만한 변화를 보인다.

17) 파르타넨이 번역한 텍스트는 의례용 자작나무와 기둥에 대해 아주 자세한 자료를 제공하고 있다(§10-15). "북방에 있는 나무는 어머니 나무라고 불린다. 이 나무 꼭대기에는 명주와 무명 실로 달아맨 새 둥지가 있다. 바로 이 둥지 안에는 무명 혹은 부드러운 양털로 받친 9개의 알이 있고, 흰 벨벳으로 만든 달 모양이 둥근 자작나무 껍질에 붙어 있다.……남방에 있는 아주 실한 나무는 아버지 나무라고 불린다. 이 나무 꼭대기에는 빨간 벨벳 천을 붙인 자작나무 껍질이〔한 조각〕매달리는데, 이것은 태양이라고 불린다"(§10). "마을 사람들은 어머니 나무 북방에, 천막 쪽으로 일곱 그루의 자작나무를 아주 깊이 심는다. 천막 네 귀퉁이에 각각 한 그루씩, 네 그루의 자작나무를 심고 나무 아랫부분에는 노간주나무와 백리향을 사르기 위한 (향으로) 선반을 만드는데, 이 선반은 사다리(šita) 혹은 계단(geskigür)이라고 불린다."(§15) 이 자작나무에 대한 (파르타넨이 번역한 텍스트에 나온 것 이상의) 자세한 분석은 W. Schmidt, 앞의 책(X, 405-08)에 나온다.

18) 부르야트 인의 칸과 복잡한 신들에 관해서는 Sandschejew, "Weltanschauung und Schamanismus der Alaren-Burjaten," p. 939 ; W. Schmidt, 같은 책, X, 250 이하 참조. 부르칸에 관해서는 라우퍼("Burkhan," pp. 390-95)의 견해에 대한 쉬로코고로프의긴 각주(Mironov and Shirokogoroff, "Śramaṇa-Shaman," pp. 120-21) 참조. 라우퍼는 아무르 지역 통구스 인들이 불교의 영향을 받지 않았다는 주장을 편 바 있다. 터키에서 쓰이는 부르칸이라는 말(터키에서 이 말은 차례로 불타, 마니, 조로아스터 등에 적용되고 있다)의 의미에 관해서는 U. Pestallozza, "Il manicheismo presso i Turchi occidentali ed orientali," p.456, 주 3 참조.

19) Khangalov and Sandschejew, "Weltanschauung," p. 979.

20) Harva, 앞의 책, p. 495.

21) Partanen, 앞의 책, p. 24, §37.

22) Harva, 앞의 책, p. 498.

23) Holmberg(Harva), *Der Baum des Lebens*, pp. 140 이하 ; Die religiösen Vorstellungen der altaischen Völker, pp. 492 이하 참조.

24) 2세기에 프루덴티우스(*Peristeph*. X. 1011 이하)는 이 의례를 대모신(Magna Mater) 비의에 관련시켜 기술하고 있다. 그러나 프뤼기아의 타우로볼리온이 페르시아에서 차용된 것이라고 믿을 만한 이유는 얼마든지 있다 ; Franz Cumont, *Les Religions orientales dans le paganisme romain*(3rd edn.), pp. 63 이하, 229 이하 참조.

25) Celsus, Origen *Contra Celsum* VI. 22.

26) 계단, 사다리, 산 등을 이용한 천계상승에 대해서는 A. Dieterich, *Eine Mithrasliturgie* (2nd. edn.), pp. 183, 254 참조 ; 이 책, 제13장 '사다리-사자의 길-상승' 참조. 여기에서 우리는 알타이 인과 사모예드 인에게 7이라는 수가 아주 중요한 역할을 한다는 것은 상기해야 한다. 세계의 기둥은 일곱 계단으로 되어 있고(Holmberg[Harva], *Finno-Ugric [and] Siberian [Mithology]*, pp. 338 이하), 우주수의 가지 역시 일곱 개이다(Harva, *Der Baum des Lebens*, p. 137 ; *Die religiösen Vorstellungen der altaischen Völker*, pp. 51 이하). 미트라 교의 상싱체계를 지배하는 7이라는 수(일곱 개의 천계, 일곱 개의 별 혹은 일곱 개의 칼, 일곱 그루의 나무, 일곱 개의 단 등이 회화적인 유물에서 선보인다)는 일찍이 이란의 비의에 끼쳤던 바빌로니아의 영향을 입은 것인 듯하다(가령 R. Pettazzoni, *I Misteri*, pp. 231, 247 등 참조). 이러한 수의 상징체계에 관해서는 pp. 253 이하 참조.

27) 두세 가지를 지적할 필요가 있다. 보우루칸사 호수(혹은 바다)의 섬에서 자라는 불가사의한 나무 가오케레나(Gaokērēna), 그 옆에 아리만(Ahriman)이 창조한 괴물 도마뱀이 숨어 있다는 신화(*Vidēvdat*, X X, 4 ; *Bundahišn*, X VIII, 2 ; X X VII, 4 등). 이러한 신화는 칼미크 인 (불가사의한 나무 잠부[Zambu] 가까이에서 산다는 대양의 용에 관한 신화), 부르야트 인 ("우유 호수"의 나무 옆에 산다는 뱀 아비르가[Abyrga]) 그리고 그밖의 지역에서도 발견된다(Holmberg[Harva], *Finno-Ugric [and] Siberian [Mithology]*, pp. 356 이하). 그러나 인도의 영향을 입었을 가능성은 인정되어야 한다. 이 책, pp. 248 이하 참조.

28) Kai Donner, "Über soghdisch *nōm* 'Gesetz' und samojedisch *nōm* 'Himmel, Gott,'" pp. 1-8 참조.

29) 우리는 여기에서 메트로의 기술을 따르고자 한다(Métraux, "Le Shamanisme araucan"). 메트로는 이전에 쓰여진 모든 문헌, 특히 로드리게스의 "Guillatunes, costumbres y creencias araucanas"와 우스 신부의 *Une Épopée indienne. Les Araucans du Chili*를 고루 인용하고 있다.

30) Métraux, 같은 글, p. 319.

31) 같은 글, p. 321.

32) 우스의 앞의 책 (p. 325)에서 인용.

33) Métraux, 앞의 글, p. 336.

34) 이 책, 제10장, 동남 아시아와 오세아니아의 샤마니즘 참조.

35) 이 책, 제2장, '오스트레일리아 주술사의 입문의례' 참조.

36) 여기에서 따로 지적해두어야 할 것은, 아로케니아 인의 경우에는 여자가 주로 무속을 행한다는 점이다. 여자들이 이를 주로 행사하기 전에, 이 무속은 성도착자들의 특권이었다. 이와 비슷한 현상은 추크치 족에게서도 볼 수 있다. 추크치 족의 경우 샤만의 대부분은 성도착자들이다. 심지어는 남무인데도 남편이 있는 경우도 있다. 성적으로 정상적인 남무라도 영신들의 강요에 못 이겨 여장을 하는 것이 보통이다. W.G. Bogoras, *The Chukchee*, pp. 450 이하. 이 두 가지 샤마니즘 사이에 유전학상의 관계가 있을 것인가? 이 문제를 푸는 것은 쉬운 일이 아닐 듯하다.

37) E.M. Loeb, *Pomo Folkways*, pp. 372-74. 남북 아메리카의 다른 사례는 Eliade, *Birth and Rebirth*, p. 77 참조. Josef Haekel, "Kosmischer Baum und Pfahl im Mythus und Kult der Stämme Nordwestamerikas", pp. 77 이하 참조.

38) 이 책, 제11장, '고대 인도 : 상승의례' 참조.

39) 이 책, 제13장, '사다리-사자의 길-상승' 참조.

40) 이 책, pp. 72 이하 참조.

41) H. Ling Roth, *The Natives of Sarawak and British North Borneo* (I, 281)에서 인용된 텍스트. E.H. Gomes, *Seventeen Years among the Sea Dyaks*, pp. 178 이하 참조.

42) 이 의례에 관해서는 J.Layard, *Stone Men of Malekula*, ch.xiv 참조.

43) A.B. Deacon, *Malekula : a Vanishing People in the New Hebrides*, pp. 379 이하 ; A. Riesenfeld, *The Megalithic Culture of Melanesia*, pp. 59 이하 등 참조.

44) G. Róheim, "Hungarian Shamanism," p. 134.

45) 이 책, p. 355, 주 117 참조.

46) 이 책, pp. 413 이하 참조.

47) Elkin, *Aboriginal Men of High Degree*, pp. 64-65.

48) 같은 책, p. 64.

49) 이 책, 제12장, 티벳, 중국 및 극동 샤마니즘의 상징체계와 기술 참조.

50) 여기에서는 Friedrich Andres의 연구, "Die Himmelsreise der caraïbischen Medizinmänner"를 따르기로 한다. 이 책은 네덜란드의 민족학자들인 F.P. and A.P. Penard, W. Ahlbrinck, and C.H. de Goeje의 조사를 이용하고 있다. W.E. Roth, "An Inquiry into the Animism and Folk-Lore of the Guiana Indians" ; Métraux, "Le Shamanisme chez les Indiens de l'Amérique du Sud tropical," pp. 208-09 참조. 역시 C.H. de Goeje, "Philosophy, Initiation and Myths of the Indians of Guiana and Adjacent Countries," 특히 pp. 60 이하 (주의의 입문의례), 72 (천상계 여행의 수단이 되는 탈혼망아), 82 (천계에 이르는 사다리) 참조.

51) 알브린크 (Ahlbrinck)는 이 용어를 푸제이 (Püyéi)라고 부르면서 "영신을 맞는 자"로 번역하고 있다 (Andres, 같은 글, p. 333). W.E. Roth, 같은 글, pp. 326 이하 참조.

52) Andres, 같은 글, p. 336. 여기에서 주목해야 할 것은 카리브 인의 경우에도 주력

은 천계와 절대자에게서 온다는 것이다. 여기에서 시베리아 무속 신화에서 독수리가 맡는 역할을 상기할 필요가 있다. 독수리는 첫 샤만의 아버지, 태양의 새, 천상계 신의 사자, 신과 인간의 중재자인 것이다.

53) 같은 책, p. 336-37.

54) 같은 책, p. 337.

55) 같은 책, p. 338.

56) Andres, 같은 글, pp. 338-39를 요약한 Métraux, "Le Shamanisme chez les Indiens de l'Amérique du Sud tropicale," p. 208. 역시 Alain Gheerbrant, *Journey to the Far Amazon*, pp. 115, 128과 거기에 나오는 마라크의 그림 참조.

57) Métraux, 같은 책, p. 208.

58) Andres, 앞의 글, p. 340. 같은 곳, 주 3에서 저자는 월계수에 의한 접신상태에 대해 H. Fühner, "Solanazeen als Berauschungsmittel"을 인용하고 있다. 시베리아 둥지의 샤마니즘에서 마취제가 맡는 역할에 대해서는 이 책, pp. 352 이하 참조.

59) Andres, 같은 글, p. 341.

60) Andres, 같은 글, p. 341-42.

61) Métraux, "Le Shamanisme chez les Indiens de l'Amérique du Sud tropicale," p. 209.

62) A.P. Elkin, "The Rainbow-Serpent Myth in North-West Australia," pp. 349-50; *The Australian Aborigines*, pp. 223-24; *Aboriginal Men of High Degree*, pp. 139-40. Eliade, *Brith and Rebirth*, p. 160 참조. 무지개 뱀과 오스트레일리아 주의의 입문의례에서 뱀이 맡는 역할에 관해서는 V. Lanternari, "Il Serpente Arcobaleno e il complesso religioso degli Esseri pluviali in Australia," pp. 120 이하 참조.

63) 가령 L. Frobenius, *Die Weltanschauung der Naturvölker*, pp. 131 이하; P. Ehrenreich, *Die allgemeine Mythologie und ihre ethnologischen Grundlagen*, p. 141; R.T. Christiansen, "Myth, Metaphor and Simile," pp. 42 이하 참조. 핀-우그르 인, 타타르 인에 관한 자료는 Holmberg(Harva), *Finno-Ugric (and) Siberian (Mythology)*, *pp.* 443 이하; 지중해 지방에 관해서는, 레넬(C. Renel)의, 기대에는 다소 못 미치는 연구자료인 "L'Arc-en-ciel dans la tradition religieuse de l'antiquité," pp. 58-80 참조.

64) 가령 피그미 족의 경우, Eliade, *Patterns in Comparative Religion*, p. 49 참조.

65) Ehrenreich, 앞의 책, pp. 133 이하.

66) H.M. and N.K. Chadwick, *The Growth of Literature*, III, 273 이하, 298 등; N.K. Chadwick, "Notes on Polynesian Mythology"; "The Kite: a Study in Polynesian Tradition" 참조. 중국의 연에 관해서는 B. Laufer, *The Prehistory of Aviation*, pp. 31-43 참조. 폴리네시아 민간전승에 따르면, 하늘에는 열 겹의 천계가 있다. 뉴질랜드에서는 열두 겹이다. (이러한 우주관의 기원이 인도에 있는

것은 거의 확실해 보인다.) 부르야트 샤만의 경우에서 보았듯이, 영웅은 이 여러 겹의 천계를 하나씩 차례로 오른다. 영웅은 도중에 여영신(통상 이 영웅의 여조상)을 만나 길 안내를 받는다. 카리브의 푸자이 입문의례에서 여영신의 역할과 시베리아 샤만 의례에서의 "신처"의 역할 참조.

67) H.T. Fischer, "Indonesische Paradiesmythen," pp. 208, 238 이하 ; F.K. Numazawa, *Die Weltanfänge in der japanischen Mythologie*, p. 155.

68) 민간전승에서의 무지개에 관해서는 S. Thompson, *Motif-Index*, III, 22 (F 152) 참조.

69) R. Pettazzoni, *Mitologia giapponese*, p. 42, 주 1 ; Numazawa, 앞의 책, pp. 154-55 참조.

70) A. Jeremias, *Handbuch* (2nd edn.), pp. 139 이하.

71) Benjamin Rowland, Jr., "Studies in the Buddhist Art of Bāmiyān: the Bodhisattva of Group E" ; Eliade, *Myths, Dreams and Mysteries*, pp. 110 이하 참조.

72) Rev. 4:3.

73) Rowland, 앞의 글, p. 46, 주 1.

74) Eliade, *Patterns in Comparative Religion,* p. 101.

75) Rowland, 앞의 글, p. 48.

76) Eliade, *Patterns in Comparative Religion*, pp. 41 이하.

77) Holmberg (Harva), *Der Baum des Lebens*, pp. 144 이하 ; *Die religiösen Vorstellungen der altaischen Völker*, p. 489.

78) Harva, *Die religiösen Vorstellungen der altaischen Völker*, p. 351 ; Martti Räsänen, *Regenbogen-Himmelsbrücke*, pp. 7-8.

79) Räsänen, 같은 책, p. 6.

80) 같은 책, p. 8.

81) 이 책, pp. 66 이하 참조.

82) A.W. Howitt, "On Australian Medicine Men," pp. 50 이하 ; *The Native Tribes of South-East Australia*, pp. 404-13.

83) 오스트레일리아 주의의 입문의례에 관해서는 Elkin, *Aboriginal Men of High Degree* ; Helmut Petri, "Der australische Medizinmann" ; Eliade, *Birth and Rebirth,* pp. 96 이하. 역시 E. Stiglmayr, "Shamanismus in Australien" 참조.

84) Howitt, 앞의 글, pp. 51-52 ; *The Native Tribes of South-East Australia,* p. 400 이하 ; Marcel Mauss, "L'Origine des pouvoirs magiques dans les sociétés australiennes," p. 159. 독자들은 사모예드 인, 남북 아메리카 인디언 샤만과 관련된 입문의례적인 동굴을 기억할 것이다.

85) 가령 Mauss, 같은 글, p. 149, 주 1 참조.

86) R. Pettazzoni, *Miti e leggende. I:Africa, Australia,* p. 413.

87) Mauss, 앞의 글, p. 148. 주의는 독수리와 파리로 전신한다 (B. Spencer and F.J. Gillen, *The Arunta: a Study of a Stone Age People,* II, 430).

88) A. van Gennep, *Mythes et légendes d'Australie*, nos. 32, 49 ; no. 44 참조.

89) Howitt, 앞의 책, pp. 501 이하.

90) Pettazzoni, *Miti e leggende. I : Africa, Australia,* p. 416.

91) Gennep, no. 66, pp. 92 이하.

92) Howitt, 앞의 책, p. 501.

93) K.L. Parker, *The Euahlayi Tribe*, p. 7.

94) Eliade, "Significations de la 'lumière intérieure,'" p. 195 참조.

95) Elkin, *Aboriginal Men of High Degree,* p. 96.

96) 같은 곳.

97) Howitt, 앞의 책, p. 583.

98) 이 책, p. 68, 주 49 참조.

99) Pettazzoni, *L'onniscienza di Dio*, p. 469, 주 86(Evans and Schebesta에 의함) 참조.

100) 이 책, 제10장, 동남 아시아와 오세아니아의 샤머니즘 참조.

101) Pettazzoni, *Essays on the History of Religions*, p. 42.

102) P. Drucker, *The Northern and Central Nootkan Tribes*, p. 160.

103) Werner Müller, *Weltbild und Kult der Kwakiutl Indianer*, p. 29, 주 67 (Boas에 의함).

104) Boas, *Indianische Sagen von der nord-pacifischen Küste Amerikas*, p. 152.

105) Eliade, *The Forge and the Crucible*, pp. 20 이하 ; *Patterns in Comparative Religion*, pp. 53, 225 이하 참조.

106) Loeb, *Sumatra*, p. 155.

107) Loeb, "Shaman and Seer," p. 66 ; *Sumatra*, p. 195.

108) 같은 글, p. 78.

109) N.K. Chadwick, *Poetry and Prophecy*, pp. 50-51.

110) 같은 책, pp. 94-95.

111) S.F. Nadel, "A Study of Shamanism in the Nuba Mountains," p. 26.

112) 같은 글, p. 27.

113) Ida Lublinski, "Der Medizinmann bei den Naturvölkern Südamerikas," p. 248.

114) Métraux, "Le Shamanisme araucan," p. 316.

115) Métraux, "Le Shamanisme chez les Indiens de l'Amérique du Sud tropicale," p. 338.

116) P. Radin, *Primitive Religion*, pp. 115-16. 이 사례는 완벽한 입문의례를 구성한다고 할 수 있다. 즉 죽음과 부활(재생), 상승, 시련 등의 도식을 완전히 갖추고 있는 것이다.

117) J. Mooney, "The Ghost-Dance Religion and the Sioux Outbreak of 1890," pp. 663 이하.

118) 같은 글, pp. 771 이하.

119) 같은 글, p. 752. 에스키모 샤만의 빛 참조. "신의 재판소"에 관해서는 이사야 (Isaiah)의 승천 환상, *the Book of Artay Virāf* 등 참조.

120) Pettazzoni, *Dio*, pp. 299 이하에 인용된 H.R. Schoolcraft.

121) 이 책, pp. 288 이하 참조.

제 5 장 무복과 무고의 심벌리즘

1) 무복에 관한 연구자료로는 다음과 같은 것들이 있다. V.N. Vasilyev, *Shamansky kostyum i buben u yakutov*; Kai Donner, "Ornements de la tête et de la chevelure," 특히 pp. 10-20; Georg Nioradze, *Der Schamanismus bei den sibirischen Völkern*, pp. 60-78; K.F.Karjalainen, *Die Religion der Jugra-Völker*, II, 255 -59; Hans Findeisen, "Der Mensch und Seine Teile in der Kunst der Jennissejer (Keto)," 특히 pp. 311-13; E.J. Lindgren, "The Shaman Dress of the Dagurs, Solons and Numinchens in N. W. Manchuria"; U. Harva (Holmberg), *The Shaman Costume and Its Significance; Die religiösen Vorstellungen der altaischen Völker*, pp. 499-525; Jorma Partanen, *A Description of Buriat Shamanism*, pp. 18 이하.

   L. Stieda, "Das Schamanenthum unter den Burjäten," p. 286; V.M. Mikhailowski, "Shamanism in Siberia and European Russia," pp. 81-85; T. Lehtisalo, *Entwurf einer Mythologie der Jurak-Samojeden*, pp. 147 이 하; G. Sandschejew, "Weltanschauung und Schamanismus der Alaren-Burjaten," pp. 979-80; Å. Ohlmarks, *Studien zum Problem des Schamanismus*, pp. 211-12; Donner, *La Sibérie*, pp. 226-27; *Ethnological Notes about the Yenisey-Ostyak (in the Turukhansk Region)*, 특히 pp. 78-84; W.I. Jochelson, *The Yukhagir and the Yukaghirized Tungus*, pp. 169 이하, 176-86 (Yakut), 186-91 (Tungus); *The Yakut*, pp. 107-18; S.M. Shirokogoroff, *Psychomental Complex of the Tungus*, pp. 287-303; W. Schmidt, *Der Ursprung der Gottesidee*, XI, 616-26; XII, 720 -33; L. Vajda, "Zur phaseologischen Stellung des Schamanismus," p. 473, 주 2 (bibliography) 참조.

   시베리아의 무복, 의례 대상물, 무고에 관한 풍부한 자료는 이바노프 (Ivanov)의 폭넓은 연구업적인 *Materialy po izobrazitelnomu iskusstvu narodov Sibiri XIX —— nachala XXv*에 잘 나타나 있다. 사모예드 샤만의 무복과 무고에 관해서는 특히 pp. 66 이하 (그림 47-57, 61-64, 67); 돌간, 퉁구스의 무족과 무고에 관해서는 pp. 98 이하 (그림 36-62는 에벤키 족의 의상, 의례 대상물, 무고의 모양) 참조; pp. 407 이하는 추크치 인과 에스키모 인에 관한 기술, 제4장과 제5장은 터키 인 (pp. 533 이하)과 부르야트 인 (pp. 691 이하)에 관한 기술이다. 특히 흥미있는 것은 야쿠트 인에 관한 그림 (그림 15 이하), 무고 위에 그려진 인물 (가령 그림 31), 알타이 인의 무고 (pp. 607 이하, 그림 89 등), 특히 부르야트 인의 수많은 우상 (idols 〔ongons〕) 그림 (그림 5-8, 11-12, 19-20; ongons에 관해서는 pp. 701 이하 참조)

이다.

2) Harva, *Die religiösen Vorstellungen der altaischen Völker*, p. 500 참조.

3) 무복은 축소되어 가죽 허리띠로 대체된다. 이 가죽 허리띠에는 북아메리카 산 순록의 생가죽과 조그만 골제(骨製) 인형이 걸린다. K. Rasmussen, *Intellectual Cullure of the Iglulik Eskimos*, p. 114 참조. 에스키모 샤만에게 필수적인 의례용구는 무고에 고스란히 남아 있다.

4) Radlov, *Aus Sibirien*, II, 17.

5) Harva, *Die religiösen Vorstellungen der altaischen Völker*, p. 501.

6) 제의적으로 무복을 짓는 풍습이 사라져가는 사례도 있다. 전에는 예니세이 샤만 자신이 순록을 도살하고 그 생가죽으로 무복을 지은 듯하다. 오늘날 샤만은 생가죽을 러시아 인들로부터 사들이고 있다(Nioradze, 앞의 책, p. 62).

7) Shirokogoroff, 앞의 책, p. 302.

8) 같은 곳.

9) 같은 책, p. 301.

10) 같은 책, p. 302.

11) 같은 책, p. 301 ; Harva, *Die religiösen Vorstellungen der altaischen Völker*, p. 499 등 참조.

12) Donner, 앞의 글, p. 10.

13) W.Sieroszewski, "Du chamanisme d'après les croyances des Yakoutes," p. 302.

14) Nioradze, 앞의 책, 그림 16; Harva, *Die religiösen Vorstellungen der altaischen Völker*, 그림 1 참조. 이 책 제8장에서 이러한 상징이 의미하는 일관된 우주론을 검토하게 된다. 야쿠트 샤만의 무복에 관해서는 W. Schmidt, 앞의 책, XI, 292-305(V.N. Vasilyev, E.K. Pekarsky, M.A. Czaplicka에 의함) 참조. "해"와 "달"에 관해서는 같은 책, pp. 300-04 참조.

15) Mikhailowsky, 앞의 글, p. 81. "쇠"와 "사슬"의 이중적인 심벌리즘은 물론 훨씬 더 복잡하다.

16) 같은 책, p. 81(N.V. Pripuzov에 의함).

17) Sieroszewski, 앞의 글, p. 320.

18) 같은 글, p. 321. 이러한 대상물의 의미와 역할은 다음 장에서 분명하게 드러날 것이다. 애매개트에 관해서는, E. Lot-Falck, "À propos d'Ätügän," pp. 190 이하 참조.

19) 퉁구스의 무복에 관해서는 Shirokogoroff, 앞의 책, pp. 288-97.

20) 비라르첸 족의 경우, 카프탄은 타비잔(tabjan : tabyan)이라고 불리는데, 이 말은 "보아 구렁이"라는 뜻이다(같은 책, p. 301). 북부의 여러 나라에는 이러한 파충류가 없다. 따라서 이 파충류가 등장하는 것으로 보아, 중앙 아시아의 무속이 시베리아의 무속에 영향을 끼쳤음을 알 수 있다.

21) 같은 책, p. 290.

22) P.S. Pallas, *Reise durch verschiedene Provinzen des russischen Reiches*, III,

181-82. 텔레긴스크 근방에 사는 다른 부르야트 인의 무복에 관해서는 J.G. Gmelin, *Reise durch Sibirien, von dem Jahr 1733 bis 1743*, II, 11-13 참조.

23) N.N. Agapitov and M.N. Khangalov, *Materialy dlya izuchenia shamanstva v Sibirii. Shamanstvo u buryat Irkutskoy gubernii*, pp. 42-44; Mikhailowski, 앞의 글, p. 82; Nioradze, 앞의 책, p. 77; Schmidt, 앞의 책, X, 424-32 참조.

24) Agapitov and Khangalov, 같은 책, 그림 3, Pl. II 참조.

25) Partanen, *A Description of Buriat Shamanism*, p. 18, §19-20.

26) 같은 책, p. 19, §23-24.

27) 이 책, 제9장, '남아메리카의 샤마니즘'과 제13장, '개와 말' 참조.

28) Agapitov and Khangalov, 앞의 책, p. 44.

29) 부르야트 샤만의 거울, 방울 등의 주물에 관해서는 Partanen, 앞의 책, §26 참조.

30) 새로운 주술적-종교적 평가에 따르면, 북쪽으로 올라갈수록 이 댕기가 지니는 뱀의 의미는 점차 퇴색된다. 가령 한 오스티야크 샤만은 카이 도너에게 댕기는 머리카락과 같은 것이라고 말한 바 있다(앞의 글, p. 12; 같은 글, p. 14, 그림 2〔발치까지 늘어뜨려지는 일정한 길이의 댕기가 달린 오스티야크 샤만의 의상〕; Harva, *Die religiösen Vorstellungen der altaischen Völker*, 그림 78 참조). 야쿠트 샤만은 이 댕기를 "머리카락"이라고 부른다(같은 책, p. 516). 지금은 이 의미가 바뀌고 있는데, 이러한 일은 종교사학에서는 자주 볼 수 있는 현상이다. 대부분의 시베리아 인들에게는 알려져 있지 않은 뱀의 주술적-종교적 가치는 다른 지방에서는 "뱀"으로 나타나는, 유사한 대상물 가운데에 남아 있다. 다시 말하면 "머리카락"의 주술적-종교적 가치를 변용시킨 형태로 남아 있는 것이다. 그 까닭은 긴 머리카락이 요술사(가령 the muni of *Rg-Veda*, X, 136, 7), 왕(가령 바빌론의 왕들), 영웅(가령 삼손)에게 집중되는 강력한 주술적-종교적 힘을 나타내기 때문이다. 그러나 카이 도너로부터 질문을 받은 샤만은 자기 나름의 견해를 밝히고 있을 뿐이다.

31) 의미가 바뀌는, 생생한 실례가 바로 활과 화살이다. 활과 화살은 가장 중요한 주술적 비상의 상징물이어서, 샤만의 상징적 천계상승을 가능케 하는 도구인 것이다.

32) G.N. Potanin, *Ocherki severo-zapadnoi Mongolii*, IV, 49-54; Mikhailowski, 앞의 글, p. 84; Harva, *Die religiösen Vorstellungen der altaischen Völker*, p. 595; Schmidt, 앞의 책, IX, 254 이하 참조. 알타이 인과 아바칸 타타르 인의 무복에 관해서는 같은 책, pp. 251-57, 694-96 참조.

33) 가령 Harva, 같은 책 p. 505 참조.

34) 같은 책, 그림 69-70(A.V. 아노킨에 의함) 참조.

35) Nioradze, 앞의 책, p. 70 참조.

36) 같은 곳.

37) 두 가지의 성적(性的) 상징(가령 V.I. Anuchin에 의한 Nioradze, 같은 책, 그림 32 참조)이 같은 장식물에 나타나는 것은 의례적인 양성구유화(兩性具有化)의 막연한 흔적이 아닐는지. B.D. Shimkin, "A Sketch of the Ket, or Yenisei 'Ostyak,'" p. 161 참조.

38) Shirokogoroff, 앞의 책, p. 296 참조.

39) 같은 책, p. 299.

40) V. Diószegi, "Tunguso-manchzhurskoye zerkalo shamana," 특히 pp. 367 이하 참조. 통구스 샤만의 거울에 관해서는, Shirokogoroff, 같은 책, pp. 278, 299 이하 참조.

41) W. Heissig, "Schamanen und Geisterbeschwörer im Küriye-Banner," p. 46.

42) 이 책, 제13장, '개와 말' 참조.

43) Donner, "Les Ornements," p. 11.

44) Donner, *La Sibérie*, p. 227.

45) Donner, "Les Ornements," p. 11. "모자를 중요하게 여기는 이러한 습속은 청동 시대의 암석 회화에서도 그 흔적을 찾아볼 수 있다. 이런 회화에서 샤만은 분명히 모자로 보이는 것을 쓴 모양으로 그려지는데, 이 샤만에게 모자 이상으로 중요한 제구는 없어 보인다."(Donner, *La Sibérie*, p. 277). 그러나 카리얄라이넨은 오스티야크 인이나 보굴 인에게 모자가 토착적이었던 것이라고는 믿지 않는다. 그에게는, 샤만의 모자가 사모예드 인의 영향을 받은 것으로 보는 경향이 있다 (Karjalainen, *Die Religion der Jugra-Völker*, III, 256 이하 참조). 어쨌든 이 문제는 아직 완전히 해결되지 않았다. 카자크-키르기즈의 박사는, "전통적인 모자인 말라카이(malakhaï)를 쓴다. 이 말라카이는 양가죽이나 여우가죽으로 만들어진 뾰족한 모자로서, 머리에 쓰면 뒷 부분이 등 뒤로 축 늘어진다. 박사 중에는 낙타 털로 짠 붉은 천에 덮인 기묘한 모자를 쓰는 박사도 있다. 특히 시르 다르야, 추 산맥, 아랄 해 근방의 스텝 지역의 박사는 푸른 천으로 만든 터반을 쓴다"(J. Castagné, "Magie et exorcisme chez les Kazak-Kirghizes et autres peuples turcs orientaux," pp. 66-67). R.A. Stein, *Recherches sur l'épopée et le barde au Tibet*, pp. 342 이하 참조.

46) Donner, *La Sibérie*, p. 228 ; Harva, *Die religiösen Vorstellungen der altaischen Völker*, p. 514, 그림 82, 83, 86 참조.

47) Harva, 같은 책, pp. 516 이하 참조.

48) 수사슴 뿔이 달린 샤만의 모자에 관해서는 Diószegi, "Golovnoi ubor nanaiskikh(goldskikh) shamanov" pp. 87 이하, 그림 1, 3-4, 6, 9, 11, 22-23 참조.

49) Potanin, 앞의 책, IV, 49 이하. Anokhin, *Materialy po shamanstvu u altaitsev* (pp. 46 이하)에 나오는, 알타이 샤만의 모자에 관한 완벽한 연구결과 참조.

50) Harva, *Die religiösen Vorstellungen der altaischen Völker*, pp. 508.

51) Mikhailowski, 앞의 글, p. 84. 어떤 지역의 경우, 샤만이라도 성별된 지 얼마 안 되는 샤만은 갈색 부엉이의 깃으로 만든 모자를 쓸 수 없다. 카믈라니 (kamlanie : séance) 도중에 영신들은 샤만에게, 모자를 비롯한 신성한 제구를 써도 좋을 때를 일러준다. 샤만은 이때 비로소 이런 제구를 써야 재액을 면할 수 있다(같은 책, pp. 84-85).

52) 샤만과 새, 무복에 나타난 조형적 심벌리즘의 관련성에 관해서는 H. Kirchner, "Ein archäologischer Beitrag zur Urgeschichte der Schamanismus," pp. 255

이하 참조.

53) Harva, *Die religiösen Vorstellungen der altaischen Völker*, pp. 504.

54) 같은 책, 그림 71-73, 87-88, pp. 507-08, 519-20. Schmidt, 앞의 책, ⅩⅠ, 430 -31 참조.

55) Leo Sternberg, "Der Adlerkult bei den Völkern Sibiriens," p. 145 참조.

56) Shirokogoroff, 앞의 책, p. 296.

57) Jochelson, *The Yukaghir*, pp. 169-76.

58) Harva, *Die religiösen Vorstellungen der altaischen Völker*, p. 511, 그림 76.

59) Shirokogoroff, 앞의 책, p. 296.

60) 같은 곳.

61) 같은 책, p. 295.

62) Ohlmarks, 앞의 책, p. 211.

63) Harva, *Die religiösen Vorstellungen der altaischen Völker*, p. 504.

64) Castagné, 앞의 글, p. 67.

65) Shirokogoroff, *Psychomental Complex of the Tungus* p. 296.

66) Ohlmarks, *Psychomental Complex of the Tungus*, p. 212. 새의 깃털을 이용한 비행은 세계 각처에 광범위하게, 특히 북아메리카에 집중적으로 분포되어 있는 민간전승 모티프이다. Stith Thompson, *Motif-Index*, III, 10, 381 참조. 그중에서도 가장 빈번하게 보이는 것은 새-요정 모티프이다. 이러한 민간전승에서 새-요정은 인간과 혼인하고 남편이 오랫동안 간직하고 있던 깃털 옷을 다시 손에 넣는 순간에 날아가버린다. 가령 Holmberg, *Finno-Ugric [and] Siberian [Mythology]*, p. 501. 이 책 p. 404 에 나오는 다리가 8개인 주술적인 말을 타고 하늘에 오른다는 부르야트 샤만의 전설 참조.

67) Ohlmarks, 같은 책, p. 211.

68) 가령 Findeisen, 앞의 글, 그림 37-38(Anuchin, 그림 16, 37에 의함) 참조. 그리고 Findeisen, *Schamanentum*, pp. 86 이하 참조.

69) Harva, *The Shaman Costume and Its Significance*, pp. 14 이하.

70) Donner, "Beiträge zur Frage nach dem Ursprung der Jenissei-Ostjaken," p. 15; *Ethnological Notes about the Yenissey-Ostyak (in the Turukhansk Region)*, p. 80. 최근에 이르러 이 저자의 견해는 바뀐 것으로 보인다. Donner, *La Sibérie*, p. 228 참조.

71) Harva, *Die religiösen Vorstellungen der altaischen Völker*, p. 514.

72) Shirokogoroff, 앞의 책, p. 294.

73) Findeisen, "Der Mensch und seine Teile in der Kunst der Jennissejer (Keto)," 그림 39.

74) 베를린 민속 박물관에 있음.

75) H. Nachtigall, "Die Kulturhistorische Wurzel der Schamanenskelettierung," passim 참조. 뼈를 영혼의 보금자리로 보는 북유라시아 인들의 관념에 대해서는 Ivar Paulson, *Die primitiven Seelenvorstellungen der nordeurasischen Völker*,

pp. 137 이하, 202 이하, 236 이하 참조.

76) Holmberg(Harva), "Über die Jagdriten der nördlichen Völker Asiens und Europas" (pp. 34 이 하) ; *Die religiösen Vorstellungen der altaischen Völker*, (pp. 434 이 하) ; Adolf Friedrich, "Knochen und Skelett in der Vorstellung-swelt Nordasiens" (pp. 194 이 하) ; K. Meuli, "Griechische Opferbräuche" (pp. 234 이하)에 많은 자료가 수록되어 있다. Nachtigall, "Die erhöhte Bestattung in Nord und Hochasien," passim 참조.

77) Harva, *Die religiösen Vorstellungen der altaischen Völker*, p. 440-41.

78) A. Friedrich and G. Buddruss, *Schamanengeschichten aus Sibirien*, pp. 36 이 하 참조.

79) 예를 들어, 퉁구스 인 샤만의 무복은 거세된 황소 모양으로 되어 있는데, 이 거세된 황소의 뼈는 쇠붙이로 만들어져 있다. 뿔 역시 쇠로 되어 있다. 야쿠트 전설에 따르면, 샤만들은 황소 모양을 하고는 서로 싸운다. 같은 책, p. 212, 이 책, pp. 104 이하 참조.

80) 많은 미니타리(Minitari) 인디언들은, "자기네들이 잡아서 살을 발라 먹은 들소는 다시 살을 받아 되살아나는데, 이렇게 되살아닌 들소는 나음해 6월이 되면, 다시 잡아먹을 만하게 살이 오른다고 믿는다."(Frazer, *Spirits of the Corn and of the Wild*, II, 256). 이 같은 관습은 다코타 인(Dakota), 바핀랜드와 허드슨 만의 에스키모 인들, 볼리비아의 유라카레 족(Yuracare), 랩 족 등에게도 남아 있다. 같은 책, II, 247 이하 ; O. Zerries, *Wild und Buschgeister in südamerika*, pp. 174 이하, 303-04 ; L. Schmidt, "Der 'Herr der Tiere' in einigen Sagenlands-chaften Europas und Éurasiens," pp. 525 이하. Émile Nourry(P. Saintyves, pseud.), *Les Contes de Perrault*, pp. 39 이하 ; C.M. Edsman, *Ignis divinus : le feu comme moyen de rajeunissement et d'immortalité*, pp. 151 이하 참조.

81) Frobenius, *Kulturgeschichte Afrikas*, pp. 183-85.

82) Adolf Friedrich, *Afrikanische Priestertümer*, pp. 184-89.

83) 발테마르 리웅만(Waldemar Liungman, *Traditionswanderungen, Euphrat-R-hein*, II, 1078 이하)은, 동물의 뼈를 부수는 행위를 금기로 여기는 사례가 유태인과 고대 게르만 인의 옛이야기, 코카서스, 트랜실바니아, 오스트리아, 알프스 지방의 여러 나라, 프랑스, 벨기에, 영국 그리고 스웨덴에 남아 있다는 점을 지적하고 있다. 그러나 이 스웨덴 학자는 자신이 주창하는 오리엔트로부터의 전파론에 기대어, 이러한 믿음 역시 비교적 후대에 생긴 것으로서, 그 기원은 오리엔트에 있다고 주장하고 있다.

84) C. Fillingham Coxwell, comp. and ed., *Siberian and Other Folk-Tales*, p. 422.

85) 같은 책, p. 1020. 레티살로("Der Tod und die Wiedergeburt des künftigen Schamanen," p. 19)는 보그단의 영웅 게세르 칸(Gesser Khan)의 유사한 모험에 관한 이야기를 인용하고 있다. 이 이야기에는 잡혀서 살을 먹힌 송아지가 재생하는 대목이 있는데, 이 재생한 송아지에게는 뼈 하나가 부족했다고 한다.

86) Snorri, *Prose Edda*, 제26장 (tr. A.G. Brodeur, p. 57). 이 에피소드는 Edsman,

앞의 책 (pp. 52 이하)에 인용된 C.W. von Sydow, "Tors färd till Utgard. I: Tors bockslaktning,"의 풍부한 자료를 바탕으로 많은 연구의 주제가 되고 있다. J.W.E. Mannhardt, *Germanische Mythen*, pp. 57-75 참조.

87) 구약 에스라 서(書) 37:1-8 이하. 「사자의 서」, ch. cxxv 참조. 이집트에서도 뼈는 부활에 예비해서 따로 보존된다. 「코란」, 2:259 참조. 아즈텍 전설에 따르면, 인류는 저승에서 가져온 뼈에서 태어난다. H.B. Alexander, *Latin-American* [*Mythology*], p. 90 참조.

88) A. Grünwedel, *Die Teufel des Avesta und ihre Beziehungen zur Ikonographie des Buddhismus Zentral-Asiens*, II, 68-69, 그림 62; A. Friedrich, "Knochen und Skelett", p. 230.

89) J.J. Modi, "The Tibetan Mode of the Disposal of the Dead," pp. 1 이하; Friedrich, 같은 글, p. 227. *Yašt*, 13, 11; *Bundahišn*, 220(뼈로부터의 재생) 참조.

90) 대(大) 러시아 전설에 나오는 뼈의 집(Coxwell, *Siberian and Other Folk-Tales*, p. 682) 참조. 이러한 사실에 비추어 이란의 이원론을 재검토하는 것은 흥미로운 일이다. 이란의 이원론에서는 "정신적인" 것에 대응하는 모든 것을 우스타나(uštâna)라고 하는데, 이 말은 "뼈의"라는 뜻이다. 프리드리히가 지적하고 있듯이(같은 책, pp. 245 이하), 악마는 아스토비다투(Aštôvidatu)라고 하는데, 이 말은 "뼈를 부수는 것"이라는 뜻이다. 이러한 악마는 야쿠트, 퉁구스, 부르야트 샤만을 괴롭히는 악령과 무관하지 않다.

91) George W. Briggs, *Gorakhnāth and the Kānphaṭā Yogīs*, pp. 189, 190 참조.

92) A.M. Pozdneyev, *Dhyāna und Samādhi im mongolischen Lamaismus*, pp. 24 이하 참조. 도교에서 말하는 "죽음의 관상(觀想)"에 관해서는 Rousselle, "Die Typen der Meditation in China," 특히 pp. 30 이하 참조.

93) Robert Bleichsteiner, L'*Église jaune*, p. 222; Friedrich, 앞의 글, p. 211 참조.

94) Bleichsteiner, 같은 곳, Friedrich, 같은 글, p. 225.

95) Eliade, *Yoga : Immortality and Freedom*, pp. 321 이하, 419 이하; Friedrich, 같은 글, p. 236.

96) Karjalainen, 앞의 책, II, 335.

97) R. Andree, "Scapulimantia"에 중요한 자료가 상세하게 소개되어 있다. Friedrich, 앞의 글, pp. 214 이하 참조. 이 문헌과 함께 참고할 자료로는 G.L. Kitiredge, *Witchcraft in Old and New England*(pp. 144, 462, 주 44)가 있다. 이러한 점술의 중심은 중앙 아시아의 점술에 있는 듯하다(B. Laufer, "Columbus and Cathay, and the Meaning of America to the Orientalist," p. 99 참조). 이 점술은 중국의 선사시대인 상(商) 나라 시대부터 이용되어왔다(H.G. Creel, *The Birth of China*, pp. 21 이하, 185 이하). 이 같은 점술은 롤로 족 사이에도 퍼져 있다; L. Vannicelli, *La Religione dei Lolo*, p. 151 참조. 래브라도와 퀘벡 지역의 부족들에 국한되어 있는 견갑골에 의한 북아메리카의 점술은 아시아에서 건너간

것으로 보인다. John M. Cooper, "Northern Algonkian Scrying and Scapulimancy," Laufer, 같은 책, p. 99. E.J. Eisenberger, "Das Wahrsagen aus dem Schulterblatt," passim; H. Hoffmann, *Quellen zur Geschichte der tibetischen Bon-Religion*, pp. 193 이하 ; L. Schmidt, "Pelops und die Haselhexe," p. 72, 주 28; Fritz Bochm, "Spatulimantie," passim; F. Altheim, *Geschichte der Hunnen*, I, 268 이하; C.R. Bawden, "On the Practice of Scapulimancy among the Mongols"도 참조.

98) 이 책, 제5장, '부르야트의 무복' 참조.

99) Shirokogoroff, 앞의 책, p. 152, 주 2.

100) Ohlmarks, 앞의 책, pp. 65 이하 참조.

101) G.N. Potanin, 앞의 책, IV, 54 : Harva, *Die religiösen Vorstellungen den altaischen Völker*,.p. 524.

102) D. Zelenin, "Ein erotischen Ritus in den Opferungen der altaischen Tuerken," pp. 84 이하.

103) Radlov, 앞의 책, II, 55 ; Harva, *Die religiösen Vorstellungen der altaischen Völker*, p. 525.

104) Nioradze, 앞의 책, p. 77.

105) Meuli, "Maske"; *Schweizer Masken*, pp. 44 이하 ; A. Slawik, "Kultische Geheimbünde der Japaner und Germanen," pp. 717 이하 ; K. Ranke, *Indogermanische Totenverehrung*, I, 117 이하 참조.

106) 예를 들어, Georges Montandon, *Traité d'ethnologie culturelle*, pp. 723 이하 참조. 아메리카에 관해서는 A.L. Krocber and Catharine Holt, "Masks and Moieties as a Culture Complex"와 이에 대한 응답인 W. Schmidt, "Die Kulturhistorische Methode und die nordamerikanische Ethnologie," pp. 553 이하 참조.

107) Harva, *Die religiösen Vorstellungen der altaischen Völker*, pp. 524 이하.

108) A. Gahs in W. Schmidt, 앞의 책, III, 336 이하 ; 반대 의견으로는 Ohlmarks, 앞의 책, pp. 65 이하와 이 책, 제14장 결론 참조.

109) 가령 사모예드 인의 경우(Ohimarks, 같은 책, p. 67에 인용된 Castrén).

110) Harva, *Die religiösen Vorstellungen der altaischen Völker*, 그림 84-88.

111) 선사시대 주술사의 가면과 이 가면의 의미에 대해서는 J. Maringer, *Vorgeschichtliche Religion : Religionen im Steinzeitlichen Europa*, pp. 184 이하 참조.

112) 제5장 주 1에서 소개한 문헌목록과 함께 다음 문헌 참조. A.A. Popov, Seremonia ozhivlenia bubna u ostyak-samoyedov ; J. Partanen, 앞의 책, p. 20 ; W. Schmidt, 앞의 책, IX, 258 이하, 696 이하(Altaians, Abakan Tatars) ; X I , 306 이하(Yakut), 541 (Yeniseians) ; X II, 733-45 (synopsis) ; E. Emsheimer, "Schamanentrommel und Trommelbaum"; "Zur Ideologie der lappischen Zaubertrommel"; "Eine sibirische Parallele zur lappischen

Zaubertrommel"; Ernest Manker, *Die lappische Zaubertrommel. II : Die Trommel als Urkunde geistigen Lebens*, 특히 pp. 61 이 하 ; H. Findeisen, *Schamanentum*, p. 148-61; László Vajda, "Zur phaseologischen Stellung des Schamanismus," p. 475, 주 3; Diószegi, "Die Typen und interethnischen Beziehungen der Schamanentrommeln bei den Selkupen(Ostjak-Samojeden)"; Lot-Falck, "L'Animation du tambour"; "À propos d'un tambur de chaman toungouse,"

113) 이 책, p. 59 참조.

114) E. Kagarow, "Der umgekehrte Schamanenbaum" 참조. Holmberg, *Der Baum des Lebens*, pp. 17, 59 등 ; *Finno-Ugric [and] Siberian [Mythology]*, pp. 349 이 하 ; R. Karsten, *The Religion of the Samek*, p. 48 ; A. Coomaraswamy, "The Inverted Tree"; Eliade, *Patterns in Comparative Religion*, pp. 294 이하 참조.

115) Popov, 앞의 책, p. 94; Emsheimer, "Schamanentrommel und Trommelbaum," p. 167.

116) Emsheimer, 같은 글, p. 168(L.P. Potapov and Menges, *Materialien zur Volkskunde der Türkvölker der Altaj*에 의함).

117) 같은 책, p. 172.

118) Sieroszewski, 앞의 글, p. 322.

119) Friedrich and Buddruss, 앞의 책, pp. 74 이하.

120) Friedrich, "Das Bewusstsein eines Naturvolkes von Haushalt und Ursprung des Lebens," p. 52.

121) 이 책, pp. 168 이하 참조.

122) Donner, *La Sibérie*, p. 230 : Harva, *Die religiösen Vorstellungen der altaischen Völker* pp. 526 이하.

123) J.G. Georgi, *Bemerkungen auf einer Reise im russischen Reiche im Jahre 1772*, I , 28.

124) Shirokogoroff, 앞의 책, p. 297.

125) Sieroszewski, 앞의 글, p. 322.

126) Donner, *La Sibérie,* p. 230.

127) 같은 곳 ; Harva, *Die religiösen Vorstellungen der altaischen Völker,* pp. 527, 530; W. Schmidt, 앞의 책, IX, 260 등 참조.

128) Potanin, IV, 43 이하 ; Anokhin, 앞의 책, pp. 55 이하 ; Harva, 같은 책, pp. 530 이하(그리고 그림 89-100 등) ; W. Schmidt, 같은 책, IX, 262 이하, 697 이하 ; 특히 Manker, 앞의 책, II, 19 이하, 61 이하, 124 이하 참조.

129) Martti Räsänen, "Regenbogen-Himmelsbrücke" 참조.

130) H. von Lankenau, "Die Schamanen und das Schamanenwesen," pp. 279 이하.

131) Radlov, 앞의 책, II, 18, 28, 30, and passim.

132) Mikhailowski, 앞의 글, p. 80.

133) O. Mänchen-Helfen, *Reise ins asiatische Tuwa,.*p. 117.

134) Heissig, 앞의 글, p. 47.

135) Harva, *Die religiösen Vorstellungen der altaischen Völker*, p. 536.

136) G. Róheim, "Hungarian Shamanism," p. 142.

137) 같은 책, p. 135.

138) Harva, *Die religiösen Vorstellungen der altaischen Völker*, p. 538.

139) 같은 책, p. 537.

140) 무의에서 활도 비슷한 역할을 맡는다(같은 책, p. 555 참조). 화살은, 한편으로는 속도 혹은 "비상"의 이미지, 다른 한편으로는 주술적인 무기(화살을 쓰면 멀리 있는 대상도 죽일 수 있으므로)의 이미지를 나타낸다는 뜻에서 이중적인 주술적-종교적 의미를 지닌다. 재계의례나 축귀의례에 쓰이는 화살은 악령을 "몰아내거나" "쫓는" 동시에 "죽일" 수도 있는 것이다. René de Nebesky-Wojkowitz, *Oracles and Demons of Tibet*, p. 543 참조. "비상"과 "재계"의 상징으로서의 화살에 관해서는 이 책, 제11장, '고대 그리스' 참조.

141) Castagné, 앞의 책, pp. 67 이하.

142) Harva, *Die religiösen Vorstellungen der altaischen Völker*, pp. 538 이하, 그림 65 참조.

143) Manker, *Die lappische Zaubertrommel. I : Die Trommel als Denkmal materieller Kultur ;* 앞의 책. T.I. Itkonen, *Heidnische Religion und späterer Aberglaube bei den finnischen Lappen,.*pp. 139 이하, 그림 24-27 참조.

144) Manker, *Die lappische Zaubertrommel*, I, 17.

145) Itkonen, 앞의 책, pp. 121 이하 ; Harva, *Die religiösen Vorstellungen der altaischen Völker*, p. 538 ; Karsten, 앞의 책, p. 74.

146) 알타이의 쿠만딘 족의 경우는 예외가 있을 수도 있다. Buddruss, in Friedrich and Buddruss, 앞의 책, p. 82 참조.

147) Harva, *Die religiösen Vorstellungen der altaischen Völker*, p. 539.

148) Shirokogoroff, 앞의 책, p. 299 참조.

149) 예를 들어, E. Crawley, *Dress, Drinks and Drums : Further Studies of Savages and Sex*, pp. 159 이하, 233 이하 ; J.L. Maddox, *The Medicine Man*, pp. 95 이하 ; H. Webster, *Magic*, pp. 252 이하 ; 비일 족(Bhil)의 무고에 관해서는 Wilhelm Koppers, *Die Bhil in Zentralindien*, p. 223 ; 자쿤 족의 무고에 관해서는 Ivor H.N. Evans, *Studies in Religion*, p. 265 ; 말레이 인의 무고에 관해서는 W.W. Skeat, *Malay Magic*, pp. 25 이하, 40 이하, 512 이하 ; 아프리카 지역의 무고에 관해서는 Heinz Wieschoff, *Die afrikanischen Trommeln und ihre ausserafrikanischen Beziehungen ;* A. Friddrich, *Afrikanische Priestertümer*, pp. 194 이하, 324, 등 참조. A. Schaefner, *Origine des instruments de musique*, pp. 166 이하(skin drum) 참조.

150) Hoffmann, 앞의 책, pp. 201 이하 참조.

151) Nebesky-Wojkowitz, 앞의 책, pp. 410 이하. Dominik Schröder, "Zur Religion der Tujen des Sininggebietes(Kukunor)," last art., pp. 235 이하, 243 이하 참조.

152) Schröder, "Les Tambours Magiques en Mongolie"; "Sur l'origine et la diffusion des tambours métalliques" 참조.

153) H.G. Quaritch Wales, *Prehistory and Religion in South-East Asia*, pp. 82 이하.

154) 같은 책, p. 86에 나오는 사례 참조.

155) Evans, 앞의 책, p. 21.

156) E.M. Loeb, "Schaman and Seer," pp. 69 이하.

157) Webster, 앞의 책, pp. 253 이하.

158) A. Métraux, *La Religion des Tupinamba et ses rapports avec celle des autres tribus Tupi-Guarani*, pp. 72 이하.

159) Métraux, "Le Shamanisme chez les Indiens de l'Amérique du Sud tropicale," p. 218.

160) W.Z. Park, *Shamanism in Western North America*, p. 34.

161) 같은 곳.

162) M. Bouteiller, *Chamanisme et guérison magique*, p. 88에 인용된 J.R. Swanton.

163) J.G. Bourke, "The Medicine-Men of the Apache," pp. 476 이하(마름모꼴; 그림 430-31 참조), 533 이하(깃털), 550 이하, 그림 435-39("주술적인 고삐"), 589 이하, Pl. V("치병용 모자").

164) Park, 앞의 책, p. 129.

165) 같은 책, p. 134.

166) 같은 곳.

167) 같은 책, pp. 34 이하, 131 이하.

168) Paul Wirz, *Exorzismus und Heilkunde auf Ceylon* 참조.

169) Carl Hentze, *Die Sakralbronzen und ihre Bedeutung in den frühchinesischen Kulturen*, pp. 34 이하 참조.

170) N.K. Chadwick, *Poetry and Prophecy*, p. 58 참조.

171) K. Meuli, "Scythica," pp. 151 이하 참조.

제 6 장 중앙 아시아와 북아시아의 샤마니즘(1)
— 천상계 상승과 지하계 하강

1) 이같이 시베리아 샤만의 사회적 지위는 지극히 높다. 그러나 추크치 족의 경우는 예외이다. 추크치 족 샤만은 별로 존경을 받지 못하는 듯하다. V.M. Mikhailowski, "Shamanism in Siberia and European Russia," pp. 131-32 참조. 부르야트 인의 경우 샤만은 최고의 정치 지도자였다고 한다(G. Sandschejew, "Weltanschauung und Schamanismus der Alaren-Burjaten," pp. 981 이하 참조).

2) Kai Donner, *La Sibérie*, p. 222.

3) W. Radlov, *Aus Sibirien*, II, 55.

4) K.F. Karjalainen, *Die Religion der Jugra-Völker*, III, 295. 시에로체브스키에 따르면, 야쿠트 인 샤만은 중요한 일에는 빠짐없이 입회한다("Du chamanisme d' après les croyances des Yakoutes," p. 322). 그러나 그렇다고 해서 샤만이 "일상적인" 종교 생활을 지배한다는 뜻은 아니다. 샤만이 반드시 입회하는 것은 병자가 생겼을 때이다(Sieroszewski, 같은 글, p. 322). 부르야트 인의 경우 어린이는 열다섯 살이 될 때까지 샤만으로부터, 악령에 들리지 않도록 보호를 받는다 (Sandschejew, 앞의 글, p. 594).

5) W. Schmidt, *Der Ursprung der Gottesidee*, IX, 14, 31, 63(Hiung-Nu, Tukue, 등), 686(Katshina, Beltir), 771 이하 참조.

6) Karjalainen, 앞의 책, III, 286.

7) 같은 책, pp. 287.

8) 같은 책, p. 288.

9) 같은 곳.

10) 같은 책, p. 289.

11) 베다 의례에서 볼 수 있는 바라문의 기능과 유사하다는 사실에 주목할 것.

12) U. Harva, *Die religiösen Vorstellungen der altaischen Völker*, p. 542.

13) 가령 K. Rasmussen, *Intellectual Culture of the Iglulik Eskimos*, pp. 109 이하 ; E.M. Weyer, *The Eskimos*, p. 422 등 참조.

14) 가령 파비오초 족의 "영양 꾀기" ; W.Z. Park, *Shamanism in Western North America*, pp. 62 이하, 139 이하 참조.

15) M.A. Czaplicka, *Aboriginal Siberia*, pp. 247 이하 ; Schmidt, 앞의 책, XI, 273-78, 287-90 참조.

16) Harva, 앞의 책, p. 483.

17) 하르바의 같은 책에 인용됨. 시에로체브스키는 야쿠트 샤만을 그 권능에 따라 분류하고 다음과 같이 구분하고 있다. a) 점복가와 해몽가에 가깝고 가벼운 질병이나 치료할 수 있는 "최저급 샤만(kennikî oyuna)" b) 여느 질병을 치료하는 "보통 샤만(orto oyuna)" c) 위대한 주인 울루-토욘 자신이 보호영신들을 보낸 바 있는 막강한 주술사인 "큰" 샤만(Sieroszewsky, 앞의 글, p. 315). 곧 알게 되겠지만, 야쿠트 인의 신들은 두 부류로 나뉜다. 그러나 이러한 결과가 샤만의 계급 분화에 의한 것으로는 보이지 않는다. 오히려 공희사제와 샤만 사이에는 그 반대 현상이 엿보인다. 그러나 이 책에는 여신 아이시트에 대한 의례의 전문가인 "백" 샤만 혹은 "여름" 샤만에 관한 언급이 있다. 이 책, 제3장, 주 35 참조.

18) Harva, 같은 책, p. 483.

19) N.N. Agapitov and M.N. Khangalov, "Materialy dlya izuchenia shamanstva v Sibirii. Shamanstvo u buryat Irkutskoi gubernii," p. 46 ; Mikhailowski, 앞의 글, p. 130 ; Harva, 같은 책, p. 484.

20) Sandschejew, 앞의 글, pp. 952 이하 ; Schmidt, 앞의 책, X, 250 이하 참조.

474

21) Sandschejew, 같은 글, p. 952.

22) 같은 책, p. 976.

23) 이 책, pp. 83 이하 참조.

24) 영계의 이중 구조와, 이승에 있을 법한 사회의 이중 구조의 관계에 대해서는 Lawrence Krader, "Buryat Religion and Society," pp. 338 이하 참조.

25) 어떤 경우가 되었든, "위"와 "아래"라는 용어는 막연하다. 이 용어는 강의 상류와 하류에 위치하는 지역을 나타낼 수도 있다(Sieroszewski, 앞의 글, p. 300). W.I. Jochelson, *The Yakut*, pp. 107 이하 ; B.D. Shimkin, "A Sketch of the Ket or Yenisei 'Ostyak,'" pp. 161 이하 참조.

26) Sieroszewski, 같은 글, pp. 300 이하 참조.

27) 같은 글, p. 301.

29) 같은 글, p. 302(I.A. Chudyakov에 의함). 천계의 절대신이 취하는 소극적인 태도에 대해서는, Eliade, *Patterns in Comparative Religion*, pp. 46 이하 참조.

29) "사냥꾼이 사냥에 실패하거나 사냥꾼 중 누군가가 병들게 되면, 검은 무소가 제물로 바쳐진다. 샤만은 제물이 된 이 검은 무소의 살과 내장과 기름을 태운다. 이 의례가 계속될 동안, 샤만은 산토끼 모피로 싼 바이아나이의 목상을 피에 적신다. 얼음이 녹고 물이 흐를 때가 되면, 물가에는 머리카락으로 꼰 끈(sëty)에 연결된 기둥이 여러 개 세워진다. 이 끈에는 갖가지 색깔의 천과 머리카락이 늘어뜨려진다. 샤만은 이 물에다 버터, 과자, 설탕, 은전 같은 것을 던진다(Sieroszewski, 같은 글, p. 303). 이것이 바로 혼종화한 공희제의 한 유형이다 ; A. Gahs, "Kopf-, Schädel-und Langknochenopfer bei Rentiervölkern," passim 참조.

30) Sieroszewski, 같은 글, pp. 306 이하 참조.

31) 이 기술은 울루-토욘을 "아래"에 있는 "하급"신으로 분류하는 것이 얼마나 부적절한가를 보여준다. 실제로 울루-토욘은 동물의 주, 조물주, 심지어는 풍요의 신의 자질까지 겸비하고 있다.

32) Sieroszewski, 앞의 글, pp. 303 이하.

33) 같은 글, pp. 305.

34) A.V. Anokhin, *Materialy po shamanstvu u altaitsev*, p. 33.

35) 같은 책, pp. 108 이하.

36) 같은 책, p. 34 ; Harva, 앞의 책, p. 482 ; Schmidt, 앞의 책, IX, 244.

37) Radlov, 앞의 책, Ⅱ, 20-50. 베르비츠키는 1870년 톰스크에서 출판된 잡지에 타타르 어 텍스트를 발표했다. 바로 이 텍스트에서 그는 1858년에 베풀어졌던 의례의 내용을 기술하고 있다. 타타르 샤만의 무가와 주문의 번역은 그 의례의 연출에 관련된 직업과 함께 모두 라들로프의 업적이다. 이 고전적인 기술의 요약은 Mikhailowski, 앞의 글, pp. 74-78 ; Harva, 같은 책, pp. 553-56 참조. 최근에 슈미트는 그의 저서(같은 책) 제9권의 한 장(pp. 278-341)을 할애하여 라들로프의 텍스트와 이에 대한 분석을 싣고 있다.

38) 포타닌(*Ocherki severo-zapadnoi Mongolii*, IV, 79)에 따르면, 공희제 제상 옆에는 꼭대기에 나무로 깎은 새를 올린 두 개의 장대가 세워지고 이 장대와 장대는

끈으로 연결되는데, 이 끈에는 푸른 잎이 달린 나뭇가지와 산토끼 모피가 내걸린다. 돌간 족의 경우, 꼭대기에 나무 새를 올린 장대는 우주의 기둥을 상징한다. Holmberg(Harva), *Der Baum des Lebens*, p. 16 그림 5-6; *Die religiösen Vorstellungen der altaischen Völker*, p. 44 참조. 새가, 샤만이 지닌 주술적인 비행능력을 상징하는 것은 물론이다.

39) 같은 방법으로 말과 양을 희생시키는 풍습은 다른 알타이 부족이나 텔레우트 인 사이에서도 볼 수 있다. Potanin, 같은 책, IV, 78 이하 참조. 각별히 머리와 긴 뼈를 제물로 바치는 이러한 공희제의 가장 순수한 양식은 극북지방에서 찾아볼 수 있다. Schmidt, 앞의 책, III, 334, 367 이하, 462 이하, 여러 곳; VI, 70-75, 274 -81, 여러 곳; IX, 287-92 ; "Das Himmelsopfer bei den innerasiatischen Pferdezüchtervölkern" 참조. K. Meuli, "Griechische Opferbräuche," pp. 283 이하 참조.

40) 이 의례의 고민족학적(古民族學的), 종교적 의미에 관해서는, Meuli, 같은 글, pp. 224 이하, 여러 곳.

41) 이 자작나무는 우주의 중심에 서 있는 세계수로서, 천상계와 지상계와 지하계를 하나로 잇는 우수죽을 상징하고 있다. 7개, 9개 혹은 12개의 발판 홈(tapty)은 "천계," 즉 천상계의 권역을 나타낸다. 여기에서 주목해야 할 것은 샤만이 떠나는 접신 여행의 목적지가 항상 세계의 중심에 가까운 곳이라는 점이다. 우리는 이미, 부르야트 족의 경우, 샤만의 자작나무는 우데시-부르칸, 즉 "문의 수호자"라고 불리며 이것은 샤만을 위하여 천상계의 문을 열어준다는 점을 지적한 바 있다.

42) 이것은 우주의 첫번째 권역을 돌파했다는 도취감에서 나온 과장임이 분명하다. 실제로 샤만이 오른 곳은 제1천에 지나지 않기 때문이다. 샤만은 아직 가장 높은 타프티에 올라가 있지 않을 뿐만 아니라 (제6천에 있는) 보름달에도 이르지 못했기 때문이다.

43) 산토끼는 달에 사는 동물이다. 따라서 보름달을 상징하는 제6천에서 산토끼가 사냥의 대상이 되는 것은 당연하다.

44) 하르바(*Die religiösen Vorstellungen der altaischen Völker*, p. 557, 그림 105)는 한 알타이 샤만이 말의 공희제 때 천상계로 상승하는 광경을 그린 그림을 소개하고 있다. 아노킨은, 바이 윌갠의 아들 가운데에서도 가장 인기가 있는 신인 카르쉬트(Karšüt)에게 제물을 바치는 자리에서 샤만이 성별된 망아지의 혼을 데리고 천상으로 올라갈 동안에 부르는 무가와 사설을 출판하고 있다(앞의 책, pp. 101 -04; Schmidt, 앞의 책, IX, 357-63에 실린 번역과 주해 참조). 암쉴러(W. Amschler)는 알타이 텔렝기트 족이 올리는 말 공희제에 대한 베르비츠키의 보고를 재수록하고 있다. Über die Tieropfer(besonders Pferdeopfer) der Telingiten im sibirischen Altai" 참조. 젤레닌은 알타이 쿠만딘 족이 베푸는 말 공희제에 대해 기술하고 있는데, 이 의례는 라들로프가 기술한 순서를 그대로 좇고 있으나, 샤만이 말의 영혼을 술타-칸(Sulta-Khan : 바이 윌갠)에게 바치기 위해 천상으로 올라가는 대목만 빠져 있다. "Ein erotischer Ritus in den Opferungen der altaischen Tuerken," pp. 84-86 참조. 레베드 타타르 인은 하지(夏至)에서부터 계산하

여 가장 가까운 보름날에 말 공희제를 지낸다. 이 공희제의 목적은 농경적("밀이 잘 자라기를 비는")이지만, 최근에 이르러 변질되었을 가능성이 높다(Harva, 같은 책, p. 557, K. Hilden에 의함). 말 공희제의 "농경의례화" 현상은 텔레우트 인의 경우에서도 볼 수 있다(텔레우트 인들은 7월 20일, "밭"에서 이 의례를 베푼다. 같은 책 참조). 부르야트 인 역시 말 공희제를 지낸다. 그러나 이 공희제에서 샤만은 어떤 역할도 맡지 않는다. 부르야트 인들의 말 공희제는 말을 사육하는 민족 특유의 공희제 모습을 하고 있다. 이러한 공희제에 관한 가장 정밀한 기술로는 Jeremiah Curtin, *A Journey in Southern Siberia*, pp. 44-52 참조. 그밖의 상세한 기술로는 Harva, 같은 책, pp. 574 이하(S. Shashkov에 의함) ; Schmidt, 같은 책, X, 226 이하 참조.

45) 이 모티프에 관해서도 역시, W. Schmidt, 같은 책, XI, 651-58 참조.

46) W. Koppers, "Pferdeopfer und Pferdekult der Indogermanen" ; "Urtürkentum und Urindogermanentum im Lichte der völkerkundlichen Universalgeschichte" 참조.

47) 이 이름에 관해서는 Paul Pelliot, "Tängrim>tärim" 참조. "'하늘'을 뜻하는 이 이름은 알타이 어로 판명된 가장 오래된 이름이다. 이러한 이름이 기독교가 기원할 즈음의 흉노 어에 나타나고 있기 때문이다."(p. 165).

48) Eliade, 앞의 책, p. 60 참조. J. -P. Roux, "Tängri. Essai sur le ciel-dieu des peuples altaïques," passim; N. Pallisen, "Die alte Religion der Mongolen und der Kultus Tchingis-Chans," 특히 pp. 185 이하 참조.

49) Schmidt, 앞의 책, IX, 143.

50) Eliade, 앞의 책, pp. 46 이하 참조.

51) Gahs, 앞의 글 참조.

52) Eliade, 앞의 책, p. 96.

53) 같은 책, p. 96 이하 참조.

54) Anokhin, 앞의 책, pp. 84-91 ; Schmidt의 주해, 앞의 책, IX, 384-93 참조.

55) Potanin, 앞의 책, IV, 64-68 ; Mikhailowski 앞의 글, pp. 72-73에 간추려져 있음. Harva, 앞의 책, p. 558-59 ; Schmidt, 같은 책, IX, 393-98의 주해 참조.

56) 이 책, 제13장, 다리와 "난관" 참조.

57) 시베리아의 민간전승에서 영웅은 통상 독수리나 그밖의 새를 타고 지하계의 심연에서 이 땅으로 올라온다. 골디 인의 겨우, 이승으로 귀환을 보장해주는 새-영혼(쿠리)의 도움이 없는 한 샤만은 지하계로의 접신 여행을 할 수 없다. 샤만의 지하계 여행 중 가장 어려운 대목은 바로 이 쿠리를 타고 이승으로 귀환하는 대목이다(Harva, 앞의 책, p. 338).

58) N.K. Chadwick, "Shamanism among the Tatars of Central Asia," p. 111 ; *Poetry and Prophecy*, pp. 82, 101 ; H.M. and N.K. Chadwick, *The Growth of Literature*, III, 217.

59) Harva, 앞의 책, pp. 343 이하 참조. 특히 준비중인 필자의 책, *Mythologies of Death* 참조.

60) Harva, 같은 책, p. 350 ; 이 책, pp. 254 이하 참조.

61) Harva, 같은 책, p. 346.

62) Radlov, 앞의 책, Ⅱ, 12.

63) Harva, 앞의 책, pp. 360 이하 참조.

64) 같은 곳.

65) 시에로체브스키에 따르면, 야쿠트 인들 중 일부는 사자의 나라를 북방의 "제8천 너머에 있다고 믿는다. 영원한 어둠이 지배하는 이 나라에는 늘 차가운 바람이 불고 있고 싸늘한 북방의 해가 떠 있으며 달은 거꾸로 떠 있고 남자와 여자는 영원한 동정 (童貞)을 지키며 살고 있다. 그러나 지하계에 있는, 우리가 사는 이승과 똑같은 나라를 사자의 나라로 상정하는 사람들도 있다. 이 나라로 들어가려면, 지하계 나라 사람들이 공기구멍으로 남겨놓은 구멍을 통해서 가야 한다 (앞의 글, pp. 206 이하). Shimkin, 앞의 글, pp. 166 이하 참조.

66) 이 책, 제7장, '코리야크 인의 종교와 무속' 참조.

67) Harva, 앞의 책, p. 362.

68) 같은 책, p. 367.

69) 같은 책, p. 281 ; p. 309 참조.

70) 같은 책, pp. 282 이하.

71) 같은 책, pp. 287 이하.

72) 알타이 인의 이러한 믿음은 기독교와 이슬람 교의 영향을 받은 것인 듯하다. 텔레우트 인은 사후 7일 혹은 40일 만에 지내는 장송의례를 위지트 파이라미 (üzüt pairamy)라고 부른다. 이 "파이라미"라는 말은 남방의 언어에 그 기원을 두고 있다 (페르시아 어 "파이람"은 "세〔祭〕"라는 뜻이다 ; 같은 책, p. 323). 중앙 아시아의 많은 민족에게서 볼 수 있는 사후 49일째 되는 날에 사자를 추모하는 풍습은 라마교의 영향을 받은 것으로 보인다 (같은 책, p. 332). 그러나 이러한 남방의 영향이 고대의 사자의례에 결합한 결과, 그 의미를 어느 정도 변화시켰을 것이라고 상상할 만한 근거는 충분히 있다. "밤샘"은 상징적으로 사자를 저세상까지 배웅한다는 의미, 사자로 하여금 저승까지의 여정을 상징적으로 연습하게 하는 의미를 지닌다. 사자는 이 여정을 따르지 않으면 도중에서 길을 잃고 만다. 이러한 의미에서, 티벳의 사자의 서는 라마 교보다 훨씬 유서가 깊은, 이 의례의 의미를 기록하고 있다. 즉 라마 승은 (시베리아나 인도네시아의 샤만처럼) 사자를 저승길로 호송하는 대신에 사자를 위해 저승으로 갈 수 있는 모든 길을 일러준다는 것이다 (인도네시아의 회장녀〔會葬女〕처럼 ; 이 문제에 관해서는 이 책, pp. 381 이하 참조). 중국, 티벳 그리고 몽고 인들에 의해 믿어지는 49 (7×7)라는 신비스러운 수의 의미에 관해서는 R.A. Stein, "Leao-Tche," pp. 118 이하 참조.

73) Harva, 앞의 책, pp. 322 이하.

74) 같은 책, p. 324 ; Anokhin, 앞의 책, p. 20 이하.

75) Radlov, 앞의 책, II, 55.

76) Harva, 앞의 책, p. 541.

77) 그러나 터키-타타르 인들과 시베리아 인들 중 많은 사람들이, 한 인간에게는 세

개의 영혼이 있는데, 그중 하나는 늘 무덤에 남아 있다고 믿는다는 데 유념해야 한
다. Ivar Paulson, *Die primitiven Seelenvorstellungen der nordeurasischen
Völker*, 특히 pp. 223 이하 ; A. Friedrich, "Das Bewusstsein eines Naturvol-
kes von Haushalt und Ursprung des Lebens," p. 47 이하 참조.

78) Radlov, 앞의 책, II, 52-55.

79) 판야라는 말의 원래 의미는 "그늘"이다. 그러나 이 말은 결국 영혼의 물질적인 그
릇이라는 뜻으로 바뀌었다. Paulson, 앞의 책, pp. 120 이하 (I.A. Lopatin, *Goldy
amurskiye, ussuriskiye i sungariskiye* 에 의함) 참조. G. Ränk, *Die heilige
Hinterecke im Hauskult der Völker Nordosteuropas und Nordasiens*, pp. 179
이하 참조.

80) 이러한 신화적 인물의 목상은 실재한다. Harva, 앞의 책, 그림 39-40, p. 339 참
조. 샤만은 지하계로 내려갈 때, 이것을 가지고 간다.

81) Harva, 같은 책, pp. 334-40, 345 (Lopatin의 앞의 책과 P.P Shimkevich,
Materialy dlya izuchenia shamanstva u goldov 에 의함). 심케비치의 저서에 실
린 중요한 정보는 W, Grube, "Das Schamanentum bei den Golden"에 압축되어
있다. 비슷한 의례는 퉁구스 인들 사이에서도 볼 수 있다 ; Shirokogoroff,
Psychomental Complex of the Tungus, p. 309 참조. 최하층에 있는 세계에서 환
생하는 것을 막기 위해 사자의 영혼을 화상 (畫像)에다 "투사"시키는 티벳의 의례에
관해서는 이 책, pp. 382 이하 참조.

82) T. Lehtisalo *Entwurf einer Mythologie der Jurak-Samojeden*, pp. 133-35 ;
같은 책, pp. 135-37 (the ritual songs of the Samoyed Samoyed shamans). 유
라크 인들은, 어떤 사람은 사후에 하늘로 올라간다고 믿는다. 그러나 이승에서 생
을 마칠 동안 신심이 있었고 정결했던 사람들만 이런 특전을 입을 수 있기 때문에
그 수는 아주 적다 (같은 책, p. 138). 사후에 하늘로 오른다는 모티프는 옛이야기
에도 남아 있다. 노인인 비리이리예 세에라데에타 (Vyriirje Seerradeetta)는 자기
의 두 젊은 아내에게, 신 (눔)이 자기를 불렀으니까 다음날 하늘에서 줄이 내려올
것이라고 말한다. 즉 자기는 그 줄을 타고 신이 사는 곳으로 올라간다는 것이다 (같
은 책, p. 139). 덩굴, 나무, 수건 등을 타고 하늘로 오르는 모티프에 관해서는 이
책, 제13장, '사다리—사자의 길—상승' 참조.

83) Harva, 앞의 책, p. 354-55.

84) A.Castrén, *Nordische Reisen und Forschungen*, III, 147 이하.

85) H.M. and N.K. Chadwick, 앞의 책, III, 81 이하에 실려 있는 뛰어난 요약 (라들
로프와 카스트렝 텍스트에 의함) 참조. 또 N. Poppe, "Zum khalkhamongolis-
chen Heldenepos," 특히 pp. 202 이하 (the exploits of Bolot Khan) 참조.

86) 같은 "오르페우스 모티프"는 만주인, 폴리네시아 인 그리고 북아메리카 인디언에
게서도 찾아볼 수 있다. 이 책, pp. 224, 284 이하, 329 이하 참조.

87) 이 책, pp. 430 이하 참조.

제 7 장 중앙 아시아와 북아시아의 샤마니즘 (2)
─주술적 치료, 영혼의 안내자로서의 샤만

1) Forrest E. Clements, *Primitive Concepts of Disease*, p. 190 이하 참조. Ivar Paulson, *Die primitiven Seelenvorstellungen der nordeurasischen Völker*, pp. 337 이하 ; Lauri Honko, *Krankheitsprojectile : Untersuchung über eine urtümliche Krankheitserklärung*, pp. 27 이하 참조.

2) 이 문제에 관해서는 Paulson, 같은 책, passim 참조.

3) W.G. Bogoras, *The Chukchee*, p. 332 ; W.I. Jochelson, *The Yukaghir and the Yukaghirized Tungus*, p. 157 참조.

4) 부르야트 인들이 생각하는 3가지 영혼에 관해서는 G. Sandschejew, "Weltanschauung und Schamanismus der Alaren-Burjaten," (pp. 578 이하, 933, passim) 참조 ; 이들의 믿음에 따르면 첫번째 영혼은 뼈에 깃들여 있고, 두번째 영혼은 ──피에 깃들여 있기가 쉬운──육신을 떠나 장수말벌이나 꿀벌의 모습을 하고 날아다니며, 여러모로 보아 사람과 모습이 비슷한 세번째 영혼은 일종의 귀신 노릇을 한다. 사람이 죽으면 첫번째 영혼은 뼈에 너물고 두번째 영혼은 영신들의 먹이가 되며 세번째 영혼은 유령의 모습으로 사람들에게 나타난다 (같은 글, p. 585). 케트 족의 일곱 영혼에 관해서는 B.D. Shimkin, "A Sketch of the Ket, or Yenisei 'Ostyak,'" p. 166 참조.

5) U. Harva, *Die religiösen Vorstellungen der altaischen Völker*, p. 268.

6) 같은 책, pp. 268-72 (P.P. Batarov에 의함) ; Sandschejew, 앞의 글, p. 582-83 참조. 부르야트 인의 무의에 관해서는 L. Stieda, "Das Schamanenthum unter den Burjäten," 특히 pp. 299 이하, 316 이하 ; N. Melnikow, "Die ehemaligen Menschenopfer und der Schamanismus bei den Burjaten des irkutskischen Gouvernements" ; W. Schmidt, *Der Ursprung der Gottesidee*, X, 375-85 ; L. Krader, "Buryat Religion and Society," pp. 330-33 참조.

7) G.N. Potanin, *Ocherki severo-zapadnoi Mongolii*, IV, 86-87 ; V.M. Mikhailowski, "Shamanism in Siberia and European Russia," pp. 69-70 ; Sandschejew, 같은 글, pp. 580 이하 참조. 부르야트 인의 다양한 치병술에 관해서는 Mikhailowski, 같은 글, pp. 127 이하 참조.

8) H. von Lankenau, "Die Schamanen und das Schamanenwesen," pp. 281 이하. 텔레우트 인의 제의적인 노래에 관해서는 Mikhailowski, 같은 글, p. 98 참조.

9) W.G. Bogoras, 앞의 책, p. 441.

10) 이 책, 제7장, '우그르 인과 랩 인의 치병 굿' 참조.

11) J. Castagné, "Magie et exorcisme chez les Kazak-Kirghizes et autres peuples turcs orientaux," pp. 68 이하, 90, 101 이하, 125 이하. Mikhailowski, 같은 글, p. 98 : 샤만은 오랜 시간 대초원에서 말을 달리다가 마을로 들어오면서 말채찍으로 병자를 때린다.

12) K.F. Karjalainen, *Die Religion der Jugra-Völker*, III, 305. 접신상태를 유도하

는 똑같은 수단(무고 혹은 현악기)은 사냥 나가기 직전에 샤만이 베푸는 무의나 신
들에게 바칠 제물을 고르는 무의에서도 쓰인다(같은 책, p. 306). 영혼을 찾아 나서
는 여행에 관해서는 같은 책, I, 31 참조.

13) 생케라는 말은 "휘황찬란한, 빛나는, 빛"이라는 뜻이다(같은 책, II, 260)

14) 같은 책, III, 306. 같은 풍습은 칭갈라 족(오스티야크 인)에게서도 찾아볼 수 있
다. 이들의 경우 제사 때가 되면 샤만은 생케에게 재물을 바치고는 3개의 버섯을
먹고 망아상태에 빠진다. 무녀들도 비슷한 방법을 쓴다. 무녀들 역시 버섯 중독을
통하여 접신상태에 이르고, 이런 상태에서 생케를 방문하고는 노래를 부르는데, 이
들은 바로 이 노래를 통하여 절대자로부터 배운 것을 사람들에게 전하는 것이다(같
은 책, p. 307). Jochelson, *The Koryak*, II, 582-83 참조.

15) K.F. Karjalainen, *Die Religion Jugra-Völker,*, III, 315 이하.

16) 같은 책, pp. 308 이하.

17) 같은 책, pp. 310-17.

18) 같은 책, p. 318.

19) 같은 곳.

20) A. Ohlmarks, *Studien zum Problem des Schamanismus*, p. 184에 인용된 V.I.
Anuchin, *Ocherk shamanstva u yeniseiskikh ostyakov*, pp. 28-31; Shimkin, "A
Sketch of the Ket," pp. 169 이하 참조. 이 민족의 문화사에 관해서는 이 방면의
총괄적인 연구서인 Kai Donner, "Beiträge zur Frage nach dem Ursprung der
Jenissei-Ostjaken" 참조. 예니세이 강 유역에 사는 소요트 인의 샤마니즘에 관해
서는 V. Diószegi, "Der Werdegang zum Schamanen bei den nordöstlichen S-
ojoten"; "Tuva Shamanism" 참조.

21) Ohlmarks, 같은 책, pp. 34, 50, 51, 176 이하(지하계 하강), 302 이하, 312 이하
참조.

22) Hilda R. Ellis, *The Road to Hel : a Study of the Conception of the Dead in Old
Norse Literature*, p. 90.

23) A. Ohlmarks, 앞의 책, pp. 57, 75.

24) Mikhailowski, 앞의 글, pp. 144 이하 참조. 무고를 이용한 점복에 관해서는 같
은 책, pp. 55. 오늘날의 랩인 주술사와 이 주술사가 들려주는 민담에 관해서는 T.
I. Itkonen, *Heidnesche Religion und späterer Aberglaube bei den finnischen
Lappen*, pp. 116 이하 참조. 주술적인 치병제의에 관해서는 J. Quigstad, *Lappi-
sche Heilkunde*; R. Karsten, *The Religion of the Samek*, pp. 68 이하 참조.

25) Johan Fritzner(*Lappernes Hedenskap og Inolddomskunst*)에 의해, 자그마치
1877년에 이루어진 연구와, Dag Strömbäck (*Sejd. Textstudier i nordisk re-
ligionshistoria*)에 의해 최근(1935)에 이루어진 연구업적을 따랐음. 이 주제에 관
한 논의로는 Ohlmarks, 앞의 책, pp. 310-50 참조.

26) 정신분석학자이자 민족학자인 Géza Róheim은 헝가리 샤마니즘에 관심을 가지고
있었고, 세상을 떠나기 두 해 전에는 "Hungarian Shamanism"이라는 논문을 출
판하기도 했다. 이 문제에 대한 접근은 그의 사후에 출판된 책인 *Hungarian and*

Vogul Mythology (특히 pp. 8 이하, 48 이하, 61 이하 참조)에서도 시도되고 있다. 뢰하임은 마자르 샤마니즘이 아시아의 샤마니즘에 그 기원을 두고 있음을 인정하고 있다. "참으로 기묘하게도 마자르 샤마니즘과 놀랄 만큼 비슷한 샤마니즘은 사모예드 인, 몽고(부르야트) 인, 동부 터키 인 그리고 랩 인 사이에서 발견된다. 그러나 마자르 인과 사촌간이라고 할 수 있는 우그르 어 계열(보굴, 오스티야크)인에게서는 찾아볼 수 없다."(Róheim, 같은 글, p. 162). 탁월한 정신분석학자인 뢰하임은 샤만의 공중비상과 천계상승을 프로이트 식의 용어로 설명하고 싶은 유혹을 이길 수 없었던 모양이다. "……비행하는 꿈은 발기하는 꿈이다. 이러한 꿈에서 육체는 곧 음경이다. **우리가 세운 가설의 결론은 비행하는 꿈이야말로 샤마니즘의 중핵(中核)이라는 것이다**"〔고딕글자는 뢰하임에 의한 강조〕(같은 글, p. 154).

Róheim은, "탈토스(헝가리의 샤만)가 망아상태에 든다는 직접적인 증거는 없다"(같은 책, p. 147)고 주장한다. 그런데 이 주장은 "Die Überreste des S-chamanismus in der ungarischen Volkskultur"(pp. 122 이하)에서 Diószegi로부터 바로 반박을 받는다. 이 연구서에서 디오제기는 헝가리 어로 출판된, 이 문제에 관한 풍부한 문헌 자료가 담긴 저술(A sámánhit emléki a magyar népi müveltségben)을 요약해서 소개하고 있다. 바로 이 작업을 통하여 디오제기는 헝가리의 탈토스가 헝가리 인접지역의 샤만들, 다시 말하면 루마니아의 샤만인 솔로모나르(solomonar), 폴란드의 샤만인 플라네트니크(planetnik), 세르비아와 크로아티아의 가라반시아스(garabancias)로 확인된 유사한 인물상과 얼마나 다른가를 분명히 보여주고 있다. 많은 지역의 샤만들 중 오직 헝가리의 **탈토스**만이 "신병"(같은 글, pp. 98 이하), "긴 수면"(제의적인 죽음으로서의) 혹은 "입문의례적인 육신의 해체"(같은 글, pp. 103 이하, 106 이하)를 체험하고, 오직 **탈토스**만이 입문의례를 치르고 특별한 의상을 입고 무고를 소유하며, 오직 **탈토스**만이 접신상태를 경험한다는 것이다(같은 글, pp. 112 이하, 115 이하, 122 이하). 저자는, 이 모든 요소가 터키 계, 핀-우그르 계와 시베리아 계 여러 민족에게서도 볼 수 있기 때문에, 헝가리의 샤마니즘은 토박이 마자르 족의 문화에 속하는 주술적-종교적 요소를 그대로 보여주고 있다는 결론을 내린다. 그러니까 헝가리 인은 아시아에서 지금 살고 있는 지역으로 이주해올 때 샤마니즘을 가지고 들어왔다는 것이다(헝가리 샤만의 접신에 관한 연구논문인 "A magyar samán réülete"에서 János Balázs는 샤만의 "주술적인 발열" 체험을 강조하고 있다.)

27) P.I. Tretyakop, *Turukhansky krai, evo priroda i zhiteli*, pp. 217 이하 ; Mik-hailowski, 앞의 글, pp. 67 이하 ; Shimkin, 앞의 글, pp. 169 이하.

28) ·Mikhailowski, 같은 글, p. 67.

29) T. Lehtisalo, *Entwurf einer Mythologie der Jurak-Samojeden*, pp. 153 이하.

30) A.M. Castrén, *Nordische Reisen und Forschungen,* II : *Reiseberichte und Briefe aus den Jahren 1845-49*, pp. 194 이하 사모예드 인의 샤마니즘에 관해서는 Schmidt, 앞의 책, III, 364-66 이하 참조.

31) Mikhailowski, 앞의 글, p. 144.

32) Castrén, 앞의 책, pp. 172.

33) Lehtisalo, 앞의 책, pp. 153 이하.

34) Lehtisalo, 같은 책, pp. 145.

35) 같은 책, pp. 164 이하.

36) 사모예드 인의 문화 복합에 관해서는 Kai Donner, "Zu der ältesten Berührung zwischen Samojeden und Türken"; A. Gahs, "Kop-, Schädel- und Lang-knochenopfer bei Rentiervölkern," pp. 238 이하 ; Schmidt, 앞의 책, III, 334 이하 참조.

37) 가령 Mikhailowski, 앞의 글, p. 66 참조.

38) Harva, 앞의 책, p. 545 (N.Y. Vitashevsky에 의함) ; Jochelson, *The Yakut*, pp. 120 이하.

39) W. Sieroszewski, "Du chamanisme d'après les croyances des Yakoutes," p. 324. 비타쉐브스키의 논급(4단계의 무의)과 시에로체브스키의 논급(천계 여행에 수반되는 "두 부분")은 표면상 모순되는 것으로 보일 뿐, 실제로 두 사람은 같은 말을 하고 있다.

40) 같은 글, p. 325.

41) Harva, 앞의 책, pp. 545-46.

42) Sieroszewski, 앞의 글, p. 326. 서로 그 뜻하는 바가 다르기는 하나 이러한 사례는 시베리아와 극북지역에서 볼 수 있다. 경우에 따라 사람들은 샤만이 도망치지 못하도록 묶어두기도 한다. 그러나 사모예드 인과 에스키모 인의 경우에는, 샤만이 사람들에게 자신을 묶게 하고는, 무의 도중에 자신의 주력을 과시한다. 대부분의 경우 샤만은 "자기의 보조영신들의 도움을 받아" 밧줄에서 풀려난다.

43) 이것은 천계로의 접신적인 "상승"임에 분명하다. 하바쿠크 에스키모 인 (Habakuk Eskimo) 샤만은 제의적인 도약을 통하여 천계상승을 시도한다 (Ohlmarks, 앞의 책, p. 131에 인용된 라스무센의 보고). 켈란탄의 멘리 족 (Menri) 주의는 노래를 부르면서, 절대신인 카레이 (Karei)를 향하여 거울이나 목걸이를 던지며 공중으로 뛰어오른다 (Ivor H.N. Evans, "Schebesta on the Sacer-do-Therapy of the Semang," p. 120).

44) Sieroszewski, 앞의 글, pp. 326-30. 일부 학자들은, 시에로체브스키가 채록한 의식 텍스트의 신빙성 자체에 대해 의혹을 표명한 바 있다. Jochelson, *The Yakut,* p. 122 참조.

45) Harva, 앞의 책, p. 547. 이 의례가 뜻하는 바는 분명하지 않다. 카이 도너는, 사모예드 인 역시, 무의가 끝나면 불붙은 석탄으로 자기네들의 샤만을 정화한다고 증언하고 있다 (Harva, 같은 곳). 이들이 정화하는 신체 부위는 병자를 괴롭히던 악령을 "빨아들인" 부위인 듯하다. 하지만 그렇다고 하더라도 천상계 여행에서 돌아온 샤만이 정화되어야 하는 까닭은 무엇일까? 고대의 무속의식인 "불과 더불어 노는 의식"의 잔재는 아닐지? (이 책, 제13장, '샤만과 대장장이' 참조).

46) Sieroszewski, 앞의 글, p. 332.

47) 같은 글, p. 331 ; 이 책, pp. 169 이하 참조.

48) 같은 글, p. 332-33 .

49) 같은 글, p. 333. 우리는 여기에서 고도로 복잡하게 혼종화한 희생제의의 본보기를 볼 수 있다. 이 제의는 천상계의 절대자에 대한 상징적인 심장의 봉헌 그리고 "아래쪽에 있는 자"(sjaadai 등)에 대한 피의 공희로 이루어져 있다. 이같이 잔인한 제의는 아로케니아 인 사이에서도 볼 수 있다. 이 책, p. 300 참조.

50) Harva, 앞의 책, p. 548.

51) 같은 책, p. 549. J.G. Gmelin, *Reise durch Sibirien, von dem Jahr 1733 bis 1743*, II, 349 이하 ; V.L. Priklońsky, "Das Schamanenthum der Jakuten"("O shamanstve u yakutov"의 독일어 판)에 나오는, 야쿠트 샤만의 무의에 관한 다른 기술 참조. 또 William G. Sumner, "The Yakuts. Abridged from the Russian of Sieroszewski"(p. 102-08이 샤마니즘에 관계된 부분〔*Yakuty*, pp. 621 이하에 의함〕)에는 시에로체브스키의 대저 *Yakuty*가 영어로 요약, 전재되어 있다. Jochelson, *The Yakut*, pp. 120 이하(Vitashevsky에 의함) 참조. Schmidt, 앞의 책, XI, 322-29 참조. 여성의 불임에 대한 샤만의 치료행위에 관해서는 같은 책, p. 329-32 참조.

52) Harva, 같은 책, p. 550 참조.

53) 같은 책, p. 551 참조.

54) 같은 곳.

55) 같은 책, p. 552.

56) 같은 곳.

57) 그러나 곧 알게 될 것이지만, 반드시 그런 것만은 아니다. 일부의 "선택된" 사람 그리고 "특권을 지닌" 사람은 사후에 하늘로 올라가기도 한다.

58) Gmelin, 앞의 책, II, 44-46, 193-95 등 ; Mikhailowski, 앞의 글, pp. 64-65, 97 등 ; S.M. Shirokogoroff, "General Theory of Shamanism among the Tungus" ; "Northern Tungus Migrations in the Far East(Goldi and Their Ethnical Affinities) ; "Versuch einer Erforschung der Grundlagen des Schamanentums bei den Tungusen" ;특히 이 저자의 포괄적인 연구서인 *Psychomental Complex of the Tungus* ; W. Schmidt, 앞의 책, X, 578-623 참조.

59) 이 책, 제14장 이하, '결론' 참조.

60) 이 책, 제14장 이하, '결론' 참조.

61) Shirokogoroff, *Psychomental Complex of the Tungus*, pp. 322 이하.

62) 같은 곳.

63) 같은 책, p. 307.

64) 같은 책, p. 306.

65) 사례는 나중에 소개하게 되겠지만, 이것은 샤만의 천계상승과 밀접한 관계가 있다. 앞에서 보았듯이 연기구멍에 세워진 장대는 세계축(axis mundi)을 상징한다. 희생제물은 바로 이 장대를 타고 천계로 올라가는 것이다.

66) 천계상승을 암시하는 또 하나의 실례라고 할 수 있다. 공중으로 뛰어오르는 것은 "주술적인 비상"을 상징한다.

67) Shirokogoroff, 앞의 책, pp. 304 이하.

68) 같은 책, p. 307.

69) 같은 책, p. 308.

70) 같은 책, p. 309.

71) 같은 책, p. 308.

72) Owen Lattimore, "Wulakai Tales from Manchuria," pp. 273 이하 ; Å Hult-kranz, *The North American Indian Orpheus Tradition*, pp. 191 이하 참조.

73) Shirokogoroff, 앞의 책, pp. 310-11.

74) 같은 책, p. 325.

75) 같은 책, p. 313.

76) 영혼은 모두 3개이다(같은 책, pp. 134 이하 ; I. Paulson, 앞의 책, pp. 107 이하).

77) Shirokogoroff, 앞의 책, p. 318. 퉁구스 샤만도 이런 의식을 베푼다. Mikhailowski, 앞의 글, p. 97 ; 같은 책, p. 313 참조.

78) J. Yasser(쉬로코고로프가 같은 책, p. 327에서 인용한 "Musical Moments in the Shamanistic Rites of the Siberian Pagan Tribes," pp. 4-15)에 따르면 퉁구스 인의 가락은 중국에서 온 것이다. 이 학설은 퉁구스 샤머니즘이 중국-라마 교의 영향을 강하게 받았다는 쉬로코고로프의 학설을 뒷받침한다. H. Haslund -Christensen, K. Grφnbech, and E. Emsheimer, *The Music of the Mongols. I : Eastern Mongolia*, pp. 13-38, 69-100 참조. 퉁구스 인의 "남방" 문화적 복합에 관해서는 W. Koppers, "Tungusen und Miao"도 참조.

79) Shirokogoroff, 같은 책, p. 364. 이것은 공중 부양(空中浮揚)과 "비상"이라는 주술적인 힘으로 설명된다(같은 책, p. 332).

80) 같은 책, p. 365.

81) "병든 아이를 위한 치병무의" ; Shirokogoroff, "A Shamanistic Performance to Regain the Favor of the Spirit" 참조. Bronislav Pilsudski, "Der Schamanimnus bei den Ainu-Stämmen von Sachalin"도 참조.

82) Jochelson, *The Yukaghir and the Yukaghirized Tungus*, pp. 162 이하.

83) 같은 책, p. 165.

84) 같은 책, p. 157["그림자"는 요헬슨의 용어이다/영역자].

85) 같은 책, p. 140.

86) 같은 책, p. 160(이와 똑같은 사자의 영혼의 "영원회귀" 개념은 인도네시아 등지에서도 볼 수 있다). 어떤 조상의 영혼이 자신으로 환생했는가를 알아보기 위해 유카기르 인들은 샤만의 뼈로 점을 친다. 이 점을 치는 사람은 사자의 이름을 부르는데, 어느 이름을 불렀을 때 뼈가 갑자기 가벼워진다. 점 치는 사람은 바로 그 조상이 자신으로 환생했다고 믿는다. 오늘날에는 갓난아기 앞에서 조상의 이름을 불러본다. 그러면 아기는 이름이 제대로 불릴 경우에는 방긋 웃는다(같은 책, p. 161).

87) 이 책, 제7장, '추크치 인의 샤머니즘' 참조.

88) Jochelson, *The Yukaghir and the Yukaghirized Tungus*, pp. 192 이하.

89) 가령 같은 책, pp. 200 이하 참조.

90) 같은 책, p. 197. 뿐만 아니라 유카기르 인은 무고를 얄길 (yálgil)이라고 부른다. 이 말은 "바다"라는 뜻이다 (같은 책, p. 195).

91) 같은 책, pp. 196-99. 독자들은 이제 지하계 하강의 시나리오가 어떤 구조로 이루어지는지 알았을 것이다. 지하계 하강의 시나리오에는 문턱을 지키는 문지기, 개, 도하 (渡河)의 모티프가 거의 예외 없이 나타난다. 무속에 나타난 것이든 다른 곳에서 나타난 것이든, 이와 유사한 모티프를 일일이 소개할 필요는 없을 듯하다. 여기에 관해서는 뒤에 다시 논의하기로 한다.

92) 같은 책, pp. 205 이하.

93) 같은 책, pp. 210 이하.

94) 같은 책, pp. 208 이하.

95) 같은 책, p. 162.

96) Jochelson, *The Koryak*, pp. 92, 117.

97) 같은 책, p. 93, 그림 40-41에 나오는, 무의의 제물을 그린 코리야크 인의 소박한 그림 참조. 첫번째 그림에서는 칼라우가 제물을 흠향하고, 두번째 그림에서는 제물로 바쳐진 개가 하늘로 올라가고 병자는 병석을 떨치고 일어난다. 절대자에게 제물을 드릴 경우 제관은 동쪽을 향하고 앉으나, 칼라우에게 제불을 드릴 경우에는 서쪽을 향해 앉는다. (공희제에서의 이러한 정위〔定位〕 풍속은 야쿠트 인, 사모예드 인, 알타이 인에게서도 발견된다. 방향을 이와 반대로 잡는 것은 부르야트 인뿐이다. 부르야트 인은 악신 텡그리에게 제물을 드릴 경우에는 제관은 동쪽을 향하고, 선신에게 제물을 드릴 경우에는 서쪽을 보고 앉는다. N.N. Agapitov and M.N. Khangalov, "Materialy dlya izuchenia shamanstva v Sibirii. Shamanstvo u buryat Irkutskoi gubernii," p. 4 ; Jochelson, 같은 책, p. 93).

98) 같은 책, p. 102.

99) 같은 책, p. 103, 121.

100) 같은 책, pp. 301.

101) 같은 책, pp. 293, 304 참조. 이 같은 신화 모티프에 관해서는 이 책, 419 참조.

102) 같은 책, p. 48.

103) 같은 책, p. 49.

104) 같은 책, p. 51.

105) 같은 책, p. 47.

106) 같은 책, p. 103. 하늘의 "구멍"은 땅의 구멍에 대응한다. 북아시아의 특징적인 구조를 이루는 땅의 구멍은 바로 지하계로 통하는 통로이다. 이 책, pp. 244 이하 참조. 순식간에 열렸다가는 바로 닫혀버리는 통로의 문은 "breakthrough in the planes"의 상징으로, 입문의례적인 이야기에 자주 등장한다. 같은 책, pp. 302 이하 참조. 여기에 실려 있는 코리야크 인 이야기 (no. 112)에는 다음과 같은 것이 있다. 한 소녀는 식인수 (食人獸)에게 먹힘으로써 지하계에 내려갔다가는, 이 식인수의 먹이가 되었던 다른 희생자들을 데리고 "사자 (死者)들의 길"이 열려 있는 순간을 이용하여 이승으로 돌아온다. 이 이야기는 몇 가지 입문의례 모티프, 말하자면 괴수의 뱃속에 있는 지하계로의 통로를 이용한다든가, 가엾은 희생자들을 구하

는 것이라든가, 짧은 순간 동안만 열려 있는 저승의 문 같은 모티프를 놀라울 만큼 일관성 있게 보여준다.

107) 같은 책, p. 48.

108) 같은 곳.

109) Bogoras, 앞의 책, pp. 374, 413.

110) 같은 책, p. 413.

111) 같은 책에 따르면 인구의 1/3.

112) 같은 책, p. 421.

113) 같은 책, p. 425.

114) 같은 책, p. 426.

115) 천상계 상승의 전승이 추크치 신화에서는 특히 생생하게 남아 있다. "천녀(天女)"와 혼인하고 수직으로 가파른 산을 오름으로써 천계에 상승하는 젊은이 이야기(Bogoras, *Chukchee Mythology*, pp. 107 이하) 참조.

116) Bogoras, *The Chukchee*, p. 331.

117) 같은 책, p. 434.

118) 같은 책, p. 441.

119) 같은 책, p. 438.

120) 보고라스는(같은 책, pp. 435 이하) 추크치 샤만의 "서로 다른 목소리"를 복화술(腹話術)로써 설명할 수 있다고 믿는다. 그러나 그의 축음기에 녹음되어 있는, 청중에게 들린 "소리"는 샤만이 낸 소리가 아니라 문쪽에서 들리는 소리거나 방 한구석에서 울려 나오는 것 같은 소리였다. 요컨대 그가 한 녹음을 재생해보면 "샤만 자신의 목소리와 '영신들'의 목소리에 상당한 차이가 있다는 것을 알 수 있다. 즉 샤만 자신의 목소리는 먼데서 들리는 소리 같은데 반해, 영신들의 목소리는 깔때기를 통해서 나오는 소리 같다는 것이다"(같은 책, p. 436). 추크치 샤만의 다른 주력에 관해서는 나중에 다시 언급하기로 한다. 앞에서도 지적한 바 있지만 이 책의 목적은 무속 현상의 "진위 여부"를 밝히는 데 있지 않다. 이런 현상에 대한 분석과 대담한 해석에 관심이 있는 독자는 E. de Martino, *Il mondo magico*, passim(the Chukchee data, pp. 46 이하)을 참조하기 바란다. "샤만의 속임수"에 관해서는 Mikhailowsky, 앞의 글, pp. 137 이하 참조.

121) Bogoras, *The Chukchee*, 앞의 책, pp. 438 이하 참조.

122) 같은 책, p. 440(the revelation of the soul of an old spinster) 참조.

123) 같은 책, p. 441.

124) 같은 책, p. 463. 샤만은 파리 모습을 한 병자의 영혼을 붙잡아, 병자의 두개골을 열고는 이 영혼을 다시 넣어줄 수도 있다고 믿어진다. 반드시 두개골을 통해서 넣는 것은 아니고 병자의 입, 손가락, 엄지발가락을 통해서도 넣을 수가 있다. 같은 책, p. 333. 인간의 영혼은 파리 혹은 벌의 모습으로 나타난다. 그러나 다른 시베리아 인들처럼 추크치 인들도 영혼은 여러 개가 있다고 믿는다. 즉 사람이 죽으면 이 여러 개의 영혼 중 하나는 화장단의 연기와 함께 천상계로 올라가고, 또 하나의 영혼은 지하계로 내려가 이승에서와 똑같은 삶을 영위한다는 것이다(같은 책,

pp. 334 이하).

125) 같은 책, p. 465.

126) 같은 책, p. 475 이하.

127) 같은 책, p. 445.

128) 같은 곳.

129) 같은 책, p. 444.

130) 같은 책, p. 443.

131) 점복은 샤만이 베푸는 수도 있고 제관이 베푸는 수도 있다. 점술 중 가장 흔한 것은 사물을 실 끝에 늘어뜨리는 방법으로, 그것은 에스키모 인들이 잘 쓰는 방법이기도 하다. 사람의 머리나 발로써 점을 치는 수도 있지만, 이것은 캄차달 인이나 아메리카 인디언 사이에서 그렇듯이 주로 여자들이 자주 쓰는 점술 체계이다(같은 책, pp. 484 이하; F. Boas, *The Eskimo of Baffin Land and Hudson Boy*, pp. 135, 363). 순록의 견갑골을 이용하는 점술에 관해서는 Bogoras, 같은 책, pp. 487 이하 참조. 여기에서 주목해야 할 것은, 이러한 점술이 중앙 아시아 전역에서 흔히 볼 수 있고 기록을 보면 중국의 원사시대에도 있었던 것이라는 사실이다(이 책 pp. 161 참조). 지금까지 우리는 여러 민족의 무속 전통과 기법을 검토해왔지만, 이 민족들의 점술을 서로 비교하는 수고는 필요 없을 듯하다. 대체로 보아 이들의 점술은 대개 엇비슷하다. 그러나 여기에서 지적해두어야 할 것은, 중앙 아시아 점술이 지닌 관념 형태의 토대는 역시, 오세아니아의 대부분 지역에서 그렇듯이, 영신들과의 "친교" 신앙에서 찾아야 한다는 것이다.

132) Bogoras, 같은 책, pp. 448 이하.

133) Jochelson, *The Koryak,* p. 52.

제 8 장   샤마니즘과 우주론

1) 이 신성한 공간과 "중심"의 문제들에 관해서는 Eliade' *Patterns in Comparative Religion*, p. 367   이하 ; *Images and Symbols* pp. 27   이하 ; "Centre du Monde, Temple, Maison" 참조.

2) U. Harva, *Die religiösen Vorstellungen der altaischen Völker*, pp. 178   이 하, 189 이하 참조.

3) W. Sieroszewski, "Du chamanisme d'après les croyances des Yakoutes," pp. 215 참조.

4) U. Harva, 앞의 책, pp. 34 이하 참조. 같은 사상은 히브리 인들에게도 널리 퍼져 있었다(이사야서 40). Robert Eisler, *Weltenmantel und Himmelszet,* II, pp. 601 이하, 619 이하 참조.

5) Holmberg(Harva), *Der Baum des Lebens,* p. 11 ; 같은 책, p. 35 참조. P. Ehrenreich(*Die allgemeine Mythologie und ihre ethnologischen Grundlagen,* p. 205)는 이 신화-종교학적 사상이 북반구 전역을 지배하고 있는 데 주목하고 있다. 이것은 "좁은 문(strait gate)"를 통한 천계상승이라는, 전세계에 광범위하게 분포해 있

488

는 상징체계의 다른 표현이다. 이 두 개의 우주 권역 사이에 난 구멍은 순식간에 열렸다가 순식간에 닫힌다. 영웅(혹은 입문자, 샤만 등)은 바로 이 모순된 순간을 이용하여 타계(他界)로 들어가야 한다.

6) Holmberg(Harva)의 *Der Baum des Lebens*, p. 12 ; *Die religiösen Vorstellungen der altaischen Völker*, pp.38 이하 참조. 풀다의 루돌프(Rudolf of Fulda, Translation S. Alexandri)에 따르면, 색슨 인의 이르민술(Irminsūl)에게는 "만물을 버티는 신(universalis columna, quasi sustinens omnia)"라는 이름이 붙어 있다. 스칸디나비아의 랩 인은 고대 게르만 인으로부터 이러한 사상을 전수받아 자기네 것으로 수용했다. 그들은 북극성을 "하늘의 기둥" 혹은 "세계의 기둥"이라고 불렀다. 이르민술은 주피터의 기둥에 견주어진다. 이 같은 사상은 지금도 동유럽의 민간전승에 남아 있다. 가령 루마니아 인의 하늘의 기둥(Coloana Ceriului)이 그 좋은 예이다(A. Rosetti, *Colindele Românilor*, pp. 70 이하 참조).

7) 이러한 사상은 우그르 인이나 터키-몽고 인에게도 익히 알려져 있다. Holmberg (Harva), *Der Baum des Lebens*, pp. 23 이하 ; *Die religiösen Vorstellungen der altaischen Völker*, pp. 40 이하. 욥 기 38:31;인도의 *skumbha*(*Atharva Veda*, X, 7, 35 등) 참조

8) W. Thalbitzer, "Cultic Games and Festivals in Greenland," pp. 239 이하 참조

9) U. Harva, *Die religiösen Vorstellungen der altaischen Völker*, pp. 46. 샤만의 공회제에 사용되는 갖가지 색깔의 천 참조. 이것은 천계의 상징적인 통과 완료를 상징한다.

10) Graebner-Schmidt 학파의 "원문화(原文化, Urkultur)."

11) W. Schmidt, *Der Ursprung der Gottesidee*(VI, pp. 67 이하)에 실려 있는 자료 참조 ; "Der heilige Mittelpfahl des Hauses," p. 966 ; *Der Ursprung der Gottesidee*, XII, pp. 471 이하 참조

12) Karjalainen, *Die Religion der Jugra-Völker*, II, pp. 48 이하 참조. 지하계의 입구는 물론 "세계의 중심"의 바로 밑에 있다. Holmberg(Harva), *Der Baum des Lebens*, pp. 30-31, 도판 13(중심에 구멍이 있는 야쿠트 인의 원반) 참조. 같은 상징체계는 고대 동방세계, 인도, 그리스-로마 등지에서도 찾아볼 수 있다. Eliade, *Cosmologie şi alchimie babiloniană*, pp. 35 이하 ; A.K. Coomaraswamy, "Svayamātṛṇṇā: Janua Coeli" 참조

13) Harva, *Die religiösen Vorstellungen der altaischen Völker*, p. 53.

14) W.G. Bogoras, *The Chukchee*, p. 331;Jochelson, *The Koryak*, p. 301. 같은 사상은 블랙푸트 인디언(Blackfoot Indian)에게서도 찾아볼 수 있다. H.B. Alexander, *North American* (*Mythology*), pp. 95 이하. 북아시아와 북아메리카를 비교한 자료로는 Jochelson, 같은 책, p. 371 참조

15) A.V. Anokhin, *Materialy po shamanstvu u altaisev*, p. 9

16) U. Harva, *Die religiösen Vorstellungen der altaischen Völker*, p. 54.

17) 자신의 저서 *Der Ursprung der Gottesidee*(VII, pp. 53, 85, 165, 449, 590 이하)에서 인용한 W. Schmidt, "Der heilige Mittelpfahl des Hauses," p. 967.

18) 이러한 사고방식의 경험적 "기원"의 문제 (가령 주거환경 중 중요한 요소가 상징하고 있는 것으로 보이는 우주의 구조가 그 예이다. 이것은 우주의 구조를 등장시키지 않더라도 환경 적응의 필연성으로 설명된다)는 부당하게 설정된 예가 많다. 따라서 취할 바가 못 된다. 그 까닭은, 일반저으로 "미개인"에게는 "자연"과 "초자연," 경험적 대상과 상징에 대한 명확한 구분이 없기 때문이다. 하나의 대상은 어떤 "상징"과 손을 잡아야 "자체로서 완벽한 하나의 대상"(즉 어떤 가치를 지니는)이 되는 법이다. 이와 마찬가지로 하나의 행위도 태고적부터 반복되는 하나의 본이어야 진정한 행위로서의 의미를 획득하다. 요컨대 이 가치의 "기원" 문제는 역사적이라기보다는 철학에 속한다고 보아야 한다. 그 까닭은 한 가지 예를 들면 자명해진다. 기하학 법칙의 발견은 나일 강 삼각주를 관개하던 사람들의 경험적 필연성의 산물이었다. 그러나 이러한 사실은 이 기하학 법칙의 유효성 혹은 비유효성과는 어떤 상관관계도 없다.

19) Karjalainen(앞의 책, pp. 42 이하에서)은 이 기둥이, 공희제의 제물을 묶기 위한 것이라고 잘못 해석하고 있다. 실제로 Holmberg(Harva) (*Finno-Ugric 〔and〕 Siberian 〔Mythology〕*, p. 338)도 설명하고 있듯이 이 기둥은 "7분(七分)되신 높으신 사람-아버지"라고 불린다. 하늘의 신 (Sänke)이 "7분되신 높으신 생케, 우리 아버지, 3방(三方)을 두루 지키시는 사람-아버지"로 불리는 것과 흡사하다. 기둥에는 때로 일곱 개의 눈금이 새겨진다. 살림 (Salym) 오스티야크 인은 혈제를 지낼 때면 기둥에다 일곱 개의 칼자국을 낸다(같은 책, p. 339). 이 의례용 기둥은, 보굴 인의 이야기에 등장하는 "7분된 순은성주(純銀聖柱)"와 일치한다. 신의 아들들이 그 아버지를 방문할 때면 바로 이 기둥에다 말을 맨다(같은 책, p. 339-40). 유라크 인 역시 혈제를 드릴 때면 제물을, 일곱 면으로 다듬어지고 일곱 개의 칼자국을 낸 나무 우상 (sjaadai)에게 바친다. Lehtisalo(*Entwurf einer Mytholoie der Jurak-Samojeden*, p. 67, 102 등)에 따르면 이 우상은 (일곱 개의 가지가 있는 우주수가 쇠퇴한) "성수 (聖樹)" 와 관계가 있다. 우리는 여기에서 종교사에 자주 등장하는 대상 (代償)의 과정을 접할 수 있다. 이러한 대상의 과정은 시베리아의 종교적 복합에서 찾아볼 수 있는 다른 예에서도 분명하게 드러난다. 말하자면 원래는 하늘의 신 눔 (Num)을 위한 공양장 (供養場)으로 쓰여온 기둥이 유라크-사모예드 인에 이르러서는 혈제를 흠향하는 신성한 대상이 되는 식이다. A. Gahs, "Kopf-, Schädel-und Langknochenopfer bei Rentiervölkern," p. 240. 7이라는 수의 우주론적 의미와 샤만 의례에서의 역할에 관해서는 이 책, pp. 253 이하 참조.

20) 가령 *Ṛg-Veda*, X, 89, 4 등 참조.

21) Eliade, *Patterns in Comparative Religion*, pp. 379 이하 ; *The Myth of the Eternal Return*, pp. 76 이하 참조.

22) W. Radlov, *Aus Sibirien,* II, p. 6 참조.

23) Holmberg(Harva), *Der Baum des Lebens*, p. 41, 57; *Finno-Ugric 〔and〕 Siberian 〔Mythology〕* p. 341;Die *religiösen Vorstellungen der altaischen Völker*, pp. 58 이하 참조.

24) W. Kirfel, *Die Kosmographie der Inder, nach den Quellen dargestellt*, p. 15.

25) Harva, *Die religiösen Vorstellungen der altaischen Völker*, p. 63.

490

26) G.N. Potanin, *Ocherki severo-zapadnoi Mongolii*, IV, 228; Harva, 같은 책, p. 62. 그리스 화폐에는 중심돌기 (옴팔로스＝배꼽)를 세 번 감은 뱀이 새겨져 있다 (같은 책, p. 63).

27) A. Jeremias, *Handbuch der altorientalischen Geisteskultur*, p. 130; Eliade, *The Myth of the Eternal Return*, pp. 13 이하 참조. 이란의 자료에 관해서는 A. Christensen, *Les Types du premier homme et du premier roi dans l'histoire légendaire des Iraniens*, II, p. 42 참조.

28) T. Dombart, *Der Sakralturm*. I: *Ziqqurat*, p. 34.

29) Dombart, *Der baylonische Turm*, pp. 5 이하 ; Eliade, *Cosmologie și alchimie babiloniană*, pp. 31 이하. 지구라트의 상징체계에 관해서는 A, Parrot, *Ziggurats et Tour de Babel* 참조.

30) P. Mus, *Barabuḍur. Esquisse d'une histoire du Bouddhisme fondée sur la critique archéologique des textes*, I , p. 356.

31) W. Foy, "Indische Kultbauten als Symbole des Götterbergs," p. 213-16; Harva, *Die religiösen Vorstellungen der altaischen Völker*, p. 68; R. von Heine-Geldern, "Weltbild und Bauform in Südostasien," pp. 48 이하 ; H.G. Quaritch Wales, *The Mountain of God: a Study in Early Religion and Kingship*, 여러 곳 참조.

32) P. Mus, 앞의 책, pp. 117 이하, 292 이하, 351 이하, 385 이하 등 참조 ; J. Przyluski, "Les Sept Terrasses de Barabuḍur," pp. 251-56; Coomaraswamy, *Elements of Buddhist Iconography*, 여러 곳 ; Eliade, *Cosmologie și alchimie babiloniană*, pp. 43 이하 참조.

33) *Ṭabbūr ereṣ*; 관관기 9:37: "……저것 보시오. 사람들이 저기 배꼽마루에서 내려오고 있고……."

34) Eric Burrows, "Some Cosmological Patterns in Babylonian Religion," pp. 51, 62, 주 1.

35) A.J. Wensinck, *The Ideas of the Western Semites concerning the Navel of the Earth* (p. 15)에 인용되어 있다. Burrows (같은 글, p. 54)는 다른 텍스트를 언급하고 있다.

36) Wensinck, 같은 책, p. 22; Eliade, *Cosmologie și alchimie babiloniană*, pp. 34 이하. 골고다가 "세계의 중심"이라는 신앙은 동유럽 그리스도 교도들의 민간전승에 보존되어 있다 (가령 소〔小〕 러시아 인에게 보존된 예에 관해서는 Holmberg, *Der Baum des Lebens*, p. 72 참조).

37) Eliade, 같은 책, pp. 31 이하 ; *Patterns in Comparative Religion*, pp. 367 이하 ; *The Myth of the Eternal Return*, pp. 12 이하 참조.

38) Mus, 앞의 책, pp. 354 이하, 여러 곳 ; Jeremias, 앞의 책, pp. 113, 142 등 ; M. Granet, *La Pensée chinoise*, pp. 323 이하 ; Wensinck, *Tree and Bird as Cosmological Symbols in Western Asia*, pp. 25 이하 ; Birger Pering, "Die geflügelte Scheibe" ; Burrows, 앞의 글, pp. 48 이하 참조.

39) 필요한 자료와 문헌목록은 Eliade, *Patterns in Comparative Religion* (pp. 273 이

하, 327 이하)에 있다.

40) 이 책, 제5장, '무고' 항목 참조.

41) 가령 Harva, *Die religiösen Vorstellungen der altaischen Völker* (도판 15)에 나오는 알타이 샤만의 북 그림 참조. 때로 샤만은 "거꾸로 선 나무"를 자기 집 옆에 세우기도 한다. 샤만은 이런 나무가 자신을 지켜주는 것으로 믿는다. E. Kagarow, "Der umgekehrte Schamanenbaum" 참조. "거꾸로 선 나무"는 물론 우주의 신화상(神話像)이다. Coomaraswamy, "The Inverted Tree"에는 풍부한 인도의 자료가 실려 있다. Eliade, *Patterns in Comparative Religion*, pp. 274, 327 참조. 같은 상징체계는 그리스도 교나 이슬람의 전승에도 보존되어 있다 : 같은 책, p. 274; A. Jacoby, "Der Baum mit den Wurzeln nach oben und den Zweigen nach unten"; Carl Martin Edsman, "Arbor inversa" 참조.

42) Radlov, 앞의 책, II p. 7.

43) Holmberg(Harva), *Der Baum des Lebens, p.* 52; *Die religiösen Vorstellungen der altaischen Völker*, p. 70 참조. 같은 방법으로 오딘(odin)은 자기의 말을 익드라실(Yggdrasil)에다 맨다(Eliade, *Patterns in Comparative Religion*, p. 277). 중국의 말-나무(기둥)에 관한 신화복합에 관해서는 C. Hentze, *Frühchinesische Bronzen und Kultdarstellungen*, p. 123-30 참조.

44) H. Bergema, *De Boom des levens in Schrift en Historie*, pp. 539 이하 참조.

45) Harva, *Die religiösen Vorstellungen der altaischen Völker*, p. 71.

46) Holmberg(Harva), *Finno-Ugric[and] Siberian [Mythology]*, pp. 356 이하 ; *Die religiösen Vorstellungen der altaischen Völker*, p. 72 이하 참조. 우리는 이미 이란과 관계가 있는 듯한 모델을 언급한 바 있다. 즉 바루캬샤 호수에 있는 섬에서 성장하고 아리만에 의해 창조된 거대한 도마뱀을 그 곁에 거느리고 있는 가오케레나 나무(이 책, 제4장, 주 27 참조)가 그것이다. 몽고 신화는 물론 인도에 그 기원을 두고 있다. 즉 Zambu는 인도의 Jambū인 것이다. 중국 전승에 나오는, 뿌리를 지하계에 뻗고 있는 생명의 나무(우주수) 참조(Hentze, "Le Culte de l'ours et du tigre et le t'ao-t'ié," p. 57; *Die Sakralbronzen und ihre Bedeutung in den frühchinesischen Kulturen*, pp. 24 이하).

47) Eliade, *Patterns in Comjparative Religion*, pp. 273 이하.

48) 혹은 은하수. Y.H. Toivonen, "Le Gros Chêne des chants populaires finnois" 참조.

49) Eliade, *Patterns in Comparative Religion*, p. 275 참조.

50) Harva(Holmberg), *Die religiösen Vorstellungen der altaischen Völker*, pp. 75 이하 ; *Der Baum des Lebens*, pp. 57 이하 참조. 이 신화 모티프의 원(原)오리엔트 원형에 대해서는 Eliade, 같은 책, pp. 283 이하. Gertrude R. Levy, *The Gate of Horn* p. 156, 주. 3 참조. 아메리카, 중국, 일본 신화의 나무-여신(최초의 여성)의 테마에 대해서는 Hentze, 앞의 책, pp. 129 이하 참조.

51) Harva, *Die religiösen Vorstellungen der altaischen Völker*, p. 77.

52) *Ṛg-Veda*, X, 135, 1.

492

53) *Yasna*, 9, 4; *Vidēvdat*, 2, 5.

54) Harva, *Die religiösen Vorstellungen der altaischen Völker*, pp. 84, 166 이하 참조.

55) 이 책, 제2장 '사모예드 샤만의 입무 접신몽' 참조.

56) 하늘에는 아이들이 주렁주렁 매달린 나무가 있고 신은 이들을 집어 하계로 던진다 (H. Baumann, *Lunda. Bei Bauern und Jägern in Inner-Angola*, p. 95). 인간의 기원을 나무에 두는 아프리카 신화에 관해서는 Baumann, *Schöpfung und Urzeit des Menschen im Mythus der afrikanischen Völker*, p. 224 참조. 비교가 될 만한 자료로는 Eliade, *Patterns in Comparative Religion*, pp. 300 이하 참조. 드야크 인들은, 최초의 조상 부부는 생명의 나무에서 탄생했다고 믿는다 (H. Schärer, *Die Gottesidee der Ngadju Dajak Süd-Borneo*, p. 57; 이 책, pp. 318 이하 참조). 그러나 영혼(아기)-새-세계수 이미지는 중앙 아시아와 북아시아 특유의 상징체계라는 데 유념해야 한다.

57) Harva, *Die religiösen Vorstellungen der altaischen Völker*, p. 85. 이 상징체계에 의미에 관해서는 Eliade, 같은 책 pp. 290 이하. 증거 문헌 : A.J. Wensinck, *Tree and Bird as Cosmological Symbols in Western Asia*. Hentze, *Frühchinesische Bronzen und Kultdarstellungen*, p. 129 참조.

58) Georg Wilke, "Der Weltenbaum und dei beiden kosmischen Vögel in der vorgeschichtilichen Kunst" 참조.

59) Harva, *Die religiösen Vorstellungen der altaischen Völker*, p. 72.

60) 같은 책, p. 172.

61) J. Warneck, *Die Religion der Batak*, pp. 49 이하. 인도네시아에서의 나무의 상징체계에 관해서는 이 책, pp. 261 이하, 322 이하 참조.

62) G. Widengren, *The Ascension of the Apostle of God and the Heavenly Book; The King and the Tree of Life in Ancient Near Eastern Religion* 참조.

63) Harva, *Die religiösen Vorstellungen der altaischen Völker*, pp. 160 이하.

64) 3부구성 도식에 바탕을 둔 우주론적 개념의 고대성, 일관성, 중요성에 관해서는 Coomaraswamy, "Svayamātṛṇṇā:Janua Coeli," 여러 곳 참조.

65) 7과 9라는 수의 종교적, 우주론적 함의에 대해서는 Schmidt, *Ursprung der Gottesidee*, IX, pp. 91 이하, 423 참조. Harva(*Die religiösen Vorstellungen der altaischen Völker*, pp. 51 이하 등에서)는 반대로, 9라는 수를 근대적인 것으로 본다. 그는 9천(九天)을, 아홉 행성이라는 관념으로 설명되는 후기 사상이라고 주장한다. 이러한 관념은 인도에서도 찾아볼 수 있는데, 그 기원은 이란에 있다는 것이다 (같은 책, p.56). 어쨌든 여기에는 두 가지의 서로 다른 종교적 복합이 관련되어 있다. 9라는 수는 3이라는 수의 배수라는 맥락에서 보면 오히려 7이라는 수보다 먼저 성립된 수라는 것은 틀림없이 분명하다. F. Röck, "Neunmalneun und Siebenmalsieben," 여러 곳 ; H. Hoffmann, *Quellen zur Geschichte der tibetischen Bon-Religion*, pp. 150, 153, 245; A. Friedrich and G. Buddruss, *Schamanengeschichten aus Sibireien*, pp. 21 이하, 96 이하, 101 이하 등 ; Schmidt, *Der Ursprung der Got-

tesidee, XI, 713-16 참조.

66) Anokhin, 앞의 책, p.9.

67) Harva, 앞의 책, p.50.

68) 제8장 주 19. 참조.

69) W. Radlov, 앞의 책, II, pp.6 이하.

70) Harva, *Die religiösen Vorstellungen der altaischen Völker*, p.52.

71) W. Radlov, 앞의 책, pp.7 이하.

72) Anokhin, 앞의 책, pp.9 이하.

73) 이 두 가지 우주론적 개념의 분석은 Schmidt, *Der Ursprung der Gottesidee*, IX, pp.84 이하, 135 이하, 172 이하, 449 이하, 480 이하 등 참조.

74) Karjalainen(앞의 책, II, pp.305 이하)이 보여주었다시피, 이러한 이름은 7천의 개념과 함께 타타르 인으로부터 차용한 것이다.

75) Harva, *Die religiösen Vorstellungen der altaischen Völker*, p.162 (V.L. Priklonsky와 N.V. Pripuzov에 의함). Sieroszewski는 야쿠트 인의 수렵신 바이 바이 아나이 (Bai Baianai)는 일곱 명의 동료를 거느리는데 이중 셋은 사냥에 호의적이나 둘은 호의적이 아니라고 주장한다 (앞의 글, p.303).

76) Harva, 같은 책, pp.162 이하.

77) 같은 책, pp.164 이하.

78) 같은 책, pp.52 이하.

79) G. Sandschejew, "Weltanschauung und Schamanismus der Alaren-Burjaten," pp.939 이하.

80) Harva, *Die religiösen Vorstellungen der altaischen Völker*, p.165.

81) Eliade, *Patterns in Comparative Religion*, pp.60 이하.

82) Gahs, 앞의 글, p.237; "Blutige und unblutige Opfer bei den altaischen Hirtenvölkern, p.220 이하.

83) T. Lehtisalo, 앞의 책, p.67, 77 이하, 102. 일곱 면의 우상에 관해선 Kai Donner, *La Sibérie,* p.222 이하 참조

84) V.M.Mikhailowski, "Shamanism in Siberia and European Russia," p.84 참조.

85) Kai Donner, 앞의 책, p.223.

86) Lehtisalo, 앞의 책, p.147.

87) Karjalainen, 앞의 책, II, p.278; III, p.306; T.I. Itkonen, *Heidnische Religion und späterer Aberglaube bei den finnischen Lappen*, p.149. 칭갈라의 오스티아크 인의 경우, 병자는 탁자 위에 칼자국 7개를 낸 빵 덩어리를 놓고 이를 생케에게 바친다 (Karjalainen, *Die Religion der Jugra-Völker*, III, p.307).

88) Itkonen, 같은 책, p.159.

89) Lehtisalo, 앞의 책, p.147.

90) Karjalainen, *Die religion der Jugra-Völker*, III, p.311.

91) Josef Haekel, "Idolkult und Dualsystem bei den Ugriern (zum Problem des eurasiatischen Totemismus)," p.136.

92) Harva, *Die religiösen Vorstellungen der altaischen Völker*, p. 54.

93) 우그르 인에게 지하계는 늘 7계 (七階)로 되어 있다. 그러나 우그르의 토착 사상은 아
닌 것 같다. Karjalainen, *Die Religion der Jugra- Völker* II, p. 318 참조.

94) 아주 중요한 요소가 Pia Laviosa-Zambotti의 짧고도 대담한 총론 (*Les Origines et
la diffusion de la civilisation*, pp. 337 이하)에서 엿보인다. 인도네시아의 최고대사
(最古代史)에 대해서는 G. Coèdes, *Les États hindouisés d'Indochine et d'In-
donésie*, pp. 67 이하 ; H. G. Quaritch Wales, *Prehistory and Religion in South
-East Asia*, 특히 pp.48 이하, 109 이하 참조.

95) P. Schebesta, *Les Pygmées*, pp. 156 이하.

96) Ivor H.N. Evans, *Studies in Religion, Folk-Lore, & Custom in British North
Borneo and the Malay Peninsula*, p. 156. 치노이 (Schebesta에 따르면 cenoï)는
영혼이자 자연의 영신이기도 하고 신 (Tata Ta Pedn)과 인간의 사이를 중재하는 역
할을 맡기도 한다 (Schebesta, 같은 책, pp. 152 이하 ; Evans, 같은 책, pp. 148 이하).
이들의 치병술사 역할에 대해서는 이 책, pp. 305 이하 참조.

97) W. Gaerte, "Kosmische Vorstellungen im Bilde prähistorischer Zeit : Erdber-
g, Himmelsberg, Erdnabel und Weltströme" 참조. Schmidt나 O. Menghin이
대담하게 주장한, 피그미 문화의 진정성과 역사성의 문제에 대해서는 아직 해답이 내
려져 있지 않다. 반대 의견으로 Pia Laviosa-Zambotti, *Les Origines et la
diffusion de la civilisation*, pp. 132 이하 참조. 그러나 현재의 피그미 인이, 주변의
고급 문화의 영향을 받고 있기는 하나 지금 그 고대적 성격을 그대로 보전하고 있음
은 의심할 여지가 없다. 이러한 보수주의는 특히, 피그미 인 이상으로 발달한 근린민
족의 종교 신앙과는 사뭇 다른 그들 특유의 신앙에서 엿보인다. 따라서 피그미 인의
우주론적 샤마니즘과 세계축 신화를 그들 종교적 전승의 잔존물 안에 포함시켜야 마
땅한 것으로 보이다.

98) 뼈를 부러뜨리고 눈알을 거꾸로 박는 것은 지원자를 "영신"으로 만들기 위한 입문의
례를 암시한다. 세망, 사카이, 자쿤 인의 낙원적인 "과실의 섬"에 대해서는 W.W.
Skeat and C.O.Blagden, *Pagan Races of the Malay Peninsula*, II, pp. 207, 209,
321 참조. 또 제8장 주 102 참조.

99) Evans, 앞의 책, p. 157 ; Schebesta, 앞의 책, pp. 157-58 ; "Jenseitsglaube der
Semang auf Malakka."

100) Evans, 같은 책, p. 209, 주 1.

101) 같은 책, p. 208. 혼의 무게를 단다는 것, 불로 정화한다는 것은 오리엔트적인 사상
이다. 사카이 인의 지하계 관념은 근세에 와서 다른 문화권의 영향을 강하게 받은 것
으로 보인다.

102) 이것은, 세계 전역에 분포되어 있는 "낙원" 신화의 하나이다. 이 낙원에서는 생명
이 끊임없이 그리고 영원히 되풀이된다. 가령 트로브리안드 제도의 멜라네시아 인들
이 믿는 정령 (=사자)의 섬 투마는, "……늙었다는 사실을 깨닫는 바로 그 순간에 주
름진 살갗을 벗고, 살갗은 팽팽하고 머리카락은 검고 이빨은 튼튼한, 아주 기운찬 젊
은이로 되돌아온다. 이들은 사랑과 기쁨이 넘치는 젊음을 영원히 되풀이해서 누리는

것이다."(B. Malinowski, *The Sexual Life of Savages in NW Melanesia*,
  p. 435). 이와 같은 사상은 같은 저자의 *Myth in Primitive Psychol-ogy*, pp. 80 이하(*Myth of Death and the Recurrent Cycle of Life*")에도 보인다.

103) Evans, 앞의 책, p. 209-10

104) Evans(같은 책, p. 264)에 따르면, 이들은 민족적으로는 말레이 인이지만 엄밀한 의미에서는 말레이 인이라기보다는 일찍이 수마트라 같은 데서 이동해온 민족인 듯하다.

105) Evans, 같은 책, p. 266-67.

106) 이 책, 제 13장 '사다리-사자의 길-상승' 항목 참조.

107) 원(原)말레이 민족인 이 섬의 선주민이다(Evans, 앞의 책, p. 3).

108) 같은 책, pp. 33 이하.

109) H. Schärer, "Die Vorstellungen der Ober-und Unterwelt bei den Ngadju Dajak von Süd-Borneo," 특히 p. 78; *Die Gottesidee der Ngadju Dajak in Süd-Borneo*, pp. 31 이하 참조. Münsterberger, *Ethnologische Studien an Indonesischen Schöpfungsmythen. Ein Beitrag zur Kulturanalyse Südostasiens*, 특히 pp. 143 이하(Borneo); J.G. Röder, *Alahatala. Die Religion der Inlandstämme Mittelcerams*, pp. 33 이하, 63 이하, 75 이하, 96 이하(Ceram) 참조.

110) Schärer, 같은 책, pp. 35 이하.

111) 같은 책, pp. 37 이하.

112) 같은 책, pp. 34 이하.

113) 같은 책, pp. 76 이하, Pls. I -II 참조.

114) Alfred Steinmann, "Das kultische Schiff in Indonesien," p. 163; "Eine Geisterschiffmalerei aus Südborneo" (offprint), p. 6.

115) Steinmann, "Das kultische Schiff in Indonesien," p. 163.

116) 같은 곳. 일본에서는 지금도, 돛기둥과 나무는 "신들의 길"인 것으로 믿어지고 있다. A. Slawik, "Kultische Geheimbünde der Japaner und Germanen," pp. 727-728, 주 10 참조.

117) Steinmann, "Das kultische Schiff in Indonesien," p. 189.

118) 그러나 우리가 짐작하다시피 많은 사자들은 천계에 이른다(E.M. Loeb, *Sumatra*, p. 75). 장송 여정의 수에 관해서는 이 책, 제10장, "'사자의 배"와 샤만의 배' 항목 참조.

119) Loeb, 같은 책, pp. 74-78.

120) 이전에도 지적했고 앞으로도 자세하게 지적하게 되겠지만, 이런 현상이 말레이에서는 일반적이다. 토라자 족(Toradja)에 대한 회교의 영향은 Loeb, "Shaman and Seer," p. 61 참조. 말레이 인에게 미친 복합적인 인도의 영향에 대해서는 J. Cuisinier, *Danses magiques de Kelantan*, pp. 16, 90, 108 등 ; R.O. Winstedt, *Shaman, Saiva and Sufi: a Study of the Evolution of Malay Magic*, 특히 pp. 8 이하, 55 이하, 여러 곳(이슬람의 영향에 대해서는, pp. 28 이하, 여러 곳) 앞의 책 "Indian

Influence in the Malay World"; Münsterberger, 앞의 책, pp. 83 이하 (인도네시아에 대한 인도의 영향) ; 폴리네시아에 대한 인도의 영향에 대해서는 E.S.C. Handy, *Polynesian Religion*, 여러 곳 ; H.M. and N.K. Chadwick, *The Growth of Literature*, III, pp. 303 이하 ; W.E. Mühlmann, *Arioi und mamaia. Eine ethnologische, religionssoziogische und historische Studie über polynesische Kultbünde*, pp. 177 이하 (폴리네시아에 대한 힌두 교와 불교의 영향) 참조. 그러나 우리는 이러한 영향이, 주술-종교적 생활의 표현만을 바꾸어온 데 지나지 않는다는 점을 간과하지 말아야 한다. 요컨대 이러한 영향이, 우리가 이 연구에서 다루고 있는 위대하고 신비스러운 우주론적 샤만을 창조한 것은 아닌 것이다.

121) Loeb, 앞의 책, p. 124.

122) 같은 책, pp. 150 이하. 이 저자는 니아스 인의 지옥 신화의 복합체와, 인도의 나가 족(Naga)의 사상 사이의 유사성을 지적하고 있다 (p.154). 이 비교는 인도의 다른 원주민에게도 확대될 수 있다. 우리는 인도의 전 (前) 아리아 인과 전 드라비아 인 그리고 인도차이나 인과 인도 제도의 선주민 대부분이 나누어 가지고 있는 소위 오스트로아시아 형 문화의 흔적을 다루고 있는 셈이다. 이 문화의 특징에 관해서는 Eliade, *Yoga : Immortality and Freedom*, pp. 344 이하 참조.

제 9 장   남북 아메리카의 샤마니즘

1) W. Thalbitzer, "Parallels within the Culture of the Arctic Peoples" ; K. Birket-Smith, "Über die Herkunft der Eskimos und ihre Stellung in der zirkumpolaren Kulturentwicklung" ; Paul Rivet, *Les Origines de l'homme americain*, pp. 105 이하 참조. 이러한 자료에서는 에스키모 어와 중앙 아시아의 여러 언어들 사이의 언어 학상의 관련을 추적하려는 시도까지 읽을 수 있다. 가령 Aurélien Sauvageot, "Eskimo et Ouralien" 참조. 그러나 이 가설은 아직 전문가들의 동의를 얻지 못하고 있다.

2) K. Rasmussen, *Die Thulefahrt*, pp. 145 이하 참조. 인간과 실라 (우주의 창조자, 우주의 주) 사이의 중재자인 샤만은 이 대신 (大神)들을 특별히 섬기고 정신 집중과 명상을 통하여 이들에게 접근하려고 한다.

3) Thalbitzer, "The Heathen Priests of East Greenland (Angakut), " p. 457; Rasmussen, *Intellectual Culture of the Iglulik Eskimos*, p. 109; *Intellectual Culture of the Copper Eskimos*, pp. 28 이하 ; E. M. Weyer, *The Eskimos : Their Environment and Folkways*, pp. 422, 437 이하.

4) 가령 Rasmussen, *Intellectual Culture of the Iglulik Eskimos*, pp. 133 이하, 144 이하 참조.

5) 병자의 영혼은 갖가지 성성 (聖性)이 풍부한 지역을 방황하는 것으로 믿어진다. 성성이 풍부한 지역이란, 죽은 자들이 끊임없이 오가는 대우주 권역 ("달," "천공"), 생명의 원천 (그린랜드 에스키모 인의 신앙에서 볼 수 있는 "곰의 나라" ; Thalbitzer, "Les Magiciens esquimaux," pp. 80 이하) 등을 말한다.

6) Rasmussen, *The Netsilik Eskimos : Social Life and Spiritual Culture*, pp. 299 이하 ; G. Holm, "Ethnological Sketch of the Angmagsalik Eskimo," pp. 96 이하. 중앙 에스키모 인의 달 여행에 관해서는 이 책, p. 267 참조. 놀라운 것은, 샤만의 이러한 접신 여행의 전승을, 코퍼 에스키모 인에게서는 전혀 볼 수 없다는 점이다. Rasmussen, *Intellectual Culture of the Copper Eskimos*, p. 33 참조.

7) Rasmussen, *Intellectual Culture of the Iglulik Eskimos*, pp. 131 이하 ; *The Netsilik Eskimos*, p. 295.

8) Rasmussen, *The Netsilik Eskimos*, p. 299.

9) Rasmussen, *Die Thulefahrt*, pp. 168 이하.

10) Rasmussen, *Intellectual Culture of the Copper Eskimos* (p. 34 이하)에 나오는, 특정 무의에 관한 자세한 기술 참조. 그리고 Ernesto de Martino, *Il mondo magico*, pp. 148-49에 나오는 예리한 비판 참조.

11) 가령 Rasmussen, *The Netsilik Eskimos*, p. 294 ; Weyer, 앞의 책, pp. 437 이하 참조.

12) Thalbitzer, "Les Magiciens esquimaux, p. 102.

13) Rasmussen, *Intellectual Culture of the Iglulik Eskimos*, pp. 129 31.

14) 가령 Rasmussen, *The Netsilik Eskimos*, pp. 315 이하 참조.

15) 같은 곳.

16) E. W. Nelson, "The Eskimo about Bering Strait," pp. 433 이하.

17) Franz Boas, "The Central Eskimo," pp. 598 이하. 샤만이 단단한 결박에서 풀려나는 것은 다른 많은 무술과 함께, 우리가 여기에서는 다룰 수 없는 초심리학적인 문제에 속한다. 우리가 채택하는 견해——종교사적인 견해——에서 보아, 결박 풀기는 샤만이 지니는 다른 많은 "기적적인 무술"과 함께 샤만이 이미 "정령"의 범주에 속하고 있음을 보여준다. 사람들은 샤만이 성무식을 통하여 이런 기술을 습득한다고 믿는다.

18) Rasmussen, *Intellectual Culture of the Iglulik Eskimos* pp. 144 이하.

19) Thallbitzer, "The Heathen Priests of East Greenland (Angakut)," p. 459.

20) Rasmussen, *Intellectual Culture of the Iglulik Eskimos*, p. 124.

21) 같은 책, pp. 124 이하. Erland Ehnmark, *Anthropomorphism and Miracle*, pp. 151 이하 참조.

22) Rasmussen, 같은 책, pp. 141 이하.

23) 이 책, 제 3 장, '북아메리카에서의 무력의 수탈' 참조.

24) John Swanton, "Shamans and Priests," pp. 522 이하.

25) Willard Z. Park, *Shamanism in Western North America*, p. 9.

26) Clark Wissler, *The American Indian*, pp. 200 이하.

27) Park, 앞의 책, p. 10.

28) 이 의례에 관해서는 같은 책, pp. 62 이하, 139 이하 참조.

29) 같은 책, p. 44.

30) 같은 책, p. 57. 또한 주 74 참조.

31) Albert B. Reagan, *Notes on the Indians of the Fort Apache Region*, p. 391, Marcelle Bouteiller, *Chamanisme et guérison magique, p.* 160에 인용되어 있다.

32) 가령   M. E. Opler, "The Creative Role of Shamanism in Mescalero Apache Mythology."

33) F. E. Clements, *Primitive Concepts of Disease*, pp. 191 이하 참조. William W. Elmendorf, "Soul Loss Illness in Western North America"; Å. Hultkrantz, *Conceptions of the Soul among North American Indians*, pp. 449 이하 참조.

34) Park, 앞의 책, p. 41.

35) Park, 같은 책, p. 43.

36) Bouteiller, 앞의 책, p. 106.

37) Park, 앞의 책, p. 46;Bouteiller, 같은 책, pp. 111, 이하.

38) Park, 같은 책, pp. 48 이하.

39) 가령 Bouteiller, 앞의 책, p. 134, 주 1에 집약되어 있는 보고서 참조. 또 같은 책, pp. 128 이 하.   Roland Dixon, "Some Aspects of the American Shaman"; Frederick Johnson, "Notes on Micmac Shmanism";M. E. Opler, "Notes on Chiricahua Apache Culture. I: Supernatural Power and the Shaman" 참조.

40) Park, "Paviotso Shamanism";앞의 책, pp. 50 이하.

41) 같은 책, p. 50.

42) 같은 책, p. 52.

43) 같은 책, pp. 55 이하.

44) 같은 책, p. 59.

45) 같은 책, pp. 60 이하.

46) 같은 책, pp. 61 이하.

47) Jaime de Angulo, "La Psychologie religieuse des Achumawi. IV: Le Chamanisme."

48) 같은 글, p. 570.

49) 같은 글, pp. 567-68.

50) 같은 글, p. 569.

51) 같은 글, p. 563.

52) 같은 곳.

53) 같은 곳.

54) 같은 곳.

55) 같은 글, p. 574.

56) 같은 곳.

57) 같은 곳.

58) 같은 글, pp. 575-77.

59) Boas, "The Shushwap," pp. 95 이하(발췌 인쇄).

60) James Teit, "The Thompson Indians of British Columbia," pp. 363 이 하 ; Rev. Myron Eells, *A Few Facts in Regard to the Twana, Clallam and Chema-*

kum Indians of Washington Territory, pp. 677 이하, Frazer, *Taboo and the Perils of the Soul* (p. 58)에 인용되어 있다. 태평양의 베아 섬에서는 주의 역시 장례 행렬을 따라 묘지로 간다. 같은 의례는 마다가스카르에서도 볼 수 있다. Frazer, 같은 책, p. 54 참조.

61) Philip Drucker, *The Northern and Central Nootkan Tribes*, pp. 210 이하.

62) C. D. Forde, *Ethnography of the Yuma Indians*, p. 193.

63) 예로서 Herman Haeberlin, "Sᴃᴇᴛᴇᴛda'q, a Shamanistic Performance of the Coast Salish" 참조. 적어도 여덟 명의 샤만이 집전하는 이 의례는 상상의 배를 이용한 명계로의 접신 여행을 의미한다.

64) Robert H. Lowie, *Notes on Shoshonean Ethnography*, pp. 294 이하 ; Park, 앞의 책, p. 137 ; Clements, 앞의 책, pp. 195 이하 ; Hultkrantz, 앞의 책, pp. 449 이하 ; *The North American Indian Orpheus Tradition*, pp. 242 이하 참조.

65) Lowie의 가설 (*Primitive Religion*, pp. 176 이하)이나 그는 뒤에 이 가설을 버렸다. Lowie, "On the Historical Connection between Certain Old World and New World Belief" 참조. 또 Clements, 같은 책, pp. 196 이하 ; Park, 같은 책 p. 137 참조.

66) A. H. Gayton, "The Orpheus Myth in North America"에 나오는 신화의 지리적 분포 참조. Hultkrantz, *The North American Indian Orpheus Tradition* (지도는 p. 7, 부족의 명단은 pp. 313-14) 참조. 이 신화가 에스키모에게는 알려져 있지 않다. 따라서 시베리아 - 아시아 영향설은 배제되어야 할 듯하다. A. L. Kroeber, "A Karok Orpheus Myth" 참조. 이 신화의 여주인공은 두 여인이다. 이들은 한 젊은이를 찾아 지하계로 내려가지만 찾는 데는 실패한다.

67) Gayton, 같은 글, pp. 270, 272.

68) Gayton, 같은 글, p. 273.

69) 신화적인 조상인 우트 - 나피쉬팀 (Ut-Napishtim)의 섬에서 길가메쉬는 불사의 권능을 얻기 위해 이와 마찬가지로 엿새 밤낮을 뜬눈으로 지새야 하나, 북아메리카의 오르페우스처럼 그 역시 실패하고 만다. Eliade, *Patterns in Comparative Religion*, pp. 289 이하 참조.

70) 일례로 미데위원에 의해 아이가 소생되는 사례 참조. 이런 사례에 관한 희미한 기억은 비밀결사의 전승에 보존되어 있다(W. J. Hoffman, "The Midē'wiwin or 'Grand Medicine Society' of the Ojibwa," pp. 241 이하. Hultkrantz, *The North American Indian Orpheus Tradition*, pp. 247 이하 참조).

71) Bouteiller, 앞의 책 (pp. 51 이하)에 나오는 일반적인 자료 참조. Wissler (*General Discussion of Shamanistic and Dancing Societies*)는 파우니 족에서부터 다른 여러 민족에 이르기까지 민족 특유의 무속 복합의 전파를 연구했다. 그는 이 책 (p. 857 -62)에서 이 무속 복합에 의해 신비적 기술이 동화되어가는 과정을 보여주고 있다. Werner Müller, *Weltbild und Kult der Kwakiutl-Indianer*, pp. 114 이하 ; J. Haekel, "Initiationen und Geheimbünde an der Nordwestküste Nordamerikas" 참조.

500

72) 이 책, 제3장, '북아메리카에서의 무력의 수탐' 참조.

73) 이미 인용된 사례 (108 이하)에 덧붙여, Leslie Spier, *Klamath Ethnography* (pp. 93 이하 ["무력 수탐"], pp. 107 [능력의 질적 차이], pp. 249 [수탐의 보편성] 등)에 실린 탁월한 분석을 소개하고 싶다.

74) Hoffman, 앞의 글, pp. 157 이하. 예스사키드가 보여주는 주력의 몇 가지 예 (같은 책, pp. 275 이하) 참조. 그러나 덧붙여야 할 것은 북아메리카 샤만의 기예 (技藝)가 여기에서 끝나지 않는다는 점이다. 이들은 사람들 눈앞에서 밀알의 싹을 틔우고 그 싹을 자라게 해 보인다든지, 눈깜박할 사이에 먼 산에 있는 소나무 가지를 꺾어온다든지, 토끼나 새끼 산양을 나타나게 한다든지, 깃털 같은 것을 날게 한다든지 하는 능력을 가진 것으로 믿어진다. 그뿐만 아니라 이들은 높은 곳에서 조그만 바구니 속으로 몸을 던진다든지, 토끼 뼈를 산 토끼로 변하게 한다든지, 갖가지 동물의 모습을 바꿀 수도 있는 것으로 믿어지기도 한다. 그러나 샤만이 가진 능력 중 가장 돋보이는 것은 "불의 지배자"로서의 능력이다. 그래서 이들은 갖가지 종류의 "불 재주"를 선보인다. 이들은 한 사람을 잔화 (殘火) 속에 넣어 재로 만들고도, 몇 분 뒤에는 그 사람으로 하여금 굉장히 멀리 떨어진 곳에서 다른 사람들과 함께 춤을 추게 할 수도 있다. Elsie Clews Parsons, *Pueblo Indian Religion*, I, pp. 404 이하 참조. 주니 족 (Zuni)이나 케레스 족 (Keres)에는 불 재주를 전문으로 선보이는 비밀결사가 있는데, 이 결사의 동아리는 석탄을 삼키고 불 위를 걷고 빨갛게 단 쇳덩어리를 식히는 등의 재주를 부릴 수 있다. 가령 Matilda Coxe Stevenson (*The Zuñi Indians : Their Mytholohy, Esoteric Fraternities, and Ceremonies*, pp. 503 506 등)은 이들의 행동을 자세하게 기록하고 있는데, 이 기록에 따르면, 빨갛게 단 숯을 30–60초 동안 입에 물고 있는 샤만도 있다.

75) Hoffman, 같은 글, p. 158.

76) Hoffman, 같은 글, pp. 166 이하 ; "Pictography and Shamanistic Rites of the Ojibwa," pp. 213 이하. Müller, *Die blaue Hütte*, p. 28 이하, 40 이하 ; Sister Bernard Coleman, "The Religion of the Ojibwa of Northern Minnesota," pp. 44 이하 (on the Midē'wiwin) 참조.

77) Hoffman, "Midē'wiwin" pp. 217, 220 이하 참조.

78) Müller, *Die blaue Hütte*, pp. 52 이하 참조.

79) Hoffman, 같은 글, pp. 204-76 참조.

80) 쿠와키우틀 족 "식인결사 (Cannibal Societies)"의 샤만적 성격에 관해서는 Müller, *Weltbild und Kult*, pp. 65 이하 ; Eliade, *Birth and Rebirth*, pp. 68 이하 참조.

81) Paul Radin, *The Road of Life and Death : a Ritual Drama of the American Indians.*

82) 같은 책, pp. 5 이하, 283 이하 등 참조

83) 같은 책, p. 75.

84) 같은 곳.

85) 같은 책, p. 31.

86) 같은 책, p. 25.

87) James Mooney, "The Ghost-Dankce Religion and the Sioux Outbreak of 1890"; Leslie Spier, *The Prophet Dance of the Northwest and Its Derivatives : the Source of the Ghost Dance*; Cora A. Du Bois, *The 1870 Ghost Dance.*

88) James Mooney, 같은 글, pp. 748 이하, 780 등 참조.

89) 같은 글, pp. 663 이하, 746 이하, 772 이하 등.

90) 같은 글, pp. 672 이하.

91) 같은 글, pp. 719 이하.

92) 같은 글, p. 777 이하, 781, 786.

93) 가령 같은 책 (p. 748)에 나오는, 네 사람이 소생한 사례 참조.

94) 같은 글, p. 672.

95) 같은 글, pp. 675-76.

96) 같은 글, pp. 915 이하.

97) 같은 글, p. 786.

98) 같은 글, pp. 789 이하 ; Pl. CIII, p. 895.

99) 같은 글, p. 791.

100) 같은 글, pp. 823 이하.

101) A. Métraux, "Le Shamanisme chez les Indiens de l'Amérique du Sud tropicale," pp. 329 이하. Métraux, "Religion and Shamanism," pp. 559-99; "The Social Organization of the Mojo and Manasi," pp. 9-16 (모요 족의 샤마니즘), pp. 22-28 (마나시 족의 샤마니즘) ; E. H. Ackerknecht, "Medical Practices"; J. H. Steward, "Shamanism among the Marginal Tribes"; W. Madsen, "Shamanism in Mexico"; Nils M. Holmer and S. Henry Wassén, eds. and trs., *Nia-Ikala : Canto mágico para curar la locura*; O. Zerries, "Krankheitsdämonen und Hilfsgeister des Medizinmannes in Südamerika" 참조. 남아메리카 문화권 문제에 관해서는 W. Schmidt, "Kulturkreise und Kulturschichten in Südamerika"; critique by Roland B. Dixon, *The Building of Cultures*, pp. 182 이하 ; review by W. Koppers, *Anthropos*, XXIV, (1929), 695-99 참조. Rafael Karsten, *The Civilization of the South American Indians*; "Zur Psychologie des indianischen Medizinmannes"; John M. Cooper, "Areal and Temporal Aspects of Aboriginal South American Culture" 참조. 남아메리카 문화의 기원과 역사에 관해서는 Erland Nordenskiöld, *Origin of the Indian Civilization in South America*, 특히 pp. 1-76; Rivet, *Les Origines de l'homme américain,* 여러 곳 참조.

102) Métraux, "Le Shamanisme chez les Indiens de l'Amérique du Sud tropicale," pp. 337 이하 참조.

103) 같은 글, pp. 330 이하 참조.

104) 샤만은 억수같이 쏟아지는 비를 멎게 하기도 한다 (같은 글, pp. 331 이하). "이푸리나 샤만은 자기의 영혼을 하늘로 보내어, 우주를 온통 불바다로 만들 듯한 유성을

사라지게 하기도 한다"(같은 글, p. 332).

105) 다른 종족에서도 이런 예를 찾아볼 수 있지만, 타피라페 족(Tapirape)에 따르면, 샤만이 영혼-아기를 찾아다 넣어주어야 여자는 비로소 아이를 배고 낳을 수 있다. 샤만에게, 아기로 화신한 정령의 정체를 알아봐달라고 하는 종족도 있다(같은 곳).

106) 미래를 알아내기 위해 투피남바 족 샤만은 "갖가지 금기를 충실하게 지켜낸 뒤 오두막에 은거하는데, 이 금기 중에는 9일간의 금욕생활도 포함되어 있다"(같은 글, p. 331). 그러면 영신들이 내려와 정령의 언어로 미래의 일을 계시해준다. Métraux, *La Religion des Tupinamba*, p. 86 이하 참조. 군사적인 충돌 전야에 샤만이 꾸는 꿈은 특히 의미심장하다. p. 33.

107) 같은 글, p. 334.

108) Métraux, 앞의 책, pp. 81 이하 ; "Les Hommes-dieux chez les Chiriguano et dans l'Amérique du Sud," p. 66　등 ; "Le Shamanisme chez les Indiens de l'Amérique du Sud tropicale," p. 334.

109) Métraux, "Le Shamanisme chez les Indiens de l'Amérique du Sud tropicale," p. 335-36.

110) 같은 글, p. 338.

111) 같은 글, pp. 351 이하. 인간과 신 사이의 중재자로서의 야루로 샤만(Vincenzo Petrullo, "The Yaruros of the Capanaparo River, Venezuela," pp. 249 이하)의 역할 참조.

112) Father Housse, *Une Épopée indienne*.

113) 야루로 샤만은 사자의 나라로 여행하는데, 이 나라는 "말"의 잔등에 있는 크신 대모신(大母神)의 나라이기도 하다(Petrullo, 앞의 글, p. 256).

114) 웅길라툰 제(祭)는, 재생하는 시간에 대한 계절적 제의의 복합체에 속한다. Eliade, *The Myth of the Eternal Return*, pp. 51 이하 참조.

115) 이 책, 제4장, '아로케니아 무당의 입문의례' 참조.

116) 이 책, 제4장, '카리브 샤만의 천상계 여행' 참조.

117) Karl von den Steinen, *Unter den Naturvölkern Zentral-Brasiliens.*, p. 357.

118) Theodor Koch, "Zum Animismus der südamerikanischen Indianer," pp. 129 이하(18세기 이후의 자료에 의함).

119) Ida Lublinski, "Der Medizinmann bei den Naturvölkern Südamerikas," pp. 247 이하 참조.

120) Clements, 앞의 책, pp. 196-97(table) ; Métraux, "Le Shamanisme chez les Indiens de l'Amérique du Sud tropicale," p. 325 참조.

121) 카인강 족(Caingang), 아피나예 족, 코카마 족(Cocama), 투쿠나 족(Tucuna), 코토 족(Coto), 코베노 족, 타울리팡 족, 이토나마 족(Itonama) 및 위토토 족(Witoto)의 경우(같은 글, p. 325).

122) 실례로 Koppers, *Unter Feuerland-Indianern*, pp. 72, 172 참조.

123) 가령 아로케니아 인에게서 볼 수 있듯이. Métraux, "Le Shamanisme araucan," p. 331 참조.

124) Métraux, "Le Shamanisme chez les Indiens de l'Amérique du Sud tropicale,"
　　 p. 328.

125) Métraux, "Le Shamanisme araucan," p. 331.

126) 같은 곳.

127) Métraux, "Le Shamanisme chez les Indiens de l'Amérique du Sud tropicale,"
　　 p. 327.

128) 같은 글, p. 322.

129) 남아메리카의, 정령동물 관념에 관해서는 R. Karsten, 앞의 책, pp. 265 이하 참조.
　　 같은 책, pp. 86 이하 (주의들의 의례용구로서의, 깃털의 역할), pp. 365 이하 (결정
　　 과 암석의 주력).

130) 가령　Métraux, "Le Shamanisme chez les Indiens de l'Amérique du Sud
　　 tropicale" (pp. 325 이하, 주 90)에 나오는 기아나의 카리브 족 무의에 관한 기술 (상
　　 당히 자세하게 되어 있다) 참조.

131) Métraux, "Le Shamanisme araucan," p. 333.

132) 같은 곳.

133) 같은 글, p. 334.

134) 같은 글, p. 336.

135) 같은 글, p. 337.

136) 같은 글, p. 339.

137) 같은 글, pp. 339 이하 (18세기의 저자 Nuñes de Pineday Bascuñ에 따름), 341
　　 이하 (Manuel Manquilef and Father Housse에 따름) 참조.

138) 같은 글, p. 341.

139) 같은 글, p. 340.

140) 같은 글, p. 338.

141) M. Gusinde, *Die Feuerland Indianer*, II ; *Die Yamana*, pp. 1417 이하, 1421.
　　 셀크남 족의 무의, *Die feuerland Indianer*, Ⅰ : *Die Selk'nam*,, pp. 757 이하 참조.

142) M. Gusinde, *Die Feuerland Indianer*, II, pp. 1429 이하.

143) M. Gusinde, *Die Feuerland Indianer*, p. 1426.

144) Koppers, "Die Frage eventueller alter Kulturbeziehungen zwischen dem
　　 südlichen Südamerika und Südost-Australien" 참조. 언어학적 유사성에 관해서
　　 는　Rivet, "Les Austualiens en Amérique" ; *Les Origines de l'homme amér-
　　 icain*, pp. 88 이하 참조. Schmidt, *Der Ursprung der Gottesidee*, VI, pp. 361 이
　　 하 참조.

145) Rivet, "Les Malayo-Polynésiens en Amérique" ; 같은 책, pp. 103 이하 ;
　　 Georg Friederici, "Zu den vorkolumbischen Verbindungen der Südsee-Völ-
　　 ker mit Amerika" ; Walter Lehmann, "Die Frage völkerkundlicher Beziehun-
　　 gen zwischen der Südsee und Amerika" ; James Hornell, "Was There Pre
　　 -Columbian Contact between the People of Oceania and South America ?"
　　 참조. Rivet는 그럴 가능성이 있다고 본다. 연대기적으로 말해서 아메리카 대륙으

로는 세 민족의 이주 가능성, 즉 아시아 계, 오스트레일리아 계, 멜라네시아-폴리네 시아 계의 이주 가능성을 상정할 수 있다. 그는 세번째의 이주를, 오스트레일리아 계 의 이주보다 결정적으로 중요한 것으로 보고 있다. 구석기시대의 유적이 아직 남아 메리카에서는 발견된 적이 없지만 대륙과 오세아니아간의 이주와 접촉(만일 이것이 사실로 용인된다면)은 오랜 옛날에 이루어졌을 가능성이 있다. D. S. Davidson, "The Question of Relationship between the Cultures of Australia and Tierra del Fuego"; Carl Schuster, *Joint-Marks;a Possible Index of Cultural Contact between America, Oceania and the Far East* 참조.

146) 이 문제에 관해서는 방대한 문헌 목록이 있다. Waldemar G. Bogoras, "The Folklore of Northeastern Asia, as Compared with That of Northwestern America"; Berthold Laufer, "Columbus and Cathay, and the Meaning of America to the Orientalist"; B. Freiherr von Richthofen, "Zur Frage der archäologischen Beziehungen zwischen Nordamerika und Nordasiens"; Diamond Jenness, "Prehistoric Culture Waves from Asia to America"; G. Hatt, *Asiatic Influences in American Folklore*; R. von Heine-Geldern, "Cultural Connection between asia and Pre-Columbian America" (1949년 뉴욕에 서 열린 아메리카니스트 국제회의에서) 참조. Heine-Geldern은 아메리카 북서 연 안 부족들의 예술품은 아시아에 그 기원을 두고 있다고 주장했다. 그는 브리티시 컬 럼비아와 남알래스카, 뉴아일랜드 북부 연안 부족들의 스타일이 멜라네시아와 동일 하며 보르네오, 수마트라, 뉴기니아의 기념물과 의례대상은, 중국 상(商) 나라의 미 술품과 일치한다고 주장한다. 그는 중국에서 기원한 이러한 미술사조가 남쪽으로는 인도네시아로, 동쪽으로는 북아메리카로 확산되었는데, 이것이 북아메리카로 확산된 것은 기원전 500년경이었다고 주장하고 있다. 예술품 분야에서, 고대 중국과 아메리 카 사이의 유사성에 관한 연구로는 C. Hentze, *Objets rituels, croyances et dieux de la Chine antique et de l'Amérique*가 있음을 지적해두고자 한다. 선사 이피우 타크 문화(서알래스카)에서도 식별할 수 있는 시베리아와 중국의 영향의 흔적은 잠 정적으로 1세기 즈음의 것으로 추정된다 : Helge Larsen, "The Ipiutak Culture : Its Origin and Relationship" 참조. Carl Schuster, "A Survival of the Eur-asiatic Animal Style in Modern Alaskan Eskimo"; Heine-Geldern, "Das Problem vorkolumbischer Beziehungen zwischen Alter und Neuer Welt und seine Bedeutung für die allgemeine Kulturgeschichte" 참조.

147) Lowie, "Religious Ideas and Practices of the Eurasiatic and North American Areas." Lowie, "On the Historical Connection between Certain Old World and Now World Beliefs," 특히 pp. 547 이하 참조. 17세기말, 한 여행자가 핀 인 의 관습에 대해 다음과 같이 기술하고 있다. 즉 농민은 욕탕 중앙에서 돌을 가열한 다음 여기에다 물을 끼얹고 그 김을 쐼으로써 땀구멍이 모두 열리게 한 다음 여기에 서 나와 아주 차가운 물 속으로 들어간다는 것이다. 이와 같은 관습은 16세기 스칸 디나비아 인에게도 있었던 것으로 증명되었다. Lowie("Religious Ideas and Practices of the Eurasiatic and North American Areas," p. 188)는 틀링기트

족이나 크로우 족(Crow)도 이와 마찬가지로 증기욕을 한 다음 얼음같이 차가운 물 속으로 들어간다는 사실을 지적한다. 우리는 오래지 않아 이 증기욕이 "신비적인 열기"를 증진시키기 위한 초보적인 기술의 하나이며 발한(發汗) 자체에도 상당히 창조적인 가치가 부여되고 있다는 사실을 확인하게 될 것이다. 많은 신화 전승은 인간은 신에 의하여 창조되었는데 신이 발한할 동안에 창조되었다는 소식을 전한다. 이 모티프에 관해서는 K. Meuli, "Scythica," pp. 133 이하 ; 이 책, 제 11장, '고행과 가입의례' 참조.

148) Lowie "Religious Ideas and Practices of the Eurasiatic and North American Areas," p. 186.

149) 같은 책, p. 187.

150) 이 문화 복합에 대해서는 Regina Flannery, "The Gros Ventre Shaking Tent," pp. 82 이하 (비교연구) 참조.

151) 이 책, 제 13장, '주술적인 열기' 참조.

제 10 장   동남 아시아와 오세아니아의 샤마니즘

1) Eliade, *Patterns in Comparative Religion,* pp.46 이하.

2) W.W.Skeat and C.O. Blagden, *Pagan Races of the Malay Peninsula,* II, 229 이하 ; Ivor H.N.Evans,*Studies in Religion, Folk-Lore& Custom in British North Borneo and the Malay Peninsula,*p.158. 할라에는 두 가지가 있다. 즉 쉬나후드 (snahud)와 푸테우(puteu)가 그것이다. 쉬나후드는 동사 sahud("영혼을 불러낸다" 는 뜻)에서 나온 말이다. 이 쉬나후드는 병자를 진찰하는 일밖에 할 수 없다. 그러나 푸테우는 치료도 할 수 있다(Evans, "Schebesta on the Sacerdo-Therapy of the Semang,", p. 119. 할라크에 대해서는 Fay-Cooper Cole, *The peoples of Malaysia,* pp. 67,73,108;W. Schmidt, *Der Ursprung der Gottesidee,*III, pp. 220이 하 ; R.Pettazzoni, *L'onniscienza di Dio,* pp. 453이하, 468, 주. 86 ; Engelbert Stiglmayr, "Schamanismus bei den Negritos Südostasiens," part. 1 참조.

3) "작은 천계의 존재, 자비롭고 빛나는 존재, 신의 자식이자 종" Schetesta, *Les Pygmées* (p. 152)에는 체노이가 이렇게 표현되어 있다. 인간과 타 페든 사이의 중개자로 봉사하는 것이 바로 체노이이다. 그러나 체노이는 네그리토 족의 조상이기도 하다. Evans, p.118 ; p.148. 또 *Papers on the Ethnology and Archaeology of the Malay Peninsula,* pp. 18, 25 ; Cole, 같은 책 p. 73 참조.

4) Schebesta, 같은 책 pp. 153 이하 참조, 이것은 물론 샤만 특유의 "영 (靈)"의 언어인 신어이다. Evans(*Studies in Religion, Folk-Lore& Custom in British North Borneo and the Malay Peninsula,* 159)는 이들의 주문을 채록하고 그 놀라울 정도로 단조로운 노래의 텍스트를 우리에게 전해주고 있다 (PP. 160 이하). 에반스에 따르면, 무의 도중 할라는 체노이의 지배를 받는다 (p. 160). 그러나 Schebesta의 기술을 보면, 할라와 그 보호영신 사이의 대화가 아주 인상적이다.

5) 북아메리카 샤만의 무의에 관해서는 이 책, 제 9장, 주 150 참조.

6) Evans, "Schebesta on the Sacerdo-Therapy of the Semang", p. 115.

7) Schebesta, 앞의 책, p. 152.

8) Evans, 같은 글, p. 119.

9) 같은 글, p. 121.

10) 같은 곳.

11) Evans, *Papers on the Ethnology and Archaeology of the Malay Peninsula*, p. 20.

12) 이 책, pp. 141 이하.

13) Evans, 앞의 글. p. 119.

14) 같은 글, p. 120 ; Schebesta, 앞의 책, p. 154.

15) Jeanne Cuisinier, *Danses magiques de Kelantan*, pp. 38 이하, 74 이하, 말레이 샤마니즘에서의 호랑이의 역할에 관해서는 이 장의 '말레이의 샤마니즘' 참조. 승카이 사카이 (Sungkai Sakai) 족의 샤만은 호랑이로 둔갑할 수 있다고 믿는다 (Evans, *Studies in Religion, Folk-Lore&Custom in British North Borneo and the Malay Peninsula,* p. 211).

16) 켈란탄 지역의 보모르 벨리안 (즉 호랑이 영신에게 비는 전문가)은, 입문적 정신이상 시절, 호랑이를 찾아 밀림을 누비던 때의 일을 상기한다. 즉 이 보모르 벨리안은 호랑이의 등에 업혀 카당 발룩 (Kadang baluk)이라는 호인 (虎人)이 사는 신화적인 마을에 이른다. 3년 동안 이곳에서 살다가 온 뒤로는 그전에 하던 간질성 발작을 일체 하지 않았다고 한다 (Cuisinier, 같은 책, pp.5 이하). 물론 카당 발룩이란 "밀림 속의 지하계"이다. 바로 여기에서 입문의례 (반드시 샤만의 입문의례일 필요는 없다)가 집행된다.

17) Evans, *Studies in Religion, Folk-Lore&Custom in British North Borneo and the Malay Peninsula*, p. 151.

18) Cole, 앞의 책, pp. 70 이하 참조.

19) 이 책, pp. 260 이하 참조.

20) Cole, 같은 책, pp. 92 이하, 111 이하 참조 ; Evans, *Studies in Religion Folk-Lore & Custom in British North Borneo and the Malay Peninsula*, pp. 208 이하 (사카이), pp. 264 (자쿤) 참조. 말레이 반도에서 살던 전 (前) 말레이 민족 (피그미인, 사카이 인, 자쿤 인)의 종교 신앙의 정의는 Skeat and Blagden, 앞의 책, II, pp. 174 이하 참조.

21) Evans, 같은 책 pp. 211 이하.

22) 같은 책, p. 214.

23) 같은 책. p. 217.

24) Evans, 앞의 글, p. 120

25) Evans, *Studies in Religion Folk-Lore&Custom in British North Borneo and the Malay Peninsula*, p. 265. 이러한 장송 관습과 신앙을 가진 우주론적, 종교적 함의에 대해서는 이 책, 제 4장, '상승의례의 변형' 참조, 조호르의 베누아-자쿤의 포양에 관해서는 Skeat and Blagden, 앞의 책, pp. 350 이하 참조.

26) A.R. Radcliffe-Brown, *The Andaman Islanders,* pp. 175 이하 ; Stiglmayr, "Schamanismus bei den Negritos Südostasiens, " part 2 참조.

27) George Whitehead, *In the Nicobar*, pp. 128 이하, 147 이하.

28) T.J. Newbold, *Political and Statistical Account of the British Settlements in the Straits of Malacca*, II, pp. 387-89; R.O. Winstedt, *Shaman, Saiva Sufi : a Study of the Evolution of Malay Magic*, pp. 44-45 : "Kingship and Enthronement in Malay," pp. 135 이하 ("샤만으로서의 말레이 왕").

29) Winstedt, 같은 책, pp. 96-101 .

30) W.W. Skeat, *Malay Magic*, pp. 436 이하 ; Winstedt, 같은 책, pp. 97 이하.

31) Jeanne Cuisinier, 앞의 책, pp. 38 이하, 74 이하 등.

32) 같은 책, pp. 34 이하, 80이하, 102 이하.

33) 같은 책, p. 69.

34) Skeat and Blagden, 앞의 책, II. p 307.

35) 이 책, 제 8장, p. 263 참조.

36) 자연발생적인 것이건, 고의적으로 일으킨 것이건, 바타크 인에게 "빙의"는 흔한 현싱이다. 그러니까 누구에게든 베구, 즉 사자의 영혼이 깃들일 수가 있는 것이다. 사자의 영은 영매의 입을 빌려서 말을 하고 사람들이 알고자 하는 비밀을 털어놓는다. 바타크 인의 "빙의"는 샤만적 형태를 띠는 것이 보통이다. 즉 영매는 불타는 석탄을 입에 넣을 수 있고 발작을 시작하면 춤을 추거나 펄쩍펄쩍 뛰거나 한다. J.Warneck, *Die Religion der Batak*, pp. 68 이 하 ; T.K. Oesterreich, *Possession*, pp. 252 이하. 그러나 샤만과는 달리 바타크 인 영매는 자신의 베구를 통제할 수 없다. 베구를 통제하는 것은 베구 자신, 아니면 이 베구에 "들리기"를 바라는 사자의 영뿐이다. 바타크 인의 종교적 감성의 특징이라고 할 수 있는 자발적인 영매 직분은 샤만적 기술을 모방한 것이라고 볼 수 있다. 인도네시아의 샤마니즘 일반에 관해서는 G.A.Wiken, "Het Shamanisme bij de Volken van den Indischen Archipel," pp. 427-97 ; A.C. Kruyt(Kruijt), *Het Animisme in den Indischen Archipel*, pp. 443 이하 참조.

37) E.M. Loeb, *Sumatra*, pp. 80-81.

38) 같은 책, pp. 80-81.

39) 같은 책, pp. 125-26.

40) 같은 책, pp. 155 이하.

41) Loeb, 같은 책 , pp. 198 이하; "Shaman and Seer," pp. 66 이하.

42) Loeb, *Sumatra*, p. 286.

43) Evans, *Studies in Religion Folk-Lore& Custom in British North Borneo and the Malay Peninsula*, pp. 4 이하, 21 이하, 26 이하.

44) H.Ling Roth, *The Natives of Sarawak and British North Borneo,*I, pp. 259-63.

45) 이 책, p. 72 이하 참조.

46) Roth, 앞의 책, pp. 265 이하 ; Archdeacon J. Perham, "Manangism in Borneo," Roth (앞의 책, pp. 271 이하)의 인용 참고. Waldemar Stöhr, *Das*

Trtenritual der Dajak, pp. 152 이하, 48 이하 (사자의 영혼을 저승으로 보내는 샤마니즘), 125 이하, (장송의례) 참조.

47) Roth, 같은 책, p. 282. 아로케니아 샤만의 경우, 이성 (異性)으로의 변장 (남성의 여장, 여성의 남장), 성적 도착 현상에 참조 (A.Métraux, "Le Shamanisme ar-aucan," pp. 315 이하).

48) Roth, 같은 책 pp. 270 이하. 젊은이가 마낭 발리가 되는 일은 드물다. 마낭 발리가 되는 것은 물질적인 것에 집착하지 않는 노인이나 자식이 없는 사람인 경우가 대부분이다. 추크치 인의 변장및 성전환에 관해서는 W,G, Bogoras, *The Chukchee*, pp. 448 이하 참조. 버마 해 연안에서 멀리 떨어져 있는 람리 섬의 경우, 요술사는 여성의 옷을 입고 동료 요술사의 "남편"이 된다. 이 요술사는 "두번째 아내"로 여성을 맞이하는 데, 이 여성은 다른 남자와 공유할 수 있다 (H.Webster, *Magic* p. 192). 신의 명에 복종하기 위함이건, 여성의 주술적 특권을 위함이건 분명히 의례적 변장인 것은 분명하다.

49) Roth, 같은 책 p. 282.

50) 이 문제에 관해서는 Justus M. van der Kroef, "Transvestitism and the Religious Hermaphrodite in Indonesia," 여러 곳.

51) H. Schärer, "Die Vorstellungen der Ober-und Unterwelt bei den Ngadju Dajak von Süd-Borneo, pp. 59 이하.

52) Eliade, 앞의 책, pp. 420 이하 참조.

53) N. Adriani and A.C. Kruyt, *De Bare'e-sprekende Toradja's van Midden-Celebes*, , I -II, 특히 I, pp 361 이하 ; Ⅱ, pp 85-106, 109-46, 여러 곳, 그리고 H.H. Juynboll, "Religionen der Naturvölker Indonesiens" (pp. 583-88)에 나오는 장문 (長文)의 초록 (抄錄). R.E. Downs, *The Religion of the Bare'e-speaking Toradja of Central Celebes*, pp. 47 이하, 87 이하. James Frazer, *Aftermath*, pp. 209-12 (Adriani and Kruyt, 같은 책, I, 376-93의 초록) ; H.G. Quaritch Wales, *Prehistory and Religion in South-East Asia*, pp. 81 이하 참조. 병자의 영혼을 육신에 되돌리는 무의에 관한 다른 기록에는 Frazer, 같은 책, pp. 212-13, 214-16 (Kayan of Sarawak, Borneo).

54) p. 89 (Kruyt에 의함).

55) 세람 (Ceram) 주민의 샤만적 이데올로기와 관습에 대해서는 J.G. Röder, *Alahatala. Die Religion der Inlandstämme Mittelcerams*, pp. 46 이하, 71 이하, 83 이하, 118 이하.

56) Rosalind Moss, *The Life after Death in Oceania and the Malay Archipelago*, pp.4 이하, 23 이하 등을 참조. 오세아니아의 장례 형태와 사후세계 관념과의 관계에 대해서는 Frazer, *The Fear of Death in Primitive Religion*, I, pp. 181 이하 ; Erich Doerr, "Bestattungsformen in Ozeanien" ; Carla van Wylick, *Bestattungsbrauch und Jenseitsglabe auf Celebes*; H.G.Quaritch Wales, 앞의 책, pp. 90 이하.

57) W. Golther, *Handbuch der germanischen Mythologie*, pp. 90 이하, 290, 315 이

하 ; O. Almgren, *Nordische Felszeichnungen als religiöse Urkunden*, pp. 191, 321 등 ; O, Höfler, *Kultische Geheimbünde der Germanen*, I, p. 196 등.

58) Alexander Slawik, "Kultische Geheimbünde der Japaner und Germanen" pp. 704 이하.

59) Höfler, 앞의 책, Ⅰ, pp. 221 이하 등 ; Slawik, 같은 글, pp 687 이하.

60) 지금 우리가 관심을 갖는 지역에 한정한다면, W.J.Perry, *The Megalithic Culture of Indonesia*, pp. 113 이하 (추장은 사후에 하늘로 간다) ; Moss, pp. 78 이하, 84 이하 (하늘은 특권 계급의 안식처) ; A. Riesenfeld, *The Megalithic Culture of Melanesia*, pp. 654 이하.

61) 가령 Skeat, 앞의 책, pp. 427 이하 등 ; Cuisinier, 앞의 책, pp. 180 이하. 같은 풍습은 니코바르 제도에서도 발견됐다. Whitehead, 앞의 책, p. 152 삽화 참조.

62) A. Steinmann, "Das kultische Schiff in Indonesien," pp. 184 이하 (북보르네오, 수마트라, 자바, 몰루카스 등).

63) Eliade, *The Myth of the Eternal Return*, pp. 53 이하 참조.

64) Steinmann, 앞의 글, pp. 190 이하, 샤만의 배는 도처에서 발견된다. 아메리카 대륙에서도 마찬가지이다 (샤만은 배를 타고 지하계로 내려간다. G. Buschan, ed., *Illustrierte Völkerkunde*, I, p.134;Steinmann, 같은 글, p. 192).

65) Steinmann, 같은 글, pp. 193 이하 ; Wales, 앞의 책, pp. 101이하. W.Schmidt (*Grundlinien einer Vergleichung der Religionen und Mythologien der austronesischen Völker*)에 따르면, 인도네시아의 우주수는 달에 그 기원을 두고 있다. 이 때문에 우주수는 인도네시아 서부지역 (말하자면, 보르네오, 남수마트라, 말라카)의 신화에서는 중요한 모티프로 등장하나 동부지역에서는 달의 신화가 태양의 신화로 대체되어 있다. 가령 Steinmann, 같은 글, pp. 192, 199 참조, 그러나 이 천문신화 (天文神話)의 구조에 대한 유력한 반대 이론이 제기되고 있다. 실례로, F. Speiser, "Melanesien und Indonesien," pp. 464 이하 참조. 우리가 여기에서 주목해야 하는 것은, 우주수는 복잡한 상징체계여서 그 일부 (예를 들자면 주기적인 재생)만이 달의 신화체계로 합리적으로 설명될 수 있을 뿐이라는 점이다. 가령 Eliade, *Patterns in Comparative Religion*, pp. 296 이하 참조.

66) 실례로, Krujt (Kruyt), "Indonesians," p. 244 ; Moss, 앞의 책, p. 106 참조. 동부 토라자 족의 경우, 샤만은 죽은 지 8,9일 뒤에 지하계로 내려가 사자의 영혼을 수습한 다음 이를 배에다 싣고 하늘로 올라간다. (Wales, 같은 책, pp. 95 이하, Adriani and Kruyt에 의함).

67) Moss, 같은 책, 104 이하.

68) 드야크 족의 곡부에 관한 텍스트와 음창 (吟唱) 자료의 대부분은 Archdeacon Perham 에 의해 *JRAS Straits Branch* (1878)로 출판되고 증보판은 Roth에 의해 앞의 책 (I. pp. 203 이하)에 그리고 Rev. W.Howell, "A Sea-Dayak Dirge"로 재출판 (우리가 입수할 수 없었던 이 논문은 가까스로 H.M. and N.K.Chadwick, *The Growth of Literature*, III, pp. 488 이하에 나오는 긴 발췌문을 통하여 인용하게 되었다). 남보르네오의 응가주 드야크 족의 장송 신앙과 관습에 관해서는 H.Schärer, 앞의 책, pp.

509

159 이하 참조.

69) A.Riesenfeld, *The Megalithic Culture of Melanesia,* pp. 665 이하 , 680과 여러 곳. 이 논저에는 초기의 연구 성과, 특히 Rivers, Deacon, Layard, Speiser 등의 연구에 의한 광범위한 문헌목록과 비판적 검토가 반영되어 있다. 멜라네시아와 인도네시아 사이의 문화적 관계에 관해서는 Speiser, "Melanesien und Indonesien" 참조. 멜라네시아와 폴리네시아의 관계 (특히 反역사적인 입장에서)에 대해서는 Ralph Piddington, ed., in R.W.Williamson, *Essays in Polynesien Ethnology*, pp. 302 이하 참조. 거석문화와 거석문화 특유의 이데올로기 (목자르기 등)를 중국 남부로부터 뉴기니아로 전파시킨 오스트로네시아 인의 선사 (先史)와 첫 이주에 관해서는 Heine-Geldern, "Urheimat und früheste Wanderungen der Austronesier" 참조. Riesenfeld의 조사연구에 따르면 멜라네시아 거석문화의 창시자들은 타이완, 필리핀 및 북부 셀레베스 인근에서 온 듯하다 (같은 책 p. 668).

70) Riesenfeld, 같은 책, pp. 78,80 이하, 97, 102와 여러 곳 참조.

71) Riesenfeld는 자신은 다른 저서에서 이것을 증명하려고 하는 것 같다.

72) 이 문제는 여기에서 다루기에는 너무 복잡하다. 모든 입문의례 (연령집단 가입의례, 비밀결사 가입의례. 샤만의 성무의례)는 의심할 여지없이 형태학적으로 유사하다. 일례로 말레쿨라의 비밀결사 입문 지원자는 돼지를 제물로 바치기 위해 노대 위로 오른다 (A. B. Deacon, *Malekula* pp. 379 이하). 그런데 이 책 (제 4장, '나무 오르기 의식')에서 볼 수 있듯이 노대나 나무를 오르는 것은 샤만 입문의 특유한 의례이다.

73) 이 책, p. 324.

74) 이 책, pp. 371 이하.

75) C.G.Seligman, *The Melanesians of British New Guinea*, pp. 158,273 이하 (로로), 189 (코이타). Kira Weinberger-Goebel, "Melanesische Jenseitsgedanken," p. 114 참조.

76) 이 책, 제 13장, '주술적인 열기' 참조.

77) R.F.Fortune, *Sorcerers of Dobu*, pp. 295 이하.

78) 같은 책, pp. 150 이하. 296 등. 불의 신화적 기원을 늙은 여자의 자궁으로 보는 발상 (같은 책, pp. 296 이하)은 여성의 주력이 남성의 요술보다 더 뿌리가 깊다는 사실을 암시하는 듯하다.

79) 같은 책, p. 150.

80) 같은 책, pp. 154 이하. vada 방법 〔呪殺〕에 대해서는 같은 책, pp. 284 이하 ; Seligman, 앞의 책, pp. 170 이하 참조.

81) 같은 책, p. 155.

82) 같은 책, pp. 298 이하.

83) 같은 곳.

84) 같은 책, pp. 147 이하.

85) R.H. Codrington, *The Melanesians*, pp. 194 이하.

86) 같은 책, p. 197.

87) 같은 책, p. 198. 같은 기술은 피지 섬에서도 발견된다 (같은 책, p.1). 멜라네시아 요

술사의 주석 (呪石)과 수정 결정에 관해서는 Seligman, 앞의 책, pp. 284-85 참조.

88) Codrington, 앞의 책, p. 210.

89) 같은 곳. 코이타의 주의에 관해서는 Seligman, 앞의 책, pp. 167 이하. 로로의 주의에 관해서는 pp. 278 이하, 베틀 만(灣)에 관해서는 pp. 591, 마심에 관해서는 pp. 638 이하, 트로브리안 제도에 관해서는 p. 682 참조.

90) Codrington, 같은 책, pp. 209 이하, 루페르스 섬 사람들은 영신 타가로가 인간에게 영력(靈力)을 주어, 없어진 물건을 찾게 하고 앞일을 계시하게 했다고 믿는다 (같은 책, p. 210). 멜라네시아 인들은 정신이상——틴달로에 빙의되는 상태가 곧 정신이상이다——과, 어떤 목적이 있는 빙의, 즉 특정한 것을 계시하는 빙의를 혼동하지 않는다 (같은 책, p. 219). 빙령[빙의]상태가 되면 당사자는 많은 음식을 먹고 자신의 주술적인 힘을 과시한다. 이때 그는 불붙은 숯을 삼키기도 하고 무거운 물건을 들어올리는가 하면 예언을 하기도 한다(같은 책, p. 219).

91) Frazer, *The Belief in Immortality and the Worship of the Dead*, I, p. 309.

92) E.S.C.Handy (*Polynesian Religion*)는 폴리네시아 종교의 두 계층이라고 할 수 있는 것의 정의를 시도한 바 있다. 그가 정의한 두 계층의 종교 중 하나는 인도에서, 다른 하나는 중국에서 기원한 것이다. 그러나 그의 비교는 막연한 유사성만 지적한 것이어서 신빙성이 적어 보인다. R.W.Williamson, *Essays in Polynesian Ethnology* (257 이하)에 인용되어 있는 Piddington의 비판 참조 (아시아와 폴리네시아의 유사성에 관해서는 같은 책, pp. 268 이하 참조). 그러나 폴리네시아와 특정의 문화적 관련성이 있다는 것은 의심할 나위가 없다. 따라서 그 문화 복합의 역사를 쓰거나, 가능한 문화적 원천을 암시하는 것은 가능하다. Piddington의 비판을 논한 Edwin G. Burrows, "Culture-Areas in Polynesia" 참조. 이 책, 제 8장, 주 120 참조. 우리는 이러한 조사 연구에 흥미를 가지고 있기는 하나, 이런 연구가 샤만적 원리와 접신술의 문제를 해결해줄 것으로는 믿지 않는다. 폴리네시아와 아메리카 사이의 문화접촉 가능성에 관해서는 James Hornell, "Was There Pre-Columbian Contact between the Peoples of Oceania and South America?"에 실린 명쾌한 요약 참조.

93) 모든 신화와 풍부한 증거 문헌은 Katharine Luomala, *Maui-of-a-Thousand-Tricks:His Oceanic and European Biographers*에서 볼 수 있다. 상승 테마에 관해서는 N.K.Chadwick, "Notes on Polynesian Mythology" 참조.

94) Handy, 앞의 책, p. 83. 비둘기의 모습을 빌려 지하계로 하강하는 부분에 관해서는 같은 글, p. 478 참조.

95) 같은 글, 여러 곳 참조. 또 이 책, 제 13장, '주술적인 비상' 참조.

96) Handy, 앞의 책, p. 164.

97) 같은 책, pp. 81 이하.

98) 이 책, pp. 284 이하.

99) Hany, 앞의 책, p. 136.

100) Loeb, "The Shaman of Niue," pp. 399 이하.

101) 같은 글, p. 394.

102) Handy, 앞의 책, p. 150.

103) 같은 책, p. 244.

104) Te Rangi Hiroa(Peter H. Buck), *Ethnology of Mangareva*, pp. 475 이하. 그러나 주목해야 할 것은, 망가레바 족 사제가 "타우라(taura)"라고 불린다는 점이다. 이 말은 사모아와 통가의 타울라(taula), 하와이의 카울라(kaula), 마르퀘사스의 타우아(taua)에 상당하는 것으로 "예언자"라는 의미로 통한다(Handy, 같은 책, pp. 159 이하). 그러나 망가레바에서는 토홍가(tohunga, 사제)-타울라(taula, 예언자)라는 이분법적인 대립 개념으로 쓰이지 않고 타우라(사제)와 아카라타(akarata, 점술사)를 뭉뚱그려 의미하는 말로 쓰인다. Honoré Laval, *Mangareva, L'Histoire ancienne d'un peuple polynésien*, pp. 309 이하 참조. 어떤 신에 들리듯, "아카라타"는 짤막한 성별식을 치른 뒤에 신의 영감을 받고서야 이 칭호를 획득한다(Hiroa, 같은 책, pp. 446 이하). 이와는 달리 "타우라"는 "마라에(marae)"라고 하는 신성한 돌담 안에서 긴 입문의례를 치른다(같은 책, p. 443). Laval(같은 책, p. 309) 등 이 방면의 권위자들은, "아카라타"에게는 입문의례가 없다고 주장한다. 그러나 Hiroa 는 그 임명식(닷새 동안이나 계속되는 이 의식에서 사제는 신을 불러 입문자의 몸 속에 깃들이게 한다)이 입문의례적 구조를 가지고 있음을 보여주고 있다. "점술사"는 강렬한 접신적 소명감이 있다는 점에서 "사제"와 다르다.

105) Handy, 같은 책, p. 160.

106) 타히티의 무의에 관해서는 William Ellis, *Polynesian Researches,* 3rd edn, I, pp. 373-74(경련, 절규 혹은 사제나 해석할 수 있는 신어). 소시에테 제도에 관해서는 같은 책, I, 370 이하 ; J.A.Moerenhout, *Voyages aux îles du Grand Océan*, I, p. 482;마르퀘사스에 관해서는 C.S. Stewart, *A Visit to the South Seas*, I, p. 70; 통가에 관해서는 W.Mariner, *An Account of the Natives of the Tonga Islands,*I, pp. 86 이하, 101 이하 등 ; 사모아, 하베이 제도에 관해서는 Williamson, *Religion and Social Organization in Central Polynesia*, pp. 112 이하 ; 푸카푸카에 관해서는 Ernest and Pearl Beaglehole, *Ethnology of Pukapuka*, pp. 323 이하 ; 망가레바에 관해서는 Hiroa, 앞의 책, pp. 444 이하 참조.

107) Handy, *The Native Culture in the Marquesas*, (pp. 265 이하)에 나오는 무의의 기술 참조.

108) 망가레바에 관해서는 Hiroa, 앞의 책, p. 444 ; 마르퀘사스에 관해서는 Ralph Linton, "Marquesan Culture."

109) Linton, 같은 글, p. 188.

110) 주술사와 그 기술에 관해서는 Handy, *Polynesian Religion*(하와이, 마르퀘사스), pp. 235 이하 ; Williamson, 같은 책, pp. 238 이하(소시에테 제도) ; Hiroa, 앞의 책, pp. 473 이하(망가레바) ; Beaglehole, 앞의 책, p. 326(푸카푸카) 등.

111) Handy, 같은 책, p. 236.

112) Beaglehole, 앞의 책, p. 326.

113) Linton, 앞의 글, p. 192.

114) 가령 W.E. Gudgeon, "Te Umu-ti, or Fire-Walking Ceremony," 및 E. de

Martino, *Il mondo magico* (pp. 29이하)에 소개된 뛰어난 분석 참조. 피지 섬의 샤마니즘에 관해서는 B. Theompson, *The Fijians*, pp. 158 이하 참조.

115) Olivier Leroy, *Les Hommes salamandres, Recherches et réflexions sur l'incombustibilité du corps humain*, 여러 곳.

116) 우리는 아프리카를 다루지 못했다. 아프리카의 여러 종교들과 주술-종교적 기술에 합치할 가능성이 있는 샤만적 요소를 소개하는 작업이 너무나 방대했기 때문이다. 아프리카 샤마니즘에 관해서는 Adolf Friedrich, *Afrikanische Priestertümer*, pp. 292-325; S.F. Nadel, "A Study of Shamanism in the Nuba Mountains" 참조. 주술적 이데올로기와 기술에 관해서는 특히 E.E. Evans-Pritchard, Witchcraft, Oracles and Magic among the Azande; H.Baumann, "Likundu, die Sektion der Zauberkraft" ; C.M.N.White, "Witchcraft, Divination and Magic among the Balovale Tribes" 참조.

제 11 장 인도-유럽 어족들의 샤마니즘 이데올로기와 기술

1) 상승에 대한 별개의 평가에 관해시는 Eliade, *Myths, Dreams and Mysteries*, pp. 99-122 참조.

2) 이점에 관해서는 G.Dumézil, *Mythes et dieux des Germains*, pp.19 이하. 여기에는 이 연구에 필요 불가결한 문헌목록이 실려 있다. 고대 게르만 인의 샤마니즘에 관해서는 Jan de Vries, *Altgermanische Religionsgeschichte* (2nd edn.) I , 326이하 참조.

3) *Hávamál*, vv. pp.138 이하.

4) Otto Höfler, *Kultische Geheimbüde der Germanen*, I , p.224 이하.

5) 같은 책, p. 224.

6) 같은 책, (pp. 225 주 228)에 나오는 문헌목록과 유사한 자료 참조.

7) 이 책, 제8장, p. 244 참조

8) 같은 책, 제13장, pp. 403 이하 참조

9) Höfler, 앞의 책, I , pp. 46 이하, 52.

10) 대장장이-"말"-비밀결사의 관계에 관해서는 같은 책, pp. 52 이하. 같은 종교적 복합은 일본에서도 찾아볼 수 있다. Alexander Slawick, "Kultische Geheimbünde der Japaner und Germanen," p. 695 참조.

11) Snorri, *Ynglinga Saga*, VII (E.Monson and A.H.Smith, 번역 p. 5) ; Hilda R. Ellis, *The Road to Hel:a Study of the Conception of the Dead in Old Norse Literature* (pp. 112 이하)에 있는 해설 참조.

12) *Saga Hjâlmthêrs ok Olvêrs*, XX, Ellis, 같은 책, p. 123에 인용되어 있음. 같은 책, p. 124 참조. 두 여주술사 이야기, "주문대 (呪文臺 : seidhjallr)" 위에서 의식을 잃고 있을 동안 이 두 사람은 아주 먼 바다에서 고래의 등을 타고 있는 자기네들의 모습을 본다. 이 두 여주술사는 영웅의 배를 추격하여 난파시키려고 한다. 그러나 영웅은 이 두 여주술사의 등골을 부순다. 바로 이 순간에 두 여주술사는 주문대에서 떨어져 등뼈를 부러뜨리고 말았다. *Sturlaugs Saga Starfsama* (XII)에는, 두 주술사가 처음에

는 개가 되어, 다음에는 독수리가 되어 싸우는 이야기가 나온다(같은 책, p. 126).

13) *Sturlaugs Saga Starfsama*, p. 128.

14) 같은 책, p.127. 오딘의 샤만적 속성에 관하여, Alois Closs("Die Religion des Semnonenstammes,"pp.665 이하, 주 62)는, "아버지"라는 이름을 받은 두 마리 이리 이야기(galdrs fadir=주술의 아버지 : *Baldrs draumar*, 3, 3), "중독의 모티프" 그리고 발키리스(Valkyries=전장〔戰場〕의 하늘을 날아다니면서 전사한 자들을 찾아 발할라〔Valhalla〕로 인도하는, 북유럽 신화에 나오는 두 소녀) 이야기를 하고 있다. N.K.Chadwick는 이전부터, 발키리스에는 천상의 요정보다도 "이리 인간"에 가까운 신화적 인물상이 암시되어 있다고 지적한 바 있다. Ellis, 앞의 책, p.77 참조. 그러나 이 모든 모티프가 반드시 샤만적인 것은 아니다. 발키리스는 영혼의 안내자이지만 때로는 시베리아 샤만의 "천상계 아내" 혹은 "신처"의 역할을 맡기도 한다. 이 후자의 복합은 샤마니즘의 영역을 초월한, 여성의 신화와 죽음의 신화의 두 가지 요소를 두루 지니고 있다. 고대 게르만 인의 "샤마니즘"에 관해서는 Closs, "Die Religion der Germanen in ethnologischer Sicht,"pp.296 이 하 ; Horst Kirchner, "Ein archäologischer Beitrag zur Urgeschichte des Schamanismus," p. 247, 주 25 (문헌목록) 참조.

15) *Baldrs draumar*,vv. pp. 4 이하 ; Ellis, 같은 책, p.152.

16) Ellis, 같은 책, pp.154 이하

17) *Völuspa*, v.46 ; *Ynglinga Saga*,IV ; Ellis, 같은 책, pp.156 이하.

18) 이 책, 제7장 p. 231 참조.

19) Ellis, 앞의 책, pp.105 이하, 108.

20) Thomas F.O'Rahilly, *Early Irish History and Mythology*, pp.323 이하. 또 Kirchner, 앞의 글(p.247, 주 24)에 나오는 게르만 인의 샤마니즘에 관한 문헌목록 자료 참조.

21) Ellis, 앞의 책(p.109)에 나오는 텍스트 참조.

22) *Gisla Saga*, X X Ⅱ 이하 ; Ellis, 같은 책, p.74.

23) Ellis, 같은 책, p.83.

24) *Gylfaginning*, XLVIII.

25) 헤르모드르는 아흐레 밤에 걸쳐 "어둡고 깊은 계곡"을 넘는다. 그리고 황금으로 포장된 Gjallar 다리를 지난다(Ellis, 앞의 책, pp.85, 171 : Dumézil, *Loki*, p. 53).

26) Ellis, 같은 책, p. 126.

27) Saxo Grammaticus, *Historia Danica*, Ⅰ, 31.

28) Dumézil, *La Saga de Hadingus*, 여러 곳 참조.

29) 이것은 신화적 테마의 하나이다. 즉 "광포한 군대(Wütende Heer)"인데, 여기에 대해서는 Karl Meisen, *Die Sagen vom Wütenden Heer und Wilded Jäger;*Dumézil, *Mythes et dieux* pp.79 이하 ; Höfler, *Kultische Geheimbünde der Germanen*, pp. 154 이하 참조.

30) Ellis, 앞의 책, p. 172.

31) Saxo Grammaticus에 의한 이 상세한 기술은 921년에 볼가 강가에서 아라비아의
여행자 Ahmed ibn Fadlan이 목격한 스칸디나비아 ("Rus") 추장의 장송의례와 비
교된다. 한 여자 노예가 그 주인의 뒤를 따라 제물로 바쳐지기 전에 다음과 같은 의
례가 베풀어졌다. 즉 사람들은 이 여자를 세 차례 들어 올려 문 뒤에 무엇이 있는가
를 보게 했다. 여자는 자기가 본 바를 이야기했는데, 첫번째로 들어 올려졌을 때 본
것은 자기의 부모, 두번째로 들어 올려졌을 때 본 것은 친척, 세번째로 들어 올려졌
을 때 본 것은 "낙원에 앉은" 주인이었다. 사람들은 이 여노예에게 암탉을 한 마리 준
다. 그러면 여노예는 암탉의 목을 자르고는 그것을 장례용 작은 배 (이 배는 이어서 이
노예의 棺이 된다)에 던져넣는다. 같은 책 (p.45 이하)의 텍스트 및 문헌목록 참조.

32) Dumézil, *Mythes et dieux*, pp. 79 이하 ; *Horace et les Curiaces*, pp.11 이하.

33) Dumézil, *Horace et les Curiaces* 여러 곳 ; Stig Wikander, *Der arische
Männerbund*, 여러 곳 ; G.Widengren, *Hochgottglaube im alten Iran*, pp,324 이
하 참조.

34) 이 책, pp. 396 이하.

35) Dag Strömbäck, *Sejd. Textstudier i nordisk religionshistoria*, pp.33, 21 이
하 : Arne Runeberg, *Witches, Demons and Fertility Magic*, p.7 참조. Ström-
bäck는 sejd(seidhr)를 고대 게르만 인이 샤마니즘으로부터 차용한 것이라고 믿는다
(pp.110 이하). Olof Pettersson의 의견도 같다 : *Jabmek and Jabmeaimo:a
Comparative Study of the Dead and the Realm of the Dead in Lappish Religion*,
pp.168 이하 참조.

36) Jan de Vries, *Altgermanische Religionsgeschichte*, (2nd edn.), I , pp.330 이하.

37) Strömbäck, 앞의 책, pp. 50 이하 ; Runeberg, 앞의 책, pp. 9 이하.

38) 이 책, 제11장, 주 12 참조.

39) Strömbäck는 seidhr를 엄밀한 의미에서의 샤마니즘으로 보고 있다. Å. Ohlmaks,
Studien zum Problem des Schamanismus (pp. 310 이하에 나오는)비판 ; "Arktis-
cher Schamanismus und altnordischer Seidhr" 참조. 북유럽 인의 샤마니즘 흔적
에 대해서는 Carl Martin Edsman, "Å terspeglar Voluspá2 : 5-8 ett shamanistik
Ritual eller en keltisk Aldersvers?" 참조. 스칸디나비아 인들의 주술적 관념 전반
에 관해서는 Magnus Olsen, "Le Prêtre-magicien et le dieu-magicien dans la
Norvège ancienne" 참조. 넓은 의미에서의 "샤마니즘적" 특징이 로키 (Loki)의 고
도로 복합된 형상에서도 볼 수 있다는 말을 덧붙여야겠다. 이 신에 관해서는 Dumézil
의 탁월한 연구서 *Loki* 참조. 로키 신은 암말로 변신하고 종마 (種馬) Svadhilfari의
씨를 받아 발굽이 여덟 개인 말 슬라이프니르를 낳았다 (같은 책, pp.28의 이하 텍스
트 참조). 로키 신은 여러 가지 동물형, 가령 물개나 연어 등으로 변신할 수 있다. 로
키 신은 또 이리나 세계사 (世界蛇)를 낳는다. 이 로키 신은 독수리 깃이 달린 옷을 입
고는 공중을 난다. 그러나 이 주술적인 의상은 그의 것이 아니라 여신 프레이자의 것
이다 (같은 책, pp.35 ; pp. 25, 31 참조). 프레이자가 오딘에게 세이드르를 가르친
것을 상기하면 이 여신 (혹은 여요술사)이 가르치는 주술적 비상의 전승과 기능은, 같
은 중국의 전설 (이 책, pp. 388 이하)에다 견주어볼 수 있다. 세이드르의 여주인공인

프레이자는 샤만처럼 하늘을 날 수 있게 하는 주술적 깃털옷을 가지고 있다. 로키 신의 주술은 혹 주술의 변형으로서 그가 동물로 변신할 수 있음을 의미한다. 우리는, Wilhelm Muster의 학위논문

"Der Schamanismus und seine Spuren in der Saga, im deutschen Brauch, Märchen und Glauben"은 참고할 수 없었다.

40) Erwin Rohde, *Psyche: the Cult of Souls and Belief in Immortality among the Greeks*, pp.258 이하, 284 이하 ; Martin P.Nilsson, *Geschichte der griechischen Religion*, I , 특히 pp.578 이하 참조. 최근에 E.R.Dodds는 스키타이 샤마니즘이 그리스 정신사에서 중요한 역할을 해왔다고 주장했다 : *The Greeks and the Irrational*, 제5장 ("The Greek Shamans and the Origin of Puritanism") ,pp.135 이하 참조. F.M.Cornford, *Principium Sapientiae: the Origins of Greek Philosophical Thought*, pp.88 이 하 ; Walter Burkert, "ΓΟΗΣ.Zum griechischen 'Schamanismus'" 참조.

41) Rohde, 같은 책 (p.274, 주 43)에 채집, 수록되어 있는 텍스트 참조.

42) 델포이나 아폴론의 만티시즘 (Manticism) 신탁에는 "샤만적" 요소가 없다. Pierre Amandry, *La Mantique apollinienne à Delphes. Essai sur le fonctionnement de l'Oracle* (the text,pp.241-260)에 실려 있는 최근의 문헌 기록과 주석 참조. 유명한 델포이 신탁용 삼각대와 게르만의 여주술사 (seidhkona)의 대 (臺)를 같이 보아도 좋은 것일까? 그러나 이 삼각대에 앉는 것은 통상 아폴론이다. "단, 예외적으로 퓌토네스 (Pythoness)가 신을 위한 대리로서 그 자리를 차지하고 있을 뿐이다." (Armandry, 같은 책, p. 140)

43) Dumézil의 걸작, *Le Problème des centaures*. 여기에는 넓은 의미에서의 "샤마니즘적" 입문의례가 몇 가지 인용되어 있다.

44) W.K.C.Guthrie는 아폴론의 원래 고향이 북서 아시아 혹은 시베리아라라고 믿고 있는 것 같다. *The Greeks and their Gods*, p. 204 참조.

45) Rohde, 앞의 책, p.300.

46) 같은 책, p. 327, 주 108.

47) Karl Meuli, "Scythica,"pp. 161 이하 ; Dodds, 앞의 책, pp.140 이하.

48) 그리스의 유사한 전설에 관해서는 P.Wolters, *Der geflügelte Seher* 참조. "주술적 비상"에 관해서는 이 책, 제13장, '주술적인 비상' 참조.

49) 가령 이 책, 제7장, p. 206 참조.

50) Rohde, 앞의 책, pp.300 이하 ; Nilsson, 앞의 책, p. 584. 아리스테아스에게 바쳐지는 시 *Arimaspeia*에 대해서는 Meuli, 같은 글 pp.154 이하 참조. 또 E.D.Phillips, "The Legend of Aristeas:Fact and Fancy in Early Greek Notions of East Russia, Siberia and Inner Asia," 특히 76-77 참조.

51) *Herodotus*, IV.15.

52) Rohde, 앞의 책, p.301. 자료는 특히 Pliny, *Naturalis historia*, VII, 174.

53) Rohde, 앞의 책, p. 301. Dodds는 엠페도클레스의 단편이, 그리스 샤만이 실제로 어떠했는가를 추측할 수 있게 하는 자료라면서, "그의 죽음과 함께, 다른 지역에서도

지금도 영광을 누리고 있지만 그리스 세계에서는 소멸되어버린 이런 종류의 마지막 후 술적 (後述的) 예증"이라고 주장하다 (앞의 책, p.145). 이 해석은 Charls H.Kahn에 의해 부정된다. 즉 "엠페도클레스의 혼은 헤르모티모스와 에피메니데스의 혼처럼 육 체를 떠난 것이 아니다. 그는 아바리스 (Abaris)처럼 화살을 타거나 아리스테아스처 럼 칠새의 모습으로 나타나는지도 모른다. 그는 동시에 두 곳에서 모습을 나타낸 적 이 없다. 오르페우스나 피타고라스처럼 지하계로 내려간 적도 없다" ("Religion and Natural Philosophy in Empedocles' Doctrine of the Soul," 특히 pp.30이하 ; "Empedocles among the Shamans").

54) *Herodotus,* IV. 93 (A.D.Godley 번역, p.93).

55) 가령 Meuli, 앞의 글, p. 163 ; Alois Closs, "Die Religion des Semnonenstam-mes,"pp.669 이하 ; Carl Clemen, "Zalmoxis"; Jean Coman, "Zalmoxis"; Ion I. Russu, "Religia Geto-Dacilor" 참조. 최근 Zalmoxis ("熊神" 혹은 "곰가죽을 쓴 신") 의 어원을 두고 Porphyry가 한 가지 문제를 제기하고 있다. Rhys Carpenter, *Folk Tale, Fiction and Saga in the Homeric Epics,* pp. 112 이하 ("The Cult of the Sleeping Bear") 참조. 그러나 Alfons Nehring, "Studien zur indogermanischen Kultur Urheimat,"pp.212 이하 참조.

56) *Horodotus,* IV. 94.

57) 같은 책, 95.

58) *Herodotus,* VII.3. 3. ; C. 296.

59) Vasile Pârvan, *Getica.O protoistorie a Daciei,*p.162.

60) *Clouds,* vv.225, 1503.

61) Coman, 앞의 글, p.106.

62) Rohde, 앞의 책, p.272, 주 39에 인용되어 있는 Pomponius Mela (2.21)를 이렇게 해석할 수 있을는지. 스키타이 인에 관해서는 이 책, 제11장, '스키타이 인, 코카서 스 인, 이란 인' 참조.

63) Polyaenus, *Strategematon,* VII, 22.

64) Guthrie, *Orpheus and Greek Religion,* p.31 참조.

65) Coman, "Orphée, civlisateur de l'humanité" (music,pp.149 이하 ; poetry, pp. 153 이하 ; magic, medicine,pp.157 이하)에 실려 있는 자료 참조.

66) Guthrie, *Orpheus and Greek Religion,* pp. 35 이하. 오르페우스 신화의 샤만적 요 소에 관해서는 Dodds, 앞의 책, pp.147 이하 ; Å Hultkrantz, *The North American Indian Orpheus Tradition,* pp.236 이하 참조.

67) 이 책, 제7장, p. 231 참조.

68) Vittorio Macchioro (*Zagreus. Studi intorno all'orfismo,* pp. 291 이하)는 오르 페우스 교가 발생한 상황을, 고스트 댄스 교 및 그밖의 접신적 민간종교가 일어난 상 황에다 비교하고 있다. 그러나 이런 종교는 그저 표면적으로만 샤마니즘과 비슷한 데 지나지 않는다.

69) Franz Cumont, *Lux perpetua,* pp.249 이하, 406 이하 참조. 일반적인 문제에 관 심이 있는 독자는 Carl (Charles) Kerényi, *Pythagoras und Orpheus* (3판) 참조.

70) Guthrie, *Orpheus and Greek Religion*, pp.171 이하의 텍스트 및 주석 참조.

71) 이 책, 제12장, p. 387 참조.

72) P.Raingeard, *Hermès psychagogue. Essai sur les origines du culte d'Hermès*; 헤르메스의 날개에 관해서는 같은 책, pp.389 이하 참조.

73) *Arnobius*, II. 33 ; Cumont, 앞의 책, p.294.

74) E.Bickermann, "Die römische Kaiserapotheose"; Josef Kroll, *Die Hemmelfahrt der Seele in der Antike*; D.M.Pippidi, *Recherches sur le culte impérial*, pp. 159 이하 ; "Apothéoses impériales et apothéose de Pérégrinos" 참조. 이 문제는 우리가 다루는 문제를 벗어나기는 하지만, 어느 정도까지, 고대의 상징체계 (여기에서는 "영혼의 비상")가 어떻게 변형되는지 혹은 교리 안에서 재발견되고 재적응할 수 있는가를 검토하기 위해 언급해본 것이다.

75) 이 문제에 관해서는 Kroll, *Gott und Hölle*, pp.363 이하 참조. 이 저작은 또 오리엔트 및 유대-기독교적 전승의 지하계 하강을 검토하고 있다. 그러나 엄밀한 의미에서는 샤마니즘과 막연하게 닮아 있는 데 지나지 않는다.

76) Isidore Lévy, *La Légende de Pythagore de Grèce en Palestine*, pp. 79 이하 참조.

77) Joseph Bidez and Franz Cumont, *Les Mages hellénisés*, Ⅰ, p. 113 ; Ⅱ, p. 159 (텍스트) 참조.

78) Plato, *Republic*, 614B 이하.

79) Joseph Bidez, *Eos, ou Platon et l'orient* (pp.43 이하)에 언급된, 이 문제에 대한 고전학의 현재 지위 및 논의 참조.

80) Plato, 앞의 책, 617D-618C.

81) Widengren, *The Ascension of the Apostle of God and the Heavenly Book*, 여러 곳 참조. 메소포타미아에서는, 천계로 상승한 뒤, 신으로부터 천상의 표적이나 서물(書物)을 받는 왕 (기름부음을 받는 자)이었다 (같은 책, pp. 7 이하). 이스라엘에서 모세는 야훼로부터 율법이 새겨진 명판을 받았다 (같은 책, pp. 22 이하).

82) Muster ("Der Schamanismus bei den Etruskern")은 에트루리아 인의 내세 신앙과 지옥에의 여행을 샤마니즘과 비교해보고 있다. 그러나 일반적인 주술과 죽음의 신화에 속하는 사상이나 현상에 "샤마니즘적"이라는 용어를 붙이는 것은 옳지 않은 듯하다.

83) *Herodotus*, IV. 71 이하.

84) 같은 책, IV. 75 (Godley 번역).

85) Meuli, 앞의 글, pp. 122 이하. Rohde는 스키타이 인이나 마사게타에 인들이 대마를 접신 수단으로 이용하는 데 주목하고 있다 (앞의 책, p.272 주 39).

86) 같은 글, p.124.

87) 이 책, 제6장, pp. 200 이하 참조.

88) *Herodotus*, Ⅰ. 105.

89) Meuli, 앞의 글, pp.127 이하. Meuli가 지적하고 있듯이 (같은 글, p.131, 주 3), W.R.Halliday는 1910년에 "Enareis"를 시베리아 샤만의, 여성으로의 주술적 변신

으로 설명하려고 했다. 다른 해석으로는, Dumézil, "Les Énarées' scythiques et la grossesse du Narte Hamyc" 참조.

90) Dumézil, *Légendes sur les Nartes*, (여러 곳)과 개설 (槪說)로서는, *Jupiter, Mars, Quirinus*, 4권을 참조.

91) Robert Bleichsteiner, "Rossweihe und Pferderennen im Totenkult der kaukasischen Völker,"pp.467 이하. 오세트 족의 경우, "가족에게 작별을 고한 사자는 말을 탄다. 저승길로 가는 도중 그는 갖가지 종류의 초병 (哨兵)을 만나는데, 만날 때마다 사자는 이들에게 과자 같은 것을 주어야 한다. 그래서 유족은 사자의 묘지에 과자를 차려놓아야 한다. 이윽고 사자는 강변에 이른다. 강 위에는 다리 대신 들보가 하나 놓여 있다.……의롭게 혹은 성실하게 살아온 사람이 건너면 이 들보는 넓어져 아주 훌륭한 다리로 변한다.……"(Dumézil, 같은 책, pp.220-221). "이 저승으로의 '다리'가, 아르메니아 인의 '좁은 다리', 그루지야 인의 '머리카락 다리'처럼 조로아스터 교에서 온 것임을 의심할 여지가 없다. 이런 들보나 머리카락은, 의롭게 산 사람 앞에서는 넓어지고 죄인 앞에서는 칼날같이 좁아지는 힘을 지니고 있다"(같은 책, p. 202). 이 책, 제13장, '다리와 난관' 참조.

92) Blcichsteiner, 같은 글, pp.470 이하 참조. 이러한 사실은 인도네시아의 "곡부(哭婦)"의 기능과 비교해볼 필요가 있다(이 책, 제10장, '드야크 족의 저승 편력').

93) W.Nölle, "Iranisch-nordasiatische Beziehungen im Schamanismus"; H.W. Haussig, "Theophylakts Exkurs über die skythischen Völker,"p.360과 주. 313 참조. 10세기 전후 유럽을 석권한, "무술(巫術)을 부리는" 기마민족에 관해서는 F. Altheim, *Römische Geschichte*, I, pp. 37 이하 ; H.Kirchner, 앞의 글, pp.248 이하. Arnulf Kollantz, "Der Schamanismus der Awaren"은 그 인쇄상의 오류 때문에 거의 참고 자료가 되지 못한다.

94) N.Söderblom, *La Vie future d'après le mazdéisme*, pp.92 이하 ; H.S.Nyberg, "Questions de cosmogonie et de cosmologie mazdéennes," part 2, pp. 119 이하 ; *Die Religionen des alten Iran*, pp. 180 이하 참조.

95) *Dātastān i dēnik*, 21, 3 이하 (E.W.West 번역, p.48).

96) *Dinkart*, IX, 20, 3.

97) *Bundahišn*, 12, 7 (E.W.West 번역, p.36).

98) *Vidēvdat*, 3, 7.

99) *Bundahišn*, 12, 8 이하.

100) 바유에 관해서는 Widengren, *Hochgottglaube im alten Iran*, pp.188 이하 ; Stig Wikander, *Vayu*, I ; Dumézil, *Tarpeia*, pp.69 이하 참조. 이 세 중요한 저작을 인용하는 것은 독자들에게 우리의 표현이 적절하다는 것을 확인시키기 위함이다. 실제로 바유의 기능은 윤곽을 잡기 어렵고 그 성격도 극히 복합적이다.

101) Söderblom, 앞의 책, pp.94 이하.

102) 같은 책, 45, 10-11 ; 51, 13.

103) Nyberg, *Die Religionen des alten Iran*, pp.182 이하. 다리 앞에 이른 사자는 두 마리의 개를 거느리고 있는 아름다운 처녀를 만난다 (*Vidēvdat*, 19, 30). 이 인도-이

란적인 지옥 복합은 다른 지역에 관한 자료에도 기록되어 있다.

104) Gāthās, 46, 11 (D.F.A.Bode and P.Nanaiutty 번역, p.85).

105) Nyberg, 앞의 책, pp.157, 161, 176 등.

106) 같은 책, p.157.

107) Eliade. *Patterns in Comparative Religion*, pp.371 이하.

108) 부분적으로 참고할 만한 자료로서, Otto Paul, "Zur Geschichte der iranischen Religionen," pp.227 이하 ; Walther Wüst, "Bestand die zoroastrische Ur-gemeinde wirklich aus berufsmässigen Ekstatikern und schamanisierenden Rinderhirten der Steppe?" ; W.B.Henning, *Zoroaster:Politician or Witch-Doctor?*, 여러 곳 참조. 최근에 Widengren은 조로아스터 교의 샤만적 요소에 대한 문헌을 재검토하고 있다 : "Stand und Aufgaben der iranischen Religionsgeschichte," part 2, pp. 66 이하 참조. 또 J. Schmidt, "Das Etymon des persischen Schamane" ; Jean de Menasce, "The Mysteries and the Religion of Iran," pp. 135-148 이하 ; Jacques Duchesne-Guillemin, *Zoroastre. Étude critique avec une traduction commentée des Gâthâ*, pp. 140 이하 참조. Wik-ander (*Der arische Männerbund*, pp. 64 이하)와 Widengren (*Hochgottglaube im alten Iran*, pp. 328 이하, 342 이하 등)은 게르만의 베르세르키르 (berserkir)와 베다의 마르야 (marya)의 복합이라고 할 수 있고, 그 구조가 입문적이고 접신적인 이란의 "남성결사"의 존재를 철저하게 논증하고 있다.

109) Nyberg, 앞의 책, p.177.

110) 19, 20 ; Nyberg, 같은 책, p.178.

111) Nyberg, 같은 책, p.177.

112) M.A.Barthélemy (*Artâ Vîrâf-Nâmak ou Livre d'Ardâ Vîrâf*)의 번역을 좇았다 (여기에 인용한 것은 M.Haug and E.W.West의 영역이다). 또 Wikander, *Vayu*, pp.43 이하 ; Widengren, 앞의 글, part 2, pp.67 이하 참조.

113) 앞의 책, 제3장 (Haug and West 번역).

114) 앞의 책, 제7-10장 (Haug and West 번역, p.153).

115) Bernhardt Munkácsi, "'Pilz'und 'Rausch'."이 인용은 Wikander의 호의를 힘입은 것이다.

116) 같은 글, p.344.

117) C.Huart,*Les Saints des derviches tourneurs. Récits traduits du persan*, I - II :먼 곳에서 일어난 사건을 아는 능력 (I , p.45), 성인의 몸에서 나오는 빛 (I , pp. 37 이하, 80), 공중 부양 (I , p.209), 불연성 (不然性) 즉 "스승인 세이크의 가르침을 받고 도를 깨치면 (제자인) 세이드는 이 불연성의 초능력을 획득, 두 발을 화로에 넣을 수 있을 뿐만 아니라 불붙은 숯을 손으로 잡을 수도 있다.……"(I , p.56 : 샤만에 관련된 일화를 보면 샤만에게도 이런 능력이 있음을 알 수 있다). 주술사가 아이를 공중으로 들어 올릴 경우, 스승인 세이크가 그 아이를 공중에 그대로 머물게 하는 능력 (I , p.65), 기문 둔갑술로 몸을 사라지게 하는 기술 (I , p.80), 자기의 몸을 눈에 보이지 않게 하는 기술 (II , p.131), 동시에 두 곳에서 나타나는 기술 (II , p.173),

상승과 비상(Ⅱ, p. 345) 등, 바젤의 Frutz Meier 교수는 나에게, 1594년에 쓰였으나 아직까지도 출판되지 않는 Amin Ahmad Rāzi의 자서전 이야기를 들려주었다. 이 자서전에 따르면, 12세기 때의 성자인 Qutb uddin Haydar는 불에도 얼음에도 무감각했을 뿐만 아니라 자주 지붕이나 나무 꼭대기에 올라가 있었다는 것이다. 우리는 앞에서 검토한 바 있어서, 샤만의 나무 오르기의 의미를 알고 있다(이 책, 제4장, '나무 오르기 의식' 항목 참조).

118) 마취제(인도 대마로 만든 마취제, 아편)의 영향은 12세기경에 이미 페르시아 신비교단에 이르러 있었다(L.Massignon, *Essai sur les origines du lexique technique de la mystique musulmane*, pp.86 이하 참조). raqs라고 하는, 환희에 젖어서 추는 접신적인 "춤," tamziq라고 하는 인사불성인 상태에서 "옷을 찢는 행위", nazar ila'l mord라고 하는 "플라토닉한 응시"(성욕의 억제를 통한, 상당히 수상한 형태의 접신 행위)는 모두 마취제에 의한 탈혼망아 상태에서 나오는 행동이다. 이런 식의 접신에 이르기 위한 초보적인 비법은, 이슬람 교 이전의 신비주의 기술과 수피즘(Sufism)에 영향을 끼쳤을 터인 인도풍의 기술과 관련이 있다(같은 책, p.87).

119) Mehmed Fuad Köprülüzadé, *Influence du chamanisme turco-mongol sur les ordres mystiques musulmans*; L.Bouvat, "'Les Premiers Mystiques dans la littérature turque,' de Kieuprilizâdé, analyse critique"의 터키 문고(터키 어로 출판됨)에 들어 있는, 초기 신비주의자들에 관한 Köprülüzadé의 책(프랑스 어) 요약판 참조.

120) 같은 책, p.9.

121) 같은 곳.

122) 같은 책, pp.16-17.

123) *Śatapatha Brāhmaṇa*, Ⅷ, 7, 4, 6, (J.Eggeling 번역, pp.145-146).

124) *Aitareya Brāhmṇa*, Ⅰ,3, 13(A.B.Keith 번역).

125) *Śatapaha Brāhmaṇa*, Ⅳ, 2, 5, 10(Eggeling 번역, p.311). Sylvain Lévi, *La Doctrine du sacrifice dans les Bāhmaṇas*(p.87 이하)에 수집되어 있는 텍스트 참조.

126) dūrohaṇa의 상징체계에 대해서는 Eliade, "Dūrohaṇa and the 'Walking Dream'" 참조.

127) *Śatapatha Brāhmaṇa*, III, 6, 4, 13 등.

128) 같은 책(Eggeling 번역, p.165) ; *Taittirīya Saṃhitā*, Ⅰ, 3, 5 등.

129) *Ṛg-Veda*, III, 8, 3(R.T.H.Griffith 번역, II p. 4).

130) *Śatapatha Brāhmaṇa*, III, 7, 1, 14(Eggeling 번역, p.171).

131) 같은 책, V.2, 1, 10등. (Eggeling 번역).

132) *Taittirīya Saṃhitā*, Ⅰ, 7, 9 등(Keith 번역, p.40).

133) 같은 책, VI, 6, 4, 2 등(Keith 번역, p.550).

134) *Ṛg-Veda*, III, 8, 3(Griffith 번역).

135) *Ṛg-Veda*, Ⅰ, 13, 11(Griffith 번역).

136) *Pañcaviṃśa Brāhmaṇa*, Ⅴ,3, 5, Coomaraswamy, "Svayamātṛṇṇā:Janua Co-

eli"(p.47)에 인용되어 있다.

137) *Jaiminīya Upaniṣad Brāhmaṇa*, III 13, 9.

138) *Kaṭha Upaniṣad*, V ,2.

139) Mahidhara, ad *Śatapatha Brāhmaṇa*, X III, 2, 6, 15.

140) Coomaraswamy, 앞의 글(pp.8, 46, 47 등)에 수집되어 있는 다른 텍스트 참조. 또 Lévi, 앞의 책, p.93 참조. 물론 이런 여정은 사후의 여정이다(Lévi, pp. 93 이하 ; Güntert, *Der arische Wiltkönig und Heiland*, pp.401 이하).

141) 가령 같은 글(pp.7, 42 등)에 인용되어 있는 텍스트 참조. 그리고 Paul Mus, *Barabudur*, I ,p. 318 참조.

142) N.M.Penzer, ed., and C.H.Tawney, tr. *Somadeva's Kathā-sarit-sāgara, or Ocean of Streams of Story*, I , p.153 ; II, p. 387 ; VIII, p.68 이하 참조.

143) *Majjhimanikāya*, III, 123(I .B.Horner 수정, 번역).

144) 석가의 탄생을 상세하게 논할 자리는 아니다. 그러나 다음의 두 가지 이유 때문에 다루지 않을 수 없었다. 즉 한편으로는 새로운 해석의 가능성이 얼마든지 있는 고대적 상징체계의 다가치성(多價値性)을 보여주기 위해서, 다른 한편으로는 고도로 발전한 종교에도 "샤만적" 도식이 잔존하지만, 이 잔재가 반드시 원래의 내용에 포함되어 있었던 것은 아니라는 점을 강조하기 위해서이다. 이 같은 해석은 기독교나 이슬람 교 신비주의의 갖가지 상승 도식에도 적용된다. Eliade, "Sapta padāni kramati" ; "The Seven Steps of Buddha" 참조.

145) W.Kirfel, *Die Kosmographie der Inder, nach den Quellen dargestellt*, pp. 190 이하 참조. 9천이라는 개념은 *Bṛhadāraṇyaka Upaniṣad*(III, 6, 1)에서도 찾아볼 수 있다. W.Ruben, "Schamanismus im alten Indien," p. 169 참조. 우주론적 도식과 명상 단계의 관계에 대해서는 Mus, 앞의 책, 여러 곳 참조.

146) Ruben, 같은 글, p.170 참조.

147) *Ṛg-Veda*, V , 135, 3-5(H.H.Wilson 번역, V , p.364). 이 "무니"에 관해서는, E. Arbman, *Rudra: Untersuchungen zum altindischen Glauben und Kultus*, pp. 298 이하 참조. 장발의 주술-종교적 의미에 관해서는 같은 책, p.302(시베리아 샤만의 의상에 나오는 "뱀"에 대해서는 이 책, 제5장, '알타이의 무복' 참조). 가장 오래된 베다의 접신에 관해서는 J.Hauer, *Die Anfänge der Yogapraxis*, pp.116 이하, 120 ; Eliade, *Yoga*, pp.101 이하 참조. 또 Widengren, 앞의 글, part 2, p.72, 주 123 참조.

148) 이 책, 제13장, pp. 403 이하.

149) *Ṛg-Veda*, X , 136(Wilson 번역, p.364).

150) *Bṛhadāraṇyaka Upaniṣad*, III, 3-7.

151) *Ṛg-Veda*, X , 136(Wilson 번역).

152) *Atharva Veda*, XI, 5, 6(Griffith 번역, p.69).

153) 가령 브라트야(vrātya: *Atharva Veda*, XV, 3 이하)의 극히 난삽한 찬가 참조. 인간의 육체를 우주에 대응시키는 것은 물론 엄밀한 의미에서의 샤만적 체험 너머에 존재한다. 그러나 브라트야와 무니는 접신적 탈혼상태에서 거인화(巨人化) 과정을 거

친다.

154) 석가는 꿈 속에서, 자신이 두 손으로 두 개의 대양을 들고 있는 모습을 본다
(*Anguttara-nikāya,* III, 240 : Ruben, 앞의 글, p.167 참조). 초기 불교 경전에 보이
는 "샤마니즘"의 흔적 전부를 여기에 인용하는 것은 불가능하다. "물에 들어갔다가
솟구치는 것처럼 대기 속으로 들어갔다가 솟구치는" 주술적인 힘 (*Angurrara-nikāya,*
I, 254 이하(F.L.Woodward 번역, I,233) 등)이 그런 흔적의 좋은 예다. 이 책,
제11장, pp. 360 이하 참조.

155) 가령 Penzer and Tawney 번역, *Somadeva's Kathā-sarit-sāgara or Ocean of
Streams of Story* II, 62 이하 ; III, 27, 35 ; V, 33, 35, 169 이하 ; VIII, 26 이하,
50 이하 참조.

156) W.E.Clark, "Śākadvípa and Śvetadvípa," 여러 곳 ; Eliade, *Yoga,* pp.414 이
하 참조. Anavatapta에 관해서는 M.W.Visser, *The Arhats in China and
Japan,* pp. 24 이하 참조.

157) P.M.Tin 번역, *The Visuddhimagga of Buddhagosa,* p.396 참조. gamana에 관
해서는 Sigurd Lindquist, *Siddhi und Abhiññā,* pp. 58 이하 참조. Étienne
Lamotte 번역, *Le Traité de la Grande Vertu de sagesse de Nāgārjuna
(Mahāprajñāpāramitāśāstra)* (I, p.320, 주 1)에는 abhijñās에 관한 자료가 될
만한 훌륭한 문헌목록이 있다.

158) *Yoga-Sūtras* III, 45 ; *Gheraṇḍa Saṃhitā,* III, 78 참조 ; Eliade, *Yoga,* pp. 326 이
하 참조. *Mahābhārata*와 *Rāmāyaṇa*에 나오는 같은 종류의 전승에 관해서는 E.W.
Hopkkins, "Yoga-Technique in the Great Epic," pp.337, 361 참조.

159) *Mahābhārata,* XII, 335, 2 이하.

160) 같은 책, XII, 317, 6.

161) 같은 책, V, 160, 55 이하.

162) Eliade, *Yoga,* pp.274 이하, 414 이하. 한 페르시아의 저자 (Emir Khosru)는, 요
가 행자는 "믿어지지 않겠지만, 새처럼 공중을 날 수 있다"고 단언하고 있다 (같은 책,
p.276).

163) 아라한의 비상에 관해서는 Visser, *The Arhats,* pp.172 이하 ; Sylvain Lévi and
É.Chavannes, "Les Seize Arhats protecteurs de la loi," p.23 (아라한   난디미트
라는 "탈라 나무 높이의 일곱 배 되는 높이까지 솟아올랐다"), pp.262 이하 (아라한
핀돌라가 사는 곳은 아나바탑타이지만, 그는 산을 손바닥 위에 올려놓고 공중을 나
는 등, 함부로 속인에게 주술적인 힘을 공개했기 때문에 석가로부터 처벌을 받았다.
불교는 시디스, 즉 "기적"의 공개를 금지시키고 있다).

164) A.M.Hocart, "Flying Through the Air,"p.80. Hocart는 이 모든 전설을 자신의
왕권설 (王權說)로 설명하고 있다. 즉 신 (神)인 왕은 대지와 접촉할 수 없기 때문에
공중으로 나는 것으로 믿어진다는 것이다. 그러나 비상의 상징체계는 그렇게 단순한
것이 아니다. 따라서 신-왕이라는 개념으로는 설명되지 않는다. Eliade, *Myths,
Dreams and Mysteries,* pp.99 이하 참조.

165) Eliade, *Yoga,* pp.324 이하 참조.

166) P.J.van Durme, "Notes sur le lamaïsme," p.374, 주 2 참조.

167) 이 책, 제12장, pp. 376 이하.

168) 같은 책, 제13장, '사다리—사자의 길—상승' 참조.

169) 가령 *Ṛg-Veda*, Ⅷ, 59, 6 ; Ⅹ, 136, 2 ; 154, 2, 4 ; 167, 1 ; 109, 4 등 참조.

170) *Aitareya Brāhmaṇa*, Ⅴ. 32, 1.

171) 이 책, 제13장. '"주술적인 열기"' 참조.

172) 일례로 *Baudhāyana Dharma Sūtra*, Ⅳ, 1, 24 등 참조.

173) Eliade, *Techniques du Yoga; Yoga* 참조.

174) 이 책, 제12장, pp. 380 이하.

175) 디크샤[가입의례]와 타파스[고행]에 관해서는 H.Oldenberg, *Die Religion des Veda*, 2nd edn., pp. 397 이하 ; A.Hillebrandt, *Vedische Mythologie*, 2nd edn., Ⅰ, pp.482 이하 ; J.W.Hauer, 앞의 책, pp.55 이하 ; A.B.Keith, *The Religion and Philosophy of the Veda and Upanishads*, Ⅰ, pp. 300 이하 ; Lévi, 앞의 책, p.103 이하 ; Meuli, 앞의 글, pp. 134 이하 참조.

176) 그러나 우리는 현재의 연구가 이 문제 해결의 열쇠가 될 수 있기를 진심으로 바라고 있다.

177) *Ṛg-Veda*, Ⅹ, 58, 2-4(Wilson 번역, Ⅵ, 151).

178) 같은 책, Ⅹ, 57, 4-5(번역판 Ⅵ, 150).

179) *Atharva Veda*, Ⅷ, 1, 3, 1 ; Ⅷ, 2, 3 등. 사자의 영혼을 되부르는 문제에 관해서는 W.Caland, *Altindischer Ahnenkult*, pp.179 이하 참조.

180) 일 례 로 Jean Filliozat, *La Doctrine classique de la médecin indienne. Ses origines et ses parallèles grecs* 참조.

181) *Ṛg-Vedaa*, Ⅹ, 16, 3 참조.

182) F.E.Clements, *Primitive Concepts of Disease*, p. 197(북부 가로 족 및 힌두화한 부족의 "영혼의 상실") 참조.

183) *Śatapatha Brāhmaṇa*, ⅩⅣ, 7, 1, 12.

184) *Taittirīya Saṃhitā*, Ⅱ, 5, 2, 4.

185) *Jaiminīya Brāhmaṇa*, Ⅲ, 168-70 ; *Pañcaviṃśa Brāhmaṇa*, Ⅻ, 12, 5.

186) Eliade, *Yoga*, pp. 393 이하 참조.

187) *Yoga-sūtras*, Ⅲ, 37.

188) Eliade, *Yoga*, pp. 311 이하 ; *Techniques du Yoga*, pp. 175 이하 참조. 그러나 요가의 "기원"을 논하는 자리에서 반드시 샤마니즘을 언급할 필요는 없다는 것을 여기에서 분명히 해두고 싶다. 일반적인 신비 전승 전반에서, 어느 시기에 요가로 묻어 들어오기는 했으나, 바크티 (bhakti) 자체는 샤만적인 것이 아니다. 신비주의적인 에로티시즘이나 그밖의 주술적 전승에 대해서도 같은 말을 할 수 있다. 전 (前) 아리아적 기원을 가진, 다분히 상궤를 벗어나고 있는 이러한 전승 (식인 관습 및 살인 등)은 샤만적이 아니다. 이러한 혼란은 "샤마니즘"과 "원시 주술과 신비주의"를 잘못 동일시한 데서 일어난 것이다.

189) *Yoga-sūtras*, Ⅳ, 1.

190) 이와 다른 견해로, Filliozat, "Les Origine d'une technique mystique indienne" 참조. 이 글은, 요가 기술에 관해, 전 아리아적 기원일 것이라는 우리의 가설을 논하고 있다.

191) Keith, 앞의 책(Ⅱ, p.403 이하)에 나오는 명서한 일반 개설 참조. 시베리아 인과 그밖의 민족에게 그렇듯이 사자의 세계는 "역전된 세계"이다. Hermann Lommel, "Bhrigu im Jenseits,"pp.101 이하 참조.

192) 예를 들면 *Taittirīya Upaniṣad*, Ⅱ, 4.

193) *Ṛg-Veda*, X, 58.

194) 같은 책, X, 14, 10-12 ; *Atharva Veda*, X V Ⅲ, 2, 12 ; Ⅷ, 1, 9 등.

195) Keith, 앞의 책, Ⅱ, p.406, 주 9.

196) *Athrva Veda*, X Ⅷ, 4, 7.

197) *Ṛg-Veda*, X, 63, 10.

198) 일례로 같은 책, X, 14, 7-12 ; Sūtras에 관해서는 Keith, 앞의 책, Ⅱ, p.418, 주 6.

199) Keith, 같은 책, Ⅱ, p.412.

200) Arbman이 앞의 책, 여러 곳에서 주장하는 바에 반대해서.

201) Keith, 앞의 책, Ⅱ, p.409.

202) *Taittirīya Brāhmaṇa*, Ⅲ, 11, 8.

203) *Śatapatha Brāhmaṇa*, XI, 6, 1 ; *Jaiminīya Brāhmṇa*, Ⅰ, pp.42-44.

204) Eliade, *Images and Symbols*, pp. 95 이하, 99 이하 참조.

205) *Atharva Veda*, Ⅵ, 96, 2.

206) 같은 책, Ⅶ, 112, 2 등.

207) 같은 책, Ⅵ, 63, 1-2 등.

208) 같은 책, Ⅰ, 31, 2.

209) Eliade, *Images and Symbols*, pp.92 이하 참조.

210) S.M.Shirokogoroff, *Psychomental Complex of the Tungus*, p. 290.

211) *Mahābhārata*, Ⅶ, 80 이하.

212) 이 책, 제2장, pp.75 이하 참조.

213) 이 책, pp.76 이하 참조.

214) Nölle, "Schamanistische Vorstellungen im Shaktismus" 참조.

215) E.Crawley, *Dress, Drinks and Drums; Further Studies of Savages and Sex*, pp. 236 이하 ; Claudie Marcel-Dubois, *Les Instruments de musique de l'Inde ancienne*, pp.33 이하(鐘), 41 이하(테가 있는 북), 46 이하(북통이 있는 둥근 북), 63 이하(모래시계 모양의 북) 참조. aśvamedha에서 북이 맡은 역할에 관해서는 P. É.Dumont, *L'Aśvamedha*, pp.150 이하 참조. J.Przyluski는 북의 인도 이름 ḍamaru가 아리아 계에서 기원한 것이 아니라는 사실에 주목하고 있다 : "Un Ancien Peuple du Punjab:les Udumbara," pp. 34 이하 참조. 베다 의례에 등장하는 북의 역할에 관해서는 Hauer, *Der Vrātya*, pp. 282 이하 참조.

216) S.Beal, *Si-yu-ki*, Ⅰ, p. 66.

217) W.Koppers, "Probleme der indischen Religionsgeschichte"(p.805 및 주 176)
에 나오는 산탈 족, 비일 족, 바이가 족에 관한 갖가지 기록 참조. koppers, *Die Bhil in Zentralindien*, pp.178 이 하 ; R.Rahman, "Shamanistic and Related Phenomena in Northern and Middle India", pp. 735-36 참조.

218) 비 (非)아리아적인 인도의 두개골 숭배 의례에 관해서는 W.Ruden, *Eisenschmiede und Dämonen in Indien*, pp. 168, 204-08, 244 등 참조.

219) pp. 72 이하.

220) Elwin, *The Religion of an Indian Tribe*, pp. 135-37.

221) 같은 책, pp. 147-48.

222) 같은 책, p. 153.

223) 같은 책, pp. 151-52.

224) 마이소르 북서부의 "샤만적" 실례에 관해서는 Edward B.Harper, "Shamanism in South India" 참조. 이것은 일종의 빙의 현상으로, 반드시 샤만적 구조나 원리를 의미하는 것은 아니다. 다른 사례——신들이나 악마에 의해 빙의되는 것을 보여주는——는 Louis Dumont의 탁월한 논문인 "Une Sous-Caste de l'Inde du Sud. Organisation sociale et religion des Pramalai Kallar", pp.347 이하(신에 의한 빙의), 406 이하(악마에 의한 빙의) 참조.

225) *Anthropos*, LIV, (1959), pp. 681-760 ; 같은 책, pp. 722, 754 참조. 기술의 첫 부분(pp.683-715)에서 저자는 문다 어족, 즉 콜레리아 인(산탈 족, 문다 족, 코르쿠 족, 사오라 족, 비로르 족 등), 아리아 어족(부이야 족, 바이가 족, 비일 족) 그리고 드라비다 어족(오라온 족, 콘드 족, 곤드 족 등)에 관한 자료를 제시하고 있다. 문다 족 샤마니즘에 대해서는 Rev.J.Hoffmann, *Encyclopaedia Mundarica*, Ⅱ, pp. 422 이하 ; Koppers, 앞의 글, pp. 801 이하 참조.

226) Rahmann, 앞의 글, p. 730.

227) 같은 곳.

228) 같은 곳.

229) 같은 글, p.731.

230) 같은 곳.

231) 같은 글, p.733.

232) 같은 곳.

233) 같은 글, p.733.

234) 같은 글, p.702.

235) Koppers, *Die Bhil in Zentralindien*, Pl. XIII, 1 참조.

236) W.Crooke, *Popular Religion and Folk-Lore of Northern India*, Ⅰ, p.19 이하, Rahmann, 앞의 글(p.737)에 인용됨. 롤로 족과 카친 족(Kachin)의 의례에 관해서는 이 책, 제12장, '롤로 족의 샤마니즘적 종교의례' 참조.

237) Rahmann, 앞의 글, p.696.

238) 같은 글, pp.738-39.

239) 같은 글(p.748, 주 191)에 실려 있는 목록 참조.

240) 같은 글, pp. 748 이하.

241) 이 책, 제6장, '영혼의 안내자로서의 샤만' 참조.

242) Rahmann, 앞의 글, p.751.

245) 같은 글, p.753.

제 12 장   티벳, 중국 및 극동 샤마니즘의 상징체계와 기술

1) Aśvaghoṣa, *Buddhacarita*, vv. pp. 1551 이하.

2) Eliade, *Yoga*, pp. 321 이하 참조. A. Jacoby, "Zum Zerstückelungs-und W-iederbelebungswunder der indischen Fakire" 참고. 우리가 이 주술적인 이적의 "실재성"에 관심이 없다는 점을 더 이상 반복할 필요는 없을 것이다. 우리의 유일한 목적은, 이러한 주술적 현상이 샤만적인 원리와 기술을 어느 정도까지 예상할 수 있는가를 찾아내는 데 있다. Eliade, "Remarques sur le 'rope trick'" 참조.

3) Ibn Baṭūṭah, *Voyages d'ibn Batoutah*, trs. and eds, C,F. Defrémery and B.R. Sanguinetti, IV. pp. 291-92. (이하의 번역은 E. Conze *Buddhism*, pp. 174에 의함.) 기술사(奇術師)는 "나무로 만들어진 공을 하나 들고 나온다. 이 공에는 구멍이 여러 개 뚫려 있는데, 그 구멍에 밧줄이 꿰여 있다. 기술사는 밧줄의 한끝을 잡고 이 공을 휘두르다가 공중으로 던져 올렸다. 공은 까마득히 솟아오르다가 결국 우리의 시야에서 사라졌다. 기술사의 밧줄의 다른 한쪽 끝을 잡은 채, 자기를 수행하던 소년 중 하나를 불러 그 밧줄을 잡고 공중으로 올라가라고 했다. 소년은 기술사의 말에 따라 밧줄을 올라갔다. 놀랍게도 소년 역시 우리 시야에서 사라졌다! 기술사가 소년의 이름을 세 번 불렀지만 대답이 없었다. 기술사는 몹시 화가 난 듯한 얼굴로 칼을 꺼내들고는 밧줄에다 대었다. 그 순간 칼도 사라졌다! 이어서 기술사는, 처음에는 소년의 한 팔을, 다음에는 한 다리, 다른 팔, 다른 다리, 몸통을, 마지막으로 머리를 땅바닥에다 내던졌다. 그리고는 씩씩거리면서 단(壇)을 내려왔는데 그의 옷은 피투성이였다. …… Amir가 (그에게) 무슨 명령인가를 내리자 기술사는 소년의 사지를 제자리에 붙이고 발로 툭 걷어찼다. 바로 그 자리에서 소년은 벌떡 일어났다! 나는 이것을 보고 얼마나 놀랐는지 모른다." Baṭūṭah는 이어서, 인도에서도 이런 기술을 보고는 역시 놀랐다고 쓰고 있다. H. Yule, tr. and ed., *The Book of Ser Marco Polo*, I, pp. 318 이하 참조. 회교 성인 전설에 나오는 밧줄 묘기에 관해서는 L. Massignon, *La Passion d'al-Hosayn -ibn-Mansour al-Hallaj, matyr mystique de l'Islam*, I. pp. 80 이하 참조.

4) 이 구절은 Jacoby, 앞의 글(pp. 460 이하)에서 인용한 것이다.

5) E.Seler, "Zauberei im alten Mexiko," pp. 84-85(after Sahagún).

6) Jacoby, 앞의 글(pp. 466 이하) 및 Eliade, "Remarques sur le 'rope trick'"에 실려 있는 사례 참조. Eliade, 앞의 책, p. 323 참조. 유럽 요술사의 밧줄 묘기가 오리엔트 주술의 영향으로 생겨난 것인지, 아니면 고대의 지역 샤마니즘에서 유래한 것인지를 밝혀내기는 어렵다. 밧줄 묘기가 멕시코에서도 발견되고 요술사에 의한 주술적 인신(人身) 해체가 오스트레일리아, 인도네시아 및 남아메리카에서도 발견된다는 사실로 미루어, 유럽의 밧줄 묘기는 지역적, 전(前) 인도-유럽적 잔재가 아닐까 한다. 공중 부양

과 "주술적 비상"의 상징체계에 관해서는 Ananda K. Coomaraswamy, *Hinduism and Buddhism*, p. 83. 주 269 참조.

7) Coomaraswamy, "Svayamātṛṇṇā : Jauna Coeli," pp. 27, 주 8 ; 42, 주 64 참조.

8) Giuseppe Tucci, *Tibetan Painted Scrolls*, II, p. 348, and tanka no, 12, Pls. XIV-XXII. 계단의 상징에 대해서는 이 책, 제13장, '사다리―사자의 길―상승' 참조.

9) R.A. Stein, "Leao-Tche," p. 68, 주 1, 저자는 H.A Jäschke가 이 말 다음에다 ro-yal·rabs를 인용하고 있음을 지적하고, 이것은 티벳의 왕과, 신들 반열에 들어 있는 조상 사이에 초자연적 교통수단이라고 덧붙이고 있다. Helmut Hoffmann, *Quellen zur Geschichte der tibetischen Bon-Religion*, pp, 141, 150, 153, 245 ; *The Religions of Tibet*, pp. 19-20;M. Hermanns, *Mythen und Mysterien, Magie und Religion der Tibeter*, pp. 35 이하 참조.

10) Tucci, 앞의 책, II, pp. 733-34. 저자는 하늘과 땅 사이의 교통에 대한 중국과 티벳 신화를 인용하고 있다. 이 문제는 뒤에 우리가 다시 언급하게 된다. 본 교가 융성했던 길기트에서는 지금도 하늘과 땅을 잇는 금빛 사슬에 관한 전승을 접할 수 있다 (같은 책, p. 734, *Folklore*, XXV,〔1914〕, p. 397을 인용).

11) 같은 책, p. 714.

12) 같은 책, p. 716.

13) 같은 책에서 인용. 이 책, p. 387 참조.

14) J.H.Klaproth의 "Description du Tubet"(pp. 97, 148 등) 이래로 유럽의 저자들은 중국의 학자들의 선례를 좇아 본 교와 도교를 동일시해왔다. 이 혼란(모르기는 하나 tao-chih라는 용어를 "道士"로 잘못 읽은 Abel Rémusat의 오류에서 기인한 듯하다)의 역사에 관해서는 W.W. Pockhill; *The Land of the Lamas* p. 217 이하 ; Yule, *The Book of Ser Marco Polo*, I, pp. 323 이하 참조. 본 교에 관해서는 Tucci, 같은 책, II, pp. 711-38 참조. Haffmann의 저작들은 이미 인용하였고, 그의 "Gš en", 특히 pp. 344 이하 참조. Hermanns, 앞의 책, p. 232, 여러 곳 ; Li An-che, "Bon:the Magico-Religious Belief of the Tibetan-Speaking Peoples" ; Siegbert Hummel, *Geheimnisse tibetischer Malereien,* II : *Lamaistische Studien*, pp. 30 이하 ; René de Nebesky-Wojkowitz, *Oracles and Demons of Tibet*, pp. 425 이하 : "Die tibetische Bön-Religion," 라마 교의 신들과 역신 (疫神) 및 의신 (醫神)에 관 해 서 는 Eugen Pander, "Das lamaische Pantheon" ; F.G.Reinhold -Müller, "Die Krankheits-und Heilgottheiten des Lamaismus" 참조. Hummel 은, 중앙 아시아와 북아시아 샤마니즘뿐만 아니라 고대 근동 지방 및 인도-유럽 민족들의 종교사상에까지 비교함으로써 본 교의 역사적 분석을 시도하고 있다 : "Grundzüge einer Urgeschichte der tibetischen Kultur," 특히 pp. 96 이하 ; "Eurasiatische Tradition in der tibetischen Bon-Religion," pp. 165-212, 특히 pp. 198 이하 참조.

15) Tucci, 같은 책 pp. 715 이하.

16) 같은 책, p. 717.

17) Nebesky-Wojkowitz, 앞의 책, p. 425.

18) 같은 책. J. Morris, *Living with the Lepchas*, pp. 123 이하(女靈媒의 탈혼에 관한 묘사) 참조. Hermanns에 따르면, 레프차의 샤마니즘은 본 교와 동일한 것일 뿐더러 이보다 훨씬 오래된 샤마니즘 형태를 보여주는 것이기도 하다 : *The Indo-Tibetans,* pp. 49-58 참조.

19) Nebesky-Wojkowitz, 같은 책, p. 428 ; "Ancient Funeral Ceremonies of the Lepchas", pp. 33 이하 참조.

20) H. Hoffmann이 번역한 텍스트 *Quellen zur Geschichte der tibetischen Bon-Religion*, p. 274.

21) Nebesky-Wojkowitz, 앞의 책, p. 542. 시베리아 샤만에 견주어지는, 시킴 및 부탄의 본 교 사자들의, 북을 이용한 점복술에 관해서는 "Tibetan Drum Divination, 'Ngamo'" 참조.

22) Hoffmann, *Quellen zur Geschichte der tibetischen Bon-Religion*, pp. 117 이하 참조.

23) S.H. Ribbach, *Drogpa Namgyal. Ein Tibeterleben*(pp. 187 이하)에 나오는 라사(Lhasa) 축귀술사의 무의 기록 참조. Hoffmann, 같은 책, pp.205 이하 참조.

24) F. D. Lessing, "Calling the Soul : a Lamaist Ritual"의 주석이 달린 18세기 텍스트의 번역본 참조.

25) Nebesky-Wojkowitz, 앞의 책, pp. 538 이하 참조.

26) 같은 책, pp. 428 이하. Nebesky-Wojkowitz, "Das tibetische Staatsorakel" 특히 D. Schröder, "Zur Religion der Tujen des Sininggebites (Kukunor)," [part 1], pp. 27-33, 846, 850 ; [part 2], pp. 237-48; "Zur Struktur des Schamanismus," pp. 867-68, 872-73(쿠쿠노르의 [샤만인] 구르툼[gurtum]에 대하여) 참조.

27) R. Bleichsteiner, *L'Église jaune*, 71.

28) 같은 책, p. 67.

29) Eliade, 앞의 책, pp. 296 이하, Aghorís와 Kāpālikas("두개골을 착용한 자")에 관한 대목 참조. 19세기 말엽까지도 식인의례(食人儀禮)를 버리지 않던, 이 금욕적인 측면과 난행을 일삼는 측면을 함께 지닌 이 종파(같은 책 참조)는 해골 숭배와 관련된, 상식을 벗어난 전승에 동화된 듯하다(이 두개골 의례 신앙의 종사자들은 이따금씩 친족을 잡아먹기도 한다. 가령, *Herodotus*, IV. 26에 기록된 이세돈 인의 관습 참조). 두개골 숭배 신앙의 선사시대 선례에 대해서는 H. Breuil and H. Obermaier, "Crânes paléolithiques façnnés en coupe" ; P. Wernert, "L'Anthr-opophagie rituelle et la chasse aux têtes aux époques actuelle et paléolithique; "Culte des crânes", 여러 곳 ; J.Maringer, *Vorgeschichtliche Religion*, pp. 112 이하, 220 이하, 248 이하 참조.

30) W.W. Rockhill, "On the Use of Skulls in Lamaist Ceremonies" ; B,Laufer, *Use of Human Skulls and Bones in Trbet* 참조. 티벳 인은 이세돈 인처럼(같은 책, p. 2) 자기 아버지의 두개골을 주물로 사용한다. 그러나 오늘날 이러한 가족의례는 소멸되고 없다. Laufer(같은 책, p. 5)에 따르면, 두개골의 주술-종교적 역할은

탄트라적 (Śaivite) 개혁의 산물인 것으로 보인다. 그러나 인도의 영향이 지역 신앙의 고대 기층에 쌓였을 가능성도 있다. 유카기르 인 샤만의 두개골이 지닌 종교적, 점복적 역할 참조(W.I.Jochelson, *The Yukaghir and the Yukaghirized Tungus*, p. 165). 중국이나 인도네시아의 두개골 숭배와 우주 생명의 부활 사이의 원사적 (原史的) 관계에 대해서는 Carl Hentze, "Zur ursprünglichen Be-deutuntg des chinesischen Zeichens t'oû = Kopf" 참조.

31) 이 책, 제5장, '형해 (形骸)의 심벌리즘' 참조.

32) 이 책, 제2장, '자기 형해의 관조' 참조.

33) Bleichsteiner, 앞의 책, pp. 194-95. chöd에 관해서는 Alexandra David-Neel, *With Mystics and Magicians in Tibet*, pp. 126 이하 ; Eliade, 앞의 책, pp. 323 이하 참조.

34) W.Y.Evans-Wentz, *Tibetan Yoga and Secret Doctrines*, pp. 311-12, 330-31에 실린 Lama Kazi Dawa-Samdup의 번역. 이것은 인도의 요가 행자가 묘지에서 행하는 명상의 유형인 듯하다.

35) *Majjhima-nikāya, I*, pp. 244 등 참조.

36) Evans-Wentz, 앞의 책, pp. 156 이하, 187 이하, 196 이하 참조.

37) 이 "정신적 연소를 티벳 말로는 gtūm-mō (읽을 때는 tum-mō로 발음한다)라고 한다. "얼음물에다 수건을 적신다. 행자들은 각각 이 수건을 한 장씩 두르고 자기 몸으로 이것을 말려야 한다. 이러한 수건 말리기는 해뜰 때까지 계속된다. 가장 수건을 많이 말린 행자가 이 겨루기의 우승자로 인정받는다"(David-Neel, 앞의 책, pp. 227 이하). Hummel, 앞의 책, pp. 21 이하 참조.

38) 이 책, pp. 119 이하 참조.

39) Evans-Wentz, ed., and Lama Kazi Dawa-Samdup, tr, *The Tibetan Book of the Dead*, pp. 87 이하. 신앙상의 형제이자 가까운 벗이기도 한 라마 승은 사자의 몸에 손을 대지 않고 사자의 귀에 쏙 들어가도록 장송 경전을 읽어야 한다.

40) Marcelle Lalou, "Le Chemin des morts dans les croyances de Haute-Asie,"

41) 같은 글, p. 44 참조. 알타이 인 샤만이 지하계 하강에서 당도하게 되는 무쇠산 참조. rākṣasa로부터 받는 고통은 시베리아 샤만의 입문적인 꿈을 상기시킨다.

42) 같은 글, p. 45.

43) 이 책 (제6장, pp. 201 이하)과 이와 유사한 골디 인의 의례에 관한 기술 참조.

44) D.L, Snellgrove, *Buddhist Himalays*, p. 265.

45) 같은 책, 266.

46) 같은 책, 267.

47) 같은 곳.

48) 같은 책, p. 268.

49) 같은 책, p. 274.

50) Bleichsteiner, 앞의 책, pp. 187 이하.

51) 같은 책, pp. 188 이하.

52) 같은 책, pp. 189

53) 같은 책, pp. 224 이하.

54) Eliade, 앞의 책, pp. 249 이하 참조.

55) H.Maspero, "Légendes mythlogique dans le *Chou king*," pp. 94 이하 ; F. Kii-chi Numazawa, *Die Weltanfänge in der japanischen Mythologie*, pp. 314 이하.

56) Luigi Vannicelli, *La religione dei Lolo*, p. 44.

57) 같은 책, p. 184.

58) 같은 책, pp. 179-180.

59) A.Henry, "The Lolos and Other Tribes of Western China," p. 103.

60) 같은 글, p. 101;Vannicelli, 앞의 책, p. 174.

61) Rev. H.I. Marshall, *The Karen People of Burma*p. 245;Luigi Vannicelli, 같은 책, p. 175 참조. Eliade, *Patterns in Comparative Religion*, p. 339 참조. 병자의 영혼을 다시 불러들이는 일은 버마의 카친 족이나 팔라웅 족(palaung) 샤만 의례의 가장 중요한 부분을 이룬다. 아샘 지역의 라케르 족(Lakher), 가로 족, 루샤이 족(Lushai)의 경우도 마찬가지다. Frazer, *Aftermath*, pp. 216-20 참조. Nguyên-văn-Khoan, "Le Repêchage de l'âme 참조. 가로 속, 카렌 속 그리고 그밖의 관련 부족 장송의례에 등장하는 금속 북에 관해서는 R. Heine-Geldern, "Bedeutung und Herkunft der ältesten hinterindischen Mettalltrommeln (Kesselgongs)" 참조.

62) Vannicelli, 같은 책, pp. 169 이하.

63) 같은 책, p. 170.

64) 같은 책, p. 154-55.

65) Hans J, Wehrli, "Beitrag zur Ethnologie der Chingpaw (Kachin) von Ober-Burma," p. 54(after Sladen), 칭파우 샤만(tumsa) 역시 "신어"를 사용한다(같은 책, p. 56). 이들은, 병은 영혼이 유괴를 당하거나 길을 잃을 때 생긴다고 믿는다(같은 곳). Yule, *The Book of Ser Marco Polo*, Ⅱ, pp. 97 이하 참조. 라오스에 분포하는 흑 타이족(Black Thai)의 샤만 Mwod Mod의 입문의례에 관해서는 Pierre-Bernard Lafont, "Pratiques médicales des Thai noirs du l'ouest," pp. 825-27 참조.

66) G. Moréchand, "Principaux traits du chamanisme mèo blanc en Indochine," 특히 pp. 513 이하, 522 이하 참조.

67) Jacques Bacot, *Les Mo-so*;Joseph F. Rock, *The Ancient Na-khi kingdom of Southwest China* Ⅰ-Ⅱ 참조.

68) Rock, "Studies in Na-khi Literture, I:The Birth and Origin of Dto-mba Shi-lo, the Founder of the Mo-so shamanism, According to Mo-so Manuscripts; Ⅱ: The Na-khi ¹Hǎ ²Zhi ¹p'i or the Road the Gods Decide."(이하의 인용은 BEFEO판에 의함) 최근에 "Contributions to the Shmanism of the Tibetan-Chinese Borderland"를 출판했는데, 첫머리에서 그는 나키 족의 진정한 요술사 llü-bu를 논하고 있다. 여러 관점에서 보아 원래 이 llü-bu의 역할은 주로 여성에 의해

계승되어 온 것 같다 (p. 797). 이 요술사직은 세습되는 것이 아니다. 소명을 받은 사람은 엄청난 정신적 위기를 겪는다. 이 요술사의 소명을 받은 사람은 춤을 추면서 수호신의 사원으로 들어간다. 수호신상 위에는 "여러 장의 빨간 수건이 밧줄 끝에 매달려 있다." 신이 소명받은 사람을 용납하면 빨간 수건 한 장이 그의 머리 위로 떨어진다. 이 수건이 떨어지지 않으면, "정신병자 아니면 간질병 환자 취급을 받으면서 집으로 끌려온다."(pp. 797-98——이 인용문은 "Shamanism and Psychopathology"의 일부로, 앞에서 인용한 내용에 덧붙였으면 한다. 이 책, 제 1 장, '샤마니즘과 정신병리학' 참조). 무의가 시작되면 영신은 이 llü-bu의 입을 통해서 말을 한다. 그러나 llü-bu는 영신과 합일하는 것도 아니고 빙의되는 것도 아니다 (p. 800 등). 이 llü-bu의 샤만적 능력은 대단하다. 그는 빨갛게 달아오른 쇠를 만지기도 한다 (p.801). 이 책에는 Rock가 연구한 중국 윈난 지방의 모소 족 요술사 Nda-pa (pp. 801 이하), 티벳의 "신앙 수호자"인 srung-ma (pp. 806 이하)에 대한 그 자신의 검토 결과도 실려 있다. Hummel, "Die Bedeutung der Na-khi die Erforschung der tibetischen Kultur" 참조.

69) Bacot, 앞의 책, pp. 15 이하.

70) Rock, "The Muan bpö Ceremony or the Sacrifice to Heaven as Practiced by the Na-khi," pp. 3 이하.

71) 같은 글, pp. 20 이하.

72) Rock, "Studies in Na-khi Literature," Ⅰ, p. 18.

73) 같은 글, Ⅰ, p. 37.

74) 주석이 있는 Rock의 같은 글, Ⅱ, pp. 46 이하, 55 이하 참조. 이 텍스트의 숫자는 중요한 의미를 지닌다 (같은 책, p. 40).

75) 같은 글, p. 41.

76) 같은 글, p. 49.

77) 실제로 이 모든 장송의례는 어느 정도까지는 세계 창조와 톰-파 실-로의 전기를 되풀이해서 보여준다. 의례는 모두 천지 개벽을 묘사하는 것으로 시작되어 실-로의 탄생, 악마와의 전투에서의 영웅적인 승리를 묘사하는 식으로 이어진다. 고대인들은 통상 이 신화적인 "아득한 때"와, 시조 샤만의 영웅적인 행위——샤만이 속한 사회의 규범이 되어 영원히 지켜져야 하는——를 재현한다. Eliade, *The Myth of the Eternal Return*, pp. 30 이하 및 여러 곳.

78) Rock, 앞의 글, Ⅱ, pp. 91 이하, 101 이하. Rock, *The Zhi Mä Funeral Ceremony of the Na-khi of Southwest China*, pp. 95 이하, 105 이하, 116 이하, 199 이하 및 여러 곳 참조.

79) 같은 글, p. 50.

80) S. Courvreur, 번역 *Li ki;ou, Mémoires sur les bienséances et les cérémonies*, 2nd edn., Ⅰ, pp. 85, 181, 199 이하 ; Ⅱ, pp. 11, 125, 204 등 ; J.J.M. de Groot, *The Religious System of China*, Ⅰ, pp. 245 이하 참조. 중국인의 내세 관념에 대해서는 E. Erkes, "Die alt-chinesischen Jenseitsvorstellungen"; "The God of Death in Ancient China" 참조.

81) 실례로, Theo Körner, "Das Zurückrufen der Seele in Kueichou" 참조.

82) Erkes, *Das "Zurückrufen der Seele" (Chao-Hun) des Sung Yüh.* Maspero, *Les Religions chinoises*, pp. 50 이하 참조.

83) 이런 종류의 치병술은 아직도 시행되고 있다 : Groot, 앞의 책, Ⅵ, pp. 1284, 1319 등 참조. 요술사는 죽은 동물의 영혼을 불러 그 육신에 되돌려놓을 수 있다 : 같은 책, p. 1214(말의 부활) 참조. 타이 요술사는 병자의 길 잃은 영혼을 찾기 위해 자신의 영혼을 육신에서 떠나보낸다. 떠나보내면서도, 이승으로 돌아올 때 길 조심하라고 이르는 것을 잊지 않는다. Maspero, 앞의 책, p. 218 참조.

84) É. Chavannes 번역, *Les Mémoires historques de Se-ma-Ts'ien*, Ⅰ, p. 74. Laufer, *The Prehistory of Aviation*(pp. 14 이하)에 나오는 다른 텍스트 참조.

85) 이 문제에 대해서는 Erkes, "Der Primat des Weibes im alten China" 참조. 요제 (堯帝)의 딸 및 황위 계승과 관련된 시련에 관해서는 Marcel Granet, *Danses et légendes de la Chine ancienne*, Ⅰ, pp. 276 이하 및 여러 곳 참조. Granet에 대한 비판적인 견해에 관해서는 Carl Hentze, *Bronzegerät, Kultbauten, Religion im ältesten China der Shang-Zeit*, pp. 188 이하 참조.

86) Granet, "Remarques sur le taoïsme ancien," p. 149. 앞의 책, Ⅰ, p. 239 이하 및 여러 곳 참조. 우제(禹帝) 신화의 고대적 요소에 관해서는 Hentze, *Mythes et symboles lunaires*, pp. 9 이하 및 여러 곳 참조. 우제의 춤에 관해서는 W. Eberhard, *Lakalkulturen im alten China*, part 1, pp. 362 이하 ; part 2, pp. 52 이하 참조.

87) 타이 인의 경우와 마찬가지로 중국인들간에도 하늘과 땅이 교통했던 신화시대의 기억이 남아 있다. 신화에 따르면, 이 교통은 막혔고 따라서 신들은 지상으로 내려와 인간과 대립하지 않아도 좋게 되었고(중국의 전승), 인간도 더 이상 신들을 괴롭히지 않아도 좋게 되었다(타이의 전승). Maspero, 앞의 책, pp. 186 이하 참조. 이 책, 제 12장, pp. 376 이하 참조. 중국 전승에 의한 해석은 고대 신화적 테마의 현대적 해석임을 보여준다.

88) Chavannes, 앞의 책, Ⅲ, part. 2, pp. 488-89.

89) Laufer, *The Prehistory of Aviation*, pp. 19 이하.

90) 같은 곳.

91) 같은 책, p. 16.

92) 날개와 깃털과 비상과 도교에 관해서는 Max Kaltenmark, ed. and tr., *Le Lie-sien tchouan*, pp. 12 이하 참조.

93) Laufer(*The Prehistory of Aviation*, pp. 26 이하)는 다른 예도 들고 있다. 같은 책, pp. 31 이하, 90(중국의 鳶에 관하여), 52 이하(주술적 비상에 관한 인도의 전설에 관하여) 참조.

94) Erkes, "The God of Death in Ancient China," p. 203.

95) P. Franz Biallas, "K'üh yüan's 'Fahrt in die Ferne' (Yüan-yu)," pp. 210, 215, 217 등 참조.

96) Vannicelli, 앞의 책 (pp. 164-66) (J. Brand, *Introduction of the Literary Chinese*, 2nd edn, pp. 161-75에 따름)에 요약되어 있는 17세기의 이야기 참조. 또

534

Eberhard, *Lokalkulturen im alten China*, Ⅱ, p. 59 참조.

97) Groot, *The Religious System of China*, Ⅵ, pp. 1190-91, 셴(神)에 들린 사람을 무(巫)라고 하는데, 이 말이 중국에서는 샤만을 지칭하는 일반적인 용어라는 점에 주목하기 바란다. 이것을 적어도 중국에서는 여무가 남무보다 더 오래전부터 있었다는 증거로 보아도 좋다. 그러나 곰가죽을 쓴 샤만, 즉 "춤추는 샤만"은 신들린 여무에 선행한다고 믿을 만한 근거가 있다. 이 "춤추는 샤만"은 L.C. Hopkins가 상 나라 시대의 각명(刻銘)과 주 왕조 초기의 다른 각명에서 본 것과 일치한다고 믿는다. Hopkins, "The Bearskin, Another Pictographic Reconnaissance from Primitive Prophylactic to Present-Day Panache: a Chinese Epigraphic Puzzle" ;"The Shaman or Chinese Wu: His Inspired Dancing and Versatile Character" 참조. 곰가죽을 쓴 "춤추는 샤만"은 수렵민족의 주술에서 두드러지는 이데올로기에 속한다. 이 주술에서 샤만은 지도적인 역할을 한다. 같은 샤만은 역사시대에도 계속해서 중요한 역할을 맡는다. 중요한 축귀술사는 네 개의 황금 눈을 가진 곰가죽을 썼다(É. Biot, *Le Tcheou-li, ou Rites des Tcheou*, Ⅱ, p. 225). 그러나 이러한 진술이, 선사시대에 "남무" 수도의 샤마니즘이 존재했다는 사실을 확증한다고 하더라도, "여무" 타입의 샤마니즘──"빙의"가 아주 중요시되는──이 여성이 주도하는 주술-종교적 현상이 아니었음을 뜻하는 것은 아니다. E. Rousselle, in *Sinica*, XVI(1941), pp. 134 이하 ; A. Waley, *The Nine Songs: a Study of Shamanism in Ancient China* 참조. 또 Erkes, "Der schamanistische Ursprung des chiesischen Ahnenkultus"; H. Kremsmayer, "Schamanismus und Seelenvorstellungen im alten China" 참조.

98) Maspero, 앞의 책, pp. 34, 53-54; *La Chine antique*, pp. 195 이하.

99) 승려가 샤만 직에 종사하기도 하는 본 교를 도교와 동일시하는 사람도 있었다. 이 책, 제12장, 주 14 참조. 신도교(新道教)에 의한 샤만적 요소의 동화에 관해서는 Eberhard, *Lokalkulturen im alten China*, Part Ⅱ, 315 이하 참조. 인도 주술로부터 받은 영향도 과소평가해서는 안 된다. 이러한 영향이, 인도 불교승이 중국으로 건너온 시대부터 시작되었음은 물론이다. 가령 쿠차(龜茲)의 불교승 포투텡(佛圖澄)은, 카시미르 등의 인도 각지를 방문한 뒤 중국으로 와서 많은 주술적인 이적을 선보였다. 그는 종소리를 통하여 예언하기도 했다(A.F. Wright, "Fo-t'u-têng: a Biography," pp. 337 이하, 346, 362 참조). 그러나 이 종소리는 요가 기술에서도 중요한 몫을 하고 있고, 불교에서는 데바스(Devas:天部衆)나 야크샤스(Yakṣas:夜叉神)의 목소리가 종소리와 같은 것으로 알려져 있다(Eliade, *Yoga*, p. 390).

100) Groot, 앞의 책, Ⅵ, p. 1205.

101) 같은 책, pp. 1209 이하.

102) 같은 책, p. 1209.

103) 같은 책, p. 1211.

104) 같은 곳.

105) 같은 책, p. 1212.

106) 같은 책, pp. 1166 이하, 1214 등.

107) 우(巫)가 벌이는 의식에서의 성적인 요소 및 음란한 요소에 관해서는 같은 책, pp.

1235, 1239 참조.

108) 같은 책, p. 1192.

109) 같은 책, pp. 1248 이하. 같은 책 (p. 1250, 주 3)은 버마의 카렌 족이 선보이는 같은 의례에 관하여 A.R. McMahon, *The Karens of the Golden Chersonese* (p. 158)을 인용하고 있다. 다른 예 (Kwangsi 지방의 타이 족인 추앙 인[Ch'uang] : 북부 대만의 토착민)는 R. Rahmann, "Shamanistic and Related Phenomena in Northern and Middle India," pp. 737, 741, 주 168 참조.

110) Groot, 같은 책, Ⅵ, p. 1254.

111) 같은 책, pp. 1256 이하.

112) 같은 책, VI, pp. 1261 이하.

113) 같은 책, pp. 983 이하, 1270 이하 등.

114) 같은 책, pp. 1292 이하.

115) 현대 중국의 샤마니즘에 대해서는 P.H. Doré, *Manuel des superstitions chinoises*, pp. 20, 39 이하, 82, 98, 103 등 ; S.M. Shirokogoroff, *Psychomental Complex of the Tungus*, pp. 338 이하 참조. 싱가포르의 영매적 의례에 대해서는 Alan J.A. Elliot, *Chinese Spirit-Medium Cults in Singapore*, 특히 pp. 47 이하, 59 이하, 73 이하, 154 이하 참조. 대만 토착민들의 샤마니즘에 대해서는 M.D. Coe, "Shamanism in the Bunun Tribe, Central Formosa" 참조. Tcheng-tsu Shang에 대한 "Der Schamanismus in China"는 입수할 수 없었다.

116) Richard Wilhelm 번역, *Chinesische Volksmärchen*, pp. 90 이하.

117) 같은 책, pp. 116 이하. 또는 같은 책, pp. 184 이하 (다른 이야기에 나오는 명계여행) 참조.

118) 같은 책, pp. 126-27. 여기에 나오는 명계하강 이야기 수에 견주면 천계상승 및 그 밖의 주술적 기적에 관한 이야기는 훨씬 더 많다. Eberhard, *Typen chinesischer Volksmärchen*, s.v. "Aufsteigen im Himmel" 참조.

119) Nos. 144, 145 Ⅱ.

120) Eberhard, 앞의 책, pp. 198 이하.

121) Hentze, *Mythes et symboles lunaires*, pp. 6 이하 ; "Le Culte de l'ours et du tigre et le t'ao-t'ié," p. 54; *Die Sakralbronzen und ihre Bedeutung in den frühchinesischen Kulturen*, p. 19; Granet, *Danses et légendes*, Ⅱ, pp. 563 이하 참조.

122) A. Irving Hallowell, "Bear Ceremonialism in the Northern Hemisphere"; N. P. Dyrenkova, "Bear Worship among Turkish Tribes of Siberia," pp. 411-40; Hans Findeisen, "Zur Geschichte der Bärenzeremonie" ; A. Alföldi, "The Bear Cult and Matriarchy in Eurasia" (Alföldi 교수는 친절하게도 헝가리 어로 된, 이 귀중한 논문을 영역해주었다). 또 Marius Barbeau, "Bear Mother" 참조.

123) Dyrenkova, 같은 글, p. 453; Hentze: "Le Culte de l'ours et du tigre et le t'ao-t'ié," p. 68; *Die Sakralbronzen* pp. 45, 161 참조.

124) 여기에 대해서는 Hentze의 연구, 특히 *Mythes et symboles lunaires; Objects*

ritual, croyances et dieux de la Chine antique et de l'Amérique; Frühchinesis- che Brozen und Kultdarstellungen 참조.

125) 중국의 고대 그림에는 많은 동물, 특히 조형 (鳥型) 모티프가 등장한다 (Hentze, *Die Sakralbronzen*, pp. 115 이하). 이런 도상 (圖像) 모티프의 상당수는 샤만의 의상에 그려지는 무늬, 즉 뱀이기도 하다 (같은 책, 도판 146-48). 시베리아 샤만의 의상은 중국의 주술-종교적 사상의 영향을 받은 것 같다 (같은 책, p. 156). 또 Hentze, "Schamanenkronen zur Han-Zeit in Korea";"Eine Schamanendarstellung auf einem Han-Relief";"Eine Schamanentracht und ihre Bedeutung für die altchinesische Kunst und Religion" 참조. Alfred Salmony는 창샤(長沙)에서 발견된 것으로 추정되는 주 나라 시대 후기의 청동 항아리에 새겨진, 사슴의 뿔을 달고 있는 두 무용수를 샤만이라고 본다 : *Antler and Tongue:an Essay on Ancient Chinese Symbolism and Its Implications* 참조. R. Heine-Geldern은 *Artibus Asiae*에서 Salmony의 저서를 논평하면서, 이 해석을 받아들이고 William Watson 은 이미 같은 결론에 도달했다고 지적하고 있다 : "A Grave Guardian from Ch'ang -sha" 참조. 샤만의 의상이 군복에 영향을 미쳤을 가능성에 관해서는 K. Meuli, "Scythica," p. 147, 주8;F. Altheim, *Geschichte der Hunnen*, Ⅰ, pp. 311 이하 참조. 비늘 모양의 흉갑이 달린 중국 샤만의 의상에 관한 기록은 고대 기록에도 남아 있다 : Laufer, *Chinese Clay Figures*, 특히 pp. 196 이하, Pls. ⅩⅤ-ⅩⅤⅡ 참조.

126) 선사시대 중국의 주술과 신비주의 구조에 나타난 야금술과 그 상징체계의 역할에도 주의를 기울일 필요가 있다 : Granet, *Danses et légen des*, Ⅱ, pp. 496, 505 이하 참조. 샤마니즘과 주물사 (鑄物士) 및 대장장이가 관계가 있다는 것은 주지의 사실이다. 이 책, 제13장, '샤만과 대장장이' 참조. 또 Eliade, *The Forge and the Crucible*, pp. 62 이하 참조.

127) D. Schröder, "Zur Religion der Tujen des Sininggebietes (Kukunor)," last art. 특히 pp. 235 이하 ; L.M.J. Schram, *The Monguors of the Kansu-Tibetan Border*, part. 2, 특히 pp. 76 이하, 91 이하 참조.

128) W. Heissig, "Schamanen und Geisterbeschwörer im Küriye-Banner," pp. 40 이하 ; "A Mongolian Source to the Lamaist Suppression of Shamanism in the 17th Century," pp. 500 이하 및 여러 곳 참조.

129) J.-P. Roux, "Eléments chamaniques dans les textes pré-mongols" 참조.

130) Heissig, "Schamanen und Geisterbeschwörer im Küriye-Banner," pp. 42 이하 참조. 몽고 샤만에 관해서는 W. Schmidt, *Der Ursprung der Gottesidee*, Ⅹ, pp. 94-100; *Anthropos* (ⅩLⅤⅢ, 1953, pp. 327-28)에 나오는 N.Poppe의 언급 ; V. Diószegi, "Problems of Mongolian Shamanism" 참조.

131) Hentze, "Schamanenkronen zur Han-Zeit in Korea" 참조.

132) Eberhard, *Lokalkulturen im alten China*, Ⅱ, pp. 313 이하 ; M.C. Haguenauer, "Sorciers et sorciéres de Corée" 참조.

133) 같은 책, pp.501 이하 참조.

134) 샤머니즘에 관해서는, Oka Masao의 미출판 원고에 따라 Alexander Slawik가
  "Kultische Geheimbünde der Japaner und Germanen" (pp. 677, 688 이하, 733,
  757)에서 다루고 있는 자료 참조.

135) Matthias Eder, "Schamanismus in Japan," p. 368.

136) 같은 글, p.371.

137) 같은 글, p.377.

138) 같은 글, pp.372 이하.

139) 같은 글, p.374. W.P. Fairchild, "Shamanism in Japan" 참조.

140) 말머리 인형에 관해서는 Fairchild, 같은 글, p.378 참조.

141) 같은 글, p.379.

142) Charles Haguenauer, *Origines de la civilisation japonaise*, pp. 178-79.

143) 이성 (異性)의 주력을 이용한 인인 (引人)주술은 세계 각처에 두루 알려져 있다 :
  Eliade, *Birth and Rebirth*, pp. 79 이하 참조.

제 13 장 상사 신화, 상징 그리고 의례

1) Freda Kretschmar, *Hundestammvater und Kerberos*, Ⅰ-Ⅱ, 특히 Ⅱ, pp. 222 이
  하, 258 이하. W. Koppers, "Der Hund in der Mythologie der zirkumpaz-
  ifischen Völker" 및 Paul Pelliot의 평가를 통한 의견 참조 (*T'oung Pao*, ⅩⅩⅧ,
  [1931], pp. 463-70). 터키 - 몽고 인의 개 - 조상에 관해서는 Pelliot, 같은 책 ; Rolf
  A. Stein, "Leao-Tche," pp. 24 이하 참조. 고대 중국에서 개가 맡는 신화적 역할에 관
  해서는 E. Erkes, "Der Hund im alten China," pp. 221 이하 참조. 저승의 개에 대한
  인도 인의 관념에 대해서는 E. Arbman, *Rudra*, p. 257 이하 ; B. Schlerath, "Der
  Hund bei den Indogermanen," 게르만 신화에 나오는 개에 관해서는 H. Güntert,
  Kalypso, pp. 40 이하, 55 이하, 장송의례에 개가 등장하지 않는 일본에
    관해서는 A. Slawik, "Kultische Geheimbüde der Japaner und Ger-
  manen," pp. 700 이하, 티벳 신화에 등장하는 개에 관해서는 S. Hummel, "Der Hund
  in der religiösen Vorstellugswelt des Tibeters" 참조.

2) L. Malten, "Das Pferd im Totenglauben." 또 V. I. Propp, *Le radici storiche
  dei racconti di fate* (러시아 어를 번역), pp. 274 이하 참조.

3) O. Höfler, *Kultische Geheimbünde der Germanen*, I, pp. 46 이하 ; Slawik, 같은
  글, pp. 692 이하 참조.

4) 이 책, 제 9 장, p. 296 참조.

5) J. Warneck, *Die Religion der Batak*, p. 88 참조.

6) B. de Zoete and W. Spies, *Dance and Drama in Bali*, p. 78 참조.

7) Biren Bonnerjea, "Materials for the Study of Garo Ethnology" ; Verrier Elwin,
  "The Hobby Horse and the Ecstatic Dance," p. 211 ; *The Muria and Their
  Ghotul*, pp. 205-09.

8) Elwin, 같은 글, pp. 212-13 ; 같은 책, p. 208.

9) Shamrao Hivale, "The Laru Kaj," 같은 책에서 인용됨. W. Archer, The Vertical Man:a Study in Primitive Indian Sculpture (pp. 41 이하)에 나오는 말이 미지의 접신 춤(비하르)에 관한 기술 참조.

10) Koppers, "Monuments to the Dead of the Bhils and Other Primitive Tribes in Central India"; Elwin, 같은 책, pp. 210 이하, 도판 27, 29, 30 참조.

11) 같은 책, p. 150. 인도 북부 샤마니즘의 말에 관해서는 R. Rahmann, "Shamanistic and Related Phenomena in Northern and Middle India," pp. 724-25 참조.

12) G. Sandschejew, "Weltanschauung und Schamanismus der Alaren-Burjaten," p. 608. 퉁구스 인의 신앙체계에 따르면, 샤만의 수모(獸母)는 다리가 여덟 개 달린 아기를 낳았다 : G. V. Ksenofontov, *Legendy i rasskazy o shamanakh u yakutov, buryat i tungusov*, 2nd edn., pp. 64 이하 참조.

13) Höfler, 앞의 책, pp. 51 이하 참조 ; Slawik, 앞의 글, pp. 694 이하.

14) R. Wolfram, "Robin Hood und Hobby Horse"; A. van Gennep, *Le Cheval -jupon* 참조.

15) Propp, 앞의 책, p. 286.

16) M. A. Czaplicka, *Aboriginal Siberia*, pp. 204 이하 참조. 예니세이 인의 경우, 과거 대장장이에 부여하던 중요한 의미에 관해서는 W. Radlov, *Aus Sibirien*, I, pp. 186 이하 참조. F. Altheim, *Geschichte der Hunnen*, I, pp. 195 이하 ; Dominik Schröder, "Zur Religion der Tujen des Sininggebietes (Kukunor), art. 3, pp. 828, 830 ; H. Findeisen, *Schamanentum*, pp. 94 이하 참조. 이어지는 자료로는 Eliade, *The Forge and the Crucible*, 특히 pp. 53 이하 참조. 또 Hummel, "Der göttliche Schmied in Tibet" 참조.

17) W. Sieroszewski, "Du chamanisme d'aprés les croyance des Yakoutes," p. 319. 또 Jochelson, *The Yakut*, pp. 172 이하 참조.

18) A. A. Popov, "Consecration Ritual for a Blacksmith Novice among the Yakuts," pp. 258-60.

19) 같은 글, pp. 260-61. 미래 샤만의 입문적인 꿈과 관련된 대장장이-샤만("악령")의 역할을 상기할 것. 크다이 마크신의 집에 관해서는, 에를릭 칸의 지하계를 향한 접신적 하강에서 알타이 샤만이 금속성 소음을 듣는다는 사실을 상기할 것. 에를릭은 악령에 붙잡혀 온 영혼 위에다 사슬을 놓아둔다 (Sandschejew, 앞의 글, p. 953). 퉁구스 및 오로콘 전승에 따르면, 미래 샤만의 머리는 그의 의복의 장신구와 함께 같은 모루 위에서 두드려지게 된다 : A. Friedrich and G. Buddruss, *Schamanengeschichten aus Sibirien*, p. 30 참조.

20) Sandschejew, 앞의 글, pp. 538-39.

21) 티벳 인에게도 이와 마찬가지로 대장장이와 그의 아들 9형제라는 수호신이 있다. R. de Nebesky-Wojkowitz, *Oracles and Demons of Tibet*, p. 539 참조.

22) Sandschejew, 앞의 글, p. 539.

23) 같은 글, p. 540.

24) 도곤 족(Dogon) 대장장이는 최초의 대장장이에 관련된 의례를 재현하면서 빨갛게

달아오른 쇠를 집어 올린다 : M. Griaule, *Dieu d'eau*, p. 102 참조.

25) Sandschejew, 앞의 글, pp. 550 이하.

26) Papov, 앞의 글, pp. 262 이하.

27) Eliade, 앞의 책, p. 53 및 여러 곳.

28) Walter Cline, *Mining and Metallurgy in Negro Africa* 참조. 또 B. Gutmann, "Der Schmied und seine Kunst im animistischen Denken" ; H. Webster, *Magic*, pp. 165-67 참조.

29) 가령 백(白) 나일의 바리 인(Bari)의 경우 (Richard Andree, *Dei Metalle bei den Naturvölkern;mit Berücksichtigung prähistorischer Verhältnisse*, pp. 9, 42), 볼로프 인(Wolof), 티부 인(Tibbu)의 경우 (같은 책, pp. 41-43), 원데로보 인(Wanderobo), 마사이 인(Masai)의 경우 (Cline, 같은 책, p. 114) 등.

30) 콩고의 발롤로 인(Balolo)의 대장장이 중에는 왕족 출신이 있다(Cline, 같은 책, p. 22). 와차가의 반투족은 대장장이를 존경하는 동시에 몹시 두려워한다(같은 책, p. 115). 대장장이와 추장을 부분적으로 동일시하는 관습은 콩고의 몇몇 부족——가령 바송고 족(Basongo), 바홀로홀로 족(Baholoholo) 등——에게서 찾아볼 수 있다(같은 책, p. 125).

31) 같은 책, p. 119 ; Eliade, 앞의 책, pp. 97 이하 참조.

32) Cline, 같은 책, p. 120 (바예케 족(Bayeke), 일라 족(Ila) 등).

33) Höfler, 앞의 책, pp. 54 이하. 핀 인의 신화 전승에서의 대장질과 주술의 관계에 관해서는 K. Meuli, "Scythica,", p. 175 참조.

34) Slawik, 앞의 글, pp. 697 이하.

35) M. Granet, *Danses et légendes de la Chine ancienne*, II, pp. 609 이하 및 여러 곳.

36) L. Gernet and A. Boulanger, *Le Génie grec dans la religion*, p. 79 ; Bengt Hemberg, *Die Kabiren*, pp. 286 이하 및 여러 곳 참조. 대장장이, 춤군, 요술사의 관계에 대해서는 Robert Eisler, "Das Qainszeichen und die Qeniter" 참조.

37) Sarat Chandra Roy, *The Birhors*, pp. 402 이하(Birhor) ; E. T. Dalton, *Descriptive Eghnology of Bengal*, pp. 186 이하 (문다 족) ; Rev. P. Dehon, *Religion and Customs of the Uraons*, pp. 128 이하 (오라온 족) 참조. 전체적인 문제에 관해서는 Walter Ruben, *Eisenschmiede und Dämonen in Indien*, pp. 11 이하, 130 이하, 149 이하 및 여러 곳.

38) Propp, 앞의 책, pp. 284 이하 : 길리야크(Gilyak)와 에스키모 샤만의 실례가 인용되어 있다.

39) R. F. Fortune, *Sorcerers of Dobu*, pp. 295 이하. 또 A. R. Brown, *The Andaman Islanders*, pp. 266 이하 참조. 이 책, 제 10장, p. 326, 제 12장 pp. 380-81 참조.

40) Webster, 앞의 책, p. 7, W. E. Armstrong, *Rossel Island* (pp. 172 이하) 인용.

41) 같은 책, p. 27 ; R. H. Codrington, *The Melanesians*, p. 191 이하 참조.

42) Webster, 같은 책, p. 27.

43) 같은 책, p. 7.

44) 같은 책, pp. 237-38. "내적인 열기"와 "불의 다스림"에 관해서는 Eliade, 앞의 책, pp. 79 이하 참조.

45) J. Abbott, 앞의 책, pp. 5 이하

46) 같은 책, p. 6.

47) 같은 곳.

48) 같은 책, pp. 7 이하와 색인, s. v. "heat."

49) *Tâin Bô Cuâlnge*, Georges Dumézil, *Horace et les Curiaces*, pp. 35 이하에 요약, 번역되어 있다.

50) Dumézil, *Légendes sur les Nartes*, pp. 50 이하, 179 이하 : *Horace et les Curiaces*, pp. 55 이하 참조.

51) 오스트레일리아의 주의는 "불 위를 걷는 자"로 불린다 : A. P. Elkin, *Aboriginal Men of High Degree*, pp. 62 이하 참조. 불 위를 걷는 기술에 관해서는 R. Eisler, *Man into Wolf*, pp. 134-35의 문헌목록 참조. 샤만을 지칭하는 마자르 족 명칭은 "열기, 작열"을 뜻하는 말에서 유래한다. János Balázs, "A magyar samán réülete" (Die Ekstase der ungarischen Schamanen), pp. 438 이하 (독일어 요약) 참조.

52) "내적 열기"의 원리와 기술을 충분하게 비교 연구하는 과정에서 이 문제를 다루었으면 한다. 불의 상상적 구조에 대해서는 G. Bachelard, *La Psychanalyse du feu* 참조.

53) 일례로 Czaplicka, 앞의 책, pp. 175 이하, 238 이하 등 ; A. L. Kroeber, "The Eskimo of Smith Sound," pp. 303 이하 ; W. Thalbitzer, "Les Magiciens esquimaux," pp. 80-81 ; John W. Layard, "Shamanism : an Analysis Based on Comparison with the Flying Tricksters of Malekula," pp. 536 이하 ; A. Métraux, "Le Shamanisme chez les Indiens de l'Amérique du Sud tropicale," p. 209 ; T. I. Itkonen, *Heidnische Religion und späterer Aberglaube bei den finnischen Lappen*, p. 116 참조.

54) 오스트레일리아에 관해서는 W. J. Perry, *The Children of the Sun* (2nd edn.), pp. 396, 403 이하 ; 트로브리안드 제도에 관해서는 B. Malinowski, *The Argonauts of the Pacific*, pp. 239 이하 참조. 솔로몬 군도의 샤만인 니자마스는 새로 둔갑해서 날 수 있 다 (A. M. Hocart, "Medicine and Witchcraft in Eddystone of the Solomons," pp. 231-32). 앞에서 인용한 문헌 참조 (가령 색인, s. v. "flying").

55) Layard, "Malekula : Flying Tricksters, Ghosts, Gods and Epileptics," pp. 504 이하.

56) P. Wirz, *Die Marind-anim von Holländisch-Süd-Neu-Guinea*, II, p. 74, L. Lévy-Bruhl, *La Mythologie primitive. Le Monde mythique des Australiens et de Papous*, (p. 232)에 인용되어 있음.

57) H. M. and N. K. Chadwick, *The Growth of Literature*, III, p. 495 ; N. K. Chadwick, *Poetry and Prophecy*, p. 27.

58) Layard, *Stone Men of Malekula*, pp. 733-34.

59) 가령 야프 섬에 관해서는 Max Walleser, "Religiöse Anschauungen und G-

ebräuche der Bewohner von Jap, Deutsche Südsee," pp. 612 이하 참조.

60) G. L. Kittredge, *Witchcraft in Old and New England*, pp. 243 이하, 547-48 (문헌목록) ; N. M. Penzer, ed., *Somadeva's Kathā-sarit-sāgara (or Oceans of Streams of Story)*, II, p. 104 ; Stith Thompson, *Motif-Index of Folk-Literature*, Ⅲ, p. 217 ; Arne Runeberg, *Witches, Demons, and Fertility Magic*, pp. 15 이하, 93 이하, 105 이하, 222 이하 참조.

61) 이 책, 제11장, '고대 인도 : 주술적 비상' 참조.

62) *Ṛg-Veda*, VI, 9, 5 (R. T. H. Griffith 번역).

63) ⅩⅣ, Ⅰ, 13 (W. Caland 번역). "공중 비상"의 상징체계에 대해서는 Ananda K. Coomaraswamy, *Figures of Speech or Figures of Thought*. pp. 183 이하 참조.

64) 새-영혼 : J. von Negelein, "Selle als Vogel" ; J. G. Frazer, *Taboo and the Perils of the Soul*, pp. 33-36. 새-영혼의 안내자 : L. Frobenius, *Die Weltans chauung der Naturvölker*, pp. 11 이하 ; Frazer, *The Fear of the Dead in P-rimitive Religion*, Ⅰ, pp. 189 이하.

65) 이 책, 제13장, pp. 419 이하 참조.

66) 가령, B. Bachelard, *L'Air et les songes. Essai sur l'imigination du mouve-ment* ; Eliade, "Dūrohaṇa and the 'Waking Dream'" 참조. 또 Eliade, *Myths, Dreams and Mysteries*, pp. 99 이하 참조.

67) 사자의 서, 28장 등.

68) G. Wilke, "Der Weltenbaum und die bieden kosmischen Vógel in der vorges-chichtlichen Kunst" 참조.

69) G. Róheim, "Hungarian Shamanism," p. 38 ; 같은 저자의 *Hungarian and Vo-gul Mythology*, pp. 49 이하 참조.

70) Horst Kirchner, *Ein archäologischer Beitrag zur Urgeschichte des Schamanis-mus*, 특히 pp. 271 이하. J. Maringer(*Vorgeschichtliche Religion* p. 128)는 이것을, 기억이 환기시킨 이미지일 것이라고 생각한다.

71) 미개 사회에서의 공중 부양에 관해서는 O. Leroy, *La Raison primitive*, pp. 174 이하 참조.

72) Leroy, La Lévitation.

73) 같은 책, p. 125.

74) 같은 책, p. 126.

75) 같은 책, p. 127.

76) 같은 책, p. 128.

77) 같은 책, p. 178.

78) 이 책에 언급되어 있는 사례에 덧붙여, Jonannes Zemmrich, "Toteninseln und verwandte geographische Mythen," pp. 236 이하 ; Rosalind Moss, *The Life after Death in Oceania and the Malay Archipelago*, s. v., "bridge" ; Kira Weinberger-Goebel, "Malanesische Jenseitsgedanken," pp. 101 이하 ; Martti Räsänen, *Regenbogen-Himmelsbrüke*, 여러 곳 ; Theodor Koch, "Zum Animis-

mus der südamerikanischen Indianer," pp. 129 이하 ; F. K. Numazawa, *Die Weltanfänge in der japanischen*, pp. 151 이하, 313 이하, 393 ; L. Vannicelli, *La religione dei Lolo*, pp. 179 이하 ; Thompson, 앞의 책, III, p. 22 (F 152) 참조.

79) Numazawa, 같은 책, pp. 155 이하 ; H. T. Fischer, "Indonesische Paradies-mythen," pp. 207 이하 참조.

80) *Taittirĩya Saṃhitā*, VI, 5, 3, 3 ; VI, 5, 4, 2 ; VII, 5, 8, 5 등.

81) 유구 열도(琉球列島) 여무에게서 찾아볼 수 있다. Slawik, 앞의 글, p. 739 참조.

82) Miguel Asín Palacios, *La escatología musulmana en la Divina Comidia*, 2nd edn., p. 282.

83) 같은 책, p. 182.

84) 같은 책, p. 181. 다리 (ṣirāṭ)의 회교적 관념은 페르시아로부터 기원한 것이다(같은 책, p. 180).

85) H. Zimmer, *The King and the Corpse : Tales of the Soul's Conquest of Evil* (pp. 166 이하, 173 이하)에 인용된 텍스트 참조. 같은 책 (p. 166, 도판 3)은, 원래 12세기 프랑스 사본에 있던, "칼-다리" 건너기를 탁월하게 묘사하고 있다.

86) M. Haavio, *Väinämöinen, Eternal Sage*, pp. 110 이하.

87) E. S. C. Handy, *Polynesian Religion*, pp. 73 이하.

88) *Kaṭha Upaniṣad*, III, 14 (R. E. Hume 번역, p. 353). 인도 인과 켈트 인의, 다리 의 상징체계에 관해서는 Luisa Coomaraswamy, "The Perilous Bridge of Welfare" ; Ananda K. Coomaraswamy, *Time and Eternity*, p. 28과 주 36 참조.

89) 마태복음 7 : 14.

90) 이 모티프에 관해서는 A. B. Cook, *Zeus : a Study in Ancient Religion*, III, part. 2, 부록 P("Floating Islands"), pp. 975-1016 ; A. K. Coomaraswamy, "Symplegades" ; Eliade, *Birth and Rebirth*, pp. 64 이하 ; G. Hatt, *Asiatic Influences in American Folklore*, pp. 78 이하.

91) A.K. Coomaraswamy, 같은 글, p. 486.

92) Koppers, *Die Bhil in Zentralindien* (Pl. XIII, 도판 1)에 실린, 곤드 족 요술사의 사다리 사진 참조.

93) Frazer, *Folk-lore in the Old Testament*, II, pp. 54-55.

94) W. W. Skeat and C. O. Blagden, *Pagan Races of the Malay Peninsula*, II, pp. 108, 114.

95) H. H. Risley, *The Tribes and Castes of Bengal*, II, p. 75. 보로네즈 지역의 러시아 인들은 사자를 위해 밀가루로 조그만 사다리를 만들어 굽는다. 때로는 이 사다리 빵에다 일곱 개의 막대기를 박아 7천을 나타내기도 한다. 체레미스 인도 이 관습을 차용하고 있다. Frazer, *Folk-lore in the Old Testament*, II, p. 57 ; *The Fear of the Dead in Primitive Religion*, I, pp. 188 이하 참조. 시베리아의 러시아 인에게도 같은 관습이 있다 : G. Ränk, *Die heilige Hinterecke im Hauskult der Völker Nordosteuropas und Norasiens*, p. 73 참조. 러시아 장송 신화의 사다리에 관해서는 Propp, 앞의 책, pp. 338 이하 참조.

96) 일례로, Wallis Budge, *From Fetish to God in Ancient Egypt*, p. 346; H. P. Blok, "Zur altägyptischen Vorstellung der Himmelsleiter" 참조.

97) R. Weil, *Le Champ des roseaux et le champ des offrandes dans la religion funéraire et la religion générale*, (p. 52)로부터 인용(위의 번역은 Budge, p. 495). 또 J. H. Breasted, *The Development of Religion and Thought in Ancient Egypt*, pp. 112 이하, 156 이하 ; F. Max Müller, *Egyptian* [*Mythology*], p. 176; W. J. Perry, *The Primordial Ocean*, p. 263, 266; Jacques Vandier, *La Religion égyptienne*, pp. 71-72 참조.

98) *The Pyramid Texts*, Utt. 572, § 1474b (A. S. B. Mercer 번역, I, 234).

99) 일례로, Budge, *The Mummy*, 2nd edn., pp. 324, 327. 천상에 이르는 장례 사다리를 재현시킨 것으로는 Budge, *The Egyptian Heaven and Hell*, II, pp. 159 이하 참조.

100) F. Cumont, *Lux perpetua*, p. 282 참조.

101) 이 책, 제 11 장, pp. 246 이하.

102) 적어도 이것은 Cook(*Zeus*, part. 1, pp. 124 이하)의 가정이다. 그는 여느 때도 잘 그러듯이 다른 종교의 의례적 사다리에 대한 방대한 자료를 모으고 있다. 그러나 또한 W. K. C. Guthrie, *Orpheus and Greek Religion*, p. 208 참조.

103) Cook, 같은 책, part. 1, pp. 37, 127 이하 참조. 또 C. M. Edsman, *Le Baptême de feu*, p. 41 참조.

104) W. Bousset, "Die Himmelsreise der Seele," 특히 pp. 155-69. 또 A. Jeremias, *Handbuch*, 2nd edn., pp. 180 이하 참조. Bibliothek Warburg(*Vorträge*, VIII)는 갖가지 전승에 등장하는 영혼의 천계 여행을 다루고 있다. 또 F. Saxl, *Mithras*, p. 97; Benjamin Rowland, "Studies in the Buddhist Art of Bāmiyān," p. 48 참조.

105) 창세기 28 : 12.

106) Eliade, *Patterns in Comparative Religion*, pp. 229 이하, 380 이하 참조. 이 책, 제 8 장 참조. 다른 유형의 상승의례——절대신으로부터 "천계의 서 (書)"를 받기 위한 군주나 예언자의 천계상승——를 잊어서는 안 된다. 이 극히 중요한 모티프는 G. Widengren, *The Ascension of the Apostle of God and the Heavenly Book*에 자세하게 수록되어 있다.

107) Miguel Asín Palacios, 앞의 책, p. 70. 다른 전승에 따르면, 모하메드는 새를 타고 천상으로 오른다. 사다리의 서 (*Book of the Ladder*)를 보면, 그는, "나귀보다는 크고 노새보다는 조금 작은 오리 같은 것을 타고 천상에 올라" 천사 가브리엘의 안내를 받은 것으로 되어 있다. Enrico Cerulli, *Il "libro della scala,"* 이 책 (제 11 장에 나오는, 회교 성자에 관한 유사한 이야기 참조. "주술적 비상," 오르기, 상승은 동일한 신화적 체험과 동일한 상징체계에 상응한 도식이다.

108) Edsman, 앞의 책, pp. 32 이하.

109) 인용서와 함께, G. van der Leeuw, *La Religion dans son essence et ses manifestations*, p. 484.

110) 십자가의 성 요한은, 신비적 성취의 각 단계를, 어려운 오르기 과정을 통해서 보여 주고 있다. 그의 카르멜 산 오르기는 이 성취에 필요한 고행과 영적인 노력을 드러내고 있다. 동유럽의 일부 전승에서는 그리스도의 십자가를, 하느님이 이 땅으로 내려올 때 그리고 영혼이 하느님 곁으로 갈 때 쓰이는 다리 혹은 사다리로 그리고 있다(U. Holmberg, *Der Baum des Lebens*, p. 133). 비잔틴 성화에서 보이는 천계 상승용 사다리에 관해서는 A. K. Coomaraswamy, "Svayamātṛṇṇā : Janua Coeli," p. 47 참조.

111) G. Carbonelli, *Sulle fonti storiche della chimica e dell'alchimia in Italia*, p. 39, 도판 47. 이 고사본은 모데나 왕립 도서관에 있다.

112) Alice Werner, *African [Mythology]*, p. 136 참조.

113) A. E. Jensen and H. Niggemeyer, eds., *Hainuwele*, pp. 51 이하, 81, 84 등 ; Jensen, *Die drei Ströme*, p. 164 ; H. M. and N. K. Chadwick, 앞의 책, III, p. 481 등 참조.

114) Thompson, 앞의 책, III, p. 8.

115) 일례로, R. Pettazzoni, *Saggi di storia delle religioni e di mitologia*, p. 68, 주 1 ; A. Riesenfeld, *The Megalithic Culture of Melanesia*, pp. 196 이하 등 참조.

116) Gennep, *Mythes et légendes d'Australie*, nos. 17, 56 ; Pettazzoni, 같은 책, p. 67, 주 1 ; H. M. and N. K. Chadwick, 앞의 책, III, p. 486 등 ; Harry Tegnaeus, *Le Héros civilisateur*, p. 150, 주 1 등 참조.

117) 우트조발루크 족(오스트레일리아) 주의는 산 비슷한 "어두운 곳"까지 아주 빠른 속도로 오를 수 있다(A. W. Howitt, *The Native Tribes of South-East Australia*, p. 490). 또 W. Schmidt, *Der Ursprung der Gottesidee*, III, pp. 845, 868, 871 참조.

118) Pettazzoni, *Miti e leggende*, I, 63(통가 인) 등 ; H. M. and N. K. Chadwick, 앞의 책, p. 481(해양 드야크 인) ; Frazer, *Folk-lore in the Old Testament*, II, p. 54(체레미스 인) 참조.

119) H. H. Juynboll, "Religionen der Naturvölker Indonesiens," p. 583(인도네시아) ; Frazer, 같은 책, pp. 52-53(인도네시아) ; Roland Dixon, *Oceanic [Mythology]*, p. 156 ; Alice Werner, *African [Mythology]*, p. 135 ; H. B. Alexander, *Latin-American [Mythology]*, p. 271 ; Thompson, 앞의 책, III, 7(북아메리카). 이런 지역에서는 거미줄에 의한 상승의 신화가 발견된다.

120) 이 연구에 인용된 사례와 함께, Juynboll, 같은 글, p. 585(인도네시아) ; Ivor H. N. Evans, *Studies in Religion, Folk-lore & Custom*, pp. 51-52(두순 족) : H. M. and N. K. Chadwick, 앞의 책, III, pp. 272 이하 등 참조.

121) 세망 인(Pettazzoni, "La catena di frecce," p. 79 참조)과 코리야크 인(W. I. Jochelson, *The Koryak*, pp. 213, 304 참조)은 제외하고.

122) Pettazzoni, "The Chain of Arrows." 또 같은 책, pp. 293, 304와 같은 책에 나오는, 북아메리카에 전파된 이 모티프에 관한 참고자료 참조. 또 G. Hatt, *Asiatic Influences in American Folk-lore*, pp. 40 이하 참조.

123) 지금 준비하고 있는 책 *Mythologies of Death*에서 이 문제를 자세하게 검토하고자 한다.

124) Frazer, *The Belief in Immortality and the Worship of the Dead*, I, pp. 134, 138 등 참조.

125) Howitt, 앞의 책, p. 438.

126) F. Graebner(*Das Weltbild der Primitiven*, pp. 25 이하)와 Schmidt(*Der Ursprung der Gottesidee*, I, 2nd edn., pp. 334-476: III, pp. 574-86 등)에 따르면 오스트레일리아의 최고(最古) 부족은 이 대륙의 동남부에 분포하는데, 이들의 장례 관념에서 천상계 상승은 결정적이다(이것이 천상계의 절대신에 대한 신앙과 관계가 있음은 물론이다). 중앙 오스트레일리아의 부족들——이들의 장례 관념은 천상계 상승이 아니고 "수평적 이동"인데, 이는 조상 숭배 및 토테미즘과 관계가 있음을 보여준다——은, 민족학적 관점에서 보아 덜 "원시적"이다.

127) Frazer, *The Belief in Immortality*, II, pp. 24 이하.

128) Schmidt(*Der Ursprung der Gottesidee*, XII, p. 624)가 접신을 "흑" 샤만의 특질이라고 한 것은 상궤를 벗어난 샤만적 탈혼 때문이었을 것이다. 그의 해석에 따르면 "백" 샤만은 섭신을 하지 않으니까, 그는 이를 "진짜 샤만"으로 인정하지 말고 "천상계의 從者(Himmelsdiener)"로 부르자고 제안한다(같은 책, pp. 365, 634 이하, 696 이하). 그는 어떤 경우의 접신이든, 접신이라면 부정적으로 본다. 합리주의자였던 그는 "인사불성"을 의미하는 종교적 체험에 어떤 가치도 부여할 수 없었던 것이다. 본 연구의 프랑스 어판에서 진행되고 있는, 이 테마에 대한 논의와 좋은 비교 자료가 될 수 있을 것으로 보이는 Dominik Schröder, "Zur Struktur des Schamanismus" 참조.

제 14 장 결론

1) J. Németh, "Über den Ursprung des Wortes Saman und einige Bemerkungen zur türkisch-mongolischen Lautgeschichte." 이슬람 세계에서의 šaman이라는 말의 뜻에 관해서는 V. F. Büchner, "Shaman" 참조.

2) B. Laufer, "Origin of the Word Shaman." Laufer의 논문에도 이 문제의 짧은 역사와 문헌목록이 들어 있다. 또 Jean-Paul Roux, "Le Nom du chaman dans les textes turco-mongols" 참조. 터키 어 bögü에 관해서는 Hans-Wilhelm Haussig, "Theophylakts Exkurs über die skythischen Völker," pp. 359 이하 참조.

3) G. J. Ramstedt, "Zur Frage nach der Stellung der tschuwassichen," pp. 20-21. Kai Donner, "Über soghdisch *nōm* 'Gesetz' und samojedisch *nōm* 'Himmel, Gott'", p. 7 참조. 또 G. J. Ramstedt, "The Relation of the Altaic Languages to Other Language Groups" 참조.

4) Sylvain Lévi, "Etude des documents tokhariens de la Mission Pelliot," 특히 pp. 445-46; Paul Pelliot, "Sur quelques mots d'Asie Centrale attestés dans les textes chinois," 특히 pp. 466-69. A. Meillet("Le Tokharien," p. 19)도 토카라 어

ṣamāne와 퉁구스 어 사이의 유사점을 지적하고 있다. F. Rosenberg("On Wine and Feasts in the Iranian National Epic," 주, pp. 18-20)는 소그드 어 śmṇ의 중요성을 강조하고 있다.

5) N. D. Mironov and S. M. Shirokogoroff, "Śrama ṇ a-Shaman." 또 Shirok ogoroff, "General Theory of Shamanism among the Tungus"; "Northern Tungus Migrations in the Far East"; "Versuch einer Erforschung der Grundlagen des Schamanentums bei den Tungusen"; *Psychomental Complex of the Tungus*, pp. 268 이하 참조.

6) Mironov and Shirokogoroff, 같은 글, pp. 119 이하 ; 같은 책, pp. 279 이하. N. N. Poppe는 Shirokogoroff의 이론을 받아들였다 : *Asia Major*, Ⅲ, (1926). p. 138 참조. burkhan이라는 말에 대한 남방(중국 불교)의 영향은 U. Harva에 의해 밝혀졌다.

W. Schmidt, *Der Ursprung der Gottesidee*, X, p. 573; Dominik Schröder, "Zur Religion der Tujen," 마지막 art., p. 203 이하 참조.

7) Mironov and Shirokogoroff, 같은 글, p. 122; Shirokogoroff, 같은 책, p. 281.

8) 같은 글, p. 125.

9) 같은 글, p. 126. 퉁구스 샤만의 "영신"의 대부분은 불교에서 기원한 것이다 (Shirokogoroff, 같은 책, p. 278). 샤만의 의상에 그려진 이들의 모습은 "불승의 옷을 그대로 그려놓은 것"임을 보여준다(같은 곳).

10) 이 책, 제 5장, '샤만의 거울과 모자' 참조.

11) Mironov and Shirokogoroff, 앞의 글, p. 127.

12) 같은 글, p. 130, 주 52.

13) p. 282.

14) 같은 곳.

15) 같은 곳.

16) V. Bounak, "Un Pays de l'Asie peu connu : le Tanna-Torva," p. 9. 또 V. Diószegi, "Tuva Shamanism" 참조.

17) Shirokogoroff, 앞의 책, p. 282.

18) Gutorm Gjessing, *Circumpolar Stone Age*. 또 A. P. Okladnikov, "Ancient Cultures and Cultural and Ethnic Relations on the Pacific Coast of North Asia," 특히 pp. 555 이하; Karl Jettmar, "Urgeschichte Innerasiens", pp. 150 -61; C. S. Chard, "An Outline of the Prehistory of Siberia." part Ⅰ 참조.

19) 일 례로, A. M. Tallgren, "The Copper Idols from Galich and Their Relatives" 참조. 4천년기(紀)의 원(原) 터키 인과 근동의 민족군들의 관계에 대해서는 W. Koppers, "Urtürkentum und Urindogermanentum im Lichte der völkerkundlichen Universalgeschichte," pp. 488 이하 참조. D. Sinor의 언어학적 연구에 따르면, 원 터키 인의 원주거지는 "지금까지 생각해왔던 것보다 훨씬 서쪽에 위치해야 한다"("Ouralo-altaïque-indo-européen," p. 244). 또 Jettmar, "The Karasuk Culture and Its South-eastern Affinities"; "The Altai before the Turks"; "Urgeschichte Innerasiens," pp. 154 이하 참조. L. Vajda에 따르면, 북아시아의 샤

만적 복합은, 남방의 농업문화와 북방의 수렵문화의 교류 결과이다. 그러나 샤마니즘은 전자의 특징도 후자의 특징도 갖추고 있지 않다. 샤마니즘은 문화 복합의 산물이면서도 문화의 구성분자보다 훨씬 새롭다. 북아시아 샤마니즘은 청동시대 이전의 것이 아니다 : "Zur phaseologischen Stellung des Schamanismus," p. 479 참조. 그러나 곧 알게 되겠지만 (pp. 504 주 31) 선사학자 Karl J. Narr는 북아시아 샤마니즘이 하층 구석기에서 상층 구석기에 이르는 과도기에 발생한 것임을 증명할 수 있다고 믿고 있다.

20) 몽고어 어휘에 담겨진 이란 어 요소에 대해서는 Laufer, *Sino-Iranica*, p. 572-76 참조. 9세기에 세워진 시베리아 소그드 인의 바위기념비에 대해서는 Otto Mänchen-Helfen, "Manichaeans in Siberia"를 볼 것. 또 P. Pelliot, "Influence iranienne en Asie Centrale et en Extrême Orient" 참조.

21) Kai Donner, *La Sibérie*, pp. 215-16.

22) 일례로, F. B. Steiner, "Skinboats and the Yakut 'Xayik'" 참조.

23) Schmidt, *Der Ursprung der Gottesidee*, Ⅲ, pp. 334-38에 요약되어 있는 미출판 연구에서 A. Gahs는, 중앙 아시아 및 북아시아 샤만의 북의 원형은 티벳의 이중고(二重鼓)라는 결론을 내리고 있다. Shirokogoroff(앞의 책, p. 209)는 나무 손잡이가 달린 둥근 북——티벳 기원——이, 추크치 족이나 에스키모 인과 더불어 최초로 아시아에 도달한 것에 속한다고 하는 Schmidt의 가설 (같은 책, p. 338)을 승인하고 있다. 에스키모 북의 아시아 기원설을 제창한 사람은 W. Thalbitzer (*The Ammasalik Eskimo*, part. 2, 2nd half-vol., p. 580)이다. Koppers ("Probleme der indischen Religionsgeschichte," pp. 805-07)는 샤만 북의 남방 기원설에 관하여 Shirokogoroff와 Gahs의 결론을 받아들이면서도 그 원형은 티벳의 것이 아니고 키〔箕〕 모양의 북이었을 것이라고 생각한다. 이런 북은 인도의 여러 민족 (산탈 족, 문다 족, 비일 족, 바이가 족)의 주술사에게서 볼 수 있다. 또 R. Rahmann, "Shamistic and Related Phenomena in Northern and Middle India," pp. 732-34 참조. 이러한 원주민들의 샤마니즘에 관하여 (인도 주술의 영향을 받은 것임에 분명하다) Koppers (같은 글, pp. 810-12)는 , 터키 - 타타르 어간 kam과, 주술 및 주술사를 뜻하는 용어군 혹은 비일 족의 말로 "주술의 나라" (kāmru, "The land of magic" 등), 산탈 어 (kamru, 즉 최초의 주술사인 요술사 Kamru의 집 등), 힌두 어 (Kāmrūp, 산스크리트 어인 Kāmarūpa 등) 사이에는 유기관계가 있지 않겠느냐는 의문을 제기하고 있다. 그는 kāmaru (kamru)라는 말을 민간 어원학에 따라 Kāmarūpa (女淫 숭배로 유명한 아샘 지방의 지명)로 해석함으로써, 그것이 남아시아에서 기원했을 것임을 암시하고 있다 (p. 788). 또 A. Gahs, "Die kulturhistorischen Beziehungen der östlichen Paläosibirier zu den austrischen Völkern, insbesondere zu jenen Formosas" 참조.

24) H. Findeisen, *Schamanentum*, pp. 18 이하 ; F. Hancar, "The Eurasian Animal Style and the Altai Complex" ; K. J. Narr, "Nordasiatisch-europäische Urzeit in archäologischer und völkerkundlicher Sicht," pp. 199 이하 ; "Interpretation altsteinzeitlicher Kunstwerke durch völkerkundliche Parallelen,"

pp. 544 이하 참조. 또 A. M. Tallgren, *Zur westsibirischen Gruppe der "schamanistischen Figuren"* 참조.

25) Horst Kirchner, "Ein archäologischer Beitrag zur Urgeschichte des Schamanismus," pp. 271 이하.

26) 같은 글, pp. 279 이하 ("Kommandostäbe" = *bâtons de commandement*. S. Giedion, *The Eternal Present.* I : *The Beginnings of Art*, pp. 162 이하 참조).

27) Findeisen, 앞의 책, 도판 14의 복제판 ; 같은 책, pp. 158 이하 참조.

28) Karl J.Narr. *Saeculum*, X (1959), pp. 233-272.

29) 같은 책, p. 260.

30) Narr, "Bärenzeremoniell……," p. 271.

31) Narr의 연대론은 Alois Closs ("Das Religiöse im Schamanismus")에 의해 받아들여진다. 이 논문의 저자는 샤머니즘에 관한 몇 가지 최근의 해석 (즉 Findeisen, A. Friedrich, Eliade, Schröder, Stiglmayr 같은 이들의 이론)을 검토하고 있다.

32) Eliade, *Patterns in Comparative Religion*, 제2장 참조.

33) 종교사에는 물론 여러가지 유형의 descensus ad infers (지옥하강)이 있다. 이쉬타르나 헤라클레스의 지옥하강과 샤만의 접신적 하강을 비교해볼 필요가 있다. Eliade, *Birth and Rebirth*, pp. 61 이하, 87 이하 참조.

34) Schröder가 분명하게 밝히고 있듯이, 종교 체험으로서의 "빙의"는 상당한 중요성을 지닌다. 요컨대 빙의는 "영신계 (靈神界)를 실체화시키고, 살아 있게 하고, 구체적이도록 하는 것을 말한다 : "Zur Struktur des Schamnismus," pp. 865 이하. "빙의"가 극히 고대적인 종교 현상인 것은 분명하지만, 그 구조는 엄밀한 의미에서 샤만 특유의 접신 체험과는 다르다. 실제로 우리는 접신 체험에서 어떻게 빙의상태로 발전해 가는지 볼 수도 있다. 즉 샤만의 혼 (혹은 "主靈")이 천상계나 지하계를 여행하고 있을 동안 영신은 그의 몸 속에 들어와 있을 수도 있다. 그러나 그 반대과정은 상상하기 어렵다. 왜냐하면 일단 영신이 샤만을 점거하면 다른 개인적 접신——천계상승과 지하계 하강——은 불가능하게 되기 때문이다. 영신은 이 "빙의"를 통해 종교적 체험을 구체화시킨다. 위험하고 극적인 샤만의 입문의례나 계율과는 달리 빙의는 손쉬운 면이 있다.

에필로그

1) Eliade, "Nostalgia for Paradise in the Primitive Traditions," pp. 59-72 참조.

2) Eliade, "Significations de la 'lumière intérieure'" 참조.

3) 이 책, 제 12장, pp. 386 이하 참조.

4) 이 책, 제 3장, pp. 104 이하 참조.

5) 이 책, 제 6장, pp. 203 이하, 제 9장, pp. 284 이하, 제 10장, pp. 324 이하 참조. 또 R. A. Stein, *Recherches sur l'épopée et le barde au Tibet*, pp. 317 이하, 370 이하 참조.

6) Lucile H. Charles, "Drama in Shaman Exorcism," pp. 101 이하, 121 이하 참조.

역자 후기

　나에게 ‘엘리아데’라는 이름은 이상하게도 열왕기에 나오는 구약시대의 선지자 엘리야의 이름과 그 울림이 비슷합니다. 물론 이름 자체의 울림이 비슷하다는 것은 제쳐놓고 그렇다는 것입니다. 그래서 엘리아데의 이미지가 어떻게 선지자 엘리야와 비슷한지를 곰곰 따져봅니다만 이 양자를 한번 견주어보자는 시도는 여러 모퉁이에서 무리를 빚고는 합니다. 구약성서의 선지자 엘리야는 바알 숭배에 맞서서 바알의 사제들을 꺾고, 기적을 통하여 야훼가 유일한 신임을 선포하는 대단히 강력한 예언자입니다만, 엘리아데는 어떤 믿음의 체계와도 겨루지 않는, 대단히 온고(溫故)한 종교학자입니다. 엘리야는 가뭄을 예언하고, 비를 내리고, 불길을 불러 번제물을 태우고, 회오리 바람을 타고 승천하는 등의 이적을 연출하지만, 엘리아데는 그런 화려한 기적의 연출과는 인연이 먼, 어떻게 보면 수더분한 시인 같기도 하고 어눌한 촌로 같기도 한 20세기의 루마니아 출신 학자입니다.

　그런데도 나는 엘리아데의 책을 읽을 때마다, 특히 엘리아데의 존재론적인 고백이 담긴 글을 읽을 때마다 선지자 엘리야의 이미지를 떠올리고는 합니다. “거룩한 것”의 체험과 관계 있는 것일까요? 그러나 거룩한 것의 드러남(聖顯)을 체험하는 것 같지는 않습니다. 선지자 엘리야에게는 야훼밖에는 거룩한 것이 없습니다. 선지자 엘리야는 야훼를 만나되, 바람 가운데서도, 바람 후의 지진 가운데서도, 지진 후의 불 가운데서도 만나지 못하고 오로지 세미(細微)한 소리 가운데서만 거룩한 존재인 야훼를 만납니다. 그러나 엘리아데는 바람 가운데서도, 지진 가운데서도, 불 가운데서도, 세미한 소리 가운데서도 “거룩한 것”을 만납니다. 장자(莊子)가 똥에도 도(道)가 있다고 했듯이, 선사(禪師) 조주종임(趙州從稔)이 개에게도 불성(佛性)이 있다고 했듯이, 엘리아데에게도 성속(聖俗)은 지척이어서 똥을 통해서도 개를 통해서도 “거룩한 것의 드러남”은 얼마든지 가능합니다. 따라서 그에게는 똥도 개도 얼마든지 성스러울 수 있을 것입니다.

550

그렇다면 내가 엘리아데에게서 느끼는 이미지는 선지자 엘리야가 맡는 세례 요한의 예표(豫標) 노릇과 관계가 있는지도 모릅니다.

유대인들은 지금도 선지자 엘리야가 다시 와서 메시아의 임재(臨在)를 예언할 날을 기다린다고 하지요. 말하자면 선지자 엘리야가 다시 와서 기독교의 세례 요한의 역할에 해당하는 예언자의 역할을 맡아줄 날을 기다린다는 것입니다. 그러니까 기원전 7세기경에 문득 나타나서, 사막의 잡신(雜神)들을 물리친 뒤 야훼를 유일신으로 우뚝 세워놓고 홀연 승천한 선지자 엘리야라는 존재와 그의 한살이는 완료된 것이 아니라 아직도 유효하게 계속되고 있는 셈입니다.

나는, 어쩌면 현실적으로는 한 삶이 완료되었으면서도 그 상징적인 모습은 오랫동안 유효할 것이라는 의미에서, 오랫동안 우리가 파기하고 있던 성속의 질서를 다시 세우려고 한다는 뜻에서 엘리아데를 선지자 엘리야에게 견주고 있는지도 모릅니다. 선지자 엘리야와는 정반대되는 주장을 하고 있는데도 불구하고, 엘리아데의 삶과 사상을 더듬어볼 때마다 나는 그가 주장하는 바가 현대의 의식 중심, 논리 중심의 사고체계에 간단히 파묻혀버릴, 그런 것이 아님을 강하게 예감하고는 합니다.

미르치아 엘리아데(Mircea Eliade)는 1907년 루마니아의 부카레스트에서 태어나 그곳에서 자라서 부카레스트 대학을 거쳐 1928년에는 이탈리아 철학연구로 석사과정을 마칩니다. 대학시절 이미 백여 편의 철학논문을 활자화시키고, 소설을 쓰고, 학생잡지를 창간하는 등 정열적으로 활동하던 그는 석사과정을 끝낸 뒤 보편적인 인간, 전체적인 인간이 되는데에 필요한 지식의 원천을 이탈리아로 보고, 이탈리아를 방문하여 자기의 학문에 영향을 미친 사람들, 즉 이 책의 서문의 말미에 언급되어 있는 R. 페타쪼니 교수 등을 만납니다. 처음에는 수도사가 될 생각으로 이탈리아에 갔다고 합니다만 투찌 도서관에서 인도 철학자 다스굽타 교수의 「인도 철학사」를 읽는 순간, 엘리아데는 캘커타 대학에 유학하여 다스굽타 교수의 문하로 들어갈 결심을 합니다. 인도에서 3년간 인도 철학을 공부하는 한편, 요가를 수행하고 귀국한 그는 1933년 요가 연구로 부카레스트 대학에서 박사학위를 받게 됩니다. 후일 그가 펴낸 「요가 ; 불멸성과 자유」(정의교 번역, 서울, 고려원, 1989)는 바로 이 학위논문을 보완, 수정한 것이라고 합니다.

이때를 전후해서 몇권의 소설을 쓰게 되는데, 그는 종교학적 상식을 동원하지 않고 쓴 자기 소설의 상징이 기왕에 해석된 신화의 상징체계와 일치되는 것을 확인하는, 참으로 기이한 경험을 합니다. 그후 몇년간 그답지 않게 런던 주재 루마니아 대사관 문정관을 지낸, 말하자면 관리생활을 한 그는 1945년에 파리의 소르본 대학의 종교학 객원교수가 되는데, 「우주와 역사」, 「샤마니즘」 등의 저서는 바로 이 시절에 출판됩니다.

1955년 시카고 대학의 비교종교학 분야의 책임자이던 요아힘 바하 교수가 스위스 오르셀리나에서 타계하자 엘리아데는 1956년에 그 후임으로 시카고 대학에 부임하여 30년 이상을 이곳에서 가르치다가 대작 「세계 종교사상사」를 3권까지 집필한 직후인 1986년 4월 22일 시카고에서 타계합니다.

학문으로서의 "종교학," 엘리아데의 종교학적 입장, 신화와 상싱에 대한 엘리아데의 생각, 종교학의 한 줄기를 이루는 이른바 시카고 학파 등에 관한 논의는 전문학자들에게 맡기기로 합니다. 엘리아데를 논의하자면 종교학자로서의 그의 입장과 위치를 현미경적으로 따져볼 필요도 있기는 합니다만 사실 나의 힘은 거기에 미치지 못합니다.

엘리아데에 따르면, 인간은 서로 반대되는 두 겹의 세계를 살고 있습니다. 이 두 겹이 바로 "성(聖)"과 "속(俗)"입니다. 이 "성"과 "속"은 분명히 상호 반대개념이면서도 언제나 역전이 가능한 상태로, 변증법적 합일의 원리에 따라 공존하면서 보다 성스러운 상태, 보다 속된 상태를 지향합니다. 그러므로 "성"과 "속"은 편이 갈려 있는 것이 아닙니다. 엘리아데는 종교적 경험을 "이 두 겹의 질서를 한 덩어리로 경험하는 것"이라고 정의합니다.

그의 설명에 따르면 어떤 사물이 성스러운 것은 그로 인하여 "성스러운 것이 드러나기" 때문입니다. 이 "성스러운 것, 거룩한 것의 드러남"을 엘리아데는 히에로파니(hierophany)라고 부릅니다. 그리스 어 "hieros=거룩한 것"와 "phainein=나타나다"을 합한 이 말을 우리 학자들은 "성현(聖顯)"이라고 번역합니다. 그런데 이 "성현" 현상은 어떤 사물에서건, 어느 때건, 어느 곳에서건 나타날 수 있습니다. 그러니까 이 "성현"이 있게 되면 곧 그 사상(事象)은 거룩함을 획득하면서 "속"의 세계와 분리됩니다(이 책 p. 12 참조).

그러면 "성현"은 어떻게 가능해지는 것일까요? 어떤 사물에 의미가 첨가되면 되는 것입니다. 이때 첨가되는 의미는 탈속(脫俗)의 의미, 초월적인 의미가 될 테지요.

예를 들면 이렇습니다. 구약성서 "창세기"를 보면 야곱이 브엘세바에서 하란으로 가던 도중 한 곳에서 해를 앞세우고는 돌을 베고 노숙합니다. 그날 밤 야곱은 꿈 속에서 하늘나라로 걸린 사닥다리와 이 사닥다리를 타고 오르락내리락하는 천사와 야훼를 봅니다. 꿈에서 깨어난 야곱은 "……야훼께서 여기에 계시거늘 내가 알지 못했구나. 이곳이야말로 다른 곳이 아니라 곧 하느님의 집이요 하늘의 문이로구나," 이렇게 선언하고는 그 돌을 세우고 기름을 부어 성별(聖別)하고는 "벧엘," 즉 "하느님의 집"이라고 명명합니다.

어떠한 사물이 거룩해지는 것은 이와 같습니다. 야곱이 베개삼아 베고 자기까지는 그 돌은 여느 돌, "속"의 세계에 속하는 돌에 불과합니다. 그러나 그 돌이 촉매가 되어 거룩한 것이 드러났기 때문에 야곱이 잠을 깬 순간부터 그 돌은 "성"의 세계에 속하는 돌이 됩니다. 전혀 다른 돌이 된 것입니다. 그렇다고 해서 수성암(水成岩)인 그 돌이 화성암(火成岩)이 되었다거나 화성암인 그 돌이 수성암이 되었다거나 하는 것은 아닙니다. 단지 의미가, 탈속의 의미가, 초월적인 의미가 덧붙여진 데 지나지 않습니다. 그러나 의미가 첨가된 사실을 야곱밖에는 알지 못합니다. 따라서 야곱에게는 그 돌이 성스러운 "하느님의 집"이자 "하늘의 문"이겠지만 여느 사람들에게는 여전히 그 돌은 "속"의 세계에 속하는 여느 돌일 수밖에 없기 때문에 그들은 그 돌을 "하느님의 집,""하늘의 문"으로 승인하지 않을 것입니다. 이로써 그 돌은 성속의 이중적 세계를 구성합니다. "성"과 "속"은 분명한 반대개념이면서도 이렇듯이 함께 있는 것입니다. 엘리아데는 종교 경험을 "거룩한 것과의 관계의 경험," 이를 통해 자기 존재의 모습을 깨닫는 경험, 세계 안에서의 자기 현존을 확인하는 경험이라고 설명합니다.

그런데 사람은 일상적으로 "속"의 세계의 경험 안에서 살아갑니다. 그래서 여느 사람에게 "성"의 세계는 경험적 실재가 아닙니다. 그렇다고 해서 여느 사람에게도 경험적 실재일 수 있도록 "성현"의 현상이 계속 나타나면 좋겠지만 실제로는 그렇지 않습니다. 이 경우 "성속"의 세계를 이어서 조화시키는 것이 종교적 상징입니다. 따라서 상징은 역사의 뒤켠으로 밀려난 성현을 경험적 실재가 되도록 하는 것, 성현의 현상이 되풀이되도록 하는 것, 성현의 현상을 확대시키는 것입니다.

1928년 전후 인도 캘커타 대학에 유학하게 되었던 엘리아데는 어느날 벵갈 마을의 한 축제에서 한 아름다운 처녀가 돌로 만들어진 링감(男根像)을 만지고, 장식하고, 예배하는 것을 보고는 큰 충격을 받습니다. 엘리아데는 그 길로 스승 다스굽타 교수에게 달려가 처녀가 한 행동의 의미를 묻게 됩니다. 이때 그는 다스굽타 교수로부터 "그것은 의미가 첨가되었기 때문에 여느 돌도 아니요, 남근도 아닌, 중요한 종교 상징이다. 처녀는 링감을 예배함으로써 종교적 상징을 경험적 실재로 변용시키고 있다"는 요지의 말을 듣고는 크게 깨닫게 됩니다.

뒷날 「우주와 역사 : 영원회귀의 신화」에서 쓰고 있듯이, 엘리아데는 많은 문화권의 종교의례가 종교적 상징이나 상징적 행위를 통하여 역사적인 시간, 구체적인 시간을 거절하고 끊임없이 "비롯된 때 (illud tempus)"로 되돌아가는 요소로 구성되어 있는 데에 충격을 받게 됩니다. 그의 설명에 따르면 많은 원시인들(서구적, 지성적 인식에 훼손되지 않은 부류의 사람들)은 의례를 통하여 신화적인 시간으로 주기적으로 회귀하고 있다는 것입니다. 말하자면 "비롯된 때"와 의례가 베풀어지는 시점 사이의 시간을 소거(消去)해버리고 성큼 그 "비롯된 때"로 돌아가 근원적 혼돈상태에서 다시 삶을 시작하는 경향을 보이고 있다는 것입니다.

물론 후일 수정의 단계와 발전의 과정을 거치기는 합니다만 엘리아데가 벵갈 처녀의 행동에서 충격을 받게 되었던 이 사건은 어쩌면 그에게 "성현"의 의미, 상징의 의미, 의례의 의미를 두름으로 꿰어서 깨우친 상징적인 사건이었는지도 모릅니다. 샤마니즘을 바라보는 엘리아데의 눈 역시 벵갈의 처녀를 바라보던 눈과 크게 다르지 않을 듯합니다.

「샤마니즘」은 앞에서 거론한, 성현의 문제, 성속의 문제, 상징과 의례를 통한 "비롯된 때"의 경험에 대한 엘리아데의 초기 관심이 고스란히 반영된 중요한 저서로 꼽힙니다. 이 책은 민족학자, 사회학자, 심리학자들이 나름의 시점에서 수집한 방대한 무속 자료를 엘리아데가 비교종교학의 입장에서 정리한 것입니다. "성현"과 "성속"의 문제에 매달려오던 엘리아데가 "속"의 세계를 "성"의 세계로 변용시키는 데 전문가인 샤만의 세계, 샤만적 현상, 샤만의 이데올로기, 샤만의 접신술과 그 상징의 세계를 간과했을 리 없을 터입니다.

엘리아데의 다소 역설적인 설명에 따르면, "실제로 있었던 일에 관한 진술"인 신화가 문화권에 상관없이 대개 일정한 패턴을 따르고 있다는 것은 이미 너무나 널리 알려진 사실입니다. 독자들은 우리나라에서는 처음으로 완역되는 이 책에서 세계 여러 문화권의 무속(巫俗)을 접하고는, 우리 문화 속의 무속 및 무가(巫歌)와 너무나 흡사한 데 놀라게 될 것입니다만, 신화에서 그렇듯이 이 역시 크게 놀랄 일은 아닌 듯합니다. 엘리아데에 따르면, 상징으로 열린 마음은 보편적인 우주로 열린 마음입니다. 따라서 상징을 사는 것은 영적인 세계를 사는 것입니다. 1937년 엘리아데는 "뱀"이라는 소설을 쓰는데, "이 소설은 어떤 종교학적 상식도 없이 쓴 순수한 상상력의 산물이다. 그런데 나는 나중에 나의 상상력이 뱀의 신화와 뱀의 상상과 일치하는 데 놀라고 말았다"고 고백하고 있습니다. 이럴진대, 보편적인 우주로 마음이 열린 인류, 상징을 통하여 영적인 세계를 사는 인류가 마침내 서로 만나는 곳도 상징적인 어느 한 곳이 되는 것도 가능할 터입니다. 아메리카 인디언 샤만인 클렉 엘크는, "나는 신접(神接)하면 세계의 한가운데 있는 산을 오릅니다"고 말합니다. 그런데 중요한 것은 그가 덧붙여 하는 말입니다. 블렉 엘크에 따르면, "세계의 중심이 되는 산은 세계 도처에 있습니다."

이 책의 번역을 시작할 때는 술어들을, 가령 굿, 내림굿, 신병(神病), 몸주, 신장(神將) 같은 우리 무속의 술어로 번역할 생각이었으나 이 또한 전문 술어이고, 따라서 또 하나의 용례 지침이 필요할 것 같아, 일본어판을 참고하면서 되도록이면, 종교학에서 용례가 있는 일반적인 용어를 따르기로 했습니다. 영역본에 나오는 중요한 술어의 우리말 역어는 일단 다음과 같이 하고자 합니다만, 더 나은 의견이 있으면 고쳐나가기로 하겠습니다. 그리고 민족명과 종족명의 경우, —인, —족, —부족 등을 혼용했는데, 그것은 어떤 기준에 의해서라기보다는 러시아 인이나 도부 족처럼 관용이나 발음의 편의에 따랐습니다.

shaman : 샤만. "여무(女巫)"에 견주어질 때는 "남무(男巫)," "격(覡)"이라는 한자말, "박수"라는 우리말이 있기는 하나 꼭 필요한 경우가 아닐 경우에는 "샤만"이라는 일반적인 호칭을 쓰기로 했습니다.

shamaness : 여무(女巫). 원래 한자권에서는 "무(巫)" 자체가 여무를 지칭하는 것이기는 하나 남무와 혼동을 빚을 우려가 있으므로 "여무"로 밝히기로 했습니다.

medicine man : 주의 (呪醫).

magician : 주술사 (呪術師).

ecstasy : 접신 (接神). 따라서 "technique of ecstasy"는 "접신술"로 그러나 "영신 (靈神)"이라는 접신의 대상이 없을 경우에는 그냥 "엑스터시"로 번역합니다.

trance : 망아 (忘我). 더러는 "탈혼망아 (脫魂忘我)." 그러나 엄격하게 말하면 샤만이 빠지는 "trance" 상태가 반드시 탈혼 상태는 아닙니다.

possession : 신들림. 빙의 (憑依), 혹은 빙령 (憑靈).

séance : 무의 (巫儀). "굿"이라는 우리 말이 있기는 하나 경우에 따라서는 일치하지 않을 때가 있어서 "무의"라는 말을 써봅니다.

initiation : 입무의례 (入巫儀禮), 혹은 성무의례 (成巫儀禮). "이니시에이션"의 주체가 샤만이 아닌 경우에는 "입문의례 (入門儀禮)," "성인식 (成人式), 혹은 "이니시에이션"으로 번역합니다.

spirit : 영신 (靈神)이라는 무가 (巫歌) 및 속요의 표현을 좇아보았습니다. 이에 따라 "tutelary spirit"은 "보호영신," "guarding spirit"은 "수호영신," "familiar spirit"은 "친교영신"으로 일단 번역합니다.

이 책에는 한국의 무속이 다루어져 있으되 자료에서 인용된 정도로 아주 피상적으로밖에는 다루어져 있지 않습니다. 우리 자료가 해외에 거의 알려져 있지 않았을, 이 책이 쓰여질 당시의 우리나라 사정을 감안하면 이해가 됩니다만 지금은 사정이 달라졌을 터이니 우리의 짐이 됩니다. 시카고 대학 유학 당시 정진홍 교수 (서울대학교 재직)가 엘리아데 교수에게, "한국의 샤마니즘이 남방의 영향을 받은 것으로 서술되어 있는데, 남방이란 구체적으로 어디를 가리키는 것이냐"고 묻는 대목과, 엘리아데 교수가 약간 당혹해 하면서 궁색하게 대답하는 대목이 「우주와 역사」(정진홍 번역, 서울, 현대사상사)와 「종교학서설」(정진홍, 서울, 전망사)에 나옵니다. 엘리아데 이해에 좋은 길잡이가 될 것입니다.

이 책은 엘리아데의 중요한 저서 중 하나인 *Le Chamanisme et les*

techniques archaïques de l'extase (Paris, Librairie Payot, 1951)의 월
래드 R. 트래스크에 의한 영역판, *Shamanism—— Archaic Tech-
niques of Ecstasy* (Bollingen Series LXXVI, New Work, Princeton
University press, 1964)의 완역입니다. 번역은 거의 영역판을 통해 이루
어졌습니다만, 프랑스 어판도 좋은 참고가 되었습니다. 일본어판 「シャ
ーマニズム」(掘一郎 번역, 東京, 冬樹社, 1974)도 좋은 참고자료가 되었
습니다. 일본어판을 참고함으로써 지게 된 빚은 일본어판의 오역 부분을
지적하여 일본어판 발행 출판사에 통보하는 것으로 갈음할 것입니다.

그리고 도서출판 까치의 박종만 사장에게, 원고 때문에 무던히 속 썩히
게 된 것을 여기에서 사죄합니다. 사실이지, 원고 늦어서 출판 못 하겠다
고 할까봐 속으로는 은근히 걱정도 많이 했습니다. 이 빚도 갚아나가겠습
니다.

나는 지금, 정진홍 교수와 이상무 박사의 추천서한에 의지하여 미국의
미시건 주립대학에서 고대종교의 자료에 파묻히는 대단한 행운을 누리고
있습니다. 두 분과, 미시건 주립대학 국제학술원의 임길진 학장에게 고마
움을 느끼면서, 나를 보내주신 분들과 나를 품어주시는 분들에게 폐가 되
지 않도록 노력하겠습니다. 크게 의미를 부여할 일은 아니지만, 미시건
주립대학에서, 엘리아데 교수가 30년간을 봉직한 시카고 대학까지는 자
동차로 세 시간 반 거리입니다. 다음 역서에서는 엘리아데 이해에 필요
한, 보다 자세한 자료를 꾸며 보일 것을 약속합니다.

1992년 2월
이스트 랜싱에서 이윤기 씀

약어

AA	*American Anthropologist* (Menasha)
AE	*Acta ethnographica* (Budapest)
AL	Acta lapponica (Stockholm)
ALat	*Annali lateranensi* (Vatican City)
AM	*Asia Major* (Leipzig)
AMNH	American Museum of Natural History (New York)
AN	Akademia Nauk Soyuza Sovetskikh Sotzialisticheskikh Respublik (Moscow, Leningrad, et al.)
L'Anthropologie	*L'Anthropologie* (Paris)
Anthropos	*Anthropos* (Salzburg; Mödling, Vienna; Fribourg)
AO	*Acta orientalia* (Leiden)
AOH	*Acta orientalia hungarica* (Budapest)
ArtA	*Artibus Asiae* (Leipzig)
ARW	*Archiv für Religionswissenschaft* (Leipzig)
AUFA	*Annales universitatis fennicae aboensis* (Turku)
AVK	*Archiv für Völkerkunde* (Vienna)
BBEW	*Bulletin of the Bureau of American Ethnology* (Washington)
BEFEO	*Bulletin de l'École française d'Extrême-Orient* (Hanoi)
BMB	Berenice P. Bishop Museum Bulletin (Honolulu)
BMFEA	*Bulletin of the Museum of Far Eastern Antiquities* (Stockholm
BS	Bollingen Series (New York)
CPAAE	University of California Publications in American Archaeology and Ethnology

CPSP | University of California Publications in Semitic Philology

EJ | *Eranos-Jahrbuch* (Zurich)

Ethnographia | *Ethnographia* (Budapest)

Ethnos | *Ethnos* (Stockholm

FFC | Folklore Fellows Communications (Hamina; later Helsinki)

FMNH | Field Museum of Natural History (Chicago)

FS | *Folklore Studies* (Peking; later Tokyo)

Globus | *Globus* (Brunswick)

GSA | General Series in Anthropology (Menasha)

HJAS | *Harvard Journal of Asiatic Studies* (Cambridge, Mass.)

HOS | Harvard Oriental Series (Cambridge, Mass., and London)

IA | *Indian Antiquary* (Bombay)

IAE | *Internationales Archiv für Ethnographie* (Leiden)

JPEK | *Jahrbuch für prähistorische ethnographische Kunst* (Berlin)

JA | *Journal asiatique* (Paris)

JAFL | *Journal of American Folklore* (Boston and New York; later Lancaster and New York)

JAOS | *Journal of the American Oriental Society* (New Haven)

JE | Jesup North Pacific Expedition

JMVK | *Jahrbuch des Museums für Völkerkunde* (Leipzig)

JPS | *Journal of the Polynesian Society* (Wellington)

JRAI | *Journal of the Royal Anthropological Institute* (London)

JRAS | *Journal of the Royal Asiatic Society* (London, et al.)

JSA | *Journal de la Société des Américanistes* (Paris)

JSFO | *Journal de la Société Finno-Ougrienne* (Helsinki)

KS | *Keletï szemle* (Budapest)

MAGW	*Mitteilungen der anthropologischen Gesellschaft in Wien*
MAR	Mythology of All Races (Boston and London)
MCB	*Mélanges chinois et bouddhiques* (Brussels)
MGVK	*Mitteilungen der Gesellschaft für Völkerkunde* (Leipzig)
MS	*Monumenta serica* (Peking; later Nagoya)
MSFO	Mémoires de la Société Finno-Ougrienne (Helsinki)
Numen	*Numen* (Leiden)
Paideuma	*Paideuma* (Bamberg)
PM	*Primitive Man* (Washington)
PTS	Pali Text Society Translation Series (London)
RBEW	*Reports of the Bureau of American Ethnology* (Washington)
RFTE	Report of the Fifth Thule Expedition
RHR	*Revue de l'histoire des religions* (Paris)
SBB	Sacred Books of the Buddhists (London)
SBE	Sacred Books of the East (Oxford)
Sinica	*Sinica* (Taipei)
SJA	*Southwestern Journal of Anthropology* (Albuquerque)
SMSR	*Studi e materiali di storia delle religioni* (Rome)
SO	Studia orientalia (Helsinki)
SS	*Studia septentrionalia* (Oslo)
TMIE	Travaux et mémoires de l'Institute d'ethnologie (Université de Paris)
TP	*T'oung Pao* (Leiden)
WBKL	Wiener Beiträge zur Kulturgeschichte und Linguistik
WPZ	*Wiener prähistorische Zeitschrift*
WVM	*Wiener Völkerkundliche Mitteilungen*
Zalmoxis	*Zalmoxis: revue des études religieuses* (Paris and Bucharest)
ZB	*Zeitschrift für Buddhismus* (Munich)
ZE	*Zeitschrift für Ethnologie* (Berlin)
ZMKRW	*Zeitschrift für Missionskunde und Religionswissenschaft* (Berlin)

참고문헌

AARNE, ANTTI. *Der tiersprachenkundige Mann und seine neugierige Frau: eine vergleichende Märchenstudie.* Hamina, 1914. (FFC II, 15.)

ABBOTT, J. *The Keys of Power: a Study of Indian Ritual and Belief.* London, 1932.

ABERLE, DAVID F. " 'Arctic Hysteria' and Latah in Mongolia," *Transactions of the New York Academy of Science,* ser. II, vol. XIV, 7 (May, 1952), 291–97.

ACKERKNECHT, ERWIN H. "Medical Practices," in STEWARD, JULIAN H., ed., *Handbook of South American Indians* (q.v.), V, 621 ff.

ADRIANI, N., and KRUYT (KRUIJT, KRUJT), A. C. *De Bare'e-sprekende Toradja's van Midden-Celebes.* Batavia, 1912–14. 4 vols.

AGAPITOV, N. N., and KHANGALOV, M. N. "Materialy dlya izuchenia shamanstva v Sibiri. Shamanstvo u buryat Irkutskoi gubernii," *Izvestia Vostochno-Sibirskovo Otdela Russkovo Geograficheskovo Obshchestva* (Irkutsk), XIV, 1–2 (1883), 1–61. Tr. and summarized in STIEDA, L., "Das Schamanentum unter den Burjaten" (q.v.).

ALEXANDER, HARTLEY BURR. *Latin-American [Mythology].* 1920. (MAR XI.)

————. *North American [Mythology].* 1916. (MAR X.)

ALFÖLDI, ANDRÁS. "The Bear Cult and Matriarchy in Eurasia," *Közlemények* (Budapest), L (1936), 5–17. (In Hungarian.)

ALMGREN, O. *Nordische Felszeichnungen als religiöse Urkunden.* Frankfurt a. M., 1934.

ALTHEIM, FRANZ. *Geschichte der Hunnen.* Berlin, 1959–62. 4 vols. (2nd edn. of *Attila und die Hunnen,* Baden-Baden, 1951).

————. *Römische Geschichte.* Baden-Baden, 1951–53. 2 vols.

———— and HAUSSIG, HANS-WILHELM. *Die Hunnen in Osteuropa.* Baden-Baden, 1958.

AMANDRY, PIERRE. *La Mantique apollinienne à Delphes. Essai sur le fonctionnement de l'Oracle.* Paris, 1950.

AMSCHLER, WOLFGANG. "Über die Tieropfer (besonders Pferdeopfer) der Telingiten im sibirischen Altai," *Anthropos,* XXVIII, 3–4 (1933), 305–13.

ANDREE, RICHARD. *Die Metalle bei den Naturvölkern; mit Berücksichtigung prähistorischer Verhältnisse.* Leipzig; 1884.

———. "Scapulimantia," in *Anthropological Papers Written in Honor of Franz Boas,* pp. 143–65. New York, 1906.

ANDRES, FRIEDRICH. "Die Himmelsreise der caräibischen Medizin-männer," *ZE,* LXX, 3–5 (1938; pub. 1939), 331–42.

ANISIMOV, A. F. "Predstavlenia evenkov o dushe i problema proiskho-zhdenia animisma," in *Rodovoye obshchestvo,* pp. 109–18. Moscow, 1951. (AN, Trudy Instituta Ethnografii, n.s. XIV.)

———. "Shamanskiye dukhi po vossreniam evenkov i totemichiskiye istoki ideologii shamanstva," in AN, *Sbornik Muzeya Antropologii i Etnografii,* XIII, 187–215. Moscow and Leningrad, 1951.

ANOKHIN, A. V. *Materialy po shamanstvu u altaitsev, sobranniye vo vremia puteshestvy po Altayu v 1910–1912 gg. po porucheniyu Russkogo Komiteta dlya Izuchenia Srednei i Vostochnoi Asii.* Leningrad, 1924.

ANUCHIN, V. I. *Ocherk shamanstva u yeniseiskikh ostyakov.* St. Petersburg, 1914.

ARBMAN, ERNST. *Rudra: Untersuchungen zum altindischen Glauben und Kultus.* Uppsala and Leipzig, 1922.

ARCHER, W. *The Vertical Man: a Study in Primitive Indian Sculpture.* London, 1947.

ARMSTRONG, W. E. *Rossel Island.* Cambridge, 1928.

ASÍN PALACIOS, MIGUEL. *La escatalogía musulmana en la Divina Comedia.* 2nd edn., Madrid and Granada, 1943.

BACHELARD, GASTON. *L'Air et les songes. Essai sur l'imagination du mouvement.* Paris, 1943.

———. *La Psychanalyse du feu.* Paris, 1935.

BACOT, JACQUES. *Les Mo-so.* Leiden, 1913.

BALÁZS, JÁNOS. "A magyar samán reülete" (German summary, "Die Ekstase des ungarischen Schamanen"), *Ethnographia,* LXV, 3–4 (1954) 416–40.

BARBEAU, MARIUS. "Bear Mother," *JAFL,* LIX, 231 (Jan.–Mar.,

1946), 1–12.

BARTELS, MAX. *Die Medizin der Naturvölker*. Leipzig, 1893.

BARTHÉLEMY, M. A., tr. *Artâ Vîrâf-Nâmak ou livre d'Ardâ Vîrâf*. Paris, 1887. (Bibliothèque orientale elzévirienne LIV.)

BARTHOLD, W. *Histoire des Turcs d'Asie Centrale*. Paris, 1945.

BAUMANN, HERMANN. "Afrikanische Wild- und Buschgeister," *ZE*, LXX, 3–5 (1938; pub. 1939), 208–39.

BAUMANN, HERMANN. "Likundu, die Sektion der Zauberkraft," *ZE*, LX (1928), 73–85.

———. *Lunda. Bei Bauern und Jägern in Inner-Angola*. Berlin, 1935.

———. *Schöpfung und Urzeit des Menschen im Mythus der afrikanischen Völker*. Berlin, 1936.

BAWDEN, C. R. "On the Practice of Scapulimancy among the Mongols," *Central Asiatic Journal* (The Hague), IV (1958), 1–31.

BEAGLEHOLE, ERNEST and PEARL. *Ethnology of Pukapuka*. 1938. (BMB 150.)

BEAL. SAMUEL, tr. *Si-yu-ki: Buddhist Records of the Western World*. From the Chinese of Hiuen Tsiang (A.D. 629). London, 1884. (Trübner's Oriental Series.) 2 vols.

BENEDICT, RUTH. *The Concept of the Guardian Spirit in North America*. Menasha, 1923. (Memoirs of the American Anthropological Association 29.)

———. "The Vision in Plains Culture." *AA*, n.s. XXIV (1922), 1–23.

BERGEMA, HENDRIK. *De Boom des Levens in Schrift en Historie*. Hilversum, 1938.

BERNARDINO DE SAHAGÚN. *Historia general de las cosas de Nueva España*. Mexico, 1829–39. (*General History of the Things of New Spain*, tr. Arthur J. O. Anderson and Charles E. Dibble. Santa Fe, 1950–59. [Monographs of the School of American Research 14.]) 13 parts in 9 vols.

BESTERMAN, E. See CRAWLEY, E.

BIALLAS, P. FRANZ. "K'üh Yüan's 'Fahrt in die Ferne' (Yüan-yu)," *AM*, VII (1932), 179–241.

BICKERMANN, E. "Die römische Kaiserapotheose," *ARW*, XXVII (1929), 1–24.

BIDEZ, JOSEPH. *Eos, ou Platon et l'Orient*. Brussels, 1945.

————. and CUMONT, FRANZ. *Les Mages hellénisés: Zoroastre, Ostanès et Hystaspe d'après la tradition grecque.* Paris, 1938. 2 vols.

BILBY, J. W. *Among Unknown Eskimos.* London, 1923.

BIOT, ÉDOUARD, tr. *Le Tcheou-li, ou Rites des Tcheou.* Paris, 1851. 2 vols.

BIRKET-SMITH, KAJ. "Über die Herkunft der Eskimos und ihre Stellung in der zirkumpolaren Kulturentwicklung," *Anthropos,* XXV (1930), 1–23.

BLAGDEN, C. O. See SKEAT, W. W.

BLEICHSTEINER, ROBERT. *L'Église jaune.* Paris, 1937. (Orig.: *Die gelbe Kirche.* Vienna, 1937.)

————. "Rossweihe und Pferderennen im Totenkult der kaukasischen Völker," in *Die Indogermanen- und Germanenfrage: neue Wege zu ihrer Lösung,* pp. 413–95. 1936. (WBKL IV.)

BLOK, H. P. "Zur altägyptischen Vorstellung der Himmelsleiter," *AO,* VI (1928), 257–69.

BOAS, FRANZ. "The Central Eskimo," *6th RBEW* (1884–85; pub. 1888), pp. 399–675.

————. *The Eskimo of Baffin Land and Hudson Bay.* 1901. (AMNH Bulletin XV.)

————. *Indianische Sagen von der nord-pacifischen Küste Amerikas.* Berlin, 1895.

————. "The Salish Tribes of the Interior of British Columbia," in *Annual Archaeological Report, 1905, being part of Appendix to the Report of the Minister of Education, Ontario,* pp. 219–25. Toronto, 1906.

————. "The Shushwap," in his "The Indians of British Columbia: Lku'-ñgen, Nootka, Kwakiutl, Shushwap," in British Association for the Advancement of Science, *Sixth Report on the North-Western Tribes of Canada* (1890; pub. 1891), pp. 553–715. (Also printed in separate of *Sixth Report,* pp. 93 ff.)

BODE, FRAMROZE ARDESHIR, and NANAVUTTY, PILOO, trs. *Songs of Zarathushtra: the Gathas. Translated from the Avesta.* London, 1952. (Ethical and Religious Classics of East and West 6.)

BOEHM, FRITZ. "Spatulimantie," in *Handwörterbuch des deutschen Aberglaubens,* ed. Hanns Bächtold-Staubli, VII. 125 ff. Berlin, 1927–42. 10 vols.

BOGORAS, WALDEMAR G. (V. G. BOGORAZ). *The Chukchee.* 1904. (AMNH

Memoirs XI; JE VII.)

————. *Chukchee Mythology.* 1910–12. (AMNH Memoirs XII; JE VIII.)

————. "The Folklore of Northeastern Asia, as compared with that of Northwestern America," *AA*, n.s. IV, 4 (Oct.–Dec., 1902), 577–683.

————. "K psikhologii shamanstva u narodov severo-vostochnoi Azii," *Etnograficheskoye obozreniye* (Moscow), LXXXIV–LXXXV, 1–2 (1910) 1–36.

————. "The Shamanistic Call and the Period of Initiation in Northern Asia and Northern America," in *Proceedings of the 23rd International Congress of Americanists* (1928), pp. 441–44. New York, 1930.

Bolte, J., and Polívka, G. *Anmerkungen zu den Kinder- und Hausmärchen der Brüder Grimm.* Leipzig, 1913–32. 5 vols.

Bonnerjea, Biren. "Hunting Superstitions of the American Aborigines," *IAE*, XXXII, 3–6 (1934), 167–84.

————. "Materials for the Study of Garo Ethnology," *IA*, LVIII (1929), 121–27.

Boulanger, A. See Gernet, L.

Bounak, V. "Un Pays de l'Asie peu connu: le Tanna-Touva," *IAE*, XXIX (1928), 1–16.

Bourke, John G. "The Medicine-Men of the Apache," *9th RBEW* (1887–88; pub. 1892), pp. 443–603.

Bousset, Wilhelm. "Die Himmelsreise der Seele," *ARW*, IV (1901), 136–69, 229–73.

Bouteiller, Marcelle. *Chamanisme et guérison magique.* Paris, 1950.

————. "Don chamanistique et adaptation à la vie chez les Indiens de l'Amérique du Nord," *JSA*, n.s. XXXIX (1950), 1–14.

————. "Du 'chaman' au 'panseur de secret,' " in *Actes du XXVIIIe Congrès International des Américanistes (1947)*, pp. 237–45, Paris, 1948.

Bouvat, L. " 'Les Premiers Mystiques dans la littérature turque' de Kieuprilizâdé, analyse critique," *Revue du monde musulman* (Paris), XLIII (Feb., 1921), 236–66.

Brand, J. *Introduction to the Literary Chinese.* 2nd edn., Peking, 1936.

Breasted, James H. *The Development of Religion and Thought in Ancient Egypt.* London, 1912.

Breuil, H., and Obermaier, H. "Crânes paléolithiques façonnés en coupe," *L'Anthropologie*, XX (1909), 523–30.

BRIGGS, GEORGE W. *Gorakhnāth and the Kānphāta Yogis.* Calcutta and London, 1938.

BRODEUR, ARTHUR GILCHRIST. See SNORRI STURLUSON.

BROWN, A. R. *The Andaman Islanders.* Cambridge, 1922.

BÜCHNER, V. F. "Shaman," in *The Encyclopaedia of Islam,* IV, 302–3. 1st edn., Leiden and London, 1913–34. 4 vols.

BUCK, PETER H. See HIROA, TE RANGI.

BUDDHAGHOSA. See TIN, PE MAUNG.

BUDDRUSS, GEORG. See FRIEDRICH, ADOLPH.

BUDGE, SIR E. A. WALLIS, ed. and tr. *The Book of the Dead; an English Translation of the Chapters, Hymns, etc. of the Theban Recension.* 2nd edn., rev. and enlarged, London, 1949. 3 vols. in 1.

————. *The Book of Paradise.* London, 1904. 2 vols.

————. *The Egyptian Heaven and Hell.* London, 1925. 3 vols.

————. *From Fetish to God in Ancient Egypt.* London, 1934.

————. *The Mummy: a Handbook of Egyptian Funerary Archaeology.* 2nd. edn., rev. and enlarged, Cambridge, 1925.

BURKERT, WALTER. "ΓΟΗΣ. Zum griechischen 'Schamanismus,' " *Rheinisches Museum für Philologie* (Frankfurt a. M.), n.s. CV (1962), 36–55.

BURROWS, EDWIN G. "Culture-Areas in Polynesia," *JPS,* XLIX (1940), 349–63.

BURROWS, FATHER ERIC. "Some Cosmological Patterns in Babylonian Religion," in *The Labyrinth: Further Studies in the Relation between Myth and Ritual in the Ancient World,* S. H. Hooke, ed., pp. 43–70. London and New York, 1935.

BUSCHAN, GEORG, ed. *Illustrierte Völkerkunde.* Stuttgart, 1922, 1926. 2 vols.

CALAND, WILLEM. *Altindischer Ahnenkult.* Leiden, 1893.

CALLAWAY, REV. CANON [HENRY]. *The Religious System of the Amazulu.* London and Springvale (Natal), 1870.

CARBONELLI, GIOVANNI. *Sulle fonti storiche della chimica e dell'alchimia in Italia.* Rome, 1925.

CARPENTER, RHYS. *Folk Tale, Fiction and Saga in the Homeric Epics.* Berkeley and Los Angeles, 1946.

CASTAGNÉ, J. "Magie et exorcisme chez les Kazak-Kirghizes et autres

566

peuples turcs orientaux," *Revue des études islamiques* (Paris), (1930), 53–151.

CASTRÉN, ALEXANDER M. *Nordische Reisen und Forschungen.* II: *Reiseberichte und Briefe aus den Jahren 1845–49;* III: *Vorlesungen über die finnische Mythologie;* IV: *Ethnologische Vorlesungen über die altaischen Völker, nebst samojedischen Märchen und tatarischen Heldensagen.* St. Petersburg, 1852–62. 12 vols. (Vol. II, 1856; III, 1853; IV, 1857.)

CERULLI, ENRICO, ed. *Il "libro della scala" e la questione delle fonti arabospagnole della Divina Commedia.* Vatican City, 1949. (Studi e testi CL; Biblioteca Apostolica Vaticana.)

CHADWICK, H. MUNRO and NORA K. *The Growth of Literature.* Cambridge, 1932–40. 3 vols.

CHADWICK, NORA K. "The Kite: a Study in Polynesian Tradition," *JRAI,* LXI (1931), 455–91.

———. "Notes on Polynesian Mythology," *JRAI,* LX (1930), 425–46.

———. *Poetry and Prophecy.* Cambridge, 1942.

———. "Shamanism among the Tatars of Central Asia," *JRAI,* LXVI (1936), 75–112.

CHALMERS, ROBERT, tr. *Further Dialogues of the Buddha* [*Majjhimanikāya*]. 1926, 1927. (SBB V, VI.) 2 vols.

CHARD, CHESTER S. "An Outline of the Prehistory of Siberia. Pt. I: The Pre-metal Periods," *SJA,* XIV (1958), 1–33.

CHARLES, LUCILE HOERR. "Drama in Shaman Exorcism," *JAFL,* LXVI, 260 (Apr.–June, 1953), 95–122.

CHAVANNES, ÉDOUARD, tr. *Les Mémoires historiques de Se-ma-Ts'ien* [*Ssu-ma Ch' ien*]. Paris, 1895–1905. 5 vols.

———. See also LÉVI, SYLVAIN.

CHRISTENSEN, ARTHUR. *Les Types du premier homme et du premier roi dans l'histoire légendaire des Iraniens.* Stockholm, 1917, 1934. (Archives d'études orientales XIV, 1; XIV, 2.) 2 vols.

CHRISTENSEN, H. H. See HASLUND-CHRISTENSEN, HENNING.

CHRISTIANSEN, REIDAR T. "Ecstasy and Arctic Religion," *SS,* IV (1953), 19–92.

CHRISTIANSEN, REIDAR T. "Myth, Metaphor and Simile," in *Myth: a Symposium,* ed. Thomas A. Sebeok, pp. 39–49. Philadelphia, 1955.

CLARK, WALTER EUGENE. "Śākadvīpa and Śvetadvīpa," *JAOS,*

XXXIX (1919), 209–42.

CLEMEN, CARL. "Zalmoxis," *Zalmoxis,* II (1939), 53–62.

CLEMENTS, FORREST E. *Primitive Concepts of Disease.* Berkeley, 1932. (CPAAE XXXII, 2.)

CLINE, WALTER. *Mining and Metallurgy in Negro Africa.* 1937. (GSA 5.)

CLOSS, ALOIS. "Die Religion der Germanen in ethnologischer Sicht," in *Christus und die Religionen der Erde: Handbuch der Religionsgeschichte,* II, 267–366. Vienna, 1951. 3 vols.

———. "Die Religion des Semnonenstammes," in *Die Indogermanen- und Germanenfrage: neue Wege zu ihrer Lösung,* pp. 549–673. 1936. (WBKL IV.)

———. "Das Religiöse im Schamanismus," *Kairos* (Salzburg), II (1960), 29–38.

CODRINGTON, R. H. *The Melanesians: Studies in Their Anthropology and Folk-lore.* Oxford, 1891.

COE, MICHAEL D. "Shamanism in the Bunun Tribe, Central Formosa," *Ethnos,* XX, 4 (1955), 181–98.

COÈDES, G. *Les États hindouisés d'Indochine et d'Indonésie.* Paris, 1948.

COLE, FAY-COOPER. *The Peoples of Malaysia.* New York, 1945.

COLEMAN, SISTER BERNARD. "The Religion of the Ojibwa of Northern Minnesota," *PM,* X (1937), 33–57.

COLLINS, COL. *English Colony of New South Wales.* London, 1804.

COMAN, JEAN. "Orphée, civilisateur de l'humanité," *Zalmoxis,* I (1938), 130–76.

———. "Zalmoxis," *Zalmoxis,* II (1939), 79–110.

CONZE, EDWARD. *Buddhism: Its Essence and Development.* New York, 1951.

COOK, ARTHUR BERNARD. *Zeus: a Study in Ancient Religion.* Cambridge, 1914–40. 3 vols.

COOMARASWAMY, ANANDA K. *Elements of Buddhist Iconography.* Cambridge (Mass.), 1935.

———. *Figures of Speech or Figures of Thought.* London, 1946.

———. *Hinduism and Buddhism.* New York, 1943.

———. "The Inverted Tree," *Quarterly Journal of the Mythic Society* (Bangalore), XXIX, 2 (1938), 1–38.

———. "Svayamātrnnā: Janua Coeli," *Zalmoxis,* II (1939), 1–51.

568

Coomarasaswany, Ananda K. "Symplegades," in *Studies and Essays in the History of Science and Learning Offered in Homage to George Sarton on the Occasion of His Sixtieth Birthday, 31 August 1944,* ed. Ashley M. F. Montague, pp. 463–88. New York, 1946.

————. *Time and Eternity.* Ascona, 1947.

Coomaraswamy, Luisa. "The Perilous Bridge of Welfare," *HJAS,* VIII (1944), 196–213.

Cooper, John M. "Areal and Temporal Aspects of Aboriginal South American Culture," *PM,* XV, 1–2 (Jan.–Apr., 1942), 1–38.

————. "Northern Algonkian Scrying and Scapulimancy," in *Festschrift: Publication d'hommage offerte au P [ére] W. Schmidt,* ed. W. Koppers, pp. 205–17. Vienna, 1928.

Cordier, Henri. See Yule, Sir Henry.

Cornford, Francis Macdonald. *Principium Sapientiae: the Origins of Greek Philosophical Thought.* Cambridge, 1952.

Couvreur, S., tr. *Li ki; ou, mémoires sur les bienséances et les cérémonies.* 2nd edn., Ho-kien-fu, 1927. 2 vols.

Coxwell, C. Fillingham, comp. and ed. *Siberian and Other Folk-Tales.* London, 1925.

Crawley, Ernest. *Dress, Drinks and Drums: Further Studies of Savages and Sex,* ed. Theodore Besterman. London, 1931.

Creel, Herrlee Glessner. *The Birth of China: a Survey of the Formative Period of Chinese Civilization.* London, 1936.

Crooke, William. *Popular Religion and Folk-Lore of Northern India.* Westminster, 1896, 2 vols. (Rev. edn., retitled *Religion & Folklore of Northern India.* London, 1926. 2 vols. in 1.)

Cuisinier, Jeanne. *Danses magiques de Kelantan.* 1936. (TMIE XXII.)

Cumont, Franz. *Lux perpetua.* Paris, 1949.

————. *Les Religions orientales dans le paganisme romain.* 3rd edn., Paris, 1929.

————. See also Bidez, Joseph.

Curtin, Jeremiah. *A Journey in Southern Siberia.* London, 1909.

Czaplicka, M. A. *Aboriginal Siberia: a Study in Social Anthropology.* Oxford, 1914.

Dähnhardt, Oskar. *Natursagen: eine Sammlung naturdeutender Sagen, Märchen, Fabeln, und Legenden.* Leipzig, 1907–12. 4 vols.

DALTON, E. T. *Descriptive Ethnology of Bengal*. Calcutta, 1872.

DAVID-NEEL, ALEXANDRA. *With Mystics and Magicians in Tibet*. London, 1931. (Original: *Mystiques et Magiciens du Thibet*. Paris, 1929.)

DAVIDSON, D. S. "The Question of Relationship between the Cultures of Australia and Tierra del Fuego," *AA*, n.s. XXXIX, 2 (Apr.–June, 1937), 229–43.

DAWA-SAMDUP, LAMA KAZI. See EVANS-WENTZ. W. Y.

DEACON, A. BERNARD. *Malekula: a Vanishing People in the New Hebrides*. London, 1934.

DE ANGULO, JAIME. "La Psychologie religieuse des Achumawi. IV: Le Chamanisme," *Anthropos*, XXIII (1928), 561–82.

DEFRÉMERY, CHARLES FRANÇOIS, and SANGUINETTI, B. R., eds. and trs. *Voyages d'ibn Batoutah*. Paris, 1853–79. 4 vols.

DEHON, REV. P. *Religion and Customs of the Uraons*. Calcutta, 1906. (Memoirs of the Asiatic Society of Bengal I, 9.)

DIETERICH, ALBRECHT. *Eine Mithrasliturgie*. 2nd edn., Leipzig and Berlin, 1910.

DIETERLEN, GERMAINE. *Les Âmes de Dogon*. 1941. (TMIE XL.)

DIÓSZEGI, VILMOS. "Golovnoi ubor nanaiski h (goldskikh) shamanov," *A néprajzi értesítö* (Budapest), XXXVII (1955), 81–108.

———. "K voprosu o borbe shamanov v obraze zhivotnykh," *AOH*, II (1952), 303–16.

———. "Problems of Mongolian Shamanism (Report of an Expedition Made in 1960 in Mongolia)," AE, X, fasc. 1–2 (1961), 195–206.

———. *A sámánhit emléki a magyar népi müveltségben*. Budapest, 1958.

———. "Tunguso-manchzhurskoye zerkalo shamana," *AOH*, I (1951), 359–83

———. "Tuva Shamanism," *AE*, XI (1962), 143–90.

———. "Die Typen und interethnischen Beziehungen der Schamanentrommeln bei den Selkupen (Ostjak-Samojeden)," *AE*, IX (1960), 159–79.

———. "Die Überreste des Schamanismus in der ungarischen Volkskultur," *AE*, VII (1958), 97–135.

———. "A viaskodó táltosbika és a samán állatalaku életlelke (La Lutte du taureau miraculeux et l'âme vitale du chaman susceptible de revêtir la forme d'un animal)," *Ethnographia*, LXIII

(1952), 308–57.

————. "Der Werdegang zum Schamanen bei den nordöstlichen Sojoten," *AE*, VIII (1959), 269–91.

DIRLMEIER, FRANZ. "Apollon, Gott und Erzieher des hellenischen Adels," *ARW*, XXXVI, 2 (1940), 277–99.

DIRR, A. "Der kaukasiche Wild- und Jagdgott," *Anthropos*, XX (1925), 139–47.

DIXON, ROLAND B. *The Building of Cultures*. New York, 1928.

————. *The Northern Maidu*. New York, 1905.

————. *Oceanic* [*Mythology*]. 1916. (MAR IX.)

————. *The Shasta*. 1907. (AMNH Bulletin XVII, Pt. V.)

————. "Some Aspects of the American Shaman," *JAFL*, XXI (Jan.–Mar. 1908), 1–12.

DODDS, E. R. *The Greeks and the Irrational*. Berkeley and Los Angeles, 1951. (Sather Classical Lectures XXV.)

DOERR, ERICH. "Bestattungsformen in Ozeanien," *Anthropos*, XXX (1935), 369–420, 727–65.

DOMBART, THEODOR. *Der babylonische Turm*. Leipzig, 1930.

————. *Der Sakralturm*. I: *Ziqqurat*. Munich, 1920.

DONNER, KAI. "Beiträge zur Frage nach dem Ursprung der Jenissei-Ostjaken," *JSFO*, XXXVIII, 1 (1928), 1–21.

————. *Ethnological Notes about the Yenisey-Ostyak (in the Turukhansk Region)*. 1933. (MSFO LXVI.)

————. "Ornements de la tête et de la chevelure," *JSFO*, XXXVII, 3 (1920), 1–23.

————. *La Sibérie. La Vie en Sibérie, les temps anciens*. Paris, 1946.

————. "Über soghdisch *nōm* 'Gesetz' und samojedisch *nōm* 'Himmel, Gott,' " *SO*, I (1925), 1–8.

————. "Zu der ältesten Berührung zwischen Samojeden und Türken," *JSFO*, LX, 1 (1924), 1–24.

DORÉ, P. H. *Manuel des superstitions chinoises*. Shanghai, 1936.

DOWNS, R. E. *The Religion of the Bare'e-speaking Toradja of Central Celebes*. Diss., Leiden, 1956.

DRUCKER, PHILIP. *The Northern and Central Nootkan Tribes. 1951.* (BBEW 144.)

DUBOIS, CONSTANCE GODDARD. *The Religion of the Luiseño Indians of*

Southern California. Berkeley, 1908. (CPAAE VIII, 3.)

Du Bois, Cora Alice. *The 1870 Ghost Dance.* Berkeley, 1939. (University of California Anthropological Records III, 1.)

————. *Wintu Ethnography.* Berkeley, 1935. (CPAAE XXXVI, 1.)

Duchesne-Guillemin, Jacques. *Zoroastre. Étude critique, avec une traduction commentée des Gâthâ.* Paris, 1948.

Dumézil, Georges. "Les 'Enarees' scythiques et la grossesse du Narte Hamyc," *Latomus* (Brussels), V (July–Dec., 1946), 249–55.

————. *Horace et les Curiaces (les mythes romains).* Paris, 1942.

————. *Jupiter, Mars, Quirinus.* Paris, 1940–48. 4 vols.

————. *Légendes sur les Nartes. Suivies de cinq notes mythologiques.* Paris, 1930. (Bibliothèque de l'Institut français de Léningrad.)

————. *Loki.* Paris, 1948.

————. *Mythes et dieux des Germains. Essai d'interprétation comparative.* Paris, 1939. (Mythes et religions I.)

————. *Le Problème des centaures. Étude de mythologie comparée indoeuropéenne.* Paris, 1929. (Annales du Musée Guimet. Bibliothèque d'études XLI.)

————. *La Saga de Hadingus, Saxo Grammaticus I, v-viii,* etc. Paris, 1953. (Bibliothèque de l'École des Hautes Études. Section des sciences religieuses LXVI.)

————. *Tarpeia. Essai de philologie comparative indo-européenne.* Paris, 1947.

Dumont, Louis. *Une Sous-caste de l'Inde du Sud. Organisation sociale et religion des Pramalai Kallar.* Paris, 1957.

Dumont, Paul Émile. *L'Aśvamedha.* Paris, 1927.

Durme, P. J. van. "Notes sur le Lamaïsme," *MCB,* I (1931–32), 263–319.

Dyrenkova, N. P. "Bear Worship among Turkish Tribes of Siberia," in *Proceedings of the 23rd International Congress of Americanists (1928),* pp. 411–40. New York, 1930.

Eberhard, Wolfram. *Lokalkulturen im alten China.* Part I: *Die Lokalkulturen des Nordens und Westens.* Leiden, 1942. Part II: *Die Lokalkulturen des Südens und Ostens.* Peking, 1942. (MS III.) 2 vols.

————. *Typen chinesischer Volksmärchen.* 1937. (FFC L, 120.)

Eder, Matthias. "Schamanismus in Japan," *Paideuma,* VI, 7 (May,

1958), 367–80.

EDSMAN, CARL MARTIN. "Arbor inversa," *Religion och Bibel* (Uppsala), III (1944), 5–33.

——. "Återspeglar Voluspá 2:5–8 ett schamanistikt ritual eller en keltisk åldersvers?" *Arkiv för Nordisk Filologi* (Lund), LXIII (1948), 1–54.

——. *Le Baptême de feu.* Uppsala and Leipzig, 1940.

——. *Ignis divinus: le Feu comme moyen de rajeunissement et d'immortalité: contes, légendes, mythes et rites.* Lund, 1949.

EELLS, REV. MYRON. *A Few Facts in Regard to the Twana, Clallam and Chemakum Indians of Washington Territory.* Chicago, 1880.

EGGELING, JULIUS, tr. *The Satapatha Brâhmana: According to the Text of the Mâdhyandina School.* Oxford, 1882–1900. (SBE XII, XXVI, XLI, LXIII, LXIV.) 5 vols.

EHNMARK, ERLAND. *Anthropomorphism and Miracle.* Uppsala and Leipzig, 1939.

EHRENREICH, PAUL. *Die allgemeine Mythologie und ihre ethnologischen Grundlagen.* Leipzig, 1910. (Mythologische Bibliothek IV, 1.)

EISENBERGER, ELMAR JAKOB, "Das Wahrsagen aus dem Schulterblatt," *IAE*, XXXV (1938), 49–116.

EISLER, ROBERT. *Man into Wolf.* London, 1951.

——. "Das Qainszeichen und die Qeniter," *Le Monde orientale* (Uppsala), XXIII, fasc. 1–3 (1929), 48–112.

——. *Weltenmantel und Himmelszelt.* Munich, 1910. 2 vols.

ELIADE, MIRCEA. *Birth and Rebirth: the Religious Meanings of Initiation in Human Culture,* tr. Willard R. Trask. New York, 1958.

——. *Cosmologie şi alchimie babiloniană.* Bucharest, 1937.

——. "Dūrohana and the 'Waking Dream,' " in *Art and Thought: a Volume in Honour of the Late Dr. Ananda K. Coomaraswamy on the Occasion of His 70th Birthday,* ed. Iyer K. Bharatha, pp. 209–13. London, 1947.

——. "Einführende Betrachtungen über den Schamanismus," *Paideuma,* V, 3 (July, 1951), 88–97.

ELIADE, MIRCEA. *The Forge and the Crucible.* London and New York, 1962.

——. *Images and Symbols: Studies in Religious Symbolism.* London and

New York, 1961.

———. *The Myth of the Eternal Return,* tr. Willard R. Trask, 1954. (BS XLVI.) Also London, 1954. (Reprinted as *Cosmos and History: The Myth of the Eternal Return,* Torchbooks paperback, New York, 1960.)

———. *Myths, Dreams and Mysteries: the Encounter between Contemporary Faiths and Archaic Realities.* London, 1960; New York, 1961.

———. "Nostalgia for Paradise in the Primitive Traditions," in his *Myths, Dreams and Mysteries* (q. v.), pp. 59–72.

———. *Patterns in Comparative Religion,* tr. Rosemary Sheed. London and New York, 1958.

———. "Le Problème du chamanisme," *RHR,* CXXXI, 1, 2–3 (1946), 5–52.

———. "Recent Works on Shamanism: a Review Article," *History of Religions* (Chicago), I (summer, 1961), 152–86.

———. "Remarques sur le 'rope trick,' " in *Culture in History: Essays in Honor of Paul Radin,* ed. Stanley Diamond, pp. 541–51. New York, 1960.

———. "Sapta padāni kramati . . .," in *The Munshi Diamond Jubilee Commemoration Volume,* Pt. I, pp. 180–88. Bombay, 1948. (Bhāratīya Vidyā IX.)

———. "The Seven Steps of the Buddha," in his *Myths, Dreams and Mysteries* (q. v.), pp. 110–15.

———. "Shamanism," in *Forgotten Religions,* ed. Vergilius Ferm, pp. 299–308. New York, 1950.

———. "Significations de la 'lumière intérieure,' " *EJ,* XXVI (1957), 189–242.

———. *Techniques du Yoga.* Paris, 1948.

———. *Yoga: Immortality and Freedom,* tr. Willard R. Trask. 1958. (BS LVI.) Also London, 1958.

ELKIN, ADOLPHUS PETER. *Aboriginal Men of High Degree.* Sydney, n.d. (1946?).

———. *The Australian Aborigines: How to Understand Them.* Sydney and London, 1938.

———. "The Rainbow-Serpent Myth in North West Australia," *Oceania* (Melbourne), I, 3 (1930), 349–52.

ELLIOTT, ALAN J. A. *Chinese Spirit-Medium Cults in Singapore*. London, 1955. (London School of Economics and Political Science, Department of Anthropology. Monographs on Social Anthropology, n.s. 14.)

ELLIS, HILDA RODERICK. *The Road to Hel: a Study of the Conception of the Dead in Old Norse Literature*. Cambridge, 1943.

ELLIS, WILLIAM. *Polynesian Researches during a Residence of Nearly Eight Years in the Society and Sandwich Islands*. 3rd edn., London, 1853. 4 vols.

ELMENDORF, WILLIAM W. "Soul Loss Illness in Western North America," in *Indian Tribes of Aboriginal America: Selected Papers of the 29th International Congress of Americanists*, ed. Sol Tax, III, 104–14. Chicago, 1952.

ELWIN, VERRIER. "The Hobby Horse and the Ecstatic Dance," *Folklore* (London), LIII (Dec., 1942), 209–13.

————. *The Muria and Their Ghotul*. Bombay, 1947.

————. *Myths of Middle Indla*. London, 1949.

————. *The Religion of an Indian Tribe*. London and New York, 1955.

EMSHEIMER, ERNST. "Schamanentrommel und Trommelbaum," *Ethnos*, IV (1946), 166–81.

————. "Eine sibirische Parallele zur lappischen Zaubertrommel?" *Ethnos*, XII, 1–2 (Jan.–June, 1948), 17–26.

————. "Zur Ideologie der lappischen Zaubertrommel," *Ethnos*, IX, 3–4 (1944), 141–69.

————. See also HASLUND-CHRISTENSEN, HENNING.

ERKES, EDUARD. "Die alt-chinesischen Jenseitsvorstellungen," *MGVK*, I (1933), 1–5.

————. "The God of Death in Ancient China," *TP*, XXXV (1940), 185–210.

————. "Der Hund im alten China," *TP*, XXXVII (1944), 186–225.

————. "Der Primat des Weibes im alten China," *Sinica*, IV (1935), 166–76.

————. "Der schamanistische Ursprung des chinesischen Ahnenkultus," *Sinologica* (Basel), II, 4 (1950), 253–62.

————. Das *"Zurückrufen der Seele" (Chao-Hun) des Sung Yüh*. Inaugural diss., Leipzig, 1914.

EVANS, IVOR H. N. *Papers on the Ethnology and Archaeology of the Malay*

Peninsula. Cambridge, 1927.

————. "Schebesta on the Sacerdo-Therapy of the Semang," *JRAI*, LX (1930), 115–25.

————. *Studies in Religion, Folk-Lore, & Custom in British North Borneo and the Malay Peninsula*. Cambridge, 1923.

EVANS-PRITCHARD, E. E. *Witchcraft, Oracles and Magic among the Azande*. Oxford, 1937.

EVANS-WENTZ, W. Y., ed. *The Tibetan Book of the Dead (Bardo Thödol)*, tr. Lama Kazi Dawa-Samdup. London, 1927; 2nd end., 1949; 3rd edn., 1957.

————, ed. *Tibetan Yoga and Secret Doctrines; or, Seven Books of Wisdom of the Great Path*, tr. Lama Kazi Dawa-Samdup. London and New York, 1935; 2nd edn., London, 1958.

FAIRCHILD, WILLIAM P. "Shamanism in Japan," *FS*, XXI (1962), 1–122.

FILLIOZAT, JEAN. *La Doctrine classique de la médecine indienne. Ses origines et ses parallèles grecs*. Paris, 1949.

————. "Les Origines d'une technique mystique indienne," *Revue philosophique de la France et de l'étranger* (Paris), CXXXVI (1946), 208–20.

FINDEISEN, HANS. "Der Adler als Kulturbringer im nordasiatischen Raum und in der amerikanischen Arktis," *ZE*, LXXXI (1956), 70–82.

————. "Der Mensch und seine Teile in der Kunst der Jennissejer (Keto)," *ZE*, LXIII (1931), 296–315.

————. *Schamanentum, dargestellt am Beispiel der Besessentheitspriester nordeurasiatischer Völker*. Stuttgart, 1957.

————. "Zur Geschichte der Bärenzeremonie," *ARW*, XXXVII (1941), 196–200.

FISCHER, H. T. "Indonesische Paradiesmythen," *ZE*, LXIV, 1–3 (1932), 204–45.

FLANNERY, REGINA. "The Gros Ventre Shaking Tent," *PM*, XVII (1944), 54–84.

FORDE, C. DARYLL. *Ethnography of the Yuma Indians*. Berkeley, 1931. (CPAAE XXVII, 4.)

FORTUNE, R. F. *Sorcerers of Dobu*. London, 1932.

FOY, W. "Indische Kultbauten als Symbole des Götterbergs." In

Festschrift Ernst Windisch zum siebzigsten Geburtstag am 4. September 1914, pp. 213–16. Leipzig, 1914.

FRAZER, SIR JAMES GEORGE. *Aftermath: a Supplement to The Golden Bough.* London, 1936.

——. *The Belief in Immortality and the Worship of the Dead.* London, 1913–24. 3 vols.

——. *The Fear of the Dead in Primitive Religion,* London, 1933–36. 3 vols.

——. *Folk-lore in the Old Testament: Studies in Comparative Religion, Legend and Law.* London, 1919. 3 vols.

——. *Spirits of the Corn and of the Wild.* 3rd edn. of *The Golden Bough: a Study in Magic and Religion,* Pt. V. New York and London, 1955. 2 vols.

——. *Taboo and the Perils of the Soul.* 3rd edn. of *The Golden Bough,* Pt. II. New York and London, 1951.

——. *Totemism and Exogamy: a Treatise on Certain Early Forms o Superstition and Society.* London, 1910. 4 vols.

FRIEDERICI, GEORG. "Zu den vorkolumbischen Verbindungen der Südsee-Völker mit Amerika," *Anthropos.* XXIV (1929), 441–87.

FRIEDRICH, ADOLF. *Afrikanische Priestertümer.* Stuttgart, 1939.

——. "Das Bewusstsein eines Naturvolkes von Haushalt und Ursprung des Lebens," *Paideuma,* VI, 2 (Aug., 1955), 47–54.

——. "Knochen und Skelett in der Vorstellungswelt Nordasiens," *WBKL,* V (1943), 189–247.

——. and BUDDRUSS, GEORG. *Schamanengeschichten aus Sibirien* (tr. of KSENOFONTOV, G. V., *Legendy i rasskazy o shamanakh u yakutov, buryat i tungusov* [q. v.].) Munich and Planegg, 1955.

FRITZNER, JOHAN. *Lappernes Hedenskab og Trolddomskunst sammenholdt med andre Folks, isaer Nordmaenes, Tro og Overtro.* Christiania, 1877. (Norsk Historisk Forening Tidsskrift IV.)

FROBENIUS, LEO. *Kulturgeschichte Afrikas. Prolegomena zu einer historischen Gestaltlehre.* Zurich, 1933.

——. *Die Weltanschauung der Naturvölker.* Weimar, 1898.

FÜHNER, H. "Solanazeen als Berauschungsmittel: eine historisch-ethnologische Studie," *Archiv für experimentelle Pathologie und Pharmakologie* (Leipzig), III (1926), 281–94.

GAERTE, W. "Kosmische Vorstellungen im Bilde prähistorischer Zeit: Erdberg, Himmelsberg, Erdnabel und Weltströme," *Anthropos*, IX (1914), 956–79.

GAHS, ALEXANDER. "Blutige und unblutige Opfer bei den altaischen Hirtenvölkern," in *Semaine internationale d'ethnologie religieuse, IVᵉ session (1925)*, pp. 217–32. Paris, 1926.

———. "Kopf-, Schädel- und Langknochenopfer bei Rentiervölkern," in *Festschrift. Publication d'hommage offerte au P[ère] W. Schmidt*, ed. W. Koppers, pp. 231–68 Vienna, 1928.

———. "Die kulturhistorischen Beziehungen der östlichen Paläosibirier zu den austrischen Völkern, insbesondere zu jenen Formosas," *MAGW*, LX (1930), pp. 3–6.

GANAY, SOLANGE DE. *Les Devises de Dogon*. Paris, 1941.

GAYTON, A. H. "The Orpheus Myth in North America," *JAFL*, XLVIII, 189 (July–Sept., 1935), 263–93.

GENNEP, ARNOLD VAN. *Le Cheval-jupon*. Paris, 1945. (Cahiers d'ethnographie folklorique I.)

———. *Mythes et légendes d'Australie*. Paris, 1906.

———. *The Rites of Passage*. Chicago and London, 1960. (Orig.: *Les Rites de passage*. Paris, 1909.)

GEORGI, J. G. *Bemerkungen einer Reise im russischen Reich im Jahre 1772*. St. Petersburg, 1775.

GERNET, L., and BOULANGER, A. *Le Génie grec dans la religion*. Paris, 1932.

GHEERBRANT, ALAIN. *Journey to the Far Amazon: an Expedition into Unknown Territory*. New York, 1954. (English edn., *The Impossible Adventure: Journey to the Far Amazon*. London, 1953.)

GIEDION, S. *The Eternal Present*. I: *The Beginnings of Art*. (A. W. Mellon Lectures in the Fine Arts, 1957.) 1962. (BS XXXV. 6.1.) Also London, 1962.

GIFFORD, E. W. "Southern Maidu Religious Ceremonies," *AA*, XXIX, 3 (1927), 214–57.

GJESSING, GUTORM. *Circumpolar Stone Age*. Copenhagen, 1944. (Acta arctica II, fasc. 2.)

GMELIN, JOHANN GEORG. *Reise durch Sibirien, von dem Jahr 1733 bis 1743*. Göttingen, 1751–52. 4 vols. in 3.

GODLEY, A. D., tr. *Herodotus*. London and New York, 1921–24. (Loeb Classical Library.) 4 vols.

GOEJE, C. H. DE. "Philosophy, Initiation and Myths of the Indians of Guiana and Adjacent Countries," *IAE*, XLIV (1943), 1–136.

GOLOUBEW (GOLUBEV), V. "Sur l'origine et la diffusion des tambours métalliques," *Praehistorica Asiae orientalia* (Hanoi), 1932, 137–50.

———. "Les Tambours magiques en Mongolie," *BEFEO*, XXIII (1923), 407–09.

GOLTHER, W. *Handbuch der germanischen Mythologie*. Leipzig, 1895.

GOMES, EDWIN H. *Seventeen Years among the Sea Dyaks of Borneo: a Record of Intimate Association with the Natives of the Bornean Jungles*. Philadelphia, 1911.

GORCE, M., MORTIER, R. (and others). *Histoire générale des religions*. Paris, 1944–51. 5 vols.

GRAEBNER, FRITZ. *Das Weltbild der Primitiven. Eine Untersuchung der Urformen weltanschaulichen Denkens bei Naturvölkern*. Munich, 1924.

GRANET, MARCEL. *Danses et légendes de la Chine ancienne*. Paris, 1926. 2 vols.

———. *La Pensée chinoise*. Paris, 1934.

———. "Remarques sur le taoïsme ancien," *AM*, II (1925), 145–51.

GREY, SIR GEORGE. *Polynesian Mythology and Ancient Traditional History of the New Zealanders as Furnished by Their Priests and Chiefs*. Reprint, Auckland, 1929.

GRIAULE, MARCEL. *Dieu d'eau. Entretiens avec Ogotommêli*. Paris, 1949.

GRIFFITH, RALPH T. H., tr. *The Hymns of the Rigveda*. Benares, 1889–92. 4 vols.

GRØNBECH, K. See HASLUND-CHRISTENSEN, HENNING.

GROOT, JAN J. M. DE. *The Religious System of China*. Leiden, 1892–1910. 6 vols.

GROUSSET, RENÉ. *L'Empire des steppes*. Paris, 1938.

GRUBE, W. "Das Schamanentum bei den Golden," *Globus*, LXXI (1897), 89–93.

GRÜNWEDEL, ALBERT. *Die Teufel des Avesta und ihre Beziehungen zur Ikonographie des Buddhismus Zentral-Asiens*. Berlin, 1924. 2 vols. (called parts).

GUDGEON, Col. W. E. "Te Umu-ti, or Fire-Walking Ceremony," *JPS*,

VIII, 29 (Mar., 1899), 58–60.

GÜNTERT, HERMANN. *Der arische Weltkönig und Heiland.* Halle, 1923.

————. *Kalypso.* Halle, 1919.

GUNTHER, E. See HAEBERLIN, HERMAN.

GUSINDE, MARTIN. "Une École d'hommes-médecine chez les Yamanas de la Terre de Feu," *Revue Ciba* (Basel), No. 60 (Aug., 1947), pp. 2159–62.

————. *Die Feuerland Indianer.* I: *Die Selk'nam,* II: *Die Yamana,* Mödling (Vienna), 1931, 1937. 2 vols.

————. "Der Medizinmann bei den südamerikanischen Indianern." *MAGW,* LXII (1932), 286–94.

GUTHRIE, W. K. C. *The Greeks and Their Gods.* London, 1950. (Beacon paperback reprint, Boston, 1955.)

————. *Orpheus and Greek Religion: a Study of the Orphic Movement.* London, 1935.

GUTMANN, B. "Der Schmied und seine Kunst im animistischen Denken," *ZE,* XLIV (1912), 81–93.

HAAVIO, MARTTI. *Väinämöinen, Eternal Sage.* 1952. (FFC LXI, 144.)

HAEBERLIN, HERMAN. "Sbᴇтᴇtda'q, a Shamanistic Performance of the Coast Salish," *AA,* n.s. XX (1918), 249–57.

———— and GUNTHER, E. "Ethnographische Notizen über die Indianerstämme des Puget-Sundes," *ZE,* LVI (1924), 1–74.

HAEKEL, JOSEF. "Idolkult und Dualsystem bei den Ugriern (zum Problem des eurasiatischen Totemismus)," *AVK,* I (1946), 95–163.

————. "Initiationen und Geheimbünde an der Nordwestküste Nordamerikas," *MAGW,* LXXXIII (1954), 176–90.

————. "Kosmischer Baum und Pfahl im Mythus und Kult der Stämme Nordwestamerikas," WVM, VI, n.s. 1 (1958), 33–81.

————. "Schutzgeistsuche und Jugendweihe im westlichen Nordamerika," *Ethnos,* XII (1947), 106–22.

HAGUENAUER, M. C. *Origines de la civilisation japonaise. Introduction à l'étude de la préhistoire du Japon,* vol. I. Paris, 1956.

————. "Sorciers et sorcières de Corée," *Bulletin de la Maison Franco-Japonaise*(Tokyo), II, 1 (1929), 47–65.

HALLOWELL, A. IRVING. "Bear Ceremonialism in the Northern Hemisphere," *AA,* n.s. XXVIII (1926), 1–175.

HANČAR, FRANZ. "The Eurasian Animal Style and the Altai Complex," *ArtA*, XV (1952), 171–94.

HANDY, E. S. C. *The Native Culture in the Marquesas.* 1923. (BMB 9.)

———. *Polynesian Religion.* 1927. (BMB 4.)

HARPER, EDWARD B. "Shamanism in South India," *SJA*, XIII (1957), 267–87.

HARVA (formerly HOLMBERG), UNO. *Der Baum des Lebens.* Helsinki, 1922–23. (Suomalaisen Tiedeakatemian Toimituksia. Annales Academiae Scientiarum Fennicae, ser. B, XVI.)

———. *Finno-Ugric [and] Siberian [Mythology].* 1927. (MAR IV.)

———. *Die religiösen Vorstellungen der altaischen Völker.* Helsinki, 1938. (FFC LII, 125.)

———. *The Shaman Costume and Its Significance.* 1922. (AUFA, ser. B, I, 2.)

———. "Über die Jagdriten der nordlichen Völker Asiens und Europas," *JSFO*, XLI, fasc. 1 (1925), 1–53.

HASLUND-CHRISTENSEN, HENNING; GRØNBECH, K.; and EMSHEIMER, ERNST. *The Music of the Mongols.* I: *Eastern Mongolia.* Stockholm, 1943.

HATT, GUDMUND. *Asiatic Influences in American Folklore.* Copenhagen, 1949. (Det Kongelige Danske Videnskabernes Selskab. Historisk-filologiske Meddelelser XXXI, 6.)

HAUER, J. W. *Die Anfänge der Yogapraxis.* Stuttgart, 1922.

———. *Der Vrātya. Untersuchungen über die nichtbramanische Religion Altindiens.* I: *Die Vrātya als nichtbramanische Kultgenossenschaften arischer Herkunft.* Stuttgart, 1927.

HAUG, MARTIN, ed. and tr. *The Aitareya Brahmanam of the Rigveda.* Bombay, 1863. 2 vols.

———(with E. W. WEST), ed. and tr. *The Book of Ardâ-Vîrâf.* Bombay and London, 1872.

HAUSSIG, HANS-WILHELM. "Theophylakts Exkurs über die skythischen Völker," *Byzantion* (Brussels), XXIII (1953), 275–462.

———. See also ALTHEIM, FRANZ.

HAYANS, GUILLERMO. See HOLMER, NILS M., and WASSÉN, S. HENRY.

HEINE-GELDERN, ROBERT VON. "Bedeutung und Hernkunft der ältesten hinterindischen Mettalltrommeln (Kesselgongs)," *AM*, VIII (1933),

519–37.

————. "Cultural Connections between Asia and Pre-Columbian America," *Anthropos,* XLV (1950), 350–52.

————. "Das Problem vorkolumbischer Beziehungen zwischen Alter und Neuer Welt und seine Bedeutung für die allgemeine Kulturgeschichte," *Anzeiger der Osterreichischen Akademie der Wissenschaften* (Vienna), phil.-hist. Klasse, XCI, 24 (1955), 343–63.

————. Review of *Antler and Tongue: an Essay on Ancient Chinese Symbolism and Its Implications,* by A. Salmony, *ArtA,* XVIII (1955), 85–90.

————. "Uhrheimat und früheste Wanderungen der Austronesier," *Anthropos,* XXVII (1932), 543–619.

————. "Weltbild und Bauform in Südostasien," *Wiener Beiträge zur Kunst- und Kulturgeschichte Asiens,* IV (1930), 28–78.

————. See also LOEB, E. M.: *Sumatra . . .*

HEISSIG, WALTHER. "A Mongolian Source to the Lamaist Suppression of Shamanism in the 17th Century," *Anthropos,* XLVIII (1953), 1–29, 493–536.

————. "Schamanen und Geisterbeschwörer im Küriye–Banner," *FS,* III (1944), 39–72.

HEMBERG, BENGT. *Die Kabiren.* Uppsala, 1950.

HENNING, W. B. *Zoroaster; Politician or Witch-Doctor?* London, 1951.

HENRY, A. "The Lolos and Other Tribes of Western China," *JRAI,* XXXIII (1903), 96–107.

HENTZE, CARL. *Bronzegerät, Kultbauten, Religion im ältesten China der Shang-Zeit.* Antwerp, 1951.

————. "Le Culte de l'ours et du tigre et le t'ao-t'ié," *Zalmoxis,* I (1938), 50–68.

————. *Frühchinesische Bronzen und Kultdarstellungen.* Antwerp, 1937.

————. *Mythes et symboles lunaires.* Antwerp, 1932.

————. *Objets rituels, croyances et dieux de la Chine antique et de l'Amérique.* Antwerp, 1936.

————. *Die Sakralbronzen und ihre Bedeutung in den frühchinesischen Kulturen.* Antwerp, 1941.

————. "Eine Schamanendarstellung auf einem Han-Relief," *AM,* n.s. I (1944), 74–77.

————. "Schamanenkronen zur Han-Ziet in Korea," *Ostasiatische*

582

Zeitschrift (Berlin), n.s. IX, 5 (1933), 156–63.

————. "Eine Schamanentracht in ihrer Bedeutung für die altchinesische Kunst und Religion," *IPEK, XX* (1960–63), 55–61.

————. "Zur ursprünglichen Bedeutung des chinesischen Zeichens *t'oû* = Kopf," *Anthropos, XLV* (1950), 801–20.

HERMANNS, MATTHIAS. *The Indo-Tibetans.* Bombay, 1954.

————. *Mythen und Mysterien, Magie und Religion der Tibeter.* Cologne, 1956.

HERODOTUS. See GODLEY, A. D.

HILLEBRANDT, ALFRED. *Vedische Mythologie.* 2nd rev. edn., Breslau, 1927–29. 2 vols.

HIROA, TE RANGI (PETER H. BUCK). *Ethnology of Mangareva.* 1938. (BMB 157.)

HIVALE, SHAMRAO. "The Laru Kaj," *Man in India* (Ranchi), XXIV (1944), 122 ff.

HOCART, ARTHUR MAURICE. "Flying Through the Air," *IA,* LII (1923), 80–82.

————. "Medicine and Witchcraft in Eddystone of the Solomons," *JRAI,* LV (1925), 221–70.

HOFFMAN, W. J. "The Midē'wiwin or 'Grand Medicine Society' of the Ojibwa," *7th RBEW* (1885–86; pub. 1891), pp. 143–300.

————. "Pictography and Shamanistic Rites of the Ojibwa," *AA,* I (1888), 209–29.

HOFFMANN, HELMUT. "Gšen. Eine lexikographisch- religionswissenschaftliche Untersuchung," *Zeitschrift der deutschen morgenländischen Gesellschaft* (Leipzig), XCVIII (1944), 340–58.

————. *Quellen zur Geschichte der tibetischen Bon-Religion.* Wiesbaden, 1950. (Abhandlungen der Akademie der Wissenschaften und der Literatur in Mainz, geistes- und sozialwissenschaftlichen Klasse 4.)

————. *The Religions of Tibet,* tr. Edward Fitzgerald. New York, 1961. (Orig.: *Die Religionen Tibets; Bon und Lamaismus in ihrer geschichtlichen Entwicklung.* Freiburg and Munich, 1956.)

HOFFMANN, REV. JOHN (with REV. ARTHUR VAN EMELEN). *Encyclopaedia Mundarica.* Patna, 1930–38. 4 vols.

HÖFLER, OTTO. *Kultische Geheimbünde der Germanen,* vol. I. Frankfurt a. M., 1934.

Holm, G. "Ethnological Sketch of the Angmagsalik Eskimo," in Thalbitzer, William, ed., *The Ammassalik Eskimo: Contributions to the Ethnology of the East Greenland Natives*, pt. I, pp. 1–147. Copenhagen, 1914.

Holmer, Nils M., and Wassén, S. Henry, eds. and trs. *Nia-Ikala: Canto mágico para curar la locura. Texto en lengua cuna, anotado por el indio Guillermo Hayans con traduccion española y commentarios por Nils M. Holmer y S. Henry Wassén.* Göteborg, 1958. (Etnologiska Studier XXIII.)

Holt, Catharine. See Kroeber, A. L.

Honko, Lauri. *Krankheitsprojectile: Untersuchung über eine urtümliche Krankheitserklärung.* 1959. (FFC LXXII, 178.)

Hopkins, Edward Washburn. "Yoga-Technique in the Great Epic," *JAOS*, XXII (1901), 333–79.

Hopkins, L. C. "The Bearskin, Another Pictographic Reconnaisance from Primitive Prophylactic to Present-day Panache: a Chinese Epigraphic Puzzle," *JRAS*, Pts. I–II (1943), pp. 110–17.

———. "The Shaman or Chinese Wu: His Inspired Dancing and Versatile Character," *JRAS*, Pts. I–II (1945), 3–16.

Hornell, James. "Was There Pre-Columbian Contact between the Peoples of Oceania and South America?" *JPS*, LIV (1945), 167–91.

Horner, I. B., tr. *Majjhimanikāya.* 1959. (PTS XXXI.)

Housse, Émile. *Une Épopée indienne. Les Araucans du Chili.* Paris, 1939.

Howell, Rev. W. "A Sea-Dayak Dirge," *Sarawak Museum Journal,* I, 1 (Jan., 1911), 5–73. (Extracts in Chadwick, H. M. and N. K., *The Growth of Literature* [q. v.], III.)

Howitt, A. W. *The Native Tribes of South-East Australia.* London, 1904.

———. "On Australian Medicine Men," *JRAI*, XVI (1887), 23–58.

Huart, Clément. *Les Saints des derviches tourneurs. Récits traduits du persan.* Paris, 1918–22. 2 vols.

Hultkrantz, Åke. *Conceptions of the Soul among North American Indians: a Study in Religious Ethnology.* Stockholm, 1953.

———. *The North American Indian Orpheus Tradition: a Contribution to Comparative Religion.* Stockholm, 1957.

Hume, Robert Ernest, tr. *The Thirteen Principal Upanishads.* London, 1921.

584

HUMMEL, SIEGBERT. "Die Bedeutung der Na-khi für die Erforschung der tibetischen Kultur," *MS*, XIX (1960), 307–34.

————. "Eurasiatische Traditionen in der tibetischen Bon-Religion," in *Opuscula ethnologica memoriae Ludovici Biro sacra*, pp. 165–212. Budapest, 1959.

————. *Geheimnisse tibetischer Malereien*. II: *Lamaistische Studien*. Leipzig, 1949–59. 2 vols.

————. "Der göttliche Schmied in Tibet," *FS*, XIX (1960), 251–72.

————. "Grundzüge einer Urgeschichte der tibetischen Kultur," *JMVK*, XIII (1954: pub. 1955), 73–134.

————. "Der Hund in der religiösen Vorstellungswelt des Tibeters," *Paideuma*, VI, 8 (Nov., 1958), 500–09; VII, 7 (July, 1961), 352–61.

IBN BATŪTAH. See DEFRÉMERY, C. F., and SANGUINETTI, B. R.

IM THURN, EVERARD F. *Among the Indians of Guiana, Being Sketches, Chiefly Anthropological, from the Interior of British Guiana*. London, 1883.

ITKONEN, TOIVO IMMANUEL. *Heidnische Religion und späterer Aberglaube bei den finnischen Lappen*. 1946. (MSFO LXXXVII.)

IVANOV, S. V. *Materialy po isobrazietelnomu iskusstvu narodov Sibiri XIX-nachala XX v.* Moscow and Leningrad, 1954. (AN, Trudy Instituta Etnografii, n.s. XXII.)

JACOBY, ADOLF. "Der Baum mit den Wurzeln nach oben und den Zweigen nach unten," *ZMKRW*, XLIII (1928), 78–85.

————. "Zum Zerstückelungs- und Wiederbelebungswunder der indischen Fakire," *ARW*, XVII (1914), 455–75.

JENNESS, DIAMOND. "Prehistoric Culture Waves from Asia to America," in *Annual Report of the Smithsonian Institution, 1940*, pp. 383–96. Washington, 1941.

JENSEN, A. E. *Die drei Ströme*. Leipzig, 1948.

———— and NIGGEMEYER, H., eds. *Hainuwele: Volkserzählungen von der Molukken-Insel Ceram*. Frankfurt a. M., 1939.

JEREMIAS, ALFRED. *Handbuch der altorientalischen Geisteskultur*. 2nd edn., Berlin and Leipzig, 1929.

JETTMAR, KARL. "The Altai before the Turks," *BMFEA*, No. 23 (1951), pp. 135–223.

————. "The Karasuk Culture and Its South-eastern Affinities," *BMFEA*, No. 22 (1950), pp. 83–126.

————. "Urgeschichte Innerasiens," in NARR, KARL J., *Abriss der Vorgeschichte* (q.v.), pp. 150–61.

————. "Zur Herkunft der türkischen Völkerschaften," *AVK*, III (1948), 9–23.

JOCHELSON, WALDEMAR (VLADIMIR) I. *The Koryak*. Leiden and New York, 1905–8. (AMNH Memoirs X; JE VI.)

————. *The Yakut*. 1933. (AMNH Anthropological Papers XXXIII, Pt. II.)

————. *The Yukaghir and the Yukaghirized Tungus*. Leiden and New York, 1924–26. (AMNH Memoirs XIII, 2–3; JE IX.) 2 vols.

JOHN OF THE CROSS. ST. "Ascent of Mount Carmel," in *The Complete Works of Saint John of the Cross*, I, ed. and tr. E. Allison Peers. London, 1934–35. 3 vols.

JOHNSON, FREDERICK. "Notes on Micmac Shamanism," *PM*, XVI (1943), 53–80.

JUYNBOLL, H. H. "Religionen der Naturvölker Indonesiens," *ARW*, XVII (1914), 582–606.

KAGAROW (KAGAROV), E. "Der umgekehrte Schamanenbaum," *ARW*, XXVII (1929), 183–85.

KAHN, CHARLES H. "Religion and Natural Philosophy in Empedocles' Doctrine of the Soul," *Archiv für Geschichte der Philosophie* (Berlin), XLII (1960), 3–35.

KALTENMARK, MAX, ed. and tr. *Le Lie-sien tchouan (Biographies légend-aires des Immortels taoïstes de l'antiquité)*. Peking, 1953.

KARJALAINEN, K. F. *Die Religion der Jugra-Völker*. 1921–27. (FFC VIII, 41; XI, 44; XX, 63.) 3 vols.

KARSTEN, RAFAEL. *The Civiliazation of the South American Indians*. London, 1926.

————. *The Religion of the Samek*. Leiden, 1955.

————. "Zur Psychologie des indianischen Medizinmannes," *ZE*, LXXX, 2 (1955), 170–77.

KEITH, ARTHUR BERRIEDALE. *The Religion and Philosophy of the Veda and Upanishads*. 1925. (HOS XXXI, XXXII.) 2 vols.

————. tr. *Rigveda Brāhmaṇas: the Aitareya and Kausītaki Brāhmaṇas of the Rigveda*. 1920. (HOS XXV.)

————, tr. *The Veda of the Black Yajus School Entitled Taittirīya Sanhitā*.

Pt. I: *Kandas I-III;* Pt. II: *Kandas IV-VII.* 1914. (HOS XVIII, XIX.) 2 vols.

KERÉNYI, CARL (KARL). *Pythagoras und Orpheus.* 3rd edn., Zurich, 1950. (Albae Vigilae, n.s. IX.)

KHANGALOV, M. N. See AGAPITOV, N. N.

KIRCHNER, HORST. "Ein archäologischer Beitrag zur Urgeschichte des Schamanismus," *Anthropos,* XLVII (1952), 244–86.

KIRFEL, WILLIBALD. *Die Kosmographie der Inder, nach den Quellen dargestellt.* Bonn and Leipzig, 1920.

KITTREDGE, GEORGE LYMAN. *Witchcraft in Old and New England.* Cambridge (Mass.), 1929.

KLAPROTH, J. H., ed. "Description du Tubet," *JA,* Ser. II, IV (Aug., 1829), 81–158, 241–324; VI (Sept., 1830), 161–246; (Nov., 1830), 321–50.

KNOLL-GREILING, URSULA. "Berufung und Berufungserlebnis bei den Schamanen," *Tribus* (Stuttgart), n.s. II-III (1952–53), 227–38.

KOCH, THEODOR. "Zum Animismus der südamerikanischen Indianer," *IAE,* Suppl. XIII (1900).

KOLLANTZ, ARNULF. "Der Schamanismus der Awaren," *Palaeologia* (Osaka), IV, 3–4 (1955), 63–73.

KOPPERS, WILHELM. *Die Bhil in Zentralindien.* Horn (Austria) and Vienna, 1948.

———. "Die Frage eventueller alter Kulturbeziehungen zwischen südlichen Südamerika und Südost-Australien," in *Proceedings of the 23rd International Congress of Americanists (1928),* pp. 678–86. New York, 1930.

———. "Der Hund in der Mythologie der zirkumpazifischen Völker," *WBKL,* I (1930), 359–99.

———. "Monuments to the Dead of the Bhils and Other Primitive Tribes in Central India: a Contribution to the Study of the Megalith Problem," *ALat,* VI (1942), 117–206.

———. "Pferdeopfer und Pferdekult der Indogermanen," in *Die Indogermanen- und Germanenfrage: neue Wege zu ihrer Lösung,* pp. 279–411. 1936. (WBKL IV.)

———. "Probleme der indischen Religionsgeschichte," *Anthropos,* XXXV–XXXVI (1940–41), 761–814.

————. Review of *The Building of Cultures*, by Roland B. Dixon, *Anthropos*, XXIV (1929), 695–99.

————. "Tungusen und Miao," *MAGW*, LX (1930), 306–19.

————. *Unter Feuerland-Indianern. Eine Forschungsreise zu den südlichsten Bewohnern der Erde mit M. Gusinde*. Stuttgart, 1924.

————. "Urtürkentum und Urindogermanentum im Lichte der völkerkundlichen Universalgeschichte," *Belleten* (Ankara), V, 20 (Oct., 1941), 481–525.

KÖPRÜLÜZADÉ, MEHMED FUAD. *Influence du chamanisme turco-mongol sur les ordres mystiques musulmans*. Istanbul, 1929. (Mémoires de l'Institut de Turcologie de l'Université de Stamboul, n.s. I.)

————. *Les Premiers Mystiques dans la litlérature turque*. Constantinople, 1919. (In Turkish.)

KÖRNER, THEO. "Das Zurückrufen der Seele in Kuei-chou," *Ethnos*, III, 4–5 (July–Sept., 1938), 108–12.

KRADER, LAWRENCE. "Buryat Religion and Society," *SJA*, X, 3 (1954), 322–51.

KREMSMAYER, HEIMO. "Schamanismus und Seelenvorstellungen imalten China," *AVK*, IX (1954), 66–78.

KRETSCHMAR, FREDA. *Hundestammvater und Kerberos*. Stuttgart, 1938. 2 vols.

KROEBER, ALFRED LOUIS. "The Eskimo of Smith Sound," *AMNH Bulletin*, XII (1899), 265–327.

————. *Handbook of the Indians of California*. 1925. (BBEW 78.)

————. "A Karok Orpheus Myth," *JAFL*, LIX (1946), 13–19.

———— and HOLT, CATHARINE. "Masks and Moieties as a Culture Complex," *JRAI*, L (1920), 452–60.

KROEF, JUSTUS M. VAN DER. "Transvestitism and the Religious Hermaphrodite in Indonesia," *Journal of East Asiatic Studies* (Manila), III (1959), 257–65.

KROHN, KAARLE. *Kalevalastudien*. 1924–28. (FFC XVI, 53; XXI, 67; XXIII, 71–72; XXVI, 75–76.) 6 vols. (Vol. V: *Väinämoïnen*.)

KROLL, JOSEF. *Gott und Hölle*. Leipzig, 1932.

————. *Die Himmelfahrt der Seele in der Antike*. Cologne, 1931.

KRUYT (KRUIJT, KRUJT), A C. *Het Animisme in den Indischen Archipel*. The Hague, 1906.

588

————. "Indonesians," in *Encyclopaedia of Religion and Ethics*, ed. James Hastings, VII, 232–50. New York, 1951.

————. See also ADRIANI, N.

KSENOFONTOV, G. V. *Legendy i rasskazy o shamanakh u yakutov, buryat i tungusov.* 2nd edn., Moscow, 1930. (German tr., FRIEDRICH, A.,and BUDDRUSS, GEORG, *Schamanengeschichten aus Sibirien* [q.v.].)

LAFONT, PIERRE-BERNARD. "Pratiques médicales des Thai noirs du Laos de l'ouest," *Anthropos*, LIV (1959), 819–40.

LAGERCRANTZ, ELIEL. "Die Geheimsprachen der Lappen," *JSFO*, XLII, 2 (1928), 1–13.

LALOU, MARCELLE. "Le Chemin des morts dans les croyances de Haute-Asie," *RHR*, CXXXV (1949), 42–48.

LAMOTTE, ÉTIENNE, tr. *Le Traité de la Grande Vertu de sagesse de Nāgārjuna (Mahāpraiñāpāramitāśāstra).* Louvain, 1944, 1949, 2 vols.

LANDTMAN, G. *The Kiwai Papuans of British New Guinea.* London, 1927.

LANKENAU, H. VON. "Die Schamanen und das Schamanenwesen," *Globus*, XXII (1872), 278–83.

LANTERNARI, V. "Il Serpente Arcobaleno e il complesso religioso degli Esseri pluviali in Australia," *SMSR*, XXIII (1952), 117–28.

LARSEN, HELGE. "The Ipiutak Culture: Its Origin and Relationship," in *Indian Tribes of Aboriginal America: Selected Papers of the 29th International Congress of Americanists*, ed. Sol Tax, III, 22–34. Chicago, 1952.

LATTIMORE, OWEN. "Wulakai Tales from Manchuria," *JAFL*, XLVI (1933), 272–86.

LAUFER, BERTHOLD. "Burkhan," *JAOS*, XXXVI (1917), 390–95.

————. *Chinese Clay Figures.* 1914. (FMNH Anthropological Series XIII, 2.)

————. "Columbus and Cathay, and the Meaning of America to the Orientalist ," *JAOS*, LI, 2 (June, 1931), 87–103.

————. "Origin of the Word Shaman," *AA*, XIX (1917), 361–71.

————. *The Prehistory of Aviation.* 1928. (FMNH Anthropological Series XVIII, 1.)

LAUFER, BERTHOLD. *Sino-Iranica: Chinese Contributions to the History of Civilization in Ancient Iran.* 1919. (FMNH Anthropological Series XV, 3.)

————. *Use of Human Skulls and Bones in Tibet.* 1923. (FMNH Department of Anthropology Publication X.)

LAVAL, HONORÉ. *Mangareva. L'Histoire ancienne d'un peuple polynésien.* Braine-le-Comte and Paris, 1938.

LAVIOSA-ZAMBOTTI, P. *Les Origines et la diffusion de la civilisation.* Paris, 1949. (Orig.: *Origini e diffusione della civiltà.* Milan, 1947.)

LAYARD, JOHN W. "Malekula: Flying Tricksters, Ghosts, Gods and Epileptics," *JRAI,* LX (July–Dec., 1930), 501–24.

————. "Shamanism: an Analysis Based on Comparison with the Flying Tricksters of Malekula," *JRAI,* LX (July–Dec., 1930), 525–50.

————. *Stone Men of Malekula.* London, 1942.

LEEUW, GERARDUS VAN DER. *La Religion dans son essence et ses manifestations.* Paris, 1948. (French tr. of German text, rev. by author. English tr.: *Religion in Essence and Manifestation.* London, 1938.)

LEHMANN, WALTER. "Die Frage völkerkundlicher Beziehungen zwischen der Südsee und Amerika," *Orientalische Literaturzeitung* (Berlin), XXXIII (1930), 322–39.

LEHTISALO, T. "Beobachtungen über die Jodler," *JSFO,* XLVIII, 2 (1936–37), 1–34.

————. *Entwurf einer Mythologie der Jurak-Samojeden.* 1924. (MSFO LIII.)

————. "Der Tod und die Wiedergeburt des künftigen Schamanen," *JSFO,* XLVIII, fasc. 3 (1937), 1–34.

LEROY, OLIVIER. *Les Hommes salamandres. Recherches et réflexions sur l'incombustibilité du corps humain.* Paris, 1931.

————. *La Lévitation.* Paris, 1928.

————. *La Raison primitive. Essai de réfutation de la théorie du prélogisme.* Paris, 1927.

LESSING, F. D. "Calling the Soul: a Lamaist Ritual," in *Semitic and Oriental Studies: a Volume Presented to William Popper on the Occasion of his Seventy-Fifth Birthday, October 29, 1949,* ed. Walter J. Fischel, pp. 263–84. Berkeley and Los Angeles, 1951. (CPSP XI.)

LÉVI, SYLVAIN. *La Doctrine du sacrifice dans les Brāhmanas.* Paris, 1898.

————. "Étude des documents tokhariens de la Mission Pelliot," *JA,* ser. X, vol. XVII (May–June, 1911), 431–64.

LÉVI, SYLVAIN and CHAVANNES, ÉDOUARD. "Les Seize Arhats protecteurs de la loi," *JA,* ser. XI, vol. VIII (July–Aug., 1916), 5–50,

189–304.

LEVY, GERTRUDE R. *The Gate of Horn: a Study of the Religious Conceptions of the Stone Age, and Their Influence upon European Thought.* London and Chicago, 1948.

LÉVY, ISIDORE. *La Légende de Pythagore de Grèce en Palestine.* Paris, 1927.

LÉVY-BRUHL, LUCIEN. *La Mythologie primitive. Le Monde mythique des Australiens et des Papous.* Paris, 1935.

LI AN-CHE. "Bon: the Magico-Religious Belief of the Tibetan-Speaking Peoples," *SJA*, IV, 1 (1948), 31–41.

LINDGREN, E. J. "The Reindeer Tungus of Manchuria," *Journal of the Royal Central Asian Society* (London), XXII (April, 1935), 221–31.

————. "The Shaman Dress of the Dagurs, Solons and Numinchens in N. W. Manchuria," *Geografiska annaler* (Stockholm), I, 1935.

LINDQUIST, SIGURD. *Siddhi und Abhiññā: eine Studie über die klassischen Wunder des Yoga.* Uppsala, 1935.

LINTON, RALPH. "Marquesan Culture," in *The Individual and His Society: the Psychodynamics of Primitive Social Organization,* ed. Abram Kardiner, pp. 137–96. New York, 1939.

LIUNGMAN, WALDEMAR. *Traditionswanderungen, Euphrat-Rhein: Studien zur Geschichte der Volksbräuche.* 1937–38. (FFC XLVIII, 118; XLIX, 119.) 2 vols.

LOEB, EDWIN MEYER. *Pomo Folkways.* Berkeley, 1926. (CPAAE XIX, 2.)

————. "The Shaman of Niue," *AA*, n.s. XXVI, 3 (July–Sept., 1924), 393–402.

————. "Shaman and Seer," *AA*, n.s. XXXI, 1 (Jan.–Mar., 1929), 60–84.

————. *Sumatra: Its History and People* (with "The Archaeology and Art of Sumatra," by Robert Heine-Geldern). 1935 (WBKL III.)

————. *Tribal Initiations and Secret Societies.* Berkeley, 1929. (CPAAE XXV, 3.)

LOMMEL, HERMANN. "Bhrigu im Jenseits," *Paideuma,* IV (1950), 93–109.

————. "Yasna 32," *Wörter und Sachen* (Heidelberg), XIX = n.s. I (1938), 237–65.

LOPATIN, IVAN A. *Goldy amurskiye, ussuriskiye i sungariiskiye.* Vladivostok 1922.

————. "A Shamanistic Performance to Regain the Favor of the Spirit," *Anthropos*, XXXV–XXXVI (1940–41), 352–55.

————. "A Shamanistic Performance for a Sick Boy," *Anthropos*, XLI–XLIV (1946–49), 365–68.

LOT-FALCK, EVELINE. "À propos d' Ätügän, déesse mongole de la terre," *RHR*, CXLIX, 2 (1956), 157–96.

————. "À propos d'un tambour de chaman tongouse," *L'Homme* (Paris), No. 2 (1961), pp. 23–50.

————. "L'Animation du tambour," *JA*, CCXLIX (1961), 213–39.

————. *Les Rites de chasse chez les peuples sibériens*. Paris, 1953.

LOWIE, ROBERT H. *Notes on Shoshonean Ethnography*. 1924. (AMNH Anthropological Papers XX, Pt. III.)

————. "On the Historical Connection between Certain Old World and New World Beliefs," in Congrès International des Américanistes, *Compte-Rendu de la XXIe session, part 2 (1924)*, pp. 546–49. Göteborg, 1925.

————. *Primitive Religion*. New York, 1924.

————. "Religious Ideas and Practices of the Eurasiatic and North American Areas," in *Essays Presented to C. G. Seligman*, ed. E. E. Evans-Pritchard, et al., pp. 183–88. London, 1934.

LUBLINSKI, IDA. "Der Medizinmann bei den Naturvölkern Süd-amerikas," *ZE*, LII–LIII (1920–21), 234–63.

LUOMALA, KATHARINE. *Maui-of-a-Thousand-Tricks: His Oceanic and European Biographers*. 1949. (BMB 198.)

MACCHIORO, VITTORIO. *Zagreus. Studi intorno all'orfismo*. Florence, 1930.

McMAHON, LIEUT.-COLONEL A. R. *The Karens of the Golden Chersonese*. London, 1876.

MADDOX, JOHN LEE. *The Medicine Man: a Sociological Study of the Character and Evolution of Shamanism*. New York, 1923.

MADSEN, W. "Shamanism in Mexico," *SJA*, XI (1955), 48–57.

MALINOWSKI, BRONISLAW. *The Argonauts of the Pacific*. London, 1932.

————. *Myth in Primitive Psychology*. London and New York, 1926. (Reprinted in his *Magic, Science and Religion, and Other Essays*, pp. 93–148. Anchor Books paperback, New York, 1954.)

————. *The Sexual Life of Savages in NW Melanesia*. New York, 1929.

MALTEN, LUDOLPH. "Das Pferd im Totenglauben," *Jahrbuch des kaiser-*

lich deutschen archäologischen Instituts (Berlin), XXIX (1914), 179–256.

MÄNCHEN-HELFEN, OTTO. "Manichaeans in Siberia," in *Semitic and Oriental Studies Presented to William Popper on the Occasion of His Seventy-Fifth Birthday, October 29, 1949,* ed. Walter J. Fischel, pp. 311–26. Berkeley and Los Angeles, 1951. (CPSP XI.)

————. *Reise ins asiatische Tuwa.* Berlin, 1931.

MANKER, ERNST. *Die lappische Zaubertrommel.* I: *Die Trommel als Denkmal materieller Kultur;* II: *Die Trommel als Urkunde geistigen Lebens.* 1938, 1950. (AL I, VI.) 2 vols.

MANNHARDT, JOHANN WILHELM EMANUEL. *Germanische Mythen.* Berlin, 1858.

MARCEL-DUBOIS, CLAUDIE. *Les Instruments de musique de l'Inde ancienne.* Paris, 1941.

MARINER, W. *An Account of the Natives of the Tonga Islands.* London, 1817; Boston, 1820. 2 vols.

MARINGER, JOHANNES. *Vorgeschichtliche Religion: Religionen im Stein-zeitlichen Europa.* Zurich and Cologne, 1956.

MARSHALL, REV. HARRY IGNATIUS. *The Karen People of Burma: a Study in Authropology and Ethnology.* Columbus, 1922.

MARSTRANDER, CARL. "Deux Contes irlandais," in *Miscellany Presented to Kuno Meyer by Some of His Friends and Pupils on the Occasion of His Appoinlment to the Chair of Celtic Philology in the University of Berlin,* eds. Osborn Bergin and Carl Marstrander, pp. 371–486. Halle, 1912.

MARTINO, ERNESTO DE. *Il mondo magico. Prolegomena a una storia del magismo.* Turin, 1948.

MASPERO, HENRI. *La Chine antique.* Paris, 1927.

————. "Légendes mythologiques dans le *Chou king,*" *JA,* CCIV (1924), 1–100.

————. *Les Religions chinoises.* Paris, 1950. (*Mélanges posthumes sur les religions et l'histoire de la Chine* I.)

MASSIGNON, LOUIS. *Essai sur les origines du lexique technique de la mystique musulmane.* Paris, 1922. (2nd edn., rev. and enlarged, Paris, 1954.)

————. *La Passion d'al-Hosayn-ibn-Mansour al-Hallaj, martyr mystique de l' Islam, exécuté à Bagdad le 26 mars 922: étude d'histoire religieuse.* Paris, 1922. 2 vols.

MAUSS, MARCEL. "L'Origine des pouvoirs magiques dans les sociétés australiennes," *Année sociologique* (Paris), VII (1902–03), 1–140. (Reprinted in HUBERT, HENRI, and MAUSS, MARCEL, *Mélanges d'histoire des religions,* pp. 131–87. 2nd edn., Paris, 1929.)

MAX MÜLLER, F. *Egyptian* [*Mythology*]. 1918. (MAR XII.)

MEILLET, A. "Le Tokharien," *Indogermanisches Jahrbuch* (Strassburg), I (1913), 1–19.

MEISEN, KARL. *Die Sagen vom Wütenden Heer und Wilden Jaeger.* Münster, 1935.

MELNIKOW (MELNIKOV), N. "Die ehemaligen Menschenopfer und der Schamanismus bei den Burjaten des irkutskischen Gouvernements," *Globus,* LXXV (1899), 132–34.

MENASCE, JEAN DE. "The Mysteries and the Religion of Iran," in *The Mysteries* (Papers from the Eranos Yearbooks, 2), pp. 135–48. 1955. (BS XXX.2.) Also London, 1955.

MENGES [KARL HEINRICH]. See POTAPOV, L. P.

MERCER, SAMUEL A. B., ed. and tr. *The Pyramid Texts, in Translation and Commentary.* New York, 1952. 4 vols.

MÉTRAUX, ALFRED. "Les Hommes-dieux chez les Chiriguano et dans l'Amérique du Sud," *Revista del Instituto de Etnología de la Universidad nacional de Tucumán,* II (1931), 61–91.

———. "Religion and Shamanism," in *Handbook of South American Indians.* V: *The Comparative Ethnology of South American Indians,* pp. 559–99. Washington, 1949.

———. *La Religion des Tupinamba et ses rapports avec celle des autres tribus Tupi-Guarani.* Paris, 1928.

———. "Le Shamanisme araucan," *Revista del Instituto de Antropología dela Universidad nacional de Tucumán,* II, 10 (1942), 309–62.

———. "Le Shamanisme chez les Indiens de l'Amérique du Sud tropicale," *Acta americana* (Mexico), II, 3–4 (1944), 197–219, 320–41.

———. "The Social Organization of the Mojo and Manasi," *PM,* XVI (1943), 1–30.

MEULI, KARL. "Griechische Opferbräuche," in *Phyllobolia für Peter von der Mühill zum 60. Geburtstag am 1. August 1945,* pp. 185–288. Basel, 1946.

———. "Maske," in *Handwörterbuch des deutschen Aberglaubens,* ed. Hanns Bächtold-Stäubli, V. Berlin, 1927–42. 10 vols.

————. *Schweizer Masken.* Zurich, 1943.

————. "Scythica," *Hermes* (Berlin), LXX (1935), 121–76.

MIKHAILOWSKI, V. M. "Shamanism in Siberia and European Russia, Being the Second Part of *Shamanstvo*," *JRAI*, XXIV (1894), 62–100, 126–58. (Tr. from Russian by Oliver Wardrop.)

MIRONOV, N. D., and SHIROKOGOROFF (SHIROKOGOROV), S. M. "Śramana-Shaman: Etymology of the Word 'Shaman,'" *JRAS, North-China Branch* (Shanghai), LV (1924), 105–30.

MODI, JIVANJI JAMSHEDJI. "The Tibetan Mode of the Disposal of the Dead," in his *Memorial Papers*, pp. 1 ff. Bombay, 1922.

MOERENHOUT, JACQUES A. *Voyages aux îles du Grand Océan.* Paris, 1837. 2 vols.

MOGK, E. *Germanische Mythologie.* Strassburg, 1898.

MONSEN, ERLING, and SMITH, A. H. See SNORRI STURLUSON.

MONTANDON, GEORGES. *Traité d'ethnologie culturelle.* Paris, 1934.

MOONEY, JAMES. "The Ghost-Dance Religion and the Sioux Outbreak of 1890," *14th RBEW*, Pt. II (1892–93; pub. 1896), pp. 641–1136.

MORÉCHAND, GUY. "Principaux Traits du chamanisme mèo blanc en Indochine," *BEFEO*, XLVII, 2 (1955), 509–46.

MORRIS, J. *Living with the Lepchas.* London, 1938.

MOSS, ROSALIND. *The Life after Death in Oceania and the Malay Archipelago.* London, 1925.

MOULTON, JAMES HOPE. *Early Zoroastrianism: Lectures Delivered at Oxford and in London February to May 1912.* London, 1913.

MÜHLMANN, WILHELM EMIL. *Arioi und Mamaia. Eine ethnologische, religionssoziologische und historische Studie über polynesische Kultbünde.* Wiesbaden, 1955.

MÜLLER, F. MAX. See MAX MÜLLER, F.

MÜLLER, WERNER. *Die blaue Hütte.* Wiesbaden, 1954.

————. *Weltbild und Kult der Kwakiutl-Indianer.* Wiesbaden, 1955.

MUNKÁCSI, BERNHARDT. " 'Pilz' und 'Rausch,' " *KS*, VIII (1907), 343–44.

MÜNSTERBERGER, WERNER. *Ethnologische Studien an indonesischen Schöpfungsmythen. Ein Beitrag zur Kulturanalyse Südostasiens.* The Hague, 1939.

MURRAY, MARGARET ALICE. *The God of the Witches.* London, 1934.

MUS, PAUL. *Barabudur. Esquisse d'une histoire du Bouddhisme fondée sur la critique archéologique des textes.* Hanoi, 1935 ff. 2 vols.

MUSTER, WILHELM. "Der Schamanismus bei den Etruskern," *Frühgeschichte und Sprachwissenschaft* (Vienna), I (1948), 60–77.

———. "Der Schamanismus und seine Spuren in der Saga, im deutschen Brauch, Märchen und Glauben." Diss., Graz.

NACHTIGALL, H. "Die erhöhte Bestattung in Nord- und Hochasien," *Anthropos,* XLVIII, 1–2 (1953), 44–70.

———. "Die kulturhistorische Wurzel der Schamanenskelettierung," *Zeitschrift für Ethnologie* (Berlin), LXXVII (1952), 188–97.

NADEL, S. F. "A Study of Shamanism in the Nuba Mountains," *JRAI,* LXXVI, Pt. I (1946), 25–37.

NĀGĀRJUNA. See LAMOTTE, ETIENNE.

NANAVUTTY, P. See BODE, DASTUR FRAMROZE ARDESHIR.

NARR, KARL J. "Bärenzeremoniell und Schamanismus in der Älteren Steinzeit Europas," *Saeculum* (Freiburg and Munich), X, 3 (1959), 233–72.

———. "Interpretation altsteinzeitlicher Kunstwerke durch völkerkundliche Parallelen," *Anthropos,* L (1955), 513–45.

———. "Nordasiatisch-europäische Urzeit in archäologischer und völkerkundlicher Sicht," *Studium generale* (Berlin), VII, 4 (Apr., 1954), 193–201.

——— (and others), eds. *Abriss der Vorgeschichte.* Munich, 1957.

NEBESKY-WOJKOWITZ, RENÉ DE. "Ancient Funeral Ceremonies of the Lepchas," *Eastern Anthropologist* (Lucknow), V, 1 (Sept.–Nov., 1951), 27–39.

———. *Oracles and Demons of Tibet: the Cult and Iconography of the Tibetan Protective Deities.* The Hague, 1956.

———. "Tibetan Drum Divination, 'Ngamo,'" *Ethnos,* XVII (1952), 149–57.

———. "Die tibetische Bön-Religion," *AVK,* II (1947), 26–68.

———. "Das tibetische Staatsorakel," *AVK,* III (1948), 136–55.

NEGELEIN, JULIUS VON. "Seele als Vogel," *Globus,* LXXIX, 23 (1901), 357–61, 381–84.

NEHRING, ALFONS. "Studien zur indogermanischen Kultur und Urheimat," in *Die Indogermanen- und Germanenfrage: neue Wege zu ihrer Lösung,* pp. 7–229. 1936. (WBKL IV.)

NELSON, EDWARD WILLIAM. "The Eskimo about Bering Strait," *18th RBEW*, Pt. I (1896–97; pub. 1899), 19–518.

NÉMETH, JULIUS. "Über den Ursprung des Wortes *Šaman* und einige Bemerkungen zur türkisch-mongolischen Lautgeschichte," *KS*, XIV (1913–14), 240–49.

NEWBOLD, T. J. *Political and Statistical Account of the British Settlements iu the Straits of Malacca, viz. Pinang, Malacca, Singapore, with a History of the Malayan States on the Peninsula*. London, 1839. 2 vols.

NGUYÊN-VĂN-KHOAN. "Le Repêchage de l'âme, avec une note sur les hôn et les phách d'après les croyances tonkinoises actuelles," *BEFEO*, XXXIII (1933), 11–34.

NIGGEMEYER, H. See JENSEN, A. E.

NILSSON, MARTIN P. *Geschichte der griechischen Religion*. Munich, 1941–50. 2 vols.

NIORADZE, GEORG. *Der Schamanismus bei den sibirischen Völkern*. Stuttgart, 1925.

NÖLLE, W. "Iranisch-nordasiatische Beziehungen im Schamanismus," *JMVK*, XII (1953), 86–90.

———. "Schamanistische Vorstellungen im Shaktismus," *JMVK*, XI (1952), 41–47.

NORDENSKIÖLD, ERLAND. *Origin of the Indian Civilization in South Amerika*. Göteborg, 1931. (Comparative Ethnographical Studies IX, 9.)

NOURRY, ÉMILE (pseud. P. SAINTYVES). *Les Contes de Perrault*. Paris, 1923.

NUMAZAWA, FRANZ KIICHI. *Die Weltanfänge in der japanischen Mythologie*. Paris and Lucerne, 1946.

NYBERG, H.S. "Questions de cosmogonie et de cosmologie mazdéennes," *JA*, CCXIX (July–Sept., 1931), 1–134.

———. *Die Religionen des alten Iran*. Leipzig, 1938.

NYUAK, LEO. "Religious Rites and Customs of the Iban or Dyaks of Sarawak," *Anthropos*, I (1906), 11–23, 165–84, 403–25.

OBERMAIER, H. See BREUIL, H.

OESTERREICH, T. K. *Possession, Demoniacal and Other, among Primitive Races in Antiquity, the Middle Ages, and Modern Times*. London and New York, 1930.

OHLMARKS, ÅKE. "Arktischer Schamanismus und altnordischer Seidhr," *ARW*, XXXVI, 1 (1939), 171–80.

————. *Studien zum Problem des Schamanismus.* Lund, 1939.

OKA, MASAO. "Kulturschichten in Altjapan." (German tr., unpublished, from Japanese MS.)

OKLADNIKOV, A. P. "Ancient Cultures and Cultural and Ethnic Relations on the Pacific Coast of North Asia," in *Proceedings of the 32nd International Congress of Americanists (1956),* pp. 545–56. Copenhagen, 1958.

OLDENBERG, HERMANN, *Die Religion des Veda.* 2nd edn., Berlin, 1917.

OLSEN, MAGNUS. "Le Prêtre-magicien et le dieu-magicien dans la Norvège ancienne," *RHR,* CXI (1935), 177–221.

OPLER, MORRIS EDWARD. "The Creative Role of Shamanism in Mescalero Apache Mythology," *JAFL,* LIX, 233 (July–Sept., 1946), 268–81.

————. "Notes on Chiricahua Apache Culture. I: Supernatural Power and the Shaman," *PM,* XX, 1–2 (Jan.–Apr., 1947), 1–14.

O'RAHILLY, THOMAS F. *Early Irish History and Mythology.* Dublin, 1946.

PALLAS, P. S. *Reise durch verschiedene Provinzen des russischen Reiches.* St. Petersburg, 1771–76. 3 vols.

PALLISEN, N. "Die alte Religion der Mongolen und der Kultus Tchingis-Chans," *Numen,* III (1956), 178–229.

PANDER, EUGEN. "Das lamaische Pantheon," *ZE,* XXI (1889), 44–78.

PARK, WILLARD Z. "Paviotso Shamanism," *AA,* n.s. XXXVI, 1 (Jan.–Mar., 1934), 98–113.

————. *Shamanism in Western North America: a Study in Cultural Relationships.* Evanston and Chicago, 1938. (Northwestern University Studies in the Social Sciences 2.)

PARKER, K. LANGLOH. *The Euahlayi Tribe: a Study of Aboriginal Life in Australia.* London, 1905.

PARROT, A. *Ziggurats et Tour de Babel.* Paris, 1949.

PARSONS, ELSIE CLEWS. *Pueblo Indian Religion.* Chicago, 1939. 2 vols.

PARTANEN, JORMA. *A Description of Buriat Shamanism.* Helsinki, 1941–42. (*JSFO* LI.)

PÂRVAN, VASILE. *Getica. O protoistorie a Daciei.* Bucharest, 1926.

PAUL, OTTO. "Zur Geschichte der iranischen Religionen," *ARW,* XXXVI (1940), 215–34.

PAULSON, IVAR. *Die primitiven Seelenvorstellungen der nordeurasischen*

598

Völker. Stockholm, 1958.

————. *Schutzgeister und Gottheiten des Wildes (der Jagdtiere und Fische) in Nordeurasien*. Uppsala, 1961.

PELLIOT, PAUL. "Influence iranienne en Asie Centrale et en Extrême Orient," *Revue d'histoire et de littérature religieuses* (Paris), 1912.

————. Review of *Der Hund in der Mythologie der zirkumpazifischen Völker*, by W. Koppers, *TP*, XXVIII, 3–5 (1931), 463–70.

————. "Sur quelques mots d'Asie Centrale attestés dans les textes chinois," *JA*, ser. XI, vol. I (Mar.–Apr., 1913), 451–69.

————. "Tängrim > tärim," *TP*, XXXVII (1944), 165–85.

PENZER, NORMAN MOSLEY, ed. *The Ocean of Story, being C. H. Tawney's translation of Somadeva's Kathā Sarit Sāgara (or Oceans of Sretams of Story)*. London, 1924–28. 10 vols.

PERHAM, ARCHDEACON J. "Manangism in Borneo," *JRAS, Straits Branch* (Singapore), No. 19 (1887), 87–103.

PERING, BIRGER. "Die geflügelte Scheibe," *Archiv für Orientforschung* (Graz), VIII (1935), 281–96.

PERRY, W. J. *The Children of the Sun: a Study of the Early History of Civilization*. 2nd edn., London, 1926.

————. *The Megalithic Culture of Indonesia*. Manchester, 1918.

————. *The Primordial Ocean*. London, 1935.

PESTALOZZA, UBERTO. "Il manicheismo presso i Turchi occidentali ed orientali," *Reale Instituto Lombardo di Scienze e Lettere, rendiconti* (Milan), ser. II, vol. LXVII, fasc. 1–5 (1934), 417–97.

PETRI, HELMUT. "Der australische Medizinmann," *ALat*, XVI (1952), 159–317; XVII (1953), 157–225.

PETRULLO, VINCENZO. "The Yaruros of the Capanaparo River, Venezuela," *Smithsonian Institution, BBEW 123, Anthropological Papers*, No. 11 (1939), 161–290.

PETTAZZONI, RAFFAELE. "The Chain of Arrows: the Diffusion of a Mythical Motive," *Folklore* (London), XXXV (1924), 151–65. (Reprinted, with additions, as "La catena di frecce: saggio sulla diffusione di un motivo mitico," in his *Saggi di storia delle religioni e di mitologia* [q.v.], pp. 63–79.)

————. *Dio. Formazione e sviluppo del monoteismo nella storia delle religioni*. Rome, 1922.

————. *Essays on the History of Religions.* Leiden, 1954.

————. "Io and Rangi." In *Pro regno pro sanctuario, hommage à Van der Leeuw,* pp. 359–64.

————. *I Misteri: saggio di una teoria storico-religiosa.* Bologna, 1924. (Storia delle religione VII.)

————. *Miti e leggende.* I: *Africa Australia.* Turin, 1948.

————. *Mitologia giapponese.* Bologna, 1929.

————. *L'onniscienza di Dio.* Turin, 1955.

————. *Saggi di storia delle religioni e di mitologia.* Rome, 1946.

PETTERSSON, OLOF. *Jabmek and Jabmeaime: a Comparative Study of the Dead and the Realm of the Dead in Lappish Religion.* Lund, 1957.

PHILLIPS, E. D. "The Legend of Aristeas: Fact and Fancy in Early Greek Notions of East Russia, Siberia, and Inner Asia," *ArtA,* XVIII, 2 (1955), 161–77.

PIDDINGTON, RALPH. See WILLIAMSON, R. W.

PILSUDSKI, BRONISLAV. "Der Schamanismus bei den Ainu-Stämmen von Sachalin," *Globus,* XCV, 1 (1909), 72–78.

PIPPIDI, D. M. "Apothéoses impériale et apothéose de Pérégrinos," *SMSR,* XX (1947–48), 77–103.

————. *Recherches sur le culte impérial.* Bucharest, 1939.

POLÍVKA, G. See BOLTE, J.

POPOV, A. A. "Consecration Ritual for a Blacksmith Novice among the Yakuts," *JAFL,* XLVI, 181 (July–Sept., 1933), 257–71.

————. *Seremonia ozhivlenia bubna u ostyak-samoyedov.* Leningrad, 1934.

————. *Tavgytzy: Materialy po etnografii avamskikh i vedeyevskikh tavgytzev.* Moscow and Leningrad, 1936. (AN, Trudy Instituta Anthropologii i Etnografii I, 5.)

POPPE, NICHOLAS N. Review of *Der Schamanismus bei den sibirischen Völkern,* by Georg Nioradze, *AM,* III (1926), 137–40.

————. Review of *Der Ursprung der Gottesidee,* vol. X, by W. Schmidt, *Anthropos,* XLVIII (1953), 327–32.

————. "Zum khalkhamongolischen Heldenepos," *AM,* V, 2 (1928), 183–213.

POTANIN, G. N., *Ocherki severo-zapadnoi Mongolii.* St. Petersburg, 1881–83. 4 vols.

POTAPOV, L. P. "Obryad ozhivlenia shamanskovo bubna u tyurkoyazych-

600

nykh plemen Altaya," in AN, *Trudy Instituta Etnografii*, n.s. I, 159–82. Moscow, 1947.

———— and MENGES, [KARL HEINRICH]. *Materialien zur Volkskunde der Türkvölker des Altaj*. Berlin, 1934. (Mitteilungen des Seminars für orientalische Sprachen zu Berlin XXXVII.)

POZDNEYEV, A. M. *Dhyāna und Samādhi im mongolischen Lamaismus*. Hannover, 1927. (Untersuchungen zur Geschichte des Buddhismus und verwandter Gebiete XXII.)

————. *Mongolskaya khrestomatia dlya pervonachalnavo prepodavania* (Mongolian Chrestomathy). St. Petersburg, 1900.

PRIKLONSKY, V. L. "O shamanstve u yakutov," *Izvestia Vostochno-Sibirskovo Otdela Russkovo Geograficheskovo Obshchestva* (Irkutsk), XVII, 1–2 (1886), 84–119. (German tr., "Das Schamanenthum der Jakuten," *MAGW*, XVIII [1888], 165–82).

PRIPUZOV, N. V. *Svedenia dlya izuchenia shamanstva u yakutov*. Irkutsk, 1885.

PROPP, V. I. [VLADIMIR YAKOVLEVICH]. *Le radici storiche dei racconti di fate*. Turin, 1949. (Russian edn., Leningrad, 1946.)

PRZYLUSKI, JEAN. "Un Ancien Peuple du Penjab: les Udumbara," *JA*, CCVIII (Jan.–Mar., 1926), 1–59.

————. "Les Sept Terrasses de Barabudur," *HJAS*, 1, 2 (July, 1936), 251–56.

PULVER, MAX. "The Experience of Light in the Gospel of St. John, in the 'Corpus hermeticum,' in Gnosticism, and in the Eastern Church," in *Spiritual Disciplines* (Papers from the Eranos Yearbooks, 4), pp. 239–66. 1960. (BS XXX. 4.) Also London, 1960.

QUIGSTAD, J. *Lappische Heilkunde*. Oslo, 1932.

RADCLIFFE-BROWN, A. R. *The Andaman Islanders: a Study in Social Anthropology*. Cambridge, 1922.

RADIN, PAUL. *Primitive Religion: Its Nature and Origin*. New York, 1937. 2nd edn. (new foreword), New York, 1957.

————. *The Road of Life and Death: a Ritual Drama of the American Indians*. 1945. (BS V.)

RADLOV (RADLOFF), WILHELM. *Aus Sibirien: lose Blätter aus dem Tagebuche eines reisenden Linguisten*. Leipzig, 1884. 2 vols. in 1.

RADLOV (RADLOFF), WILHELM. *Proben der Volksliteratur der türkischen*

Stämme Süd-Sibiriens und der tsungarischen Steppe. St. Petersburg, 1866–1907. 10 vols.

RAHMANN, RUDOLF. "Shamanistic and Related Phenomena in Northern and Middle India," *Anthropos,* LIV (1959), 681–760.

RAINGEARD, P. *Hermès psychagogue. Essai sur les origines du culte d'Hermès.* Paris, 1935.

RAMSTEDT, G. J. "The Relation of the Altaic Languages to Other Language Groups," *JSFO,* LIII, 1 (1946–47), 15–26.

———. "Zur Frage nach der Stellung der tschuwassichen," *JSFO,* XXXVIII (1922–23), 1–34.

RÄNK, GUSTAV. *Die heilige Hinterecke im Hauskult der Völker Nordosteuropas und Nordasiens.* 1949. (FFC LVII, 137.)

———. "Lapp Female Deities of the Madder-Akka Group," *SS,* VI (1955), 7–79.

RANKE, KURT. *Indogermanische Totenverehrung.* I: *Der dreissigste und vierzigste Tag im Totenkult der Indogermanen.* 1951. (FFC LIX, 140.)

RÄSÄNEN, MARTTI. *Regenbogen-Himmelsbrücke.* 1947. (SO XIV, 1.)

RASMUSSEN, KNUD. *Across Arctic America.* New York and London, 1927.

———. *Intellectual Culture of the Copper Eskimos,* tr. W. E. Calvert. Copenhagen, 1932. (RFTE IX.)

———. *Intellectual Culture of the Iglulik Eskimos,* tr. William Worster. Copenhagen, 1930. (RFTE VII, 1.)

———. *The Netsilik Eskimos: Social Life and Spiritual Culture,* tr. W. E. Calvert. Copenhagen, 1931. (RFTE VIII, 1–2.)

———. *Die Thulefahrt.* Frankfurt a. M., 1926.

REAGAN, ALBERT B. *Notes on the Indians of the Fort Apache Region.* 1930. (AMNH Anthropological Papers XXXI, Pt. V.)

REINHOLD-MÜLLER, F. G. "Die Krankheits- und Heilgottheiten des Lamaismus," *Anthropos,* XXII (1927), 956–91.

RENEL, C. "L'Arc-en-ciel dans la tradition religieuse de l'antiquité," *RHR,* XLVI (1902), 58–80.

RIBBACH, S. H. *Drogpa Namgyal. Ein Tibeterleben.* Munich and Planegg, 1940.

RICHTHOFEN, BOLKO, FREIHERR VON. "Zur Frage der archäologischen Beziehungen zwischen Nordamerika und Nordasiens," *Anthropos,* XXVII (1932), 123–51.

602

Riesenfeld, A. *The Megalithic Culture of Melanesia.* Leiden, 1950.

Risley, H. H. *The Tribes and Castes of Bengal.* Calcutta, 1891–92. 4 vols.

Rivet, Paul. "Les Australiens en Amérique," *Bulletin de la Société de Linguistique de Paris,* XXVI (1925), 23–63.

———. "Les Malayo-Polynésiens en Amérique," *JSA,* n.s. XVIII (1926), 141–278.

———. "Les Mélano-Polynésiens et les Australiens en Amérique," *Anthropos,* XX (1925), 51–54.

———. *Les Origines de l'homme américain.* Montreal, 1943; 2nd edn., Paris, 1957. (Also tr.: *Los origines del hombre americano.* Mexico, 1943.)

Robles Rodriguez, Eulojio. "Guillatunes, costumbres y creencias araucanas," *Anales de la Universidad de Chile* (Santiago), CXXVII (1910), 151–77.

Röck, Fritz. "Neunmalneun und Siebenmalsieben," *MAGW,* LX (1930), 320–30.

Rock, Joseph F. *The Ancient Na-khi Kingdom of Southwest China.* Cambridge (Mass.), 1947. (Harvard-Yenching Institute Monograph Series IX.) 2 vols.

———. "Contributions to the Shamanism of the Tibetan-Chinese Borderland," *Anthropos,* LIV (1959), 796–818.

———. "The Muan bpö Ceremony or the Sacrifice to Heaven as Practiced by the Na-khi," *MS,* XIII (1948), 1–160.

———. "Studies in Na-khi Literature: I. The Birth and Origin of Dto-mba Shi-lo, the Founder of the Mo-so Shamanism, According to Mo-so Manuscripts," *ArtA,* VII, fasc. 1–4 (1937), 5–85; *BEFEO,* XXX-VII (1937), 1–39; ". . . II. The Na-khi ^{1}Hā ^{2}zhi ^{1}p'i or the Road the Gods Decide," *BEFEO,* XXXVII (1937), 40–119.

———. *The Zhi Mä Funeral Ceremony of the Na-khi of Southwest China: Described and Translated from Na-khi Manuscripts.* Vienna and Mödling, 1955.

Rockhill, William Woodville. *The Land of the Lamas: Notes of a Journey through China, Mongolia, and Tibet.* New York and London, 1891.

———. "On the Use of Skulls in Lamaist Ceremonies," *Proceedings of the American Oriental Society* (New Haven), XL (1888; pub. 1890), xxiv-xxxi.

Röder, Joseph G. *Alahatala. Die Religion der Inlandstämme Mittelcerams.* Bamberg, 1948.

Rodriguez, Eulojio Robles. See Robles Rodriguez, Eulojio.

Rohde, Erwin. *Psyche: the Cult of Souls and Belief in Immortality among the Greeks,* tr. from 8th German edn. by W. B. Hillis. New York and London, 1925.

Róheim, Géza. *The Eternal Ones of the Dream: a Psychoanalytic Interpretation of Australian Myth and Ritual.* New York, 1945.

————. "Hungarian Shamanism," *Psychoanalysis and the Social Sciences* (New York), III, 4 (1951), 131–69.

————. *Hungarian and Vogul Mythology.* New York, 1954. (Monographs of the American Ethnological Society XXIII.)

Rosenberg, F. "On Wine and Feasts in the Iranian National Epic," *Journal of the K. R. Cama Oriental Institute* (Bombay), No. 19 (1931), pp. 13–44. (Tr. from Russian by L. Bogdanov.)

Rosetti, A. *Colindele Românilor.* Bucharest, 1920.

Roth, H. Ling. *The Natives of Sarawak and British North Borneo, Based Chiefly on the Mss. of the Late Hugh Brooke Low.* With a preface by Andrew Lang. London, 1896. 2 vols.

Roth, Walter E. "An Inquiry into the Animism and Folk-Lore of the Guiana Indians," *30th RBEW* (1908–9; pub. 1915), pp. 103–386.

Rousselle, Erwin. "Die Typen der Meditation in China," in *Chinesischdeutscher Almanach für das Jadr 1932.* (China Institut, Frankfurt [a. M.] Universität.)

Roux, Jean-Paul. "Eléments chamaniques dans les textes pré-mongols," *Anthropos,* LIII, 1–2 (1958), 440–56.

————. "Le Nom du chaman dans les textes turco-mongols," *Anthropos,* LIII, 1–2 (1958), 133–42.

————. "Tängri. Essai sur le ciel-dieu des peuples altaïques," *RHR,* CXLIX (1956), 49–82, 197–230; CL (1956), 27–54, 173–231.

Rowland, Benjamin, Jr. "Studies in the Buddhist Art of Bāmiyān: the Bodhisattva of Group E," in *Art and Thought, Issued in Honour of Dr. Ananda K. Coomaraswamy on the Occasion of His 70th Birthday,* pp. 46–54. London, 1947.

Roy, Sarat Chandra. *The Birhors: a Little-Known Jungle Tribe of Chota Nagpur.* Ranchi, 1925.

RUBEN, WALTER. "Eisenschmiede und Dämonen in Indien," *IAE*, Suppl. XXXVII (1939).

————. "Schamanismus im alten Indien," *AO*, XVII (1939), 164–205.

RUDOLF OF FULDA (with MEGINHART). *Translatio S. Alexandri*, in *Monumenta Germaniae historica* (ed. G. H. Pertz, 1826–   ), *Scriptorum Tomus* 2. Hannover. (For translation into German, see RICHTER, B. *Die Geschichtschreiber der deutschen Vorzeit*, VI. 2nd edn., Leipzig, 1889.)

RUNEBERG, ARNE. *Witches, Demons and Fertility Magic: Analysis of Their Significance and Mutual Relations in West-European Folk Religion*. Helsinki, 1947.

RUSSU, ION I. "Religia Geto-Dacilor," *Annuarul Institutului de Studii Clasice* (Cluj), V (1947), 61–137.

SAHAGÚN, BERNARDINO DE. See BERNARDINO DE SAHAGÚN.

SAINTYVES, P. (pseud.). See NOURRY, E.

SALMONY, ALFRED. *Antler and Tongue: an Essay on Ancient Chinese Symbolism and Its Implications*. Ascona, 1954.

SANDSCHEJEW, GARMA. "Weltanschauung und Schamanismus der Alaren-Burjaten," tr. from Russian by R. Augustin, *Anthropos*, XXVII (1927–28), 576, 613, 933–55; XXVIII (1928), 538–60, 967–86.

SANGUINETTI, B. R. See DEFRÉMERY, CHARLES FRANÇOIS.

SANJANA, DARAB DASTUR PESHOTAN, ed. and tr. "Dinkart IX," in his *The Dinkard, Bk. IX: Contents of the Gathic Nasks*, Pt. I. Bombay, 1922.

SAUVAGEOT, AURÉLIEN. "Eskimo et Ouralien," *JSA*, n.s. XVI (1924), 279–316.

SAXL, F. *Mithras*. Berlin, 1931.

SCHAEFNER, A. *Origine des instruments de musique*. Paris, 1936.

SCHÄRER, HANS. *Die Gottesidee der Ngadju Dajak in Süd-Borneo*. Leiden, 1946.

————. "Die Vorstellungen der Ober- und Unterwelt bei den Ngadju Dajak von Süd-Borneo," *Cultureel Indie* (Leiden), IV (1942), 73–81.

SCHEBESTA, PAUL. "Jenseitsglaube der Semang auf Malakka," in *Festschrift. Publication d'hommage offerte au P [ère]. W. Schmidt*, ed. W. Koppers. Vienna, 1928.

SCHEBESTA, PAUL. *Les Pygmées*. Paris, 1940. (Tr. from German by F. Berge.)

SCHLERATH, BERNFRIED. "Der Hund bei den Indogermanen," *Paideuma*, V1, 1 (Nov., 1954), 25–40.

SCHMIDT, J. "Das Etymon des persischen Schamane," *Nyelvtudományi közlemények* (Budapest), XLIV, 470–74.

SCHMIDT, LEOPOLD. "Der 'Herr der Tiere' in einigen Sagenlandschaften Europas und Eurasiens," *Anthropos*, XLVII (1952), 509–39.

―――. "Pelops und die Haselhexe," *Laos* (Stockholm), I (1951), 67–78.

SCHMIDT, WILHELM. *Grundlinien einer Vergleichung der Religionen und Mythologien der austronesischen Völker*. Vienna, 1910. (Denkschriften der kaiserlichen Akademie der Wissenschaften in Wien, Phil.-hist. Klasse LIII.)

―――. *Handbuch der Methode der kulturhistorische Ethnologie*. Münster, 1937.

―――. "Der heilige Mittelpfahl des Hauses," *Anthropos*, XXXV–XXXVI (1939–41), 966–69.

―――. "Das Himmelsopfer bei den innerasiatischen Pferdezüchter-völkern," *Ethnos*, VII (1942), 127–48.

―――. "Die kulturhistorische Methode und die nordamerikanische Ethnologie," *Anthropos*, XIV–XV (1919–20), 546–63.

―――. "Kulturkreise und Kulturschichten in Süd-Amerika," *ZE*, XLV (1913), 1014–1124.

―――. *Der Ursprung der Gottesidee: eine historisch-kritische und positive Studie*. Münster, 1912–55. 12 vols.

SCHRAM, L. M. J. *The Monguors of the Kansu-Tibetan Border*. Pt. II: *Their Religious Life*. Philadelphia, 1957.

SCHRÖDER, DOMINIK. "Zur Religion der Tujen des Sininggebietes (Kukunor)," *Anthropos*, XLVII (1952), 1–79, 620–58, 822–70; XLVIII (1953), 202–59.

―――. "Zur Struktur des Schamanismus," *Anthropos*, L (1955), 849–81.

SCHURTZ, HEINRICH. *Altersklassen und Männerbünde*. Berlin, 1902.

SCHUSTER, CARL. *Joint-Marks: a Possible Index of Cultural Contact between America, Oceania and the Far East*. Amsterdam, 1951. (Koninklijk

Institut voor de Tropen, Mededeling 94.)

———. "A Survival of the Eurasiatic Animal Style in Modern Alaskan Eskimo," in *Indian Tribes of Aboriginal America: Selected Papers of the 29th International Congress of Americanists,* ed. Sol Tax, III, 34–45. Chicago, 1952.

SELER, EDWARD. *Gesammelte Abhandlungen zur amerikanischen Sprach-und Alterthumskunde.* Berlin, 1902–13. 5 vols.

———. "Zauberei im alten Mexiko," *Globus,* LXXVIII, 6 (Aug. 11, 1900), 89–91. (Reprinted in his *Gesammelte Abhandlungen* [q.v.], II, 78–86.)

SELIGMAN, C. G. *The Melanesians of British New Guinea* (with a chapter by F. R. Barton and an appendix by E. L. Giblin). Cambridge, 1910.

SHASHKOV, S. *Shamanstvo v Sibirii.* St. Petersburg, 1864.

SHIMKEVICH, P. P. *Materialy dlya izuchenia shamanstva u goldov.* Khabarovsk, 1896.

SHIMKIN, B. D. "A Sketch of the Ket, or Yenisei 'Ostyak,' " *Ethnos,* IV (1939), 147–76.

SHIROKOGOROFF (SHIROKOGOROV), SERGEI M. "General Theory of Shamanism among the Tungus," *JRAS, North-China Branch* (Shanghai), LIV (1923), 246–49.

———. "Northern Tungus Migrations in the Far East (Goldi and Their Ethnical Affinities)," *JRAS, North-China Branch* (Shanghai), LVII (1926), 123–83.

———. *Psychomental Complex of the Tungus.* London, 1935.

———. "Versuch einer Erforschung der Grundlagen des Schamanentums bei den Tungusen," *Baessler-Archiv* (Berlin), XVIII, Pt. II (1935), 41–96. (Tr. of article in Russian published at Vladivostok, 1919.)

———. See also MIRONOV, N. D.

SIEROSZEWSKI, WENCESLAS. "Du chamanisme d'après les croyances des Yakoutes," *RHR,* XLVI (1902), 204–33, 299–338.

———. *Yakuty.* St. Petersburg, 1896. (See abridged tr. by WILLIAM G. SUMNER [q.v.], "The Yakuts.")

SINOR, D. "Ouralo-altaïque-indo-européen," *TP,* XXXVII (1944), 226–44.

SKEAT, W. W. *Malay Magic*. London, 1900

————. and BLAGDEN, C. O. *Pagan Races of the Malay Peninsula*. London, 1906. 2 vols.,

SLAWIK, ALEXANDER. "Kultische Geheimbünde der Japaner und Germanen," in *Die Indogermanen- und Germanenfrage: neue Wege zu ihrer Lösung*, pp. 675–763. 1936. (WBKL IV.)

SMITH, A. H. See SNORRI STURLUSON.

SNELLGROVE, DAVID L. *Buddhist Himalaya*. New York, 1957.

SNORRI STURLUSON. *The Prose Edda*, tr. Arthur Gilchrist Brodeur. New York and London, 1916; 2nd printing, 1923. (Scandinavian Classics V.)

————. "Ynglinga Saga," in *Heimskringla, or the Lives of the Norse Kings*, ed. and tr. Erling Monsen (with the assistance of A. H. Smith). Cambridge, 1932.

SÖDERBLOM, N. *La Vie future d'après le mazdéisme*. Paris, 1901.

SOMADEVA. See PENZER, NORMAN MOSLEY.

SPEISER, FELIX. "Melanesien und Indonesien," *ZE*, LXX, 6 (1938), 463–81.

SPENCER, BALDWIN, and GILLEN, F. J. *The Arunta: a Study of a Stone Age People*. London, 1927. 2 vols.

————. *The Native Tribes of Central Australia*. London, 1899.

————. *The Northern Tribes of Central Australia*. London, 1904.

SPIER, LESLIE. *Klamath Ethnography*. Berkeley, 1930. (CPAAE XXX.)

————. *The Prophet Dance of the Northwest and Its Derivatives: the Source of the Ghost Dance*. 1935. (GSA 1.)

————. *Yuman Tribes of the Gila River*. Chicago, 1933.

SPIES, WALTER. See ZOETE, BERYL DE.

SSÛ-MA CH'IEN. See CHAVANNES, ÉDOUARD.

STEFÁNSSON, VILHJÁLMUR. "The MacKenzie Eskimo," in *The Stefánsson-Anderson Arctic Expedition of the American Museum. Preliminary Ethnological Report*, pp. 133–50. (AMNH Anthropological Papers XIV.)

STEIN, ROLF A. "Leao-Tche," *TP*, XXXV (1940), I–154.

————. *Recherches sur l'épopée et le barde au Tibet*. Paris, 1959.

STEINEN, KARL VON DEN. *Unter den Naturvölkern Zentral-Brasiliens. Reiseschilderung und Ergebnisse der zweiten Schingu-Expedition. 1887–*

608

1888. Berlin, 1894.

STEINER, F. B. "Skinboats and the Yakut 'Xayik,' " *Ethnos*, IV (1939), 177–83.

STEINMANN, ALFRED. "Eine Geisterschiffmalerei aus Südborneo," *Jahrbuch des Bernischen Historischen Museums in Bern*, XXII (1942), 107–12. (Also published separately.)

———. "Das kultische Schiff in Indonesien," *IPEK*, XIII–XIV (1939–40), 149–205.

STERNBERG, LEO. "Der Adlerkult bei den Völkern Sibiriens: Vergleichende Folklore-Studie," *ARW*, XXVIII (1930), 125–53.

———. "Die Auserwählung im sibirischen Schamanismus," *ZMKRW*, L (1935), 229–52.

———. "Divine Election in Primitive Religion," in Congrès International des Américanistes, *Compte-Rendu de la XXIᵉ session, Pt. 2 (1924)*, pp. 472–512. Göteborg, 1925.

STEVENSON, MATILDA COXE. *The Zuñi Indians: Their Mythology, Esoteric Fraternities, and Ceremonies*. 1904. (23rd RBEW [1901–02].)

STEWARD, JULIAN H. "Shamanism among the Marginal Tribes," in his *Handbook of South American Indians* (q.v.), pp. 650 ff.

———, ed. *Handbook of American Indians North of Mexico*. 1907, 1910. (BBEW 30, Pts. I–II.) 2 vols.

———. *Handbook of South American Indians*. Washington, 1949.

STEWART, C. S. *A Visit to the South Seas, in the United States' Ship Vincennes, during the Years 1829 and 1830*. New York, 1831; London, 1832. 2 vols.

STIEDA, L. "Das Schamanenthum unter den Burjäten," *Globus*, LII, 16 (1887), 250–53.

STIGLMAYR, ENGELBERT. "Schamanismus bei den Negritos Südostasiens," *WVM*, II, 2 (1954), 156–64; III, 1 (1955), 14–21; IV, 1 (1956), 135–47. (With English summary.)

———. "Schamanismus in Australien," *WVM*, V, 2 (1957), 161–90.

STIRLING, MATTHEW W. "Jivaro Shamanism," *Proceedings of the American Philosophical Society* (Philadelphia), LXXII, 3 (1933), 137–45.

STÖHR, WALDEMAR. *Das Totenritual der Dajak*. Cologne, 1959. (Ethnologica, n.s. I.)

STRÖMBÄCK, DAG. *Sejd. Textstudier i nordisk religionshistoria*. Stockholm and Copenhagen, 1935.

SUMMERS, MONTAGUE. *The Werewolf.* London, 1933.

SUMNER, WILLIAM G., tr. "The Yakuts. Abridged from the Russian of Sieroszewski," *JRAI*, XXXI (1901), 65–110.

SWANTON, JOHN R. "Shamans and Priests," in STEWARD, JULIAN H., ed., *Handbook of American Indians North of Mexico* (q.v.), II, 522–24.

———. "Social Conditions, Beliefs, and Linguistic Relationship of the Tlingit Indians," *26th RBEW* (1904–5; pub. 1908), pp. 391–485.

SYDOW, C. W. von. "Tors färd till Utgard. I: Tors bockslaktning," *Danske Studier* (Copenhagen), 1910, pp. 65–105, 145–82.

TALLGREN, AARNE MICHAEL. "The Copper Idols from Galich and Their Relatives," *Studia orientalia* (Helsinki), 1 (1925), 312–41.

———. *Zur westsibirischen Gruppe der "schamanistischen Figuren."* Prague, 1931. (Seminarium Kondakovianum IV.)

TAWNEY, CHARLES HENRY. See PENZER, NORMAN MOSLEY.

TCHENG-TSU SHANG. "Der Schamanismus in China." Diss., Hamburg, 1934.

TEGNAEUS, HARRY. *Le Héros civilisateur. Contribution à l'étude ethnologique de la religion et de la sociologie africaines.* Uppsala, 1950.

TEIT, JAMES A. *The Lillooet Indians.* Leiden, 1906. (AMNH Memoirs IV; JE II, 5.)

———. "The Thompson Indians of British Columbia," *AMNH Memoirs*, II (1900), 163–392. (JE I.)

THALBITZER, WILLIAM, "Cultic Games and Festivals in Greenland," in Congrès International des Américanistes, *Compte-Rendu de la XXIᵉ session, Pt. 2 (1924)*, pp. 236–55. Göteborg, 1925.

———. "The Heathen Priests of East Greenland (Angakut)," in *Verhandlungen des XVI Internationalen Amerikanisten-Kongresses, Pt. 2 (1908)*, pp. 447–64. Vienna and Leipzig, 1910.

———. "Le Magiciens esquimaux, leurs conception du monde, de l'âme et de la vie," *JSA*, n.s. XXII (1930), 73–106.

———. "Parallels within the Culture of the Arctic Peoples," in *Annaes do XX Congresso Internacional de Americanistas, Pt. 1 (1924)*, 283–87. Rio de Janeiro, 1925.

———, ed. *The Ammasalik Eskimo: Contributions to the Ethnology of the East Greenland Natives.* Copenhagen, 1914.

THOMPSON, B. *The Figians*. London, 1908.

THOMPSON, STITH. *Motif-Index of Folk-Literature*. Helsinki and Bloomington, 1932–36. (FFC 106–09, 116–17: Indiana University Studies 96, 97, 100, 101, 105, 106, 108, 110–12.) 6 vols. (2nd edn., rev. and enlarged, 1955–57. 6 vols. in 4.)

THORNDIKE, LYNN. *A History of Magic and Experimental Science*. New York, 1923–58. 8 vols.

THURN, EVERARD F. IM. See IM. THURN, EVERARD F.

TIN, PE MAUNG, tr. *The Path of Purity, Being a Translation of Buddhaghosa's Visuddhimagga*. London, 1923–31. (PTS XI, XVII, XXI.) 3 vols.

TOIVOINEN, Y. H. "Le Gros Chêne des chants populaires finnois," *JSFO*, LIII (1946–47), 37–77.

TRETYAKOV, P. I. *Turukhansky krai, evo priroda i zhiteli*. St. Petersburg, 1871.

TUCCI, GUISEPPE. *Tibetan Painted Scrolls*. Rome, 1949. 2 vols.

VAJDA, LÁSZLO. "Zur phaseologischen Stellung des Schamanismus," *Ural-altaische Jahrbücher* (Wiesbaden), XXXI (1959), 455–85.

VAN EMELEN, REV. ARTHUR. See HOFFMANN, REV. JOHN.

VAN DER KROEF, JUSTUS M. "Transvestitism and the Religious Hermaphrodite in Indonesia," *Journal of East Asiatic Studies* (Manila), III, 3 (Apr., 1954), 257–65.

VANDIER, JACQUES. *La Religion égyptienne*. Paris, 1944.

VANNICELLI, LUIGI. *La religione dei Lolo*. Milan, 1944.

VASILYEV, V. N. *Shamansky kostyum i buben u yakutov*. St. Petersburg, 1910. (Sbornik Muzeya po Antropologii i Etnografii pri Imperatorskoi Akademii Nauk I, 8.)

VISSER, MARINUS WILLEM DE. *The Arhats in China and Japan*. Berlin, 1923.

VRIES, JAN DE. *Altgermanische Religionsgeschichte*. Berlin and Leipzig, 1935–37; 2nd edn., 1956–57. 2 vols.

WALES, H. G. QUARITCH. *The Mountain of God: a Study in Early Religion and Kingship*. London, 1953.

———. *Prehistory and Religion in South-East Asia*. London, 1957.

WALEY, ARTHUR. *The Nine Songs: a Study of Shamanism in Ancient China*. London, 1955.

WALLESER, MAX. "Religiöse Anschauungen und Gebräuche der Bewohner von Jap, Deutsche Südsee," *Anthropos*, VII (1913), 607–29.

WARNECK, J. *Die Religion der Batak*. Leipzig, 1909.

WASSÉN, S. HENRY. See HOLMER, NILS M.

WATSON, WILLIAM. "A Grave Guardian from Ch'ang-sha," *British Museum Quarterly* (London), XVII, 3 (1952), 52–56.

WEBSTER, HUTTON. *Magic: a Sociological Study*. Stanford, 1948.

——. *Primitive Secret Societies: a Study in Early Politics and Religion*. New York, 1908; 2nd, rev. edn., 1932.

——. *Taboo: a Sociological Study*. Stanford, 1942.

WEHRLI, HANS J. "Beitrag zur Ethnologie der Chingpaw (Kachin) von Ober-Burma," *IAE*, Suppl. XVI (1904).

WEIL, RAYMOND. *Le Champ des roseaux et le champ des offrandes dans la religion funéraire et la religion générale*. Paris, 1936.

WEINBERGER-GOEBEL, KIRA. "Melanesische Jenseitsgedanken," *WBKL*, V (1943), 95–124.

WEISSER-AALL, LILY. "Hexe," in *Handwörterbuch des deutschen Aberglaubens*, ed. Hanns Bächtold-Stäubli, III. Berlin, 1927–42. 10 vols.

WENSINCK, A. J. *The Ideas of the Western Semites concerning the Navel of the Earth*. Amsterdam, 1917.

——. *Tree and Bird as Cosmological Symbols in Western Asia*. Amsterdam, 1921.

WERNER, ALICE. *African [Mythology]*. 1925. (MAR VII.)

WERNERT, P. "L'Anthropophagie rituelle et la chasse aux têtes aux époques actuelle et paléolithique," *L'Anthropologie*, XLVI (1936), 33–43.

——. "Culte des crânes. Représentations des esprits des défunts et des ancêtres," in GORCE, M., and MORTIER, R., *L'Histoire générale des religions* (q.v.), pp. 51–102.

WEST, E. W., tr. *Pahlavi Texts*. I: *The Bundahiš, Bahman Yašt, and Shâyast lâ-Shâyast*; II: *The Dâḍistân-î Dînîk and The Epistles of Mânûskîhar*. 1880–97. (SBE, V, XVIII, XXIV, XXXVII, XLVII.) 5 vols. (Vol. I, 1880; Vol. II, 1882.)

——. See also HAUG, MARTIN.

WEYER, EDWARD MOFFATT, JR. *The Eskimos: Their Environment and Folkways*. New Haven and London, 1932.

WHITE, C. M. N. "Witchcraft, Divination and Magic among the Balovale Tribes," *Africa* (London), XVIII (1948), 81–104.

WHITEHEAD, GEORGE. *In the Nicobar Islands.* London, 1924.

WIDENGREN, GEORGE. *The Ascension of the Apostle of God and the Heavenly Book.* Uppsala and Leipzig, 1950.

————. *Hochgottglaube im alten Iran.* Uppsala and Leipzig, 1938.

————. *The King and the Tree of Life in Ancient Near Eastern Religion.* Uppsala, 1951.

————. "Stand und Aufgaben der iranischen Religionsgeschichte," *Numen,* I (1954), 26–83; II (1955), 47–134.

WIESCHOFF, HEINZ. *Die afrikanischen Trommeln und ihre ausserafrikanischen Beziehungen.* Stuttgart, 1933.

WIKANDER, STIG. *Der arische Männerbund.* Lund, 1938.

————. *Vayu; Texte und Untersuchungen zur indo-iranischen Religionsgeschichte.* Uppsala, 1941.

WILHELM, RICHARD, tr. *Chinesische Volksmärchen.* Jena, 1927 (Märchen der Weltliteratur, ser. II.)

WILKE, GEORG. "Der Weltenbaum und die beiden kosmischen Vögel in der vorgeschichtlichen Kunst," *Mannus-Bibliothek* (Leipzig), XIV (1922), 73–99.

WILKEN, G. A. *Het Shamanisme bij de Volken van den Indischen Archipel.* The Hague, 1887. (Reprint of article in *Bijdragen tot de Taal-Land-en Volkenkunde van Nederlandsch Indie* [The Hague], V, Pt. II [1887], 427–97.)

WILLIAMSON, ROBERT W. *Essays in Polynesian Ethnology,* ed. Ralph Piddington. Cambridge, 1939.

————. *Religion and Social Organization in Central Polynesia,* ed. Ralph Piddington. Cambridge, 1937.

WILSON, HORACE HAYMAN, tr. *Ṛig-Veda Sanhitá: a Collection of Ancient Hindu Hymns, Constituting the First Ashtake, or Book of the Ṛig-Veda.* London, 1854–88. 6 vols.

WINSTEDT, SIR RICHARD O. "Indian Influence in the Malay World," *JRAS,* Pts. III–IV (1944), pp. 186–96.

————. "Kingship and Enthronement in Malaya," *JRAS,* Pts. III–IV (1945), pp. 134–45.

————. *Shaman, Saiva and Sufi: a Study of the Evolution of Malay Magic.*

London, 1925.

WIRZ, PAUL. *Exorzismus und Heilkunde auf Ceylon*. Bern, 1941.

————. *Die Marind-anim von Hollandisch-Süd-Neu-Guinea*. Hamburg, 1922–25, 2 vols.

WISSLER, CLARK. *The American Indian*. New York, 1917; 2nd edn., 1922; 3rd edn., 1938.

————. *General Discussion of Shamanistic and Dancing Societies*. 1916. (AMNH Anthropological Papers XI, Pt. XII.)

WOLFRAM, R. "Robin Hood und Hobby Horse," *WPZ*, XIX (1932).

WOLTERS, PAUL. *Der geflügelte Seher*. Munich, 1928. (Sitzungsberichte der Akademie der Wissenschaften, Phil.-hist. Klasse I.)

WOODWARD, FRANK LEE, tr. *The Book of the Gradual Sayings (Anguttara-Nikāya) or More Numbered Suttas*. 1932–36. (PTS 22, 24–27.) 5 vols.

WRIGHT, ARTHUR FREDERICK. "Fo-t'u-têng: a Biography," *HJAS*, XI (1948), 321–71.

WÜST, WALTHER. "Bestand die zoroastrische Urgemeinde wirklich aus berufsmässigen Ekstatikern und schamanisierenden Rinderhirten der Steppe?" *ARW*, XXXVI, 2 (1940), 234–49.

————. "Yasna XLII 4, 2/3," *ARW*, XXXVI, 2 (1940), 250–56.

WYLICK, CARLA VAN. *Bestattungsbrauchs und Jenseitsglaube auf Celebes*. The Hague, 1941. (Diss., Basel, 1940).

YASSER, J. "Musical Moments in the Shamanistic Rites of the Siberian Pagan Tribes," *Pro-Musica Quarterly* (New York), Mar.–June, 1926, 4–15.

YULE, SIR HENRY, tr. *The Book of Ser Marco Polo*, ed. Henri Cordier. London, 1921. 2 vols.

ZELENIN, D. "Ein erotischer Ritus in den Opferungen der altaischen Tuerken," *IAE*, XXIX, 4–6 (1928), 83–98.

————. *Kult ongonov v Sibiri. Perezhitki totemisma v ideologii sibirskikh narodov*. Moscow, 1936.

ZEMMRICH, JOHANNES. "Toteninseln und verwandte geographische Mythen *IAE*, IV (1891), 217–44

ZERRIES, OTTO. "Krankheitsdämonen und Hilfsgeister des Medizin-mannes in Südamerika," in *Proceedings of the 30th International Congress of Americanists*, pp. 162–78. London, 1955.

————. *Wild- und Buschgeister in Südamerika*. Wiesbaden, 1954.

Zimmer, Heinrich. *The King and the Corpse: Tales of the Soul's Conquest of Evil*, ed. Joseph Campbell. New York, 1948. (BS XI.)
Zoete, Beryl de, and Spies, Walter. *Dance and Drama in Bali*. London, 1938.

인명, 지역, 민족명, 신 이름 등의 색인

ㅈ

여기에 소개된 3개의 민족지도는 「シャーマニズム」(掘一郎 역, 冬樹社)에서 따온 것임.

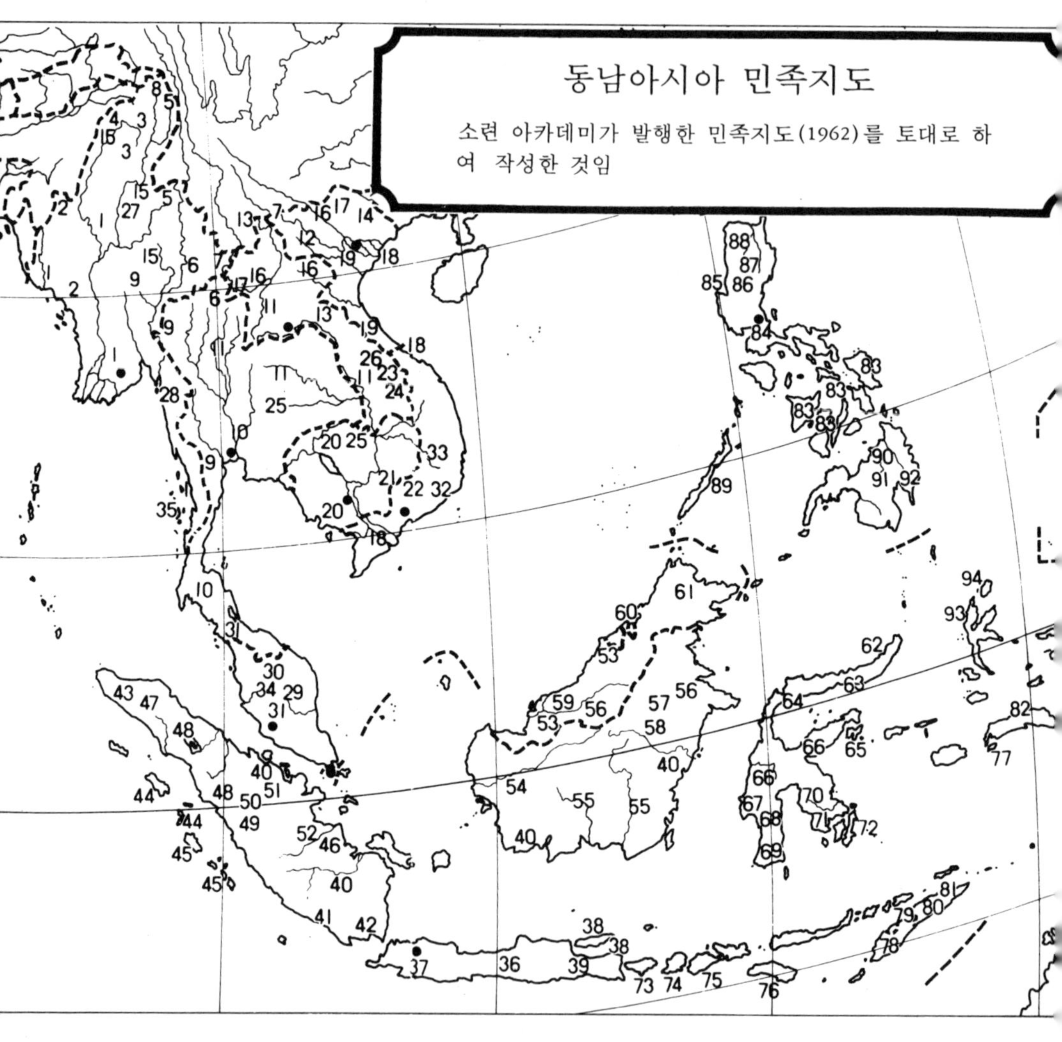

차이나-티베트 계China-Tibet

Ⅰ 버마 인Burma 2 친 인Chin 3 카친 인Kachin(칭파우 인Chingpaw) 4 나가 인Nagas 5 리수 인Lisu 6 라후 인Lahu 7 아카 인Akha 8 눙 인Nung 9 카렌 인Karen ⅠO 타이 인Thai ⅠⅠ 라오 인Lao Ⅰ2 백 타이 인White Thai, 흑 타이 인Black Thai, 적 타이 인Red Thai Ⅰ3 루 인, 타이 혼 인 Ⅰ4 난 인Nahn Ⅰ5 샨 인Shan Ⅰ6 메오 인Meo Ⅰ7 야오 인Yao Ⅰ8 베트남 인Vietnam Ⅰ9 몽 인 Hmong

몬-크메르 계Mon-Khmer

20 크메르 인Khmer 2Ⅰ 신텡 인Synteng 22 차우마 인Chauma 23 세당 인 Sedang 24 브라오 인Brao 25 쿠이 인Kui 26 수에이 인Souei 27 팔라웅 인 Palaung 28 몽 인Moung 29 세노이 인Senoi 30 세망 인Semang

말레이-폴리네시아 계Malay-Polynesia

3Ⅰ 말레이 인Malay 32 챰 인Chiam 33 산악 챰 인Hill Cham 34 자쿤 인 Jakun 35 셀룽 인Selung 36 자바 인Java 37 순나 인Sunda 38 마두라이 인 Madurai 39 텡게리 인Tenggerese 40 리아브 인, 팔렌반 인, 샴비 인 4Ⅰ 크로 우 인Chrau 42 랍본 인(아븐 인, 파푸란 인) 43 아치 인 44 니아스 인Nias 45 멘타웨이 인Mentawei 46 쿠부 인Kubu 47 카요 인 48 바타크 인Batak(다이리 인, 파크파크 인, 토바 인) 49 메낭 인Menang 50 루브 인 5Ⅰ 사카이 인Skai 52 베누안 인Benuan 53 해양 드야크 인Sea Dyak 54 육지 드야크 인Land Dyak 55 카쥬 인 56 카얀 인 57 케냐 인Kenyah 58 바카운 인 59 멜라네우 인 Melaneu 60 케다얀 인Kedayan 6Ⅰ 두순 인Dusun 62 미나하산 인 63 고론달리 인 64 토미니 인 65 바가이안 인Bagaian 66 토라자 인Toradja 67 만달레이 인 68 부긴 인Bougain 69 마카살리 인 70 트라키 인 7Ⅰ 모리 인 72 부투 인 73 발리 인Bali 74 사삭 인Sasak 75 숨바와 인Sumbawa 76 숨바 인Sumba 77 암보인 인 78 아토니 인 79 부나크 인 80 맙바이 인 8Ⅰ 마카사이 인 82 셀레미 스 인

필리핀 계 Philippine

83 비사얀 인Bisayan 84 타갈로그 인Tagalog 85 삼발 인Sambal 86 캉카나이 인Kankanai 87 칼링가 인Kalinga 88 아파요 인Apayo 89 타그반와 인 Tagbanwa 90 부키드논 인Bukidnon 9Ⅰ 마노보 인Manobo 92 타갈키올로 인 Tagalkaolo

할마헤라 계 Halmahera

93 토벨로 인Tobelo 94 갈렐로 인Galelo

시베리아 민족지도
L. Hambis : La Sibérie (Paris, 1957)의 지도를 토대로
하여 작성한 것임
A B C D E F

원(原)아시아 계Proto-Asia

I 추크치 인Chookchee 2 코리아크 인Koryak 3 캄차달 인Kamchadal 4 예니
세이 인Yenisei 5 유카기르 인Yukagir 6 길야크 인Gilyak 7 아이누 인Ainu

터키 계Turcky

8 야쿠트 인Yakut 9 타타르 인Tatar I0 알타이 인Altai II 키르기츠 인Kirgiz

퉁구스 계Tunngus

I2 에벤키 인Evenki I3 라무트 인Lamut I4 골드 인Gold I5 오로크 인Oroch
I6 오로촌 인Orochon

우랄 계Ural

I7 사모예드 인Samoyed I8 오스티야크 인Ostyak I9 보굴 인Vogul

몽고 계Mongol

2I 부리야트 인Buryat 22 몽고 인Mongol

러시아 계Russia

22 러시아 인Russia

남아메리카 민족지도

O. Zerries: Die Religionen der Naturvölker Südamerikas
und Westindiens (Die Religionen der Menschheit 제7권,
Die Religionen des alten Amerika (Stuttgart, 1961)의 지도
를 토대로 하여 작성한 것임.

1 알라칼루프 인Alaca-
luf
2 구아라니 인Guarani
3 아피아카 인Apiaca
4 아피나에 인Apinaé
5 아로케니아 인Arau-
cania
6 아바에테 인Abaete
7 카잉간 인Kaingan
8 바카이리 인Bakairi
9 바니바 인Baniva
10 팔람 인Palam
11 보라 인Bora
12 보로로 인Bororo
13 카잉구아 인Cainguá
14 카라쟈 인Caraja
15 카리푸나 인Caripu-
na
16 카리리 인Cariri
17 코니보 인Conibo
18 고아지로 인Goahiro
19 구아히보 인Guahibo
20 구아쟈쟈라 인Guaja-
jara
21 구아라요 인Guarayo
22 이푸리나 인Ipurina
23 자파로 인Zaparo
24 아루아쿠이 인Arua-
qui

25 쥬루나 인Jruna
26 카슈야나 인Kahuya-
na
27 카가바 인Cágaba
28 카마유라 인Cama-
yura
29 칵시나우아 인Caxi-
naua
30 카우아 인Caua
31 카야포 인Cayapo
32 쿠베오 인Cubeo
33 렝구아 인Lengua
34 마이푸리 인Maipuri
35 마쿠시 인Macusi
36 마나오 인Manáo
37 마나시 인Manasi
38 마사카라 인Masa-
cará
39 메히나쿠 인Mehina-
cu
40 모죠 인Mojo
41 무라 인Mura
42 오아야나 인Oayana
43 오나 인Ona, 셀크남
인Selknam
44 카비시 인Cabisi
45 피아로아 인Piaroa
46 푸이나베 인Puináve
47 시오나 인Siona

48 시파야 인Sipaya
49 시피보 인Sipibo
50 타이노 인Taino
51 타카나 인Tacana
52 타피라페 인Tapira-
pe
53 타리아나 인Tariana
54 타우레팡 인Taure-
pán
55 티모테 인Timote
56 토바 인Toba
57 챠마코코 인Cama-
coco
58 투카노 인Tucano
59 투피남바 인Tupi-
namba
60 위토토 인Uitoto
61 빌렐라 인Vilela
62 우아라오 인Uarao
63 야간 인Yahgan, 야
마나 인Yámana
64 예쿠아나 인Yecua-
na
65 유라카레 인Yuraca-
re
66 투쿠나 인Tucuna
67 야로로 인Yroro
68 푸에고 인Fuego